Ernst A. Kramer
Thomas Probst
Roman Perrig

Schweizerisches Recht der Allgemeinen Geschäftsbedingungen (AGB)

Ernst A. Kramer
Dr. iur., DDr. h.c., Prof. em. an der Universität Basel

Thomas Probst
Dr. iur., Rechtsanwalt, LL.M. (Harvard), lic. oec. HSG,
Prof. an der Universität Fribourg

Roman Perrig
Dr. iur., Rechtsanwalt, LL.M. (Berkeley)

Schweizerisches Recht der

Allgemeinen Geschäftsbedingungen (AGB)

2. Auflage

Stämpfli Verlag

Zitiervorschlag:
Autor in: Kramer/Probst/Perrig, CH-Recht AGB, 2. Auflage, N ...

Bibliografische Information der Deutschen Nationalbibliothek
Die Deutsche Nationalbibliothek verzeichnet diese Publikation in der Deutschen Nationalbibliografie; detaillierte bibliografische Daten sind im Internet über http://dnb.d-nb.de abrufbar.

www.staempfliverlag.com

ISBN 978-3-7272-2622-9

Über unsere Online-Buchhandlung www.staempflishop.com
ist zudem folgende Ausgabe erhältlich:
E-Book ISBN 978-3-7272-2623-6

FSC www.fsc.org MIX Papier aus verantwortungsvollen Quellen FSC® C083411

Vorwort zur zweiten Auflage

Seit der Auflage von 2016, die erstmals eine *Gesamtdarstellung* des schweizerischen Rechts der Allgemeinen Geschäftsbedingungen (AGB) bot, hat das AGB-Recht sich fortentwickelt. Neben diversen wissenschaftlichen Einzelbeiträgen sind namentlich zwei Aspekte zu erwähnen: Einerseits hat der Gesetzgeber mit *Art. 8a UWG* eine am 1. Dezember 2022 in Kraft getretene *branchenbezogene Sonderbestimmung* zum Schutz der Beherbergungsbetriebe vor Paritätsklauseln von Online-Buchungsplattformbetreibern eingeführt. Obschon diese Bestimmung im UWG steht, beruht sie weniger auf lauterkeitsrechtlichen als auf kartellrechtlichen Motiven und lässt die schweizerische Rechtslage auf dem Gebiet der AGB nochmals komplexer werden. Anderseits sind seit der Erstauflage rund achtzig *neue EuGH-Entscheidungen* ergangen, welche für die Schweiz ebenfalls von Bedeutung sind. Die Einarbeitung dieser Rechtsprechung sowie die allgemeine Aktualisierung und Vervollständigung des Textes hat die vorliegende Zweitauflage entsprechend umfangreicher werden lassen. Der Aufbau des Buches, die Autorenschaft und deren Zuständigkeit für die einzelnen Kapitel sind unverändert geblieben.

Die Autoren danken dem Staempfli-Verlag für die rasche und kompetente Drucklegung. Sie hoffen, auch mit der vorliegenden Zweitauflage einen aktuellen Beitrag zum schweizerischen AGB-Recht zu leisten und nehmen allfällige Anregungen zur Verbesserung oder Ergänzung aus Wissenschaft und Praxis gerne entgegen.

Im Mai 2023 Ernst A. Kramer, Thomas Probst, Roman Perrig

Vorwort zur ersten Auflage

Das Recht der Allgemeinen Geschäftsbedingungen ist dogmatisch wie praktisch ein sehr bedeutsames Gebiet der schweizerischen Rechtsordnung und hat mit dem neuen Art. 8 UWG zusätzlich an Bedeutung gewonnen. Aus *dogmatischer* Sicht ist das helvetische AGB-Recht von einem komplexen Zusammenwirken *obligationenrechtlicher*, *lauterkeitsrechtlicher* und *unionsrechtlicher* Elemente geprägt, die einerseits eine differenzierende, anderseits eine integrierende Betrachtungsweise erfordern. Aus *praktischer* Sicht gehört die Übernahme von AGB zum rechtsgeschäftlichen Alltag von Unternehmen und Konsumenten und damit auch zur üblichen Arbeit *anwaltlicher, richterlicher* und *unternehmensjuristischer* Tätigkeit. Trotz dieser grossen Bedeutung und permanenter Aktualität des AGB-Rechts fehlte in der umfangreichen schweizerischen Literatur bisher eine *systematische Gesamtdarstellung*, die sowohl für die Bedürfnisse der Lehre als auch der Praxis die wesentlichen Elemente der *schweizerischen AGB-Kontrolle* darstellt und deren Zusammenhänge herausarbeitet.

Diese Lücke wollen die Autoren mit dem vorliegenden Buch schliessen. Obwohl sie die umfangreiche Materie unter sich aufgeteilt haben, versteht sich das Buch als Gemeinschaftswerk. In einem *Ersten Teil* werden die *Grundlagen* des schweizerischen AGB-Rechts erörtert und geklärt (insbesondere die Grundproblematik von AGB, ihr rechtsvergleichender, rechtsgeschichtlicher und unionsrechtlicher Hintergrund sowie die Grundbegriffe). Der anschliessende *Zweite Teil* bietet eine detaillierte und systematische Darstellung der massgeblichen *AGB-Kontrollinstrumente* (Konsens-, Auslegungs-, Gültigkeits- und offene Inhaltskontrolle) aufgrund des Obligationen- und des Lauterkeitsrechts. Dabei wird für die Bedürfnisse der Praxis u.a. die umfangreiche EuGH-Rechtsprechung zusammengefasst und zu *Leitsätzen* verdichtet. Der *Dritte Teil* befasst sich mit einigen – sowohl theoretisch als auch praktisch – relevanten *Einzelfragen* (namentlich dem Verhältnis der Ungewöhnlichkeitsregel zur offenen Inhaltskontrolle; den Klagen unter AGB-Verwendern; den Klagen von Konsumentenschutzorganisationen; diversen problematischen AGB aus der aktuellen Praxis sowie der kartellrechtlichen AGB-Kontrolle). Im *Anhang* sind europarechtlich und rechtsvergleichend relevante Normen abgedruckt.

Die Autoren bedanken sich beim Verlag Staempfli für die speditive und kompetente Drucklegung. Sie hoffen, mit ihrem Buch einen Beitrag zum schweizerischen AGB-Recht zu leisten und nehmen allfällige Anregungen zur Verbesserung oder Ergänzung aus Wissenschaft und Praxis gerne entgegen.

Im April 2016 Ernst A. Kramer, Thomas Probst, Roman Perrig

Inhaltsverzeichnis

Abkürzungsverzeichnis

a	alt, altes; Verweis auf gesetzliche Bestimmungen, die durch Gesetzesrevisionen geändert wurden
a.A.	anderer Ansicht
a.a.O.	am angeführten Ort
a.M.	anderer Meinung / (Frankfurt) am Main
AAB	Allgemeine Arbeitsbedingungen/Allgemeine Anstellungsbedingungen
AB	Amtliches Bulletin
AB NR	Amtliches Bulletin Nationalrat
ABGB	Allgemeines Bürgerliches Gesetzbuch für Österreich vom 1. Juni 1811
ABl.	Amtsblatt der Europäischen Gemeinschaften
aBV	alte Bundesverfassung vom 29. Mai 1874
AB SR	Amtliches Bulletin Ständerat
AcP	Archiv für die civilistische Praxis (Tübingen)
ADSp	Allgemeine Deutsche Spediteur-Bedingungen
AEUV	Vertrag über die Arbeitsweise der Europäischen Union; durch den Vertrag von Lissabon erfolgte Umbenennung des Vertrags über die Europäische Gemeinschaft (EGV).
AG	Aargau
AG/SA	Aktiengesellschaft / Société anonyme
AGB	Allgemeine Geschäftsbedingungen
AJP	Aktuelle Juristische Praxis (Lachen)
al.	alii/aliae = andere
allg.	allgemein
Amtl. Bull.	Amtliches Bulletin
ARB	Allgemeine Reisebedingungen
art.	article = Art.
Art.	Artikel

AS	Amtliche Sammlung des Bundesrechts
AT	Allgemeiner Teil
ATSG	Bundesgesetz vom 6. Oktober 2000 über den Allgemeinen Teil des Sozialversicherungsrechts, [SR 830.01]
Aufl.	Auflage
AVB	Allgemeine Versicherungsbedingungen
BAG	Bundesarbeitsgericht (Deutschland)
b2b	business to business
b2c	business to consumer
BankG	Bundesgesetz vom 8. November 1934 über die Banken und Sparkassen (Bankengesetz), [SR 952.0]
BB	Bundesbeschluss / Betriebs-Berater (Frankfurt a.M.)
BBl	Bundesblatt der Schweizerischen Eidgenossenschaft
Bd.	Band
betr.	betreffend
BG	Bundesgesetz
BGB	Bürgerliches Gesetzbuch für das Deutsche Reich vom 18. August 1896 (RGB1. S. 195)
BGBl.	Bundesgesetzblatt für die Republik Österreich
BGE	Amtliche Sammlung der Entscheide des Schweizerischen Bundesgerichts
BGer	Bundesgericht
BGG	Bundesgesetz vom 17. Juni 2005 über das Bundesgericht (Bundesgerichtsgesetz), [173.110]
BGH	Bundesgerichtshof (Deutschland)
BGHZ	Entscheidungen des Bundesgerichtshofs in Zivilsachen
BJ	Bundesamt für Justiz
BJM	Basler Juristische Mitteilungen (Reinach)
BK	Berner Kommentar zum schweizerischen Privatrecht
BR	Bundesrat

BR/DC	Baurecht / Droit de la construction
BS	Basel-Stadt
BSK	Basler Kommentar
bspw.	beispielsweise
Bst.	Buchstabe
BT	Besonderer Teil
Bull. civ.	Bulletin des arrêts de la Cour de cassation (Frankreich)
BV	Bundesverfassung der Schweizerischen Eidgenossenschaft vom 18. April 1999, [SR 101]
BVerfG	Bundesverfassungsgericht (Deutschland)
bzgl.	bezüglich
bzw.	beziehungsweise
ca.	circa
Cass. Civ.	Arrêts de la Cour de cassation, chambre civile (Frankreich)
CCF	Code civil français vom 31. März 1804
CCit	Codice civile italiano vom 16. März 1942
CESL	Common European Sales Law (Vorschlag der EU-Kommission vom 11. Oktober 2011)
CH	Confoederatio Helvetica
CHF	Schweizer Franken = Fr.
CHK	Handkommentar zum Schweizer Privatrecht
CISG	Übereinkommen der Vereinten Nationen vom 11. April 1980 über Verträge über den internationalen Warenkauf, [SR 0.221.211.1]
cm	Zentimeter
Co.	Compagnie (Kommanditgesellschaft)
CO	Code des obligations
CR	Commentaire romand / Computer und Recht (Köln)
d.h.	das heisst
D	Dalloz (Paris)

DAV	Deutscher Anwaltverein
DCFR	Draft Common Frame of Reference = Entwurf eines gemeinsamen Referenzrahmens
ders.	derselbe
dgl.	dergleichen
Diss.	Dissertation
DJT	Deutscher Juristentag
DM	Deutsche Mark
Dr.	Doktor
DSG	Bundesgesetz vom 19. Juni 1992 über den Datenschutz, [SR 235.1]
DTLB	Deutsche Transport- und Lagerbedingungen
E./Erw.	Erwägung(en)
EBG	Eisenbahngesetz vom 20. Dezember 1957, [SR 742.101]
ecolex	Fachzeitschrift für Wirtschaftrecht (Wien)
E-Commerce	Electronic Commerce
E-Commerce RL	Richtlinie 2000/31/EG vom 8. Juni 2000 über den elektronischen Geschäftsverkehr
éd. / Ed.	Édition / Edition
EDÖB	Eidgenössischer Datenschutz und Öffentlichkeitsbeauftragter
eds.	editors
EFTA	European Free Trade Association = Europäische Freihandelsassoziation
EG	Europäische Gemeinschaft(en)
EGMR	Europäischer Gerichtshof für Menschenrechte (Strassburg)
EGV	Vertrag über die Europäische Gemeinschaft
EJPD	Eidg. Justiz- und Polizeidepartement
EMRK	Konvention vom 4. November 1950 zum Schutze der Menschenrechte und Grundfreiheiten, [SR 0.101]

endg.	endgültig
Erw.	Erwägung(en)
et al.	et alii = und weitere
et al.	et alii,et aliae (und andere)
etc.	et cetera = und so weiter
EU	Europäische Union
EuGH	Europäischer Gerichtshof (Luxemburg)
EuGRZ	Europäische Grundrechte-Zeitschrift (Kehl)
EuGVVO	Verordnung über die gerichtliche Zuständigkeit und die Anerkennung und Vollstreckung von Entscheidungen in Zivil- und Handelssachen, Verordnung Nr. 44/2001 des Rates vom 22.12.2000, Abl Nr. L 12 vom 16.1.2001
EULA	End User License Agreement
EUR	Euro
Europ.	Europäisch(e)
EUV	Vertrag über die Europäische Union
EuZW	Europäische Zeitschrift für Wirtschaftsrecht (München)
EVG	Eidgenössisches Versicherungsgericht (Luzern), offizielle Bezeichnung bis am 31. Dezember 2006; seit 1. Januar 2007 Bundesgericht
evtl.	eventuell
EWG	Europäische Wirtschaftsgemeinschaft
EWR	Europäischer Wirtschaftsraum
exkl.	exklusiv
f./ff.	und folgende (Seite/Seiten)
FG	Festgabe
FIFA	Fédération Internationale de Football Association
Fn	Fussnote
FR	Kanton Freiburg
Fr.	Schweizer Franken = CHF

Frankfurt/M.	Frankfurt a.M.
Freiburg/B.	Freiburg im Breisgau
FS	Festschrift
Gaz. Pal.	La Gazette du Palais (Paris)
GBI	Gewerkschaft Bau und Industrie
gem.	gemäss
GestG	Bundesgesetz vom 24. März 2000 über den Gerichtsstand in Zivilsachen
Gew.	Gewicht
ggf.	gegebenenfalls
Gl.M.	Gleicher Meinung
GmbH	Gesellschaft mit beschränkter Haftung
GoA	Geschäftsführung ohne Auftrag
GPR	Zeitschrift für Gemeinschaftsprivatrecht (Köln)
GPS	Global Positioning System
GR	Graubünden
GVP	St. Gallische Gerichts- und Verwaltungspraxis
h.L.	herrschende Lehre
h.M.	herrschende Meinung
Habil.	Habilitation
HAVE	(Zeitschrift für) Haftpflicht und Versicherung (Zürich)
HG/HGer	Handelsgericht
HRegV	Handelsregisterverordnung vom 17. Oktober 2007, [SR 221.411]
Hrsg.	Herausgeber
HTML	Hypertext Markup Language
i.A.v.	in Anwendung von
i.c.	in casu = im vorliegenden Fall
i.d.R.	in der Regel
i.E.	im Ergebnis

i.e.S.	Im eigentlichen Sinn
i.S.	in Sachen; im Sinne (des, der)
i.S.v.	im Sinne von
i.Üe.	Im Üechtland
i.V.m.	in Verbindung mit
IHR	IHR – Internationales Handelsrecht, Zeitschrift für das Recht des internationalen Warenkaufs und Warenvertriebs (Köln)
Incoterms	International Commercial Terms
inkl.	inklusive
insb.	insbesondere
IPR	Internationales Privatrecht
IPRax	Praxis des internationalen Privat- und Verfahrensrechts (Bielefeld)
IPRG	Bundesgesetz vom 18. Dezember 1987 über das Internationale Privatrecht, [SR 291]
IT	Informationstechnik
ital.	italienisch(e)
ITRB	Der IT-Rechts-Berater (Köln)
iur.	iuris
JBl	Juristische Blätter (Wien)
JR	Juristische Rundschau (Berlin)
JT/JdT	Journal des Tribunaux (Lausanne)
JZ	Juristenzeitung (Tübingen)
Kap.	Kapitel
KG	Bundesgesetz vom 6. Oktober 1995 über Kartelle und andere Wettbewerbsbeschränkungen (Kartellgesetz, KG), [SR 251]
kg	Kilogramm
KGer	Kantonsgericht
KHG	Kernenergiehaftpflichtgesetz vom 18. März 1983, [SR 732.44]

KIG	Bundesgesetz vom 5. Oktober 1990 über die Information der Konsumentinnen und Konsumenten (Konsumenteninformationsgesetz), [SR 944.0]
KKG	Bundesgesetz vom 23. März 2001über den Konsumkredit, [SR 221.214.1]
km	Kilometer
km/h	Kilometer pro Stunde
KMU	Kleinere und mittlere Unternehmen
KOM	Europäische Kommission
KSchG	(österreichisches) Bundesgesetz vom 8. März 1979, mit den Bestimmungen zum Schutz der Verbraucher getroffen werden (Konsumentenschutzgesetz), [BGBl. Nr. 140/1979]
kt.	kantonal
KUKO	Kurzkommentar
L.J.	Law Journal
LCD	Loi fédérale contre la concurrence déloyale, [RS 241]
LG	Landgericht (Deutschland)
LGBl.	Landesgesetzblatt
lit.	litera = Buchstabe
LL.M.	Master Legibus
LM	Lindenmaier/Möhring, Nachschlagwerk des Bundesgerichtshofs
Ltd.	Limited
LU	Luzern
LugÜ	Übereinkommen über die gerichtliche Zuständigkeit und die Anerkennung und Vollstreckung von Entscheidungen in Zivil- und Handelssachen, [SR 0.275.12]
m	Meter
m.a.W.	mit anderen Worten
m.E.	meines Erachtens
m.w.H.	mit weiteren Hinweisen

m.w.N.	mit weiteren Nachweisen
max.	maximal
Mio.	Million(en)
MLaw	Master of Law
MMR	MultiMedia und Recht (München)
mp	Mietrecht für die Praxis (Bern)
MünchKomm	Münchener Kommentar zum BGB
N	Randnote(n)
n.p.	nicht publiziert
NJW	Neue Juristische Wochenschrift (München)
NJW-RR	Neue Juristische Wochenschrift Rechtsprechungs-Report (München)
NR	Nationalrat
Nr.	Nummer
NY	New York
NZA	Neue Zeitschrift für Arbeitsrecht (München)
NZZ	Neue Zürcher Zeitung (Zürich)
o.	oben
ÖBA	Österreichisches Bankarchiv (Wien)
OECD	Organisation for Economic Co-Operation and Development
OGer	Obergericht
OGH	Oberster Gerichtshof (Österreich)
ÖJZ	Österreichische Juristen-Zeitung (Wien)
OLG	Oberlandesgericht (Deutschland)
OR	Bundesgesetz vom 30. März 1911 betreffend die Ergänzung des Schweizerischen Zivilgesetzbuches (Fünfter Teil: Obligationenrecht), [SR 220]
OR 2020	Schweizerisches Obligationenrecht 2020, Entwurf für einen neuen allgemeinen Teil
p.a.	per annum

PauRG	Bundesgesetz vom 18. Juni 1993 über Pauschalreisen, [SR 944.3]
PC	Personal Computer
PDF	Portable Document Format
PECL	Principles of European Contract Law = Grundregeln des europäischen Vertragsrechts
PG	Postgesetz (PG) vom 17. Dezember 2010, [SR 783.0]
PICC	Principles of International Commercial Contracts des UNIDROIT
port.	portugiesisch(e)
Pra	Die Praxis des Bundesgerichts (Basel)
PrHG	Bundesgesetz vom 18. Juni 1993 über die Produktehaftpflicht (Produkthaftpflichtgesetz), [SR 221.112.944]
Prof.	Professor
Prot.	Protokoll
PS	Pferdestärke
Pt.	Punkt
Q.B.	Queen's Bench
RabelsZ	Rabels Zeitschrift für ausländisches und internationales Privatrecht (Tübingen)
RBOG	Rechenschaftsbericht des Obergerichts des Kanton Thurgau
RdW	Österreichisches Recht der Wirtschaft (Wien)
Rec.	Recueil
recht	Zeitschrift für juristische Weiterbildung und Praxis (Bern)
resp.	respektive
rev.	revidiert
RIW	Recht der internationalen Wirtschaft (Heidelberg)
RK-S/RK-N	Kommission für Rechtsfragen (Ständerat/Nationalrat)
RL	Richtlinie

RS	Recueil systématique du droit fédéral = SR
Rs.	Rechtssache
RTD civ.	Revue trimestrielle de droit civil (Paris)
Rz.	Randziffer(n)
s.	siehe
S.	Seite(n)
SAV	Schweizerischer Anwaltsverband
SBB	Schweizerische Bundesbahnen
SchKG	Bundesgesetz vom 11. April 1889 über Schuldbetreibung und Konkurs, [SR 281.1]
SchlT	Schlusstitel
Sek.	Sekunde(n)
SemJud	La Semaine Judiciaire (Genf) = SJ
SG	St. Gallen
SHK	Stämpflis Handkommentar
SIA	Schweizerischer Ingenieur- und Architektenverein
SIR	Schweizerisches Institut für Rechtsvergleichung
SIWR	Schweizerisches Immaterialgüter- und Wettbewerbsrecht (Basel)
SJ	La semaine judiciaire (Genf) = SemJud
SJK	Schweizerische Juristische Kartothek (Genf)
SJZ	Schweizerische Juristenzeitung (Zürich)
Slg.	Sammlung
SLK	Schlichtungskommission
SMS	Short Message Service
SO	Solothurn
sog.	sogenannt
SPR	Schweizerisches Privatrecht (Basel)
SR	Ständerat / Systematische Sammlung des Bundesrechts

StGB	Schweizerisches Strafgesetzbuch vom 21. Dezember 1937, [SR 311.0]
StPO	Strafprozessordnung
StromVG	Bundesgesetz vom 23. März 2007 über die Stromversorgung (Stromversorgungsgesetz, StromVG), [SR 734.7]
SUVA	Schweizerische Unfallversicherungsanstalt, Luzern
SVG	Strassenverkehrsgesetz vom 19. Dezember 1958, [SR 741.01]
SVP	Schweizerische Volkspartei
SVR	Strassenverkehrsrecht – Zeitschrift für die Praxis des Verkehrsjuristen
SZIER	Schweizerische Zeitschrift für internationales und europäisches Recht (Zürich)
SZW	Schweizerische Zeitschrift Wirtschafts- und Finanzmarktrecht (Zürich)
SZZP	Schweizerische Zeitschrift für Zivilprozessrecht (Lachen)
t	Tonnen
Tab	Tabelle
u.a.	unter anderem (anderen) / und andere
u.dgl.	und dergleichen
u.E.	unseres Erachtens
u.U.	unter Umständen
UKlaG	Unterlassungsklagengesetz
UN/UNO	United Nations Organization = Organisation der Vereinten Nationen
UNIDROIT	Institut international pour l'unification du droit privé
UN-Kaufrecht	= CISG
URL	Uniform Resource Locator
USA	United States of America = Vereinigte Staaten von Amerika
USB	Universal Serial Bus

USG	Bundesgesetz vom 7. Oktober 1983 über den Umweltschutz, [SR 814.01]
usw.	und so weiter
UV	Unfallversicherung
UVEK	Departement für Umwelt, Verkehr, Energie und Kommunikation
UWG	Bundesgesetz vom 19. Dezember 1986 gegen den unlauteren Wettbewerb, [SR 241]
V	Verordnung
v.	vom/von
v.a.	vor allem
VAG	Bundesgesetz vom 17. Dezember 2004 betreffend die Aufsicht über Versicherungsunternehmen (Versicherungsaufsichtsgesetz, VAG), [SR 961.01]
VD	Waadt
VBGL	Vertragsbedingungen für den Güterkraftverkehrs- und Logistikunternehmer
VDSG	Verordnung vom 14. Juni 1993 zum Bundesgesetz über den Datenschutz, [SR 235.11]
VE	Vorentwurf; Vernehmlassungsentwurf
VersR	Versicherungsrecht – Zeitschrift für Versicherungsrecht, Haftungs- und Schadensrecht (Karlsruhe)
VG	Bundesgesetz vom 14. März 1958 über die Verantwortlichkeit des Bundes sowie seiner Behördemitglieder und Beamten (Verantwortlichkeitsgesetz), [170.32]
Vgl./vgl.	vergleiche
Vi	Vorinstanz
VKU	Verordnung vom 17. Juni 1996 über die Kontrolle von Unternehmenszusammenschlüssen, [SR 251.4]
VO	Verordnung
vol.	Volumen
VPB	Verwaltungspraxis der Bundesbehörden
vs.	versus

VSE	Verband Schweizerischer Elektrizitätsunternehmen
VVG	Bundesgesetz vom 2. April 1908 über den Versicherungsvertrag, [SR 221.229.1]
WM	Wertpapier-Mitteilungen – Zeitschrift für Wirtschafts- und Bankrecht (Frankfurt/M.)
WeKo	Wettbewerbskommission
www	world wide web
z.B.	zum Beispiel
z.T.	zum Teil
ZBGR	Schweizerische Zeitschrift für Beurkundungs- und Grundbuchrecht (Wädenswil)
ZBJV	Zeitschrift des bernischen Juristenvereins (Bern)
ZEuP	Zeitschrift für europäisches Privatrecht (München)
ZGB	Schweizerisches Zivilgesetzbuch vom 10. Dezember 1907 [SR 210]
ZGR	Zeitschrift für Unternehmens- und Gesellschaftsrecht (Berlin)
ZGS	Zeitschrift für das gesamte Schuldrecht
ZH	Zürich
ZHR	Zeitschrift für das gesamte Handels- und Wirtschaftsrecht
Ziff.	Ziffer
ZIP	Zeitschrift für Wirtschaftsrecht (Köln)
zit.	Zitiert
ZK	Zürcher Kommentar zum Obligationenrecht
ZPO	Schweizerische Zivilprozessordnung vom 19. Dezember 2008 [SR 272]
ZR	Blätter für Zürcherische Rechtsprechung (Zürich)
ZSR	Zeitschrift für Schweizerisches Recht (Basel)
ZVR	Zeitschrift für Verkehrsrecht (Wien)

Literaturverzeichnis

ABEGGLEN S./COENDET T./GROSS D., Aspekte der AGB-Kontrolle im Bankbereich, in Emmenegger (Hrsg.): Das Bankkonto – Schweizerische Bankrechtstagung 2013, Basel 2013, 83 ff. [zit.: ABEGGLEN/COENDET/GROSS, AGB-Kontrolle].

ADEN FELIX M.B., Battle of Forms. Konkurrierende AGB in multilateraler Rechtsvergleichung, Tübingen 2021

AEPLI VIKTOR, Mehrsprachigkeit und Fremdsprachigkeit im Vertragsrecht, in: Tercier/Amstutz/Koller/Schmid/Stöckli (Hrsg.), Gauchs Welt, Festschrift für Peter Gauch, Zürich 2004, 337 ff. [zit.: AEPLI, FS Gauch].

AESCHIMANN LISA, Die Verbandsklage bei missbräuchlichen AGB. Unter besonderer Berücksichtigung des Unterlassungsanspruchs, Zürich/Genf 2022.

AMSTUTZ M./CARRON B./REINERT M., in: Martenet/Bovet/Tercier (Hrsg.), Commentaire romand, Droit de la concurrence, 2. Aufl., Basel 2013 [zit.: CR Concurrence-AMSTUTZ/CARRON/REINERT].

AMSTUTZ M./CARRON B., in: Amstutz/Reinert (Hrsg.), Basler Kommentar, Kartellgesetz, Basel 2021 [zit.: BSK KG-AMSTUTZ/CARRON].

ARTER O./JÖRG F., Deutscher Bundesgerichtshof, Urteil vom 14. Juni 2006 (I ZR 75/03, OLG Düsseldorf, LG Landgericht Mönchengladbach), AJP 2007, 128 ff.

ARTER O./JÖRG F. S., Rückbelastungsklauseln bei Kreditkartenverträgen im E-Commerce, SJZ 2003, 25 ff.

ATAMER YESIM M., Unlauterer Wettbewerb durch Nutzung von ungültigen AGB?, in: Emmenegger/Hrubesch-Millauer/Krauskopf/Wolf (Hrsg.), Brükken bauen. Festschrift für Thomas Koller, Bern 2018, 7 f. [zit. ATAMER, FS Koller].

ATAMER YESIM M., Why Judicial Control of Price Terms in Consumer Contracts Might Not Always be the Right Answer – Insights from Behavioral Law and Economics, The Modern Law Review 80 (2017) 624 ff.

BAUDENBACHER CARL, Lauterkeitsrecht – Kommentar zum Gesetz gegen den unlauteren Wettbewerb (UWG), Basel/Genf/München 2001 [zit.: BAUDENBACHER, Kommentar UWG].

BAUDENBACHER CARL, Braucht die Schweiz ein AGB-Gesetz?, ZBJV 123 (1987), 505 ff.

BAUDENBACHER CARL, Wirtschafts-, schuld- und verfahrensrechtliche Grundprobleme der Allgemeinen Geschäftsbedingungen, Zürich 1983 [zit.: BAUDENBACHER, AGB].

BERGER BERNHARD, Kommentar zu Art. 23 LugÜ, in: Oetiker/Weibel (Hrsg.), Basler Kommentar, Lugano-Übereinkommen, 2. Aufl., Basel 2016.

BERGER BERNHARD, Kommentar zu Art. 17 ZPO, in: Hausheer/Walter (Hrsg.), Berner Kommentar zur Zivilprozessordnung, Band I, Art. 1–149 ZPO, Bern 2012 [zit.: BERGER, BK].

BERGER BERNHARD, Allgemeines Schuldrecht, 3. Aufl., Bern 2018 [zit.: BERGER, Schuldrecht].

BERGER KLAUS-PETER, Die Einbeziehung von AGB in internationale Kaufverträge, in: Berger K. P./Borges G./Herrmann H./Schlüter A./Wackerbarth U. (Hrsg.), Zivil- und Wirtschaftsrecht im Europäischen und Globalen Kontext, Festschrift für Norbert Horn, Berlin 2006, 3 ff. [zit.: BERGER, FS Horn].

BERGER KLAUS-PETER, Die Einbeziehung von AGB in B2B-Verträge, ZGS 2004, 415 ff.

BIERI LAURENT, La possibilité de prendre connaissance du contenu des conditions générales, ZSR (2012) I, 201 ff.

BIERI A./POWELL J., Informationspflicht nach dem totalrevidierten Datenschutzgesetz, AJP 2020, 1533 ff.

BOHNET FRANÇOIS, Die Typografische Rechtsprechung gilt weiterhin, SZZP 2012, 451 ff.

BOOSS DIERK, in Lenz/Borchardt (Hrsg.), EU-Verträge Kommentar, 6. Aufl., Köln/Wien 2012 [zit.: BOOSS, EUV-Kommentar].

BOUVERAT DAVID, Conditions générales d'affaires: perspectives législatives; Etude du droit suisse à la lumière de droit communautaire et de ses applications en France et en Allemagne, Diss. Neuenburg 2009 [zit.: BOUVERAT, Conditions générales].

BRUNNER ALEXANDER, Allgemeine Geschäftsbedingungen, in: E. Kramer (Hrsg.), Schweizerisches Privatrecht, Band X, Konsumentenschutz im Privatrecht, Basel 2008, 111 ff. [zit.: BRUNNER, AGB].

BUCHER EUGEN, Der Ausschluss dispositiven Gesetzesrechts durch vertragliche Absprachen, in Festgabe für Henri Deschenaux, Freiburg 1977, 249 ff. [zit.: BUCHER, Festgabe Deschenaux].

BÜHLER G./STÄUBER R., Die AGB-Kontrolle gemäss dem revidierten Art. 8 UWG – Anmerkungen zum intertemporalen Recht, recht 2012, 86 ff.

BÜHLMANN L./SCHÜEPP M., Information, Einwilligung und weitere Brennpunkte im (neuen) Schweizer Datenschutzrecht, Jusletter 15. März 2021.

BÜHRER MARC P., AGB-Kollisionen, «the battle of the forms» und weitere Probleme beim Verweis auf Allgemeine Geschäftsbedingungen, Diss. Zürich 1987 [zit.: BÜHRER, AGB-Kollisionen].

BÜRGI BENJAMIN D., AGB-Kollisionen (Battle of Forms): Übersicht und ausgewählte Problemstellungen im Kontext des Schweizer Rechts sowie internationaler Vereinheitlichungsprobleme, ius.full 6/2015, 166 ff.

BUSER-GORA JUSTYNA, Kontrolle von Allgemeinen Geschäftsbedingungen im internationalen Handelsverkehr, Diss. Zürich 2012.

BUZ VEDAT, Immer noch «allgemeine» Geschäftsbedigungen, AcP 219 (2019) 1 ff.

CLERC EVELYNE, in: Martenet/Bovet/Tercier (Hrsg.), Commentaire romand, Droit de la concurrence, 2. Aufl., Basel 2013 [zit.: CR Concurrence-CLERC].

COENDET THOMAS, Gesetzgebungsstrategie des neuen AGB-Rechts, ZSR 133 (2014) I, 45 ff.

DEDUAL ALESSIA, Geltungserhaltende Reduktion – Richterliche Ersatzregelbildung im schweizerischen Vertragsrecht, Tübingen 2019.

DEDUAL ALESSIA, Geltungserhaltende Reduktion, Zur Rechtsfolgenfrage von Art. 8 UWG, AJP 2017, 844 ff.

DENZLER BEAT, Allgemeine Geschäftsbedingungen der öffentlichen Hand – Grenzen des Kleingedruckten, BR 2007, 233 ff.

DESSEMONTET FRANÇOIS, Le contrôle judiciaire des conditions générales, in: La nouvelle loi fédérale contre la concurrence déloyale, Lausanne 1988, 57 ff. [zit.: DESSEMONTET, contrôle judiciaire].

DESSEMONTET FRANÇOIS, in: Luc Thévenoz/Franz Werro (Hrsg.), Commentaire Romand, Code des obligations I, Code des obligations Art. 1–529, 1. Aufl., Basel 2004 [zit.: CR CO I-DESSEMONTET].

DRYGALA TIM, Die Reformdebatte zum AGB-Recht im Lichte des Vorschlags für ein einheitliches europäisches Kaufrecht JZ 2012, 983 ff.

EGGEN MIRJAM, Smart Contracts und allgemeine Geschäftsbedingungen, in: S. Emmenegger/S. Hrubesch-Millauer/F. Krauskopf/S. Wolf (Hrsg.), Brücken bauen, Festschrift für Thomas Koller, Bern 2018, 155 ff. [zit.: EGGEN, FS Koller].

EHLE B./BRUNSCHWEILER A., Schweizer AGB-Recht im Umbruch, ein rechtsvergleichender Überblick, RIW 2012, 262 ff.

EMCH U./RENZ H./ARPAGAUS R., Das schweizerische Bankgeschäft, 7. Aufl., Zürich 2011.

EISNER-KIEFER ANDREA, Entscheidbesprechung Bundesgericht, I. zivilrechtliche Abteilung, Urteil 4A_330/2021 vom 5. Januar 2022, A. AG gegen B. AG, Versicherungsvertrag; Auslegung der Allgemeinen Versicherungsbedingungen, Deckungsausschluss bei Pandemien, AJP 2022, 643 ff.

ERNST WOLFGANG, Allgemeine Geschäftsbedingungen, in: Heiss/Loacker (Hrsg.), Grundfragen des Konsumentenrechts, Zürich/Basel/Genf 2020, 191 ff.

FELLMANN WALTER, Gutachten vom 23. April 2020 an die Stiftung Ombudsman der Privatversicherung und der SUVA, Deckungsausschlüsse Pandemie, abrufbar unter https://versicherungsombudsman.ch/wp-content/uploads/2021/07/Gutachten-Deckungsausschluesse-Pandemie.pdf (besucht am 31. Mai 2023) [zit.: FELLMANN, Gutachten].

FORSTMOSER PETER, Gesetzgebung und Gerichtspraxis zu den Allgemeinen Geschäftsbedingungen in der Schweiz – Eine Standortbestimmung, in: H. Giger/W. R. Schluep (Hrsg.), Schriftenreihe zum Konsumentenschutzrecht, Band V, Allgemeine Geschäftsbedingungen in Doktrin und Praxis, Zürich 1982, 23 ff. [zit.: FORSTMOSER, Standortbestimmung].

FORSTMOSER PETER, Die rechtliche Behandlung von allgemeinen Geschäftsbedingungen im schweizerischen und im deutschen Recht, in: H. Merz/W. R. Schluep (Hrsg.), Recht und Wirtschaft heute, Festgabe zum 65. Geburtstag von Max Kummer, Bern 1980, 99 ff. [zit.: FORSTMOSER, FG Kummer].

FRITSCHI MIRJAM EVA, Crowdfunding aus zivilrechtlicher Perspektive, Die Allgemeinen Geschäftsbedingungen Schweizer Plattformen und deren Einfluss auf die Rechtsbeziehungen der Beteiligten, Diss. Zürich 2018 [zit.: FRITSCHI, Crowdfunding].

FUHRER STEPHAN, in Grolimund/Loacker/Schnyder (Hrsg.), Basler Kommentar, Versicherungsvertragsgesetz, 2. Aufl., Basel 2023 [zit.: BSK VVG-FUHRER].

FUHRER STEPHAN, Entscheidbesprechung Bundesgericht, I. zivilrechtliche Abteilung, Urteil 4A_330/2021 vom 5. Januar 2022, WHO-Pandemiestufen, HAVE 2022, 169–171.

FUHRER STEPHAN, Schweizerisches Privatversicherungsrecht, Zürich u.a. 2011 [zit.: FUHRER, Versicherungsrecht].

FÜLLEMANN DANIEL, Kommentar zu Art. 17 ZPO, in: Brunner/Gasser/Schwander (Hrsg.), Schweizerische Zivilprozessordnung, ZPO Kommentar, 2. Auflage, Zürich 2016.

FURRER ANDREAS, AGB als Stolpersteine in der Vertragsgestaltung: die KMU-Problematik, in: D. Girsberger/J. Schmid (Hrsg.), Rechtsfragen rund um die KMU, Zürich 2003, 69 ff. [zit.: FURRER, Stolpersteine].

FURRER ANDREAS, Der Einbezug der Allgemeinen Beförderungsbedingungen beim Kauf eines Fahrscheins, in: J.-B. Ackermann et al. (Hrsg.), Liber amicorum für Dr. Martin Vonplon, Zürich 2009, 139 ff. [zit.: FURRER, Beförderungsbedingungen].

FURRER ANDREAS, Eine AGB-Inhaltskontrolle in der Schweiz?, HAVE 2011, 324 ff. [zit.: FURRER, AGB-Inhaltskontrolle].

FURRER A./MÜLLER-CHEN M., Obligationenrecht – Allgemeiner Teil, 3. Aufl., Zürich 2018 [zit.: FURRER/MÜLLER-CHEN, OR AT].

GABRIEL S./LANDBRECHT J., Berner Kommentar, Bundesgesetz über das Internationale Privatrecht (IPRG), Internationale Schiedsgerichtsbarkeit, Kommentar zu Art. 176–194 IPRG, Bern 2023 [zit.: GABRIEL/LANDBRECHT, BK].

GASSER URS, Rechtliche Aspekte des M-Commerce, in: SZW 2002, 13 ff.

GAUCH PETER, Der Werkvertrag, 6. Aufl., Zürich 2019 [zit.: GAUCH, Werkvertrag].

GAUCH PETER, Das gesetzliche Vertragstypenrecht der Schuldverträge, Festschrift Honsell, Zürich 2002, 3 ff. [zit.: GAUCH, FS Honsell].

GAUCH PETER, Die Vertragshaftung der Banken und ihre AVB, recht 2006, 77 ff.

GAUCH PETER, Die Verwendung «missbräuchlicher Geschäftsbedingungen» – Unlauterer Wettbewerb nach Art. 8 des revidierten UWG, BR 1987, 51 ff.

GAUCH PETER, Ein «regelrechter» Schluss, ZSR 128 (2009) I, 215 ff.

GAUCH P./SCHLUEP W.R./SCHMID J., Schweizerisches Obligationenrecht, Allgemeiner Teil, 11. Aufl., Zürich/Basel/Genf 2020 [zit.: GAUCH/SCHLUEP/SCHMID, OR AT].

GIGER HANS, Rechtsanwendung bei Rechtsschutzversicherungen im Spannungsfeld von Rechtsetzung und AGB-Praxis, in: Dörig/Fellmann/Giger/Lendi/Seidl/Stämpfli/Tschirky (Hrsg.), Versicherungsbranche im Wandel – Chancen und Risiken einer Neubesinnung, Liber amicorum für Moritz W. Kuhn, Bern 2009, 41 ff. [zit.: GIGER, FS Kuhn].

GIGER HANS, Geltungs- und Inhaltskontrolle Allgemeiner Geschäftsbedingungen, in: Giger/Schluep (Hrsg.), Schriftenreihe zum Konsumentenschutzrecht, Band XII, Zürich 1983 [zit.: GIGER, Kontrolle AGB].

GIGER HANS, Grundsätzliches zum Einbezug Allgemeiner Geschäftsbedingungen in den Einzelvertrag, in: Giger/Schluep (Hrsg.), Schriftenreihe zum Konsumentenschutzrecht, Band V, Allgemeine Geschäftsbedingungen in Doktrin und Praxis, Zürich 1982, 59 ff. [zit.: GIGER, Einbezug AGB].

GIRSBERGER DANIEL, Vertragsrecht und KMU, in: P. Tercier/M. Amstutz (Hrsg.), Gauchs Welt: Recht, Vertragsrecht und Baurecht, Festschrift für Peter Gauch zum 65. Geburtstag, Zürich 2004, 417 ff. [zit.: GIRSBERGER, FS Gauch].

GORDON-VRBA LUCY, AGB-Kontrolle durch Verbandsklagen der Konsumentenverbände, in: Brunner/Schnyder/Eisner-Kiefer (Hrsg.), Allgemeine Geschäftsbedingungen nach neuem Schweizer Recht, HAVE, Zürich/Basel/Genf 2014, 265 ff.

GRAF VON WESTPHALEN FRIEDRICH, Verbraucherschutz nach zwei Jahrzehnten Klauselrichtlinie, NJW 2013, 961 ff.

GRAMLICH CHRISTOPH, Richterliche Kontrolle nicht ausgehandelter Vertragsklauseln im unternehmerischen Geschäftsverkehr nach dem Vorschlag für ein Gemeinsames Europäisches Kaufrecht und nach deutschem Recht, GPR 2014, 62 ff.

GROLIMUND PASCAL, Aufsichtsrechtliche und vertragsrechtliche Grundlagen für die Überprüfung Allgemeiner Versicherungsbedingungen, HAVE 2007, 145 ff.

GROLIMUND P./BACHOFNER E., Kommentar zu Art. 5 IPRG, in: Grolimund/Loacker/Schnyder/, (Hrsg.), Basler Kommentar, Internationales Privatrecht, 4. Aufl., Basel 2021.

GRÜNEBERG CHRISTIAN, Bürgerliches Gesetzbuch. Kurzkommentar, 82. Auflage, München 2023 [zit.: GRÜNEBERG, BGB].

GUYET JACQUES, Die weiteren Spezialklauseln (Art. 4–8 UWG), in: R. von Büren/L. David (Hrsg.), Schweizerisches Immaterialgüter- und Wettbewerbsrecht, Band V/1, Lauterkeitsrecht, 2. Aufl., Basel 1998, 235 ff.

HAAS U./HUG J., Gerichtsstandsklauseln in Allgemeinen Geschäftsbedingungen, ZZZ 54/2021, 470 ff.

HAAS U./SCHLUMPF M., Kurzkommentar zu Art. 17 ZPO, in: Oberhammer/Domej/Haas (Hrsg.), Schweizerische Zivilprozessordung, 3. Aufl., Basel 2021 [zit.: HAAS/SCHLUMPF, KUKO].

HÄRTING NICO, Internetrecht, 7. Aufl., Köln 2023 [zit.: HÄRTING, Internetrecht].

HARTMANN STEPHAN, «Leistungen des üblichen Verbrauchs» als Element des Konsumentenvertrags, in: Müller/Schwarz (Hrsg.), Festschrift für Walter Fellmann, Zürich 2021, 227 ff. [zit.: HARTMANN, FS Fellmann].

HARTMANN STEPHAN, Auslegung nach dem Vertrauensprinzip und tatsächliches Verständnis, in: B. Hürlimann-Kaup/P. Eitel/S. Hartmann/R. Haas (Hrsg.), Sachenrecht, Obligationenrecht und mehr, Liber amicorum für Jörg Schmid zum 60. Geburtstag, Zürich 2019, 163 ff. [zit.: HARTMANN, FS Schmid].

HARTMANN STEPHAN, Grundlage und Konkretisierung der Ungewöhnlichkeitsregel, in: J. Schmid (Hrsg.), Hommage für Peter Gauch, Zürich 2016, 133 ff. [zit.: HARTMANN, Hommage Gauch].

HEDINGER M./HOSTETTLER Y. S., Kommentar zu Art. 17 ZPO, in: Sutter-Somm/Hasenböhler/Leuenberger (Hrsg.), Kommentar zur Schweizerischen Zivilprozessordnung (ZPO), 3. Aufl., Zürich 2016.

HEISS HELMUT, Unklarheiten der Unklarheitenregel – insbesondere in ihrem Verhältnis zur allgemeinen Rechtsgeschäftslehre, in: P. Grolimund/A. Koller/L. Locker/W. Portmann (Hrsg.), Festschrift für Anton K. Schnyder zum 65. Geburtstag, Zürich/Basel/Genf 2018, 589 ff. [zit.: HEISS, FS Schnyder].

HEISS HELMUT, Kommentierung des Art. 8 UWG, in: Heizmann/Loacker (Hrsg.), UWG. Kommentar, Zürich/St. Gallen 2018 [zit. HEISS, in: Heizmann/Loacker].

HEISS HELMUT/WILLIAM OLIVER, Rechtsfragen der Online-Versicherung, IV. Smart Insurance Contracts, in: S. Fuhrer (Hrsg.), Jahrbuch SGHVR 2018, Jahrestagung vom 7. September 2018 Schwerpunkt: Privatversicherungsrecht, A. Versicherungsrecht 4.0, Zürich 2018, 42 ff. [zit.: HEISS/WLLIAM, SGHVR 2018].

HELLWEGE PHILLIP, Allgemeine Geschäftsbedingungen, einseitig gestellte Vertragsbedingungen und die allgemeine Rechtsgeschäftslehre, Tübingen 2010 [zit.: HELLWEGE, AGB].

HENNINGER ANTON, Vom Umgang mit AGB, BR 2002, 133 ff.

HESS M./RUCKSTUHL L., AGB-Kontrolle nach dem neuen Art. 8 UWG – eine kritische Auslegeordnung, AJP 2012, 1188 ff.

HIGI PETER, Allgemeine Vertragsbestimmungen – Überlegungen zu Gewöhnlichem und Ungewöhnlichem in Recht und Alltag, in: S. Hotz/K. Mathis (Hrsg.), Recht, Moral und Faktizität, Festschrift für Walter Ott, Zürich/St. Gallen 2008, 495 ff. [zit.: HIGI, FS Ott].

HOFFMANN JOCHEN, Aufklärungspflichten bei Formularverträgen mit Sprachunkundigen, IPRax 2015, 528 ff.

HOLLIGER-HAGMANN E., Art. 8 – Das Kuckucksei im UWG, Jusletter 20. Februar 2012.

HOSTETTLER YANNICK, Die Gerichtsstandsvereinbarung im Binnen- und im internationalen Verhältnis, Ein Beitrag zur Abgrenzung der Anwendungsbereiche von Art. 23 LugÜ, Art. 5 IPRG und Art. 17 ZPO und eine Analyse von Problemen im Zusammenhang mit der Sperrwirkung der Rechtshängigkeit, Diss. Basel 2021 [zit.: HOSTETTLER, Gerichtsstandsvereinbarung].

HUG DARIO, La formation du contrat de consommation, Entre régime général et approche sectorielle – analyse et perspectives en droit suisse, Diss. Neuchâtel 2020 [zit.: HUG, formation du contrat].

HUG D./MÜLLER C./SINGER M., Commentaire de l'arrêt du TF 4A_330/2021 du 5 janvier 2022, Exclusion des pandémies dans les conditions générales d'assurance, Jusletter 11. April 2022.

HUGUENIN CLAIRE, Obligationenrecht, Allgemeiner und Besonderer Teil, 3. Aufl., Zürich 2019 [zit.: HUGUENIN, OR].

HUGUENIN JACOBS CLAIRE, Allgemeine Geschäftsbedingungen in der Schweiz im Lichte der neuen EU-Richtlinie über missbräuchliche Klauseln in Verbraucherverträgen, recht 1995, 85 ff. [zit.: HUGUENIN, AGB].

HUGUENIN CLAIRE/MAISSEN EVA, Bedingungsänderungsklauseln, in: Fuhrer/ Weber (Hrsg.), Allgemeine Versicherungsbedingungen, Zürich 2011, 97 ff. [zit.: HUGUENIN/MAISSEN, Bedingungsänderungsklauseln].

HUNGER PATRICK, Allgemeine Geschäftsbedingungen (AGB) und M-Commerce: Die Zumutbarkeit der Kenntnisnahme von AGB im Spannungsverhältnis zwischen Technologie und Recht, SZW 2002, 161 ff. [zit.: HUNGER, AGB].

INFANGER DOMINIK, Kommentar zu Art. 17 ZPO, in Spühler/Tenchio/Infanger (Hrsg.), Basler Kommentar, Schweizerische Zivilprozessordnung, 3. Aufl., Basel 2017.

JÄGGI P./GAUCH P./HARTMANN S., Zürcher Kommentar zu Art. 18 OR, Obligationenrecht, Band V/1/b, 4. Aufl., Zürich 2015 [zit.: ZK-JÄGGI/GAUCH/ HARTMANN].

JENTSCH VALENTIN, Grundlagen und Anwendungsbereich der Inhaltskontrolle von allgemeinen Geschäftsbedingungen, recht 2020, 73 ff.

JÖRG FLORIAN S., Internet-Vertragsrecht: Eine Bestandesaufnahme, in: Arter/ Jörg (Hrsg), Internet-Recht und Electronic Commerce Law, 9. Tagungsband, Bern 2007 [zit.: JÖRG, Internet-Vertragsrecht].

JUNOD MOSER DOMINIQUE, Les conditions générales à la croisée du droit de la concurrence et du droit de la consommation, Etude de droit suisse et de droit européen, Diss. Genf 2001 [zit.: JUNOD MOSER, conditions générales].

JUNG PETER, Die systematische Stellung der offenen AGB – Inhaltskontrolle im UWG – Vertrags- und wettbewerbsrechtliche Folgeprobleme, in: Brunner/Schnyder/Eisner-Kiefer (Hrsg.), Allgemeine Geschäftsbedingungen nach neuem Schweizer Recht, Zürich/Basel/Genf 2014, 129 ff.

KAISER JOB NOELLE, Kommentar zu Art. 31 ff. ZPO, in: Spühler/Tenchio/ Infanger (Hrsg.), Basler Kommentar, Schweizerische Zivilprozessordnung, Basel 2010 [zit.: BSK ZPO-KAISER JOB].

KELLNER MARKUS, Der Rechtsbegriff der allgemeinen Geschäftsbedingungen: Anwendungsbereich der Inhaltskontrolle nach § 879 Abs 3 BGB, Wien 2013 [zit.: KELLNER, Rechtsbegriff].

KILLIAS LAURENT, Kommentar zu Art. 23 LugÜ, in Stämpflis Handkommentar, Dasser/Oberhammer (Hrsg.), Lugano-Übereinkommen (LugÜ), 3. Aufl., Bern 2021 [zit.: SHK LugÜ-Killias].

KIRCHSCHLÄGER CAROLINE, Zumutbare Kenntnisnahme von Online-AGB, in: Gschwend/Hettich/Müller-Chen/Schindler/Wildhaber, Recht im digitalen Zeitalter, Festgabe Schweizerischer Juristentag 2015 in St. Gallen, Zürich/St. Gallen 2015, 387 ff. [zit.: KIRCHSCHLÄGER, Online-AGB].

KLETT K./HURNI C., Eckpunkte der bisherigen bundesgerichtlichen AGB-Geltungskontrolle, recht 2012, 80 ff.

KLING MICHAEL, Sprachrisiken im Privatrechtsverkehr, Die wertende Verteilung sprachenbedingter Verständnisrisiken im Vertragsrecht, Diss. Tübingen 2008 [zit.: KLING, Sprachrisiken].

KOLLER ALFRED, Schweizerisches Obligationenrecht, Allgemeiner Teil, Handbuch des allgemeinen Schuldrechts, 5. Aufl., Bern 2023 [zit.: KOLLER, OR AT].

KOLLER ALFRED, AGB-Recht, Eine Übersicht im Lichte der neuesten Entwicklungen in Gesetzgebung, Rechtsprechung und Lehre, AJP 2016, 279 ff.

KOLLER THOMAS, AGB-Kontrolle und UN-Kaufrecht (CISG) – Probleme aus schweizerischer Sicht, in: F. Harrer/W. Portmann/R. Zäch (Hrsg.), Besonderes Vertragsrecht, Aktuelle Probleme, Festschrift für Heinrich Honsell zum 60. Geburtstag, Zürich 2002, 223 ff. [zit.: T. KOLLER, FS Honsell].

KOLLER THOMAS, in: Koller/Krauskopf/Schwander, Bundesgerichtsentscheide zum Allgemeinen Teil des OR und zum Kaufrecht, 3. Aufl., Zürich 2015 [zit.: T. KOLLER, Entscheide].

KOLLER THOMAS, Fragen zum Recht der Allgemeinen Geschäftsbeziehungen – dargestellt anhand einer Deckungsausschlussklausel in der Betriebshaftpflichtversicherung, recht 1999, 43 ff.

KOLLER THOMAS, Einmal mehr: Das Bundesgericht und seine verdeckte AGB-Inhaltskontrolle, AJP 2008, 943 ff.

KOLLER THOMAS, Art. 8 UWG: Eine Auslegeordnung, in: S. Emmenegger (Hrsg.), Das Bankkonto. Policy – Inhaltskontrolle – Erwachsenenschutz, 2013, 17 ff. [zit.: T. KOLLER, Art. 8 UWG].

KOLLER THOMAS, Art. 8 UWG: Eine Auslegeordnung, AJP 2014, 19 ff.

KÖTZ HEIN, Vertragsrecht, 2. Aufl., Tübingen 2012 [zit.: KÖTZ, Vertragsrecht].

KÖTZ HEIN, Welche gesetzgeberische Massnahmen empfehlen sich zum Schutz des Endverbrauchers gegenüber Allgemeinen Geschäftsbedingungen und Formularverträgen?, Gutachten zum 50. Deutschen Juristentag, in: Verhandlungen des 50. Deutschen Juristentages, Bd. I, Teil A (München 1974) [zit.: KÖTZ, Gutachten].

KÖTZ HEIN, Der Schutzzweck der AGB-Kontrolle – Eine rechtsökonomische Skizze, JuS 2003, 209 ff. [zit.: KÖTZ, Schutzzweck] (nach dem Neuabdruck in: Kötz, Undogmatisches, Tübingen 2005).

KRAMER ERNST A., Willenstheorie versus Erklärungstheorie bei der Vertragsinterpretation, die fragwürdige Renaissance eines epischen Theorienstreits, ZSR 2022, 393 ff.

KRAMER ERNST A., Funktion, rechtliche Problematik und Zukunftsperspektiven der Innominatverträge, in: Kramer (Hrsg.), Neue Vertragsformen der Wirtschaft: Leasing, Factoring, Franchising, 2. Aufl. Bern 1992, 23 ff. [zit.: KRAMER, Innominatverträge].

KRAMER ERNST A., Berner Kommentar, Obligationenrecht, Allgemeine Bestimmungen, Allgemeine Einleitung in das schweizerische Obligationenrecht und Kommentar zu Art. 1, 2 und 18 OR, Band VI/1/1, Bern 1986 [zit.: BK-KRAMER].

KRAMER ERNST A., Konsensprobleme im Rahmen des UN-Kaufrechts, in: Fischer-Czermak/Kletecka/Schauer/Zankl (Hrsg.), Wien 2004, 539 ff. [zit.: KRAMER, FS Welser].

KRAMER ERNST A., Vertragsrecht im Umbau, ÖJZ 1980, 233 ff.

KRAMER ERNST A., Neues aus Gesetzgebung, Praxis und Lehre zum Vertragsschluss, in: BJM 1995, 1 ff.

KRAMER ERNST A., Allgemeine Geschäftsbedingungen: Status quo, Zukunftsperspektiven, SJZ 1985, 33 ff.

KRAMER ERNST A., Internationale, europäische und schweizerische Perspektiven des Vertragsrechts, JBl 2012, 750 ff.

KRAMER ERNST A., Nichtausgehandelter Individualvertrag, notariell beurkundeter Vertrag und AGBG, ZHR 146 (1982) 105 ff.

KRAMER ERNST A., Konzeptionsfragen zur Vertragsinhaltskontrolle, ZSR 173 (2018) I, 295 ff.

KRAMER ERNST A./PROBST THOMAS, Obligationenrecht, Allgemeiner Teil (Grundkurs), 3. Aufl., Basel 2018 [zit.: KRAMER/PROBST, OR AT].

KRÖLL S./HENNECKE R., Kollidierende Allgemeine Geschäftsbedingungen in internationalen Kaufverträgen, RIW 2001, 736 ff.

KUONEN NICOLAS P. M., Le contrôle des conditions générales: l'envol manqué du phénix, SemJud 136/2014 II, 1 ff.

KUT AHMED, Kommentar zu Art. 1 OR, in Furrer/Schnyder (Hrsg.), Handkommentar zum Schweizer Privatrecht, Band IV, Art. 1–183 OR, Allgemeine Bestimmungen, 4. Aufl., Zürich 2022 [zit.: KUT, CHK].

LANGER DIRK, Verträge mit Privatkunden im Internet, Diss. Genf 2003 [zit.: LANGER, Verträge Internet].

LEUPOLD P./RAMHARTER M., Die ergänzende Auslegung von Verbraucherverträgen im Lichte des Europarechts, ÖBA 2015, 16 ff.

LEUSCHNER LARS, Gebotenheit und Grenzen der AGB-Kontrolle, AcP 207 (2007), 491 ff.

LEYENS P.C./SCHÄFER H.-B., Inhaltskontrolle allgemeiner Geschäftsbedingungen, Rechtsökonomische Überlegungen zu einer einheitlichen Konzeption von BGB und DCFR, AcP 210 (2010) 782 ff.

LORENZ T./MÜLLER-CHEN M., Per Mausklick zum Gerichtsstand: Gerichtsstandsvereinbarungen im grenzüberschreitenden elektronischen Geschäftsverkehr, in: Gschwend/Hettich/Müller-Chen/Schindler/Wildhaber (Hrsg.), Recht im digitalen Zeitalter, Festgabe Schweizerischer Juristentag 2015 in St. Gallen, Zürich/St.Gallen 2015, 725 ff. [zit.: LORENZ/MÜLLER-CHEN, Gerichtsstand].

LÜSCHER CHRISTOPH, «Gewöhnliches» zur Ungewöhnlichkeitsregel oder «Ungewöhnliches Gewöhnliches»?, Jusletter vom 18. Oktober 2010.

MAIDL JOHANNES, Ausländische AGB im deutschen Recht, München 2000 [zit.: MAIDL, Ausländische AGB].

MAISSEN EVA, Die automatische Vertragsverlängerung, unter dem Aspekt der Kontrolle von Allgemeinen Geschäftsbedingungen (AGB), Diss. Zürich 2012 [zit.: MAISSEN, Vertragsverlängerung].

MARBACH E./DUCREY P./WILD, Immaterialgüter- und Wettbewerbsrecht, 4. Aufl., Bern 2017 [zit.: MARBACH/DUCREY/WILD, Immaterialgüterrecht].

MARTENET V./KILLIAS P.-A., in: Martenet/Bovet/Tercier (Hrsg.), Commentaire romand, Droit de la concurrence, 2. Aufl., Basel 2013 [zit.: CR Concurrence-MARTENET/KILLIAS].

MARTIN-ACHARD EDMOND, La loi fédérale contre la concurrence déloyale du 19 décembre 1986, Lausanne 1988, 86 ff. [zit.: MARTIN-ACHARD, concurrence déloyale].

MATT PETER, Das Transparenzgebot in der deutschen AGB-Rechtsprechung: Ein Mittel zur Aktivierung von Art. 8 UWG?, Diss. Basel 1997 [zit.: MATT, Transparenzgebot].

MEDICUS DIETER/PETERSEN JENS, Allgemeiner Teil des BGB, 11. Aufl., Heidelberg 2016 [zit.: MEDICUS/PETERSEN, BGB AT].

MERZ HANS, Vertrag und Vertragsschluss, 2. Aufl., Freiburg 1988 [zit.: MERZ, Vertrag].

MERZ HANS, Massenvertrag und Allgemeine Geschäftsbedingungen, in: Mélanges en l'honneur de Wilhelm Schönenberger, Freiburg 1968, 137 ff. [zit.: MERZ, FS Schönenberger].

MITROVIC MILIVOJE, Einseitige Änderungsklauseln in Allgemeinen Geschäftsbedingungen, Diss. St. Gallen 2022 [zit.: MITROVIC, Änderungsklauseln].

MÖHLER CHRISTINE, Konsumentenverträge im schweizerischen Schiedsverfahren mit rechtsvergleichenden Aspekten, Diss. Luzern 2015 [zit.: MÖHLER, Schiedsverfahren].

MORIN ARIANE, Les clauses contractuelles non négociées, ZSR (2009) I, 497 ff.

MORIN ARIANE, in: Luc Thévenoz/Franz Werro (Hrsg.), Commentaire Romand, Code des obligations I, Code des obligations Art. 1–529, 3. Aufl., Basel 2021 [zit.: CR CO I-MORIN].

MORSCHER LUKAS, Aktuelle Entwicklungen im Technologie- und Kommunikationsrecht, ZBJV 2011, 177 ff.

MÜLLER CHRISTOPH, Berner Kommentar, Obligationenrecht, Kommentar zu Art. 1–18 OR mit allgemeiner Einleitung in das Schweizerische Obligationenrecht, Bern 2018 [zit.: BK-MÜLLER].

MÜLLER W./SCHILLING A., AGB-Kontrolle im unternehmerischen Geschäftsverkehr – eine rechtsvergleichende Betrachtung, BB 2012, 2319 ff.

MÜLLER-CHEN MARKUS, Zürcher Kommentar zu Art. 5 IPRG, in Müller-Chen/Widmer Lüchinger (Hrsg.), Kommentar zum Bundesgesetz über das Internationale Privatrecht (IPRG) vom 18. Dezember 1987, Band I – Art. 1-108 IPRG, 3. Aufl., Zürich 2018 [zit.: ZK-Müller-Chen].

MÜNCHENER KOMMENTAR ZUM BGB, Bd. 2, §§ 241–310, 9. Aufl., München 2022.

NAU LILIANE, in: Contrôle par le juge du contenu des conditions générales de contrat – Approches plurielles d'une question récurrente, in: Jung (Hrsg.) Europäisches Privatrecht in Vielfalt geeint – Richterliche Eingriffe in den Vertrag, 2013, 205 ff. [zit.: NAU, Approches plurielles].

NEUNER J., Allgemeiner Teil des Bürgerlichen Rechts, 13. Aufl., München 2023 [zit.: NEUNER, BGB AT].

NEUMAYER KARL H., Zu Art. 8 des neuen UWG – Eine rechtsvergleichende Analyse, in: P. Forstmoser/A. Heini et al. (Hrsg.), Festschrift für Max Keller zum 65. Geburtstag, Zürich 1989, 727 ff.

NESTLÉ BARBARA M., Die Übernahme allgemeiner Geschäftsbedingungen bei Internetangeboten (nach schweizerischem, europäischem und amerika–nischem Konsumentenschutzrecht), in: Weber/Hilty/auf der Maur (Hrsg.), Geschäftsplattform Internet – Rechtliche und praktische Aspekte, Zürich 2000 [zit.: NESTLÉ, Übernahme AGB].

NIGGEMANN FRIEDRICH, AGB-Kontrolle im kaufmännischen Geschäftsverkehr nach der Reform des französischen Code Civil?, RIW 2018, 657 ff.

PEDRAZZINI M./PEDRAZZINI F., Unlauterer Wettbewerb, UWG, 2. Aufl., Bern 2002 [zit.: PEDRAZZINI/PEDRAZZINI, UWG].

PERRIG ROMAN, Die AGB-Zugänglichkeitsregel, Das Kriterium der Zugänglichkeit als Regelerfordernis bei der Einbeziehung von Allgemeinen Geschäftsbedingungen (AGB) – Empfehlungen zu einem Swiss Code of Best Practice, Diss. Basel 2011 [zit.: PERRIG, Zugänglichkeitsregel].

PERRIG ROMAN, Einbeziehung von Allgemeinen Geschäftsbedingungen (AGB) – Zugänglichkeitsregel, in: Brunner/Schnyder/Eisner-Kiefer (Hrsg.), Allgemeine Geschäftsbedingungen nach neuem Schweizer Recht, HAVE, Zürich/Basel/Genf 2014, 169 ff. [zit.: PERRIG, Einbeziehung].

PFEIFFER RETO, Rechtsfolge der «Verwendung missbräuchlicher Geschäftsbedingungen», Zürich 2021.

PFEIFFER THOMAS, Was kann ein Verbraucher? Zur Relevanz von Informationsverarbeitungskapazitäten im AGB-Recht und darüber hinaus, in: NJW 2011, 1 ff. [zit.: PFEIFFER, NJW 2011].

PICHONNAZ PASCAL, Vers un contrôle amélioré des conditions générales en droit suisse?, Réflexions sur l'Art. 20a CO de l'Avant-projet de la Loi sur le contrat d'assurance, in: P. Gauch/F. Werro/P. Pichonnaz (Hrsg.), Mélanges en l'honneur de Pierre Tercier, Genf/Zürich/Basel, 2008, 377 ff. [zit.: PICHONNAZ, FS Tercier].

PICHONNAZ PASCAL, Le nouvel article LCD, Droit transitoire, portée et conséquences, in BR 2012, 140 ff.

PICHONNAZ PASCAL. Art. 8 LCD, in: V. Martenet/P. Pichonnaz (Hrsg.), Commentaire romand, Loi contre la concurrence déloyale, Genf/Basel/München 2017 [zit.: CR LCD-Pichonnaz].

PICHONNAZ PASCAL, La modification des conditions générales et l'application temorelle de l'article 8 LCD, in: Emmenegger/Hrubesch-Millauer/Krauskopf/ Wolf (Hrsg.), Brücken bauen. Festschrift für Thomas Koller, Bern 2018, 703 ff. [zit. PICHONNAZ, FS Koller].

PICHONNAZ PASCAL, Les clauses de prix dans les conditions générales – Un onjeu pour les consommateurs, in: Pichonnaz/Werro, La place de consomateur au quotidien (La pratique contractuelle 7), Genf/Zürich 2022, 33 ff. [zit. PICHONNAZ, Les clauses de prix].

PROBST THOMAS, Der Einfluss des EU-Rechts auf den Gesetzgebungsstil im schweizerischen Privatrecht, in: Die Schweiz und die europäische Integration, 20 Jahre Institut für Europarecht, Institut für Europarecht der Universität Freiburg (Hrsg.), Zürich/Basel/Genf 2015, 249 ff. [zit.: PROBST, Gesetzgebungsstil].

PROBST THOMAS, Kommentar zu Art. 8 UWG, in Stämpflis Handkommentar, Jung/Spitz (Hrsg.), Bundesgesetz gegen den unlauteren Wettbewerb, 3. Auflage, Bern 2023, [zit.: SHK UWG-PROBST].

PROBST THOMAS, Erläuterungen zu Art. 16 OR 2020, in Huguenin/Hilty (Hrsg.), OR 2020, Entwurf für einen neuen allgemeinen Teil, Zürich/Basel/Gern 2013 [zit.: OR 2020-PROBST].

PROBST THOMAS, Die richterliche Inhaltskontrolle Allgemeiner Geschäftsbedingungen im schweizerischen Recht: Ein rückblickender Ausblick in die Zukunft, in: P. Jung (Hrsg.) Europäisches Privatrecht in Vielfalt geeint – Richterliche Eingriffe in den Vertrag, 2013, 223 ff. [zit.: PROBST, richterliche Inhaltskontrolle].

PROBST THOMAS, Die Verknüpfung von Personendaten und deren rechtliche Tragweite, in: Epiney/Probst/Gammenthaler (Hrsg.) Tagungsband des Dritten Schweizerischen Datenschutzrechtstags vom 21./22. Januar 2010, Bern, 2010, 1–40 [zit.: PROBST, Verknüpfung von Personendaten].

PROBST THOMAS, Die unbestimmte «Bestimmbarkeit» der von Daten betroffenen Person im Datenschutzrecht oder – Personendaten und anonymisierte Einzeldaten in der globalisierten Informationsgesellschaft – Quo vaditis?, AJP 2013/10, 1423 ff. [zit.: PROBST, Bestimmbarkeit].

PROBST THOMAS, Kommentar zu Art. 87 SVG, in: Niggli/Probst/Waldmann, Basler Kommentar, Strassenverkehrsgesetz, Basel 2014 [zit.: BSK SVG-PROBST].

PROBST THOMAS, Die Rechtsprechung des Europäischen Gerichtshofes als neue Herausforderung für die Praxis und die Wissenschaft im schweizerischen Privatrecht, Basler Juristische Mitteilungen 2004, 225–260.

PROBST THOMAS, Control of Price Related Terms in Standard Form Contracts in Switzerland – The Control of Standard Contracts Terms: The Swiss Approach, in: Atamer/Pichonnaz (Hrsg.), Control of Price Related Terms in Standard Form Contracts, Cham 2020, 653–671.

PROBST THOMAS, Wettbewerbsrecht und Konsumentenschutz. Ein (dis)harmonisches Konkubinat?, Jusletter vom 6. Februar 2017.

PROBST THOMAS, Bankgebühren und der Schutz des Kunden vor missbräuchlichen AGB, Jusletter vom 24. April 2017.

PROBST THOMAS, Konsumentenschutz durch Information und Vertragsentbindung, in: Heiss/Loacker, Grundfragen des Konsumentenrechts, Zürich/Basel/Genf 2020, 151–189.

PROBST THOMAS, Digitalisierung und Privatrecht, Probleme des Schutzes der Privatsphäre aus vertragsrechtlicher Sicht, in: Epiney/Sangsue, Digitalisierung und Privatsphäre, Zürich, Basel, Genf 2018, 41–76 [zit.: PROBST, Digitalisierung].

RAISER LUDWIG, Das Recht der Allgemeinen Geschäftsbedingungen, 1935.

RANIERI FILIPPO, Europäisches Obligationenrecht, 3. Aufl., Wien/New York 2009.

REETZ PETER, Die allgemeinen Bestimmungen des Gerichtsstandsgesetzes, Diss. Zürich 2001 [zit.: REETZ, GestG].

REHBINDER MANFRED/STÖCKLI JEAN-FRITZ, Obligationenrecht, Die einzelnen Vertragsverhältnisse, Der Arbeitsvertrag, Art. 319–362 OR, Einleitung und Kommentar zu den Art. 319–330b OR, Band VI/2/2/1, Bern 2010 [zit.: BK-REHBINDER/STÖCKLI].

RENNER MORITZ, Die Natur des Vertrags nach § 307 Abs. 2 Nr. 2 BGB, Soziologische Massstabsbildung bei der AGB-Inhaltskontrolle, AcP 213 (2013) 677 ff.

ROBERTO V./STEHLE B., Zeitlicher Anwendungsbereich von Art. 8 UWG, recht 2014, 235 ff.

ROBERTO V./WALKER M., AGB-Kontrolle nach dem revidierten Art. 8 UWG, AJP 2014, 49 ff.

ROSENTHAL DAVID, Rechtliche Fussangel im M-Commerce, Kleingedrucktes auf dem WAP-Handy, in: Jusletter vom 3. Juli 2000.

ROSENTHAL DAVID, Das neue Datenschutzrecht, Jusletter 16. November 2020.

REYMOND JEAN-MARC, in: Martenet/Bovet/Tercier (Hrsg.), Commentaire romand, Droit de la concurrence, 2. Aufl., Basel 2013 [zit.: CR Concurrence-REYMOND].

RÜETSCHI DAVID, Zur Anwendung von Art. 8 auf altrechtliche Verträge. Ein kasuistischer Lösungsansatz, recht 2013, 101 ff.

RUSCH ARNOLD F., Bitte recht feindlich – zur Auslegung allgemeiner Geschäftsbedingungen, AJP 2014, 203 ff.

RUSCH ARNOLD F., Schadensabwälzungsklauseln in der Inhaltskontrolle, SZW 2012, 439 ff.

RUSCH ARNOLD F., Verzug, Inkasso und AGB, AJP 2021, 1131 ff.

RUSCH ARNOLD F., Was braucht es, damit die SIA-Normen gelten? Vom richtigen Einbezug der SIA-Normen, AJP 2019, 631 ff.

RUSCH ARNOLD F., Bestätigungen in allgemeinen Geschäftsbedingungen, AJP 2019, 329 ff.

RUSCH ARNOLD F., Salvatorische Klauseln in AGB, sui-generis 2016, 73 ff.

RUSCH ARNOLD F./SCHIRRMACHER A., Konsumentenorganisationen im AGB-Streit, ZBJV 2013, 683 ff.

RUSCH ARNOLD F./MAISSEN EVA, Automatische Vertragsverlängerungsklauseln in allgemeinen Geschäftsbedingungen, recht 2010, 95 ff.

RUSCH ARNOLD F./ HUGUENIN CLAIRE, Einseitige Änderungsrechte in allgemeinen Geschäftsbedingungen – das trojanische Pferd im Vertrag, SZW 2008, 37 ff.

SCHÄFER CARSTEN, Vertragsschluss unter Einbeziehung von Allgemeinen Geschäftsbedingungen gegenüber Fremdmuttersprachlern, in: JZ 2003, 879 ff.

SCHLECHTRIEM PETER/SCHWENZER INGEBORG/SCHROETER ULRICH (Hrsg.), Kommentar zum Einheitlichen UN-Kaufrecht – CISG – 7. Aufl., München/Basel 2019 [zit.: SCHLECHTRIEM/SCHWENZER, CISG].

SCHMID A./SCHMID J.-D., Gerichtsstandsklauseln in allgemeinen Geschäftsbedingungen in über das internet abgeschlossenen Verträgen im Binnenkontext, Jusletter vom 6. Juni 2011.

SCHMID JÖRG, Gewährleistungsbeschränkungen bei Grundstückverkäufen und Art. 8 UWG, in: P. Tercier/R. Hürlimann (Hrsg.), In Sachen Baurecht, Freiburg 1989, 47 ff. [zit.: SCHMID, Gewährleistungsbeschränkungen].

SCHMID JÖRG, Freizeichnungsklauseln, in: H. Honsell/W. Portmann/R. Zäch/D. Zobel (Hrsg.), Aktuelle Aspekte des Schuld- und Sachenrechts, Festschrift für Heinz Rey zum 60. Geburtstag, Zürich/Basel/Genf 2003, 307 ff. [zit.: SCHMID, FS Rey].

SCHMID JÖRG, Die Inhaltskontrolle Allgemeiner Geschäftsbedingungen: Überlegungen zum neuen Art. 8 UWG, ZBJV 148/2012, 1 ff.

SCHMID JÖRG, Die Globalübernahme von Allgemeinen Geschäftsbedingungen bei Konsumentenverträgen – Nicht gelesene AGB im Lichte von Konsens und Vertrauensprinzip, in: S. Emmenegger/S. Hrubesch-Millauer/F. Krauskopf/S. Wolf (Hrsg.), Brücken bauen, Festschrift für Thomas Koller, Bern 2018, 851 ff. [zit.: SCHMID, FS Koller].

SCHMID J./ZBINDEN O., Die privatrechtliche Rechtsprechung des Bundesgerichts im Jahr 2013, ZBJV 2015, 26 ff.

SCHMIDT HUBERT, Einbeziehung von AGB im Verbraucherverkehr, NJW 2011, 1633 ff. [zit.: SCHMIDT, AGB].

SCHMIDT HUBERT, Einbeziehung von AGB im unternehmerischen Geschäftsverkehr, NJW 2011, 3329 ff.

SCHNYDER ANTON K., Einführung in die Dogmatik der AGB nach schweizerischem und europäischem Recht, in: Brunner/Schnyder/Eisner-Kiefer (Hrsg.), Allgemeine Geschäftsbedingungen nach neuem Schweizer Recht, Zürich/Basel/Genf 2014, 39 ff.

SCHÖNENBERGER W./JÄGGI P., Zürcher Kommentar zum Schweizerischen Zivilgesetzbuch, Obligationenrecht, Kommentar zur 1. und 2. Abteilung (Art. 1–529 OR), Teilband V 1a, Art. 1–17 OR, 3. Aufl., Zürich 1973 [zit.: ZK-SCHÖNENBERGER/JÄGGI].

SCHOTT ANSGAR, Missbräuchliche Allgemeine Geschäftsbedingungen – Zur Inhaltskontrolle, Insbesondere zu den Allgemeinen Geschäftsbedingungen der Banken, ST 2012, 78 ff. [zit.: SCHOTT, AGB].

SCHROETER ULRICH G., Rückkaufvereinbarungen und «contra proferentem»-Regel unter dem UN-Kaufrecht, IHR 2014, 173 ff.

SCHROETER ULRICH G, in: Schlechtriem/Schwenzer/Schroeter, Kommentar zum UN-Kaufrecht (CISG), 7. Aufl., München/Basel 2019 [zit.: SCHROETER, in: Schlechtriem/Schwenzer/Schroeter, CISG].

SCHULER ALOIS G., Über Grund und Grenzen der Geltung von Allgemeinen Geschäftsbedingungen, Diss. Zürich 1978 [zit.: SCHULER, Geltung AGB].

SCHUMACHER RAINER, Vertragsgestaltung, Systemtechnik für die Praxis, Zürich 2004 [zit.: SCHUMACHER, Vertragsgestaltung].

SCHULTHEISS JÖRG, Allgemeine Geschäftsbedingungen im UN-Kaufrecht, Diss. Saarbrücken, Frankfurt a.M. 2004 [zit.: SCHULTHEISS, AGB UN-Kaufrecht].

SCHWAB KARIN, Die Übernahme von Allgemeinen Geschäftsbedingungen in elektronisch abgeschlossene Verträge, Diss. Zürich 2001 [zit.: SCHWAB, elektronische Verträge].

SCHWEIKARD C./VASELLA D., Datenschutzerklärungen und AGB, digma 2020, 88 ff.

SCHWENZER I./FOUNTOULAKIS C., Schweizerisches Obligationenrecht, Allgemeiner Teil, 8. Aufl., Bern 2020 [zit.: SCHWENZER/FOUNTOULAKIS, OR AT].

SPITZER MARTIN, Vertragslücken im österreichischen und europäischen Recht, ÖJZ 2020, 761 ff.

STAEHELIN A./STAEHELIN D./GROLIMUND P., bearbeitet von Staehelin D./ Grolimund P./Bachofner E., Zivilprozessrecht, 3. Aufl., Zürich 2019 [zit.: STAEHELIN/STAEHELIN/GROLIMUND-BEARBEITER, Zivilprozessrecht].

STAUDER BERND, Allgemeine Reisebedingungen, in: Ernst Kramer (Hrsg.), Schweizerisches Privatrecht, Band X, Konsumentenschutz im Privatrecht, Basel 2008, 323 ff. [zit.: STAUDER, Reisebedingungen].

STAUDER BERND, Der Schutz des Konsumenten im E-Commerce, in: Trüeb (Hrsg.), Stiftung juristische Weiterbildung Zürich, Aktuelle Rechtsfragen des E-Commerce, Zürich 2001, 139 ff. [zit.: STAUDER, E-Commerce].

STEHLE BERNHARD, Vom wirklichen Willen der Vertragsparteien, recht 2014, 257 ff.

STICHER WALTER, Die Kontrolle Allgemeiner Geschäftsbedingungen als wettbewerbsrechtliches Problem, Diss. St. Gallen 1981 [zit.: STICHER, AGB].

STÖCKLI JEAN-FRITZ, Allgemeine Arbeitsbedingungen, Diss. Zürich 1979 [zit.: STÖCKLI, AAB].

STÖCKLI H./AESCHIMANN L., Art. 8 UWG und die öffentliche Beurkundung – Überlegungen zur AGB-Kontrolle bei Grundstückverträgen, ZBGR 95/2014, 73 ff.

STÖCKLI HUBERT, Der neue Art. 8 UWG – offene Inhaltskontrolle, aber nicht für alle, BR 2011, 184 ff. [zit.: STÖCKLI, offene Inhaltskontrolle].

STÖCKLI H./BIERI R., Prolongationsklauseln in AGB – ein erstes Urteil zum revidierten Art. 8 UWG, HAVE 2014, 398 ff.

STOFFELS MARKUS, AGB-Recht, 4. Aufl., München 2021 [zit.: STOFFELS, AGB-Recht].

STUCKI MARIUS, Art. 8 UWG: Die neue AGB-Inhaltskontrolle aus Sicht eines Studienabgängers, Jusletter vom 10. März 2014.

STÜRNER MICHAEL, Europäisches Vertragsrecht, Berlin/Boston 2021.

SUTTER G./LÖRTSCHER F., Klagerecht des Bundes gegen missbräuchliche AGB, recht 2012, 93 ff. [zit.: SUTTER/LÖRTSCHER, Klagerecht].

SUTTER-SOMM T./SEILER B., Kommentar zu Art. 17 ZPO, in Sutter-Somm/ Seiler (Hrsg.), Handkommentar zur Schweizerischen Zivilprozessordung, Art. 1-408 ZPO, Zürich 2021 [zit.: CHK ZPO-SUTTER-SOMM/SEILER].

TERCIER PIERRE, Lo loi, les normes et leurs compléments. Quelques réflexions sur les sources du droit privé de la construction, BR 1983, 63 ff.

TERCIER P./BIERI L./CARRON B., Les contrats spéciaux, 5. Aufl., Zürich/Basel 2016.

TERCIER P./PICHONNAZ P., Le droit des obligations, 6. Aufl., Zürich 2019 [zit.: TERCIER/PICHONNAZ].

THOUVENIN FLORENT, Art. 8 UWG: Zur Strukturierung eines strukturlosen Tatbestandes, in: Jusletter 29. Oktober 2012; [zit.: THOUVENIN, Strukturierung].

THOUVENIN FLORENT, in: Hilty/Arpagaus (Hrsg.), Basler Kommentar zum Bundesgesetz gegen den unlauteren Wettbewerb, Basel 2013, Art. 8 N 1 ff. [zit.: BSK UWG-THOUVENIN].

THOUVENIN FLORENT, Die Datenschutzerklärung: eine Rechtsfigur mit zwei Gesichtern, in: W. Portmann/H. Heiss/P. R. Isler/F. Thouvenin (Hrsg.), Gedenkschrift für Claire Huguenin, Zürich 2020, 463 ff. [zit.: THOUVENIN, GS Huguenin].

UFFMANN KATHARINA, Vertragsgerechtigkeit als Leitbild der Inhaltskontrolle, – Der BGH und die ergänzende Vertragsauslegung, NJW 2012, 2225 ff.

TOLLER MARCO, Schuldrechtliche Folgen der Verletzung von Art. 8 UWG, in: A. Kellerhals (Hrsg.), Aktuelle Fragen zum Wirtschaftsrecht, Zürich 1995, 51 ff. [zit.: TOLLER, Schuldrechtliche Folgen].

VISCHER MARKUS, Freizeichnungsklauseln in Grundstückverträgen – Gegenstand einer AGB-Kontrolle oder der Selbstverantwortung, SJZ 2012, 177 ff. [zit.: VISCHER, Freizeichnungsklauseln].

VISCHER MARKUS, Zur generell-abstrakten AGB-Kontrolle nach UWG, AJP 2014, 964 ff.

VISCHER MORITZ, Die Bedeutung von Art. 256 OR für das Mietrecht, AJP 2014, 964 ff.

WALKER NADJA, Kontrolle von Konsumenten-AGB unter besonderer Berücksichtigung der Inhaltskontrolle nach Art. 8 UWG, Diss. St. Gallen, 2015 [zit.: WALKER, Konsumenten-AGB].

WEBER ROLF H., E-Commerce und Recht, Rechtliche Rahmenbedingungen elektronischer Geschäftsformen, 2. Aufl., Zürich 2010 [zit.: WEBER, ECommerce].

WEBER ROLF H., Leistungsstörungen und Rechtsdurchsetzung bei Smart Contracts – eine Auslegeordnung möglicher Problemstellungen, Jusletter 4. Dezember 2017.

WENDLAND MATTHIAS, Allgemeine Geschäftsbedingungen, in Staudinger BGB: Eckpfeiler des Zivilrechts, Berlin 2020, Teil E, 255 ff.

WETZEL T./GRIMM M./MOSIMANN P., Die Anwendbarkeit von Art. 8 UWG auf AGB in Mietverträgen, MRA 2013, 3 ff. [zit.: WETZEL/GRIMM /MOSIMANN, AGB Mietverträge].

WIDMER ESTHER, Missbräuchliche Geschäftsbedingungen nach Art. 8 UWG, Diss. Bern 2015 [zit.: WIDMER, Geschäftsbedingungen].

WIEDEMANN HERBERT, Inhaltskontrolle vorformulierter Verträge, in Festschrift für Max Kummer, 1980, 175 ff. [zit.: WIEDEMANN, FS Kummer].

WIEGAND WOLFGANG, Die Auslegung allgemeiner Geschäftsbedingungen, in: H. Honsell/R. Zäch et al. (Hrsg.), Privatrecht und Methode, Festschrift für Ernst A. Kramer, Basel 2004, 331 ff. [zit.: WIEGAND, FS Kramer].

WIEGAND WOLFGANG, Kommentar zu Art. 18 OR, in: Widmer/Lüchinger/Oser (Hrsg.), Basler Kommentar, Obligationenrecht I, Art. 1–529 OR, 7. Aufl., Basel 2020 [zit.: BSK OR-WIEGAND].

WIEGAND W./HURNI C., in Honsell Heinrich (Hrsg.), Kurzkommentar OR Art. 1–529, 2. Aufl., Basel 2014 [zit.: WIEGAND/HURNI, KUKO OR].

WILDHABER ISABELLE, Inhaltskontrolle von Allgemeinen Geschäftsbedingungen im unternehmerischen Verkehr, SJZ 2011, 537 ff.

WILLIAM OLIVER, Geltung und Auslegung – AGB-rechtliche Implikationen eines aktuellen Urteils, in: M. Hürzeler/V. Pribnow/B. Stehle/R. Wendelspiess (Hrsg.), Jahrestagung zum Versicherungsrecht und Versicherungsaufsichtsrecht, HAVE, Zürich 2022, 42 ff. [zit.: WLLIAM, HAVE 2022].

WOLF M./LINDACHER W. F./PFEIFFER TH., AGB-Recht, 7. Aufl., München 2020.

WURMNEST WOLFGANG, Kautelarpraxis und Allgemeine Geschäftsbedingungen, RabelsZ 82 (2018) 346 ff.

ZELLWEGER-GUTKNECHT C., in: Widmer/Lüchinger/Oser (Hrsg.), Basler Kommentar, Obligationenrecht I, Art. 1–529 OR, 7. Aufl., Basel 2020 [zit.: BSK OR I-ZELLWEGER-GUTKNECHT].

Erster Teil: Grundlagen

§ 1 Einführung in das Recht der AGB

I. Relevanz, Funktionen und Rechtsnatur der AGB; Missbrauchsgefahr und Schutzbedürftigkeit des Kunden

1. Die faktische Relevanz und die Funktionen der AGB

Allgemeine Geschäftsbedingungen (AGB), also von einer Partei (dem *«Verwender»*) einseitig vorformulierte und anlässlich des Vertragsschlusses mit dem Partner (dem *«Kunden»*) nicht ausgehandelte Vertragsbedingungen,[1] «sind aus dem modernen Geschäftsleben nicht mehr wegzudenken»[2]. Sie spielen, wie *Kötz* zutreffend beobachtet[3], typischer Weise nur dann keine Rolle, «wenn der Vertragsgegenstand besonders viel oder besonders wenig wert ist», also im Allgemeinen nur dann nicht, wenn sich die Kontrahenten bei wirtschaftlich schwerwiegenden Transaktionen (etwa Unternehmensübernahmen) einen ganz individuellen vertraglichen «Massanzug»[4] schneidern, oder wenn – umgekehrt – Bargeschäfte des täglichen Gebrauchs (etwa auf dem Wochenmarkt oder im Supermarket) zur Debatte stehen. «In dem breiten Mittelfeld, das zwischen diesen beiden Sonderfällen liegt, haben AGB eine gewaltige praktische Bedeutung»[5]. Sie prägen als *«selbstgeschaffenes Recht der Wirtschaft»*[6] in vielen Wirtschaftsbranchen (wie etwa in der Versicherungswirtschaft, im Bankgeschäft, bei Telekommunikationsunternehmungen, Speditionen, im Bauwesen, um nur einige wenige wichtige Beispiele zu nennen) die Vertragswirklichkeit. 1

Dies ist, wie im Hinblick auf die *«Risikoabwälzungsfunktion»* der AGB zu zeigen sein wird,[7] keineswegs unbedenklich und ruft dringend nach rechtlicher Kontrolle. Auf der anderen Seite liegt es auf der Hand, dass die AGB durchaus positiv zu bewertende, ja für das Vertragswesen – wie etwa, um nur ein Beispiel zu nennen, im Versicherungsvertragsrecht – unverzichtbare *Funktionen* 2

---

1 Zum Begriff der AGB ausführlich unten N 15, N 74 ff.

2 Kötz, Vertragsrecht, § 6 N 241.

3 Kötz, Vertragsrecht, § 6 N 241.

4 Kötz, Vertragsrecht, § 6 N 241.

5 Kötz, Vertragsrecht, § 6 N 242.

6 Grossmann-Doerth, Selbstgeschaffenes Recht der Wirtschaft und staatliches Recht, Freiburg/B. 1933.

7 Dazu unten N 5 ff.

erfüllen.[8] Sie dienen im Hinblick auf Nebenpunkte des Vertrags zum einen der Rationalisierung des Geschäftsverkehrs – und haben damit, ökonomisch betrachtet, eine die *Transaktionskosten senkende Wirkung* –, indem sie den Unternehmer von der Umständlichkeit entheben, bei «Massengeschäften» mit typisierter Interessenlage jeweils gesondert neue Vertragsbedingungen entwerfen zu müssen (*«Rationalisierungsfunktion»*);[9] zum anderen erfüllen die «standard terms» eine *«Modernisierungs-»* bzw. *«Spezialisierungsfunktion»*[10]: Sie passen das Vertragsrecht durch Ergänzung der nicht ins Detail gehenden Gesetzesregeln, aber auch durch völlige Neuregelungen, kontinuierlich an neue wirtschaftliche Gegebenheiten an und stillen damit den «Normenhunger», der dadurch entsteht, dass der Gesetzgeber nicht auf alle sich in der Rechtswirklichkeit abzeichnenden Entwicklungen neuer Vertragstypen oder Vertragsabschlusstechniken sofort reagieren und diese im Besonderen Teil des OR oder in Nebengesetzen eigens gesetzlich regeln kann (und sollte!). Gleichzeitig fördern die AGB für solche Verträge auch die Orientierungssicherheit nicht nur der Verwender, sondern auch der Kunden.

2. Die Rechtsnatur der AGB in normativer und soziologischer Sicht

3 AGB erwecken in ihrer äusseren Erscheinung oft den Anschein offizieller normativer Qualität. Sie sind generell-abstrakt formuliert, folgen regelmässig einer Artikelzählung, haben eine durch Überschriften gegliederte Struktur, ja be-

---

8 Zur «wohlfahrtssteigernden Wirkung» der AGB: Leuschner, AcP 207 (2007) 502 ff.; vgl. auch M. Kellner, Vereinbarung der Geltung von AGB und nachträgliche AGB-Änderung, ÖBA 2019, 21.

9 S. schon Raiser, 20: AGB sollen «den Geschäftsbetrieb vereinfachen: viel Schreibwerk und lange Verhandlungen werden erspart, wenn man auf die vorgedruckten Bedingungen verweisen kann; die inhaltliche Gleichheit der abgeschlossenen Verträge … ist eine notwendige Grundlage genauer Kalkulation; Verpflichtungen, die mit schwer übersehbarem und darum auch schlecht zu kalkulierendem Risiko verbunden sind, können begrenzt oder ausgeschlossen werden». Zur Rationalisierungsfunktion und zu den anderen Funktionen der AGB eingehend Wurmnest, Kautelarpraxis und Allgemeine Geschäftsbedingungen, RabelsZ 82 (2018) 349 ff.

10 S. etwa Baudenbacher, AGB, 226 ff.; Kramer, Innominatverträge, 153. In der deutschen Lehre wird die angesprochene AGB-Funktion zuweilen auch als «Lückenfüllungsfunktion» bezeichnet.

zeichnen sich – wie die SIA-Normen im Bauwesen – zuweilen sogar als «Normen».[11] Dies – und der Umstand, dass AGB für viele Branchen die Vertragswirklichkeit prägen, oft stärker prägen als gesetzliche Regelungen – hat einige Vertreter der deutschen Doktrin veranlasst, sie als eigentliche Rechtsnormen, als von den Unternehmern autonom geschaffenes Vertragsrecht zu bezeichnen (*«Normentheorie»*). Von dieser Auffassung[12] ist man heute zu Recht abgekommen. Privatrechtlich organisierte Anbieter von Gütern und Dienstleistungen haben schon aus verfassungsrechtlichen Gründen keine Kompetenz zu generell-abstrakter Normsetzung[13]. Daher haben AGB, rechtlich betrachtet, keine

---

11 Bezeichnend GAUCH, Werkvertrag, N 264: «Weit verbreitet und namentlich auch in Planerkreisen anzutreffen ist der Irrtum, es handle sich bei der SIA-Norm 118 um einen gesetzesähnlichen Erlass». Ähnliche Situation im deutschen Recht mit der Vergabe- und Vertragsordnung für Bauleistungen, Teil B (VOB/B). Auch hier geht es um AGB und nicht etwa um eine VO. Der Anschein, es handle sich bei den gerade genannten AGB um Gesetze, wird zusätzlich verstärkt durch den Umstand, dass es zu diesen Vertragsbedingungen umfangreiche Kommentarwerke gibt, ganz wie zu Gesetzen.

12 Vgl. aus der neueren deutschen Lehre MEYER-CORDING, Die Rechtsnormen, Tübingen 1971, 97 ff., mit seiner Theorie der «institutionellen Wahlnormen»; PFLUG, Kontrakt und Status im Recht der Allgemeinen Geschäftsbedingungen, München 1986, 289, spricht von einer «Rechtsetzungskompetenz partikularer Regler», die «rechtstatsächlich anerkannt ist», bzw. von einem «para-legalem Recht». Weitere Nachweise zur Normentheorie bei HELLWEGE, AGB, 215 ff. Nach KÖNDGEN, Privatisierung des Rechts, AcP 206 (2006) 481, werden AGB zu «‹gesellschaftlicher› Rechtssetzung» nur dann, «wenn ihr Gebrauch durch Verbände organisiert und damit ihr Geltungsbereich schlagartig verbreitert wird».

13 Auch wenn in Gesetzen oder Verordnungen über einzelne Bereiche der «Daseinsvorsorge» auf den die Rechtsbeziehungen konkretisierenden Erlass von AGB oder «Richtlinien» verwiesen wird, haben diese regelmässig nicht den Charakter einer objektiven Rechtsquelle. Im Postwesen richten sich die Rechtsbeziehungen der Post gemäss Art. 11 Abs. 1 PG nach den Vorschriften des Privatrechts. Dies gilt nach Art. 11 Abs. 2 PG auch für die Haftung der Post. Nach Art. 11 PG können (private) Anbieterinnen von Postdiensten in ihren AGB die Haftung für uneingeschriebene Postsendungen beschränken oder ausschliessen. Nach Art. 17 Abs. 3 PG kann die Post ihre Haftung für leichtes Verschulden ausschliessen. Die die Beziehungen zwischen Post und Kunden regelnden AGB «Postdienstleistungen für Privatkunden» (Ausgabe Januar 2015) haben unbestrittenermassen privatrechtlichen Charakter und unterliegen voll der AGB-Kontrolle. Vgl. EGGER, Wenn der Postmann zweimal klingelt, AJP 2015, 1565 f. – Die Frage, ob ein Stromlieferungsverhältnis öffentlichrechtlich oder privatrechtlich zu qualifizieren ist, ist differenzierend zu beurteilen (s. im Einzelnen KRATZ, Zu Elektrizitätsunternehmen mit den Endkunden – eine Momentaufnahme nach dem Nein zur EMG-Vorlage, AJP 2003, 345 ff.; FÖHSE, Das Leiden der jungen Strommarktordnung – aktuelle Probleme des StromVG unter besonderer Berücksichtigung der Rechtsprechung zu Netzgebietszuteilung und Grundversorgung, recht 2015, 125 ff.); DERS., Grundversorgung mit Strom – ein Überblick zu Rechtsverhältnissen und Zuständigkeiten, AJP 2018, 1235 ff.). Kommen AGB zur Anwendung, sollten diese aber jedenfalls (auch wenn das Stromlieferungsverhältnis

objektive Normqualität[14] und werden nur dann rechtlich verbindlich, wenn sie durch *Konsens der Kontrahenten* als Vertragsbestandteil in einen Einzelvertrag einbezogen worden sind (*«Vertragstheorie»*).[15] Sie fungieren somit als *leges contractus*, ganz gleich wie etwa auch Handelsbräuche, die durch Konsens Inhalt eines Vertrags geworden sind[16].

4 Dieser *normative Befund* bedeutet freilich nicht, dass die AGB in der namentlich bei Verbraucherverträgen typischen Situation, bei der der Konsens über ihre Einbeziehung oft kaum mehr als eine formaljuristische Konstruktion ist[17] und der Willensentscheid des (nicht unternehmerisch kontrahierenden) AGB-Kunden,

öffentlichrechtlich zu qualifizieren ist) nach Art. 8 UWG kontrolliert werden. Die StromVV verweist (etwa in Art. 3 Abs. 1, 12 Abs. 2, 17) auf «Richtlinien» des Verbands Schweizerischer Elektrizitätsunternehmen (VSE), die in «transparenter und diskriminierungsfreier» Form festzulegen seien. Auch diese Richtlinien haben keine objektive Rechtsqualität (so auch WEBER/KRATZ, Stromversorgungsrecht. Ergänzungsband: Elektrizitätswirtschaftsrecht, Bern 2009, § 4 N 79). Zuständig für die *ex-post*-Kontrolle dieser Richtlinien ist die Elektrizitätskommission (gemäss Art. 21 ff. StromVG).

14 Dass die AGB (wie auch individuell ausgehandelte Vertragsbestimmungen) als «individuell-konkrete Normen» bezeichnet werden können (so etwa M. VISCHER, AJP 2014, 965 f.), steht dazu natürlich nicht im Widerspruch. Dies entspricht dem Konzept des «Stufenbaus der Rechtsordnung» (KELSEN).

15 Dies ist für das schweizerische Recht heute unbestritten. S. – statt aller – HEISS, in: Heizmann/Loacker, Art. 8 UWG N 11. Aus der Judikatur zuletzt BGE 148 III 57 (59). Ausdrückliche gesetzliche Regelung (seit der Reform 2016) in Art. 1119 Abs. 1 Code Civil: «Les conditions générales invoquées par une partie n'ont effet à l'égard de l'autre que si elles ont été portées à la connaissance de celle-ci et si elle les a acceptées».

16 BK-KRAMER, Art. 1 N 224 ff. – Zur Möglichkeit der richterlichen Vertragsergänzung durch Bezugnahme auf Verkehrsübungen, namentlich Handelsbräuche (deren Inhalt sich allenfalls in einschlägigen AGB niederschlagen kann) BK-KRAMER, Art. 18 OR N 244.

17 Siehe etwa GAUCH, in: Gauch/Schluep (Hrsg.), Die Rechtsentwicklung an der Schwelle zum 21. Jahrhundert, Zürich 2001, 238: «Um die Geltung der Allgemeinen Bedingungen zu begründen, greift man sogar dann auf den (normativen oder tatsächlichen) Konsens der Parteien zurück, wenn die Bedingungen einer Partei faktisch aufgezwungen wurden oder Regeln enthalten, die der einen oder anderen oder allen Parteien unbekannt waren. Auf diese Weise wird der Konsens zu einem Geltungssymbol, das dem Diktat der Vertragsstarken und den unbedachten Inhalten Wirksamkeit verleitet ...»; DERS., ZSR 128 (2009) I, 228: «Unsere Zustimmung wird ... einfach fingiert ...». Vom *«caractère illusoire du consentement»* spricht GHESTIN, in: Traité de droit civil: la formation du contrat, 3. Aufl., Paris 1993, N 97; aus der deutschen Lehre WENDLAND, E 3 (S. 261): «Die Vertragsgestaltungsfreiheit – eigentlich Kernelement der ... Privatautonomie – ist für den Kunden auf Null reduziert». Näher zur Problematik des AGB-Konsenses unten N 19 f.

auf sehr «verdünnter Privatautonomie»[18] beruht, *faktisch betrachtet* nicht tatsächlich wie Gesetze, und, das heisst, wie *heteronome Anordnungen* wirken[19], denen sich der Kunde *nolens volens* «unterwirft». In den Vertragsbeziehungen mancher Branchen treten sie noch dazu massenhaft an die Stelle des abbedungenen Gesetzesrechts oder ersetzen dieses, wenn es gar nicht vorhanden ist, sodass sie in einem rechtssoziologischen Sinn – sozusagen als *«lebendes» Vertragsrecht* im Sinne des Begründers der modernen Rechtssoziologie, Eugen *Ehrlich*[20] – durchaus als Rechtsnormen bezeichnet werden können. Bedenkt man dies, so haben viele klassische Zitate zum Phänomen der AGB immer noch ihre Berechtigung; so etwa, wenn Raymond *Saleilles*[21] schon 1901 gemeint hat, dass es um die *«prédominance exclusive d'une seule volonté»* gehe, *«agissant comme volonté unilatérale, qui dicte sa loi, non plus à un individu, mais à une collectivité indeterminée»*; oder wenn *Llewellyn*[22] schrieb, die Aufstellung von AGB sei ein *«exercise of unofficial government of some by others, via private law»*.

3. Die Missbrauchsgefahr

Der Umstand, dass der AGB-Verwender bei der Ausarbeitung seiner AGB seine privatautonome Gestaltungsmacht einseitig in Anspruch nimmt[23], dass es somit – 5

---

18 Von «verdünnter Willensfreiheit» spricht F. BYDLINSKI, Privatautonomie und objektive Grundlagen des verpflichtenden Rechtsgeschäftes, Wien 1967, 123.KOLLER, OR AT, § 23 N 33, spricht anschaulich vom «Konsensgefälle» zwischen Verwender und Kunde.

19 Siehe aus der schweizerischen Literatur etwa TERCIER, BR 1983, 66: «*... qu'on le veuille ou non, les conditions générales ont plus de ressemblances avec la loi qu'avec le contrat*»; BSK UWG-THOUVENIN, Art. 8 N 6 («einseitige Privatgesetzgebung»). Zur Frage, ob angesichts dieses Befundes noch am Modell einer spezifischen AGB-Konsenskontrolle festgehalten werden sollte, erst unten N 20.

20 Grundlegung der Soziologie des Rechts, Berlin 1913 (Neuauflage, hrsg. von M. REHBINDER, Berlin 2022).

21 De la déclaration de volonté, Paris 1901, 229 f.

22 What Price Contract? – An Essay in Perspective, Yale L.J. 40 (1930/31) 31; ähnlich KESSLER, Contracts of Adhesion – Some Thoughts About Freedom of Contract, Columbia L.J. 43 (1943) 640, wonach AGB *«become effective instruments in the hands of powerful industrial and commercial overlords enabling them to impose a new feudal order of their own making upon a vast host of vassals»*. Vgl. für die Schweiz auch den damaligen Vorsteher des Eidgenössischen Justiz- und Polizeidepartements FURGLER, in: Peter/Stark/Tercier (Hrsg.), Hundert Jahre Schweizerisches Obligationenrecht, Freiburg i.Üe 1982, 517: Die AGB markierten «den Punkt, wo Selbstbestimmung in Fremdbestimmung umschlägt, die sich aber im Gegensatz zur staatlichen Gesetzgebung jeder demokratischen Kontrolle entzieht».

23 Aus der deutschen Judikatur bereits BGH NJW 1976, 2345 (2346): «Der entscheidende Grund für die verstärkte Inhaltskontrolle von Verträgen mit AGB liegt in der *einseitigen*

faktisch betrachtet – typischer Weise um *einseitige Normsetzung* geht, impliziert unvermeidlicher Weise die Gefahr des Missbrauchs. Von einer «Richtigkeitsgewähr» des AGB-Vertrags[24] kann daher im Allgemeinen nicht gesprochen werden, da es am individuellen Aushandeln der Vertragsbedingungen (an deren Aushandeln «im Einzelnen») mangelt[25] und somit ein kompromisshafter Ausgleich der Interessen der beiden Kontrahenten nicht stattgefunden hat[26]. Der seine AGB ausarbeitende Unternehmer wird – dies liegt in der «Logik» des Geschäftslebens – seine Gestaltungsmacht nicht altruistisch einsetzen, sondern versuchen, seinen Interessen möglichst weitgehend zum Durchbruch zu verhelfen.[27] Man spricht in diesem Zusammenhang treffend von der *«Risikoabwälzungsfunktion»* der AGB[28] zugunsten ihrer Verwender: Das «Vertragsrisiko» wird durch «Risikoverlagerungsklauseln» systematisch auf den Kunden verlagert, wobei die Ab-

---

Inanspruchnahme des Rechts, den Inhalt der Verträge zu gestalten.» Eine andere, nicht durch Einseitigkeit geprägte Situation liegt nur dann vor, wenn im Sinne des kollektivvertraglichen Modells Verbände beider Marktseiten standardisierte Vertragsbedingungen (Musterbedingungen) kollektiv aushandeln. Diesem Modell folgt im Mietrecht das BG über Rahmenmietverträge vom 23.6.1995 (SR 221.213.15). Allgemeinverbindlich erklärte Rahmenmietverträge im Sinne von Art. 4 ff. dieses Gesetzes sind zwingend und können nicht als AGB bezeichnet werden. Zur Zusammensetzung der Kommission, die die Ausgabe 2013 der SIA-Norm 118 vorbereitet hat, s. Gauch, Werkvertrag, N 263a. Auffallend ist, dass Konsumentenverbände nicht vertreten waren.

24 Zum Argument der «Richtigkeitsgewähr» des beiderseitig ausgehandelten Individualvertrags grundlegend Schmidt-Rimpler, Grundfragen einer Erneuerung des Vertragsrechts, AcP 147 (1941) 130 ff.

25 Bei vorformulierten Klauseln kann nicht von AGB (sondern muss von Individualabreden) gesprochen werden, sofern der Verwender den «gesetzesfremden Kerngehalt» der Klauseln ernsthaft zur Disposition» des Kunden gestellt hat. So (zu § 305 Abs. 1 letzter Satz BGB) BGH NJW 2019, 2080 (N 14); NJW 2000, 1110 (1111). Nach BGH NJW 2017, 2047, 2048, kommt es insbesondere auf die «Gestaltungsbeteiligung des Kunden hinsichtlich der konkreten Vertragsbedingung» an. Die blosse (nicht formularmässige) Bestätigung, es sei über die Klauseln «ernsthaft und ausgiebig verhandelt» worden, genügt nach BGH NJW 2014, 1725 (1727 f.) nicht. Dazu kritisch Kaufhold, AGB-Anschein trotz Verhandlungsbestätigung – Ist der Individualvertrag im Unternehmerverkehr noch zu retten?, NJW 2014, 3488 ff. Monographisch zum deutschen Recht Miethaner, AGB-Kontrolle versus Individualvereinbarung, Tübingen 2010. Zur Abgrenzung zwischen AGB und Individualabrede im schweizerischen Recht im Einzelnen N 84 ff. (Probst).

26 Ebenso BSK UWG-Thouvenin, Art. 8 N 5.

27 Auch das Bundesgericht stellt klar, «dass erfahrungsgemäss Verfasser allgemeiner Vertragsbestimmungen dazu neigen, die eigene Position zu Lasten des weniger gewandten Vertragspartners zu verbessern» (BGE 122 III 188 [122 f.]).

28 Vgl. zur Risikoabwälzungsfunktion der AGB im Einzelnen schon Baudenbacher, AGB, 174 ff.

bedingung der Gewährleistungsansprüche für Mängel der Leistung und der Haftung für Schäden aus Vertragsverletzung («Gewährleistungs-» und «Haftungsfreizeichnungsklauseln») besonders häufig und typisch sind[29].

4. Die Schutzbedürftigkeit des Kunden

Die spezifische Schutzbedürftigkeit des Kunden gegenüber dem seine Position einseitig ausnützenden AGB-Verwender wurde in der älteren Literatur zumeist pauschal mit dem Argument der (wirtschaftlichen, intellektuellen, informationellen, psychologischen, kurz: «strukturellen») *Übermacht des Verwenders* und der korrespondierenden *Schwäche des Kunden* begründet[30]. Diese «Ungleichgewichtsthese» ist zu hinterfragen: Geht es um einen *Verbrauchervertrag*, also um einen Vertrag, den der Kunde zu privaten Zwecken mit einem Unternehmer schliesst (*business to consumer contract [b2c-contract]*[31]), so kann es zwar durchaus so sein, dass ihn die abstrakten, juristisch verklausulierten Formulierungen des «Kleingedruckten» intellektuell überfordern, er in diesem Sinn somit als «schwach» bezeichnet werden kann. Dies muss aber keineswegs so sein. Schliesst etwa ein Rechtsprofessor, vielleicht gar ein Spezialist des AGB-Rechts, zu seinen privaten Zwecken einen AGB-Vertrag, so kann von seiner *intellektuellen Unterlegenheit* wohl nicht die Rede sein und doch wird er, wenn er etwa sein Auto in einem Parkhaus einstellt, seine Kleider in die Reinigung bringt oder einen Kühlschrank kauft, die vom Vertragspartner verwendeten AGB im Allgemeinen unbesehen hinnehmen und sich somit der Einseitigkeit dieser AGB ohne nennenswerten Widerstand aussetzen. Auch von einer wirtschaftlich übermächtigen (marktbeherrschenden) Stellung des 6

---

[29] Ausführlicher zur Risikoabwälzung ATAMER, FS Koller, 38 ff.

[30] Zum heutigen Stand der deutschen Diskussion LEUSCHNER, AcP 207 (2007) 494 (mit Nachweisen in Fn 8): «Die Vorstellung, die AGB-Kontrolle sei deshalb erforderlich, weil der Klauselgegner typischerweise wirtschaftlich oder intellektuell unterlegen sei, kann wohl als im Wesentlichen überwunden gelten». Vgl. auch STÜRNER, § 16 N 21 ff. Ebenso auch die deutsche Rechtsprechung: So schon BGH NJW 1976, 2345 (2346); etwa auch BGHZ 184, 259 (264) = NJW 2010, 1131 f. Den Gesichtspunkt der Unterlegenheit des Kunden mit dem des partiellen Marktversagens kombinierend HELLWEGE, Die §§ 307–309 BGB enthalten zwei Formen der Inhaltskontrolle, JZ 2015, 1130 ff. Der EuGH spricht etwa im Urteil vom 17.5.2018, Rs. C-147/16 (Karel de Grote), Rz. 26, weiterhin sehr pauschal von der «schwächeren Verhandlungsposition» des Kunden (Verbrauchers) und seinem «geringeren Informationsstand».

[31] Zur genauen Umschreibung des persönlichen Anwendungsbereichs von Art. 8 UWG, der auf den Schutz von Verbrauchern beschränkt ist, unten N 792 ff. MERZ hat schon 1968 in Bezug auf die AGB-Kontrolle für die Schweiz wegweisend zwischen Unternehmer-AGB- und Kunden-AGB-Verträgen unterschieden (MERZ, FS Schönenberger, 160; DERS., Vertrag, N 94).

Verwenders und einer korrespondierenden *wirtschaftlichen Unterlegenheit* des Kunden kann in solchen Fällen keineswegs pauschal die Rede sein. Das bedeutet freilich nicht, dass es nicht Situationen geben kann, in denen der auf gewisse Leistungen angewiesene Kunde sich dem durch AGB ergänzten bzw. konkretisierten Angebot der Gegenseite aus marktstrukturellen Gründen nicht entziehen kann, weil es von vorneherein keine Möglichkeit gibt, auf günstigere Angebote von Mitkonkurrenten des Anbieters auszuweichen. Zu solchen *«take it or leave it»-Situationen*[32] ist der Kunde tatsächlich wegen seiner wirtschaftlichen Unterlegenheit gezwungen, sich dem Vertragsdiktat des Verwenders zu unterwerfen.

7 Von solchen Konstellationen abgesehen, in denen zu Recht von wirtschaftlicher Unterlegenheit des AGB-Kunden gesprochen werden kann, ist der entscheidende Grund für die typischer Weise diskussionslose Hinnahme der AGB durch den Kunden, wie im deutschen Sprachraum besonders überzeugend *Kötz*[33] herausgearbeitet hat, ein *«situativ»*, also aus der spezifischen Situation des AGB-Vertragsschlusses begründetes *Nutzen-Kosten-Kalkül:* «Wer ... ein Kraftfahrzeug in einer Parkgarage abstellt, einen Beförderungsvertrag schliesst oder eine Datenverarbeitungsanlage kauft, nimmt die von seinem Vertragspartner offerierten Vertragsklauseln ohne Diskussion hin ..., weil der Aufwand, der ihm durch die Führung von Verhandlungen, durch die Beschaffung der dafür erforderlichen Informationen oder durch die Aufsuchung eines günstigeren Angebots entstünde, ausser Verhältnis zu dem dadurch erreichbaren Vorteil steht. Dieser Umstand wird von dem Unternehmer ausgenutzt, indem er durch seine Geschäftsbedingungen die vertraglichen Risiken auf den Kunden abwälzt und darauf spekuliert, dass dieser aus den erwähnten Gründen sich weder dagegen wehren noch zu einem anderen Anbieter übergehen werde»[34]. Mit einem aus der ökonomischen Analyse des Vertragsrechts übernommenen Wort: Die «Transaktionskosten» sind für den Kunden typischer Weise (nicht unbedingt in jedem Einzelfall) zu hoch, um es vernünftig erscheinen zu lassen, den grossen (manchmal faktisch geradezu verunmöglichten) Aufwand einer kritischen Analyse der vorgelegten und allenfalls zusätzlich auch der von Konkurrenten

---

32 Dazu statt vieler Morin, ZSR 128 (2009) I, 522; auch Heiss, in: Heizmann/Loacker, Art. 8 UWG N 15 f. (Gauch, recht 2006, 87, zitierend).

33 Kötz, Schutzzweck, 225 ff.

34 Kötz, Schutzzweck, 225. Teilweise wird von einer «situativen Unterlegenheit» des Kunden gesprochen, wenn es ihm in der konkreten Situation des Vertragsschlusses geradezu unmöglich ist, sich mit den AGB auseinander zu setzen. Nachweise bei Hellwege, AGB, 554. Beispiel aus der englischen Praxis: *«No customer in a thousand ever read the conditions [on the back of a parking lot ticket]. If he had stopped to do so, he would have missed the train or the boat».* So Lord Denning M.R. in: Thornton v. Shoelane Parking Ltd. [1971] 2.Q.B.163 (169). Zur «situativ» begründeten Vertragsinhaltskontrolle Kramer, Konzeptionsfragen zur Vertragsinhaltskontrolle, ZSR 137 (2018) I, 319 ff.

des Anbieters verwendeten AGB auf sich zu nehmen, um auf dieser Basis dann in Verhandlungen mit dem Anbieter zu treten. Tut er dies nicht und akzeptiert er die AGB im Sinne eines «Globalakzepts» ungelesen und diskussionslos, kann durchaus von «rationaler Apathie» bzw. – wie in der US-amerikanischen Diskussion – von *«rational ignorance»* gesprochen werden[35]. Ökonomisch betrachtet führt die skizzierte Situation zu einer *«Informationsasymmetrie»*[36], also zu einer ungleichen Verteilung der für die Ausgestaltung des Vertragsinhalts relevanten Informationen zwischen den Kontrahenten, was wiederum tendenziell die Ursache von «Marktversagen» ist[37].

Die für AGB-Verbraucherverträge vorgetragene Begründung für eine spezifische AGB-Kontrolle kann nicht einfach unbesehen auf *Unternehmer-AGB-Verträge*, also auf die Verwendung von AGB in *business to business contracts (b2b-contracts),* übertragen werden. Von einer spezifisch erhöhten Schutzbedürftigkeit des unternehmerisch und daher professionell kontrahierenden Kunden eines AGB-Verwenders kann, so scheint es, von vornherein nicht die Rede sein und diese Auffassung ist ja auch der Grund, weshalb die Klausel-Richtlinie der EU[38] und auch der neu gestaltete Art. 8 UWG im schweizerischen Recht (unten N 71). eine verschärfte AGB-Inhaltskontrolle auf Verbraucherverträge beschränken. Auch das Gegenargument, dass die Einseitigkeit der AGB bei Unternehmer-AGB-Verträgen auf einer überlegenen Marktmacht des Verwenders (auf seinem Angebots- oder Nachfragemonopol) beruhen könnte, kann eine spezifisch verschärfte vertragsrechtliche Inhaltskontrolle bei *b2b*-Verträgen nicht begründen, da es in solchen Situationen nach einem konsequent entwickelten inneren System unseres Privat- und Wirtschaftsrechts um ein *kartellrechtliches Problem* geht. So wird in der Schweiz in Art. 7 Abs. 2 lit. c KG ausdrücklich «die Erzwingung ... unangemessener Geschäftsbedingungen» als unzulässige Verhaltensweise marktbeherrschender Unternehmen qualifiziert. In Art. 13 lit. a KG wird als mögliche Sanktion die gänzliche oder teilweise Ungültigkeit der entsprechenden Verträge genannt[39]. 8

35 Vgl. die Nachweise bei EIDENMÜLLER, Recht als Produkt, JZ 2009, 650. Aus der schweizerischen Literatur DEDUAL, 235; ATAMER, FS Koller, 41.

36 Vgl. dazu KÖTZ, Schutzzweck, 227 ff.; LEYENS/SCHÄFER, AcP 210 (2010) 782 ff.; LEUSCHNER, AcP 207 (2007) 496; WENDLAND, E 3; aus der schweizerischen Literatur BSK UWG-THOUVENIN, Art. 8 N 11 ff.; DEDUAL, 234 ff.; STÖCKLI/AESCHIMANN, ZBGR 2014, 76 f.

37 Aus der aktuellen deutschen Literatur etwa HELLWEGE, AGB, 558; (differenzierend) STÜRNER, § 16 N 28 f.; für die Schweiz BSK UWG-THOUVENIN, Art. 8 N 15; ATAMER, FS Koller, 37 ff.; HEISS, in: Heizmann/Loacker, Art. 8 UWG N 18, wo auch von «Vertragsversagen» gesprochen wird; aus der österreichischen Literatur KELLNER, Rechtsbegriff, 194; LEUPOLD/RAMHARTER, ÖBA 2015, 22 ff.

38 Kurzübersicht über diese Richtlinie unten N 46 ff.

39 Zur kartellrechtlichen Beurteilung von AGB, unten § 15 (PROBST).

9 Sind diese kartellrechtlichen Voraussetzungen nicht gegeben, so ist es Sache der Unternehmer – so könnte noch einmal argumentiert werden –, sich kraft ihrer professionellen Position und aufgrund ihres wirtschaftlichen Eigeninteresses an für sie günstigen Vertragsbedingungen mit den AGB der Gegenpartei auseinanderzusetzen und sich gegebenenfalls gegen einseitige Klauseln zu wehren. Ein spezifisch erhöhter vertragsrechtlicher Schutz vor unangemessenen AGB (über das Mass der allgemeinen Gültigkeitskontrolle der Verträge [Art. 19, 20 OR] hinaus) scheint dann nicht angebracht zu sein. Und doch sehen viele europäische Länder (und sah auch der Entwurf zu einem Gemeinsamen Europäischen Kaufrecht[40]) einen solchen spezifischen Schutz vor unangemessenen AGB auch zugunsten von unternehmerisch kontrahierenden Vertragspartnern vor, einen Schutz, der zwar gegenüber dem Schutz von Verbrauchern abgeschwächt ist, aber doch über die allgemeine Gültigkeitskontrolle (Sittenwidrigkeitskontrolle) hinausgeht[41].

10 Für einen *abgeschwächten AGB-Schutz der Unternehmer* gibt es durchaus bedenkenswerte Argumente. Zwar ist dem Unternehmer bei seinen im Rahmen seines gewerblichen Vertragsverkehrs geschlossenen Verträgen, wie bereits erwähnt, ganz generell eine höhere Diligenz zuzumuten als dem nicht professionell agierenden Konsumenten[42]. Die dabei vom Unternehmer aufzuwendenden Transaktionskosten sind in vielen Fällen auch ökonomisch betrachtet vernünftig und gut angelegt. Dies einmal dann, wenn er mit seinem Vertragspartner, dem AGB-Verwender, im Rahmen einer ständigen Geschäftsverbindung immer wieder dieselben Verträge abschliesst, sodass es sich lohnt, die vom Kontrahenten dabei verwendeten AGB wenigstens einmal kritisch unter die Lupe zu nehmen. Dasselbe gilt, wenn es sich auch vielleicht nur um einen einmaligen Vertragsschluss handelt, bei Transaktionen, bei denen wirtschaftlich für den unternehmerischen Kunden des AGB-Verwenders sehr viel auf dem Spiel steht, eine Situation, die in der aktuellen deutschen Diskussion dem rechtsökonomisch begründeten Gedanken Pate stand, dass in Bezug auf die Legitimität eines spezifischen vertragsrechtlichen AGB-Schutzes von Unternehmern entscheidend auf die *«Vertragswert-Informationskosten-Relation»* abzustellen sei[43]. Nach diesem Ansatz wäre eine spezifische AGB-Inhaltskontrolle zugunsten von Unternehmern dann nicht angebracht, wenn ein relativ hoher Vertragswert vergleichsweise geringen Informationskosten gegenüber steht, weil in einer solchen Situation der

40 Dazu unten N 54 ff.

41 Siehe dazu unten N 11.

42 Zum Argument der nicht an den Tag gelegten «kaufmännischen Vigilanz» bei der Unterschrift unter eine nicht gelesene Vertragsurkunde bereits OFTINGER, in: Aequitas und bona fides. Festgabe für August Simonius, Basel 1955, 265.

43 LEYENS/SCHÄFER, AcP 210 (2010) 790 ff.; vgl. auch schon LEUSCHNER, AcP 207 (2007) 528 f.; DRYGALA, JZ 2012, 987 ff., befürwortet *de lege ferenda* die Festsetzung einer festen Wertgrenze (von 100‘000 €).

unternehmerische Kunde des AGB-Verwenders aus ökonomischem Eigeninteresse vernünftiger Weise eine kritische Beurteilung der AGB vornehmen sollte, sodass das Argument der sich wirtschaftlich nicht lohnenden Transaktionskosten nicht spielt[44]. Umgekehrt liege es hingegen bei allen anderen unternehmerisch abgeschlossenen Verträgen, bei denen sich eine solche Eigenkontrolle der AGB wirtschaftlich nicht lohnt und daher vernünftiger Weise unterlassen wird[45]. *Sozialpsychologisch* betrachtet spricht ein zusätzlicher Grund dafür, eine richterliche Inhaltskontrolle von AGB auch zugunsten von unternehmerisch kontrahierenden Vertragspartnern nicht ohne Weiteres für unbegründet zu erachten: Wer seine umfangreichen Vertragsbedingungen für einen einzelnen Vertragsschluss in abschliessender und formal überzeugender Form schriftlich vorformuliert, hat von vornherein einen Verhandlungsvorteil, weil diese Vorformulierung, wie *Wiedemann*[46] überzeugend dargelegt hat, verhandlungs*psychologisch eine suggestive «Sogwirkung»* entfaltet, der sich der Vertragspartner, auch wenn er Unternehmer ist, nicht ohne Weiteres entziehen kann: «Den vorformulierten Klauseln haftet in der Regel die Assoziation der Allgemeingültigkeit und Unabänderlichkeit an, unter Umständen sogar der Unwichtigkeit, wenn einzelne Punkte (wie zum Beispiel die Namen der Beteiligten, der Vertragsgegenstand oder der Preis) offen gelassen werden»[47]. Jedenfalls fungieren sie, verhandlungspsychologisch betrachtet, als «kognitiver Anker», von dem sich zu lösen schwer fällt. Günter H. *Roth*[48] hat einen im Ergebnis ähnlichen Gedankengang unter Hinweis auf das konflikttheoretische Phänomen der «Selbstbindung» vorgetragen. Danach ist die Verhandlungsposition desjenigen von vornherein günstiger, dem es gelingt, seine Position vor seinem Verhandlungspartner (möglichst schon vor Verhandlungsbeginn) in endgültig und abschliessend erscheinender Form schriftlich zu fixieren und sich damit selbst zu binden.

---

44 Vgl. LEYENS/SCHÄFER, AcP 210 (2010) 771 ff.

45 LEYENS/SCHÄFER, AcP 210 (2010) 790: «Die richterliche Kontrolle von AGB ist erforderlich, soweit die Informationskosten für die Kenntnisnahme der Klausel und die Einschätzung des mit ihr verbundenen Risikos höher sind als der Erwartungswert des Risikos».

46 WIEDEMANN, FS Kummer, 175. Vgl. auch HEISS, in: Heizmann/Loacker, Art. 8 UWG N 19.

47 WIEDEMANN, FS Kummer, 180. Zur «status quo bias», die den Kunden davon abhält, an bereits getroffenen Festlegungen (auch der Gegenseite) zu rütteln, ATAMER, The Modern Law Review 80 (2017) 632. Generell zur «situativen» Begründung für eine AGB-Inhaltskontrolle KRAMER, ZSR 137 (2018) I, 319 ff.

48 Der Schutzzweck richterlicher Kontrolle von Allgemeinen Geschäftsbedingungen, Österreichische Zeitschrift für Wirtschaftsrecht 1977, 35 (mit Hinweis auf Th. C. SCHELLING, The Strategy of Conflict, Cambridge Mass. 1960).

11 Die genannten Argumente sprechen *zusammenfassend* dafür, auch bei unternehmerischen AGB-Verträgen eine spezifische vertragsrechtliche AGB-Inhaltskontrolle vorzusehen.[49] Die vom schweizerischen *Gesetzgeber* (Art. 8 UWG) vorgesehene Beschränkung der AGB-Inhaltskontrolle auf einen Schutz von Verbrauchern erweist sich als sachlich fragwürdig[50]. Der Schutz des unternehmerisch kontrahierenden Kunden sollte allerdings aus der Erwägung heraus, dass dem Unternehmer generell eine erhöhte berufliche Sorgfalt zuzurechnen ist und ihn in vielen Fällen auch ökonomische Vernunftgründe dazu veranlassen sollten, eine Eigenkontrolle der ihm von der Gegenpartei vorgelegten AGB vorzunehmen, im Vergleich zur AGB-Inhaltskontrolle bei Verbraucher-AGB-Verträgen *nur in abgeschwächter Form* verwirklicht werden, d.h. die Latte des noch zu Tolerierenden sollte hier höher gelegt werden. Als Modell für eine solche Lösung könnte *de lege ferenda* die Formulierung im 2011 veröffentlichten (aber dann fallengelassener) Entwurf einer Verordnung über ein Gemeinsames Europäisches Kaufrecht (CESL/GEKR[51]) dienen. Dort hiess es (Art. 86 Abs. 1 lit. b), dass Klauseln in *b2b-contracts* nur dann, da unfair, nicht akzeptiert werden können, wenn «ihre Verwendung unter Verstoss gegen das Gebot von Treu und Glauben und des redlichen Geschäftsverkehrs gröblich von der guten Handelspraxis abweicht».[52]

---

49 So im Ergebnis auch WENDLAND, Vertragsfreiheit und Vertragsgerechtigkeit. Subjektive und objektive Gestaltungskräfte im Privatrecht am Beispiel der Inhaltskontrolle Allgemeiner Geschäftsbedingungen im unternehmerischen Geschäftsverkehr, Tübingen 2019, 692 ff.; *ders.*, E 25c, wo er – zu weitgehend – meint, «der unternehmerische Kunde» sei «AGB in der Regel ebenso schutzlos ausgeliefert wie der Verbraucher und grundsätzlich in gleicher Weise schutzbedürftig».

50 Siehe dazu unten N 71, 792.

51 Dazu unten N 54 ff.

52 Dazu schon KRAMER, ZSR 137 (2018) I, 323, wo vorgeschlagen wird, diese Generalklausel durch eine demonstrative Liste einzelner, in *b2b-contracts* verpönter Klauseln zu konkretisieren. Vgl. dazu auch BUNKE, Europäische Klauselkontrolle im unternehmerischen Geschäftsverkehr. Grundsätze und Lehren aus dem gescheiterten GEKR, Berlin 2020. Bemerkenswert die am 4.4.2019 im Buch VI des belgischen Code de droit économique eingefügte detaillierte Liste von konkreten Klauselverboten in *b2b-contracts*. Vor dieser Revision gab es solche Listen nur für *b&c-contracts*. Dazu STEENNOT, New Belgian Rules on Unfair Contract Terms in B2B-Contracts: Impact on the Freedom of Will and Legal Certainty, ZEuP 2021, 374 ff. Zur Behandlung des AGB-Vertrags im neuen belgischen Schuldrecht (Buch 5 des neuen Code Civil) KLEINSCHMIDT, Innovation und Tradition in der Reform des belgischen Vertragsrechts, ZEuP 2022, 898 ff.

5. Präzisierungen zur Schutzbedürftigkeit

Den generellen Überlegungen zur Schutzbedürftigkeit des Kunden bei AGB-Verträgen sind noch folgende Präzisierungen anzufügen. 12

a) *Nebenpunkte des Vertrags:* Die AGB-Inhaltskontrolle bezieht sich richtiger Weise nur auf *Nebenpunkte des Vertrags*[53], nicht auf (allenfalls auch standardisierte) Regelungen zu dessen objektivem Hauptgegenstand. In Bezug auf die Preisabrede und das Vertragsobjekt ergibt sich dies wertend betrachtet daraus, dass das Argument der sich wirtschaftlich nicht lohnenden Investition von Transaktionskosten[54] in diesem Fall nicht spielt. Dies gilt grundsätzlich auch für Verbraucher-AGB-Verträge. Noch dazu werden die Hauptpunkte des Vertrags sehr oft (aber keineswegs immer) auch individuell vereinbart.[55] 13

b) *Kompensationsmöglichkeit?* Das Argument, dass der Unternehmer dem Kunden vielleicht preislich entgegen gekommen ist, um damit die Nachteiligkeit gewisser AGB-Klauseln zu kompensieren *(«Preisargument»),* spricht grundsätzlich nicht für eine Befreiung unangemessen einseitiger Klauseln von der AGB-Inhaltskontrolle, da es regelmässig ausserordentlich «zweifelhaft» ist, «ob AGB-Klauseln wirklich zu nennenswerten Kostenersparnissen führen und ob der Unternehmer diese Ersparnisse in Form einer Preisreduktion an seine Abnehmer tatsächlich weitergibt».[56] Anders liegt es, namentlich bei formularmässigen Haftungsfreizeichnungen, ausnahmsweise bei klaren Optionsmöglichkeiten des Kunden, also dann, wenn «der Zusammenhang zwischen Preis und Freizeichnung dem Kunden ... klar vor Augen gestellt wird und ihm» so die «reale Möglichkeit der Wahl zwischen billigerem Preis bei reduzierter 14

---

53 Zu dieser Einschränkung ausdrücklich Art. 4 Abs. 2 EU-Klausel-Richtlinie; dazu etwa EuGH 8.12.2022, C-600/21, WM 2023, 168 (N 47); vgl. dazu auch PICHONNAZ, Le clauses de prix, 52 ff.; der Richtlinie folgend etwa § 307 Abs. 3 BGB; § 879 Abs. 3 ABGB; Art. 1171 Abs. 2 Code Civil.

54 Siehe oben N 7.

55 Auf «Behavioural Law and Economics» gestützte Analyse der «bounded rationality» des Konsumenten im Hinblick auf «sophisticated pricing schemes» in Langzeitvertragsbeziehungen (etwa im Kreditkartensektor) bei ATAMER, The Modern Law Review 80 (2017) 624 ff. Zum Transparenzgebot des Art. 4 Abs. 2 der EU-Klauselrichtlinie, das sich auch auf den Hauptgegenstand des Vertrags und die Preisbestimmung bezieht, unten N 49. Viele weitere Nachweise bei PICHONNAZ, Les clauses de prix, 51 ff. Zur Kontrolle von «Paritätsklauseln» von Online-Plattformen gegenüber Beherbergungsbetrieben («namentlich bezüglich Preis, Verfügbarkeit oder Konditionen») nun ausdrücklich Art. 8a UWG. Dazu unten N 697 ff. (PROBST).

56 KÖTZ, Gutachten, A 28, mit zahlreichen Nachweisen. Aus der deutschen Judikatur etwa BGHZ 22, 90, 98; 77, 126, 131.

Haftung und höherem Preis bei voller Haftung gegeben ist»[57] (sog. Spalttarif). Im schweizerischen Recht kann dieser Gedankengang aufgrund der offenen Formulierung von Art. 8 UWG («ungerechtfertigtes Missverhältnis») ohne Weiteres Berücksichtigung finden, mit dem Ergebnis, dass eine für den Konsumenten an sich nachteilige formularmässige Haftungsregelung nicht als Treu und Glauben verletzend zu qualifizieren wäre[58].

15 c) *Einmalbedingungen:* Im Allgemeinen versteht man unter AGB (gemäss der auch für die Schweiz[59] verwendbaren Definition des § 305 Abs. 1 BGB) «alle für eine Vielzahl von Verträgen vorformulierten Vertragsbedingungen, die eine Vertragspartei (Verwender) der anderen Vertragspartei bei Abschluss eines Vertrags stellt». Bei den *standard terms* muss somit eine *Vorformulierung zur mehrfachen Verwendung* gegeben sein. Die Klausel-Richtlinie der EU hat den sachlichen Anwendungsbereich der Inhaltskontrolle für Verbraucherverträge aber über diesen Tatbestand des AGB-Vertrags hinaus erweitert und statuiert, dass die Kontrolle immer dann eingreife, wenn die Vertragsklausel «im Voraus abgefasst wurde und der Verbraucher deshalb, insbesondere im Rahmen eines vorformulierten Standardvertrages, keinen Einfluss auf ihren Inhalt nehmen konnte» (Art. 3 Abs. 2 Klausel- Richtlinie). Der AGB-Vertrag ist damit nur noch ein, wenn auch zweifellos der wichtigste Anwendungsfall der verschärften Klauselkontrolle; diese gilt darüber hinaus auch dann, wenn die Vertragsklausel – namentlich im Fall eines notariell beurkundeten Vertrags – nur *für einen einzelnen Vertragsschluss einseitig gestellt* worden ist.[60] Dieser Vorgabe haben sich die Gesetzgebungen der EU-Mitgliedstaaten, wie etwa § 310 Abs. 3 Ziff. 2 BGB belegt, inzwischen pflichtgemäss angepasst. Eine solche Ausweitung des sachlichen Anwendungsbereichs der AGB-Inhaltskontrolle auf einseitig vorformulierte *«Einmalbedingungen»*[61] sollte auch im schweizerischen

57 Kötz, Gutachten, A 28, mit zahlreichen Nachweisen; für die Schweiz (zu Art. 8 UWG) BSK UWG-Thouvenin, Art. 8 N 123.

58 Eine weitergehende Berücksichtigung des Preisarguments (nicht nur bei klar alternativen Leistungen) wird von Roberto/Walker, recht 2014, 59 f., befürwortet. – Zur Frage der *Kompensation* nachteiliger AGB mit vorteilhaften Vertragsbestimmungen (auf Basis von Art. 8 UWG) im Einzelnen Heiss, in: Heizmann/Loacker, Art. 8 UWG N 210 ff.; auch unten N 776 ff. (Probst).

59 Zum Begriff der AGB nach schweizerischem Recht ausführlich unten N 74 ff.; in N 84 ff. wird der Begriff der AGB eingehend vom Gegenbegriff der (ausgehandelten) Individualabrede abgegrenzt (Probst).

60 Diese Ausweitung (schon vor der Klausel-Richtlinie der EU) für das deutsche Recht befürwortend Kramer, ÖJZ 1980, 130 ff.; ders., ZHR 146 (1982) 105 ff.; zustimmend Buz, AcP 219 (2019) 1 ff.

61 Terminologie, die etwa bei Graf von Westphalen, NJW 2013, 965, verwendet wird.

Recht befürwortet werden. Wenn Art. 8 UWG nur von «allgemeinen Geschäftsbedingungen» spricht und nicht allgemein von nicht individuell ausgehandelten Vertragsbedingungen[62], so kann diesem, auf den Gesetzeswortlaut bezogenen Argument durch analoge Anwendung der Regelung begegnet werden[63]. Wertungsmässig begründet erscheint die Analogie, weil auch bei für einen einzelnen Vertragsschluss einseitig gestellten Geschäftsbedingungen ein spezifisches Schutzbedürfnis des Kunden gegeben ist. Namentlich der oben[64] erwähnte Gedanke der psychologischen «Sogwirkung» der vorformulierten Vertragsbedingungen spricht für diese Gleichstellung, die den Interpreten überdies auch von der nicht ohne Willkür zu bewältigenden Aufgabe enthebt, zu entscheiden, ab wann (zwei-, drei-, vierfache oder noch häufigere Verwendung) von einer «Vielzahl» künftiger Verträge gesprochen werden kann.

II. Ansatzpunkte einer AGB-Kontrolle

1. Mögliche Kontrollmodelle

Die Missbrauchsgefahr, die der Verwendung von AGB inhärent ist, und die sich 16
daraus ergebende (oben näher begründete[65]) Schutzbedürftigkeit des AGB-Kunden, rufen nach einer spezifischen rechtlichen Kontrolle. Dafür kommen idealtypisch zwei alternative Kontrollmodelle in Frage[66]: Das Modell einer präventiven,

---

62 So wie Art. 4:110 PECL («unfair terms not individually negotiated»). Dazu unten N 67.

63 Die Anwendung des Art. 8 UWG auf notariell beurkundete Verträge befürwortend STÖCKLI/AESCHIMANN, ZBGR 2014, 73 ff.; sie wollen *de lege lata* aber trotzdem daran festhalten, dass Art. 8 UWG nur dann anwendbar sei, wenn die Vertragsklauseln für eine Vielzahl von Verträgen vorformuliert waren (ZBGR 2014, 88). Dagegen (erweiternde Anwendung des Art. 8 UWG auf vorformulierte «Einmalbedingungen» befürwortend) unten N 82 (PROBST); aus der schweizerischen Lehre ebenso etwa MORIN, ZSR 128 (2009) I, 514 (die ihre ganze Abhandlung [497 ff.] unter den Titel «Les clauses contractuelles non négociées» stellt); PICHONNAZ, FS Koller, 709; KRAMER, ZSR 137 (2018) I, 303 f.; JENTSCH, recht 2020, 81 f.; nun auch AESCHIMANN, N 250 ff. Vgl. auch HEISS, in: Heizmann/Loacker, Art. 8 UWG N 90 (Zustimmung zu den die erweiternde Auslegung begründenden Argumenten).

64 Siehe oben N 10.

65 Siehe oben N 6 ff.

66 Die Radikallösung eines gesetzlichen Verbots der Verwendung von AGB wäre völlig wirklichkeitsfremd; sie würde vor allem auch die oben N 2 skizzierte positive Funktion der AGB-Verwendung verunmöglichen. Ebenso zum Scheitern verurteilt und daher hier vernachlässigbar wäre die Beschränkung der AGB-Kontrolle auf eine Selbstkontrolle der Unternehmerschaft. Vgl. schon KÖTZ, Gutachten, A 56; neuerdings LEYENS/SCHÄFER, AcP 210 (2010) 782 ff.

ex ante eingesetzten *Verwaltungskontrolle* der AGB einerseits und der Ansatz über eine *richterliche ex-post-Kontrolle* auf der anderen Seite. Bei der präventiven Verwaltungskontrolle müssen die AGB, bevor sie im Geschäftsverkehr verwendet werden dürfen, einer Verwaltungsbehörde zur Prüfung und Genehmigung vorgelegt werden.[67] Dieses Modell hat unbestreitbar den Vorteil einer optimalen Breitenwirkung der Kontrolle, da sie alle im Verkehr verwendeten AGB betrifft und nicht nur einzelne, gegen die sich ein Kunde konkret vor Gericht wehrt, würde aber zu einer unerwünschten, einschneidenden Verbürokratisierung des unternehmerischen Vertragsverkehrs führen[68].

17 Die nicht nur in der Schweiz, sondern auch rechtsvergleichend betrachtet im Vordergrund stehende *richterliche ex-post-Kontrolle* der AGB setzt voraus, dass die durch die Einseitigkeit der AGB betroffenen AGB-Kunden sich vor Gericht individuell dagegen wehren, in der Schweiz entweder durch Geltendmachung der Nichtigkeit einzelner Klauseln (gemäss Art. 20 OR)[69] oder durch die im UWG (Art. 9) vorgesehenen Klagemöglichkeiten[70]. Die relativ geringe «Ahndungswahrscheinlichkeit»[71] auf Basis von *Kundenindividualklagen*, die im Fall des Obsiegens ja auch nur Rechtskraft für das einzelne Vertragsverhältnis entfalten, soll in der Schweiz durch die in Art. 10 Abs. 2 UWG vorgesehene *Verbandsklage* (vor allem der Konsumentenschutzverbände)[72], allenfalls aber auch durch die *Klagemöglichkeit des Bundes* (Art. 10 Abs. 3 UWG)[73], wenigstens im Ansatz kompensiert werden.

---

67 In Bezug auf Versicherungsbedingungen war die präventive Verwaltungskontrolle im alten VAG vorgesehen, wurde aber im neuen VAG (2004) fast vollständig abgeschafft. Vgl. im Einzelnen BRUNNER, AGB, 124 ff.; WALKER, Konsumenten-AGB, 175 ff.; HEISS, in: Heizmann/Loacker, Art. 8 UWG N 57. Dort (N 58) auch zur verwaltungsrechtlichen *ex-post*-Kontrolle durch die FINMA als Versicherungsaufsichtsbehörde. Zur *ex-post*-Verwaltungskontrolle durch die Elektrizitätskommission s. oben in Fn 13.

68 Vgl. zur Abwägung der Vor- und Nachteile der präventiven Verwaltungskontrolle KRAMER, SJZ 1985, 33 ff. (in Auseinandersetzung mit dem die präventive Verwaltungskontrolle befürwortenden Ausführungen von BAUDENBACHER, AGB, 318 ff.).

69 Dazu im Einzelnen unten N 798 (PROBST).

70 Zur fehlenden Breitenwirkung einer richterlichen, auf einen einzelnen Vertragsschluss bezogenen «Inzidentkontrolle» von AGB schon KÖTZ, Gutachten, A 54 ff.

71 Geglückte Begrifflichkeit bei DEDUAL, 271 ff.

72 Siehe unten N 841 ff.

73 Siehe unten N 843 f.

2. Wo setzt die richterliche AGB-Kontrolle an?

Der Ansatz zur richterlichen Kontrolle von AGB ist im Wesentlichen ein vierfacher: Konsenskontrolle (Einbeziehungskontrolle), Auslegungskontrolle (Interpretationskontrolle), allgemeine Gültigkeitskontrolle, verschärfte Inhaltskontrolle. 18

Der vertragsrechtlichen Grundlage für die Geltung von AGB (oben N 3) entspricht es, dass der *konsensualen Einbeziehung der AGB* in den Vertrag ein besonderes Augenmerk gilt. Die AGB müssen dem Kunden vom Verwender vor Vertragsschluss *in zumutbarer Weise zur Kenntnis gebracht* worden sein;[74] dies gilt heute namentlich auch im elektronischen Geschäftsverkehr. Rechtsprechung und Lehre haben zu dieser *Konsenskontrolle (Einbeziehungskontrolle)*[75] vielfältige Einzelmaximen entwickelt, die im Zweiten Teil dieses Buches ausführlich dargestellt werden.[76] Gewisse Maximen, wie namentlich die «Ungewöhnlichkeitsregel»[77], gelten grundsätzlich sowohl für Verbraucher- *als auch für* Unternehmer-AGB-Verträge; bei gewissen Problembereichen der Konsenskontrolle ist es wie im Fall der sog. *«battle of the forms»* (dazu unten N 274 ff.) von vornherein klar, dass nur der unternehmerische Rechtsverkehr angesprochen ist. Einen besonderen Kontrollaspekt an der Schnittstelle zwischen Konsens-, Interpretations- und Inhaltskontrolle stellt das – in der Schweiz nicht ausdrücklich geregelte – AGB-rechtliche *«Transparenzgebot»* dar.[78] 19

---

74 Für die Schweiz statt aller SHK UWG-PROBST, Art. 8 N 157: «Die Partei, welche die AGB … (global) akzeptiert hat, muss stets die *Möglichkeit* gehabt haben, *in zumutbarer Weise* von den fraglichen AGB Kenntnis zu nehmen». Ausdrücklich Art. 2:104 Abs. 1 PECL: «Contract terms which have not been individually negotiated may be involved against a party which did not know of them only if the party invoking them took *reasonable steps to bring them to the other party's attention* before or when the contract was concluded» (Kursivsetzung hinzugefügt). Zu den PECL unten N 67. Monographisch zur Zugänglichkeitsregel PERRIG, Zugänglichkeitsregel. Der dort geprägte Ausdruck «Zugänglichkeitsregel» wird nun auch vom BGer verwendet. Siehe BGE 148 III 57 (59).

75 Der dafür früher (namentlich zum deutschen und österreichischen Recht) vielfach verwendete Ausdruck «Geltungskontrolle» wird in diesem Handbuch vermieden, weil er zum Missverständnis führt, dass es bei der «Geltungskontrolle» auch um Fragen der Gültigkeit der AGB nach den allgemeinen Kriterien von ZGB/OR (vor allem Art. 19, 20 OR) geht.

76 Siehe unten § 7. Grundlage dazu ist PERRIG, Zugänglichkeitsregel (passim).

77 Dazu unten N 68 sowie im Einzelnen N 193 ff. (PERRIG).

78 Dazu aus der Sicht des schweizerischen Rechts (Art. 8 UWG) MATT, passim; HEISS, in: Loacker/Heizmann, Art. 8 UWG N 225 ff.; zuletzt SCHMID, ZBJV 159 (2023) 330 f.; dazu auch unten N 109. Zu den Anforderungen im Hinblick auf die Deutlichkeit (Transparenz) im Einzelnen N 154 f. (PERRIG). Ausdrückliche Regelung (in Umsetzung von

20 Ganz grundsätzlich ist zum *Stellenwert der AGB-Konsenskontrolle* zu sagen, dass die Anforderungen, die unter diesem Stichwort im Hinblick auf eine wirksame konsensuale Einbeziehung der AGB in den Vertrag gestellt werden, im Hinblick auf den Schutz des AGB-Kunden durchaus relevant sein und zur Eliminierung überraschender oder nicht ausreichend zugänglich gemachter AGB-Klauseln führen können. In vielen Fällen werden diese Klauseln auch inhaltlich einseitig ausgestaltet sein. Die Auffassung, die von der Judikatur und Lehre zur Konsenskontrolle entwickelten Regeln seien von vornherein in jedem Fall völlig illusorisch und daher fallen zu lassen,[79] ist in dieser Pauschalität nicht haltbar und würde den AGB-Kunden, namentlich den nicht unternehmerisch kontrahierenden AGB-Kunden, unverständlicher Weise eines Schutzes berauben, der eine willkommene Konsequenz der konsensualen Rechtsnatur der AGB ist[80]. Die präventive Schutzrelevanz der AGB-Konsenskontrolle darf allerdings – vor allem

Art. 5 S. 1 der EU-Klausel-Richtlinie) in § 6 Abs. 3 des österreichischen KSchG und in § 307 Abs. 1 S. 2 BGB.

79 So aber BIERI, ZSR 131 (2012) I, 207 (zusammenfassend): «… la jurisprudence du Tribunal fédéral selon laquelle les conditions générales ne sont intégrées à un contrat que si les parties ont eu la possibilité d'en prendre connaissance devrait être abandonnée». Gegen BIERI bereits PERRIG, Einbeziehung, 184 Fn 89. Wie BIERI aus der deutschen Literatur nun MCCOLGAN, Abschied vom Informationsmodell im Recht Allgemeiner Geschäftsbedingungen, Tübingen 2020; *ders.*, Welchen Sinn hat die Einbeziehungskontrolle, wenn ihr Regelungszweck völlig verfehlt wird?, JZ 2021, 827 ff.

80 ERNST (N 6.5 [S. 195]) geht neuerdings – im Allgemeinen, jedenfalls für Verbraucherverträge, durchaus realistisch – davon aus, dass AGB «in Tat und Wahrheit … einseitige Bestimmungen vertraglicher Rechte und Pflichten» seien. Dies gelte auch «dann, wenn man an der Vorstellung festhält, dass Allgemeine Geschäftsbedingungen zu ihrer Wirksamkeit beidseits in den Vertrag einbezogen sein müssen». Diese konsensuale Einbeziehung habe aber einen anderen Charakter als herkömmlicherweise angenommen wird. Sie beziehe sich nicht auf den Inhalt der AGB. «Der dem Verwender gegenüber stehende Vertragsteil» sei vielmehr «damit einverstanden, dass der Verwender einen Teil des Vertragsinhalts einseitig bestimmt». Es geht somit um Delegation der Vertragsinhaltsbestimmung. Daher sei es nicht erforderlich, «dass der Zustimmende die Allgemeinen Geschäftsbedingungen des anderen Teils zur Kenntnis genommen hat oder hätte nehmen können». Das Einverständnis zur einseitigen Bestimmung der Vertragsbedingungen könne im Vertrauen darauf erfolgen, dass der Kunde «gegebenenfalls durch richterliche Intervention vor unausgewogenen Regelungen geschützt wird», sei es doch «in der kontinentaleuropäischen Vertragslehre» allgemein anerkannt, «dass Leistungsbestimmungen, die im Vertragsverhältnis einer der beiden Parteien überlassen bleiben, der richterlichen Kontrolle unterliegen». Mit dieser Argumentation fiele klarer Weise jegliche Rechtfertigung für eine spezifische, auf den Inhalt der AGB bezogene Konsenskontrolle weg, was, wie ausgeführt, im Ergebnis vor allem konsumentenschutzpolitisch bedauerlich wäre. Noch dazu müsste ja auch dann, würde man dem Ansatz von ERNST folgen, eine Konsensprüfung stattfinden. Es müsste geprüft werden, ob sich der Kunde tatsächlich mit der einseitigen Vertragsinhaltsbestimmung durch den

bei Verbraucherverträgen – auch nicht überschätzt werden. Dies ergibt sich aus den Überlegungen, die oben[81] zu den Transaktionskosten bei Abschluss von AGB-Verträgen angestellt worden sind. Auch wenn die AGB noch so klar und verständlich formuliert, auch wenn der Kunde noch so deutlich auf sie hingewiesen worden ist: Er wird sie bei Verbraucher-AGB-Verträgen aus den oben dargestellten Gründen[82] regelmässig trotzdem nicht kritisch hinterfragen, sondern «global» übernehmen und sich, wenn er ihre Einseitigkeit doch einmal konstatieren sollte, nicht dagegen wehren bzw. auf den Vertragsschluss verzichten und auf einen anderen Anbieter mit «besseren» AGB ausweichen.[83]

Dogmatisch untrennbar mit der Konsenskontrolle bei AGB-Verträgen verzahnt ist die AGB-*Auslegungskontrolle (Interpretationskontrolle)*. Zwar unterliegen die AGB-Klauseln als Vertragsbestandteile grundsätzlich den allgemeinen, in der Schweiz zu Art. 18 OR entwickelten, auf den konkreten Vertragsschluss abstellenden vertragsrechtlichen Interpretationsregeln[84], doch sind wegen des 21

AGB-Verwender einverstanden erklärt hat. Vergegenwärtigt man sich die Situation, in denen Verbraucher typischer Weise AGB-Verträge schliessen (oben N 6, 7), wird man diesbezüglich grosse Vorbehalte anbringen müssen. Von einer eigentlichen, entscheidungsfrei getroffenen Zustimmung des Kunden zur Delegation der Bestimmung des Vertragsinhalts an den AGB-Verwender wird man regelmässig nicht sprechen können. Daraus ergibt sich: Das nach dem Ansatz von ERNST erforderliche Einverständnis des Kunden zur einseitigen AGB-Inhaltsbestimmung durch den Verwender wird regelmässig fiktiven Charakter haben.

81 Siehe oben N 7.

82 Oben N 7.

83 SCHMID (FS Koller, 851 ff.) zieht vor diesem Hintergrund die radikale Konsequenz, dass bei Globalübernahme der AGB in Verbraucherverträgen nach allgemeinen Grundsätzen des Vertrauensprinzips in aller Regel kein Konsens des Kunden zur Einbeziehung der AGB angenommen werden könne. Die AGB würden daher (wegen des Fehlens eines Konsenses) nicht Vertragsinhalt; stattdessen würde das dispositive Gesetzesrecht gelten. Diese Auffassung hat zweifellos viel für sich, wird aber nach der hier vertretenen Auffassung der positiv zu bewertenden Rationalisierungs- und Modernisierungsfunktion (Spezialisierungsfunktion) der AGB (oben N 2) nicht gerecht. Die Verweisung auf das ausserordentlich lückenhafte dispositive Gesetzesrecht wird sehr oft eine Verweisung ins Leere sein, mit der Konsequenz, dass es dann den Gerichten obliegen würde, eine, den spezifischen Gegebenheiten des Vertrags adäquate Lösung zu finden, ein Weg, der mit grosser Unsicherheit, vor allem Planungsunsicherheit, verbunden wäre. Dies spricht doch sehr dafür, mit Hilfe einer differenzierten und realistischen Konsenskontrolle zu versuchen, den Inhalt der AGB dem Kunden zugänglich zu machen und die den Vorgaben dieser Konsenskontrolle entsprechenden AGB damit vor einem globalen Herausfallen aus dem Vertrag zu bewahren; dies selbstverständlich unter dem Vorbehalt einer zusätzlichen Gültigkeits- und Inhaltskontrolle (N 22 f.).

84 Aus der Rechtsprechung statt aller BGE 122 III 118, 121; 133 III 675, 681; aus der Lehre GAUCH/SCHLUEP/SCHMID, OR AT I, N 1241. Da eine Erforschung des individuellen, «übereinstimmenden wirklichen Willens» (Art. 18 Abs. 1 OR) der beiden Kontrahenten

typischer Weise heteronomen Charakters der AGB-Formulierung auch hier Sonderregeln, wie etwa die *interpretatio contra proferentem bzw. stipulatorem («Unklarheitenregel»),* entwickelt worden, die dem Schutz des Kunden dienen.[85] Zum *Vorrang der Individualabrede* eingehend N 287 ff. (PERRIG).

22 Ist davon auszugehen, dass beide Kontrahenten den – nach diesen spezifischen Regeln interpretierten – AGB zugestimmt haben, muss schliesslich ihr Inhalt auf seine rechtliche Haltbarkeit überprüft werden. Diese Kontrolle ist zum einen eine *(allgemeine) Gültigkeitskontrolle* nach den im schweizerischen Recht in Art. 19, 20 OR i.V.m. Art. 27 Abs. 2 ZGB aufgelisteten allgemeinen Kontrollkriterien[86]. Über diese allgemeine Kontrolle hinaus werden die AGB europaweit und nach der Revision des Art. 8 UWG auch in der Schweiz einer *verschärften Inhaltskontrolle («Angemessenheitskontrolle»)* unterzogen[87]. Die Latte des rechtlich zu tolerierenden Inhalts wird aus den oben[88] abgehandelten Schutzerwägungen sozusagen höher gelegt: Vertragsinhalte, die, wenn sie individuell ausgehandelt worden sind, noch «durchgehen» können, werden, wenn es sich um eine AGB-Klausel[89] handelt, nicht mehr als akzeptabel erachtet. Der wichtigste Massstab für diese Kontrolle ist – gemäss der in Deutschland schon vor Jahrzehnten entwickelten *«Theorie von der Ordnungsfunktion*

bei AGB-Verträgen nur ausnahmsweise weiterhelfen wird, steht *im Ergebnis* eine auf die objektive Bedeutung des Wortlauts und der Systematik der AGB abstellende Auslegung im Vordergrund. In der deutschen Judikatur wird im Unterschied zur schweizerischen Praxis von vorneherein betont, dass AGB – ohne Berücksichtigung des Willens der Kontrahenten – (wie Gesetze) objektiv zu interpretieren seien. So etwa BGH NJW 2021, 771 (775); NJW 2023, 2183 (2184). Zum Ganzen eingehend WIEGAND, FS Kramer, 331 ff.

85 Dazu unten N 302 ff. (PERRIG). Zum Sonderproblem der Interpretation von AGB im Verbandsprozess (auf Unterlassung) ist hier nicht weiter einzugehen. Dazu etwa PABEL, AGB-Kontrolle im Verbandsprozess: kundenfeindlichste Auslegung und abstrakte Transparenzprüfung, RdW 2022, 760 ff. Vgl. auch unten N 316 (PERRIG).

86 Dazu unten N 328 ff. (PROBST). Spezifisch für Haftungsfreizeichnungen gelten Art. 100, 101 OR, für die Verkürzung von Verjährungsfristen bei Klagen aus Gewährleistung Art. 210 Abs. 4 OR Diese Vorschriften gelten auch für individuell ausgehandelte Vertragsbedingungen; nach Art. 100, 101 OR auch unabhängig davon, ob ein Verbrauchervertrag oder ein Unternehmervertrag vorliegt.

87 Rechtsvergleichung unten N 26 ff. Zur verschärften Inhaltskontrolle nach Art. 8 UWG im Einzelnen unten § 10. Dort ist (PROBST) von «offener Inhaltskontrolle» die Rede, ein Ausdruck, der darauf verweist, dass das Bundesgericht in langjährig praktizierter Rechtsprechung die «Ungewöhnlichkeitsregel», bei der es eigentlich um Konsenskontrolle geht, als verdecktes (verkapptes) Vehikel für eine verschärfte Inhaltskontrolle benützt hat (s. unten N 68). Zum Begriff der «Angemessenheitskontrolle» schon FASTRICHT, Richterliche Inhaltskontrolle im Privatrecht, München 1992, 12.

88 Siehe oben N 6 ff.

89 Zur Ausweitung auf «Einmalbedingungen» oben N 15.

des dispositiven Rechts»[90] – das durch die AGB abbedungene dispositive Gesetzesrecht: Erhebliche, den Vertragspartner des Verwenders unangemessen benachteiligende Abweichungen von diesem Massstab sollen, sofern dem dispositiven Recht eine «Ordnungsfunktion» (eine auf Ausgewogenheit der vertraglichen Rechte und Pflichten bedachte Wertentscheidung des Gesetzes) zukommt[91] – rechtlich nicht akzeptiert werden. Diesem Kontrollansatz sind alle rechtsvergleichend zu beobachtenden *Generalklauseln zur AGB-Inhaltskontrolle* verpflichtet,[92] wobei zu beachten ist, dass er an seine Grenzen stösst, wenn für die zu beurteilende AGB-Klausel ein einschlägiges (sei es direkt oder analog anwendbares) dispositives Recht fehlt, eine Situation, die bei Innominatverträgen regelmässig zu beobachten ist.[93]

Zusätzlich zur Generalklausel sehen alle EU-Staaten (nicht aber die Schweiz) 23
für Verbraucherverträge auch Kataloge konkreter Klauselverbote vor, sog. *«graue»* und *«schwarze» Verbotslisten,* nach denen ganz konkrete AGB-Regelungen zu beurteilen sind.[94] Diese konkreten Klauselverbote erhöhen für die AGB-verwendenden Unternehmer und ihre Kunden, aber auch für die Gerichte markant die Orientierungssicherheit, die auf Basis der mit sehr unbestimmten Wertungsbegriffen («unangemessen benachteiligend», «erhebliche Abweichung» etc.) arbeitenden Generalklausel des schweizerischen Rechts (Art. 8 UWG) nur unzureichend gewährleistet ist.[95]

---

90 Entwickelt vor allem von PAPPENHEIM, Die Vertragsfreiheit und die moderne Entwicklung des Verkehrsrechts, FS Cohn, Zürich 1915, 289 ff.; NIPPERDEY, Kontrahierungszwang und diktierter Vertrag, Jena 1920, 53 ff.; 61 ff. Weitere Nachweise bei HELLWEGE, AGB, 290 ff.; CZIUPKA, Dispositives Vertragsrecht. Funktionsweise und Qualitätsmerkmale gesetzlicher Regelungsmuster, Tübingen 2010, 212 ff.

91 Dazu für die Schweiz pionierhaft BUCHER, Festgabe Deschenaux, 249 ff.

92 Ausdrücklich § 307 Abs. 1 BGB (unten N 30). Zur Auffälligkeit, dass im schweizerischen Recht Art. 8 UWG im Unterschied zur ursprünglichen Fassung dieses Artikels (UWG 1986) nicht mehr auf die Massstabfunktion des dispositiven Rechts hinweist, unten N 71.

93 Im deutschen Recht kommt hier § 307 Abs. 2 Ziff. 2 BGB zum Zug, wonach eine «unangemessene Benachteiligung» des Kunden im Zweifel anzunehmen ist, wenn eine Klausel «wesentliche Rechte oder Pflichten, die sich aus der Natur des Vertrags ergeben, so einschränkt, dass die Erreichung des Vertragszwecks gefährdet ist». Dazu RENNER, AcP 113 (2013) 667 ff. Ähnlich im schweizerischen Recht die ursprüngliche Fassung von Art. 8 UWG (lit. b): «... eine der Vertragsnatur erheblich widersprechende Verteilung von Rechten und Pflichten ...». Auch nach der heutigen Gesetzeslage wird man von dieser Formulierung (oder der des BGB) ausgehen können; dass dem Gericht bei deren Konkretisierung ein sehr weiter Ermessensspielraum bleibt, ist offensichtlich.

94 Nachweise unten N 31, 36, 40, 43; zum indikativen Katalog der EU-Klausel-Richtlinie unten N 49.

95 Kritisch schon KRAMER, JBl 2012, 761.

24 Die oben (N 8 ff.) angesprochene Frage, ob auch unternehmerisch kontrahierende Kunden des AGB-Verwenders Adressaten einer verschärften Inhaltskontrolle (Angemessenheitskontrolle) sein sollen, wurde, wie bereits gesagt[96], vom schweizerischen Gesetzgeber anlässlich der Revision von Art. 8 UWG (2011) negativ beantwortet.[97] In einigen europäischen Staaten wird, wie im nächsten Kapitel anhand des deutschen, österreichischen und französischen Rechts dokumentiert wird,[98] eine differenzierende Lösung vorgesehen und auch dem unternehmerischen Kunden ein, wenn auch abgeschwächter Schutz zugestanden.

---

96 Oben N 8.

97 Zur Frage, wie der Schutz von KMU vor unausgewogenen AGB in der Schweiz nach Erlass des Art. 8 UWG *de lege lata* begründbar ist, unten N 68 (mit Fn 229); N 836 (PROBST).

98 Unten N 28, 36, 45.

§ 2 Geschichtliche und rechtsvergleichende Hinweise

I. Rechtsgeschichte

Die spezifischen Probleme, die sich bei Abschluss von AGB-Verträgen stellen, 25
wurden rechtlich erst relativ spät erfasst. Die den AGB-Tatbestand zentral thematisierende rechtsdogmatische und rechtspolitische Diskussion ist, obwohl der wirtschaftliche Sachverhalt des AGB-Wesens älter ist, noch keine hundert Jahre alt[99]. Erste spezielle gesetzliche Regelungen sahen das polnische Obligationenrecht von 1933[100] und der 1942 in Kraft getretene italienische Codice Civile vor. Beide Gesetze beschränkten sich auf eine Kontrolle der Einbeziehung der AGB.[101] Der Gedanke einer verschärften AGB-Inhaltskontrolle und die rechtspolitische Begründung dafür ist vor allem der deutschen Lehre zu verdanken, wobei die Monographie von Ludwig *Raiser* aus dem Jahr 1935 im Vordergrund steht.[102] Durch diese Doktrin liess sich ab den 50er Jahren des vergangenen Jahrhunderts auch die Judikatur des deutschen BGH leiten. Diese vertrat seit einer 1956 ergangenen Leitentscheidung,[103] gestützt auf das Treu-

---

99 Zu den Wurzeln des modernen deutschen AGB-Rechts im 19. Jahrhundert eingehend Hellwege, AGB, 19 ff.; in der französischen Doktrin pionierhaft Saleilles, De la déclaration de volonté, Paris 1901, der auch den bis heute gebräuchlichen Ausdruck «contrat d'adhésion» prägte und (vgl. a.a.O., S. 229 f.) von einer einseitigen Normsetzung durch den Verwender sprach, deren juristische Konstruktion noch offen sei.

100 Art. 71 und 72 des polnischen Obligationenrechts von 1933. Art. 71 § 1 lautete: «Eine Richtlinie, die durch eine der Parteien herausgegeben wurde, bindet die andere Partei dann, wenn sie ihr bei Vertragsschluss ausgehändigt wurde und wenn ihre Anwendung in den gegebenen Vertragsbeziehungen üblich ist, auch dann, wenn die andere Partei mit Leichtigkeit von deren Inhalt Kenntnis erlangen konnte» (Übersetzung nach Hellwege, AGB, 342). Ein eigentliches Einverständnis des Kunden war danach nicht erforderlich. Zu dieser Regelung auch Neumayer, Contracts, in: Contracts in General, vol. VII/2, chapter 12 der International Encyclopedia of Comparative Law (Tübingen 2008) N 20; Hellwege, AGB, 342 f.

101 Zur italienischen Rechtslage unten N 39 ff.

102 Raiser, passim; zu Raisers Bedeutung für die deutsche AGB-Diskussion etwa Hellwege, AGB, 301 ff.; Hofer, in: Historisch-kritischer Kommentar zum BGB, Bd. II/2, Tübingen 2007, §§ 305–310 N 13; weitere wichtige Monographie aus derselben Zeit: G. Haupt, Die Allgemeinen Geschäftsbedingungen der deutschen Banken, Leipzig 1937.

103 BGHZ 22, 90 ff.; dazu die Anmerkung R. Fischer, LM Nr. 1 «Allgemeine Geschäftsbedingungen»; *derselbe*, BB 1957, 481 ff.; im Anschluss an BGHZ 22, 90 ff. dann BGHZ 41, 151, 154 und viele weitere Entscheidungen.

und Glauben-Gebot des § 242 BGB, die Auffassung, dass sich AGB nicht ohne sachliche Rechtfertigung in erheblicher Weise einseitig zu Lasten des Kunden vom normativen Leitbild des dispositiven Rechts entfernen dürfen. Dem schloss sich – im Anschluss an die Gutachten und Verhandlungen des 50. Deutschen Juristentags 1974[104] – dann auch der deutsche Gesetzgeber in Gestalt des für die Entwicklung des AGB-Rechts in Europa bahnbrechenden *AGB-Gesetzes* (vom 9.12.1976; in Kraft seit 1.4.1977) an. Dieses (danach aufgrund der Vorgaben der EU-Klausel-Richtlinie teilweise novellierte) Gesetz wurde im Zug der Schuldrechtsmodernisierung[105] als Abschnitt 2 des 2. Buchs des BGB (Schuldrecht) in das privatrechtliche Stammgesetz integriert (§§ 305–310 BGB). Dazu einführend N 27 ff.

II. Rechtsvergleichung

26 Die nachstehenden rechtsvergleichenden Hinweise beschränken sich auf die Nachbarländer der Schweiz[106], deren Rechtsordnungen kraft objektiver internationalprivatrechtlicher Anknüpfung des Vertrags oder auf Grund einer Rechtswahl der Parteien vor schweizerischen Gerichten besonders häufig zur Debatte stehen[107].

---

104 Wichtig vor allem KÖTZ, Gutachten, passim.

105 Schuldrechtsmodernisierungsgesetz vom 26.11.2001, BGBl. I, 3138.

106 Weiter gespannte Rechtsvergleichung (zur AGB-Inhaltskontrolle) bei RANIERI, 322 ff.; KÖTZ, Europäisches Vertragsrecht, 2. Aufl., Tübingen 2015, § 8; zur Rechtslage in Deutschland, Frankreich und Grossbritannien eingehend BSK UWG-THOUVENIN, Art. 8 N 26 ff. Trotz des Brexit des UK gelten dort weiterhin die die EU-Klausel-Richtlinie umsetzenden «Unfair Terms in Consumer Contracts Regulations» 1999. Zum neuen belgischen AGB-Recht s. die Angaben oben Fn 52.

107 Zur Vereinbarung ausländischen Rechts in AGB-Klauseln auch VISCHER/HUBER/OSER, Internationales Vertragsrecht, 2. Aufl., Bern 2000, § 3 (S. 102 ff.). Die AGB-Klauseln müssen jedenfalls dem Gebot des Art. 116 Abs. 2 IPRG entsprechen, wonach die Rechtswahl «ausdrücklich» sein oder sich «eindeutig aus dem Vertrag oder den Umständen» ergeben muss. Für Konsumenten ist die Rechtswahl nach Art. 120 Abs. 2 IPRG ausgeschlossen; für nationale Geschäfte s. Art. 35 Abs. 1 lit. a ZPO. Zu Gerichtsstands- und Schiedsklauseln in AGB unten N 216 ff. (PERRIG).

1. Deutschland[108]

Der *sachliche Anwendungsbereich* der AGB-Kontrolle gemäss den gerade zitierten (und im Anhang dieses Buches abgedruckten) §§ 305–310 BGB ergibt sich einerseits aus der schon oben[109] erwähnten Definition der AGB in § 305 Abs. 1 BGB[110] sowie aus der aus § 307 Abs. 3 BGB abzuleitenden Einschränkung, dass sich die AGB-Inhaltskontrolle nicht auf die objektiv wesentlichen Vertragspunkte bezieht;[111] andererseits aus der in § 310 Abs. 3 BGB geregelten, der EU-Klausel-Richtlinie[112] folgenden Ausweitung der Kontrolle auf einseitig gestellte Vertragsbedingungen, die nur zur einmaligen Verwendung bestimmt sind, bei denen der Verbraucher aber ebenfalls (wie bei den AGB) auf ihren Inhalt keinen Einfluss nehmen konnte.[113] Diese Kontrollerweiterung gilt nur für Verbraucherverträge und nur im Hinblick auf die Regelungen über die Inhaltskontrolle (§§ 306–309 BGB) sowie auf die in § 305c Abs. 2 BGB geregelte Sonderinterpretationsregel der *interpretatio contra proferentem.* Nach § 310 Abs. 4 BGB sind für folgende Vertragsbereiche Einschränkungen oder Relativierungen der Anwendbarkeit der §§ 305 ff. BGB zu beachten: §§ 305 ff. BGB gelten nicht «bei Verträgen auf dem Gebiet des Erb-, Familien- und Gesellschaftsrechts sowie für Tarifverträge (Betriebs- und Dienstvereinbarungen)»: § 310 Abs. 4 Satz 1 BGB. Bei der Anwendung auf Arbeitsverträge seien die Besonderheiten 27

---

108 Die Literatur zum deutschen AGB-Recht ist immens und wird hier nur ansatzweise dokumentiert. Wichtige Kommentierungen in: ULMER/BRANDNER/HENSEN, AGB-Recht, 13. Aufl., Köln 2021; WOLF/LINDACHER/PFEIFFER, AGB-Recht. Kommentar, 7. Aufl., München 2020; Kommentierung der §§ 305 ff. BGB in: STAUDINGER BGB, §§ 305–310, UKlaG, Neubearbeitung Berlin 2022; in: Münchener Kommentar zum BGB, Bd. 2, 9. Aufl., München 2022. Konzise Einführung bei STOFFELS, AGB-Recht, 4. Aufl., München 2021. Berichte über neueste deutsche Judikatur zum AGB-Recht bei GRAF VON WESTPHALEN in jedem Jahrgang der NJW; zuletzt NJW 2022, 288 ff.; 2237 ff. Sehr informativ (für den b2b-Bereich) auch LEUSCHNER, AGB-Recht im unternehmerischen Rechtsverkehr, München 2021.

109 Siehe oben N 15.

110 Zum Begriff des «Aushandelns» von Vertragsbedingungen (das eine Anwendung der AGB-Kontroll-Regeln ausschliesst) s. die Nachweise in Fn 25. Zu notariell beurkundeten Verträgen LEUSCHNER, AGB-Recht und notarielle Praxis im unternehmerischen Rechtsverkehr, NJW 2022, 1193 ff.

111 Dazu schon oben N 13. Aus der Judikatur zur § 310 Abs. 3 BGB etwa BGHZ 93, 358, 362 f. = NJW 1985, 3013, 3014, wonach eine formularmässige Klausel kontrollfrei ist, wenn sie Art und Umfang der vertraglichen Hauptleistungen unmittelbar regelt. Preisnebenabreden unterliegen hingegen der Inhaltskontrolle; s. etwa BGH NJW 2015, 3025, 3026; NJW 2017, 3649, 3650.

112 Siehe unten N 48.

113 Zu diesen «Einmalbedingungen» schon oben N 15.

des Arbeitsrechts «angemessen zu berücksichtigen» (§ 310 Abs. 4 Satz 2 BGB)[114]; § 305 Abs. 2 und 3 BGB, welche die Einbeziehung der AGB in den Vertrag regeln, sind auf Arbeitsverträge von vornherein nicht anzuwenden. Für die Inhaltskontrolle von Energielieferungsverträgen mit Sonderabnehmern gilt die differenzierende Regelung des § 310 Abs. 2 BGB.

28 Im Hinblick auf den *persönlichen Anwendungsbereich* der §§ 305 ff. BGB ist der die Anwendung der §§ 305 ff. BGB einschränkende bzw. präzisierende § 310 BGB zu beachten: Danach gelten die Regeln des § 305 Abs. 2 und 3 BGB über die Konsenskontrolle nicht gegenüber Unternehmern (und gleichgestellten Personen). Im Hinblick auf die Inhaltskontrolle wird in § 310 Abs. 1 BGB kompromisshaft differenziert: Die in §§ 308, 309 BGB vorgesehenen, langen Listen konkreter Klauselverbote gelten zugunsten von unternehmerisch kontrahierenden Kunden nicht unmittelbar. Auf die Generalklausel über die Inhaltskontrolle (§ 307 BGB) können sich aber auch unternehmerisch kontrahierende Kunden berufen (vgl. § 310 Abs. 1 Satz 1 BGB). Führt dies zur Ungültigkeit einer Klausel, so gilt dieses Ergebnis auch dann, wenn dadurch eine AGB-Regelung betroffen ist, die sich unter den konkreten (nur auf Verbraucherverträge bezogenen) Klauselverboten der §§ 308, 309 BGB befindet (§ 310 Abs. 1 Satz 2 BGB).[115] Auf die im Handelsverkehr geltenden Gewohnheiten und Gebräuche ist bei der zugunsten von Unternehmern eingesetzten Inhaltskontrolle angemessen Rücksicht zu nehmen (§ 310 Abs. 1 letzter Halbsatz BGB).[116]

29 In Bezug auf die *Kontrollmechanismen* wird zwischen Regelungen zur Konsens-, zur Interpretations- sowie zur (verschärften) Inhaltskontrolle (Angemessenheitskontrolle) unterschieden: Die *Konsenskontrolle* ist vor allem in § 305 Abs. 2 BGB geregelt: Grundsätzlich muss ausdrücklich auf die Verwendung der AGB hingewiesen werden; der Kunde muss die Möglichkeit haben, in zumutbarer Weise vom Inhalt der AGB Kenntnis zu nehmen. Für die *Auslegungskontrolle* gilt die Regel von der *interpretatio contra proferentem* (§ 305c Abs. 2 BGB).[117] *Individualabreden haben Vorrang* vor damit in Widerspruch

---

114 Die Verbrauchereigenschaft des Arbeitnehmers bejahend BAG NZA 2007, 614, 615. Zur ABG-Kontrolle von Arbeitsverträgen im Einzelnen Däubler/Deinert/Walser, AGB-Kontrolle im Arbeitsrecht, 5. Aufl., München 2021.

115 Die Relevanz der Klauselverbote der §§ 308, 309 BGB noch stärkter betonend BGHZ 228, 353 (369 f.), wonach diese eine «Indizwirkung» auch für die Unwirksamkeit im unternehmerischen Geschäftsverkehr haben. Vgl. zur Methodik im Einzelnen Stomps, Methodik der Klauselkontrolle im unternehmerischen Geschäftsverkehr. Eine Untersuchung des deutschen Rechts mit Bezügen zum englischen Recht und dem DCFR am Beispiel von Haftungsklauseln, Baden-Baden 2011.

116 Zur Problematik der deutschen Rechtslage im Hinblick auf Unternehmer-AGB-Verträge die Nachweise unten N 34.

117 Im Verbandsprozess auf Unterlassung (unten N 33) ist hingegen von der «kundenfeindlichsten Auslegung» einer Klausel auszugehen. Die «kundenfeindlichste» Auslegung

stehenden AGB-Klauseln (§ 305b BGB). *Ungewöhnliche (überraschende) AGB*-Bestimmungen, mit denen der Kunde «nach den Umständen, insbesondere nach dem äußeren Erscheinungsbild des Vertrags» nicht zu rechnen brauchte, werden nicht Vertragsbestandteil (§ 305c Abs. 1 BGB).

Die AGB-*Inhaltskontrolle* ist in den §§ 307–309 BGB geregelt. § 307 Abs. 1 BGB enthält die *Generalklausel* sowie in Satz 2 das – Elemente der Konsens- und Inhaltskontrolle eigentümlich vermischende – *Transparenzgebot*[118], wonach eine unangemessene Benachteiligung des Kunden sich auch daraus ergeben könne, dass Bestimmungen nicht klar und verständlich sind. In § 307 Abs. 2 BGB wird die Generalklausel konkretisiert: Eine unangemessene Benachteiligung im Sinn von Abs. 1 sei im Zweifel anzunehmen, wenn eine Bestimmung «1. mit wesentlichen Grundgedanken der gesetzlichen Regelung, von der abgewichen wird, nicht zu vereinbaren ist, oder 2. wesentliche Rechte oder Pflichten, die sich aus der Natur des Vertrags ergeben, so einschränkt, dass die Erreichung des Vertragszwecks gefährdet ist». 30

Bei den *konkreten Klauselverboten* wird differenziert: In § 308 BGB sind die *«Klauselverbote mit Wertungsmöglichkeit»* demonstrativ aufgelistet. Nach einer bereits erwähnten, heute international gebräuchlichen Terminologie kann auch von einer *«grauen Liste»* gesprochen werden. Die Verbote nehmen hier jeweils Bezug auf konkretisierungsbedürftige Wertungsbegriffe, wie etwa «unangemessen lange», «nicht hinreichend bestimmt», «sachlich nicht gerechtfertigt», womit dem beurteilenden Gericht ein relativ grosser Ermessensspielraum offen bleibt. Bei den in § 309 BGB aufgezählten *«Klauselverboten ohne Wertungsmöglichkeit» («schwarze Liste»)*[119] fehlen solche Ermessensbegriffe, 31

ist somit hier die kundenfreundlichste! Dazu und zur Frage, ob u.U. auch im Individualprozess die kundenfeindliche Auslegung am Platz ist, BGH NJW 2008, 2172, 2173.

118 Versuch einer dogmatischen Klärung bei BIEDER, Der Schutz vor täuschungsgeeigneten Formularverträgen, AcP 216 (2016) 911 ff. Ausführlich nun BGH NJW 2023, 1718 (1720). Zur Tragweite des Transparenzgebots nach schweizerischem Recht unten N 154 f. (PERRIG).

119 Zum Verhältnis zwischen der Generalklausel des § 307 BGB und dem Katalog des § 309 BGB überzeugend WURMNEST, in: MünchKomm, Bd. 2, 9. Aufl., München 2022, § 309 N 3: Gelange man zum Ergebnis, dass eine Klausel nach § 309 BGB unwirksam ist, so dürfe dieses Ergebnis nicht aufgrund der Generalklausel korrigiert werden. Namentlich dürfe eine AGB-Klausel, die gegen ein Klauselverbot des § 309 BGB verstösst, nicht deshalb (auf Basis der Generalklausel) als wirksam angesehen werden, weil den Kunden an ganz anderer Stelle des Vertrags ein günstiger Ausgleich geboten wird, sodass man meinen könnte, dass der Vertrag aufs Ganze gesehen keine unangemessene Benachteiligung im Sinn von § 307 BGB mehr enthält. Wird die Einseitigkeit einer Vertragsklausel freilich innerhalb ein und desselben Regelungsbereichs (etwa im Bereich der Mängelhaftung) durch die Günstigkeit einer anderen (ebenfalls auf die Mängelhaftung bezogenen) Klausel «intern» kompensiert, so sind die beiden Klauseln

auch wenn es offensichtlich ist, dass auch hier Interpretationsspielräume bestehen.[120]

32 Sind einzelne AGB-Klauseln aufgrund der Konsenskontrolle nicht wirksam in den Vertrag einbezogen worden oder sind sie nach den Kriterien der Inhaltskontrolle ungültig,[121] so gilt (entgegen der allgemeinen Regel des § 139 BGB) das *Prinzip der Restgültigkeit des Vertrags* (§ 306 Abs. 1 BGB). In die Vertragslücke fliesst der Inhalt der unwirksam abbedungenen gesetzlichen Vorschrift ein (§ 306 Abs. 2 BGB); namentlich bei Innominatverträgen ist die Lücke durch ergänzende Vertragsauslegung zu schliessen. Ausnahmsweise gilt Totalnichtigkeit, wenn das Festhalten am derart ergänzten und damit veränderten Vertrag eine unzumutbare Härte für eine Partei darstellen würde (§ 306 Abs. 3 BGB).[122]

33 Die AGB-Kontrolle ist durch den sich benachteiligt fühlenden Kunden für den Einzelfall *gerichtlich geltend zu machen.* Im die BGB-Kontrollregeln ergänzenden Unterlassungsklagengesetz[123] ist eine auf Unterlassung oder Widerruf gerichtete «abstrakte Normenkontrolle» durch Konsumentenschutzverbände und Verbände zur Förderung gewerblicher Interessen vorgesehen (§§ 1, 3). Handelt ein Verwender einem dadurch bewirkten richterlichen Unterlassungsgebot zuwider, so ist nach § 11 des Gesetzes die Bestimmung in den AGB als unwirksam anzusehen, soweit sich der betroffene Vertragsteil auf die Wirkung des Unterlassungsurteils beruft.

34 *Rechtspolitisch betrachtet* bietet das deutsche AGB-Recht eine ausgefeilte und, in der Zeit seiner Einführung, weltweit pionierhafte Regelung. Freilich ist in der letzten Zeit immer stärkere Kritik aufgekommen, weil der BGH aufgrund von § 310 Abs. 1 BGB die Inhaltskontrolle von Unternehmer-AGB-Verträgen

---

zusammen und nicht isoliert zu beurteilen, mit dem Ergebnis, dass diese Regelung im Sinne der Generalklausel des § 307 BGB insgesamt dann doch vielleicht keine unangemessene Benachteiligung enthält. Für eine solche, lediglich «enge Kompensation» nach schweizerischem Recht BSK UWG-Thouvenin, Art. 8 N 122; zweifelnd Roberto/Walker, recht 2014, 59. Zum «Preisargument» schon oben N 14 und unten N 781 (Probst).

120 Vgl. z.B. § 305 Nr. 5b BGB («wesentlich») oder § 309 Nr. 8b)dd) («unverhältnismäßig hoch»).

121 Ablehnung einer geltungserhaltenden Reduktion einer AGB-Klausel etwa in BGH NJW 2013, 2584, 2585; vgl. auch BGH NJW 2013, 3570, 3572.

122 Zur Möglichkeit ergänzender Vertragsauslegung etwa BAG NJW 2017, 1628, 1631. Zur (umstrittenen) «Unionsrechtskonformität der ergänzenden Vertragsauslegung bei unwirksamen AGB-Klauseln» Herresthal, NJW 2021, 589 ff.; BGH NJW 2022, 311 (N 47 ff.).

123 Gesetz über Unterlassungsklagen bei Verbraucherrechts- und anderen Verstössen vom 27.8.2002, BGBl. I, 3422. Zur Musterfeststellungsklage s. §§ 606 ff. (deutsche) ZPO und dazu BGH NJW 2022, 311 (N 10 ff.). Zur neuen EU-Verbandsklage-Richtlinie Nachw. in Fn 171.

(trotz der Mahnung des § 310 Abs. 1 letzter Halbsatz BGB, auf die Gewohnheiten und Gebräuche im Handelsverkehr angemessen Rücksicht zu nehmen) tendenziell sehr stark an die Kontrolle von Verbraucher-AGB-Verträgen angeglichen hat,[124] was im internationalen Vergleich als Wettbewerbsnachteil des deutschen Vertragsrechts empfunden wird.[125] Auf dem 69. Deutschen Juristentag in München wurde 2012 stark mehrheitlich folgender Beschluss gefasst:[126] «1. Die von der Rechtsprechung herausgebildete weitgehende Gleichbehandlung von AGB im b2c- und b2b-Bereich, insbesondere die Indizwirkung der §§ 308, 309 BGB, ist abzulehnen. 2. Im *b2b*-Bereich sind die Anforderungen an das Aushandeln von Vertragsbedingungen den Gepflogenheiten unternehmerischer Vertragsverhandlungen anzupassen. 3. Im *b2b*-Bereich sollte sich der Massstab der Inhaltskontrolle an der guten unternehmerischen Praxis *(good commercial practice)* einer Branche, eines Industriesektors bzw. eines Wirtschaftszweigs orientieren».[127]

---

124 Kennzeichnend die Formulierung in BGH ZIP 2013, 1674, 1675: Eine die Verjährungsfrist für die Haftung aus Sachmängeln verkürzende AGB-Klausel verstosse gegen die Klauselverbote des § 309 Nr. 7 Bst. a und b BGB und sei «damit» nicht nur bei Geschäften mit Verbrauchern, sondern «ebenso im Geschäftsverkehr zwischen Unternehmen wegen unangemessener Benachteiligung … unwirksam». Zur Kritik etwa G. MAIER-REIMER, AGB-Recht im unternehmerischen Rechtsverkehr – Der BGH überdreht die Schraube, NJW 2017, 1 ff. Aufstellung von Reformanliegen im deutschen AGB-Recht bei DRYGALA, Editorial zu Heft 9/2023 der NJW.

125 Etwa BERGER, Für eine Reform des AGB-Rechts im Unternehmensverkehr, NJW 2011, 466. Siehe auch das Referat von KESSEL, in: Verhandlungen des 69. DJT, Bd. II/1, München 2013, 157 ff.; RÜHL, Mehr Freiheit wagen im Vertragsrecht. Zur Inhaltskontrolle von AGB im unternehmerischen Geschäftsverkehr, in: Dutta/Heinze (Hrsg.), «Mehr Freiheit wagen». Beiträge zur Emeritierung von Jürgen Basedow, Tübingen 2018, 33 ff. Zur Problematik der in der Vertragspraxis teilweise zu beobachtenden «Rechtsflucht» aus dem deutschen Recht (wegen der Strenge des AGB-Rechts) PFEIFFER, Entwicklungen und aktuelle Fragestellungen des AGB-Rechts, NJW 2017, 918; SOMMERFELD, AGB-Reform und Rechtsflucht, Tübingen 2021. Oft ist gerade das schweizerische Recht Ziel der Rechtsflucht.

126 Zitiert nach dem Bericht in NJW-aktuell, 42/2012, 18. Zu den Reformvorschlägen LEUSCHNER, Reformvorschläge für die AGB-Kontrolle im unternehmerischen Rechtsverkehr, ZIP 2015, 1045 ff.; dazu die kritische Replik bei GRAF VON WESTPHALEN, Schwellenwert und Neuregelung einer vertraglichen Haftungsbegrenzung – ist das der «Königsweg» einer Reform des AGB-Rechts?, ZIP 2015, 1316 ff.

127 Eine punktuelle Änderung einzelner Regelungen in §§ 308, 309 BGB sieht ein am 24.6.2021 vom Bundestag verabschiedetes Gesetz für faire Verbraucherverträge (BGBl. 2021 I 3433) vor. Dazu WAIS, Das Gesetz für faire Verbraucherverträge – Weitere Reaktionen auf die Digitalisierung, NJW 2021, 2833 ff.

2. Österreich (unter Einbezug von Liechtenstein)

35 Vor Inkrafttreten des für die Kontrolle von AGB in Verbraucherverträgen heute zentralen österreichischen *Konsumentenschutzgesetzes*[128] (am 1.10. 1979) hatte bereits die spezielle Auslegungsregel über die *interpretatio contra proferentem* («Unklarheitenregel») des § 915 ABGB Bedeutung gerade im Hinblick auf unklar formulierte AGB erlangt.[129] Dabei ist allerdings zu beachten, dass § 915 ABGB (im Unterschied zu § 305c Abs. 2 BGB) ganz allgemein für entgeltliche Verträge gilt, also auch für Verträge, die individuell vereinbart worden sind. Der im Zuge des Erlasses des Konsumentenschutzgesetzes in das ABGB eingeführte § 864a ABGB enthält – nicht nur für Verbraucherverträge – eine Regel zur AGB-*Konsenskontrolle*.[130] «Bestimmungen ungewöhnlichen Inhalts» werden danach mangels eines speziellen Hinweises darauf nicht Vertragsinhalt, «wenn sie dem anderen Teil nachteilig sind und er mit ihnen auch nach den Umständen, vor allem nach dem äusseren Erscheinungsbild der Urkunde, nicht zu rechnen brauchte». Nur für Verbraucherverträge gilt das, in der Rechtsprechung[131] streng beurteilte *Transparenzgebot* des § 6 Abs. 3 Konsumentenschutzgesetz[132], wonach formularmässige Vertragsklauseln unwirksam sind, wenn sie «unklar oder unverständlich abgefasst» sind.

---

[128] Konsumentenschutzgesetz BGBl 1979/140 («KSchG»). Guter Überblick bei LURGER/AUGENHOFER, Österreichisches und Europäisches Konsumentenschutzrecht, 2. Aufl., Wien/New York 2008; Kommentierungen in: FENYVES/KERSCHNER/VONKILCH (Hrsg.), Klang-Kommentar, 3. Aufl.: Konsumentenschutzgesetz, Wien 2006; Kommentierung des KSchG durch APATHY/FRÖSSEL, in: SCHWIMANN/KODEK (Hrsg.), ABGB. Praxiskommentar, Bd. 5a: Verbraucherrecht, 5. Aufl., Wien 2022; KELLER/GRUMBÖCK (Hrsg.), Konsumentenschutzrecht. Kommentar, Wien/New York 2014; KOSESNIK-WEHRLE (Hrsg.), KSchG und Fern- und Auswärtsgeschäftegesetz, Kurzkommentar, 4. Aufl., Wien 2015; KEILER/KLAUSER (Hrsg.), Österreichisches und Europäisches Verbraucherrecht, Wien 2022.

[129] Dazu etwa OGH 5 Ob 114/13w, ÖBA 2014, 111 (mit Anmerkung KELLNER). Für die Auslegung von AGB im Verbandsprozess gemäss Art. 28 Konsumentenschutzgesetz gilt hingegen das Prinzip der «kundenfeindlichsten Auslegung». So etwa die gerade zitierte OGH-Entscheidung mit Anmerkung KELLNER; OGH 3 Ob 57/14z, ecolex 2015/178.

[130] Dazu etwa OGH 2 Ob 20/15b, SZ 2016/22. Spezielle Pflichten zur Zugänglichmachung von AGB enthält § 73 Abs. 1 der Gewerbeordnung 1994 (Wiederverlautbarung BGBl 1994/194), wo eine Pflicht der Gewerbetreibenden vorgesehen ist, auf die AGB durch Aushang zu verweisen; zum elektronischen Geschäftsverkehr § 11 E-Commerce-Gesetz (BGBl I 2001/152). Zu den allgemeinen Informationspflichten des Unternehmers vor Eingehung einer Vertragsbindung durch den Verbraucher § 5c Konsumentenschutzgesetz.

[131] Siehe etwa OGH 4Ob 106/21y, EvBl 2021/148 (Verbandsklage auf Unterlassung wegen Intransparenz von Klauseln in Mietverträgen); krit. Anmerkunge BRENN.

[132] Dazu vor allem LEITNER, Das Transparenzgebot, Wien 2005; FENYVES, Überlegungen zum Transparenzgebot, in: Fischer-Czermak u.a. (Hrsg.), FS 200 Jahre ABGB, Bd. II,

Die *Inhaltskontrolle* von AGB ist allgemein (also auch zugunsten von unternehmerisch kontrahierenden Kunden) in der im Zuge des Erlasses des Konsumentenschutzgesetzes eingeführten *Generalklausel des § 879 Abs. 3 ABGB* geregelt,[133] wonach eine formularmässige Vertragsbestimmung,[134] die sich nicht auf «eine der beiderseitigen Hauptleistungen» bezieht, «jedenfalls nichtig» ist, «wenn sie unter Berücksichtigung aller Umstände des Falles einen Teil gröblich benachteiligt».[135] Die *konkreten Klauselverbote* sind (für Verbraucherverträge[136]) in § 6 Konsumentenschutzgesetz geregelt, wobei der (demonstrative) Verbotskatalog des Abs. 1 nicht nur für AGB-Klauseln oder einseitig vorformulierte Regelungen, sondern genauso für individuell ausgehandelte Klauseln eines Verbrauchervertrags gilt, während die (ebenfalls demonstrativ aufgelisteten) Klauselverbote des Abs. 2 nur dann eingreifen, wenn der Unternehmer nicht nachweisen kann, dass die Klauseln im Einzelnen ausgehandelt worden 36

Wien 2011, 915 ff.; KELLNER, Leitlinien für transparente AGB-Gestaltung, ÖJZ 2018, 749 ff. Kritik an der zu bereitwillig AGB-Intransparenz bejahenden OGH-Judikatur bei BOLLENBERGER, Vertragsabschluss unter beidseitig verdünnter Willensfreiheit, Zum aktuellen Stand des AGB-Rechts aus Unternehmersicht, ÖBA 2016, 30 ff. Klarer Fall der Intransparenz in OGH 10 Ob 45/161, EvBl 2018/24 (Anmerkung HOCH).

133 Plädoyer für eine Modernisierung des seit Jahrzehnten unveränderten Katalogs der Klauselverbote des § 6 angesichts neuer digitaler Technologie bei WENDEHORST, Rechtsdurchsetzung im Verbraucherrecht – materiellrechtliche Aspekte, Gutachten zum 21. Österreichischen Juristentag, Wien 2022, Teil II/1, 50.

134 Eine Definition des Begriffs AGB enthält § 879 Abs. 3 ABGB nicht (insofern ähnlich Art. 8 UWG im schweizerischen Recht). Das Gesetz spricht von «Allgemeinen Geschäftsbedingungen oder Vertragsformblättern». Befürwortung einer Orientierung an § 305 Abs. 1 BGB zuletzt bei PABEL, Begriff der AGB und Aushandeln von AGB, RdW 2023, 178 ff.

135 Zur Leitbildfunktion des dispositiven Rechts OGH 7 Ob 154/13t, JBl 2014, 177, 179; zum Verbot geltungserhaltender Reduktion von AGB-Klauseln in Verbraucherverträgen OGH 4 Ob 229/13z, RdW 2014/359, 329; dieses Verbot gilt auch bei einer Kontrolle nach § 879 Abs. 3 ABGB (so OGH 4 Ob 229/13z, ZVR 2015/37). Aus der Lehre KEHRER, Zur geltungserhaltenden Reduktion im Verbraucherrecht, RdW 2017, 227 ff. Zur Frage, unter welchen Voraussetzungen (auf Basis der Judikatur des EuGH und des OGH) eine ergänzende Vertragsauslegung möglich ist, eingehend LEUPOLD/RAMHARTER, ÖBA 2015, 16 ff.; RABL, Zur aktuellen Judikatur über die ergänzende Vertragsauslegung bei nichtigen Klauseln, ÖBA 2015, 246 ff. Zur – durch die Judikatur des EuGH (Nachweise unten Fn 169) geprägten – Frage, inwieweit bei Vertragslücken, die nachträglich durch die AGB-Inhaltskontrolle entstehen, dispositives Recht lückenfüllend einfliessen darf, FABER, Kein Schließen von Vertragslücken durch dispositives Recht nach Wegfall missbräuchlicher AGB-Klauseln in Verbraucherverträgen?, ÖJZ 2018, 989 ff. (Kritik an OGH 9 Ob 85/17 s, EvBl 2018/146); TOLD, Folgen missbräuchlicher Klauseln in Verbraucherverträgen, JBl 2019, 541 ff., 683 ff.; SPITZER, ÖJZ 2020, 761 ff.; SPITZER/WILFINGER, EuGH: Neues zur Klauselersetzung durch dispositives Recht, ÖJZ 2020, 1002 ff.

136 Verbraucherverträge i.S. von § 1 Abs. 1 Konsumentenschutzgesetz.

sind, ein Nachweis, der auch bei «Einmalbedingungen» (oben N 15) erforderlich ist. Sofern der Unternehmer diesen Nachweis des individuellen Aushandelns nicht erbringen kann, gelten die Klauselverbote des § 6 Abs. 2 Konsumentenschutzgesetz also auch für von Unternehmern nur für einen einzelnen Vertragsschluss gestellte Vertragsbestimmungen. Auch wenn § 6 Abs. 1 und 2 Konsumentenschutzgesetz an sich nur zugunsten von Verbrauchern gilt, wird dem dort enthaltenen Katalog der Klauselverbote auch Indizwirkung im Hinblick auf die oben erwähnte Generalklausel des § 879 Abs. 3 ABGB zugeschrieben, die, wie ausgeführt, auch zugunsten von unternehmerisch handelnden Kontrahenten gilt.[137] Gemäss § 9 Konsumentenschutzgesetz sind Gewährleistungsfreizeichnungen oder -einschränkungen in Verbraucherverträgen unwirksam. Dies gilt aber auch für individuelle Vereinbarungen. § 9b Konsumentenschutzgesetz regelt Mindestanforderungen an vertragliche Garantien. §§ 28, 28a, 29 Konsumentenschutzgesetz sehen im Hinblick auf unzulässige AGB eine (sehr häufig in Anspruch genommene) Verbandsklage auf Unterlassung vor.[138]

37 Die Missbräuchlichkeit einer Vertragsklausel ist in Verbraucherverträgen – der EU-Klausel-Richtlinie folgend – *von Amts wegen* zu prüfen. Auf die Parteistellung des Verbrauchers (Kläger oder Beklagter) kommt es nicht an.[139]

38 Das *liechtensteinische AGB-Recht* entspricht weitgehend dem österreichischen.[140] So folgen §§ 864a und 879 Abs. 2 (liechtensteinisches) ABGB wörtlich bzw. weitgehend wörtlich (so § 879 Abs. 2 liechtensteinisches ABGB) den österreichischen Vorlagen. Dasselbe gilt für die konkreten Klauselverbote:

---

137 Nach OGH 6 Ob 206/12f, RdW 2013/518 gilt für *b2b-contracts* allerdings im Hinblick auf die Bejahung einer gröblichen Benachteiligung durch eine AGB-Klausel ein strengerer Massstab als bei Verbraucherverträgen. Vgl. auch OGH 7 Ob 154/13t, JBl 2014, 177 (179): Allenfalls sei «im Einzelfall eine besonders gravierende Ungleichgewichtslage in der durch den Vertrag festgelegten Rechtsposition zu fordern». Nach Kellner (Zur Abgrenzung zwischen allgemeinen Geschäftsbedingungen und ausgehandelten Verträgen, ÖBA 2015, 480 f.) soll bei unternehmerischen «Grossgeschäften» keine AGB-Inhaltskontrolle eingreifen.

138 Zur Verbandsklage im Hinblick auf die österreichischen Banken-AGB OGH 1 Ob 244/11f, ÖBA 2013, 590 ff. (und dazu die Besprechung von Koch, ÖBA 2013, 553 ff. mit vielen weiteren Nachweisen); zu Kreditkarten – AGB OGH 1 Ob 105/14v, SZ 2014/71. Zur «kundenfeindlichsten Auslegung» der AGB im Verbandsprozess Pabel, AGB-Kontrolle im Verbandsprozess: kundenfeindlichste Auslegung und abstrakte Transparenzprüfung, RdW 2022, 760 ff. Zum kollektiven Rechtsschutz im AGB-Recht nach österreichischem und deutschem Recht Leupold, Kollektiver Rechtsschutz: Österreich und Deutschland im Vergleich, ecolex 2019, 564 ff. Zur neuen EU-Verbandsklagen-Richtlinie Nachweise unten Fn 171.

139 OGH 6Ob 105/21 s, EvBl 2022/53 (Anmerkung Geroldinger).

140 Liechtenstein ist EWR-Vertragsstaat und daher (wie Österreich) an die EU-Klausel-Richtlinie und die EuGH-Judikatur gebunden.

Art. 8 des liechtensteinischen Konsumentenschutzgesetzes[141] ist eine Kopie des österreichischen Vorbilds (§ 6 Konsumentenschutzgesetz). Dasselbe gilt für die Verbandsklage gemäss Art. 40, 42 des liechtensteinischen Konsumentenschutzgesetzes.

3. Italien[142]

Wie bereits berichtet,[143] kommt dem italienischen Codice Civile 1942 im Hinblick auf die spezifische Kontrolle von AGB eine historische Pionierrolle zu. 39
Hinzuweisen ist in erster Linie auf *Art. 1341 Codice Civile.* Nach dessen Abs. 1 werden *«condizioni generali di contratto»* – aufgrund des allgemeinen Konsenserfordernisses – nur wirksam, wenn der Partner des Verwenders sie im Augenblick des Vertragsschlusses gekannt hat oder sie unter Anwendung allgemeiner Sorgfaltsmassstäbe hätte kennen müssen. In Abs. 2 werden abschliessend besonders belastende Klauseln (*«clausole vessatorie»*) aufgelistet (wie etwa Haftungsbeschränkungen, Klauseln über Rücktrittsrechte des Verwenders, Gerichtsstandsklauseln), die nur dann wirksam werden, wenn ihnen der Kunde durch eine gesonderte (klauselbezogene) Unterschrift zugestimmt hat (Erfordernis der *«doppia firma»*). Der Schutz des Kunden beschränkt sich nach diesem Modell somit auf das Erfordernis eines reinen Formalakts, dessen Effizienz, wie die Erfahrung zeigt, sehr beschränkt ist. Dass der Kunde – durch das Erfordernis einer separaten Unterschrift – «sich entsetzt vom Vertragsabschluss abwenden oder mit Energie auf eine Änderung der Klausel hinwirken werde, ist lebensfremd».[144] Art. 1342 Codice Civile sieht für Verträge, die aufgrund von Musterbedingungen, Vertragsformularen oder Vordrucken abgeschlossen worden sind, die Regel vom *Vorrang einer widersprechenden Individualabrede* vor. Nach Art. 1370 Codice Civile gilt für *«condizioni generali del contratto»* im Zweifel die *«interpretazione contro l'autore della clausola» (interpretatio contra proferentem).*

---

141 LGBl. 2002/164.

142 Zum italienischen AGB-Recht vgl. die umfangreiche Kommentierung (der ursprünglichen – inzwischen in den Codice del Consumo ausgelagerten – Art. 1469bis-1469^{sexies} Codice Civile) in ALPA/PATTI (a cura di), Le clausole vessatorie nei contratti con i consumatori, tomo I und tomo II, Milano 2003; Überblick bei CHINÉ, in: Bessone (diretto da), Trattato di diritto privato, vol. XIII, tomo II, Torino 2000, 493 ff.; Kommentierung der Art. 33 ff. des Codice del Consumo durch DE CRISTOFARO/ZACCARIA in ihrem Commentario breve al diritto dei consumatori, 2. Aufl., Padova 2013. Deutschsprachig der Überblick bei ECCHER/SCHURR/CHRISTANDL, Handbuch Italienisches Zivilrecht, Wien 2009, 3/157 ff.; 3/435 ff.

143 Oben N 25.

144 So treffend ZWEIGERT/KÖTZ, Einführung in die Rechtsvergleichung, 3. Aufl., Tübingen 1996, 333.

Eine spezifische Inhaltskontrolle von AGB ist im Codice Civile nicht vorgesehen. Es gilt das allgemeine Erfordernis, dass der Vertrag nicht auf einer *«causa illecita»* beruhen (Art. 1325 Ziff. 2 Codice Civile), also nicht gegen zwingendes Recht, die öffentliche Ordnung oder die guten Sitten verstossen darf (Art. 1343 Codice Civile).

40 Eine *verschärfte Inhaltkontrolle* nicht ausgehandelter Vertragsklauseln (die nicht unbedingt AGB-Klauseln sein müssen) wurde – *beschränkt auf Verbraucherverträge* – erst durch die Umsetzung der Klausel-Richtlinie eingeführt und zwar ursprünglich durch Einfügung der Art. 1469bis-1469 sexies in den Codice Civile, schliesslich aber durch Auslagerung der weitgehend unverändert beibehaltenen Umsetzungsregelungen in den *Codice del Consumo* vom 6.9.2005[145]. Nach einer als Auffangtatbestand dienenden Generalklausel (Art. 33 Abs. 1 Codice del Consumo), die darauf abstellt, ob die Klausel zulasten des Konsumenten ein «signifikantes» Ungleichgewicht zwischen den korrespondieren Rechten und Pflichten zufolge hat, wird eine umfangreiche Liste von Klauseln (*«clausole vessatorie»*) vorgesehen, die mangels Gegenbeweises (*«fino a prova contraria»*) als missbräuchlich und daher gemäss Art. 36 des Codice del Consumo zum Schutz des Konsumenten als nichtig angesehen werden[146], während der Vertrag ansonsten aufrecht bleibt. Die Nichtigkeit muss im Interesse des Verbrauchers von Amts wegen festgestellt werden. Klauseln oder Teile einer Klausel, welche einzeln verhandelt wurden *(«che siano stati oggetto di trattativa individuale»),* sind grundsätzlich nicht als missbräuchlich anzusehen (Art. 34 Abs. 4 Codice del Consumo). Bei einzelnen Klauseln (namentlich bei Haftungseinschränkungen im Hinblick auf Personenschäden [Art. 33 Abs. 2a Codice del Consumo]) ist die Nichtigkeit auch dann vorgesehen, wenn die Klauseln individuell ausgehandelt worden sind. Art. 35 Codice del Consumo regelt das *Transparenzgebot*: Die AGB-Klausel muss *«chiaro e comprensibile»* sein. Art. 37 Abs. 4 Codice del Consumo verweist auf Art. 140 dieses Gesetzes, woraus sich die Möglichkeit einer Verbandsklage auf Unterlassung durch «repräsentative» Verbraucherverbände ergibt.

4. Frankreich

41 Der *Code Civil* enthielt in seiner bis zur Reform des Obligationenrechts (Ordonnance Nr. 2016–131 vom 10.2.2016) geltenden Fassung keine spezifischen Regeln zum Problem der AGB-Verträge. Auch die Sonderinterpretationsregel

145 Decreto legislativo vom 6.9.2005, Nr. 206.

146 Zu diesem Konzept der Schutznichtigkeit Zaccaria, Anmerkungen zur Umsetzung der Richtlinie 93/13EWG über missbräuchlicher Klauseln in Verbraucherverträgen in Europa, ZEuP 2016, 159 ff.

des (durch die Reform 2016 aufgehobene) Art. 1162 alt Code Civil zur *interpretatio contra proferentem* galt ganz allgemein, auch wenn sie durch die Rechtsprechung teilweise gerade bei AGB-Verträgen verschärft angewendet worden ist[147].

Ein verschärfter Schutz von Verbrauchern vor unausgewogenen Geschäftsbedingungen («*clauses abusives*») war seit 1978 im Gesetz Nr. 78–23 (vom 10.1.1978)[148] und ist seit 1993 im *Code de la Consommation* vorgesehen. Seit der Reform von 2016 wird die Problematik des AGB-Vertrags nun aber auch ganz allgemein im Code Civil angesprochen[149]. Folgende *Regelungen des Stammgesetzes* sind relevant: Art. 1110 Abs. 2 Code Civil enthält eine Legaldefinition des *«contrat d'adhésion»:* Es gehe um Verträge, bei denen die allgemeinen Vertragsbedingungen von einer Partei im Voraus fixiert werden und über deren Inhalt nicht verhandelt wird[150]. Die AGB müssen aber, wie Art. 1119 Abs. 1 Code Civil ausdrücklich festhält, dann noch der anderen Partei zur Kenntnis gebracht und von dieser akzeptiert werden. Nach Art. 1119 Abs. 2 Code Civil gilt im Fall der *«battle of forms»* (dazu unten N 274 ff.) die *«knock out»*-Lösung; Art. 1119 Abs. 3 Code Civil geht vom Vorrang der Individualabrede vor einer damit im Widerspruch stehenden AGB-Klausel aus. Art. 1190 Code Civil regelt die *interpretatio contra proferentem.* Der *«contra d'adhésion»* sei gegen den auszulegen, *«qui l'a proposé».* Art. 1171 Code Civil sieht die Generalklausel über die AGB-Inhaltskontrolle vor, wobei (wie in § 307 Abs. 2 BGB und § 879 Abs. 3 ABGB) nicht zwischen Verbraucher-AGB-Verträgen und Unternehmer-AGB-Verträgen unterschieden wird. Nach Art. 1171 Abs. 1 Code Civil gilt jede Klausel, die ein *«déséqulibre signifcatif»* zwischen den Rechten und Pflichten der Kontrahenten begründet, als nicht geschrieben. Nach Art. 1171 Abs. 2 Code Civil ist bei Beurteilung des Ungleichgewichts weder auf den Hauptgegenstand des Vertrags noch auf die Angemessenheit des Preises zu achten. Hinzuweisen ist noch auf den durch die Reform des Obligationenrechts neu eingeführten Art. 1170 Code Civil, der allerdings ganz allgemein gilt, also nicht nur für AGB-Verträge. Danach gilt eine Klausel (vor allem eine Haftungsfreizeichnungsklausel) als nicht geschrieben, die eine 42

147 Siehe schon Colmar, 25.1.1963, Gaz. Pal. 1963, I, 277.

148 Kurzüberblick zu diesem Regime, das auf Verbotsdekreten des Conseil d'État (und dessen Beratung durch die «Commission des clauses abusives») beruhte, in der Vorauflage dieses Buchs, N 41; weiterführend RANIERI, 377 ff.; 406 ff.; WITZ/WOLTER, Mißbräuchliche Vertragsklauseln auf dem Prüfstand der französischen Gerichte, ZEuP 1993, 360 ff.

149 Vergleich des seit 1993/2016 neu geregelten Modells der französischen AGB-Kontrolle mit dem deutschen Recht bei SIGNAT, Le dispositif de protection contre les clauses abusives: Regards croisés franco-allemands, Revue internationale de droit comparé 2016, 863 ff.

150 Dazu kritisch BARBIER, Le grands mouvements du droit commun des contrats après l'ordonnance du 10 février 2016, RTD civ. 2016, 254 f.

wesentliche Verpflichtung des Schuldners in ihrer Substanz aushöhlt *(«qui prive de sa substance l'obligation essentielle du débiteur»)*[151].

43 Bei *Verbraucherverträgen*[152] gelten die die *Generalklausel* des Art. L212-1 (Abs. 1) *Code de Consommation* konkretisierenden umfangreichen *Kataloge konkreter Klauselverbote* der Art. R 212-1 und R 212-2 des Code de la Consommation[153]. Art. R 212-1 enthält die *«liste noire»* der unwiderleglich missbräuchlichen und daher als «non écrites» geltenden Klauseln (Klauseln *«de manière irréfragable presumées abusives»*); Art. R 212-2 die *«liste grise»* der Klauseln, die als missbräuchlich gelten, sofern der *«professionel»* nicht den Gegenbeweis erbringen kann.

44 Zusätzlich zu den Regeln über die AGB-Inhaltskontrolle enthält der Code de la Consommation in Art. L 211-1 auch noch das *Transparenzgebot* und eine Regelung über die *interpretatio contra proferentem.* Art. L 621-1 ff. Code de la Consommation sehen ein Verbandsklagerecht von Konsumentenschutzverbänden vor.

45 Zum *Schutz von Unternehmern* sieht der *Code de Commerce* in Art. L 442-6 Abs. 1 Ziff. 1 auf wettbewerbsrechtlicher Basis ein Verbot von *«conditions ou de modalités de vente ou d'achat»* mit diskriminierendem Inhalt vor, sofern sie zu einem nicht gerechtfertigten Vorteil desjenigen führen, der sich solcher *«pratiques restrictives de concurrence»* bedient. Seit 4.8.2008 wird es in Art. L 442-6 Abs. 1 Ziff. 2 Code de Commerce noch allgemeiner verpönt, *«de soumettre ou tenter de soumettre un partenaire commercial à des obligations créant un déséquilibre significatif dans les droits et obligations des parties».*[154] Mit dem Kriterium des *«déséquilibre significatif»* schliesst diese Regelung an die entsprechende Generalklausel des Code de la Consommation[155] und nun

---

[151] Dazu LEUSCHNER, Grenzen der Vertragsfreiheit im Rechtsvergleich, ZEuP 2017, 347 f.

[152] Die Regeln des Code de la Consommation gelten, wie in Art. L212-2 ausdrücklich gesagt wird, nicht nur zu Gunsten von Verbrauchern, sondern auch zu Gunsten von *«non-professionels». «Non-professionel»* ist nach einer von der französischen Judikatur entwickelten Konzeption «auch ein Kaufmann, der außerhalb seines normalen beruflichen Umfelds tätig ist und daher genauso schützenswert erscheint wie ein Privater» (WITZ/WOLTER, Mißbräuchliche Vertragsklauseln auf dem Prüfstand der französischen Gerichte, ZEuP 1993, 364). Dazu auch KIENINGER, Die Kontrolle von Allgemeinen Geschäftsbedingungen im kaufmännischen Verkehr, ZEuP 1996, 476 ff.;NAU, Approches plurielles, 207 f.

[153] Abdruck der Klauselkataloge bei HEISS, in: Heizmann/Loacker, Art. 8 UWG N 241.

[154] Dazu aus der deutschsprachigen Literatur MÜLLER/SCHILLING, BB 2012, 2319 ff. Zur Auslegung von Art. L 442-6 Abs. 1 Ziff. 2 Code de Commerce vgl. auch NAU, Approches plurielles, 218 ff.

[155] Siehe oben N 43. Eine Anlehnung der Auslegung der Regelung des Code de Commerce an die Generalklausel des Code de la Consommation ist in der französischen Lehre überwiegend abgelehnt worden. Nachweise bei LEUSCHNER, Grenzen der Vertragsfreiheit im Rechtsvergleich, ZEuP 2017, 346.

auch an Art. 1171 Abs. 1 Code Civil[156] an. Ein Unternehmer, der gegen die genannten Kriterien verstösst, hat Schadenersatz und Strafe zu gewärtigen. Ob die entsprechenden Vertragsbestimmungen gleichzeitig auch nach den Regeln des Code Civil nichtig (teilnichtig) sind, ist umstritten[157].

[156] Oben N 42.

[157] Zum Verhältnis der dargestellten Regelungen des Code de Commerce zu Art. 1171 Code Civil NIGGEMANN, RIW 2018, 660 ff.; SOMMERFELD, ZEuP 2023, 486 ff. (zu Cour de Cass., civile, Chambre commercial vom 26.1.2022).

§ 3 Europarechtliche Grundlagen der AGB-Kontrolle; AGB-Kontrolle nach dem UN-Kaufrecht und nach internationalen Restatements des Vertragsrechts

I. Die Klausel-Richtlinie der EU vom 5.4.1993

46 Nach lang andauernden Vorarbeiten wurde am 5.4.1993 die *RL 93/13/EWG über missbräuchliche Klauseln in Verbraucherverträgen* («Klausel-Richtlinie») erlassen.[158] Sie war auf Art. 95 EG-Vertrag alte Fassung gestützt, dem heute Art. 114 AEUV entspricht, und verfolgt einerseits das Ziel der Marktintegration unter Angleichung der Wettbewerbsbedingungen und dient zum anderen dem Verbraucherschutz. Alle EU-Staaten haben diese Richtlinie inzwischen umgesetzt, wobei wesentlich ist, dass die Richtlinie (gemäss ihrem Art. 8) lediglich eine *Mindestharmonisierung* vorsieht, sodass die Mitgliedsstaaten strengere Bestimmungen erlassen können, um ein höheres Schutzniveau zu gewährleisten.

47 Da es bei der praktischen Rechtsanwendung nach der Umsetzung der Richtlinie heute primär um die entsprechenden *nationalen Umsetzungsgesetzgebungen* geht[159] – die freilich unter der Ägide des EuGH richtlinienkonform zu interpretieren sind[160] –, wird der Inhalt der Richtlinie hier nur an Hand seiner grundsätzlichen Weichenstellungen dargestellt.[161]

48 Die Richtlinie gilt nur für *Verbraucherverträge* (Art. 1), wobei die Begriffe des Verbrauchers und des Gewerbetreibenden in Art. 2 definiert sind.[162] Gewerbliche Kunden eines AGB-Verwenders werden nicht geschützt.[163] Aus Art. 3 Abs. 2 der Klausel-Richtlinie ergibt sich, dass die Richtlinie nicht nur für AGB-Verträge,

---

158 Minimale Änderung zuletzt durch die EU-Richtlinie 2019/2161 vom 27.11.2019 («Durchsetzungs- und Modernisierungs-RL»).

159 Im vorangehenden Abschnitt (§ 2/II) anhand der Nachbarstaaten der Schweiz exemplifiziert.

160 Zur Bedeutung der Klausel-Richtlinie als Massstab für eine richtlinienkonforme Interpretation der nationalen Umsetzungsgesetze und als Basis für Vorabentscheidungen des EuGH unten N 52.

161 Gute Einführung bei BSK UWG-Thouvenin, Art. 8 N 32 ff. Eingehend Stürner, § 16 N 2 ff.

162 Anwendung der Klausel-Richtlinie auf einen Anwaltsvertrag mit einem Verbraucher nach EuGH 15.1.2015, C-537/13 (Šiba/Devénas), NJW 2015, 1289 ff. mit Anmerkung Kaufhold.

163 Siehe aber neuerdings die AGB-Regelung in der EU-Verordnung Nr. 2019/1150 vom 20.6.2019 zur Förderung von Fairness und Transparenz für gewerbliche Nutzer von Online-Vermittlungsdiensten (ABl. L 186/57 vom 11.7.2019). Vgl. E. 14 ff. der VO.

also Standardvertragsklauseln, gilt, sondern auch für «Einmalbedingungen», also im Voraus abgefasste, sich lediglich auf einen einzelnen Vertragsschluss beziehende Vertragsklauseln, auf deren Inhalt der Verbraucher keinen Einfluss nehmen konnte.[164] Die Beweislast, dass eine Standardvertragsklausel im Einzelnen ausgehandelt worden ist und daher nicht der Kontrolle der Richtlinie unterliegt, trifft den Gewerbetreibenden (Art. 3 Abs. 2, letzter Satz Klausel-Richtlinie). Für «Einmalbedingungen» gilt diese Beweislastregelung nicht.

Entscheidender Kontrollmassstab für die *Inhaltskontrolle* ist die *Generalklausel des Art. 3 Abs. 1* Klausel-Richtlinie, wonach eine Klausel als «missbräuchlich» anzusehen ist, «wenn sie entgegen dem Gebot von Treu und Glauben zum Nachteil des Verbrauchers ein erhebliches und ungerechtfertigtes Missverhältnis der vertraglichen Rechte und Pflichten der Vertragspartner verursacht». Eine Beurteilung nach diesem Massstab hat gemäss Art. 4 Abs. 1 der Klausel-Richtlinie alle den Vertragsabschluss «begleitenden Umstände» sowie alle «anderen Klauseln desselben Vertrages oder eines anderen Vertrages, von dem die Klausel abhängt», «zum Zeitpunkt des Vertragsabschlusses» zu berücksichtigen. Im *Annex zur Klausel-Richtlinie* findet sich eine «als Hinweis dienende und nicht erschöpfende Liste der Klauseln, die für missbräuchlich erklärt werden können» (Art. 3 Abs. 3 der Klausel-Richtlinie).[165] Die in dieser Weise konzipierte Missbrauchskontrolle betrifft nach Art. 4 Abs. 2 der Klausel-Richtlinie «weder den Hauptgegenstand des Vertrages noch die Angemessenheit zwischen dem Preis bzw. dem Entgelt und den Dienstleistungen bzw. Gütern, die die Gegenleistung darstellen, sofern diese Klauseln klar und verständlich abgefasst sind».[166] Das Transparenzgebot (sogleich unter N 50) gilt nach diesem letzten Halbsatz also auch für Klauselinhalte, die sich auf den Hauptgegenstand des Vertrags und den Preis beziehen.[167] 49

---

164 Zur Einbeziehung der «Einmalbedingungen» in das Regime der AGB-Inhaltskontrolle schon oben N 15.

165 Allein auf Grund dieser Liste kann eine von ihr erfasste Klausel nicht für missbräuchlich erklärt werden. Es bedarf jeweils einer Prüfung nach den Kriterien des Art. 3 Abs. 1. Dazu KOHLER/SEYR/PUFFER-MARIETTE, ZEuP 2021, 343 (mit Hinweis auf EuGH 19.9.2019, C-34/18 [Lovasné Tóth]). Plädoyer für eine Aktualisierung des Annex-Katalogs bei WENDEHORST, Rechtsdurchsetzung im Verbraucherrecht – materiellrechtliche Aspekte, Gutachten zum 21. Österreichischen Juristentag, Teil II/1, Wien 2022, 50 f.

166 Zum Begriff des «Hauptgegenstands des Vertrags» (in Bezug auf einen Versicherungsvertrag) EuGH 23.4.2015, C-96/14 (van Hove), NJW 2015, 1811, 1813, N 33 ff.; dazu ARMBRÜSTER, AGB-Kontrolle der Leistungsbeschreibung in Versicherungsverträgen – Neues vom EuGH, NJW 2015, 1788 ff.

167 Dazu LAIMER, Gerichtliche Kontrolle preisbezogener Allgemeiner Geschäftsbedingungen, ZEuP 2018, 453 ff. (aus Anlass einer Entscheidung der Cour de Cassation vom 12.10.2016).

50 Nach Art. 5 Satz 1 der Klausel-Richtlinie müssen die Klauseln «stets klar und verständlich abgefasst sein» *(«Transparenzgebot»)*.[168] Gemäss Art. 5 Satz 2 der Klausel-Richtlinie gilt bei Zweifeln über die Bedeutung der Klausel die *interpretatio contra proferentem*. Danach gilt die für den Verbraucher günstigste Auslegung. Ist die Klausel schlicht unverständlich (einer Interpretation nicht zugänglich), wird sie auf Basis von Art. 5 Satz 1 der Richtlinie nicht beachtet.

51 Die von den nationalen Gerichten der Mitgliedstaaten *von Amts wegen* zu prüfende Missbräuchlichkeit der Klauseln soll nach Art. 6 Abs. 1 der Klausel-Richtlinie dazu führen, dass die Klauseln für den Verbraucher unverbindlich sind, wobei vom Prinzip der Restgültigkeit des übrigen Vertrags auszugehen ist, «wenn er ohne die missbräuchlichen Klauseln bestehen kann».[169] Eine Anpassung des Vertrags durch Abänderung des Inhalts der Klausel durch das nationale Gericht (geltungserhaltende Reduktion) ist nicht zulässig.[170] Nach Art. 7 Abs. 1 der Klausel-Richtlinie sollen die Mitgliedstaaten zur Durchsetzung des Schutzes der Verbraucher «angemessene und wirksame Mittel» zur

---

168 Zum Tranzparenzgebot EuGH 30.4.2014, C-26/13 (Kásler), RIW 2014, 442, 446 ff. N 60 ff. und dazu Pfeiffer, Europäisch-autonome Auslegung der Klauselrichtlinie am Beispiel der Hauptleistungsklausel, NJW 2014, 3071 f.; EuGH 23.4.2015, C-96/14 (van Hove), NJW 2015, 1811, 1813 f., N 40 ff. Weitere Nachweise bei Stürner, § 16 N 47 ff.

169 Allenfalls kommt auch Gesamtnichtigkeit des Vertrags in Frage, wobei nicht allein darauf abzustellen ist, dass diese für den Verbraucher vorteilhaft ist (so EuGH 15.3.2012, C-453/10 [Pereničová]), ZIP 2012, 2022, 2024 (N 33). Gegen die Möglichkeit einer die missbräuchliche Klausel abändernden, «geltungserhaltenden Reduktion» (aus Präventionsgründen) EuGH 14.6.2012, C-618/10 (Banco Español de Crédito), NJW 2012, 2257, 2260, N 69 ff.; dazu etwa Uffmann, NJW 2012, 2229 f.; Stempel, ZEuP 2017, 120 f.; neuerdings EuGH 26.3.2019, C-70/17 und C-179/17 (Abanca Corporación Bancaria) und dazu Kohler/Seyr/Puffer-Mariette, ZEuP 2021, 344 f., EuGH 25.11.2020, C-269/19 (Banca B.), NJW 2021, 611, 631 N 30 f.; zuletzt EuGH 12.1.2023, C-395/21 (N 66 f.). Nach EuGH 30.4.2014, C-26/13 (Kásler) N 76, steht Art. 6 Abs. 1 der Klausel-RL einer nationalen Lösung nicht entgegen, die bei einem Vertrag, der nach Wegfall einer missbräuchlichen Klausel nicht mehr durchführbar ist, zu Gunsten des Verbrauchers, der durch die Hinfälligkeit des Vertrags geschädigt würde, eine Vertragsergänzung durch eine dispositive nationale Regelung vorsieht. Daran anschliessend EuGH 21.1.2015, C-482/13, C-484/13, C-485/13, C-487/13 (Unicaja Banco) N 33; EuGH 3.3.2020, C-125/18 (Gómez del Moral Guasch) N 57 ff.; EuGH 25.11.2020, C-269/19 (Banca B.), NJW 2021, 611, 613, N 32; EuGH 8.9.2022, C-80-82/21. Zur EuGH-Judikatur neben vielen anderen Spitzer, ÖJZ 2020, 761 ff.; Herresthal, NJW 2021, 589 ff., Graf von Westphalen, AGB-Recht im zweiten Halbjahr 2020, NJW 2021, 278 ff.; Herresthal, Die unionsrechtlichen Vorgaben bei unwirksamen AGB-Klauseln, NJW 2023, 1161 ff.

170 Nachw. oben Fn 169.

Verfügung stellen (Garantie der *«Effektivität des Rechtsschutzes» = «Effektivitätsgrundsatz»*). Art. 7 Abs. 2 der Klausel-Richtlinie schreibt die Einrichtung von *Verbandsklagen* vor.[171]

Die Klausel-Richtlinie ist auch nach ihrer Implementierung im nationalen Recht der Mitgliedstaaten als Rechtsgrundlage für Entscheidungen nationaler Gerichte weiterhin unmittelbar von Bedeutung. Zum einen sind die Gerichte der Mitgliedstaaten (auf Basis von Art. 4 Abs. 3 Satz 2 EUV) zur *richtlinienkonformen Interpretation* ihrer nationalen Umsetzungsgesetzgebung verpflichtet,[172] zum anderen können bzw. – sofern es um ein letztinstanzlich entscheidendes Gericht geht – müssen die Gerichte der Mitgliedstaaten bei Interpretationszweifeln im Hinblick auf die Vorgaben der RL die «Vorlagefrage», ob die nationale Regelung diesen entspricht, an den EuGH richten, der diese Frage im Weg der *«Vorabentscheidung»* beurteilt (Art. 267 AEUV). 52

Solche Entscheidungen des EuGH, die sich auf die Klausel-Richtlinie beziehen, liegen in beträchtlicher Zahl vor.[173] Während der EuGH im Verfahren *Océano Grupo*[174] die Missbräuchlichkeit einer konkreten Klausel (*in casu* einer Gerichtsstandsklausel) nach den Massstäben der Richtlinie noch unmittelbar und abschliessend beurteilte, beschränkt er sich seit der Entscheidung *Freiburger Kommunalbauten* vom 1.4.2004[175] darauf, die aus Art. 3 Abs. 1 53

---

171 Zu deren Harmonisierung in der EU nun RL 2020/1828/EU («Verbandsklagen-RL») vom 25.11.2020. Dazu etwa SCHUSCHNIGG, Die Verbandsklagen-Richtlinie, EuZW 2022, 1043 ff.; vgl. – aus österreichischer Sicht – auch KLAUSER, Sammelklage und Prozessfinanzierung neu – Die EU-Verbandsklagen-RL aus Verbrauchersicht, ecolex 2021, 190 ff.; aus der Sicht der deutschen Gesetzgebung KERN/UHLMANN, Kollektiver Rechtsschutz 2.0? Möglichkeiten und Chancen vor dem Hintergrund der Verbandsklagen-RL, ZEuP 2022, 849 ff.

172 Selbstverständlich müssen auch Gerichte von Drittstaaten, die aufgrund des Internationalen Privatrechts auf die Umsetzungsgesetzgebung eines Mitgliedstaates verwiesen werden, richtlinienkonform interpretieren. Im schweizerischen Recht sollte bei Interpretationsproblemen zu Art. 8 UWG, der – wenn auch eigenständig – unmittelbar von der Klausel-Richtlinie inspiriert ist, das europäische Kontrollmodell berücksichtigt werden (dazu KRAMER, Juristische Methodenlehre, 6. Aufl., Bern u.a. 2019, 354 f.). Siehe auch unten Fn 244. Anders KUONEN, SJ 2014 II, 3 f., der die Eigenständigkeit des Art. 8 UWG betont und der Berücksichtigung der EU-Richtlinie nur fakultativen Charakter zumisst. Zur Berücksichtigung des Klauselverbotskatalogs im Annex zur Klausel-Richtlinie im Hinblick auf eine Konkretisierung der Generalklausel des Art. 8 UWG unten Fn 241.

173 Eingehende Dokumentation der Entscheidungen unten N 315 ff. (PROBST). Hier geht es lediglich um einen einführenden Überblick.

174 Rs. C-240/98 Océano Grupo Editorial SA gegen Rocío Murciano Quintero sowie Rs. C-241-244/98, EuGH Urteil vom 27. Juni 2000, Slg. 2000, I-4941 = NJW 2000, 2571 ff.

175 EuGH Slg. 2004, I-3403 = NJW 2004, 1647 ff.; im Anschluss daran etwa EuGH 26.10.2006, C-168/05 (Mostaza Claro), NJW 2007, 135; EuGH Slg. 2009, I-4713 =

der Richtlinie abgeleiteten Kriterien der AGB-Missbräuchlichkeit im Allgemeinen auszulegen und zu prüfen, ob die nationale Umsetzungsgesetzgebung den «allgemeinen Kriterien» der Klausel-Richtlinie entspricht, ohne sich auf eine einzelfallbezogene inhaltliche Beurteilung einer konkreten Klausel einzulassen[176]. In einer Reihe von EuGH-Entscheidungen zur Klausel-Richtlinie geht es um den *«Effektivitätsgrundsatz»*, also die verfahrensrechtliche Frage, ob die effektive Durchsetzbarkeit der Klauselkontrolle in den Mitgliedstaaten (namentlich im Hinblick auf das Prinzip der amtswegigen Prüfung der Missbräuchlichkeit) den Vorgaben der Richtlinie entspricht.[177] Kontrolliert wird

---

NJW 2009, 2367 ff. (Pannon); dazu etwa die Anmerkung PFEIFFER, NJW 2009, 2369; EuGH 14.3.2013, C-415/11 (Aziz), RIW 2013, 374, 379, N 67. Kritisch zu der durch die Entscheidung *Freiburger Kommunalbauten* geprägten Zurückhaltung des EuGH: BASEDOW, Der Europäische Gerichtshof und das Privatrecht, AcP 210 (2010), 172 ff.

176 Zuletzt EuGH 27.1.2021, C-229/19, C-289/19 (Dexia Nederland BV), NJW 2021, 1447, 1449, N 47: Zu prüfen seien «abstrakt die Faktoren, die einer nicht im Einzelnen ausgehandelten Vertragsklausel missbräuchlichen Charakter verleihen». Diese Zurückhaltung hängt damit zusammen, dass als Massstab dafür, ob eine AGB-Klausel i.S. von Art. 3 Abs. 1 der Klausel-Richtlinie ein «erhebliches und ungerechtfertigtes Missverhältnis» begründet, im Regelfall das weiterhin nicht harmonisierte nationale Vertragsrecht der Mitgliedstaaten dient (auf diesen Massstab hinweisend etwa EuGH 14.3.2013, C-415/11 [Aziz], RIW 2013, 374, 379, N 68); EuGH 26.1.2017, C-421/14 [Banca Primus], Leitsatz 1, EuZW 2017, 488. Solange die Grundlagen des Vertragsrechts der EU-Mitgliedstaaten nicht harmonisiert oder (durch Verordnung) vereinheitlicht sind, fehlt in vielen Fällen ein konkreter, EU-weiter Kontrollmassstab. So auch KOCH in seiner Anmerkung zu EuGH 23.4.2015, C-96/14 (van Hove), EuZW 2015, 516 ff. Immerhin haben die im Annex zur Klausel-Richtlinie angeführten Klauseln eine Indizwirkung im Hinblick auf das Bestehen einer Missbräuchlichkeit. – Deutliche Ansätze zu einer stärkeren materiellrechtlichen Missbräuchlichkeitskontrolle von AGB durch den EuGH (durch Hinweis auf den Annex zur Klausel-Richtlinie und Verweis auf eine konnexe Richtlinie) aber in EuGH 21.3.2013, C 92/11 (RWE Vertrieb AG); Besprechung durch FORNASIER, Der Europäische Gerichtshof und die Kontrolle missbräuchlicher Klauseln: ein Kurswechsel?, ZEuP 2014, 410 ff.; vgl. zur Ausweitung der AGB-Kontrolle durch den EuGH auch MICKLITZ/REICH, Von der Klausel- zur Marktkontrolle, EuZW 2013, 457 ff.

177 Siehe etwa EuGH Slg. 2002, I-10875 = NJW 2003, 275 ff. (Cofidis); Besprechung von METZGER, ZEuP 2004, 153 ff.; EuGH 26.10.2006 – Rs. C-168/05 (Mostaza Claro), NJW 2007, 135; EuGH 26.4.2012 – Rs. C-472/10 (Invitel), ZIP 2012, 2020 ff.; dazu GRAF VON WESTPHALEN, ZIP 2012, 2469 f.; EuGH 14.6.2012, C-618/10 (Banco Español de Crédito), NJW 2012, 2257 (2258 f.); EuGH 21.2.2013, C-472/11 (Banif Plusbank Zrt/Csaba Csipai u.a.), EuZW 2013, 263 f.; EuGH 14.3.2013, C-415/11 (Aziz); dazu KOHLER/SEYR/PUFFER-MARIETTE, ZEuP 2015, 340 ff.; EuGH 12.2.2015; C-567/13 (Baczó); EuGH 12.5.2016, C-49/14 (Finanmadrid); EuGH 21.4.2016, C-377/14 (Radlinger und Radlinger); EuGH 22.4.2021, C-485/19 (LH/Profi Credit Slovakia) N 51 ff. Eingehend zum Effektivitätsgrundsatz EuGH 17.5.2022, C-869/19 (Unicaja Banco SA) N 28 ff.:

in vielen Entscheidungen[178] auch die Frage, welche Sanktionen des nationalen Rechts bei festgestellter Missbräuchlichkeit einer AGB-Klausel mit den Zielen der Klausel-RL, konkret mit Art. 6 Abs. 1 der Richtlinie, kompatibel sind. In dieser Kontrolle der mitgliedstaatlichen Verfahrensregelungen und des mitgliedstaatlichen Sanktionenregimes liegt immer noch der Schwerpunkt der Judikatur des EuGH zur Klausel-Richtlinie[179].

II. Der Entwurf der EU-Kommission zu einer Verordnung über ein Gemeinsames Europäisches Kaufrecht (CESL) vom 11.10.2011[180]

Die Punktualität und der fragmentarische (oft auch im Einzelnen inkonsistente) Charakter des privatrechtlichen (vor allem vertragsrechtlichen) EU-Richtlinienrechts hat zu vor allem von Seiten der Rechtswissenschaft eifrig diskutierten Bestrebungen geführt, die Basis des Obligationenrechts, namentlich einen Allgemeinen Teil des Vertragsrechts, EU-weit zu vereinheitlichen.[181] Im Anschluss an den *«Draft Common Frame of Reference»* (Full Edition 2009), aber dessen sehr weit ausgreifenden Regelungsfokus wieder stark einschränkend, hat die Kommission schliesslich am 11.10.2011 den Vorschlag zu einer Verordnung (also *nicht* einer Richtlinie!) zu einem Gemeinsamen Europäischen Kaufrecht *(Common European Sales Law* [CESL]) vorgelegt.[182] Dieser Vorschlag, der nicht nur spezifisch kaufrechtliche Bestimmungen enthielt, sondern – 54

Nationale Verfahrensregeln dürfen im Hinblick auf den Effektivitätsgrundsatz einer wirksamen Überprüfung potentiell missbräuchlicher Vertragsklauseln nicht entgegenstehen.

178 Nachweise in Fn 169.

179 Vgl. zur neueren Entwicklung der EuGH-Judikatur den Überblick bei STEMPEL, ZEuP 2017, 102 ff. Umfassende Dokumentation der EuGH-Judikatur zur Klausel-RL mit vorwiegend prozessualer Ausrichtung unten N 374 ff. (PROBST).

180 CESL (Common European Sales Law) bezieht sich auf den englischen Titel des Entwurfs, GEKR auf den deutschen.

181 Zu dieser Entwicklung (bis hin zum Entwurf zu einem CESL) statt vieler ZIMMERMANN, Perspektiven des künftigen österreichischen und europäischen Zivilrechts, JBl 2012, 5 ff.; KRAMER, JBl 2012, 757 ff.

182 Vgl. dazu neben unzähligen Spezialuntersuchungen zu einzelnen Fragestellungen etwa die Sammelbände WENDEHORST/ZÖCHLING-JUD (Hrsg.), Am Vorabend eines Gemeinsamen Europäischen Kaufrechts – zum Verordnungsentwurf der Europäischen Kommission 11.10.2011 KOM (2011) 635 endg., Wien 2012; SCHMIDT-KESSEL (Hrsg.), Ein einheitliches Europäisches Kaufrecht?, München 2012; REMIEN/HERRLER/LIMMER (Hrsg.), Gemeinsames Europäisches Kaufrecht für die EU?, München 2012.

genauso wie das UN-Kaufrecht – auch *allgemeine Bestimmungen zum Vertragsrecht,* sollte nur für *grenzüberschreitende* Verträge gelten, und zwar nicht nur für Unternehmerverträge, sondern – und dies sogar in erster Linie – auch für internationale Verbraucherverträge; dies allerdings nur dann, wenn beide Parteien für die Anwendbarkeit der Verordnung optiert haben (sog. «Optionslösung»).

55 Die rechtspolitische Relevanz dieser heftig diskutierten Vereinheitlichungsbemühung erschliesst sich vor allem aus der Erwägung, dass Unternehmer im grenzüberschreitenden Fernabsatz im EU-Raum sich – namentlich bei Ausgestaltung ihrer AGB – bis heute[183] weitgehend am (auch im Verbrauchervertragsbereich nicht einheitlichen bzw. vollharmonisierten) nationalen Recht aller 27 Mitgliedstaaten orientieren müssen, «was selbst Rechtsabteilungen von Großunternehmen überfordert»[184]. Dieser Schwierigkeit, die ein gravierendes Handelshemmnis darstellt, sollte durch das CESL begegnet werden.

56 Der Verordnungsentwurf enthält auch eine detaillierte und *de lege ferenda* sehr beachtliche Regelung über die Kontrolle «nicht individuell ausgehandelter Vertragsbestimmungen» (im Sinn von Art. 7 CESL).[185] Auf eine Darstellung dieser Regelung wird hier verzichtet,[186] da der Verordnungsentwurf auf Grund gravierender nationaler Vorbehalte inzwischen insgesamt *ad acta* gelegt worden ist.[187]

---

183 Zur Warenkauf-RL der EU, die vom Prinzip der Vollharmonisierung ausgeht, unten Fn 187.

184 Kieninger, Die Vollharmonisierung des Rechts der Allgemeinen Geschäftsbedingungen – eine Utopie?, RabelsZ 73 (2009) 794.

185 Dazu etwa Drygala, JZ 2012, 983 ff.; Gade, Allgemeine Geschäftsbedingungen im internationalen und europäischen Privatrecht. Ein Vergleich anlässlich des Vorschlags für ein Gemeinsames Europäisches Kaufrecht, Berlin 2014.

186 Kurzdarstellung in der Erstauflage dieses Buches, N 54 ff.

187 Vgl. etwa Bericht in NJW-aktuell 29/2015, 16. Die statt dessen verabschiedete (die Verbrauchsgüterkauf-Richtlinie [1999/44/EG] ersetzende), dem Konzept der Vollharmonisierung folgende «Warenkauf-Richtlinie» der EU vom 20.5.2019 (ABl L 2019/136, 28) sowie die gleichzeitig verabschiedete «Digitale-Inhalte-Richtlinie» (ABl L 2019/136, 1) enthalten keine Regelung des AGB-Vertrags. Der Inhalt dieser (bis zum 1.7.2021 umzusetzenden) Richtlinie (also deren Regelungen über die Rechte und Pflichten der Verkäufer/Käufer) sowie deren Auslegung durch den EuGH) sind aber für die Inhaltskontrolle von kaufrechtlichen AGB-Klauseln im Hinkunft von erheblicher Bedeutung, sofern ein Warenkaufvertrag (im Bereich der *b&c-contracts*) nach dem Recht eines Mitgliedstaates zu beurteilen ist. Diese Relevanz kann selbstverständlich auch schweizerische Gerichte betreffen. Zu den beiden Richtlinien etwa Staudenmayer, Die Richtlinien zu den digitalen Verträgen, ZEuP 2019, 663 ff. Zur Umsetzung der Warenkauf-Richtlinie im BGB statt aller Hoffmann, Ein- und Ausbaufälle nach Umsetzung der Warenkauf-RL, NJW 2021, 2839 ff. Zur Umsetzung in Österreich der kurze Überblick bei Rabl, ecolex 2021, 403 ff.

III. UN-Kaufrecht (CISG)

Obwohl die Verwendung von AGB natürlich auch im internationalen unternehmerischen Warenkaufverkehr von grosser praktischer Bedeutung ist, enthält das UN-Kaufrecht, was als Mangel anzusehen ist, *keine spezifischen* Sonderregeln über die Einbeziehung oder die Kontrolle von AGB. 57

Aufgrund von Art. 4 lit. a UN-Kaufrecht ist es von vornherein klar, dass das Problem der Ungültigkeit von AGB-Klauseln wegen ihrer inhaltlichen Unausgewogenheit, also die *Inhaltskontrolle*, nicht Gegenstand der Konvention ist, sodass das nach dem IPR massgebende nationale Recht entscheidet.[188] *Auslegungs-* und *Konsensfragen* sind hingegen im UN-Kaufrecht geregelt (Art. 8 und Art. 14 ff.), sodass bei spezifischen Fragestellungen, die sich bei Verwendung von AGB stellen, nicht von einer «externen Lücke» der Konvention gesprochen werden kann, für deren Bewältigung das internationalprivatrechtlich zuständige nationale Recht berufen wäre. Die Lösung muss vielmehr im Interpretationsweg oder durch interne Lückenfüllung (Art. 7 Abs. 1 und 2 UN-Kaufrecht) auf Basis der Konvention selbst gefunden werden.[189] 58

---

188 Bei Verträgen, die dem UN-Kaufrecht unterstehen, ist die Unausgewogenheit einer Vertragsklausel allerdings nach den Massstäben der Regelungen der Konvention zu beurteilen, wenn das zuständige nationale Recht (wie etwa § 307 Abs. 2 Ziff. 1 BGB, der auch für Unternehmer AGB-Verträge gilt) in Bezug auf die Unausgewogenheit der AGB auf die unangemessene Abweichung von den (dispositiven) gesetzlichen Regelungen, die eben auch Regelungen des UN-Kaufrechts sein können, abstellt. Richtig SCHROETER, Internationales UN-Kaufrecht, 7. Aufl., Tübingen 2022, N 207.

189 So etwa auch Th. KOLLER, FS Honsell, 236 ff.; eingehend SCHMIDT-KESSEL, in: Schlechtriem/Schwenzer/Schroeter, Art. 8 N 52 ff.; monographisch DRASCH, Einbeziehungs- und Inhaltskontrolle vorformulierter Geschäftsbedingungen im Anwendungsbereich des UN-Kaufrechts, Zürich 1999, 4 ff. Aus der deutschen Judikatur: BGHZ 149, 113, 116 f. = NJW 2002, 370, 371 = LM CISG Nr. 9 (Anmerkung KAROLLUS); aus der österreichischen Judikatur: OGH 10 Ob 518/95, RdW 1996, 203, 204. Zur Anwendung der *contra-proferentem*-Regel im Rahmen des UN-Kaufrechts BGH RIW 2014, 609, 611. Aus der Lehre SCHMIDT-KESSEL, in: Schlechtriem/Schwenzer/Schroeter, CISG, Art. 8 N 47 f. Interpretiert man die «Ungewöhnlichkeitsregel» konsequent als spezielle Maxime der Konsenskontrolle (und nicht als verkappte Strategie der Inhaltskontrolle) – dazu unten N 68 – , ist sie nach den Massstäben des UN-Kaufrechts (vor allem Art. 8 Abs. 2) zu beurteilen. Vgl. dazu (differenzierend) SCHROETER, in: Schlechtriem/Schwenzer/Schroeter, CISG, Vor Art. 14–24 N 38 ff.

59 Aus dem gerade Gesagten ergibt sich, dass die *konsensuale Einbeziehung der AGB*[190] bei Verträgen, die dem UN-Kaufrecht unterstehen, nach den Massstäben der Konvention zu beurteilen ist. Konkret hinzuweisen ist auf die auch für die Schweiz grundsätzlich unterstützenswerte österreichische und deutsche Judikatur[191], wonach es nicht genügt, dass auf die AGB *deutlich hingewiesen* worden ist. Es muss zusätzlich der Text der AGB dem Erklärungsgegner übersendet oder anderweitig *zugänglich gemacht* worden sein. Dies wird damit begründet, dass in Anbetracht der unterschiedlichen nationalen Rechtsordnungen und Gepflogenheiten erhebliche Unterschiede zwischen den jeweiligen nationalen Klauselwerken bestehen, sodass der Gegner des Klauselverwenders mangels Zustellung der AGB «vielfach nicht absehen» könne, «mit welchem Klauselinhalt er sich im Einzelnen einverstanden erklärt». Zwar werde «in vielen Fällen die Möglichkeit bestehen, Erkundigungen über den Inhalt der jeweiligen in Bezug genommenen AGB einzuholen. Hierdurch» könne «es jedoch zu Verzögerungen des Geschäftsabschlusses kommen, woran beide Vertragsteile kein Interesse haben» könnten[192].

60 Eine *Abbedingung des UN-Kaufrechts* (gemäss Art. 6 UN-Kaufrecht) ist grundsätzlich auch durch AGB möglich.[193] Auch für die Frage, ob die Abwahl der Konvention durch AGB auf einem wirksamen Konsens beruht, ist auf die gerade dargestellte besondere Anforderung des deutlichen Hinweises abzustellen.[194]

---

190 Dazu der Überblick bei Kramer, FS Welser, 539 ff. mit weiteren Nachweisen. Eingehend Schroeter, in: Schlechtriem/Schwenzer/Schroeter, CISG, Art. 14 N 32 ff. S. nun auch CISG Advisory Council, Opinion Nr. 13: «Inclusion of Standard Terms under the CISG» (abgedruckt in IHR 2014, 34 ff.). Der folgende einführende Überblick (N 61 ff.) behandelt nicht alle AGB-Konsensprobleme im Rahmen des UN-Kaufrechts. Der Schwerpunkt liegt bei Spezifika (im Vergleich zum internen schweizerischen Recht).

191 OGH RdW 1996, 203, 204 mit Anmerkung Karollus (197 ff.); BGHZ 149, 113, 117 f. = NJW 2002, 370, 371 = LM CISG Nr. 9 (Anmerkung Karollus); Hanseatisches OLG Hamburg IHR 2014, 12, 15; OGH 8 Ob 104/16a, IHR 2018, 19, 20 f. Ebenso OGer Bern, 19.5.2008, CISG online 1738. Kritische Beurteilung einer generellen Übersendungsobliegenheit aber bei Schmidt-Kessel, in: Schlechtriem/Schwenzer/Schroeter, CISG, Art. 8 N 53a; zustimmend hingegen Schroeter, in: Schlechtriem/Schwenzer/Schroeter, CISG, Art. 14 N 130 f.

192 Die Zitate beziehen sich auf BGHZ 149, 113, 117 f. Zur Frage, in welcher Sprache die AGB gefasst sein müssen, damit nach dem UN-Kaufrecht eine wirksame Einbeziehung angenommen werden kann, OLG Hamm IHR 2016, 30. Dazu Magnus, ZEuP 2017, 154 f. Eingehend Schroeter, in: Schlechtriem/Schwenzer/Schroeter, CISG, Art. 14 N 151 ff.

193 Siehe etwa Ferrari, in: Schlechtriem/Schwenzer/Schroeter, CISG, Art. 6 N 17.

194 So überzeugend OGH 8 Ob 104/16a, SZ 2017/76 (E. 2) mit vielen Nachweisen. Zur (konkludenten) Abwahl des CISG nimmt das Bundesgericht ganz generell eine sehr restriktive Haltung ein. Siehe die E. 4 in Bundesgericht 4A_543/2018 vom 28.5.2019

Von der Möglichkeit einer *rein stillschweigenden Einbeziehung von AGB* ist im Anwendungsbereich des UN-Kaufrechts gemäss Art. 18 Abs. 1 S. 2 UN-Kaufrecht im Allgemeinen nicht auszugehen. Sie kann aber auf Basis von Art. 9 Abs. 2 UN-Kaufrecht unter der Voraussetzung angenommen werden, dass es sich bei den fraglichen AGB um *internationale* (also im internationalen Vertragsverkehr verwendete) *Standardbedingungen* handelt, deren Verwendung bei bestimmten Geschäften international absolut handelsgebräuchlich ist und die dem Kunden des AGB-Verwenders daher auch bekannt sein mussten[195]. In einer *ständigen Geschäftsverbindung* könnte überdies gemäss Art. 9 Abs. 1 UN-Kaufrecht eine *«Gepflogenheit»* der Kontrahenten entstehen, jeweils unter den gerade aktuellen AGB eines Vertragspartners zu kontrahieren. Auch in einem solchen Fall bräuchte auf die Geltung der AGB nicht jeweils ausdrücklich hingewiesen werden[196]. 61

Beantwortet der Adressat einer Offerte diese mit einer abweichenden (modifizierten) *«Auftragsbestätigung»*, in der er auf seine AGB verweist, so stellt das Schweigen des Erstofferten auf diese modifizierte Annahmeerklärung im Allgemeinen keine Zustimmung zu den AGB dar, da in aller Regel davon auszugehen ist, dass die sich aus den AGB ergebenden Abweichungen «die Bedingungen des Angebots» i.S. von Art. 19 Abs. 2 UN-Kaufrecht – zum Nachteil des Erstofferenten – «wesentlich ändern», was Art. 19 Abs. 3 UN-Kaufrecht u.a. im Hinblick auf Haftungsfreizeichnungen und Haftungsbeschränkungen ausdrücklich klarstellt.[197] Das gerade Gesagte schliesst selbstverständlich eine ausdrückliche oder klar konkludente Zustimmung des Erstofferenten zu den von der anderen Partei verwiesenen AGB nicht aus[198]. Auch eine stillschwei- 62

(E. 4 nicht abgedruckt in BGE 145 III 383 ff.). Die blosse Verwendung der rechtlichen Terminologie des OR in den AGB würde danach nicht genügen, um eine konkludente Abwahl des CISG zu Gunsten des OR zu begründen.

195 So schon KRAMER, FS Welser, 551. Zu den Voraussetzungen des Art. 9 Abs. 2 UN-Kaufrecht im Einzelnen SCHMIDT-KESSEL, in: Schlechtriem/Schwenzer/Schroeter, CISG, Art. 9 N 11 ff.

196 So schon KRAMER, FS Welser, 551.

197 Ebenso schon KRAMER, FS Welser, 552. Nach SCHROETER, in: Schlechtriem/Schwenzer/Schroeter, CISG, Art. 19 N 44, liegt in «der Verweisung auf Allgemeine Geschäftsbedingungen, insbesondere wenn sie eine pauschale Abwehrklausel enthalten, … regelmäßig eine wesentliche Abweichung» i.S.v. Art. 19 Abs. 2 UN-Kaufrecht, «unabhängig davon, ob sie zu den in Art. 19 III aufgezählten Punkten Regelungen enthalten» (mit Hinweis auf KGer Zug 11.2.2003, CISG-online 958).

198 Aus dem Umstand, dass der Vertrag trotz des (von den Parteien nicht ausgeräumten) AGB-Problems durchgeführt wird, ist im Allgemeinen nicht abzuleiten, dass der Erstofferent den AGB der Gegenseite nun doch nachträglich konkludent zugestimmt habe. Richtig KRÖLL/HENNECKE, Kollidierende Allgemeine Geschäftsbedingungen in internationalen Kaufverträgen, RIW 2001, 739.

gende Zustimmung auf Grund von Art. 9 Abs. 1 und 2 UN-Kaufrecht ist denkbar.[199] Werden die AGB aber nicht Vertragsinhalt – und das ist, wie ausgeführt, der Regelfall –, so scheitert der Vertrag deswegen grundsätzlich nicht,[200] es sei denn, es ist für den Empfänger der Auftragsbestätigung aus den Umständen des konkreten Vertragsschlusses ersichtlich, dass die Geltung der AGB für den Bestätigenden *condicio sine qua non* des Vertragsschlusses war.

63 Für den viel diskutierten, im UN-Kaufrecht leider nicht ausdrücklich geregelten Sonderfall der *AGB-Kollision*, also des kollidierenden Verweises beider Kontrahenten auf ihre AGB (*«battle of the forms»*), ist grundsätzlich – wie im internen schweizerischen Recht[201] – von der *Restgültigkeitslösung* (= Lehre von der «Kongruenzgeltung» = *«knock-out»*-Regel) auszugehen.[202] Grundsätzlich gilt der Vertrag danach trotz des AGB-Dissenses als geschlossen, und zwar auf Basis der individuell vereinbarten Hauptpunkte des Vertrags sowie zusätzlich der (wirtschaftlich betrachtet) übereinstimmenden AGB-Klauseln. Die sich widersprechenden AGB beider Vertragswerke fallen aus dem Vertrag heraus und es gelten stattdessen die gesetzlichen Regelungen bzw. die allgemeinen Grundsätze des UN-Kaufrechts, oder, sollten solche zu den fraglichen Punkten fehlen, die Vorschriften des durch IPR-Verweisung bestimmten nationalen Rechts (Art. 7 Abs. 2 UN-Kaufrecht). Ein völliges Scheitern des Vertrags wegen der AGB-Kollision ist – wie im Normalfall des Schweigens auf eine abweichende Auftragsbestätigung[203] – nur dann anzunehmen, wenn sich aus den Umständen des konkreten Vertragsschlusses ergibt, dass die Geltung der AGB für einen (oder beide) Vertragspartner objektiv essentiell war.

64 Auch für das Problem des *Schweigens auf ein abweichendes (ergänzendes) kaufmännisches Bestätigungsschreiben*[204], in welchem auf die Geltung von AGB des Bestätigenden hingewiesen wird, enthält das UN-Kaufrecht keine spezifische Regelung, was aber auch hier nicht heisst, dass die Lösung nicht doch aus dem UN-Kaufrecht abzuleiten ist[205]. Massgebend sind nach heute

---

199 Siehe oben N 61.

200 Ebenso schon KRAMER, FS Welser, 552.

201 Dazu im Einzelnen unten N 274.

202 Ebenso ausführlich und mit umfassenden Nachweisen SCHROETER, in: Schlechtriem/Schwenzer/Schroeter, CISG, Art. 19 N 164 ff.; vgl. schon KRAMER, FS Welser, 553 ff. Dieselbe Lösung in Art. 2.1.21 PICC sowie in Art. 2:209 PECL. Siehe unten N 66 f.

203 Oben N 62.

204 Zum Begriff und zur Funktion des kaufmännischen Bestätigungsschreibens (im schweizerischen Recht) BK-SCHMIDLIN, Art. 6 OR N 81 ff. Zur Beurteilung des Schweigens auf in kaufmännischen Bestätigungsschreiben verwiesene AGB im internen schweizerischen Recht unten N 265 ff. (PERRIG).

205 Ebenso statt aller KRÖLL/HENNECKE, Kaufmännisches Bestätigungsschreiben beim internationalen Warenkauf, RabelsZ 67 (2003) 454 ff.

h.L.[206] Art. 18 Abs. 1 S. 2 sowie Art. 9 Abs. 1 und 2 Abs. 2 UN-Kaufrecht. Aus Art. 18 Abs. 1 S. 2 UN-Kaufrecht ergibt sich, dass das blosse Schweigen des Empfängers grundsätzlich keine Annahme darstellt. Etwas anderes gilt ausnahmsweise, wenn in Bezug auf die fraglichen AGB eine «Gepflogenheit» der Kontrahenten besteht (Art. 9 Abs. 1 UN-Kaufrecht) oder gemäss Art. 9 Abs. 2 UN-Kaufrecht ein relevanter internationaler Handelsbrauch anzunehmen ist, wonach das Schweigen auf ein abweichendes kaufmännisches Bestätigungsschreiben grundsätzlich als Zustimmung zu werten ist.[207] Das Bestehen eines entsprechenden (zum deutschen Recht tatsächlich befürworteten) nationalen Handelsbrauchs am Sitz lediglich einer der beteiligten Parteien genügt aber jedenfalls nicht[208].

IV. Internationale Restatements zum Vertragsrecht (UNIDROIT Principles of International Commercial Contracts [PICC] sowie Principles of European Contract Law [PECL])

Die beiden im Folgenden in aller Kürze beleuchteten vertragsrechtlichen Restatements[209] (PICC und PECL) haben keinen offiziellen Rechtsquellencharakter, sondern sind als *soft law* zu qualifizieren. Vertragsrechtlich relevant können diese *model rules* durch die Vereinbarung der Parteien werden, *«that their contract be governed by them»*.[210] Namentlich die PICC können auch 65

206 Viele Nachweise bei SCHROETER, in: Schlechtriem/Schwenzer/Schroeter, CISG, Vor Art. 14–24 N 77 ff.

207 Dazu schon oben N 61. Zu beweisen ist der einschlägige internationale Handelsbrauch durch die Partei, die sich darauf beruft. Richtig SCHROETER, in: Schlechtriem/Schwenzer/Schroeter, CISG, Vor Art. 14–24 N 79.

208 Zur Kritik an der die Voraussetzungen des Art. 9 Abs. 2 UN-Kaufrecht fälschlicher Weise bejahenden Entscheidung des Zivilgerichts Basel 21.12.1992, CISG-online 55 = BJM 1993, 310 (312 f.) KRAMER, Neues aus Gesetzgebung, Praxis und Lehre zum Vertragsschluss, BJM 1995, 9; ebenso SCHROETER, in: Schlechtriem/Schwenzer/Schroeter, CISG, Vor Art. 14–24 N 80.

209 Zum Begriff, zur Geschichte und Funktion der «Restatements» das von MICHAELS verfasste Stichwort in: Basedow/Hopt/Zimmermann (Hrsg.), Handwörterbuch des Europäischen Privatrechts, Bd. II, Tübingen 2011, 1295 ff.

210 Präambel zu den PICC (Fassung 2004). Modellklauseln für die Einbeziehung der PICC werden vorgeschlagen in Uniform Law Review 2013, 630 ff. Während eine solche Rechtswahlvereinbarung für Verfahren vor den staatlichen Gerichten nach herrschender Auffassung (vgl. die Nachweise in BSK IPRG-AMSTUTZ/WANG/GOHARI, Art. 116 N 21, mit Hinweis auf die FIFA-Reglement-Entscheidung BGE 132 III 285 [287 ff.]) sowie nach Art. 3 Abs. 1 der Rom I-Verordnung der EU über das auf vertragliche

dann Berücksichtigung finden, wenn ein Schiedsgericht ermächtigt wird, den Rechtsstreit auf Basis der *lex mercatoria,* auf Grundlage allgemeiner Rechtsprinzipien oder nach Billigkeit *(ex aequo et bono)* zu entscheiden[211].

66 Die *PICC*[212] enthalten eine Reihe von Regelungen über die vertragliche Einbeziehung von *standard terms*[213]. Gemäss Art. 2.1.20 PICC werden *überraschende AGB-Klauseln* nur dann Vertragsbestandteil, wenn sie von der anderen Partei ausdrücklich akzeptiert worden sind. Art. 2.1.21 PICC regelt den *Vorrang der Individualabrede* vor den damit in Widerspruch stehenden *standard terms;* Art. 2.1.21 PICC geht bei einer *battle of the forms* grundsätzlich davon aus, dass der Vertrag auf Basis der übereinstimmenden Klauseln zustande komme (Prinzip der Restgültigkeit). Eine Inhaltskontrolle von AGB-Klauseln ist in den PICC nicht vorgesehen; allerdings können auf Grundlage der allgemeinen Regelung über *gross disparity* (Art. 3.2.7 PICC) natürlich auch AGB-Klauseln kontrolliert werden. *Gross disparity* führt zur Anfechtbarkeit des Vertrags oder einer einzelnen Klausel, wobei die Anfechtung aber zugunsten einer am Leitbild der *«reasonable commercial standards of fair dealing»* ausgerichteten richterlichen Vertragsanpassung (oder Anpassung einer Klausel) vermieden werden kann, sofern dies die durch *gross disparity* belastete Partei beantragt (Art. 3.2.7 Abs. 2 PICC); auch die andere Partei kann, wenn ihr Vertragspartner Anfechtung geltend macht, unter gewissen Voraussetzungen den Antrag auf Vertragsanpassung stellen (Art. 3.2.7 Abs. 3 PICC).

Schuldverhältnisse anwendbare Recht (Verordnung [EG] Nr. 593/2008 vom 17.6.2008) lediglich materiellrechtliche Wirkung hat (sodass zwingende Vorschriften des international privatrechtlich zuständigen Rechts nicht abbedungen werden können), kann einer solchen Verweisung bei schiedsgerichtlichen Verfahren eine kollisionsrechtliche Wirkung zukommen (für internationale Schiedsgerichte s. Art. 187 Abs. 1 IPR-Gesetz und dazu etwa BSK IPRG-BERGER, Art. 187 N 63; für nationale Schiedsgerichte s. Art. 381 Abs. 1 lit. a ZPO).

211 Zu dieser Möglichkeit Art. 187 Abs. 2 IPR-Gesetz; Art. 381 Abs. 1 lit. b ZPO. Nach Art. 21 Ziff. 1 der Rules of Arbitration 2012 der Internationalen Handelskammer in Paris (ICC) können internationale Schiedsgerichte bei Fehlen einer Rechtswahl die Regeln anwenden, *«which they determine to be appropriate»*, also auch etwa die PICC.

212 Gesamtüberblick über die PICC (Fassung 2004) bei BONELL, An International Restatement of Contract Law: The UNIDROIT Principles of International Contracts, 3. Aufl., Ardsley, NY 2005; BRÖDERMANN, Principles of International Commercial Contracts, 2. Aufl., Baden-Baden 2023. Die PICC 2010 sind in Buchform herausgegeben von UNIDROIT, Rom 2010. Abdruck der im Folgenden zitierten Artikel mit *Comments* im Anhang des vorliegenden Buches.

213 Definition des Begriffs in Art. 2.1.19 Abs. 2 PICC; vgl. die Kommentierungen in: VOGENAUER (Ed.), Commentary on the UNIDROIT Principles of International Commercial Contracts (PICC), 2. Aufl., Oxford 2015.

Die *PECL*[214] sehen für eine nicht individuell ausgehandelte Vertragsklausel *(«contract term not individually negotiated»)* die Sonderinterpretationsregeln der *interpretatio contra proferentem* (Art. 5:103 PECL) sowie die Regel über den *Vorrang der Individualabrede* (Art. 5:104 PECL) vor. Bei *battle of the forms* geht Art. 2:209 PECL (unter dem Titel *«conflicting general conditions»*) ganz ähnlich wie Art. 2.1.22 PICC grundsätzlich von der Restgültigkeit des Vertrags auf Basis der übereinstimmenden Klauseln aus. Im Unterschied zu den PICC enthalten die PECL, die anders als die PICC auch *b2c*-Verträge regeln, auch eine spezifische Generalklausel (Art. 4:110 Abs. 1 PECL) über die Inhaltskontrolle nicht individuell ausgehandelter Vertragsklauseln.[215] Diese können – und zwar sowohl bei *b2c*-Verträgen als auch bei *b2b*-Verträgen – von der benachteiligten Partei angefochten werden,[216] sofern eine Klausel *«causes a significant imbalance in the parties' rights and obligations arising under the contract»*, wobei begleitende Umstände, namentlich alle anderen Vertragsbestimmungen, zu berücksichtigen sind (Art. 4:110 Abs. 1, letzter Halbs. PECL).[217] Eine Liste konkreter Klauselverbote enthalten die PECL nicht. Im *«Comment»* zu Art. 4:110 PECL wird auf den Annex zur EU-Klausel-Richtlinie (oben N 49) als Inspirationsquelle hingewiesen. 67

---

214 Teile I und II der PECL (welche die AGB-Vorschriften enthalten) wurden 2000 von LANDO/BEALE in Buchform, The Hague u.a., herausgegeben; deutsche Übersetzung in ZEuP 2000, 675 ff. Abdruck der hier zitierten Artikel der PECL im Anhang des vorliegenden Buches. Eingehender, kommentarartiger Vergleich des Vertragsrechts der PECL mit dem schweizerischen Vertragsrecht bei ROUILLER, Droit suisse des obligations et Principes du droit européen des contrats, Lausanne 2007.

215 Für individuell ausgehandelte Vertragsklauseln gilt die Regelung über *«excessive benefit or unfair advantage»* (Art. 4:109 PECL).

216 Zum Verfahren und zu den Rechtsfolgen der *«avoidance»* s. Art. 4:112 ff. PECL.

217 Vgl. dazu die (verschiedene europäische Restatements integrierend analysierende) Kommentierung durch JANSEN, in: Jansen/Zimmermann (Eds.), Commentaries on European Contract Laws, Oxford 2018, Abschnitt: Unfair Contract Terms, Art. 6:201 ff. (S. 919 ff.).

§ 4 Kurzer geschichtlicher Rückblick auf die Entwicklung des schweizerischen AGB-Rechts; Würdigung des *status quo*

I. Die Judikatur des Bundesgerichts zur Ungewöhnlichkeitsregel: Verdeckte Inhaltskontrolle

68 Eine spezifische Kontrolle von AGB wurde in der Schweiz lange Zeit ohne einschlägige gesetzliche Anordnungen[218] mehr oder weniger allein durch die Gerichte praktiziert[219]. Zentral war die Judikatur des Bundesgerichts zur *«Ungewöhnlichkeitsregel»*[220].Nach dieser ursprünglich[221] ausschliesslich auf Gerichtsstandsklauseln[222] bezogenen, dann aber[223] verallgemeinerten Maxime sollten «ungewöhnliche», «geschäftsfremde», vor allem «freiheitsbeschränkende» AGB-Klauseln gegenüber unkundigen Kunden, speziell solchen, denen entsprechende Branchenerfahrung fehlt, nur dann durch ein «Globalakzept» als vereinbart (also vom Konsens erfasst) gelten, wenn der Kunde bei Vertragsschluss in besonderer Weise auf diese Klauseln aufmerksam gemacht worden ist. Dies könne durch einen individuellen Hinweis geschehen, aber auch durch entsprechende typographische Hervorhebung der ungewöhnlichen Klausel. Obwohl das Kriterium der «Ungewöhnlichkeit» an sich mit der inhaltlichen Unausgewogenheit der AGB-Klausel nicht identifiziert werden kann – es ist nun einmal nicht ungewöhnlich, dass AGB-Klauseln inhaltlich unausgewogen sind –, hat das Bundesgericht die Ungewöhnlichkeitsdoktrin in einigen, vor der Revision des Art. 8 UWG ergangenen Entscheidungen[224] dezidiert als Hilfskonstruktion für eine *verkappte (verdeckte) Inhaltskontrolle* eingesetzt, indem es als ungewöhnlich vor allem solche AGB-Klauseln bezeichnete, die eine

218 Hervorzuheben ist allerdings, dass im Hinblick auf die in der Praxis besonders wichtigen AGB-Haftungsfreizeichnungsklauseln immer schon die allgemeinen (auch für Individualverträge geltenden) Regeln der Art. 100 und 101 OR zu beachten waren.

219 Zur präventiven Verwaltungskontrolle von Versicherungsbedingungen nach VAG die Angaben oben Fn 67.

220 Ausführlich dazu unten N 193 ff. (PERRIG).

221 Vgl. BGE 57 I 9, 10 f.; 76 I 338, 350; 87 I 48, 51; 104 Ia 278, 280 f. Nach heutiger Rechtslage ist das Problem der Gerichtsstandsklausel weitgehend durch Art. 35 ZPO geregelt.

222 Zur Einbeziehung von Gerichtsstands- und Schiedsklauseln im Einzelnen unten N 216 ff.

223 Seit BGE 109 II 452 ff. (im Hinblick auf eine Regelung der SIA-Norm 118).

224 Siehe BGE 135 III 1, 7; III 225, 227 f.; 138 III 411, 412 f. Zu BGE 138 III 411 vgl. die überzeugende Anmerkung SCHMID/RÜEGG, ZBJV 150 (2014) 95 ff. Die Formulierung des BGer lautete jeweils: «Je stärker eine Klausel die Rechtsstellung des Vertragspartners beeinträchtigt, desto eher ist sie als ungewöhnlich zu qualifizieren».

markante Unausgewogenheit der Verteilung der Rechte und Pflichten der Vertragspartner begründeten[225]. Dass die Forderung nach einer verschärften AGB-Inhaltskontrolle mit dieser Strategie nur sehr unvollkommen erfüllt werden konnte, ergibt sich schon daraus, dass die Kontrolle durch eine entsprechend klare Gestaltung der «ungewöhnlichen» Klausel ohne Weiteres ausgehebelt werden konnte.[226] Nach der Einführung einer offenen AGB-Inhaltskontrolle durch die Revision des Art. 8 UWG (dazu sogleich N 71) sollte der Weg über die Ungewöhnlichkeitsregel als Vehikel einer verdeckten Inhaltskontrolle jedenfalls für Verbraucher-AGB-Verträge endgültig verlassen[227] und die Ungewöhnlichkeitsregel konsequent als – das Vertrauensprinzip konkretisierende – Maxime der Konsenskontrolle interpretiert werden.[228] Aber auch der in Art. 8 UWG nicht vorgesehene Schutz des unternehmerisch kontrahierenden Kunden vor missbräuchlichen AGB-Klauseln sollte in Hinkunft – sofern Art. 8 UWG nicht revidiert wird – nicht mehr über die denaturiert eingesetzte Ungewöhnlichkeitsregel, sondern offen über Art. 19/20 OR begründet werden.[229]

Zu weiteren Maximen der Bundesgerichtsrechtsprechung zur AGB-Konsenskon- 69
trolle und zu speziellen Interpretationsmaximen, wird unten[230] ausführlich Stellung genommen.

II. Keine offene Inhaltskontrolle durch das Bundesgericht; die lauterkeitsrechtliche Reaktion des Gesetzgebers

Eine verschärfte offene Inhaltskontrolle von AGB, wie sie im Anschluss vor 70
allem an das deutsche Recht und die Entwicklung im EU-Recht in der schweizerischen Literatur schon *de lege lata* mit unterschiedlicher Begründung schon

225 Zu dieser bundesgerichtlichen Strategie statt aller Th. KOLLER, AJP 2008, 943 ff.

226 Siehe schon BK-KRAMER, Art. 1 N 208.

227 So auch HEISS, in: Loacker/Heizmann, Art. 8 UWG N 30: «Der Bedarf, die Ungewöhnlichkeitsregel als Tarnung für eine angeblich nicht zulässige Inhaltskontrolle zu gebrauchen, ist mit der Neufassung des Art. 8 UWG in dessen Anwendungsbereich entfallen».

228 So auch BGer 4A_499/2018 vom 10.12.2018, E. 3.3.2: «Die Ungewöhnlichkeitsregel ist ein Instrument der Konsenskontrolle». Zu dieser Entscheidung die Anmerkung SCHMID/PESCHKE, ZBJV 155 (2019) 422 ff. Ebenso (Konsenskontrolle) zuletzt auch BGE 148 III 57 (60).

229 Zur Frage, welche Funktion der Ungewöhnlichkeitsregel nach der Revision des Art. 8 UWG (unten N 71) zukommen soll, vgl. auch BIERI, Mélanges Steinauer, 713 ff.; HEISS, in: Loacker/Heizmann, Art. 8 UWG N 30; unten N 836 ff. (PROBST), wo (entgegen dem hier Vertretenen) der Ungewöhnlichkeitsregel als Grundlage für den Schutz von KMU vor inhaltlich unausgewogenen AGB nun sogar eine erhöhte Bedeutung zugemessen wird.

230 Siehe §§ 7, 8 (PERRIG). Überblick bei KLETT/HURNI, recht 2012, 80 ff.

seit Langem und zunehmend drängender befürwortet worden ist,[231] hat das Bundesgericht – auch wenn es öfters in *obiter dicta* auf diese Stellungnahmen verwiesen hat[232] – mangels ausdrücklicher gesetzlicher Grundlage bis zuletzt abgelehnt. Eine erste Reaktion des Gesetzgebers erfolgte, abgesehen von den punktuellen miet- bzw. pachtrechtlichen Regelungen in Art. 256 Abs. 2 und Art. 288 Abs. 2 OR[233], anlässlich der *UWG-Revision 1986*. Nach dem damals eingeführten Unlauterkeitstatbestand des Art. 8 UWG (alt) handelte unlauter, «wer vorformulierte allgemeine Geschäftsbedingungen verwendet, die in irreführender Weise zum Nachteil einer Vertragspartei: a) von der unmittelbar oder sinngemäss anwendbaren gesetzlichen Ordnung erheblich abweichen oder b) eine der Vertragsnatur erheblich widersprechende Verteilung von Rechten und Pflichten vorsehen». Eine effektiv verschärfte Inhaltskontrolle von AGB-Klauseln war nach dieser Bestimmung aber wegen des im Zuge der parlamentarischen Beratungen im letzten Moment eingeschleusten Kriteriums der Einbeziehung der AGB «in irreführender Weise» nicht möglich, weil sie auf klar formulierte und unmissverständlich – also nicht «in irreführender Weise» – in den Vertrag einbezogene, aber inhaltlich zu Lasten des Kunden einseitige AGB gerade nicht angewendet werden konnte. Es konnte somit nicht verwundern, dass Art. 8 UWG (alt) praktisch leerlief[234]. Das Bundesgericht behalf sich daher weiterhin mit der Ungewöhnlichkeitsregel.[235]

---

231 Überblick über die verschiedenen, in der schweizerischen Lehre vorgetragenen Begründungsansätze für eine offene Inhaltskontrolle von AGB bei BAUDENBACHER, AGB, 269 ff.

232 Vgl. etwa BGE 109 II 116, 117. In BGE 123 III 292, 298, führte das BGer aus, dass das Vertragsrecht immer stärker durch den Gedanken einer inhaltlichen, «materialen» Vertragsgerechtigkeit geprägt werde, namentlich wenn es um die richterliche Inhaltskontrolle von AGB gehe. «Daran» könne «auch die Rechtsprechung nicht vorbeischauen». In BGE 135 III 1, 8 f., werden die eine offene Inhaltskontrolle befürwortende Literaturstellen sowie Gesetzgebungsprojekte ausführlich dokumentiert; schliesslich wird der Fall aber doch mit Hilfe der Ungewöhnlichkeitsregel gelöst.

233 Diese Artikel waren bis vor Kurzem die einzigen OR-Regelungen, in denen der Begriff «allgemeine Geschäftsbedingungen» verwendet sind. Neuerdings (2020) ist die verjährungsrechtliche Bestimmung des Art. 141 Abs. 1bis OR hinzugekommen. Spezifische Regelungen zu den Allgemeinen Versicherungsbedingungen finden sich im VVG (vgl. etwa Art. 35).

234 Kritisch etwa neben vielen anderen Stellungnahmen BAUDENBACHER, ZBJV 123 (1987) 526 f.; BK-KRAMER, Art. 19/20 N 281 ff.

235 Nachweis oben Fn 224. In der rechtsvergleichenden Darstellung der AGB-Kontrolle von RANIERI (449 ff.) wird die Judikatur des BGer unter dem Titel: «Die Sonderstellung der schweizerischen Judikatur» abgehandelt.

Nach einer Reihe vergeblicher Anläufe des Gesetzgebers[236] trat schliesslich am 1.7.2012 der *revidierte Art. 8 UWG* in Kraft[237], in dem auf das Kriterium des irreführenden Einbezugs der AGB verzichtet wurde. Die neue Generalklausel über die offene Inhaltskontrolle von AGB lautet: «Unlauter handelt insbesondere, wer allgemeine Geschäftsbedingungen verwendet, die in Treu und Glauben verletzender Weise zum Nachteil der Konsumentinnen und Konsumenten ein erhebliches und ungerechtfertigtes Missverhältnis zwischen den vertraglichen Rechten und Pflichten vorsehen». Rechtspolitisch fragwürdig ist – im Vergleich namentlich zur nachbarlichen deutschen, österreichischen und französischen Rechtslage[238] –, dass Art. 8 UWG neu (im Unterschied zur Fassung von 1986) lediglich einen Schutz von Verbrauchern und nicht von Unternehmern vorsieht[239] und überdies, was die Effizienz der Inhaltskontrolle wohl wesentlich beeinträchtigt,[240] auf einen Katalog konkreter Klauselverbote verzichtet[241]. Im Vergleich zur Vorgängerregelung von 1986 ist es zudem zu bedauern, dass die Massstabfunktion des dispositiven Rechts nicht mehr erwähnt wird[242]. Die verwirrende Häufung unbestimmter Wertungsbegriffe («Treu und Glauben 71

236 Detaillierte Dokumentation zu den einzelnen Reformvorstössen bei BRUNNER, AGB, 147 ff.

237 BG über die Änderung des UWG vom 17.6.2011 (AS 2011 S. 4909). Die Literatur zum neuen Art. 8 UWG ist seit dem Erscheinen der Erstauflage dieses Buchs immens angeschwollen und wird jeweils punktuell nachgewiesen. Angeführt seien hier lediglich die wichtigsten Kommentierungen: SHK-UWG-PROBST, Art. 8 UWG (passim); BSK UWG-THOUVENIN (passim); HEISS, in: Loacker/Heizmann, Art. 8 UWG (passim). Zusätzlich hingewiesen wird auf zwei sehr beachtliche, nach dem Inkrafttreten des revidierten Art. 8 UWG erschienene Dissertationen zur AGB-Inhaltskontrolle: WALKER, Kontrolle von Konsumenten-AGB unter besonderer Berücksichtigung der Inhaltskontrolle nach Art. 8 UWG, Zürich 2015; WIDMER, Missbräuchliche Geschäftsbedingungen nach Art. 8 UWG, Zürich 2014.

238 Siehe oben N 28, 34, 36, 45.

239 PROBST, Jusletter 6. Februar 2017, Rz 54, sieht darin eine eigentliche «Diskriminierung» von kleineren und mittleren Unternehmen (KMU); es sei fraglich (so PROBST in diesem Band, unten N 792), ob sich der Gesetzgeber der praktischen Konsequenzen der Beschränkung auf Verbraucherschutz «hinreichend bewusst» war. Kritisch auch STÖCKLI, offene Inhaltskontrolle, 184 ff.; DEDUAL, 270. Zur Begründung des Schutzes unternehmerischer Kunden durch eine (abgeschwächte) AGB-Inhaltskontrolle grundsätzlich oben N 8 ff.

240 Entsprechende Kritik an Art. 8 UWG (Fassung 1986) bereits bei KRAMER, SJZ 1985, 35 f.

241 Siehe nun aber das konkrete Klauselverbot in Art. 8a UWG. Dazu N 806 ff. (PROBST). Zur Indizwirkung des EU-Klauselverbotskatalogs (oben N 49), der von den schweizerischen Gerichten, wie zu hoffen ist, in Anspruch genommen wird, KRAMER, JBl 2012, 761; BSK UWG-THOUVENIN, Art. 8 N 76; VISCHER, AJP 2014, 973.

242 Das bedeutet aber nicht, dass das Referenzsystem des dispositiven Rechts bei Konkretisierung des Art. 8 UWG nun nicht mehr zu beachten sei. Richtig etwa COENDET, ZSR 133 (2014) I, 64. Vgl. auch unten N 759 (PROBST).

verletzende Weise», «erhebliches» und «ungerechtfertigtes Missverhältnis»)[243] mutet den Gerichten eine erhebliche Konkretisierungsaufgabe zu[244].

III. Gesamtwürdigung des schweizerischen Wegs einer AGB-Inhaltskontrolle über das Lauterkeitsrecht

72 Die seit 1986 bestehende und durch die Revision des Art. 8 UWG 2011 bestätigte Besonderheit des schweizerischen Rechts, die AGB-Inhaltskontrolle in das UWG einzordnen, erweckt ganz grundsätzlich einen zwiespältigen Eindruck. Trotz sachlicher, aus der Teleologie des UWG abgeleiteter Argumente, die für diese Einordnung geltend gemacht werden können,[245] läge es erheblich näher, die Kontrolle von AGB-Verträgen, die ja einen ganz zentralen Aspekt des allgemeinen Vertragsrechts anspricht, im vertragsrechtlichen Stammgesetz, dem OR, zu regeln.[246] Offenbar hatte man 1986, als Art. 8 in das UWG

243 Interpretation im Einzelnen unten N 748 ff. (PROBST). Didaktisch aufbereitetes Prüfungsschema für die Inhaltskontrolle nach Art. 8 UWG in KRAMER/PROBST, OR AT, N 246.

244 So etwa auch COENDET, ZSR 133 (2014) I, 49. Eine (keineswegs unkritische) Orientierung an der einschlägigen Judikatur des EuGH zur Klausel-Richtlinie erscheint angesichts von deren Modellcharakter für die Neufassung der Generalklausel des Art. 8 UWG naheliegend und empfehlenswert. Ebenso etwa GAUCH/SCHLUEP/SCHMID, OR AT I, N 1154e; GUILLOD/STEFFEN, in: Thévenoz/Werro (éd.), CR CO I, 3. Aufl. (Basel 2021), Art. 19/20 OR N 84; vgl. auch schon SCHNYDER, 69 ff.

245 Siehe schon STICHER, AGB, passim; zum Lauterkeitsrecht als Grundlage für einen Schutz gegen ungültige AGB neuerdings auch ATAMER, FS Koller, 46 ff. Eingehend und der lauterkeitsrechtlichen Einordnung der AGB-Inhaltskontrolle differenziert zustimmend HEISS, in: Heizmann/Loacker, Art. 8 UWG N 43 ff. Kritisch zur Einordnung in das UWG aus grundsätzlichen wettbewerbstheoretischen Erwägungen hingegen vor allem BSK UWG-THOUVENIN, Art. 8 N 24 f.; 72 ff.; JUNG, 149 ff.; 162 f. (zusammenfassend).

246 Zu Gesetzesentwürfen, in denen die AGB-Inhaltskontrolle in Art. 20a oder Art. 21a OR geregelt wurde, s. die Dokumentation bei BRUNNER, 170 ff. Der von HUGUENIN/HILTY herausgegebene, vom schweizerischen Gesetzgeber aber nicht aufgegriffene Entwurf zu einem OR 2020 (veröffentlicht 2013 unter dem Titel «OR 2020») enthält neben einer Sonderinterpretationsregel auch eine Generalklausel zur Inhaltskontrolle vorformulierter, nicht verhandelter Vertragsklauseln. Art. 32 dieses Entwurfs lautet: Abs. 1: «Vorformulierte, nicht verhandelte Vertragsklauseln, die unklar oder unverständlich sind, werden zulasten jener Partei ausgelegt, welche diese vorgeschlagen hat»; Art. 33 lautet: «Vertragsklauseln, welche in Treu und Glauben verstossender Weise ein erhebliches und ungerechtfertigtes Missverhältnis zwischen den vertraglichen Rechten und den vertraglichen Pflichten einer Partei begründen, sind ungültig». Nach Abs. 2 dieses Art. 33 (dem nicht gefolgt werden sollte) ist die Ungültigkeit innerhalb eines Jahres seit Vertragsabschluss geltend zu machen. Das türkische Obligationenrecht, dessen Allgemeiner Teil bekanntlich grundsätzlich dem schweizerischen OR folgt, enthält in seiner neuen Fassung (2012) Regelungen über die Kontrolle von AGB, wobei gemäss Art. 21

Einzug hielt, grundsätzliche politische Hemmungen, die AGB-Inhaltskontrolle – einen von wirtschaftsnahen Kreisen mit grossem Argwohn betrachteten, den «mündigen Bürger» angeblich bevormundenden Rechtsimport – zentral im OR zu platzieren; man verwies sie daher diskret ins UWG[247] und entwertete sie zusätzlich völlig durch das Tatbestandsmerkmal der «irreführenden Weise».[248] Die anlässlich der Revision des Art. 8 (2011) beibehaltene, aber durch den Wegfall des Kriteriums der «irreführenden Weise» in einem wesentlichen Punkt korrigierte Einordnung ins UWG hat – dies ist positiv zu bewerten – die Konsequenz, dass für die AGB-Kontrolle die spezifischen prozessrechtlichen Instrumente des Lauterkeitsrechts (Art. 9 ff.) zur Verfügung stehen, namentlich das Verbandsklagerecht von Konsumentenschutzorganisationen (Art. 10 Abs. 2 lit. b UWG)[249] und das Klagerecht des Bundes (Art. 10 Abs. 3 UWG)[250]. Auf der anderen Seite ist das Verhältnis zwischen Art. 8 UWG und der allgemeinen Regelung des OR über die Nichtigkeit wegen Rechts- oder Sittenwidrigkeit von Verträgen (Art. 19, 20 OR) weiterhin offen.[251] Auf das Problem des Verzichts des Gesetzgebers auf konkrete Klauselverbote und die Fragwürdigkeit der Beschränkung des Art. 8 UWG auf die Kontrolle von Verbraucherverträgen wurde bereits (N 71) hingewiesen.

Abs. 1 die Einbeziehungskontrolle im Vordergrund steht. Eine echte Inhaltskontrolle ist in Art. 21 Abs. 2 türkisches OR nur für AGB vorgesehen, die mit der Natur des Vertrags oder der Beschaffenheit des Geschäfts unvereinbar sind. Diese Regelung ist nicht wie Art. 8 UWG auf Verbraucherverträge beschränkt. Zur neuen Rechtslage BÜYÜKSAGIS, Le nouveau droit turc des obligations, Basel 2014, 31 ff.

247 Man kann durchaus von einer gewissen «plakativen Funktion» des systematischen Standorts einer Gesetzgebung sprechen. Materien des Privatrechts, die in Nebengesetze verwiesen werden, haben nicht denselben «appeal» wie Regelungen im Stammgesetz. MÜCKENBERGER (Kritische Justiz 1972, 262 ff.) sprach davon, dass diese Materien in den Nebengesetzen eine «Realität zweiter Klasse» fristeten.

248 Siehe oben N 70.

249 Dazu eingehend AESCHIMANN, 51 ff.

250 Zu diesem Klagerecht im Hinblick auf AGB SUTTER/LÖRTSCHER, Klagerecht, recht 2012, 93 ff. Zur UWG-Konkurrentenklage bei Benutzung von gemäss Art. 8 UWG ungültigen AGB ATAMER, FS Koller, 46 ff.

251 Zur Anwendbarkeit von Art. 20 OR bei Verstoss gegen Art. 8 UWG etwa GAUCH/SCHLUEP/SCHMID, OR AT I, N 1155 ff.; vgl. auch unten N 799. Monographisch zur Sanktionierung der Verwendung missbräuchlicher AGB die Zürcher Diss. von PFEIFFER; eingehend zur Problematik der «geltungserhaltenden Reduktion» von AGB DEDUAL, passim.

§ 5 Grundbegriffe des schweizerischen AGB-Rechts

73 Das schweizerische Recht der Allgemeinen Geschäftsbedingungen ist geprägt von wichtigen Grundbegriffen bzw. Begriffspaaren, die an dieser Stelle kurz zu erläutern sind. Es handelt sich einerseits um die Begriffe der *AGB* (unten N 74 ff.) und der *Individualabrede* (unten N 84 ff.) sowie anderseits um die *Vollübernahme* und die *Globalübernahme* (unten N 88 ff.). Von praktischem Interesse ist im vorliegenden Kontext insbesondere auch das Zusammenwirken dieser Begriffe im Rahmen der Konsenskontrolle (unten N 93 ff.). Im Weiteren sind die Begriffe des *Konsumenten* (unten N 97 ff.) und des *Unternehmers* zu klären (unten N 100 f.).

I. Allgemeine Geschäftsbedingungen oder Individualabrede?

1. Der Begriff der AGB

74 Im Unterschied etwa zum deutschen Recht[252] hat der schweizerische Gesetzgeber den Begriff der «Allgemeinen Geschäftsbedingungen» *nicht definiert*, sondern setzt ihn stillschweigend als bekannt voraus[253].

75 Unter AGB werden üblicherweise die von einer vertragsschliessenden Partei (AGB-Verwender) *einseitig* – für den künftigen Abschluss (einer Vielzahl[254]) von Verträgen – *vorformulierten Vertragsklauseln* verstanden[255], welche als grundsätzlich nicht verhandelbare Grundlage – daher «Bedingungen» im untechnischen Sinn – des Vertragsabschlusses mit der Gegenpartei (AGB-Übernehmer) dienen (sollen)[256]. Diese Umschreibung bedarf gewisser *Präzisierungen*:

---

[252] Vgl. § 305 Abs. 1 BGB (abgedruckt im Anhang). Dazu oben N 15.

[253] Vgl. immerhin den Versuch einer Definition in Art. 10a OR des gescheiterten *Entwurfs* zur Revision des Konsumenteninformationsgesetzes (abrufbar unter: <www. konsum.admin.ch>, Rubrik «Themen/Archiv/Revision des KIG»). Vgl. auch die Umschreibung in BGer 4A_47/2015, E. 5.1.

[254] Dazu unten N 82 ff.

[255] Vgl. Botschaft UWG, BBl 1983 II 1073. – Der vom Gesetzgeber im früheren Art. 8 UWG (1986) verwendete Ausdruck «vorformulierte allgemeine Geschäftsbedingungen» war pleonastisch und erweckte den (falschen) Eindruck, es gebe auch «nicht vorformulierte» AGB (vgl. auch KOLLER, OR AT, § 23 N 3; PICHONNAZ, FS Tercier, 382). Dieser Mangel ist im neuen Art. 8 UWG (2011) durch die Streichung des Wortes «vorformuliert» behoben worden.

[256] Vgl. etwa Botschaft UWG, BBl 1983 II 1051 («Allgemeine Geschäftsbedingungen (AGB) sind Vertragsklauseln, die vom Anbieter in vorformulierten Texten festgelegt

In *terminologischer* Hinsicht hat sich in Wissenschaft und Praxis der Begriff der «AGB» weitgehend durchgesetzt. In einzelnen Bereichen werden immerhin leicht abweichende Begriffe verwendet, ohne dass damit etwas anderes ausgesagt sein will. So ist etwa im Versicherungswesen meist von *«Allgemeinen Versicherungsbedingungen»* (AVB) und im Arbeitsrecht von *«Allgemeinen Arbeits-* oder *Anstellungsbedingungen»*[257] (AAB)[258] die Rede. 76

Obwohl Willenserklärungen grundsätzlich formfrei erfolgen können und der Gesetzgeber für AGB keine Schriftform vorschreibt[259], setzt das Erfordernis der *Vorformulierung* faktisch eine – wie auch immer geartete – *textliche Fixierung* des Inhalts der AGB voraus. *Mündliche* AGB sind daher grundsätzlich abzulehnen[260]. Die textliche Fixierung braucht freilich nicht auf einem traditionellen Textträger (wie Papier) zu erfolgen, sondern kann im digitalen Zeitalter auch mit *elektronischen Mitteln* geschehen und dem Betroffenen *digital* zur Verfügung gestellt werden (z.B. Datei auf CD oder USB-Speicher; PDF-Dokument oder Hyperlink in E-Mail oder SMS; Datei oder Hyperlink auf einer Website). Vorauszusetzen ist aber stets, dass die AGB für den Übernehmer einfach zu finden und gut lesbar sind[261]. 77

---

werden, um für eine Vielzahl individueller Geschäfte eine standardisierte Ordnung zu schaffen, welche die gegenseitigen Rechte und Pflichten der Partner im Voraus möglichst präzis festlegt.»); GAUCH/SCHLUEP/ SCHMID, OR AT, N 1117; SCHWENZER/FOUNTOULAKIS, OR AT, N 44.01; PEDRAZZINI/PEDRAZZINI, UWG, N 12.06.

257 Dazu gehören z.B. Firmenreglemente, welche firmenspezifische Aspekte des Arbeitsverhältnisses regeln.

258 Vgl. BK-REHBINDER/STÖCKLI, Einleitung N 9 (Ziff. 4), Art. 320 N 1; STÖCKLI, AAB, passim.

259 Vgl. Art. 1 Abs. 2 und Art. 11 Abs. 1 OR.

260 Einen Grenzfall würden wohl auf *Tonträger gesprochene* Geschäftsbedingungen darstellen. Soweit ersichtlich hat dieser Fall bisher aber keine praktische Bedeutung erlangt. Es kann jedoch nicht ausgeschlossen werden, dass in Zukunft *akustisch* konsultierbare AGB zur Anwendung gelangen könnten. In solchen Fällen wäre zur Beweissicherung sowie im Interesse der Rechtssicherheit zu verlangen, dass der Kunde die «akustischen AGB» ohne wesentlichen Aufwand als *Text* (elektronisch) *speichern* und in Besitz nehmen kann, um sie nötigenfalls auszudrucken. Die Parömie *«verba volant, scripta manent»* behält hier ihre Bedeutung. – Man mag u.U. noch einen Schritt weitergehen und z.B. den mündlichen Hinweis der Verkäuferin an den Käufer eines Herrenanzugs *«Kein Umtausch möglich»* als mündliche AGB qualifizieren wollen. In aller Regel wird diese Geschäftsbedingung allerdings – schon aus Beweisgründen – irgendwo *schriftlich* festgehalten sein, damit sie als vorformuliert gelten kann (z.B. auf dem Kassenbon oder der Quittung, als Aushang am Geschäftseingang oder im Internet). Im Ergebnis liegt daher regelmässig ein *mündlicher Hinweis* auf in *Textform* verfasste AGB vor.

261 Dazu unten N 143 ff., 164 f.

78 Unerheblich ist, ob der AGB-Verwender die AGB *selber* formuliert hat oder ob sie von einem *Dritten* formuliert worden sind (z.B. von einem Berufsverband, dem er angehört). Auch wer vorformulierte Vertragstexte aus einer *fremden* (öffentlichen oder privaten) Quelle für den eigenen Gebrauch übernimmt und als einseitige Vertragsbedingungen verwendet, gilt als AGB-Verwender. Vertragsbedingungen, die *paritätisch* zwischen Branchenverbänden (z.B. zwischen Hauseigentümer- und Mieterverband) ausgehandelt worden sind, stellen ebenfalls AGB dar, da sie nicht zwischen den *tatsächlichen Vertragsparteien* (z.B. Mieter und Vermieter) *ausgehandelt*, sondern im Geschäftsverkehr jeweils von einer Partei (z.B. vom Vermieter) als nicht verhandelbarer Vertragsinhalt *einseitig* der anderen Partei vorgegeben werden[262]. Ebenfalls AGB sind standardisierte *Vertragsformulare*, bei denen die Parteien typischerweise nur noch die Personalien und die vertragstypischen Leistungen (z.B. Kaufpreis und Kaufobjekt) im Formular einzutragen haben und der übrige Vertragsinhalt bereits einseitig vorformuliert ist.

79 Noch wenig geklärt ist die rechtliche Qualifikation von *«Vertragsmustern»* («Vertragsvorlagen», *«templates»*), wie sie im Rechtsverkehr v.a. von Anwälten und Notaren Verwendung finden. Beauftragt ein Klient einen Anwalt oder Notar, ihm einen Vertragstext *einseitig vorzuformulieren*, den er anschliessend seiner Gegenpartei zur Unterschrift vorlegt[263], spricht nichts dagegen, diesen vorformulierten Vertragstext grundsätzlich als AGB zu betrachten, unabhängig davon, ob bzw. in welchem Umfang der vorformulierte Text vom Anwalt aus Vertragsmustern kompiliert worden ist und wie oft der Text vom Klienten noch weitere Verwendung finden wird bzw. soll[264]. Entscheidend ist letztlich, ob der vom Klienten mit seinem Geschäftspartner vereinbarte Vertragstext als *ausgehandelt* zu betrachten ist oder nicht. So werden namentlich für die *vertragstypischen Leistungen* (z.B. Kaufpreis, Kaufgegenstand) meist Gespräche bzw. Verhandlungen stattfinden und insoweit im Ergebnis Individualabreden vorliegen[265].

80 Wo die Parteien für einen geplanten Vertragsabschluss dagegen *gemeinsam* einen Anwalt oder Notar beiziehen, fehlt es an der *Einseitigkeit*, da der Anwalt

---

262 Vgl. auch Koller, OR AT, § 23 N 1; Schwenzer/Fountoulakis, OR AT, N 44.01; Wetzel/Grimm/Mosimann, AGB Mietverträge, 3 ff.

263 In solchen Fällen handelt der Anwalt oder Notar als Hilfsperson bzw. Stellvertreter seines Auftraggebers, der den vorformulierten Vertragstext der Gegenpartei zur Unterschrift vorlegt.

264 A.M. BSK OR I-Zellweger-Gutknecht, Art. 1 N 49 f. (wonach es bei der Verwendung von Vertragsmustern an der Einseitigkeit fehle und offenbar auch SIA-Klauseln nicht als AGB gelten). – Zum (fragwürdigen) Erfordernis einer *Absicht* des Verfassers bzw. Verwenders, den vorformulierten Vertragstext für eine *Vielzahl* von weiteren Geschäften zu verwenden, unten N 82.

265 Dazu unten N 84 ff.

bzw. Notar gegenüber *beiden* Parteien aufklärungs- und treuepflichtig ist, weshalb für keine Vertragspartei die Gefahr besteht, von der andern vor vollendete Tatsachen in Form einseitig vorformulierter Vertragsbedingungen gestellt und insofern überrumpelt zu werden[266].

Keine AGB stellen sodann die normativen Bestimmungen von *Gesamtarbeitsverträgen* dar, welche von Gesetzes wegen als Inhalt des Einzelarbeitsvertrags gelten[267]. Auch allgemeinverbindlich erklärte *Rahmenmietverträge* sind keine AGB[268]. 81

Wenig diskutiert und meist implizit bejaht wird die Frage, ob für das Vorliegen von AGB die *Absicht* zur *mehrmaligen* Verwendung begriffsnotwendig ist[269]. Obwohl AGB in der Praxis meist für den Abschluss einer Mehrzahl von Verträgen vorformuliert werden[270], ist bereits beim *erstmaligen* oder gar *einmaligen* Abschluss eines Vertrags aufgrund einseitig vorformulierter Vertragsklauseln von einer Verwendung von AGB auszugehen[271], unabhängig von den subjektiven Absichten des AGB-Verwenders oder des AGB-Verfassers[272]. Für einen Übernehmer einseitig vorformulierter Vertragsklauseln ist es irrelevant, ob 82

---

266 Vgl. auch SCHMID, Gewährleistungsbeschränkungen, 57, 66. – A.M. VISCHER, SJZ 2012, 185 (wonach keine «Verwendung» von AGB vorliegen soll, wenn ein Notar allgemein vom Berufsstand verwendete Musterklauseln [z.B. Wegbedingung der Gewährleistung] verwende).

267 Art. 357 Abs. 1 OR; vgl. auch PEDRAZZINI/PEDRAZZINI, UWG, N 12.17; ZK-JÄGGI/GAUCH/HARTMANN, Art. 18 N 468.

268 Vgl. Art. 1, 4 ff. des Bundesgesetzes über Rahmenmietverträge und deren Allgemeinverbindlicherklärung vom 23. Juni 1995, SR 221.213.15.

269 Die wohl herrschende Meinung geht – meist ohne Begründung – von diesem Grundsatz aus. Vgl. Botschaft UWG, BBl 1983 II 1051; GAUCH/SCHLUEP/SCHMID, OR AT, N 1117 (mit dem Hinweis, dass im deutschen Recht unter «Vielzahl» mindestens drei Verträge gemeint seien); BSK OR I-ZELLWEGER-GUTKNECHT/BUCHER, Anhang Art. 1 N 47.

270 Dies entspricht ihrem Zweck, den Vertragsabschluss bei Massengeschäft zu rationalisieren.

271 Vgl. auch BAUDENBACHER, Kommentar UWG, Art. 8 N 39; SCHWENZER/FOUNTOULAKIS, OR AT, N 44.01.

272 Die Frage, ob die Absicht zur mehrfachen Verwendung bei demjenigen gegeben sein muss, der die AGB *formuliert* hat, oder bei demjenigen, der sie *erstmals verwendet* (auch wenn er u.U. nicht weiss, von wem sie vorformuliert worden sind), oder ob sie sogar bei beiden vorliegen muss, wird in der Literatur regelmässig nicht erörtert. Abgesehen davon können Vertragsklauseln, die (ohne Mehrverwendungsabsicht) für den *Einzelfall formuliert* worden sind, dennoch für eine *Mehrzahl* von Vertragsabschlüssen *verwendet* werden. In diesem Fall wäre es seltsam, wenn das Vorliegen von AGB verneint würde, bloss weil sie nicht mit Mehrverwendungsabsicht vorformuliert worden sind. Im Übrigen ist es auch möglich, dass von einem Dritten (für eine Mehrzahl von Vertragsabschlüssen) formulierte AGB vom Verwender nur *einmal verwendet* werden

bzw. wie viele weitere Verträge der Verwender später mit denselben (unveränderten?[273]) Vertragsklauseln noch abzuschliessen beabsichtigt bzw. tatsächlich abschliessen wird. Es erscheint deshalb inadäquat, eine Mindestzahl von drei (beabsichtigten oder tatsächlichen) Vertragsabschlüssen zu fordern, und dadurch den Übernehmern von einseitig vorformulierten Vertragsbestimmungen den AGB-Schutz mangels erwiesener Mehrverwendungsabsicht bzw. tatsächlicher Mehrverwendung zu verweigern. Welche legitimen Interessen mit einer solchen Einschränkung geschützt werden sollen, ist nicht ohne Weiteres ersichtlich. Da sich die *Absicht* zur mehrmaligen Verwendung vom AGB-Übernehmer kaum direkt beweisen lässt, müsste eine *Beweislastumkehr* zugunsten des AGB-Übernehmers – im Sinne einer *widerlegbaren Vermutung* der Absicht zum mehrmaligen Gebrauch des AGB-Verwenders oder AGB-Verfassers – eingeführt werden, um zu vermeiden, dass das Erfordernis der Absicht zur mehrmaligen Verwendung den Schutz des AGB-Übernehmers vor missbräuchlichen AGB unnötig einschränkt. Angesichts dieser Schwierigkeiten mit der Anwendung des Kriteriums der Mehrfachverwendung von vorformulierten Vertragsbestimmungen (bzw. der Absicht dazu) sollte dieses Erfordernis *aufgegeben* werden. Massgeblich kann letztlich nur sein, ob eine einseitig vorformulierte Vertragsbestimmung im Ergebnis von den Parteien als *ausgehandelt* zu betrachten ist oder nicht. Falls ja, liegt eine Einzelabrede[274] vor; falls nicht, handelt es sich um eine AGB[275].

83 Ob vorformulierte Geschäftsbedingungen auf Vertragsabschlüsse mit *Konsumenten* oder *Kaufleuten* (Unternehmer) abzielen, ist für das Vorliegen von AGB *nicht begriffsrelevant*[276]. Hingegen ist zu beachten, dass der neue Art. 8 UWG – im Unterschied zum alten Art. 8 UWG[277] – nur noch *«Konsumenten»* als AGB-Übernehmer schützt (unten N 792 ff.).

(z.B. weil er nachher in Konkurs fällt oder stirbt). Das Kriterium der Mehrfachverwendung bzw. Mehrfachverwendungsabsicht einseitig vorformulierter Vertragsbestimmungen wirft letztlich mehr Fragen auf, als es praktischen Nutzen bringt, und sollte fallen gelassen werden. Vgl. in diesem Zusammenhang BGer 4A_47/2015, E. 5.1, wo das Bundesgericht lediglich von *«im Hinblick auf typische Verträge»* standardmässig vorformulierten Vertragsbedingungen spricht (Hervorhebung hinzugefügt).

273 Konsequenterweise müsste auch bei jeder Änderung oder *Hinzufügung* einer AGB-Klausel abgeklärt werden, ob ihre mehrfache Wiederverwendung beabsichtigt bzw. erfolgt ist.

274 Dazu unten N 84 ff.

275 Vgl. auch SCHWENZER/FOUNTOULAKIS, OR AT, N 44.01; BSK UWG-THOUVENIN, Art. 1 N 1.

276 Zur Unterscheidung unten N 97 ff. Vgl. auch BAUDENBACHER, Kommentar UWG, Art. 8 N 8 f.

277 Dies stellt einen bedauerlichen Rückschritt dar, über dessen negativen Folgen (z.B. für KMU) der Gesetzgeber sich kaum Rechenschaft gegeben haben dürfte. Bezeichnenderweise kam es in der Folge zu einer parlamentarischen Initiative, die eine Korrektur dieses

2. Der Begriff der Individualabrede

Als einseitig vorformulierte Vertragsklauseln stehen AGB im Gegensatz zu *Individualabreden* (auch «Einzelabreden»), d.h. zu Vertragsbestimmungen, welche die Parteien *inhaltlich* einzeln *ausgehandelt* haben[278]. Wann gelten einseitig vorformulierte Vertragsklauseln einer Partei als «ausgehandelt» und damit nicht mehr als AGB, sondern als Einzelabrede? 84

Dies ist zunächst dann der Fall, wenn – wegen (ausdrücklich oder konkludent) geäusserter Vorbehalte der Gegenpartei – die AGB des Verwenders von den Parteien diskutiert und aufgrund dieser Diskussion inhaltlich *verändert* worden sind[279], sei es, dass *Zusätze* oder *Ergänzungen* zu einer Bestimmung hinzugefügt oder einzelne Teile einer Vertragsklausel *inhaltlich korrigiert* oder *angepasst* worden sind. Bloss *formelle* Anpassungen (z.B. Beheben von Orthographiefehlern, Einfügen von Absatznummern und Ähnliches) lassen dagegen AGB nicht zu Individualabreden werden. 85

Sodann kann es sein, dass eine einseitig vorformulierte Vertragsklausel als «ausgehandelt» zu gelten hat, obwohl sie *inhaltlich unverändert* geblieben ist. Dies trifft zu, wenn eine vorformulierte Vertragsklausel von den Parteien zwar *inhaltlich diskutiert*, aber als Ergebnis der Gespräche zwischen den Parteien *tel quel* beibehalten wird, weil der AGB-Übernehmer (z.B. infolge von Zugeständnissen des AGB-Verwenders beim Preis oder bei anderen Klauseln) sich mit der Vertragsklausel abfinden konnte. Mit anderen Worten: Die unveränderte Übernahme einer einseitig vorformulierten Vertragsklausel kann das *Ergebnis* von *Verhandlungen* sein[280]. In diesem Zusammenhang kann sich die Frage stellen, ob bereits die Tatsache, dass der potentielle AGB-Übernehmer Vorbehalte gegen die AGB geäussert hat, und der AGB-Verwender es *ablehnt*, darauf *einzutreten*, als Akt des «Verhandelns» zu betrachten ist. Dies ist zu *verneinen*. Der AGB-Verwender muss zumindest die tatsächliche *Bereitschaft* manifestiert haben, über den *Inhalt* 86

«*faux pas*» anstrebte. Die Initiative fiel aber aus den Traktanden, da innert Frist kein Gesetzesentwurf zustande kam.

278 Vgl. auch Art. 3 Abs. 2 der RL 93/13/EWG («Eine Vertragsklausel ist immer dann als nicht im einzelnen ausgehandelt zu betrachten, wenn sie im voraus abgefasst wurde und der Verbraucher deshalb, insbesondere im Rahmen eines vorformulierten Standardvertrags, keinen Einfluss auf ihren Inhalt nehmen konnte.»); GAUCH/SCHLUEP/SCHMID, OR AT, N 1117; SCHWENZER/FOUNTOULAKIS, OR AT, N 44.01. – Zum Vorrang der Individualabrede unten N 287 ff.

279 BGer 4P.135/2002, E. 3.1; Botschaft UWG, BBl 1983 II 1073; BAUDENBACHER, Kommentar UWG, Art. 8 N 41; GAUCH/SCHLUEP/SCHMID, OR AT, N 1118.

280 Vgl. auch BSK UWG-THOUVENIN, Art. 1 N 3.

seiner AGB ernsthaft zu *diskutieren* und es müssen entsprechende *Gespräche* effektiv *stattgefunden* haben[281].

87 Grundsätzlich nicht relevant ist das *prozentuale Verhältnis* der Anzahl verhandelter bzw. geänderter Klauseln zur Anzahl nicht verhandelter bzw. unverändert gebliebener Klauseln. Wenn z.B. von zehn einseitig formulierten Vertragsklauseln deren sechs von den Parteien diskutiert und verändert worden sind, bedeutet dies nicht automatisch, dass im Sinn der Präponderanz die unverändert gebliebenen Klauseln ebenfalls nicht mehr als AGB zu betrachten sind. Massgeblich ist vielmehr, ob die vier unverändert gebliebenen Klauseln ebenfalls *Gegenstand* von *Verhandlungen* bildeten und vom AGB-Übernehmer unter Abwägung des *Gesamtergebnisses* der Verhandlungen schlussendlich mit unverändertem Inhalt akzeptiert worden sind. Dieser Aspekt ist deshalb von Bedeutung, weil es zu vermeiden gilt, dass AGB-Verwender durch die *verhandelte Abänderung* einer wenig relevanten *Einzelklausel* in den AGB, alle unveränderten AGB ebenfalls als (mit-)verhandelt und damit als Individualabreden durchsetzen können. Dies würde es ihnen nämlich erlauben, die gesetzliche AGB-Kontrolle mit *verhandlungstaktischen* Mitteln weitgehend zu unterlaufen. Es ist daher von der *Vermutung* der *Nichtverhandlung* von AGB auszugehen, wie dies dem Zweck von AGB als einseitig vorgegebenen Vertragsbedingungen entspricht. Damit obliegt es dem *AGB-Verwender* zu *beweisen*, dass unveränderte AGB Gegenstand von Verhandlungen bildeten und als Resultat dieser Verhandlungen vom AGB-Übernehmer unverändert als Einzelabreden akzeptiert worden sind.

II. Vollübernahme oder Globalübernahme von AGB?

88 AGB gelten zwischen den Vertragsparteien nur, wenn sie vom Vertragspartner des AGB-Verwenders (ausdrücklich oder konkludent[282]) «übernommen», d.h.

---

281 Vgl. auch GAUCH/SCHLUEP/SCHMID, OR AT, N 1118.

282 In der Lehre wird eine konkludente («stillschweigende») Übernahme von AGB vorwiegend für Unternehmen (Kaufleute) im Falle einer vorbestehenden Geschäftsbeziehung angenommen, bei Konsumenten dagegen meist abgelehnt (vgl. BK-KRAMER, Art. 1 N 195 ff.; BAUDENBACHER, Kommentar UWG, Art. 8 N 11; SCHWENZER/FOUNTOULAKIS, OR AT, N 45.05; KOLLER, OR AT, § 23 N 17; FURRER, Stolpersteine, 75). – Dem ist im Grundsatz zuzustimmen. Allerdings darf nicht übersehen werden, dass Kleinunternehmen sich oft in einer ähnlich schwachen Lage gegenüber dem AGB-Verwender befinden wie Konsumenten, weshalb auch bei ersteren eine stillschweigende Übernahme nur mit Zurückhaltung angenommen werden sollte. Dies drängt sich heute umso mehr auf, als die lauterkeitsrechtliche Bestimmung von Art. 8 UWG (2011) auf Konsumenten-AGB beschränkt ist. Konsequenterweise wird der Richter im Rahmen der obligationenrechtlichen AGB-Kontrolle dafür besorgt sein müssen, dass *schwache Nicht-Konsumenten* den einseitigen AGB der stärkeren Gegenpartei nicht weitgehend

von den Parteien *vereinbart* und damit durch Konsens zum *Vertragsbestandteil* erhoben worden sind[283]. Diese Voraussetzung ist ohne Frage erfüllt, wenn die Gegenpartei die AGB *tatsächlich gelesen, verstanden* und – mündlich oder unterschriftlich – *akzeptiert* hat. Es liegt dann eine *Vollübernahme* der AGB vor.

Aus dem *Vertrauensprinzip* ergibt sich, dass auch *ungelesene* AGB, die auf dem Vertragsdokument selber (oft auf dessen Rückseite) *abgedruckt* oder diesem *beigelegt* sind, oder auf die im unterzeichneten Vertragsdokument ausdrücklich *verwiesen* wird, so dass sie mit zumutbarem Aufwand konsultiert werden können, als *normativ* vereinbart gelten. In diesem Fall liegt eine *Globalübernahme* der AGB vor. 89

Mit dem Begriff der «Globalübernahme» wird zum Ausdruck gebracht, dass eine Partei durch eine (ausdrückliche oder konkludente) *allgemeine Erklärung* (z.B. Unterschrift unter Formularvertrag), die AGB des AGB-Verwenders (tatsächlich oder normativ) akzeptiert, *ohne* diese Vertragsklauseln *gelesen* und damit – *a fortiori* – auch ohne sie mit dem AGB-Verwender diskutiert oder gar einzeln ausgehandelt zu haben[284] Die genauen Konturen der Globalübernahme sind allerdings nicht so klar. Wer die AGB *ungelesen* (tatsächlich oder normativ) akzeptiert, übernimmt diese ohne Zweifel global. Auf diesen typischen Fall bezieht sich regelmässig die Rechtsprechung[285]. Wie verhält es sich aber, wenn eine Partei die AGB zwar liest, aber sie *nicht versteht*? Konsequenterweise gelten in diesem Fall die AGB ebenfalls als global übernommen[286], da *«Nichtlesen»* und *«Nichtverstehen trotz Lesens»* im Ergebnis gleichermassen *inhaltliche Unkenntnis* bedeuten und daher nicht als Vollübernahme betrachtet werden können[287]. 90

---

schutzlos ausgeliefert sind. Abzustellen ist dabei stets auf die konkreten Umstände des Einzelfalls. Vgl. auch SCHWENZER/FOUNTOULAKIS, OR AT, N 44.03; GIRSBERGER, FS Gauch, 419 ff.

283 BGE 118 II 295, 296; GAUCH/SCHLUEP/SCHMID, OR AT, N 1128 ff.; SCHWENZER/FOUNTOULAKIS, OR AT, N 45.01; KOLLER, OR AT, § 23 N 13 sowie unten N 111 ff. – Zum Einbezug von AGB in Verträge, welche dem UN-Kaufrecht unterstehen, vgl. T. KOLLER, FS Honsell, 236 ff. sowie oben N 59 ff. – Zu einer analogen Problemlage im Sport, vgl. BGE 133 III 235.

284 Vgl. Art. 3 Abs. 1 RL 93/13/EWG. In letzterem Fall würde eine Individualabrede vorliegen (oben N 84).

285 Vgl. BGE 119 II 443, 445; 108 II 416, 418 (*«Peu importe… qu'il ait réellement lu le texte qu'il a signé»*); BGer 4A_213/2014, E. 2.3.2; BGer 5C.74/2002, E. 2c.

286 Vgl. HUGUENIN, OR, N 618 («…nicht im Einzelnen zur Kenntnis genommen, verstanden oder bedacht…»); GAUCH/SCHLUEP/SCHMID, OR AT, N 1128c («…nicht überlegt oder in ihrer Tragweite nicht versteht»); vgl. auch HIGI, FS Ott, 503, 517.

287 A.M. wohl PICHONNAZ, FS Tercier, 390 f., wo das blosse Lesen von AGB als Vollübernahme betrachtet wird.

Folgt man dieser vorherrschenden Betrachtungsweise[288], so wird in der Praxis eine Vollübernahme – jedenfalls bei Konsumenten – eher selten vorliegen, da (auch gelesene) AGB inhaltlich oft schwer verständlich sind und selbst Rechtskundige zeitweise Mühe bekunden, den Sinngehalt von AGB zu erfassen[289]. Vor diesem Hintergrund wird man von einer Vollübernahme vor allem bei Konsumenten und KMU praktisch nur dann sprechen können, wenn der AGB-Verwender seine AGB der Gegenpartei *nachweislich erläutert* hat[290] und sich damit nach Treu und Glauben die *Annahme rechtfertigt*, dass die Gegenpartei die AGB inhaltlich hinreichend erfasst hat. *Beweismässig* kann dabei dem AGB-Übernehmer nicht zugemutet werden, den (negativen) Beweis des Nichterklärens bzw. Nichtverstehens der AGB zu führen, sondern man wird vom AGB-Verwender den (positiven) Beweis verlangen können und müssen, dass die Erklärung der AGB durch ihn erfolgt ist und er hierfür die Beweislast trägt[291]. Im Ergebnis bedeutet dies, dass eine AGB-Vollübernahme – vor allem bei Konsumenten – in der Praxis die Ausnahme darstellt[292].

91 Das Vertrauensprinzip bildet nicht nur die dogmatische Grundlage für den normativen Konsens über AGB, sondern setzt diesem Konsens gleichzeitig auch gewisse *Grenzen*. Diese Grenzen greifen dort ein, wo aufgrund der konkreten

288 So auch BGE 109 II 213, 216 («nicht gelesen oder nicht begriffen»); 109 II 452, 456 («nicht gelesen oder in ihrer Tragweite nicht begriffen»); auch BGer 4A_187/2007, E. 5.4.1.

289 Vgl. das treffliche Beispiel bei HIGI, FS Ott, 525 betreffend die Klausel: «Jede Mitteilung des Kunden gilt als solche des Kunden». Da rätselt wohl manch ein Leser über den Sinn dieser AGB.

290 Vgl. BGE 135 III 1, 9; BGer 4A_84/2009, E. 2.1; BGer 4A_291/2009, E. 2.1.

291 Vgl. auch BGE 135 III 1, 9; KOLLER, OR AT, § 23 N 43; ZR 2005, 167 f.

292 In diesem Zusammenhang sei auf BGer 4A_247/2013 E. 2.1.2 und 2.4 hingewiesen, wo das Bundesgericht zunächst festhält, eine Gerichtsstandsklausel stelle in der Regel eine *geschäftsfremde* und damit *ungewöhnliche* Vertragsklausel dar, weshalb erforderlich sei, dass der Verzichtende sie *tatsächlich gelesen und verstanden habe* (= *Vollübernahme*). Gleichzeitig wird aber die tatsächliche Kenntnisnahme *fingiert*, falls die AGB der Vertragsofferte beigelegt werden, da jedenfalls von einer geschäftserfahrenen und rechtskundigen Person erwartet werden dürfe, dass sie die Klausel verstehe und ablehne, falls sie damit nicht einverstanden sein sollte. Dazu seien keine besonderen geschäftlichen oder juristischen Kenntnisse erforderlich, sondern es genüge die «Erfahrung eines durchschnittlich gebildeten Vertragspartners» (E. 2). – Mit anderen Worten: Liegen die klar formulierten AGB der Vertragsofferte bei, so ist bei durchschnittlicher Bildung des Vertragspartners (= Primarschulbildung?) von einer Globalübernahme (oder eher fingierten Vollübernahme?) auszugehen, sofern der Adressat der AGB diese nicht ablehnt. Damit wird ihm die Berufung auf die Ungewöhnlichkeitsregel verwehrt. – Nota: Auf den seltsamen Umstand, dass eine ungewöhnliche Klausel als mittels Globalübernahme gültig akzepiert betrachtet wird, sei an dieser Stelle nicht näher eingegangen.

Umstände nach *Treu und Glauben nicht angenommen* werden kann, die pauschale Übernahme ungelesener oder gelesener aber unverstandener AGB erfasse auch jene vorformulierten Vertragsklauseln, mit denen die Gegenpartei vernünftigerweise *nicht rechnen* musste, also Klauseln, die sie bei tatsächlicher *Kenntnisnahme nicht*, oder jedenfalls *nicht unverändert, akzeptiert* hätte[293].

Zu beachten ist überdies, dass AGB nur dann als tatsächlich oder – kraft des Vertrauensprinzips – als normativ global akzeptiert gelten können, wenn der AGB-Übernehmer zuvor die *Möglichkeit* gehabt hat, *in zumutbarer Weise* von den AGB *Kenntnis* zu nehmen[294]. Diese zumutbare Möglichkeit zur Kenntnisnahme muss insbesondere auch beim *elektronischen* Vertragsabschluss gewährleistet sein[295]. 92

293 Vgl. dazu die Ausführungen zur Ungewöhnlichkeitsregel, unten N 193 ff.

294 BGE 77 II 154, 156; 100 II 200, 209 f.; GAUCH/SCHLUEP/SCHMID, OR AT, N 1134 ff.; SCHWENZER/FOUNTOULAKIS, OR AT, N 45.02 f.; eingehend dazu: PERRIG, Zugänglichkeitsregel, insb. 29 ff. Ferner unten N 117 ff., insb. 143 ff. – In der Literatur wird z.T. die Rechtsgrundlage für das Erfordernis der Zumutbarkeit in einer richterlichen Eigenwertung gesehen, die sich nicht aus dem Gesetz ergebe und den Richtern dazu diene, unbillige Ergebnisse zu vermeiden (HIGI, FS Ott, 508). Dies trifft nicht zu. Rechtsgeschäftliche Erklärungen – wozu auch der Hinweis auf allfällige AGB gehört, die durch Konsens zum Vertragsinhalt erhoben werden sollen – müssen nach der *Empfangstheorie* (vgl. Art. 3 Abs. 2 OR) der Gegenpartei zugehen, d.h. alle Informationen, aus denen sich der Erklärungsinhalt in bestimmter (oder zumindest bestimmbarer) Weise ergibt, müssen in den Einflussbereich des Adressaten gelangen. Dies bedeutet, dass dort, wo eine Offerte, welche die Informationen über ihren massgeblichen Inhalt nicht selber enthält, sondern auf *andere Informationsquellen verweist*, die ausserhalb des Einflussbereichs des Adressaten liegen, diese Informationen zumindest leicht zugänglich sein müssen, um dem Zugangserfordernis der Empfangstheorie noch (knapp!) zu genügen. Diesen allgemeinen rechtsgeschäftlichen Anforderungen hat auch die Vereinbarung/Übernahme von AGB zu genügen. Das Erfordernis der Zumutbarkeit der Kenntnisnahme von AGB stellt somit kein richterliches Zusatzerfordernis aus Billigkeitsgründen dar, sondern vielmehr eine (fragwürdige) Abschwächung der Empfangstheorie für AGB, welche eine strengere (und wohl auch zukunftsweisendere) Rechtsprechung kaum vorgenommen hätte. Vgl. auch die Sonderbestimmungen in Art. 3 VVG und Art. 4 PauRG. – Zur Kenntnisnahme der AGB beim Beförderungsvertrag, siehe FURRER, Beförderungsbedingungen, 139 ff.

295 Art. 10 Abs. 3 der EG-RL 2000/31 vom 8. Juni 2000 über den elektronischen Geschäftsverkehr hält fest: «Die Vertragsbestimmungen und die allgemeinen Geschäftsbedingungen müssen dem Nutzer so zur Verfügung gestellt werden, dass er sie speichern und reproduzieren kann». Vgl. Urteil des deutschen Bundesgerichtshofes vom 14. Juni 2006 (I ZR 75/03), Rz 16; dazu Bemerkungen von ARTER/JÖRG, AJP 2007, 128 ff.; HUNGER, AGB, SZW 2002, 161 ff.; SCHWAB, elektronische Verträge, 80 ff. – Siehe auch: GAUCH/SCHLUEP/SCHMID, OR AT, N 1135c; SCHWENZER/FOUNTOULAKIS, OR AT, N 45.06a; PERRIG, Zugänglichkeitsregel, 323 ff. – Zur Einbeziehung von AGB im elektronischen Geschäftsverkehr unten N 178 ff.

III. Das Zusammenspiel von AGB, Individualabrede, Vollübernahme und Globalübernahme im Rahmen der Konsenskontrolle

93 Das Neben- und Miteinander der Begriffe «AGB», «Individualabrede», «Globalübernahme» und «Vollübernahme» mag auf ersten Blick etwas verwirrend sein und kann zu Abgrenzungsfragen und Missverständnissen führen. Es ist daher nützlich, sich den *Gesamtzusammenhang* im Rahmen der Konsenskontrolle nach folgendem (chrono-)logischen *Prüfungsraster* zu vergegenwärtigen:

94 – Im konkreten Einzelfall ist in einem *ersten Schritt* zu prüfen, ob für den Vertragsabschluss *AGB* vorliegen, d.h. ob eine Partei (gegenüber der andern Partei) ihre Absicht (ausdrücklich oder konkludent) geäussert hat, einen Vertrag (nur) auf der Grundlage ihrer *einseitig vorformulierten Vertragsklauseln* abschliessen zu wollen. Ist diese Frage zu verneinen, liegt kein AGB-Sachverhalt beim Vertragsabschluss vor.

95 – Wird die Frage dagegen bejaht, ist in einem *zweiten Schritt* zu prüfen, ob die AGB – sei es als Ganzes oder in Teilen – aufgrund von (ausdrücklich oder konkludent) geäusserten *Vorbehalten* der Gegenpartei zum Gegenstand von *Verhandlungen* geworden sind[296]. Trifft dies zu, so liegt bezüglich der *verhandelten* AGB eine *Individualabrede* vor. Dies ist nicht nur dann der Fall, wenn die AGB inhaltlich *ergänzt, abgeändert* oder *aufgehoben* werden, sondern kann nach Massgabe der konkreten Umstände auch gegeben sein, wenn die Gegenpartei *aufgrund* der Verhandlungen die verhandelten AGB schliesslich doch *unverändert* akzeptiert[297].

96 – Haben die AGB mangels geäusserter Vorbehalte der Gegenpartei *nicht Verhandlungsgegenstand* der Parteien gebildet, ist in einem *dritten Schritt* zu prüfen, ob eine Globalübernahme oder Vollübernahme der AGB vorliegt. Von einer *Vollübernahme* ist auszugehen, wenn der AGB-Verwender im Lichte der konkreten Umstände annehmen durfte und musste, der AGB-Übernehmer habe die AGB *tatsächlich gelesen* und aufgrund seiner Kenntnisse und Geschäftserfahrung *inhaltlich verstanden* oder wenn der AGB-Verwender den Nachweis erbringt, dass er dem AGB-Übernehmer die fraglichen AGB *inhaltlich hinreichend erläutert* hat[298]. Trifft dies nicht zu,

---

[296] Hier kann sich die Frage stellen, ob bereits die Tatsache, dass der potentielle AGB-Übernehmer *Vorbehalte* gegenüber den AGB geäussert hat, und der AGB-Verwender es *ablehnt*, darauf einzutreten, als Akt der «Verhandlung» zu betrachten ist. Dies ist zu *verneinen*. Der AGB-Verwender muss zumindest die *tatsächliche Bereitschaft* manifestiert haben, über den *Inhalt* seiner AGB zu *diskutieren*, und es müssen entsprechende *Gespräche stattgefunden* haben.

[297] Vgl. oben N 86.

[298] Vgl. oben N 90.

liegt eine *Globalübernahme*[299] vor, was insbesondere zur Anwendung der *Ungewöhnlichkeitsregel*[300] führt.

IV. Die Begriffe des Konsumenten und des Unternehmers

1. Allgemeines

AGB gehören sowohl bei *Handelsgeschäften* – also im kaufmännischen Verkehr zwischen Unternehmern – als auch bei *Konsumgeschäften* – d.h. im Verkehr zwischen einem gewerblichen Anbieter (Unternehmer) und einem Konsumenten – zum geschäftlichen Alltag. Konsequenterweise stellen AGB ein *allgemeines* Problem dar, das sich weder spezifisch dem Handelsrecht noch dem Konsumentenschutzrecht zuordnen lässt. Dies bedeutet freilich nicht, dass der Unterscheidung zwischen Konsumenten und Unternehmer im schweizerischen AGB-Recht keine Bedeutung zukäme. Zwar findet sich – anders als z.B. im deutschen[301] oder italienischen[302] Recht – weder im OR[303] noch im UWG eine *allgemeine Definition* dieser Begriffe, aber die *Unterscheidung* zwischen Konsumenten und Unternehmer ist dennoch *praktisch relevant*. So spielt im Rahmen der obligationenrechtlichen AGB-Kontrolle die *Geschäftserfahrung* des AGB-Übernehmers, welche bei einem Unternehmer regelmässig bejaht 97

299 Vgl. oben N 90.

300 Dazu unten N 193 ff.

301 Vgl. § 13 BGB («Verbraucher ist jede natürliche Person, die ein Rechtsgeschäft zu einem Zwecke abschliesst, der weder ihrer gewerblichen noch ihrer selbständigen beruflichen Tätigkeit zugerechnet werden kann.»), § 14 Abs. 1 BGB («Unternehmer ist eine natürliche oder juristische Person oder eine rechtsfähige Personengesellschaft, die bei Abschluss eines Rechtsgeschäfts in Ausübung ihrer gewerblichen oder selbständigen beruflichen Tätigkeit handelt.»)

302 Vgl. Art. 3 Abs. 1 Codice del consumo 2005 (*«Ai fini del presente codice si intende per: a) consumatore o utente: la persona fisica che agisce per scopi estranei all'attività imprenditoriale o professionale eventualmente svolta; [...] c) professionista: la persona fisica o giuridica che agisce nell'esercizio della propia attività imprenditoriale o professionale, ovvero un suo intermediario;»*).

303 Vgl. immerhin die Umschreibungen in Art. 40a OR (Haustürgeschäfte) sowie – ausserhalb des formellen OR – Art. 3 KKG (Konsumkredite) und Art. 2 Abs. 3 PauRG (Pauschalreisen). Diese sind alle vom Unionsrecht beeinflusst worden, da der schweizerische Gesetzgeber traditionellerweise dem bewährten Grundsatz *«omnis definitio periculosa est»* folgt (vgl. auch PROBST, Gesetzgebungsstil, 251). – Vgl. auch Art. 32 Abs. 2 ZPO, Art. 120 IPRG, Art. 15 LugÜ.

wird, u.a. bei der *konkludenten Übernahme* von AGB[304] und bei der *Ungewöhnlichkeit* global übernommener AGB[305] eine Rolle. Noch wichtiger ist die Unterscheidung für den Geltungsbereich des Art. 8 UWG (2011), da der Gesetzgeber die offene Inhaltskontrolle ausdrücklich auf *Konsumenten* beschränkt und damit Unternehmer von deren Schutz ausgeschlossen hat. Nach bewährter helvetischer Tradition hat der Gesetzgeber beide Begriffe nicht definiert[306].

2. Der Begriff des Konsumenten

98 Als junges Rechtsgebiet, das noch über kein solides, dogmatisches Fundament verfügt, hat sich das Konsumentenschutzrecht unter dem Einfluss des (noch ungenügend reflektierten) Axioms, wonach *per se* schutzbedürftig ist, wer für den persönlichen Verbrauch oder Gebrauch Waren oder Dienstleistungen erwirbt, vorwiegend pragmatisch entwickelt. Dies hat dazu beigetragen, dass sich bis anhin *keine einheitliche Definition* des Konsumentenbegriffs herausgebildet hat. Unter dem Einfluss des *Unionsrechts*, wo die einschlägigen Rechtsakte für ihren eigenen Geltungsbereich den Begriff des Konsumenten jeweils *individuell* umschreiben[307], hat auch der schweizerische Gesetzgeber den Ansatz

---

[304] Dazu unten N 117 ff.

[305] Dazu unten N 196 f.

[306] Dazu sogleich unten N 98 ff.

[307] Folgende *Beispiele* aus dem *Unionsrecht* seien angeführt: Art. 2 RL 1985/577/EWG vom 20. Dezember 1985 betreffend den Verbraucherschutz im Falle von ausserhalb von Geschäftsräumen geschlossenen Verträgen (ABl. L 372 vom 31.12.1985, 31 ff.); Art. 2 Abs. 4 RL 1990/314/EWG des Rates vom 13. Juni 1990 über Pauschalreisen (ABl. L 158 vom 23.6.1990, 59 ff.); Art. 2 lit. b RL 93/13/EWG des Rates vom 5. April 1993 über missbräuchliche Klauseln in Verbraucherverträgen (ABl. L 95 vom 21.4.1993, 29 ff.); Art. 2 RL 1994/47/EG des Europäischen Parlaments und des Rates vom 26. Oktober 1994 zum Schutz der Erwerber im Hinblick auf bestimmte Aspekte von Verträgen über den Erwerb von Teilzeitnutzungsrechten an Immobilien (ABl. EG Nr. L 280/82 vom 29. Oktober 1994, 83 ff.) sowie Art. 2 Abs. 1 lit f. RL 2008/122/EG des europäischen Parlaments und des Rates vom 14. Januar 2009 über den Schutz der Verbraucher im Hinblick auf bestimmte Aspekte von Teilzeitnutzungsverträgen, Verträgen über langfristige Urlaubsprodukte sowie Wiederverkaufs- und Tauschverträgen (ABl. EG Nr. L 33/10 vom 3. Februar 2009, 10 ff.); Art. 2 Abs. 2 RL 1997/7/EG des Europäischen Parlaments und des Rates vom 20. Mai 1997 über den Verbraucherschutz bei Vertragsabschlüssen im Fernabsatz (ABl. L 144 vom 4.6.1997, 19 ff.); Art. 2 lit. e RL 1998/6/EG des Europäischen Parlaments und des Rates vom 16. Februar 1998 über den Schutz der Verbraucher bei der Angabe der Preise der ihnen angebotenen Erzeugnisse (ABl. L 80 vom 18.3.1998, 27 ff.; Berichtigung: L 190 vom 4.7.1998, 86); Art. 1 Abs. 2 lit. a RL 1998/7/EG des Europäischen Parlaments und des Rates vom 16. Februar 1998

einer fragmentarischen, *einzelrechtsaktbezogenen* Umschreibung des Konsumentenbegriffs verfolgt[308].

Dem Begriff des Konsumenten kommt im schweizerischen AGB-Recht in erster Linie bei der *offenen Inhaltskontrolle* im Rahmen der *lauterkeitsrechtlichen* Bestimmung von *Art. 8 UWG (2011)* praktische Tragweite zu. Diesbezüglich kann auf die dort gemachten Ausführungen verwiesen werden[309]. Für die *obligationenrechtliche* AGB-Kontrolle hat der Begriff des Konsumenten eine weniger grosse Bedeutung, da grundsätzlich *alle AGB-Übernehmer*, seien sie Konsumenten oder Unternehmer, den Schutz der obligationenrechtlichen AGB-Kontrolle geniessen. Soweit in der Praxis ein Unterschied gemacht wird, geht es regelmässig um die Frage, inwieweit ein *geschäftserfahrener* AGB-Übernehmer einem *höheren Mass* an *Sorgfalt* genügen muss als eine geschäfts*un*erfahrene Person. Da das Vorliegen von Geschäftserfahrung vor allem bei *unternehmerisch* (im weiten Sinn) tätigen Personen anzunehmen ist, wird in diesem Zusammenhang eher auf den Gegenbegriff des *Unternehmers*[310] als auf jenen des Konsumenten abgestellt. Dennoch lässt sich für die obligationenrechtliche AGB-Kontrolle der Kerngehalt des Konsumentenbegriffs dahingehend umschreiben, dass unter einem «Konsumenten» eine *natürliche Person* zu verstehen ist, die – in für den Vertragspartner erkennbarer Weise – Waren oder Dienstleistungen für den *persönlichen* oder *familiären Verbrauch* bzw. *Gebrauch* erwirbt[311]. 99

---

zur Änderung der RL 87/102/EWG zur Angleichung der Rechts- und Verwaltungsvorschriften der Mitgliedstaaten über den Verbraucherkredit (ABl. L 101 vom 1.4.1998, 17 ff.) sowie Art. 3 lit. a RL 2008/48/EG des Europäischen Parlaments und des Rates vom 23. April 2008 über Verbraucherkreditverträge und zur Aufhebung der RL 87/102/EWG des Rates); Art. 1 Abs. 2 lit. a RL 1999/44/EG des Europäischen Parlaments und des Rates vom 25. Mai 1999 zu bestimmten Aspekten des Verbrauchsgüterkaufs und der Garantien für Verbrauchsgüter (ABl. L 171 vom 7.7.1999, 12 ff.); Art. 2 Abs. 1 RL 2011/83/EU des Europäischen Parlaments und des Rates vom 25. Oktober 2011 über die Rechte der Verbraucher, zur Abänderung der RL 93/13/EWG des Rates und der RL 1999/44/EG des Europäischen Parlaments und des Rates sowie zur Aufhebung der RL 85/577/EWG des Rates und der RL 97/7/EG des Europäischen Parlaments und des Rates (Beilage); Art. 2 lit. f Vorschlag für eine Verordnung des Europäischen Parlaments und des Rates über ein gemeinsames Europäisches Kaufrecht (KOM(2011) 635 endgültig).

308 Siehe Art. 40a OR, Art. 3 KKG, Art. 2 Abs. 3 PauRG (Pauschalreisen), Art. 32 Abs. 2 ZPO, Art. 120 IPRG, Art. 15 LugÜ.

309 Dazu unten N 792 ff.

310 Dazu sogleich unten N 100 f.

311 Siehe Art. 40a OR, Art. 3 KKG, Art. 32 Abs. 2 ZPO, Art. 120 IPRG, Art. 15 LugÜ; OR2020-Probst, Art. 16 N 4; vgl. aber: Art. 2 Abs. 3 PauRG.

3. Der Begriff des Unternehmers

100 Der Begriff des *Unternehmers* wird – anders als z.B. im deutschen BGB[312] – im schweizerischen Obligationenrecht nicht definiert[313]. Dies ist durchaus sachgerecht, da im Konsumentenschutzrecht ein «Unternehmer» nicht dasselbe ist wie im Handelsrecht. Im *Handelsrecht* gilt jeder, der eine «selbständige, auf dauernden Erwerb gerichtete wirtschaftliche Tätigkeit ausübt»[314], als Unternehmer, weshalb es unerheblich ist, ob er bei einem Rechtsgeschäft im Rahmen seiner gewerblichen Tätigkeit als Nachfrager oder als Anbieter auftritt[315]. Im *Konsumentenschutzrecht* gilt hingegen nur der gewerbliche *Anbieter* als Unternehmer, da der Konsument notwendigerweise *Abnehmer* sein muss, also nicht *Anbieter* sein kann: Wer konsumiert, statt zu investieren und produzieren ist eben kein Unternehmer.

101 Für das schweizerische AGB-Recht ergibt sich daraus Folgendes: Da der Gesetzgeber Art. 8 UWG (2011) – nach der unionsrechtlichen Vorlage der RL 93/13/EWG über missbräuchliche Vertragsklauseln – als *konsumentenschutzrechtliche* Bestimmung formuliert hat, kommt im Lauterkeitsrecht als Vertragspartei des Konsumenten nur der *gewerbliche Anbieter* in Betracht. Bei der *obligationenrechtlichen* AGB-Kontrolle fällt diese Schranke dagegen weg, so dass der zu schützende AGB-Übernehmer nicht nur Konsument, sondern auch Unternehmer sein kann, sei er gewerblicher Anbieter oder gewerblicher Abnehmer.

---

312 § 14 BGB (abgedruckt im Anhang dieses Buches).

313 Vgl. immerhin Art. 36 HRegV, wo der Begriff des Einzelunternehmens, und Art. 2 lit. b HRegV, wo der Begriff des *Gewerbes* umschrieben wird.

314 Vgl. Art. 2 lit. b HRegV.

315 Vgl. auch Art. 2 Abs. 1bis KG, wonach als Unternehmen «sämtliche Nachfrager oder Anbieter von Gütern und Dienstleistungen im Wirtschaftsprozess [gelten], unabhängig von ihrer Rechts- oder Organisationsform.».

Zweiter Teil: Kontrollinstrumente des schweizerischen AGB-Rechts

§ 6 Überblick über die AGB-Kontrollinstrumente

I. Gesetzliche Ausgangslage

Anders als zahlreiche europäische Länder[316] und trotz wiederholter parlamentarischer Vorstösse[317] hat der schweizerische Gesetzgeber bis heute keine kohärente gesetzliche Regelung für die Kontrolle von AGB geschaffen[318]. So verwarf der Bundesrat Ende 2005 nach durchgeführter Vernehmlassung eine Revision des Konsumenteninformationsgesetzes (KIG), welches eine einlässliche gesetzliche Normierung der AGB vorgesehen hatte[319]. Der Gesetzgeber hat aber immerhin vereinzelte Bestimmungen erlassen, die sich mit AGB befassen[320]. Unter ihnen sticht die am 1. Juli 2012 in Kraft getretene Neufassung von Art. 8 UWG hervor, welche eine (offene) *Inhaltskontrolle* von *Konsumenten-AGB* («b2c-Verkehr») eingeführt hat[321]. Die Verankerung dieser AGB-Inhaltskontrolle im Lauterkeitsrecht führt indes zu einem schwierigen gesetzlichen *Dualismus*[322], da die *«sedes materiae»* der AGB-Kontrolle zum Schutze des AGB-Übernehmers im 102

316 Vgl. die rechtsvergleichenden Hinweise oben N 26 ff.

317 Vgl. dazu die Übersicht bei BRUNNER, Entwicklung des schweizerischen Rechts der Allgemeinen Geschäftsbedingungen, in: BRUNNER/SCHNYDER/EISNER-KIEFER (Hrsg.), Allgemeine Geschäftsbedingungen nach neuem Schweizer Recht, Zürich u.a. 2014, 22 ff.

318 HUGUENIN, OR, N 609; BSK UWG-THOUVENIN, Art. 8 N 47 f.

319 Siehe die Pressemitteilung des Eidgenössischen Büros für Konsumentenfragen vom 21. Dezember 2005.

320 Vgl. z.B. für Miete und Pacht Art. 256 Abs. 1 lit. a OR bzw. Art. 288 Abs. 2 lit. a OR, für den schriftlichen Verjährungsverzicht Art. 141 Abs. 1bis OR (nur zulasten des Verwenders in AGB) sowie einzelne Bestimmungen in Spezialgesetzen wie Art. 35 VVG für AVB.

321 Durch die Streichung des Tatbestandselements «in irreführender Weise», welches eine wirksame Kontrolle der Missbräuchlichkeit von AGB verhindert hatte, wurde der Weg für eine offene richterliche Inhaltskontrolle von Konsumenten-AGB frei. Unter dem Kriterium der Irreführung waren inhaltlich missbräuchliche, aber klar formulierte, in den Vertrag einbezogene AGB mit Art. 8 UWG (1986) vereinbar. Es muss sich allerdings immer noch zeigen, wie sich der neu und eher kompliziert gefasste Art. 8 UWG in der Gerichtspraxis etabliert. Für weitere Einzelheiten, unten N 347 ff.

322 Die Zielsetzung des UWG ist der Schutz des lauteren Wettbewerbs und nicht der (vertragliche) Schutz der Konsumenten.

OR liegt[323]. Problematisch ist zudem der Umstand, dass Art. 8 UWG die Verwendung von AGB im *unternehmerischen* Verkehr («b2b-Verkehr») von der Inhaltskontrolle *ausnimmt*, und damit in diesem Bereich nur noch die obligationenrechtliche AGB-Kontrolle zur Anwendung gelangt[324]. Vor diesem Hintergrund hat der Gesetzgeber mit dem am 1. Dezember 2022 in Kraft getretenen Art. 8a UWG eine branchenbezogene Sonderbestimmung zum Schutz der Beherbergungsbetriebe vor Paritätsklauseln von Online-Buchungsplattformbetreibern geschaffen (vgl. unten N 806 ff.). Eine ansatzweise konsolidierte vertragsrechtliche AGB-Kontrolle enthält zwar der (wissenschaftliche) Vorschlag für einen neuen allgemeinen Teil des OR («OR 2020»), aber dessen (mittel- bis langfristiger) Einfluss auf die künftige Gesetzgebung bleibt abzuwarten und dürfte sich weiterhin in Grenzen halten[325]. Dementsprechend hat der Bundesrat in seinem Bericht zur Modernisierung des Allgemeinen Teils des OR AT klargestellt, dass er keinen generellen Handlungsbedarf für eine Gesamtrevision des OR AT sieht[326].

II. Die einzelnen AGB-Kontrollinstrumente

103 Mangels einer eigenständigen und kohärenten AGB-Gesetzgebung beurteilen Rechtsprechung und Lehre die Zulässigkeit von AGB in erster Linie aufgrund des allgemeinen Obligationenrechts. In Anwendung der einschlägigen vertragsrechtlichen Grundsätze umfasst die AGB-Kontrolle folgende Kontrollinstrumente,

---

323 BSK UWG-THOUVENIN, Art. 8 N 47. Immerhin eröffnet die lauterkeitsrechtliche Einordnung von Art. 8 UWG den Konsumentenschutzorganisationen die Möglichkeit einer Verbandsklage auf Unterlassung der Verwendung missbräuchlicher AGB (vgl. Art. 10 Abs. 2 lit. b UWG). Dasselbe gilt für Klagen des Bundes (vgl. Art. 10 Abs. 3 UWG). Vgl. unten N 841 ff.

324 Vgl. zur Inhaltskontrolle im unternehmerischen Verkehr, WILDHABER, SJZ 2011, 539 ff. sowie unten N 795, 835 f.

325 HUGUENIN/HILTY (Hrsg.), OR 2020, Zürich 2013. Siehe dazu kritisch SCHMIDLIN, Das Schweizer Obligationenrecht 2020, SJZ 2015, 25 ff.; HONSELL, Kritische Bemerkungen zum OR 2020, SJZ 2013, 457 ff. Es fällt auf, dass die allgemein anerkannten konsensualen Anforderungen an die Einbeziehung von AGB (insbesondere die Zugänglichkeitsregel) im Vorschlag zum OR 2020 nicht geregelt sind. Dasselbe gilt für die Ungewöhnlichkeitsregel und den Vorrang der Individualabrede. Vorgesehen sind dafür die Unklarheitenregel in Art. 32 und eine offene (nicht auf den b2c-Bereich beschränkte) Inhaltskontrolle in Art. 33.

326 Bericht des Bundesrates zur Modernisierung des Allgemeinen Teils des Schweizerischen Obligationenrechts vom 31. Januar 2018 (in Erfüllung der Postulate 13.3217 Bischof und 13.3226 Caroni). Immerhin erwähnt der Bundesrat, dass er offen sei, punktuelle Anpassungen des OR zu prüfen, wenn ein materieller Handlungsbedarf ausgewiesen ist.

die zu unterscheiden sind[327]: die *Konsenskontrolle*[328] (unten N 104), die *Auslegungskontrolle* (unten N 105) und die *Gültigkeitskontrolle* (unten N 106). Diese Kontrollstufen finden grundsätzlich sowohl bei b2c- als auch bei b2b-Verträgen Anwendung[329], jedoch mit unterschiedlicher Ausprägung. Hinzu tritt die lauterkeitsrechtliche (offene) *Inhaltskontrolle*, welche sich gemäss Gesetzestext auf den b2c-Bereich beschränkt (unten N 107).

1. Konsenskontrolle

Als erster Schritt der rechtlichen Beurteilung von AGB befasst sich die *Konsenskontrolle* (unten N 111 ff.) mit der Frage, ob bestimmte AGB zum Vertragsbestandteil geworden, also von den Parteien *rechtsgeschäftlich vereinbart* worden sind[330]. Prozessual gesehen geht es um einen *Konsensstreit*, bei dem die Parteien sich darüber *uneinig* sind, ob die umstrittenen AGB zum *Vertragsinhalt* geworden sind. Zur rechtsgültigen Einbeziehung von global übernommenen AGB gilt zunächst das allgemeine Erfordernis der Zugänglichkeit der AGB *(sog. Zugänglichkeitsregel)*, wonach der AGB-Verwender den AGB-Übernehmer auf die AGB hinweisen und ihm die Möglichkeit verschaffen muss, in zumutbarer Weise von den AGB Kenntnis zu nehmen[331]. Ferner ist in diesem Zusammenhang insbesondere die *Ungewöhnlichkeitsregel* von Bedeutung, wonach global übernommene AGB nicht als vertraglich vereinbart gelten, falls sie ungewöhnlich sind und der AGB-Verwender den AGB-Übernehmer nicht besonders auf sie hingewiesen hat[332]. 104

---

327 Vgl. KRAMER/PROBST, OR AT, N 27 und 234 ff.; SHK UWG-PROBST, Art. 8 N 351. Die Zahl der Kontrollstufen und ihre Bezeichnungen werden in der Lehre nicht einheitlich dargestellt, was materiell aber nichts Grundsätzliches ändert und zu keinen wesentlichen Unterschieden führt. Siehe übersichtlich zur entsprechenden Bundesgerichtspraxis BGE 148 III 57, 59 ff., E. 2.

328 Auch Geltungs-, Einbeziehungs-, Abschluss- oder Übernahmekontrolle genannt. Zur Terminologie schon oben N 19 Fn 75.

329 So auch HUGUENIN, OR, N 612a und 612d.

330 So auch stellvertretend für die Bundesgerichtspraxis BGE 148 III 57, 59, E. 2.1: «In einem ersten Schritt ist daher zu prüfen, ob die Allgemeinen Geschäftsbedingungen Vertragsbestandteil geworden sind.».

331 Grundlegend PERRIG, Zugänglichkeitsregel, 29 ff. und PERRIG, Einbeziehung, 170 ff.; so inzwischen auch die h.L. (stellvertretend GAUCH/SCHLUEP/SCHMID, OR AT, N 1134; KOLLER, OR AT N 23.14, N 23.47) sowie das Bundesgericht (BGE 148 III 57, 59, E. 2.1.2 m.w.H.; vgl. auch HGer ZH, HG210003-O U/dz, E. II.1.3.2, Urteil vom 14. Juli 2022); für das deutsche Recht § 305 Abs. 2 BGB. Siehe ausführlich zur Zugänglichkeitsregel unten N 123 ff.

332 Vgl. dazu BGE 148 III 57, E. 2.1.3; 138 III 411, E. 3.1; 135 III 1, E. 2.1; aus der h.L. statt vieler SCHWENZER, OR AT, N 45.07; ausdrücklich das deutsche Recht in

2. Auslegungskontrolle

105 Die rechtliche Beurteilung eines AGB-Konsensstreits umfasst im Rahmen der Konsenskontrolle notwendigerweise auch die Auslegung der zugehörigen rechtsgeschäftlichen (ausdrücklichen oder konkludenten) Willenserklärungen der Parteien. Die diesbezügliche Auslegung richtet sich nach den üblichen Regeln der Vertragsauslegung und ist Bestandteil der Konsenskontrolle[333]. Gegenstand der *Auslegungskontrolle* bei AGB (unten N 276 ff.) bildet demgegenüber ein *Auslegungsstreit* über die *inhaltliche Bedeutung* der von den Parteien konsensual vereinbarten AGB. Im Zentrum dieser AGB-spezifischen Auslegungskontrolle stehen die *Unklarheitenregel*[334] und der Grundsatz des *Vorrangs der Individualabrede*[335].

3. Gültigkeitskontrolle

106 Ergibt die *Konsens*- und *Auslegungskontrolle*, dass einschlägige AGB mit ihrem (klaren bzw. durch Auslegung geklärten) Inhalt von den Parteien konsensual vereinbart worden sind, stellt sich im Rahmen der *Gültigkeitskontrolle*[336] (unten N 328 ff.) die Frage, ob der Inhalt der in den Vertrag einbezogenen AGB vor den

---

§ 305c Abs. 1 BGB. Vgl. aus der Bundesgerichtspraxis methodologisch korrekt BGer 4A_47/2015, wonach auf einer ersten Stufe (E. 5.4–5.5) die grundsätzliche Übernahme der AGB gemäss dem Kriterium der «Möglichkeit zumutbarer Kenntnisnahme» und dann – nach Bejahung der Übernahme der AGB – auf einer zweiten Stufe (E. 6) die Ungewöhnlichkeit einer spezifischen AGB-Klausel geprüft wurde (so auch zuletzt BGE 148 III 57, 59 ff., E. 2). Siehe spezifisch zur Ungewöhnlichkeitsregel unten N 193 ff.

333 Massgeblich sind insbesondere Art. 18 OR für den tatsächlichen Konsens und das Vertrauensprinzip für den normativen Konsens.

334 Nach dieser Regel werden unklar formulierte AGB *zulasten* des *AGB-Verwenders* interpretiert. Vgl. BGE 148 III 57, E. 2.2.2; 146 III 339, E. 5.2.3; 133 III 61, E. 2.2.2.3; aus der h.L. statt vieler SCHWENZER/FOUNTOULAKIS, OR AT, N 45.10; explizit das deutsche Recht in § 305c Abs. 2 BGB. Einzelheiten zur Unklarheitenregel unten N 302 ff.

335 Nach dieser Regel gehen Einzelabreden der Parteien den in den Vertrag übernommenen AGB vor. Vgl. BGE 148 III 57, E. 2.1.1; 135 III 225, 228; 125 III 263, 266 f.; 123 III 35, 44, E. 2.c.bb; SHK UWG-PROBST, Art. 8 N 392; BK-KRAMER, Art. 1 N 210; TERCIER/PICHONNAZ, N 944. Vgl. auch für das deutsche Recht § 305b BGB. Vereinzelt wird in der Doktrin der Vorrang der Individualabrede bereits unter dem Titel der Konsenskontrolle erörtert (vgl. etwa HUGUENIN, OR, N 613), was aber im Ergebnis an derselben Anwendung des Vorrangs nichts ändert. Zum Vorrang der Individualabrede unten N 287 ff.

336 Die Gültigkeitskontrolle ist nicht mit der Geltungskontrolle (=Konsenskontrolle) zu verwechseln, welche sich mit der vertraglichen Einbeziehung der AGB befasst.

allgemeinen zwingenden Bestimmungen des Zivilrechts (insb. Art. 19/20 OR) standhält oder nicht. Ist diese Frage zu verneinen, sind die entsprechenden (von den Parteien vereinbarten) AGB-Klauseln *nichtig*. Ist sie zu bejahen, stellt sich die weitere Frage nach der offenen Inhaltskontrolle (unten N 347 ff.).

4. Offene Inhaltskontrolle

Konsens-, Auslegungs- und Gültigkeitskontrolle vermögen den AGB-Übernehmer nicht ausreichend vor missbräuchlichen AGB zu schützen, da klar formulierte und deklarierte AGB mit markant nachteiligem, aber nicht rechtswidrigem oder geradezu sittenwidrigem Inhalt vom AGB-Verwender durchgesetzt werden können. Die schweizerische Lehre hat daher seit langer Zeit eine spezifisch «verschärfte»[337] bzw. «offene» *AGB-Inhaltskontrolle* gefordert[338]. Dieser Forderung liegt der Gedanke der «Ordnungsfunktion des dispositiven Rechts» zugrunde, wobei als Rechtsgrundlage vor allem die Kriterien des Verstosses gegen die öffentliche Ordnung und die guten Sitten (Art. 19 Abs. 2 OR) angeführt werden[339]. Das Bundesgericht hat sich in der Vergangenheit nie zu einer solchen (auf dem allgemeinen Vertragsrecht basierenden) (offenen) Inhaltskontrolle bekennen können. Stattdessen hat es versucht, «durch eine teils kreative Anwendung»[340] der Konsens- und Auslegungskontrolle (insb. der Ungewöhnlichkeits- und Unklarheitenregel) auf dem (Um-)Weg einer «verdeckten» Inhaltskontrolle[341] den Schutz vor missbräuchlichen AGB zu verbessern[342]. So lässt es bei der Anwen- 107

---

337 KRAMER/PROBST, OR AT, N 243 ff.

338 Vgl. dazu statt vieler GAUCH/SCHLUEP/SCHMID, OR, N 1148a («generelle» Inhaltskontrolle); SCHWENZER/FOUNTOULAKIS, OR AT, N 45.13, 46.02; KRAMER/PROBST, OR AT, N 243 ff.

339 BK-KRAMER, Art. 19/20 N 158 ff.; KRAMER/PROBST, OR AT, N 243. Für GAUCH/SCHLUEP/SCHMID, OR AT, N 1158, kommen für eine AGB-spezifische Inhaltskontrolle im unternehmerischen Verkehr auch das Gebot des Handelns nach Treu und Glauben (Art. 2 ZGB) und der Übervorteilungstatbestand (Art. 21 OR) als gesetzliche Anknüpfungspunkte in Frage.

340 SHK UWG-PROBST, Art. 8 N 8.

341 Vgl. zur Kritik an der verdeckten Inhaltskontrolle und zur Forderung nach einer offenen Inhaltskontrolle: BK-KRAMER, Art. 1 N 208; SCHWENZER/FOUNTOULAKIS, OR AT, N 45.12 f. (sprechen in diesem Zusammenhang von einem «Roulette-Spiel» der Gerichte); T. KOLLER., AJP 2008, 943, 951 f. sowie GAUCH, recht 2006, 85 (bekräftigt in GAUCH, ZSR 2009, 228).

342 BGE 135 III 1 befasst sich eingehend mit den Lehrmeinungen, die eine verschärfte Inhaltskontrolle fordern und die bundesgerichtliche Praxis kritisieren. Allerdings löst das Bundesgericht diesen Fall schliesslich mit Hilfe der Ungewöhnlichkeitsregel. Vgl. auch BGE 135 III 225, E. 1; 119 II 443, E. 1c.

dung der Ungewöhnlichkeitsregel Kriterien der Inhaltskontrolle in die Beurteilung einfliessen, indem es die Ungewöhnlichkeit einer (global übernommenen) AGB umso eher bejaht, je stärker diese die Rechtsstellung des AGB-Übernehmers beeinträchtigt[343].

108 Mit dem revidierten Art. 8 UWG hat der Gesetzgeber im Lauterkeitsrecht inzwischen eine ausdrückliche Rechtsgrundlage für eine *offene richterliche Inhaltskontrolle* von *Konsumenten-AGB* geschaffen (unten N 347 ff.)[344], welche zur obligationenrechtlichen Konsens-, Auslegungs- und Gültigkeitskontrolle hinzutritt[345]. Allerdings wirft diese Bestimmung u.a. die Frage auf, ob für den *unternehmerischen Verkehr* weiterhin eine verdeckte Inhaltskontrolle der AGB zu praktizieren ist[346]. Ein politischer Vorstoss, um die Inhaltskontrolle von Art. 8 UWG weiter zu revidieren und auf Unternehmerverträge auszuweiten, wurde vom Nationalrat abgelehnt[347]. Der Gesetzgeber scheint sich weiterhin auf dem Gebiet der AGB – ohne klare Strategie – von momentanen politischen Gemütslagen leiten zu lassen[348].

III. Tragweite des Transparenzgebots

109 Das *Transparenzgebot* steht an der Schnittstelle zwischen Konsens-, Auslegungs-, Gültigkeits- und offener Inhaltskontrolle und dient primär dem Schutz der (privatrechtlichen) *informationellen Selbstbestimmung* des AGB-Übernehmers[349]. Als Ausfluss des Grundsatzes von *Treu und Glauben*[350] erfasst es alle

---

343 So z.B. BGE 119 II 443, 446, E. 1a; 135 III 1, 7, E. 2.1; 135 III 225, 227 f., E. 1.3; BGer 4A_47/2015, E 6; vgl. SCHWENZER/FOUNTOULAKIS, OR AT, N 45.07.

344 Das Bundesgericht bestätigte, dass Art. 8 UWG nur auf die Verwendung von AGB gegenüber Konsumenten anwendbar ist (BGer 4A_152/2017, E. 5.3; vgl. auch die Ausführungen zum Konsumentenbegriff in BGer 4A_54/2021, E. 6.4.2). Siehe dazu unten N 795.

345 DESSEMONTET, contrôle judiciaire, 68; BSK UWG-THOUVENIN, Art. 8 N 49.

346 Es kann davon ausgegangen werden, dass das Bundesgericht im unternehmerischen Verkehr weiterhin eine verdeckte Inhaltskontrolle vornehmen wird, um der Verwendung missbräuchlicher AGB gewisse Schranken zu setzen. Vgl. dazu unten N 835 f. – siehe auch WILDHABER, SJZ 2011, 539 ff.

347 Nachdem die beiden Kommissionen für Rechtsfragen des Ständerates und des Nationalrates der Behandlung der Initiative14.440 zugestimmt hatten, schrieb der Nationalrat das Geschäft am 15. Dezember 2017 mit 97 zu 92 Stimmen ab und blockierte damit vorerst den Weg zu einer offenen Inhaltskontrolle bei b2b-Verträgen.

348 Siehe dazu auch illustrativ für den Bereich des OR den Bericht des Bundesrates zur Modernisierung des Allgemeinen Teils des Schweizerischen Obligationenrechts vom 31. Januar 2018 (in Erfüllung der Postulate 13.3217 Bischof und 13.3226 Caroni).

349 NEUNER, BGB AT, § 47 N 77 f. Eingehend zum AGB-Transparenzgebot im Rahmen der Konsenskontrolle PERRIG, Zugänglichkeitsregel, 204 ff. sowie unten N 154 ff.

350 Art. 2 ZGB.

Stufen der AGB-Kontrolle, allerdings in unterschiedlicher Ausprägung[351]. Im Zentrum steht die Forderung nach einer klaren und verständlichen Gestaltung der AGB und ihres Inhalts[352]. So verlangt das Transparenzgebot auf der Stufe der Konsenskontrolle sprachliche Klarheit und einfache Lesbarkeit der Umschreibung der Rechte und Pflichten des AGB-Übernehmers[353] und manifestiert sich in der Obliegenheit des AGB-Verwenders zur deutlichen Verweisung auf die AGB sowie zur Verschaffung einer zumutbaren Möglichkeit zur Kenntnisnahme der AGB (Zugänglichkeitsregel)[354]. Im Bereich der Auslegungskontrolle verlangt die Unklarheitenregel eine eindeutige und damit auch transparente Formulierung von AGB. Bei der Inhaltskontrolle geht es um die Transparenz der inhaltlichen Tragweite der AGB-Klauseln. Zwar gelangt dieser Transparenzaspekt – anders als etwa in § 307 Abs. 1 Satz 2 BGB[355] und Art. 5 RL 93/13/EWG – in Art. 8 UWG nicht besonders zum Ausdruck, lässt sich aber aus dem Grundsatz von Treu und Glauben ableiten[356].

---

351 PERRIG, Zugänglichkeitsregel, 205 ff.; so nun auch BSK VVG-FUHRER, Art. 33 N 35, EISNER-KIEFER, AJP 2022, 642 f.; HEISS, in: Heizmann/Loacker, Art. 8 UWG N 225 ff. Vgl. für das deutsche Recht etwa SCHMIDT, AGB, NJW 2011, 1634. Das Transparenzgebot «durchzieht das gesamte … AGB-Recht und leuchtet an den verschiedenen Stellen auf» (STOFFELS, AGB-Recht, N 562).

352 PERRIG, Zugänglichkeitsregel, 205 (m.w.H.). Vgl. auch Art. 5 RL 93/13/EWG; Art. 82 CESL (der AGB-Verwender muss «dafür Sorge tragen, dass sie in einfacher und verständlicher Sprache abgefasst und mitgeteilt werden») sowie Art. 3 Abs. 1 VVG, der den Versicherer anhält, den Versicherungsnehmer vor Vertragsschluss in verständlicher Weise über den wesentlichen Inhalt des Versicherungsvertrages zu informieren.

353 Vgl. ähnlich für das deutsche Recht SCHMIDT, AGB, NJW 2011, 1634.

354 So auch BSK VVG-FUHRER, Art. 33 N 35. Siehe allgemein zur Zugänglichkeitsregel unten N 123 ff. sowie spezifisch zum Transparenzgebot als Teil der Konsenskontrolle unten N 154 ff.

355 «Eine unangemessene Benachteiligung kann sich auch daraus ergeben, dass die Bestimmung nicht klar und verständlich ist.»

356 Für eine Transparenzkontrolle als Teil der Inhaltskontrolle auch HEISS, in: Heizmann/Loacker, Art. 8 UWG N 225 ff.; BSK VVG-FUHRER, Art. 33 N 35; MITROVIC, Änderungsklauseln, N 321; RUSCH, *sui-generis* 2016, 75 ff.; siehe auch GAUCH/SCHLUEP/SCHMID, OR AT, N 1153d, wo das Gebot zur klaren und verständlichen Formulierung direkt als möglichen Anwendungsfall des Missverhältnisses zwischen den Rechten und Pflichten der Parteien angesehen wird. Im Grundsatz bereits zur alten Fassung von Art. 8 UWG: MATT, Transparenzgebot, 116 f., 139.

IV. Reihenfolge der AGB-Kontrolle

110 Die Durchführung der AGB-Kontrolle als Stufenfolge von «Konsenskontrolle», «Auslegungskontrolle», «Gültigkeitskontrolle» und «offener Inhaltskontrolle» entspricht der Dogmatik des Vertragsabschlusses bzw. seiner rechtlichen Überprüfung. Diese bleibt auch für die Kontrolle von AGB als einem bedeutenden *Vertragsbestandteil* wegleitend. Für die Praxis bedeutet dies freilich nicht, dass in jedem Einzelfall unbedingt die ganze Abfolge der AGB-Kontrollschritte eingehalten werden muss[357]. Wenn z.B. eine Klausel inhaltlich klar gegen zwingendes Recht verstösst, steht ihrer Nichtigerklärung ohne vorherige richterliche Konsens- und Auslegungskontrolle nichts entgegen[358]. In jedem Fall obliegt es dem Richter, die einzelnen AGB-Kontrollinstrumente unter Wahrung ihrer Funktion und Systematik sorgfältig und transparent anzuwenden, um eine kohärente AGB-Kontrolle zu praktizieren, welche Rechtssicherheit schafft. Dies ist gerade im schweizerischen AGB-Recht mit seiner hybriden Verbindung von Obligationenrecht und Lauterkeitsrecht für die Praxis von grosser Bedeutung.

---

357 T. KOLLER, recht 1999, 50; WIDMER, Geschäftsbedingungen, N 68.

358 Vgl auch BGE 140 III 404, wo das Bundesgericht die Anwendung von Art. 8 UWG geprüft (und verneint) hat und erst anschliessend auf die Ungewöhnlichkeitsregel zu sprechen kommt, wobei diese Erwägungen in der amtlichen Sammlung nicht abgedruckt worden sind. Siehe ferner BGer 4A_166/2020, indem das Bundesgericht zunächst auf der Auslegungsebene die Unklarheitenregel geprüft (und bejaht) hat, danach aber nicht weiter auf die ebenfalls geltend gemachte Ungewöhnlichkeitsregel auf der eigentlich vorgeschalteten Konsensebene eingeht (E. 3.4).

§ 7 Konsenskontrolle[359]

I. Allgemeines

1. Zweck und Inhalt der Konsenskontrolle

AGB sind vertraglicher Natur und besitzen trotz ihrer generell-abstrakten Formulierung keine objektive Geltung bzw. Gesetzeskraft[360]. AGB zu verwenden genügt deshalb für ihre Verbindlichkeit entgegen nach wie vor verbreiteter irrtümlicher Meinung nicht. Um Wirkung entfalten zu können, müssen sie nach dem obligationenrechtlichen *Konsensprinzip* (Art. 1 OR) stets in den jeweiligen Vertrag einbezogen werden[361]. Dementsprechend setzt die *Konsenskontrolle* als *erste Stufe* der AGB-Kontrolle auf der *Vertragsschlussebene* an und soll sicherstellen, dass AGB bloss durch rechtsgeschäftliche Übernahme in ein Vertragsverhältnis Geltung erlangen[362]. Dabei ist die Frage, wie ein Verwender seine AGB dem Kunden präsentieren, d.h. zugänglich machen muss, damit sie Bestandteil des Vertrages werden, von elementarer Bedeutung, um die Unwirksamkeit der AGB zu vermeiden. Denn stellt der Richter bei einer AGB-Streitigkeit fest, dass die AGB nicht korrekt zugänglich gemacht worden sind, kann er sich zeit- und kostenintensive Prüfungsschritte über die Ungewöhnlichkeit, Unklarheit oder inhaltliche Unangemessenheit einzelner AGB-Klauseln sparen[363]. 111

Die konkreten Anforderungen an die Einbeziehung (bzw. an die Zugänglichmachung) der AGB richten sich nach den allgemeinen (teilweise um besondere AGB-spezifische Ausprägungen modifizierte) Abschlussregeln der Art. 1 ff. 112

---

359 Im Schrifttum werden auch die Begriffe der Geltungskontrolle, Einbeziehungskontrolle, Abschlusskontrolle oder Übernahmekontrolle verwendet.

360 Vgl. zur Rechtsnatur von AGB oben N 3 f.

361 BGE 148 III 57, 59, E. 2.1; BGer 4C.282/2003, E 3.1; BGE 118 II 295, 296, E. 2; BK-KRAMER, Art. 1 N 187 ff.; KRAMER/PROBST, OR, N 24 und 234; BSK OR I-ZELLWEGER-GUTKNECHT, Art. 1 N 52; GAUCH/SCHLUEP/SCHMID, OR AT, N 1128.

362 So auch stellvertretend für die Bundesgerichtspraxis BGE 148 III 57, 59, E. 2.1: «In einem ersten Schritt ist daher zu prüfen, ob die Allgemeinen Geschäftsbedingungen Vertragsbestandteil geworden sind.». Obgleich die Konsenskontrolle der Auslegungskontrolle grundsätzlich vorgeschaltet ist, gilt es zu beachten, dass schon die Frage, ob AGB überhaupt in den Vertrag einbezogen wurden, zwischen den Vertragsparteien streitig sein kann und durch entsprechende Interpretation zu entscheiden ist (vgl. z.B. BGE 77 II 154 ff.; 123 III 35, 44; BSK OR I-WIEGAND, Art. 18 N 55; ZK-JÄGGI/GAUCH/HARTMANN, Art. 18 N 520; zur Ungewöhnlichkeitsregel KLETT/HURNI, recht 2012, 83; ganz allgemein für Verträge HARTMANN, FS Schmid, 165 ff.; BGE 132 III 626, 632, E. 3.1: «Der Bestand eines Vertrages ist wie dessen Inhalt durch Auslegung der Willensäusserungen der Parteien zu bestimmen»).

363 KÖTZ, Vertragsrecht, N 250; PERRIG, Einbeziehung, 203.

OR, variieren allerdings je nach Vertragsschlussmedium (bzw. Kommunikationsmittel), Geschäftsbereich, Erscheinungsform der AGB und Geschäftserfahrung des Kunden. Im Allgemeinen[364] muss der Kunde vom AGB-Verwender vor Vertragsschluss deutlich auf die AGB hingewiesen werden und gleichzeitig über die Möglichkeit verfügen, in zumutbarer Weise von den AGB Kenntnis zu nehmen (sog. *Zugänglichkeitsregel*)[365]. Aus dem Zumutbarkeitskriterium leiten sich diverse *Transparenzerfordernisse* ab (insb. betreffend Verständlichkeit und Lesbarkeit der AGB), die bei der Einbeziehung von AGB zu beachten sind[366]. Ferner gelten namentlich im elektronischen sowie im unternehmerischen Geschäftsverkehr besondere Einbeziehungsregeln[367], wobei im unternehmerischen Verkehr geringere Anforderungen an die Einbeziehung zu stellen sind[368]. Sodann umfasst die Konsenskontrolle auch die in der Praxis relevante *Ungewöhnlichkeitsregel*, welche sich im Sinne einer negativen Einbeziehungsschranke als Korrektiv gegen ungewöhnliche bzw. überraschende AGB-Klauseln richtet, auf welche der Kunde im Rahmen der Einbeziehung der AGB nicht besonders hingewiesen wurde[369]. Da die AGB Bestandteil des zwischen dem AGB-Verwender und dem Kunden geschlossenen Vertrags sind, muss grundsätzlich als weitere Einbeziehungsvoraussetzung der den *AGB zugrunde liegende Vertrag wirksam* zustande kommen[370].

2. Spezialgesetzliche Sonderregeln

113 Der schweizerische Gesetzgeber schuf weder im ZGB noch im OR gesetzliche Normen, die sich spezifisch mit der konsensualen Einbeziehung von AGB befassen[371]. Art. 8 UWG beschränkt sich auf die inhaltliche Kontrolle

---

364 Vgl. zu den Ausnahmen unten N 126 und N 141 f.

365 Vgl. zur Einbeziehung von AGB unten N 117 ff. und der damit verbundenen Zugänglichkeitsregel N 123 ff.

366 Vgl. zum Transparenzgebot unten N 154 ff. sowie zur massgebenden Sprache der AGB N 166 ff.

367 Vgl. zum elektronischen Geschäftsverkehr unten N 178 ff., zum unternehmerischen Geschäftsverkehr N 253 ff.

368 Die Zugänglichkeitsregel gilt also auch im unternehmerischen Geschäftsverkehr, jedoch in reduzierter Form. Unter gewissen Umständen ist hier auch eine stillschweigende Einbeziehung von AGB möglich (vgl. dazu unten N 254 f., N 261 ff.).

369 Vgl. zur Ungewöhnlichkeitsregel unten N 193 ff.

370 Die AGB beziehen sich in aller Regel auf objektive Nebenpunkte des Vertrags. Deshalb hängt deren Geltung auch vom Konsens der Parteien über die objektiv wesentlichen Hauptpunkte ab.

371 Vgl. aber immerhin die einzelnen gesetzlichen AGB-Schutzbestimmungen für Miete und Pacht Art. 256 Abs. 1 lit. a OR bzw. Art. 288 Abs. 2 lit. a OR sowie für den schriftlichenVerjährungsverzicht Art. 141 Abs. 1bis OR.

von AGB. Allerdings finden sich ausserhalb der zentralen privatrechtlichen Erlasse einzelne *sondergesetzliche Bestimmungen* zur Einbeziehung von AGB. So statuiert Art. 4 Abs. 1 und 2 PauRG zusätzliche Anforderungen bei der Übernahme von ARB, wonach bei *Pauschalreiseverträgen* ARB nur Vertragsbestandteil werden, wenn sie dem Kunden vom Reiseveranstalter oder -vermittler vor Vertragsschluss schriftlich (i.d.R. im Reiseprospekt) mitgeteilt oder – sofern in einer anderen geeigneten Form vermittelt – zumindest schriftlich bestätigt wurden[372]. Ähnliche Sonderregeln für die Einbeziehung von AGB finden sich für den Versicherungsvertrag und den Konsumkreditvertrag. Für die Übernahme von AVB in den *Versicherungsvertrag* muss der Versicherungsnehmer gemäss Art. 3 Abs. 2 VVG bei Beantragung oder Annahme des Versicherungsvertrages «im Besitz» der AVB sein[373]. Den Versicherer trifft somit eine «Übergabepflicht» vor Vertragsschluss (d.h. vor Abgabe der den Versicherungsnehmer bindenden Willenserklärung)[374]. Darüber hinaus statuiert Art. 3 Abs. 1 VVG ein Transparenzgebot, welches den Versicherer dazu anhält, den Versicherungsnehmer vor Vertragsschluss in verständlicher Weise über den wesentlichen Inhalt des Versicherungsvertrages zu informieren[375]. *Konsumkreditverträge* müssen gemäss Art. 9 KKG samt Angabe ihrer Bedingungen schriftlich abgeschlossen werden, wobei der Kunde

372 Einzig bei «Last-Minute-Reisen» kann u.U. auf eine schriftliche Bestätigung verzichtet werden. Vgl. zur Einbeziehung von ARB STAUDER, Reisebedingungen, 323 ff.; SCHWENZER/FOUNTOULAKIS, OR AT, N 45.06.

373 Vgl. auch BGE 148 III 57, 59, E. 2.1.2; BGer 4A_213/2014, E. 2.3.2.

374 Vgl. etwa EISNER-KIEFER, AVB und der revidierte Art. 8 UWG, Have 1/2015, 30. Die Verletzung der Informationspflicht gemäss Art. 3 Abs. 2 VVG berechtigt den Kunden nach Art. 3a VVG, den gesamten Versicherungsvertrag innert einer Frist von 4 Wochen (relativ) bzw. 2 Jahren (absolut) zu kündigen. Eine automatische Nichtgeltung der AVB als Rechtsfolge der Verletzung ist jedoch nicht explizit vorgesehen (vgl. BSK VVG-FUHRER, Art. 33 N 46; KOLLER, OR AT, N 23.23; a.A. EISNER-KIEFER, AJP 2022, 646, Fn 33; HEISS/WILLIAM, SGHVR 2018, 56; vgl. dazu auch unten Fn 375). Vgl. zur (im Jahre 2013) gescheiterten Totalrevision des VVG EISNER-KIEFER, AVB und die aufgeschobene VVG-Totalrevision, in: Brunner/Schnyder/Eisner-Kiefer (Hrsg.), Allgemeine Geschäftsbedingungen nach neuem Schweizer Recht, HAVE, Zürich 2014, 80 ff.

375 Da der Inhalt von AVB über den «wesentlichen Inhalt des Versicherungsvertrags» i.S.v. Art. 3 Abs. 1 VVG hinausgehen kann, scheint das Verhältnis zwischen der versicherungsvertraglichen Transparenzpflicht von Art. 3 Abs. 1 VVG (welche sich nicht explizit auf AVB bezieht und im Falle der Verletzung ein zeitlich befristetes Kündigungsrecht gemäss Art. 3a VVG für den gesamten Versicherungsvertrag vorsieht) und dem allgemeinen AGB-rechtlichen Transparenzgebot (welches bei Verletzung die intransparenten AGB-Klauseln nicht zum Vertragsbestandteil erheben lässt) noch ungeklärt zu sein (vgl. auch zu den Rechtsfolgen unten N 175).

eine Kopie erhält[376]. Die vorgenannten gesetzlichen Sonderregeln zu Pauschalreise-, Versicherungs- und Konsumkreditverträgen treten *ergänzend* zur allgemeinen AGB-Konsenskontrolle hinzu. So gelangen auch beim Einsatz von ARB, AVB oder AGB in Konsumkreditverträgen weiterhin die allgemeinen Anforderungen an die Zugänglichkeitsregel und die Ungewöhnlichkeitsregel zur Anwendung, welche generell die Geltung von global übernommenen AGB regeln[377].

114 Gemäss dem am 1. September 2023 in Kraft getretenen totalrevidierten Bundesgesetz über den Datenschutz (DSG) muss der Verantwortliche die betroffene Person «angemessen» über die Beschaffung der sie betreffenden Personendaten informieren (Art. 19 Abs. 1 DSG) und zudem bei diversen Datenbearbeitungen die Einwilligung der betroffenen Person einholen. Diese datenschutzrechtlich erforderlichen Informationen und Einwilligungen werden dabei häufig in Datenschutzerklärungen (*«privacy policy»*) erfasst[378]. Im Gegensatz zur deklarativen Datenschutzerklärung, welche bloss eine Beschreibung der Datenbearbeitung eines Unternehmens im Rahmen der datenschutzrechtlichen Informations- und Transparenzpflicht darstellt, bildet die Einwilligung zur Datenbearbeitung eine konstitutive Datenschutzerklärung, da es sich um ein zweiseitiges Rechtsgeschäft (Vertrag) über die Nutzung von Personendaten handelt[379]. Da *deklarative Datenschutzerklärungen* bloss einseitige (nicht rechtsgeschäftliche) Erklärungen des Verantwortlichen darstellen, unterliegen sie zwar dem Datenschutzrecht, nicht aber dem vertragsrechtlichen AGB-Korrektiv[380]. Dennoch scheinen sich die datenschutzrechtlichen Informationspflichten an die Anforderungen der AGB-rechtlichen Zugänglichkeitsregel an-

---

[376] Vgl. BGer 5A_998/2019, E. 3.3: Soweit gesetzliche Mindestangaben von Konsumkreditverträgen in AGB geregelt sind, müssen die AGB Bestandteil des massgebenden Vertragsdokuments sein und dem Schriftformerfordernis genügen. Befinden sich die AGB auf der Rückseite der Vertragsurkunde, so muss auf der Vorderseite über der Unterschrift des Konsumenten deutlich auf die umseitig angebrachten AGB hingewiesen werden.

[377] Vgl. anschaulich BGE 148 III 57: Das Bundesgericht erklärt neben der Ungewöhnlichkeitsregel (E. 2.1.3) auch die Zugänglichkeitsregel (Möglichkeit zumutbarer Kenntnisnahme) für AVB anwendbar und verlangt bezugnehmend auf Art. 3 Abs. 2 VVG «darüber hinaus, dass der Versicherungsnehmer in Besitz der Allgemeinen Versicherungsbedingungen sein muss, wenn er den Versicherungsvertrag beantragt oder annimmt» (E. 2.1.2).

[378] Datenschutzerklärungen werden teilweise als separate Erklärung und teilweise integriert als Teil einer vertraglichen Vereinbarung über den Austausch oder das Erbringen anderer Leistungen (etwa beim Einkauf in einem Onlineshop) abgegeben.

[379] Vgl. Thouvenin, GS Huguenin, 467 ff.

[380] Deklarative Datenschutzerklärungen sind nicht als einseitige Willenserklärungen im obligationenrechtlichen Sinn und damit auch nicht als einseitige Rechtsgeschäfte zu qualifizieren (Thouvenin, GS Huguenin, 467 ff.).

zulehnen[381]. So erklärt ein Teil der Lehre gewisse AGB-rechtliche Konsensregeln auch im Bereich der deklarativen Datenschutzerklärungen für (analog) anwendbar[382].

Dagegen muss die *konstitutive Datenschutzerklärung* als vertragliche Vereinbarung sowohl den datenschutz- als auch vertragsrechtlichen Anforderungen genügen[383]. Soweit konstitutive Datenschutzerklärungen für eine Vielzahl von Fällen einseitig vorformuliert werden, sind sie als AGB zu qualifizieren und 115

381 Die Botschaft zum totalrevidierten DSG (Botschaft vom 15. September 2017 zum Bundesgesetz über die Totalrevision des Bundesgesetzes über den Datenschutz und die Änderung weiterer Erlasse zum Datenschutz, BBl 2017 6941 ff., 7050) verlangt, dass die betroffene Person die Möglichkeit hat, «sich in einfach zugänglicher Weise zu informieren, nicht aber, dass sich die betroffene Person im konkreten Fall wirklich informiert». Diese Konzeption erinnert an die Globalübernahme von AGB (bei der die übernehmende Partei die AGB ebenfalls nicht zur Kenntnis nehmen muss) und an die damit verbundene Zugänglichkeitsregel (die ebenfalls die Einräumung eines leichten Zugangs bzw. der Möglichkeit zumutbarer Kenntnisnahme der AGB erfordert). So sieht nun auch die neue schweizerische Datenschutzverordnung in Art. 13 vor, dass der Verantwortliche «der betroffenen Person die Information über die Beschaffung von Personendaten in präziser, transparenter, verständlicher und leicht zugänglicher Form mitteilen» muss. Dies lehnt sich somit auch an das zur Zugänglichkeitsregel gehörende AGB-rechtliche Transparenzgebot an, welches ebenfalls verständliche und lesbare AGB-Formulierungen verlangt.

382 Es wird zwar eine strikte Übermittlungspflicht abgelehnt, jedoch muss der Verantwortliche der betroffenen Person die Möglichkeit einräumen, in zumutbarer Weise die Datenschutzinformation zur Kenntnis zu nehmen (BIERI/POWELL, AJP 2022, 1536 f.; SCHWEIKARD/VASELLA, Digma 2020, 92 f.). BÜHLMANN/SCHÜEPP (Jusletter, 15. März 2021, N 60, 92 ff.) fordern darüber hinaus analog der AGB-Grundsätze noch einen Hinweis auf die Information sowie das Gebot der verständlichen Formulierung der Information. Ferner ist die analoge Anwendung der Ungewöhnlichkeits- und Unklarheitenregel praktisch unbestrtitten (ROSENTHAL, Jusletter, 16. November 2020, N 101; SCHWEIKARD/VASELLA, Digma 2020, 93). Sind deklarative Datenschutzerklärungen Teil von AGB, so sollten nach einem Teil der Lehre die darin befindlichen Datenschutzinformation nicht im Kleingedruckten untergehen, was nötigenfalls eine grafische Hervorhebung im Text erfordert (BIERI/POWELL, AJP 2022, 1536 f.; a.A. SCHWEIKARD/VASELLA, Digma 2020, 92). Aus Transparenzgründen empfiehlt sich generell eine Trennung zwischen Datenschutzinformationen und Vertragsbestimmungen durch eine separate Datenschutzerklärung.

383 THOUVENIN, GS Huguenin, 472 ff. So werden auf Einwilligungserklärungen von der herrschenden Lehre ebenfalls die für Rechtsgeschäfte massgeblichen Auslegungsgrundsätze für anwendbar erklärt (m.w.N. BÜHLMANN/SCHÜEPP, Jusletter, 15. März 2021, N 56).

unterstehen damit auch den AGB-rechtlichen Kontrollinstrumenten, insbesondere auch der Konsenskontrolle[384]. Dementsprechend muss aus AGB-rechtlicher Sicht eine global übernommene konstitutive Datenschutzerklärung für ihre Geltung namentlich den Anforderungen der Zugänglichkeits- und Ungewöhnlichkeitsregel genügen[385]. Zusätzlich muss aus datenschutzrechtlicher Sicht die *Einwilligung* zur *Bearbeitung von besonders schützenswerten Personendaten* oder zum Profiling gemäss Art. 6 Abs. 7 DSG *«ausdrücklich»* erfolgen. Es ist dabei immer noch nicht ganz geklärt, ob sich die Ausdrücklichkeit auf den Gegenstand der Einwilligung oder auf die Art und Weise ihrer Kundgabe bezieht und ob die ausdrückliche Einwilligung überhaupt durch Zustimmung zu den AGB geschehen kann[386].

116 Schliesslich sind bei der Einbeziehung von *Gerichtsstandsvereinbarungen* die (teil-) zwingenden Schranken der anwendbaren *Zivilprozesssordnung* (insb. in Bezug auf Konsumentenverträge) sowie die massgebenden *Formvorschriften* zu beachten[387].

---

384 So auch THOUVENIN, GS Huguenin, 472 ff.; teilweise a.A. SCHWEIKARD/VASELLA, Digma 2020, 89 f. (Vertragscharakter als AGB anzweifelnd, jedoch Anwendung der Ungewöhnlichkeits- und Unklarheitenregel bejahend, Inhaltskontrolle ablehnend). Vgl. ferner auch Art. 13 Datenschutzverordnung, welcher sich bereits für einseitige Datenschutzhinweise an der Zugänglichkeitsregel orientiert (der «Verantwortliche muss der betroffenen Person die Information über die Beschaffung von Personendaten in präziser, transparenter, verständlicher und leicht zugänglicher Form mitteilen»).

385 Im Ergebnis THOUVENIN, GS Huguenin, 475 f., 478; BÜHLMANN/SCHÜEPP, Jusletter, 15. März 2021, N 63, 92 ff.; in Bezug auf die Anwendung der Ungewöhnlichkeitsregel aus der wohl h.L. SCHWEIKARD/VASELLA, Digma 2020, 89.

386 Nach der wohl h.L. bezieht sich die Ausdrücklichkeit sowohl auf den Inhalt als auch den Vorgang der Einwilligung und kann durch mündliche, schriftliche oder elektronische (z.B. durch Anklicken einer Schaltfläche) Zustimmung zu den AGB (bzw. zur Datenschutzerklärung) erfolgen («aktive affirmative Erklärungshandlung»; vgl. m.w.N. BÜHLMANN/SCHÜEPP, Jusletter, 15. März 2021, N 114; VASELLA, Zur Freiwilligkeit und Ausdrücklichkeit der Einwilligung im Datenschutzrecht, Jusletter 16. November 2015, 10 ff.); vgl. kritisch zu vorformulierten Einwilligungen in AGB WIDMER, Stimmen Sie mit Nichtwissen zu?, digma 2016, 42 f. Der Schlussbericht des EDÖB vom 1. Juni 2015 (betr. Abklärung des Eidgenössischen Datenschutz- und Öffentlichkeitsbeauftragten […] im Zusammenhang mit E-Cockpit und Bicicletta von PostFinance […]) scheint dagegen eine solche Einwilligung durch Zustimmung zu AGB eher abzulehnen. In jedem Falle muss neben dem Erfordernis der Ausdrücklichkeit die Einwilligung informiert *(informed consent)* und freiwillig erfolgen (Art. 6 Abs. 6 DSG).

387 Vgl. zur Einbeziehung von Gerichtsstandsklauseln in AGB unten N 216 ff.

II. Rechtsgeschäftliche Einbeziehung der AGB (insb. Zugänglichkeitsregel)

1. Formen der Einbeziehung

a. Ausdrückliche und konkludente (stillschweigende) Einbeziehung

Mangels spezifischer gesetzlicher Regelung knüpfen die Einbeziehungsregeln für AGB unmittelbar an die *rechtsgeschäftliche Geltungsgrundlage* gemäss Art. 1 OR an[388]. Aufgrund der unbestrittenen *Vertragstheorie* werden AGB erst durch *Konsens* (also durch übereinstimmende Willenserklärungen der Parteien) zum Vertragsbestandteil[389]. Diese Einbeziehungsvereinbarung kann nach der allgemeinen Regel des Art. 1 Abs. 2 OR grundsätzlich ausdrücklich oder stillschweigend (konkludent) geschlossen werden[390], sofern keine gesetzlichen Formvorschriften oder vertraglich vereinbarten Formvorbehalte vorliegen (Art. 11 ff. OR)[391]. 117

Eine *ausdrückliche Übernahme*[392] der AGB gemäss Art. 1 Abs. 2 OR erfolgt hauptsächlich mündlich oder schriftlich durch Unterschrift auf dem die AGB enthaltenden Vertragsformular oder auf einem auf die massgebenden AGB verweisenden Vertragsdokument[393]. Im elektronischen Geschäftsverkehr kann dies insbesondere auch durch das Anklicken eines Kästchens (Checkbox) erfolgen, soweit es dabei Klarheit über den geäusserten Willen schafft[394]. 118

---

388 Eine Ausnahme bilden die oben in N 113 behandelten spezialgesetzlichen Anforderungen in Art. 3 VVG, Art. 4 PauRG sowie Art. 9 KKG.

389 BGE 148 III 57, 59, E. 2.1; BGer 4C.347/2003, E. 3.1; BGE 123 III 35, E. 2c/bb; BK-Kramer, Art. 1 N 184, 187 ff.; Gauch/Schluep/Schmid, OR AT, N 1128 f.; Tercier/Pichonnaz, N 923, 931 f.; Koller, OR AT, N 23.11, 23.19 ff. Vgl. zur Einbeziehung von AGB in Verträge, die dem UN-Kaufrecht unterstehen: T. Koller, FS Honsell, 236 ff. sowie oben N 58 ff.

390 BGE 148 III 57, 59, E. 2.1; BGer 4A_47/2015, E. 5.1; BGer 4C.261/2005, E. 2.3; BGer 4C.282/2003, E. 3.1; BGE 77 II 154, E. 4; statt vieler aus der Lehre Gauch/Schluep/Schmid, OR AT, N 1128a.

391 BK-Kramer, Art. 1 N 187.

392 Ausdrücklich ist eine Willenserklärung, wenn sie durch (geschriebene oder gesprochene) Worte oder ein Zeichen erfolgt und der so erklärte Wille aus den verwendeten Worten (oder Zeichen) unmittelbar hervorgeht (BGE 121 III 31, 34, E. 2c; Gauch/Schluep/Schmid, OR AT, N 188).

393 BK-Kramer, Art. 1 N 188; BSK OR I-Zellweger-Gutknecht, Art. 1 N 52; Schmid, FS Koller, 854. Vgl. zum erforderlichen Hinweis auf AGB unten N 133 ff.

394 Vgl. zur Einbeziehung von AGB im elektronischen Geschäftsverkehr und zu sog. Click-Wrap-Agreements unten N 178 ff.

119 Dagegen liegt eine *stillschweigende (konkludente) Übernahme* von AGB im Sinne von Art. 1 Abs. 2 OR vor, wenn der AGB-Verwender den Kunden nicht ausdrücklich auf die Geltung seiner AGB für das konkrete Vertragsverhältnis hinweist und der Kunde sich auch nicht explizit mit deren Geltung einverstanden erklärt hat[395]. Die herrschende Lehre lehnt eine rechtsgültige stillschweigende Übernahme von AGB in Konsumentenverträgen ab und lässt sie nur in Ausnahmefällen zu[396]. Überwiegend wird deshalb eine stillschweigende (konkludente) Einbeziehung einzig für den unternehmerischen Geschäftsverkehr und dort primär im Falle einer laufenden Geschäftsbeziehung oder eines bestehenden Handelsbrauchs anerkannt[397], wobei dies namentlich bei Kleinunternehmen, die sich in einer ähnlich schwachen Verhandlungsposition wie Konsumenten befinden, nur mit Zurückhaltung angenommen werden sollte[398].

120 Ob im Einzelfall eine (normative) Einbeziehungsvereinbarung gültig zustande kommt, bestimmt in erster Linie das *Vertrauensprinzip*[399]. Hierbei ist die Antwort auf die Frage entscheidend, ob der Verwender von AGB nach Treu und Glauben damit rechnen durfte, dass sich der Kunde in der konkreten Situation der Massgeblichkeit der zugrunde gelegten AGB bewusst und er mit ihnen einverstanden sei[400]. Folglich ist – insbesondere für eine wirksame konkludente Einbeziehung – jeweils eine *klare Indikation* für die Bereitschaft des Kunden

---

395 BK-KRAMER, Art. 1 N 188; GIGER, Einbezug AGB, 69 ff.; SCHMID, FS Koller, 851.

396 SCHWENZER/FOUNTOULAKIS, OR AT, N 45.01 ff., 45.05; HUGUENIN, OR, N 615; KUT, CHK, Art. 1 N 56; KOLLER, OR AT, N 23.27; BAUDENBACHER, Kommentar UWG, Art. 8 N 11; FORSTMOSER, Standortbestimmung, 35 f.; BK-KRAMER, Art. 1 N 193 ff.; BK-MÜLLER, Art. 1 N 320; m.w.N. auch PERRIG, Zugänglichkeitsregel, 35 f.

397 BGE 77 II 154, E. 4; 111 II 76, 78, E. 3a; SCHWENZER/FOUNTOULAKIS, OR AT, N 45.05; BK-KRAMER, Art. 1 N 197.; BK-MÜLLER, Art. 1 N 321 f. Vgl. ausführlich dazu PERRIG, Zugänglichkeitsregel, 301 ff. sowie unten N 261 ff.

398 In diesem Sinne SHK UWG-PROBST, Art. 8 N 352, Fn 396; CR LCD-PICHONNAZ, Art. 8 N 58.

399 GIGER, Kontrolle AGB, 49 f.; BK-KRAMER, Art. 1 N 193; BSK OR I-ZELLWEGER-GUTKNECHT, Art. 1 N 52; SHK UWG-PROBST, Art. 8 N 352; TERCIER/PICHONNAZ, N 936; GAUCH/SCHLUEP/SCHMID, OR AT, N 1128c. Streiten dabei die Parteien über die Frage, ob die AGB oder einzelne AGB-Klauseln überhaupt Vertragsbestandteil geworden sind, liegt ein durch Auslegung zu lösender Konsensstreit vor. Dieser ist vom Auslegungsstreit zu unterscheiden, bei dem der massgebende den Inhalt und die Tragweite einzelner AGB-Bestimmungen ermittelt wird (vgl. dazu unten N 276).

400 BK-KRAMER, Art. 1 N 193; GIGER, Kontrolle AGB, 49 f.; BSK OR I-ZELLWEGER-GUTKNECHT, Art. 1 N 52; GAUCH/SCHLUEP/SCHMID, OR AT, N 1128c; BOUVERAT, Conditions générales, N 39.

zur AGB-Übernahme erforderlich[401]. Sodann ist das Vertrauensprinzip im Rahmen der Globalübernahme von AGB zu beachten (sogleich N 121 ff.), welche namentlich im Konsumentenverkehr den Regelfall darstellt.

b. Globalübernahme und ihre Schranken

aa. Globalübernahme und Vollübernahme

Aus Sicht des Kunden können die AGB entweder durch Vollübernahme oder Globalübernahme (Übernahme durch Globalerklärung) in den Vertrag übernommen werden. Im Gegensatz zur *Vollübernahme*, bei welcher der Kunde die AGB tatsächlich gelesen, verstanden und (schriftlich oder mündlich) akzeptiert hat[402], bezeichnet die *Globalübernahme* eine (ausdrückliche oder konkludente) allgemeine Erklärung des Kunden, wonach er trotz inhaltlicher Unkenntnis (bzw. Unverständnis) den AGB (tatsächlich oder normativ) zustimmt[403]. Die 121

401 BSK OR I-ZELLWEGER-GUTKNECHT, Art. 1 N 53; PERRIG, Zugänglichkeitsregel, 149 f. und 292 ff. Entscheidend bleiben jeweils die Umstände des konkreten Einzelfalls.

402 Soweit eine Vollübernahme vorliegt, kommt die Einbeziehungsvereinbarung ohne Weiteres zustande und werden die AGB zum Vertragsbestandteil (BSK VVG-FUHRER, Art. 33 N 39). Da bei der Vollübernahme die AGB-Konsenskontrolle (insb. Zugänglichkeits- und Ungewöhnlichkeitsregel) grundsätzlich nicht eingreift, ist sie allerdings nur mit Zurückhaltung anzunehmen und schon gar nicht zu vermuten (GIGER, Kontrolle AGB, 54, insb. Fn 139; vgl. dazu auch unten N 171). Zudem reichen die Kenntnis und das Verständnis des Kunden hinsichtlich der AGB im Rahmen der Vollübernahme allein nicht aus, um die Vollübernahme zu einer Individualvereinbarung zu erheben (die Individualabrede würde den Vorrang vor anderen AGB geniessen und selbst nicht dem AGB-Recht unterstehen). Damit eine Individualabrede angenommen werden kann, muss der Verwender seine AGB nicht nur erläutern, sondern zumindest die Bereitschaft zeigen, deren Inhalt im Einzelnen ernsthaft zur Disposition zu stellen (vgl. zum Begriff der Individualabrede oben N 84 ff. und zu deren Vorrang unten N 287 ff.).

403 D.h. er hat die AGB-Klauseln nicht im Einzelnen gelesen oder sonst wie zur Kenntnis genommen, verstanden oder bedacht (BGE 148 III 57, 59, E. 2.1.3; 119 II 443, 445 f., E. 1a; BGer 5A_86/2021, E. 3.1.1; 4C.427/2005, E. 2.1), geschweige denn mit dem Verwender diskutiert oder gar einzeln ausgehandelt (vgl. Art. 3 Abs. 1 Richtlinie 93/13/EWG). Obgleich der Kunde dadurch bloss einen generellen Einbezugswillen bekundet, werden gestützt auf das Vertrauensprinzip im Sinne einer Fiktion sämtliche AGB-Klauseln der Globalerklärung normativ zugerechnet (GIGER, Kontrolle AGB, 55; GAUCH, ZSR 2009, 228). Bei Konsumentenverträgen besteht aufgrund der heutigen Vertragswirklichkeit eine (tatsächliche) Vermutung für eine Globalübernahme seitens des Kunden (GAUCH/SCHLUEP/SCHMID, OR AT, N 1128c; HUGUENIN, OR, N 617; KOLLER, OR AT, N 23.40; PERRIG, Zugänglichkeitsregel, 35). Die Annahme einer Vollübernahme rechtfertigt sich wohl nur in Fällen, in denen der Verwender seine AGB dem Kunden nachweislich erläutert hat; die Beweislast hierfür trägt der Verwender (UWG-PROBST, Art. 8 N 352, Fn 398 mit Verweis auf BGE 135 III 1,

Zustimmungsfiktion bei der Globalübernahme führt zur weitreichenden Konsequenz, dass der Kunde gestützt auf das Vertrauensprinzip regelmässig die (für ihn meist nachteilig ausgestalteten) AGB in Bausch und Bogen rechtswirksam akzeptiert[404]. Konkret gelten somit ungelesene (oder auch gelesene, aber nicht verstandene) AGB, die entweder auf dem Vertragsdokument selber abgedruckt sind, dem Vertragsdokument beigelegt oder auf die im unterzeichneten Vertragsdokument verwiesen wird, normativ vereinbart kraft Globalübernahme[405].

bb. Zugänglichkeitsregel und Ungewöhnlichkeitsregel als Schranken

122 Das *Vertrauensprinzip* bildet aber zugleich auch eine *Schranke für den normativen Konsens*: Die Globalübernahme stösst dort an Grenzen, wo der AGB-

---

9, E. 2.3). Vgl. weiterführend zu den Begriffen Global- und Vollübernahme oben N 88 ff. sowie zu den diesbezüglichen Beweisfragen unten N 171.

404 Dieser Grundsatz basiert auf den aus dem Vertrauensprinzip abgeleiteten Rechtsprechungsregeln über die ungelesen unterzeichnete Urkunde (vgl. dazu Oftinger, Die ungelesen unterzeichnete Urkunde und verwandte Tatbestände, in: Aequitas und bona fides, Festgabe zum 70. Geburtstag von August Simonius, Basel 1955, 263 ff.; ZK-Schönenberger/Jäggi, Art. 1 N 462 ff.; Merz, FS Schönenberger, 148; BGE 45 I 43, 45; 64 II 357 und 76 I 350; vgl. zu dieser Rechtsprechung Klett/Hurni, recht 2012, 81 f.). Siehe kritisch zur Globalübernahme Schmid, FS Koller, 851 ff., wonach die Prinzipien der ungelesen unterzeichneten Urkunde überwiegend zu Fällen des kaufmännischen Verkehrs entwickelt worden sind und daher nicht in die Vertragsrealität des Konsumentenverkehrs passen. Demzufolge könne der AGB-Verwender aufgrund der zumeist für den Kunden nachteiligen AGB nicht darauf vertrauen, dass der AGB-Inhalt vom geschäftsunerfahrenen Kunden gewollt sei. Obgleich diese Auffassung Beachtung verdient, steht sie im Konflikt mit der im Grundsatz positiv zu bewertenden Rationalisierungs- und Modernisierungsfunktion von AGB (ohne Geltung der AGB müsste jeweils der Richter das lückenhafte dispositive Gesetz anwenden, was zu erheblichen Planungs-, Ressourcen- und Effizienzproblemen führen würde, siehe dazu oben N 2 und N 20 Fn 83). Ferner sind in der Vertragsrealität nicht *per se* alle AGB-Klauseln für den Kunden nachteilig (diverse Klauseln können eine ergänzende, erläuternde oder anderweit positive Funktion haben). Der durchschnittlich informierte Kunde ist sich heutzutage wohl bewusst, dass Unternehmen regelmässig versuchen, in den AGB ihre Rechtsposition zu verbessern und nimmt etwa bei einem für ihn vorteilhaften Preis-Leistungsverhältnis eine gewisse Unsicherheit bzw. auch potentiell gewisse für ihn nachteilig ausgestaltete Vertragsnebenpunkte in Kauf. Er akzeptiert unter diesen Annahmen einen ihm nicht näher bekannten (aber bestimmbaren) Vertragsinhalt global; mit Unzugänglichem, Ungewöhnlichem, Unklarem oder Unangemessenem rechnet er dagegen nicht (hier sollten die AGB-Kontrollinstrumente korrigierend eingreifen).

405 BGE 119 II 443, 445; 108 II 416, 418; BGer 4A_213/2014, E. 2.3.2; SHK UWG-Probst, Art. 8 N 352; Koller, OR AT, N 23.24, 23.30 f.; Schwenzer/Fountoulakis, OR AT, N 45.02 f.

Verwender nach Treu und Glauben aufgrund der konkreten Umstände vernünftigerweise nicht davon ausgehen durfte, dass der AGB-Erklärungsinhalt vom global zustimmenden Kunden gewollt war[406]. Daraus wurde zunächst die *Ungewöhnlichkeitsregel*[407] entwickelt, wonach AGB-Klauseln, mit denen ein Kunde nicht rechnen konnte bzw. musste (d.h. die er im Falle der tatsächlichen Kenntnisnahme nicht, oder zumindest nicht unverändert, akzeptiert hätte), nicht von der Globalübernahme erfasst sind[408].

Im Weiteren darf der AGB-Verwender ganz allgemein bei einem Globalakzept nur dann von einem Übernahmewillen des Kunden ausgehen, wenn die AGB dem Kunden hinreichend zugänglich gemacht wurden (sog. *Zugänglichkeitsregel*)[409]. Hierfür muss der AGB-Verwender nach nunmehr ständiger bundesgerichtlicher Rechtsprechung und herrschender Lehre den Kunden vor bzw. spätestens bei Vertragsschluss *deutlich* auf die AGB *hinweisen* (unten N 133 ff.) und ihm zugleich die *Möglichkeit* verschaffen, vom Inhalt der AGB in *zumutbarer Weise Kenntnis zu nehmen* (unten N 143 ff.)[410]. Kommt der 123

406 SHK UWG-PROBST, Art. 8 N 352 f.; BK-KRAMER, Art. 1 N 190 und 193; GAUCH/SCHLUEP/SCHMID, OR AT, N 1128c; ABEGGLEN/COENDET/GROSS, AGB-Kontrolle, 95; BGE 45 I 43, 45; 64 II 357; 76 I 350. Vgl. zur Entwicklung dieser Rechtsprechung KLETT/HURNI, recht 2012, 81 f. Siehe weitergehend SCHMID, FS Koller, 851 ff., wonach bei Globalübernahme der AGB nach den allgemeinen Grundsätzen des Vertrauensprinzips in aller Regel kein Konsens des Verbrauchers zur Einbeziehung der AGB angenommen werden könne.

407 Vgl. zur Ungewöhnlichkeitsregel unten N 193 ff.

408 Die Ungewöhnlichkeitsregel kann man als zusätzliche negative Zugänglichkeits- bzw. Einbeziehungsvoraussetzung bezeichnen, die Transparenzanforderungen mit sich bringt und im Falle von ungewöhnlichen, geschäftsfremden bzw. überraschenden Klauseln korrigierend zum Tragen kommt (anschaulich BGE 138 III 411, 412 f. E. 3.1.). Vgl. für das deutsche Recht § 305c Abs. 1 BGB.

409 Monographisch PERRIG, Zugänglichkeitsregel, 29 ff. und PERRIG, Einbeziehung, 170 ff.; inzwischen ebenfalls die Zugänglichkeitsregel postulierend und stellvertretend für die nunmehr h.L. GAUCH/SCHLUEP/SCHMID, OR AT, N 1134; in Bezug auf AVB BSK VVG-FUHRER, Art. 33 N 44 f. In BGE 148 III 57, 59, E. 2.1.2 hat nun auch das Bundesgericht die Zugänglichkeitsregel erstmals explizit als Regelerfordernis für den Konsens bei AGB bezeichnet. Vgl. zu den einzelnen Anforderungen an die Zugänglichkeitsregel sogleich N 123 ff.

410 Vgl. BGE 148 III 57, 59, E. 2.1.2; 77 II 156, E. 4; 100 II 200, 209 f., E. 5d.; 139 III 345, 349, E. 4.3 (LugÜ-Sachverhalt); BGer 5A_117/2022, E. 3.2.1; 4A_47/2015, E. 5.4.1; aus der h.L. GAUCH/SCHLUEP/SCHMID, OR AT, N 1134 f.; SCHWENZER/FOUNTOULAKIS, OR AT, N 45.02 f.; TERCIER/PICHONNAZ, N 934 ff.; BK-MÜLLER, Art. 1 N 323 ff.; KRAMER/PROBST, OR AT, N 235 f.; KOLLER, OR AT, N 23.14 und N 23.47 ff.; KLETT/HURNI (m.w.H. auf die Rechtsprechung), recht 2012, 81 f., 85; HUGUENIN, OR, N 616; VVG-FUHRER, Art. 33 N 44 f.; HUG, formation du contract, N 1507 ff. («règle de l'accessibilité»); ausführlich PERRIG, Zugänglichkeitsregel, 29 ff.; PERRIG, Einbeziehung, 171 ff.; so auch das deutsche Recht § 305 Abs. 2 BGB; a.A. BIERI, ZSR 2012, 201 ff.

AGB-Verwender diesen beiden Zugänglichkeitskriterien nach[411], kann daraus im Regelfall das *Einverständnis des Kunden* zur Übernahme der AGB entnommen werden und somit der Globalakzept als für die rechtsgeschäftliche Einigung über die Einbeziehung der AGB ausreichend erachtet werden[412]. Die Hinweis- und Kenntnisverschaffungsobliegenheiten des AGB-Verwenders sind somit kein überspitzter Formalismus, sondern Ausdruck des *Konsensprinzips*[413]. Erfüllt der AGB-Verwender diese nicht rechtzeitig oder nicht hinreichend, werden die AGB mangels Konsenses nicht Vertragsbestandteil und der

---

411 Die Obliegenheiten des AGB-Verwenders zum Hinweis auf die AGB und zur Einräumung der Möglichkeit der Kenntnisnahme der AGB gehören beide zu demselben Akt der Zugangsverschaffung der AGB und bilden daher zusammen die Erfordernisse unter der Zugänglichkeitsregel. Zu beachten gilt es, dass das Bundesgericht in seinen neueren Entscheiden (namentlich in BGE 148 III 57, 59, E 2.1.2; 139 III 345, 349, E. 4.3 und BGer 4A_47/2015, E. 5.4.1) und ein Teil der Lehre bloss die Möglichkeit der zumutbaren Kenntnisnahme unter der Zugänglichkeitsregel prüfen, jedoch die ebenfalls erforderliche Obliegenheit zum Hinweis auf die AGB separat oder gar nicht behandeln. Aus dogmatischer und methodologischer wäre es begrüssenswert, wenn beide Zugänglichkeitskriterien (d.h. Hinweis und Kenntnisnahmemöglichkeit) als komplementäre Einbeziehungsvoraussetzungen im gleichen Kontrollschritt geprüft werden (so etwa § 305 Abs. 2 BGB; ähnlich bereits BGE 77 II 156, E. 4; 100 II 200, 209 f., E. 5d.), zumal sie auch in der Praxis oft miteinander einhergehen (z.B. schriftlicher Hinweis auf die umseitig abgedruckten AGB).

412 Nur dann darf der AGB-Verwender nach Treu und Glauben annehmen, dass der Kunde sich der Massgeblichkeit der AGB bewusst war. Vgl. sinngemäss GAUCH/SCHLUEP/SCHMID, OR AT, N 1134; BGer 4A_347/2011, E. 2 (in Bezug auf die Ungewöhnlichkeitsregel); HGer AG, HOR.2018.5, 13 f., E. 4.2.1.2, Urteil vom 21. März 2019; aus der deutschen Literatur MEDICUS/PETERSEN, BGB AT, N 408 (der Einverständniserklärung kommt keine selbständige Bedeutung zu, wenn der Hinweis auf die AGB erfolgt ist und diese zugänglich gemacht worden sind). Eine tatsächliche Kenntnisnahme der einzelnen AGB-Bestimmungen durch den Kunden ist in solchen Fällen nicht notwendig (statt vieler HUGUENIN, OR, N 616).

413 BGE 77 II 156, E. 4; 100 II 200, 209 f., E. 5d; 148 III 57, 59, E. 2.1.2. Als konkretisierte Konsenserfordernisse tragen sie der für rechtsgeschäftliche Erklärungen massgebenden Empfangstheorie und dem Vertrauensprinzip Rechnung, indem der AGB-Verwender (durch Erfüllung der Zugänglichkeitsobliegenheiten) den Vertrauenstatbestand selber schaffen muss, auf den er sich später berufen will (PERRIG, Zugänglichkeitsregel, 38, 43 ff.; PERRIG, Einbeziehung, 171 ff.; ähnlich SHK UWG-PROBST, Art. 8 N 353 Fn 400; ebenfalls als Konsenserfordernis qualifizierend GAUCH/SCHLUEP/SCHMID, OR AT, N 1134; BK-MÜLLER, Art. 1 N 323; HUG, formation du contract, N 1518); a.A. KOLLER, AJP 2016, 286, der die Grundlage der Zugänglichkeitsregel bei Konsumentenverträgen in einer analogen Anwendung von Art. 4 PauRG sieht, wobei Art. 4 PauRG weder die Hinweisobliegenheit noch das Kriterium der Zumutbarkeit der Kenntnisnahme vorsieht.

Vertrag kommt ohne Einbeziehung der AGB zustande[414]. Die hier dargelegten Einbeziehungsvoraussetzungen für AGB gelangen grundsätzlich sowohl im b2c- als auch im b2b-Verkehr zur Anwendung, wobei die Anforderungen im b2b-Bereich geringer sind als im b2c-Bereich[415].

2. Massgebender Zeitpunkt der Einbeziehung

a. Einbeziehung vor bzw. bei Vertragsschluss

Damit der Handlungs-, Geschäfts- und Erklärungswille der Vertragsparteien die Einbeziehung der konkreten AGB umfasst, müssen die Zugänglichkeitsvoraussetzungen, d.h. der deutliche Hinweis und die Möglichkeit zumutbarer Kenntnisnahme, *vor bzw. spätestens bei Vertragsabschluss vorliegen*[416]. Grundsätzlich sollte für die rechtzeitige Zugänglichkeit der AGB derjenige Zeitpunkt als massgebend erachtet werden, in dem der *Kunde die ihn verpflichtende Einbeziehungserklärung* abgibt, gleichgültig ob als Bestandteil des Vertragsangebots oder der Vertragsannahme[417]. In jedem Fall muss aber der Hinweis auf die AGB schon zu jenem Zeitpunkt erfolgen, in dem der AGB-Verwender sein bindendes Angebot abgibt, während die Möglichkeit zumutbarer Kenntnisnahme als zweite Zugänglichkeitsobliegenheit erst gewährleistet sein muss, bevor der Kunde seinerseits eine vertragskonstituierende Erklärung äussert[418]. Sind die Einbeziehungserfordernisse bei Vertragsschluss nur 124

[414] BGE 77 II 156, E. 4; 100 II 200, 209 f., E. 5d.; MORIN, ZSR 2009, 497, 518; HUG, formation du contract, N 1551; für das deutsche Recht § 306 Abs. 1 BGB; BGH, NJW 2010, 864. Vgl. näher zur Rechtsfolge unten N 175 ff.

[415] SCHWENZER/FOUNTOULAKIS, OR AT, N 45.05; ausführlich PERRIG, Zugänglichkeitsregel, 292 ff.; HGer AG, HOR.2018.5, 14, E. 4.2.1.2, Urteil vom 21. März 2019. Im b2b-Verkehr kommt insb. bei laufender Geschäftsverbindung zwischen Unternehmern oder bei einem Handelsbrauch eine stillschweigende Übernahme der AGB (ohne deren Zugänglichmachung) in Betracht. Vgl. BGE 77 II 154, 155 f.; BK-KRAMER, N 198 ff.; vgl. dazu unten N 261 ff.

[416] PERRIG, Zugänglichkeitsregel, 49 ff. (m.w.N.); PERRIG, Einbeziehung, 172; HUG, formation du contract, N 1528; HGer AG, HOR.2018.5, 13 f., E. 4.2.1.2, Urteil vom 21. März 2019. Vgl. auch Art. 4 Abs. 1 PauRG; Art. 3 Abs. 1 VVG; Art. 2:104 Abs. 1 PECL und Art. II-9:103 Abs. 1 DCFR (*«before or when the contract was concluded»*).

[417] PERRIG, Zugänglichkeitsregel, 53; PERRIG, Einbeziehung, 172 f.; GAUCH/SCHLUEP/SCHMID, OR AT, N 1134; HGer AG, HOR.2018.5, 14, E. 4.2.1.2, Urteil vom 21. März 2019; so auch die deutsche Rechtsprechung: BGH, NJW 2010, 867.

[418] Vgl. PERRIG, Einbeziehung, 173; BGH, NJW 2010, 867; SCHMIDT, AGB, NJW 2011, 1633, 1638.

bezüglich eines Teils der AGB erfüllt, so wird lediglich dieser Teil zum Vertragsbestandteil erhoben[419]. Ungeachtet dessen können die Vertragsparteien AGB auch jederzeit nach Vertragsschluss durch entsprechenden Konsens noch übernehmen[420]. Schliesslich sollte der AGB-Verwender die massgebenden AGB auch *nach Vertragsschluss während der gesamten Dauer der Vertragsbeziehung* (bzw. solange der AGB-Verwender oder der Kunde Rechte und Pflichten aus den AGB ableitet) verfügbar halten, damit sich der Kunde während der Vertragsabwicklung weiterhin über seine Rechte und Pflichten informieren kann[421].

125 Das Erfordernis der Zugänglichkeit von AGB «bei Vertragsschluss» hat zur Folge, dass es nicht nur als Schranke gegen eine zu späte, sondern auch gegen eine *zu frühe Zustellung* zu verstehen ist[422]. Der erforderliche AGB-Bezug, welcher bei jedem einzelnen Vertrag neu hergestellt werden muss, kann durch Zeitablauf wieder erlöschen[423]. Diese Schranke bedeutet aber nicht, dass frühere Erklärungen und Hinweise auf AGB des Verwenders im Zuge von Verhandlungen per se unwirksam sind. So wirken *frühere Hinweise* und zugänglich gemachte AGB des Verwenders bis zum Vertragsschluss fort, wenn sie in einem zeitlich und funktionell erkennbaren Zusammenhang mit dem Vertragsschluss stehen, für den sie Geltung erlangen sollen, und somit noch eindeutig als Teil der konkreten

---

419 PERRIG, Einbeziehung, 173; PFEIFFER in Wolf/Lindacher/Pfeiffer, § 305 BGB N 100.

420 GAUCH/SCHLUEP/SCHMID, OR AT, N 1128d; KOLLER, OR AT, N 23.25. Vgl. zu «nachgeschobenen» AGB unten N 128.

421 Dies sollte primär im b2c-Verkehr bei umfangreicheren bzw. komplexeren AGB gestützt auf das Gebot von Treu und Glauben im Geschäftsverkehr (Art. 2 Abs. 1 ZGB) sowie auf dem darauf gründenden Transparenzgebot gelten. Nach der hier vertretenen Ansicht schadet die fehlende Verfügbarkeit der AGB nach Vertragsschluss nicht der wirksamen Einbeziehung (sofern die Zugänglichkeitserfordernisse bei Vertragsschluss erfüllt waren). Angemessen erscheint eher die Annahme einer Pflicht des AGB-Verwenders zur (dauerhaften und transparenten) Zugänglichhaltung der massgebenden AGB während der gesamten Vertragsabwicklung (insb. im E-Commerce), die es dem Kunden ermöglicht, bei Bedarf die Zugangsverschaffung der fraglichen AGB auch nach Vertragsschluss beim AGB-Verwender anzufordern und ggf. (d.h. bei Verletzung dieser Pflicht) gerichtlich durchzusetzen. Siehe dazu m.w.H. PERRIG, Zugänglichkeitsregel, 96 ff.; andeutungsweise RUSCH, AJP 2019, 633.

422 FORSTMOSER, Standortbestimmung, 23, 40; PERRIG, Einbeziehung, 173. Dies ist etwa der Fall, wenn AGB in einer Werbesendung im Teleshopping nur für kurze Zeit auf dem Fernsehbildschirm eingeblendet werden und der Kunde erst nach dem Ende der Sendung die Bestellung telefonisch tätigt.

423 Dies kann insb. dann der Fall sein, wenn die Vertragsverhandlungen für eine längere Zeit ruhen (PERRIG, Zugänglichkeitsregel, 51; PERRIG, Einbeziehung, 173; HELLWEGE, AGB, 404, 426).

Vertragsverhandlungen anzusehen sind[424]. AGB-Abdrucke auf nicht-individualisierten Katalogen, Preislisten und dergleichen genügen dieser Anforderung jedoch nicht[425].

Bei Konsumentenverträgen entfalten frühere pauschale Hinweise auf AGB grundsätzlich keine Wirkung, ausser es wurde hierbei ein *Rahmenvertrag* vereinbart[426]. Durch den Rahmenvertrag werden AGB für alle künftig von ihm erfassten Verträge verbindlich, ohne dass die Einbeziehungsvoraussetzungen bei den kommenden Einzelvereinbarungen jeweils von Neuem erfüllt sein müssten oder in diesen auf den Rahmenvertrag bzw. die massgebenden AGB verwiesen werden müsste[427]. Der AGB-Verwender muss aber spätestens bei Abschluss der Rahmenvereinbarung dafür Sorge tragen, dass der Kunde angemessen auf die Massgabe der AGB für zukünftige bestimmte Rechtsgeschäfte hingewiesen und ihm die Möglichkeit zumutbarer Kenntnisnahme eingeräumt wird[428]. Zu diesem Zweck hat zum allgemeinen Hinweis auf die AGB namentlich ein spezifischer Hinweis des Verwenders auf seinen AGB-Geltungswillen hinsichtlich bestimmter kommender Geschäfte hinzuzutreten[429]. Häufig sehen Rahmen-AGB zudem ein Recht des AGB-Verwenders zur einseitigen AGB-Anpassung vor. Solche Klauseln können jedoch nur dann Geltung beanspruchen, wenn die Voraussetzungen, Inhalt und Umfang der künftigen Vertragsanpassung bestimmbar sind[430]. 126

Dem Kunden ist vor Vertragsschluss stets auch die für eine zumutbare Kenntnisnahme erforderliche *Informationszeit* einzuräumen[431]. Die Informationszeit 127

---

424 PERRIG, Zugänglichkeitsregel, 50 f.; sinngemäss FORSTMOSER, Standortbestimmung, 40. Als Teil der Verhandlungen gelten auch zusätzliche Ausweitungs- und Ergänzungsvereinbarungen.

425 Vgl. GIGER, Kontrolle AGB, 53; BK-KRAMER, Art. 1 N 188; SCHULER, Geltung AGB, 91 ff.; PERRIG, Einbeziehung, 173; a.A. ZK-SCHÖNENBERGER/JÄGGI, Art. 1 N 457.

426 Die stillschweigende Begründung eines AGB-Rahmenvertrages kann im b2c-Verkehr in aller Regel nicht angenommen werden; die blosse Existenz einer jahrelangen Geschäftsbeziehung oder auch die regelmässige Verwendung von AGB in laufenden Geschäftsbeziehungen genügt nicht, um *ipso iure* einen Rahmenvertrag entstehen zu lassen (weiterführend PERRIG, Zugänglichkeitsregel, 99 ff., insb. 102).

427 PERRIG, Zugänglichkeitsregel, 100 (m.w.N.).

428 PERRIG, Zugänglichkeitsregel, 101; sinngemäss SCHWENZER/FOUNTOULAKIS, OR AT, N 45.04; GIGER, Kontrolle AGB, 53, Fn 134.

429 PERRIG, Zugänglichkeitsregel, 101 (m.w.N.).

430 BGE 135 III 1, 10; SCHWENZER/FOUNTOULAKIS, OR AT, N 45.04. Siehe dazu unten N 130 ff. und N 860.

431 BGer 4C.282/2003, E. 3.3.; BGE 57 I 11; PERRIG, Zugänglichkeitsregel, 51 ff.; PERRIG, Einbeziehung, 174; BGH, NJW 2009, 1486. Dadurch soll dem Kunden die Abwägung der Risiken und Lasten der unterbreiteten AGB-Klauseln sowie deren allfällige Ablehnung ermöglicht werden (BGH, NJW 2010, 867).

kann je nach Umfang und Komplexität des AGB-Inhaltes und des zugrunde liegenden Geschäfts sowie je nach der redlichen Üblichkeit des betreffenden Geschäftsverkehrs variieren[432]. In diesem Sinne sollte dem Kunden beispielsweise bei umfangreichen AGB eines Bauvertrags mehr Zeit für deren Kenntnisnahme eingeräumt werden als bei kurzen AGB eines simplen Beförderungsvertrags im Massenverkehr[433].

b. Einbeziehung nach Vertragsschluss (nachgeschobene AGB)

128 In der Praxis begegnet man häufig der Konstellation, dass eine Partei erst *nach Vertragsschluss* bzw. nach erfolgter Einigung über die wesentlichen Vertragspunkte auf ihre AGB Bezug nimmt (*«nachgeschobene AGB»*). Wird den Einbeziehungsvoraussetzungen erst nach Vertragsschluss (oder gar nicht) Genüge getan, werden die AGB nach allgemeinen vertragsrechtlichen Grundsätzen nicht Vertragsinhalt, sofern keine nachträgliche konsensuale Änderung erfolgt oder ein wirksamer Änderungsvorbehalt vereinbart ist[434]. So erfolgt ein Hinweis auf die AGB oder die Zugänglichmachung der AGB erst bei Auslieferung des Vertragsgegenstandes (Liefer- oder Garantieschein), bei Erbringung einer Dienstleistung, bei einer (elektronischen) Versandanzeige, bei Quittierung oder Rechnungsstellung regelmässig nach Vertragsschluss und deshalb für die Einbeziehung zu spät[435]. Der Verweis des Verwenders auf seine AGB bzw. die erstmalige Möglichkeit ihrer Kenntnisnahme nach Vertragsschluss stellt vielmehr eine *Offerte zur Vertragsänderung* (Geltung des bereits geschlossenen Vertrages mit den neu offerierten AGB) dar[436]. Es steht dabei den Vertragsparteien offen, AGB erst im Nachhinein durch einen sog. *Änderungsvertrag* zu übernehmen[437]. Allerdings setzt dieser einen Konsens über die Modifikation

---

432 Als Faustregel gilt: Je umfangreicher und komplexer die AGB sind, desto länger muss die Informationszeit sein (m.w.N. PERRIG, Zugänglichkeitsregel, 52).

433 PERRIG, Einbeziehung, 174.

434 BK-KRAMER, Art. 1 N 214; SCHWENZER/FOUNTOULAKIS, OR AT, N 45.02; TERCIER/PICHONNAZ, N 931; im Grundsatz auch HGer ZH, Urteil vom 5. Oktober 2021, HG190234-O U, E. 3.3.2.

435 PERRIG, Zugänglichkeitsregel, 55 ff.; BK-KRAMER, Art. 1 N 214; GAUCH/SCHLUEP/SCHMID, OR AT, N 1128d. Etwas anderes gilt bei einem vom Kunden zu unterzeichnenden Antrags- oder Bestellschein, der vor Vertragsschluss ausgehändigt wird und auf dem ein deutlicher Hinweis samt AGB mit abgedruckt ist (ZK-SCHÖNENBERGER/JÄGGI, Art. 1 N 453, 458).

436 KOLLER, OR AT, N 23.26; SCHWENZER/FOUNTOULAKIS, OR AT, N 45.02; HGer ZH, Urteil vom 5. Oktober 2021, HG190234-O U, E. 3.3.2.

437 Statt vieler GIGER, Kontrolle AGB, 58; vgl. auch BGH, NJW 2010, 864.

des bereits geschlossenen Vertrages voraus, woran es in aller Regel fehlt; das Stillschweigen des Kunden kann in solchen Fällen nicht als Zustimmung im Sinne von Art. 6 OR gewertet werden[438], da es dem Kunden nicht zuzumuten ist, AGB-Hinweise oder -Texte auf Lieferscheinen, Rechnungen und dergleichen zur Kenntnis zu nehmen und darauf zu reagieren[439]. Für nachgeschobene AGB gelten daher die Einbeziehungskriterien sinngemäss, wobei zumindest im Konsumentenverkehr *erhöhte Anforderungen an den Hinweis* auf die AGB[440] sowie (bei nachteiligen Vertragsänderungen) eine ausdrückliche Zustimmung des Kunden zu den nachgeschobenen AGB erforderlich sind. Nachgeschobene AGB können auch nicht späteren Vereinbarungen der betreffenden Vertragsparteien zugrunde gelegt werden[441]. Teilweise wird die Ansicht vertreten, dass sich der Kunde auch damit einverstanden erklären kann, die AGB erst nach Vertragsschluss zu erhalten[442]; anders als bei einem formularmässigen Verzicht ist gegen einen individuell und ausdrücklich vereinbarten freiwilligen Verzicht hinsichtlich der Kenntnisnahme grundsätzlich nichts einzuwenden[443].

c. Änderung oder Neufassung von AGB

Die *Änderung bzw. Neufassung* von AGB in bestehenden Verträgen spielt bei Dauerschuldverhältnissen im Massenverkehr, etwa im Bankenverkehr oder im Versicherungswesen, eine bedeutende Rolle. In der Praxis behalten sich AGB-Verwender beim Vertragsschluss häufig das Recht zur (einseitigen) Änderung von AGB vor. Wenn allerdings die ursprünglich einbezogenen AGB die Möglichkeit ihrer eigenen Änderung nicht selber – anhand einer Änderungsklausel – festlegen, muss eine Einbeziehung neu gefasster AGB in bestehende Verträge 129

---

438 In diesem Sinne auch BGE 98 Ia 314 E. 5b (in Bezug auf eine Gerichtsstandklausel, die auf der Rückseite einer «Auftragsbestätigung» und späteren Rechnungen abgedruckt war); BGE 84 I 36, 37; HGer ZH, Urteil vom 5. Oktober 2021, HG190234-O U, E. 3.3.2; PERRIG, Zugänglichkeitsregel, 59 ff.; HIGI, FS Ott, 495, 519 f.

439 BK-KRAMER, Art. 1 N 214; KOLLER, OR AT, N 23.26.

440 Der nachgeschobene Hinweis ist in eindeutiger Weise zur konkreten Vertragsänderung in Bezug zu setzen, da der Empfänger von Dokumenten nach Vertragsschluss für gewöhnlich nicht mit darin platzierten AGB-Offerten rechnet (PERRIG, Zugänglichkeitsregel, 58 f.; SCHMIDT, AGB, NJW 2011, 1638).

441 Es ist dem Kunden unzumutbar, nachgeschobene AGB im Hinblick auf deren Relevanz für zukünftige Vertragsschlüsse studieren zu müssen (BK-KRAMER, Art. 1 N 214; SCHULER, Geltung AGB, 97; a.A. ZK-SCHÖNENBERGER/JÄGGI, Art. 1 N 458).

442 CR CO I-DESSEMONTET, Art. 1 N 45 (1. Aufl.); FURRER, Beförderungsbedingungen, 144, Fn 20.

443 Vgl. zu den Voraussetzungen eines derartigen Verzichts PERRIG, Zugänglichkeitsregel, 276 ff.

wiederum den *allgemeinen Einbeziehungsanforderungen entsprechen*[444]. Ebenso verhält es sich, wenn bloss einzelne Klauseln in einem AGB-Text geändert werden. Analog zur Einbeziehung von nachgeschobenen AGB muss der Verwender auf die geänderten AGB (bzw. die geänderten Klauseln) besonders hinweisen und dem Kunden eine zumutbare Kenntnisnahme ermöglichen, wobei es zumindest im Konsumentenverkehr bei nachteiligen Vertragsänderungen einer ausdrücklichen Zustimmung des Kunden bzw. eines ohne weiteren erkennbaren, darauf gerichteten, tatsächlichen Erklärungsbewusstsein bedarf[445]. So genügt etwa der blosse Verweis auf die Publikation der geänderten AGB im Internet (z.B. auf der Website des Verwenders) regelmässig nicht für eine zumutbare Kenntnisnahme[446].

130 Soweit beim ursprünglichen Vertragsschluss eine *Änderungsklausel* (auch Änderungsvorbehalt oder Bedingungsänderungsklausel genannt) in den AGB angebracht wurde, welche dem Verwender das Recht zur späteren Änderung der AGB nach eigenem Ermessen einräumt, können dadurch Einbeziehungsschwierigkeiten im Zusammenhang mit AGB-Anpassungen entschärft werden. Allerdings gelten schrankenlose einseitige Änderungsrechte («carte blanche-Klauseln»)[447] ohne Beteiligung des Kunden (insb. ohne Informations-, Widerspruchs- oder Kündigungsmöglichkeit) mangels Konsens *a priori* als unzulässig[448]. Solch unbestimmte Änderungsklauseln, die eine beliebige Anpassung der AGB durch den Verwender vorsehen, verletzen das mit dem Transparenz-

444 Es handelt sich insoweit um eine Vertragsänderung, welche den gleichen Grundsätzen wie der ursprüngliche Vertragsabschluss unterliegt (PERRIG, Zugänglichkeitsregel, 66 ff.; sinngemäss RUSCH/HUGUENIN, SZW 2008, 37, 53).

445 Der Verwender hat die Änderung der AGB als solche klar zu bezeichnen; ein gewöhnlicher Hinweis genügt nicht, weil der Kunde daraus nicht schlüssig ersehen kann, dass es sich um geänderte AGB handelt. Zudem gilt eine Übersicht zu den vorgenommenen Anpassungen oder eine ausdrückliche Erwähnung in einem Begleitschreiben (ggf. mit Erläuterungen) als empfehlenswert (PERRIG, Zugänglichkeitsregel, 67 ff.).

446 So auch HUGUENIN/MAISSEN, Bedingungsänderungsklauseln, 108; PERRIG, Zugänglichkeitsregel, 69 f.; PERRIG, Einbeziehung, 176.

447 KRAMER/PROBST, OR AT, N 240.

448 BGE 135 III 1, 10, E. 2.5: «Ein undefiniertes Gestaltungsrecht zur einseitigen Abänderung vertraglicher Leistungspflichten widerspräche der Natur und dem Zweck des Vertrags, mit dem Rechte und Pflichten jeder Vertragspartei gerade definiert werden sollen.» Vgl. auch KRAMER/PROBST, OR AT, N 240; PERRIG, Einbeziehung, 176; MITROVIC, Änderungsklauseln, N 126 f. Vgl. auch zur AGB-rechtlichen Beurteilung von Bedingungsänderungsklauseln unten N 858 ff.

gebot zusammenhängende und für den Konsens erforderliche Bestimmtheitsgebot, da es im Zeitpunkt des Vertragsschlusses an der Bestimmbarkeit des massgebenden Vertragsinhalts fehlt[449].

Entsprechend sollte in der Änderungsklausel der Anlass (bzw. das erwartete Ereignis), der Leistungsinhalt und der Umfang der zukünftigen Anpassungen hinreichend konkretisiert bzw. bestimmbar (z.B. anhand von objektiven Referenzwerten wie dem Landesindex für Konsumentenpreise) und sachlich begründet sein[450]. Damit die (genügend bestimmte) Änderungsklausel ihre Wirksamkeit für künftige AGB-Änderungen entfalten kann, muss sie zudem dem Kunden in Bezug auf die vorbehaltenen Anpassungen ein *Mindestmass an Beteiligung* im Sinne einer angemessenen Widerspruchs- oder Kündigungsfrist zugestehen, ansonsten fällt sie – soweit kein spezieller Hinweis auf die Änderungsklausel existiert – gemäss Bundesgericht der Ungewöhnlichkeitsregel zum Opfer[451]. Dabei sind solche Klauseln unwirksam, auf deren Grundlage AGB-Änderungen ohne individuelle Mitteilung an den Kunden erfolgen und die kein oder lediglich ein 131

449 BGE 135 III 1, 10, E. 2.5 («…denn ein Vertrag kommt nur zustande, wenn Leistungsinhalt sowie -umfang mindestens bestimmbar sind und so auch erfüllt werden können»); KRAMER/PROBST, OR AT, N 240. Dies gilt auch für sog. dynamische Verweisungen wie z.B.: «Es gelten die AGB in der jeweils gültigen Fassung» (PERRIG, Zugänglichkeitsregel, 75 ff., 79 f., 241). Auch eine inhaltliche Unangemessenheit gemäss Art. 8 UWG kommt in Betracht. Subsidiär können uneingeschränkte Änderungsklauseln eine (persönlichkeitswidrige) übermässige Bindung nach Art. 27 Abs. 2 ZGB erzielen (HUGUENIN/MAISSEN, Bedingungsänderung, 106). Vgl. eingehend zur Problematik von Anpassungsklauseln unten N 858 ff.

450 BGE 135 III 1 E. 2.5.; PERRIG, Zugänglichkeitsregel, 81; PERRIG, Einbeziehung, 176; im Ergebnis ebenso KRAMER/PROBST, OR AT, N 240. Die möglichen Änderungen müssen «zumindest in den Grundzügen» bestimmbar sein, wobei eine Prüfung aufgrund der Formulierung und der Umstände im Einzelfall entscheidend bleibt (m.w.N. MITROVIC, Änderungsklauseln, N 128 ff.). Vgl. ansatzweise auch BGer 4A_126/2023, E. 3.6, wonach das Recht der Versicherungsgesellschaft, einseitig Tarife festzulegen, «jedenfalls hinreichend klar aus ihren Versicherungsbedingungen hervorgehen» muss (in Anwendung der Unklarheitenregel). Dabei gilt es jedoch weiterhin zu beachten, dass die möglichen Änderungen auch bei einem hinreichend klar formulierten einseitigen Änderungsrecht immer noch zumindest bestimmbar bleiben müssen (vgl. jedoch BGer 4A_578/2019, E. 4.4, in dem das Bestimmtheitsgebot auf der Konsensebene nicht hinreichend diskutiert wurde).

451 BGE 135 III 1, E. 2.5., 2.6., 3.3.; PERRIG, Zugänglichkeitsregel, 80, 82 ff.; im Ergebnis gleich KRAMER/PROBST, OR AT, N 240. Analog zu den herkömmlichen Zahlungsfristen im Konsumentenverkehr wäre eine Erklärungsfrist von vier Wochen bzw. eines Kalendermonats angemessen (HUGUENIN/MAISSEN, Bedingungsänderung, 116). Zur Klarstellung sei erwähnt, dass die Einräumung eines Kündigungsrechts das für den Konsens erforderliche Bestimmtheitsgebot nicht ersetzen kann (siehe aber möglicherweise missverständlich BGE 135 III 1, E. 3.3, in dem das Bundesgericht die Geltung der Änderungsklausel primär aufgrund des fehlenden Kündigungsrechts gestützt auf die Ungewöhnlichkeitsregel verneint hat).

allgemeines Publikationsorgan (z.B. Veröffentlichung im Internet) vorsehen[452]. Daher sollten auch die Form der Änderungsmitteilung (z.B. Zustellung der beabsichtigten AGB-Anpassungen jeweils per E-Mail an die beim AGB-Verwender hinterlegte Adresse des Kunden) sowie das Verfahren der Übernahme der Neufassung in der Klausel selbst festgelegt und bei der Vornahme der Änderung entsprechend eingehalten werden[453]. Ansonsten muss das dem Kunden eingeräumte Widerspruchsrecht (und somit auch die Änderung) als obsolet erachtet werden[454]. In diesem Sinne muss der AGB-Verwender dem Kunden (auch bei Bestehen einer Änderungsklausel) bei jeder beabsichtigten AGB-Anpassung die angepassten AGB zugänglich machen und besonders auf die massgebenden AGB-Anpassungen hinweisen[455].

132 Ist eine hinreichend bestimmte und sachgerechte AGB-Änderungsklausel wirksam in den Vertrag einbezogen und der Kunde gestützt darauf über die beabsichtige AGB-Änderung hinreichend informiert worden, kann die stillschweigende Zustimmung des Kunden zur Änderung im Sinne von Art. 6 OR durch den ungenutzten Ablauf der vom Verwender eingeräumten angemessenen Widerspruchsfrist fingiert werden, soweit die AGB-Anpassung für den Kunden nach Treu und Glauben inhaltlich als konsensfähig und zumutbar erscheint[456]. Folglich gilt es zu beachten, dass selbst wenn eine Änderungsklausel in AGB den minimalen Bestimmtheits- und Zugänglichkeitsanforderungen zur Begründung eines Konsenses genügt, sich im Rahmen der Inhaltskontrolle aus der Einräumung eines zu grossen Ermessensspielraums für den AGB-Verwender ein ungerechtfertigtes

---

452 RUSCH/HUGUENIN, SZW 2008, 48, 53 f.; PERRIG, Einbeziehung, 176.

453 PERRIG, Zugänglichkeitsregel, 85; vgl. auch MITROVIC, Änderungsklauseln, N 363. Es sind insoweit zwei unterschiedliche Einbeziehungsvorgänge zu beachten: Zuerst muss die Änderungsklausel selbst in den ursprünglich übernommenen AGB den besonderen Konsensanforderungen genügen und dann in einem zweiten Schritt müssen die späteren (darauf gestützten) AGB-Anpassungen jeweils wiederum den hier beschriebenen Zugänglichkeitserfordernissen entsprechen.

454 PERRIG, Zugänglichkeitsregel, 85; sinngemäss LG Hamburg, ZGS 2009, 478.

455 PERRIG, Zugänglichkeitsregel, 85; vgl. auch MITROVIC, Änderungsklauseln, N 361 f. Der Charakter der Änderungsanzeige muss für den Kunden eindeutig erkennbar sein, wobei hierfür beispielsweise die synoptische Gegenüberstellung oder die Hervorhebung der Anpassungen in einem Begleitschreiben oder in einer E-Mail in Frage kommen. Dabei ist eine Hervorhebung der geänderten Klauseln dann nicht zwingend erforderlich, wenn die Neufassung nicht lediglich einzelne Klauseln angepasst, sondern die gesamten AGB vollständig umstruktiert hat. Eine Hervorhebung der Klauseln wäre so kaum mehr möglich und überdies für den Kunden nicht mit einer schnelleren Erfassbarkeit der angepassten Klauseln verbunden (vgl. BGH 29.07.2021 – III ZR 179/20, Rz. 37).

456 KRAMER/PROBST, OR AT, N 240; PERRIG, Einbeziehung, 177; aus dem deutschen Recht HELLWEGE, AGB, 474 f.

und erhebliches Missverhältnis zwischen den vertraglichen Rechten und Pflichten der Parteien gemäss Art. 8 UWG ergeben kann[457].

3. Deutlicher Hinweis auf AGB

Als erstes Erfordernis der Zugänglichkeitsregel ist für die wirksame Einbeziehung der AGB vor Vertragsschluss ein *hinreichend deutlicher Hinweis* des AGB-Verwenders gegenüber dem Kunden auf den Bestand und den Inhalt seiner AGB notwendig[458]. Durch das Anbringen des Hinweises in Gestalt einer entsprechenden Willenserklärung macht der Verwender den Kunden auf seine AGB (und den damit verknüpften Einbeziehungswillen) aufmerksam und stellt damit die Rechtslage klar[459]. Es handelt sich hierbei um ein konkretisiertes *Konsenserfordernis*[460]. Der Hinweis stellt eine *Obliegenheit des AGB-Verwenders* dar[461]. Diese Obliegenheit besteht jeweils für das gesamte Klauselwerk und nicht nur für Teile davon[462]. Liegt lediglich ein Hinweis auf einen spezifischen Teil der AGB vor, so erlangt nur dieser Teil Geltung (Partialkonsens, Art. 2 Abs. 1 OR)[463]. Umgekehrt reicht hingegen ein Hinweis bezüglich der AGB als Gesamtheit aus; es muss nicht auf jede Klausel der AGB einzeln ver- 133

457 MITROVIC, Änderungsklauseln, N 359 sowie unten N 862.

458 Vgl. m.w.N. zur erforderlichen deutlichen Verweisung auf AGB PERRIG, Zugänglichkeitsregel, 105 ff.; PERRIG, Einbeziehung, 177 ff.; GIGER, Kontrolle AGB, 52; KRAMER/PROBST, OR AT, N 235; BGE 100 II 200, 209; BGer 5A_998/2019, E. 3.3; HGer ZH, HG210003-O U/dz, E. II. 1.3.1, Urteil vom 14. Juli 2022; HGer AG, HOR.2018.5, 13, E. 4.2.1.2, Urteil vom 21. März 2019; ähnlich das deutsche Recht § 305 Abs. 2 BGB Nr. 1. Der erforderliche Hinweis auf die AGB dient der Zugangsverschaffung zu den AGB im Rahmen der Einbeziehung und bildet somit Teil der Zugänglichkeitsregel, denn der Kunde kann die vom AGB-Verwender ebenfalls einzuräumende Möglichkeit der Kenntnisnahme nur dann wahrnehmen, wenn er zunächst hinreichend auf den Bestand der AGB und den Einbeziehungswillen des AGB-Verwenders aufmerksam gemacht wurde. Zur Möglichkeit zumutbarer Kenntnisnahme als weiteres Erfordernis der Zugänglichkeitsregel unten N 143 ff.

459 PERRIG, Einbeziehung, 177; siehe ähnlich SHK UWG-PROBST, Art. 8 N 353 Fn 400, der den Hinweis als rechtsgeschäftliche Erklärung qualifiziert.

460 PERRIG, Zugänglichkeitsregel, 105 f.; ähnlich SHK UWG-PROBST, Art. 8 N 353 Fn 400.

461 PERRIG, Einbeziehung, 177. Dem Kunden wird durch die Verweisungsobliegenheit des AGB-Verwenders die diesbezügliche Erkundigungslast abgenommen und dem Verwender die Klarstellungslast über die gewünschte Einbeziehung der AGB übertragen (PERRIG, Zugänglichkeitsregel, 106; PFEIFFER in Wolf/Lindacher/Pfeiffer, § 305 BGB N 68).

462 PERRIG, Einbeziehung, 177.

463 PERRIG, Zugänglichkeitsregel, 107 (m.w.H.).

wiesen werden, da insoweit die zusätzlich vom AGB-Verwender zu verschaffende Möglichkeit zumutbarer Kenntnisnahme genügt[464]. Will der AGB-Verwender jedoch *ungewöhnliche bzw. überraschende Klauseln* in den Vertrag einbeziehen bzw. soll der Kunde in Bezug auf eine Klausel besonders gewarnt werden, ist gleichwohl zusätzlich ein *spezifischer Hinweis* auf die *einzelne Klausel* erforderlich[465].

a. Anforderung an die Deutlichkeit

134 Es fragt sich, auf welche Art und Weise der Hinweis des AGB-Verwenders gegenüber einem Kunden zu erfolgen hat. Der allgemeinen Regel von Art. 1 Abs. 2 OR folgend, wonach Verträge auch stillschweigend bzw. konkludent geschlossen werden können, ist eine Einbeziehung der AGB grundsätzlich sowohl durch ausdrückliche als auch stillschweigende Verweisung möglich[466]. Gleichwohl postulieren die Rechtsprechung und der überwiegende Teil der Literatur für den b2c-Verkehr einen ausdrücklichen Hinweis als Regelerfordernis[467]. Diese Auffassung geht dem Grundsatz nach in die richtige Richtung, jedoch gilt es, sie noch etwas zu justieren. Konkret sollte ein hinreichend *deutlicher Hinweis* statt eines stets ausdrücklichen Hinweises auf die AGB verlangt werden, wobei die hier beschriebene Deutlichkeit auch die *Klarheit der*

---

464 PERRIG, Zugänglichkeitsregel, 107; PFEIFFER in Wolf/Lindacher/Pfeiffer, § 305 BGB N 70.

465 PERRIG, Einbeziehung, 177 f. Andernfalls riskiert der AGB-Verwender, dass die konkrete Klausel für ungewöhnlich befunden wird und folglich unwirksam bleibt. Dies kann beispielsweise bei einer intransparenten Staffelverweisung (unten N 136) oder beim fehlenden Hinweis auf angepasste AGB (oben N 131) der Fall sein. Vgl. zur Ungewöhnlichkeitsregel unten N 193 ff.

466 BGE 94 II 197, 202, E 6; 108 II 416, 418, E. 1b; 119 II 443, 445, E 1a; aus der Lehre statt vieler GAUCH/SCHLUEP/SCHMID, OR AT, N 1128b; KUT, CHK, Art. 1 N 51 f.

467 BGE 77 II 156, E. 4 (die Gegenpartei soll «ausdrücklich und in nicht zu übersehender Weise auf das Bestehen allgemeiner Geschäftsbedingungen aufmerksam gemacht» werden); 94 II 202, E. 7.; 119 II 443, E. 1a; BGer 4C.427/2005, E. 2.1.; KLETT/HURNI, recht 2012, 80, 81 f., 85; BK-KRAMER, Art. 1 N 195; SCHMID, FS Koller, 854 f.; BK-MÜLLER, Art. 1 N 320; für das deutsche Recht explizit § 305 Abs. 2 BGB Nr. 1. «Ausdrücklich» ist der Hinweis, wenn er durch geschriebene oder gesprochene Worte oder ein Zeichen erfolgt und der geäusserte Willen aus den verwendeten Worten oder dem Zeichen unmittelbar hervorgeht. Im unternehmerischen Geschäftsverkehr ist dagegen in verschiedenen Konstellationen (insb. bei laufender Geschäftsverbindung und Branchenüblichkeit der AGB) kein ausdrücklicher Hinweis erforderlich (BGE 77 II 156; BK-KRAMER, Art. 1 N 197; PERRIG, Zugänglichkeitsregel, 294 f.); siehe dazu unten N 254 f.

Verweisung mit umfasst[468]. Dies vor allem, weil selbst ein ausdrücklicher Hinweis für einen Kunden undeutlich oder unklar sein kann[469], und zudem in gewissen Konstellationen bereits ein *blosser Umstand* (z.B. Aushang) oder eine *schlüssige Handlung* (z.B. Aushändigung der AGB) für das erforderliche Aufmerksammachen auf die AGB ausreichen kann[470]. Folglich ist nach hier vertretener Auffassung allein entscheidend, ob die Verweisung – egal in welcher Form – *hinreichend deutlich* erfolgt und somit letzten Endes den Zugang der Einbeziehungs- bzw. der Willenserklärung des AGB-Verwenders beim Kunden unter Berücksichtigung sämtlicher *Umstände des Einzelfalls* gewährleistet[471].

Ein Hinweis ist in erster Linie dann hinreichend deutlich, wenn er nach Treu und Glauben für den Kunden in der konkreten Situation derart *unmissverständlich und klar erkennbar* erfolgt, dass er ihn selbst bei flüchtiger Betrachtung und gewöhnlicher Aufmerksamkeit nicht übergehen kann[472] und ihm dadurch der Bestand der AGB vor Vertragsschluss mindestens bekannt sein sollte[473]. Auf welche Art und Weise der AGB-Verwender dies bewerkstelligt, ist grundsätzlich unerheblich, wobei aber den verschiedenen Formen (z.B. schriftlich, 135

468 PERRIG, Zugänglichkeitsregel, 108 ff.; PERRIG, Einbeziehung, 178; vgl. ferner GIGER, Kontrolle AGB, 52; KRAMER/PROBST, OR AT, N 235; für den E-Commerce SCHWAB, elektronische Verträge, 66 ff.; WEBER, E-Commerce, 350. Bereits BGE 100 II 200, 209 sprach vom Erfordernis, die Aufmerksamkeit der Gegenpartei «clairement» auf den Bestand der AGB zu richten. Gemäss KLETT/HURNI, recht 2012, 81 f., 85, verlangt die bundesgerichtliche Rechtsprechung, dass der Einbeziehungswille der Parteien «klar und deutlich» zum Ausdruck kommen muss. Das Deutlichkeitserfordernis beim Hinweis auf AGB bestätigte das Bundesgericht in BGer 5A_998/2019, E. 3.3, wonach «auf der Vorderseite über der Unterschrift des Konsumenten *deutlich* auf die umseitig angebrachten AGB hingewiesen» werden muss. Vgl. auch aus der neueren kantonalen Rechtsprechung HGer ZH, HG210003-O U/dz, E. II. 1.3.1, Urteil vom 14. Juli 2022 («Deutlichkeit des Hinweises»); HGer AG, HOR.2018.5, 13, E. 4.2.1.2, Urteil vom 21. März 2019 («den Kunden vor Vertragsschluss auf die Allgemeinen Geschäftsbedingungen eindeutig hinweist»).

469 Mangels begrifflicher Präzision wurden etwa aus dem Erfordernis der Ausdrücklichkeit Anforderungen und Abgrenzungen hergeleitet, die *de facto* gar nichts mit ihr zu tun haben: Beispielsweise spielt es für die Einbeziehung in der Tat eine grosse Rolle, ob der schriftliche Hinweis auf der Vertragsurkunde vor oder nach der Unterschrift steht (Erfordernis der deutlichen Verweisung), jedoch ist dies für die Ausdrücklichkeit des Hinweises ohne Belang. Der Hinweis erfolgt in beiden Fällen schriftlich und somit ausdrücklich (ähnlich für das deutsche Recht HELLWEGE, AGB, 445).

470 PERRIG, Einbeziehung, 178.

471 PERRIG, Einbeziehung, 179; ähnlich KLETT/HURNI, recht 2012, 81 f., 85.

472 Sinngemäss BGE 77 II 156.

473 Vgl. PERRIG, Einbeziehung, 179; ähnlich ZK-SCHÖNENBERGER/JÄGGI, Art. 1 N 456.

mündlich, fernmündlich oder elektronisch) und Modalitäten des Vertragsschlusses Rechnung zu tragen ist[474]. Als *Faustregel* gilt: Der Hinweis soll umso auffälliger sein, je weniger mit den AGB gerechnet werden muss. Ist der Hinweis in diesem Sinne deutlich und die dazu korrespondierenden AGB leicht zugänglich, so kann im Regelfall der daran anknüpfende Vertragsschluss mit dem Kunden nach dem Vertrauensprinzip auch als dessen Akzept der AGB gewertet werden[475].

136 Durch eine *eindeutige Bezugnahme* auf die AGB sollen dem Kunden komplizierte Auslegungsüberlegungen und beiden Parteien ein späterer Konflikt über die massgebende AGB-Fassung erspart bleiben[476]. Es empfiehlt sich daher, den Hinweis auf die AGB klar zu formulieren und die massgebenden AGB in der entsprechenden Verweisung sauber zu kennzeichnen[477]. Kommen etwa für den im Hinweis angegebenen AGB-Titel mehrere Klauselwerke bzw. unterschiedliche Fassungen in Frage, so muss der AGB-Verwender die von ihm intendierte Fassung genügend spezifizieren[478]. Problematisch sind ferner Hinweise auf die

---

474 PERRIG, Einbeziehung, 179. So bestimmt etwa die für das Vertragsangebot des AGB-Verwenders gewählte Form üblicherweise auch die Gestalt des Hinweises. Gelten für die Erzielung eines gültigen Vertragsschlusses gesetzliche oder vertraglich vereinbarte Formvorschriften, so sind diese auch für den Hinweis als Teil der Vertragsofferte zu beachten.

475 PERRIG, Einbeziehung 179. Im Ergebnis auch GIGER, Kontrolle AGB, 52. Vgl. näher zum kumulativ zum Hinweis hinzutretenden Erfordernis der Möglichkeit zumutbarer Kenntnisnahme unten N 143 ff.

476 Ist zweifelhaft, auf welche AGB sich der Hinweis des Verwenders beziehen soll, geht die unklare Verweisung– im Sinne einer «interpretatio contra proferentem» – zu Lasten des AGB-Verwenders (m.w.N. PERRIG, Zugänglichkeitsregel, 115 f.). Gestützt auf diesen Grundsatz ging gemäss BGer 4A_667/2016, E. 3.3 aus einer Verweisklausel auf SIA-Normen nicht klar hervor, ob die SIA-Normen nur für die Subunternehmer oder auch für den Bauunternehmer gelten sollen (vgl. dazu auch RUSCH, AJP 2019, 635).

477 Unklarheiten können vermieden werden, wenn der Hinweis auf die AGB eine wortgetreue Wiedergabe des relevanten AGB-Titels inklusive Bezeichnung der Version, des Datums und der Sprachfassung enthält (m.w.N. PERRIG, Zugänglichkeitsregel, 116 f.); vgl. aber weniger streng BGer 4A_213/2014, E. 2.3.2 (Fehlen des Ausgabedatums im Hinweis auf AVB sei unbeachtlich, da im konkreten Fall nach dem Vertrauensprinzip der pauschale Verweis die zum Zeitpunkt des Vertragsabschlusses geltenden AVB erfassen würde).

478 PERRIG, Einbeziehung, 179. Vgl. ähnlich SCHUMACHER, Vertragsgestaltung, N 1661; aus dem deutschen Recht SCHMIDT, AGB, NJW 2011, 1634; BGH, ZGS 2009, 231. Vgl. aber BGer 4A_330/2021, E. 5.2.2.3, 5.2.3, wonach das Bundesgericht die Geltung eines in AVB referenzierten WHO-Klauselwerks geschützt hat, obgleich das streitgegenständliche Klauselwerk bei Vertragsschluss nicht mehr die aktuellste Fassung darstellte und das Versicherungsunternehmen es trotz Vorliegen verschiedener Versionen unterliess, die massgebende Version im Hinweis zu spezifizieren (vgl. kritisch WILLIAM, HAVE 2022, 8 ff.).

Geltung von nicht beiliegenden AGB ohne Angabe ihrer Fundstelle[479]. Beim Einbezug mehrerer verschiedener «kollektiv übernommener» AGB (sog. *Sammelübernahme*) sollte der Verweis in der Vertragsurkunde eine klare Auflistung aller tatsächlich anwendbaren Regelungswerke enthalten und dabei ein in sich geschlossenes (widerspruchsfreies) Rang- bzw. Subordinationsverhältnis aufweisen, damit das Gesamtwerk in sich transparent bleibt[480]. Beim Einsatz von *kombinierten AGB*, bei denen von einem Klauselkatalog auf den anderen (z.B. Zusatzbedingungen) verwiesen wird (sog. *Staffelverweisung*), kann grundsätzlich ein deutlich erkennbarer, gesonderter Hinweis im ersten Klauselwerk auf das zweite genügen[481]. Stehen allerdings die Haupt-AGB nicht in einem sachlogischen Zusammenhang mit den Unter-AGB oder verweisen sie auf AGB von Drittparteien oder auf eine Vielzahl weiterer AGB, so reicht der Verweis in den Haupt-AGB auf die Unter-AGB in aller Regel (insb. im b2c-Verkehr) nicht mehr aus[482]. In solchen Fällen muss sich der Hinweis zu diesen weiteren Bedingungen ausserhalb der AGB (i.d.R. in der Vertragsurkunde selbst) befinden und sich in transparenter Weise auf sämtliche anwendbare AGB beziehen.

Das *Transparenzgebot* verlangt bereits für den Hinweis auf AGB eine gewisse *Lesbarkeit (Erkennbarkeit)* und *Verständlichkeit (Klarheit)*[483]. An der erforderlichen Erkennbarkeit der Verweisung fehlt es beispielsweise bei leicht übersehbarem Kleindruck und bei sonstigen Hinweisen, die an versteckter, unauffälliger 137

479 Vgl. PERRIG, Einbeziehung, 179; RUSCH, AJP 2021, 1133 (ein Verweis auf die «separaten Vertragsbedingungen des Drittanbieters, welche ergänzend zu diesen AGB zur Anwendung kommen» ist ungenügend); SCHMIDT, AGB, NJW 2011, 1634.

480 SCHUMACHER, Vertragsgestaltung, N 1655 f., 1663, 1668 ff.; PERRIG, Zugänglichkeitsregel, 117 f.; RUSCH, AJP 2019, 637; RUSCH, AJP 2021, 1132 f.; aus der deutschen Rechtsprechung BGH NJW-spezial 2006, 407.

481 PERRIG, Zugänglichkeitsregel, 118, 125. Allerdings sollte im ersten Klauselwerk der Hinweis auf das zweite Klauselwerk analog zur Gestaltung von ungewöhnlichen AGB-Klauseln besonders hervorgehoben werden, um die Kenntnis des global zustimmenden Kunden vom Verweis auf die weiteren AGB fingieren zu dürfen (vgl. zur Hervorhebung von ungewöhnlichen Klauseln unten N 207 ff.). Strenger wohl RUSCH, AJP 2019, 636 f. und SCHUMACHER, Vertragsgestaltung, N 1665, welche die indirekte Übernahme generell ablehnen. Inwiefern eine Staffelverweisung tatsächlich Geltung erlangt, hängt jedoch hauptsächlich davon ab, ob der Kunde auch in Bezug auf die verwiesenen AGB die Möglichkeit zumutbarer Kenntnisnahme hat (zustimmend RUSCH, AJP 2021, 1132 f.; vgl. zur Staffelverweisung unten N 163).

482 Vgl. auch RUSCH, AJP 2021, 1132 f. (bezgl. Verweis in AGB auf weitere AGB von Inkassobüros, mit denen der Kunde nicht rechnet und keinen direkten Vertrag abgeschlossen hat); ROBERTO/WALKER, recht 2014, 51 (bezgl. Verweis in AGB auf eine Vielzahl von weiteren für denselben Vertrag massgebenden AGB).

483 PERRIG, Zugänglichkeitsregel, 121 ff. (m.w.N.); sinngemäss BGE 129 V 51, 55 E. 2.3.

bzw. unübersichtlicher Stelle (z.B. in einem Fliesstext) platziert wurden[484]. Der Hinweis sollte bei Möglichkeit nicht in den AGB selbst platziert, sondern gesondert abgegeben werden, da ansonsten der Sinn des Hinweises verloren geht[485]. Allerdings schützte das Bundesgericht im Rahmen der Beurteilung eines Deckungsausschlusses den in AVB befindlichen Hinweis auf die nicht näher erläuterten «WHO-Pandemiestufen 5 oder 6»[486]. Dabei ist es selbst für den b2b-Verkehr fraglich, ob die blosse Erwähnung der «WHO-Pandemiestufen 5 oder 6» in AVB ohne Referenz auf das einzig im Internet befindliche, bereits bei Vertragsschluss nicht mehr aktuelle und in englischer Sprache abgefasste WHO-Regelwerk als angemessen deutlicher Hinweis genügt[487]. Schliesslich darf der sprachliche Ausdruck der Verweisung beim Kunden keine Zweifel

---

484 PERRIG, Einbeziehung, 180. In diesem Sinne auch MERZ, FS Schönenberger, 137, 148; BK-KRAMER, Art. 1 N 190, 207; HGer ZH, HG210003-O U/dz, E. II. 1.4.1.3, Urteil vom 14. Juli 2022. So im Grundsatz auch das Bundesgericht in BGE 77 II 156, E. 4 (die Gegenpartei soll «ausdrücklich und in nicht zu übersehender Weise auf das Bestehen allgemeiner Geschäftsbedingungen aufmerksam gemacht» werden); BGE 100 II 200, 209 f., E. 5d («...celui qui entend les imposer ait attiré clairement sur elles l'attention de son cocontractant...»).

485 PERRIG, Zugänglichkeitsregel, 122; HGer ZH, HG210003-O U/dz, E. II. 1.4.1.3, Urteil vom 14. Juli 2022; aus der deutschen Literatur Wolf/Lindacher/Pfeiffer-PFEIFFER, § 305 BGB N 69.

486 Dies erfolgte mit der Begründung, es müsse nicht für «jeden in den Allgemeinen Geschäftsbedingungen verwendeten Begriff Definitionen oder Erläuterungen im Volltext in den AGB abgedruckt werden» (BGer 4A_330/2021, E. 4.1.2, nicht publiziert in BGE 148 III 57; vgl. dazu kritisch EISNER-KIEFER, AJP 2022, 646 ff.; FUHRER; HAVE 2022, 171; WILLIAM, HAVE 2022, 8 ff.). Es handelt sich aber bei der Erwähnung der WHO-Pandemiestufen in den AVB nicht bloss um einen (auslegungsbedürftigen) allgemeingebräuchlichen Begriff, sondern letztendlich um eine Verweisung auf die im WHO-Klassifikationsdokument festgelegten Fachdefinitionen. Es stellt somit eine AGB-Staffelverweisung (bzw. eine Verweisung auf ein Regelwerk einer Drittorganisation) dar und müsste daher wiederum an den entsprechenden Zugänglichkeitsanforderungen (Hinweis und Möglichkeit zumutbarer Kenntnisnahme) gemessen werden. Zur Hinweisobliegenheit bei Staffelverweisungen siehe oben N 136 und zur Möglichkeit zumutbarer Kenntnisnahme bei Staffelverweisungen bzw. bei Verweisungen auf Regelwerke von Dritten unten N 160 ff.

487 Primär fehlt es an einer eindeutigen Bezugnahme, da in der nicht besonders hervorgehobenen Erwähnung weder der Titel (inklusive Spezifikation der massgebenden Version) noch die Fundstelle des von der WHO publizierten Klassifikationswerks angegeben wurde (so auch WILLIAM, HAVE 2022, 8 ff.). Vgl. zur in diesem Fall ebenfalls problematischen Möglichkeit zumutbarer Kenntnisnahme unten N 148.

über die beabsichtigte Einbeziehung verbindlicher AGB als Teil eines Rechtsgeschäfts aufkommen lassen[488]. Sinnentstellende, unverständliche oder mehrdeutige Formulierungen, Abkürzungen sowie Druck- oder Tippfehler erweisen sich als fatal[489].

b. Schriftlicher und (fern-)mündlicher Vertragsschluss

Nur schon aus Beweisgründen ist in aller Regel die *schriftliche Einbeziehung* 138
von AGB vorzuziehen. Bei der Verwendung von *Formularverträgen*, bei denen der Text der AGB jeweils im Vertragsdokument selbst eingearbeitet ist, bedarf es aber keiner besonderen Verweisung, weil im Normalfall durch die Formulargestaltung selbst auf alle Klauseln des Vertragstextes automatisch ausdrücklich bzw. deutlich hingewiesen wird[490]. In der Rechtsprechung und Lehre hat sich sodann folgende Maxime gebildet: Wer ein Schriftstück unterzeichnet, das auf der Vorderseite in schriftlicher Form deutlich auf den umseitigen Abdruck der AGB oder auf separat beiliegende AGB-Dokumente (Beilagen, Anhänge etc.) verweist, ist gebunden, wie wenn er diese noch gesondert unterzeichnet hätte[491]. Die Verweisung ist dabei hinreichend deutlich, wenn sie auf der Vorderseite *unmittelbar über der für den Kunden vorgesehenen Unter-*

---

488 Der Hinweis muss als klare Kennzeichnung von verbindlichen Vertragsbestimmungen verstanden werden. So sind Vermerke wie «Bitte lesen Sie die AGB» oder «Rückseite beachten» ungenügend (vgl. PERRIG, Einbeziehung, 180). Vgl. auch *obiter dictum* in BGE 138 III 411, E. 3.6, wonach unter dem Titel «Merkblatt» oder «Auszug» keine zusätzlichen (verbindlichen) AGB erwartet werden dürfen.

489 Als unzureichend einzustufen wäre im Konsumentenverkehr beispielsweise ein Hinweis auf die Massgeblichkeit der «SIA-Norm 118», weil dem Durchschnittskunden derartige Abkürzungen in aller Regel nicht geläufig sind (Schumacher, Vertragsgestaltung, N 1597, 1661). Anders als im unternehmerischen Rechtsverkehr ist es sogar fraglich, ob ein Verweis mit der Abkürzung «AGB» einem weder geschäftserfahrenen noch juristisch gebildeten Kunden ohne weiteres geläufig ist (vgl. PERRIG, Zugänglichkeitsregel 123 f.).

490 Die Einbeziehung birgt in solchen Fällen namentlich dann keine Probleme, wenn der Kunde ein Vertragsformular auf der Vorderseite unterschreibt, auf dem ebenfalls (vorderseitig) die gesamten AGB in prominenter Form in die Urkunde integriert sind. Vgl. im Ergebnis BK-KRAMER, Art. 1 N 188; GIGER, Kontrolle AGB, 51; BGE 64 II 357; 76 I 350.

491 BGer 5A_117/2022, E. 3.2.1; 5A_511/2012, E. 5.1; BGE 119 II 443, 445, E. 1a; 108 II 416, 418, E 1b; BK-KRAMER, Art. 1 N 188, 191; PERRIG, Einbeziehung, 180. Dieser Grundsatz gilt nicht nur für Antragsformulare und schriftliche Offerten des AGB-Verwenders, sondern generell für vertragskonstitutive Dokumente bzw. schriftliche Erklärungen.

schriftszeile optisch oder grafisch hervorgehoben (beispielsweise in gut lesbarem Fettdruck[492]) platziert wird[493]. Der Hinweis auf umseitige oder separate AGB erfasst allerdings nur die dort tatsächlich als AGB bezeichneten (und abgedruckten) Klauseln, jedoch nicht davon gesonderte Vorbemerkungen oder sonstige Ausführungen[494]. Schriftliche Hinweise ausserhalb des Angebots bzw. Vertragstexts werden dem Hinweiserfordernis in den meisten Fällen nicht gerecht. Für sich allein (d.h. ohne deutliche schriftliche Verweisung auf der Vorderseite) nicht ausreichend ist zudem der blosse Abdruck der AGB auf der Rückseite der Offerte bzw. der Vertragsurkunde[495]. Dasselbe gilt für die Wiedergabe des Klauselwerks in einem gesonderten Anhang oder in einer Beilage ohne Bezugnahme hierauf im massgebenden Vertragsdokument.

139 Beim *mündlichen Vertragsabschluss* wird ein deutlicher Hinweis auf die AGB entweder durch eine *unmissverständliche mündliche Erklärung* (z.B. beim Verkaufsgespräch) zum Bestandteil der Vertragsofferte erhoben oder häufiger durch einen *Aushang im Ladengeschäft* ersetzt. Allerdings erweist sich ein mündlicher Hinweis (z.B. durch das Ladenpersonal) besonders im Massenverkehr als nicht praktikabel und kann im Nachgang zum Vertragsschluss zu Beweisproblemen führen[496]. Ausnahmsweise darf sich der AGB-Verwender in mündlichen Vertragsschlusssituationen auf eindeutige, konkludente Umstände abstützen, wenn sie dabei die Funktion des deutlichen Hinweises adäquat wahrnehmen[497]. So sind der ausdrücklichen Verweisungserklärung bei mündlichen Vertragsschlüssen der Aushang, die offene, persönliche Aushändigung der AGB oder sonstige unmissverständliche Gesten gleichzustellen, soweit sie dem

---

492 Entscheidend ist eine optisch/grafisch auffällige Gestaltung. Die Hervorhebung kann neben dem Fettdruck beispielsweise auch durch einen unterstrichenen und/oder andersfarbigen bzw. kontrastreichen Hinweis erreicht werden (vgl. zur optischen Hervorhebung bereits BGE 77 II 156, E. 4).

493 BGE 100 II 200, 209 f., E. 5d; BGer 5A_998/2019, E. 3.3; BK-KRAMER, Art. 1 N 188; BK-MÜLLER, Art. 1 N 311 f. Befindet sich der Hinweis erst unterhalb der Unterschriftszeile, ist er nur dann ausreichend, wenn er derart deutlich hervorgehoben ist, dass er dadurch (trotz seiner ungünstigen Platzierung) einen klar erkennbaren integralen Bestandteil des Angebots bildet (BK-KRAMER, Art. 1 N 195, 207; BGE 84 II 562 erachtete einen nicht besonders hervorgehobenen Hinweis unterhalb der Unterschriftszeile für ungenügend). Ferner ungenügend sind an der Randleiste des Vertragsdokuments bzw. senkrecht zur Leserichtung angebrachte Hinweise oder die Verwendung einer gegenüber dem übrigen Vertragstext deutlich kleiner und enger gedruckten Schrift.

494 PERRIG, Einbeziehung, 181; SCHMIDT, AGB, NJW 2011, 1634. Vgl. auch *obiter dictum* in BGE 138 III 411, E. 3.6, wonach unter dem Titel «Merkblatt» oder «Auszug» keine zusätzlichen AGB erwartet werden dürfen.

495 KRAMER/PROBST, OR AT, N 235; BGE 85 II 569 f.

496 Siehe PERRIG, Zugänglichkeitsregel, 135. Vgl. zu Beweisfragen unten N 171 ff.

497 Ähnlich PFEIFFER in Wolf/Lindacher/Pfeiffer, § 305 BGB N 76.

Kunden den konkludenten Einbeziehungswillen des AGB-Verwenders bei Vertragsschluss tatsächlich aufdrängen[498].

Aufgrund der räumlichen Distanz bei *fernmündlichen Vertragsabschlüssen*[499] kann ein deutlicher Hinweis häufig nur in mündlicher Form erzielt werden[500]. Beim Vertragsschluss am Telefon bleibt dem Verwender häufig nichts anderes übrig, als den Kunden während des Telefonats durch eine Erklärung auf die Einbeziehung der AGB hinzuweisen. Alternativ könnte der Verwender sein Angebot samt deutlicher AGB-Verweisung dem Kunden vorab schriftlich zugänglich machen, so dass bei einer Annahme des Kunden per Telefon ein erneuter Hinweis hinfällig wird[501]. Bei Audio- und Videogesprächen via gängiger Online-Kommunikationsplattformen kann der AGB-Verwender unter Umständen auch mittels Chatfunktion oder Pop-up-Fenster während des Gesprächs auf die Geltung seiner AGB hinweisen. Der Hinweis im Chat muss wiederum nach den allgemeinen Grundsätzen deutlich hervogehoben und klar sein, idealerweise samt Einfügung der massgebenden AGB-Datei oder zumindest eines Direktlinks zu den online verfügbaren und speicherbaren AGB[502]. 140

c. Aushang statt Hinweis

In Konstellationen, in denen ein ausdrücklicher (d.h. schriftlicher oder mündlicher) Hinweis auf die AGB wegen der Art des Vertragsschlusses nur unter 141

---

498 PERRIG, Einbeziehung, 181 f. Nicht ausreichend sind dagegen verdeckte Übergaben von AGB wie etwa im Fall von Garantiekarten oder Lizenzvereinbarungen (z.B. *End User License Agreement*, kurz EULA genannt), welche der Ware in der Verpackung beigelegt sind und auf die der Kunde beim Kauf nicht besonders hingewiesen wird (häufig bei sog. Schutzhüllenverträgen bzw. *Shrink Wrap Agreements*). Der Kunde wird hier erst nach Vertragsschluss beim Öffnen der Verpackung auf den Bestand der AGB aufmerksam (zu Schutzhüllenverträgen PERRIG, Zugänglichkeitsregel, 368 ff.). Das Problem relativiert sich zumindest im Software-Bereich immer mehr, als Softwareangebote heutzutage in aller Regel direkt online bezogen werden und dort im Rahmen des elektronischen Vertragsschlusses ein deutlicher Hinweis auf die AGB leicht angebracht werden kann.

499 Fernmündliche Kommunikation im hier verwendeten Sinn umfasst Telefon einschliesslich Varianten von Telefon- und Videokonferenzen bzw. Fernseh- und Online-Kommunikation (z.B. Voice over IP, Skype, Teams, Zoom) oder vergleichbare Mittel der gleichzeitigen fernmeldetechnischen Kommunikation.

500 Konkludente Gesten oder Aushänge als Hinweisersatz scheiden beim telefonischen Vertragsschluss logischerweise aus.

501 PERRIG, Einbeziehung, 182. Ähnlich PFEIFFER in Wolf/Lindacher/Pfeiffer, § 305 BGB N 78.

502 Vgl. ausführlich zum elektronischen Geschäftsverkehr unten N 178 ff.

unverhältnismässigen Schwierigkeiten möglich ist, soll ein deutlich sichtbarer[503] *Aushang am Ort des Vertragsschlusses* bzw. an einer Stelle, die vor dem endgültigen Vertragsabschluss vom Kunden passiert werden muss[504], für die Einbeziehung ausreichen[505]. Den Hauptanwendungsfall stellen konkludent geschlossene, häufig automatisierte Massenverträge des täglichen Lebens dar, bei denen es auf Grund der Art des Vertragsschlusses zu keinem persönlichen Kontakt zwischen den Parteien kommt. Um die Einbeziehung bei derartigen Alltagsgeschäften nicht über Gebühr zu erschweren, ist eine grosszügige Handhabung angezeigt[506]. Ein *Aushang als Hinweisersatz* bietet sich etwa für den Erwerb von Berechtigungskarten (z.B. Eintrittskarten, Beförderungsschein), für die Benutzung von Schliessfächern, Garderoben oder Parkhäusern sowie für den automatisierten Warenbezug an[507]. In Kaufhäusern und Dienstleistungsstellen wird ein Aushang bei der Kasse in erster Linie bei Geschäften mit geringem Entgelt und bei Vertragsschluss ohne Personal (z.B. Selbstbedienungsladen, *«Self-Check-Out»*-Automaten) akzeptiert[508]. Hingegen dürfte mit fortschreitender Technologisierung ein Aushang bei Ticket- oder Kassenautomaten mit elektronischem Display (z.B. bei Bahn- und Busstationen) aufgrund der Visualisie-

503 Der Aushang muss für den Kunden unübersehbar (MORIN, ZSR 2009, 518; BK-KRAMER, Art. 1 N 195) und auch gut lesbar sein (KRAMER/PROBST, OR AT, N 235). Zum Zwecke der deutlichen Sichtbarkeit muss der Aushang eine auffällige und leicht zu entziffernde Schrift (insb. Grösse und Farbe) aufweisen und am Ort des Vertragsschlusses prominent sowie frei zugänglich aufgestellt werden. Denn dem Kunden ist es nicht zuzumuten, die Wände des Geschäftslokals nach etwaigen AGB-Aushängen abzusuchen. So darf er nicht in einer Flut von anderen Hinweisschildern – etwa zwischen zahlreichen plakativen Werbetafeln und Preisschildern verborgen – untergehen.

504 Der Ort des Vertragsschlusses meint diejenige Stelle, an welcher der angesprochene Kunde seine bindende Vertragserklärung bildet und abgibt. Werden etwa im Zuge des Vertragsschlusses Karten oder Marken gelöst oder bar bezahlt, so muss sich der Aushang in unmittelbarer Nähe zum entsprechenden Schalter befinden. Folglich fehlen beispielsweise Aushängen in einer Badeanstalt oder in einem Kinosaal die erforderliche Nähe zum Vertragsschluss. Dasselbe gilt für einen irgendwo an der Wand innerhalb eines Geschäftslokals oder eines Hotelzimmers angebrachten Aushang.

505 Siehe etwa MORIN, ZSR 2009, 518; BK-KRAMER, Art. 1 N 195; SCHWENZER/ FOUNTOULAKIS, OR AT, N 45.02; PERRIG, Einbeziehung, 182; ferner explizit für das deutsche Recht § 305 Abs. 2 BGB Nr. 1. Dem Aushang gleichzustellen sind Schilder, Plakate, Projektionen auf Leinwand bzw. Bildschirm sowie in anderer Form ausgelegte Texte.

506 Zutreffend für das deutsche Recht SCHMIDT, AGB, NJW 2011, 1637.

507 PERRIG, Einbeziehung, 182.

508 Differenzierend PERRIG, Zugänglichkeitsregel, 140 f. Wahlweise kann der Aushang auch deutlich sichtbar im Eingangsbereich des Geschäfts angebracht sein (ähnlich SCHMIDT, AGB, NJW 2011, 1637).

rungsmöglichkeiten am Bildschirm häufig nicht mehr unter die Ausnahmeregelung fallen[509]. Um zugleich bei einem Aushang die Möglichkeit zumutbarer Kenntnisnahme zu erfüllen, wird der Verwender regelmässig auch die AGB-Klauseln selbst zur Kenntnisnahme in den Aushang integrieren, wobei sich der ausgeschilderte AGB-Text auf wenige, kurze Klauseln beschränken sollte[510].

d. Konkludente Verweisung

Der überwiegende Teil der Lehre hält im b2c-Bereich ein *schlüssiges Verhalten* des AGB-Verwenders, wie etwa eine blosse (kommentarlose) Aushändigung des entsprechenden Klauselwerks, für unzureichend, um eine hinreichend deutliche Verweisung zu bewerkstelligen; es wird ein ausdrücklicher Hinweis auf die AGB verlangt[511]. Da die Grenzen zwischen ausdrücklichem Hinweis und schlüssigem Verhalten fliessend sind, ist jeweils im Lichte des Vertrauensprinzips unter Berücksichtigung sämtlicher Umstände des konkreten Einzelfalles zu prüfen, ob der AGB-Verwender den Kunden in deutlicher Weise auf die AGB aufmerksam gemacht hat. Der AGB-Verwender wird grundsätzlich nur dann von der Obliegenheit eines ausdrücklichen Hinweises entbunden, wenn der Zweck der Verweisung, den Kunden auf die Geltung der AGB aufmerksam zu machen, vor Vertragsschluss schon auf andere Weise erreicht worden ist[512]. So kann etwa beim mündlichen Vertragsschluss unter besonderen Umständen ausnahmsweise schon eine Aushändigung der AGB oder eine sonstige eindeutige Geste ausreichen[513]. Allerdings ist im b2c-Verkehr ein (ausdrücklicher) Hinweis nicht allein schon deshalb entbehrlich, weil die Verwendung der AGB 142

509 PERRIG, Zugänglichkeitsregel, 148. Es sollte in solchen Fällen analog zum E-Commerce ein unübersehbarer Hinweis als Hyperlink oder Pop-up-Fenster auf dem Automatendisplay beim Bestellvorgang erscheinen, der direkt zu den AGB führt bzw. diese direkt abbildet.

510 PERRIG, Zugänglichkeitsregel, 138.

511 Zum Beispiel SCHMID, FS Koller, 854 f.; BK-MÜLLER, Art. 1 N 320. Dies gilt auch für AGB-Verwender, die üblicherweise nur unter Zugrundelegung ihrer AGB kontrahieren (z.B. Banken, Versicherungen, Spediteure etc.); der nicht branchenversierte Kunde darf auch bei solchen Vertragsschlüssen nach wie vor erwarten, vom Verwender ausdrücklich auf die AGB hingewiesen zu werden (zutreffend BK-KRAMER, Art. 1 N 196; SCHULER, Geltung AGB, 107; FORSTMOSER, Standortbestimmung, 35 f.).

512 PERRIG, Einbeziehung, 183. Ähnlich für das deutsche Recht PFEIFFER in Wolf/Lindacher/Pfeiffer, § 305 BGB N 68.

513 Vgl. etwa weitgehend BGE 124 III 155, 158 E. 1a, bei dem die Zustellung einer Broschüre, welche die AGB (auf der letzten Seite abgedruckt) beinhaltete, als ausreichend erachtet wurde.

verkehrs- oder branchenüblich ist[514]. Eine konkludente (stillschweigende) Verweisung auf AGB kommt primär im unternehmerischen Geschäftsverkehr in Betracht, da zwischen Kaufleuten (bzw. Unternehmen) geringere Anforderungen an die Einbeziehung zu stellen sind[515].

4. Möglichkeit zumutbarer Kenntnisnahme

a. Zugänglichkeit der AGB als Konsenserfordernis

143 Damit die AGB «für die übernehmende Partei zugänglich sind»[516] und folglich gemäss der *Zugänglichkeitsregel*[517] nach Treu und Glauben als wirksam in den Vertrag einbezogen gelten, verlangt die Rechtsprechung und die herrschende Lehre neben einem deutlichen Hinweis[518], dass der AGB-Verwender dem Kunden spätestens bei Vertragsschluss die *Möglichkeit* verschafft, *in zumutbarer Weise vom Inhalt der Bedingungen Kenntnis zu nehmen*[519]. Es handelt sich dabei um

---

514 BK-KRAMER, Art. 1 N 196; SCHULER, Geltung AGB, 107; FORSTMOSER, Standortbestimmung, 35 f.

515 Siehe zur Einbeziehung von AGB im b2b-Verkehr unten N 253 ff.

516 So explizit zur bundesgerichtlichen Rechtsprechung KLETT/HURNI, recht 2012, 81 f., 85. Vgl. ferner aus der Lehre z.B. FURRER, Beförderungsbedingungen, 147 («leichten Zugang» zu AGB); SHK UWG-PROBST, Art. 8 N 353 Fn 400 (AGB müssen «leicht zugänglich sein»); RIGAMONTI, Zur Rechtmässigkeit des Handels mit Softwareproduktschlüsseln, AJP 2010, 588 («dass die AGB ... in zumutbarer Weise zugänglich sind»).

517 PERRIG, Zugänglichkeitsregel, 29 ff. und PERRIG, Einbeziehung, 170 ff.; inzwischen ebenfalls die Zugänglichkeitsregel postulierend und stellvertretend für die nunmehr h.L. GAUCH/SCHLUEP/SCHMID, OR AT, N 1134; in Bezug auf AVB BSK VVG-FUHRER, Art. 33 N 44 f. In BGE 148 III 57, 59, E. 2.1.2 hat nun auch das Bundesgericht die Zugänglichkeitsregel erstmals explizit als Regelerfordernis für den Konsens bei AGB anerkannt.

518 Vgl. zum erforderlichen Hinweis auf die AGB oben N 133 ff.

519 BGE 148 III 57, 59, E. 2.1.2; 77 II 154, 156, E. 4; 100 II 200, 209 f.; 139 III 345, 349, E. 4.3 (LugÜ-Sachverhalt); BGer 5A_117/2022, E. 3.2.1; 4A_47/2015, E. 5.4.1; ausführlich PERRIG, Zugänglichkeitsregel, 153 ff.; PERRIG, Einbeziehung, 183 ff.; vgl. ferner aus der h.L. SCHWENZER/FOUNTOULAKIS, OR AT, N 45.02 f.; KRAMER/PROBST, OR AT, N 236; GAUCH/SCHLUEP/SCHMID, OR AT, N 1134 f.; BK-MÜLLER, Art. 1 N 323 ff.; HUGUENIN, OR, N 616; TERCIER/PICHONNAZ, N 935; CR LCD-PICHONNAZ, Art. 8 N 53; KOLLER, OR AT N 23.47 ff.; KLETT/HURNI, (m.w.H. auf die Rechtsprechung), recht 2012, 81 f., 85; BSK VVG-FUHRER, Art. 33 N 44 f.; HUG, formation du contract, N 1507 ff. («règle de l'accessibilité»); für das deutsche Recht § 305 Abs. 2 Nr. 2 BGB; ähnlich auch das französische Recht Art. 1119 Abs. 1 Code Civil («Les conditions générales invoquées par une partie n'ont effet à l'égard de l'autre que si elles ont été portées à la connaissance de celle-ci»); vgl. auch Art. 3 VVG und Art. 4 PauRG; kritisch VISCHER, AJP 2014, 964; BIERI, ZSR 2012, 201 ff.

eine *vorvertragliche Aufklärungsobliegenheit* des AGB-Verwenders[520], welche gleichzeitig der Wahrung des Transparenzgebotes dient[521]. Der vom Verwender zu verschaffende Zugang zu den AGB erfüllt in erster Linie den Zweck, im Einklang mit der *Empfangstheorie* (vgl. Art. 3 Abs. 2 und Art. 5 Abs. 3 OR) als rechtsgeschäftliche Anforderung den AGB-Text als Vertragsinhalt für den Kunden bestimmbar zu machen (sog. *Bestimmtheitsgebot*)[522]. Nur so können die Bedingungen als wesentlicher (und empfangsbedürftiger) Erklärungsinhalt der AGB-Offerte in den Einflussbereich des Kunden gelangen und zugleich als Teil des normativen Parteiwillens zugerechnet werden, so dass der AGB-Verwender den aus dem Vertrauensprinzip fliessenden Schutz als Erklärungsempfänger eines Globalakzepts geniesst[523]. Die Möglichkeit zumutbarer Kenntnisnahme stellt somit in Bezug auf die Einbeziehung von AGB ein modifiziertes bzw. konkretisiertes *Konsenserfordernis* dar[524]. Es kennzeichnet sich als flexibel ausgestaltetes Kriterium mit variablen Anforderungen und richtet sich jeweils nach den konkreten Umständen des Vertragsschlusses, wobei hauptsäch-

520 PERRIG, Zugänglichkeitsregel, 153 f.; PERRIG, Einbeziehung, 184; ebenfalls als Obliegenheit qualifizierend KOLLER, OR AT N 23.47; KIRCHSCHLÄGER, Online-AGB, 389 Fn 9; KRAMER/PROBST, OR AT, N 236 («Kenntnisverschaffungsobliegenheit»).

521 In diesem Sinne auch TERCIER/PICHONNAZ, N 935; SCHWENZER/FOUNTOULAKIS, OR AT, N 45.03; BK-MÜLLER, Art. 1 N 326 ff.; EISNER-KIEFER, AJP 2022, 645 f. Vgl. allg. zum Transparenzgebot oben N 109 sowie im Rahmen der Einbeziehung unten N 154 ff.

522 Zutreffend PROBST, Inhaltskontrolle, 223, 227 f. («Sinn und Zweck der Empfangstheorie, wonach eine rechtsgeschäftliche Erklärung in den Einflussbereich des Adressaten zu gelangen hat, besteht nicht zuletzt gerade darin sicherzustellen, dass dem Adressaten die Kenntnisnahme möglich und zumutbar ist.»). Vgl. auch PERRIG, Einbeziehung, 185; PERRIG, Zugänglichkeitsregel, 44 f., 154 f.; MITROVIC, Änderungsklauseln, N 358 f., 361 f. sowie oben Fn 294. Siehe ferner zum für den Konsens erforderlichen Bestimmtheitsgebot BGE 135 III 1, 10.

523 PERRIG, Einbeziehung, 184 ff.; PERRIG, Zugänglichkeitsregel, 32 f., 38, 44 f., 155; sinngemäss SHK UWG-PROBST, Art. 8 N 353 Fn 400; aus der deutschen Lehre HELLWEGE, AGB, 413; a.A. BIERI, ZSR 2012, 201 ff.; VISCHER, AJP 2014, 964. Andernfalls (ohne Einräumung der Möglichkeit der Kenntnisnahme) kann der AGB-Verwender nicht in guten Treuen davon ausgehen, dass das Erklärte (global Akzeptierte) in Wirklichkeit gewollt sei (ähnlich bereits MERZ, FS Schönenberger, 148; GAUCH/SCHLUEP/SCHMID, OR AT, N 1128c i.V.m. 1134; BK-MÜLLER, Art. 1 N 323). Dagegen sieht KOLLER, AJP 2016, 286 f. die Grundlage der Zugänglichkeitsregel bei Konsumentenverträgen in einer analogen Anwendung von Art. 4 PauRG (wobei in Art. 4 PauRG das Kriterium der Zumutbarkeit der Kenntnisnahme nicht explizit verankert ist).

524 PERRIG, Zugänglichkeitsregel, 38, 43 ff.; PERRIG, Einbeziehung, 171 ff.; ebenfalls als Konsenserfordernis qualifizierend BGE 148 III 57, 59, E. 2.1.2; SHK UWG-PROBST, Art. 8 N 353 Fn 400; GAUCH/SCHLUEP/SCHMID, OR AT, N 1134; BK-MÜLLER, Art. 1 N 323; HUG, formation du contract, N 1518.

lich darauf abzustellen ist, wie erfahren und rechtskundig die jeweilige Gegenpartei ist[525]. So sind die Anforderungen im b2b-Verkehr regelmässig geringer anzusetzen als im b2c-Verkehr[526], wobei allerdings auch im b2b-Vekehr jeweils in Bezug auf die Geschäftserfahrung und Rechtskundigkeit des AGB-Übernehmers zu differenzieren ist[527]. Schliesslich muss bei der Einräumung der Möglichkeit zumutbarer Kenntnisnahme auch erkennbar behinderten[528], hochaltrigen[529] oder fremdsprachigen[530] Kunden angemessen Rechnung getragen werden.

144 Vereinzelt wird das Kriterium der Möglichkeit zur Kenntnisnahme mit der primär ökonomischen Begründung abgelehnt, es würden dem AGB-Verwender durch die erforderliche Zugänglichmachung zu hohe Transaktionskosten entstehen, ohne dass sich der Informationsstand der Kunden verbessert, da sie die AGB kaum lesen[531]. Dabei darf der Umstand, dass der Kunde die AGB für eine

---

525 PERRIG, Zugänglichkeitsregel, 157 f.; so auch GAUCH/SCHLUEP/SCHMID, OR AT, N 1134 («Das Erfordernis der ‹Zumutbarkeit› der Kenntnisnahme bietet jedoch Spielraum, auf die besondere Situation geschäftlich unerfahrener Vertragsparteien Rücksicht zu nehmen»); sinngemäss FURRER/MÜLLER-CHEN, OR AT, N 74 ff.

526 BGE 77 II 154 ff. (im b2b-Verkehr kann unter gewissen Umständen bereits eine konkludente Einbeziehung der AGB ohne Einräumung der Möglichkeit zumutbarer Kenntnisnahme genügen); PERRIG, Zugänglichkeitsregel, 296 ff.; HGer AG, HOR.2018.5, 13 f., E. 4.2.1.2, Urteil vom 21. März 2019; SCHWENZER/FOUNTOULAKIS, OR AT, N 45.05; HIGI, FS Ott, 508; ausführlich zur Einbeziehung von AGB im b2b-Verkehr unten N 253 ff.

527 Beispielsweise sind bei der Einbeziehung von geschäftsfremden AGB durch ein KMU i.d.R. nicht die gleichen Massstäbe anzusetzen wie bei grösseren, auf gleicher Höhe stehenden Unternehmen mit eigenen Rechtsabteilungen. Vgl. auch unten N 253.

528 Bei körperlich behinderten Kunden kann im Einzelfall die Übergabe der AGB in Braille-Schrift oder akkustischer Form erforderlich sein. Siehe dazu PERRIG, Zugänglichkeitsregel, 194 ff.; im Grundsatz auch GAUCH/SCHLUEP/SCHMID, OR AT, N 1134; für das deutsche Recht § 305 Abs. 2 Ziff. 2 BGB.

529 Siehe PERRIG, Zugänglichkeitsregel, 202 f.

530 Siehe dazu ausführlich PERRIG, Zugänglichkeitsregel, 194 ff.; vgl. auch SCHWENZER/FOUNTOULAKIS OR AT, N 45.03; GAUCH/SCHLUEP/SCHMID, OR AT, N 1135a. Vgl. zum Sprachenproblem bei der Einbeziehung von AGB unten N 166 ff.

531 So BIERI, ZSR 2012, 201 ff. Neben dem fehlenden juristischen Fundament überzeugt dieses Argument bereits in faktischer Hinsicht nicht. Namentlich bei den praktisch bedeutsamen Vertragsschlüssen unter Anwesenden (Aushändigung mit Offerte) oder elektronischen Vertragsschlüssen (Hyperlink/Pop-up-Fenster auf Website oder E-Mail-Anhang) stellt die Einräumung der Kenntnisnahmemöglichkeit den AGB-Verwender kaum je vor gröbere Probleme (vgl. bereits PERRIG, Einbeziehung, 184, Fn 89). Zudem trägt das flexible Kriterium der Zumutbarkeit den unterschiedlichen Vertragsschlussituationen angemessen Rechnung, wodurch in verschiedenen Situationen (z.B. beim Rahmenvertrag, beim Aushang, im b2b-Verkehr in ständiger Geschäftsverbindung oder bei Branchenüblichkeit) die Anforderungen an die Kenntnisverschaffungsobliegenheit reduziert oder gänzlich aufgehoben werden. Vgl. ähnlich HUG, formation du contract, N 1523.

Globalübernahme ohnehin nicht zu lesen braucht, nicht zur Folgerung verleiten, das Fehlen einer zumutbaren Kenntnisnahme sei *per se* bedeutungslos[532]. Die Fiktion der Globalübernahme darf nicht in einer Weise überdehnt werden, welche die konsensuale Rechtsnatur der AGB aushebelt und die Kunden ohne zwingenden Grund ihrer Privatautonomie berauben[533]. Denn wie sollte der Kunde überhaupt noch aus freien Stücken auf die Lektüre der AGB verzichten können, wenn der AGB-Verwender von vornherein dem Kunden nicht einmal die Möglichkeit zur Kenntnisnahme der AGB einräumt oder zumindest anbietet?[534] Ob der Kunde nach der erfolgten Zugänglichmachung durch den AGB-

---

532 Mit der Zuganglichmachung der AGB verbessert sich ganz objektiv der Informationsstand des Kunden unabhängig davon, ob und wie er im Einzelfall die AGB zur Kenntnis nimmt (so auch HUG, formation du contract, N 1522). Dies hilft dem Kunden (und übrigens auch dem AGB-Verwender) zudem bei der Vertragsabwicklung und dient somit auch zugleich der Rechtssicherheit.

533 Denn selbst die der Globalübernahme zugrunde liegende Regel der ungelesen unterzeichneten Urkunde, welche primär mit Blick auf den unternehmerischen Geschäftsverkehr entwickelt worden war, erlaubt die Zustimmungsfiktion nur unter dem Vorbehalt, dass dem Erklärungsempfänger (AGB-Verwender) nicht bekannt war und ihm nach der allgemeinen Lebenserfahrung vernünftigerweise auch nicht hätte bekannt sein müssen, dass der Erklärungsinhalt vom Kunden nicht gewollt ist (vgl. auch ABEGGLEN/COENDET/GROSS, AGB-Kontrolle, 95). Siehe auch SCHMID, FS Koller, 851 ff., welcher vor diesem Hintergrund die radikale Konsequenz illustriert, dass bei Globalübernahme der AGB im b2c-Verkehr (unter Ausklammerung der Zugänglichkeitsregel) nach den allgemeinen Grundsätzen des Vertrauensprinzips in aller Regel gar kein Konsens des Konsumenten zur Einbeziehung der AGB angenommen werden könne. Vgl. dazu oben N 20 Fn 83 und N 121 Fn 404.

534 Verweist ein Verwender in seiner rechtsgeschäftlichen Erklärung auf AGB und hat der Kunde dabei keine Möglichkeit zu deren Kenntnisnahme, so ist in seinem Einflussbereich kein richtiger bzw. bloss ein inhaltsleerer Erklärungsgehalt zugegangen. Auch der dagegen erhobene Einwand, dass auch Ungelesenes oder Unwissen gewollt sein kann («People can agree to buy a surprise»), ist unbehilflich, da selbst bei einem Glückslos oder einer Wundertüte deren Inhalte und die dazugehörenden Bedingungen, etwa die möglichen Gewinne und Teilnahmemodalitäten, regelmässig vorbestimmt oder zumindest objektiv bestimmbar und damit zugänglich sind (vgl. auch unten N 860 Fn 2302). Nach der hier vertretenen Ansicht ist zwar ein Vorausverzicht auf die Kenntnisnahmemöglichkeit durch den Kunden und ein damit verbundenes Einverständnis zur einseitigen Festlegung der AGB durch den AGB-Verwender denkbar (so im Ergebnis auch ERNST, in: Heiss/Lochacker, 195). Jedoch misst sich das Einverständnis zu einer solch vollumfänglichen «Pauschaldelegation» der Vertragsinhaltsbestimmung selbst wiederum an den allgemeinen (und AGB-spezifischen) Konsensregeln (siehe dazu auch oben N 20 Fn 80). Der Verzicht muss folglich vom Kunden (namentlich im b2c-Verkehr) vor Vertragsschluss bewusst, freiwillig und mittels ausdrücklicher Individualvereinbarung erfolgen, wobei ihm der AGB-Verwender vor dem Verzicht die Kenntnis-

Verwender dann in einem nächsten Schritt «von dieser Möglichkeit tatsächlich Gebrauch machen will und die AGB zur Kenntnis nimmt (Vollübernahme der AGB) oder nicht (Globalübernahme der AGB), liegt nicht nur in seinem freien Ermessen, sondern auch in seiner eigenen Verantwortung»[535]. Abgesehen von der obligationenrechtlich nicht zu begründenden Abkehr von der vertraglichen Natur der AGB, würde ein Wegfall der Obliegenheit zur Einräumung der Möglichkeit zumutbarer Kenntnisnahme in der Praxis zu einer mangelhaften Informations-, Abwicklungs-, Beweis- und Rechtslage führen[536], die auch nicht durch eine verschärfte richterliche Inhaltskontrolle kompensiert werden könnte[537].

b. Möglichkeit der Kenntnisnahme (Verfügbarkeit)

145 Für die Geltung der AGB ist eine tatsächliche Kenntnisnahme des AGB-Texts durch den Kunden nicht erforderlich – eine Globalübernahme genügt[538]. Allerdings ist dabei massgebend, ob dem Kunden als Teil der Zugänglichkeitsregel die *Möglichkeit der Kenntnisnahme* der AGB eingeräumt wurde

nahmemöglichkeit einräumen oder zumindest anbieten muss (vgl. PERRIG, Einbeziehung, 184 Fn 89). Denn «Niemand kann an etwas gebunden sein, wovon er nicht einmal die Möglichkeit der Kenntnisnahme hat» (zutreffend aus der deutschen Lehre PFEIFFER in Wolf/Lindacher/Pfeiffer, § 305 BGB N 131). Andernfalls fehlt es für einen gültigen Konsens – analog zu den schrankenlosen einseitigen Änderungsrechten (siehe oben N 130) – am Zugang des Inhalts der AGB-Offerte und folglich an der Bestimmbarkeit des Vertragsinhalts. In solchen Fällen kann nach den allgemeinen Grundsätzen des Vertrauensprinzips in aller Regel auch kein Globalakzept des Kunden zur Einbeziehung der AGB mehr angenommen werden.

535 SHK UWG-PROBST, Art. 8 N 355; im Ergebnis korrekt, aber missverständlich BGE 139 III 345, 349 E. 4.4 (im Zusammenhang mit Gerichtsstandsklauseln nach Art. 23 LugÜ); a.A. VISCHER, AJP 2014, 964. Freilich unterliegen die global übernommenen AGB den weiteren AGB-Kontrollmechanismen, namentlich der Ungewöhnlichkeitsregel, der Auslegungskontrolle sowie (im Konsumentenverkehr) der Inhaltskontrolle.

536 Die Zugänglichkeitsregel nimmt daher auch die in der Praxis wichtige Funktion ein, den Kunden während der Vertragsabwicklung in die Lage zu versetzen, im Bedarfsfall zu seiner Orientierung und Rechtewahrnehmung mühelos den massgebenden (und bei Vertragsschuss zugänglich gemachten) AGB-Text zur Verfügung zu haben (siehe zur Zugänglichhaltung nach Vertragsschluss oben N 124 sowie ausführlich PERRIG, Zugänglichkeitsregel, 96 ff.). Dies schafft Klarheit und Rechtsicherheit für beide Vertragspartner und ist daher schlussendlich auch im Interesse des AGB-Verwenders.

537 In der Realität wären dazu die Mittel bei den betroffenen Parteien (insb. Konsumenten) und zuständigen Gerichten schlicht nicht vorhanden; zudem sieht das Gesetz derzeit für den b2b-Verkehr keine spezifische Inhaltskontrolle von AGB vor.

538 BGE 148 III 57, 59, E. 2.1.3; 119 II 443, 445; 108 II 416, 418; 139 III 345 E. 4.4 (für das LugÜ); im Ergebnis auch BGer 5A_117/2022, E. 3.2.1; 4A_47/2015, E. 5.4.1; TERCIER/PICHONNAZ, N 938. Vgl. zur Globalübernahme oben N 121 f.

(Verfügbarkeit)[539]. In der schweizerischen Lehre wird teilweise vertreten, dass im b2c-Verkehr die Einräumung der Kenntnisnahmemöglichkeit einzig durch die Aushändigung der AGB erreicht werden kann[540]. Dies soll *mutatis mutandis* auch für den elektronischen Vertragsschluss gelten[541]. Überdies statuiert Art. 3 Abs. 2 VVG[542] bei der Übernahme von AVB in Versicherungsverträge explizit eine Übergabepflicht des AGB-Verwenders. Abgesehen von solchen spezialgesetzlichen Sonderfällen geht eine strikte Übermittlungsobliegenheit nach der hier vertretenen Auffassung zu weit und trägt den konkreten Umständen der jeweiligen Vertragsschlusssituation zu wenig Rechnung. Ausreichend, aber auch erforderlich, ist deshalb die *Verfügbarkeit des vollständigen AGB-Texts* für den Kunden bei Vertragsschluss[543], denn AGB werden nur in dem Umfang Vertragsbestandteil, in welchem sie für den Kunden verfügbar sind[544]. Unerheblich ist, auf welche Art und Weise die Verfügbarkeit verschafft wird, solange dabei die AGB dem Kunden ohne Schwierigkeiten (also «in zumutbarer Weise») zugänglich sind[545]. Wird in diesem Sinne der AGB-Text dem Kunden zugesandt, vorgelegt, ausgehändigt, dem Vertrag unmittelbar beigelegt, elektronisch visualisiert, mündlich mitgeteilt oder in einer sonstigen Form deutlich sichtbar gemacht (z.B. in Ausnahmefällen mittels Aushangs, Auslage oder anderer Darstellung), ist der Verfügbarkeit regelmässig Rechnung getragen[546]. Die Möglichkeit der Kenntnisnahme muss vom AGB-Verwender *unaufgefordert*

539 Vgl. allgemein zur Zugänglichkeitsregel (m.w.H.) oben N 123, spezifisch zur Zumutbarkeit der Kenntnisnahme unten N 147 ff.

540 FORSTMOSER, Standortbestimmung, 39 (m.w.N.): «Im Verkehr mit geschäftlich nicht erfahrenen Vertragspartnern dürfte dagegen die blosse Möglichkeit, vom Inhalt Kenntnis zu nehmen, nicht ohne weiteres ausreichen. Vielmehr ist hier allenfalls die Übergabe der Bedingungen zu fordern». Vgl. auch HUGUENIN, OR, N 616 (die AGB «sind dem Vertragspartner grundsätzlich vollständig auszuhändigen»); BOUVERAT, Conditions générales, N 975 f. Siehe ferner zur Zustellungsobliegenheit unter dem UN-Kaufrecht: BGHZ 149, 113, 117 f., NJW 2002, 370, 371; OLG Naumburg, Urteil vom 13.02.2013, 12 U 153/12; BUSER-GORA, 50 ff. sowie oben N 59.

541 HUGUENIN, OR, N 616. Vgl. zur Einbeziehung von AGB im elektronischen Geschäftsverkehr unten N 178 ff.

542 Vgl. zu den sondergesetzlichen Bestimmungen oben N 113.

543 PERRIG, Zugänglichkeitsregel, 159 f.; EHLE/BRUNSCHWEILER, RIW 2012, 262, 265; TERCIER/PICHONNAZ, N 935.

544 Zutreffend aus der deutschen Lehre PFEIFFER in Wolf/Lindacher/Pfeiffer, § 305 BGB N 85.

545 PERRIG, Einbeziehung, 185; sinngemäss BK-KRAMER, Art. 1 N 188; KUT, CHK, Art. 1 N 52. Vgl. zur Zumutbarkeit der Kenntnisnahme unten N 147 ff.

546 PERRIG, Einbeziehung, 186; im Ergebnis gleich BK-KRAMER, Art. 1 N 188.

(von sich aus) verschafft werden[547]; es besteht namentlich im b2c-Verkehr keine Erkundigungsobliegenheit des Kunden[548].

146 Ein *blosser Hinweis* auf die AGB ohne deren Zurverfügungstellung reicht im b2c-Verkehr in aller Regel nicht aus – es fehlt an der Möglichkeit der Kenntnisnahme[549]. Dies gilt beispielsweise bei einer Pauschalverweisung auf Branchenbedingungen, selbst wenn es sich um gebräuchliche oder veröffentlichte Bedingungen handelt[550]. Gleich verhält es sich bei einem Verweis auf «beiliegende» oder «umseitige» AGB, wenn diese in der Folge dem Kunden nicht ausgehändigt werden[551]. Von der Einräumung der Kenntnisnahmemöglichkeit kann abgesehen werden, wenn der AGB-Verwender mit Sicherheit – d.h. anhand objektiv erfüllter Kriterien, nicht jedoch aufgrund blosser Annahmen oder unbegründeter Vermutungen – erwarten kann, dass der Kunde den Inhalt der massgeblichen AGB bereits kennt[552]. Davon darf man im Konsumentenverkehr

547 PERRIG, Zugänglichkeitsregel, 162; GIGER, Einbezug AGB, 59 ff., 68; T. KOLLER, FS Honsell, 228. Der Kunde muss keine Nachforschungen darüber anstellen, ob AGB überhaupt zur Anwendung gelangen, und erst recht hat er keine aufwändigen Ermittlungen über den Inhalt der AGB zu führen. In diesem Sinne gar für den b2b-Verkehr BGE 139 III 345, E. 4.4 zu Art. 23 LugÜ (Ablehnung einer Erkundigungsobliegenheit des Kunden); vgl. auch sinngemäss BGer 4A_347/2011, E. 2.

548 BGE 139 III 345, E. 4.4 (zu Art. 23 LugÜ); SHK UWG-PROBST, Art. 8 N 354; vgl. allerdings zu den Sonderkonstellationen im b2b-Verkehr unten N 256 ff.

549 So auch HGer AG, HOR.2018.5, 14, E. 4.2.1.2, Urteil vom 21. März 2019. Im blossen Hinweis auf die AGB darf noch kein Verzicht des Kunden auf die Möglichkeit zur Kenntnisnahme gesehen werden, wenn der Kunde nicht weiter auf die Verweisung reagiert (PERRIG, Zugänglichkeitsregel, 180; vgl. zum möglichen Verzicht auf die Kenntnisnahmemöglichkeit auch oben Fn 534). Vgl. auch Art. II-9:103 Abs. 3 (b) DCFR und Art. 2:104 Abs. 2 PECL: *«Terms are not brought appropriately to a party's attention by a mere reference to them»*. Für den insoweit grosszügiger zu handhabenden b2b-Verkehr wurde es in BGE 103 II 63 E. 2 offen gelassen, ob der blosse Hinweis auf AGB genügt (wobei dies hier mit der Frage der Geltung von branchenüblichen Spediteurbedingungen verbunden war). Ebenfalls wurde offengelassen, ob ein Verweis auf die Internetseite des Verwenders ohne Übergabe der AGB genügt (BGE 139 III 345 E. 4.4.1 zum LugÜ).

550 PERRIG, Zugänglichkeitsregel, 173. Anders als im b2b-Verkehr (vgl. dazu unten N 263 f.) ist für den b2c-Verkehr die Tatsache unbeachtlich, dass der Verwender (z.B. Banken, Versicherungen, Baubranche) regelmässig unter Zugrundelegung von AGB zu kontrahieren pflegt; die Branchenüblichkeit erlangt gegenüber dem nicht branchenversierten Kunden keine Bedeutung für die Einbeziehung (BK-KRAMER, Art. 1 N 196; SCHULER, Geltung AGB, 107).

551 PERRIG, Einbeziehung, 188; für das deutsche Recht BGH, NJW 1988, 2106, 2108; BASEDOW, MünchKomm, § 305 BGB N 72 (8. Aufl.).

552 Im Grundsatz gleich ZK-SCHÖNENBERGER/JÄGGI, Art. 1 N 456; BSK OR I-ZELLWEGER-GUTKNECHT, Art. 1 N 53. Die blosse Annahme oder Vermutung, der Kunde kenne den

in aller Regel bloss bei einem gültig vereinbarten Rahmenvertrag oder einem individualvertraglich ausgehandelten ausdrücklichen Verzicht ausgehen. Dagegen kann im unternehmerischen Geschäftsverkehr die Kenntnis der AGB namentlich bei einer laufenden Geschäftsverbindung und bei branchenüblichen AGB vorausgesetzt werden[553]. Die Möglichkeit der Kenntnisnahme kann zudem nicht durch eine Klausel ersetzt werden, wonach der Kunde bestätigt, von den AGB Kenntnis genommen zu haben und mit ihnen einverstanden zu sein[554]. Ein Verfügbarkeitsproblem kann sich auch ergeben, wenn der Verwender in AGB auf andere AGB Bezug nimmt (Staffelverweisung), da es in derartigen Fällen auch von diesen anderen AGB die Möglichkeit zur Kenntnisnahme einzuräumen gilt[555].

c. Zumutbarkeit der Kenntnisnahme

Zu den Anforderungen an die Möglichkeit der Kenntnisnahme (Verfügbarkeit) 147
gesellt sich ein qualifizierendes Element: die *Zumutbarkeit*[556]. Der Aufwand

AGB-Inhalt aufgrund Branchenüblichkeit oder aus früheren Verträgen bzw. sei grundsätzlich nicht an einer Kenntnisnahme interessiert, entbindet den AGB-Verwender keineswegs von der Erfüllung seiner Obliegenheit (PERRIG, Zugänglichkeitsregel, 164; die stillschweigende Einbeziehung kraft Verkehrssitte im Konsumentenverkehr ablehnend: MATT, Transparenzgebot, 126; BK-KRAMER, Art. 1 N 194; im Grundsatz auch BGE 118 II 295, 296 f.). Etwas anderes mag gelten, wenn der Kunde nachweislich schon im Besitz der (aktuellen) AGB-Fassung oder damit tatsächlich vertraut ist (für das deutsche Recht SCHMIDT, AGB, NJW 2011, 1636).

553 Siehe dazu unten N 262 ff.

554 PERRIG, Zugänglichkeitsregel, 170 f.; HIGI, FS Ott, 523 f. Derartige Klauseln entfalten keine konstitutive Wirkung und könnten unter Art. 8 UWG fallen (vgl. für das deutsche Recht § 309 BGB Nr. 12b). Namentlich darf eine vorformulierte Kenntnisnahme oder ein vorformuliertes Einverständnis nicht zur Annahme einer Vollübernahme und zu einem Verzicht auf das AGB-Korrektiv führen (RUSCH, AJP 2019, 332). Dasselbe gilt für Empfangsbestätigungs- und Aushändigungsklauseln, welche keinen rechtsgültigen Verzicht auf die Zugänglichmachung der AGB bewirken. Erst recht unwirksam sind sonstige Klauseln, welche zum Ziel haben, die Kenntnisnahmemöglichkeit der AGB einzuschränken oder zu umgehen wie beispielsweise: «Wir liefern zu unseren jederzeit einsehbaren Geschäftsbedingungen». Siehe zur Beweiswirkung von Bestätigungsklauseln unten N 174.

555 PERRIG, Zugänglichkeitsregel, 172, 237; BK-KRAMER, Art. 1 N 207; GIGER, Einbezug AGB, 69; EISNER-KIEFER, AJP 2022, 646. Vgl. zur Staffelverweisung unten N 163.

556 Das Zumutbarkeitskriterium konkretisiert eine rechtsgeschäftliche Anforderung an den Konsens hinsichtlich der Einbeziehung von AGB. Es soll einen leichten Zugang des AGB-Erklärungsinhaltes gewährleisten (PERRIG, Zugänglichkeitsregel, 177 ff.; ähnlich SHK UWG-PROBST, Art. 8 N 353 Fn 400; im Ergebnis auch GAUCH/SCHLUEP/SCHMID, OR AT, N 1134 f.; BK-MÜLLER, Art. 1 N 326 ff.; a.A. HIGI, FS Ott, 505 ff., der die

zur Kenntnisnahme der AGB darf ein gewisses, dem Kunden nach Lage des konkreten Einzelfalles zumutbares Mass nicht übersteigen[557]. Gefordert wird deshalb *ein leichter Zugang zu den AGB*; *sie müssen unmittelbar und ungehindert* zugänglich sein[558]. Die AGB gelten nur dann als leicht zugänglich, wenn der Kunde ohne weiteres auf einzelne bzw. sämtliche Klauseln im fraglichen Text zugreifen und sie vergleichen kann[559]. Der Zumutbarkeitsmassstab ist eng mit der Verschaffungsobliegenheit des AGB-Verwenders verknüpft. Die Möglichkeit der Kenntnisnahme sollte folglich nicht von Kosten, besonderen Mühen oder einem anderweitigen Aufwand für den Kunden abhängig gemacht werden[560]. Die Tatsache oder die Information, dass der Kunde die Kenntnisnahme anderweitig erlangen könne, namentlich durch *Erwerb oder Anfordern* eines AGB-Exemplars oder durch Abrufen der AGB über ein Publikationsorgan (z.B. Website), genügt folglich insb. im b2c-Bereich im Allgemeinen nicht[561]. Beispielsweise von vornherein ausser Betracht fällt ein Hinweis auf den entgeltlichen Erwerb der AGB (z.B. im Fachhandel oder auf einer Website eines Branchenverbandes)[562]. Sodann darf vom Kunden keine schriftliche Anforderung der AGB verlangt werden[563], auch nicht mit dem Hinweis, die AGB würden dem Kunden auf Wunsch kostenlos nachgesandt[564]. Dasselbe gilt für den Hinweis des

---

Rechtsgrundlage für das Zumutbarkeitserfordernis in einer richterlichen Eigenwertung sieht, welche sich nicht aus dem Gesetz ergibt).

557 So auch Eisner-Kiefer, AJP 2022, 647. Der erforderliche Zumutbarkeitsgrad hängt namentlich auch von der Geschäftserfahrung des Kunden ab (Schwab, elektronische Verträge, 84; BGE 77 II 156; Higi, FS Ott, 506).

558 Perrig, Einbeziehung, 187; SHK UWG-Probst, Art. 8 N 353 f.; Furrer, Beförderungsbedingungen, 147; HGer AG, HOR.2018.5, 14, E. 4.2.1.2, Urteil vom 21. März 2019.

559 So kann dies namentlich beim Einsatz von AGB im Teletext, Videotext, Videochat, in SMS oder allgemein bei AGB-Anzeigen auf dem Smartphone (beispielsweise bei der Nutzung von Apps) häufig nur bei kurzen AGB mühelos gewährleistet werden, nicht aber bei längeren Textpassagen, bei denen der Bildschirm lediglich einen marginalen Ausschnitt vom Klauselwerk wiedergibt und dadurch die Orientierung sowie das Auffinden anderer Klauseln in unzumutbarer Weise erschwert (aus der deutschen Lehre Pfeiffer in Wolf/Lindacher/Pfeiffer, § 305 BGB N 85).

560 Perrig, Einbeziehung, 187; zustimmend Eisner-Kiefer, AJP 2022, 647. Sinngemäss auch BGE 139 III 345, E. 4.4.2 (LugÜ-Entscheid).

561 Perrig, Zugänglichkeitsregel, 179 (m.w.N.); Rusch, AJP 2019, 632. Im Grundsatz auch ZK-Schönenberger/Jäggi, Art. 1 N 458. Vgl. aber zu den insoweit im Einzelfall weniger strengen Anforderungen im unternehmerischen Geschäftsverkehr unten N 256 ff.

562 Dies gilt auch in Bezug auf die auf der SIA-Internetseite kostenpflichtig zu erwerbende SIA-Norm 118 (Rusch, AJP 2019, 632).

563 Perrig, Zugänglichkeitsregel, 178 ff., 185; im Ergebnis BGE 139 III 345, E. 4.4.2 (LugÜ-Entscheid).

564 Perrig, Einbeziehung, 188; für das deutsche Recht BGH, NJW-RR 1999, 1246 f.; Grüneberg, § 305 BGB N 33.

AGB-Verwenders, der Kunde könne die AGB über eine Faxnummer[565], eine E-Mailadresse[566] oder telefonisch anfordern[567]. Dem Kunden darf insoweit *keine Mitwirkung* auferlegt werden, die eine nicht mehr in seinem Einflussbereich liegende Reaktion des AGB-Verwenders nach sich zieht[568].

Die Zumutbarkeit ist sodann gefährdet, wenn der Kunde ein anderes Medium (Kommunikationsmittel) bemühen muss, um von den AGB Kenntnis zu nehmen (sog. *Medienbruch*)[569]. Demnach reicht beispielsweise im b2c-Bereich der auf traditionellem Weg (z.B. mündlich oder postalisch) erfolgte AGB-Verweis auf eine kostenlos zugängliche Website häufig (noch) nicht aus[570]. Der unmittelbare AGB-Zugang ist in solchen Fällen oft verunmöglicht, weil der Kunde für die Kenntnisnahme zuerst auf das Internet zugreifen muss, was nach wie vor mit zusätzlichen (unzumutbaren) Transaktionskosten verbunden sein kann (statt der Empfangnahme muss der Kunde die AGB zuerst im Internet auffinden, abrufen, speichern und ausdrucken)[571]. Die Unzumutbarkeit kann je nach Konstellation bereits allein im (unnötigen und für den Kunden unfreiwilligen) Wechsel der Kommunikationsform während des Einbeziehungsvorgangs liegen[572]. Allerdings ermöglicht die immer rascher voranschreitende technologi- 148

565 PERRIG, Einbeziehung, 187 Fn 111; explizit für das LugÜ BGE 139 III 345, E. 4.4.2, wonach die Faxanfrage des Kunden vom AGB-Verwender wiederum beantwortet werden müsse, was zu einer Zeitverzögerung führt. Zudem seien Faxgeräte – im Vergleich zu elektronischen Geräten mit Internetzugang – nicht (mehr) weit verbreitet.

566 KIRCHSCHLÄGER, Online-AGB, 391.

567 Vgl. sinngemäss BGer 4A_347/2011, E. 2.

568 In diesem Sinne auch KIRCHSCHLÄGER, Online-AGB, 391.

569 PERRIG, Zugänglichkeitsregel, 343 f. So auch EISNER-KIEFER, AJP 2022, 647; KIRCHSCHLÄGER, Online-AGB, 390 f.; SHK UWG-PROBST, Art. 8 N 354; siehe auch aus der deutschen Rechtsprechung LG Berlin, Urteil vom 7.5.2013, 5 U 32/12 = MMR 2013 591.

570 PERRIG, Einbeziehung, 200; so auch SHK UWG-PROBST, Art. 8 N 354; KIRCHSCHLÄGER, Online-AGB, 392; ähnlich HUGUENIN/MAISSEN, Bedingungsänderung, 108; LANGER, Verträge Internet, 356; grosszügiger EHLE/BRUNSCHWEILER, RIW 2012, 265 (Verweis auf Website ausreichend, sofern Kunde über entsprechende IT Infrastruktur verfügt). Das Bundesgericht lehnte einen Medienbruch in einem anderen (nicht AGB-rechtlichen) Kontext ab (BGE 145 II 229, E. 6.5); offengelassen für das LugÜ BGE 139 III 345, E. 4.4.1. Vgl. zur im Einzelfall anders gelagerten Situation im unternehmerischen Geschäftsverkehr unten N 258.

571 Diesbezüglich hält PROBST, Digitalisierung, 10, zutreffend fest: «Ein solcher Verweis höhlt das vertragliche Konsensprinzip aus, weil der Inhalt einer Vertragsofferte (als rechtsgeschäftliche Willenserklärung) dem Adressaten nicht – wie es die gesetzliche Empfangstheorie verlangt – in dessen Empfangs- und Risikobereich übermittelt wird, sondern der Kunde den Inhalt der Erklärung im Risikobereich des Erklärenden, nämlich auf dessen Website zu suchen hat».

572 PERRIG, Einbeziehung, 200 (m.w.N.); zustimmend KIRCHSCHLÄGER, Online-AGB, 392.

sche Entwicklung und Digitalisierung vermehrt eine zumutbare Kenntnisnahme bei neuen Formen der rein digitalen Verfügbarkeit der AGB trotz Medienbruchs, soweit dabei der leichte Zugang zu den digitalen AGB für den Kunden im Einzelfall gewahrt bleibt[573]. Das Bundesgericht liess in BGE 139 III 345 (E. 4.4.1) diese in der Lehre nicht ganz unumstrittene Frage zur Zumutbarkeit eines Medienbruchs noch explizit offen, lehnte jedoch später einen solchen in einem anderen (nicht AGB-rechtlichen) Kontext ab (BGE 145 II 229, E. 6.5). Auch in BGer 4A_330/2021 (E. 4.1.2, nicht publiziert in BGE 148 III 57) wurde eine vollständige höchstrichterliche Klärung zum Medienbruch und zu weiteren Aspekten der Zumutbarkeit der Kenntnisnahme verpasst. Konkret wurden in einem Deckungsausschluss in AVB technische Begrifflichkeiten («WHO-Pandemiestufen 5 oder 6») ohne weitere Erläuterung oder Angabe der Fundstelle des massgebenden WHO-Regelwerks verwendet. Die Umschreibung dieser «Pandemiestufen» war einzig in einem im Internet befindlichen, bereits bei Vertragsschluss nicht mehr aktuellen, nicht unmittelbar anwendbaren und in englischer Sprache abgefassten internationalen Regelwerk der WHO («WHO global influenza preparedness plan») festgehalten. Entgegen der Vorinstanz[574]

---

573 In jedem Falle muss der AGB-Verwender jeweils den unmittelbaren und ungehinderten Zugriff auf die online gehaltenen und speicherbaren AGB via Smartphone und anderer (gängiger) mobiler Kommunikationsmittel gewährleisten. M.a.W. sollte also der «Medienbruch» für den Kunden zur selbstverständlichen und leichten «Medieninteraktion» werden. Beispielsweise können Code- und Scanner-Technologien dem AGB-Verwender inzwischen schon ermöglichen, auf seinen Papier-Vertragsdokumenten (Offerten, Bestellscheine etc.) beim Hinweis auf die AGB einen kleinen Code abzudrucken, der die massgebenden AGB mit einem Smartphone einfach und direkt abrufen lässt. Dies erscheint namentlich mit den inzwischen gängigen QR-Codes für Smartphone-Nutzer als zumutbar, zumal sich die QR-Codes in der Schweiz in zahlreichen wichtigen Geschäftsbereichen vollständig durchgesetzt haben (siehe z.B. im Zahlungsverkehr, in dem die orangen und roten Papier-Einzahlungsscheine per 30. September 2022 eingestellt und landesweit durch QR Code-Rechnungen ersetzt wurden). Vgl. in diesem Sinne im Zusammenhang mit Datenschutzerklärungen auch BÜHLMANN/SCHÜEPP, Jusletter, 15. März 2021, N 97; BIERI/POWELL, AJP 2022, 1537; aus AGB-Sicht derzeit noch zu grosszügig ROSENTHAL, Jusletter, 16. November 2020, N 100; SCHWEIKARD/VASELLA, Digma 2020, 93.

574 Die Vorinstanz hat zwar erkannt, dass der blosse Verweis in den AVB auf nicht unmittelbar anwendbare WHO-Bestimmungen aus sich heraus keinen Sinn ergibt und deshalb als unverständlich gilt, allerdings hat sie diesen Punkt unter dem Titel der Auslegungskontrolle statt der Konsenskontrolle behandelt (HGer AG, HOR.2020.18, E. 7.2, Urteil vom 17. Mai 2021). Wenn jedoch eine AGB-Klausel aus sich heraus unverständlich ist, dann ist ihre Kenntnisnahme unzumutbar und sie wird bereits im Rahmen der Konsenskontrolle nicht Vertragsbestandteil (vgl. diesbezüglich unten N 154 ff.). Dagegen kommt die Unklarheitenregel im Rahmen der nachgelagerten Auslegungskontrolle nur dann subsidiär zum Tragen, wenn die AGB-Klausel gültig einbezogen wurde (d.h. nicht gänzlich unverständlich ist), jedoch aufgrund ihrer unklaren Formulierung verschiedene

wurde dies vom Bundesgericht mit diskutabler Begründung im Ergebnis als ausreichend erachtet[575].

Ferner kann es beim Vertragsschluss *unter Anwesenden* ausnahmsweise genügen, wenn der AGB-Verwender die (umgehende) *Aushändigung* (vor Ort) oder zumindest die *Vorlage* der AGB zur *Einsichtnahme anbietet*[576]. Jedoch fällt eine vom AGB-Verwender angebotene «Leihe» oder das temporäre Vorlegen der AGB namentlich bei komplexeren und umfangreicheren AGB regelmässig ausser Betracht[577]. In jedem Falle unzureichend ist dagegen die *öffentliche Publikation* von AGB ohne vorgängige individuelle Mitteilung (bzw. Hinweis) an 149

(ernsthaft vertretbare) Auslegungsvarianten in Frage kommen (vgl. zur Unklarheitenregel unten N 302 ff.).

575 Demgemäss sei es nicht zwingend notwendig, den massgebenden WHO-Text (welcher die Pandemiestufen umschreibt) in den AVB selbst abzudrucken, da mittels Auslegung zu ermitteln sei, wie die in den AVB verwendeten WHO-Begrifflichkeiten (ohne Wiedergabe des WHO-Regelwerks) zu verstehen sind. Es wurde also auf die Auslegung eines in den AVB unvollständig umschriebenen Deckungsausschlusses fokussiert, statt zunächst der vorgelagerten Frage nachzugehen, ob die Verwendung von technischen Begriffen in AVB ohne Erläuterung bzw. ob der blosse Verweis in AVB auf ein im Internet befindliches Regelwerk für die gültige Einbeziehung überhaupt genügt (vgl. zur Verweisungsproblematik oben N 136 f.). Dies ist bedauerlich, da im konkreten Fall die Kenntnisnahme der WHO-Pandemiestufen für ein in Versicherungsfragen geschäftsunerfahrenes KMU (Gastronomiebetrieb) nicht ohne Weiteres als zumutbar erscheint (vgl. dazu unten N 159 und N 161). Dabei geht das Gericht auch nicht näher auf das Problem der Staffelverweisung in AGB (bzw. der AGB-Verweisung auf Regelwerke Dritter) ein, wonach der AGB-Verwender im Allgemeinen die Möglichkeit zumutbarer Kenntnisnahme auch hinsichtlich der verwiesenen AGB (bzw. hinsichtlich des WHO-Regelwerks) in gleicher Art und Weise wie hinsichtlich der verweisenden AGB erfüllen muss (siehe unten N 161, N 163). Vgl. ebenfalls kritisch EISNER-KIEFER, AJP 2022, 646 f.; FUHRER; HAVE 2022, 171; HUG/MÜLLER/SINGER, Jusletter, 11. April 2022, N 8 ff.; WILLIAM, HAVE 2022, N 8 ff.; siehe ferner bereits ähnlich vor Urteilsfällung FELLMANN, Gutachten, N 51.

576 Siehe PERRIG, Zugänglichkeitsregel, 181; ähnlich für das deutsche Recht BGH, NJW-RR 2007, 32 N 19; GRÜNEBERG, § 305 BGB N 32. Der Kunde sollte dabei den AGB-Text zur Zeit und am Ort des Vertragsschlusses einsehen können. Falls die AGB nicht ausgehändigt, sondern bloss zur Einsichtnahme vorgelegt werden, so kann dies nur in Ausnahmefällen genügen (i.d.R. nur bei einfachen Alltagsgeschäften und entsprechend kurzen und verständlichen AGB; bei umfangreicheren AGB kann die Aushändigung erwartet werden).

577 Neben der erforderlichen Informationszeit bei Vertragsschluss sollte der Kunde in solchen Fällen auch im Besitz der massgebenden AGB verbleiben (bzw. weiterhin direkten Zugriff haben), um der massgebenden Empfangstheorie zu genügen. Zudem können sich aus praktischer Sicht relevante Fragen auch erst während der darauf folgenden Vertragsabwicklung ergeben (vgl. dazu auch oben N 124; ähnlich RUSCH, AJP 2019, 632 f.).

den Kunden[578]. Schliesslich wird als weitere Anforderung an eine zumutbare Möglichkeit der Kenntnisnahme ganz generell die Verständlichkeit und Lesbarkeit des AGB-Texts verlangt (*Transparenzgebot*)[579].

d. Schriftlicher und (fern-)mündlicher Vertragsschluss

150 Der AGB-Verwender erfüllt beim *schriftlichen Vertragsschluss*[580] *unter Anwesenden* seine Kenntnisverschaffungsobliegenheit, wenn er dem Kunden vor Vertragsschluss ein vollständiges Exemplar der AGB aushändigt oder der Offerte beilegt[581]. *Unter Abwesenden* genügt grundsätzlich nur eine (postalische oder elektronische[582]) Übersendung. Die Zugänglichmachung der AGB kann gleichsam mit der zu übermittelnden Vertragsurkunde bzw. dem schriftlichen Vertragsangebot des AGB-Verwenders verbunden werden. So ergibt sich bei *Formularverträgen* die Möglichkeit zumutbarer Kenntnisnahme aufgrund der Inkorporation des Klauselwerks im Text des zur Verfügung gestellten Formulars *eo ipso*[583]. Der AGB-Abdruck in Katalogen, Preislisten und dergleichen reicht mangels Zusammenhangs mit dem konkreten Vertragsschluss nicht aus, solange es sich um nicht-individualisierte Reklamesendungen handelt[584]. Findet der Vertragsschluss in Geschäftsräumlichkeiten oder im sonstigen Einzugsbereich des AGB-Verwenders statt, so dürfte bei *Alltagsgeschäften* ein deutlich sichtbarer *Aushang* des (kurzen) AGB-Textes genügen[585], wohingegen bei umfangreichen AGB und bedeutenderen bzw. komplexeren Rechtsgeschäften

---

578 Perrig, Einbeziehung, 188; vgl. auch ZK-Schönenberger/Jäggi, Art. 1 N 458.

579 Stellvertretend aus der h.L. BK-Kramer, Art. 1 N 207; eingehend Perrig, Zugänglichkeitsregel, 204 ff. Zum Transparenzgebot im Rahmen der Einbeziehung unten N 154 ff.

580 Der schriftliche Vertragsschluss im hier verstandenen Sinne umfasst einzig den herkömmlichen «Papiervertrag»; sämtliche elektronisch (bzw. digital) geschlossene Verträge werden im Zusammenhang mit der Einbeziehung im elektronischen Geschäftsverkehr behandelt (siehe dazu unten N 178 ff.).

581 Forstmoser, Standortbestimmung, 39; Huguenin, OR, N 616; Bouverat, Conditions générales, N 975 f; BGer 4A_247/2013, E. 2.1.2; 4A_347/2011, E. 2.

582 Siehe zur Einbeziehung im elektronischen Geschäftsverkehr unten N 178 ff. Zu beachten gilt weiterhin das Problem des Medienbruchs (siehe dazu oben N 148).

583 Perrig, Zugänglichkeitsregel, 186 f. (m.w.N.).

584 In diesem Sinne auch Giger, Einbezug AGB, 69; BK-Kramer, Art. 1 N 188; Schuler, Geltung AGB, 91 ff.; a.A. ZK-Schönenberger/Jäggi, Art. 1 N 457. Wurde jedoch der Katalog vom Kunden explizit angefordert oder dem Kunden im Hinblick auf einen konkreten Vertragsschluss samt deutlichem Hinweis auf die AGB individuell zugesandt, so erscheint die Kenntnisnahme als zumutbar (Perrig, Zugänglichkeitsregel, 188).

585 In diesem Sinne BK-Kramer, Art. 1 N 195; Schuler, Geltung AGB, 94; Morin, ZSR 2009, 518. Vgl. zum Aushang als Hinweisersatz oben N 141.

(z.B. Autoleasing) erforderlich bleibt, dass die AGB dem Kunden anlässlich des Vertragsschlusses unaufgefordert ausgehändigt werden[586].

Existiert beim *mündlichen Vertragsschluss* kein Aushang oder ist ein solcher 151
aufgrund der Umstände im Einzelfall für eine zumutbare Kenntnisnahme nicht ausreichend, bedarf es entweder der Aushändigung der AGB an den Kunden oder zumindest der vom AGB-Verwender (unaufgefordert) verschafften Gelegenheit zur Einsichtnahme vor Ort[587]. Umfassen die AGB lediglich einzelne (kurze) Sätze, so kann der AGB-Verwender (bzw. sein Personal) den Kunden anlässlich des Hinweises auf die AGB auch sogleich mündlich über deren Inhalt informieren[588]. Sofern keine gültige Rahmenvereinbarung zwischen den Parteien existiert, ist es im Zuge eines mündlichen Vertragsschlusses zudem irrelevant, ob der AGB-Verwender den Kunden darauf hinweist, der AGB-Text habe schon bei früheren Vertragsschlüssen vorgelegen[589].

Beim *fernmündlichen Vertragsschluss*[590] kann die Einräumung der Kenntnis- 152
nahmemöglichkeit aufgrund der physischen Distanz der Kontrahierenden Schwierigkeiten bereiten. Naturbedingt fällt eine physische Aushändigung der AGB ausser Betracht. Unproblematisch ist, wenn dem Kunden bei der *telefonischen Bestellung* die (in Katalogen oder dergleichen wiedergegebenen) AGB vorliegen und der Kunde bei Entgegennahme der Bestellung nochmals auf die relevanten Klauseln samt Fundstelle aufmerksam gemacht wird[591]. Das sollte heutzutage auch gelten, wenn der Kunde bei seiner telefonischen Bestellung auf im Internet angebotene Produkte Bezug nimmt und er dabei auf die auf der Website deutlich und direkt verfügbaren AGB hingewiesen wird. Liegt der AGB-Text dem Kunden nicht vor, ist das Vorlesen (oder Abspielen einer Tonbandaufnahme) kurz gefasster AGB am Telefon zwar zulässig, jedoch nicht praktikabel, denn der Kunde will bei einer telefonischen Bestellung keine (zeit- und nervenraubenden) Rechtsbelehrungen hören, sondern eine reibungslose und schnelle Abwicklung des Rechtsgeschäfts. Zudem kämpft der AGB-Verwender im Streitfalle mit Beweisproblemen, sofern er das Gespräch nicht mit

---

586 Das blosse Auflegen von Katalogen (inkl. AGB) zur Einsichtnahme in den Geschäftsräumlichkeiten reicht für eine zumutbare Kenntnisnahme nicht aus (PERRIG, Einbeziehung, 189; BGH, NJW 2009, 1486).

587 PERRIG, Zugänglichkeitsregel, 189; PERRIG, Einbeziehung, 189. Die Einsichtnahme von AGB kann i.d.R. bloss bei kurzen und leicht verständlichen AGB für Alltagsgeschäfte genügen (vgl. dazu auch oben N 149).

588 In Betracht kommen mündliche Mitteilungen (insb. an der Kasse im Ladenlokal) wie z.B. «Haftung ausgeschlossen», «kein Umtausch» oder «keine Reklamation akzeptiert». Inwiefern derartige Klauseln ungewöhnlich oder inhaltlich unangemessen sind, ist eine andere Frage.

589 PERRIG, Einbeziehung, 189 (m.w.N.).

590 Vgl. zum Begriff der fernmündlichen Kommunikation oben Fn 499.

591 Siehe m.w.N. PERRIG, Zugänglichkeitsregel, 190.

Zustimmung des Kunden aufgezeichnet hat. Für umfangreichere AGB ist allerdings diese Art der Zugangsverschaffung beim telefonischen Vertragsschluss ohnehin ausgeschlossen. Will man die Einbeziehungsmöglichkeiten nicht übermässig einschränken, sollten Alternativlösungen in Betracht gezogen werden. Sofern keine gültige Rahmenvereinbarung zwischen den Parteien existiert, wäre ein individualvertraglicher, freiwilliger und ausdrücklicher *Verzicht des Kunden* auf die Kenntnisverschaffung im Zeitpunkt des telefonischen Vertragsabschlusses denkbar, wenn der AGB-Verwender im Telefonat deutlich auf die AGB hinweist und deren (nachträgliche) Übermittlung anbietet; dies freilich unter der Voraussetzung, dass der Kunde dieses Angebot ausdrücklich annimmt und die AGB dann unverzüglich nachgereicht werden[592]. Weitere Verfügbarkeitsprobleme ergeben sich bei flüchtigen AGB-Darstellungen auf Bildschirmen wie z.B. beim Teleshopping und beim Videotext[593].

153 Allerdings werden sich mit der rasch voranschreitenden *Digitalisierung* und der weiteren Verlagerung auf den elektronischen Geschäftsverkehr in der Schweiz die oben geschilderten Zugänglichkeitsprobleme beim fernmündlichen Geschäftsverkehr weiter relativieren. So kann beispielsweise der AGB-Verwender dem Kunden bei Text-, Audio- und Videointeraktionen via gängiger *Online-Kommunikationsplattformen* die massgebende (speicherbare) AGB-Datei oder zumindest ein Direktlink zu den online verfügbaren und speicherbaren AGB mittels Chatfunktion oder Pop-up-Fenster während der Vertragsschlusssituation übermitteln. Zusätzlich kann er bei vielen Plattformen während der Interaktion die AGB anhand der *Präsentationsfunktion* direkt einblenden[594]. Beim *herkömmlichen telefonischen Vertragsschluss* kann der Verwender seine AGB während des Gesprächs via *E-Mail oder Textnachricht* an den Kunden schicken, sofern der Kunde ausdrücklich mit diesem Medienbruch

---

592 Siehe eingehend Perrig, Zugänglichkeitsregel, 192, 276 ff.; für das deutsche Recht Schmidt, AGB, NJW 2011, 1637; ansatzweise Bouverat, Conditions générales, N 975; CR CO I-Dessemontet, Art. 1 N 45 (1. Aufl.). Ein bewusst und freiwillig handelnder Kunde soll ausdrücklich und auf Grund einer Individualabrede auf die Kenntnisnahmemöglichkeit verzichten können (siehe dazu oben Fn 534). Dass ein Verzicht nach schweizerischem Recht möglich sein kann, ergibt sich ansatzweise aus Art. 4 Abs. 2 PauRG, wonach immerhin die gesetzliche «Pflicht zur schriftlichen Bestätigung» von ARB vor Vertragsschluss dahin fällt, «wenn ihre Erfüllung eine Buchung oder einen Vertragsschluss verunmöglichen würde».

593 Siehe dazu ausführlich Perrig, Zugänglichkeitsregel, 378 ff.

594 Werden die AGB bloss kurz eingeblendet, so stellt sich allerdings namentlich bei komplexen oder umfangreichen AGB wieder das Problem der «flüchtigen» AGB-Darstellung, welche die Zumutbarkeit der Kenntnisname in Frage stellen kann.

einverstanden ist und dabei bestätigt, dass er die AGB zum Zeitpunkt des Vertragsschlusses direkt einsehen (und speichern) kann[595].

5. Transparenzgebot

Als weitere Ausprägung des Gebots von Treu und Glauben (Art. 2 ZGB) konkretisiert das *Transparenzgebot* im Rahmen der Konsenskontrolle – neben der Hinweistransparenz[596] – primär den Zumutbarkeitsmassstab bei der Einbeziehung von AGB[597]. Durch die Pflicht zu einer transparenten Gestaltung sowohl der gesamten AGB als auch der Regelungsinhalte einzelner AGB-Klauseln sollte ein Mindestmass an *Klauseltransparenz* erreicht werden[598]. Dementsprechend verlangt die sog. Abschlusstransparenz für eine zumutbare Kenntnisnahme die formale sowie sprachliche *Verständlichkeit (N 156 ff.) und Lesbarkeit* (N 164 f.) des zur Übernahme gestellten AGB-Textes[599]. Sie bestimmt sich nach den Umständen im Einzelfall, denn was ein Kunde kann bzw. versteht, «lässt sich nur 154

595 Es handelt sich sozusagen um einen Teilverzicht bzw. um eine Zustimmung zu einem Medienwechsel bezgl. eines Vertragsteils (also der AGB). Vgl. zum Medienbruch oben N 148. Das Beweisproblem hinsichtlich der telefonischen Zustimmung des Kunden bleibt allerdings bestehen (es sei denn, der Kunde bestätigt via E-Mail oder Textnachricht den Empfang der AGB, was während eines telefonischen Vertragsschlusses als nicht praktikabel erscheint). Auch dürfen derartige AGB weiterhin nicht zu umfangreich sein, da ansonsten dem Kunden während der Telefonbestellung nicht hinreichend Zeit zur möglichen Kenntnisnahme gegeben wird.

596 Die Hinweistransparenz fordert einen deutlichen (d.h. klaren und unmissverständlichen) Hinweis auf die zu übernehmenden AGB. Vgl. dazu oben N 133 ff.

597 So beispielsweise auch BK-MÜLLER, Art. 1 N 326 ff. Eingehend zum Transparenzgebot PERRIG, Zugänglichkeitsregel, 204 ff. Der Transparenzgedanke erfasst allerdings nicht nur den Zumutbarkeitsmassstab bei der Einbeziehung von AGB, sondern sämtliche Stufen der AGB-Kontrolle (so auch BSK VVG-FUHRER, Art. 33 N 35). Vgl. dazu oben N 109.

598 PERRIG, Zugänglichkeitsregel, 204 ff.; für das deutsche Recht SCHMIDT, AGB, NJW 2011, 1634.

599 PERRIG, Zugänglichkeitsregel, 205 ff.; BK-KRAMER, Art. 1 N 207; SCHWENZER/FOUNTOULAKIS, OR AT, N 45.03; CR CO-MORIN, Art. 1 N 171; BK-MÜLLER, Art. 1 N 327 ff.; CR LCD-PICHONNAZ, Art. 8 N 53; HEISS, in: Heizmann/Loacker, Art. 8 UWG N 228; GAUCH/SCHLUEP/SCHMID, OR AT, N 1135a; HUGUENIN, OR, N 616; BSK VVG-FUHRER, Art. 33 N 35; KOLLER, OR AT N 23.51; EISNER-KIEFER, AJP 2022, 642 f.; FELLMANN, Gutachten, N 24 und 51; HGer AG, HOR.2020.18, E. 5.2.1, Urteil vom 17. Mai 2021; OGer TG, Urteil vom 25. August 2003, RBOG 2003, Nr. 9, 76; im Grundsatz auch BGE 119 II 443, 446 (erwähnt das Erfordernis der Lesbarkeit von AGB mit Verweis auf BK-KRAMER, Art. 1 N 207); sinngemäss BGE 129 III 702, 709 und BGE 64 II 380 (jeweils nicht AGB-spezifisch); explizit offen gelassen in BGer 4A_330/2021, E. 4.1.2 (siehe dazu sogleich N 155); siehe für AVB Art. 3 Abs. 1 VVG. Beim Transparenzgebot auf der

schwer abstrakt beschreiben»[600]. So sollte man auch für die Beurteilung der Klauseltransparenz prinzipiell auf den individuellen Kunden bzw. auf dessen Informationsverarbeitungskapazitäten abstellen und dabei sowohl situative als auch vertragsbezogene Faktoren berücksichtigen (sog. Situationsadäquanz)[601]. Ist ein AGB-Text nicht in dem nachfolgend beschriebenen Sinne hinreichend transparent, also verständlich und lesbar, fehlt es in aller Regel an der Möglichkeit zumutbarer Kenntnisnahme (und somit an einer gültigen Übernahme der intransparenten AGB bzw. AGB-Klausel).

155 Gestützt auf das Zumutbarkeitskriterium der Zugänglichkeitsregel hat sich in der Lehre das Transparenzerfordernis von verständlichen und lesbaren AGB als Teil der Konsenskontrolle inzwischen zur absolut herrschenden Meinung erhoben[602]. So hat denn auch das Bundesgericht das Transparenzgebot in BGer 4A_330/2021 (E. 4.1.2) zum ersten Mal explizit als solches erwähnt, dessen Geltung im Rahmen der Konsenskontrolle im konkreten Fall jedoch (noch) offen gelassen[603]. Allerdings anerkennt das Bundesgericht im gleichen Entscheid die Zugänglichkeitsregel als Regelerfordernis bei der AGB-Konsenskontrolle und verlangt hierfür folgerichtig stets die Einräumung der Möglichkeit zumutbarer Kenntnisnahme der AGB[604]. Da die unter dem Transparenzgebot behandelten Anforderungen der Verständlichkeit und Lesbarkeit des AGB-Textes letztendlich integrale Bestandteile des Zumutbarkeitskriteriums darstellen, sind sie konsequenterweise auch für das Bundesgericht bei der Anwendung der Zugänglichkeitsregel verbindlich. Denn wie kann ansonsten eine Kenntnisnahme zumutbar

---

Ebene der Konsenskontrolle geht es in erster Linie um formale und sprachliche Verständlichkeit von AGB, wohingegen sich die Inhaltskontrolle ausschliesslich mit der Frage befasst, ob eine spezifische Klausel Bedeutungen annehmen kann, die nach ihrem Inhalt für den Kunden besonders einschneidend bzw. unangemessen sind.

600 Aus der deutschen Lehre PFEIFFER, NJW 2011, 1, 7.

601 Massgebend ist neben der Art sowie der Gestaltung des Vertragsgegenstands namentlich die Bedeutung der AGB-Information und die Situation bei der Vertragsverarbeitung. Von einem Kunden dürfen bei der Informationsverarbeitung ein normales Sprachverständnis, normales Alltagswissen, einfache Logik und simple Rechenoperationen verlangt werden (PERRIG, Zugänglichkeitsregel, 226 ff.; PFEIFFER, NJW 2011, 6 ff.).

602 Vgl. die Nachweise oben in Fn 599.

603 Vgl. zu Recht kritisch EISNER-KIEFER, AJP 2022, 645 f.; FUHRER; HAVE 2022, 171; HUG/MÜLLER/SINGER, Jusletter, 11. April 2022, N 8 ff. Die fraglichen Erwägungen des Bundesgerichts wurden denn auch in der Folge nicht in der publizierten Fassung des Entscheids berücksichtigt (siehe BGE 148 III 57). Es bleibt daher zu hoffen, dass das Bundesgericht dem Transparenzgebot im Rahmen der Konsenskontrolle in Zukunft einen grösseren Stellenwert einräumt.

604 So auch bestätigt in der publizierten Fassung BGE 148 III 57, 59, E. 2.1.2 (mit Verweis auf BGE 139 III 345, E. 4.4; 77 II 154, 156, E. 4; BGer 4A_47/2015, E. 5.4.1).

sein, wenn die massgebenden AGB für den Kunden unlesbar und/oder unverständlich sind?[605] Ob man diesen Aspekt unter dem Titel Transparenzgebot oder Zugänglichkeitsregel behandelt, ist im Ergebnis irrelevant. Dementsprechend und anders als BGer 4A_330/2021 (in E. 4.1.2) anzudeuten versucht, wurden die Prinzipien des Transparenzgebots *de facto* bereits mehrfach in der Bundesgerichtspraxis angewandt[606].

a. Verständlichkeit

aa. Textgestaltung (Übersichtlichkeit und Erkennbarkeit)

Das *Verständlichkeitsgebot* verlangt für die Möglichkeit zumutbarer Kenntnisnahme ein Mindestmass an *Übersichtlichkeit* des Klauselwerks[607]. Demgemäss sind (insbesondere umfangreiche) AGB mit einer sach- oder themenbezogenen Gliederung – namentlich durch Setzen von Überschriften – zu versehen[608]. Problematisch ist zunächst, wenn das auf einen bestimmten Vertragstypus zugeschnittene 156

---

605 Wenn beispielsweise ein dem Kunden ausgehändigter AGB-Text in Kleinstdruck unlesbar gestaltet oder in einer für den Kunden völlig unverständlichen Sprache formuliert ist, darf man nach Treu und Glauben davon ausgehen, dass die Möglichkeit zur Kenntnisnahme dieser unlesbaren bzw. unverständlichen AGB unzumutbar ist (vgl. auch HUG/MÜLLER/SINGER, Jusletter, 11. April 2022, N 18; WILLIAM, HAVE 2022, 14, 42).

606 Vgl. im Grundsatz bereits ein Transparenzgebot im Rahmen der Konsenskontrolle anwendend BGE 119 II 443, 446 (verweist explizit auf das Erfordernis der Lesbarkeit gemäss BK-KRAMER, Art. 1 N 207); BGer 4A_126/2023, E. 3.6 f. (Nichtgeltung eines einseitigen Gestaltungsrechts aufgrund intransparenter AVB-Klauseln, jedoch in Anwendung der Unklarheitenregel); nicht AGB-spezifisch BGE 129 III 702, 709 (Erfordernis klar verständlicher Vertragsbegriffe; Verwendung von juristischen Fachausdrükken allein genügt nicht) und BGE 64 II 380 (blosse Aufführung von Gesetzesbestimmungen in Bürgschaftsurkunde unzureichend); siehe ferner die Bundesgerichtspraxis zu Gerichtsstandsklauseln, welche ebenfalls eine klare und deutliche Formulierung für die Einbeziehung in AGB verlangt (BGE 118 Ia 294 E. 2a, 297; 109 Ia 57, E. 3a; 104 Ia 278, 280 f.; bestätigt in BGer 4A_247/2013, E. 2.1.2; 4C.282/2003, E. 3.1). Vgl. schliesslich den vorinstanzlichen Entscheid zu BGer 4A_330/2021, welcher auch explizit ein Transparenzgebot postuliert: HGer AG, HOR.2020.18, E. 5.2.1, Urteil vom 17. Mai 2021; in diesem Sinne bereits OGer TG, Urteil vom 25. August 2003, RBOG 2003, Nr. 9, 76.

607 PERRIG, Zugänglichkeitsregel, 220. So auch GAUCH/SCHLUEP/SCHMID, OR AT, N 1135a; BK-MÜLLER, Art. 1 N 328.

608 PERRIG, Zugänglichkeitsregel, 220 ff. (bei umfangreicheren AGB empfiehlt es sich, den AGB eine logische Gliederungsübersicht voranzustellen); zustimmend BK-MÜLLER, Art. 1 N 328; ähnlich BK-KRAMER, Art. 1 N 207. Werden AGB-Klauseln zusammenhanglos aneinander gereiht, so ist die übersichtliche Gestaltung nicht gewahrt (aus der deutschen Literatur PFEIFFER, NJW 2011, 4 f.). Beim Einsatz von Überschriften in AGB

Klauselwerk für den konkreten Vertrag nicht (oder nur teilweise) passt (und deswegen nicht klar ersichtlich ist, inwieweit es Wirksamkeit beansprucht), insbesondere weil der Verwender (v.a. Banken und Versicherungen) AGB mit breitem Anwendungsbereich einsetzt, um damit gleichsam verschiedene Geschäftsbereiche abzudecken[609]. Sämtliche AGB-Klauseln sind *erkennbar* zu machen und klar als verbindliche Bestimmungen zu bezeichnen[610]; der Ort ihres Abdrucks bzw. der Abbildung darf nicht versteckt platziert, sondern muss ohne Mühe auffindbar sein[611].

bb. Umfang der AGB

157 Weiter kann ein Kunde nur ein beschränktes Mass an Informationen auf einmal aufnehmen, weshalb eine unstrukturierte Fülle von Informationsmaterial (Werbeprospekte, Merkblätter, Richtlinien, Reglemente etc.) dazu führen kann, dass er die darin mitenthaltenen AGB überhaupt nicht mehr identifiziert, zur Kenntnis nimmt oder das Wesentlichste überliest *(information overload)*[612]. Der AGB-Text darf in Relation zur Bedeutung des Rechtsgeschäfts oder zum sachlichen Regelungsgehalt keinen unverhältnismässigen Umfang aufweisen *(vertretbarer Umfang)*, wobei auch die für das Studium der Bedingungen eingeräumte Informationszeit sowie die optische Gestaltung zu berücksichtigen sind[613]. Dementsprechend ist dem Kunden bei Abschluss eines unbedeutenden Rechtsgeschäfts (Alltagsgeschäft) in aller Regel nicht zuzumuten, den Inhalt eines umfangreichen Klauselwerks zur Kenntnis zu nehmen[614]. Vielmehr sollten bei geringwertigen Leistungen die AGB nicht nur kurz, sondern darüber hinaus auch «relativ einfach sein»[615]. Diese Erfordernisse sind etwa häufig beim Erwerb von Standardsoftware oder bei der Registrierung auf Social Me-

muss es für den Kunden aufgrund des jeweiligen Titels klar ersichtlich sein, welchen Regelungsinhalt ihn erwartet (im Ergebnis BGer 4A_126/2023, E. 3.5.3).

609 PERRIG, Einbeziehung, 191. Für den Kunden ist es in solchen Fällen unzumutbar, aus dem umfangreichen AGB-Text diejenigen Klauseln herauszufiltern, welche tatsächlich auf seinen konkreten Vertragsgegenstand anwendbar sind (ähnlich SHK UWG-PROBST, Art. 8 N 5 Fn 8).

610 Vgl. *obiter dictum* in BGE 138 III 411 E. 3.6, wonach unter dem Titel «Merkblatt» oder «Auszug» im Verhältnis zu den zugrunde liegenden AGB keine weiterreichende oder geänderte (rechtlich relevante) Bestimmungen erwartet werden dürfen.

611 BK-KRAMER, Art. 1 N 207; KUT, CHK, Art. 1 N 52.

612 PERRIG, Zugänglichkeitsregel, 223 (m.w.N.).

613 PERRIG, Einbeziehung, 192; im Grundsatz auch GAUCH/SCHLUEP/SCHMID, OR AT, N 1135a; BK-MÜLLER, Art. 1 N 328.

614 PERRIG, Zugänglichkeitsregel, 224.

615 So auch für das deutsche Recht MEDICUS/PETERSEN, BGB AT, N 412.

dia Plattformen nicht erfüllt, da sich die massgebenden Lizenz- oder Nutzungsbedingungen (sog. *end user license agreement*, kurz EULA) regelmässig über dutzende Seiten erstrecken[616]. Das Zumutbarkeitsproblem verschärft sich, wenn innerhalb des umfangreichen AGB-Textes noch darüber hinaus auf zahlreiche weitere für den Vertrag massgebende Klauselwerke verwiesen wird[617]. In solchen Fällen ist dem AGB-Verwender zu empfehlen, das Klauselwerk zu «entschlacken», d.h. von überflüssigen bzw. von nicht anwendbaren, widersprüchlichen oder unpassenden Klauseln zu befreien[618]. Umgekehrt rechtfertigen sich umfangreiche AGB in erster Linie bei komplexen oder bedeutenden Geschäften (wenn etwa der Vertrag hohe Geldsummen zum Gegenstand hat wie z.B. bei aufwändigen Finanztransaktionen). Denn die Art und Bedeutung des Rechtsgeschäfts wirken sich auf die vom Kunden zu verlangende Sorgfalt[619] und somit auch auf den Zumutbarkeitsmassstab aus[620]. In diesem Sinne können die AGB eines Bauvertrages oder eines Autokaufes im Allgemeinen umfangreicher ausgestaltet sein als die AGB eines Beförderungsvertrags im Massenverkehr.

cc. Verwendung von Fachausdrücken

Die Verwendung technischer oder branchenspezifischer – insbesondere juristischer – *Fachausdrücke* («Fremdsprache *sui generis*»)[621] kann das Verständlichkeitsgebot verletzen und dadurch eine zumutbare Kenntnisnahme verunmöglichen[622]. Gemäss *Giger* ist das jeweils dann der Fall, wenn die AGB «in 158

616 Vgl. auch ROBERTO/WALKER, recht 2014, 51, welche (mit Verweis auf Facebook und Apple IOS) die Kenntnisnahme von AGB «im Umfang von mehreren Dutzend Seiten» ebenfalls als unzumutbar erachten.

617 ROBERTO/WALKER, recht 2014, 51. Vgl. zur Staffelverweisung unten N 163.

618 Die Entschlackung der AGB macht beispielsweise Sinn im Hinblick auf die auch im b2c-Verkehr häufig anzutreffenden (und wegen dem teilzwingenden Charakter von Art. 35 Abs 1 lit. a ZPO nicht vom AGB-Verwender durchsetzbaren) Gerichtsstandklauseln oder Abwehrklauseln gegenüber «feindlichen» AGB des Konsumenten (vgl. in diesem Sinne für das deutsche Recht SCHMIDT, AGB, NJW 2011, 1635).

619 Zutreffend aus dem deutschen Recht PFEIFFER, NJW 2011, 4: «Wer sich sehenden Auges (!) für eine bestimmte Komplexität entscheidet, kann Transparenz nur im Rahmen dieser Komplexität erwarten».

620 PERRIG, Zugänglichkeitsregel, N 224 f.

621 Im Zusammenhang mit der Verwendung einer Fachsprache AEPLI, FS Gauch, 342.

622 Vgl. ausführlich PERRIG, Zugänglichkeitsregel, 230 ff.; PERRIG, Einbeziehung, 192; in diesem Sinne auch GIGER, Einbezug AGB, 69; BOUVERAT, Conditions générales, 39; BK-MÜLLER, Art. 1 N 328. Zudem hat das Bundesgericht bereits früh aus der Unklarheitenregel den Auslegungsgrundsatz abgeleitet, wonach AGB-Klauseln im Zweifel

einem für Laien völlig unverständlichen ‹Juristendeutsch› abgefasst wurden»[623]. «Dementsprechend misst die Rechtsprechung dem Umstand, dass die Parteien präzise juristische Bezeichnungen verwendet haben, für sich allein keine entscheidende Bedeutung zu»[624]. Dies gilt umso mehr, wenn juristische Bezeichnungen oder andere Fachausdrücke in AGB von einer geschäftserfahrenen Partei einem weder rechtskundigen noch geschäftsgewandten Kunden zur globalen Übernahme unterbreitet werden. Gemäss BGE 129 III 702, 709 «ist für die Kundgebung ihres klaren diesbezüglichen Willens mehr erforderlich als die blosse Verwendung präziser juristischer Fachausdrücke» (E. 2.4.3). Daher empfiehlt es sich namentlich im b2c-Verkehr, auf die Verwendung von Fachausdrücken in AGB zu verzichten, soweit dadurch der objektive Sinngehalt der Bedingungen nicht gefährdet wird. Anstelle von Fachbegriffen sollten verständliche Synonyme (Alltagsbegriffe) vermittelt werden. Soweit auf Fachbegriffe nicht verzichtet werden kann, sind sie mit Erläuterungen zu versehen, damit der Kunde die Bedeutung und Tragweite der Begriffe verstehen kann[625]. Eine Kenntnisnahme gilt im b2c-Verkehr dann als unzumutbar, wenn der Rechtsterminus bzw. der Fachbegriff für den gegenständlichen Geschäftstyp *vermeidbar*, d.h. die Fachsprache technisch nicht notwendig und sie im alltäglichen Sprachgebrauch unbekannt bzw. ungebräuchlich ist[626]. So ist beispielsweise davon auszugehen, dass ein rechtlich nicht vorgebildeter Kunde nicht weiss, was «Wandelung» und «Minderung» bedeutet[627].

159 Im b2b-Verkehr ist im Gegensatz zum b2c-Verkehr die Verwendung von Fachbegriffen in aller Regel sachgerecht (z.T. sogar notwendig), sofern beide Parteien in Bezug auf den konkret zu vereinbarenden Vertragstyp geschäftsgewandt und

---

zugunsten des Kunden nach dem allgemeinen, und nicht nach dem fachlichen oder technischen Sprachgebrauch des AGB-Verwenders auszulegen sind (BGE 82 II 445, 452; 97 II 72, 74). Vgl. zur Unklarheitenregel unten N 302 ff.

623 GIGER, Einbezug AGB, 69; vgl. auch FORSTMOSER, FG Kummer, 106.

624 So (nicht AGB-spezifisch) BGE 129 III 702, 707, E. 2.4.1 in Bezug auf die Auslegung von Willenserklärungen nach dem Vertrauensprinzip.

625 Vgl. ausführlich und m.w.H. PERRIG, Zugänglichkeitsregel, 230 ff.; sinngemäss auch BGE 129 III 702, 709, E. 2.4.3 und 2.5.

626 PERRIG, Zugänglichkeitsregel, 230 ff. (m.w.N.); zustimmend BK-MÜLLER, Art. 1 N 328; ähnlich für das deutsche Recht PFEIFFER, NJW 2011, 6. Dies gilt auch dann, wenn die Fachtermini «mit Zitaten der entsprechenden Gesetzesbestimmungen» gekoppelt sind (BGE 129 III 702, 709, E. 2.4.3).

627 Vgl. aus der deutschen Rechtsprechung BGH, NJW 1982, 331, 333; BGH, NJW 1982, 2380. Anstelle dieses juristischen Begriffspaars könnte man von «Rückgängigmachung des Vertrags» (statt «Wandelung») sowie von «Herabsetzung der Vergütung» (statt «Minderung») sprechen.

rechtskundig sind[628]. Dies schien allerdings in BGer 4A_330/2021 im Zusammenhang mit einem Versicherungsvertrag zwischen einer nationalen Versicherungsgesellschaft und einem Gastronomiebetrieb (KMU) nicht der Fall gewesen zu sein[629]. Dennoch stellte das Bundesgericht ein in den AVB erwähntes aber nicht näher erläutertes, nicht mehr in Kraft stehendes, in englischer Sprache abgefasstes und primär an «public health officials» gerichtetes internationales Stufensystem («WHO-Pandemiestufen 5 oder 6») einem umgangssprachlichen Begriff (wie die vom Bundesgericht erwähnten Beispiele «Krieg», «Terrorakt» oder «Streik») gleich (E. 4.1.2)[630].

dd. Verweisung auf gesetzliche und weitere Vorschriften

Ebenfalls problematisch sind AGB-Klauseln, welche ohne weitere Erläuterun- 160
gen auf *gesetzliche Bestimmungen verweisen*[631]. Gelangen gesetzliche Vorschriften nicht kraft vertraglicher Verweisung, sondern *unmittelbar und zwingend* zur Anwendung, so steht der AGB-Hinweis auf derartige Gesetzesbestim-

628 In diesem Sinne BGer 4C.313/2004, E 2.2; BGE 125 III 263, 267 f., E. 4b/bb. Gemäss BGE 129 III 702, 707 ff. gelten im Zusammenhang mit Sicherungsgeschäften beispielsweise international tätige Firmengruppen, schweizerische Bankinstitute, Verwaltungsräte sowie Direktoren als geschäftsgewandt. Dasselbe gilt für Personen, die über eine in der Schweiz erworbene juristische Ausbildung verfügen oder sich von einer solchen beraten lassen. Vgl. zum Transparenzgebot im b2b-Verkehr unten N 260.

629 Massgebende Erwägungen wurden nicht publiziert in BGE 148 III 57.

630 Das Bundesgericht hielt etwas pauschal fest, dass nicht «für jeden in den Allgemeinen Geschäftsbedingungen verwendeten Begriff Definitionen oder Erläuterungen im Volltext in den AGB abgedruckt werden müssten». Das stimmt im Grundsatz, da sich in einem Vertrag vernünftigerweise nicht immer alles definieren lassen kann oder muss. Dennoch obliegt es weiterhin dem AGB-Verwender, seine Bestimmungen klar und verständlich zu formulieren und gegenüber geschäftsunerfahrenen bzw. rechtsunkundigen Kunden technische Fachausdrücke mit Bedacht zu verwenden (und bei Bedarf zu erläutern), damit eine Kenntnisnahme des AGB-Textes zumutbar ist. Es darf daher bezweifelt werden, ob ein KMU/Gastronomiebetrieb als Versicherungsnehmer den Inhalt und Umfang der aus der Epidemie-Versicherungsdeckung ausgeschlossenen «WHO-Pandemiestufen 5 oder 6» ohne weitere Erläuterung richtig (bzw. überhaupt) versteht (ebenfalls kritisch EISNER-KIEFER, AJP 2022, 649 f.; FUHRER; HAVE 2022, 171; WILLIAM, HAVE 2022, 17 ff.; im Grundsatz bereits vor Urteilsfällung FELLMANN, Gutachten, N 51).

631 BGE 64 II 380, 383; BK-KRAMER, Art. 1 N 207; GIGER, Kontrolle AGB, 54; PERRIG, Zugänglichkeitsregel, 234; BK-MÜLLER, Art. 1 N 328; RUSCH, *sui-generis* 2016, 74.

mungen einer wirksamen Einbeziehung nicht entgegen, weil diese ohnehin verbindlicher Natur sind[632]. Allerdings darf der AGB-Verwender dadurch den Inhalt der Rechtsvorschriften und schlussendlich auch der AGB nicht verschleiern[633]. Bestimmen die AGB den Inhalt der Rechte und Pflichten des Kunden nicht selbst abschliessend, sondern wird darin lediglich auf *nicht unmittelbar anwendbare bzw. dispositive gesetzliche Vorschriften* verwiesen, ergibt die Verweisungsklausel aus sich heraus keinen Sinn (und gilt als unverständlich)[634]. Gleich verhält es sich mit AGB-Klauseln, welche dispositive Gesetzesregelungen unter knappem Hinweis auf die betreffenden Bestimmungen beschränken oder ausschliessen, ohne die intendierte Vertragsgestaltung positiv festzulegen (z.B. «Art. ... OR/ZGB findet keine Anwendung»)[635].

161 Dieselben Grundsätze sollten auch bei blossen Verweisen in AGB auf *andere nicht unmittelbar anwendbare Vorschriften, Definitionen oder Regelwerke* gelten, die nicht auf Gesetz beruhen (namentlich Regelwerke, Empfehlungen oder Codes von Organisationen oder Verbänden, beispielsweise die praxisrelevanten SIA-Normen[636] im Bauwesen)[637]. In solchen Fällen wird ein Teil des massgebenden AGB-Inhalts in das in den AGB erwähnte und von Dritten redigierte bzw. veröffentlichte Regelwerk ausgelagert, wodurch sich eine Staffelverweisung ergibt[638]. Demzufolge müssen die Anforderungen an die Einbeziehung (insb. Hinweis und Möglichkeit zumutbarer Kenntnisnahme) nicht nur

---

[632] PERRIG, Zugänglichkeitsregel, 234; für das deutsche Recht BASEDOW, MünchKomm, § 305 BGB N 80 f. (8. Aufl.).

[633] Wird in den AGB der Inhalt der unmittelbar anwendbaren Norm auszugsweise, unzutreffend oder missverständlich wiedergegeben oder bei mehreren möglichen gesetzlichen Regelungen nicht die massgebende angegeben, kann dies zur Unzumutbarkeit der Kenntnisnahme führen (PERRIG, Zugänglichkeitsregel, 235; für das deutsche Recht BGH, NJW 1999, 276; PFEIFFER, NJW 2011, 7).

[634] Siehe PERRIG, Zugänglichkeitsregel, 235 f. (m.w.N.).

[635] PERRIG, Zugänglichkeitsregel, 235 f.; BASEDOW, MünchKomm, N 81 zu § 305 BGB (8. Aufl.).

[636] Gemäss Bundesgericht stellen die SIA-Normen keine Übung dar, die von einer vertraglichen Einbeziehung befreien würde (BGer 4A_393/2007, E. 2.1; BGE 118 II 295 E. 2a m.w.H.). Es lässt allerdings auch die konkludente Einbeziehung der SIA-Normen zu, sofern es sich um baugeschäftserfahrene Vertragspartner handelt (BGer 4C.261/2005, E. 2.3 f.; BGer 4A_106/2015, E. 5.1). Vgl. zur Einbeziehung von SIA-Normen RUSCH, AJP 2019, 631 ff. sowie unten N 264).

[637] So auch EISNER-KIEFER, AJP 2022, 646 f.; HUG/MÜLLER/SINGER, Jusletter, 11. April 2022, N 22 f.

[638] Sobald ein Verwender vorformulierte Inhalte Dritter (z.B. SIA-Normen) in seinen AGB für massgebend erklärt, erhalten diese Inhalte denselben AGB-Charakter und gelten als Teil der AGB des Verwenders.

gegenüber den ursprünglichen AGB, sondern auch gegenüber dem darin verwiesenen Regelwerk selbst erfüllt sein[639]. Dieses Erfordernis scheint das Bundesgericht in einem jüngeren Entscheid nicht gebührend zu würdigen, indem es den blossen Verweis in AVB auf ein nicht näher erläutertes WHO-Stufensystem («WHO-Pandemiestufen 5 oder 6») als ausreichend erachtet[640].

Im Vertragsverkehr stösst der Kunde bisweilen auf die *salvatorische Klausel «soweit gesetzlich zulässig»*, die in der Regel eine Haftungsfreizeichnung im gesetzlich maximal zulässigen Umfang vorsieht[641]. Eine solche Klausel lässt häufig das für die Einbeziehung geforderte Mindestmass an Verständlichkeit vermissen, indem sie den Kunden im Unklaren lässt, welche Rechte ihm zustehen und welche Pflichten ihm aufgebürdet werden[642]. Denn dem Kunden ist weder zuzumuten, die massgeblichen gesetzlichen Vorschriften zu ermitteln noch kann er die einschlägigen Rechtsnormen aufgrund ihres rechtstechnischen Charakters in ihrer praktischen Tragweite einschätzen[643]. Salvatorische Klauseln der eingangs erwähnten Art können insbesondere dann nicht gültig vereinbart werden, wenn die Rechtslage nicht zweifelhaft bzw. ermittelbar und folglich dem AGB-Verwender die präzise Ausformulierung des von ihm anvisierten Vertragsinhalts im Klauseltext selbst möglich ist[644]. Gleiches gilt für 162

639 In diesem Sinne auch RUSCH, AJP 2019, 631 ff. (in Bezug auf die SIA-Normen); EISNER-KIEFER, AJP 2022, 646; WILLIAM, HAVE 2022, 9 ff., 41 f. (in Bezug auf den Hinweis in AVB auf ein WHO-Klassifikationsdokument). Siehe zur Staffelverweisung in AGB unten N 163.

640 BGer 4A_330/2021 (E. 4.1.2, nicht publiziert in BGE 148 III 57). Laut Bundesgericht müssten allgemein nicht «für jeden in den Allgemeinen Geschäftsbedingungen verwendeten Begriff Definitionen oder Erläuterungen im Volltext in den AGB abgedruckt werden» und sei die Erwähnung der «Pandemiestufen 5 oder 6» ohne weitere Erläuterung allgemeinverständlich. Die Erwähnung der technischen WHO-Pandemieklassifikationen in den AVB stellt allerdings keine Begrifflichkeit der Umgangssprache, sondern die (unverständliche) Konkretisierung eines Deckungausschlusses durch Bezugnahme auf Definitionen dar, die sich in einem Drittwerk befinden. Ebenfalls kritisch EISNER-KIEFER, AJP 2022, 646 f.; HUG/MÜLLER/SINGER, Jusletter, 11. April 2022, N 22 f.; WILLIAM, HAVE 2022, 9 ff., 41 f. Siehe dazu auch oben N 148 und N 159 sowie unten N 163.

641 Es gibt zahlreiche Variationen in der Formulierung dieser Klausel wie etwa: «Die Haftung wird beschränkt, soweit dies gesetzlich zulässig ist» oder «Die Haftung ist ausgeschlossen, soweit dies im Rahmen der Rechtsordnung zulässig ist».

642 Siehe m.w.N. PERRIG, Zugänglichkeitsregel, 240 f.; aus der deutschen Rechtsprechung BGH, NJW 2013, 1668 (Verstoss gegen das Verständlichkeitsgebot). Siehe den Überblick zu salvatorischen Klauseln in AGB bei RUSCH, *sui-generis* 2016, 73 ff.

643 Zustimmend RUSCH, *sui-generis* 2016, 75, 77 f. Siehe auch aus dem deutschen Recht GOTTSCHALK, Das Transparenzgebot und allgemeine Geschäftsbedingungen, AcP 206, 2006, 570 ff.; BASEDOW, MünchKomm, N 82 zu § 305 BGB (8. Aufl.).

644 Ein AGB-Verwender darf nicht davon ausgehen, dass eine mittels salvatorischer Klausel pauschal und unsorgfältig gefasste Klausel im Zweifels- bzw. Streitfalle erst vom Richter

Klauselwerke, die eine Hierarchie der verschiedenen zur Anwendung gelangenden Geschäftsbedingungen im Falle eines Widerspruchs festlegen oder eine Ersatzlösung für den Nichtigkeitsfall vorsehen[645]. Gegen die Geltung solcher salvatorischer Klauseln spricht neben dem Transparenzgebot auch ganz allgemein das Verbot der geltungserhaltenden Reduktion in AGB[646].

ee. Staffelverweisungen

163 Ein *Verständlichkeitsproblem* bzw. *Verfügbarkeitsproblem* kann sich auch ergeben, wenn der Verwender in AGB auf andere AGB Bezug nimmt[647]. Die *Weiterverweisung auf andere AGB* ist im Grundsatz zulässig[648], da durch die Aufspaltung des Regelungsgehalts auf mehrere Klauselwerke für sich genommen noch keine Intransparenz geschaffen wird[649]. Damit sie aber effektiv Gültigkeit beanspruchen kann, muss vom AGB-Verwender die Möglichkeit zumutbarer Kenntnisnahme auch hinsichtlich der verwiesenen AGB in gleicher Art und Weise wie hinsichtlich der verweisenden AGB erfüllt werden[650], ansonsten sind die AGB aus sich heraus nicht verständlich[651]. Bei derartigen *Sammelübernahmen* oder *Staffelverweisungen* muss ferner für den Kunden (etwa

konkretisiert wird – vielmehr ist er verantwortlich für eine verständliche und klare Formulierung (so auch die deutsche Rechtsprechung BGH, NJW 2013, 1668, N 3; BGH, NJW 2002, 894, 895; BGH, NJW 1996, 1407, 1408 für den unternehmerischen Verkehr). Dies gilt auch selbst dann, wenn die Rechtslage objektiv unklar ist, da der AGB-Verwender weiterhin für Festlegung des AGB-Inhalts verantwortlich ist (vgl. auch BASEDOW, MünchKomm, N 82 zu § 305 BGB, 8. Aufl., m.w.H.).

645 RUSCH, *sui-generis* 2016, 74 ff.; vgl. ferner in Bezug auf gewisse SIA-Normen RUSCH, AJP 2019, 637 f.

646 RUSCH, *sui-generis* 2016, 74 f. Die h.L. bejaht das Verbot der geltungserhaltenden Reduktion im AGB-Bereich (stellvertretend SCHWENZER/FOUNTOULAKIS, OR AT, N 46.09; differenzierend in Bezug auf Art. 8 UWG DEDUAL, AJP 2017, 844 ff.); vgl. aus der bundesgerichtlichen Rechtsprechung BGer 4A_404/2008, E. 5.6.3.2.1. Siehe dazu auch unten N 175 und N 799.

647 Weiter differenzierend PERRIG, Zugänglichkeitsregel, 237 ff.

648 Siehe zu den Anforderungen an den Hinweis in AGB auf weitere AGB oben N 136.

649 PERRIG, Einbeziehung, 193. Siehe aus der deutschen Rechtsprechung das Grundsatzurteil BGHZ 111, 388 = NJW 1990, 3197; vgl. ferner PFEIFFER, NJW 2011, 5.

650 PERRIG, Zugänglichkeitsregel, 237; so auch EISNER-KIEFER, AJP 2022, 646 f.; RUSCH, AJP 2021, 1132 f.; RUSCH, AJP 2019, 636 f.; sinngemäss BK-KRAMER, Art. 1 N 207; GIGER, Einbezug AGB, 69; vgl. auch die deutsche Rechtsprechung: BGH, NJW 2005, 1183, 1184 f.

651 So auch EISNER-KIEFER, AJP 2022, 646 f.; RUSCH, AJP 2021, 1132 f. (in Bezug auf Verweise in AGB auf Inkasso-AGB von Drittunternehmen); RUSCH, AJP 2019, 636 f. (in Bezug auf Verweise in SIA-Normen auf weitere SIA-Normen); WILLIAM, HAVE 2022, 7 ff., 41 f.; für das deutsche Recht BASEDOW, MünchKomm, N 80 zu § 305 BGB

durch ein widerspruchsloses und klar festgelegtes Rang- und Subordinationsverhältnis) ohne weiteres nachvollziehbar sein, welche Regelung der in Bezug genommenen weiteren AGB für den konkreten Fall Geltung erlangen soll bzw. wie sich der Anwendungsbereich der verschiedenen Klauselwerke zueinander verhält[652]. Eine Verweisung in AGB auf AGB von Drittparteien oder auf eine Vielzahl von weiteren für denselben Vertrag massgebenden Klauselwerken mag deshalb zur Intransparenz der Verweisungsklausel führen[653]. Widersprechen sich die verschiedenen für denselben Vertrag angedachten AGB-Klauseln, so kommt wie beim *Battle of the Forms* die *Knock-Out-Theorie* zur Anwendung – die übereinstimmenden bzw. widerspruchsfreien Klauseln werden zu Vertragsbestandteil (Partialkonsens, Art. 2 Abs. 1 OR; Prinzip der Kongruenzgeltung), nicht jedoch die miteinander kollidierenden Klauseln[654]. Indessen nimmt man etwa bei unklaren oder unvollständigen Verweisungen an, dass sie zur Unverständlichkeit der gesamten massgebenden Klauseltexte führen, da es dem rechtsunkundigen Kunden nicht zumutbar ist, das Verhältnis verschiedener AGB im Einzelnen zu ermitteln[655]. So liegt eine intransparente Verweisung vor, wenn von zwei in Bezug genommenen AGB-Texten das für den AGB-Verwender «jeweils günstigere» gelten soll[656].

(8. Aufl.). Das Bundesgericht geht bedauerlicherweise in BGer 4A_330/2021 (E. 4.1.2) nicht weiter auf die Problematik hinsichtlich der Zugänglichkeitsanforderungen an eine Staffelverweisung ein (siehe ferner zum Entscheid auch oben N 137, 148, 159 und 161).

652 Perrig, Zugänglichkeitsregel, 239 (m.w.N.); BGH, NJW-RR 2006, 1350. Dementsprechend gelten auch in AGB festgelegte Klauselhierarchien für den Fall widersprüchlicher Klauseln als intransparent und daher unverständlich (siehe zu derartigen salvatorischen Klauseln auch Rusch, *sui-generis* 2016, 74 ff.; Rusch, AJP 2019, 637 f. sowie oben N 162).

653 Vgl. Rusch, AJP 2021, 1132 f. (bezgl. Verweis in AGB auf weitere AGB von Inkassobüros, mit denen der Kunde nicht rechnet und keinen direkten Vertrag abgeschlossen hat); Roberto/Walker, recht 2014, 51, wonach die Möglichkeit der Kenntnisnahme bei einer Vielzahl von Verweisen auf weitere AGB in umfangreichen AGB unzumutbar ist (mit Verweis auf die AGB von Facebook und Apple IOS). Dasselbe sollte gelten, wenn das erste Klauselwerk in keinem direkten sachlogischen Zusammenhang mit dem zweiten Vertragswerk steht (vgl. dazu oben N 136).

654 Kramer/Probst, OR AT, N 238; Perrig, Zugänglichkeitsregel, 238 f.; BGH, NJW-RR 2006, 1350. Vgl. zum *Battle of the Forms* unten N 274 f.

655 Perrig, Zugänglichkeitsregel, 239.

656 Aus dem deutschen Recht Pfeiffer, NJW 2011, 7; BGH, NJW 1986, 924. Siehe zu salvatorischen Klauseln oben N 162.

b. Lesbarkeit der AGB

164 Damit die Möglichkeit, vom Inhalt schriftlich formulierter AGB in zumutbarer Weise Kenntnis zu nehmen, gewährleistet ist, muss der Klauseltext für den Kunden nicht nur verständlich, sondern auch *lesbar* sein[657]. Dem charakteristischen Erscheinungsbild von AGB als Kleingedrucktem entsprechend muss der AGB-Text zwar nicht in gleicher Grösse abgedruckt sein wie der restliche Vertragsinhalt, jedoch sind dem «Kleindruck des Kleingedruckten» Grenzen zu setzen[658]. Die Grenzen der Lesbarkeit wurden bisher weder durch Veranschlagung einer bestimmten Mindestschriftgrösse noch durch massgeblich Erklärung eines besonderen Druck- bzw. Darstellungsverfahrens festgelegt. Als Faustregel sollte daher gelten: Der Bereich des Zumutbaren wird verlassen, wenn AGB aufgrund der *Art und Grösse des Schriftbildes oder der gewählten Farben nur mit Mühe zu entziffern* sind und dem Kunden bei der Lektüre besondere Anstrengungen abverlangen[659]. Zu diesem Zweck sollte der AGB-Text für den Kunden *mühelos lesbar* sein[660]. Die Zumutbarkeitsgrenze der Kenntnisnahme wird auf jeden Fall dann unterschritten, wenn die AGB nur noch als «augenmörderischer unübersichtlicher Kleindruck»[661] oder mit der «Lupe»[662] entziffert werden können.

165 Im Lichte dieser Schranke sollte für die Verwendung von AGB auf Vertragsformularen bei einer geläufigen Schriftart (z.B. «Arial» oder «Times New Roman») die Schriftgrösse Acht-Punkt grundsätzlich nicht unterschritten werden,

---

[657] Siehe BK-KRAMER, Art. 1 N 207; SCHWENZER/FOUNTOULAKIS, OR AT, N 45.03; HUGUENIN, OR, N 616; GAUCH/SCHLUEP/SCHMID, OR AT, N 1135a; CR CO-MORIN, Art. 1 N 171; CR LCD-PICHONNAZ, Art. 8 N 53; KOLLER, OR AT, N 23.51; BK-MÜLLER, Art. 1 N 329; BSK VVG-FUHRER, Art. 33 N 35; eingehend PERRIG, Zugänglichkeitsregel, 242 ff.; im Grundsatz auch BGE 119 II 443, 446, wonach die (*in casu* schwer) lesbare Textgestaltung einen Einfluss auf die Übernahme einer AGB-Klausel hatte (Anwendung der Ungewöhnlichkeitsregel) und das Erfordernis der Lesbarkeit (mit Verweis auf BK-KRAMER, Art. 1 N 207) erwähnt wurde; ferner explizit OGer TG, Urteil vom 25. August 2003, RBOG 2003, Nr. 9, 76. Vgl. zu den entsprechenden Anforderungen im elektronischen Geschäftsverkehr unten N 186 f.

[658] GAUCH/SCHLUEP/SCHMID, OR AT, N 1135a; BK-KRAMER, Art. 1 N 207; BK-MÜLLER, Art. 1 N 329; OGer TG, Urteil vom 25. August 2003, RBOG 2003, Nr. 9, 76.

[659] BK-KRAMER, Art. 1 N 207; GAUCH/SCHLUEP/SCHMID, OR AT, N 1135a; SCHWENZER/FOUNTOULAKIS, OR AT, N 45.03; PERRIG, Einbeziehung, 194; BK-MÜLLER, Art. 1 N 329; ansatzweise BGE 119 II 443, 446 (in Anwendung der Ungewöhnlichkeitsregel); OGer TG, Urteil vom 25. August 2003, RBOG 2003, Nr. 9, 76.

[660] PERRIG, Einbeziehung, 194; für den elektronischen Verkehr SCHWAB, elektronische Verträge, 100.

[661] MERZ, FS Schönenberger, 148, Fn 18; BK-KRAMER, Art. 1 N 207; OGer TG, Urteil vom 25. August 2003, RBOG 2003, Nr. 9, 76.

[662] BGH, BB 1983, 2074; BGH, NJW-RR 1986, 311.

wobei damit freilich keine feste Masszahl als unumstössliche Untergrenze fixiert werden soll[663]. Vielmehr ist die erforderliche Schriftgrösse jeweils im Kontext der weiteren Umstände des konkreten Einzelfalles zu eruieren[664]. Deshalb ist für die Zumutbarkeit der Kenntnisnahme neben der Schriftbildgrösse hauptsächlich die Art des Schriftbildes bzw. die (optische/drucktechnische/farbliche) Gestaltung von Schrift und Hintergrund (d.h. Druckunterlage oder Bildschirm) entscheidend[665]. Der AGB-Verwender hat insoweit den Kontrast zwischen Hintergrund und Schrift bei der Gestaltung von AGB zu beachten. Zu vermeiden sind insbesondere Komplementärkontraste, geringe Farb- bzw. Helligkeitsunterschiede sowie Ton-in-Ton-Darstellungen von Hintergrund und AGB-Text[666]. Ausserdem sollte der Hintergrund nicht mit Logos oder sonstigen grafischen Ausschmückungen unterlegt werden, da dies den Kunden beim Lesen nur vom eigentlichen AGB-Text ablenkt. Das Textlayout kann auch eine zumutbare Kenntnisnahme verunmöglichen, indem es trotz spaltenweisen Kleindrucks auf Untergliederung und Überschriften verzichtet[667]. Ferner sollten beim Verfassen der AGB die Rechtschreibung beachtet und Tippfehler vermieden werden[668] – Klauseltexte ohne Satzzeichen oder ohne Beachtung der Gross- und Kleinschreibung sind zu vermeiden[669]. Schliesslich empfiehlt es sich zur raschen Orientierung im AGB-Text, diesen linksbündig zu halten, wodurch der Kunde den jeweiligen Zeilenanfang besser findet[670]. Schliesslich

663 PERRIG, Einbeziehung, 194. Die deutschen Literaturmeinungen über das unterste Limit der mühelosen Lesbarkeit variieren zwischen Sechs-Punkt-Schrift (bei farbstarker Wiedergabe und sauberer Gliederung) bis zu Neun-Punkt-Schrift (mit sauberen Zeilen- und Buchstabenabstand) oder einer Schriftgrösse und einem Zeilenabstand von jeweils ca. 1 mm (m.w.N. PERRIG, Zugänglichkeitsregel, 244 f.).

664 PERRIG, Zugänglichkeitsregel, 245. So ist eine deutlich sichtbare Schriftgrösse besonders bei einem Aushang der AGB zu beachten (BK-KRAMER, Art. 1 N 207).

665 PERRIG, Zugänglichkeitsregel, 246 f.; siehe ähnlich aus der deutschen Literatur SCHMIDT, AGB, NJW 2011, 1635.

666 PERRIG, Einbeziehung, 195. Vgl. in diesem Sinne zum E-Commerce SCHWAB, elektronische Verträge, 101 (rote Schrift auf blauem Hintergrund für PC-Bildschirmanzeige unzumutbar). So gelten blassgraue/blassblaue Druckschriften auf ebenso blassem/hellem Untergrund als kaum lesbar, da sich der Text angesichts der gewählten Druckfarbe zu wenig vom Papier abhebt (OGer TG, Urteil vom 25. August 2003, RBOG 2003, Nr. 9 76). Derartig drucktechnisch gestaltete AGB können selbst im unternehmerischen Geschäftsverkehr nicht Vertragsbestandteil werden.

667 So für das deutsche Recht SCHMIDT, AGB, NJW 2011, 1635. Vgl. zur Übersichtlichkeit von AGB oben N 156.

668 Vgl. z.B. bei einer Gerichtsstandsklausel «Fort judiciaire» statt «For judiciaire» (BGer Pra 86/1997, Nr. 164, 874, 875).

669 PERRIG, Zugänglichkeitsregel, 247; für den E-Commerce SCHWAB, elektronische Verträge, 101.

670 SCHWAB, elektronische Verträge, 101.

scheiden qualitativ minderwertige Reproduktionen wie z.B. schlechte Kopien oder Billigdruck unter dem Aspekt der Lesbarkeit kategorisch aus[671]. Dasselbe gilt für mangelhafte Visualisierung bzw. Bildauflösung der AGB im elektronischen Verkehr[672].

6. Sprache der AGB

166 Im (mehrsprachig geprägten) Privatrechtsverkehr in der Schweiz mit ihren vier Landesprachen sowie in internationalen Sachverhalten stellt sich die Frage, wie sich die Sprachunkundigkeit eines Vertragspartners auf den Vertragsschluss bzw. die Einbeziehung sowie die Transparenz von AGB auswirkt[673]. Das schweizerische Vertragsrecht (OR und IPRG) äussert sich nicht zu dieser Problematik[674]. Folglich existiert keine gesetzliche Obliegenheit des AGB-Verwenders, sich der jeweiligen Sprache des Vertragspartners anzupassen[675]. Vielmehr bleibt es den Vertragsparteien grundsätzlich unbenommen, sich einer beliebigen Sprache zu bedienen – sie sind im Privatrechtsverkehr weder an die Amts- noch an die Landessprachen gebunden[676]. Selbst bei gesetzlichen Formvorschriften (welche auch AGB erfassen) gilt Sprachenfreiheit[677]. Um allfällig auftretenden Unstimmigkeiten hinsichtlich der tatsächlich massgebenden Sprache entgegen zu wirken, können im Rahmen der Inhaltsfreiheit gemäss

---

671 PERRIG, Einbeziehung, 195. Umgekehrt kann ein technisch sauberer AGB-Aufdruck bzw. eine höhere Bildauflösung den Einsatz einer kleineren Schriftgrösse erlauben (sinngemäss OLG Saarbrücken, NJW-RR 2009, 989).

672 Vgl. dazu unten N 186 ff.

673 Die nachfolgenden Ausführungen zum Sprachenproblem gehen von der Annahme aus, dass Kunden (sowohl Schweizer als auch Ausländer) bei Vertragsschluss in der Schweiz aufgetreten sind, die Verträge (mitsamt den AGB) in der Schweiz abgeschlossen haben, und schweizerisches Recht anwendbar ist. Die kollisionsrechtlichen Fragen werden ausgeklammert, jedoch bleibt klarzustellen, dass vom anwendbaren Recht bzw. der getroffenen Rechtswahl keineswegs pauschal auf die massgebende Sprache für die Einbeziehung von AGB geschlossen werden darf (so auch aus der deutschen Literatur SCHÄFER, JZ 2003, 879, 883).

674 So auch AEPLI, FS Gauch, 340.

675 Vgl. m.w.N. PERRIG, Zugänglichkeitsregel, 249.

676 Vgl. Feststellung bei AEPLI, FS Gauch, 340. Entsprechend führte etwa das Bundesgericht in BGE 99 II 67, 73, E. 2 im Zusammenhang mit einer in der Schweiz für einen Schweizer Kunden zum Einsatz gebrachten fremdsprachigen Versicherungspolice aus: «Keine gesetzliche Vorschrift verlangt, dass in der Schweiz verwendete Formulare für Versicherungsanträge in einer der schweizerischen Landessprachen abgefasst sein müssen».

677 AEPLI, FS Gauch, 340.

Art. 19 OR auch die sprachlichen Aspekte des Vertrages und dessen Abwicklung von den Parteien ausdrücklich festgelegt werden[678].

Gleichwohl unterliegt der Verwender bei der Sprachwahl seiner AGB-Verweisung und -Fassung gewissen Restriktionen. Die vertragsautonome Sprachenwahlfreiheit muss sich an Art. 1 OR ausrichten und findet (bei global einbezogenen AGB) ihre Grenzen im Vertrauensprinzip (sowie dem zugrunde liegenden Gebot von Treu und Glauben[679])[680]. Daraus folgt, dass die *sprachliche Verständlichkeit* von AGB eine *weitere Einbeziehungsvoraussetzung* darstellt[681]. 167

Für eine zumutbare Kenntnisnahme muss ein inländischer AGB-Verwender gegenüber einem *inländischen Kunden* (Binnenverkehr) den Hinweis sowie die AGB in der am *Ort des Vertragsschlusses üblichen Sprache* präsentieren, sofern sich die Parteien nicht auf eine andere Verhandlungs-[682] und Vertragssprache[683] eingelassen haben[684]. Für überregional oder landesweit tätige AGB-Verwender 168

---

678 AEPLI, FS Gauch, 341. Ob eine Sprachklausel in AGB überhaupt wirksam in den Vertrag übernommen wurde, bemisst sich seinerseits nach den hier behandelten AGB-Kontrollinstrumenten.

679 PERRIG, Zugänglichkeitsregel, 249. Andeutungsweise auch BGE 104 Ia 278, 283; nicht AGB-spezifisch BGE 129 III 702, 708; 131 III 606, 612, E. 4.2. Vgl. auch aus der deutschen Lehre KLING, Sprachrisiken, 520 f.

680 So führte das Bundesgericht in BGE 129 III 702, 708 sinngemäss (d.h. kein AGB-Sachverhalt) aus: «Insbesondere darf nicht ohne weitere Prüfung auf einen entsprechenden Wortlaut abgestellt werden, wenn die (recte: sich) verpflichtende Partei eine ausländische Person ist oder die Willenserklärung von ihr in einer Fremdsprache abgegeben wurde» (Grundsatz wurde in BGE 131 III 606, 612, E. 4.2, bestätigt).

681 PERRIG, Einbeziehung, 195; so auch KRAMER/PROBST, OR AT, N 236; SCHWENZER/FOUNTOULAKIS, OR AT, N 45.03; KOLLER, OR AT, N 23.51; BK-MÜLLER, Art. 1 N 330; ausführlich zum Sprachenproblem bei der Übernahme von AGB PERRIG, Zugänglichkeitsregel, 247 ff.

682 Unter der Verhandlungssprache versteht man jene Sprache, auf die sich die Parteien geeinigt haben und in der die Vertragsparteien ihre Vertragsverhandlungen geführt haben. Sie kann sich auch dadurch ergeben, dass sich eine Partei vorbehaltlos und freiwillig auf die Sprache des Verhandlungsortes bzw. der anderen Partei einlässt (BGE 99 II 67, 73, E. 2).

683 Die Vertragssprache bezeichnet die Sprache, in welcher der Vertrag formuliert ist.

684 Differenzierend PERRIG, Zugänglichkeitsregel, 256 ff. (die ortsübliche Sprache ermittelt sich grundsätzlich nach der kantonal geltenden Amtssprache); so auch EISNER-KIEFER, AJP 2022, 647; BK-MÜLLER, Art. 1 N 330; ähnlich GAUCH/SCHLUEP/SCHMID, OR AT, N 1135a; CO-MORIN, Art. 1 N 171; ebenso HGer AG, HOR.2018.5, 15, E. 4.2.1.2, Urteil vom 21. März 2019. Nach BGE 91 I 11, 16 ist es gar «ein Unfug, wenn eine schweizerische Firma einem in der Schweiz ansässigen Schweizer ein nicht in einer Landessprache abgefasstes Vertragsformular zur Unterzeichnung vorlegt». Das habe zur Folge, dass die in einer Fremdsprache abgefasste Klausel für den Kunden «schwer verständlich» sei (*in casu* ging es um eine Gerichtsstandsklausel im Zusammenhang mit der Unklarheitenregel). Vgl. auch den Hinweis bei CR CO I-DESSEMONTET, Art. 1 N 53 (1. Aufl.).

mit grossem Einzugsgebiet und durchmischtem Kundenkreis empfiehlt es sich, AGB-Versionen in allen drei «offiziellen» Amtssprachen des Bundes (Deutsch, Französisch, Italienisch; vgl. Art. 70 Abs. 1 BV) sowie bei internationaler Klientel in Englisch als Weltsprache vorrätig zu halten[685]. Die Verwendung einer *Weltsprache* (z.B. Englisch), die nicht Verhandlungssprache ist, reicht im Verkehr mit Konsumenten für sich allein genommen nicht aus[686].

169 Gegenüber *fremdsprachigen (sprachunkundigen) Kunden* gilt im Allgemeinen die *Verhandlungs- und Vertragssprache* als massgebend[687]. Bei Auseinanderfallen der Vertragssprache und der Verhandlungssprache sollte allein Letztere massgebend sein[688]. Lässt sich der Kunde auf eine ihm fremde Verhandlungssprache ein, so hat er grundsätzlich als Konsequenz des Globalakzepts ungeachtet seiner Nationalität und Sprachkenntnisse in Bezug auf die in dieser Sprache abgefassten AGB das *Sprachrisiko* (auch «Verständigungsrisiko» oder «Verständnisrisiko» genannt) zu tragen[689], soweit es für den AGB-Verwender

---

685 Vgl. Perrig, Zugänglichkeitsregel, 259.

686 Perrig, Zugänglichkeitsregel, 264; aus dem deutschen Recht KG Berlin 08.04.2016 – 5 U 156/14, CR 2016, 602 (AGB und Datenschutzhinweise in englischer Sprache auf deutscher App sind unverständlich und verstossen daher gegen das Transparenzgebot); OLG Frankfurt, NJW-RR 2003, 704, 706; Maidl, Ausländische AGB, 69 f., 71. Anderes mag im internationalen unternehmerischen Verkehr gelten, in dem eine im jeweiligen Geschäftskreis übliche Sprache ausreichen kann. In BGer 4A_330/2021, E. 4.1.2 wurde vom Bundesgericht die auf Englisch verfasste Umschreibung von WHO-Pandemiestufen im Zusammenhang mit einem Versicherungsdeckungsausschluss in ansonsten deutsch formulierten AVB zwischen einer landesweit tätigen Versicherungsgesellschaft und einem in der Deutschschweiz ansässigen KMU (Gastronomiebetrieb) im Ergebnis als ausreichend erachtet (jedoch ohne das Sprachenproblem genauer zu erörtern; siehe dazu kritisch Eisner-Kiefer, AJP 2022, 647).

687 Perrig, Zugänglichkeitsregel, 250 ff., 262 ff.; zustimmend BK-Müller, Art. 1 N 330; Schwenzer/Fountoulakis, OR AT, N 45.03; HGer AG, HOR.2018.5, 15, E. 4.2.1.2, Urteil vom 21. März 2019; aus der deutschen Lehre Hoffmann, IPRax 2015, 529; ansatzweise auch BGE 99 II 67, 73 E. 2; 34 II 523, 528 f., E. 3 (kein AGB-Sachverhalt); Bouverat, Conditions générales, N 982; T. Koller, FS Honsell, 237; zum E-Commerce Schwab, elektronische Verträge, 103 f.

688 Regelmässig fehlt es an der sprachlich zumutbaren Kenntnisnahmemöglichkeit, wenn die Verhandlungssprache und die Vertragssprache voneinander abweichen (HGer ZH, ZR 91 (1992), Nr. 23, 78 f., Verhandlungssprache Deutsch, AGB in Englisch). Der Verwender hat für eine verständliche Übersetzung der AGB zu sorgen, wenn diese dem Kunden lediglich in der von der Verhandlungssprache abweichenden Vertragssprache vorliegen.

689 Gemäss Berger, ZGS 2004, 334, ist mit dem Sprachrisiko «das Aufeinandertreffen unterschiedlicher Sprachen und die Lösung der daraus folgenden Rechtsprobleme, hier die Zurechnung der Kenntnis von AGB» gemeint. Vgl. zum Sprachrisiko eingehend aus der deutschen Literatur Kling, Sprachrisiken, insb. 507 ff.

nicht erkennbar war, dass der Kunde die Sprache nicht hinreichend beherrscht[690]. Denn gleich wie ein der Sprache mächtiger Vertragspartner, der auf die Lektüre der AGB verzichtet, entscheidet sich hier der fremdsprachige Kunde selbst dafür, den unverständlichen Inhalt der AGB sehenden Auges, d.h. ohne genaue Kenntnis, (global) zu akzeptieren[691]. Bei daraus resultierenden Verständnisschwierigkeiten liegt es einzig im *Risiko- und Verantwortungsbereich des Kunden*, sich bei Vertragsschluss eine Übersetzung der fremdsprachigen AGB zu besorgen oder auf den Vertragsschluss zu verzichten[692]. In solchen Fällen ist es nicht erlaubt, diesen Aufwand auf den AGB-Verwender zu überwälzen[693]. Mangelt es allerdings an einer gemeinsamen Verhandlungssprache, so müssen die AGB dem Kunden in seiner Sprache oder in einer ihm mühelos verständlichen Sprache zugänglich gemacht werden[694].

Beim Einsatz von Übersetzungsprogrammen für fremdsprachige AGB ist – 170
trotz erheblicher technischer Fortschritte – (nach wie vor) Vorsicht geboten, denn solche durch den Computer generierte Übersetzungen von AGB sind häufig fehlerhaft oder unverständlich[695]. Schliesslich sind bereits einzelne *fremdsprachige Begriffe* in einer sonst dem Kunden verständlichen Klauselfassung nur dann zulässig, wenn diese sich im *allgemeinen Sprachgebrauch* eingebürgert haben bzw. der Kunde sie nach Massgabe des Vertrauensprinzips versteht[696].

---

690 PERRIG, Zugänglichkeitsregel, 252 ff., 261, 264 f.; zustimmend BK-MÜLLER, Art. 1 N 330; HGer AG, HOR.2018.5, 15, E. 4.2.1.2, Urteil vom 21. März 2019; sinngemäss BGE 99 II 67, 73; 34 II 523, 528 f., E. 3. Bei (unter dem Blickwinkel des Vertrauensprinzips) erkennbar unzureichenden Sprachkenntnissen müssen die AGB dem Kunden in einer ihm verständlichen Sprache zugänglich gemacht werden (Aushändigung AGB-Übersetzung oder Erläuterung), selbst wenn sich der Kunde auf die ihm unverständlichen AGB einlässt oder er deren Kenntnisnahme durch Unterschrift auf den AGB bestätigt; zur Ungewöhnlichkeitsregel KOLLER, OR AT, N 23.45; sinngemäss BGE 129 III 702, 708; 131 III 606, 612, E. 4.2; 104 Ia 278, 283.

691 Sinngemäss für das deutsche Recht zuletzt HOFFMANN, IPRax 2015, 529.

692 PERRIG, Einbeziehung, 196; HOFFMANN, IPRax 2015, 529; im Grundsatz bereits BGE 34 II 523, 528 f. E. 3.

693 So für das deutsche Recht HOFFMANN, IPRax 2015, 529; SCHÄFER, JZ 2003, 879 ff.; KLING, Sprachrisiken, 510 ff.

694 Aus der deutschen Literatur PFEIFFER in Wolf/Lindacher/Pfeiffer, N 89 zu § 305 BGB.

695 ROBERTO/WALKER, recht 2014, 51.

696 BGE 76 I 350 (Ungültigkeit einer in Englisch abgefassten Gerichtsstandsklausel); vgl. aber zu den erhöhten Sprachanforderungen im unternehmerischen Geschäftsverkehr etwa HGer ZH, HG210003-O U/dz, E. II. 1.4.1.3, Urteil vom 14. Juli 2022, welches einen Verweis auf die AGB unter dem Übertitel «Terms and Conditions» als hinreichend erachtet. Die zur Verwendung von Fachausdrücken in AGB gemachten Ausführungen (siehe oben N 158 f.) gelten sinngemäss auch für die Verwendung von einzelnen fremdsprachigen Begriffen.

7. Beweisfragen und Rechtsfolge

a. Beweisfragen

171 Da der durchschnittliche Kunde in der heutigen Rechtswirklichkeit den Inhalt der zur Einbeziehung gestellten AGB kaum zur Kenntnis nimmt, gilt die (widerlegbare) *Vermutung*, dass der Kunde den anlässlich des Vertragsschlusses verwiesenen AGB (wenn überhaupt[697]) *global zugestimmt* hat[698]. Diese Vermutung trifft insbesondere auf Konsumenten zu[699]. Als Konsequenz bleibt dem global zustimmenden Kunden der Einwand, den Inhalt der AGB nicht gelesen oder nicht verstanden zu haben, grundsätzlich verwehrt[700]. Umgekehrt wird eine *Vollübernahme* (d.h. Kenntnis und Verständnis des AGB-Inhalts) vor allem dann angenommen, wenn der Verwender den Inhalt seiner AGB dem Kunden nachweislich im Detail erläutert hat und demnach die Annahme gerechtfertigt erscheint, dass der Kunde die AGB inhaltlich auch hinreichend verstanden hat[701]. Dabei muss der AGB-Verwender den *(positiven) Beweis* erbringen, dass eine Vollübernahme vorliegt, also eine angemessene Erläuterung der AGB durch ihn erfolgt ist[702].

172 Die Gerichte sind nicht verpflichtet, von Amtes wegen eine AGB-Kontrolle vorzunehmen[703], sondern es obliegt den Vertragsparteien, die Einbeziehung der AGB im Zivilprozess geltend zu machen oder zu bestreiten. Die *Behauptungs- und Beweislast* für eine *wirksame Einbeziehung der AGB*, insbesondere für *die*

---

697 Die Vermutung der Globalübernahme steht unter dem Vorbehalt der Schranken der Konsenskontrolle (vgl. oben N 111 ff.), namentlich der Zugänglichkeitsregel (oben N 123 ff.) und der Ungewöhnlichkeitsregel (unten N 193 ff.).

698 KOLLER, OR AT, N 23.40; GAUCH/SCHLUEP/SCHMID, OR AT, N 1128c; HUGUENIN, OR, N 617; BK-MÜLLER, Art. 1 N 315; OGer ZH, ZR 90 (1991), Nr. 2, 3. Vgl. zur Globalübernahme oben N 88 ff., 121.

699 Statt vieler GAUCH/SCHLUEP/SCHMID, OR AT, N 1128c.

700 SCHMID, FS Koller 863 (m.w.N.).

701 SHK UWG-PROBST, Art. 8 N 352 Fn 398 (mit Verweis auf BGE 135 III 1, 9; BGer 4A_84/2009, E. 2.1; 4A_291/2009, E. 2.1); BK-MÜLLER, Art. 1 N 315. Da bei der Vollübernahme die AGB-Konsenskontrolle (insb. Zugänglichkeits- und Ungewöhnlichkeitsregel) grundsätzlich nicht zur Anwendung gelangt, ist sie nur mit Zurückhaltung anzunehmen und schon gar nicht zu vermuten (GIGER, Kontrolle AGB, 54, insb. Fn 139). Vgl. näher zur Vollübernahme oben N 88 und 121.

702 SHK UWG-PROBST, Art. 8 N 352 Fn 398 (mit Verweis auf BGE 135 III 1, 9); BK-MÜLLER, Art. 1 N 315; KOLLER, OR AT, N 23.40 (im Zusammenhang mit der Ungewöhnlichkeitsregel); ZR 2005, 167 f. Mit anderen Worten muss es als erwiesen gelten, dass der Kunde in richtiger Erkenntnis des Inhalts bewusst zugestimmt hat (ZK-SCHÖNENBERGER/ JÄGGI, Art. 1 N 508; GIGER, Kontrolle AGB, 54, insb. Fn 139).

703 BGer 4A_248/2018, E. 3.2.

Erfüllung der Zugänglichkeitskriterien (Hinweis und Möglichkeit zumutbarer Kenntnisnahme) trifft nach der allgemeinen Regel von Art. 8 ZGB denjenigen, der sich auf die Einbeziehung der AGB beruft, in aller Regel also den AGB-Verwender[704]. Bestreitet demzufolge ein Kunde im Prozess beispielsweise die Aushändigung der AGB, so muss der AGB-Verwender seine Behauptung der Aushändigung substantiieren, ansonsten die AGB nicht als vor Vertragsschluss dem Kunden ausgehändigt gelten[705]. Dennoch versäumen es AGB-Verwender zuweilen, die Einbeziehung ihrer AGB in einer bestimmten Fassung genügend substantiiert, ja teilweise überhaupt, im Prozess zu behaupten und beweisen[706]. Schliesslich ist allgemein von der *Vermutung der Nichtverhandlung von AGB* auszugehen, wie dies dem Zweck von AGB als einseitig vorgegebene Vertragsbedingungen entspricht[707]. Daher trägt diejenige Partei die Beweislast, welche behauptet, eine zuerst als AGB-Klausel unterbreitete Vertragsbestimmung sei anschliessend zwischen den Vertragsparteien individuell ausgehandelt worden und geniesse daher den Vorrang der Individualabrede[708].

Beweisprobleme treten häufig bei gesondert abgedruckten AGB auf, die vom Kunden nicht unterzeichnet wurden und auf die sich *kein schriftlicher Hinweis* in der Vertragsurkunde findet[709]. Als AGB-Verwender empfiehlt es sich daher, den jeweiligen Einbeziehungsvorgang sauber zu dokumentieren und zusammen mit der massgebenden AGB-Fassung für allfällig später auftretende Probleme zu archivieren[710]. Dies kann beispielsweise beim schriftlichen Vertrags- 173

704 In diesem Sinne BGer 4D_75/2015, E. 4.1; 4A_548/2013, E. 3.3.1; HGer AG, HOR.2018.5, 15, E. 4.2.1.2, Urteil vom 21. März 2019; BK-MÜLLER, Art. 1 N 309; RUSCH, AJP 2019, 329 ff. Wurde allerdings die Übergabe der AGB von der kantonalen Vorinstanz ohne Willkür im Rahmen der Beweiswürdigung festgehalten, ist die Beweislastverteilung gegenstandslos und die Rüge der Verletzung von Art. 8 ZGB vor dem Bundesgericht unbegründet (vgl. BGer 4A_310/2022, E. 7.3.4 mit Verweis auf BGE 141 III 241, E. 3.2).

705 Vgl. HGer AG, HOR.2018.5, 18, E. 4.2.2.3.3, Urteil vom 21. März 2019 (demnach sollte der AGB-Verwender im Einzelnen ausführen, in welcher Form und durch wen die AGB dem Kunden übergeben worden sind, da ansonsten der unsubstantiierte Sachvortrag dem unbewiesenen gleichgestellt ist).

706 Vgl. beispielsweise BGer 4D_75/2015, E. 4.1: Die AGB-Verwenderin habe «weder behauptet noch bewiesen, vor oder beim Abschluss des Vertrags auf ihre AGB hingewiesen und die AGB der Beschwerdegegnerin zugänglich gemacht zu haben».

707 Siehe dazu oben N 87 und unten N 290.

708 So auch BK-MÜLLER, Art. 1 N 343; OGer ZH, 2.8.1988, E. II.4, ZR 1991, Nr. 2; Art. 7 III, IV CESL; vgl. oben N 87. Diese Zuordnung der Beweislast kann auch nicht durch eine AGB-Klausel unterlaufen werden, die eine individuelle Aushandlung bestätigt (RUSCH, AJP 2019, 333 f.; zu Bestätigungsklauseln unten N 174).

709 Vgl. auch BERGER, Schuldrecht, N 956.

710 PERRIG, Zugänglichkeitsregel, 283.

schluss durch Unterzeichnung der AGB durch den Kunden, bei telefonisch abgeschlossenen Verträgen durch Aufzeichnung der Vertragsverhandlungsgespräche samt Zustimmungserklärung des Kunden zu den AGB und bei elektronischen Verträgen durch Speicherung (bzw. Protokollierung) des Einbeziehungsvorgangs erreicht werden[711]. Wird beim schriftlichen Vertragsschluss nur das Vertragsdokument, nicht aber die AGB unterzeichnet, so sollte sich *oberhalb der Unterschriftsleiste* des Kunden ein entsprechend *deutlicher Hinweis* auf die umseitigen oder gesondert ausgehändigten AGB befinden[712]. Bei regelmässigen mündlichen Vertragsschlüssen kann je nach Situation auch auf die Begründung eines *Rahmenvertrages* Rückgriff genommen werden. Es gilt zu beachten, dass allein die Anweisung des AGB-Verwenders an sein Personal, die Kunden auf die AGB aufmerksam zu machen und diese zur Einsichtnahme bereit zu halten, den erforderlichen Nachweis im Einzelfall nicht erbringt[713].

174 *Keine Beweiswirkung* entfalten grundsätzlich *Bestätigungs- und Einbeziehungsklauseln in AGB*, wonach der Kunde bestätigt, von den AGB tatsächlich Kenntnis genommen zu haben und mit ihnen einverstanden zu sein[714]. Unabhängig davon, ob solche Bestätigungsklauseln in den AGB selbst oder ausserhalb (etwa in der Offerte oder der Vertragsurkunde) stehen, darf namentlich im b2c-Verkehr eine vorformulierte Bestätigung der Kenntnisnahme der AGB oder der Zustimmung zu den AGB nicht zur Annahme einer Vollübernahme und zu einem Verzicht auf die AGB-Kontrollinstrumente führen[715]. Werden aber Bestätigungsklauseln gesondert und hinreichend deutlich oberhalb der

---

711 Vgl. zum schriftlichen Vertragsschluss oben N 150; zum telefonischen bzw. fernmündlichen Vertragsschluss oben N 152 f.; zum elektronischen Geschäftsverkehr unten N 178 ff. (bei Onlinebestellungen kommt z.B. eine Click-Wrap-Zustimmung zu den AGB durch den Kunden in Betracht).

712 PERRIG, Zugänglichkeitsregel 283. In diesem Sinne auch auch BGE 100 II 200, 209 f., E. 5d; BGer 5A_998/2019, E. 3.3 (Hinweis auf umseitige AGB). Zu beachten gilt es, dass insb. ein Verweis auf separat auszuhändigende bzw. einsehbare AGB allein noch keine volle Beweislastumkehr zu Lasten des Kunden bewirkt (vgl. dazu auch gleich N 174).

713 PERRIG, Zugänglichkeitsregel, 283; ebenso für das deutsche Recht STOFFELS, AGB-Recht, N 293.

714 PERRIG, Zugänglichkeitsregel, 170 f., 283; RUSCH, AJP 2019, 332; im Ergebnis auch HIGI, FS Ott, 524. Dasselbe gilt für sog. Aushändigungs- oder Empfangsklauseln, wonach der Kunde bestätigt, ihm seien die AGB überreicht worden. Schon gar nicht können solche Klauseln die Anforderungen an die Möglichkeit zumutbarer Kenntnisnahme ersetzen bzw. einen gültigen Verzicht auf die Zugänglichmachung der AGB bewirken. Bestätigungsklauseln, die eine Beweislastumkehr bewirken wollen, sind auch unter dem Blickwinkel der Ungewöhnlichkeitsregel und der Inhaltskontrolle gemäss Art. 8 UWG zu untersuchen (siehe auch RUSCH, AJP 2019, 332 ff.). Vgl. zur Unwirksamkeit solcher Klauseln im deutschen Recht § 309 Nr. 12 BGB.

715 RUSCH, AJP 2019, 330, 332 (aufgrund der Vorformulierung gilt das AGB-Korrektiv sowohl für das eigentliche Klauselwerk als auch für die Bestätigungsklausel selbst).

vorderseitigen Unterschriftsleiste in der Vertragsurkunde selbst abgedruckt und vom Kunden quittiert, so kann dies gemäss Bundesgericht ein *Indiz* für eine wirksame Einbeziehung von AGB darstellen bzw. gar zu einer *Beweislastumkehr* führen[716]. Während eine Bestätigungsklausel in gewissen Konstellationen (unter Berücksichtigung weiterer Umstände der Zugänglichmachung der AGB) in der Tat die Beweisführung des AGB-Verwenders für den Nachweis der Einbeziehung der AGB erleichtern kann, darf eine Beweislastumkehr nicht einzig anhand einer solchen Bestätigungsklausel angenommen werden[717]. Es bleibt insofern beim Grundsatz, dass vorformulierte Bestätigungsklauseln im Konsumentenverkehr für sich allein keine rechtliche Wirkung entfalten[718].

b. Rechtsfolge

Aufgrund der unbestritten *vertraglichen Natur von AGB* gilt bei deren Einbezie- 175
hung in den Vertrag der Grundsatz «Keine Geltung ohne Übernahme»[719]; d.h. AGB erlangen nur dann Geltung, wenn sie von den Vertragsparteien mittels

716 In diesem Sinne BGE 100 II 200, 209 f., E. 5d (das Bundesgericht bejahte die gültige Einbeziehung der AGB hauptsächlich gestützt auf eine vorderseitig abgedruckte Empfangsbestätigungsklausel: «...le titulaire du présent compte déclare avoir reçu les conditions générales...»); BGer 5A_998/2019, E. 3.3 (der Kunde «erklärt mit seiner Unterschrift, die vorstehenden und die auf der Rückseite befindlichen Vertragsbedingungen gelesen zu haben und damit einverstanden zu sein»); 4A_47/2015, E. 5.3, 5.4.2 (der AGB-Verwender liess sich durch Unterschrift des Kunden auf dem Antragsformular, welches einen Hinweis auf die massgebenden AVB enthielt, den Erhalt der AVB bestätigen und sei somit seiner Substantiierungslast nachgekommen); 4A_213/2014, E. 2.3.2; 4A_310/2022, E. 7.3.4 (der Vertragstext besagt, dass die beigefügten AGB als angenommen erklärt werden, wenn der Kunde seine Unterschrift leistet; ein AGB-Verwender darf in solchen Fällen nach der allgemeinen Lebenserfahrung davon ausgehen, dass ein erfahrener Geschäftsmann vor der Unterzeichnung eines Vertrags die Übermittlung der AGB verlangt hätte, wenn diese nicht dem Vertrag beigefügt gewesen waren).

717 Ähnliches gilt bei Internet-Bestellungen, wenn die Bestätigungsklausel nachweislich in das Click-Wrap-Verfahren eingebunden oder oberhalb des Bestellbuttons mit einem deutlichen Hyperlink verknüft ist, welcher direkt zu den online gehaltenen AGB führt (vgl. zum elektronischen Geschäftsverkehr unten N 178 ff.).

718 So auch Rusch, AJP 2019, 332; Higi, FS Ott, 524; grosszügiger scheinbar das Bundesgericht in BGer 4A_213/2014, E. 2.3.2, in dem es die Einbeziehung der AGB aufgund der Bestätigungsklausel und die damit verbundene Verschiebung der Beweislast bejaht (sinngemäss auch BGer 4A_47/2015, E. 5.3, 5.4.2 sowie für den b2b-Verkehr BGE 100 II 200, 209 f., E. 5).

719 Gauch/Schluep/Schmid, OR AT, N 1124 und 1128.

Konsenses in einen konkreten Vertrag übernommen wurden[720]. Sind dementsprechend die Anforderungen an die Zugänglichkeitsobliegenheiten (Hinweis auf die AGB und Möglichkeit zumutbarer Kenntnisnahme der AGB) im Rahmen der Globalübernahme nicht erfüllt, so werden die AGB *mangels Konsenses* nicht Vertragsinhalt[721]; der Vertrag kommt dann ohne Einbeziehung der AGB zustande[722]. Die so entstandenen Vertragslücken hat der Richter zu schliessen[723]. Die *Rechtsfolge der Nichteinbeziehung* von AGB tritt grundsätzlich bereits dann ein, wenn nur eine der erforderlichen Einbeziehungsvoraussetzungen fehlt[724]. Sind lediglich Teile oder einzelne Klauseln eines AGB-Textes unzureichend zugänglich gemacht worden, so erlangen nur diese Klauseln keine Geltung[725]. Dieser Umstand hindert allerdings nicht die wirksame Einbeziehung der übrigen Klauselteile. Wird mit anderen Worten eine AGB-Klausel infolge der Konsenskontrolle nicht Vertragsbestandteil, so ist nicht das gesamte Klauselwerk, nach der herrschenden Lehre aber die gesamte Klausel unwirksam, da im AGB-Bereich eine geltungserhaltende Reduktion nicht sachgemäss erscheint[726]. Dieselbe Rechtsfolge gilt im Falle einer Globalübernahme für *ungewöhnliche Klauseln* in AGB, da sie nach dem Vertrauensgrundsatz nicht vom Konsens der Parteien getragen sind und deshalb nicht Vertragsbestandteil werden[727].

---

720 Statt aller: GAUCH/SCHLUEP/SCHMID, OR AT, N 1124 und 1128.

721 BGE 77 II 156, E. 4; 100 II 200, 209 f., E. 5d; 148 III 57, E 2.1.2; MORIN, ZSR 2009, 518; KOLLER, OR AT, N 23.47; CR LCD-PICHONNAZ, Art. 8 N 51; BERGER, Schuldrecht, N 957.

722 WIEGAND/HURNI, KUKO, OR, Art. 1 N 27; BK-MÜLLER, Art. 1 N 376. So explizit das deutsche Recht § 306 Abs. 1 BGB: «Sind Allgemeine Geschäftsbedingungen ganz oder teilweise nicht Vertragsbestandteil geworden oder unwirksam, so bleibt der Vertrag im Übrigen wirksam» (vgl. dazu BGH, NJW 2010, 864).

723 SCHWENZER/FOUNTOULAKIS, OR AT, N 46.09; WIEGAND/HURNI, KUKO, OR, Art. 1 N 25a; BK-MÜLLER, Art. 1 N 377.

724 PERRIG, Zugänglichkeitsregel, 284; aus der deutschen Rechtsprechung BGH, NJW 2010, 864.

725 So auch HUG, formation du contract, N 1551. Es liegt eine Teilnichtigkeit der AGB nach Art. 20 Abs. 2 OR vor, wobei die entstandenen Lücken in den AGB durch das Gericht zu füllen sind (BK-MÜLLER, Art. 1 N 376; BSK VVG-FUHRER, Art. 33 N 60).

726 BGer 4A_404/2008, E. 5.6.3.2.1; WIEGAND/HURNI, KUKO OR, Art. 1 N 25a; SCHWENZER/FOUNTOULAKIS, OR AT, N 46.09 (eine Reduktion auf das erlaubte Mass würde auch dem Transparenzgebot widersprechen); differenzierend in Bezug auf Art. 8 UWG DEDUAL, AJP 2017, 844 ff. Siehe dazu auch unten N 799.

727 Vgl. z.B. BGE 138 III 411, 415; 133 III 607, 610; 135 III 1, 13; 119 II 443, 446; BGer 4A_54/2009, E. 1; GAUCH/SCHLUEP/SCHMID, OR AT, N 1136; KOLLER, OR AT, N 23.33; PERRIG, Zugänglichkeitsregel, 291. Siehe explizit das deutsche Recht § 305c Abs. 1 BGB. Vgl. zur Ungewöhnlichkeitsregel unten N 193 ff.

Generell eine andere Rechtsfolge sieht dagegen Art. 3a VVG im Falle einer Verletzung der Informations- und Übergabepflichten vor Abschluss des Versicherungsvertrages i.S.v. Art. 3 VVG vor. Der Versicherungsnehmer ist berechtigt, in solchen Situationen den gesamten *Versicherungsvertrag samt AVB* schriftlich zu kündigen (Art 3a Abs. 1 VVG), jedoch nur während einer gewissen Kündigungsfrist[728]. Das Verhältnis zwischen der Rechtsfolge dieser versicherungsvertraglichen Norm und der allgemeinen AGB-rechtlichen Rechtsfolge im Falle der Verletzung der Zugänglichkeitsregel scheint allerdings unklar, da deren Regelungsbereiche in Bezug auf die AVB nicht ganz deckungsgleich erscheinen und die unterschiedlichen Rechtsfolgen offensichtlich nicht aufeinander abgestimmt sind[729]. 176

728 Gemäss Art. 3a Abs. 2 VVG beträgt die relative Kündigungsfrist vier Wochen seit Kenntnis der Pflichtverletzung, die absolute Frist zwei Jahre seit der Pflichtverletzung. Siehe dazu BSK VVG-FUHRER, Art. 33 N 45 ff.; KOLLER, OR AT, N 23.23; kritisch zu Art. 3a VVG aufgrund der knappen Kündigungsfristen EISNER-KIEFER, AJP 2022, 646, Fn 33; HEISS/WILLIAM, SGHVR 2018, 56. In der Tat entstehen Streitigkeiten über AVB (z.B. über einen Deckungsausschluss im Schadenfall) häufig erst Jahre nach Vertragsabschluss, d.h. erst nachdem das Kündigungsrecht erloschen und daher Art. 3a VVG wirkungslos ist.

729 Da der Inhalt von AVB über den «wesentlichen Inhalt des Versicherungsvertrags» i.S.v. Art. 3 Abs. 1 VVG hinausgehen kann, scheint das Verhältnis zwischen der versicherungsvertraglichen Transparenzpflicht von Art. 3 Abs. 1 VVG (welche sich nicht explizit auf AVB bezieht und im Falle der Verletzung ein zeitlich befristetes Kündigungsrecht gemäss Art. 3a VVG für den gesamten Versicherungsvertrag vorsieht) und dem allgemeinen AGB-rechtlichen Transparenzgebot (welches bei Verletzung die intransparenten AGB-Klauseln nicht zum Vertragsbestandteil erheben lässt) noch ungeklärt zu sein. Art. 3 Abs. 2 VVG regelt überdies einzig die Übergabepflicht von AVB, sieht jedoch keine AVB-spezifischen Transparenzanforderungen vor. So verbleibt zumindest ein gewisser Raum für das Argument, dass die allgemeinen AGB-rechtlichen Transparenzgrundsätze der Zugänglichkeitsregel im Rahmen der Konsenskontrolle auch für die gesamten AVB zur Anwendung gelangen und bei deren Verletzung die Nichtgeltung der intransparenten AVB-Klauseln als Rechtsfolge eintritt (zumindest in dem Bereich, der nicht von Art. 3 Abs. 1 VVG abgedeckt ist; vgl. weitergehend EISNER-KIEFER, AJP 2022, 646, Fn 33; HEISS/WILLIAM, SGHVR 2018, 56; a.A. BSK VVG-FUHRER, Art. 33 N 45 ff.). Die Rechtsfolge der Nichtgeltung einzelner intransparenter AVB-Klauseln gemäss dem AGB-Transparenzgebot erscheint dabei ohnehin sachgerechter, als das Recht des Versicherungsnehmers, aufgrund einzelner unverständlicher Klauseln den gesamten Versicherungsvertrag (samt AVB) gemäss Art. 3a VVG zu kündigen. Dasselbe gilt gemäss ständiger Gerichtspraxis und h.L. bereits im Rahmen der Ungewöhnlichkeitsregel, bei deren Anwendung überraschenden AVB-Klauseln die Geltung abgesprochen wird, jedoch ohne Kündigung bzw. Nichtigkeit des gesamten Versicherungsvertrags.

177 Auf die *fehlende bzw. mangelhafte Einbeziehung* der AGB kann sich in aller Regel jeweils nur der betroffene Kunde, nicht aber der *AGB-Verwender berufen*[730]. Allerdings muss er dies nach den allgemeinen zivilprozessualen Grundsätzen substantiiert im Prozess rügen, da das Gericht nicht verpflichtet ist, von Amtes wegen eine AGB-Konsenskontrolle vorzunehmen[731]. Der AGB-Verwender dagegen ist bereits durch die Bekanntgabe, dass er Verträge der betreffenden Art stets unter Zugrundelegung bestimmter AGB zu schliessen pflegt, als Vertragspartner an den Inhalt des gestellten Klauselwerks gebunden, ungeachtet dessen, ob der Kunde den mangelhaft zugänglich gemachten AGB zugestimmt hat[732]. So bindet ihn etwa ein ungenügend sichtbarer Aushang sowie die Bekanntgabe bzw. Übergabe von AGB auf Eintrittskarten, Rechnungen, Depotscheinen, Garantiescheinen, Bestätigungsschreiben und dergleichen nach Vertragsschluss[733]. Dass sich der AGB-Verwender in solchen Fällen trotz vorgängiger Präsentation der AGB später auf eine fehlende Übernahme bezieht, stellt grundsätzlich – namentlich dann, wenn er die Einbeziehung durch sein Verhalten gar absichtlich vereitelt hat – ein *«venire contra factum proprium»* dar (d.h. er setzt sich zu seinem eigenen Verhalten in Widerspruch)[734]. Dasselbe sollte gelten, wenn der AGB-Verwender den Kunden bewusst von der Kenntnisnahme abhält[735]. Gleichwohl sollte dem AGB-Verwender die Berufung auf die fehlende Einbeziehung nicht pauschal verwehrt werden, jedoch mit Sicherheit dann, wenn dem Kunden dadurch Rechte entzogen würden, auf deren Bestand dieser vertrauen durfte[736]. Aber auch der Kunde kann sich nach Treu und Glauben bei fehlender Übernahme nicht in jedem Falle vorbehaltlos auf die AGB berufen bzw. diese ablehnen. Unter Berücksichtigung des Rechtsmissbrauchsverbots sind drei Einschrän-

---

730 Bouverat, Conditions générales, N 983; ausführlich ZK-Schönenberger/ Jäggi, Art. 1 N 479; im Grundsatz Schwenzer/Fountoulakis, OR AT, N 46.09.

731 So explizit das Bundesgericht in BGer 4A_248/2018, E. 3.2, wonach die Vorinzstanz nicht verpflichtet ist, von Amtes wegen eine «AGB-Prüfung/Kontrolle» vorzunehmen. Vgl. auch BGer 4A_330/2021, E. 4.1.2: Das Bundesgericht müsse «mangels hinreichender Rüge» gar nicht auf die Frage der Zugänglichkeit bzw. der Einbeziehung der AGB eintreten.

732 In diesem Sinne auch ZK-Schönenberger/Jäggi, Art. 1 N 479.

733 ZK-Schönenberger/Jäggi, Art. 1 N 458.

734 Eine solche Berufung verstösst nicht nur gegen das Gebot von Treu und Glauben (Art. 2 Abs. 1 ZGB), sondern auch gegen das Verbot des Rechtsmissbrauchs (Art. 2 Abs. 2 ZGB) und verdient damit keinen Rechtsschutz. Im Ergebnis gleich Bouverat, Conditions générales, N 983.

735 Koller, OR AT, N 23.51

736 Perrig, Zugänglichkeitsregel, 285; vgl. strenger ZK-Schönenberger/Jäggi, Art. 1 N 479, welche den AGB-Verwender gänzlich von der Berufung auf die fehlende Einbeziehung ausschliessen wollen.

kungen zu erwähnen: Erstens kann sich der Kunde dann nicht auf die fraglichen AGB berufen, wenn er zuvor dem Inhalt der AGB ausdrücklich widersprochen hat[737]. Zweitens muss er, sofern er sich in guten Treuen auf das Klauselwerk beruft, auch die für ihn ungünstigen Klauseln gegen sich gelten lassen[738]. Drittens kann er nicht nach Vertragsschluss eine Verletzung einer Zugänglichkeitsobliegenheit rügen, wenn er nachweislich bei Vertragsschluss volle Kenntnis der Geltung der AGB hatte[739]. Als Faustregel kann festgehalten werden: Solange der Kunde in seinem Vertrauen geschützt werden soll oder der AGB-Verwender aufgrund seines treuwidrigen Verhaltens umgekehrt keinen Schutz geniessen darf, bleibt es in solchen Konstellationen jeweils einzig dem Kunden anheim gestellt, ob er den AGB-Verwender auf dessen mangelhaft zugänglich gemachten AGB (in ihrer Gesamtheit) behaften lassen will oder ob er vom Klauselwerk Abstand nimmt[740].

III. Wichtige Einzelfälle der Einbeziehung von AGB

1. Einbeziehung von AGB im elektronischen Geschäftsverkehr *(E-Commerce)*

a. Rechtsgeschäftliche Vereinbarung und massgebender Zeitpunkt

Sobald ein Unternehmer auf seiner *Website*[741] oder auf seiner *mobilen Application* (kurz App genannt) Waren oder Dienstleistungen samt zugrunde liegenden Bedingungen anbietet, gibt er in aller Regel bereits einen für eine Vielzahl 178

[737] Dies stellt ein *«venire contra factum proprium»* dar. So auch KG GR, II. Zivilkammer, Urteil vom 15. Dezember 2008, E. I. 5: Bestreitet der Kunde vor dem erstinstanzlichen Gericht die Anwendbarkeit von AGB, weil ihm diese nicht zur Kenntnis gebracht worden sind, so ist es treuwidrig, im Berufungsverfahren einen anderen Standpunkt einzunehmen. Vgl. auch ZK-SCHÖNENBERGER/JÄGGI, Art. 1 N 479.

[738] ZK-SCHÖNENBERGER/JÄGGI, Art. 1 N 479; andeutungsweise auch KG GR, II. Zivilkammer, Urteil vom 15. Dezember 2008, E. I. 5.

[739] Ähnlich KOLLER, OR AT, N 23.51. Kenntnis des Kunden von der Geltung der AGB kann allerdings nur in Ausnahmefällen angenommen werden (siehe oben N 146).

[740] ZK-SCHÖNENBERGER/JÄGGI, Art. 1 N 479.

[741] Der Begriff «Website» wird hier breit und dynamisch verstanden. Er umfasst derzeit namentlich auch sämtliche Online-Plattformen (z.B. im Bereich von Social-Media oder Finanzen). Siehe zum Sonderfall der Einbeziehung von AGB bei Crowdfunding Plattformen FRITSCHI, Crowdfunding, N 356 ff.

zukünftiger Verträge vorformulierten Vertragsinhalt im Sinne von AGB vor[742]. Die *Schweiz* hat bislang *keine spezifischen Regelungen zur Einbeziehung von AGB im elektronischen Geschäftsverkehr (E-Commerce)* erlassen. Massgebend sind auch hier die *allgemeinen schuldrechtlichen Grundsätze* zum Vertragsschluss[743] sowie die daraus gebildeten Sonderregeln für AGB. Auf der Ebene der Konsenskontrolle sind primär die *Zugänglichkeitsregel und die Ungewöhnlichkeitsregel* zu erwähnen[744]. Entsprechend der Zugänglichkeitsregel muss der AGB-Verwender im elektronischen Geschäftsverkehr wiederum vor bzw. bei Vertragsschluss gegenüber seinem Kunden einen deutlichen Hinweis auf die AGB anbringen und ihm dabei die Möglichkeit verschaffen, in zumutbarer Weise vom Inhalt der AGB Kenntnis zu nehmen[745]. Dieselben Prinzipien gelten auch beim *M-Commerce* sowie bei der Verwendung von *Smart Contracts*[746]. Die Parteien können im Hinblick auf den elektronischen Vertragsschluss und die Einbeziehung der AGB ihren Willen elektronisch mittels Mausklicks, E-Mail, Online-Nachricht, SMS, Telefax oder in einer ähnlichen (digitalen) Weise rechtswirksam erklären[747].

179 Zunächst sind die AGB dem Kunden vor dem Zugriff auf die Inhalte der Website oder der App zu präsentieren (z.B. auf einer Einstiegsseite oder einem Pop-up-Fenster), sofern sie für die Benutzung der Seite bzw. der App selbst gelten sollen[748]. Weil der Kunde in *Online-Shops* mit der Internet-Bestellung seine verbindliche Willenserklärung zum Vertragsschluss abgibt, muss er zu

742 PERRIG, Zugänglichkeitsregel, 323; aus der deutschen Lehre HÄRTING, Internetrecht, N 610, 612. Dies gilt nicht nur für das typisch «Kleingedruckte», sondern für alle im Internet standardmässig verwendeten Vertragsinhalte, die der Online-Verwender vorgibt, beispielsweise Nutzungsbedingungen (vgl. so auch der deutsche Bundesgerichtshof: BGH 29.07.2021 – III ZR 179/20, Rz. 32) oder Datenschutzerklärungen (vgl. dazu oben N 114 f.).

743 Die Einbeziehungsvoraussetzungen sind an Art. 1 OR und dem daraus fliessenden Vertrauensprinzip auszurichten (STAUDER, E-Commerce, 139, 148 ff.).

744 Vgl. allgemein zur Zugänglichkeitsregel oben N 123 ff. sowie zur Ungewöhnlichkeitsregel unten N 193 ff.

745 Ausführlich zur Übernahme von AGB im E-Commerce PERRIG, Zugänglichkeitsregel, 324 ff.; PERRIG Einbeziehung, 196 ff., WEBER, E-Commerce, 350 ff.; JÖRG, Internet-Vertragsrecht, 271, 304 ff.

746 Siehe zu den Sonderfällen der Einbeziehung von AGB im M-Commerce unten N 187 sowie in Smart Contracts unten N 190.

747 Sinngemäss JÖRG, Internet-Vertragsrecht, 279. So kann insbesondere das Anklicken einer elektronischen Schaltfläche (häufig mit der Aufschrift «Ich stimme zu» als an den einzelnen Nutzer gerichtetes Angebot) eine Abgabe einer elektronischen Willenserklärung darstellen (BGH 29.07.2021 – III ZR 179/20, Rz. 33).

748 So auch MORSCHER, ZBJV 2011, 202.

jenem *Zeitpunkt* über den Bestand der AGB informiert sein[749]. Die Bestellseite sollte deshalb derart präsentiert werden, dass der Kunde noch *vor Anklicken des Bestell-Buttons* auf die AGB aufmerksam wird und sie zur Kenntnis nehmen kann[750]. Sollen AGB im Rahmen von über *E-Mail* abgeschlossenen Verträgen übernommen werden, so muss der AGB-Verwender den Kunden ebenfalls vor Vertragsschluss auf die AGB aufmerksam machen und die AGB dem Kunden vor dessen vertragskonstituierenden Erklärung via E-Mail zugänglich machen[751]. *Zu spät* ist die erstmalige Wiedergabe der AGB auf (in der Regel via E-Mail versandten) Bestellbestätigungen. Dasselbe gilt für sog. *Click- oder Scroll-Wrap-*, bzw. *Pay-Now, Terms Later-Agreements*, bei denen der Kunde erst nach dem Erwerb des Produkts bzw. nach Herunterladen und Installieren der Software oder Eingabe des Produktschlüssels Kenntnis von den AGB des Herstellers nehmen kann[752].

Bei *Änderungen oder Neufassungen* von bestehenden Online-AGB (in Dauer- 180
schuldverhältnissen) reicht die Publikation der Änderungsmitteilung auf der Website des AGB-Verwenders oder ein herkömmlicher Verweis (z.B. mündlich oder schriftlich auf dem Postweg, selbst unter Angabe des Links) auf die dort befindliche AGB-Neufassung im Regelfall nicht aus, um die neuen AGB zum Vertragsbestandteil zu erheben[753]. Dagegen kann eine Änderung bzw. Neufas-

---

749 Statt vieler SCHWAB, elektronische Verträge, 66. Das Angebot auf einer Website stellt eine *invitatio ad offerendum* dar, es sei denn, der Kunde bezieht die Leistung direkt elektronisch vom Rechner des Verwenders bzw. die Vertragserfüllung erfolgt online (WEBER, E-Commerce, 341 f.).

750 PERRIG, Zugänglichkeitsregel, 334 f.; NESTLÉ, Übernahme AGB, 249, 268; SCHWAB, elektronische Verträge, 66 f.; CR LCD-PICHONNAZ, Art. 8 N 53.

751 In diesem Sinne SCHWAB, elektronische Verträge, 67; HGer ZH, HG210003-O U/dz, E. II. 1.3.2, II. 1.4.2, Urteil vom 14. Juli 2022 (so ist es zumindest im b2b-Verkehr bereits ausreichend, die AGB zusammen mit der ersten Version der Vertragsofferte per E-Mail mitzusenden, sofern die zugestellten AGB weiterhin in zeitlicher und sachlicher Hinsicht in einem klaren Zusammenhang mit demselben Vertragsschlussvorgang und der finalen Vertragsversion verbleiben, vgl. E. II.1.4.2.5).

752 Dies ist namentlich bei Softwarelizenzverträgen (insb. bei sog. *End User License Agreements*, kurz EULA genannt) häufig der Fall. Vgl. dazu PERRIG, Zugänglichkeitsregel, 368 ff., 378.

753 Erst recht ungenügend ist ein genereller Hinweis in den ursprünglich einbezogenen AGB, dass aktualisierte AGB jeweils lediglich auf der Website des AGB-Verwenders ohne vorgängige Änderungsanzeige an den Kunden veröffentlicht werden. Der AGB-Verwender darf nicht leichthin damit rechnen, dass der Kunde die Website regelmässig auf allfällige Anpassungen der AGB hin überprüft; es fehlt an der Zumutbarkeit der Kenntnisnahme (PERRIG, Zugänglichkeitsregel, 331 f.; ähnlich HUGUENIN/MAISSEN, Bedingungsänderungsklauseln, 108 f.; PROBST, Digitalisierung, 10; LANGER, Verträge Internet, 355 f.). Zur Thematik eines allfälligen Medienbruchs siehe oben N 148 und unten N 183.

sung Geltung erlangen, soweit die ursprünglichen AGB elektronisch übernommen wurden, der Kunde über hinreichende IT-Kenntnisse verfügt und der AGB-Verwender die spezifische Änderungsmitteilung (samt Neufassung der AGB) vorab an eine vom Kunden benutzte und als Kommunikationsweg mit dem Kunden etablierte E-Mail-Adresse sendet[754]. Bei registrierten Nutzern von Online-Plattformen kann ein Pop-up-Fenster genügen, durch das sie vor der weiteren Plattformnutzung gebeten werden, die aktualisierten und ihnen im Pop-up-Fenster leicht zugänglich gemachten AGB zur Kenntnis zu nehmen[755].

b. Deutlicher Hinweis

181 Um den Kunden auf den Bestand der AGB aufmerksam zu machen, muss auch im E-Commerce ein hinreichend *deutlicher Hinweis* hierauf erfolgen[756]. Die blosse Veröffentlichung der AGB im Internet ersetzt nicht den erforderlichen Hinweis, selbst wenn die AGB kostenlos zum Download zur Verfügung stehen[757]. Der Hinweis darf von einem Durchschnittskunden selbst bei flüchtiger Betrachtung der Website oder der App und durchschnittlicher Aufmerksamkeit nicht zu übersehen sein[758]. Es ist eine *zeitliche und räumliche Nähe* zwischen dem Hinweis auf die AGB und dem tatsächlichen elektronischen Vertragsschluss (z.B. der Internetbestellung) erforderlich[759]. Hierfür bietet sich das Anbringen einer auffälligen Verweisung *unmittelbar vor dem Bestell-Icon* oder deren *Integration* in eine *Bestellmaske* bzw. in ein *Webformular* an[760]. Auffällig

754 Ähnlich RUSCH/HUGUENIN, SZW 2008, 53; MITROVIC, Änderungsklauseln, N 368. Dabei ist eine Hervorhebung der geänderten Klauseln nicht zwingend erforderlich, wenn die Neufassung nicht lediglich einzelne Klauseln angepasst, sondern die gesamten AGB umstruktiert hat. Eine Hervorhebung der Klauseln wäre so kaum mehr möglich und überdies für den Kunden nicht mit einer schnelleren Erfassbarkeit der angepassten Klauseln verbunden (BGH 29.07.2021 – III ZR 179/20 Rz. 37).

755 Vgl. aus der deutschen Rechtsprechung BGH 29.07.2021 – III ZR 179/20, Rz. 35, CR 2022, 179.

756 PERRIG, Zugänglichkeitsregel, 333 ff. Vgl. aus der h.L., die ebenfalls einen «deutlichen Hinweis» fordert: NESTLÉ, Übernahme AGB, 268; WEBER, E-Commerce, 350; SCHWAB, elektronische Verträge, 66 f.

757 PERRIG, Zugänglichkeitsregel, 333; aus der deutschen Rechtsprechung OLG Hamburg, WM 2003, 581, 583.

758 JÖRG, Internet-Vertragsrecht, 304; PERRIG, Zugänglichkeitsregel, 334. Es wird ein objektivierter Massstab angesetzt, da der AGB-Verwender im Internet die Eigenschaften seines Gegenübers regelmässig nicht kennt (z.B. bei einem automatisch und ausschliesslich mechanisch generierten Vertragsschluss).

759 So auch aus der deutschen Lehre HÄRTING, Internetrecht, N 621.

760 PERRIG, Zugänglichkeitsregel, 335; JÖRG, Internet-Vertragsrecht, 305; MORSCHER, ZBJV 2011, 202, LANGER, Verträge Internet, 358 f.

ist eine Verweisung namentlich dann, wenn sie – neben der prominenten Platzierung – durch Fettdruck, Unterstreichung oder durch farblichen Kontrast zur restlichen Bildschirmdarstellung optisch hervorgehoben wird. Ein AGB-Hinweis einzig auf der Startseite, auf einer seitlichen Spalte/Leiste, unterhalb des Bestell-Icons, im Impressum oder im Hauptmenü («home») einer Website oder einer App genügt im Rahmen von Online-Vertragsschlüssen dagegen nicht[761]. Sodann fehlt es an der erforderlichen Deutlichkeit, wenn der Hinweis auf einer unübersichtlichen bzw. mit Informationen überfüllten Website oder App versteckt ist[762]. Ferner muss der *Hinweis selbst klar und unmissverständlich* auf verbindliche AGB verweisen[763]; insbesondere *Abkürzungen oder fremdsprachige Verweisungen* können für den Kunden unverständlich sein. Das Setzen eines gut sichtbaren (z.B. andersfarbigen oder unterstrichenen) *Hyperlinks* auf der Bestellseite, durch den auf die AGB verwiesen wird, genügt demgegenüber für die Erfüllung der Hinweisobliegenheit[764]. Bei Online-Shops oder anderen Online-Plattformen kann auch ein deutlicher Hinweis in einem Pop-up-Fenster genügen[765]. Ebenso verhält es sich, wenn eine deutliche Verweisung (insb. Hyperlink) auf die AGB in der vertragsschlussrelevanten E-Mail angebracht ist. Gewerbliche Händler auf Online-Plattformen Dritter müssen ihre Kunden bei

761 PERRIG, Zugänglichkeitsregel, 335 (m.w.N.). Dies kann beispielsweise bei sogenannten «Browse-Wrap-Agreements» ein Problem sein, bei denen der Hinweis auf die AGB häufig am unteren Bildschirmrand der Website angebracht ist und dabei die blosse die Nutzung der Website bzw. der App oder das Herunterladen eines digitalen Produkts bereits die Zustimmung zu den AGB darstellen soll (vgl. etwa die Umschreibung im Urteil Kwan v. Clearwire Corp., 2012 WL 32380, W.D. Washington 2012).

762 So aus der deutschen Rechtsprechung OLG Hamburg, MMR 2002, 677. Ein zwischen einer Vielzahl von Hyperlinks angesiedelter Hinweis genügt nicht. Verschiedene AGB auf einer Website müssen hinreichend deutlich gekennzeichnet und voneinander getrennt werden, damit für den Kunden klar ist, auf welche AGB sich der Hinweis bezieht.

763 Eine Einbeziehung der AGB kann daran scheitern, dass der Hinweis unklar oder missverständlich formuliert ist (vgl. HÄRTING, Internetrecht, N 623 mit Verweis auf OLG Frankfurt, 29.08.2012 – 6 W 84/12 Rz. 2, CR 2013, 48).

764 Dies gilt als üblich und ausreichend (KG GR, II. Zivilkammer, Urteil vom 18. Mai 2009, E. 2.2 b; so auch der deutsche Bundesgerichtshof BGH, NJW 2006, 2976, 2977; PERRIG, Zugänglichkeitsregel, 337; JÖRG, Internet-Vertragsrecht, 304). Dagegen urteilen diverse U.S.-Gerichte im Zusammenhang mit dem Einsatz von Hyperlinks (insb. bei Browse-Wrap-Agreements) restriktiver. Vgl. etwa Nguyen v. Barnes & Noble, Inc. (763 F.3d 1171) des United States Court of Appeals for the Ninth Circuit vom 18. August 2014: Das Gericht erklärte einen deutlichen Hyperlink auf der Website für unzureichend und anstelle dessen ein Click-Wrap-Verfahren für erforderlich.

765 So etwa im Zusammenhang mit der Einbeziehung neuer Nutzungsbedingungen auf einem sozialen Netzwerk: BGH 29.07.2021 – III ZR 179/20, Rz. 35, CR 2022, 179.

Vertragsschluss darauf hinweisen, dass der Vertrag nur unter Zugrundelegung ihrer eigenen (auf der Plattform abrufbaren) AGB zustande kommen soll[766].

c. Möglichkeit zumutbarer Kenntnisnahme

aa. Verfügbarkeit

182 Bei elektronischen Vertragsschlüssen bedarf es nicht der «physischen» Aushändigung der AGB. Damit die *Möglichkeit zumutbarer Kenntnisnahme* gegeben ist, müssen die AGB für den Kunden spätestens bei Abgabe seiner Willenserklärung ohne grossen Aufwand im Internet *unmittelbar einsehbar*, also *verfügbar* sein *(Direktzugriff)*[767]. Deshalb sind die AGB in einer Weise zu platzieren, dass sie der Kunde sowohl über die Suchroutine als auch über den logischen Aufbau der Website oder der App problemlos auffinden kann[768]. Der Kunde sollte durch Benützung eines durchschnittlichen Providers, Modems und Computers in der Lage sein, innert kurzer Zeit zum AGB-Inhalt zu gelangen[769]. Die Verfügbarkeit ist gewährleistet, wenn die AGB entweder auf der *Website* bzw. der *App* des AGB-Verwenders an gut sichtbarer Stelle ohne weiteres abrufbar oder in die vertragsschlussrelevante *E-Mail* integriert sind[770].

---

[766] Vgl. Härting, Internetrecht, N 622. Diese AGB sind von den Nutzungsbedingungen der Betreiber der genutzten Plattform zu unterscheiden, welche ihre Nutzungsbedingungen bezüglich der Plattform im Rahmen des jeweiligen Registrierungsvorgangs des Kunden einbeziehen können.

[767] Perrig, Zugänglichkeitsregel, 338 ff.; Weber, E-Commerce, 350; Schwab, elektronische Verträge, 68 ff.; SHK UWG-Probst, Art. 8 N 354 (AGB müssen «leicht auffindbar sein» und der «Aufwand für die Identifikation und Kenntnisnahme der massgeblichen AGB des AGB-Verwenders hat beim elektronischen Vertragsabschluss ähnlich gering zu sein wie bei der Zustellung einer brieflichen Offerte per Post mit beigelegten AGB»).

[768] Furrer, Beförderungsbedingungen, 149; Stauder, E-Commerce, 149; Perrig, Einbeziehung, 199.

[769] Nestlé, Übernahme AGB, 270.

[770] Vgl. Perrig, Zugänglichkeitsregel, 339; Kirchschläger, Online-AGB, 391; im Ergebnis auch BGE 139 III 345, E. 4.4.1 (zu Art. 23 LugÜ). In Bezug auf die Kommunikation per E-Mail ist insb. ein deutlicher Hyperlink im Angebotsmail des AGB-Verwenders ausreichend, der direkt auf die online gehaltenen AGB führt. Dasselbe gilt für das Beifügen der AGB in einem Anhang (Attachment), soweit der Kunde auf die Beilage aufmerksam gemacht wird und diese auch problemlos öffnen kann (keine Firewall-, Software- bzw. Kompatibilitätsprobleme). Dabei ist es namentlich im b2b-Verkehr ausreichend, die AGB in der ersten Version der Vertragsofferte per E-Mail mitzusenden, sofern die zugestellten AGB weiterhin in zeitlicher und sachlicher Hinsicht in einem klaren Zusammenhang mit der finalen Vertragsversion verbleiben (HGer ZH, HG210003-O U/dz, E. II. 1.4.2.5, Urteil vom 14. Juli 2022).

Namentlich reicht ein auf der *Bestellseite einer Website* befindlicher, gut sichtbarer (andersfarbiger/unterstrichener), *direkter Hyperlink* zu den abruf- und ausdruckbaren AGB[771]. Dasselbe gilt bei einem deutlichen Hinweis auf die direkte Abrufbarkeit der AGB im Internet (bzw. auf die Website des AGB-Verwenders), sofern die Verweisung in der vertragsschlussrelevanten Kommunikation per E-Mail erfolgt[772]. Aus diesen Beispielen wird ersichtlich, dass die Online-AGB bei der Bestellung oder Registrierung nicht zwingend automatisch erscheinen müssen[773]. Die Möglichkeit zur Kenntnisnahme der elektronischen AGB lässt sich ferner durch ein *Pop-up-Fenster* sicherstellen[774], namentlich durch sog. *«Scroll-Wrap Agreements»* bei denen man bis zum Ende der im Pop-up-Scrollkasten befindlichen AGB gelangen (und dort zumeist eine «ich stimme zu»-Schaltfläche oder ein Inputfeld anklicken) muss, um die Bestellung oder Registrierung abzuschliessen. Das Pop-up-Fenster kann statt mit einem Scrollkasten auch mit einem deutlichen Hyperlink zu den direkt abrufbaren AGB verbunden werden[775].

Die blosse Angabe der Webadresse *(URL)*, auf der sich die AGB befinden, genügt jedoch – zumindest im Konsumentenverkehr – nicht in jedem Fall, denn der Kunde darf im elektronischen Geschäftsverkehr vom AGB-Verwender das Setzen eines Hyperlinks, die Einrichtung eines Pop-up-Fensters oder die Anlage in einer E-Mail erwarten[776]. Schliesslich gilt es, die Gleichförmigkeit der Vertrags- 183

771 KG GR, II. Zivilkammer, Urteil vom 18. Mai 2009 E. 2.2 b; so auch der deutsche Bundesgerichtshof BGH, NJW 2006, 2976, 2977; PERRIG, Zugänglichkeitsregel 341 f.; JÖRG, Internet-Vertragsrecht, 304. Die Kenntnisnahme gilt dagegen als unzumutbar, wenn die AGB nur über eine «Kette von Hyperlinks» (mehr als zwei bis drei Klicks) erreicht werden kann.

772 In diesem Sinne BGE 139 III 345, 349, E. 4.4.1 (im Zusammenhang mit einer Gerichtsstandsklausel i.S.v. Art. 23 Abs. 1 lit. a LugÜ); HGer ZH, HG210003-O U/dz, E. II. 1.3.2, Urteil vom 14. Juli 2022; KIRCHSCHLÄGER, Online-AGB, 391 f.

773 Vgl. in diesem Sinne zu Gerichtsstandsvereinbarungen in Click-Wrap-AGB im Anwendungsbereich von Art. 23 Abs. 2 Brüssel-I-Verordnung: EuGH vom 21.05.2015, C-322/14.

774 PERRIG, Zugänglichkeitsregel, 342 f.; PERRIG, Einbeziehung, 199 f. Das Fenster mit den darin abgebildeten AGB sollte als Scrollkasten so programmiert sein, dass es sich automatisch öffnet, sobald der Kunde auf der Website oder der App den Bestell- oder Registrierungsvorgang abschliessen möchte. Dabei sollte das Fenster bereits beim Öffnen eine angemessene Grösse besitzen (aus der deutschen Rechtsprechung OLG Frankfurt, CR 2008, 124 f.; ähnlich MORSCHER, ZBJV 2011, 202). Technische Visualisierungs- und somit auch Zugänglichkeitsprobleme können sich ergeben, wenn beim Kunden ein Pop-up-Blocker vorinstalliert ist.

775 So der deutsche Bundesgerichtshof: BGH 29.07.2021 – III ZR 179/20, Rz. 36.

776 Im Ergebnis JÖRG, Internet-Vertragsrecht, 305. Soweit allerdings der Kunde die Referenz-Website direkt und ohne Mühe aus der E-Mail kopieren kann, kann sich auch bei

schlussmittel während des Einbeziehungsvorganges möglichst zu wahren und einen *Medienbruch* zu vermeiden. Ein Medienbruch liegt vor, wenn die Präsentation der AGB über ein anderes Medium (Kommunikationsform) erfolgt als der Hinweis auf die AGB[777]. Demgemäss ist die blosse Verfügbarkeit der AGB auf der Website im b2c-Bereich häufig (noch[778]) unbeachtlich, wenn der Hinweis bzw. der Vertragsschluss über ein anderes Medium (z.B. durch eine schriftliche Offerte oder Einblendung in einer Fernsehsendung) erfolgt[779]. Schliesslich trägt

---

einem Konsumenten der Aufwand der Kenntnisnahme in zumutbaren Grenzen halten (vgl. KIRCHSCHLÄGER, Online-AGB, 391 ff.; EHLE/BRUNSCHWEILER, RIW 2012, 265; SCHWAB, elektronische Verträge, 86).

777 PERRIG, Zugänglichkeitsregel, 343 f.; ähnlich aus der deutschen Lehre SPRUSS, Die Einbeziehung Allgemeiner Geschäftsbedingungen im deutschen Recht unter besonderer Berücksichtigung des europäischen Rechts und des UN-Kaufrechts, Diss. Frankfurt am Main 2010, 187.Vgl. zum Medienbruch bereits oben N 148.

778 Wahrscheinlich ist, dass die rasch voranschreitende Digitalisierung in der Schweiz das Problem des Medienbruchs weiter relativieren wird. Beispielsweise ermöglicht es die Barcode- und Scanner-Technologie den AGB-Verwendern, auf ihren Vertragsdokumenten (Offerten, Bestellscheine etc.) beim Hinweis auf die AGB einen kleinen Barcode/Link (z.B. QR-Code) abzudrucken, der mit einem Smartphone oder Tablet-PC ohne Weiteres die AGB abrufen lässt, was analog zu einem Hyperlink im E-Commerce eine zumutbare Kenntnisnahme ermöglichen kann (vorausgesetzt der Kunde verfügt über die erforderliche IT-Infrastruktur, um die AGB direkt und problemlos über den QR-Code abzurufen und zu speichern, siehe auch oben Fn 573). Vgl. in diesem Sinne im Zusammenhang mit Datenschutzerklärungen auch BÜHLMANN/SCHÜEPP, Jusletter, 15. März 2021, N 97; BIERI/POWELL, AJP 2022, 1537; aus AGB-Sicht derzeit noch zu grosszügig ROSENTHAL, Jusletter, 16. November 2020, N 100; SCHWEIKARD/VASELLA, Digma 2020, 93.

779 PERRIG, Einbeziehung, 200; PERRIG, Zugänglichkeitsregel, 343 f.; so auch SHK UWG-Probst, Art. 8 N 354; KIRCHSCHLÄGER, Online-AGB, 392; ähnlich HUGUENIN/MAISSEN, Bedingungsänderungsklauseln, 108; LANGER, Internet, 356; grosszügiger EHLE/BRUNSCHWEILER, RIW 2012, 265 (Verweis auf Website ausreichend, sofern Kunde über entsprechende IT Infrastruktur verfügt). Das Bundesgericht lehnte einen Medienbruch in einem (nicht AGB-rechtlichen) Kontext ab (BGE 145 II 229, E. 6.5); explizit offengelassen für Art. 23 LugÜ BGE 139 III 345, E. 4.4.1; vgl. ferner den Sonderfall in BGer 4A_330/2021, E. 4.1.2, in dem das Bundesgericht die Erwähnung der «WHO-Pandemiestufen 5 oder 6» in den schriftlichen AVB geschützt hat, obgleich die Erläuterungen dazu nur im Internet abrufbar waren (die Thematik des Medienbruchs wurde jedoch nicht näher angesprochen; siehe dazu kritisch EISNER-KIEFER, AJP 2022, 647). Der unmittelbare AGB-Zugang kann bei einem Medienbruch erschwert sein, weil der Kunde für die Kenntnisnahme zuerst auf das Internet zugreifen muss, was mit zusätzlichen (unzumutbaren) Transaktionskosten verbunden sein kann (statt der Empfangnahme muss der Kunde zuerst die AGB im Internet auffinden, abrufen, speichern und ausdrucken). Die Unzumutbarkeit kann häufig bereits allein im (unnötigen und für den Kunden unfreiwilligen) Wechsel der Kommunikationsform während des Einbeziehungsvorganges liegen. Auch ist es nach wie vor nicht sichergestellt, dass sämtliche Kunden tatsächlich

der AGB-Verwender auch im elektronischen Geschäftsverkehr (insb. gegenüber Konsumenten) eine *Verschaffungsobliegenheit* hinsichtlich der Möglichkeit der Kenntnisnahme. Deshalb ist dem Kunden auch hier ein Anfordern der AGB – beispielsweise per E-Mail oder Telefax – in aller Regel nicht zuzumuten[780].

Häufig wird bei Online-Transaktionen eine Programmierung eingesetzt, welche das Absenden der Willenserklärung des Kunden erst ermöglicht, nachdem der Kunde den AGB in einem Inputfeld der Bestellmaske (z.B. mit der Aussage «Mit der Geltung der Allgemeinen Geschäftsbedingungen bin ich einverstanden») durch einen Mausklick (bzw. durch Setzen eines Häckchens in einer *Checkbox*) explizit zugestimmt hat. Diese sog. *«zwingende Bestellführung» («Click-Wrap»- oder «Scroll-Wrap»-Verfahren*[781]*)* ist zwar nicht zwingend erforderlich[782], jedoch empfehlenswert[783]: Erstens werden dadurch die Einbezie- 184

Zugang zum Internet haben (SHK UWG-Probst, Art. 8 N 354; RUSCH/HUGUENIN, SZW 2008, 53). Anders kann es sich namentlich im b2b-Verkehr verhalten (vgl. im Zusammenhang mit den Formerfordernissen von AGB-Gerichtsstandsklauseln nach Art. 23 LugÜ: EuGH vom 24.11.2022, Rs. C-358/21, Tilman SA gegen Unilever Supply Chain Company AG; zum b2b-Verkehr unten N 258).

780 So auch BGE 139 III 345, 350, E. 4.4.2 (LugÜ-Entscheid), wonach das Anfordern der AGB über eine Faxnummer sogar für ein Unternehmen unzumutbar sein kann. Vgl. jedoch zu den im Einzelfall weniger strengen Anforderungen im b2b-Verkehr unten N 256 ff.

781 Vgl. EuGH vom 21.05.2015, C-322/14, welcher eine Gerichtsstandsvereinbarung in Click-Wrap-AGB mit Art. 23 Abs. 2 Brüssel-I-Verordnung vereinbar erklärt. Weitergehend EuGH vom 24.11.2022, Rs. C-358/21,Tilman SA gegen Unilever Supply Chain Company AG (im Zusammenhang mit den Formerfordernissen von AGB-Gerichtsstandsklauseln nach Art. 23 LugÜ), wonach ein Hyperlink auf die Website selbst ohne Click-Wrap-Einverständnis genügt, Siehe jedoch den Entscheid Nguyen v. Barnes & Noble, Inc. (763 F.3d 1171) des United States Court of Appeals for the Ninth Circuit vom 18. August 2014, in dem das Gericht einen deutlichen Hyperlink auf der Website für unzureichend und anstelle dessen ein Click-Wrap-Verfahren für erforderlich erklärt hat.

782 In diesem Sinne hat der EuGH in Auslegung von Art. 23 LugÜ unlängst entschieden, dass eine Gerichtsstandsvereinbarung in AGB im unternehmerischen Geschäftsverkehr wirksam vereinbart werden kann, wenn ein schriftlich abgeschlossener Vertrag durch Angabe eines Hyperlinks auf die auf einer Website befindlichen AGB hinweist und diese Website es dem Vertragspartner ermöglicht, die AGB zur Kenntnis zu nehmen, herunterzuladen und auszudrucken (EuGH vom 24.11.2022, Rs. C-358/21,Tilman SA gegen Unilever Supply Chain Company AG).

783 PERRIG, Zugänglichkeitsregel, 337, 377; MORSCHER, ZBJV 2011, 203; vgl. ferner KIRCHSCHLÄGER, Online-AGB, 396 f., die zu Recht darauf hinweist, dass das Setzen eines Häckchens bei einer Checkbox nicht zwingend erforderlich ist für die Einbeziehung von Online-AGB und deshalb von einem Indiz für die Möglichkeit zumutbarer Kenntnisnahme spricht.

hungskriterien (Hinweis und Möglichkeit zumutbarer Kenntnisnahme) im Einzelfall eher sichergestellt[784], zweitens kann das Anklicken der Schaltfläche je nach deren Ausgestaltung und Formulierung als Einverständnis gelten[785], und drittens kann dieses Verfahren zugleich zu Beweiszwecken dienlich sein[786]. Dagegen stellt sich beispielsweise bei Browse-Wrap-Agreements (namentlich im b2c-Verkehr) die Frage, ob der Kunde hinreichend auf die AGB hingewiesen und diese hinreichend zugänglich gemacht wurden – eine blosse Nutzung einer Website oder das Herunterladen eines Produkts kann für sich allein noch nicht als Zustimmung zu den Browse-Wrap-AGB gewertet werden[787].

bb. Technische Vorkehrungen

185 Neben der Möglichkeit, die AGB direkt und ohne Mühe am Bildschirm online zur Kenntnis zu nehmen, treten im elektronischen Geschäftsverkehr gemäss der herrschenden Lehre «zusätzliche Anforderungen» an die Zumutbarkeit hinzu[788]. Es wird gefordert, dass dem Kunden «mit durchschnittlicher Informatikinfrastruktur» vor dem elektronischen Vertragsschluss bzw. während des konkreten Bestellvorganges vom AGB-Verwender die Möglichkeit eingeräumt

784 Jeweils vorausgesetzt, dass ein hinreichend deutlicher Hinweis auf die AGB sowie die direkte und leichte Abrufbarkeit der AGB vor Vertragsschluss angemessen in die zwingende Bestellführung integriert wurden.

785 Siehe dazu der deutsche Bundesgerichtshof in BGH 29.07.2021 – III ZR 179/20, Rz. 33, 39 ff.: So muss namentlich die Zustimmungs-Schaltfläche die Bedeutung und Tragweite der Einverständniserklärung klar erläutern und zugleich mit der Möglichkeit der zumutbaren Kenntnisnahme der AGB verbunden sein (Rz. 41).

786 Im Gegensatz zu gewöhnlichen Browse-Wrap-Agreements können Click-Wrap- und Scroll-Wrap-Agreements eine Erleichterung der Beweisführung bewirken, da sie den Einbeziehungsvorgang der AGB protokollieren können. Zu beachten gilt es jedoch, dass die dabei häufig verwendeten Bestätigungsklauseln für sich allein noch keine Rechtwirkung entfalten, sondern weiterhin die tatsächlich eingeräumte Möglichkeit der zumutbaren Kenntnisnahme der AGB für die wirksame Einbeziehung massgebend bleibt (vgl. allgemein zu Beweisfragen bei AGB oben N 171 ff.).

787 Gewiss Browse-Wrap-AGB versuchen eine stillschweigende Einbeziehung von AGB durch die blosse Nutzung der Website bzw. der App zu konstruieren. Eine solche ist nach den AGB-rechtlichen Grundsätzen insb. im Konsumentenverkehr in aller Regel auszuschliessen. Zudem fehlt beim blossen «Browsen» regelmässig der vertragliche Bindungswille. Und selbst wenn ein Rechtsbindungswille anzunehmen wäre, so müssten nach wie vor die Zugänglichkeitsvoraussetzungen erfüllt werden (d.h. deutlicher Hinweis auf die AGB sowie Möglichkeit zumutbarer Kenntnisnahme bei Vertragsschluss auf der Website oder der App). Vgl. dazu auch Fritschi, Crowdfunding, N 392 ff.

788 Stellvertretend für die h.L. Gauch/Schluep/Schmid, OR AT, N 1135c.

wird, die AGB problemlos *herunterzuladen*, auf seinen Geräten in wiedergabefähiger Form *abzuspeichern* und in einwandfreier Qualität *auszudrucken*[789]. Dabei sollte der Download-, Speicher- und Ausdruckvorgang ohne grosse Mühen oder Kosten zu bewerkstelligen sein, wobei namentlich die Ladezeit nicht zu lange dauern darf[790]. Angesichts der Flüchtigkeit und Schnelllebigkeit des Internets soll hauptsächlich die Speicherfunktion es dem Kunden ermöglichen, die massgebenden AGB ohne Medienbruch (d.h. elektronisch) zu dokumentieren[791]. Die adäquate Wiedergabe der AGB ist derzeit am ehesten gewährleistet, wenn der Klauseltext als HTML-Dokument zum Herunterladen bereitgestellt wird, wobei ein PDF-File oder ein anderes gängiges, wiedergabefähiges und speicherbares Software-Format ebenfalls genügen sollte[792]. Problematisch dagegen ist die blosse Zugriffsmöglichkeit auf die AGB im Internet (z.B. via Hyperlink) ohne Speichermöglichkeit sowie die Möglichkeit, lediglich über die Speicherfunktion des Browsers die komplette Website zu speichern, da die Speichermöglichkeit vom AGB-Verwender verschafft werden muss[793]. Es empfiehlt sich daher, einen einfach ersichtlichen Download-Button im räumlichen Zusammenhang mit den online dargestellten AGB sowie beim Warenkorb im Rahmen der Online-Bestellung anzubringen. Die vorgenannten *technischen Zugänglichkeitsvorkehrungen* erhöhen die Chancen einer wirksamen Einbeziehung von AGB, da sie dem Kunden ermöglichen, das Klauselwerk in seinem

789 In Anlehnung an Art. 10 Abs. 3 der Richtlinie 2000/31/EG vom 8. Juni 2000 über den elektronischen Geschäftsverkehr und § 312i Abs. 1 Nr. 4 BGB: GAUCH/SCHLUEP/SCHMID, OR AT, N 1135c; SCHWENZER/FOUNTOULAKIS, OR AT, N 45.06a; CR LCD-PICHONNAZ, Art. 8 N 53; BK-MÜLLER, Art. 1 N 322; HUGUENIN, OR, N 616; aus der Rechtsprechung HGer ZH, HG210003-O U/dz, E. II. 1.3.2, Urteil vom 14. Juli 2022; in Bezug auf die Formerfordernisse von AGB-Gerichtsstandsklauseln nach Art. 23 LugÜ: EuGH vom 24.11.2022, Rs. C-358/21 (Tilman SA gegen Unilever Supply Chain Company AG). Gemäss FURRER/MÜLLER-CHEN, OR AT, N 77 (und ebenfalls in Anlehnung an die Richtlinie 2000/31/EG) muss der Kunde schliesslich noch vor dem endgültigen Vertragsschluss eine Warnung erhalten. Eine derartige Warnung ist allerdings für eine wirksame Einbeziehung der AGB nicht zwingend erforderlich.

790 NESTLÉ, Übernahme AGB, 268 ff.; JÖRG, Internet-Vertragsrecht, 306; WEBER, E-Commerce, 350.

791 Die Speicherfunktion trägt auch der bei empfangsbedürftigen Willenserklärungen massgebenden gesetzlichen Empfangstheorie Rechnung, da durch die Speicherung der Kunde den Inhalt der AGB jeweils nicht mehr auf der Website oder der App des AGB-Verwenders zu suchen bzw. abzurufen, sondern im eigenen Empfangs- und Risikobereich verfügbar hat.

792 PERRIG, Zugänglichkeitsregel, 346.

793 So aus der deutschen Rechtsprechung im Zusammenhang mit § 312i Abs. 1 Nr. 4 BGB: OLG Frankfurt, Urteil vom 11.11.2021, Az. 6 U 81/21.

Risikobereich in Ruhe (d.h. in zumutbarer Weise) zu studieren[794]. Für die vertragliche Einbeziehung von Online-AGB nicht erforderlich, jedoch lauterkeitsrechtlich gemäss Art. 3 Abs. 1 lit. s UWG seit 1. April 2012 vorgeschrieben, ist (neben der Impressumspflicht) die Pflicht für Anbieter von Waren, Werken oder Leistungen im elektronischen Geschäftsverkehr (Online-Shops), den Kunden auf die einzelnen technischen Schritte, die zu einem elektronischen Vertragsabschluss führen, hinzuweisen, ihm angemessene technische Mittel zur Verfügung zu stellen, mit denen Eingabefehler vor Abgabe der Bestellung erkannt und korrigiert werden können sowie die Bestellung des Kunden unverzüglich auf elektronischem Wege (i.d.R. via E-Mail) zu bestätigen[795].

cc. Klauseltransparenz

186 Die Möglichkeit zumutbarer Kenntnisnahme von AGB verlangt analog zum traditionellen Geschäftsverkehr auch im E-Commerce eine *transparente Darstellung des AGB-Textes (Übersichtlichkeit, vertretbarer Umfang, Verständlichkeit, Lesbarkeit)*[796]. In diesem Kontext lässt sich der *vertretbare bzw. zumutbare Umfang* von Online-AGB nicht pauschal bemessen. Insbesondere erweist sich ein striktes Abstellen auf die konkrete Anzahl verwendeter AGB-Bildschirmseiten als untauglicher Massstab, da der darstellbare Klauseltext je

---

794 PERRIG, Zugänglichkeitsregel, 347; sinngemäss STAUDER, E-Commerce, 149.

795 Die unverzügliche Zustellung der AGB im Rahmen der elektronischen Bestellbestätigung gemäss Art. 3 Abs. 1 lit. s UWG kann zwar die für die Einbeziehung vor Vertragsschluss notwendigen Zugänglichkeitserfordernisse (d.h. Hinweis auf die AGB und Möglichkeit zumutbarer Kenntnisnahme) nicht ersetzen, jedoch immerhin den Informationsstand des Kunden nach Vertragsschluss verbessern.

796 PERRIG, Zugänglichkeitsregel, 348 ff.; ähnlich WEBER, E-Commerce, 351; SCHWAB, elektronische Verträge, 99 ff.; MORSCHER, ZBJV 2011, 202. Bei Wahl einer geläufigen Schriftart sollte die Schriftgrösse Acht- oder Neun-Punkt nicht unterschritten werden. Jedenfalls ist die Grenze zur Unzumutbarkeit überschritten, wenn der Kunde den kleingedruckten AGB-Text in ein Textverarbeitungsprogramm kopieren muss, um dort die Schriftgrösse dergestalt zu verändern, dass er die AGB lesen kann (kulanter SCHMIDT, AGB, NJW 2011, 1638). Aufgrund der sich ständig verbessernden Visualisierungsmöglichkeiten in den gängigen elektronischen Darstellungsformaten verliert jedoch die Grösse des Schriftbildes an Relevanz, da der Kunde in vielen Fällen ohne Mühe den Text abrufen, vergrössern und speichern kann. Neben der Schriftgrösse sollte auch die sonstige elektronische Präsentation der AGB optisch gut wahrnehmbar gestaltet werden, wobei sich der AGB-Text vom Hintergrund der Website farblich abheben sollte. Sodann muss der Kunden ohne Schwierigkeiten auf die einzelnen Bestimmungen zugreifen und sie miteinander vergleichen können. Unzureichend ist die Wiedergabe der AGB quer am Rande einer Website oder unterhalb eines Bestellbuttons.

nach Bildschirmgrösse, Bildschirmauflösung und Grösse des Zeichensatzes erheblich variiert. Deswegen ist eine Beurteilung anhand der gesamten Umstände des jeweiligen Einzelfalles erforderlich[797]. Dabei sind neben der Komplexität und Bedeutung des Rechtsgeschäftes die dem Internet-Kunden heute zur Verfügung stehenden technischen Möglichkeiten angemessen zu berücksichtigen. Ein Klauseltext gilt dann als viel eher für eine Kenntnisnahme zumutbar, wenn der Kunde ihn während des Bestellvorganges gebühren- sowie mühelos herunterladen, speichern und ausdrucken kann[798]. Sodann lässt sich eine schnelle (und somit eher zumutbare) Kenntnisnahme der AGB durch weitere benutzerfreundliche technische Möglichkeiten wie etwa der Scroll- und Zoomfunktion oder der Volltextsuche einfacher erreichen[799]. Derartige geeignete technische Hilfen können die Schwelle der Unzumutbarkeit der Kenntnisnahme anheben.

Zu berücksichtigen ist, dass der Kunde beim Studium der AGB im Netz nicht 187
unter dem gleichen Zeit- und Abschlussdruck wie bei einem Vertragsschluss unter Anwesenden steht[800]. Zudem bedient sich der Kunde aus freien Stücken des Vertragsschlussmediums Internet und muss daher auch dessen Informationsmöglichkeiten akzeptieren[801]. Aus diesen Gründen gilt es, die Forderung nach sehr kurz gehaltenen AGB im E-Commerce zu relativieren[802]. Online präsentierte AGB müssen nicht zwingend derart kurz gefasst sein, dass sie vom Umfang her noch auf einer Bildschirmseite Platz finden[803]. Allerdings bleiben auch im elektronischen Verkehr «uferlose» Lizenzbedingungen von Standardsoftware (sog. *end user license agreement*, kurz EULA) oder Nutzungsbedingungen von Social Media Plattformen, die sich regelmässig im Kleinstdruck

---

797 Die Länge des AGB-Textes muss insb. in einem vertretbaren Verhältnis zur Art und zum Inhalt des Vertrages stehen (m.w.N. PERRIG, Zugänglichkeitsregel, 352).

798 PERRIG, Zugänglichkeitsregel, 351; sinngemäss GAUCH/SCHLUEP/SCHMID, OR AT, N 1135c; STAUDER, E-Commerce, 149. Dadurch wird das Problem der Flüchtigkeit des AGB-Textes auf Computerbildschirmen grösstenteils behoben. Hingegen ist eine gültige Einbeziehung «uferloser» AGB-Texte auch bei bestehender Speicher- und Druckmöglichkeit abzulehnen. Vgl. zu den technischen Vorkehrungen oben N 185.

799 PERRIG, Einbeziehung, 202; ähnlich SCHWAB, elektronische Verträge, 94.

800 JÖRG, Internet-Vertragsrecht, 307.

801 PERRIG, Einbeziehung, 202; sinngemäss für Gerichtsstandsklauseln unter dem LugÜ BGE 139 III 345, 349 f., E. 4.4.1.

802 Hingegen ist eine gültige Einbeziehung «uferloser» AGB-Texte auch bei bestehender Speicher- und Druckmöglichkeit abzulehnen.

803 PERRIG, Zugänglichkeitsregel, 350; WEBER, E-Commerce, 351; JÖRG, Internet-Vertragsrecht, 306 f. Können die AGB nicht auf einer Bildschirmseite abgebildet werden, sollte für eine zumutbare Kenntnisnahme des Textes eine genügend grosse Scrollbox oder andere geeignete Visualisierungshilfen eingesetzt werden (PERRIG, Zugänglichkeitsregel, 350; sinngemäss aus der deutschen Gerichtspraxis OLG Frankfurt, CR 2008, 124, 125).

über dutzende Seiten erstrecken, für eine Kenntnisnahme im Konsumentenverkehr unzumutbar[804]. Ferner kann es im *M-Commerce (Mobile Commerce)* für Nutzer von kleinen mobilen Endgeräten (insb. Smartphones) aufgrund der beschränkten Visualisierungsmöglichkeiten auf dem Bildschirm nach wie vor unzumutbar sein, wenn sich der Klauseltext nur über zahlreiche Displayseiten einsehen lässt[805]. Dies gilt beispielsweise auch bei der Nutzung von Apps auf Smartphones. Zum einen sind kleine Displays *per se* problematisch[806], da für den Kunden aufgrund der beschränkten Bildschirmoberfläche eine kleine Schriftgrösse oder ein übermässiges Scrollen unzumutbar sein kann[807]; zum anderen fehlt (zumindest bei älteren Geräten) häufig die Möglichkeit, längere Texte in wiedergabefähiger Form zu speichern und auszudrucken[808]. Sodann kann der AGB-Verwender im M-Commerce die AGB innerhalb derselben Grenzen auch mittels einer E-Mail oder SMS an den Kunden übermitteln[809]. Der (ausdrücklich zu vereinbarende) *Rahmenvertrag* stellt eine mögliche Lösung für die Zugänglichmachung von AGB im M-Commerce dar, wobei es sich empfiehlt, dessen Abschluss gerade in den Kunden-Registrierungsvorgang zu integrieren[810].

---

804 Vgl. etwa ROBERTO/WALKER, recht 2014, 51, welche (mit Verweis auf Facebook und Apple IOS) die Kenntnisnahme von AGB «im Umfang von mehreren Dutzend Seiten» ebenfalls als unzumutbar erachten.

805 PERRIG, Zugänglichkeitsregel, 358 ff. Die Möglichkeiten der zeichenmässigen Wiedergabe sind bei gewissen mobilen Endgeräten aufgrund ihrer technischen Schranken limitiert (DILL, AJP 2000, 1518; SCHWAB, elektronische Verträge, 98; GASSER, SZW 2002, 27; HUNGER, SZW 2002, 161 ff.). Dabei ist zu berücksichtigen, dass sich das Zumutbarkeitsproblem durch die immer grösser werdenden Bildschirme der Tablets und Smartphones sowie durch die verbesserten Visualisierungs- und Speicherungsmöglichkeiten immer mehr entschärft.

806 In diesem Sinne ROSENTHAL, Jusletter, 3. Juli 2000, N 6; DILL, AJP 2000, 1518; JANAL, Die AGB-Einbeziehung im M-Commerce, NJW 2016, 3201 ff.

807 JANAL, NJW 2016, 3201, 3205.

808 DILL, AJP 2000, 1518; ROSENTHAL, Jusletter, 3. Juli 2000, N 6.

809 Ähnlich VON MÜNCH, MMR 2006, 205.

810 GASSER, SZW 2002, 27; ROSENTHAL, Jusletter, 3. Juli 2000, N 11; ausführlich MÜLLER-TER JUNG/KREMER, Die Visualisierung von Kundeninformationen im M-Payment – Der Rahmenvertrag als Ausweg, BB 2010, 1877 ff. Der Rahmenvertrag bietet sich hauptsächlich bei Kunden an, die regelmässig ähnliche Waren oder Dienstleistungen beim selben Anbieter beziehen. Dies trifft regelmässig bei (z.B. online registrierten) Stammkunden oder sonstigen länger andauernden Geschäftsbeziehungen zu, wie sie etwa bei Tausch- und Auktionsplattformen, sozialen Netzwerken, Musik- und Software-Download-Websites sowie anderen Online-Shops anzutreffen sind.Vgl. zum Rahmenvertrag oben N 126.

d. Sprache

Auch im E-Commerce müssen die AGB für ihre Einbeziehung in einer für den Kunden *verständlichen Sprache* abgefasst sein. Wiederum wird für die Zuweisung des Sprachrisikos[811] zumeist auf die *Verhandlungs- und die Vertragssprache* abgestellt[812]. Dabei kommt es für die Ermittlung der massgebenden Verhandlungs- und Vertragssprache nicht auf die Top-Level-Domain an, denn auch auf einer schweizerischen Website mit «-.ch»-Endung muss sich der AGB-Verwender nicht zwingend einer schweizerischen Landessprache bedienen, sondern kann die gesamte Website samt AGB in einer Fremdsprache halten[813]. Im binnenschweizerischen E-Commerce sollten sich allerdings der Internetauftritt und die AGB gegenüber Konsumenten grundsätzlich in der für den *adressierten Kundenkreis üblichen Landessprache* präsentieren[814]. Bei Online-Shops und anderen Online-Plattformen muss es im Allgemeinen für die Möglichkeit zumutbarer Kenntnisnahme genügen, wenn der AGB-Text in derselben Sprache wie der Rest des Web-Angebotes abgefasst ist[815]. Denn das Ausfüllen eines im Web-Angebot gespeicherten Bestell- oder Registrierungsformulars bzw. das Studieren des massgebenden Internet-Inhalts in einer bestimmten Sprache setzt voraus, dass der Kunde diese Sprache hinreichend beherrscht und legt somit gleichsam die Vermutung nahe, der Kunde verstehe auch die in derselben Sprache abgefassten AGB[816]. Bei derartigen Vertragsschlüssen übers Internet bestimmt somit das *Web-Bestellformular bzw. die Registrierungsmaske* oder ein auf andere Weise ausgestaltetes Web-Angebot sowohl die Verhandlungs- als auch Vertragssprache; diese beiden massgebenden Sprachen fallen im Regelfall zu einer zusammen und sind 188

811 Das Sprachrisiko erfasst das Aufeinandertreffen unterschiedlicher Sprachen und die Lösung der daraus folgenden Rechtsprobleme, hier die Zurechnung der Kenntnis von AGB (siehe dazu bereits oben N 169).

812 Perrig, Zugänglichkeitsregel, 355; Nestlé, Übernahme AGB, 272, Fn 74; Schwab, elektronische Verträge, 103. Siehe zur massgebenden Sprache der AGB bereits oben N 166 ff.

813 Perrig, Zugänglichkeitsregel, 355.

814 So erscheint es insb. im b2c-Bereich für landesweite Anbieter von Waren und Dienstleistung im Internet zumutbar, ihre AGB-Versionen in allen drei «offiziellen» Amtssprachen des Bundes (Deutsch, Französisch, Italienisch) anzubieten. Siehe dazu auch aus der deutschen Rechtsprechung KG Berlin 08.04.2016 – 5 U 156/14, CR 2016, 602, wonach AGB und Datenschutzhinweise in englischer Sprache auf einer deutschen App als unverständlich gelten und daher gegen das Transparenzgebot verstossen). Vgl. bereits zur am Vertragsschlussort üblichen Sprache der AGB im Binnenverkehr oben N 168.

815 Stauder, E-Commerce, 149 f.; Perrig, Zugänglichkeitsregel, 355.

816 Jörg, Internet-Vertragsrecht, 308; Perrig, Zugänglichkeitsregel, 355 f.

für die Ermittlung der rechtsrelevanten Sprache entscheidend[817]. Lässt sich demzufolge der Kunde freiwillig und widerspruchslos auf einen solchen elektronischen Vertragsschluss in einer ihm fremden Sprache ein, so hat er das *Sprachrisiko* zu tragen und muss die fremdsprachigen AGB gegen sich gelten lassen[818]. Selbst wenn in solchen Fällen der fremdsprachige Kunde die Sprache der Website oder der App nicht oder nicht gut genug beherrscht, um den Inhalt des Klauselwerks zu erfassen, beansprucht die Einbeziehung dieser fremdsprachigen Web-AGB gleichwohl Gültigkeit[819]. Weicht hingegen die dem Vertrag zugrunde gelegte Sprachfassung der AGB von der massgebenden Verhandlungs- und Vertragssprache – also der Sprache des Internet-Angebots auf der Website des AGB-Verwenders – ab, so erweist sich die Möglichkeit zur Kenntnisnahme in aller Regel als unzumutbar, ausser der Kunde beherrscht nachweislich diese Fremdsprache ebenfalls hinreichend[820].

189 Werden Verträge im E-Commerce durch Austausch von Nachrichten via *E-Mail, Online-Kommunikationsplattformen, SMS* oder durch *sonstige elektronische Übermittlungsmedien* abgeschlossen, hat sich der Kunde wiederum das Sprachrisiko entgegenzuhalten, wenn er sich vorbehaltlos auf Vertragsverhandlungen in einer ihm fremden Sprache einlässt[821]. Somit ist auch in solchen Sachverhalten die *Verhandlungs- und Vertragssprache* massgebend. Allerdings darf das Sprachrisiko dem Kunden nicht zugerechnet werden, wenn es für den AGB-Verwender in derartigen Vertragsschlusskonstellationen nach Treu und Glauben erkennbar war, dass der Kunde die Sprache nicht hinreichend versteht[822].

---

817 PERRIG, Zugänglichkeitsregel, 356; ähnlich JÖRG, Internet-Vertragsrecht, 308; SCHWAB, elektronische Verträge, 103.

818 PERRIG, Zugänglichkeitsregel, 356; im Ergebnis auch SCHWAB, elektronische Verträge, 103.

819 PERRIG, Zugänglichkeitsregel, 356; sinngemäss SCHWAB, elektronische Verträge, 103 («Unberücksichtigt bleiben dabei die tatsächlichen Sprachkenntnisse des Kunden»); für das deutsche Recht KLING, Sprachrisiken, 527. Dies gilt namentlich in Bereichen des E-Commerce, in denen der elektronische Vertragsschluss automatisiert und ohne direkte Kommunikation zwischen den Vertragsparteien stattfindet.

820 Vgl. JÖRG, Internet-Vertragsrecht, 308; PERRIG, Zugänglichkeitsregel, 356. Allein aus dem Umstand, dass der Kunde ein ihm verständliches Angebotsformular ausfüllt, welches auf fremdsprachige AGB verweist, kann nach Treu und Glauben noch nicht auf einen *Verzicht* hinsichtlich der AGB in der Verhandlungs- und Vertragssprache geschlossen werden; auch hier ist dem Kunden eine Kenntnisnahme nicht zuzumuten (SCHWAB, elektronische Verträge, 103 f.).

821 In diesem Sinne JÖRG, Internet-Vertragsrecht, 308; SCHWAB, elektronische Verträge, 103; PERRIG, Zugänglichkeitsregel, 357.

822 Siehe dazu oben N 169.

190 Beim Einsatz von AGB in Form von sog. *«Smart Contracts»*[823] muss der AGB-Verwender dem Kunden Zugang zum vollständigen Programmcode einräumen[824]. Im Hinblick auf die Zumutbarkeit der Kenntnisnahme kann der AGB-Verwender nach Treu und Glauben zumindest im Konsumentenverkehr in aller Regel nicht davon ausgehen, dass der Kunde den in einer Programmiersprache abgefassten Programmcode versteht[825]. Deshalb muss der AGB-Verwender in solchen Fällen zudem vor Vertragsschluss den massgebenden Programmcode in eine für den Kunden verständliche (natürliche) Sprache (i.d.R. Verhandlungs- und Vertragssprache) übersetzen und sich diese Übersetzung entgegenhalten lassen[826].

191 Schliesslich bleibt noch darauf hinzuweisen, dass im b2c-Verkehr bereits einzelne fremdsprachige Begriffe – in ansonsten sprachlich verständlichen AGB – die Einbeziehung gefährden können[827]. Klauselwerke, die sich auf einer Konsumenten-Website des AGB-Verwenders hinter einem fremdsprachigen Begriff (z.B. *«Disclaimer»*, *«Terms and Conditions»*, *«Terms of Payment»*, *«Conditions of Use»*, *«EULA»* etc.) verstecken, sind dem Kunden nicht angemessen zugänglich, da sie in der Regel gar nicht zur Kenntnis genommen bzw. nicht verstanden werden[828].

---

823 Vgl. zu den unterschiedlichen Konstellationen bei Smart Contracts EGGEN, FS Koller, 155 ff.; WEBER, Jusletter 4. Dezember 2017.

824 EGGEN, FS Koller, 163.

825 So auch BK-MÜLLER, Art. 1 N 331; WEBER, Jusletter 4. Dezember 2017, N 4; HEISS/WILLIAM, SGHVR 2018, 55 ff. (gilt auch in Bezug auf AVB); EGGEN, FS Koller, 163. Das Sprachrisiko darf in solchen Fällen nicht dem Kunden zugerechnet werden, da es für den AGB-Verwender erkennbar war, dass der Kunde der Programmiersprache des Codes nicht mächtig war.

826 BK-MÜLLER, Art. 1 N 331; HEISS/WILLIAM, SGHVR 2018, 55 ff.; vgl. ferner EGGEN, FS Koller, 163, welche auch die Möglichkeit eines allfälligen Verzichts auf die Kenntnisnahme des Codes in Erwägung zieht (ein solcher ist jedoch zu Recht nicht leichthin anzunehmen).

827 Dagegen kann im elektronischen b2b-Verkehr namentlich der Einsatz von englischen Begriffen oder Umschreibungen häufig als verständlich gelten. Vgl. etwa HGer ZH, HG210003-O U/dz, E. II. 1.4.1.3, Urteil vom 14. Juli 2022 (hinreichender Verweis auf die E-Mail-AGB unter dem Übertitel «Terms and Conditions»); BGer 4A_330/2021, E. 4.1.2 (auf Englisch verfasste Umschreibung von WHO-Pandemiestufen im Zusammenhang mit deutschsprachigen AGB im Ergebnis als ausreichend erachtet, jedoch ohne das Sprachenproblem genauer zu erörtern; siehe dazu kritisch EISNER-KIEFER, AJP 2022, 647).

828 PERRIG, Zugänglichkeitsregel, 357 (m.w.N.); aus der deutschen Literatur HÄRTING, Internetrecht, N 623.

e. Besonderheiten im unternehmerischen Geschäftsverkehr (b2b)

192 Die *Anforderungen* an die Zugänglichkeit von AGB im *unternehmerischen Geschäftsverkehr* (b2b-Verkehr) sind auch im E-Commerce *geringer* anzusetzen als im Verkehr mit Konsumenten[829]. So mag bei Online-Shops bereits ein in der Basisnavigationsleiste bzw. im Hauptmenü angebrachter Hinweis auf die AGB genügen, selbst wenn er nicht besonders hervorgehoben ist, da von einer im elektronischen Geschäftsverkehr unternehmerisch tätigen Vertragspartei eine *gesteigerte Aufmerksamkeit bei Internettransaktionen* erwartet werden darf[830]. Obgleich die unternehmerische Gegenpartei im elektronischen Geschäftsverkehr eine erhöhte Sorgfalt trägt, muss auch im b2b-Kontext die Möglichkeit der zumutbaren Kenntnisnahme bestehen. Zwar obliegt ihr dabei eine gewisse *Mitwirkungs- bzw. Erkundigungslast*, jedoch nicht uneingeschränkt und stets nach Massgabe der Umstände des Einzelfalles[831]. Ausreichend ist beispielsweise ein Verweis auf die Website des AGB-Verwenders in einer E-Mail, soweit die AGB auf der Website leicht zugänglich (d.h. deutlich platziert und einfach abrufbar) sind[832]. Vom Bundesgericht bisher explizit offen gelassen wurde die Frage, ob ein nicht elektronischer bzw. offline erfolgter Verweis des AGB-Verwenders auf seine Website für eine zumutbare Kenntnisnahme ausreicht[833]. Nach

---

829 Siehe die Ausführungen zum b2b-Verkehr unten N 253 ff. Allerdings bereitet es dem AGB-Verwender im weitgehend anonymisierten und weltumspannenden Internet häufig erhebliche Schwierigkeiten, den unternehmerischen Erfahrungsgrad der jeweiligen Gegenpartei zu eruieren (dies gilt zumindest in automatisierten Geschäftsprozessen). Daher empfiehlt es sich für den AGB-Verwender, die Präsentation seiner AGB im Webangebot für sämtliche Kunden (unabhängig davon, ob es sich um Unternehmer oder Konsumenten handelt) konsequent nach den strengeren Massstäben des b2c-Verkehrs zu richten (vgl. sinngemäss Schwab, elektronische Verträge, 131) oder das Webangebot und die AGB transparent in einen b2c- und b2b-Bereich zu unterteilen.

830 Perrig, Zugänglichkeitsregel, 366; vgl. ähnlich Schwab, elektronische Verträge, 74 f., 130.

831 Siehe dazu unten N 256 ff. Vgl. aber explizit gegen eine Erkundigungsobliegenheit der unternehmerischen Vertragspartei im Zusammenhang mit den Formvorschriften von Art. 23 LugÜ für Gerichtsstandsklauseln in AGB: BGE 139 III 345, 349, E. 4.3.

832 In diesem Sinne BGE 139 III 345, 349 f., E. 4.4.1 (für das LugÜ). Für den Hinweis auf die Website-AGB per E-Mail mag im b2b-Bereich bereits die Angabe der URL des AGB-Verwenders genügen, da der Vertragspartner die Referenz-Website regelmässig direkt und ohne Mühe aus der E-Mail kopieren kann; ein direkter Hyperlink zu den massgebenden AGB auf der Website ist jedoch nach wie vor zu empfehlen.

833 BGE 139 III 345, 350, E. 4.4.1 (für das LugÜ); generell bejahend Ehle/Brunschweiler, RIW 2012, 265; zurückhaltender (aber «im Einzelfall» im b2b-Verkehr ebenfalls für zumutbar erachtend) Kirchschläger, Online-AGB, 392. Vgl. auch den Sonderfall in BGer 4A_330/2021, E. 4.1.2, in dem das Bundesgericht die Erwähnung der «WHO-

der hier vertretenen Ansicht kann im Einzelfall ein hinreichend bestimmter Offline-Verweis auf Online-AGB für eine zumutbare Kenntnisnahme im b2b-Verkehr genügen, sofern die AGB auf der Website des AGB-Verwenders leicht auffind- und abrufbar sind[834]. Auch im E-Commerce ist die unternehmerisch tätige Gegenpartei selbst ohne ausdrücklichen Hinweis auf AGB zum Widerspruch verpflichtet, wenn sie aufgrund besonderer Umstände (insb. laufende Geschäftsverbindung und Branchenüblichkeit von AGB) von der Massgeblichkeit der AGB für den gegenständlichen Vertrag weiss oder wissen musste[835]. Unterlässt sie den Widerspruch, kann dies in solchen Konstellationen als stillschweigende Zustimmung gewertet werden.

2. Einbeziehung von ungewöhnlichen Klauseln (Ungewöhnlichkeitsregel)

a. Grundlage und Grundsatz

«Die Ungewöhnlichkeitsregel ist ein Instrument der Konsenslehre. Sie konkre- 193
tisiert das Vertrauensprinzip»[836]. Im Prinzip erlaubt die Vertrauenstheorie dem AGB-Verwender sich darauf zu verlassen, dass ein Kunde im Rahmen einer Globalübernahme dem Inhalt der zugänglich gemachten AGB zustimmt[837]. Da jedoch der Kunde erfahrungsgemäss die AGB eben gerade nicht oder bloss flüchtig liest[838], schafft das Vertrauensprinzip zugleich auch eine *Schranke für*

Pandemiestufen 5 oder 6» in KMU-AVB geschützt hat, obgleich die Erläuterungen dazu nur im Internet abrufbar waren (die Thematik des Medienbruchs im b2b-Kontext wurde allerdings nicht spezifisch angesprochen; siehe dazu kritisch EISNER-KIEFER, AJP 2022, 646 f.).

834 Vgl. dazu näher unten N 258.

835 Siehe auch SCHWAB, elektronische Verträge, 112 f., 130. Vgl. allg. zur «Wissen-Müssen»-Regel und zu den Besonderheiten im unternehmerischen Geschäftsverkehr unten N 261 ff.

836 BGE 148 III 57, E. 2.1.3 mit Verweis auf BGE 138 III 411, E. 3.1; 135 III 1; E. 2.1; BGer 4A_499/2018, E. 3.3.2. So auch aus der h.L. TERCIER/PICHONNAZ, N 948; GAUCH/SCHLUEP/SCHMID, OR AT, N 1136. Dementsprechend ist die Ungewöhnlichkeitsregel keine Auslegungsregel, sondern eine Regel der Konsenskontrolle, da es im Rahmen eines Konsensstreits darum geht, ob eine AGB-Klausel nach dem Vertrauensprinzip durch normativen Konsens zum Vertragsinhalt geworden ist und nicht darum, wie eine zum Vertragsinhalt gewordene AGB-Klausel im Rahmen eines Auslegungsstreits auszulegen ist (vgl. auch SHK UWG-PROBST, Art. 8 N 359 f., insb. Fn 424). Siehe ausführlich zur Ungewöhnlichkeitsregel HARTMANN, Hommage Gauch, 133 ff.

837 Dies beruht auf den bei ungelesen unterzeichneten Urkunden geltenden Grundsätzen (vgl. dazu m.w.H. HARTMANN, Hommage Gauch, 136 f.)

838 So auch KRAMER/PROBST, OR AT, N 237.

die Globalübernahme in Form eines *Überraschungsverbots*[839]. Folglich werden nach der *Ungewöhnlichkeitsregel* einzelne AGB-Klauseln nicht Vertragsbestandteil, wenn sie so ungewöhnlich (d.h. überraschend oder geschäftsfremd) sind, dass der global zustimmende Kunde nicht mit ihnen gerechnet hat und aus seiner Sicht zur Zeit des Vertragsschlusses vernünftigerweise auch nicht rechnen musste[840]. Denn der AGB-Verwender muss nach dem Vertrauensprinzip davon ausgehen, dass ein (insb. geschäftsunerfahrener) Kunde ungewöhnliche Klauseln nicht zu seinen Lasten akzeptiert[841]. Überschreitet eine Klausel dergestalt «den Toleranzbereich des normalerweise zu Erwartenden»[842], so wird sie nicht mehr vom Konsens der Parteien erfasst und gilt «als nicht geschrieben»[843]. Diese Rechtsfolge greift selbst dann, wenn der AGB-Verwender anlässlich der Einbeziehung der AGB seinen allgemeinen Zugänglichmachungsobliegenheiten (d.h. Hinweis auf die AGB und Möglichkeit zumutbarer Kenntnisnahme der AGB) gerecht geworden ist[844]. Man kann insoweit auch von einer zusätzlichen *negativen Einbeziehungsvoraussetzung* sprechen[845]. Durch

---

839 Ähnlich SHK UWG-PROBST, Art. 8 N 359; GAUCH/SCHLUEP/SCHMID, OR AT, N 1136, 1137 («Überraschungsregel»). T. KOLLER spricht insoweit von einem Paradigmenwechsel, welcher das Bundesgericht seit BGer 4A_187/2007 (daran anknüpfend BGE 148 III 57, E. 2.1.3; 135 III 1; 135 III 225; 138 III 411) vollzogen hat (vgl. T. KOLLER in Koller/Krauskopf/Schwander, Entscheide, 181). Wurde vor diesem Entscheid das Vertrauensprinzip primär bemüht, um den AGB-Verwender als Erklärungsempfänger zu schützen, sieht das Bundesgericht seit dieser neueren Rechtsprechung den Vertrauensgrundsatz nicht mehr primär als Basis, sondern als Grenze für global übernommene AGB.

840 Vgl. BGE 148 III 57, E. 2.1.3; 138 III 411, E. 3.1; 135 III 1, E. 2.1; 119 II 443, 446, E. 1a; 109 II 452, 456 f., E. 4; 108 II 416, E. 1b; BGer 4C.202/2004, E. 4; 4C.282/2003, E. 3.1; aus der h.L. GAUCH/SCHLUEP/SCHMID, OR AT, N 1136; HARTMANN, Hommage Gauch, 140 f.; WIEGAND/HURNI, KUKO OR, Art. 1 N 25; KUT, CHK, Art. 1 N 53. Vgl. die ähnlichen Regelungsansätze zu ungewöhnlichen bzw. überraschenden Klauseln in § 305c Abs. 1 BGB; Art. 4:110 PECL; Art. 2.1.20 PICC; Art. II-9:403-408 DCFR.

841 BGE 148 III 57, E. 2.1.3 («Der Verfasser von Allgemeinen Geschäftsbedingungen muss nach dem Vertrauensgrundsatz davon ausgehen, dass der Vertragspartner ungewöhnlichen Klauseln nicht zustimmt»); 135 III 1, 7, E. 2.1; BGE 138 III 411, 412, E. 3.1; BGer 4A_499/2018, E. 3.3.3; 4A_84/2009, E. 2.1; 4A_187/2007, E. 5.1; SHK UWG-PROBST, Art. 8, N 359; GAUCH/SCHLUEP/SCHMID, OR AT, N 1136; KOLLER, OR AT, N 23.33; HARTMANN, Hommage Gauch, 140 f.; CR CO I-DESSEMONTET, Art. 1 N 46 (1. Aufl.).

842 GIGER, FS Kuhn, 67.

843 KRAMER/PROBST, OR AT, N 237. Siehe ähnlich GIGER, FS Kuhn, 67 f.

844 Vgl. zu den Einbeziehungsvoraussetzungen und insb. der Zugänglichkeitsregel oben N 122 ff.

845 So beispielsweise STOFFELS, AGB-Recht, N 329. Vgl. auch STAUDER, der im Zusammenhang mit ungewöhnlichen Klauseln von der Geltung zusätzlicher Einbeziehungsvoraussetzungen spricht (STAUDER, Reisebedingungen, 323, Fn 139). Im Ergebnis auch

die Ungewöhnlichkeitsregel kann der Kunde eine überraschende Klausel eliminieren, ohne eine inhaltliche Unangemessenheit nach Art. 8 UWG dartun zu müssen. Als weitere Ausprägung des Transparenzgebots hält dieses Überraschungsverbot den AGB-Verwender zu klaren und überschaubaren Formulierungen an[846].

b. Entstehungsgeschichte und Anwendungsbereich

Die Ungewöhnlichkeitsregel wurde vom Bundesgericht im Zusammenhang 194
mit *Gerichtsstandsklauseln* entwickelt, die einen Verzicht der Konsumenten auf ihren durch Art. 59 Abs. 1 aBV (vgl. jetzt Art. 30 Abs. 2 BV) verfassungsmässig garantierten Wohnsitzgerichtsstand vorsahen[847]. Erst in späteren Entscheiden (ab BGE 109 II 452 im Jahre 1983) hat das Bundesgericht die Ungewöhnlichkeitsregel auch auf andere Vertragsbestimmungen angewandt, namentlich auch auf Deckungsausschlussklauseln in Versicherungsverträgen[848]. Mittlerweile gilt die Ungewöhnlichkeitsregel in der *gesamten Vertragspraxis* als wichtiges und etabliertes AGB-Kontrollinstrument, wohingegen sich ihre praktische Tragweite bei der Beurteilung von Gerichtsstandsklauseln unter dem Regime der ZPO erheblich relativiert hat[849].

«Auch Ungewöhnliches kann gewollt sein»[850]. Deshalb kommt die Ungewöhn- 195
lichkeitsregel bei der *Vollübernahme* bzw. bei *tatsächlicher Kenntnis* der überraschenden Klausel mangels Überraschungseffekts nicht zur Anwendung[851]. Ebenso verhält es sich nach der Rechtsprechung und einem Teil der Lehre mit

---

das Bundesgericht, wonach «die Geltung Allgemeiner Geschäftsbedingungen durch die sog. Ungewöhnlichkeitsregel eingeschränkt» wird (BGE 148 III 57, E. 2.1.3).

846 Auch stellen die aus der Ungewöhnlichkeitsregel resultierenden besonderen Hervorhebungs- und ggf. Aufklärungsobliegenheiten Transparenzerfordernisse dar (vgl. allgemein zum Transparenzgebot oben N 109 und mit Bezug auf die Zugänglichkeitsregel oben N 154 ff.).

847 Vgl. insb. BGE 104 Ia 278 ff.; 109 Ia 55 ff. Siehe zur Einbeziehung von Gerichtsstandsklauseln in AGB unten N 216 ff.

848 Stellvertretend BGE 119 II 443, 446. Siehe zur Rechtsprechungsübersicht unten N 210 ff. sowie die ausführliche Darstellung zu AVB bei BSK VVG-Fuhrer, Art. 33 N 55 ff. und 61 ff.

849 Durch die Einführung des teilzwingenden Konsumentengerichtsstands im Rahmen der per 1. Januar 2011 in Kraft getretenen ZPO (Art. 32 i.V.m. 35 Abs. 1 lit. a ZPO) kann ein Konsument in einem Konsumentenvertrag nicht mehr zum Voraus gültig auf seinen Wohnsitzgerichtsstand verzichten. Vgl. dazu unten N 232.

850 Koller, OR AT, N 23.39.

851 BSK UWG-Thouvenin, Art. 8 N 53; Klett/Hurni, recht 2012, 85; Huguenin, OR, N 626; Koller, OR AT, N 23.39. Vgl. zur Vollübernahme oben N 88 ff. und 121.

ungewöhnlichen Klauseln, auf die der AGB-Verwender *besonders hingewiesen* hat[852]. Die Ungewöhnlichkeitsregel gelangt nur zur Anwendung, soweit die überraschenden Klauseln für den Kunden *nachteilig* sind[853]. Der AGB-Verwender darf aber den Kunden positiv überraschen. Demnach werden für den Kunden günstige Klauseln ungeachtet ihrer ungewöhnlichen Erscheinung gültig vom Übernahmevertrag erfasst, so dass sich der AGB-Verwender diese entgegenhalten lassen muss[854]. Die Ungewöhnlichkeitsregel ist nicht auf den Konsumentenverkehr beschränkt[855], jedoch gelten AGB-Klauseln im *unternehmerischen Verkehr* in aller Regel weniger schnell als ungewöhnlich[856]. Schliesslich scheint das Bundesgericht in einem neueren Entscheid die Berufung auf die Ungewöhnlichkeitsregel auch derjenigen Vertragspartei zu gestatten, welche die ungewöhnliche Bestimmung, die von einem Dritten stammt, zur Verwendung vorgeschlagen hat[857].

c. Voraussetzungen im Einzelnen

196 Damit die Ungewöhnlichkeitsregel eingreift, müssen gemäss bundesgerichtlicher Rechtsprechung sowohl subjektive als auch objektive Gesichtspunkte *kumulativ* erfüllt sein[858]. Konkret wird verlangt, dass die zur Übernahme gestellte AGB-Klausel sowohl *subjektiv* (unten N 198 ff.) als auch *objektiv* (unten N 202 ff.) *ungewöhnlich* ist[859]. Das Bundesgericht hat inzwischen das weitere

852 Vgl. dazu unten N 207 ff.

853 KOLLER, OR AT, N 23.37; PERRIG, Zugänglichkeitsregel, 292; SHK UWG-PROBST, Art. 8 N 359; GAUCH/SCHLUEP/SCHMID, OR AT, N 1136; BGer 4A_84/2009, E. 2.1.

854 KOLLER, OR AT, N 23.37; PERRIG, Zugänglichkeitsregel, 292; HARTMANN, Hommage Gauch, 144; KUT, CHK, Art. 1 N 53.

855 Vgl. BGE 109 II 452, 457; BGer 4C.282/2003, E. 3; HARTMANN, Hommage Gauch, 135; SHK UWG-PROBST, Art. 8 N 361 Fn 430; im Ergebnis auch GAUCH/SCHLUEP/SCHMID, OR AT, N 1139a.

856 Ähnliche Feststellung mit Bezug auf den Grad der Branchen- bzw. Geschäftserfahrung bei KOLLER, OR AT, N 23.34; HUGUENIN, OR, N 623 (nach der Bundesgerichtspraxis erfährt «eine Privatperson meist einen höheren Schutz als ein Kaufmann»); GAUCH/SCHLUEP/SCHMID, OR AT, N 1139b. Vgl. spezifisch zum b2b-Verkehr unten N 273.

857 BGer 5A_86/2021, E. 3.1.3; vgl. mit Blick auf die Einbeziehung von SIA-Normen auch GAUCH, Werkvertrag, N 268c; RUSCH, AJP 2019, 636.

858 Vgl. BGE 148 III 57, E. 2.1.3.1–2.1.3.3.

859 Vgl. illustrativ und mit weiteren Hinweisen auf die konstante Gerichtspraxis BGE 148 III 57, E. 2.1.3–2.1.3.3; BGer 5A_117/2022, E. 3.2.1; aus der h.L. etwa GAUCH/SCHLUEP/SCHMID, OR AT, N 1138 f.; TERCIER/PICHONNAZ, N 948; KRAMER/PROBST, OR AT, N 237; HARTMANN, Hommage Gauch, 141 ff.; a.A. KOLLER, OR AT, N 23.43,

Erfordernis einer schwächeren oder geschäftlich unerfahreneren Vertragspartei (sog. *Schwächelage*) zu Recht relativiert und es bildet folglich nicht länger eine eigenständige Voraussetzung für die Anwendung der Ungewöhnlichkeitsregel[860]. Dennoch ist die Stellung und Erfahrung des global zustimmenden Vertragspartners nicht irrelevant, sondern wird bei der Beurteilung der subjektiven Ungewöhnlichkeit berücksichtigt[861], und somit auch bei der Frage, inwieweit der AGB-Verwender den Kunden auf ungewöhnliche Klauseln hätte besonders hinweisen oder gar deren Inhalt hätte erläutern müssen[862].

Darüber hinaus gilt eine AGB-Klausel nur dann als ungewöhnlich, wenn der Kunde von ihrem Inhalt keine tatsächliche Kenntnis – namentlich nicht durch *besondere Hervorhebung und Erläuterung* der Klausel – erlangt hat (unten N 207 ff.)[863]. Aufgrund der Einzelfallprüfung dürfen diese nachfolgend zu erörterten Kriterien allerdings nicht als starre Regeln verstanden werden[864]. Das Bundesgericht prüft dabei die Kriterien und Anwendung der Ungewöhnlichkeitsregel als Rechtsfrage frei[865]. 197

---

der allein auf die subjektiven Umstände (jedoch gemessen an einem «Durchschnittsstandard») abstellt.

860 Die Klarstellung zur Bundesgerichtspraxis (insb. zu BGE 109 II 452) erfolgte in BGer 4A_499/2018, E. 3.3.2 und 3.3.3 («Branchenkenntnis oder Geschäftserfahrung schliesst aber die Ungewöhnlichkeit nicht zwingend aus»); inzwischen bestätigt in BGer 5A_117/2022, E. 3.2.1; 5A_86/2021, E. 3.1.1 und BGE 148 III 57, E. 2.1.3.1: Das Vertrauensprinzip «bezweckt den Schutz von Treu und Glauben im Geschäftsverkehr und zielt nicht primär darauf ab, die schwächere oder unerfahrene Partei vor der stärkeren oder erfahreneren zu schützen. Für die Anwendung der Ungewöhnlichkeitsregel braucht es sich daher beim Zustimmenden nicht zwingend um eine schwächere oder unerfahrene Partei zu handeln. Auch eine stärkere, geschäfts- oder branchenerfahrene Vertragspartei kann von einer global übernommenen Klausel in Allgemeinen Geschäftsbedingungen überrascht werden und die Ungewöhnlichkeitsregel anrufen». Vgl. ferner GAUCH/ SCHLUEP/ SCHMID, OR AT, N 1139a; BSK VVG-Fuhrer, Art. 33 N 59; TERCIER/ PICHONNAZ, N 949.

861 BGE 148 III 57, E. 2.1.3.1 («Die Stellung und Erfahrung des Zustimmenden ist dennoch nicht irrelevant, sondern spielt bei der subjektiven Ungewöhnlichkeit eine Rolle»); BGer 4A_499/2018, E. 3.3.2 f.

862 So SHK UWG-PROBST, Art. 8 N 362. Vgl. zur besonderen Hervorhebung von ungewöhnlichen AGB-Klauseln unten N 207 ff.

863 Dementsprechend kommt die Ungewöhnlichkeitsregel im Falle einer Vollübernahme nicht zur Anwendung (KOLLER, OR AT, N 23.39; BK-MÜLLER, Art. 1 N 370).

864 Dies ergibt sich aus dem zur Anwendung gelangenden Vertrauensprinzip. Vgl. KOLLER, OR AT, N 23.34 f.; weitergehend WIEGAND/HURNI, KUKO OR, Art. 1 N 25, die aus der Einzelfallprüfung ableiten, «dass allg. Kriterien für die Ungewöhnlichkeit nicht aufgestellt werden können».

865 BGE 148 III 57, E. 2.1.3.4; 138 III 411, 414, E. 3.4; BGer 5A_86/2021, E. 3.1.1.

aa. Subjektive Ungewöhnlichkeit

198 Die *subjektive Ungewöhnlichkeit* einer Klausel bemisst sich individuell (subjektiv) nach dem *Verständnishorizont des Kunden im Zeitpunkt des Vertragsabschlusses*[866]. Subjektiv ungewöhnlich bzw. überraschend ist eine Klausel, wenn deren Inhalt und die konkreten Erwartungen des Kunden «so stark divergieren, dass ihr ein *Überraschungs- oder Übertölpelungseffekt* anhaftet»[867]. Dies kann insbesondere der Fall sein, wenn der Kunde mit Blick auf seine Ausbildung und Berufserfahrung die praktische Tragweite einer AGB-Klausel nicht versteht und diese aufgrund ihrer Ungewöhnlichkeit nicht akzeptiert hätte, falls er deren Tragweite verstanden hätte[868]. Die Beurteilung erfolgt bezogen auf den *Einzelfall* und orientiert sich jeweils am individuellen Kunden und an den sonstigen konkreten Umständen[869]. Folglich sind insb. spezifisches Fachwissen, Branchenkenntnisse, Geschäftserfahrung, aber etwa auch die (z.B. akademische) Ausbildung[870] des Kunden entscheidende Faktoren für die subjektive Perspektive.

199 Gemäss dem Bundesgericht und der wohl herrschenden Lehre ist aus subjektiver Sicht primär zu berücksichtigen, wie *geschäfts- und branchenerfahren* der Kunde ist, als je nachdem unterschiedlich hohe Anforderungen an die Ungewöhnlichkeit zu stellen sind: «Je weniger geschäfts- oder branchenerfahren er ist, umso eher wird eine Klausel für ihn ungewöhnlich sein»[871]. Insoweit kommt es bei der Beurteilung jeweils auf die konkrete Erfahrung des Kunden hinsichtlich der in Frage stehenden Geschäftsart an[872]. Aufgrund der vertrauenstheoretischen Einzelfallprüfung kann somit ein und dieselbe Klausel für den einen Kunden ungewöhnlich und für den anderen gewöhnlich erscheinen[873]. So können namentlich branchenübliche Klauseln für den Branchenfremden bzw.

---

[866] BGE 148 III 57, E. 2.1.3; 138 III 411, 412, E. 3.1; 135 III 225, 227, E. 1.3; 135 III 1, 7, E. 2.1; 119 II 443, 446, E. 1a; BGer 4A_119/2015, E. 2.2; 4A_84/2009, E. 2.1; 4A_187/2007, E. 5.1; T. KOLLER, AJP 2008, 947; TERCIER/PICHONNAZ, N 950; HARTMANN, Hommage Gauch, 149; KUT, CHK, Art. 1 N 53.

[867] Zutreffend aus der deutschen Lehre NEUNER, BGB AT, § 47 N 40 mit Verweis auf BAG, NZA 2018, 999 (Rz. 29) und BGH, NJW-RR 2017, 501 (Rz. 10).

[868] SHK UWG-PROBST, Art. 8 N 361.

[869] Vgl. z.B. BGE 148 III 57, E. 2.1.3; BGer 4A_84/2009, E. 2.1; 4A_187/2007, E. 5.1; KUT, CHK, Art. 1 N 53.

[870] BGer 4A_247/2013, E. 2.4.

[871] BGE 148 III 57, E. 2.1.3.2; BGer 5A_117/2022, E. 3.2.1; 5A_86/2021, E. 3.1.1; 4A_499/2018, E. 3.3.3; GAUCH/SCHLUEP/SCHMID, OR AT, N 1139b; BK-MÜLLER, Art. 1 N 366.

[872] KOLLER, OR AT, N 23.34; BGE 138 III 411. Folglich kann ein und derselbe Vertragspartner unter dem Blickwinkel der Ungewöhnlichkeitsregel in Bezug auf ein Rechtsgeschäft branchenerfahren, auf ein anderes branchenunkundig sein.

[873] T. KOLLER, AJP 2008, 946; WALKER, Konsumenten-AGB, 51.

Geschäftsunerfahrenen durchaus ungewöhnlich sein, für einen Branchenkenner dagegen nicht[874].

Nach neuerer Rechtsprechung des Bundesgerichts schliesst jedoch die Branchenkenntnis oder Geschäftserfahrung die Ungewöhnlichkeit richtigerweise nicht zwingend aus – auch für eine starke, branchenkundige oder geschäftserfahrene Vertragspartei kann namentlich aufgrund von Inhalt, Platzierung oder vorangegangener Werbung eine AGB-Klausel überraschend und daher ungewöhnlich sein[875]. Folglich ist eine ökonomische Unterlegenheit oder ein signifikantes Wissensgefälle für die Anwendung der Ungewöhnlichkeitsregel nicht mehr unbedingt erforderlich[876], doch sind die Anforderungen an die subjektive Ungewöhnlichkeit bei geschäfts- und branchenerfahrenen Vertragspartnern regelmässig höher anzusetzen[877]. Schliesslich gilt es in diesem Zusammenhang 200

[874] BGE 148 III 57, E. 2.1.3.2; 138 III 411, 412, E. 3.1; 119 II 443, 446, E. 1a; BGer 5A_117/2022, E. 3.2.1; 5A_86/2021, E. 3.1.1; 4A_499/2018, E. 3.3.3; 4A_119/2015, E. 2.2; 4A_187/2007, E. 5.1; HGer ZH, HG210017-O U/dz, E. 5.2.2, Urteil vom 9. März 2023; GAUCH/SCHLUEP/SCHMID, OR AT, N 1139a. Insofern darf man der Ungewöhnlichkeitsregel bei verkehrstypischen AGB (z. B. Haftungsfreizeichnung) nicht allein deshalb die Geltung versagen, weil solche Klauseln weit verbreitet sind und damit nicht mehr als ungewöhnlich angesehen werden. Eine Klausel kann in diesem Sinne in einer Branche als noch so üblich gelten, es macht sie deswegen im Einzelfall für den gänzlich branchenfremden Kunden nicht weniger ungewöhnlich. Allerdings werden die Hürden für die Annahme einer Branchenunkenntnis mit zunehmender Verbreitung einer vorformulierten Vertragsklausel im Geschäftsverkehr tatsächlich höher angesetzt (SHK UWG-PROBST, Art. 8 N 362, Fn 433).

[875] Zustimmend und die Rechtsprechung klarstellend: BGer 4A_499/2018, E. 3.3.2 und 3.3.3, bestätigt in BGE 148 III 57, E. 2.1.3.1; BGer 5A_117/2022, E. 3.2.1; 5A_86/2021, E. 3.1.1; vgl. auch GAUCH/SCHLUEP/SCHMID, OR AT, N 1139a; TERCIER/PICHONNAZ, N 949; SHK UWG-PROBST, Art. 8 N 362 («So kann eine branchenübliche ABG-Klausel für eine zwar geschäftserfahrene, aber branchenfremde Partei ungewöhnlich sein»; dasselbe sollte umgekehrt für eine branchenkundige Partei bei branchenunüblichen AGB-Klauseln gelten); WALKER, Konsumenten-AGB, 53 f. Der AGB-Verwender darf in solchen Fällen im Globalakzept nach Treu und Glauben keine Zustimmung erblikken. Damit sollte zugleich geklärt sein, dass sich auch Unternehmer im b2b-Verkehr auf die Ungewöhnlichkeitsregel berufen können. Dies ist aus Sicht der AGB-Kontrolle im Unternehmerverkehr von Bedeutung, da die AGB-Inhaltskontrolle gemäss Art. 8 UWG auf den Konsumentenverkehr begrenzt ist (in diesem Sinne auch SHK UWG-PROBST, Art. 8 N 361, Fn 430).

[876] So bereits T. KOLLER, AJP 2008, 948 f.; WIDMER, Geschäftsbedingungen, N 92; vgl. noch anders die alte Rechtsprechung BGer 4A_571/2012, E. 4.2.4 (Fehlen der subjektiven Voraussetzung der Ungewöhnlichkeitsregel, da Vertragspartner branchen- und fachkundig sei und kein entscheidendes Machtgefälle vorliege).

[877] TERCIER/PICHONNAZ, N 949 f. (mit Verweis auf BGer 4A_499/2018, E. 3.3.2 und 3.3.3). Vgl. so auch BGer 5A_117/2022, wonach ein in der Baubranche tätiges und erfahrenes

zu erwähnen, dass sich kleinere Unternehmen im Einzelfall ebenfalls in einer ähnlich geschäfts- oder branchenunerfahrenen Position wie Konsumenten befinden können und diese «Schwächelage» bei der Beurteilung der subjektiven Ungewöhnlichkeit entsprechend zu berücksichtigen ist[878].

201 Nach bisheriger bundesgerichtlicher Rechtsprechung müssen die individuellen Vorstellungen des (global zustimmenden) Kunden bzw. dessen Unterlegenheit (Schwächelage) für den AGB-Verwender nach Treu und Glauben *erkennbar* sein, ansonsten hat dieser keinen Anlass, auf ungewöhnliche Klauseln besonders hinzuweisen[879]. Durch die neuere Rechtsprechung[880], welche die Ungewöhnlichkeitsregel auch bei geschäfts- und branchenerfahrenen Vertragspartnern zulässt und somit nicht mehr zwingend eine Schwächelage erfordert, verliert das Kriterium der Erkennbarkeit weiter an Konturen[881].

bb. Objektive Ungewöhnlichkeit

202 Der (subjektive) Überraschungseffekt einer Klausel reicht für die Anwendung der Ungewöhnlichkeitsregel nicht aus. Neben der subjektiven Ungewöhnlichkeit muss die umstrittene Klausel noch einen *objektiv geschäftsfremden*[882] *Inhalt* aufweisen[883]. Das gilt es zu bejahen, wenn die Klausel «zu einer wesentlichen Änderung des Vertragscharakters führt oder in erheblichem Masse

Unternehmen über ausreichende Kenntnisse verfügt, um den Inhalt der unterzeichneten Banken-AGB für einen Baukredit zu verstehen (E. 3.2.4.1).

878 In diesem Sinne auch SHK UWG-PROBST, Art. 8 N 361, Fn 430.

879 BGE 109 II 452, 458, E. 5b; 119 II 443, E. 1a; BGer 4A_187/2007, E. 5.1; T. KOLLER, AJP 2008, 947; HUGUENIN, OR, N 623. Wann das aus dem Vertrauensprinzip fliessende Kriterium der Erkennbarkeit erfüllt ist, lässt sich nicht abstrakt festlegen, sondern muss jeweils am konkreten Einzelfall geprüft werden, wobei ein grosser Interpretationsspielraum verbleibt. Zumindest im Konsumentenverkehr kann aber im Sinne einer Vermutung davon ausgegangen werden, dass die fehlende Geschäftserfahrung für den AGB-Verwender stets erkennbar ist (SHK UWG-PROBST, Art. 8 N 360 Fn 426). So erstaunt es denn auch nicht, dass das Bundesgericht in der jüngeren Gerichtspraxis das Erkennbarkeitserfordernis nicht mehr explizit erwähnt hat. Es beschränkt sich übrigens nicht nur auf die Frage der Geltung ungewöhnlicher Klauseln, sondern gelangt auch bei der Beurteilung der Einbeziehung von AGB bei fremdsprachigen oder behinderten Kunden zur Anwendung (vgl. PERRIG, Zugänglichkeitsregel, 197, 266 f.).

880 BGE 148 III 57, E. 2.1.3.1; BGer 4A_499/2018, E. 3.3.3.

881 Es bleibt zumindest in Bezug auf Geschäftserfahrene und Branchenerfahrene abzuwarten, inwieweit dieses Kriterium noch eine Rolle spielt.

882 Geschäftsfremder Inhalt kann insb. überraschend, «unerwartet oder atypisch» sein (BGer 4C.282/2003, E. 3.1).

883 BGE 148 III 57, E. 2.1.3.3; 138 III 411, 412 f., E. 3.1; BGer 5A_117/2022, E. 3.2.1; 5A_86/2021, E. 3.1.1; 4A_499/2018, E. 3.3.3; 4A_119/2015, E. 2.2; 4A_187/2007,

aus dem gesetzlichen Rahmen des Vertragstypus fällt»[884]. Eine wesentliche Änderung des Vertragscharakters kann sich insbesondere ergeben, wenn eine AGB-Klausel den Geschäftskern modifiziert, ihn beispielsweise um zusätzliche Punkte erweitert oder nicht mit ihm harmoniert[885]. Der Erwartungshorizont des Kunden hängt nicht nur vom Geschäftskern ab, sondern wird auch durch die allgemeinen Rechtsvorstellungen beeinflusst[886]. Je stärker also eine Klausel vom (direkt oder analog anwendbaren) dispositiven Gesetzesrecht abweicht, desto eher wird sie von der Rechtsprechung und einem Teil der Lehre als ungewöhnlich qualifiziert[887]. Als objektiv ungewöhnlich einzustufen ist dabei namentlich auch ein Regelungsinhalt, der den «Grundwerten der Rechtsordnung» widerspricht[888]. Unter diesen Umständen können auch branchenübliche Klauseln durchaus objektiv ungewöhnlich sein[889]. Ferner können dieselben Klauseln für

E. 5.1; HUGUENIN, OR, N 623; SHK UWG-PROBST, Art. 8 N 363; CR CO-MORIN, Art. 1 N 176; KLETT/HURNI, recht 2012, 82 f.; BSK UWG-THOUVENIN, Art. 8 N 54. Ein Teil der Lehre nimmt bisweilen die Ungewöhnlichkeit einer Klausel bereits an, wenn nur die objektive Voraussetzung erfüllt ist (vgl. etwa GAUCH/SCHLUEP/SCHMID, OR AT, N 1139a).

884 BGE 148 III 57, E. 2.1.3.3; 138 III 411, 413, E. 3.1; 135 III 225, 227, E. 1.3; 135 III 1, 7, E. 2.1; 119 II 443, 446, E. 1a; 109 II 452, E. 5b; BGer 5A_117/2022, E. 3.2.1; 5A_86/2021, E. 3.1.1; 4A_119/2015, E. 2.2; HGer ZH, HG210017-O U/dz, E. 5.2.2, Urteil vom 9. März 2023; SCHWENZER/FOUNTOULAKIS, OR AT, N 45.07; KLETT/HURNI, recht 2012, 82; BSK UWG-THOUVENIN, Art. 8 N 54; SHK UWG-PROBST, Art. 8 N 363; CR CO-MORIN, Art. 1 N 176; KUT, CHK, Art. 1 N 53.

885 HARTMANN, Hommage Gauch, 142 ff. (m.w.H.): «Bei der Konkretisierung des Kriteriums der Geschäftsfremdheit ist zu berücksichtigen, dass die Einbeziehungsvereinbarung im Zusammenhang mit einem Geschäftskern abgeschlossen wird, für dessen Inhalt sich der Vertragspartner bewusst entschieden hat».

886 HARTMANN, Hommage Gauch, 147 f.

887 CR CO-MORIN, Art. 1 N 176; TERCIER/PICHONNAZ, N 951; EHLE/BRUNSCHWEILER, RIW 2012, 265; WALKER, Konsumenten-AGB, 56; vgl. in diesem Sinne auch BGE 119 II 443, 446; 133 III 607, 610, E. 2.2 (der Richter «orientiert sich dabei am dispositiven Recht, weil derjenige Vertragspartner, der dieses verdrängen will, das mit hinreichender Deutlichkeit zum Ausdruck bringen muss»).

888 BGer 4A_187/2007, E. 5.4.2; 4A_119/2015, E. 2.2; HARTMANN, Hommage Gauch, 147 f.

889 So z.B. T. KOLLER, AJP 2008, 950; MAISSEN, Vertragsverlängerung, N 165; WALKER, Konsumenten AGB, 56. Vgl. dazu neben BGer 4A_187/2007, E. 5.1 und BGE 119 II 443, 446 insb. BGE 109 II 452, in dem die branchenweit bekannte SIA-Norm 118 Gegenstand der objektiven Ungewöhnlichkeit war. Dieser Grundsatz gilt auch für sonstige verkehrstypische Klauselwerke (z.B. Haftungsfreizeichnung in Banken-AGB), wenn die entsprechende AGB-Klausel objektiv erheblich vom dispositiven Gesetz zum Nachteil des branchenfremden Kunden abweicht (so SHK UWG-PROBST, Art. 8 N 362, Fn 433; HARTMANN, Hommage Gauch, 143 f.; a.A. BAUDENBACHER, Kommentar UWG, N 13 zu Art. 8 UWG). Die Branchenüblichkeit kann aber im Rahmen der subjektiven Ungewöhnlichkeit der AGB-Klausel relevant sein.

einen Vertragstypus vollkommen etabliert und gewöhnlich, für einen anderen jedoch objektiv überraschend sein[890].

203 Als Konsensregel sollte es für die Anwendung der Ungewöhnlichkeitsregel nicht auf die inhaltliche Angemessenheit der Klausel ankommen[891]. Dennoch gilt nach bundesgerichtlicher Praxis der Grundsatz: «Je stärker eine Klausel die Rechtsstellung des Vertragspartners beeinträchtigt, desto eher ist sie als ungewöhnlich zu qualifizieren»[892]. Somit werden auch Billigkeitserwägungen in die richterliche Prüfung einbezogen. Die schweizerische Lehre steht dieser Rechtsprechung zu Recht kritisch gegenüber, weil sie Kriterien der Inhaltskontrolle auf der Ebene der Konsenskontrolle einfliessen lässt (*«verdeckte Inhaltskontrolle»*)[893]. Richtigerweise interessiert im Rahmen der Konsenskontrolle, ob eine AGB-Klausel – gemessen am Vertragstyp und Vertragszweck – als überraschend bzw. ungewöhnlich zu beurteilen ist, wohingegen unbillige Benachteiligungen im Rahmen der Inhaltskontrolle zu prüfen sind[894]. Obgleich in diesem Sinne die inhaltliche Unbilligkeit einer Klausel nicht mit der Ungewöhnlichkeit gleichzusetzen ist[895], kann sie immerhin ein Indiz für ungewöhnliche Klauseln darstellen[896]. Zugleich kann eine AGB-Klausel sowohl ungewöhnlich als auch inhaltlich unangemessen formuliert sein[897]. Eine gewisse Überschnei-

---

890 So aus der deutschen Lehre NEUNER, BGB AT, § 47 N 39.

891 MERZ, FS Schönenberger, 151; ZK-JÄGGI/GAUCH/HARTMANN, Art. 18 N 580.

892 BGE 148 III 57, E. 2.1.3.3; 138 III 411, 413, E. 3.1; 135 III 225, 227, E. 1.3; 135 III 1, 7, E. 2.1; 119 II 443, 446, E. 1a; BGer 5A_117/2022, E. 3.2.1; 5A_86/2021, E. 3.1.1; 4A_119/2015, E. 2.2.

893 BK-KRAMER, Art. 19-20 N 206 und N 279 f.; SCHWENZER/FOUNTOULAKIS, OR AT, N 45.07, 45.12; GAUCH, recht 2006, 77, 83 f.; SHK UWG-PROBST, Art. 8 N 363 Fn 440 (spricht von einer «Verknüpfung bzw. Vermischung von Konsens- und Inhaltskontrolle»); siehe ferner ausführlich zur «verdeckten Inhaltskontrolle» T. KOLLER, AJP 2008, 943 ff.

894 SHK UWG-PROBST, Art. 8 N 363 Fn 440; BSK VVG-FUHRER, Art. 33 N 50.

895 Wird beispielsweise der AGB-Verwender bei einem Werk- oder Kaufvertrag in seinen AGB für eine bestimmte Zeit zugleich auch zur Wartung des abgelieferten Werkes bzw. der Kaufsache berechtigt (und der Kunde zur Zahlung einer entsprechenden Wartungsgebühr verpflichtet), so gilt eine solche Klausel zwar als ungewöhnlich, aber – soweit die Modalitäten der Wartungsleistungen ausgewogen und für den Kunden fair sind – nicht zwingend auch als unangemessen im Sinne der Inhaltskontrolle gemäss Art. 8 UWG (vgl. für das deutsche Recht KÖTZ, Vertragsrecht, N 258).

896 In diesem Sinne etwa KOLLER, OR AT, N 23.34 (mit Verweis auf BGE 135 III 225, 227, E. 1.3). So räumt auch MEDICUS/PETERSEN, BGB AT, N 417 ein, dass der Übergang zwischen Ungewöhnlichem und inhaltlich Unangemessenem fliessend ist («Das Überraschende wird regelmässig zugleich als unbillige Benachteiligung erscheinen»).

897 BSK VVG-FUHRER, Art. 33 N 50.

dung zwischen der Ungewöhnlichkeits- und der Inhaltskontrolle lässt sich kaum vermeiden, da die Frage, ob der Kunde mit einer bestimmten AGB-Klausel rechnen muss oder nicht, auch von ihrem Inhalt abhängt[898].

Der ungewöhnliche Charakter einer AGB-Klausel ergibt sich allerdings nicht 204
immer aus ihrem Wortlaut bzw. Inhalt, denn auch Klauseln mit einem an sich gewöhnlichen Inhalt können überraschend sein, wenn sie an einem Standort platziert sind, an dem der Kunde vernünftigerweise nicht mit ihnen zu rechnen braucht[899]. So kann der Überrumpelungseffekt beispielsweise auch aus einer versteckten, schwer lesbaren oder aus anderen Gründen überraschenden Darstellung einer Klausel[900] oder aus deren Überschrift[901] resultieren[902]. Ebenso verhält es sich bei komplizierten, irreführenden bzw. «verklausulierten» AGB-Formulierungen[903] sowie bei von vorangegangenen Vertragsverhandlungen oder von der Werbung abweichendem Klauselinhalt[904]. Eine inhaltlich an sich gewöhnlich formulierte Klausel kann ferner im Gesamtkontext der AGB (bzw. im Zusammenspiel mit anderen Klauseln) oder durch ihre Handhabung (insb. sachliche Überdehnung bei der Anwendung der Klausel) einen überraschenden Charakter erhalten[905]. Auch sollte die Ungewöhnlichkeit einer Klausel bejaht

898 HARTMANN, Hommage Gauch, 142; HIGI, FS Ott, 513.

899 Vgl. aus der deutschen Lehre KÖTZ, Vertragsrecht, N 258.

900 BGE 119 II 443, 446, 1b; BGer 5C.134/2004, E. 4.2; WIEGAND/HURNI, KUKO OR, Art. 1 N 25; GAUCH/SCHLUEP/SCHMID, OR AT, N 1137; KUT, CHK, Art. 1 N 53. Wobei in solchen Fällen zuerst das Transparenzkriterium der Lesbarkeit auf der Stufe der Zugänglichkeitsregel zu prüfen ist und es daher bereits häufig an der erforderlichen Möglichkeit fehlt, in zumutbarer Weise von den AGB Kenntnis zu nehmen (so auch GAUCH/SCHLUEP/SCHMID, OR AT, N 1139c; BK-MÜLLER, Art. 1 N 365; vgl. zur Möglichkeit zumutbarer Kenntnisnahme oben N 143 ff. und zum Erfordernis der Lesbarkeit von AGB oben N 164 f.).

901 Dies ist etwa der Fall, wenn ein AGB-Verwender eine Haftungsbeschränkungsklausel in seinen AGB unter dem Titel «Aufrechnung, Zurückbehaltung» versteckt (vgl. aus der deutschen Rechtsprechung BGH, NJW 2010, 3152).

902 So auch HARTMANN, Hommage Gauch, 148 f.

903 BGer 5C.134/2004, E. 4.2. Vgl. allerdings zur zuerst zu prüfenden Verständlichkeit von AGB im Rahmen der Zugänglichkeitsregel oben N 156 ff.

904 BGE 138 III 411, 413 E. 3.1; BGer 5C.134/2004, E. 4.2; GAUCH/SCHLUEP/SCHMID, OR AT, N 1137. Das ist beispielsweise der Fall bei sog. «Abo-Fallen» im Internet, bei denen durch die Mehrfachverwendung des Wortes «gratis» der Eindruck der Unentgeltlichkeit erweckt wird, jedoch die massgebenden AGB eine kostenpflichtige Leistung vorsehen (so für das deutsche Recht NEUNER, BGB AT, § 47 N 41).

905 In diese Richtung auch MAURENBRECHER/ECKERT, Aktuelle vertragsrechtliche Aspekte von Negativzinsen, GesKR 2015, 372 ff., wonach die Einführung von Negativzinsen bei Retailkunden gestützt auf Gebühren- oder Zinsanpassungsklauseln (ohne Widerspruchs- und Kündigungsrecht des Kunden) in Banken-AGB diese Klauseln grundsätzlich als ungewöhnlich erscheinen lässt.

werden, wenn sie eine Ungleichbehandlung von Kundengruppen ohne sachlichen Grund vorsieht[906].

205 Schliesslich gilt es auch zu beachten, dass sich nach gewissen Lehrmeinungen eine ursprünglich (objektiv) überraschende Bestimmung durch ihre weite und nachhaltige Verbreitung in gewissen Branchen im Laufe der Zeit zu einem – zwar nicht unbedingt beliebten, aber im Allgemeinen geduldeten – «gewöhnlichen» (d.h. nicht mehr geschäftsfremden) Ärgernis wandeln kann[907]. Eine weitverbreitete Klausel kann zwar in der Tat die Anforderungen an die subjektive Ungewöhnlichkeit erhöhen, deren objektive Ungewöhnlichkeit wird allerdings weiterhin nach denselben Kriterien geprüft, d.h insbesondere ob sie ungeachtet ihrer Verkehrsdurchsetzung zu einer wesentlichen Änderung des Vertragscharakters führt oder in erheblichem Masse aus dem gesetzlichen Rahmen des Vertragstypus fällt[908].

206 Bei der objektiven Ungewöhnlichkeitsprüfung von *AVB-Klauseln in Versicherungsverträgen* sind insbesondere die *berechtigten Deckungserwartungen* des Versicherungsnehmers zu berücksichtigen[909]. Entsprechend gilt gemäss Bundesgericht eine in AVB vorgesehene Haftungsbeschränkung potentiell als un-

---

906 BGE 138 III 411, 413, E. 3.1 mit Verweis auf BGer 9C_3/2010, E. 3.1 (nicht publ. in: BGE 136 V 127).

907 Eine solche Entwicklung ist im Zusammenhang mit automatischen Vertragsverlängerungsklauseln (sog. Prolongationsklauseln) zu beobachten, welche heutzutage in gewissen Branchen aus dem modernen Alltag kaum mehr wegzudenken sind (z.B. bei Abonnement-Verträgen, insb. mit Telekommunikationsanbietern oder Fitnessstudios). In diese Richtung tendiert auch das Bundesgericht in BGer 4A_475/2013. Dasselbe gilt inzwischen in gewissen Handelsbereichen auch für Gerichtsstandsklauseln (siehe dazu auch unten N 228 f.).

908 SHK UWG-PROBST, Art. 8 N 362, Fn 433; HARTMANN, Hommage Gauch, 143 f. Das Bundesgericht hat allerdings auch schon eine Deckungsausschlussklausel in AVB unter anderem mit dem Argument geschützt, der durchschnittliche Versicherungsnehmer wisse, «dass eine Versicherung nicht alle Risiken deckt» (BGer 4A_330/2021, E. 4.2.5, nicht publiziert in BGE 148 III 57). Bei konsequenter Anwendung dieser Betrachtungsweise würde im Ergebnis der Ungewöhnlichkeitsregel gänzlich die Basis entzogen werden, da ein Kunde stets mit benachteiligenden Bedingungsinhalten rechnen müsste und daher diese Klauseln für ihn im Allgemeinen nicht mehr ungewöhnlich wären (vgl. ebenfalls kritisch EISNER-KIEFER, AJP 2022, 649).

909 Die Bundesgerichtspraxis sowie ein Teil der Lehre ordnet dieses noch etwas konturenlose Erfordernis (im Falle ihrer Enttäuschung) der objektiven Ungewöhnlichkeit zu (BGE 148 III 57, E. 2.1.3.3; 138 III 411, 413, E. 3.1; BGer 4A_232/2019, E. 2.2; 4A_48/2015, E. 2.1; 4A_187/2007, E. 5 4.2; HGer ZH, HG210017-O U/dz, E. 5.2.2, Urteil vom 9. März 2023; vgl. aus der Lehre die ausführliche Darstellung bei BSK VVG-FUHRER, Art. 33 N 54 ff., welcher diesbezüglich von einem «Indiz für eine objektive Ungewöhnlichkeit» spricht, N 57).

gewöhnlich, wenn sie die von der Bezeichnung des Vertrages oder der Werbung erfasste Deckung erheblich reduziert, so dass gerade die häufigsten Risiken nicht mehr gedeckt sind[910]. Jedoch wird die Verletzung berechtigter Deckungserwartungen bisweilen vom Bundesgericht nicht konsequent bzw. nur mit Zurückhaltung bejaht[911]. Beispielsweise hat es in seinem Grundsatzurteil zur Versicherungsdeckung der Gastronomiebetriebe während der Corona-Pandemie bei einer Epidemiezusatzversicherung als Teil einer «Geschäftsversicherung KMU» die objektive Ungewöhnlichkeit des Deckungsausschlusses hinsichtlich der «WHO-Pandemiestufen 5 oder 6» verneint, obgleich diese Ausschlussklausel gerade die berechtigten Deckungserwartungen des Versicherungsnehmers an eine Epidemieversicherung verletzt und dadurch den Vertragscharakter einer Epidemieversicherung wesentlich verändert[912]. In diesem Zusammenhang gilt es zu beachten, dass Versicherungsverträge häufig Bündelungsverträge darstellen (z.B. Geschäfts- oder Autoversicherungen), welche mehrere rechtlich selbständige Verträge in einer Police zusammenfassen[913]. Somit ist in solchen Fällen für die Beurteilung der objektiven Ungewöhnlichkeit der streitigen AVB-Klausel jeweils auf deren Einfluss auf den Charakter bzw. auf die berechtigten Deckungserwartungen des einschlägigen Teilvertrags (statt auf den gesamten Bündelungsvertrag) abzustellen[914].

---

910 BGE 148 III 57, E. 2.1.3.3; 138 III 411, 413 E. 3.1; BGer 4A_176/2018, E. 4.2; 4A_152/2017, E. 4.3; 4A_187/2007, E. 5 4.2; 5C.134/2004, E. 4.2.

911 Berechtigte Deckungserwartungen verneint: BGer 4A_330/2021, E. 4.2 f. (nicht publiziert in BGE 148 III 57); 4A_14/2021, E. 8.3.1; 4A_238/2019, E. 3.3; 4A_232/2019, E. 2.2; 4A_329/2016, E. 5.1.2 f.; 4A_48/2015, E. 2.1; berechtigte Deckungserwartungen bejaht: BGE 138 III 411, 413, E. 3.1; BGer 4A_187/2007, E. 5.2 und 5.4.2.

912 BGer 4A_330/2021, E. 4.2 f. (nicht publiziert in BGE 148 III 57). Vgl. dazu auch kritisch FUHRER, HAVE 2022, 171 («Wenn eine Epidemieversicherung Epidemien ausschliesst, dann verändert dies den Vertragscharakter umfassend»); EISNER-KIEFER, AJP 2022, 648 f.; HUG/MÜLLER/SINGER, Jusletter, 11. April 2022, N 36; WILLIAM, HAVE 2022, N 29 f.; ähnlich bereits vor Urteilsfällung FELLMANN, Gutachten, N 51 lit. a. Zudem erscheint auch die Möglichkeit der zumutbaren Kenntnisnahme fraglich, da die «WHO-Pandemiestufen 5 oder 6» bereits bei Vertragsschluss (i) nicht mehr in Kraft, (ii) in den AVB nicht näher erläutert und (iii) nur im Internet in englischer Sprache nicht einfach auffindbar waren (vgl. dazu oben N 137, 148 und 159).

913 FUHRER, HAVE 2022, 171; EISNER-KIEFER, AJP 2022, 648 f.

914 FUHRER, HAVE 2022, 171; EISNER-KIEFER, AJP 2022, 648 f. Dies scheint das Bundesgericht in BGer 4A_330/2021, E. 4.2 f. nicht hinreichend zu würdigen: Bei der Ausschlussklausel handle es sich um eine von vielen Bestimmungen in den Zusatzbedingungen, womit der Charakter der «Geschäftsversicherung KMU» nicht wesentlich geändert worden sei.

cc. Besondere Hervorhebung – tatsächliche Kenntnis

207 Ungewöhnliche Klauseln können nach bundesgerichtlicher Rechtsprechung und einem Teil der Lehre (in den einschlägigen Schranken der Inhalts- und Gültigkeitskontrolle[915]) trotzdem Geltung erlangen, sofern der AGB-Verwender bei der Einbeziehung *besonders bzw. gesondert* auf sie *aufmerksam* macht[916]. Durch die spezielle Hervorhebung soll der Überraschungseffekt beseitigt und die Kenntnis des Kunden von der ungewöhnlichen Klausel fingiert werden[917]. Mit anderen Worten kann der AGB-Verwender die Ungewöhnlichkeitsregel mittels formaler Vorkehrungen elegant aushebeln, ohne etwas an dem überraschenden oder geschäftsfremden Inhalt der Klausel ändern zu müssen. In der Judikatur finden sich diesbezüglich «Anleitungen darüber, wie der Verwender zu verfahren hat»[918]. Dem AGB-Verwender ist hieraus zu empfehlen, sämtliche potentiell ungewöhnlichen Klauseln in den schriftlich abgefassten AGB optisch (insbesondere durch Fettdruck und grössere Schrift) hervorzuheben[919] und den Kunden in gesonderter Weise ausdrücklich (schriftlich) sowie hinreichend deutlich (ggf. samt Erklärung der Bedeutung der Klausel) auf die betreffenden Klauseln aufmerksam zu machen[920]. Der AGB-Verwender trägt daher bei der

---

915 Vgl. insb. Art. 19 f. OR, Art. 2 und 27 ZGB sowie Art. 8 UWG. Vgl. dazu unten N 328 ff.

916 BGE 148 III 57, E. 2.1.3; 138 III 411, 413, E. 3.1; 135 III 225, 227, E. 1.3; 135 III 1, 7, E. 2.1; BGer 5A_117/2022, E. 3.2.1; 4A_499/2018, E. 3.3.3; 4A_475/2013, E. 5.1; 4A_187/2007, E. 5.1; 119 II 443, 446, E. 1a; KLETT/HURNI, recht 2012, 85; BSK UWG-THOUVENIN, Art. 8 N 54; KOLLER, OR AT, N 23.40, 23.42 und 23.45; GAUCH/SCHLUEP/SCHMID, OR AT, N 1136a, 1137; SCHWENZER/FOUNTOULAKIS, OR AT, N 45.07. Dieser Grundsatz wurde im Zusammenhang mit der Beurteilung von Gerichtsstandsklauseln in AGB entwickelt und bisweilen als «typographische» Rechtsprechung bezeichnet (vgl. zur typographischen Rechtsprechung unten N 230 ff.).

917 Ebenso darin eine Kenntnisfiktion erblickend FORSTMOSER, Standortbestimmung, 47; MAISSEN, Vertragsverlängerung, N 160; WALKER, Konsumenten AGB, 55.

918 BAUDENBACHER, Kommentar UWG, Art. 8 N 14; vgl. dazu insb. auch BGE 104 Ia 278, 281 ff.

919 BGer 4A_475/2013, E. 5.3.1. Neben Fettdruck kommen die folgenden Hervorhebungsmittel in Frage: Günstige Platzierung, Unterstreichung, gut lesbare Schriftart und Schriftgrösse, farbliche Unterscheidung vom restlichen AGB-Text oder Wiederholung im Hauptvertrag (vgl. dazu auch PERRIG, Zugänglichkeitsregel, 287).

920 BGer 4C.427/2005, E. 2.1; 5C.134/2004, E. 4.2; BGE 119 II 443, 446, E. 1a; KRAMER/PROBST, OR AT, N 237; BAUDENBACHER, Kommentar UWG, Art. 8 N 14; GAUCH/SCHLUEP/SCHMID, OR AT, N 1136a; HUGUENIN, OR, N 626; KUT, CHK, Art. 1 N 53; SCHWENZER/FOUNTOULAKIS, OR AT, N 45.07.

Einbeziehung von ungewöhnlichen Klauseln nicht nur eine Zugangsverschaffungs-, sondern auch eine Hervorhebungs- und (je nach Situation zusätzlich noch) eine Aufklärungsobliegenheit[921].

Eine Hervorhebung der Klausel genügt aber nicht in jedem Fall für die Umgehung der Ungewöhnlichkeitsregel. Nach Massgabe des Vertrauensprinzips reicht ein besonderer Hinweis auf eine ungewöhnliche Klausel allein nicht aus, wenn der AGB-Verwender erkennt oder erkennen muss, dass der Kunde die Tragweite der ungewöhnlichen Klausel – trotz deutlicher Verweisung – nicht verstehen kann[922]. Dies kann namentlich bei Fremdsprachigen oder Kunden mit Behinderung der Fall sein[923]. In solchen Fällen bedarf es von Seiten des AGB-Verwenders weiterer, spezifischer *Informations- bzw. Erläuterungsmassnahmen*, ansonsten bleibt die Klausel für den Kunden ungewöhnlich und deshalb nicht verbindlich[924]. T. KOLLER geht noch einen Schritt weiter und verlangt generell bei der Einbeziehung ungewöhnlicher Klauseln «eine umfassende Aufklärungsobliegenheit mit eigentlicher Warnfunktion»[925]. In einem jüngeren Entscheid prüfte das Bundesgericht trotz festgestellter rechtsgenüglicher Hervorhebung noch in einem weiteren Schritt die inhaltliche Ungewöhnlichkeit der umstrittenen Klausel[926]. Dies lässt vermuten, dass das Bundesgericht die besondere Hervorhebung nicht (mehr) zwingend als generellen Ausschlussgrund für die Ungewöhnlichkeitsregel sieht, sondern bloss als (gewichtiges) *Indiz* für die Beseitigung des Überraschungseffekts[927]. 208

Ein Teil der Lehre begegnet der *Kenntnisfiktion bei der Hervorhebung von ungewöhnlichen AGB-Klauseln* zu Recht mit gewissen Bedenken. Denn eine besondere Hervorhebung oder gar schriftliche Erläuterung der ungewöhnlichen 209

---

921 Ähnlich LÜSCHER, Jusletter, 18. Oktober 2010, N 27; HUGUENIN, OR, N 626. Daraus folgt, dass hinreichendes Wissen des Kunden über die ungewöhnliche Klausel nicht ohne Weiteres aus dem Bestehen allgemein zugänglicher Informationsquellen abgeleitet werden kann (T. KOLLER in Koller/Krauskopf/Schwander, Entscheide, 181).

922 KOLLER, OR AT, N 23.40, N 23.45; 104 Ia 278, 283, E. 4c.

923 BGE 104 Ia 278, 283, E. 4c (in Bezug auf Kunden mit Sprachschwierigkeiten); KOLLER, OR AT, N 23.40. Vgl. zur Zugänglichmachung von AGB bei Fremdsprachigen oben N 166 ff.; bei körperlich oder geistig Behinderten PERRIG, Zugänglichkeitsregel, 135 ff., 174 ff., 197, 266 f.

924 Vgl. sinngemäss KOLLER, OR AT, N 23.40.

925 T. KOLLER, AJP 2008, 948.

926 BGer 4A_475/2013, E. 5.3.1 f.: «Unter diesen Umständen ist die Feststellung der Vorinstanz, die Beschwerdeführerin sei rechtsgenügend auf die streitgegenständliche Klausel aufmerksam gemacht worden, nicht bundesrechtswidrig. Wie nachfolgend aufzuzeigen sein wird, gebietet auch der Inhalt der Klausel kein abweichendes Ergebnis».

927 Ähnlich LÜSCHER, Jusletter, 18. Oktober 2010, N 27. Daraus lässt sich der Grundsatz ableiten: Je deutlicher eine Klausel in AGB hervorgehoben wird, desto höher sind die Anforderungen an die (subjektive und objektive) Ungewöhnlichkeit.

Klausel im AGB-Text wird häufig vom Kunden gar nicht wahrgenommen, weil er die AGB eben gerade bloss global (d.h. ohne den AGB-Text überhaupt zur Kenntnis zu nehmen, zu lesen oder zu verstehen) akzeptiert[928]. Ferner ist die Annahme, dass durch die Hervorhebung der Klausel der Kunde den überraschenden Bedeutungsgehalt bzw. die Tragweite der Klausel erfasst und deshalb tatsächlich akzeptiert, doch eher realitätsfremd[929]. Vielmehr bleibt der Überraschungseffekt regelmässig auch bei besonderer Hervorhebung der ungewöhnlichen Klauseln in den AGB bestehen und es kann daher die Kenntnis und Zustimmung des Kunden allein gestützt auf die Hervorhebung in den AGB nicht ohne Weiteres angenommen werden[930]. Möchte sich der AGB-Verwender in diesem Lichte der gültigen Einbeziehung einer potentiell ungewöhnlichen Klausel ganz gewiss sein, so sollte er die massgebliche Klausel durch eine ausgehandelte Vereinbarung mit dem Kunden in den Individualvertrag übernehmen[931].

d. Rechtsprechungsübersicht

210 Die Ungewöhnlichkeitsregel wurde vom Bundesgericht primär im Zusammenhang mit Gerichtsstandsklauseln[932] entwickelt und in späteren Entscheiden (ab BGE 109 II 452) auch auf andere Vertragsbestimmungen, insbesondere auch auf AVB, angewandt. In den letzten Jahren waren unter anderem Deckungsausschlussklauseln[933], einseitige Bedingungsänderungsklauseln[934] sowie Prolongationsklauseln[935] Gegenstand von bedeutenden Bundesgerichtsentscheiden.

---

928 ZELLWEGER-GUTKNECHT, recht 2011, 83; WALKER, Konsumenten AGB, 55; BK-MÜLLER, Art. 1 N 373; RUSCH, AJP 2019, 333.

929 ZELLWEGER-GUTKNECHT, recht 2011, 83; WALKER, Konsumenten AGB, 55; WIDMER, Geschäftsbedingungen, N 96 Fn 217.

930 Auf jeden Fall obliegt dem AGB-Verwender der Beweis, dass der Kunde vom Inhalt einer ungewöhnlichen AGB-Klausel Kenntnis hatte (KOLLER, OR AT, N 23.40; BK-MÜLLER, Art. 1 N 372).

931 In diesem Sinne auch TERCIER/PICHONNAZ, N 952.

932 Vgl. insb. BGE 104 Ia 278 ff.; 109 Ia 55 ff. Siehe zur Einbeziehung von Gerichtsstandsklauseln in AGB unten N 216 ff.

933 Vgl. z.B. BGE 138 III 411, 413, E. 3.1; BGer 4A_330/2021, E 4.2 f. (nicht publiziert in BGE 148 III 57). Siehe näher zum Erfordernis der berechtigten Deckungserwartungen oben N 206.

934 BGE 135 III 1. Vgl. zu einseitigen Bedingungsänderungsklauseln oben N 130 ff. sowie unten N 858 ff.

935 BGer 4A_475/2013, E. 5.3.1 f. (nicht publizierter Teil von BGE 140 III 404). Vgl. zu automatischen Vertragsverlängerungsklauseln unten N 863 f.

So qualifizierte das Bundesgericht beispielsweise die folgenden Klauseln als ungewöhnlich: 211

- Klausel, welche die Versicherungsdeckung (Betriebshaftpflichtversicherung) für die Haftung gegenüber Temporärangestellten nur für leichtes, nicht jedoch für schweres Verschulden der Versicherungsnehmerin ausschliesst[936];
- Klausel, mit welcher der geschäftsunerfahrene Bauherr dem Architekten umfassende Vollmacht erteilt[937];
- Klausel, welche den Ausschluss des Versicherungsschutzes einer Vollkaskoversicherung für den Fall einer einfachen Verkehrsregelverletzung vorsieht, da ein solcher Deckungsausschluss erheblich von den üblichen Regeln der Kaskoversicherung abweicht[938];
- Klausel, die einem Kollektiv-Versicherten seinen Taggeldanspruch infolge eingetretener Arbeitsunfähigkeit abspricht, sofern dieser später eine Einzelversicherung abschliesst[939];
- Klausel, welche die Bank zur Auszahlung des Sparheftguthabens ohne Prüfung der Identität des Inhabers ermächtigt[940];
- Klausel, wonach der Versicherer den maximalen zeitlichen Umfang seiner Leistungspflicht nach Eintritt des Versicherungsfalles durch einseitige Willenserklärung (*in casu*: Kündigung) beeinflussen kann[941];
- Klausel, die ein einseitiges Änderungsrecht des AGB-Verwenders (Versicherer) unter Ausschluss des Kündigungsrechts des Kunden (Versicherungsnehmer) vorsieht[942];
- Klausel, die bei einem befristeten Vertragsverhältnis eine automatische Vertragsverlängerung mit einer unverhältnismässig langen Verlängerungsdauer vorsieht[943]; sowie

---

936 BGer 4A_187/2007, E. 5.4. Vgl. ausführlich zum Entscheid T. KOLLER, AJP 2008, 943 ff.

937 BGE 109 II 452, 456 ff.

938 BGE 119 II 443, 446, E. 1b.

939 BGer 5C.74/2002, E. 2c; bestätigt in BGer 4A_39/2009.

940 BGE 116 II 459, 461 f. E. 2a.

941 BGE 135 III 225, 228 (in casu: Leistungsreduktion bei einem schon eingetretenen Versicherungsfall, wenn der Versicherer den Versicherungsvertrag kündigt). Vgl. in diesem Sinne nun Art. 35c VVG (seit 1. Januar 2022 in Kraft).

942 BGE 135 III 1, 11 ff., E. 2.6–3.5. Die Ungewöhnlichkeit wurde namentlich verstärkt durch den Umstand, dass die Vertragsänderungsklausel gleichzeitig das Kündigungsrecht des Kunden ausschloss. Schrankenlose einseitige Änderungsrechte verstossen gegen das für den Konsens erforderliche Bestimmtheitsgebot. Siehe zu einseitigen Bedingungsanpassungsklauseln oben N 130 ff. sowie unten N 858 ff.

943 BGer 5P.115/2005. Die Ungewöhnlichkeitsregel wurde in casu mit der unverhältnismässig langen Kündigungsfrist von zwei Jahren bei einem auf drei Jahre abgeschlossenen Vertragsverhältnis begründet. Vgl. aber grosszügiger BGer 4A_475/2013, E. 5.3.1 f. (nicht publiziert in BGE 140 III 404). Siehe zu automatischen Vertragsverlängerungsklauseln unten N 863 f.

- Klausel, die eine Kürzung der bei Krankheit (im Rahmen einer Krankentaggeldversicherung nach VVG) geschuldeten Taggelder um die Hälfte vorsieht, wenn eine psychische Krankheit vorliegt[944].

212 Dagegen verneinte das Bundesgericht die Ungewöhnlichkeit für folgende Klauseln:

- Klausel, wonach der Kunde das Risiko des Verlusts oder Diebstahls von Eurochecks zu tragen hat[945];
- Klausel, die bei einer Spitalzusatzversicherung einen Deckungsausschluss für Krankheiten und Unfälle im Zusammenhang mit Medikamentenmissbrauch und Suizidversuch vorsieht[946];
- Klausel, wonach sich die Bank in ihren AGB das Recht vorbehält («Eingang vorbehalten», «*sauf bonne fin*»), bei Nichteingang des Gegenwerts nach Entgegennahme eines Checks, Wechsels und dergleichen die Gutschrift rückgängig zu machen[947];
- Klausel, wonach der Käufer auf seine Gewährleistungsansprüche und deren Verrechnung mit der Kaufpreisforderung gegenüber dem Erwerber (Bank) der Kaufpreisforderung verzichtet[948];
- Klausel, wonach Ansprüche gegenüber einer Versicherung verwirken, wenn sie nicht innerhalb einer bestimmten Frist nach Eintritt des Versicherungsfalles geltend gemacht werden[949];
- Klausel, wonach sich ein auf ein Jahr befristeter Fitnessvertrag ohne Kündigung drei Monate vor Vertragsende um ein weiteres Jahr automatisch verlängert[950];
- Klausel, die in einer «Geschäftsversicherung KMU» einen Deckungsausschluss für die «WHO-Pandemiestufen 5 oder 6» vorsieht und gestützt darauf die Deckung für den aus einer Betriebsschliessung eines Restaurants während der Corona-Pandemie resultierenden Schaden ablehnt[951];

---

944 BGE 138 III 411, 414 f., E. 3.5.

945 BGE 122 III 373, 378 f., E. 3a.

946 BGer 5C.134/2004, E. 4.

947 BGer 4C.427/2005, E. 2.2, 2.3.

948 BGE 109 II 213, 218.

949 BGer 4A_200/2008, E. 2.3.

950 BGer 4A_475/2013, E. 5.3.2 (nicht publizierter Teil von BGE 140 III 404). Siehe dazu die Kritik bei STÖCKLI/BIERI, HAVE 2014, 400; HUGUENIN, OR, 625a; HARTMANN, Hommage Gauch, 148.

951 BGer 4A_330/2021, E. 4.2 f. (nicht publiziert in BGE 148 III 57). Dieser Entscheid wurde in der Lehre zu Recht kritisiert, denn wenn eine Epidemiezusatzversicherung im Ergebnis die Deckung von genau solchen weit ausbreitenden Epidemien ausschliesst, verstösst dies gegen die berechtigten Deckungserwartungen des Versicherungsnehmers und verändert zugleich wesentlich den Vertragscharakter (vgl. etwa EISNER-KIEFER,

- Klausel, wonach eine Versicherungsdeckung wegen verspäteter Schadensmeldung entfällt[952];
- Klausel, wonach die laufenden Krankentaggeldzahlungen an einen Betriebsinhaber bei Betriebsaufgabe endet[953];
- Klausel, wonach versicherte Schmuckstücke nur gedeckt sind, wenn sie entweder getragen, unter Aufsicht der versicherten Person transportiert oder im Safe deponiert werden[954]; sowie
- Klausel, wonach der Versicherungsschutz am Ende der laufenden Versicherungsperiode erlischt, wenn ein Wohnanhänger längere Zeit im Ausland abgestellt wird[955].

e. Verwendung von Vertragsfloskeln

Bei der Verwendung von blossen Vertragsfloskeln in notariellen Verträgen (z.B. «Nachwährschaft wird wegbedungen»[956]) oder Vertragsmustern kommt die Ungewöhnlichkeitsregel nicht zur Anwendung. Vertragsfloskeln sind Bestimmungen, die keine der Vertragsparteien tatsächlich gewollt hat und die keine zur Einbeziehung in den Vertrag vorgeschlagen hätte, wenn sie sich deren Inhalt überlegt hätte[957]. Sie werden sozusagen «ohne Überlegung» (etwa mittels Einsatz eines fremden Vertragsformulars) «übernommen»[958]. Unabhängig davon, ob derartige Floskeln als ungewöhnlich gelten oder nicht, sind sie grundsätzlich (d.h. sofern sie inhaltlich nicht dem Vertragswillen der Parteien entsprechen) nicht vom Konsens der Parteien erfasst und somit unwirksam[959]. 213

AJP 2022, 648 f.; FUHRER, HAVE 2022, 171; HUG/MÜLLER/SINGER, Jusletter, 11. April 2022, N 36, insb. Fn 36; WILLIAM, HAVE 2022, N 29 f.; siehe auch oben N 206).

952 BGer 4A_14/2021, E. 8.3.1.

953 BGer 4A_238/2019, E. 3.4.2.

954 BGer 4A_176/2018, E. 4.3.

955 BGer 4A_48/2015, E. 2.3.

956 Vgl. dazu etwa BGE 60 II 436, 444, E. 4.

957 ZK-SCHÖNENBERGER/JÄGGI, Art. 1 N 496; GAUCH/SCHLUEP/SCHMID, OR AT, N 1128e; KUT, CHK, Art. 1 N 55.

958 BK-KRAMER, Art. 1 N 211; SHK UWG-PROBST, Art. 8 N 364.

959 BGE 107 II 161, 163 f.; 60 II 436, 444, E. 4; OGer ZH, ZR 90 (1991), Nr. 2, 5; GAUCH/SCHLUEP/SCHMID, OR AT, N 1128e; BOUVERAT, Conditions générales, N 48. Siehe zum Ganzen differenzierend ZK-SCHÖNENBERGER/JÄGGI, Art. 1 N 496 f.; KOLLER, OR AT, N 23.70: Stellen die Parteien die Einfügung der Floskel ohne inhaltliche Kenntnisnahme fest (beidseitige Globalübernahme), so ist die Floskel verbindlich, soweit diese die Rechtstellung der Parteien nur in untergeordneten Punkten ergänzt, jedoch nicht erheblich modifiziert.

Dies gilt in erster Linie, wenn ein unparteiischer Dritter, wie z.B. ein Notar, ein Makler oder ein von beiden Seiten beauftragter Berater von sich aus ohne Veranlassung einer Partei die Floskel in den Vertrag einführt[960].

f. Rechtsfolge und Beweis

214 Ungewöhnliche Klauseln sind nicht vom Konsens der Parteien getragen[961]. Sie sind – im Gegensatz zu den übrigen global übernommenen «gewöhnlichen» Klauseln der AGB – *unwirksam* und werden *nicht Vertragsbestandteil*[962].

215 Es gilt die Vermutung, dass der Kunde den anlässlich des Vertragsschlusses verwiesenen AGB global zugestimmt hat[963]. Daher hat der AGB-Verwender bei der Ungewöhnlichkeitsregel zu beweisen, dass der zustimmende Kunde die Klausel vor Vertragsschluss kannte[964]; die massgebenden Umstände sind vom AGB-Verwender jeweils nachzuweisen[965]. Kann der AGB-Verwender jedoch den speziellen Hinweis auf die ungewöhnlichen Klauseln belegen (z.B. durch Fettdruck), so wird die Kenntnisnahme durch den Kunden vermutet[966]. Zudem auferlegt das Bundesgericht in einem jüngeren Entscheid die Beweislast für die Geschäftsunerfahrenheit im Rahmen der subjektiven Ungewöhnlichkeit dem Kunden[967]. Das Bundesgericht prüft die Anwendung der Ungewöhnlichkeitsregel als Rechtsfrage

---

960 In diesem Sinne auch KOLLER, OR AT, N 23.70.

961 KRAMER/PROBST, OR AT, N 237; GIGER, FS Kuhn, 67 f.; PERRIG, Zugänglichkeitsregel, 291.

962 Vgl. z.B. BGE 138 III 411, 415 («Die objektiv ungewöhnliche Klausel…kann…keine Rechtswirkung entfalten»); 133 III 607, 610, E. 2.2 (ungewöhnlichen Klauseln muss «hingegen gänzlich die Wirksamkeit versagt werden»); BGer 4A_54/2009, E. 1 («Le juge peut dénier d'une manière générale toute validité à une telle clause si elle est inhabituelle ou insolite»); BGE 135 III 1, 13; 119 II 443, 446; KOLLER, OR AT, N 23.33; SHK UWG-PROBST, Art. 8 N 365; PERRIG, Zugänglichkeitsregel, 291; EHLE/BRUNSCHWEILER, RIW 2012, 265. Siehe ferner das deutsche Recht § 305c Abs. 1 BGB.

963 OGer ZH, ZR 90 (1991), 3; KOLLER, OR AT, N 23.40; PERRIG, Zugänglichkeitsregel, 292.

964 OGer ZH, ZR 2005, 167; HUGUENIN, OR, N 626; KOLLER, OR AT, N 23.40; PERRIG, Zugänglichkeitsregel, 292. Siehe zur Beweisproblematik bei der Einbeziehung von AGB oben N 171 ff.

965 EHLE/BRUNSCHWEILER, RIW 2012, 266 mit Verweis auf BGE 133 III 675, 682, E. 3.3.

966 KOLLER, OR AT, N 23.40; HUGUENIN, OR, N 626 (Vermutung der Vollübernahme); FORSTMOSER, Standortbestimmung, 47; PERRIG, Zugänglichkeitsregel, 292. Siehe dazu aber kritisch oben N 209.

967 BGer 5A_86/2021, E. 3.1.5.2 (dazu kritisch Rusch, AJP 2022, 369 f.).

frei (Art. 106 Abs. 1 BGG)[968]. Es ist dabei an die Feststellungen der kantonalen Gerichte über die äusseren Umstände sowie das Wissen und Wollen der Beteiligten grundsätzlich gebunden (Art. 105 Abs. 1 BGG)[969].

3. Einbeziehung von Gerichtsstands- und Schiedsklauseln

a. Funktion, Rechtsnatur und Geltung von Gerichtsstandsklauseln

Gerichtsstandsklauseln sind namentlich im unternehmerischen (häufig grenzüberschreitenden) Geschäftsverkehr weit verbreitet, da sie für die Parteien *Klarheit und Gewissheit über den Standort zukünftiger Vertragsstreitigkeiten* schaffen. Sie ermöglichen dadurch nicht nur den Gerichtsort festzulegen, sondern bestimmen in internationalen Verhältnissen mittelbar auch die massgebenden Kollisionsregeln. Folglich können Gerichtsstandsklauseln das anwendbare materielle Recht für die Beurteilung von Vertragsstreitigkeiten beeinflussen[970]. 216

Die Rechtsprechung und wohl herrschende Lehre qualifizieren die Gerichtsstandsvereinbarung als *prozessrechtlichen Vertrag*, in welchem die *örtliche Zuständigkeit des Gerichts* geregelt wird[971]. Ungeachtet der dogmatischen Verortung ihrer Rechtsnatur sind bei der Verwendung von Gerichtsstandsklauseln die 217

968 BGE 148 III 57, E. 2.1.3.4; 142 V 466, E. 6.2; 138 III 411, 414, E. 3.4; BGer 5A_117/2022, E. 3.2.1; GAUCH/SCHLUEP/SCHMID, OR AT, N 1137.

969 BGE 148 III 57, E. 2.1.3.4; 138 III 411 E. 3.4; BGer 5A_117/2022, E. 3.2.1.

970 HOSTETTLER, Gerichtsstandsvereinbarung, N 33; LORENZ/MÜLLER-CHEN, Gerichtsstand, 725 f. Gerichtsstands- oder Schiedsklauseln können Hinweise auf eine stillschweigende Rechtswahl darstellen.

971 BGer 4A_4/2015, E. 2; 4A_247/2013, E. 2.1.2; 4C.392/2002, E. 2.2; BGE 121 III 495, 499; 87 I 73, 77, E. 5; HGer ZH, HG210003-O U/dz, E. I.1.2.1, Urteil vom 14. Juli 2022; HEDINGER/HOSTETTLER, ZPO, N 8 zu Art. 17 ZPO; FÜLLEMANN, ZPO, N 2, 9 zu Art. 17 ZPO; INFANGER, BSK, N 1 zu Art. 17 ZPO. Das Bundesgericht hat auch schon von einem Vertrag «sui generis» gesprochen (vgl. BGE 119 II 391, 394, E. 3a im Kontext des IPRG); so auch STAEHELIN/STAEHELIN/GROLIMUND-GROLIMUND, Zivilprozessrecht, § 9 N 57; GROLIMUND/BACHOFNER, BSK, N 39 zu Art. 5 IPRG (m.w.N.). Vgl. eingehend zur Gerichtsstandsvereinbarung als Vertrag HOSTETTLER, Gerichtsstandsvereinbarung, N 20 ff.

verschiedenen *formellen*[972] und *materiellen*[973] *Voraussetzungen* der ZPO, des I-PRG bzw. des LugÜ zu berücksichtigen. Namentlich gilt es bei der vertraglichen Übernahme von Gerichtsstandsklauseln zu beachten, dass diese – anders als andere Vertragsklauseln – zu ihrer Geltung zusätzlich der Einhaltung gewisser sich aus dem anwendbaren Prozessrecht *(lex fori)* ergebenden *gesetzlicher Formvorschriften* bedürfen[974]. Die Rechtsprechung des Bundesgerichts zu diesen Formerfordernissen gilt im Allgemeinen unterschiedslos für Art. 17 Abs. 2 ZPO, Art. 5 Abs. 1 IPRG und Art. 23 LugÜ[975].

218 Eine Gerichtsstandsvereinbarung kann sich auch in AGB befinden[976]. Über die Einhaltung der zivilprozessrechtlichen Form hinaus sind daher die *AGB-rechtlichen Kontrollinstrumente* der Konsens-, Auslegungs- und Gültigkeitskontrolle zu berücksichtigen, sobald Gerichtsstandsklauseln *in AGB* platziert werden[977].

---

972 Die ZPO und das IPRG verlangen, dass eine Gerichtsstandsvereinbarung schriftlich oder in einer anderen Form erfolgen muss, die den Nachweis durch Text ermöglicht (Art. 17 Abs. 2 ZPO, Art. 5 Abs. 1 IPRG). Unter dem LugÜ gelten grundsätzlich die gleichen Anforderungen, wobei auch weniger strenge Formvorschriften zulässig sind, sofern diese den Gepflogenheiten der Parteien oder dem vorherrschenden Handelsgebrauch entsprechen (Art. 23 Abs. 1 lit. b und c LugÜ). Gemäss Art. 23 Abs. 2 LugÜ sind zudem elektronische Übermittlungen, die eine dauerhafte Aufzeichnung der Vereinbarung ermöglichen, der Schriftform gleichgestellt.

973 In materiell-rechtlicher Hinsicht setzt eine wirksame Gerichtsstandsklausel voraus, dass (i) der gewählte Gerichtsstand hinreichend bestimmt ist, (ii) die Gerichtssstandsvereinbarung sich auf einen bestehenden oder zukünftigen Rechtsstreit aus einem bestimmten Rechtsverhältnis bezieht und (iii) schliesslich eine Willenseinigung der Vertragsparteien über den Gerichtsstand besteht (vgl. Art. 17 Abs. 1 ZPO, Art. 5 Abs. 1 IPRG und Art. 23 Abs. 1 LugÜ).

974 Vgl. zu den Formvorschriften unten N 233 ff. (für Art. 17 Abs. 2 ZPO), N 241 ff. (für Art. 5 Abs. 1 IPRG) und N 245 ff. (für Art. 23 Abs. 1 und 2 LugÜ LugÜ).

975 BGer 4A_507/2021, E. 5.1.2 (mit Verweis auf BGer 4A_592/2014, E. 2.1).

976 Statt vieler HAAS/SCHLUMPF, KUKO ZPO, Art. 17 N 11 (für die ZPO); ZK-MÜLLER-CHEN, Art. 5 IPRG N 92, 110 ff. (für das IPRG); SHK LugÜ-KILLIAS, Art. 23 N 96 ff. (für das LugÜ).

977 In Bezug auf die ZPO statt vieler HAAS/HUG, ZZZ 2021, 470, 485. So sind Gerichtsstandsklauseln in AGB in der Bundesgerichtspraxis beispielsweise auch schon der Ungewöhnlichkeitsregel, der Unklarheitenregel und dem Vorrang der Individualabrede zum Opfer gefallen. Kaum praktische Bedeutung in Binnenverhältnissen hat hingegen die auf den Konsumentenverkehr beschränkte Inhaltskontrolle gemäss Art. 8 UWG, da Gerichtsstandsklauseln in Konsumentenverträgen gemäss Art. 32 ZPO bereits gegen die zwingende Vorschrift von Art. 35 Abs. 1 lit. a ZPO verstossen und daher nichtig sind (vgl. dazu unten N 232). Einzig bei Gerichtsstandsklauseln in Verträgen mit Konsumenten, die über «Leistungen des üblichen Verbrauchs» hinaus gehen, könnte Art. 8 UWG noch relevant sein.

Insbesondere bestehen *besondere Konsensanforderungen* an den Abschluss einer Gerichtsstandsvereinbarung in AGB[978]. Konkret muss sie als Bestandteil der AGB neben den gesetzlichen (zivilprozessualen) Formvorschriften nach dem anwendbaren materiellen Recht *(lex causae)* Inhalt des Vertrages werden[979], wobei – zumindest im Grundsatz – Konsens und Form gesondert zu betrachten sind[980].

Die nachfolgenden Ausführungen konzentrieren sich auf die Anforderungen an den Konsens und an die Form bei der Einbeziehung von Gerichtsstandsklauseln in AGB. In Bezug auf die weiteren allgemeinen materiellen und formellen Voraussetzungen einer Gerichtsstandsvereinbarung wird auf die einschlägige Literatur verwiesen. 219

978 BGer 4A_247/2013, E. 2.1.2, 2.4 (m.w.H. auf die Rechtsprechung). Aus der Lehre beispielsweise für die ZPO HAAS/SCHLUMPF, KUKO ZPO, Art. 17 N 11 («Es gelten dann die allgemeinen Bestimmungen für die Einbeziehung von AGB in Verträgen»); für das IPRG ZK-MÜLLER-CHEN, Art. 5 IPRG N 92, 111 (mit Verweis auf die «AGB-spezifischen Besonderheiten»). Vgl. zu den Anforderungen an die Willenseinigung unten N 221 ff. (ZPO), N 242 f. (IPRG) sowie N 246 ff. (LugÜ).

979 LORENZ/MÜLLER-CHEN, Gerichtsstand, 739.

980 Die Frage der Willenseinigung (Konsens) bestimmt sich nach den schuldrechtlichen Grundsätzen, wohingegen die Formerfordernisse, welche die äussere Erscheinung der Willenserklärungen betreffen, abschliessend durch das anwendbare Prozessrecht (insb. Art. 17 ZPO, Art. 5 IPRG und Art. 23 LugÜ) geregelt sind (HEDINGER/HOSTETTLER, ZPO, N 20 f. zu Art. 17 ZPO; GROLIMUND/BACHOFNER, BSK, N 37 zu Art. 5 IPRG). Da die Formerfordernisse einen engen Konnex zu den materiellen Anforderungen an den Konsens aufweisen, besitzen die Gerichtsstandsklauseln Schnittstellencharakter, was in der Praxis immer mehr zur Verschmelzung von Form- und Konsensfragen führt. Vgl. so im Ergebnis für das LugÜ in autonomer Auslegung: BGE 139 III 345, 349, E. 4.3 (die «Formerfordernisse des Art. 23 LugÜ sollen gewährleisten, dass eine Einigung zwischen den Parteien tatsächlich feststeht»; vgl. dazu SCHMID/ZBINDEN, ZBJV 2015, 29); ähnlich auch die Feststellung mit Verweis auf die EuGH-Rechtsprechung von MARKUS, Internationales Zivilprozessrecht, Bern 2014, N 369 ff. Eine vollständige Vermischung von Konsens und Form ist allerdings für das Schweizer Recht abzulehnen, denn insbesondere im Bereich des normativen Konsenses und der Sonderregeln bei der Einbeziehung von AGB kann weiterhin eine separate (d.h. von der Formfrage losgelöste) Konsensprüfung angezeigt sein (vgl. in diesem Sinne auch GROLIMUND/BACHOFNER, BSK, N 41 ff. zu Art. 5 IPRG; ZK-MÜLLER-CHEN, Art. 5 IPRG N 92: «Über die Einhaltung der Form hinaus muss zusätzlich nach den allgemeinen Grundsätzen zum Einbezug und zur Auslegung von AGB geprüft werden, ob eine entsprechende Willenseinigung vorliegt»).

b. Gerichtsstandsklauseln in AGB im nationalen Geschäftsverkehr

220 Die *Formerfordernisse* für Gerichtsstandsklauseln im *schweizerischen Binnenverkehr*[981] sind abschliessend durch Art. 17 ZPO geregelt (vgl. unten N 233 ff.). Eng damit verknüpft, aber dennoch davon zu unterscheiden, ist die Frage der *Willenseinigung* der Parteien in AGB hinsichtlich des Gerichtsstands, welche sich nach den allgemeinen Regeln des Obligationenrechts[982] und den daraus abgeleiteten besonderen AGB-rechtlichen Regeln[983] richtet (vgl. dazu sogleich N 221 ff.). Schliesslich setzen die *zwingenden Gerichtsstände* der ZPO weitere Schranken für den Einsatz von Gerichtsstandsklauseln. Dies gilt im vorliegenden AGB-Kontext insbesondere für die teilzwingenden Gerichtsstände für Konsumenten, Mieter, Pächter und Arbeitnehmer, auf welche diese Personengruppen nicht im Voraus oder durch Einlassung verzichten können (Art. 35 ZPO, vgl. unten N 232)[984].

aa. Willenseinigung (Konsens)

aaa. Vertrauensprinzip

221 Nach Massgabe von Art. 17 Abs. 1 ZPO muss das prorogierte Gericht von den Vertragsparteien vereinbart worden sein[985]. In AGB enthaltene Gerichtsstandsklauseln werden folglich im Binnenverkehr durch *übereinstimmende gegensei-*

---

[981] Es muss zum Zeitpunkt des Abschlusses der Gerichtsstandsvereinbarung ein Binnenverhältnis zwischen sämtlichen am Rechtsstreit beteiligten Parteien vorliegen (d.h. es darf kein internationales Verhältnis vorliegen), ansonsten die Vorschriften der ZPO nicht zur Anwendung kommen (statt vieler INFANGER, BSK, N 6 zu Art. 17 ZPO; FÜLLEMANN, ZPO, N 5 zu Art. 17 ZPO). Der vereinbarte Gerichtsstand muss in räumlicher Hinsicht in der Schweiz gelegen sein (BERGER, BK, N 7 zu Art. 17 ZPO).

[982] STAEHELIN/STAEHELIN/GROLIMUND-GROLIMUND, Zivilprozessrecht, § 9 N 59. Insoweit von einer analogen Anwendung des OR sprechen HEDINGER/HOSTETTLER, ZPO, N 20 f. zu Art. 17 ZPO; FÜLLEMANN, ZPO, N 2, 9 zu Art. 17 ZPO und INFANGER, BSK, N 12 zu Art. 17 ZPO.

[983] BGer 4A_247/2013, E. 2.1.2, 2.4 (m.w.H. auf die Rechtsprechung); HAAS/SCHLUMPF, KUKO ZPO, Art. 17 N 11; ZK-MÜLLER-CHEN, Art. 5 IPRG N 92, 111.

[984] Die derzeit geplante Revision der ZPO sieht gemäss dem aktuellen und vom Schweizer Parlament verabschiedeten Entwurf (BBl 2020 2785) keine Änderungen an den gesetzlichen Formvorschriften für Gerichtsstandsklauseln oder an den teilzwingenden Gerichtsstandsbestimmungen für Konsumenten, Mieter, Pächter und Arbeitnehmer vor. Vgl. Botschaft vom 26. Februar 2020 zur Änderung der Schweizerischen Zivilprozessordnung (Verbesserung der Praxistauglichkeit und der Rechtsdurchsetzung), BBI 2020, 2697 ff.

[985] Statt aller BERGER, BK, N 20 zu Art. 17 ZPO.

tige Willenserklärungen der Parteien gemäss Art. 1 OR zum Vertragsinhalt erhoben[986]. Soweit kein tatsächlicher Wille der Parteien feststellbar ist, sind Gerichtsstandsvereinbarungen wie alle anderen Vertragsbestimmungen nach Massgabe des *Vertrauensprinzips* zu beurteilen[987]. Eine AGB-Gerichtsstandsklausel gilt nach der bundesgerichtlichen Rechtsprechung nur dann als wirksam in den Vertrag einbezogen, wenn der AGB-Verwender in guten Treuen davon ausgehen durfte, der auf seinen ordentlichen Gerichtsstand verzichtende Vertragspartner habe mit der Annahme des Vertrags auch der in den AGB befindlichen Gerichtsstandsklausel zugestimmt[988].

Da gemäss dem Bundesgericht die in AGB enthaltene Gerichtsstandsklausel in 222
der Regel eine geschäftsfremde und damit ungewöhnliche Bestimmung darstellt und zudem ein verfassungsmässiges Recht (Art. 30 Abs. 2 BV) beschränkt, ist diese Annahme durch den AGB-Verwender nur dann gerechtfertigt, wenn er in guten Treuen davon ausgehen durfte, «der Verzichtende habe von der Gerichtsstandsklausel tatsächlich Kenntnis genommen und ihre Bedeutung richtig erkannt»[989]. Insoweit *fingiert* das Bundesgericht eine *tatsächliche Kenntnisnahme* des Vertragspartners, wenn die AGB der Vertragsofferte beigelegt (also *zugänglich*) oder wenn aus früheren Geschäftsbeziehungen deren Anwendbarkeit und Inhalt dem Vertragspartner bekannt waren[990]. In solchen Konstellationen könne jedenfalls von einem geschäftserfahrenen und rechtskundigen Vertragspartner erwartet werden, dass er die Gerichtsstandsklausel in

---

986 BGE 132 III 268, 274, E. 2.3.2; BGer 4A_347/2011, E. 2; KG Schwyz, ZK1 2016 37, E. 2a, Urteil vom 12. September 2017; BERGER, BK, N 20 zu Art. 17 ZPO; HEDINGER/HOSTETTLER, ZPO, N 21 f. zu Art. 17 ZPO; HAAS/SCHLUMPF, KUKO ZPO, Art. 17 N 11.

987 BGE 132 III 268, 274, E. 2.3.2; BGer 4A_568/2017, E. 2.2; 4A_4/2015, E. 2; 4A_247/2013, E. 2.1.2; 4A_347/2011, E. 2; HGer ZH, HG210003-O U/dz, E. I.1.2.1, Urteil vom 14. Juli 2022; STAEHELIN/STAEHELIN/GROLIMUND-GROLIMUND, Zivilprozessrecht, § 9 N 59; BERGER, BK, N 22 zu Art. 17 ZPO; HAAS/SCHLUMPF, KUKO ZPO, Art. 17 N 12.

988 BGer 4A_247/2013, E. 2.1.2; 4A_347/2011, E. 2; 4P.135/2002, E. 2; 4C.353/1999, E. 2a; 4A_503/2020, E. 5.4; 4A_4/2015, E. 2; BGE 118 Ia 294, 297, E. 2a; 109 Ia 55 E. 3; 93 I 323, 328, E. 5a; HGer ZH, HG210003-O U/dz, E. I.1.2.1, Urteil vom 14. Juli 2022; stellvertretend aus der Lehre BERGER, BK, N 22 zu Art. 17 ZPO.

989 BGer 4A_247/2013, E. 2.1.2; 4A_347/2011, E. 2; 4C.282/2003, E. 3.1; BGE 118 Ia 294, 297, E. 2a; 109 Ia 55, E. 3a; 104 Ia 278, 280, E. 3; HGer ZH, HG210003-O U/dz, E. I.1.2.1, Urteil vom 14. Juli 2022; KG Schwyz, ZK1 2016 37, E. 2c, Urteil vom 12. September 2017. Vgl. so auch aus der h.L. ZK-SCHÖNENBERGER/JÄGGI, Art. 1 N 501; BK-KRAMER, Art. 1 N 202 f.; GAUCH/SCHLUEP/SCHMID, OR AT, N 1140; KOLLER, OR AT, N 23.45; MERZ, FS Schönenberger, 148 f.

990 BGer 4A_247/2013, E. 2.1.2; 4A_347/2011, E. 2; HGer ZH, HG210003-O U/dz, E. I.1.2.2, II.1.3.2, Urteil vom 14. Juli 2022. Vgl. zum Erfordernis der Zugänglichkeit der AGB-Gerichtsstandsklausel unten N 227, zur laufenden Geschäftsverbindung unten N 262.

den AGB beachtet, versteht und ausdrücklich ablehnt, falls er mit dem vorgeschlagenen Gerichtsstand nicht einverstanden ist[991]. Schlussendlich sind bei der Beurteilung der Willenseinigung die *Umstände des Einzelfalles* entscheidend[992], wobei neben dem Erfordernis der Zugänglichkeit der AGB-Gerichtsstandsklausel (unten N 227) namentlich die Geschäftserfahrung und Rechtskundigkeit des Vertragspartners sowie die Klarheit und Deutlichkeit der AGB-Gerichtsstandsklausel (sogleich N 223 ff.) berücksichtigt werden sollten.

bbb. Klarheit und Deutlichkeit

223 Damit der AGB-Verwender in guten Treuen die Kenntnis und die Zustimmung des Vertragspartners zur Gerichtsstandsklausel in AGB annehmen darf, muss die Gerichtsstandsklausel *klar und deutlich* aus dem Vertragstext hervorgehen[993]. Die Anforderungen an die formelle Klarheit und inhaltliche Deutlichkeit (Bestimmtheit) der Gerichtsstandsklausel können im Einzelfall je nach der konkreten (insb. geschäftlichen und juristischen) Erfahrung des jeweiligen Vertragspartners variieren[994]. Dabei kann von einem *geschäftserfahrenen und*

---

991 BGE 118 Ia 294, 297, E. 2a; 104 Ia 278, 280 f., E. 3; BGer 4A_247/2013, E. 2.1.2; 4A_347/2011, E. 2; 4C.282/2003, E. 3; HGer ZH, HG210003-O U/dz, E. I.1.2.2, Urteil vom 14. Juli 2022; KG BL, 400 12 321, E. 2.6, Urteil vom 12. März 2013. Vgl. kritisch SHK UWG-PROBST, Art. 8 N 499, Fn 754, wonach die Formel des Bundesgerichts eine Vollübernahme («tatsächliche Kenntnis») der AGB-Gerichtsstandsklausel als Erfordernis für den Konsens suggeriert, jedoch im Ergebnis auch eine Globalübernahme für die Annahme der tatsächlichen Kenntnisnahme der Klausel genügen lässt. Dies steht im Widerspruch zur Tatsache, dass ein global übernehmender Vertragspartner die AGB-Gerichtsstandsklausel eben gerade nicht zur Kenntnis nimmt (und dieser Umstand müsste dem AGB-Verwender zumindest beim Vertragsschluss unter Anwesenden auch bewusst sein).

992 GAUCH/SCHLUEP/SCHMID, OR AT, N 1140a.

993 BGer 4C.353/1999, E. 2a; 4A_247/2013, E. 2.4 («Gerichtsstand ist Oberwil» wurde als ohne Weiteres klar und eindeutig bewertet); 4A_568/2017, E. 3; BGE 132 III 268, E. 2.3.3; 118 Ia 294, E. 2a; HGer ZH, HG210003-O U/dz, E. I.1.2.2, Urteil vom 14. Juli 2022; KG BL, 400 12 321, E. 2.6, Urteil vom 12. März 2013; STAEHELIN/STAEHELIN/GROLIMUND-GROLIMUND, Zivilprozessrecht, § 9 N 59; HAAS/SCHLUMPF, KUKO ZPO, Art. 17 N 12; HEDINGER/HOSTETTLER, ZPO, N 21 zu Art. 17 ZPO; CHK ZPO-SUTTER-SOMM/SEILER, Art. 17 N 5. Das Erfordernis der Klarheit und Deutlichkeit ergibt sich bereits aus dem Transparenzgebot auf der Ebene der Einbeziehung von AGB (siehe zur Verständlichkeit und Lesbarkeit von AGB oben N 156 ff.). Mit Bezug auf die Einbeziehung von Gerichtsstandsklauseln ist es lediglich weiter konkretisiert.

994 Vgl. bereits BGE 104 Ia 278, E. 3; 109 Ia 55, 57, E. 3a («Es ist jedoch zu beachten, dass nicht schlechthin zwischen geschäftserfahrenen und rechtskundigen Personen einerseits und nicht gewandten und rechtsunkundigen Personen andererseits unterschieden werden kann. Vielmehr bestehen in dieser Hinsicht Zwischenstufen, für die je nach dem konkreten Stand der Erfahrungen der betreffenden Person sowie nach dem Grad der

rechtskundigen Vertragspartner viel eher erwartet werden, dass er die Gerichtsstandsklausel beachtet und versteht[995]. Der Nachweis besonderer geschäftlicher oder juristischer Kenntnisse ist dabei freilich nicht zwingend vorausgesetzt für einen gültigen Verzicht des Vertragspartners[996]. Ist beispielsweise die Gerichtsstandsklausel hinreichend klar und eindeutig, genügt nach dem Vertrauensprinzip auch «die Erfahrung eines durchschnittlich gebildeten Vertragspartners» ohne besondere typographische Hervorhebung oder Erläuterung der AGB-Klausel[997].

Umgekehrt können mangelhafte Sprach-, Geschäfts- oder Rechtskenntnisse den AGB-Verwender in Ausnahmefällen zu einem besonderen Hinweis oder spezieller Erläuterung verpflichten, wenn der Vertragspartner in erkennbarer Weise nicht imstande ist, den Inhalt der Gerichtsstandsklausel zu verstehen, selbst wenn diese an sich unmissverständlich formuliert und deutlich vom übrigen Vertragstext hervorgehoben ist[998]. Ferner können unverständliche Formulierungen, 224

formellen Klarheit und der inhaltlichen Deutlichkeit der Klausel im Einzelfall die Verbindlichkeit der Vereinbarung entweder zu bejahen oder zu verneinen ist»). Vgl. ferner BOHNET, SZZP 2012, 454; GAUCH/SCHLUEP/SCHMID, OR AT, N 1140a.

995 BGE 118 Ia 294 E. 2a, 297; 104 Ia 278, 280 f.; bestätigt in BGer 4A_247/2013, E. 2.1.2; 4C.282/2003, E. 3.1; HGer ZH, HG210003-O U/dz, E. I.1.2.2, Urteil vom 14. Juli 2022; KG BL, 400 12 321, E. 2.6, Urteil vom 12. März 2013. Dasselbe gilt bei einem an sich geschäftsunerfahrenen, aber juristisch beratenen Kunden. Dieser muss sich das Rechtswissen des Beraters anrechnen lassen.

996 BGer 4A_247/2013, E. 2.1.2, 2.4; HGer ZH, HG210003-O U/dz, E. I.1.2.2, Urteil vom 14. Juli 2022.

997 BGer 4A_247/2013, E. 2.1.2; 2.4; 4P.301/1993, E. 1b; BGE 118 Ia 294, 297, E. 2a; 109 Ia 55 E. 3a; HGer ZH, HG210003-O U/dz, E. I.1.2.2, I.1.3.2, Urteil vom 14. Juli 2022 («Ist die Klausel klar und deutlich und wurden die AGB zugänglich gemacht, … so genügt nach dem Vertrauensprinzip die Erfahrung eines durchschnittlich gebildeten Vertragspartners, damit in guten Treuen davon ausgegangen werden kann, die Klausel sei zur Kenntnis genommen und ihr sei zugestimmt worden»). Gemäss Bundesgericht sollten deshalb beispielsweise Akademiker aufgrund ihrer Bildung «auch als juristische Laien und ohne nennenswerte Geschäftserfahrung in der Lage sein, allgemeine Geschäftsbedingungen zu verstehen und namentlich die Bedeutung und Tragweite einer – wie hier – klaren und deutlichen Gerichtsstandsklausel richtig einzuordnen» (BGer 4A_247/2013, E. 2.4). Vgl. sinngemäss auch BK-Kramer, Art. 1 N 202 ff.; GAUCH/SCHLUEP/SCHMID, OR AT, N 1140a (mit Verweis auf Oger LU. LGVE, 1987 I Nr. 12, 29, 30, wonach Akademiker sogar eine vorvertragliche Erkundigungsobliegenheit haben, wenn sie eine AGB-Klausel nicht verstehen).

998 In diesem Sinne BGE 104 Ia 278 (betr. mangelhafte Sprach- und Rechtskenntnisse eines osteuropäischen Flüchtlings); vgl. ferner BGE 109 Ia 55; 118 Ia 294, E. 2; ZK-MÜLLER-CHEN, Art. 5 IPRG N 112; GAUCH/SCHLUEP/SCHMID, OR AT, N 1140a; KOLLER, OR AT, N 23.45; GAUCH, Werkvertrag, N 197b. Siehe auch zum Sprachrisiko bei der Einbeziehung von AGB oben N 169.

Schreibfehler[999] oder eine zu knapp bemessene Informationszeit[1000] für die Lektüre der AGB vor Vertragsschluss ebenfalls zum Scheitern der Übernahme der Gerichtsstandsvereinbarung in den Vertrag führen[1001]. Dasselbe gilt für kaum lesbare, extra klein gedruckte, versteckte oder an einem ungewöhnlichen Ort platzierte Gerichtsstandsklauseln in AGB[1002].

225 Erweist sich die Gerichtsstandsklausel in AGB als nicht hinreichend klar und deutlich, so kommt nach dem Vertrauensprinzip kein genügend klarer Wille des Vertragspartners für den Verzicht auf seinen ordentlichen Gerichtsstand zum Ausdruck und die Klausel wird nicht zum Vertragsbestandteil erhoben[1003]. Verbleiben in diesem Sinne etwa Widersprüche, Zweifel oder Mehrdeutigkeiten hinsichtlich der AGB-Gerichtsstandsklausel, so ist die Klausel ungültig[1004]. Haben die Vertragsparteien zum Beispiel bloss einen Zahlungs- oder Erfüllungsort vereinbart, so ist darin noch keine (konkludente) Vereinbarung eines Gerichtsstands zu sehen[1005].

226 Seit der Einführung der (teil-)zwingenden Gerichtsstände für Konsumenten, Mieter, Pächter und Arbeitnehmer unter dem GestG (und später Art. 35 ZPO) bleibt die Frage der (variablen) Anforderungen an die Klarheit und Deutlichkeit der AGB-Gerichtsstandsklausel allerdings bloss noch ausserhalb dieser Gerichtsstandsbestimmungen praktisch relevant, namentlich für nicht auf den

---

999 Schreibfehler können zur Unverständlichkeit einer Gerichtsstandsklausel führen (Gauch/Schluep/Schmid, OR AT, N 1140a). Vgl. z.B. *«Fort judiciaire»* statt *«For judiciaire»* (BGer Pra 86/1997, Nr. 164, 874, 875). Vgl. bereits zur Verständlichkeit und Lesbarkeit im Rahmen des Transparenzgebotes bei der Einbeziehung von AGB oben N 156 ff.

1000 BGer 4C.282/2003, E. 3.3; Gauch/Schluep/Schmid, OR AT, N 1140a. Bei Zeitdruck mag es häufig bereits an einer zumutbaren Kenntnisnahme der AGB als Erfordernis der Zugänglichkeitsregel fehlen (vgl. dazu oben N 127).

1001 So auch Gauch/Schluep/Schmid, OR AT, N 1140a.

1002 Haas/Hug, ZZZ 2021, 485; HGer ZH, HG210003-O U/dz, E. I.1.3.4, Urteil vom 14. Juli 2022 (*in casu* verneint, da die Platzierung einer Gerichtsstandsklausel am Schluss des Dokumentes den Regelfall bilde und der Vertragspartner rechtskundig sei).

1003 BGer 4A_568/2017, E. 3; 4A_4/2015, E. 3.2 f.; 4C.353/1999, E. 2b; Staehelin/Staehelin/Grolimund-Grolimund, Zivilprozessrecht, § 9 N 59. Diese Rechtsfolge ist im Einklang mit der Rechtsfolge bei Verletzung des Transparenzgebotes bei der Einbeziehung von AGB (Erfordernis der Verständlichkeit und Lesbarkeit von AGB).

1004 BGer 4A_568/2017, E. 3 (mit Verweis auf BGE 132 III 268, E. 2.3.3); 4A_4/2015, E. 3.2 f. («Zufolge Widersprüchlichkeit liegt keine gültige Gerichtsstandvereinbarung vor»); Staehelin/Staehelin/Grolimund-Grolimund, Zivilprozessrecht, § 9 N 59. Das Bundesgericht hat bei einer unklaren bzw. mehrdeutigen Gerichtsstandsklausel in AGB auch schon die Unklarheitenregel im Rahmen der Auslegung zur Anwendung gebracht, wonach die unklare Klausel zu Lasten des AGB-Verwenders ausgelegt werden soll, jedoch im Ergebnis die Geltung der Gerichtsstandsvereinbarung mangels normativen Konsenses gänzlich verneint (vgl. BGer 4C.353/1999, E. 2b-d).

1005 BGE 93 I 323, E. 5b; Haas/Schlumpf, KUKO ZPO, Art. 17 N 12.

«üblichen Verbrauch» (i.S.v. Art. 32 ZPO) gerichtete Verträge mit Konsumenten[1006] und für Unternehmerverträge.

ccc. Zugänglichkeit der Gerichtsstandsklausel in AGB

Zusätzlich zum Erfordernis der Klarheit und Deutlichkeit (vgl. oben N 223 ff.) muss die AGB-Gerichtsstandsklausel im Rahmen der Konsenskontrolle dem Vertragspartner vor bzw. spätestens *bei Vertragsschluss hinreichend zugänglich* gemacht werden[1007]. Hierfür muss der AGB-Verwender seinen Vertragspartner deutlich auf die AGB *hinweisen*[1008] und ihm zumindest eine *zumutbare Möglichkeit der Kenntnisnahme* der AGB verschaffen[1009]. Gemäss Bundesgericht ist das Zugänglichkeitserfordernis insbesondere dann erfüllt, wenn der AGB-Verwender die AGB der Vertragsofferte beilegt bzw. dem Vertragspartner aushändigt oder wenn die Anwendbarkeit und der Inhalt der AGB aus früheren Geschäftsbeziehungen bekannt waren[1010]. Dagegen liegt keine ausrei- 227

[1006] Hier könnte bei einem gänzlich geschäftsunerfahrenen und/oder rechtsunkundigen Vertragspartner nach dem Vertrauensprinzip ein besonderer Hinweis auf die Gerichtsstandsklausel in den AGB oder gar eine besondere Erläuterung als Teil der rechtsgeschäftlichen Einbeziehungserklärung verlangt werden (so auch MÜLLER-CHEN, Art. 5 IPRG N 112). Dies würde aber wohl den Ausnahmefall darstellen, da das Bundesgericht eine klare und deutliche Formulierung (ohne weitere Hervorhebung oder Erläuterung) bereits genügen lässt, sobald der Vertragspartner «durchschnittlich gebildet» ist (vgl. z.B. BGer 4A_247/2013, E. 2.4, siehe dazu oben N 223).

[1007] STAEHELIN/STAEHELIN/GROLIMUND-GROLIMUND, Zivilprozessrecht, § 9 N 59; HAAS/HUG, ZZZ 2021, 483, 485; HGer ZH, HG210003-O U/dz, E. I.1.2.2, I.1.3.2, Urteil vom 14. Juli 2022 («sofern die AGB zugänglich waren»). Vgl. auch für Art. 23 LugÜ: BGE 139 III 345, 349, E. 4.3; SHK LugÜ-KILLIAS, Art. 23 N 96a-e; BERGER, BSK, N 42 zu Art. 23 LugÜ. Vgl. ausführlich zur Zugänglichkeit von AGB oben N 123 ff.

[1008] Es muss auf die AGB hingewiesen werden, nicht aber spezifisch auf die Gerichtsstandsklausel selbst. Vgl. BGE 139 III 345, 347, E. 4.1 (zu Art. 23 LugÜ); HGer ZH, HG210003-O U/dz, E. II.1.3.2, Urteil vom 14. Juli 2022 (zu Art. 17 ZPO); SHK LugÜ-KILLIAS, Art. 23 N 96a; ZK-MÜLLER-CHEN, Art. 5 IPRG N 112. Vgl. zur Hinweisobliegenheit bei der Einbeziehung von AGB oben N 133 ff.

[1009] So auch HAAS/HUG, ZZZ 2021, 483, 485; HGer ZH, HG210003-O U/dz, E. I.1.2.2, I.1.3.2, II.1.3.2, Urteil vom 14. Juli 2022; vgl. ferner zu Art. 23 LugÜ BGE 139 III 345, 347, E. 4.3 (*in casu* erachtete das Bundesgericht einen E-Mail-Verweis auf die AGB auf einer Website im b2b-Verkehr als ausreichend); SHK LugÜ-KILLIAS, Art. 23 N 96b-d;zu Art. 5 IPRG ZK-MÜLLER-CHEN, Art. 5 IPRG N 113 ff. Vgl. zur Möglichkeit zumutbarer Kenntnisnahme oben N 143 ff. Vgl. zur Möglichkeit zumutbarer Kenntnisnahme oben N 143 ff.

[1010] BGer 4A_247/2013, E. 2.1.2; 4A_347/2011, E. 2; HGer ZH, HG210003-O U/dz, E. II.1.3.2, Urteil vom 14. Juli 2022; ähnlich BOHNET, SZZP 2012, 454. Vgl. zu den chende Möglichkeit zumutbarer Kenntnisnahme bei AGB-Gerichtsstandsklauseln auf der Rückseite von Rechnungen, Lieferscheinen oder im Rahmen sonstiger Geschäftskorrespondenz[1011] vor[1012]. Sofern beide Vertragsparteien eigene Gerichtsstandsklauseln in ihren AGB für denselben Vertrag zur Einbeziehung stellen, die sich jedoch hinsichtlich des Gerichtsstands widersprechen («Battle of the Forms»), entfalten beide kollidierenden Gerichtsstandsklauseln mangels Konsenses keine Wirkung[1013]. Die dargelegten Grundsätze entsprechen im Ergebnis weitgehend den allgemein anerkannten Zugänglichkeitsanforderungen bei der Einbeziehung von AGB im Binnenkontext (sog. *Zugänglichkeitsregel*)[1014]. Eine tatsächliche Kenntnis der Gerichtsstandsklausel ist dagegen insbesondere im unternehmerischen Geschäftsverkehr nicht zwingend erforderlich[1015]. Für die Geltung der Gerichtsstandsklausel in AGB müssen allerdings zusätzlich zur konsensualen Einigung der Parteien jeweils die *Formvorschriften* nach Art. 17 Abs. 2 ZPO eingehalten sowie die zwingenden Gerichtsstände (insb. Konsumentengerichtsstand) nach Art. 35 Abs. 1 ZPO beachtet werden[1016].

Anforderungen an die Einbeziehung der AGB-Gerichtsstandsklausel im elektronischen Geschäftsverkehr unten N 234 ff. (ZPO), N 243 (IPRG), N 248 (LugÜ).

1011 Gemeint sind sonstige einseitige Erklärungen des AGB-Verwenders nach Vertragsschluss (z.B. Auftragsbestätigungen). Siehe zu nachgeschobenen AGB bereits oben N 128.

1012 So auch für Art. 5 IPRG ZK-MÜLLER-CHEN, Art. 5 IPRG N 114, Fn 171.

1013 So auch für Art. 5 IPRG ZK-MÜLLER-CHEN, Art. 5 IPRG N 116. Siehe ausführlich zur Battle of the Forms unten N 274 f.

1014 Vgl. zur Zugänglichkeitsregel BGE 148 III 57, E 2.1.2; BGer 4A_47/2015, E. 5.4.1, jeweils mit Verweis auf BGE 139 III 345; SCHMID/ZBINDEN, ZBJV 2015, 30; monographisch PERRIG, Zugänglichkeitsregel, 40 ff. Folglich sind insoweit auch die allgemeinen Ausführungen zur Einbeziehung von AGB zu beachten (so auch ZK-MÜLLER-CHEN, Art. 5 IPRG N 92, 111 ff.). Vgl. ausführlich zur Zugänglichkeitsregel oben N 123 ff.

1015 In Bezug auf das das LugÜ BGE 139 III 345, 349, E. 4.4.1; SHK LugÜ-KILLIAS, Art. 23 N 96d; in Bezug auf Art. 5 IPRG ZK-MÜLLER-CHEN, Art. 5 IPRG N 113. Vgl. aber die vom Bundesgericht gesetzte Anforderung, wonach der AGB-Verwender im Binnenverkehr nur dann in guten Treuen von einer Zustimmung des Vertragspartners zur Gerichtsstandsklausel ausgehen durfte, wenn der Verzichtende «von der Gerichtsstandsklausel tatsächlich Kenntnis genommen und ihre Bedeutung richtig erkannt» hat (BGer 4A_247/2013, E. 2.1.2). Das Bundesgericht scheint allerdings die Kenntnisnahme eines (insb. geschäftserfahrenen und rechtskundigen) Vertragspartners zu fingieren, sobald er auf die AGB hingewiesen wurde und die Möglichkeit zumutbarer Kenntnisnahme hatte.

1016 Die derzeit geplante Revision der ZPO sieht gemäss dem aktuellen und vom Schweizer Parlament verabschiedeten Entwurf keine Änderungen an den gesetzlichen Formvorschriften für Gerichtsstandsklauseln oder an den zwingenden Gerichtsstandsbestimmungen für Konsumenten vor. Vgl. zu den zwingenden Gerichtsständen unten N 232, zu den Formvorschriften unten N 233 ff.

ddd. Ungewöhnlichkeit der Gerichtsstandsklausel in AGB

228 Gerichtsstandsklauseln in AGB müssen sich an den AGB-rechtlichen Kontrollinstrumenten messen lassen, um Geltung zu erlangen[1017]. Die Erfüllung der Formvorschriften der ZPO kann daher nicht von der AGB-rechtlichen Prüfung dispensieren. Das gilt auch für die Berücksichtigung *Ungewöhnlichkeitsregel*[1018]. Eine Gerichtsstandsvereinbarung kann zum Verzicht einer Partei auf ihren ordentlichen (gemäss Art. 30 Abs. 2 BV verfassungsmässig garantierten) Gerichtsstand führen, weshalb derartige Klauseln in AGB vom Bundesgericht regelmässig als *geschäftsfremd und somit ungewöhnlich* bezeichnet werden[1019]. Die herrschende obligationenrechtliche Lehre erachtet Gerichtsstandsklauseln in AGB zumindest im Bereich von *Konsumentenverträgen* ebenfalls als *ungewöhnlich bzw. freiheitsbeschränkend* und erklärt auf global übernommene AGB-Gerichtsstandsklauseln die Ungewöhnlichkeitsregel im Allgemeinen für anwendbar[1020]. Jedoch hat die Ungewöhnlichkeitsregel durch die Schaffung der *(teil-)zwingenden Gerichtsstände* des Konsumenten, Mieters oder Pächters von Wohn oder Geschäftsräumen oder des Arbeitnehmers als sozial schwächere Parteien (Art. 35 ZPO) in diesen Bereichen ihre praktische Relevanz verloren[1021].

229 Praktisch bedeutsam bleibt die Frage der Ungewöhnlichkeit von AGB-Gerichtsstandsklauseln somit lediglich noch ausserhalb der zwingenden ZPO-Gerichtsstandsbestimmungen. So können beispielsweise nicht auf den «*üblichen Verbrauch*» (i.S.v. Art. 32 ZPO)[1022] gerichtete Verträge mit geschäftsunerfah-

---

1017 Haas/Hug, ZZZ 2021, 470, 485.

1018 Gauch/Schluep/Schmid, OR AT, N 1140 ff. Die Ungewöhnlichkeitsregel wurde vom Bundesgericht insb. im Zusammenhang mit Gerichtsstandsklauseln enwickelt (vgl. BGE 104 Ia 278 E. 3; 98 Ia 314 E. 5a). Vgl. zur Ungewöhnlichkeitsregel oben N 193 ff.

1019 Vgl. BGE 104 Ia 278, 280, E. 3; 98 Ia 314, E. 5a; BGer 4A_247/2013, E. 2.1.2; 4A_347/2011, E. 2.

1020 Gauch/Schluep/Schmid, OR AT, N 1140 ff.; Hartmann, Hommage Gauch, 139, 145, 150; Koller, OR AT, N 23.44 ff.; Huguenin, OR, N 621; SHK UWG-Probst, Art. 8 N 360 Fn 424, N 362; BK-Müller, Art. 1 N 364; Schwenzer/Fountoulakis, OR AT, N 45.07; BK-Kramer, Art. 1 N 202 ff.; Merz, FS Schönenberger, 148 f.; ZK-Schönenberger/Jäggi, Art. 1 N 500 ff.; Giger, Kontrolle AGB, 109 ff.; a.A. Haas/Hug, ZZZ 2021, 469 ff.

1021 Diese Personengruppen können nicht zum Voraus (also auch nicht in AGB) auf ihre gesetzlichen Gerichtsstände gemäss Art. 32-34 ZPO verzichten. Statt vieler Huguenin, OR, N 621.

1022 Vgl. zu Recht kritisch zum unscharfen Begriff der «Leistungen des üblichen Verbrauchs» Hartmann, FS Fellmann, 227 ff.

renen und rechtsunkundigen Konsumenten im Einzelfall weiterhin in den Anwendungsbereich der Ungewöhnlichkeitsregel fallen[1023]. Ferner ist in der Literatur umstritten, ob Gerichtsstandsklauseln in AGB bei *geschäftserfahrenen und rechtskundigen Vertragsparteien* ungewöhnlich sind[1024]. Es ist insoweit eine Einzelfallprüfung erforderlich, wobei nach der hier vertretenen Ansicht AGB-Gerichtsstandsklauseln zumindest im unternehmerischen Geschäftsverkehr in zahlreichen Verkehrskreisen seit Jahrzehnten zum etablierten Standardinhalt von AGB gehören und dort auch inhaltlich nicht ohne Weiteres geschäftsfremd sind[1025]. Daher liegt in diesem Anwendungsbereich der Ungewöhnlichkeitsregel die objektive und (aufgrund der einschlägigen Geschäftserfahrung der unternehmerisch tätigen Vertragspartner auch) die subjektive Ungewöhnlichkeit solcher AGB-Klauseln in aller Regel nicht vor[1026]. Soweit ersichtlich hat denn auch die jüngere bundesgerichtliche Rechtsprechung AGB-Gerichtstandsklauseln im unternehmerischen Rechtsverkehr nicht mehr näher unter dem Blickwinkel der Ungewöhnlichkeitsregel geprüft. Jedoch darf dieser Umstand nicht zur pauschalen Verwerfung der Ungewöhnlichkeitsregel verleiten. Namentlich das (durchaus berechtigte) Argument der weiten Verbreitung

1023 So würde wohl ein geschäftsunerfahrener, rechtsunkundiger und nur der deutschen Sprache mächtiger Konsument bei einem Autokauf an seinem Wohnsitz in der Deutschschweiz von einem global in AGB übernommenen Gerichtsstand im Tessin überrascht werden.

1024 Beispielsweise sind gemäss HARTMANN, Hommage Gauch, 145, 150 (mit Verweis auf BGE 128 I 273, E. 2.3) AGB-Gerichtsstandsklauseln grundsätzlich geschäftsfremd und ungewöhnlich, da sie nicht die im Geschäftskern geregelten gegenseitigen Rechte und Pflichten konkretisieren, sondern den Vertrag um einen zusätzlichen (prozessualen) Punkt erweitern. Dagegen sieht HAAS/HUG, ZZZ 2021, 481 ff. die Gerichtsstandsklausel in AGB generell als eigenständigen prozessrechtlichen Vertrag, welche den Charakter eines (materiell-rechtlichen) Vertrags von vornherein nicht zu ändern vermag und daher nicht als geschäftsfremd oder anderweit ungewöhnlich gelten soll.

1025 Dies gilt insbesondere dann, wenn die Gerichtsstandsklausel den Sitz des AGB-Verwenders vorsieht. In diesem Sinne auch HGer ZH, HG210003-O U/dz, E. I.1.3.5, Urteil vom 14. Juli 2022: «Die Prorogation des Gerichtsstands am eigenen Geschäftssitz stellt geradezu den typischen Fall einer Gerichtsstandsvereinbarung dar».

1026 Ähnlich HAAS/HUG, ZZZ 2021, 482 ff. (jedoch nicht zwischen Konsumenten- und Unternehmerverkehr differenzierend); HGer ZH, HG210003-O U/dz, E. I.1.3.5, Urteil vom 14. Juli 2022. Beachte im Grundsatz bereits das *obiter dictum* in BGE 98 Ia 314 E. 5a: «... Anders mag es sich im kaufmännischen Verkehr verhalten, ist es doch den Kaufleuten einerseits bekannt, dass in zahlreichen Branchen Allgemeine Geschäftsbedingungen mit einer Gerichtsstandsklausel üblich sind, und anderseits ist es ihnen zuzumuten, die ihnen mit einer Offerte übergebenen Geschäftsbedingungen genau durchzusehen und eine ihnen nicht genehme Gerichtsstandsklausel abzulehnen (...).».

vermag eine an sich ungewöhnliche bzw. geschäftsfremde Klausel für sich allein noch nicht zu heilen[1027]. So kann eine Gerichtsstandsklausel auch im unternehmerischen Geschäftsverkehr in Ausnahmefällen ungewöhnlich sein, etwa wenn die Vereinbarung einen Gerichtsstand an einem Ort vorsieht, an welchem keine der beiden Vertragsparteien ihren Sitz hat und auch sonst kein für die Parteien erkennbarer bzw. vernünftiger Bezug (wie z.B. Sitz einer Gruppengesellschaft oder Erfüllungsort) zum gewählten Gerichtsstandsort existiert[1028].

eee. Weitergeltung der «typographischen» Rechtsprechung?

230 Gestützt auf das *vertrauenstheoretische Erfordernis* der *Klarheit und Deutlichkeit* von Gerichtsstandsklauseln (vgl. oben N 223 ff.) entwickelte das Bundesgericht unter Art. 59 aBV (später Art. 30 Abs. 2 BV) die sog. *typographische Rechtsprechung*, wonach Gerichtsstandsvereinbarungen in AGB zum Schutz der geschäftlich unerfahrenen, häufig wirtschaftlich und sozial schwächeren Partei an *gut sichtbarer Stelle* angebracht und *drucktechnisch besonders hervorgehoben* werden müssen, damit die Kenntnis und das Einverständnis des Kunden vermutet werden darf[1029]. Der Gesetzgeber hat im Zuge der Einführung der Gerichtsstandsbestimmungen des GestG und später der ZPO auf eine explizite Kodifizierung dieser Rechtsprechung verzichtet, da durch die Einführung *teilzwingender Gerichsstände* (insb. für Konsumenten) der Sozialschutz hinreichend gewährleistet sei[1030]. Der überwiegende Teil der zivilprozessualen Kommentare leitet daraus ab, die *«typographische» Rechtsprechung* sei mit Einführung der Gerichtsstandsbestimmungen des GestG und der ZPO vollständig abgeschafft worden[1031], wobei ein uneinheitliches Verständnis herrscht,

---

[1027] SHK UWG-PROBST, Art. 8 N 362, Fn 433; HARTMANN, Hommage Gauch, 143 f., 152 («Für die objektive Ungewöhnlichkeit bildet demnach die tatsächliche Verbreitung einer Klausel kein Kriterium»).

[1028] Zustimmend HAAS/HUG, ZZZ 2021, 483; HG210003-O U/dz, E. I.1.3.5 Urteil vom 14. Juli 2022 (AGB-Gerichtsstandsklausel kann «infolge fehlenden Bezugs ausnahmsweise von der Ungewöhnlichkeitsregel erfasst» werden).

[1029] BGE 104 Ia 278, 280, E. 3 (m.w.H.); 109 Ia 55, 57, E. 3a; 118 Ia 294, 297, E 2a; 128 I 273, 277, E. 2.3; BGer 4C.353/1999, E. 2.a; 4P.135/2002, E. 2; 4C.282/2003, E. 3.2; vgl. aus der Lehre REETZ, GestG, 178 ff.; BOHNET, SZZP 2012, 454; KOLLER, OR AT, N 23.44 ff.; GAUCH/SCHLUEP/SCHMID, OR AT, N 1140a.

[1030] Vgl. zum GestG BBl 1999, 2850: Von der typographischen Rechtsprechung könne abgesehen werden, «da in sensiblen Rechtsgebieten (so v.a. im Konsumentenschutz) eine Gerichtsstandsklausel i.S. eines Vorausverzichts generell unzulässig ist, was im Ergebnis einen viel wirksameren Schutz der sozial schwächeren Partei bedeutet.».

[1031] In diesem Sinne HAAS/HUG, ZZZ 2021, 475 ff.; BERGER, BK, N 40 zu Art. 17 ZPO; INFANGER, BSK, N 31 zu Art. 17 ZPO; FÜLLEMANN, N 18 zu Art. 17 ZPO; in diese was genau unter die typographische Rechtsprechung fällt[1032]. Dagegen erachtet die wohl herrschende obligationenrechtliche Lehre die der typographischen Rechtsprechung zugrunde liegenden Konsensgrundsätze weiterhin als anwendbar[1033]. Das Bundesgericht hat sich zu dieser Frage noch nicht explizit geäussert, wendet jedoch die Erfordernisse der *Klarheit und Deutlichkeit* von Gerichtsstandsklauseln auch unter dem Regime der ZPO weiterhin an[1034]. Dies gilt es weiter zu erläutern.

231 Die *Formerfordernisse* für Gerichtsstandsklauseln sind in der Tat durch den Gesetzgeber in Art. 17 ZPO *abschliessend* festgelegt worden und es verbleibt den Gerichten daher kein Spielraum für die Anordnung weiterer Formvorschriften für Gerichtsstandsklauseln in AGB[1035]. Von einer drucktechnischen Hervorhebung von Gerichtsstandsklauseln in AGB als gesetzliches Formerfordernis hat der Gesetzgeber dabei explizit abgesehen[1036]. So verlangt das Bundesgericht (soweit ersichtlich) im Anwendungsbereich der ZPO denn auch *keine drucktechnische Hervorhebung* von Gerichtsstandklauseln als Regelerfordernis für deren Geltung. Allerdings ersetzen die gesetzlichen Formvorschriften von Art. 17 ZPO nicht die besonderen für AGB entwickelten *Anforderungen an den Konsens*[1037]. Die Konsenskontrolle, welche die Übernahme

Richtung auch HEDINGER/HOSTETTLER, ZPO, N 17 zu Art. 17 ZPO (bezeichnen die «typographische» Rechtsprechung als «überholt»); a.A. BOHNET, SZZP 2012, 456.

1032 Bisweilen wird neben der gut sichtbaren Platzierung und der drucktechnischen Hervorhebung der Gerichtsstandsklausel in AGB auch ein besonderer Hinweis auf die Gerichtsstandsklausel oder eine Erläuterung derselben als Aspekte der typographischen Rechtsprechung angesehen. Der Gestzgeber hat sich jedoch klar und einzig auf die drucktechnische Platzierung und Hervorhebung in den AGB bezogen (vgl. BBl 1999, 2850 zum GestG). Der besondere Hinweis und die Erläuterung wurden nicht erwähnt, da sie keine Formvorschriften, sondern qualifizierte Konsenserfordernisse darstellen (siehe sogleich N 231).

1033 Vgl. etwa GAUCH/SCHLUEP/SCHMID, OR AT, N 1142; KOLLER, OR AT, N 23.45; HUGUENIN, OR, N 621.

1034 Vgl. etwa BGer 4A_247/2013, E. 2.4; siehe dazu oben N 223 ff.

1035 Vgl. etwa BERGER, BK, N 40 zu Art. 17 ZPO; HAAS/HUG, ZZZ 2021, 474 ff.

1036 BBl 1999, 2850 (zum GestG). Eine typographische Hervorhebung der Gerichtsstandsklausel ist ohnehin nicht geeignet, die gemäss dem Bundesgericht erforderliche Kenntnis des übernehmenden Vertragspartners zu konstruieren, wenn dieser die AGB eben gerade bloss global (d.h. ohne den AGB-Text überhaupt zur Kenntnis zu nehmen, zu lesen oder gar zu verstehen) akzeptiert (vgl. auch kritisch Probst N 363 Fn 436: siehe dazu auch im Zusammenhang mit der Ungewöhnlichkeitsregel oben N 209).

1037 Vgl. auch GAUCH/SCHLUEP/SCHMID, OR AT, N 1142; BOHNET, SZZP 2012, 456; GAUCH, Werkvertrag, N 197b; sinngemäss zu Art. 5 IPRG MÜLLER-CHEN, Art. 5 IPRG N 92, 111. So auch die bundesgerichtliche Rechtsprechung beispielsweise in BGer 4A_247/2013, der AGB in den Vertrag anhand des materiellen Rechts regelt, sollte insoweit nicht unreflektiert mit der prozessrechtlich abschliessend geregelten Form- oder Inhaltsebene vermischt werden[1038]. Dies gilt insbesondere im Bereich der (globalen) Übernahme von Gerichtsstandsklauseln in AGB, welche eine auf den Einzelfall bezogene vertrauenstheoretische Interpretation erfordert[1039]. Als eine Ausprägung des Vertrauensprinzips müssen demzufolge Gerichtsstandsklauseln in AGB nach konstanter Rechtsprechung weiterhin *hinreichend klar und deutlich* sein, um Vertragsbestandteil zu werden (vgl. oben N 223 ff.)[1040]. Darauf gestützt kann bei geschäftsunerfahrenen und rechtsunkundigen Vertragspartnern je nach den Umständen des Einzelfalls ein besonderer Hinweis auf eine AGB-Gerichtsstandsklausel oder eine besondere Erläuterung derselben als Teil der konsensualen Einbeziehungserklärung der AGB angezeigt sein[1041].

E. 2.1.2 und BGer 4A_347/2011, E. 2, in denen die Frage der Willenseinigung hinsichtlich der Einbeziehung der Gerichtsstandsklausel in AGB ohne Bezugnahme auf die Formvorschriften von Art. 17 ZPO diskutiert wurde.

1038 Vgl. auch GAUCH/SCHLUEP/SCHMID, OR AT, N 1142; ähnlich HEDINGER/HOSTETTLER, ZPO, N 20 ff. zu Art. 17 ZPO; GAUCH, Werkvertrag, N 197b; sinngemäss zu Art. 5 IPRG MÜLLER-CHEN, Art. 5 IPRG N 92, 111; a.A. HAAS/HUG, ZZZ 2021, 477 f. Mit anderen Worten ist die Anwendung des Vertrauensprinzips keine durch Art. 17 ZPO abgelöste Frage der Formvorschriften, sondern eine Frage der Willenseinigung zwischen den Vertragsparteien nach den obligationenrechtlichen Grundsätzen (vgl. im Ergebnis BGE 132 III 268, 274 f., E. 2.3.2).

1039 Vgl. GAUCH, Werkvertrag, N 197b, insb. Fn 508; im Ergebnis auch STAEHELIN/STAEHELIN/GROLIMUND-GROLIMUND, Zivilprozessrecht, § 9 N 59; HAAS/HUG, ZZZ 2021, 478 («Gerichtsstandsvereinbarungen unterliegen auch in Zukunft dem allgemeinen Vertrauensgrundsatz»); sinngemäss zu Art. 5 IPRG MÜLLER-CHEN, Art. 5 IPRG N 92, 111.

1040 BGer 4A_568/2017, E. 3; 4A_247/2013, E. 2.4; 4C.353/1999, E. 2a; BGE 132 III 268, E. 2.3.3; 118 Ia 294, E. 2a; HGer ZH, HG210003-O U/dz, E. I.1.2.2, Urteil vom 14. Juli 2022; KG BL, 400 12 321, E. 2.6, Urteil vom 12. März 2013; so auch aus der Lehre STAEHELIN/STAEHELIN/GROLIMUND-GROLIMUND, Zivilprozessrecht, § 9 N 59; HAAS/SCHLUMPF, KUKO ZPO, Art. 17 N 12; HEDINGER/HOSTETTLER, ZPO, N 21 zu Art. 17 ZPO; CHK ZPO-SUTTER-SOMM/SEILER, Art. 17 N 5. Das Erfordernis der Klarheit und Deutlichkeit ergibt sich bereits aus dem Transparenzgebot auf der Ebene der Einbeziehung von AGB und stellt bei Lichte betrachtet keine Besonderheit der Gerichtsstandsklausel dar (siehe allgemein zum Transparenzgebot oben N 109 und N 154 ff). Mit Bezug auf die Einbeziehung von Gerichtsstandsklauseln ist es lediglich am Massstab von Treu und Glauben weiter konkretisiert.

1041 MÜLLER-CHEN, Art. 5 IPRG N 112; GAUCH/SCHLUEP/SCHMID, OR AT, N 1140a; vgl. dazu auch oben N 224. Aufgrund der teilzwingenden Gerichtsstände der ZPO, welche insb. eine Gerichtsstandsklausel in Konsumentenverträgen nicht im Voraus zulassen, wird jedoch ein besonderer Hinweis oder eine Erläuterung wohl nur noch in Ausnahmefällen notwendig sein. Zudem sollte sich der besondere Hinweis oder die Erläuterung ausserhalb der

bb. Zwingende Gerichtsstände der ZPO

232 Seit Inkrafttreten der ZPO am 1. Januar 2011 sind im Binnenkontext – neben den Formvorschriften für Gerichtsstandsklauseln (Art. 17 ZPO) – die *zwingenden Gerichtsstandsbestimmungen* zu beachten (Art. 9 ff. ZPO), welche in gewissen Fällen von vornherein einen Verzicht auf den ordentlichen Gerichtsstand ausschliessen (Art. 9 Abs. 2 ZPO). Zunächst gilt einmal die Vorschrift, wonach man keinen Gerichtsstand für vorsorgliche Massnahmen vertraglich vereinbaren kann (Art. 13 ZPO)[1042]. Ferner kann ein *Konsument* gemäss dem (teil-)zwingenden Art. 35 Abs. 1 lit. a ZPO nun nicht mehr zum Voraus (z.B. in AGB) auf seinen Wohnsitzgerichtsstand verzichten. Dasselbe gilt auch für den *Arbeitnehmer, den Mieter oder Pächter* von Wohn- und Geschäftsräumen sowie für landwirtschaftliche Pacht (Art. 35 Abs. 1 lit. b-d ZPO). Mit anderen Worten kann in all diesen Fällen keine vorformulierte Gerichtsstandsklausel in AGB gültig in den ursprünglichen Vertrag einbezogen werden. Gemäss Art. 35 Abs. 2 ZPO bleibt allerdings eine Prorogation nach Entstehung der Streitigkeit auch für die teilzwingenden Gerichtsstände vorbehalten. Zudem ist der Abschluss einer Gerichtsstandsklausel zugunsten der schwächeren Vertragspartei möglich[1043]. In Bezug auf den b2c-Verkehr gilt es allerdings noch zu präzisieren, dass der teilzwingende Konsumentengerichtsstand in der ZPO eng umschrieben ist und nur Verträge (gemäss Art. 32 Abs. 2 ZPO) erfasst, welche sich *im Rahmen des üblichen Verbrauchs* (für persönliche oder familiäre Bedürfnisse) eines Privathaushaltes bewegen[1044]. Nicht in den Anwendungsbereich der Konsumentenverträge fallen daher etwa Bauverträge, der Erwerb eines Luxusautos, Investitions- oder Geldanlagen, selbst wenn sie von einer nicht unternehmerisch tätigen und geschäftsunerfahrenen Privatperson abgeschlossen werden[1045]. Ebenfalls nicht von Art. 35 Abs. 1 ZPO erfasst ist der *unternehmerische Geschäftsverkehr*. In diesen Konstellationen sind Gerichtsstandsklauseln in AGB weiterhin zulässig, sofern eine Willenseinigung zwischen den Vertragsparteien erzielt (oben N 221 ff.) und die Formvorschriften eingehalten (sogleich N 233 ff.) wurden.

AGB befinden, da ansonsten der global zustimmende Vertragspartner den Hinweis bzw. die Erläuterung nicht wahrnimmt.

1042 Für die Anordnung vorsorglicher Massnahmen ist zwingend das Gericht am Ort zuständig, an dem die Zuständigkeit für die Hauptsache gegeben ist oder an dem die Massnahme vollstreckt werden soll.

1043 CHK ZPO-SUTTER-SOMM/SEILER, Art. 17 N 4 (mit Verweis auf BGE 142 III 623 E. 2.4).

1044 Statt vieler BSK OR I-ZELLWEGER-GUTKNECHT, Art. 1 N 61.

1045 Vgl. zum Begriff des Konsumentenvertrags gemäss ZPO: BSK ZPO-KAISER JOB, Art. 32 N 3 ff.; vgl. zu Recht kritisch zum unscharfen Begriff der «Leistungen des üblichen Verbrauchs» HARTMANN, FS Fellmann, 227 ff.

cc. Formvorschriften gemäss ZPO

Die *Formvorschriften* für Gerichtsstandsvereinbarungen nach Art. 17 Abs. 2 ZPO, die auch für in AGB enthaltene Gerichtsstandsklauseln gelten, verlangen *Schriftlichkeit oder eine andere Form, die den Nachweis durch Text* ermöglicht. Einfache *Schriftlichkeit* (i.S.v. Art. 13 OR) genügt, wobei die Vereinbarung sich nicht im gleichen Dokument manifestieren muss – ein Austausch von Schriftstücken mag ausreichen[1046]. Soweit sich die Gerichtsstandsklausel beim schriftlichen Vertragsschluss in einem separaten Dokument (insb. in AGB) befindet, genügt ein *genereller schriftlicher Verweis* auf die fragliche Urkunde – ein spezifischer Hinweis auf die Gerichtsstandsklausel ist nicht notwendig[1047]. Ist die Gerichtsstandsklausel in schriftlichen *AGB* enthalten, so erfüllt der AGB-Verwender die Schriftform, in dem er – neben dem Hinweis auf die AGB – die AGB (vorder- oder rückseitig) im konstitutiven Vertragsdokument (z.B. Angebotsformular) abdruckt, dem Kunden aushändigt[1048] oder ihm sonstwie (zumindest) die *Möglichkeit zumutbarer Kenntnisnahme* einräumt[1049]. Auf das Erfordernis der *eigenhändigen Unterschrift* kann nach herrschender Lehre selbst bei schriftlichen Gerichtsstandsvereinbarungen verzichtet werden[1050]. Dagegen ist die *«halbe Schriftlichkeit»* (d.h. mündliche Vereinbarung mit nachträglicher schriftlicher Bestätigung) unter dem Regime der ZPO nicht 233

[1046] HEDINGER/HOSTETTLER, ZPO, N 17 zu Art. 17 ZPO; HAAS/SCHLUMPF, KUKO ZPO, Art. 17 N 17; BERGER, BK, N 34 zu Art. 17 ZPO; BGE 119 II 391, 394, E. 3a (für das IPRG). Die Willenserklärungen beider Parteien müssen in Textform nachweisbar sein (CHK ZPO-SUTTER-SOMM/SEILER, Art. 17 N 6). Schweigen auf einen formgültigen Antrag ist dagegen unzureichend – eine solche Annahme wahrt keine der in Art. 17 Abs. 2 ZPO vorgesehenen Formen (HAAS/SCHLUMPF, KUKO ZPO, Art. 17 N 18; zu Art. 5 IPRG GROLIMUND/BACHOFNER, BSK, N 29 zu Art. 5 IPRG).

[1047] BERGER, BK, N 34 zu Art. 17 ZPO; HAAS/SCHLUMPF, KUKO ZPO, Art. 17 N 17; vgl. auch für Art. 23 LugÜ BGE 139 III 345, 347, E. 4.1 (allgemeiner Hinweis auf AGB genügend).

[1048] Ähnlich FÜLLEMANN, N 18 zu Art. 17 ZPO.

[1049] Zur zumutbaren Möglichkeit der Kenntnisnahme auch HAAS/HUG, ZZZ 2021, 483, 485; BGE 139 III 345, 347, E. 4.3 (zu Art. 23 LugÜ). Vgl. dazu unten N 235 ff.

[1050] HEDINGER/HOSTETTLER, ZPO, N 17 zu Art. 17 ZPO; BERGER, BK, N 35 f. zu Art. 17 ZPO; CHK ZPO-SUTTER-SOMM/SEILER, Art. 17 N 6; a.A. (für Art. 5 IPRG) GROLIMUND/BACHOFNER, BSK, N 24 zu Art. 5 IPRG. Aus beweisrechtlichen Gründen ist aber eine Unterzeichnung angezeigt (INFANGER, BSK, N 27 zu Art. 17 ZPO); die fehlenden Unterschriften können ein Indiz für einen Konsensmangel darstellen (BERGER, BK, N 36 zu Art. 17 ZPO; HAAS/SCHLUMPF, KUKO ZPO, Art. 17 N 17), namentlich kann es den formgerechten Nachweis der Zustimmung zu den AGB erheblich erschweren.

mehr zulässig[1051]. In jedem Falle unzureichend ist ein rein mündlich (unter persönlich Anwesenden) bzw. fernmündlich (z.B. anlässlich einer Telefon- oder Videokonferenz) vereinbarter Gerichtsstand[1052].

234 Um neuen Kommunikationsformen im modernen Geschäftsverkehr Rechnung zu tragen, sind der Schriftlichkeit andere (primär elektronische bzw. digitale) Formen gleichgestellt, die den Nachweis durch Text ermöglichen (Art. 17 Abs. 2 ZPO)[1053]. Folgerichtig ist beispielsweise der Austausch von Willenserklärungen via *E-Mail oder Fax* der Schriftform gleichgestellt, wobei hier Beweisprobleme auftreten können[1054]. Aufgrund der rasch voranschreitenden Digitalisierung stellt sich immer wieder von Neuem die Frage, inwiefern *neue elektronische Übermittlungsformen* den Formvorschriften gerecht werden[1055]. In Anwendung der allgemeinen Grundsätze sind die Formvorschriften im *elektronischen Geschäftsverkehr* immer dann erfüllt, wenn die Parteien den Austausch der Willenserklärungen und den Inhalt der AGB-Gerichtsstandsklausel – ungeachtet des tatsächlich verwendeten Kommunikationsmediums – im Zeitpunkt der Vereinbarung *in Textform nachweisen* (d.h. insbesondere *speichern, ausdrucken bzw. physisch reproduzieren*) und anschliessend aufbewahren können[1056].

235 Vor dem Hintergrund neuerer elektronischer Vertragsschlusssituationen hat das Bundesgericht die Formvorschriften im Zusammenhang mit Gerichtsstandsklauseln in AGB dahingehend präzisiert, dass der AGB-Verwender vor bzw. bei Vertragsschluss *auf die AGB hinweisen*[1057] und dem Vertragspartner

---

1051 Infanger, BSK, N 28 zu Art. 17 ZPO; Berger, BK, N 41 zu Art. 17 ZPO; Hedinger/Hostettler, ZPO, N 19 zu Art. 17 ZPO; CHK ZPO-Sutter-Somm/Seiler, Art. 17 N 6.

1052 Berger, BK, N 42 zu Art. 17 ZPO; Hedinger/Hostettler, ZPO, N 19 zu Art. 17 ZPO; Infanger, BSK, N 30 zu Art. 17 ZPO.

1053 Massgebend ist dabei, dass die Willenserklärung beim jeweiligen Empfänger in visuell wahrnehmbarer, physisch reproduzierbarer Form zugeht (vgl. Berger, BK, N 37 zu Art. 17 ZPO).

1054 Berger, BK, N 37 zu Art. 17 ZPO; Hedinger/Hostettler, ZPO, N 18 zu Art. 17 ZPO.

1055 Vgl. beispielsweise zu Instant Messaging Services und Webformularen ZK-Müller-Chen, Art. 5 IPRG N 104 ff. (zu Art. 5 IPRG).

1056 Staehelin/Staehelin/Grolimund-Grolimund, Zivilprozessrecht, § 9 N 68a; vgl. in diesem Sinne auch zu Art. 5 IPRG Grolimund/Bachofner, BSK, N 36 zu Art. 5 IPRG; Lorenz/Müller-Chen, Gerichtsstand, 729. Vgl. auch zu Art. 23 LugÜ im Zusammenhang mit einem schriftlichen Verweis auf einer Website befindliche AGB: EuGH vom 24.11.2022, Rs. C-358/21, Tilman SA gegen Unilever Supply Chain Company AG.

1057 BGE 139 III 345, 349, E. 4.1 (zu Art. 23 LugÜ); HGer ZH, HG210003-O U/dz, E. II.1.3.1, II.1.3.2, Urteil vom 14. Juli 2022; SHK LugÜ-Killias, Art. 23 N 96a; ZK-Müller-Chen, Art. 5 IPRG N 112. Der Hinweis muss sich im Vertrag auf die massgebenden AGB beziehen, nicht aber auf die Gerichtsstandsklausel selbst.

die *Möglichkeit zumutbarer Kenntnisnahme einräumen muss*[1058]; eine tatsächliche Kenntnisnahme der Gerichtsstandsklausel wird für die Erfüllung der Formerfordernisse nicht vorausgesetzt[1059]. Mit anderen Worten erklärt das Bundesgericht die im Binnenkontext für die Einbeziehung von AGB bestehenden allgemeinen Konsensanforderungen (d.h. Hinweis auf AGB sowie Möglichkeit zumutbarer Kenntnisnahme von AGB, sog. *Zugänglichkeitsregel*[1060]) zugleich für die Erfüllung der Formvorschriften von Gerichtsstandsklauseln in AGB als massgebend, was zu einer weitreichenden (aber nicht vollständigen) Verschmelzung von Konsens- und Formerfordernis führt[1061].

Dementsprechend hält das Bundesgericht eine Verweisung auf die im *Internet abrufbaren AGB* für formgültig, soweit die Parteien *via E-Mail* kommunizieren[1062]. Ebenfalls als zumutbar für den Vertragspartner gilt das Öffnen eines der E-Mail als Anlage beigefügten Klauselwerks oder das Anklicken eines in der E-Mail oder auf einer Website befindlichen *Hyperlinks* zu den AGB[1063]. Dabei ist eine Verschlüsselung oder elektronische Signatur der E-Mail nicht erforderlich[1064]. Das Anfordern der AGB *per Fax* ist dagegen für den Vertragspartner – selbst im b2b-Verkehr – unzumutbar; die Formerfordernisse verbieten insoweit 236

1058 BGE 139 III 345, 349, E. 4.3 (für die Formerfordernisse gemäss Art. 23 LugÜ); SHK LugÜ-KILLIAS, Art. 23 N 96b-d; nun auch für Art. 17 ZPO HAAS/HUG, ZZZ 2021, 483, 485; HGer ZH, HG210003-O U/dz, E. I.1.2.2, I.1.3.2, II.1.3.2, Urteil vom 14. Juli 2022. Die LugÜ-Grundsätze von BGE 139 III 345 werden zudem für das IPRG berücksichtigt (vgl. ZK-MÜLLER-CHEN, Art. 5 IPRG N 113 ff.; GROLIMUND/BACHOFNER, BSK, N 32 zu Art. 5 IPRG).

1059 Für Art. 23 LugÜ BGE 139 III 345, 349, E. 4.4; SHK LugÜ-KILLIAS, Art. 23 N 96d; für Art. 17 ZPO nun auch HAAS/HUG, ZZZ 2021, 485; für Art. 5 IPRG ZK-MÜLLER-CHEN, Art. 5 IPRG N 113.Vgl. aber zu den Anforderungen des Bundesgerichts an die Kenntnisfiktion für die Willenseinigung hinsichtlich Gerrichtsstandsklauseln in AGB, oben N 221 ff.

1060 Vgl. zur Zugänglichkeitsregel oben N 123 ff.

1061 Vgl. BGE 139 III 345, 349, E. 4.3 («Die Formerfordernisse des Art. 23 LugÜ sollen gewährleisten, dass eine Einigung zwischen den Parteien tatsächlich feststeht», mit Verweis auf BGE 131 III 398, 400, E. 6). So verweisen auch die Entscheide des Bundesgerichts zur Zugänglichkeitsregel im Binnenverkehr (vgl. etwa BGE 148 III 57, E. 2.1.2; BGer 4A_47/2015, E. 5.4.1) jeweils auf BGE 139 III 345. Siehe aber zu den zusätzlich hinzutretenden vertrauenstheoretischen Anforderungen des Bundesgerichts an die Willenseinigung bei der Einbeziehung von Gerichtsstandsklauseln in AGB, oben N 221 ff.

1062 BGE 139 III 345, 349 f., E. 4.4.1 (zu Art. 23 LugÜ); HGer ZH, HG210003-O U/dz, E. II.1.3.2, Urteil vom 14. Juli 2022; STAEHELIN/STAEHELIN/GROLIMUND-GROLIMUND, Zivilprozessrecht, § 9 N 68a.

1063 BGE 139 III 345, 349 f., E. 4.4.1; STAEHELIN/STAEHELIN/GROLIMUND-GROLIMUND, Zivilprozessrecht, § 9 N 68a; LORENZ/MÜLLER-CHEN, Gerichtsstand, 725, 735.

1064 So für Art. 5 IPRG: ZK-MÜLLER-CHEN, Art. 5 IPRG N 102.

eine Erkundigungsobliegenheit des verzichtenden Kunden[1065]. Offen gelassen hat das Bundesgericht, ob ein Hinweis auf die Online-AGB ausreicht, wenn die Willenserklärungen ansonsten nicht elektronisch ausgetauscht wurden[1066]. Angesichts der rasch voranschreitenden Digitalisierung und der sich ständig verbessernden elektronischen Darstellungs- und Speichermöglichkeiten kann heutzutage auch ein schriftlicher (nicht-elektronischer) Hinweis auf die Website des AGB-Verwenders im b2b-Verkehr genügen, sofern der Nachweis der AGB-Einbeziehungsvereinbarung weiterhin durch Text sichergestellt wird[1067].

237 Diese Erwägungen zur Zugänglichkeit von AGB zeigen, dass sich die Formvorschriften von AGB-Gerichtsstandsklauseln im *E-Commerce* stark an den allgemeinen Konsensregeln zur Einbeziehung von AGB in elektronisch abgeschlossene Verträge orientieren[1068]. Es gilt hierbei zu beachten, dass die Einräumung der Möglichkeit zumutbarer Kenntnisnahme zwar den (normativen) Konsens über die (globale) Übernahme der AGB sicherstellen kann[1069], jedoch nicht zwingend gleichzeitig den für die Formvorschrift der Gerichtsstandsklausel gemäss Art. 17 Abs. 2 ZPO weiterhin erforderlichen Nachweis der Willenserklärungen durch Text erbringt. Mit anderen Worten müssen elektronisch erfolgte Angebots- und Annahmeerklärungen sowie die zum Zeitpunkt des Vertragsschlusses für die

1065 BGE 139 III 345, 349, 350, E. 4.3; 4.4.2 (eine Anfrage per Fax ist umständlicher als der Abruf von auf einer Website befindlichen AGB, da die Anfrage zuerst vom AGB-Verwender beantwortet werden muss, was zu einer unzumutbaren Zeitverzögerung und Abhängigkeit von einer Mitwirkung des AGB-Verwenders führt); so auch für Art. 5 IPRG ZK-Müller-Chen, Art. 5 IPRG N 114. Vgl. aber grosszügiger zur Einbeziehung von AGB im unternehmerischen Binnenverkehr unten N 256 ff.

1066 BGE 139 III 345, 349, 350, E. 4.4.1. Vgl. zur Problematik des sog. «Medienbruchs» oben N 148 (b2c-Verkehr) sowie unten N 258 (b2b-Verkehr).

1067 Vgl. so zu Art. 23 LugÜ auch Berger, BSK, N 42, 47 zu Art. 23 LugÜ; SHK LugÜ-Killias, Art. 23 N 96b, 138. In diesem Sinne hat der EuGH in Auslegung von Art. 23 LugÜ entschieden, dass eine Gerichtsstandsvereinbarung in AGB im unternehmerischen Geschäftsverkehr wirksam vereinbart werden kann, wenn ein schriftlich abgeschlossener Vertrag durch Angabe eines Hyperlinks auf die auf einer Website befindlichen AGB hinweist und diese Website es dem Vertragspartner ermöglicht, die AGB zur Kenntnis zu nehmen, herunterzuladen und auszudrucken (vgl. EuGH vom 24.11.2022, Rs. C-358/21, Tilman SA gegen Unilever Supply Chain Company AG). Dieser Entscheid erscheint ziemlich technologiefreundlich, da der EuGH neben dem Zulassen eines Medienbruchs weder einen unmittelbar auf die AGB verweisenden Hyperlink noch das Anklicken eines Buttons als dokumentiertes Einverständnis mit den AGB («Click-Wrap») für die Formvorschriften gemäss Art. 23 LugÜ verlangt.

1068 Vgl. zur Einbeziehung von AGB im elektronischen Geschäftsverkehr oben N 178 ff.

1069 Vgl. jedoch die Besonderheiten an die Willenseinigung bei der Übernahme einer Gerichtsstandsklausel in AGB oben N 221 ff.

Einbeziehung massgebenden AGB nicht nur hinreichend visualisierbar sein, sondern sich zudem *durch Text nachweisen* lassen[1070]. Deshalb gilt namentlich die *Speicher- und Druckfunktion* für die ZPO-Formvorschrift als unentbehrlich, da sie den dauerhaften Nachweis durch Text sicherstellt[1071]. Folglich sind die Anforderungen an die Form bei einem *Online-Rechtsgeschäft* (insb. Webshop) beispielsweise dann erfüllt, wenn ein Kunde beim Ausfüllen eines Webformulars durch Anklicken bestätigt, mit den (z.B. mittels Popup-Fenster) eingeblendeten oder (mittels direkten Hyperlinks) online abrufbaren AGB einverstanden zu sein (sog. zwingende Bestellführung bzw. *«Click-Wrapping»*[1072]) und der AGB-Verwender im Anschluss eine Bestätigungs-E-Mail versendet, die den späteren (dauerhaften) Nachweis der Vereinbarung (also des Austauschs der Willenserklärungen) durch Text ermöglichen soll[1073].

1070 STAEHELIN/STAEHELIN/GROLIMUND-GROLIMUND, Zivilprozessrecht, § 9 N 68a; vgl. auch KG GR, II. Zivilkammer, Urteil vom 18. Mai 2009, E. 2.2. Gemäss FÜLLEMANN, N 19 zu Art. 17 ZPO, ist der Nachweis durch Text nicht erfüllt beim Verweis auf elektronische Online-Dokumente, deren Inhalt vom AGB-Verwender jederzeit abgeändert werden kann (so auch KG GR, II. Zivilkammer, Urteil vom 18. Mai 2009, E. 2.2.e).

1071 Ähnlich STAEHELIN/STAEHELIN/GROLIMUND-GROLIMUND, Zivilprozessrecht, § 9 N 68a. Vgl. auch EuGH vom 21.05.2015, C-322/14, welcher eine Gerichtsstandsvereinbarung in Click-Wrap-AGB mit Art. 23 Abs. 2 Brüssel-I-Verordnung vereinbar erklärt. Siehe ferner EuGH vom 24.11.2022, Rs. C-358/21, Tilman SA gegen Unilever Supply Chain Company AG.

1072 So kann der AGB-Verwender die Online-Bestellung des Kunden in einem Protokoll speichern und später bei Bedarf als Textnachweis ausdrucken (so für das IPRG GROLIMUND/BACHOFNER, BSK, N 36 zu Art. 5 IPRG). Vgl. auch EuGH vom 21.05.2015, C-322/14 (in Bezug auf die Brüssel-I-Verordnung). Isoliert betrachtet ist zwar die Protokollierung des Anklickens einer Checkbox oder einer Schaltfläche kein eigentlicher Text. Dennoch sollte der protokollierte Klickvorgang in Kombination mit dem im bzw. gleich über dem Bestellbutton angebrachten deutlichen Hinweis auf die Zustimmung zu den AGB als Nachweis durch Text für die Willenserklärung des Kunden genügen. Vgl. auch EuGH vom 24.11.2022, Rs. C-358/21, Tilman SA gegen Unilever Supply Chain Company AG, wonach gar keine Click-Wrap Zustimmung zu den Website-AGB für die Formvorschrift gemäss Art. 23 LugÜ erforderlich ist.

1073 LORENZ/MÜLLER-CHEN, Gerichtsstand, 740 (zum IPRG und LugÜ); GROLIMUND/BACHOFNER, BSK, N 33 zu Art. 5 IPRG; STAEHELIN/STAEHELIN/GROLIMUND-GROLIMUND, Zivilprozessrecht, § 9 N 68a; SCHMID/SCHMID, Jusletter 6. Juni 2011, 11 ff.; im Grundsatz auch INFANGER, BSK, N 26 zu Art. 17 ZPO, der eine Gerichtsstandsklausel für ausreichend hält, soweit der Kunde nachweislich seinen Akzept mit der Online-Bestellung abgibt; vgl. auch EuGH vom 21.05.2015, C-322/14 (in Bezug auf die Brüssel-I-Verordnung); EuGH vom 24.11.2022, Rs. C-358/21, Tilman SA gegen Unilever Supply Chain Company AG (keine Click-Wrap Zustimmung für Art. 23 LugÜ erforderlich). Es gilt zu beachten, dass Online-Shops im Binnenverkehr ohnehin gemäss Art. 3 Abs. 1 lit. s UWG verpflichtet sind, dem Kunden die Bestellung bzw. den Vertragsschluss unverzüglich auf elektronischem Weg (insb. via E-Mail) zu bestätigen.

238 Was die Rechtsfolge anbelangt, führt das *Verletzen der Formvorschriften* zur *Nichtigkeit* der Gerichtsstandsklausel[1074]. Allerdings kann gemäss Rechtsprechung und Lehre die Berufung auf den Formfehler – trotz materiell-rechtlich wirksamer Einbeziehung der Gerichtsstandsklausel – im Einzelfall nach Treu und Glauben ein rechtsmissbräuchliches Verhalten darstellen[1075].

c. Gerichtsstandsklauseln in AGB im Anwendungsbereich des IPRG

239 Die Zuständigkeit eines Gerichts bestimmt sich nach dem Zuständigkeitsrecht des bei einer Streitigkeit angerufenen Gerichts. Das *IPRG* regelt die Zuständigkeit schweizerischer Gerichte bei *internationalen Sachverhalten,* soweit kein völkerrechtlicher Vertrag (insb. das LugÜ[1076]) zur Anwendung gelangt (Art. 1 Abs. 2 IPRG).

240 Die Zulässigkeit von Gerichtsstandsklauseln im Anwendungsbereich des IPRG ist auf *vermögensrechtliche Streitigkeiten* limitiert (vgl. Art. 5 IPRG). Auch im IPRG sind *zwingende und teilzwingende Gerichtsstände* vorgesehen[1077]. So sieht beispielsweise Art. 114 Abs. 2 IPRG – ähnlich wie die ZPO (Art. 35 Abs. 1 lit. a ZPO) – vor, dass ein Konsument nicht zum Voraus auf den Gerichtsstand an seinem Wohnsitz oder an seinem gewöhnlichen Aufenthalt verzichten kann. Entsprechend sind AGB-Gerichtsstandsklauseln in Konsumentenverträgen unzulässig.

241 Die *Formerfordernisse* nach Art. 5 IPRG entsprechen weitgehend denjenigen der ZPO (vgl. ähnliche Formulierung von Art. 17 Abs. 2 ZPO)[1078], sind jedoch in der Tendenz etwas strenger im Vergleich zum LugÜ[1079]. Art. 5 Abs. 1 IPRG verlangt eine *schriftliche Vereinbarung oder eine andere Form der Übermittlung*, die den Nachweis der Gerichtsstandsvereinbarung ermöglicht. Fax- und

---

1074 GROLIMUND/BACHOFNER, BSK, N 27 zu Art. 5 IPRG; ZK-MÜLLER-CHEN, Art. 5 IPRG N 109.

1075 BGE 121 III 38, 44 ff. (in Bezug auf die Formvorschriften einer Schiedsklausel); zum IPRG GROLIMUND/BACHOFNER, BSK, N 27 zu Art. 5 IPRG; ZK-MÜLLER-CHEN, Art. 5 IPRG N 109.

1076 Vgl. zu Gerichtsstandsklauseln in AGB im Anwendungsbereich des LugÜ unten N 244 ff.

1077 Vgl. die Übersicht bei GROLIMUND/BACHOFNER, BSK, N 18 ff. zu Art. 5 IPRG.

1078 FÜLLEMANN, ZPO, N 32 zu Art. 17 ZPO. Es kann insoweit im Wesentlichen auch auf die Ausführungen zu den ZPO-Formvorschriften (oben N 233 ff.) verwiesen werden.

1079 Anders als Art. 17 Abs. 2 ZPO und Art. 5 IPRG können zwischen den Vertragsparteien entstandene Gepflogenheiten oder internationale Handelsbräuche die Formvorschriften gemäss Art. 23 Abs. 1 lit. b und c LugÜ erfüllen. Ferner ist im Anwendungsbereich des LugÜ auch eine mündliche Gerichtsstandsvereinbarung mit schriftlicher Bestätigung durch eine Vertragspartei genügend (Art. 23 Abs. 1 lit. a LugÜ).

E-Mail-Austausch können dem Formerfordernis genügen[1080], wohingegen eine ausschliesslich mündliche Vereinbarung mangels Textnachweis unzulässig ist[1081]. Anders als das LugÜ verlangt das IPRG die *doppelte Schriftlichkeit*[1082]. Folglich sollten jeweils beide Parteien ihre Erklärungen zur Gerichtsstandsvereinbarung schriftlich dokumentieren bzw. diese in einer anderen Form der Übermittlung anerkennen. In Bezug auf die Schriftform nach Art. 5 Abs. 1 IPRG ist es in der Lehre noch umstritten, ob die Gerichtsstandsvereinbarung von den Partien unterzeichnet werden muss[1083]. Handschriftlichkeit ist jedenfalls nicht erforderlich[1084]. Die Vereinbarung muss nicht in einem Dokument festgehalten sein[1085]. Der Austausch von Schriftstücken, die sich aufeinander beziehen, mag für eine Gerichtsstandsvereinbarung ausreichen[1086]. Die Gerichtsstandsklausel muss nicht zwingend im unterzeichneten Text selbst enthalten sein – die Verweisung auf eine in einem anderen Dokument (z.B. in AGB) befindliche Klausel genügt[1087]. Die halbe Schriftlichkeit gilt nicht als formgerecht[1088]. Ungenügend sind ferner zwischen den Vertragsparteien entstandene Gepflogenheiten oder internationale Handelsbräuche[1089].

1080 ZK-MÜLLER-CHEN, Art. 5 IPRG N 99, 102 f.; GROLIMUND/BACHOFNER, BSK, N 36 zu Art. 5 IPRG.

1081 GROLIMUND/BACHOFNER, BSK, N 28 zu Art. 5 IPRG.

1082 Dies bedeutet, dass die rechtsgeschäftlichen Erklärungen der Vertragsparteien, aus denen klar und deutlich der Wille resultieren muss, einen Gerichtsstand zu bestimmen, in Schriftzeichen auf einem körperlichen Gegenstand dauerhaft aufzuzeichnen sind (ZK-MÜLLER-CHEN, Art. 5 IPRG N 96). Vgl. dazu BGE 119 II 391, 294 ff., E. 3a und 3b, wonach eine in einseitig festgelegten Auktionsbedingungen enthaltene Gerichtsstandsklausel der beidseitig erforderlichen Schriftlichkeit nicht genügt.

1083 Für eine Unterschriftspflicht GROLIMUND/BACHOFNER, BSK, N 24 zu Art. 5 IPRG; dagegen ZK-MÜLLER-CHEN, Art. 5 IPRG N 97 mit Verweis auf BGE 131 III 398, E. 7.1.1; BGer 4C.189/2001, E. 5c; BGer 4A_323/2013, E. 4.3.3.

1084 ZK-MÜLLER-CHEN, Art. 5 IPRG N 96 («Ausdruck eines digitalisierten Inhaltes sowie dessen Vervielfältigungen genügen»).

1085 ZK-MÜLLER-CHEN, Art. 5 IPRG N 97; GROLIMUND/BACHOFNER, BSK, N 24 zu Art. 5 IPRG.

1086 GROLIMUND/BACHOFNER, BSK, N 24 zu Art. 5 IPRG;ZK-MÜLLER-CHEN, Art. 5 IPRG N 97.

1087 GROLIMUND/BACHOFNER, BSK, N 24 zu Art. 5 IPRG; für Art. 23 LugÜ BGE 139 III 345, E. 4.1 (Hinweis auf separate AGB auf einer Website ist zulässig). Ein einseitiger Verweis des AGB-Verwenders auf seine AGB genügt allerdings aufgrund der (doppelten) Schriftlichkeit im IPRG nicht. Es muss zusätzlich eine (zumindest pauschale) Annahme des Kunden in einer der Formen von Art. 5 Abs. 1 IPRG erfolgen (so auch LORENZ/MÜLLER-CHEN, Gerichtsstand, 739).

1088 GROLIMUND/BACHOFNER, BSK, N 27 zu Art. 5 IPRG.

1089 GROLIMUND/BACHOFNER, BSK, N 31 zu Art. 5 IPRG. Vgl. anders aber Art. 23 Abs. 1 lit. b und c LugÜ.

242 Neben der Beachtung der Formvorschriften muss gemäss Art. 5 Abs. 1 IPRG auch eine *materielle Willenseinigung* über die Gerichtsstandsklausel zwischen den Vertragsparteien zustande kommen[1090]. Zwar fällt das Zustandekommen der Willenseinigung und die Erfüllung der Formerfordernisse der Gerichtsstandsvereinbarung in der Praxis häufig zusammen. Dennoch darf bei der Einbeziehung von Gerichtsstandklauseln in AGB nicht automatisch von der Einhaltung der Form auf die Willenseinigung geschlossen werden[1091]. Daher muss über die formelle Gültigkeit hinaus zusätzlich nach den besonderen Grundsätzen zur Einbeziehung (insb. *Zugänglichkeitsregel*) und Auslegung von AGB geprüft werden, ob ein entsprechender Konsens der Vertragsparteien vorliegt[1092]. Dabei muss die Gerichtsstandsvereinbarung in AGB stets *klar und deutlich* aus dem Klauseltext hervorgehen[1093].

243 Die entsprechenden übereinstimmenden Willensäusserungen, die einen klaren bzw. deutlichen *Hinweis auf die AGB* enthalten, müssen formwirksam ausgetauscht werden[1094]. Die AGB selbst sollten in Textform vorliegen und dem Vertragspartner im Zeitpunkt der *Willenserklärung zugänglich* sein, wobei der AGB-Verwender seinem Vertragspartner zumindest eine *Möglichkeit der zumutbaren Kenntnisnahme* der AGB verschaffen muss[1095]. Aufgrund der erforderlichen doppelten Schriftlichkeit ist allerdings die Einräumung der Möglichkeit der Kenntnisnahme der AGB durch den Vertragspartner allein nicht ausreichend; zusätzlich muss die Annahme des Vertragspartners in einer der gemäss Art. 5 Abs. 1 S. 2 vorgeschriebenen Formen vorliegen[1096]. *Elektronische*

1090 ZK-MÜLLER-CHEN, Art. 5 IPRG N 90.

1091 ZK-MÜLLER-CHEN, Art. 5 IPRG N 92; GROLIMUND/BACHOFNER, BSK, N 37, 41 ff. zu Art. 5 IPRG.

1092 ZK-MÜLLER-CHEN, Art. 5 IPRG N 92, 111 ff. Insoweit kann auch auf die Ausführungen zur Willenseinigung bei AGB-Gerichtsstandsklauseln im Rahmen der ZPO verwiesen werden (vgl. oben N 221 ff.).

1093 BGer 4C.353/1999, E. 2.a, 2b (LugÜ-Sachverhalt); GROLIMUND/BACHOFNER, BSK, N 42 zu Art. 5 IPRG; STAEHELIN/STAEHELIN/GROLIMUND-GROLIMUND, Zivilprozessrecht, § 9 N 59. Vgl. zum Erfordernis der Klarheit und Deutlichkeit von Gerichtsstandsklauseln oben N 223 ff.

1094 GROLIMUND/BACHOFNER, BSK, N 32 zu Art. 5 IPRG; ZK-MÜLLER-CHEN, Art. 5 IPRG N 112; so auch für das LugÜ BGE 139 III 345, E. 4.1; BGer 4C.353/1999, E. 2b.

1095 ZK-MÜLLER-CHEN, Art. 5 IPRG N 113 ff.; GROLIMUND/BACHOFNER, BSK, N 32 zu Art. 5 IPRG; HAAS/HUG, ZZZ 2021, 484 f.; vgl. auch für das LugÜ BGE 139 III 345, 349, E. 4.3; BGer 4C.353/1999, E. 2.b (der Vertragspartner muss «bei normaler Sorgfalt davon Kenntnis nehmen können»); für die ZPO HGer ZH, HG210003-O U/dz, E. I.1.2.2, II.1.3.2, Urteil vom 14. Juli 2022. Eine tatsächliche Kenntnis ist dagegen nicht erforderlich. Diese Grundsätze decken sich mit den Erfordernissen der Zugänglichkeitsregel bei der Einbeziehung von AGB (vgl. dazu ausführlich oben N 123 ff.).

1096 BGE 131 III 398, E. 7.1.1 (= Pra 2006, Nr. 95); 119 II 391, E. 3a; ZK-MÜLLER-CHEN, Art. 5 IPRG N 116.

AGB mit Gerichtsstandsklauseln in *Attachments* oder auf *Websites* gelten beispielsweise dann als formgerecht bzw. zumutbar zugänglich, wenn der Austausch der Willenserklärungen (inklusive Hinweis auf die AGB) via E-Mail erfolgt und der erforderliche Textnachweis durch die Druck- und Speicherfunktion gewahrt wird[1097]. Ebenso verhält es sich grundsätzlich bei Online-Vertragsschlüssen (z.B. in Webshops)[1098], wobei Website-Anbieter häufig für die Bestellung des Kunden eine Checkbox für die AGB einsetzen (*«Click-Wrap Agreement»*[1099]) und bei jedem Vertragsschluss eine Bestätigungsmail an den Kunden senden sollten[1100]. Analog zu den allgemeinen obligationenrechtlichen Grundsätzen führt eine erstmalige Verweisung auf die massgebenden AGB bei der Lieferung, Rechnungsstellung oder elektronischen Bestellbestätigung (z.B. via E-Mail) nicht zur wirksamen Einbeziehung der Gerichtsstandsklausel in den Vertrag[1101].

d. Gerichtsstandsklauseln in AGB im Anwendungsbereich des LugÜ

Das für die Schweiz *wichtigste Abkommen zur gerichtlichen Zuständigkeit bei internationalen Sachverhalten* ist zweifellos das *LugÜ*, welches das Parallelabkommen zu der im EU-Rechtsraum massgebenden EuGVVO darstellt. Der sachliche Anwendungsbereich umfasst *Zivil- und Handelssachen* (Art. 1 Ziff. 2 LugÜ). Neben den *ausschliesslichen und zwingenden Zuständigkeiten* nach Art. 22 LugÜ reicht in persönlicher Hinsicht im Falle einer Gerichtsstandsklausel, wenn eine Partei Wohnsitz oder Sitz im LugÜ-Raum hat (Art. 4 Ziff. 1 i.V.m. Art. 23 Ziff. 1 LugÜ)[1102]. Grundsätzlich können Verbraucher[1103] nicht 244

1097 ZK-MÜLLER-CHEN, Art. 5 IPRG N 104, 106 i.V.m. 114; GROLIMUND/BACHOFNER, BSK, N 33 zu Art. 5 IPRG; vgl. explizit für das LugÜ BGE 139 III 345, 349 f., E. 4.4.1.

1098 So auch GROLIMUND/BACHOFNER, BSK, N 36 zu Art. 5 IPRG; vgl. auch LORENZ/MÜLLER-CHEN, Gerichtsstand, 739 f.

1099 Vgl. zur Zulässigkeit vom sog. «Click-Wrapping» auch EuGH vom 21.05.2015, C-322/14 (in Bezug auf die Brüssel-I-Verordnung). Siehe ferner zu Art. 23 LugÜ EuGH vom 24.11.2022, Rs. C-358/21, Tilman SA gegen Unilever Supply Chain Company AG, wonach ein Hyperlink auf die Website-AGB gar ohne Click-Wrap-Zustimmung genügt.

1100 LORENZ/MÜLLER-CHEN, Gerichtsstand, 739 f.; GROLIMUND/BACHOFNER, BSK, N 36 zu Art. 5 IPRG; ZK-MÜLLER-CHEN, Art. 5 IPRG N 115. Vgl. dazu bereits die entsprechenden Ausführungen zur ZPO oben N 237.

1101 In diesem Sinne auch GROLIMUND/BACHOFNER, BSK, N 32 zu Art. 5 IPRG.

1102 Siehe aber Art. 23 Abs. 3 LugÜ für Situationen, in denen die Zuständigkeit eines Gerichtes in einem LugÜ-Staat festgelegt wurde, jedoch die Parteien keinen Wohnsitz bzw. Sitz in einem Vertragsstaat haben.

1103 Verbraucherverträge nach LugÜ stellen Vereinbarungen dar, die eine Person zu einem Zweck geschlossen hat, der nicht der beruflichen oder gewerblichen Tätigkeit dieser zum Voraus (d.h. auch nicht in AGB) auf das Gericht an ihrem eigenen Wohnsitz wirksam verzichten (Art. 17 i.V.m. Art. 23 Abs. 5 LugÜ)[1104].

245 Die in Art. 23 Abs. 1 LugÜ aufgestellten *Formerfordernisse* für Gerichtsstandsvereinbarungen sind tendenziell weniger strikt als diejenigen der ZPO oder des IPRG. Neben der *Schriftlichkeit* ist namentlich auch eine *mündliche Vereinbarung* mit schriftlicher Bestätigung einer Partei zulässig (vgl. Art. 23 Abs. 1 lit. a LugÜ). Eine eigenhändige Unterschrift oder eine einheitliche Urkunde ist für die Erfüllung der Schriftlichkeit nicht erforderlich[1105]. Sämtliche Formen der *elektronischen Übermittlung*, die eine *dauerhafte Aufzeichnung* der Gerichtsstandsvereinbarung ermöglichen (insb. Fax und E-Mail), sind der Schriftform gleichgestellt (Art. 23 Abs. 2 LugÜ). Damit dem Erfordernis der dauerhaften Aufzeichnung genüge getan wird, müssen die elektronisch erklärten Willenserklärungen (z.B. Ausfüllen eines Online-Formulars, Anklicken eines Symbols oder einer Checkbox), die sich übereinstimmend auf die Gerichtsstandsvereinbarung beziehen, gespeichert und ausgedruckt werden können[1106]. Anders als in Art. 17 Abs. 1 ZPO und Art. 5 IPRG sind schliesslich den *Gepflogenheiten der Parteien* sowie *internationalen Handelsbräuchen* Rechnung zu tragen[1107]. In jedem Falle sind die Formvorschriften für Gerichtsstandsklauseln *abschliessend* in Art. 23 Abs. 1 und 2 LugÜ geregelt[1108].

246 Die Erfüllung der *Formerfordernisse* gemäss Art. 23 LugÜ dient nicht nur zu Beweiszwecken, sondern stellt eine *Wirksamkeitsvoraussetzung* dar[1109]. Die Formvorschriften sollen sicherstellen, dass zwischen den Vertragsparteien tatsächlich eine materiell-rechtliche *Willenseinigung* zustande gekommen ist[1110].

Person zugerechnet werden kann (vgl. Art. 15 Abs. 1 LugÜ). Allerdings beschränkt sich der Anwendungsbereich auf den Kauf beweglicher Sachen auf Teilzahlung (lit. a), Kreditgeschäfte (lit. b) und Verbraucherverträge, bei denen der Anbieter im Staat des Verbrauchers eine gewerbliche oder berufliche Tätigkeit ausübt (lit. c).

1104 Eine Gerichtsstandvereinbarung in Verbraucherverträgen ist vor Entstehung der Streitigkeit nur dann möglich, wenn sie den Verbraucher durch Einräumung zusätzlicher Gerichtsstände besser stellt (Art. 17 LugÜ i.V.m. Art. 23 Abs. 5 LugÜ).

1105 BERGER, BSK, N 42 f. zu Art. 23 LugÜ.

1106 So auch BERGER, BSK, N 42 ff. zu Art. 23 LugÜ.

1107 Vgl. Art. 23 Abs. 1 lit. b und c LugÜ, welche die Formvorschriften für Gerichtsstandsklauseln im internationalen Handel weitgehend aufheben.

1108 Daher können die angerufenen Richter in den Mitgliedstaaten im Anwendungsbereich des LugÜ keine strengeren oder leichteren Formerfordernisse auf Gerichtsstandsklauseln anwendbar erklären (SHK LugÜ-KILLIAS, Art. 23 N 88; BERGER, BSK, N 41 zu Art. 23 LugÜ).

1109 SHK LugÜ-KILLIAS, Art. 23 N 86 (m.w.H.); BERGER, BSK, N 41 zu Art. 23 LugÜ.

1110 BGE 139 III 345, 349, E. 4.3; 131 III 398, 400, E. 6; BGer 4A_310/2022, E. 7.3.1; EuGH, 19. Juni 1984, C-71/83, Tilly Russ gegen Nova Slg. 1984, 2432 N 14.

Die Einhaltung der Form gilt als ein Indiz für die Willenseinigung der Vertragsparteien und ist mit dieser untrennbar verbunden, dennoch stellt die tatsächlich übereinstimmende gegenseitige Willensäusserung der Vertragsparteien einen im Grundsatz eigenständigen Akt dar[1111]. Ob die Geltung der Gerichtsstandsvereinbarung i.S.v. Art. 23 LugÜ vorliegt, ist durch *autonome Auslegung* des LugÜ – d.h. ohne Berücksichtigung des nationalen Rechts – zu ermitteln[1112], wobei die Rechtsprechung des EuGH gemäss bundesgerichtlicher Praxis zu berücksichtigen ist[1113]. Die in dieser Bestimmung aufgestellten Voraussetzungen für die Wirksamkeit der Gerichtsstandsvereinbarung sind gemäss Bundesgericht «streng auszulegen» – es sind mithin «hohe Anforderungen» an die Erfüllung der Formerfordernisse zu stellen[1114].

Eine Gerichtsstandsklausel kann auch im Anwendungsbereich des LugÜ in AGB wirksam vereinbart werden, sofern diese *Vertragsbestandteil* geworden sind. Das Schriftformerfordernis nach Art. 23 Ziff. 1 lit. a LugÜ verlangt nicht zwingend, dass eine Gerichtsstandsklausel direkt in der Vertragsurkunde aufgenommen werden muss. Sie darf auch ausserhalb in separaten AGB enthalten sein, sofern im Vertrag ausdrücklich auf die AGB *(Globalverweis)*, nicht aber spezifisch auf die Gerichtsstandsklausel selbst hingewiesen wird[1115]. Gemäss Bundesgericht müssen die Vertragsparteien die Gerichtsstandsklausel in den AGB nicht tatsächlich zur Kenntnis nehmen[1116]. Vielmehr ist ausreichend, dass der Vertragspartner spätestens *beim Vertragsabschluss* vom AGB-Verwender 247

1111 BERGER, BSK, N 28 zu Art. 23 LugÜ. Der für die materielle Willenseinigung erforderliche (wesentliche) Mindestinhalt (*essentialia negotii*) der Gerichtsstandsvereinbarung ist in Art. 23 LugÜ geregelt. Alle weiteren vertragsrechtlichen Fragen zur Vereinbarung (z.B. Willensmängel, Vertretungsbefugnis, Geschäftsfähigkeit) regelt das jeweilige nationale Recht, auf welches das IPR des Forums verweist (BERGER, BSK, N 27 ff. zu Art. 23 LugÜ; SHK LugÜ-KILLIAS, Art. 23 N 91, 139 f.).

1112 BGE 139 III 345, 347, E. 4; 131 III 398, 400, E. 5; BGer 4A_310/2022, E. 7.3.1; 4A_149/2013, E. 4; HAAS/HUG, ZZZ 2021, 484.

1113 BGE 139 III 345, 347, E. 4 mit Hinweis auf 138 III 386, 392, E. 2.6; 138 III 304, 313, E. 5.3.1.

1114 BGE 139 III 345, 349, E. 4.3; 131 III 398 E. 6. Weicht die Gerichtsstandsvereinbarung vom allgemeinen Grundsatz des Wohnsitzes des Beklagten in Art. 2 LugÜ oder von anderen Sonderzuständigkeiten des LugÜ ab, sind die Gültigkeitsvoraussetzungen von Gerichtsstandsklauseln eng auszulegen (BGer 4A_310/2022, E. 7.3.1 m.w.H.).

1115 BGE 139 III 345, 347, E. 4.1; BGer 4A_310/2022, E. 7.3.1; BERGER, BSK, N 42 zu Art. 23 LugÜ; HAAS/HUG, ZZZ 2021, 484. Ein Hinweis auf AGB ist ebenfalls erforderlich, wenn die AGB im selben Vertragsdokument auf der Rückseite abgedruckt sind (SHK LugÜ-KILLIAS, Art. 23 N 96a). Dagegen unzureichend ist der blosse Abdruck von AGB auf der Rückseite des Vertrags (BGer 4A_310/2022, E. 7.3.1).

1116 BGE 139 III 345, 349, E. 4.4; BGer 4A_310/2022, E. 7.3.1; vgl. aus der Lehre auch SHK LugÜ-KILLIAS, Art. 23 N 96d.

die *Möglichkeit* erhält, die Gerichtsstandsklausel in *zumutbarer Weise zur Kenntnis zu nehmen*[1117].

248 Allerdings darf insoweit aufgrund der Formvorschrift von Art. 23 Ziff. 1 LugÜ *keine Erkundigungsobliegenheit* des Kunden abgeleitet werden – dem Kunden sind das Anfordern der AGB oder diesbezügliche Rückfragen unzumutbar[1118]. Demzufolge ist es ungenügend, wenn in der Vertragsurkunde auf AGB verwiesen wird, die bloss über eine *Faxnummer* angefordert und nur durch Mitwirkung des AGB-Verwenders zur Kenntnis genommen werden können[1119]. Wenn die Parteien allerdings *per E-Mail* miteinander kommunizieren, gilt der Verweis (z.B. via Hyperlink) auf die auf der Website des AGB-Verwenders abrufbaren AGB als zumutbare Möglichkeit der Kenntnisnahme, da insoweit ein Internetzugang des Kunden sichergestellt ist[1120]. Dasselbe gilt, wenn die AGB als Anhang einer E-Mail beigefügt werden[1121]. Im *E-Commerce* kann der Vertragspartner auf der Online-Plattform des AGB-Verwenders durch das Anklicken eines elektronischen Inputfeldes bestätigen, dass er die ihm zugänglich gemachten AGB akzeptiert (sog. *Click-Wrap-Agreement*) – dies genügt, sofern die massgebenden AGB jederzeit ausgedruckt und dauerhaft auf einem Datenträger abgespeichert werden können[1122]. Dagegen offen gelassen hat das Bundesgericht die Frage, ob ein Hinweis auf die Online-AGB ausreicht, wenn die Willenserklärungen nicht elektronisch (z.B. schriftlich in Briefform) ausgetauscht wurden[1123]. Angesichts der rasch voranschreitenden Digitalisierung und der sich ständig verbessernden elektronischen Darstellungs- und Speichermöglichkeiten kann heutzutage auch ein schriftlicher (nicht-elektronischer) Hinweis auf die Website des AGB-

---

1117 BGE 139 III 345, 349, E. 4.3; SHK LugÜ-KILLIAS, Art. 23 N 96b; LORENZ/MÜLLER-CHEN, Gerichtsstand, 739; BERGER, BSK, N 42 zu Art. 23 LugÜ; HAAS/HUG, ZZZ 2021, 484. Vgl. dazu auch die sinngemäss anwendbaren Ausführungen zur ZPO oben N 235 ff. Diese Grundsätze decken sich mit den Erfordernissen der Zugänglichkeitsregel bei der Einbeziehung von AGB (vgl. dazu ausführlich oben N 123 ff.).

1118 BGE 139 III 345, 349, E. 4.3; BERGER, BSK, N 42 zu Art. 23 LugÜ. Vgl. aber die im Einzelfall etwas weniger strenge Situation bei der Einbeziehung von AGB im b2b-Binnenverkehr unten N 256 ff.

1119 BGE 139 III 345, 350, E. 4.4.2; BERGER, BSK, N 42 zu Art. 23 LugÜ; SHK LugÜ-KILLIAS, Art. 23 N 96c.

1120 BGE 139 III 345, 349 f., E. 4.4.1; LORENZ/MÜLLER-CHEN, Gerichtsstand, 739; BERGER, BSK, N 42 zu Art. 23 LugÜ; SHK LugÜ-KILLIAS, Art. 23 N 96b.

1121 LORENZ/MÜLLER-CHEN, Gerichtsstand, 739; SHK LugÜ-KILLIAS, Art. 23 N 96b.

1122 SHK LugÜ-KILLIAS, Art. 23 N 96b, 138. Vgl. auch EuGH vom 21.05.2015, C-322/14, welcher eine Gerichtsstandsvereinbarung in Click-Wrap-AGB mit Art. 23 Abs. 2 Brüssel-I-Verordnung vereinbar erklärt.

1123 BGE 139 III 345, 350, E. 4.4.1. Vgl. zur Problematik des sog. «Medienbruchs» oben N 148 (b2c-Verkehr) sowie unten N 258 (b2b-Verkehr).

Verwenders im b2b-Verkehr genügen, sofern der Nachweis der AGB-Einbeziehungsvereinbarung weiterhin dauerhaft durch Text sichergestellt wird[1124].

Die *Bezugnahme* auf eine AGB-Gerichtsstandsklausel, die dem Vertragspartner erst *nach Vertragsschluss* zugänglich gemacht wurde, genügt nicht für die Schriftform[1125]. Ebenfalls zu spät ist, wenn bei der Variante der «halben Schriftlichkeit» nach der mündlichen Einigung die AGB mit der Gerichtsstandsklausel erst bei der schriftlichen Bestätigung des Vertragsschlusses beigelegt werden[1126]. Wiederholter Abdruck der AGB bzw. der Gerichtsstandsklausel auf Rechnungen, Lieferscheinen oder Auftragsbestätigungen erheben diesen nicht bereits zur formgenügenden Gepflogenheit i.S.v. Art. 23 Ziff. 1 lit. b LugÜ[1127]. Anders mag es sich verhalten, wenn eine laufende Geschäftsverbindung zwischen den Parteien besteht und sich im Rahmen dieser die Gepflogenheit entwickelt hat, den einzelnen Rechtsgeschäften jeweils dieselben AGB zugrunde zu legen; in derartigen Konstellationen gilt die in den AGB enthaltene Gerichtsstandsklausel auch dann, wenn ein Folgegeschäft bloss mündlich abgeschlossen wurde[1128]. Eine Kenntnisnahme ist unzumutbar, wenn die Gerichtsstandsklausel in AGB unverständlich formuliert ist (Transparenzgebot), insbesondere wenn sie weder in der Sprache des Vertragspartners noch in der Verhandlungs- bzw. Vertragssprache abgefasst ist[1129]. Gleiches gilt für unleserlich gestaltete AGB, wobei eine drucktechnisch hervorgehobene Gestaltung nicht erforderlich ist[1130]. Stellen beide Vertragsparteien sich widersprechende AGB-Gerichtsstandsklauseln zur Einbeziehung in denselben Vertrag 249

[1124] Vgl. auch BERGER, BSK, N 42 zu Art. 23 LugÜ; SHK LugÜ-KILLIAS, Art. 23 N 96b, 138. In diesem Sinne hat der EuGH in Auslegung von Art. 23 LugÜ entschieden, dass eine Gerichtsstandsvereinbarung in AGB im unternehmerischen Geschäftsverkehr wirksam vereinbart werden kann, wenn ein schriftlich abgeschlossener Vertrag durch Angabe eines Hyperlinks auf die auf einer Website befindlichen AGB hinweist und diese Website es dem Vertragspartner ermöglicht, die AGB zur Kenntnis zu nehmen, herunterzuladen und auszudrucken (vgl. EuGH vom 24.11.2022, Rs. C-358/21, Tilman SA gegen Unilever Supply Chain Company AG). Der EuGH verlangt in diesem Entscheid für die Formvorschriften gemäss Art. 23 LugÜ weder einen unmittelbar auf die AGB verweisenden Hyperlink noch das Anklicken eines Buttons als dokumentiertes Einverständnis mit den AGB («Click-Wrap»).

[1125] SHK LugÜ-KILLIAS, Art. 23 N 97 (mit Verweis auf BGE 139 III 345, 349, E. 4.2).

[1126] SHK LugÜ-KILLIAS, Art. 23 N 104.

[1127] BERGER, BSK, N 49 zu Art. 23 LugÜ.

[1128] BERGER, BSK, N 49 zu Art. 23 LugÜ (mit Verweis auf BGH, VIII ZR 119/03 = NJW-RR 2004, 1292); im Ergebnis auch SHK LugÜ-KILLIAS, Art. 23 N 119. Vgl. zur Einbeziehung von AGB im b2b-Verkehr kraft laufender Geschäftsverbindung unten N 262.

[1129] SHK LugÜ-KILLIAS, Art. 23 N 101 (m.w.H.). Vgl. ausführlich zur Verständlichkeit von AGB oben N 156 ff. sowie zur massgebenden Sprache bei der Einbeziehung von AGB oben N 166 ff.

[1130] SHK LugÜ-KILLIAS, Art. 23 N 102. Vgl. zur Lesbarkeit von AGB oben N 164 ff.

(*Battle of the Forms*), so kommt keine Willenseinigung zustande[1131]. Schliesslich kann im Zusammenhang mit dem Schweigen auf ein (unter gewissen Voraussetzungen konstitutiv wirkendes) kaufmännisches Bestätigungsschreiben zugleich ein Handelsbrauch gemäss Art. 23 Ziff. 1 lit. c LugÜ vorliegen[1132].

e. Schiedsklauseln in AGB

250 Soweit eine schiedsfähige Sache i.S.v. Art. 354 ZPO oder Art. 177 IPRG vorliegt[1133], stehen weder zwingende noch teilzwingende Gerichtsstände einer die örtliche Zuständigkeit betreffende *Schiedsvereinbarung*[1134] entgegen[1135]. Durch den Einsatz einer Schiedsvereinbarung kann somit einer Partei auch ein zwingender Gerichtsstand entzogen werden[1136]. Zu beachten sind allerdings die *zwingenden Formvorschriften* von Art. 358 ZPO bzw. Art. 178 Abs. 1 IPRG[1137]. Wie bei den zivilprozessualen Formvorschriften zu Gerichtsstandsvereinbarungen müssen sich die Parteien der Schriftform oder einer anderen Form bedienen, welche den Nachweis der Schiedsvereinbarung durch Text sicherstellt[1138]. Eine eigenhändige Unterschrift ist für die Schriftform nach Art. 178 Abs. 1 IPRG

1131 Im Ergebnis SHK LugÜ-KILLIAS, Art. 23 N 99.

1132 BERGER, BSK, N 53 zu Art. 23 LugÜ. Ein unwidersprochenes Bestätigungsschreiben hat aber bloss dann rechtserzeugende Wirkung, wenn der Inhalt des Schreibens nicht derart vom erzielten Verhandlungsergebnis abweicht, dass der Verfasser nach Treu und Glauben nicht mit der Zustimmung des Empfängers rechnen durfte (vgl. BGE 114 II 250, E. 2a). Die Formvorschrift von Art. 23 Abs. 1 lit. c LugÜ ist ebenfalls nicht gewahrt, sofern der Schweigende den Handelsbrauch nicht kennen musste. Vgl. zur Branchenüblichkeit von AGB unten N 263 f. sowie zum Schweigen auf ein kaufmännisches Bestätigungsschreiben unten N 265 ff.

1133 Die LugÜ-Bestimmungen finden keine Anwendung auf Schiedsvereinbarungen (vgl. Art. 1 Abs. 2 LugÜ).

1134 Im Gegensatz zu Gerichtsstandsklauseln haben Schiedsklauseln den Ausschluss der staatlichen Gerichte zum Gegenstand.

1135 BGE 136 III 467; HEDINGER/HOSTETTLER, ZPO, N 12 zu Art. 17 ZPO.

1136 CHK ZPO-SUTTER-SOMM/SEILER, Art. 17 N 4 (m.w.H.).

1137 Vgl. dazu ausführlich MÖHLER, Schiedsverfahren, N 415 ff.

1138 GABRIEL/LANDBRECHT, BK, N 123 ff. zu Art. 178 IPRG. Vgl. zu den Formvorschriften im Einzelnen MÖHLER, Schiedsverfahren, N 415 ff. Vgl. zu den Formvorschriften für Gerichtsstandsklauseln oben N 233 ff. (für die ZPO), N 241 f. (für das IPRG) und N 245 ff. (für das LugÜ).

nicht erforderlich[1139]. Die Erfüllung der Formerfordernisse dient nicht bloss zu Beweiszwecken, sondern ist eine Wirksamkeitsvoraussetzung[1140].

Für die Erfüllung der Form genügt bei in AGB enthaltenen Schiedsklauseln 251
bereits ein (ausdrücklicher oder zumindest deutlicher und globaler) *Verweis auf die AGB*[1141], solange sowohl die AGB als auch das verweisende Dokument den Nachweis durch Text erbringen[1142]. Dabei müssen die massgebenden AGB (samt darin befindlicher Schiedsklausel) spätestens bei Vertragsschluss dem Vertragspartner zugänglich sein[1143], d.h. der AGB-Verwender muss dem Vertragspartner neben dem Hinweis auf die AGB zumindest auch die *Möglichkeit zumutbarer Kenntnisnahme* einräumen[1144].

Da die ZPO und das IPRG *keine zwingenden Schutzbestimmungen* für *Schieds-* 252
vereinbarungen mit Konsumenten vorsehen, kommt der (materiell-rechtlichen) Kontrolle von Schiedsklauseln in AGB ein bedeutenderes Gewicht als bei Gerichtsstandsvereinbarungen zu[1145]. Namentlich die Regeln zur Einbeziehung von AGB-Schiedsklauseln in Konsumentenverträgen sind mangels entsprechender zivilprozessualer Sozialschutzvorschriften strenger anzuwenden. Die Wirksamkeit einer global übernommenen Schiedsabrede in AGB auf der Konsensebene beurteilt sich dabei primär nach der *Ungewöhnlichkeitsregel*; die zu Gerichtsstandsklauseln in AGB gebildeten Grundsätze «sind sinngemäss auch auf Schiedsklauseln anwendbar»[1146]. Im *unternehmerischen Geschäftsverkehr* können Schiedsvereinbarungen in verschiedenen Handelsbereichen als üblich

---

1139 GABRIEL/LANDBRECHT, BK, N 125 zu Art. 178 IPRG. Vgl. insoweit strenger das deutsche Recht, wonach § 1035 Abs. 5 der deutschen Zivilprozessordnung eine Schiedsvereinbarung mit einem Verbraucher nur dann für wirksam erklärt, wenn sie in einer gesonderten und von den Vertragsparteien eigenhändig unterzeichneten Urkunde enthalten ist.

1140 BGE 142 III 239 E. 3.3.1; GABRIEL/LANDBRECHT, BK, N 126 zu Art. 178 IPRG.

1141 BGer 4P.230/2000, E. 2a; MÖHLER, Schiedsverfahren, N 462; GABRIEL/LANDBRECHT, BK, N 182 zu Art. 178 IPRG. Mit anderen Worten muss die Schiedsklausel in der Verweisung nicht explizit erwähnt werden.

1142 MÖHLER, Schiedsverfahren, N 461. Diesbezüglich decken sich Art. 358 ZPO und Art. 178 Abs. 1 IPRG weitgehend mit den Ausführungen zu Gerichtsstandsvereinbarungen gemäss Art. 17 Abs. 2 ZPO und Art. 5 IPRG. Vgl. hierzu oben N 221 ff. (für die ZPO), N 239 ff. (für das IPRG).

1143 So auch GABRIEL/LANDBRECHT, BK, N 193 zu Art. 178 IPRG.

1144 Vgl. zur Zugänglichkeitsregel bei der Einbeziehung von AGB oben N 123 ff.

1145 Es kommen insoweit die klassischen AGB-Kontrollinstrumente (Konsens-, Auslegungs-, Gültigkeits- und Inhaltskontrolle) zur Anwendung (vgl. BGer 4C.282/2003, E. 3.1).

1146 BGer 4C.282/2003, E. 3.1; GAUCH/SCHLUEP/SCHMID, OR AT, N 1143; REETZ, GestG, 18. Vgl. zu den konsensualen Anforderungen an die Einbeziehung von Gerichtsstandsklauseln oben N 221 ff. (ZPO), N 242 (IPRG) sowie N 246 ff. (LugÜ).

gelten, wohingegen ein Konsument im b2c-Verkehr in den überwiegenden Fällen nicht mit solchen Klauseln rechnen muss[1147]. Es sind die Umstände des Einzelfalles nach dem Vertrauensprinzip zu berücksichtigen. So wurde die Geltung einer Schiedsklausel zwischen zwei Unternehmern aufgrund ihrer hinreichend deutlich hervorgehobenen Stellung im Rahmen des Gesamttextes anerkannt, obgleich sie gegenüber den übrigen Vertragsbestimmungen optisch weder mit Fettschrift noch sonstwie durch eine besondere Schriftwahl hervorgehoben wurde[1148].

4. Einbeziehung von AGB im unternehmerischen Geschäftsverkehr (b2b)

a. Rechtsgeschäftliche Vereinbarung (insb. Zugänglichkeitsregel)

253 Auch im *unternehmerischen Geschäftsverkehr* (b2b)[1149] bedarf es für die Übernahme von AGB einer *rechtsgeschäftlichen Vereinbarung*[1150], wobei daran im Vergleich zum b2c-Verkehr *geringere Anforderungen* zu stellen sind[1151]. Deshalb kommt hier auch eine *konkludente (stillschweigende) Einbeziehung* eher in Betracht, insbesondere wenn sich eine entsprechende Vereinbarung aus einer laufenden Geschäftsverbindung oder Branchenüblichkeit ergibt[1152]. Die geringere Schutzbedürftigkeit im unternehmerischen Bereich legitimiert sich durch die Annahme, dass die in Ausübung ihrer beruflichen oder gewerblichen Tätigkeit handelnden Rechtssubjekte sich häufig aufgrund ihrer grösseren Geschäftserfahrung «at arms length» (sog. «strukturelles Gleichgewicht»[1153]) begegnen und gleichermassen nach Effizienz im Ge-

---

[1147] Sinngemäss BGE 121 III 38, 44 ff.; BERGER/KELLERHALS, International and Domestic Arbitration in Switzerland, Bern 2015, N 456 ff.

[1148] BGer 4C.282/2003, E. 3.2: Die Schiedsklausel «kann als solche bei der Lektüre des Textes nicht übersehen oder als unwichtige Floskel aufgefasst werden».

[1149] Im OR existiert keine Legaldefinition zum Unternehmerbegriff. Vgl. dazu oben N 100 f.

[1150] Vgl. BK-KRAMER, Art. 1 N 184, 187, insb. 200; so auch für das deutsche Recht BGH, JW 2014, 1296.

[1151] PERRIG, Zugänglichkeitsregel, 292 ff.; vgl. ferner SCHWENZER/FOUNTOULAKIS, OR AT, N 45.05; JUNG, Gibt es in der Schweiz ein Handelsrecht?, recht 2009, 47 («grosszügigere Einbeziehung»); FURRER/MÜLLER-CHEN, OR AT, N 74; BK-KRAMER, Art. 1 N 197 ff.; BK-MÜLLER, Art. 1 N 321 f.; GIGER, Kontrolle AGB, 52 f.

[1152] SCHWENZER/FOUNTOULAKIS, OR AT, N 45.05; BK-MÜLLER, Art. 1 N 321 f.; vgl. dazu unten N 261 ff.

[1153] BRUNNER, AGB, 120.

schäftsverkehr streben. Man könnte insoweit von einer «Vermutung der professionellen Kompetenz» (*«presumption of professional competence»*) sprechen, aus der die erhöhte Sorgfalt und Selbstverantwortung des Unternehmers für die Gestaltung seiner rechtlichen Geschäfte abgeleitet wird[1154]. Allerdings darf auch eine geschäftserfahrene Vertragspartei nach Treu und Glauben vom AGB-Verwender eine faire Verhandlungsführung und Transparenz verlangen, was diesen nach den allgemeinen Konsensregeln grundsätzlich dazu verpflichtet, die andere Vertragspartei vor bzw. spätestens bei Vertragsschluss auf die Einbeziehung der AGB und ihren Inhalt aufmerksam zu machen[1155]. Folglich sind im Rahmen der Konsenskontrolle die *Anforderungen* an den *Hinweis auf die AGB* und die *Möglichkeit der Kenntnisnahme der AGB* (*Zugänglichkeitsregel*) im b2b-Verkehr nicht *per se* ausgeschaltet, sondern bloss *reduziert*[1156]. Entscheidend bleiben aber auch hier jeweils die Umstände im Einzelfall, namentlich die Geschäftserfahrung und Rechtskundigkeit des Vertragspartners[1157]. So gilt es zu beachten, dass es auch im Unternehmerverkehr schwächere Vertragsparteien gibt (z.B. Start-ups oder KMUs), deren Situation durchaus mit der eines Konsumenten vergleichbar sein kann[1158]. Ähnliche Erwägungen gelten für die Anwendung der Ungewöhnlichkeitsregel im b2b-Verkehr[1159].

[1154] BERGER, FS Horn, 4 f. Dieser Gedanke hat sich insb. im internationalen Vertragsrecht seit längerem etabliert.

[1155] PERRIG, Zugänglichkeitsregel, 293. In diesem Sinne auch diverse europäische Vertragsprinzipien, z.B. Art. 2:104 Abs. 1 PECL; Art. II-9:103 Abs. 1 DCFR: «...if the party supplying the terms took reasonable steps to draw the other party's attention to them».

[1156] PERRIG, Zugänglichkeitsregel, 293. Vgl. im Ergebnis BGE 77 II 156, E. 4; 100 II 200, 209 f., E. 5d; SCHWENZER/FOUNTOULAKIS, OR AT, N 45.02, 45.05; FORSTMOSER, Standortbestimmung, 39; GIGER, Kontrolle AGB, 52 f.; FURRER/MÜLLER-CHEN, OR AT, N 74. In der Tendenz auch die deutsche Lehre, obwohl § 310 Abs. 1 BGB die Einbeziehungsvoraussetzungen von § 305 Abs. 2 BGB im unternehmerischen Verkehr für nicht anwendbar erklärt. BASEDOW, MünchKomm, N 101 zu § 305 BGB (8. Aufl.), spricht etwa von einem «mittelbaren Einfluss» der Voraussetzungen von § 305 Abs. 2 GB. Vgl. zur Zugänglichkeitsregel im b2c-Verkehr oben N 123 ff.

[1157] Sinngemäss FURRER/MÜLLER-CHEN, OR AT, N 74; GAUCH/SCHLUEP/SCHMID, OR AT, N 1134 («Das Erfordernis der ‹Zumutbarkeit› der Kenntnisnahme bietet jedoch Spielraum, auf die besondere Situation geschäftlich unerfahrener Parteien Rücksicht zu nehmen»).

[1158] Vgl. dazu allg. BRUNNER, AGB, 120 ff.; BAUDENBACHER, Kommentar UWG, Art. 8 N 8 f.; SHK UWG-PROBST, Art. 8 N 352 Fn 396 und N 361 Fn 430; zur KMU-Problematik GIRSBERGER, FS Gauch, 417 ff.

[1159] Siehe dazu unten N 273.

b. Deutlicher Hinweis

254 Auch im b2b-Verkehr kann am flexiblen Kriterium des *deutlichen Hinweises* auf die AGB festgehalten werden, wobei an dessen Deutlichkeit weniger strenge Anforderungen als bei Konsumenten zu stellen sind[1160]. Der Einbeziehungswille des AGB-Verwenders muss aber *erkennbar* sein[1161]. Deswegen hat der AGB-Verwender auch gegenüber einer unternehmerisch tätigen Vertragspartei in irgendeiner Weise auf die *AGB Bezug zu nehmen*, damit sie zum Vertragsinhalt werden[1162]. Die Bezugnahme muss grundsätzlich anlässlich der Verhandlungen über den konkreten Vertrag erfolgen[1163]. Allerdings kann für den Hinweis bei der Einbeziehung von AGB zwischen Unternehmern bereits ein *schlüssiges Verhalten* der Vertragsparteien ausreichen; ein ausdrücklicher Hinweis ist je nach Konstellation nicht unbedingt vonnöten[1164]. Stattdessen genügt es, wenn der AGB-Verwender seine Einbeziehungsabsicht bei Abschluss des Einzelvertrages «irgendwie hinreichend deutlich macht»[1165]. Folglich obliegt der unternehmerisch tätigen Gegenpartei eine grössere Sorgfalt bei der Prüfung von Vertragsangeboten und Vertragsannahmeerklärungen als dem Konsumenten[1166]. Wann genau die Annahme einer konkludenten (bzw. stillschweigenden) Verweisung auf AGB gerechtfertigt ist, entscheiden die konkreten Umstände des Einzelfalles[1167]. Indikatoren für die erkennbare (konkludente) Bereitschaft

1160 PERRIG, Zugänglichkeitsregel, 295 (m.w.N.); so auch HGer ZH, HG210003-O U/dz, E. II. 1.3.1, 1.4.1.1, Urteil vom 14. Juli 2022.

1161 PERRIG, Zugänglichkeitsregel, 294; so auch HGer ZH, HG210003-O U/dz, E. II. 1.3.1, II. 1.4.1.1, Urteil vom 14. Juli 2022; vgl. auch für das deutsche Recht BGH, NJW 2003, 754; PFEIFFER in Wolf/Lindacher/Pfeiffer, N 125 zu § 305 BGB.

1162 BGE 77 II 156, E. 4; HGer ZH, HG210003-O U/dz, E. II. 1.3.1, Urteil vom 14. Juli 2022; FORSTMOSER, Standortbestimmung, 39; PERRIG, Zugänglichkeitsregel, 294.

1163 PERRIG, Zugänglichkeitsregel, 294; GRÜNEBERG, N 51 zu § 305 BGB. So sind Hinweise bei früherer Gelegenheit selbst zwischen Unternehmern unbeachtlich. Vgl. aber den Sonderfall einer laufenden Geschäftsverbindung unten N 262.

1164 BGE 77 II 156, E. 4; BK-KRAMER, Art. 1 N 197 ff.; PERRIG, Zugänglichkeitsregel, 294.

1165 MEDICUS/PETERSEN, BGB AT, N 414; BGH, NJW-RR 1991, 570 (z.B. für künftige Verträge auf Rechnungen).

1166 PERRIG, Zugänglichkeitsregel, 294. Grundsätzlich obliegt dem unternehmerisch tätigen Vertragspartner eine grössere Erkundigungslast als dem Konsumenten, wobei aber auch im unternehmerischen Bereich die Anforderungen je nach spezifischer Geschäftserfahrung und angesprochenem Verkehrskreis variieren (siehe auch aus der deutschen Literatur PFEIFFER in Wolf/Lindacher/Pfeiffer, N 125 zu § 305 BGB).

1167 Die Anforderungen können dabei je nach dem angesprochenen Verkehrskreis und der spezifischen Geschäfts-, Rechts- und Branchenerfahrung der Gegenpartei variieren (PERRIG, Zugänglichkeitsregel, 295).

des Verwenders zur Einbeziehung von AGB als Vertragsbestandteil stellen beispielsweise laufende Geschäftsverbindungen und Branchenüblichkeit dar[1168]. Ebenfalls als konkludenter Einbeziehungshinweis verstanden wird die auffällige Beifügung der AGB im schriftlichen Angebot des Verwenders[1169]. Gleich verhält es sich in der Regel sogar mit dem blossen AGB-Abdruck auf der Rückseite des Vertragsangebotes (z.B. Rückseite eines Bestellscheins)[1170].

Fehlt es aber an einer laufenden Geschäftsverbindung, an der Branchenüblichkeit von AGB oder ist der Einbeziehungswille des AGB-Verwenders nicht aufgrund der sonstigen Umstände konkludent erkennbar, bedarf es einer klaren und eindeutigen, also in aller Regel ausdrücklichen Verweisung[1171]. Daher ist auch im unternehmerischen Verkehr ein *Mindestmass an Hinweistransparenz* zu fordern, denn es «muss klar und eindeutig sein, welche AGB einbezogen werden sollen»[1172]. Andernfalls ist es für die Gegenpartei nicht möglich (oder zumindest unzumutbar), sich von den massgebenden AGB Kenntnis zu verschaffen[1173]. Verbleiben angebrachte Zweifel, welche AGB übernommen werden sollen, scheitert die Einbeziehung ebenfalls[1174]. 255

1168 BSK OR I-ZELLWEGER-GUTKNECHT, Art. 1 N 53; PERRIG, Zugänglichkeitsregel, 294.

1169 PERRIG, Zugänglichkeitsregel, 294; PFEIFFER in Wolf/Lindacher/Pfeiffer, N 125 zu § 305 BGB.

1170 Dies entspricht den im Geschäftsverkehr verbreiteten Gepflogenheiten (PERRIG, Zugänglichkeitsregel, 295).

1171 PERRIG, Zugänglichkeitsregel, 295 f. In diesem Sinne BGE 77 II 156, E. 4 (es genügt, wenn die Gegenpartei «ausdrücklich und in nicht zu übersehender Weise auf das Bestehen allgemeiner Geschäftsbedingungen aufmerksam gemacht wird»); BGE 100 II 200, 209 f., E. 5d («...celui qui entend les imposer ait attiré clairement sur elles l'attention de son cocontractant...»); HGer AG, HOR.2018.5, 13, E. 4.2.1.2, Urteil vom 21. März 2019; OGer ZH, ZR 90 (1991), Nr. 2, 5, II. 5g. Ähnlich für das deutsche Recht BGH, NJW-RR 1989, 1104; BERGER, FS Horn, 7.

1172 Zutreffend aus der deutschen Doktrin PFEIFFER in Wolf/Lindacher/Pfeiffer, N 125 zu § 305 BGB; ähnlich BERGER, FS Horn, 6 f.; GRÜNEBERG, N 51 zu § 305 BGB. Vgl. ausführlich zur Hinweistransparenz oben N 134 ff.

1173 PERRIG, Zugänglichkeitsregel, 296; GRÜNEBERG, N 51 zu § 305 BGB.

1174 PERRIG, Zugänglichkeitsregel, 296; BGH, NJW 1988, 1210; PFEIFFER in Wolf/Lindacher/Pfeiffer, N 125 zu § 305 BGB.

c. Möglichkeit zumutbarer Kenntnisnahme

aa. Erkundigungs- und Verschaffungsobliegenheit

256 «Niemand kann an etwas gebunden sein, wovon er nicht einmal die Möglichkeit der Kenntnisnahme hat»[1175]. Ergo muss auch im unternehmerischen Geschäftsverkehr die *Möglichkeit der zumutbaren Kenntnisnahme* der AGB bestehen[1176], wobei die Anforderungen an die Kenntnisverschaffung für den AGB-Verwender milder und diejenigen an die Kenntnisnahme für die Gegenpartei strenger beurteilt werden dürfen[1177]. Der unternehmerischen Vertragspartei obliegt im Verhältnis zum Konsumenten grundsätzlich eine grössere Sorgfalt bei der Prüfung von Vertragserklärungen und es können an Unternehmer erhöhte Anforderungen an die Kenntnisnahme gestellt werden[1178]. Es wird daher in der Lehre überwiegend vertreten, die unternehmerische Gegenpartei treffe im b2b-Verkehr eine *Erkundigungs- bzw. Verschaffungslast*[1179]. Dabei gilt es weiter zu differenzieren. Einem Unternehmer ist insoweit in der Tat eine gewisse Eigeninitiative und Mitverantwortung in Geschäftsangelegenheiten

---

1175 PFEIFFER in Wolf/Lindacher/Pfeiffer, N 131 zu § 305 BGB.

1176 In diesem Sinne auch BGE 77 II 156, E. 4; 100 II 200, 209 f., E. 5d; 148 III 57, E. 2.1.2; 139 III 345, 349, E. 4.3 (in autonomer Auslegung von Art. 23 LugÜ); BGer 5A_117/2022, E. 3.2.1 (in Bezug auf Banken-AGB zwischen einer Bank und einem in der Baubranche tätigen und geschäftserfahrenen Unternehmen); GAUCH/SCHLUEP/ SCHMID, OR AT, N 1134 (die Zugänglichkeitsregel «gilt für alle Verträge»); FORSTMOSER, Standortbestimmung, 39; GIGER, Kontrolle AGB, 52 f., 62.

1177 PERRIG, Zugänglichkeitsregel, 296 f. Der Zumutbarkeitsmasstab ist somit im b2b-Verkehr tiefer anzusetzen (vgl. auch HGer AG, HOR.2018.5, 14, E. 4.2.1.2, Urteil vom 21. März 2019).

1178 In diesem Sinne aus der deutschen Literatur PFEIFFER in Wolf/Lindacher/Pfeiffer, N 131 zu § 305 BGB.

1179 GIGER, Kontrolle AGB, 52 («Tatsächlich kann man wenigstens von einem geschäftserfahrenen Vertragspartner erwarten, dass er die Aushändigung des AGB-Textes verlangt»); KOLLER, AJP 2016, 287; KOLLER, OR AT N 23.49 («Erkundigungsobliegenheit»); FORSTMOSER, Standortbestimmung, 39; PERRIG, Zugänglichkeitsregel, 296 f.; so auch HGer ZH, HG150136-O U/ei, E. 3.2, 3.3, Urteil vom 16. Dezember 2016 («Erkundigungs- und Verschaffungslast»); OGer ZH, ZR 90 (1991), Nr. 2, 5, II. 5g («Erkundigungspflicht»); HGer AG, HOR.2018.5, 14 f., 19, E. 4.2.1.2, 4.2.2.3.3, Urteil vom 21. März 2019 («Erkundigungs- oder zumindest eine Widerspruchsobliegenheit»). Siehe aber eine Erkundigungsobliegenheit ablehnend in Bezug auf die «strengen» Formvorschriften von Art. 23 LugÜ: BGE 139 III 345, 349, E. 4.2 f. (die in autonomer Auslegung erfolgten Ausführungen zu den Formvorschriften von Art. 23 LugÜ können jedoch «nicht tale quale auf den allgemeinen vertragsrechtlichen Kontext übertragen» werden, vgl. so KOLLER, OR AT N 23.49, Fn 36; ebenso HGer AG, HOR.2018.5, 15, E. 4.2.1.2, Urteil vom 21. März 2019); offen gelassen in BGE 103 II 63, E. 2.

zuzumuten, sofern der *Einbeziehungswille* des AGB-Verwenders *hinreichend erkennbar* war[1180]. Entscheidend bleiben jedoch stets die *Umstände des jeweiligen Einzelfalles*, welche nach Massgabe des Vertrauensprinzips zu konkretisieren sind[1181]. Demnach hat der Verwender im b2b-Verkehr seine AGB grundsätzlich zur Verfügung zu stellen oder einsehbar zu halten, sofern sie nicht (im betreffenden Handelsbereich) branchenüblich, aufgrund einer laufenden Geschäftsverbindung bereits der Gegenpartei bekannt oder auf andere Weise allgemein zugänglich sind[1182].

Eine strikte *Übermittlungsobliegenheit* des AGB-Verwenders ist dagegen für den nationalen Unternehmerverkehr abzulehnen[1183]. Es kann von einem geschäftserfahrenen und rechtskundigen Vertragspartner im Einzelfall auch erwartet werden, dass er die Übermittlung der AGB anfordert oder sonst wie beschafft[1184] und bei Bedarf der Anwendung der zur Einbeziehung gestellten AGB 257

[1180] Vgl. ähnlich auch KOLLER, OR AT N 23.49. Unternehmer müssen mit zumutbarer Sorgfalt selbst zur Klarstellung der Geschäftsbeziehung beitragen. In jedem Falle sollte dabei jedoch die Bezugnahme des AGB-Verwenders auf die konkret massgebenden AGB so klar und deutlich gefasst sein, dass keine vernünftigen Zweifel über die Anwendung seiner AGB auftreten können. Vgl. zum Hinweiserfordernis im b2b-Verkehr oben N 254 f.

[1181] In diesem Sinne auch HGer AG, HOR.2018.5, 15, E. 4.2.1.2, Urteil vom 21. März 2019. Konkret sollten neben den Umständen des Vertragsschlusses insb. auch die Geschäftserfahrung, Branchenzugehörigkeit, Rechtskundigkeit und Stellung der Vertragsparteien berücksichtigt werden. Mit anderen Worten ist im Ergebnis weder eine strikte Übermittlungsobliegenheit des AGB-Verwenders noch eine starre Erkundigungsobliegenheit der Gegenpartei zu fordern, sondern eine situationsadäquate Informations- und Kooperationspflicht beider Unternehmer.

[1182] PERRIG, Zugänglichkeitsregel, 298. Die Gegenpartei muss in der Lage sein, sich über den AGB-Inhalt ohne Schwierigkeiten Kenntnis zu verschaffen. Vgl. zur Branchenüblichkeit unten N 263 f. sowie zur laufenden Geschäftsverbindung unten N 262.

[1183] So kann es im Einzelfall nicht erforderlich sein, einem geschäftserfahrenen und rechtskundigen Unternehmer die AGB auszuhändigen, zuzusenden oder dem Angebot beizulegen. Vgl. im Ergebnis auch BGer 4A_330/2021, E. 4.1.2 in Bezug auf ein in den AVB erwähntes, im Internet abrufbares WHO-Klassifikationswerk (in der Sache allerdings sehr weit gehend, vgl. dazu oben N 148 und unten N 258, 260). Siehe aber anders für die Formvorschriften gemäss Art. 23 LugÜ BGE 139 III 345, 349, E. 4.2 f. (keine Erkundigungsobliegenheit des Kunden) und für die Übermittlungsobliegenheit im UN-Kaufrecht (oben N 59 und unten N 259).

[1184] GIGER, Kontrolle AGB, 52 f.; FORSTMOSER, Standortbestimmung, 39; KOLLER, OR AT N 23.49; SCHWAB, elektronische Verträge, 84, 130; HGer AG, HOR.2018.5, 19, E. 4.2.2.3.3, Urteil vom 21. März 2019. So auch für das deutsche Recht PFEIFFER in Wolf/Lindacher/Pfeiffer, N 131 zu § 305 BGB. Entsprechend kann beispielsweise das Angebot (bzw. der Hinweis) des AGB-Verwenders genügen, die AGB auf Wunsch hin der anderen Vertragspartei zu überlassen (BERGER, FS Horn, 7). In solchen Fällen ausreichend für die Verfügbarkeit der AGB, aber auch erforderlich ist, dass der Verwender die AGB auf Verlangen prompt und in geeigneter Weise zugänglich macht. A.A. mit widerspricht oder den Vertragsschluss bis zur Aushändigung der AGB verweigert[1185]. Dies gilt beispielsweise bei umfangreicheren und bedeutenderen Rechtsgeschäften, insbesondere wenn sich grössere Unternehmen auf Augenhöhe begegnen und ohnehin eine erhöhte Sorgfaltspflicht anzuwenden pflegen. Werden zudem die AGB beim ersten Vertragsschluss zwischen zwei geschäftserfahrenen Unternehmen ausgehändigt und unterzeichnet, dann müssen die AGB bei weiteren Vertragsschlüssen zwischen denselben Parteien nicht nochmals übermittelt werden, wenn die Folgeverträge jeweils einen ausdrücklichen bzw. deutlichen Hinweis auf die ursprünglich einbezogenen AGB enthalten (vgl. im Ergebnis auch BGer 5A_117/2022, E. 3.2.2; zum Sonderfall der laufenden Geschäftsverbindung N 262). Dagegen kann namentlich bei geschäftsunerfahrenen und rechtsunkundigen Kleinunternehmen (z.B. Start-ups) das *Anfordern* unbekannter und nicht allgemein zugänglicher AGB je nach Situation zur Unzumutbarkeit der Kenntnisnahme führen[1186]. Ferner sind grundsätzlich auch im unternehmerischen Verkehr Hinweise auf Rechnungen, Lieferscheinen und andere nach Vertragsschluss erfolgte Hinweise ungenügend[1187].

258 Vom Bundesgericht bisher offen gelassen wurde die Frage, ob ein Offline-Verweis auf online (d.h. im Internet) gehaltene AGB für eine zumutbare Kenntnisnahme im b2b-Verkehr genügt, sofern der zugrunde liegende Vertragsabschluss über ein anderes – nicht elektronisches – Medium (z.B. Briefverkehr) erfolgt

Blick auf die «strengen» Formvorschriften von Art. 23 LugÜ BGE 139 III 345, 349 f, E. 4.3 ff. (siehe dazu auch Kirchschläger, Online-AGB, 389 f.); vgl. jedoch neuerdings wohl grosszügiger BGer 4A_310/2022: Ein AGB-Verwender darf nach der allgemeinen Lebenserfahrung davon ausgehen, dass ein erfahrener Geschäftsmann vor der Unterzeichnung eines Vertrags die Übermittlung der AGB verlangt hätte, wenn der AGB-Verwender im Vertrag ausdrücklich auf die AGB hingewiesen hatte und diese nicht dem Vertrag beigefügt gewesen waren (E. 7.3.4).

1185 In diesem Sinne Giger, Kontrolle AGB, 52 f.; HGer AG, HOR.2018.5, 19, E. 4.2.2.3.3, Urteil vom 21. März 2019, wonach der Unternehmer eine «Erkundigungs- oder zumindest eine Widerspruchsobliegenheit» trifft.

1186 So darf der AGB-Verwender nach Treu und Glauben (Art. 2 Abs. 1 ZGB) das Anfordern bzw. die Möglichkeit der Kenntnisnahme der AGB nicht weiter erschweren oder gar vereiteln. Beispielsweise kann der blosse Verweis auf die Möglichkeit der Nachfrage der AGB per Fax auch im b2b-Verkehr für eine Vertragspartei unzumutbar sein, da kaum noch jemand für den gewöhnlichen Geschäftsverkehr Faxgeräte verwendet (so für das LugÜ BGE 139 III 345, 350, E. 4.4.2). Kommt der AGB-Verwender der Übermittlungsaufforderung der anderen Vertragspartei nicht nach, so kann er sich gemäss Art. 2 Abs. 2 ZGB nicht mehr auf die Übernahme der AGB berufen (Perrig, Zugänglichkeitsregel, 299).

1187 Vgl. zum massgebenden Zeitpunkt der Einbeziehung oben N 124 ff.

(sog. *Medienbruch*)[1188]. Ein derartiger Hinweis auf die Website des AGB-Verwenders hat sich im modernen Handelsverkehr bereits in vielen Branchen etabliert und erfolgt weitgehend standardmässig. Die geschäftlich versierte Vertragspartei ist sich dessen bewusst und verfügt in aller Regel auch über eine angemessene IT Geschäftsinfrastruktur (Laptop, Tablet, Smartphone, etc.), um einem solchen Verweis ohne grossen Aufwand nachzugehen. Dementsprechend kann im unternehmerischen Geschäftsverkehr ein hinreichend bestimmter Offline-Verweis auf Online-AGB (z.B. durch Kennzeichnung der Fundstelle bzw. URL) für eine zumutbare Kenntnisnahme genügen, sofern die AGB auf der Website des AGB-Verwenders tatsächlich leicht auffindbar und zugänglich sind[1189]. Dabei sollte die Website dem Vertragspartner zudem ermöglichen, die AGB herunterzuladen und auszudrucken[1190]. Zuletzt hat das Bundesgericht den blossen (nicht hervorgehobenen) Hinweis in AVB (ohne Angabe der Fundstelle) auf ein nicht näher erläutertes und einzig im Internet nicht leicht auffindbares WHO-Stufensystem («WHO-Pandemiestufen 5 oder 6») als ausreichend erachtet, ohne jedoch die Problematik des Medienbruchs näher zu erörtern[1191].

Das *Anfordern* unbekannter AGB (z.B. per Fax oder E-Mail) kann zu einer für beide Parteien unliebsamen Verzögerung des Vertragsschlusses führen («time is of the essence») und macht zudem die Möglichkeit der Kenntnisnahme von der Mitwirkung des AGB-Verwenders abhängig, was unter Umständen auch bei ei- 259

1188 BGE 139 III 345, 350, E. 4.4.1 (für das LugÜ); bejahend EHLE/BRUNSCHWEILER, RIW 2012, 265; zurückhaltender (aber «im Einzelfall» im b2b-Verkehr ebenfalls für zumutbar erachtend) KIRCHSCHLÄGER, Online-AGB, 392. Vgl. für den insoweit strengeren Zumutbarkeitsmassstab bei Konsumenten oben N 148.

1189 Dies sollte zumindest beim schriftlichen Vertragsschluss unter Abwesenden gelten, bei dem die Gegenpartei nicht unter Zeitdruck steht. Im Zuge der Digitalisierung des Geschäftsverkehrs wird diese Frage in Zukunft an praktischer Tragweite verlieren, da der unternehmerische Geschäftsverkehr sich immer mehr der elektronischen Kommunikations- und Vertragsschlussmittel bedient (insb. E-Mails, Webshops, digitale Vertragsschlusssysteme und Signaturen).

1190 Vgl. in diesem Sinne im Zusammenhang mit den Formerfordernissen von AGB-Gerichtsstandsklauseln nach Art. 23 LugÜ im b2b-Verkehr: EuGH vom 24.11.2022, Rs. C-358/21, Tilman SA gegen Unilever Supply Chain Company AG.

1191 BGer 4A_330/2021, E. 4.1.2. (nicht publiziert in BGE 148 III 57). Allerdings war der Versicherungsnehmer (ein Gastronomiebetrieb/KMU) in Bezug auf das in englischer Sprache gehaltene und nicht mehr in Kraft stehende internationale Regelwerk («WHO global influenza preparedness plan», inkl. Definition von Pandemiestufen) wohl ähnlich geschäftsunerfahren wie ein Konsument und musste überdies zunächst im Internet suchen, um es überhaupt einsehen zu können. Ob die Kenntnisnahme im konkreten Fall tatsächlich zumutbar war, erscheint daher fraglich (vgl. ebenfalls kritisch EISNER-KIEFER, AJP 2022, 647).

ner unternehmerisch tätigen Vertragspartei zur Unzumutbarkeit der Kenntnisnahme führen kann[1192]. Daher empfiehlt es sich für eine effiziente und transparente Vertragsabwicklung in der Praxis, auch im unternehmerischen Verkehr die AGB dem jeweiligen Vertragsangebot beizulegen[1193] oder zumindest unmittelbar abrufbar bzw. einsehbar zu halten. Dies bietet sich besonders für international tätige AGB-Verwender an, da beispielsweise bei grenzüberschreitenden Kaufverträgen die (wohl strengeren) Einbeziehungsregeln des UN-Kaufrechts zur Anwendung gelangen können, welche im Ergebnis eine Übermittlungsobliegenheit des AGB-Verwenders vorsehen[1194]. Entscheidend bleiben jedoch stets die Umstände des jeweiligen Einzelfalles, wobei als Leitidee die «allgemeine Informations- und Kooperationspflicht der Parteien»[1195] am Massstab von Treu und Glauben zu konkretisieren ist.

bb. Klauseltransparenz

260 Zwar darf im Allgemeinen von einer geschäftserfahrenen Vertragspartei erwartet werden, zur Klarstellung des Vertragsinhalts beizutragen, jedoch muss der AGB-Verwender auch im unternehmerischen Verkehr das *Transparenzgebot* beachten[1196]. Ungewöhnlicher Kleindruck und mangelnde farbliche Unterscheidung, welche den AGB-Text nur noch mit Mühe entziffern lassen, können nach Massgabe von Treu und Glauben auch hier die gültige Übernahme vereiteln[1197]. Gleich verhält es sich mit drucktechnisch verwirrend angeordneten AGB[1198]. Des Weiteren ist aus Gründen der Verständlichkeit die salvatorische

---

1192 So zumindest in Bezug auf Art. 23 LugÜ: BGE 139 III 345, 350, E. 4.4.2 (Anfordern der AGB unter einer Faxnummer ist unzumutbar).

1193 PERRIG, Zugänglichkeitsregel, 298.

1194 BGHZ 149, 113, 117 f., NJW 2002, 370; T. KOLLER, FS Honsell, 237 f.; SCHROETER, in: Schlechtriem/Schwenzer/Schroeter, CISG, Art. 14 N 130 f.; kritisch BERGER, FS Horn, 7 ff.; SCHMIDT-KESSEL, in: Schlechtriem/Schwenzer/Schroeter, CISG, Art. 8 N 53a; vgl. zum UN-Kaufrecht oben N 57 ff. Auch in sonstigen internationalen Sachverhalten besteht häufig – ohne dies zu einer starren Grundregel erheben zu wollen – eine Übersendungsobliegenheit des AGB-Verwenders (vgl. etwa auch 2:104 II PECL), es sei denn, es handle sich bei den verwendeten AGB etwa um international einheitliche bzw. allgemein bekannte (insb. branchenübliche) Klauselwerke (z.B. Incoterms 2020).

1195 BGHZ 149, 113, 117 f., NJW 2002, 370 ff.

1196 PERRIG, Zugänglichkeitsregel, 299. Vgl. zum Transparenzgebot oben N 109 und N 154 ff.

1197 PERRIG, Zugänglichkeitsregel, 299 f.; aus dem deutschen Recht OLG Saarbrücken, NJW-RR 2009, 989; PFEIFFER in Wolf/Lindacher/Pfeiffer, N 131 zu § 305 BGB. Vgl. auch die sinngemäss anwendbaren Grundsätze der Lesbarkeit im b2c-Verkehr oben N 164 f.

1198 PERRIG, Zugänglichkeitsregel, 300; GRÜNEBERG, N 53 zu § 305 BGB.

Klausel «soweit gesetzlich zulässig» unbeachtlich[1199]. Ansonsten sind die Anforderungen an die Klauseltransparenz freilich geringer als im b2c-Verkehr[1200]. Daher stehen beispielsweise die dem geschäftserfahrenen Kunden nur auszugsweise zugänglich gemachten AGB einer wirksamen Einbeziehung des vollständigen AGB-Texts nicht zwingend entgegen[1201]. Dasselbe gilt für eine in den AGB enthaltene Verweisung auf ein weiteres Klauselwerk (Staffelverweisung), sofern diese entweder als solche hinreichend deutlich ist oder die Gegenpartei mit ihr rechnen muss[1202]. Sodann verschiebt sich die Bemessung des vertretbaren Umfanges der AGB in Relation zur Bedeutung des Rechtsgeschäftes zugunsten des AGB-Verwenders; das heisst auch unbedeutendere Verträge können einen grösseren Umfang aufweisen[1203]. Im b2b-Verkehr ist ferner die Verwendung von Fachbegriffen in aller Regel zulässig (z.T. sogar notwendig), sofern beide Parteien in Bezug auf den konkret zu vereinbarenden Vertragstyp geschäftsgewandt und rechtskundig sind[1204]. Das Bundesgericht scheint die dargelegten Transparenzanforderungen in einem Entscheid zur Versicherungsdeckung eines Gastronomiebetriebs (KMU) im Zusammenhang mit der Corona-Pandemie nicht konsequent zu berücksichtigen[1205].

1199 PERRIG, Zugänglichkeitsregel, 300; BGH, NJW 1996, 1407, 1408. Vgl. dazu oben N 162.

1200 PERRIG, Zugänglichkeitsregel, 300. In diese Sinne auch BGE 77 II 154, 158, E. 4, gemäss dem die Anforderungen an die Verständlichkeit (vertretbarer Umfang, Übersichtlichkeit und Komplexität) der AGB bei branchenkundigen bzw. geschäftserfahrenen Parteien weniger hoch sein dürfen.

1201 Sinngemäss HGer ZH, ZR 91 (1992), Nr. 23, 75.

1202 Für das deutsche Recht PFEIFFER in Wolf/Lindacher/Pfeiffer, N 131 zu § 305 BGB. Zur Staffelverweisung oben N 163.

1203 Für das deutsche Recht MEDICUS/PETERSEN, BGB AT, N 414.

1204 PERRIG, Zugänglichkeitsregel, 300 f.; sinngemäss (nicht AGB-spezifisch) BGer 4C.313/2004, E. 2.2; BGE 129 III 702, 707 ff.; 125 III 263, 267 f., E. 4b/bb. Siehe näher zur Verwendung von Fachbegriffen oben N 158 f.

1205 BGer 4A_330/2021, E. 4.1.2 (nicht publiziert in BGE 148 III 57); vgl. dazu kritisch EISNER-KIEFER, AJP 2022, 646 f.; HUG/MÜLLER/SINGER, Jusletter, 11. April 2022, N 22 f.; BSK VVG-FUHRER, Art. 33 N 35; WILLIAM, HAVE 2022, 9 ff. Die massgebenden AVB erwähnten in einer Deckungsausschlussklausel ohne Erläuterung oder Angabe einer Fundstelle die Geltung der «WHO-Pandemiestufen 5 oder 6». Obgleich man von juristischen Personen und anderen Kaufleuten im Geschäftsverkehr in der Tat mehr Sorgfalt und Vigilanz als von Konsumenten erwarten darf, war der Versicherungsnehmer in Bezug auf das nur in englischer Sprache verfasste, bereits bei Vertragsschluss nicht mehr aktuelle und im Internet nur mit Mühe auffindbare technische Regelwerk («WHO global influenza preparedness plan») wohl ähnlich geschäftsunerfahren wie ein Konsument. Vor diesem Hintergrund erscheint die Vertragsgestaltung der Versicherungsgesellschaft in Bezug auf den Ausschluss der Versicherungsdeckung in der Summe als intransparent. Das Bundesgericht hat diese Frage bedauerlicherweise im konkreten Fall ausdrücklich (noch) offen gelassen. Vgl. dazu auch oben N 137, 148, 159 und 161.

d. Stillschweigende Einbeziehung (Wissen-Müssen als Regel?)

261 Während im Verkehr mit Konsumenten eine *stillschweigende (konkludente) Einbeziehung* von AGB in aller Regel ausscheidet[1206], vermögen im unternehmerischen Geschäftsverkehr verschiedene Konstellationen eine solche zu begründen[1207]. Nach der früher vorgeschlagenen *«Wissen-Müssen-Formel»* können AGB bereits dann stillschweigend Vertragsbestandteil werden, wenn die unternehmerische Gegenpartei wusste oder wissen musste, dass der AGB-Verwender seinen Geschäften AGB zugrunde zu legen pflegt und sie gleichwohl gegen deren Einbeziehung nicht Widerspruch erhoben hat[1208]. Es wird in derartigen Konstellationen der Gegenpartei eine *Widerspruchsobliegenheit* auferlegt[1209]. Allerdings sollte die Wissen-Müssen-Formel primär als Orientierungshilfe und nur mit Zurückhaltung angewandt werden, um den rechtsgeschäftlichen Charakter der Einbeziehung von AGB zu wahren. So werden AGB auch zwischen Unternehmern nur dann Vertragsbestandteil, wenn sie sich in irgendeiner Weise – mindestens stillschweigend bzw. konkludent im Sinne von Art. 1 Abs. 2 OR – tatsächlich über deren Einbeziehung geeinigt haben[1210]. Nach vertrauenstheoretischen Grundsätzen kommt eine stillschweigende Einbeziehung von AGB auch im b2b-Verkehr nur in Betracht, wenn der AGB-Verwender «nach Treu und Glauben unbedingt damit rechnen durfte, dass der Kunde mit den (nicht ausdrücklich verwiesenen und auch nicht ausdrücklich akzeptierten) AGB einverstanden sei»[1211]. Folglich bedarf es einer *klaren Indikation* für die Bereitschaft des Vertragspartners zur Einbeziehung der AGB[1212]. Bei Lichte betrachtet darf daher der AGB-Verwender nach Treu und Glauben – neben dem Sonderfall einer laufenden Geschäftsverbindung – das «Wissen-

---

1206 Vgl. dazu oben N 119 und N 142.

1207 Stellvertretend BK-KRAMER, Art. 1 N 197; PERRIG, Zugänglichkeitsregel, 302 ff. Aufgrund häufig geringeren Schutzbedürfnisses von geschäftserfahrenen und rechtskundigen Vertragsparteien sowie der Notwendigkeit von unkomplizierten Geschäftsabwicklungen erscheint die Konzeption einer stillschweigenden Vereinbarung nach Art. 1 Abs. 2 OR hier auch eher sachgerecht.

1208 BK-KRAMER, Art. 1 N 200 (im Zusammenhang mit branchenüblichen AGB); FORSTMOSER, Standortbestimmung, 35 f.; SCHULER, Geltung AGB, 88 f.; ansatzweise BGE 77 II 154, 156, E. 4.

1209 Im Ergebnis etwa BGE 77 II 154, 158, E. 4; BK-KRAMER, Art. 1 N 200; vgl. auch aus dem deutschen Recht BGH, NJW-RR 2003, 754; GRÜNEBERG, N 51 zu § 305 BGB.

1210 PERRIG, Zugänglichkeitsregel, 302; in diesem Sinne auch für das deutsche Recht BGH, NJW 2014, 1296 Rn. 17.

1211 BK-KRAMER, Art. 1 N 193, 197 ff.; vgl. auch SCHMID, FS Koller, 854.

1212 BSK OR I-ZELLWEGER-GUTKNECHT, Art. 1 N 53.

Müssen» der Gegenpartei primär bei Branchenüblichkeit annehmen[1213]. Dementsprechend ungenügend für die Annahme einer stillschweigenden Einbeziehung ist für sich allein genommen die blosse Kenntnis der anderen Vertragspartei davon, dass der Verwender seine Geschäfte auf der Grundlage von AGB zu schliessen pflegt[1214]. Der Vertrauenstatbestand wird sodann zerstört, wenn die Gegenpartei durch die Verwendung einer Widerspruchsklausel ihren vorweggenommenen Widerspruch mit der Geltung der AGB des Verwenders zu erkennen gegeben hat[1215].

e. Laufende Geschäftsverbindung

Sind im Rahmen einer *laufenden Geschäftsverbindung* bisher regelmässig dieselben AGB des Verwenders vereinbart worden, so gelten sie bei unveränderten Umständen stillschweigend (d.h. ohne nochmaligen ausdrücklichen Hinweis auf die AGB und Einräumung der Möglichkeit zumutbarer Kenntnisnahme sowie ohne ausdrückliche Zustimmung zu den AGB) auch für die folgenden Verträge, wenn die Gegenpartei nicht deutlich widerspricht[1216]. Um eine solche (stillschweigende) Einbeziehung zu erreichen, muss der AGB-Verwender während der Geschäftsbeziehung der Gegenpartei unmissverständlich zu erkennen geben, dass er regelmässig nur auf Grundlage seiner AGB Geschäfte tätigt[1217]. Es muss sich aus der vorangehenden Geschäftsbeziehung zwischen den Unternehmern zwingend ergeben, dass auch im Hinblick auf den weiteren Vertragsschluss von 262

1213 PERRIG, Zugänglichkeitsregel, 302; BK-KRAMER, Art. 1 N 200. Vgl. zur laufenden Geschäftsverbindung sogleich N 262, zur Branchenüblichkeit unten N 263 f.

1214 Allerdings kann dies in Kombination mit weiteren besonderen Umständen (insb. Branchenüblichkeit oder laufende Geschäftsverbindung) einbeziehungsfördernd sein (so im Ergebnis BGE 77 II 156; BGer 4C.261/2005, E. 2.4), Vgl. auch BSK OR I-Zellweger-Gutknecht, Art. 1 N 53, wonach es genügt, «wenn aufgrund entsprechender öffentlicher Hinweise des Unternehmers im Publikum als bekannt vorausgesetzt werden kann, dass dieser nur unter bestimmten (von Interessierten einsehbaren) AGB kontrahieren wolle».

1215 PERRIG, Zugänglichkeitsregel, 302 f.; für das deutsche Recht PFEIFFER in Wolf/Lindacher/Pfeiffer, N 125, 140 zu § 305 BGB. Vgl. zum «Battle of the Forms» unten N 274 f.

1216 Vgl. BGE 77 II 154, 155 f.; BK-KRAMER, Art. 1 N 198; BÜHRER, AGB-Kollisionen, 11 ff.; SCHULER, Geltung AGB, 98 f.; SCHWENZER/FOUNTOULAKIS, OR AT, N 45.05.

1217 PERRIG, Zugänglichkeitsregel, 303; im Ergebnis BGer 4C.261/2005, E. 2.4. Es ist nach Massgabe des Vertrauensprinzips zu fragen, ob die Intensität des geschäftlichen Kontakts der Parteien ein Vertrauensverhältnis geschaffen hat, welches nach Treu und Glauben die Annahme des AGB-Verwenders rechtfertigt, im Verhalten der Gegenpartei ein stillschweigendes Einverständnis mit den AGB zu sehen (BÜHRER, AGB-Kollisionen, 11 ff.).

der Geltung derselben AGB auszugehen ist[1218]. Damit eine derartig laufende Geschäftsverbindung angenommen werden kann, bedarf es einer *Dauerbeziehung* oder immerhin mehrerer Vertragsschlüsse in einem begrenzten Zeitfenster, wobei diesbezüglich als Grundregel keine feste Mindestanzahl existiert[1219]. Wiederholte, in gleicher Weise erfolgte ausdrückliche Hinweise auf AGB (z.B. auf vorgedruckten Auftragsformularen eines Spediteurs), wenn auch ohne deren Abdruck, können gemäss Bundesgericht hierfür bereits ausreichen, wobei jeweils die weiteren Umstände des Einzelfalles (insb. Dauer der Geschäftsbeziehung, Branchenüblichkeit der AGB) mitzuberücksichtigen sind[1220]. Der AGB-Verwender muss nach der allgemeinen Regel von Art. 8 ZGB den Beweis für die stillschweigende Übernahme kraft laufender Geschäftsverbindung erbringen[1221]. Hierbei können auch bei formal bestehender Geschäftsverbindung *besondere Umstände* gegen eine Einbeziehung sprechen, wenn diese das durch die Geschäftsbeziehung geschaffene Vertrauensverhältnis zur Zeit des gegenständlichen Vertragsschlusses beeinträchtigen (etwa durch neu aufkeimende Differenzen zwischen den Parteien) oder zerstören (z.B. durch angekündigte Beendigung

---

1218 BK-KRAMER, Art. 1 N 198; BK-MÜLLER, Art. 1 N 321. Vgl. auch in Bezug auf die Geltung von Gerichtsstandsklauseln in AGB, soweit die Anwendbarkeit und der Inhalt der AGB dem geschäftserfahrenen und rechtskundigen Geschäftspartner aus früheren Geschäftsbeziehungen bekannt waren: BGer 4A_347/2011, E. 2; 4A_247/2013, E. 2.1.2; HGer ZH, HG210003-O U/dz, E. II. 1.3.1, II. 1.4.1.1, Urteil vom 14. Juli 2022.

1219 PERRIG, Zugänglichkeitsregel, 303. Im Allgemeinen bilden hierfür mindestens fünf Vertragsschlüsse in einem halben Jahr eine «grobe Richtschnur», wobei die Anforderungen je nach Branche und den sonstigen Umständen des Einzelfalles variieren können (vgl. m.w.N. aus der deutschen Literatur BERGER, ZGS 2004, 418). Dabei darf seit dem letzten Vertrag (samt Einbeziehung der AGB) die Abschlusskette nicht zu lange unterbrochen worden sein (FORSTMOSER, Standortbestimmung, 40; SCHULER, Geltung AGB, 99). Nicht ausreichend für die Annahme einer stillschweigenden Einbeziehung ist nach der deutschen Rechtsprechung ein einmaliger früherer Vertragsschluss (BGH, NJW 1992, 1232 f.), gelegentliche Vertragsschlüsse zwischen den Parteien (z.B. acht Verträge in drei Jahren, OLG Hamburg, NJW 1980, 1232 f.) oder eine erst seit kurzem bestehende Geschäftsbeziehung (z.B. drei Verträge in acht Tagen, BGH, NJW 1978, 2243, 2244).

1220 Vgl. BGE 77 II 154, 155 f., wonach die Vertragsparteien seit Jahren in einer Geschäftsbeziehung standen, die fraglichen Branchenbedingungen (ABSped) seit 30 Jahren in der Branche in Gebrauch waren und dem massgebenden Vertragsschluss vier grössere Transportaufträge (jeweils mit ausdrücklichem Hinweis auf die ABSped) in einem Jahr vorangingen. Siehe auch BK-KRAMER, Art. 1 N 198.

1221 Vgl. z.B. BGer 4A_393/2007, E. 2.3.1, wonach dem AGB-Verwender der Nachweis nicht rechtsgenüglich gelungen ist, dass die Vertragsparteien in der Vergangenheit jeweils auf diesselben SIA-Empfehlungen abgestellt hätten und deren Anwendung zwischen ihnen als Verkehrsübung gegolten habe.

einer Rechtsbeziehung)[1222]. Sind bei der Einbeziehung von Neufassungen die Änderungen mit Nachteilen für die andere Vertragspartei verbunden, so muss der AGB-Verwender hierauf besonders hinweisen[1223].

f. Branchenüblichkeit

Auch die *Branchenüblichkeit*[1224] macht AGB nicht *eo ipso* verbindlich[1225]. 263
Vielmehr besitzen AGB im Einklang mit der heute allgemein vertretenen Vertragstheorie keine objektive Geltung, sondern bedürfen der rechtsgeschäftlichen Übernahme (Konsens)[1226]. Trotzdem ist die Branchenüblichkeit im b2b-Kontext bei der Einbeziehung von AGB zu beachten. Findet die Verwendung von spezifischen AGB (in der Regel von Branchenverbänden redigiert) in einer bestimmten Branche «im Sinne von Konventionalregeln»[1227] bzw. im Sinne einer «Kodifikation von Handelsbrauch»[1228] (nahezu) umfassende praktische Verbreitung und einheitliche Verwendung, so kann nach Treu und Glauben von *branchenkundigen Unternehmern* (sog. «Brancheninsider», d.h. in derselben

---

1222 PERRIG, Zugänglichkeitsregel, 304 f.; siehe ferner allg. BGer 4C.382/2001, E. 3b (Unbeachtlichkeit eines kaufmännischen Bestätigungsschreibens trotz Dauerverbindung aufgrund der Absichtserklärung der einen Vertragspartei, das Rechtsverhältnis beenden zu wollen).

1223 PERRIG, Zugänglichkeitsregel, 305.

1224 Auch als Verkehrssitte, Usanz, Übung, Handelsbrauch bezeichnet. Von branchenüblichen AGB «ist auszugehen, wenn sich ein Vertragsmuster in einer Branche allgemein durchgesetzt hat und niemand in dieser Branche ohne Kenntnis dieser Bedingungen tätig sein kann» (PFEIFFER in Wolf/Lindacher/Pfeiffer, N 85 zu § 305 BGB). Dies kann namentlich auch im internationalen Handel der Fall sein, z.B. bei den von der Internationalen Handelskammer «kodifizierten» Incoterms (vgl. BK-KRAMER, Art. 1 N 200; so auch BK-MÜLLER, Art. 1 N 322).

1225 Da es wohl immer an der notwendigen Rechtsüberzeugung («opinio necessitatis») – insbesondere der Gegenparteien – mangelt (stellvertretend für die herrschende Lehre FORSTMOSER, Standortbestimmung, 37 f.). Siehe ausführlich zu AGB und Verkehrssitte: ISLER, Allgemeine Geschäftsbedingungen und Verkehrssitte, ZSR 1982, 377 ff.

1226 BGer 4A_548/2013, E. 3.3.1; 4A_69/2012, E. 4.2; 4C.223/2005, E. 3.5.1; BGE 94 II 159, E. 4b; 91 II 356, E. 2; 86 II 257; BK-KRAMER, Art. 1 N 200; GIGER, Kontrolle AGB, 52 f.; BK-MÜLLER, Art. 1 N 322. Eine Ausnahme stellen branchenübliche Bedingungen dar, bei denen das Gesetz (z.B. Art. 367 Abs. 1 OR für den Werkvertrag) auf die Branchenübung verweist (ZK-JÄGGI/GAUCH/HARTMANN, Art. 18 N 441 und 593). Vgl. zur Rechtsnatur von AGB oben N 3 f. und zu den SIA-Normen sogleich unten N 264.

1227 MERZ, FS Schönenberger, 144; GIGER, Kontrolle AGB, 64; FORSTMOSER, Standortbestimmung, 38.

1228 BK-KRAMER, Art. 1 N 200; so auch BK-MÜLLER, Art. 1 N 322.

Branche geschäftserfahren und rechtskundig[1229]) erwartet werden, dass sie sich der Massgeblichkeit der betreffenden AGB bewusst sind («Wissen-Müssen») und anlässlich des Vertragsschlusses bei ihrer rechtsgeschäftlichen Erklärung der Einbeziehung der AGB explizit widersprechen, sofern sie diese für den konkreten Vertrag nicht übernehmen wollen[1230]. Soweit es sich also beim zugrunde liegenden Vertrag um ein derart branchenübliches Rechtsgeschäft handelt, ist unter branchenversierten Parteien eine *stillschweigende Einbeziehung* von Branchenbedingungen möglich[1231]. Der AGB-Verwender darf dann bei seinem Vertragsangebot gegenüber einer branchenkundigen Vertragspartei in aller Regel von einem entsprechenden ausdrücklichen Hinweis auf die branchenüblichen AGB absehen und muss dieser auch keine Möglichkeit der Kenntnisnahme verschaffen[1232]. Daher kann eine *Erkundigungs- und Widerspruchsobliegenheit* der (branchenkundigen) Gegenpartei im unternehmerischen Verkehr bei branchenüblichen Regelungswerken vermutet werden[1233].

1229 PERRIG, Zugänglichkeitsregel, 307; ähnlich BÜHRER, AGB-Kollisionen, 173. Branchenkundigkeit ist etwa anzunehmen, wenn beide Parteien dem gleichen Branchenverband angehören, der für Verträge der betreffenden Art Bedingungen verfasst und bekanntgegeben hat (ZK-SCHÖNENBERGER/JÄGGI, Art. 1 N 455). Ein «Branchenoutsider» dagegen muss nicht um den Bestand von Branchenbedingungen wissen (GIGER, Kontrolle AGB, 63).

1230 BK-KRAMER, Art. 1 N 200 (dabei müssen die branchenkundigen Vertragspartner in solchen Konstellationen nicht zwingend in einer laufenden Geschäftsverbindung stehen); PERRIG, Zugänglichkeitsregel, 307 f. (m.w.N.); GIGER, Kontrolle AGB, 62 f.; BK-MÜLLER, Art. 1 N 322; BGE 77 II 154, 156, E. 4; 111 II 76, 78 f., E. 3a; 100 II 149. Zur «Wissen-Müssen-Formel» oben N 261.

1231 BGE 77 II 154, 156, E. 4 (in Bezug auf die allgemeinen Bedingungen des Spediteuren-Verbandes); 111 II 76, 78 f., E. 3a (in Bezug auf die «Règles et usances uniformes relatives aux crédits documentaires commerciaux, revision de 1974, codifiées par la Chambre de commerce internationale»); 100 II 149; BK-KRAMER, Art. 1 N 200; PERRIG, Zugänglichkeitsregel, 306 f.; KLETT/HURNI, recht 2012, 81; ROBERTO/WALKER, recht 2014, 49, 51; BK-MÜLLER, Art. 1 N 322. Schliesst der branchenkundige Vertragspartner anlässlich des Vertragsschlusses die Massgeblichkeit der Branchenbedingungen nicht ausdrücklich aus, gilt sein Schweigen unter vertrauenstheoretischem Gesichtspunkt als konkludentes Einverständnis, weil der AGB-Verwender davon ausgehen durfte, dass der Vertragspartner von der Zugrundelegung der branchenüblichen AGB weiss oder hätte wissen müssen (vgl. PERRIG, Zugänglichkeitsregel, 308, m.w.N.).

1232 Da die Branchenüblichkeit der AGB vom AGB-Verwender zu beweisen ist und das Bundesgericht zurückhaltend ist mit der Bejahung der stillschweigenden Übernahme von AGB kraft Branchenüblichkeit, empfiehlt es sich trotzdem bei Vertragsschluss zumindest einen deutlichen Hinweis auf die Geltung der Branchenbestimmungen auf dem Vertragsdokument anzubringen.

1233 Vgl. sinngemäss in Bezug auf die Allgemeinen Bedingungen des schweizerischen Spediteurenverbandes BGE 77 II 154 ff.; ZK-SCHÖNENBERGER/JÄGGI, Art. 1 N 456; BK-KRAMER, Art. 1 N 200.

Nach bundesgerichtlicher Rechtsprechung können AGB zwar «Ausdruck der Verkehrsauffassung oder -übung sein», jedoch ist die Branchenüblichkeit der AGB nicht generell zu vermuten, «sondern muss im Einzelfall nachgewiesen werden»[1234]. Dabei gilt es zu beachten, dass die Branchenüblichkeit von AGB durchaus einem Bedeutungswandel unterliegen kann[1235].

Trotz ihrer praktischen Relevanz anerkennt das Bundesgericht die vom *Schweizerischen Ingenieur- und Architektenverein (SIA) herausgegebenen Normen* (z.B. SIA-Norm 118) nicht als regelbildende Übung, sondern stellt nur auf sie ab, wenn die Parteien sie zum Vertragsinhalt übernommen haben[1236]. Dementsprechend muss der AGB-Verwender gemäss der Zugänglichkeitsregel grundsätzlich deutlich auf die SIA-Normen verweisen[1237] und dem global zustimmenden Vertragspartner die Möglichkeit zumutbarer Kenntnisnahme der massgebenden SIA-Normen einräumen[1238]. Allerdings anerkennt das Bundesgericht im Einzelfall auch den stillschweigenden Einbezug der SIA-Normen und SIA-Empfehlungen bei baugeschäftserfahrenen Vertragsparteien[1239]. Eine 264

1234 So im Zusammenhang mit den SIA-Normen: BGE 118 II 295 E. 2a (m.w.N.); BGer 4A_393/2007, E. 2.1; BGer 4C.261/2005, E. 2.3; vgl. zum Ganzen auch ZK-JÄGGI/GAUCH/HARTMANN, Art. 18 N 434.

1235 Branchenüblichkeit kommt namentlich im Speditionswesen in Betracht (GIGER, Kontrolle AGB, 63, Fn 171), wobei dies etwa in Bezug auf die in Deutschland als branchentypisch angesehenen Allgemeinen Deutschen Spediteur-Bedingungen (ADSp) allerdings nicht mehr unzweifelhaft ist, da neben die ADSp die «Vertragsbedingungen für den Güterkraftverkehrs- und Logistikunternehmer» (VBGL) getreten sind (SCHMIDT, AGB, NJW 2011, 3332). Dies galt umso mehr, als die Verhandlungen zur Anpassung der ADSp zwischen den unterschiedlichen Verbänden scheiterten und die Verbände der verladenden Wirtschaft im September 2015 eigene Transport- und Lager-AGB («Deutsche Transport- und Lagerbedingungen», kurz DTLB) entwickelt hatten. Inzwischen haben sich die führenden Verbände der Verlader, Spediteure und Frachtführer in Deutschland wieder auf eine neue Fassung der ADSp einigen können (ADSp 2017). Auch in der Schweiz wird die Anwendung der ADSp mit deutschen Unternehmen akzeptiert und spielt deshalb auch für schweizerische Unternehmen eine wichtige Rolle.

1236 BGE 118 II 295, E. 2a; BGer 4A_393/2007, E. 2.1; 4C.261/2005, E. 2.3. Es bleibt allerdings der Fall vorbehalten, dass einzelne Bestimmungen einer SIA-Norm Ausdruck einer Verkehrsübung sind und in dieser Eigenschaft Geltung erlangen, weil das Gesetz auf die spezifische Übung verweist (so im Zusammenhang mit einzelnen Bestimmungen zur SIA-Norm 118 GAUCH, Werkvertrag, N 283). Zudem dienen SIA-Normen den Gerichten auch ohne Einbeziehungsvereinbarung als Indiz, soweit sie Qualitätsstandards umschreiben (RUSCH, AJP 2019, 632 mit Verweis auf BGer 4A_511/2014, E. 3.2).

1237 OGer ZH, NG150006, 2.11.2015, E. 2.3.2; BGer, 4C.261/2005, E. 2.3.

1238 GAUCH, Werkvertrag, N 197a und N 286b (insb. bei privaten, branchenunkundigen und nicht fachkundig vertretenen Bauherrn);RUSCH, AJP 2019, 632.

1239 BGer 4A_106/2015, E 5.1; 4A_393/2007, E. 2.1; 4C.261/2005, E. 2.3. Oft ergibt sich die Einbeziehung gegenüber einem im Baugewerbe kundigen oder gewerblich tätigen solche Einbeziehung ist in der Tat möglich, sollte jedoch wiederum nach den allgemeinen vertrauenstheoretischen Erwägungen unter Berücksichtigung aller Umstände des Einzelfalles beurteilt werden[1240]. Schliesslich ist beim Einsatz der SIA-Normen das Problem der Staffelverweisung[1241] sowie der notariellen Beurkundung[1242] besonders zu beachten.

g. AGB im kaufmännischen Bestätigungsschreiben

265 Im unternehmerischen Verkehr kommt es häufig vor, dass lediglich die wichtigsten Punkte des Vertrages vorbesprochen und die ergänzenden Details erst im darauf folgenden sog. *kaufmännischen Bestätigungsschreiben* festgelegt werden. Nimmt der AGB-Verwender bereits während den mündlichen oder fernmündlichen (z.B. Telefonkonferenz) Vertragsverhandlungen ausdrücklich Bezug auf seine AGB und stimmt der Inhalt des danach aufgesetzten Bestätigungsschreibens mit dem tatsächlich Vereinbarten überein, so ergeben sich keine Schwierigkeiten (sog. *deklaratorisches* kaufmännisches Bestätigungsschreiben)[1243].

Bauunternehmer durch einen Hinweis auf die Normen der SIA, ohne dass ihm noch eine weitere Kenntnismöglichkeit verschafft werden müsste, zumal die Normen zumindest für die angesprochenen Verkehrskreise leicht verfügbar sind (so im Ergebnis auch BGer 4A_106/2015, E 5.1 mit Verweis auf GAUCH, Werkvertrag, 5. Aufl. 2011, N 284 und 194). Ein Hinweis empfiehlt sich auch, um Klarheit bezüglich der anzuwendenden SIA-Norm(en) zu schaffen (insb. auch bezgl. Ausgabedatum und Sprachfassung). Siehe kritisch zur stillschweigenden Übernahme RUSCH, AJP 2019, 632 f. (demgemäss sollte eine stillschweigende Annahme der SIA-Normen zumindest nicht gelten, sofern sich ein bauunerfahrener Bauherr durch einen branchenerfahrenen Bauleiter vertreten lässt).

1240 Für eine stillschweigende Einbeziehung einer SIA-Norm können neben der Branchenerfahrung der Parteien insbesondere die folgenden Indizien in Betracht kommen: Die Gebräuchlichkeit und Verbreitung der massgebenden SIA-Norm, eine vorangehende Geschäftsbeziehung (in der die SIA-Norm bereits ausdrücklich übernommen wurde), die Kenntnis der einschlägigen SIA-Norm (und ein fehlender Widerspruch dazu) sowie das Wissen, dass der Vertragspartner die gegenständliche SIA-Norm jeweils in seinen Verträgen für anwendbar zu erklären pflegt (vgl. auch BGer 4C.261/2005, E. 2.4, welcher gewisse dieser Indizien erwähnt).

1241 Vgl. zur Staffelverweisung oben N 136 und N 163; vgl. ferner RUSCH, AJP 2019, 636 ff. (in Bezug auf die problematische Rangordnung in Art. 7 Abs. 3 und Art. 21 SIA-Norm 118).

1242 Siehe dazu streng RUSCH, AJP 2019, 633 f. (m.w.N.).

1243 Nicht AGB-spezifisch SCHWENZER/FOUNTOULAKIS, OR AT, N 28.44; BK-SCHMIDLIN, Art. 6 N 84; BK-MÜLLER, Art. 6 N 106.

Probleme treten aber dann auf, wenn die AGB nach dem (i.d.R. mündlich oder fernmündlich) geschlossenen Vertrag erstmals im Bestätigungsschreiben Erwähnung finden[1244]. Eine derartige Abweichung von der vorangegangenen Vereinbarung geht der Gegenpartei grundsätzlich zu spät zu. Die dem Bestätigungsschreiben beigefügten (nachgeschobenen) AGB gelten daher bloss als Angebot zur Änderung bzw. Ergänzung der bereits mündlich oder fernmündlich geschlossenen Vereinbarung[1245]. Es stellt sich nun die Frage, ob bei fehlendem Widerspruch der Gegenpartei die im Bestätigungsschreiben nachgeschobenen AGB beweisrechtliche und vertragskonstitutive Wirkung erlangen. 266

Während Einigkeit über die Relevanz des Bestätigungsschreibens als *Beweismittel* im Streitfalle herrscht, ist die Lehre und Rechtsprechung in Bezug auf die konkrete *Beweiskraft* geteilter Meinung. Das von der Gegenpartei unwidersprochen gebliebene Bestätigungsschreiben bildet nach einer Ansicht ein *Indiz* für den Abschluss und Inhalt des bestätigten Vertrages[1246], nach einer anderen führt es zu einer *Umkehr der Beweislast*[1247]. Aufgrund der vorfomulierten und regelmässig einseitig zu Lasten des Empfängers ausgestalteten Natur der AGB, ist im Hinblick auf die im Bestätigungsschreiben befindlichen AGB der ersteren Auffassung den Vorzug zu geben. Sofern also das unwidersprochen gebliebene Bestätigungsschreiben AGB enthält und ein Widerspruch dagegen für den 267

[1244] Dieser Situation ist der Sachverhalt gleichgestellt, wonach der AGB-Verwender im Rahmen des Bestätigungsschreibens neue – statt den in den Vertragsverhandlungen ursprünglich Bezug genommenen – AGB einführt. Zu beachten gilt es, dass Rechnungen, welche die AGB enthalten, aufgrund ihrer Funktion im Geschäftsverkehr nicht als Bestätigungsschreiben angesehen werden können (vgl. nicht AGB-spezifisch HUGUENIN, OR, N 230).

[1245] BK-KRAMER, Art. 1 N 215; BK-MÜLLER, Art. 1 N 336; ähnlich auch BÜHRER, AGB-Kollisionen, 25; BK-SCHMIDLIN, Art. 6 N 84; BGE 71 II 223 f.

[1246] Nicht AGB-spezifisch HUGUENIN, OR, N 229; OR I-ZELLWEGER-GUTKNECHT, Art. 6 N 23; BK-MÜLLER, Art. 6 N 115; BGE 30 II 298, 301, E. 2; BGer 4C.174/2006, E. 5.1; 4C.437/2006, E. 2.5. Wäre es allerdings dem Empfänger des Bestätigungsschreibens zumutbar gewesen, dem Inhalt des Bestätigungsschreibens innert nützlicher Frist zu widersprechen, so gilt eine natürliche Vermutung für die Richtigkeit und Vollständigkeit des Bestätigungsschreibens (BGE 114 II 250, 252, E. 2a; 71 II 223 ff., E. 3; BGer 4C.290/2003, E. 3.4; BK-SCHMIDLIN, Art. 6 N 86, 117; GAUCH/SCHLUEP/SCHMID, OR AT, N 1161; BK-MÜLLER, Art. 6 N 115).

[1247] Nicht AGB-spezifisch BGE 100 II 18, 22, E. 3a; 71 II 223 ff., E. 3; BGer 4C.290/2003, E. 3.4; 4C.303/2001, E. 2b; SCHWENZER/FOUNTOULAKIS, OR AT, N 28.45; KOLLER, OR AT, § 25.11 f.

unternehmerisch tätigen Empfänger zumutbar gewesen wäre, muss er im Gerichtsverfahren die natürliche Vermutung für den Bestand und Inhalt der AGB durch den Gegenbeweis umstossen,[1248].

268 Bezugnehmend auf die Frage der *konstitutiven Wirkung*, ist es in der Literatur umstritten, ob bzw. inwieweit ein Abdruck der AGB oder ein Hinweis auf AGB (nach mündlichem oder fernmündlichem Vertragsschluss) in einem kaufmännischen Bestätigungsschreiben für die Einbeziehung ausreicht, wenn die Gegenpartei keinen Widerspruch erhebt[1249]. Man sollte sich in diesem Zusammenhang vergegenwärtigen, dass auch im b2b-Verkehr bei der Einbeziehung von AGB das Vertrauensprinzip zur Anwendung gelangt und der AGB-Verwender nach Treu und Glauben das Stillschweigen auf erst im Bestätigungsschreiben verwiesene AGB nur unter restriktiven Voraussetzungen als Zustimmung werten darf. Davon ausgehend kann im Lichte von Art. 6 OR in gewissen Konstellationen die Möglichkeit der konstitutiven Wirkung des Bestätigungsschreibens bejaht werden[1250]; entscheidend bleiben auch hier die Umstände des Einzelfalles[1251] sowie

---

[1248] Im Verkehr mit Konsumenten können AGB in einem Bestätigungsschreiben ebenfalls ein Indiz für die Übernahme der AGB bilden, jedoch nicht zu einer natürlichen Vermutung oder gar Beweislastumkehr führen.

[1249] Bejahend z.B. FORSTMOSER, Standortbestimmung, 39 f.; GAUCH, Werkvertrag, N 195, 387; einschränkend MERZ, FS Schönenberger, 147; GIGER, Kontrolle AGB (soweit die Parteien ihre bisherigen Vertragsschlüsse regelmässig auf Basis von AGB tätigten), 59; KRAMER/PROBST, OR AT, N 239 (soweit die AGB im Vergleich zum ansonsten geltenden dispositiven Recht ungünstiger sind); strenger KRAMER, BJM 1995, 10 f. («Stillschweigen auf erst im Bestätigungsschreiben verwiesene AGB des Kontrahenten im Allgemeinen nicht als Zustimmung zu werten»); BÜHRER, AGB-Kollisionen, 35 ff. Für das UN-Kaufrecht wird im Grundsatz eine stillschweigende Zustimmung zu den im Bestätigungsschreiben enthaltenen AGB abgelehnt (vgl. dazu oben N 64).

[1250] Weitgehend unbestritten ist der (nicht AGB-spezifische) Grundsatz, dass ein kaufmännisches Bestätigungsschreiben, dem nicht innerhalb angemessener Frist widersprochen wird, rechtserzeugende Kraft mit konstitutiver Wirkung entfalten kann, jedoch gibt es unterschiedliche Meinungen bezgl. deren Herleitung. Dogmatisch stützt sich ein grosser Teil der Lehre auf eine direkte oder analoge Anwendung des Art. 6 OR, teilweise in Verbindung mit dem Vertrauensprinzip oder allein aus der Vertrauenshaftung (vgl. dazu die Übersichten bei SCHWENZER/FOUNTOULAKIS, OR AT, N 28.48 ff.; GAUCH/SCHLUEP/SCHMID, OR AT, N 1163 ff.; BK-MÜLLER, Art. 6 N 128; zur uneinheitlichen Rechtsprechung etwa BGE 114 II 250, 251; 123 III 35, 41; BGer 4C.382/2001, E. 3b).

[1251] PERRIG, Zugänglichkeitsregel, 312. In diese Richtung auch BGer 4C.382/2001, E. 3b; BGE 123 III 35, E. 2c/aa; 114 II 250, 252, E. 2a; BÜHRER, AGB-Kollisionen, 36.

die AGB-rechtlichen Besonderheiten. Namentlich bei laufender Geschäftsverbindung[1252] und Branchenüblichkeit[1253] darf der AGB-Verwender das Stillschweigen der unternehmerisch tätigen Vertragspartei als Einverständnis zum Bestätigungsschreiben samt AGB werten[1254].

In sonstigen Konstellationen tritt die Konstitutivwirkung hinsichtlich der AGB im Bestätigungsschreiben nur unter Beachtung gewisser *Schranken* ein. Als Grunderfordernis muss der AGB-Verwender gewährleisten, dass der Hinweis auf die AGB deutlich im Text des Bestätigungsschreibens erfolgt[1255]. Der Abdruck auf der Rückseite oder die blosse Beifügung der AGB ohne Verweisung im Schreiben reicht nicht aus[1256]. Sodann dürfen die Klauseln in den AGB nicht derart vom Verhandlungsergebnis abweichen, dass der bestätigende AGB-Verwender nach Treu und Glauben nicht mehr mit der stillschweigenden Zustimmung der Gegenpartei rechnen darf[1257]. Der AGB-Inhalt sollte dabei nach einem objektiven Massstab mit dem Verhandlungsergebnis verglichen werden[1258]. Insbesondere kann der AGB-Verwender nicht auf das Einverständnis der Gegen- 269

1252 In diesem Sinne bereits BGE 57 I 306, E. 4; MERZ, FS Schönenberger, 147; GIGER, Kontrolle AGB, 59; FORSTMOSER, Standortbestimmung, 39 f. Vgl. aber einschränkend der Sonderfall in BGer 4C.382/2001, E. 3b (nicht AGB-spezifisch), in dem eine stillschweigende Zustimmung trotz jahrelanger Geschäftsbeziehung abgelehnt wurde, weil durch die Kündigung der einen Vertragspartei das Vertrauensverhältnis zerstört worden war.

1253 Es kann in einem Geschäftsbereich zwischen Vertragsparteien derselben Branche einem Handelsbrauch entsprechen, dass ein kaufmännisches Bestätigungsschreiben samt AGB als genehmigt gilt, wenn darauf nicht reagiert oder geschwiegen wird (OG SO, ZKBER.2021.11, Urteil vom 10. August 2022, E 2.4.3, in Bezug auf eine AGB-Gerichtsstandsklausel im Anwendungsbereich des LugÜ).

1254 PERRIG, Zugänglichkeitsregel, 312; ähnlich auch KRAMER, BJM 1995, Fn 40 (m.w.N.). Die Gegenpartei trifft in solchen Fällen eine Widerspruchsobliegenheit; kommt sie ihr nicht nach, so gilt ihr Schweigen als Zustimmung.

1255 Sinngemäss BÜHRER, AGB-Kollisionen, 35; PERRIG, Zugänglichkeitsregel, 312.

1256 PERRIG, Zugänglichkeitsregel, 312; aus der deutschen Literatur GRÜNEBERG, N 52 zu § 305 BGB.

1257 PERRIG, Zugänglichkeitsregel, 312 f; ähnlich KRAMER/PROBST, OR AT, N 239; nicht AGB-spezifisch BGE 123 III 35, 42, E. 2c/aa; 114 II 250, 252, E. 2a; BGer 4A_507/2015, E. 4.5; HUGUENIN, OR, N 230; BK-SCHMIDLIN, Art. 6 N 93 ff. (m.w.H.). Eine zu weit reichende Abweichung in AGB liegt beispielsweise vor, wenn die Vertragsparteien bei einem Kauf Vorauszahlung vereinbart haben, der Käufer jedoch später im Bestätigungsschreiben auf seine Einkaufsbedingungen verweist, welche eine Zahlungsfrist von 60 Tagen ab Lieferung der Kaufsache vorsehen. Dagegen können geringe bzw. unerhebliche Abweichungen die Verbindlichkeit der AGB im kaufmännischen Bestätigungsschreiben nicht hindern.

1258 Nicht AGB-spezifisch BGE 114 II 250, 252, E. 2a.

partei vertrauen, wenn die AGB erhebliche für die Gegenpartei ungünstige Abweichungen vom dispositiven Gesetzesrecht aufweisen[1259] oder dem Vertragszweck erheblich widersprechen. Vom Verhandlungsergebnis abweichende AGB werden ferner durch den *Vorrang der Individualabrede* verdrängt, soweit sie den zuvor vereinbarten Vertragsbestimmungen widersprechen[1260]. Hat der Vertragspartner seinerseits auf andere AGB verwiesen, so ist die Kollision nach den Regeln zur *«Battle of the Forms»* zu lösen[1261].

h. AGB in der Auftragsbestätigung

270 Das kaufmännische Bestätigungsschreiben ist von der *Auftragsbestätigung* zu unterscheiden, mit der ein AGB-Verwender ein ihm von der Gegenpartei unterbreitetes Angebot annimmt. Bei der Auftragsbestätigung ergibt sich jedoch ebenfalls häufig das Problem der zu spät erfolgten Zugänglichmachung von AGB, was die Einbeziehung der AGB grundsätzlich zum Scheitern bringt[1262]. Werden in der Auftragsbestätigung des Verwenders erstmals AGB eingeführt (z.B. mittels Beifügen, Abdruck der AGB oder Hinweis hierauf), so handelt es sich grundsätzlich um eine Ablehnung des Angebots verbunden mit einem neuem Angebot (auf Einbeziehung der AGB)[1263]. Tangieren die AGB-Klauseln in solchen Fällen ausschliesslich (objektive) Nebenpunkte des Vertrages, wird entsprechend der Vermutung von Art. 2 Abs. 1 OR der den AGB zugrunde liegende Hauptvertrag im Sinne eines Partialkonsenses gleichwohl perfektioniert[1264]. Das verspätete Anerbieten der AGB ist hingegen nach wie vor lediglich als *Offerte zur Vertragsänderung* bzw. -ergänzung in Nebenpunkten zu werten[1265]. Zur Annahme der Vertragsänderungsofferte bedarf es grundsätzlich einer ausdrücklichen Zustimmung der Gegenpartei[1266]. Stillschweigen der Gegenpartei kann in aller Regel (insb. im Konsumentenverkehr) nicht als Zustim-

---

1259 KRAMER/PROBST, OR AT, N 239; PERRIG, Zugänglichkeitsregel, 313.

1260 Vgl. zum Vorrang der Individualabrede unten N 287 ff.

1261 Vgl. dazu unten N 274 f.

1262 Der Kunde hat zum Zeitpunkt der Auftragsbestätigung bereits seine bindende Willenserklärung abgegeben. Siehe zum massgebenden Zeitpunkt der Zugänglichkeit von AGB oben N 124 ff.

1263 BK-SCHMIDLIN, Art. 6 N 120; PERRIG, Zugänglichkeitsregel, 313.

1264 Zutreffend BK-KRAMER, Art. 1 N 216; PERRIG, Zugänglichkeitsregel, 313; so auch BK-MÜLLER, Art. 1 N 336.

1265 BK-KRAMER, Art. 1 N 216; PERRIG, Zugänglichkeitsregel, 313; ROBERTO/WALKER, recht 2014, 51; BK-MÜLLER, Art. 1 N 336.

1266 BK-SCHMIDLIN, Art. 6 N 120.

mung zum neuen Einbeziehungsangebot des AGB-Verwenders gewertet werden *(qui tacet consentire non videtur)*[1267]. Zumindest darf man in der widerspruchslosen Entgegennahme der Auftragsbestätigung für sich allein noch kein Akzept erblicken[1268]. Dies gilt insbesondere, wenn die nachgeschobenen AGB für die unternehmerisch tätige Vertragspartei erheblich ungünstiger als das sonst geltende dispositive Recht sind[1269] oder wenn eine Abwehrklausel verwendet wird (konkludenter Widerspruch)[1270]. Allerdings kann eine unternehmerisch tätige Vertragspartei zum Widerspruch verpflichtet sein, wenn der AGB-Verwender in der kaufmännischen Auftragsbestätigung deutlich auf seine AGB verweist und eine solche Bezugnahme in der betreffenden Branche gängige und von den Marktteilnehmern anerkannte Handelspraxis darstellt.

i. Sprache

Hauptsächlich beim grenzüberschreitenden oder gesamtschweizerischen Geschäftsverkehr stellt sich die Frage nach der massgebenden *Sprache* für den Hinweis auf und die Fassung der AGB. Grundsätzlich gilt für die Zuteilung des *Sprachrisikos*[1271] bei der Einbeziehung von AGB im unternehmerischen Geschäftsverkehr die gemeinsame *Verhandlungs- und Vertragssprache*[1272] als massgebend, d.h. der Hinweis und der AGB-Text müssen in dieser Sprache erfolgen[1273]. Bei mehrsprachigen AGB-Versionen, die inhaltlich nicht identisch 271

1267 KRAMER/PROBST, OR AT, N 167 f., 239; vgl. auch zum UN-Kaufrecht oben N 62.

1268 Die Grundsätze über das kaufmännische Bestätigungsschreiben finden bei Auftragsbestätigungen keine Anwendung (PERRIG, Zugänglichkeitsregel, 313 f.m.w.N.).

1269 KRAMER/PROBST, OR AT, N 168, 239; ROBERTO/WALKER, recht 2014, 51; vgl. auch Art. 19 Abs. 3 CISG.

1270 GRÜNEBERG, N 52 zu § 305 BGB.

1271 Soweit sich eine Gegenpartei vorbehaltlos auf eine ihr fremde Verhandlungs- oder Vertragssprache einlässt, trägt sie hierfür grundsätzlich auch das Verständnisrisiko und muss sich deshalb diese Sprache auch für die Einbeziehung der AGB entgegenhalten lassen. Vgl. zum Sprachrisiko im b2c-Verkehr oben N 169.

1272 Unter der Verhandlungssprache versteht man jene Sprache, auf die sich die Parteien geeinigt und in der die Vertragsparteien ihre Vertragsverhandlungen geführt haben. Sie kann sich auch dadurch ergeben, dass sich eine Partei vorbehaltlos und freiwillig auf die Sprache des Verhandlungsortes bzw. der anderen Partei einlässt (BGE 99 II 67, 73, E. 2). Die Vertragssprache bezeichnet die Sprache, in welcher der Vertrag formuliert ist.

1273 PERRIG, Zugänglichkeitsregel, 314 f.; so auch HGer AG, HOR.2018.5, 15, 17, E. 4.2.1.2, 4.2.2.3.1, Urteil vom 21. März 2019; vgl. ferner aus der wohl herrschenden deutschen Lehre z.B. BERGER, ZGS 2004, 416 f.; SPELLENBERG, Doppelter Gerichtsstand in fremdsprachigen AGB, IPRax 2007, 98; vgl. aber KLING, Sprachrisiken, 535 ff., wonach der unternehmerische Verwender nicht zu mehr verpflichtet sei als der Überlassung der sind, ist ebenfalls die Fassung in der Verhandlungs- und Vertragssprache massgebend[1274]. Lässt sich die unternehmerisch tätige Gegenpartei widerspruchslos[1275] auf eine ihr fremde Verhandlungs- oder Vertragssprache ein, so trägt sie grundsätzlich das Sprachrisiko und kann sich nachträglich nicht auf eine mangelhafte Einbeziehung der fremdsprachigen AGB aufgrund fehlender Sprachkenntnisse berufen[1276]. Sie übernimmt dadurch auch die Obliegenheit, sich bei allfälligen Verständnisschwierigkeiten selbst eine Übersetzung oder einen Dolmetscher zu beschaffen[1277]. Hingegen muss die Gegenpartei die Konsequenzen des Sprachrisikos nach dem Vertrauensprinzip dann nicht tragen, wenn es für den AGB-Verwender erkennbar war, dass sie die Sprache nicht hinreichend versteht, wobei dies im unternehmerischen Verkehr nur mit Zurückhaltung anzunehmen ist[1278]. Teilt die Gegenpartei dem AGB-Verwender mit, dass sie die Sprache der AGB bzw. die vorgeschlagene Verhandlungssprache nicht verstehe oder akzeptiere, hat er dies nach Treu und Glauben angemessen zu berücksichtigen[1279].

AGB in einheimischer Sprache; dagegen die englische Sprache für massgebend erklärend EHLE/BRUNSCHWILER, RIW 2012, 265.

1274 Für das UN-Kaufrecht SCHMIDT, NJW 2011, 3334. Dies gilt es etwa unter Bauunternehmern im Zusammenhang mit der Verwendung der SIA-Norm 118 zu beachten, weil die Texte der drei verschiedenen Sprachfassungen (deutsch, französisch und italienisch) in Einzelpunkten voneinander abweichen können (vgl. dazu GAUCH, Werkvertrag, N 285, welcher diesbezüglich primär die Vertragssprache als massgebend erachtet).

1275 Regelmässig trifft den Unternehmer eine Widerspruchsobliegenheit gegenüber AGB, welche in einer ihm unverständlichen Sprache formuliert sind. Es kann von einer geschäftserfahrenen und unternehmerisch tätigen Vertragspartei erwartet werden, auf eine gewisse Vertragssprache zu insistieren und den Vertragsschluss davon abhängig zu machen bzw. andernfalls darauf zu verzichten.

1276 In diesem Sinne auch HGer AG, HOR.2018.5, 15., 17, E. 4.2.1.2, 4.2.2.3.1, Urteil vom 21. März 2019: Ein Geschäftsführer eines KMU schloss einen in deutscher Sprache formulierten Versicherungsvertrag (samt AVB) ab, ohne jedoch dem AGB-Verwender seine angeblich mangelhaften Sprachkenntnisse mitzuteilen. Er musste in der Folge vor Gericht die AVB gegen sich gelten lassen, da er sich im Rahmen des Vertragsschlusses vorbehaltlos auf die deutsche Verhandlungs- und Vertragssprache eingelassen hatte.

1277 PERRIG, Zugänglichkeitsregel, 314 f.; aus der deutschen Lehre BERGER, ZGS 2004, 417.

1278 Vgl. ebenfalls streng HGer AG, HOR.2018.5, 15, 19, E. 4.2.1.2, 4.2.2.3.1, Urteil vom 21. März 2019.

1279 Folglich hat der Verwender seinen AGB-Text auf Verlangen der Gegenpartei zusätzlich noch in einer weiteren Sprache zur Verfügung zu stellen. Dies kann beispielsweise im internationalen Handelsverkehr in AGB in einer Weltsprache erfolgen, soweit für die betroffene Geschäftsart üblich (PERRIG, Zugänglichkeitsregel, 316, m.w.N.).

Die Verwendung einer *Weltsprache*[1280] für die Einbeziehung der AGB genügt auch im unternehmerischen Geschäftsverkehr nicht *per se*[1281]. Für den binnenschweizerischen b2b-Verkehr ist in erster Linie auf die Verhandlungssprache der Parteien abzustellen[1282]. Anders verhält es sich aber, wenn der Gebrauch einer bestimmten Sprache in einer spezifischen Branche oder in einem bestimmten Geschäftsbereich üblich ist[1283]. Das betrifft namentlich internationale Handelsbräuche[1284]. In internationalen Wirtschaftssachverhalten genügt grundsätzlich ein Hinweis und ein AGB-Text in *Englisch*, selbst wenn dies nicht der Verhandlungs- und Vertragssprache entspricht[1285]. 272

1280 Unter einer Weltsprache versteht man die am häufigsten gesprochenen Fremdsprachen. Zumeist werden Englisch, Französisch und Spanisch als Weltsprachen angeführt. Vgl. zur Weltsprache im AGB-Kontext MAIDL, Ausländische AGB, 71 ff.; KLING, Sprachrisiken, 538 ff.

1281 Allerdings wurde in BGer 4A_330/2021, E. 4.1.2 (nicht publiziert in BGE 148 III 57) im Zusammenhang mit einem binnenschweizerischen Versicherungsvertrag zwischen einer landesweit tätigen Versicherungsgesellschaft und einem in der Deutschschweiz ansässigen KMU (Gastronomiebetrieb) der Deckungsausschluss der «WHO-Pandemiestufen 5 oder 6» in deutsch formulierten AVB vom Bundesgericht geschützt, obgleich sich die Erläuterung der Pandemiestufen lediglich im Internet in englischer Sprache abrufen liess (das Sprachenproblem wurde dabei nicht genauer erörtert; siehe dazu kritisch EISNER-KIEFER, AJP 2022, 647).

1282 Dies vor dem Hintergrund, dass nicht jedes KMU oder jeder selbstständige Geschäftsmann in der Schweiz über eine hinreichende Sprachkompetenz verfügt, um in einer Weltsprache verfasste AGB in zumutbarer Weise zur Kenntnis zu nehmen (PERRIG, Zugänglichkeitsregel, 315). Insbesondere von grösseren gesamtschweizerisch tätigen Unternehmen kann im Allgemeinen erwartet werden, dass sie ihre AGB in deutscher, französischer und italienischer Sprache verfügbar halten.

1283 PERRIG, Zugänglichkeitsregel, 315; CO-MORIN, Art. 1 N 171; MAIDL, Ausländische AGB, 73, 77; KLING, Sprachrisiken, 537.

1284 Dies gilt beispielsweise für den Seehandel und den internationalen Mineralölhandel, in denen die englische Sprache verkehrsüblich ist. Siehe dazu MAIDL, Ausländische AGB, 98 ff., 77; KLING, Sprachrisiken, 537.

1285 PERRIG, Zugänglichkeitsregel, 316; EHLE/BRUNSCHWILER, RIW 2012, 265. In Anbetracht der erhöhten Selbstverantwortung und der überragenden Bedeutung der englischen Sprache als *lingua franca* des internationalen Wirtschaftsverkehrs, sollte man die Weltsprache Englisch bei grenzüberschreitenden Wirtschaftsverträgen billigen (so auch BERGER, ZGS 2004, 417).

j. Ungewöhnlichkeitsregel

273 Die Ungewöhnlichkeitsregel[1286] kommt auch im b2b-Verkehr zur Anwendung, da eine *geschäftserfahrene und branchenkundige Vertragspartei* ebenso durch (global übernommene) unübliche oder zweckfremde AGB-Klauseln überrascht werden kann wie ein Konsument[1287]. Die Stellung der unternehmerischen Vertragspartei ist allerdings weiterhin relevant für die Ungewöhnlichkeitsregel. So sind die Anforderungen an die subjektive Ungewöhnlichkeit bei geschäftserfahrenen oder branchenkundigen Vertragspartnern regelmässig höher zu setzen und AGB-Klauseln für sie im Allgemeinen weniger schnell als ungewöhnlich zu qualifizieren als für Konsumenten[1288]. Die Geschäftserfahrenheit bzw. Branchenerfahrung der Vertragspartei ist sodann massgebend für die Beurteilung, inwieweit der AGB-Verwender die Gegenpartei auf die ungewöhnliche Klausel hätte besonders hinweisen und inwieweit ihr eine derartige Klausel hätte erläutert werden müssen[1289].

k. Battle of the Forms

274 Vor allem im unternehmerischen Geschäftsverkehr kommt es vor, dass beide Vertragsparteien anlässlich des Vertragsschlusses auf ihre AGB verweisen. Widersprechen sich die kollidierenden AGB inhaltlich (was den Regelfall darstellt; z.B. bei käuferfreundlichen Einkaufsbedingungen gegenüber verkäuferfreundlichen Lieferbedingungen) und räumen die Vertragsparteien diesen Widerspruch bei Vertragsschluss nicht aus, kommt es zum sogenannten *battle of the forms* (auch AGB-Kollision oder Kampf der Formulare genannt). Zur Frage, welche der beiden kollidierenden AGB schliesslich den Vorzug erhalten, existieren in der Lehre verschiedene Lösungsansätze[1290]. Nach der älteren «Theorie des letzten Wortes» *(Last-Shot-Theorie)* beanspruchten diejenigen AGB Geltung, welche als letzte der anderen Vertragspartei zugänglich gemacht

---

[1286] Vgl. zur Ungewöhnlichkeitsregel oben N 193 ff.

[1287] GAUCH/SCHLUEP/SCHMID, OR AT, N 1139a; SHK UWG-PROBST, Art. 8, N 362; KOLLER, AJP 2016, 286; HARTMANN, Hommage Gauch, 135. Zustimmend und die bundesgerichtliche Rechtsprechung nun klarstellend BGer 4A_499/2018, E. 3.3.2 f. («Branchenkenntnis oder Geschäftserfahrung schliesst aber die Ungewöhnlichkeit nicht zwingend aus»); bestätigt in BGE 148 III 57, E. 2.1.3.1.

[1288] KOLLER, AJP 2016, 284; KOLLER, OR AT, N 23.34. Vgl. zur subjektiven Ungewöhnlichkeit oben N 198 ff.

[1289] SHK UWG-PROBST, Art. 8 N 362.

[1290] Vgl. hierzu ausführlich KRAMER, FS Gauch, 493 ff. (rechtsvergleichend); BÜHRER, AGB-Kollisionen, 1 ff.; BÜRGI, ius.full 2015, 166 ff. Siehe zum *battle of the forms* im UN-Kaufrecht oben N 63.

wurden, sofern der Offerent nicht mittels einer antizipierenden Abwehrklausel die Übernahme etwaiger (abweichender) AGB der Gegenpartei vorsorglich abgelehnt hat[1291]. Diese Ansicht wurde jedoch in der neueren schweizerischen Doktrin grösstenteils verworfen, da sie zu nicht sachgerechten bzw. zu zufälligen Ergebnissen führte[1292]. Das Stillschweigen des Offerenten auf die zuletzt von der Gegenpartei beigefügten AGB stellt grundsätzlich keine Zustimmung zu diesen AGB durch den Offerenten dar[1293].

Gemäss der heute praktisch einhelligen Lehre kommt nach den allgemeinen Kon- 275
sensregeln ein Vertrag trotz AGB-Kollision zustande, soweit es sich bei den kollidierenden Klauseln nicht um objektiv wesentliche Vertragspunkte handelt[1294]. Dabei werden die jeweils inhaltlich übereinstimmenden AGB-Klauseln (z.B. anwendbares Recht) im Sinne eines *Partialkonsenses* gemäss Art. 2 Abs. 1 OR ebenfalls zum Vertragsbestandteil *(Prinzip der Kongruenzgeltung)*[1295], wohingegen die sich widersprechenden Klauseln (z.B. Haftungsbeschränkungen) im Sinne eines *Partialdissens*[1296] keine Wirksamkeit erlangen *(Knock-Out-Theorie)*[1297]. Für

1291 Dazu GAUCH/SCHLUEP/SCHMID, OR AT, N 1135 (10. Aufl., nun anderer Auffassung, N 1130a); CR CO I-DESSEMONTET, Art. 1 N 48 (1. Aufl., 2003); weitere Hinweise bei ZK-JÄGGI/GAUCH/HARTMANN, Art. 18 N 524 f. Vgl. ferner den Überblick über weitere Theorien bei BSK OR I-ZELLWEGER-GUTKNECHT, Art. 1 N 67 ff.

1292 Statt vieler SCHWENZER/FOUNTOULAKIS, OR AT, N 45.15; KRAMER, FS Gauch, 493 ff. (aus rechtsvergleichender Sicht); BK-MÜLLER, Art. 1 N 351 ff.; KOLLER, OR AT, N 23.76.

1293 SHK UWG-PROBST, Art. 8 N 358; KOLLER, OR AT, N 23.76. Ausnahmen gemäss Art. 6 OR sind zwar möglich (z.B. Geltung der letztübersandten AGB kraft laufender Geschäftsverbindung), aber kommen im vorliegenden AGB-Kontext wohl selten zum Zug.

1294 Statt vieler KRAMER, FS Gauch, 495; PERRIG, Zugänglichkeitsregel, 317; BÜRGI, ius.full 2015, 170; KOLLER, OR AT, N 23.78; BK-MÜLLER, Art. 1 N 353. Es gilt die Vermutung nach Art. 2 Abs. 1 OR, dass die AGB-Kollision keine wesentlichen Vertragspunkte erfasst. Sollte allerdings der Dissens der Parteien hinsichtlich der AGB doch einen wesentlichen Vertragspunkt betreffen, so ist der Vertrag mangels Konsenses nicht zustande gekommen (GAUCH/SCHLUEP/SCHMID, OR AT, N 1130a).

1295 KRAMER, FS Gauch, 495. Vgl. auch Art. 2.1.22 PICC; Art. 2:209 (1), (2) PECL. Trotz Stillschweigens des Offerenten ist von einem tatsächlichen Konsens über die inhaltsgleichen Klauseln in beiden AGB auszugehen (SHK UWG-PROBST, Art. 8 N 358).

1296 Der Partialdissens bezgl. der AGB hindert das Zustandekommen des Vertrags gemäss Art. 2 Abs. 1 OR grundsätzlich nicht, es sei denn, eine Vertragspartei hat die vollständige Übernahme ihrer AGB als *conditio sine qua non* des Vertragsschlusses erklärt. In einem solchen Fall würde ein Totaldissens vorliegen und kein Vertragsschluss zustandekommen (SHK UWG-PROBST, Art. 8 N 358, insb. Fn 416).

1297 KRAMER, FS Gauch, 495, 503 ff.; KRAMER/PROBST, OR AT, N 238; BK-KRAMER, Art. 1 N 160; GAUCH/SCHLUEP/SCHMID, OR AT, N 1130a; SHK UWG-PROBST, Art. 8 N 358; SCHWENZER/FOUNTOULAKIS, OR AT, N 45.15; KOLLER, OR AT, N 23.78; TERCIER/PICHONNAZ, N 941 f.; CR CO-MORIN, Art. 1 N 172; BK-MÜLLER, Art. 1 N 353; PERRIG, Zugänglichkeitsregel, 317; BÜRGI, ius.full 2015, 170; OGer TG, Urteil vom die Kongruenzgeltung ist allein die tatsächliche (objektive) inhaltliche Übereinstimmung massgebend (z.B. wenn für beide Parteien dieselben Kündigungsfristen vorgesehen sind); es spielt keine Rolle, ob die Vertragsparteien die Übereinstimmung kennen oder ob der Wortlaut der übereinstimmenden AGB-Klauseln identisch ist[1298]. Für den *«Knock-Out»* muss insoweit ein *unvereinbarer inhaltlicher Widerspruch* innerhalb der streitentscheidenden Klauseln bestehen (z.B. Vereinbarung divergierender Gerichtsstände)[1299]. Die dadurch entstandenen Vertragslücken werden nach den allgemeinen Grundsätzen mit dispositiven Gesetzesbestimmungen bzw. durch den Richter gefüllt (Art. 2 Abs. 2 OR)[1300]. Eine *Kongruenzgeltung* der AGB fällt dahin, wenn ein AGB-Verwender gegenüber der Gegenpartei unmissverständlich die vollständige Einbeziehung ihres AGB-Texts als *conditio sine qua non* des Vertragsschlusses (d.h. für subjektiv wesentlich) erklärt[1301]. Einem Unternehmer ist deshalb ganz allgemein zu emp-

29. Februar 2008, RBOG 2008, Nr. 8, 93; ausdrücklich auch Art. 1119 Abs. 2 französischer Code Civil (2016). Vgl. auch zur (analogen) Anwendung der Knock-Out-Theorie im Zusammenhang mit dem Einsatz mehrerer Klauselwerke für ein und denselben Vertrag oben N 163.

1298 Aus der deutschen Lehre PFEIFFER in Wolf/Lindacher/Pfeiffer, N 142 zu § 305 BGB («Ob die AGB übereinstimmen, ist nicht formal nach dem Wortlaut, sondern nach Sinn und Zweck der jeweiligen Regelung und des gemeinschaftlichen Interesses beider Parteien zu bestimmen»).

1299 BSK OR I-ZELLWEGER-GUTKNECHT, Art. 1 N 68. Demnach gelten bei kollidierenden AGB auch solche Klauseln als vereinbart, die trotz Widerspruch im Wortlaut zum gleichen Ergebnis führen. Unklar ist dagegen, ob Gleiches gilt, falls einzig eine AGB-Klausel der einen Vertragspartei eine streitige Frage (z.B. Zahlungsbedingungen) regelt. Bei konsequenterAnwendung der Knock-Out-Theorie liegt in einem solchen Fall eine inhaltliche Divergenz und somit ein Dissens über die entsprechende AGB-Klausel vor (SHK UWG-PROBST, Art. 8 N 358).

1300 Statt vieler BSK OR I-ZELLWEGER-GUTKNECHT, Art. 1 N 68; SCHWENZER/FOUNTOULAKIS, OR AT, N 45.15; KRAMER, FS Gauch, 505; SHK UWG-PROBST, Art. 8 N 358; TERCIER/PICHONNAZ, N 941 f.

1301 Kommt es in derartigen Konstellationen (oder bei Vorliegen eines spezifischen subjektiv wesentlichen Vertragspunkts) zu AGB-Kollisionen, liegt ein Totaldissens vor (SHK UWG-PROBST, Art. 8 N 358 Fn 416; BK-MÜLLER, Art. 1 N 356). Es bleibt jedoch jeder Partei der Nachweis vorbehalten, dass die jeweils andere Partei ihren Einbeziehungswillen bezgl. ihrer eigenen AGB im Rahmen der Vertragsverhandlungen (ausdrücklich oder konkludent) aufgegeben hat (BK-KRAMER, Art. 1 N 160; GAUCH/SCHLUEP/SCHMID, OR AT, N 1130a). Vermutungsweise wird man ohnehin regelmässig davon ausgehen dürfen, dass die Parteien den Vertragsabschluss auch bei einer AGB-Kollision weiterhin gelten lassen wollen und dieser nicht an Differenzen über i.d.R. sekundäre Nebenpunkte in den AGB scheitern soll (SHK UWG-PROBST, Art. 8 Fn 416). Aus praktischer Sicht dürften die betroffenen Unternehmen den Vertrag zumeist beibehalten und die kollidierenden Nebenpunkte im Rahmen eines Vertragzusatzes nachverhandeln.

fehlen, schon bei Aufnahme von Vertragsverhandlungen gegenüber der jeweiligen Vertragspartei klarzustellen, dass er keine von den seinen abweichende AGB akzeptieren werde[1302]. Dazu bietet sich beispielsweise der Einsatz einer (antizipierenden) *Abwehrklausel* in den eigenen der Gegenpartei zugänglich gemachten AGB an[1303]. Soweit bei kollidierenden AGB eine inhaltliche Übereinstimmung besteht, so gilt in Bezug auf die übereinstimmenden Klauseln keine Vertragspartei als AGB-Verwender im AGB-rechtlichen Sinne[1304].

1302 Vgl. KRAMER/PROBST, OR AT, N 238.

1303 PERRIG, Zugänglichkeitsregel, 317. So auch KUT, CHK, Art. 1 N 58; SHK UWG-PROBST, Art. 8 N 358. Siehe ausführlich zu Abwehr- und Ausschliesslichkeitsklauseln aus dem deutschen Recht PFEIFFER in Wolf/Lindacher/Pfeiffer, N 140 f. zu § 305 BGB.

1304 Ebenso PFEIFFER in Wolf/Lindacher/Pfeiffer, N 142 zu § 305 BGB.

§ 8 Auslegungskontrolle

I. Allgemeines

1. Begriff und Einordnung der Auslegungskontrolle

276 Sind AGB durch Parteikonsens zum Vertragsinhalt geworden (zur Konsenskontrolle oben N 111 ff.), kann es im weiteren Verlauf der Vertragsbeziehung zu Meinungsverschiedenheiten über die zutreffende *Bedeutung einzelner Klauseln* kommen, d.h. es entsteht ein *Auslegungsstreit*[1305]. Dieser setzt grundsätzlich die gültige Einbeziehung der AGB voraus[1306]. Die vorliegend behandelte *Auslegungskontrolle* (Interpretationskontrolle) beschäftigt sich somit nicht mit der rechtsgeschäftlichen Einigung über den Einbezug der AGB in den Vertrag als solche, sondern mit der massgebenden Interpretation von AGB, welche die Parteien vertraglich vereinbart haben.

2. AGB-Auslegung als Individualkontrolle

277 AGB sind als Vertragsbestandteile grundsätzlich *wie individuell ausgehandelte Vereinbarungen* nach den allgemeinen, zu Art. 18 OR gebildeten, *vertrags–*

[1305] Ein «reiner» Auslegungsstreit besteht, wenn die Interpretation der prozessualen Erklärungen der Vertragsparteien ergibt, dass sie die Einbeziehung der AGB ungeachtet vom Auslegungsergebnis nicht in Frage stellen möchten (und folglich einer richterlichen Vertragsinterpretation zustimmen, vgl. dazu ZK-Jäggi/Gauch/Hartmann, Art. 18 N 342; BGer 4C.240/2003, E. 3.1). Neben dem «reinen» Auslegungsstreit kann es auch zu einem «eigenständigen» Auslegungsstreit kommen, wenn das Gericht zuerst den zwischen den Vertragsparteien ebenfalls streitigen Konsens bejaht und dann in einem zweiten Schritt die damit noch nicht geklärte Auslegungsfrage eigenständig beurteilt (vgl. Hartmann, FS Schmid, 168 ff.).

[1306] Zu beachten gilt es, dass schon die Frage, ob AGB (ausdrücklich oder stillschweigend) in den Vertrag einbezogen wurden, zwischen den Vertragsparteien streitig sein kann (Konsensstreit) und durch entsprechende Interpretation zu entscheiden ist (vgl. z.B. BGE 77 II 154 ff.; 123 III 35, 44; BSK OR-Wiegand, Art. 18 N 55; ZK-Jäggi/Gauch/Hartmann, Art. 18, N 520). In der Praxis können allerdings die beiden Streitlagen – d.h. Einbeziehung und Auslegung von AGB – ineinander übergreifen, beispielsweise, wenn eine Streitpartei im Prozess mit ihrem Hauptbegehren einen bestimmten AGB-Inhalt behauptet, jedoch im Eventualbegehren das Nichtzustandekommen des Vertrages vorbringt, oder umgekehrt (vgl. ZK-Jäggi/Gauch/Hartmann, Art. 18 N 335). Man spricht insoweit von einem «kombinierten Konsens- und Auslegungsstreit» (vgl. zu den unterschiedlichen Streitlagen Hartmann, FS Schmid, 167 ff.).

rechtlichen Regeln vom Richter auszulegen[1307]. Am jeweiligen Vertragsschluss anknüpfend erfolgt die Auslegung als *Individualkontrolle* unter Berücksichtigung aller *konkreten Umstände des Einzelfalles*[1308]. Demzufolge ist es möglich, dass dieselbe AGB-Bestimmung in verschiedenen Fällen aufgrund unterschiedlicher Umstände verschieden ausgelegt wird[1309]. So kann beispielsweise das Auslegungsergebnis im Falle eines branchenversierten (und/oder lokal ansässigen) Kunden anders ausfallen als im Falle eines geschäftsunerfahrenen Kunden, der mit den einschlägigen Fachausdrücken oder mit den lokalen Bräuchen nicht vertraut ist[1310]. Die hier behandelte vertragsrechtliche Auslegung von AGB ist von der Frage zu unterscheiden, wie die Bedeutung einer AGB-Klausel im Rahmen der lauterkeitsrechtlichen Inhaltskontrolle gemäss Art. 8 UWG ermittelt wird[1311].

Entsteht eine Streitigkeit über den Sinngehalt einer Klausel, so ist für deren 278
Auslegung nach Art. 18 Abs. 1 OR zunächst der *tatsächliche, übereinstimmende Wille der Parteien* hinsichtlich des Vertrages massgebend *(subjektive Auslegung)*[1312]. Soweit sich der wirkliche Wille feststellen lässt, hat er immer

---

1307 BGE 148 III 57, 61 f.; 142 III 671, 675; 135 III 1, 6; 135 III 225, 227; 135 III 410, 412; 133 III 675, 681; 133 III 607, 610; 132 III 268, 274; 126 III 388, 391; 122 III 118, 121; 117 II 609, 621; BGer 4A_126/2023, E. 3.4.1; 4A_517/2013, E. 4; 4A_335/2013, E. 5.3; 4A_585/2012, E. 3; aus der Lehre statt vieler BK-Kramer, Art. 1 N 218; SHK UWG-Probst, Art. 8 N 390; Klett/Hurni, recht 2012, 83 m.w.H.; zur Auslegung von AGB in Verträgen, die dem UN-Kaufrecht unterstehen, vgl. T. Koller, FS Honsell, 238 f.; kritisch zur Rechtsprechung Wiegand, in FS Kramer, 337 ff.

1308 Aus der ständigen Rechtsprechung statt vieler BGE 148 III 57, 61 f.; 142 III 671, 675; 135 III 1, 6, E. 2; 133 III 675, 681; 122 III 118, 121; aus der herrschenden Lehre stellvertretend Gauch/Schluep/ Schmid, N 1241; BK-Kramer, Art. 1 N 218; Koller, OR AT, N 23.79; SHK UWG-Probst, Art. 8 N 390; a.M. Rusch, AJP 2014, 205 ff.; tendenziell auch Schwenzer/Fountoulakis, OR AT, N 45.08; Wiegand, FS Kramer, 334 ff. Vgl. näher zur individuell-konkreten Auslegung von AGB unten N 281 ff.

1309 BSK OR I-Wiegand, Art. 18 N 55; Gauch, Werkvertrag, N 201; Probst, richterliche Inhaltskontrolle, 231. Eine auf den Einzelfall bezogene Prüfung kommt auch bei der Anwendung der Zugänglichkeitsregel und der Ungewöhnlichkeitsregel im Rahmen der Konsenskontrolle zum Tragen.

1310 Das gilt namentlich, wenn ein AGB-Text je nach Gegend, Branche oder Personenkreis einen unterschiedlichen Sinn hat (vgl. BGE 82 II 455). Siehe dazu ZK-Schönenberger/ Jäggi, Art. 1 N 490.

1311 Hierfür sollte gemäss einem Teil der Lehre die in Frage stehende AGB-Klausel im Bereich des Lauterkeitsrechts einheitlich ausgelegt werden, d.h. ohne Rücksicht auf die Besonderheiten des jeweiligen Einzelfalls (vgl. z.B. Gauch/Schluep/ Schmid, N 1242).

1312 BGE 148 III 57, 61 f.; 142 III 671, 675; 131 III 606, 611; 129 III 118, 122 f.; 133 III 607, 610; BGer 4A_126/2023, E. 3.4.1; 4A_517/2013, E. 4; 4A_335/2013, E. 5.3; aus der Lehre grundlegend Kramer, ZSR 2022, 393 ff. (mit kritischer Auseinandersetzung mit Stehle, recht 2014, 257 ff. und BK-Müller, Art. 18 N 74 ff., die eine rein objektivierte Auslegung fordern); ZK-Jäggi/Gauch/Hartmann, Art. 18 N 314, 356 ff. Beim wirklichen Willen handelt es sich um den inneren Willen der Vertragsparteien

Vorrang vor anderen (insb. objektivierten) Auslegungsmethoden[1313]. Das Gericht ermittelt diesen wirklichen Parteiwillen anhand der gängigen Auslegungsmittel (insb. Wortlaut des Vertrages, Systematik, Vorverhandlungen, nachvertragliches Verhalten, wirtschaftlicher Sinn des Vertrages, Verkehrssitten, Handelsbräuche etc.)[1314]. Der Richter hat sich bei der Interpretation auf der Basis aller Willensindizien in die Zeit des Vertragsschlusses zurückzuversetzen und in die damalige Situation der Parteien hineinzudenken (Interpretation *ex tunc*)[1315]. Primäres Auslegungsmittel einer jeden Vertragsinterpretation ist der Wortlaut[1316], wobei AGB freilich darüber hinaus auszulegen sind bzw. selbst ein klarer Wortlaut nur dann massgebend ist, soweit die restlichen Auslegungsmittel keinen sicheren Schluss auf einen divergierenden Sinn zulassen[1317]. Der Wortlaut der AGB ist mangels anderer Anhaltspunkte nach dem allgemeinen Sprachgebrauch auszulegen[1318].

279 Lässt sich der wirkliche Wille so nicht mehr rechtsgenüglich ermitteln, was bei (AGB-)Globalübernahmen wohl die Regel darstellt, ist nach bundesgerichtlicher Praxis und herrschender Lehre der mutmassliche Wille der Vertragsparteien im Sinne einer *objektivierten bzw. normativen Auslegung*, d.h. nach dem

---

(BGE 122 III 106, 108 f., E. 5a), wobei die Feststellung dieses inneren Willens eine Sachverhaltsfrage (Tatfrage) i.S.v. Art. 97 und 105 BGG darstellt und daher das Bundesgericht grundsätzlich an die Feststellungen des (letztinstanzlichen) kanontalen Gerichts gebunden ist (KRAMER/PROBST, OR AT, N 195).

1313 BGE 148 III 57, 61, E. 2.2.1; 142 III 671, 675, E. 3.3; vgl. ferner nicht AGB-spezifisch: BGE 137 III 145, 148, E. 3.2.1; 138 III 659, 666, E. 4.2.1; 139 III 404, 406, E. 2.2; dasselbe gilt für Verträge unter dem UN-Kaufrecht (vgl. zu Art. 8 CISG SCHMIDT-KESSEL, in: Schlechtriem/Schwenzer/Schroeter, Art. 8 CISG N 9 ff.); siehe ebenso Art. 4.1 PICC (*«Intention of the parties»*); Art. 5:101 PECL.

1314 Vgl. zu den klassischen Auslegungsmitteln GAUCH/SCHLUEP/SCHMID, OR AT, N 1204 ff. Eine nützliche Übersicht über die verschiedenen Auslegungsmittel findet sich in Art. 4.3 PICC (Fassung 2010) 183: *«... all circumstances, including a) preliminary negotiations between the parties; b) practices which the parties have established between themselves; c) the conduct of the parties subsequent to the conclusion of the contract; d) the nature and purpose of the contract; e) the meaning commonly given to terms and expressions in the trade concerned; f) usages».*

1315 ZK-JÄGGI/GAUCH/HARTMANN, Art. 18 N 345; KRAMER, ZSR 2022, 394; KRAMER/PROBST, OR AT, N 195.

1316 BGE 148 III 57, 62, E. 2.2.1; 133 III 406, 409, E. 2.2; 131 III 606, 611 f., E. 4.2; aus der Lehre statt aller GAUCH/SCHLUEP/SCHMID, N 1206 ff.

1317 FUHRER, Versicherungsrecht, N 8.53; WALKER, Konsumenten-AGB, 68.

1318 GAUCH/SCHLUEP/SCHMID, OR AT, N 1206 ff.; FURRER/MÜLLER-CHEN, OR AT, N 84; BAUDENBACHER, Kommentar UWG, Art. 8 N 18; vgl. auch BGE 136 III 186, 188, E. 3.2.1; 135 III 410, 414, E. 3.3; 82 II 445; 87 II 72, 74; BGer 4A_72/2021, E. 6.3.1.

Vertrauensprinzip nach objektiven Gesichtspunkten, zu ermitteln[1319]. Dabei ist zunächst vom Wortlaut der Erklärungen der Vertragsparteien auszugehen, welche allerdings «nicht isoliert, sondern aus ihrem konkreten Sinngefüge heraus zu beurteilen sind»[1320]. Selbst wenn der Wortlaut der streitigen AGB-Bestimmung auf den ersten Blick klar erscheint, sollte die richterliche Prüfung nicht auf eine reine Wortauslegung reduziert werden[1321]. Folglich bestimmt sich die Bedeutung einer AGB-Klausel insbesondere nach den Erklärungen und dem Verhalten der Parteien, wie sie der jeweilige Erklärungsempfänger nach dem Wortlaut, dem Zusammenhang sowie sämtlichen weiteren Umständen in guten Treuen verstehen durfte und musste[1322]. Neben dem Wortlaut sind somit wiederum, wie bei der subjektiven Auslegung, alle erheblichen, von der Vorinstanz festgestellten Willensindizien bzw. Umstände zu berücksichtigen[1323]. Diesbezüglich ist auch der vom Erklärenden verfolgte Vertragszweck zu beachten[1324]. Die objektivierte Auslegung darf allerdings nicht dahingehend miss-

1319 Siehe beispielsweise BGE 148 III 57, 61, E. 2.2.1 («Entscheidend ist demnach in erster Linie der übereinstimmende wirkliche Wille der Vertragsparteien und in zweiter Linie, falls ein solcher nicht festgestellt werden kann, die Auslegung der Erklärungen der Parteien aufgrund des Vertrauensprinzips»); 142 III 671, 675, E. 3.3; 133 III 607, 610, E. 2.2; 119 II 368, 372, E. 4b; BGer 4A_126/2023, E. 3.4.1. Stellvertretend für die h.L. BK-Kramer, Art. 1 N 218; SHK UWG-Probst, Art. 8 N 390.

1320 BGE 148 III 57, 62, E. 2.2.1; 146 V 28, E. 3.2; 142 III 671, 675, E. 3.3; BGer 4A_126/2023, E. 3.4.1.

1321 BGE 148 III 57, 62, E. 2.2.1; 131 III 606, E. 4.2; 130 III 417, E. 3.2.

1322 Vgl. BGE 148 III 57, 61, E. 2.2.1; 146 V 28, E. 3.2; 145 III 365, E. 3.2.1; 133 III 61, 67, E. 2.2.1; 132 III 626, 632, E. 3.1; 132 III 24, 27 f.; BGer 4A_517/2013, E. 4; 4A_335/2013, E. 5.3; BK-Kramer, Art. 1 N 220; Ehle/Brunschweiler, RIW 2012, 266. Zu berücksichtigende Umstände sind namentlich der gesamte Formularvertrag inklusive allfälliger individuell ausgehandelter Bestimmungen, Vorverhandlungen und (ggf. fehlende) Branchenkenntnisse des Kunden.

1323 Kramer/Probst, OR AT, N 196. Vgl. ausdrücklich Art. 8 Abs. 3 CISG: «Um den Willen einer Partei oder die Auffassung festzustellen, die eine vernünftige Person gehabt hätte, sind alle erheblichen Umstände zu berücksichtigen, insbesondere die Verhandlungen zwischen den Parteien, die zwischen ihnen entstandenen Gepflogenheiten, die Handelsbräuche und das spätere Verhalten der Parteien».

1324 Vgl. BGE 148 III 57, 62, E. 2.2.1 mit Verweis auf BGE 146 V 28, E. 3.2; 142 III 671, 675, E. 3.3. Gemäss dem Bundesgericht ist für die Interpretation einer von der einen Vertragspartei gestellten AGB-Klausel entscheidend, «welches Regelungsziel die andere Vertragspartei darin als redliche Geschäftspartnerin vernünftigerweise erkennen durfte und musste» (BGE 148 III 57, 62, E. 2.2.1; BGer 4A_203/2019, E. 3.3.2.2; 4A_652/2017, E. 5.1.2; 4C.443/1996, E. 2a). «Dabei ist für den Regelfall anzunehmen, dass der Erklärungsempfänger davon ausgehen durfte, der Erklärende strebe eine vernünftige, sachgerechte Regelung an» (BGE 148 III 57, 62, E. 2.2.1; BGer 4A_652/2017, E. 5.1.2; 4C.443/1996, E. 2a).

verstanden werden, dass von der spezifischen Situation der konkreten Vertragspartner bei Vertragsabschluss zu abstrahieren sei; vielmehr sind die Willenserklärungen derart zu interpretieren, «wie sie vernünftig und redlich handelnde Parteien in der Situation und mit den Kenntnissen der Vertragsparteien verstehen mussten»[1325]. Resultiert aus dieser normativen (objektivierten) Interpretation ein objektiv klarer «Vertragssinn, auf den ein Kontrahent tatsächlich vertraut hat, so kommt auf dieser Basis ein normativer Konsens zustande»[1326]. Der anderen Vertragspartei verbleibt in einem solchen Falle die Möglichkeit der Irrtumsanfechtung aufgrund eines Erklärungsirrtums[1327]. Führt dagegen selbst die objektivierte Auslegung zu keinem klaren Interpretationsergebnis, so muss mit Bezug auf die Interpretation von AGB-Klauseln die Unklarheitenregel herangezogen werden[1328].

280 Aus *prozessualer Sicht* ist die Unterscheidung zwischen subjektiver und objektivierter Auslegung für die Überprüfung durch das Bundesgericht von praktischer Bedeutung, denn bei der Ermittlung eines übereinstimmenden wirklichen Willens handelt es sich um eine nur eingeschränkt überprüfbare *Sachverhaltsfeststellung (Tatfrage)* gemäss Art. 105 BGG[1329], wohingegen die normative (objektivierte) Auslegung als *Rechtsfrage* gemäss Art. 106 BGG vor Bundesgericht frei überprüfbar bleibt[1330].

3. Individuell-konkrete vs. generell-abstrakte Auslegung

281 Vereinzelt wird in der Lehre in Anlehnung an die deutsche Doktrin eine *objektive bzw. gesetzesähnliche (generell-abstrakte) Auslegung* von AGB gefordert, wonach AGB ohne Berücksichtigung des konkreten Einzelfalles und losgelöst von den individuellen Vorstellungen der Parteien stets einheitlich zu interpretieren

1325 ZK-JÄGGI/GAUCH/HARTMANN, Art. 18 N 345; ZK-SCHÖNENBERGER/JÄGGI, Art. 1 N 490. Vgl. auch Art. 5:101(3) PECL; BGHZ 47, Nr. 11, 75 ff., 78.

1326 KRAMER/PROBST, OR AT, N 197.

1327 KRAMER/PROBST, OR AT, N 197.

1328 BK-KRAMER, Art. 1 N 221; HUGUENIN, OR, N 629. Vgl. zur Unklarheitenregel unten N 302 ff.

1329 Vgl. etwa BGE 132 III 626, 632, E. 3.1.

1330 Vgl. z.B. BGE 148 III 57, 62, E. 2.2.1; 138 III 659, 666, E. 4.2.1. Deshalb befasst sich das Bundesgericht kaum mit der subjektiven Auslegung, sondern fast ausschliesslich mit der als Rechtsfrage frei überprüfbaren normativen Auslegung. Kritisch zur bundesgerichtlichen Praxis STEHLE, recht 2014, 257 ff.

sind (sog. *Grundsatz der einheitlichen Auslegung*)[1331]. Dies hätte zur Konsequenz, dass das Verständnis des «Durchschnittskunden» zum allgemeinen Massstab erhoben wird[1332]. Die einheitliche Auslegung wird überwiegend damit begründet, dass sie dem Wesen und der Funktion von AGB[1333], namentlich der Rationalisierung sowie Vorhersehbarkeit der Geschäftsabläufe und somit der Reduktion der Transaktionskosten, entspreche[1334]. Um den Rationalisierungszweck erreichen zu können, sollten AGB gegenüber sämtlichen Kunden gleich (abstrakt) ausgelegt werden.

Diese hauptsächlich ökonomisch und wirtschaftspolitisch motivierte Ansicht 282 ist gemäss der herrschenden Lehre und der ständigen bundesgerichtlichen Rechtsprechung für die vertragsrechtliche AGB-Auslegungskontrolle – zumindest in ihrer absoluten Form – abzulehnen[1335]. Sie steht im Widerspruch zum allgemein anerkannten vertraglichen Charakter der AGB (sog. Vertragstheorie)[1336] und darf nicht zu einem Instrument verkommen, welches das einseitige

---

1331 So etwa RUSCH, AJP 2014, 205 ff.; STÖCKLI, AAB, 124; den individuell-konkreten Ansatz relativierend SCHWENZER/FOUNTOULAKIS, OR AT, N 45.08; WIEGAND, FS Kramer, 337 ff. Vgl. aus dem deutschen Schrifttum KÖTZ, Vertragsrecht, N 259; STOFFELS, AGB-Recht, N 359 ff.

1332 Vgl. aber in Bezug auf die Verständnismöglichkeiten eines «Durchschnittsverbrauchers» im Bereich des AGB-Transparenzgebots durchaus differenzierend und einer Individualisierung annähernd (d.h. Berücksichtigung situativer und vertragsbezogener Faktoren) PFEIFFER, NJW 2011, 3 ff.

1333 Es wird namentlich hervorgehoben, dass AGB für eine unbestimmte Anzahl von Personen (also generell-abstrakt) vorformuliert sind (vgl. zur Definition von AGB oben N 74 ff.).

1334 Im Ergebnis nähert sich eine solche Form der Auslegung der Gesetzesinterpretation an. Dies ist vor dem Hintergrund zu verstehen, dass ursprünglich die Frage nach der Rechtsnatur von AGB, d.h. ob AGB vertraglicher Natur sind oder der Struktur nach Normen darstellen, umstritten war. Vgl. zur einheitlichen Auslegung in der deutschen Doktrin KÖTZ, Vertragsrecht, N 259; aus Schweizer Perspektive WIEGAND, FS Kramer, 334 ff.

1335 Stellvertretend aus der Rechtsprechung BGE 122 III 118, 121; 133 III 675, 181; 135 III 1, 6, E. 2; 142 III 671, 675, E. 3.3; 148 III 57, 61 f., E. 2.2.1. Aus der herrschenden Lehre statt vieler BK-KRAMER, Art. 1 N 218; BSK UWG-THOUVENIN, Art. 8 N 55, 91; ZK-JÄGGI/GAUCH/HARTMANN, Art. 18 N 515; KOLLER, OR AT, N 23.79; GAUCH/SCHLUEP/SCHMID, OR AT, N 1241; MERZ, FS Schönenberger, 152 f.; BK-MÜLLER, Art. 18 N 230, 232.

1336 Es ist in der heutigen Rechtsprechung und Literatur unbestritten, dass AGB keinen Gesetzescharakter besitzen (d.h. nicht schon aufgrund ihrer generell-abstrakten Vorformulierung allgemeine Geltung im Sinne der Normentheorie erlangen), sondern erst durch Konsens zwischen den jeweiligen Parteien zum (individuell-konkreten) Vertragsbestandteil erhoben werden (BGer 4C.347/2003, E. 3.1; 4C.282/2003, E. 3.1; BGE 123 III 35 E. 2c/bb; BK-KRAMER, Art. 1 N 183 ff.). Vgl. dazu oben N 3 f. und N 111.

Interesse des AGB-Verwenders an der einheitlichen Geltung seiner AGB bedingungslos schützt[1337]. Eine strikt abstrakte Auslegung trägt weder der jeweiligen Vertragsschlusssituation noch den speziellen Eigenheiten der Vertragsparteien Rechnung und kann deshalb im Einzelfall zu unsachgemässen Benachteiligungen eines Vertragspartners führen[1338]. Vielmehr sollten bei der Interpretation von AGB als Bestandteil des konkreten Einzelvertrages die jeweiligen Umstände eines Vertragsschlusses stets berücksichtigt werden, selbst wenn es sich dabei um vorformulierte Vertragsinhalte handelt[1339]. Aufgrund dieser individuellen Auslegung können ein und dieselben AGB-Klauseln als Inhalt verschiedener Verträge durchaus einen unterschiedlichen Sinn erhalten[1340]. Diesem Ansatz folgend hat die Rechtsprechung bei der Auslegung von AGB beispielsweise schon mehrfach die geschäftliche Unerfahrenheit des Kunden[1341] oder – umgekehrt – dessen kaufmännische Bildung[1342] hervorgehoben. Dieser *individuell-konkrete Ansatz* hindert jedoch nicht daran, im Einzelfall auch objektivierte Umstände und Elemente für die Auslegung heranzuziehen[1343]. So ist namentlich dem Zweck zur Mehrfachverwendung der AGB als relevanter Umstand im Sinne eines ergänzenden Auslegungsmittels Rechnung zu tragen[1344]. Ferner können weitere Umstände berücksichtigt werden, die sich in anderen Fällen wiederholen oder aus anderen Gründen einen objektivierten Blickwinkel sachlich rechtfertigen[1345]. Beispielsweise legt das Gericht Wieder-

---

1337 Ähnlich GAUCH/SCHLUEP/SCHMID, N 1241; ZK-JÄGGI/GAUCH/HARTMANN, Art. 18 N 515.

1338 Vgl. so auch die Feststellung von WIEGAND, FS Kramer, 336.

1339 Vgl. bereits BGE 91 I 11, 16; aus der herrschenden Lehre BSK UWG-THOUVENIN, Art. 8 N 55, 91; ZK-SCHÖNENBERGER/JÄGGI, Art. 1 N 490; FORSTMOSER, FG Kummer, 132; GAUCH/SCHLUEP/SCHMID, OR AT, N 1241; BK-MÜLLER, Art. 18 N 232 (jeweils m.w.H.).

1340 Statt vieler BSK OR I-WIEGAND, Art. 18 N 55; GAUCH, Werkvertrag, N 201; ZR 81, 1982, Nr. 46, 121.

1341 Z.B. BGE 91 I 16.

1342 Z.B. BGE 77 II 156; ZR 49 (1950) Nr. 24.

1343 Ähnlich GAUCH/SCHLUEP/SCHMID, OR AT, N 1242; ZK-JÄGGI/GAUCH/HARTMANN, Art. 18 N 515.

1344 ZK-JÄGGI/GAUCH/HARTMANN, Art. 18 N 515; GAUCH/SCHLUEP/SCHMID, OR AT, N 1242; BK-MÜLLER, Art. 18 N 233. Vgl. insbesondere auch BGE 132 III 268, 277, wonach bei der Auslegung anhand des Vertrauensprinzips dem Umstand Rechnung getragen wird, dass die streitigen AGB vom AGB-Verwender auch für weitere Verträge zum Einsatz gelangten (vgl. Hinweis bei SHK UWG-PROBST, Art. 8 N 390 Fn 501).

1345 Vgl. GAUCH, Werkvertrag, N 201; GAUCH/SCHLUEP/SCHMID, OR AT, N 1242; ZK-JÄGGI/GAUCH/HARTMANN, Art. 18 N 515. Dasselbe gilt für die Berücksichtigung des Umstandes, dass AGB einem unbestimmten Empfängerkreis (z.B. im Rahmen einer öffentlichen Ausschreibung) bekannt gegeben wurden.

holungen von Gesetzesbestimmungen in AGB mangels anderer (abweichender) Anhaltspunkte im Sinne des zitierten Gesetzes aus, obgleich es sich dabei um einen vertraglich vereinbarten Bestandteil des Vertragsinhaltes handelt[1346].

Eine weitere *objektivierte Perspektive* tritt bei der Anwendung des Restriktions- 283
prinzips[1347] hinzu, welches sich bei der AGB-Auslegung explizit an den dispositiven Gesetzesnormen orientiert und das Gericht anhält, eine sachgerechte und für die Interessen beider Vertragsparteien ausgewogene Lösung für massgebend zu erklären. Schliesslich gilt selbst für eine individuelle Interpretation im Falle einer (mangels tatsächlichen Konsenses) vertrauenstheoretischen (objektivierten) Auslegung, dass derjenige Inhalt einer AGB-Klausel massgebend ist, den vernünftig und redlich handelnde Parteien unter den für sie gegebenen Umständen verstehen durften und mussten[1348]. Allerdings bedeutet – wie bereits dargelegt[1349] – selbst die vertrauenstheoretische Auslegung nach objektiven Gesichtspunkten nicht, dass sie von der individuellen Situation der konkreten Vertragsparteien bei AGB-Einbeziehung zu abstrahieren ist. Folglich ist an der individuell-konkreten Auslegung im Grundsatz festzuhalten, wobei allerdings objektivierte Komponenten durchaus Berücksichtigung finden sollten und können[1350].

1346 GAUCH/SCHLUEP/SCHMID, OR AT, N 1230 und 1241; GAUCH, Werkvertrag, N 201. Vgl. zum Hinweis auf Gesetzesbestimmungen in AGB im Rahmen der Einbeziehung von AGB oben N 160 f., zur gesetzeskonformen Auslegung unten N 321 ff.

1347 Vgl. zum Restriktionsprinzip unten N 322 ff.

1348 Vgl. in diesem Sinne auch BK-KRAMER, Art. 1 N 220; ZK-SCHÖNENBERGER/JÄGGI, Art. 1 N 490. «Das Gericht hat als Vertragswille das anzusehen, was vernünftig und redlich (korrekt) handelnde Parteien unter den gegebenen (auch persönlichen) Umständen durch die Verwendung der auszulegenden Worte oder ihr sonstiges Verhalten ausgedrückt und folglich gewollt haben würden» (ZK-JÄGGI/GAUCH/HARTMANN, Art. 18 N 356).

1349 Vgl. oben N 282.

1350 In diesem Sinne schon BK-KRAMER, Art. 1 N 220; GAUCH/SCHLUEP/SCHMID, OR AT, N 1242; ZK-JÄGGI/GAUCH/HARTMANN, Art. 18 N 515. In der deutschen Lehre und Rechtsprechung, die an der abstrakten Auslegung festhalten, ist eine gegenläufige Tendenz festzustellen, wonach im Konsumentenverkehr ebenfalls die (individuell-) konkreten vertragsschlussrelevanten Umstände anhand von Bildung von interessentypischen beteiligten Verkehrskreisen (vgl. stellvertretend BGH NJW 2008, 360 Rz. 28) und situativen Elementen (vgl. PFEIFFER, NJW 2011, 1 ff.) bei der Auslegung berücksichtigt werden. Im Ergebnis ist demnach die generell-abstrakte (jedoch teilweise auch konkrete Situationselemente bzw. zumindest typische Fallkonstellationen berücksichtigende) deutsche Auffassung gar nicht mehr so verschieden von der individuell-konkreten (aber objektivierte Elemente berücksichtigende) Auslegung in der Schweiz. Die praktische Relevanz des Theorienstreits reduziert sich deshalb ganz erheblich (vgl. bereits BK-KRAMER, Art. 1 N 220).

Mit anderen Worten «ist somit eine auf den Einzelfall abstellende, insofern individualisierende, gleichzeitig aber objektiv-normative Interpretation vorzunehmen»[1351].

284 In der Sache deckt sich der hier vertretene Interpretationsansatz im Prinzip mit der *Auslegungspraxis des Bundesgerichts*, welche zunächst die individuell-konkrete Interpretation für «grundsätzlich» (*«en principe»*) massgebend erklärt[1352], danach aber häufig auf objektivierte Auslegungselemente zurückgreift[1353].

285 Die individuell-konkrete Auslegung gilt auch für *AVB*[1354] und *Banken-AGB*[1355], jedoch nicht für die normativen Bestimmungen von *Gesamtarbeitsverträgen*, die für die betroffenen Einzelarbeitsverträge von Gesetz wegen Geltung beanspruchen und deswegen gesetzesähnlich (einheitlich) auszulegen sind[1356]. Ebenfalls der Methodik der Gesetzesauslegung zugänglich sind *Statutenbestimmungen* mit Aussenwirkung (z.B. Gesellschaftszweck) sowie die Statuten von Publikumsgesellschaften[1357].

4. Besondere Auslegungsgrundsätze

286 Auch bei der Auslegung von AGB (insbesondere im b2c-Verkehr) kommt dem Umstand besondere Bedeutung zu, dass AGB nicht individuell ausgehandelt,

---

1351 Zutreffend BK-KRAMER, Art. 1 N 220.

1352 Bisweilen wird verkannt, dass das Bundesgericht sich nicht *per se* den objektivierten Auslegungsmechanismen verschliesst, denn das Bekenntnis zur individuellen Vertragsinterpretation wird durch einen vom Gericht jeweils angebrachten Vorbehalt («grundsätzlich», vgl. z.B. BGE 148 III 57, 61, E. 2.2.1; BGer 4A_517/2013, E. 4 bzw. «en principe», vgl. BGE 126 III 388) eingeschränkt.

1353 Zutreffend ZK-JÄGGI/GAUCH/HARTMANN, Art. 18 N 516; kritisch WIEGAND, FS Kramer, 342.

1354 GAUCH/SCHLUEP/SCHMID, OR AT, N 1241; VVG-FUHRER, Art. 33 N 97; aus der einschlägigen Rechtsprechung beispielsweise BGE 148 III 57, 61 f., E. 2.2.1; 135 III 1, 6, E. 2; 115 II 264, 268, E. 5a; 117 II 609, 621, E. 6c.

1355 FORSTMOSER, Standortbestimmung, 21.

1356 BGer Pra 90/2001, Nr. 101, 601, 602 f., E. 2a; BGE 127 III 318, 322, E. 2a; BK-KRAMER, Art. 18 N 63; GAUCH/SCHLUEP/SCHMID, OR AT, N 1242; ZK-JÄGGI/GAUCH/ HARTMANN, Art. 18 N 516.

1357 Vgl. etwa BGE 107 II 185 f., E. 4b/c; BÖCKLI, Schweizer Aktienrecht, 5. Aufl., Zürich 2022, § 1 N 324 ff., insb. N 335. Im Hinblick auf die Rechtsnatur von Statuten von Aktiengesellschaften (häufig auch als Verfassung der Gesellschaft bezeichnet) wird sowohl eine Verwandtschaft zu einem Vertrag als auch zu einem Gesetz eingeräumt. Das Bundesgericht wendet insoweit einen Methodenpluralismus an (vgl. BGE 121 III 219 E. 1d/aa; 142 III 557, E. 8.3; 144 III 100, E. 5.2).

sondern einseitig vorformuliert und zumeist als *«take it or leave it»* dem Kunden auferlegt werden. Aufgrund der spezifischen (oben unter N 5 dargestellten) Gefahren, die mit der Verwendung von AGB verbunden sind, haben Lehre und Rechtsprechung zusätzlich zu den allgemeinen Auslegungsgrundsätzen *besondere AGB-spezifische Auslegungsregeln* entwickelt[1358]. Im Vordergrund stehen das *Prinzip des Vorrangs der Individualabrede*[1359], das *Restriktionsprinzip*[1360] sowie die *Unklarheitenregel*[1361]. Letztere gelangt jeweils subsidiär zur Anwendung, wenn die übrigen Auslegungsmittel im Rahmen der subjektiven und der objektivierten Interpretation versagt haben und der Sinn einer AGB-Bestimmung nicht restlos klar ermittelt werden konnte[1362].

II. Vorrang der Individualabrede

1. Grundsatz und Anwendungsbereich

Individualabreden (auch Einzelabreden genannt) werden von den beteiligten Vertragsparteien im Einzelnen ausgehandelt und gehen nach konstanter Rechtsprechung und herrschender Lehre davon abweichenden bzw. widersprechenden AGB vor[1363], und zwar gleichgültig, ob es sich um schriftliche (z.B. hand- 287

[1358] Vorliegend geht es um die AGB-spezifischen Auslegungsregeln, also um Regeln für die Interpretation der AGB nach deren gültigen Einbeziehung in den Vertrag. Dieser AGB-Auslegungskontrolle ist somit die Konsenskontrolle vorgeschaltet (siehe zur Konsenskontrolle oben N 104, 111 ff.), welche die allgemeine Auslegung der Willenserklärungen von Vertragsparteien im Rahmen der Beurteilung der Einbeziehung von AGB bzw. der Ungewöhnlichkeit von AGB-Klauseln zum Gegenstand hat.

[1359] Siehe dazu sogleich N 287 ff.

[1360] Siehe dazu unten N 322.

[1361] Siehe dazu unten N 302 ff.

[1362] Statt vieler BK-KRAMER, Art. 1 N 221.

[1363] BGE 148 III 57, 59, E. 2.1.1; 135 III 225, 228, E. 1.4; 125 III 263, 266 f.; 123 III 35, 44, E. 2.c.bb; 93 II 311, 317, 325 f.; 81 II 346, 349 f.; BGer 4A_503/2020; E. 5.3; 4A_512/2015, E. 3.1; 4A_106/2015, E 5.1 (in Bezug auf SIA-Normen: «Même si la norme SIA 118 a été intégrée au contrat, les accords individuels des parties priment»); 4C.157/2006, E. 2.3; 5C.271/2004, E. 2; BK-KRAMER, Art. 1 N 210; SCHWENZER/FOUNTOULAKIS, OR AT, N 45.09; KOLLER, OR AT, N 23.68; TERCIER/PICHONNAZ, N 944; KLETT/HURNI, recht 2012, 83. Vgl. auch § 305b BGB («Individuelle Vertragsabreden haben Vorrang vor Allgemeinen Geschäftsbedingungen»); Art. 1342 CCit; Art. 62 CESL; Art. 5:104 PECL; Art. 2.1.21 PICC («Im Falle eines Widerspruchs zwischen einer allgemeinen Geschäftsbedingung und einer Bedingung, welche keine allgemeine Geschäftsbedingung ist, geht letztere vor»); Art. II-8:104 DCFR. Teilweise wird der Vorrang der Inschriftlicher Zusatz auf dem Vertragsdokument) oder bloss mündliche Vereinbarungen handelt[1364]. Sogar schlüssiges Verhalten mag ausreichend sein, sofern sich der gemeinsame Parteiwille aus den Umständen (insb. aus der Vertragsentstehung wie z.B. Korrespondenz aus Vertragsverhandlungen) feststellen lässt[1365]. Die Vertragsparteien müssen nicht den Willen haben, die AGB-Bestimmung zu ändern; die Kollision muss ihnen nicht einmal bewusst sein. Da der Kunde nicht damit rechnen muss, dass der individuell vereinbarte Inhalt von den global akzeptierten AGB abweicht, ist er auch nicht verpflichtet, die Individualabrede auf Übereinstimmung bzw. Widersprüche mit den AGB zu prüfen[1366]. Ebenfalls unbeachtlich für den Vorrang ist, zu welchem Vertragsbestandteil die Individualabrede gehört[1367]. Die individuelle Einigung hat nicht in derselben Form zu erfolgen, in welcher auch die AGB übernommen worden sind[1368]. Nicht nur der AGB-Verweisung vorausgehende bzw. bei Vertragsschluss existierende Individualabreden sind massgebend; auch nach Vertragsschluss individuell vereinbarte Klauseln gehen bereits übernommenen AGB vor[1369].

288 Der *Vorrang der Individualabrede* gilt *eo ipso* und muss als solcher nicht explizit in der Vereinbarung festgehalten werden. Er besteht auch gegenüber AGB-Bestimmungen, welche die Möglichkeit abweichender Abreden auszuschliessen oder einzuschränken versuchen[1370]. Das gilt grundsätzlich auch für nichtschriftliche individuelle Abreden, die im Widerspruch zu in AGB (global) vereinbarten Schriftformklauseln (Schriftformvorbehalt) stehen[1371]. Ein AGB-

dividualabrede bereits unter dem Titel der Konsenskontrolle als reine Konsensregel erörtert (vgl. etwa GAUCH/SCHLUEP/SCHMID, OR AT, N 1132), wobei dieser Ansatz zum selben Ergebnis führt.

1364 Vgl. BGer 4A_512/2015, E. 3.1, 4.4; 4C.420/2006, E. 4; BSK OR I-ZELLWEGER-GUTKNECHT, Art. 1 N 54; GAUCH, Werkvertrag, N 288 (in Bezug auf die SIA-Norm 118). Vgl. zum Begriff der Individualabrede oben N 84 ff.

1365 So auch KÖTZ, Vertragsrecht, N 262.

1366 BGer 4A_512/2015, E. 4.4.

1367 GAUCH, Werkvertrag, N 288 (in Bezug auf die SIA-Norm 118).

1368 FORSTMOSER, FG Kummer, 121.

1369 Vgl. etwa KOLLER, OR AT, N 23.71; GAUCH/SCHLUEP/SCHMID, OR AT, N 1131; ZK-SCHÖNENBERGER/JÄGGI, Art. 1 N 491.

1370 ZK-JÄGGI/GAUCH/HARTMANN, Art. 18 N 527. Vgl. beispielsweise Art. 154 Abs. 2 der SIA-Norm 118, wonach abweichende Abreden nur «bei umfangreichen oder besonderen Arbeiten» oder (Art. 182) nur «ausnahmsweise» zulässig seien. Derartige Einschränkungen sind in Bezug auf den Vorrang und die Geltung der individuellen Vereinbarung grundsätzlich unwirksam (GAUCH, Werkvertrag, N 288). Einschränkungen sind nur zulässig, wenn eine entsprechende Vertragsbestimmung zwingendes Gesetzesrecht wiedergibt.

1371 KOLLER, OR AT, N 23.73; BK-KRAMER, Art. 1 N 213; GAUCH/SCHLUEP/SCHMID, OR AT, N 1133; BGer 4A_512/2015, E. 3.2, E. 4.4. Häufig werden sog. Sperrklauseln in

Verwender, der selbst einer mündlichen Nebenabrede oder Vertragsänderung zustimmt, verzichtet gleichsam konkludent auf den formularmässigen Formvorbehalt und kann sich daher nach Treu und Glauben nicht mehr auf die Geltung der Schriftformklausel bzw. die Unwirksamkeit der mündlichen Nebenabrede berufen[1372]. Individualabreden haben auch Vorrang vor AGB-Klauseln, die zwar den individuellen Abreden nicht explizit bzw. direkt widersprechen, aber vom Sinn und Zweck her unpassend sind (sog. mittelbarer Widerspruch)[1373]. Folglich müssen sich AGB in die massgebenden individuellen Abreden einfügen oder diese «harmonisch» ergänzen, um ihre Geltung zu bewahren[1374]. Als allgemeiner Gedanke des Vertragsrechts sollte der Vorrang der Individualabrede auch im unternehmerischen Geschäftsverkehr uneingeschränkt zum Tragen kommen[1375].

AGB eingesetzt, wonach mündliche Nebenabreden nur bei schriftlicher Bestätigung wirksam sein sollen und AGB-Änderungen ausschliesslich durch schriftliche Vereinbarung möglich sind (vgl. dazu GIGER, Kontrolle AGB, 68). Soweit Schriftformklauseln in AGB generell für individuelle Vertragsänderungen konstitutiv die Einhaltung der Schriftform verlangen, sind sie auch unter dem Blickwinkel der Ungewöhnlichkeitsregel und der Inhaltskontrolle nach Art. 8 UWG problematisch.

1372 BK-KRAMER, Art. 1 N 213; SCHULER, Geltung AGB, 122. Vgl. aber zum Sonderfall von Bestätigungsvorbehaltsklauseln, welche sich die schriftliche Bestätigung von vertraglichen Erklärungen der Hilfspersonen vorbehalten, unten N 298 ff.

1373 BK-KRAMER, Art. 1 N 212; GAUCH/SCHLUEP/SCHMID, OR AT, N 1132; ZK-JÄGGI/GAUCH/HARTMANN, Art. 18 N 527; BK-MÜLLER, Art. 1 N 345.

1374 ZK-SCHÖNENBERGER/JÄGGI, Art. 1 N 492; vgl. auch BK-KRAMER, Art. 1 N 212; GAUCH/SCHLUEP/SCHMID, OR AT, N 1132; ZK-JÄGGI/GAUCH/HARTMANN, Art. 18 N 527. Gemäss BK-MÜLLER, Art. 1 N 345 (Fn 604) ist umgekehrt eine unklare Individualabrede im Zweifel eng auszulegen, so dass sie widerspruchsfrei zur AGB-Bestimmung passt. Dieser Ansatz ist zu hinterfragen, da eine von den Parteien ausgehandelte Individualabrede generell höher zu gewichten ist, als eine einseitig gestellte (regelmässig bloss global übernommene) AGB-Klausel, selbst wenn sich die Individualabrede als unklar bzw. mehrdeutig erweisen sollte. Der AGB-Verwender ist insbesondere im b2c-Verkehr in aller Regel auch für die unklare Formulierung der Individualabrede verantwortlich und sollte daher nicht noch dafür belohnt werden, in dem seine möglicherweise mit der Individualabrede im Konflikt stehende (und zumeist für den Kunden nachteilige) AGB-Klausel geschützt wird. In einem solchen Fall sollte das Problem der unklaren Individualvereinbarung über die Unklarheitenregel gelöst werden (d.h. die für den Kunden günstigste Auslegung der mehrdeutigen Individualabrede kommt zum Zug).

1375 So auch die Praxis des Bundesgerichts (vgl. beispielsweise BGer 4A_503/2020; E. 5.3: Der Vorrang der Individualabrede wurde in einem Streit zwischen zwei Vertragsparteien bestätigt, die beide als GmbH operierten). Auch im deutschen Recht ist der Vorrang der Individualabrede (§ 305b BGB) nicht auf den Konsumentenverkehr beschränkt (vgl. *e contrario* § 310 BGB, welcher die Anwendung von § 305b BGB für den Unternehmerverkehr nicht ausschliesst).

289 In sachlicher Hinsicht kann der Vorrang der Individualabrede mit der *Ungewöhnlichkeitsregel zusammenfallen*[1376]. Denn sobald eine AGB-Klausel einer Individualabrede widerspricht, wird der auf die individuell getroffenen Vereinbarungen vertrauende Kunde von dieser global akzeptierten AGB-Bestimmung regelmässig überrascht werden. Im Unterschied zur Ungewöhnlichkeitsregel geht der Vorrang der Individualabrede jedoch noch darüber hinaus, in dem die Individualabrede auch dann gilt, wenn der Kunde die abweichende Regelung der AGB genau kennt (bzw. ihm die Kenntnis durch besondere Hervorhebung der AGB-Klausel zugerechnet wird) und daher von dieser nicht eigentlich überrascht wird[1377].

2. Beweis und Rechtsfolge

290 Diejenige Partei, die sich auf die Individualabrede beruft, trägt hierfür die Beweislast (Art. 8 ZGB)[1378]. Es gilt die Vermutung der Nichtverhandlung von AGB aufgrund ihrer einseitigen Vorformulierung[1379]. Diese Vermutung kann auch nicht durch eine vorformulierte Bestätigung der individuellen Aushandlung beseitigt werden[1380]. In jedem Falle ist der Vorrang einer mündlichen oder stillschweigenden bzw. konkludenten Abrede nicht zu vermuten[1381].

291 Das Bestehen einer Individualabrede hat zur Folge, dass ausschliesslich diese Geltung erlangt und sie die davon abweichende AGB-Klausel verdrängt[1382]. In jedem Falle hat der Richter zunächst durch Auslegung zu ermitteln, welchen Sinn die streitige AGB-Klausel und welchen Sinn die geltend gemachte Individualabrede haben, denn nur soweit sich die beiden Sinngehalte tatsächlich nicht miteinander vereinbaren lassen, gilt der Vorrang der Individualabrede[1383]. Bleibt nach der Interpretation die Bedeutung einer AGB-Klausel unklar in dem

---

1376 Vgl. zur Ungewöhnlichkeitsregel oben N 193 ff.

1377 So auch aus der deutschen Lehre MEDICUS/PETERSEN, BGB AT, N 421.

1378 So auch für den Nachweis, dass AGB durch nachträgliche «Individualisierung» ihren Charakter als AGB verloren haben GAUCH, Werkvertrag, N 191a; BK-MÜLLER, Art. 1 N 343; Art. 7 III, IV CESL. Nicht unbedingt erforderlich, aber sicher genügend ist der Nachweis, dass sich die Verhandlungen in einer individuellen Anpassung der AGB niedergeschlagen haben (vgl. BGer 4P.135/2002, E. 3.1).

1379 Vgl. dazu auch oben N 87.

1380 RUSCH, AJP 2019, 333 f.; siehe zu AGB-Bestätigungsklauseln im Rahmen der Konsenskontrolle oben N 174.

1381 FORSTMOSER, FG Kummer, 121.

1382 Statt vieler HUGUENIN, OR, N 613; SCHWENZER/FOUNTOULAKIS, OR AT, N 45.09; BGE 148 III 57, 59, E. 2.1.1; 135 III 225, 228, E. 1.4; BGer 4A_503/2020; E. 5.3; 4A_512/2015, E. 3.1.

1383 KÖTZ, Vertragsrecht, N 262.

Sinne, dass nur eine von mehreren Auslegungsvarianten mit der Individualabrede kollidiert, so soll nach der hier vertretenen Ansicht dieser Auslegungsgehalt massgebend sein, um den Vorrang der Individualabrede zu wahren, soweit dies im Ergebnis zugleich die kundenfreundlichste Variante darstellt. Fällt eine Individualabrede zu einem späteren Zeitpunkt weg, so kann sich die zuvor kollidierende AGB-Klausel grundsätzlich wieder zum Vertragsbestandteil erheben.

3. Grundlage und Rechtfertigung

Der Vorrang der Individualabrede ist im schweizerischen Recht nicht gesetzlich verankert, entspricht aber *rechtsdogmatisch* dem Verbot des *venire contra factum proprium* (Art. 2 ZGB), wonach sich niemand zu seinem eigenen Verhalten in Widerspruch setzen soll[1384] und – gemäss einem Teil der Lehre – methodologisch der Regel *lex specialis derogat legi generali* (d.h. die spezifische, weil für den konkreten Einzelfall getroffene, Individualvereinbarung soll der allgemeinen AGB-Klausel vorgehen)[1385]. Zudem sollten die «privatautonom schwächer legitimierten»[1386] AGB-Klauseln prinzipiell individuell ausgehandelte Vereinbarungen bloss ergänzen, nicht jedoch aushöhlen. 292

Vertrauenstheoretisch basiert der Vorrang auf der Überlegung, dass die AGB nicht (mehr) vom tatsächlichen Geschäftswillen der Vertragspartner gedeckt sind, sobald die Parteien mittels Individualvereinbarung etwas davon Abweichendes vereinbart haben[1387]. Geben die Vertragsparteien in diesem Sinne «individuelle Willensäusserungen ab, kann dies nach dem Vertrauensprinzip vernünftigerweise nur so gedeutet werden, dass diese konkreten Erklärungen dem an- 293

1384 BK-KRAMER, Art. 1 N 210 zu Art. 1 OR; SCHWENZER/FOUNTOULAKIS, OR AT, N 45.09; BK-MÜLLER, Art. 1 N 346 (eine Berufung auf die AGB würde in solchen Fällen das Gebot von Treu und Glauben gemäss Art. 2 Abs. 2 ZGB verletzen). Siehe auch BGE 81 II 346, 350; anders im Ergebnis 88 II 341, 346 f.

1385 PROBST, richterliche Inhaltskontrolle, 232; SHK-UWG-PROBST, Art. 8 N 392; BERGER, Schuldrecht, N 958; ebenso aus der deutschen Lehre NEUNER, BGB AT, § 47 N 42.

1386 STOFFELS, AGB-Recht, N 346.

1387 PROBST, richterliche Inhaltskontrolle, 232; SHK-UWG-PROBST, Art. 8 N 392; BK-KRAMER, Art. 1 N 210 (der Vorrang der Individualabrede ergibt sich «aus dem vertrauenstheoretisch interpretierten Gesamttatbestand des Vertragsschlusses» und der aus der Individualabrede resultierenden «stärkeren Vertrauensbindung»); KOLLER, OR AT, N 23.69; SCHULER, Geltung AGB, 121.

derslautenden Inhalt der allgemeinen Geschäftsbedingungen vorgehen sollen»[1388]. Es bestehen also im Ergebnis nicht zwei sich widersprechende Vereinbarungen, sondern nur ein wirksam (individual-vertraglich vereinbarter) zustande gekommener Konsens[1389]. Dieser Ansatz wird ferner damit gerechtfertigt, dass individuell ausgehandelte Klauseln von der Selbstbestimmung der Vertragsparteien getragen sind und dadurch – im Gegensatz zu einseitig vorformulierten AGB-Bestimmungen – eine «Richtigkeitsgewähr» inne haben[1390].

4. Abgrenzung Individualabrede vs. AGB

294 Die *Abgrenzung der Individualabrede von AGB* ist nicht nur im Hinblick auf deren Vorrang relevant, vielmehr gelangen bei Vorliegen einer individuell vereinbarten Klausel die (strengen) AGB-Kontrollinstrumente nicht zur Anwendung. Hauptsächlich entscheidend für das Vorliegen von AGB ist, dass sie – anders als die Individualabrede – zwischen den Parteien *nicht im Einzelnen ausgehandelt* wurden[1391], wobei die *Dispositionsbereitschaft des AGB-Verwenders* als zentrales Kriterium für die *Unterscheidung zwischen AGB und Individualabrede* herangezogen werden kann[1392]. Konkret müssen die Parteien ernsthaft (d.h. in Erwägung möglicher Anpassungen) über den Vertragstext verhandeln und der AGB-Verwender muss sich dabei in erkennbarer Abänderungsbereitschaft auf die Verhandlungen mit dem Kunden einlassen[1393]. Es muss zumindest in einer Weise über den Vertragsinhalt verhandelt worden

1388 BGer 4A_503/2020; E. 5.3 mit Verweis auf BGE 135 III 225 E. 1.4; 125 III 263, 267 E. 4b/bb; 123 III 35, 44 E. 2c/bb; BGer 4A_512/2015, E. 3.1.

1389 Vgl. zur weitergehenden Differenzierung für die Begründung des Vorrangs von nach Vertragsschluss getroffenen Individualvereinbarungen KOLLER, OR AT, N 23.72.

1390 BAUDENBACHER, Kommentar UWG, Art. 8 N 15.

1391 SCHWENZER/FOUNTOULAKIS, OR AT, N 44.01; BK-KRAMER, Art. 1 N 176, 182; GAUCH/SCHLUEP/ SCHMID, OR AT, N 1118; BGer 4P.135/2002, E. 3.1.; vgl. auch BGB § 305 Abs. 1 Satz 3; Art. 3 Abs. 1 Klausel-RL.

1392 PERRIG, Zugänglichkeitsregel, 19. Vgl. zum Begriff der Individualabrede und zur Abgrenzung von AGB oben N 84 ff.

1393 Vgl. GAUCH, Werkvertrag, N 191a. So geht etwa auch der deutsche BGH in ständiger Rechtsprechung nur dann von einem Aushandeln bzw. von einer Individualvereinbarung aus, «wenn der Verwender den zunächst in seinen AGB enthaltenen ‹gesetzesfremden› Kerngehalt, also die den wesentlichen Inhalt der gesetzlichen Regelung ändernden oder ergänzenden Bestimmungen inhaltlich ernsthaft zur Disposition stellt und dem Verhandlungspartner Gestaltungsfreiheit zur Wahrung eigener Interessen einräumt mit zumindest der realen Möglichkeit, die inhaltliche Ausgestaltung der Vertragsbedingungen zu beeinflussen» (BGH, NJW 2005, 2543, 2544); vgl. eingehend zur Abgrenzung AGB/Individualvereinbarung: MIETHANER, AGB oder Individualvereinbarung – die gesetzliche Schlüsselstelle «im Einzelnen ausgehandelt», NJW 2010, 3121 ff.

sein, welche das Verhandlungsergebnis einem individuell ausgehandelten Individualvertrag gleichstellt[1394]. In diesem Lichte stellt ein vorformulierter Text, der von den Parteien individuell abgeändert (sozusagen «individualisiert») worden ist, eine Individualabrede dar[1395]. Eine Individualabrede liegt namentlich auch dann vor, wenn der Vertragstext von den Parteien gemeinsam ausgearbeitet wurde[1396] und demzufolge bei Vertragsschluss nicht zur Disposition steht. Das blosse Vorlesen, Erläutern oder Vorbesprechen von AGB genügt hingegen nicht für die Qualifikation als Individualabrede[1397]. Anders mag es sich verhalten, wenn der Kunde vor Vertragsabschluss umfassende Verhandlungen führt, letztendlich aber in bestimmten Vertragstexten im Sinne des Verhandlungsergebnisses von Änderungen absieht[1398]. Schlussendlich «ist massgeblich, ob eine Klausel Gegenstand von Verhandlungen bildete und schliesslich vom AGB-Übernehmer (mit verändertem oder unverändertem) Inhalt unter Abwägung des Gesamtergebnisses der Verhandlungen als Vertragsbestimmung akzeptiert worden ist»[1399]. Hält allerdings der AGB-Verwender trotz Verhandlungen vollumfänglich an seinen Vertragstexten fest, kommt keine Individualabrede zustande, da es dem Verwender an der erforderlichen ernsthaften Verhandlungsbereitschaft fehlt.

5. Anwendungsfälle

Tatsächlich trifft man im Geschäftsverkehr relativ häufig auf Widersprüche 295
zwischen individuell ausgehandelten Vertragsklauseln und konkurrierenden AGB-Bestimmungen. Mit ein Grund für (nicht behobene) Regelungskonflikte sind die hohen Kosten, welche durch eine klärende Vertragsanpassung bzw. Neuverhandlung anfallen würden.

[1394] BGer 4P.135/2002, E. 3.3; T. KOLLER, AJP 2014, 32; GAUCH/SCHLUEP/ SCHMID, OR AT, N 1118.

[1395] BGer 4C.157/2006, E 2.3; 4P.135/2002, E. 3.1; PERRIG, Zugänglichkeitsregel, 19; BK-KRAMER, Art. 1 N 182; GAUCH/SCHLUEP/SCHMID, OR AT, N 1118.

[1396] BGer 4P.135/2002, E. 3.1; OGer ZH, ZR 78 (1979), Nr. 52, 107.

[1397] BK-KRAMER, Art. 1 N 182; ähnlich T. KOLLER, AJP 2014, 32; GAUCH/SCHLUEP/ SCHMID, OR AT, N 1118 (erst recht unzureichend für die Annahme einer Individualabrede ist der blosse Hinweis des AGB-Verwenders auf einzelne AGB-Klauseln).

[1398] Beispielsweise, wenn es dem anwaltlich beratenen, vermögenden Bankkunden in Verhandlungen mit der Bank gelingt, einzelne Bestimmungen des Vermögensverwaltungsvertrages zu ändern, nicht aber die allgemeinen Konto- und Depotbedingungen. Vgl. dazu ABEGGLEN/COENDET/GROSS, Bankkonto, 93 f.; WILDHABER, SJZ 2011, 543.

[1399] SHK-UWG-PROBST, Art. 8 N 420, Fn 581.

296 Der Vorrang der Individualabrede wurde von der Rechtsprechung wiederholt bei Kaufverträgen angewandt, um Haftungs- und Gewährleistungsausschlussklauseln die Wirksamkeit zu versagen. Schliesst beispielsweise ein Verkäufer in seinen vorformulierten Verkaufsbedingungen die Gewährleistung umfassend aus, aber sichert dem Käufer gleichzeitig spezifische Eigenschaften des Kaufgegenstandes individuell zu oder garantiert ihm eine Eigenschaft auch für die Zukunft, so entfaltet die Gewährleistungsausschlussklausel in seinen AGB diesbezüglich keine Wirkung[1400]. Gleiches gilt, wenn etwa ein Garagist mittels Individualabrede Wartung und Pflege eines Fahrzeugs zusichert, gleichsam aber die Haftung für Frostschäden in den AGB ausschliesst[1401]. Vereinbaren die Parteien in einem Liefervertrag die Tragung der Verpackungskosten durch den Verkäufer, geht eine solche Individualvereinbarung ebenfalls anwendbaren Branchenbedingungen, welche die Kosten auf den Käufer überbinden, vor[1402]. Auch die individualvertraglich vereinbarte Lieferzeit kann nicht durch eine vorformulierte Klausel derogiert werden, wonach Liefertermine für den Lieferanten unverbindlich seien[1403]. Dasselbe gilt etwa, wenn ein Kredit in den AGB als jederzeit kündbar erklärt wird, jedoch der individuell ausgehandelte – und deshalb massgebende – Kreditvertrag die Kündbarkeit auf das Vorliegen wichtiger Gründe reduziert[1404] bzw. durch die Dauer der Kreditgewährung ganz ausschaltet[1405]. Ferner können Besteller und Unternehmer im Rahmen eines Bauwerkvertrages individuell eine Einjahresfrist zur Erhebung der Mängelrüge vereinbaren,

---

1400 BGE 109 II 24, 25 (mit Hinweis auf 73 II 220: «Und will sich der Verkäufer nicht behaften lassen, so verpflichtet ihn Treu und Glauben, das unmissverständlich zum Ausdruck zu bringen. Diesem Erfordernis ist mit der Aufnahme einer gänzlich unspezifizierten Wegbedingungsklausel in den Vertrag offensichtlich nicht Genüge getan»; vgl. ähnlich aus der deutschen Rechtsprechung BGH WM 1977 365, 366, wo eine Zusicherung des AGB-Verwenders als stillschweigende Haftungsübernahme für Mangelfolgeschäden qualifiziert wurde, die Vorrang gegenüber einer formularmässigen Haftungsfreizeichnung geniesst); 122 III 426, 429 f.; PROBST, richterliche Inhaltskontrolle, 232; SHK-UWG-PROBST, Art. 8 N 392; SCHWENZER/FOUNTOULAKIS, OR AT, N 45.09.

1401 Vgl. mit weiteren Beispielen und Hinweisen BK-KRAMER, Art. 1 N 212.

1402 Vgl. zur Branchenüblichkeit von AGB oben N 263 f.

1403 Legt der AGB-Verwender in seinen eigenen Lieferbedingungen fest, dass seine «Liefertermine unverbindlich» sind oder gar überzogen werden können oder dass zusätzlich zum vereinbarten Kaufpreis die Mehrwertsteuer vom Käufer zu tragen ist, so sind diese Bestimmungen unwirksam, sofern der Kunde darlegen kann, dass durch eine individuell getroffene Vereinbarung ein fixer Liefertermin oder ein Endpreis vereinbart wurde (aus dem deutschen Recht GRÜNEBERG, § 305b BGB N 4 mit Verweis auf BGH WM 84, 1317.

1404 Vgl. mit Verweis auf die deutsche Rechtsprechung BK-KRAMER, Art. 1 N 210.

1405 BGE 70 II 212 ff.; GIGER, Kontrolle AGB, 67; FORSTMOSER, FG Kummer, 121; siehe auch BGE 81 II 346, 350; 73 II 225 und 101 II 343 f.

welche dann der Zweijahresfrist von Art. 172 der ebenfalls übernommenen (vorformulierten) SIA-Norm 118 vorgeht[1406]. Im Bereich der Versicherungsverträge kann der Risikobeschrieb einer Versicherungspolice eine Individualabrede darstellen, welche den dazugehörenden AVB vorgeht[1407]. Schliesslich treten im Zusammenhang mit dem Einsatz von Gerichtsstandsvereinbarungen Kollisionen zwischen Individualvereinbarungen und AGB-Klauseln auf, wobei die Gerichtsstandsklauseln in den AGB in solchen Fällen keine Wirkung entfalten[1408].

6. Vermeidung von Widersprüchen

Um die geschilderten Kollisionssituationen und damit einhergehende Auslegungs- und Beweisprobleme zu vermeiden, empfiehlt sich – neben einer sauberen und widerspruchsfreien Vertragsredaktion – der Einsatz von einheitlichen Rangordnungs-, Subordinations- bzw. Widerspruchsklauseln in der gesamten Vertragsdokumentation, welche das Verhältnis verschiedener Vertragswerke (insb. Verhältnis AGB versus Individualabrede) zueinander klar festlegen[1409]. So wurde vom Bundesgericht der Vorrang der Individualabrede zusätzlich auch schon damit gestützt, dass die gegenständlichen AGB selbst «explizit» den Vorrang der besonderen «Vertragsurkunden» festhielten[1410]. In jedem Falle unbeachtlich ist eine vorformulierte (und bloss global akzeptierte) Vorrangsklausel in AGB, welche AGB-Bestimmungen gegenüber davon abweichenden Individualabreden für massgebend erklärt[1411]. 297

[1406] Vgl. dazu KOLLER, OR AT, N 23.68.

[1407] VVG-FUHRER, Art. 33 N 29 (mit Verweis auf BGer 4A_535/2014).

[1408] BGer 4A_503/2020, E. 5.3; 4A_568/2017.

[1409] Vgl. zu vertraglich vereinbarten Auslegungsregeln unten N 326 f. Zu beachten gilt es, dass man mit einer im Einzelnen ausgehandelten Vorrangsklausel im Individualvertrag sowohl die Individualabrede als auch eine AGB-Klausel für massgebend erklären kann. Der Vorrang einer in diesem Sinne «individualisierten» AGB-Klausel muss allerdings klar und widerspruchsfrei formuliert sein, ansonsten die individualisierte AGB-Klausel nach dem allgemeinen Grundsatz weiterhin keinen Vorzug vor einer entgegenstehenden Individualabrede erhält. Vgl. etwa BGer 4A_503/2020, E. 5.3: Ein pauschaler Hinweis im Individualvertrag auf den Vorrang der Bestimmungen eines «Spezifikationsblatts», welche ihrerseits pauschal auf AGB verwiesen (Staffelverweisung), war unzureichend für den Vorrang der verwiesenen AGB. Dies galt umso mehr, als die AGB selbst auch den Vorrang der Individualabrede festhielten.

[1410] BGer 4A_503/2020, E. 3.3, 5.3 («Ausserdem hielten beide AGB selbst ‹explizit› fest, dass ‹bei Widersprüchen zwischen dem Vertrag und den Allgemeinen Geschäftsbedingungen ersterer vorgehe›»).

[1411] Vgl. dazu oben N 288 sowie spezifisch zu salvatorischen Klauseln oben N 162.

7. Vertretungsmacht und Bestätigungsvorbehaltsklauseln

298 Im Zusammenhang mit dem Prinzip des Vorrangs der Individualabrede kann das *Problem der fehlenden Vertretungsmacht* auftreten. Die Individualabrede geniesst nur dann Vorrang, wenn sie wirksam vereinbart wurde, was fraglich sein kann, wenn der Kunde die Abrede mit einem Angestellten des AGB-Verwenders getroffen hat, dem die dafür erforderliche Vertretungsmacht fehlt. So darf beispielsweise gemäss einem Teil der Lehre der Kunde nicht pauschal davon ausgehen, dass die «Frau am Schalter» (Hilfsperson) in jedem Falle berechtigt sei, von den AGB divergierende Abmachungen zu treffen[1412]. Grundsätzlich kommen hinsichtlich der Beurteilung der Vertretungsmacht die allgemeinen Regeln der Stellvertretung nach Art. 32 ff. OR zur Anwendung[1413].

299 Relevant kann die Frage der Vertretungsmacht etwa dann werden, wenn eine mündliche Nebenabrede oder eine mündliche Vertragsänderung von einer Hilfsperson (z.B. Bankangestellter oder Versicherungsagent) vereinbart wird, sich aber in den AGB selbst diesbezüglich ein Schriftform- bzw. *Bestätigungsvorbehalt* (sog. Sperrklauseln, z.B. «mündliche Nebenabreden bedürfen zu ihrer Gültigkeit der schriftlichen Bestätigung») findet[1414]. Soweit der *AGB-Verwender selbst* mit dem Kunden eine mündliche Nebenabrede oder eine mündliche Änderung des Vertrags bzw. der AGB vereinbart, kann er später nicht die Unwirksamkeit dieser mündlichen Vereinbarung gestützt auf einen vorformulierten Bestätigungsvorbehalt in AGB geltend machen[1415].

300 Da jedoch derartige Sperrklauseln eben gerade dafür eingesetzt werden, um das AGB-verwendende Unternehmen vor *über den AGB-Inhalt hinausgehenden mündlichen Zusicherungen von Hilfspersonen* zu schützen, mag ihnen zumindest für Agenten (wohl abgesehen von Prokuristen, Generalbevollmächtigten oder anderen Personen mit unbeschränkter Vertretungsmacht) unter Umständen eine entsprechende Beschränkung der Vertretungsmacht zugesprochen werden, die sich der Kunde nach den allgemeinen Prinzipien der Art. 38 ff. OR grundsätzlich entgegenhalten muss[1416]. Teilweise werden daher Verträge, welche durch eine Hilfsperson ohne die erforderliche schriftliche Bestätigung (d.h. ohne Vertretungsbefugnis) abgeschlossen wurden, als (für den AGB-Verwender) einseitig unverbindlich angesehen[1417].

1412 BSK OR I-Zellweger-Gutknecht, Art. 1 N 54.

1413 BK-Kramer, Art. 1 N 213.

1414 BK-Kramer, Art. 1 N 213; Giger, Kontrolle AGB, 68.

1415 Es liegt insoweit ein konkludenter Verzicht des AGB-Verwenders auf den eigenen Schriftformvorbehalt vor (BK-Kramer, Art. 1 N 213; BK-Müller, Art. 1 N 349).

1416 BK-Kramer, Art. 1 N 213; BK-Müller, Art. 1 N 350.

1417 Koller, OR AT, N 23.74; BK-Müller, Art. 1 N 350.

Dies kann allerdings auch nur gelten, sofern dem AGB-Verwender das Verhalten seiner Hilfspersonen nicht nach den Regeln über die Anscheins- und Duldungsvollmacht zuzurechnen ist[1418] und dem Kunden die formularmässige Beschränkung der Vertretungsmacht beim Vertragsschluss effektiv zur Kenntnis gebracht[1419] oder der Kunde zumindest auf die Beschränkung in der Vertragsurkunde selbst deutlich hervorgehoben hingewiesen wurde[1420]. Auch können mündliche Nebenabreden von Hilfspersonen (insb. von Arbeitnehmern) – trotz existierendem Schriftformvorbehalt – zu einem konkludenten Verzicht auf das Erfordernis der Schriftform führen[1421]. Das hat auch das Bundesgericht in Bezug auf einen Bestätigungsvorbehalt in AVB mit Blick auf Art. 34 VVG festgehalten[1422]. In jedem Falle ist eine nach Massgabe des Vertrauensprinzips auf die konkreten Umstände des Einzelfalles abstellende Interpretation vorzunehmen[1423], die sowohl die AGB-rechtlichen als auch die stellvertretungsrechtlichen Regeln angemessen berücksichtigt. Wird einer mündlichen Nebenabrede tatsächlich gestützt auf den Bestätigungsvorbehalt die Geltung verweigert, so kann der Kunde unter Umständen nach Art. 28 OR den zugrunde liegenden Vertrag, zu dessen Abschluss er durch die von den AGB abweichenden Nebenabreden 301

[1418] BK-KRAMER, Art. 1 N 213. Vgl. explizit für das Versicherungsrecht der am 1. Januar 2006 in Kraft getretene revidierte Art. 34 VVG, welcher den zuvor gesetzlich verankerten Bestätigungsvorbehalt für Abweichungen von AVB durch Versicherungsagenten beseitigt hat: «Gegenüber dem Versicherungsnehmer hat das Versicherungsunternehmen für das Verhalten seines Vermittlers wie für sein eigenes einzustehen». Das Versicherungsunternehmen hat sich also das Verhalten ihres Versicherungsagenten gemäss Art. 34 VVG anrechnen zu lassen (so auch BGer 4A_512/2015, E. 4.4).

[1419] In diesem Sinne wohl ZK-SCHÖNENBERGER/JÄGGI, Art. 1 N 519; ZR 69 (1970) Nr. 96.

[1420] Vgl. für das deutsche Recht BASEDOW, MünchKomm, N 14 zu § 305 BGB (8. Aufl.), der eine Bestätigungs-Schriftformklausel nur dann als wirksam erachtet, sofern «der Verwender auf der Vertragsurkunde selbst über der für die Unterschrift des Kunden gedachten punktierten Linie einen deutlich sichtbaren Hinweis anbringt, aus dem sich unmissverständlich ergibt, dass mündliche Erklärungen seines Vertreters unbeachtlich sein sollen». Andernfalls müsste ein solcher Bestätigungsvorbehalt in AGB auch unter dem Blickwinkel der Ungewöhnlichkeitsregel näher geprüft werden.

[1421] FORSTMOSER, Standortbestimmung, 44; WALKER, Konsumenten AGB, 47. So auch das Bundesgericht in BGer 4A_512/2015, E. 3.2, E. 4.4.

[1422] BGer 4A_512/2015, E. 3.2: «auch mit einer solchen ‹Sperrklausel› können abweichende mündliche Individualabreden nicht in jedem Fall verhindert werden, da die anders lautende mündliche Vereinbarung (auch bei Abreden mit Hilfspersonen bzw. mit einem Versicherungsagenten) zu einem konkludenten Verzicht auf das Erfordernis der Schriftform führen kann».

[1423] GIGER, Kontrolle AGB, 68; ZK-SCHÖNENBERGER/JÄGGI, Art. 1 N 519; WALKER, Konsumenten AGB, 47; BGer 4A_512/2015, E. 3.2 («Es ist dabei gemäss dem Vertrauensprinzip auf die konkreten Umstände des Einzelfalles abzustellen»).

veranlasst worden ist, anfechten[1424]. Eine andere Frage bleibt, ob ein Bestätigungsvorbehalt in AGB unter dem Blickwinkel von Art. 8 UWG als unangemessen gilt[1425].

III. Unklarheitenregel

1. Grundsatz

302 Die *Unklarheitenregel* (auch *Unklarheitsregel, in dubio contra proferentem* oder *contra stipulatorem*) stellt ein wichtiges Instrument zur Auslegung von AGB dar. Gemäss dem für die Unklarheitenregel massgebenden (aus dem klassischen römischen Recht stammenden) Auslegungsgrundsatz *interpretatio in dubio contra proferentem* gehen *Unklarheiten* im Ausdruck *im Zweifel jeweils zu Lasten des AGB-Verwenders* statt zu Lasten des Kunden, da der Verwender die Verantwortung für die Formulierung seiner AGB trägt[1426]. Führt mit anderen Worten im konkreten Einzelfall die Auslegung einer AGB-Klausel nach den allgemeinen Auslegungsmitteln und Interpretationsgrundsätzen[1427] nicht zu einem eindeutigen bzw. schlüssigen Resultat[1428], so wird nach Massgabe der Unklarheitenregel die unklare Bedeutung der Klausel in dem *für den Kunden günstigsten Sinne* ausgelegt[1429].

[1424] BK-KRAMER, Art. 1 N 213.

[1425] Vgl. zu Art. 8 unten N 347 ff. Zudem sind gemäss einem Teil der Lehre vorgeformte Inhalte, welche die Wirksamkeit individueller Abreden einschränkt gestützt auf den Vorrang der Individualabrede generell «unwirksam» (ZK-JÄGGI/GAUCH/HARTMANN, Art. 18 N 527; GAUCH, Werkvertrag, N 288).

[1426] BGE 148 III 57, E. 2.2.2 («Mehrdeutige Wendungen in allgemeinen Geschäftsbedingungen sind im Zweifel zu Lasten jener Partei auszulegen, die sie verfasst hat»); 146 III 339, E. 5.2.3; 133 III 607, 610; 133 III 61, E. 2.2.2.3; 132 III 264, E. 2.4; 124 III 155, 158; 117 II 609, 622; 115 II 264, 268; 109 II 213, 219; BGer 4A_303/2022, E. 3. Aus der herrschenden Lehre MERZ, FS Schönenberger, 152; BK-KRAMER, Art. 1 N 109 ff., 221; SHK-UWG-PROBST, Art. 8 N 393; BSK OR I-ZELLWEGER-GUTKNECHT, Art. 1 N 59; GAUCH/SCHLUEP/SCHMID, OR AT, N 1231 ff.; BSK UWG-THOUVENIN, Art. 8 N 56; SCHWENZER/FOUNTOULAKIS, OR AT, N 45.10; HUGUENIN, OR, N 629; BK-MÜLLER, Art. 18 N 197; eingehend HEISS, FS Schnyder, 589 ff.

[1427] Vgl. dazu oben N 278 ff.

[1428] Siehe zur Subsidiarität der Unklarheitenregel unten N 307 f.

[1429] Statt vieler SCHWENZER/FOUNTOULAKIS, OR AT, N 45.10; CR LCD-PICHONNAZ, Art. 8 N 83; KRAMER/PROBST, OR AT, N 241; KOLLER, OR AT, N 23.53; BSK VVG-FUHRER, Art. 33 N 115; Art. 5 (zweiter Satz) RL 93/13/EWG («Bei Zweifeln über die Bedeutung einer Klausel gilt die für den Verbraucher günstigste Auslegung»); Art. 64 Abs. 1 CESL. Vgl. näher zur Handhabung der für den Kunden günstigsten Auslegung unten N 314 ff.

2. Grundlage und Rechtfertigung

Die Unklarheitenregel ist insbesondere im europäischen Rechtsraum gesetzlich stark verankert und wurde auch in zahlreichen europäischen und internationalen Harmonisierungsprojekten berücksichtigt[1430]. Dagegen fehlt bisher im OR eine allgemeine Normierung der Unklarheitenregel für das schweizerische Vertragsrecht. Ungeachtet dessen muss das *Transparenzgebot* auch auf der *Ebene der Auslegung* von AGB beachtet werden[1431]. Dies gründet auf dem Gebot von Treu und Glauben im Geschäftsverkehr (Art. 2 Abs. 1 ZGB)[1432]. Ein Aspekt des Transparenzgedankens fordert deshalb hinreichend bestimmte bzw. eindeutige AGB-Klauseln. Die Unklarheitenregel übernimmt diese *Transparenzfunktion* als Korrektiv im Rahmen der Auslegung von AGB im Falle von *mehrdeutigen Klauseln*[1433]. Ihr kommt bei der AGB-Kontrolle eine besondere Bedeutung zu, um einseitige, vom Verwender durch unklare AGB-Bestimmungen verursachte Benachteiligungen zu vermeiden. Neben der Unklarheitenregel als Transparenzregel für die Auslegung unklarer bzw. mehrdeutiger Formulierungen gilt jedoch weiterhin das auf der Ebene der Konsenskontrolle vor- 303

1430 Art. 5 Satz 2 RL 93/13/EWG; § 305c Abs. 2 BGB («Zweifel bei der Auslegung Allgemeiner Geschäftsbedingungen gehen zu Lasten des Verwenders»); Art. 1370 Codice civile italiano; Art. 1190 Code civil français; Art. 65 CESL; Art. 4.6 PICC («contra proferentem rule»); Art. 5:103 PECL («contra proferentem rule»); Art. II-8:103 DCFR.

1431 So auch BSK VVG-Fuhrer, Art. 33 N 35 («Aus dem Transparenzgebot lässt sich im Rahmen der Auslegungskontrolle die Forderung nach einer transparenten Formulierung ableiten»). Vgl. allgemein zum Transparenzgebot im AGB-Recht oben N 109 und im Rahmen der Konsenskontrolle N 154 ff., wonach für eine zumutbare Kenntnisnahme die AGB verständlich und lesbar formuliert sein müssen.

1432 Siehe auch den Hinweis bei Heiss, FS Schnyder, 593.

1433 So auch HGer AG, HOR.2020.18, E. 5.2.1, Urteil vom 17. Mai 2021 (wobei die Differenzierung zwischen der Unklarheitenregel als Transparenzregel auf der Auslegungsebene und dem Transparenzgebot auf der Konsensebene fehlt); BSK VVG-Fuhrer, Art. 33 N 35; im Ergebnis wohl auch CR LCD-Pichonnaz, Art. 8 N 83; vgl. ferner den Hinweis bei Heiss, FS Schnyder, 593. Vereinzelt wird die Unklarheitenregel als Konsensregel verstanden, weil aufgrund einer unklaren AGB-Bestimmung ein Dissens vorliegt (so z.B. Koller, OR AT, N 23.53). Geht man von einem fehlenden Konsens aus, so würde bei konsequenter Handhabe jeder unklaren AGB-Klausel die Geltung abgesprochen werden – eine weitere Auslegung im Rahmen der Unklarheitenregel wäre obsolet (vgl. ähnlich Widmer, Geschäftsbedingungen, N 109, Fn 261). Soweit eine unklare (aber nicht ungewöhnliche) AGB-Klausel global akzeptiert und folglich nach dem Transparenzgebot auf der Einbeziehungsebene nicht als im Kern unverständlich bzw. intransparent eingestuft wurde, so ist deren Unklarheit bzw. Mehrdeutigkeit richtigerweise auf der Ebene der Auslegung zu beurteilen.

geschaltete Transparenzerfordernis, den AGB-Text dem Kunden in verständlicher und lesbarer Form zugänglich zu machen[1434]. Denn ist eine AGB-Klausel bereits in ihrem Kernbereich unklar oder für den Kunden unverständlich bzw. intransparent, dann scheitert nach herrschender Lehre bereits deren Einbeziehung in den Vertrag, wohingegen für die Unklarheitenregel als subsidiäres Auslegungsinstrument nur dann Raum bleibt, wenn die im Grundsatz verständliche (und somit in den Vertrag global übernommene) Klausel sich in Einzelpunkten als mehrdeutig erweist[1435].

304 Zusätzlich ist eine Ausprägung der Unklarheitenregel in Art. 33 VVG explizit für unklar formulierte Deckungsausschlüsse in Versicherungsverträgen konkretisiert[1436]. Das Prinzip gilt jedoch nicht nur für AVB, sondern gemäss kon-

---

1434 Vgl. zum Transparenzgebot im Rahmen der Einbeziehung von AGB oben N 154 ff.

1435 Perrig, Zugänglichkeitsregel, 217; ähnlich aus der deutschen Lehre, Grüneberg, § 305 BGB N 39. Diese Differenzierung zwischen den unterschiedlichen AGB-Transparenzebenen hat das Bundesgericht in BGer 4A_330/2021 (und die Vorinstanz in HGer AG, HOR. 2020.18) nicht konsequent vorgenommen. Es liess die Geltung des Transparenzgebots auf der Konsensebene offen und ordnete es auf der Auslegungsebene ausschliesslich der Unklarheitenregel zu, wodurch das Transparenzgebot seinen eigenständigen Anwendungsbereich verlor (E. 5.2.4, nicht publiziert in BGE 148 III 57). Würde man der Erwägung des Bundesgerichts folgen, hätte dies zur Konsequenz, dass das Transparenzgebot nur subsidiär bei mehrdeutigen AGB-Klauseln in Form der Unklarheitenregel korrigierend eingreifen könnte, jedoch nicht bei sonstigen unklaren, intransparenten, unverständlichen oder unlesbaren Klauseln (vgl. ebenfalls kritisch Fuhrer; HAVE 2022, 171).

1436 «Soweit dieses Gesetz nicht anders bestimmt, haftet das Versicherungsunternehmen für alle Ereignisse, welche die Merkmale der Gefahr, gegen deren Folgen Versicherung genommen wurde, an sich tragen, es sei denn, dass der Vertrag einzelne Ereignisse in bestimmter, unzweideutiger Fassung von der Versicherung ausschliesst» (vgl. dazu auch BGE 148 III 57, E. 2.2.2; 115 II 264, 268 ff., E. 5; BGer 4A_126/2023, E. 3.4.3; 4A_303/2022, E. 3; 4A_92/2020, E. 3.2.2.). «Es ist somit am Versicherer, die Tragweite der Verpflichtung, die er eingehen will, genau zu begrenzen» (BGE 148 III 57, E. 2.2.2 mit Verweis auf BGE 135 III 410 E. 3.2; 133 III 675 E. 3.3; vgl. auch BGer 4A_303/2022, E. 3). Art. 33 VVG gründet zwar in der Tat auf demselben Prinzip wie die Unklarheitenregel, da beide an eine unklare Vertragsbestimmung anknüpfen und aufgrund der Unklarheit zu Lasten des Verfassers angewandt werden, jedoch sind sie nicht in allen Aspekten deckungsgleich. Insbesondere wird von einem Teil der Lehre vertreten, dass Art. 33 VVG gemässs ihrem Wortlaut die Teilnichtigkeit einer unklaren Klausel zur Rechtsfolge hat, wohingegen unklare AGB-Klauseln bei der Anwendung der allgemeinen Unklarheitenregel durch eine Auslegung contra stipulatorem ihre Geltung in der für den Verfasser ungünstigsten Variante behalten (vgl. dazu Heiss, FS Schnyder, m.w.H. 605 f.; a.A. BSK VVG-Fuhrer, Art. 33 N 114). Das Verhältnis zwischen diesen beiden Regeln und ihre jeweiligen Rechtsfolgen sollten von der Lehre und Rechtsprechung noch weiter geklärt werden.

stanter bundesgerichtlicher Praxis und herrschender Lehre auch für alle anderen vorformulierten Vertragsbestimmungen[1437]. Teilweise wird die Unklarheitenregel aus dem Vertrauensprinzip abgeleitet[1438], wobei dies bei einer konsequenten Interpretation zumindest als zweifelhaft erscheint[1439].

Die Regel, wonach der AGB-Verwender das Risiko von unklar verfassten 305
Klauseln zu tragen hat, erscheint sachgerecht, da es der Verwender selber in der Hand hat, seine AGB unmissverständlich zu formulieren bzw. formulieren zu lassen[1440] und ergo nicht von mehrdeutigen Klauseln profitieren sollte («Gedanken der Machtkontrolle»)[1441]. Deshalb ist dem Kunden auch kein Vorwurf zu machen, wenn er sich bei einer objektiv mehrdeutigen AGB-Bestimmung auf eine vertretbare und für ihn günstige Interpretation abstützt[1442]. Aus rechtsökonomischer Sicht sollte das Risiko mehrdeutiger Klauselinhalte ebenfalls beim AGB-Verwender als Verfasser liegen, da er es in der Hand hat, dieses Risiko zu kontrollieren und mit geringen Kosten abzuwenden[1443]. So schafft die Unklarheitenregel für AGB-Verwender einen (begrüssenswerten) ökonomischen Anreiz, ihre AGB möglichst klar und eindeutig zu formulieren[1444].

1437 BGE 148 III 57, E. 2.2.2; 124 III 155, 158 f. (Mehrdeutigkeit des Ausdrucks «Kontrakt» in einem Optionsgeschäft); 115 II 264, 268 (m.w.N.); aus der Lehre statt vieler SCHWENZER/FOUNTOULAKIS, OR AT, N 45.10; HUGUENIN, OR, N 630; KOLLER, OR AT, N 23.53.

1438 In diesem Sinne z.B. BSK OR I-WIEGAND, Art. 18 N 55; T. KOLLER, FS Honsell, 229; vgl. auch aus der älteren Rechtsprechung BGE 99 II 290, 292 f., E. 5.

1439 Wenn nach Einsatz aller übrigen Auslegungsinstrumente (insbesondere nach der Auslegung nach dem Vertrauensprinzip) unklar bleibt, in welchem Sinn der Kunde die fragliche AGB-Klausel verstehen durfte und musste, folgt die Interpretation zu Lasten des AGB-Verwenders nicht mehr direkt aus einer vertrauenstheoretischen Auslegung aus Sicht des Kunden als Willensempfänger (BK-KRAMER, Art. 1 N 109; zustimmend HEISS, FS Schnyder, 593); es fehlt grundsätzlich am normativen Konsens.

1440 BGE 132 III 264, 267, E. 2.2; SCHWENZER/FOUNTOULAKIS, OR AT, N 45.10; SCHMID, ZBJV 2012, 2 f.

1441 BK-KRAMER, Art. 1 N 109; SCHWENZER/FOUNTOULAKIS, OR AT, N 45.10; BK-MÜLLER, Art. 18 N 200.

1442 KOLLER, OR AT, N 23.55.

1443 ZK-JÄGGI/GAUCH/HARTMANN, Art. 18 N 506; BSK VVG-FUHRER, Art. 33 N 112.

1444 SHK-UWG-PROBST, Art. 8 N 393; BK-MÜLLER, Art. 18 N 201.

3. Anwendungsbereich und Voraussetzungen

a. Anwendungsbereich

306 Die Unklarheitenregel kann *sowohl im b2c- als auch im b2b-Verkehr* zur Anwendung gelangen[1445]. Vereinzelt hat das Bundesgericht verlangt, dass der AGB-Verwender als Verfasser branchenkundiger sein muss als der Vertragspartner, damit die Unklarheitenregel zum Einsatz kommt[1446]. Die *Geschäftserfahrung und Branchenkundigkeit* eines Vertragspartners mag zwar bei der Beurteilung der Unklarheit einer Klausel im Rahmen der Auslegung im Einzelfall eine Rolle spielen, jedoch sollte die Anwendung der Unklarheitenregel nicht auf Fälle beschränkt werden, in denen die unklare AGB-Klausel gegenüber schwächeren bzw. branchenunerfahrenen Vertragsparteien eingesetzt wird[1447]. Umstritten ist, ob die Unklarheitenregel nur für AGB oder auch für Individualverträge gilt, wobei das Bundesgericht AGB zum eigentlichen Anwendungsgebiet der Unklarheitenregel erklärt[1448]. Gleich wie die Ungewöhnlichkeitsregel prüft das Bundesgericht die Anwendung der Unklarheitenregel als Rechtsfrage frei[1449]. Soweit sich ein Vertragspartner vor Bundesgericht auf die Unklarheitenregel beruft,

1445 Für den unternehmerischen Geschäftsverkehr siehe beispielsweise BGE 148 III 57, E. 2.2.2: Die Anwendung der Unklarheitenregel wurde vom Bundesgericht in einer Vertragsstreitigkeit zwischen zwei Aktiengesellschaften geprüft.

1446 Vgl. z.B. BGer 4A_650/2017, E. 3.3.1 («danach sind mehrdeutige Klauseln gegen den Verfasser bzw. gegen jene Partei auszulegen, die als branchenkundiger als die andere zu betrachten ist und die Verwendung der vorformulierten Bestimmungen veranlasst hat»). In neueren Entscheiden wurde dieses Erfordernis (soweit ersichtlich) zu Recht nicht mehr erwähnt (vgl. etwa BGE 148 III 57, E. 2.2.2).

1447 Der aus der Unklarheitenregel fliessende Schutz vor unklaren Klauseln gilt aufgrund der Machtkontrolle des Verfassers der AGB unabhängig von der Position des jewiligen Vertragspartners, denn das zugrundeliegende Gebot «von Treu und Glauben im Geschäftsverkehr zielt nicht primär darauf ab, die schwächere oder unerfahrene Partei vor der stärkeren oder erfahreneren zu schützen» (so das Bundesgericht bereits für die Ungewöhnlichkeitsregel: BGE 148 III 57, E. 2.1.3.1; BGer 5A_86/2021, E. 3.1.1; 4A_499/2018, E. 3.3.2 und 3.3: vgl. dazu oben N 196).

1448 BGE 113 II 49, 52, E. 1b (die Unklarheitenregel ist «jedenfalls bei vorgeformten Vertragsinhalten» anwendbar); BGer 5P.8/2005, E. 4 (die Unklarheitenregel sei «auf die Auslegung von allgemeinen Geschäftsbedingungen (AGB) zugeschnitten»); 4C.300/2005, E. 2.4 (Unklarheitenregel wird «ohnehin nur auf vorformulierte Vertragsbedingungen angewendet»). Vgl. zum Meinungsstand in der Lehre HEISS, FS Schnyder, 595, Fn 38.

1449 BGE 148 III 57, E. 2.2.2.

muss er das Vorliegen der Anwendungsvoraussetzungen der Unklarheitenregel durch Heranziehung aller Auslegungsmittel darlegen[1450].

b. Mehrdeutiger Klauselinhalt – Subsidiäre Geltung

Es gilt hervorzuheben, dass die Unklarheitenregel nur *subsidiär* – als *ultima* 307
ratio[1451] – zur Anwendung gelangt, wenn die übrigen Auslegungsmittel und Auslegungsgrundsätze[1452] versagt haben[1453] und der massgebende Sinngehalt einer streitigen Klausel in Bezug auf einen bestimmten Sachverhalt nach ihrer vollständigen Auslegung unklar bleibt, jedoch nicht bereits dann, wenn der Klauseltext einer Auslegung bedarf[1454]. Es genügt also nicht, dass die Auslegung einer AGB-Klausel zwischen den Vertragsparteien umstritten ist[1455]. Vielmehr darf der Richter bei der Auslegung zu keinem schlüssigen (eindeutigen) Ergebnis gelangen[1456], da die streitige Klausel in guten Treuen auf verschiedene Weise verstanden werden kann[1457] und es daher nicht möglich ist,

1450 BGer 4A_499/2018, E 2 («Der Beschwerdeführer müsste daher darlegen, dass die Voraussetzungen für die Anwendung der Unklarheitenregel gegeben sind, also dass die übrigen Auslegungsmittel zu keinem klaren Ergebnis führen»). Das Bundesgericht ist im vorliegenden Fall mangels hinreichender Begründung nicht auf die Beschwerde eingetreten. Vgl. zu den Anwendungsvoraussetzungen der Unklarheitenregel sogleich N 307 ff.

1451 HUGUENIN, OR, N 629; BGE 122 II 118, E. 2d; 118 II 342, 344 f.

1452 Es gilt insoweit eine doppelte Subsidiarität: Es müssen zuerst sowohl alle Auslegungsmittel (oben N 278 f.) als auch die übrigen Auslegungsgrundsätze (vgl. oben N 286) erschöpft sein, bevor die Unklarheitenregel zum Zug kommt. Insbesondere bleibt zunächst der Nachweis vorbehalten, dass die Vertragsparteien der AGB-Klausel übereinstimmend denselben Sinn beigelegt haben (KOLLER, OR AT, N 23.53, 23.55).

1453 BGE 148 III 57, E. 2.2.2; 133 III 61, E. 2.2.2.3; 122 III 118, E. 2a und 2d; BGer 4A_126/2023, E. 3.4.2; 4A_303/2022, E. 3; 4A_279/2020, E. 6.2; 4A_81/2020, E. 3.1; 4A_517/2013, E. 4; 5C.271/2004, E. 2; GAUCH/ SCHLUEP/SCHMID, OR AT, N 1232, m.w.H.; BK-KRAMER, Art. 1 N 221; FORSTMOSER, FG Kummer, 135, m.w.H.; KLETT/HURNI, recht 2012, 83; BRUNNER, AGB, 130 f.

1454 So etwa ZK-SCHÖNENBERGER/JÄGGI, Art. 1 N 489. In diesem Sinne kommt die Unklarheitenregel nicht schon bei einem unklaren Wortlaut allein zur Anwendung, sondern erst bei einem unklaren Auslegungsergebnis (HEISS, FS Schnyder, 591).

1455 BGE 148 III 57, E. 2.2.2; 118 II 342 E. 1a; BGer 4A_303/2022, E. 3; SHK-UWG-PROBST, Art. 8 N 393, Fn 508; GAUCH/SCHLUEP/SCHMID, OR AT, N 1232; BSK VVG-FUHRER, Art. 33 N 113.

1456 SHK-UWG-PROBST, Art. 8 N 393, Fn 508; GAUCH/SCHLUEP/SCHMID, OR AT, N 1232.

1457 BGE 148 III 57, E. 2.2.2; 118 II 342 E. 1a; BGer 4A_303/2022, E. 3; HUGUENIN, OR, N 629.

den so bestehenden Zweifel mit den übrigen Auslegungsmitteln zu beseitigen[1458]. Für die Annahme einer unklaren bzw. mehrdeutigen Klausel im Sinne der Unklarheitenregel müssen folglich nach Ausschöpfung sämtlicher klassischer Interpretationsmittel und -regeln *mehrere* (d.h. mindestens zwei) *ernsthaft vertretbare Auslegungsmöglichkeiten* verbleiben[1459]. Soweit sich keine Bedeutung ernsthaft vertreten lässt, gelangt die Unklarheitenregel aufgrund des sinnlosen Wortlauts nicht zur Anwendung[1460].

308 Ergibt schon die Interpretation der fraglichen AGB-Klausel im Rahmen global einbezogener Bestimmungen einen (klaren) und massgebenden Sinn zu Gunsten einer Partei, so besteht ebenfalls kein Anlass, deren Inhalt nach der (subsidiären) Unklarheitenregel weiter zu beurteilen[1461]. Beispielsweise führte die Auslegung einer AVB-Bestimmung zu einer Fahrzeug-Insassenversicherung zum Ergebnis, dass der Lenker von der Versicherung erfasst ist, da sie diesen nicht in bestimmter, unzweideutiger Formulierung davon ausnahm[1462]. Ebenfalls Vorrang vor der Unklarheitenregel geniessen bei der AGB-Interpretation Konstellationen, in denen der mehrdeutigen Formulierung aus besonderen Gründen (z.B. aufgrund der Vorverhandlungen) ein abweichender Sinn beizumessen ist[1463]. Von vornherein keinen Platz findet die Regel bei von den Parteien gemeinsam durchberatenen

[1458] BGE 148 III 57, E. 2.2.2; BGer 4A_126/2023, E. 3.4.3; 4A_303/2022, E. 3; 4A_92/2020, E. 3.2.2; 4A_186/ 2018, E. 4.1.

[1459] Vgl. statt vieler etwa BK-MÜLLER, Art. 18 N 204 (m.w.N.); BSK VVG-FUHRER, Art. 33 N 113; BGer 4A_126/2023, E. 3.4.3 m.w.H. (Unklarheitenregel kommt «erst zur Anwendung, wenn gleichwertige Auslegungsergebnisse bestehen»).

[1460] ZK-JÄGGI/GAUCH/HARTMANN, Art. 18 N 505; BK-MÜLLER, Art. 18 N 204. Gänzlich unverständliche Klauseln sollten bereits im Rahmen der Einbeziehung von AGB gestützt auf das Transparenzgebot keine Geltung erlangen (siehe dazu oben N 154 ff.).

[1461] Vgl. etwa zu Gunsten des Kunden BGE 124 III 155, 158 f.; 116 II 459, 461; 110 II 283, 286; KLETT/HURNI, recht 2012, 83 (m.w.N.); zu Lasten des Kunden z.B. BGer 4A_330/2021, E. 5.2.3 (nicht publiziert in BGE 148 III 57).

[1462] Vgl. BGE 117 II 609, 623, E. 6c (mit Verweis auf BGE 115 II 264, 268 f., E. 5a). Dies wurde in BGE 133 III 675, 682 ff., E. 3.4, bestätigt (als beim Ein- und Aussteigen versicherter Fahrzeuginsasse galt auch der Lenker). Vgl. ferner BGE 116 II 345, 347 ff. E. 3 (Deckungsausschlussklausel für schlechten Baugrund für den Falle eines Erdrutsches); BGE 116 II 459, 461, E. 2 (Ausschluss der Verpflichtung der Bank zur Identitätsprüfung des Sparheft-Inhabers); BGE 119 II 368, 373, E. 4b (ein Rechtsschutz-Versicherter darf davon ausgehen, «dass ihn die Rechtsschutzversicherung wenigstens in dem Rahmen von den Prozesskosten befreit, wie bei Bedürftigkeit ihn der Staat davon entlastet»); BGE 110 II 283, 286, E. 4a (bei Fremdwährungskonten darf die «Gefahr von gesetzlichen oder behördlichen Beschränkungen» nicht auf den Kunden abgewälzt werden, sofern der Verlust auf Unsorgfalt der Bank gründet). Siehe zum Ganzen KLETT/HURNI, recht 2012, 83.

[1463] KOLLER, OR AT, N 23.55.

Klauseln[1464]. Ferner gebietet die gesetzeskonforme Auslegung gemäss bundesgerichtlicher Rechtsprechung selbst bei mehrdeutigen Klauseln zunächst jene Auslegung der Unklarheitenregel vorzuziehen, die dem dispositiven Gesetzesrecht entspricht[1465]. Im Ergebnis deckt sich allerdings der Rückgriff auf das dispositive Recht ohnehin häufig mit der kundenfreundlichen Variante gemäss der Unklarheitenregel[1466]. Schliesslich dürfen Schwierigkeiten bei der Subsumtion eines Ereignisses unter einen an sich klar formulierten AGB-Text nicht zur Anwendung der Unklarheitenregel führen, da es sich in solchen Fällen um ein Problem der Vertragsanwendung und nicht der Auslegung einer unklar bzw. mehrdeutig formulierten Vertragsklausel handelt[1467].

c. Einseitig gestellte AGB-Klausel

Damit die Unklarheitenregel greift, muss der mehrdeutige AGB-Text grundsätzlich *ausschliesslich vom AGB-Verwender* (oder seiner Hilfsperson) *verfasst* worden sein[1468]. Mehrdeutige Klauseln in AVB sind demnach stets gegen den Versicherer als deren Verfasser zu interpretieren[1469]. Hat ein AGB-Verwender den Klauseltext weder selber noch durch eine Hilfsperson verfasst, aber die Verwendung eines von einem Dritten verfassten AGB-Texts zur Einbeziehung in den Vertrag vorgeschlagen, so muss sich der AGB-Verwender unter der Unklarheitenregel diesen Text gleich zurechnen lassen wie der Verfasser[1470]. Unbeachtlich ist hierbei, ob die den AGB-Text verwendende Vertragspartei die wirtschaftlich stärkere oder schwächere ist[1471]. Aus dem Gesagten ergibt sich, dass der AGB-Verwender bloss für unklare AGB-Klauseln einzustehen hat, die 309

1464 BGE 99 II 290, 293, E. 5; GAUCH/SCHLUEP/SCHMID, OR AT, N 1232; BK-MÜLLER, Art. 18 N 205.

1465 BGer 4A_585/2012, E. 3 (mit Verweis auf BGE 122 III 118, 121, E. 2a und 133 III 607, 610, E. 2.2): «Bei vorformulierten Vertragsbestimmungen hat sich das Gericht dabei vom Prinzip leiten zu lassen, dass bei mehrdeutigen Klauseln jene Auslegung vorzuziehen ist, die dem dispositiven Gesetzesrecht entspricht».

1466 Vgl. zur gesetzeskonformen Auslegung unten N 321 ff.

1467 BSK VVG-FUHRER, Art. 33 N 116 mit Verweis auf BGer 4A_72/2021, E. 6.3.2, 6.4.2 (Schwierigkeiten bei der Subsumtion eines konkreten Schadenereignisses unter einen an sich klaren Vertragswortlaut).

1468 BGE 133 III 607, 610, E. 2.2; 133 III 61, 69, E. 2.2.2.3; 124 III 155, 158, E. 1b; ZK-JÄGGI/GAUCH/HARTMANN, Art. 18 N 500; BK-MÜLLER, Art. 18 N 205.

1469 BGE 148 III 57, E. 2.2.2; 146 III 339, E. 5.2.3; 133 III 61, E. 2.2.2.3; 133 III 607, E. 2.2; 124 III 155, E. 1b.

1470 BGE 133 III 607, 610, E. 2.2; 133 III 61, 69, E. 2.2.2.3; 124 III 155, 158, E. 1b; GAUCH/SCHLUEP/SCHMID, OR AT, N 1233; BK-MÜLLER, Art. 18 N 205.

1471 JÄGGI/GAUCH/HARTMANN, Art. 18 N 500; BK-MÜLLER, Art. 18 N 205.

er *selber (oder durch einen Gehilfen) zur Einbeziehung vorgeschlagen* hat[1472], nicht jedoch für Situationen, in denen ein Dritter (z.B. Notar) oder beide Vertragsparteien die Einbeziehung einer Bestimmung als Vertragsbestandteil veranlasst haben[1473]. In diesen Fällen kommt die Unklarheitenregel nicht zum Tragen und es liegt ein Dissens vor, der zur Unwirksamkeit der unklaren Klausel führt[1474]. Doch selbst wenn der Verwender die AGB selber (oder durch einen Gehilfen) vorgeschlagen hat, gibt es Ausnahmen, die den AGB-Verwender vom *contra proferentem*-Prinzip befreien. Dazu zählen etwa Fälle, in denen (i) die vorgeschlagenen AGB von einer Drittperson (z.B. Interessenverband) im Interesse des Kunden oder gar vom Kunden selbst vorformuliert wurden[1475], (ii) die Parteien zu den AGB (etwa Branchenbedingungen) in gleicher Beziehung stehen (z.B. weil sie demselben Verband angehören oder gleich branchenkundig sind)[1476] oder (iii) für die Parteien bereits während der Verhandlungen klar war, dass die Vereinbarung unter Einbeziehung der fraglichen AGB-Klausel zustande kommen soll[1477].

d. Kundenfreundliche Variante

310 Die Unklarheitenregel erklärt im Zweifel zu Lasten des AGB-Verwenders die für den Kunden günstigste Bedeutung für verbindlich[1478]. Hierfür kommt nicht jede überhaupt denkbare Auslegungsvariante in Frage, sondern nur solche, die nach vorangegangener Auslegung als ernsthaft vertretbare Interpretationen übrig geblieben sind[1479]. Ferner muss eine dieser vertretbaren Auslegungsvarianten tatsächlich *für den Kunden günstiger* (bzw. für den AGB-Verwender ungünstiger) sein[1480]. Die Unklarheitenregel kommt demzufolge gemäss einem Teil der Lehre dann nicht zur Anwendung, wenn sämtliche vertretbaren Varianten für beide

1472 BGer 4A_585/2012, E. 3 («... wonach mehrdeutige Klauseln gegen den Verfasser bzw. gegen jene Partei auszulegen sind, die ... die Verwendung der vorformulierten Bestimmungen veranlasst hat»); GAUCH/SCHLUEP/SCHMID, OR AT, N 1233.

1473 KOLLER, OR AT, N 23.56.

1474 KOLLER, OR AT, N 23.56.

1475 GAUCH/SCHLUEP/SCHMID, OR AT, N 1234.

1476 BGE 123 III 35, 44, E. 2c/bb; GAUCH/SCHLUEP/SCHMID, OR AT, N 1234; BK-MÜLLER, Art. 18 N 205.

1477 GAUCH/SCHLUEP/SCHMID, OR AT, N 1234 (m.w.N.); BK-MÜLLER, Art. 18 N 205.

1478 SCHWENZER/FOUNTOULAKIS, OR AT, N 45.10; CR LCD-PICHONNAZ, Art. 8 N 83; KRAMER/PROBST, OR AT, N 241; KOLLER, OR AT, N 23.53; Art. 5 (zweiter Satz) RL 93/13/EWG; Art. 64 Abs. 1 CESL. Vgl. zur Rechtsfolge bei Anwendung der Unklarheitenregel unten N 314 f.

1479 Statt vieler BSK VVG-FUHRER, Art. 33 N 115. Vgl. dazu bereits oben N 307 f.

1480 ZK-JÄGGI/GAUCH/HARTMANN, Art. 18 N 503; BK-MÜLLER, Art. 18 N 206.

Vertragsparteien gleich vor- oder nachteilhaft sind[1481]. Schliesslich ist in diesem Zusammenhang das Zusammenspiel der Unklarheitenregel mit der Inhaltskontrolle nach Art. 8 UWG zu beachten, bei der die kundenfeindlichste Variante auf deren Missbräuchlichkeit hin geprüft wird[1482].

4. Anwendungsbeispiele

Die Unklarheitenregel kommt häufig bei *AVB* zum Tragen, da hier zumeist die *Interessen der Versicherungsnehmer* an einer *angemessenen Deckung* zu schützen sind[1483]. So geht es beim Lehrbuchfall BGE 115 II 264 um die Auslegung einer *Deckungsausschlussklausel* in den AVB einer Haftpflichtversicherung. Laut Urteilssachverhalt brachen zwei Brüder in eine Sägerei ein, stahlen Werkzeuge und rauchten schliesslich noch vor Ort auf dem Dachboden des Geländes Zigaretten. Eine unzureichend gelöschte Zigarette verursachte daraufhin einen Brand. Der Haftpflichtversicherer weigerte sich in der Folge den daraus resultierenden Schaden zu übernehmen, da gemäss ihren AVB Ansprüche aus Schäden, «die der Versicherte bei der vorsätzlichen Begehung eines Verbrechens oder Vergehens verursacht hat», von der Deckung auszunehmen seien. Der Interpretationsstreit fokussierte sich auf die Bedeutung des Wortes «bei». Der Haftpflichtversicherer verstand darunter «im Zusammenhang mit» («während»), wohingegen die Versicherten «durch» («infolge») als massgebende Auslegung erachteten. Das Bundesgericht stellte fest, der Ausdruck «bei» sei auch nach objektiver Interpretation mehrdeutig, da beide Auslegungsvarianten gleichermassen möglich seien. Deshalb entschied das Bundesgericht in Anwendung der Unklarheitenregel zu Lasten des Versicherers und erklärte die für die Versicherten günstigere Interpretationsvariante für massgebend; d.h. der Deckungsausschluss ist nur für Schäden zulässig, die durch das vorsätzliche Begehen eines Verbrechens/Vergehens (hier Diebstahl und Hausfriedensbruch) verursacht wurden, nicht aber schon bei bloss räumlicher und zeitlicher Nähe (Rauchen am Tatort) zum Verbrechen/Vergehen. 311

Dagegen wurde vom Bundesgericht in seinem Grundsatzurteil zur Versicherungsdeckung der Gastronomiebetriebe während der Corona-Pandemie die *Unklarheit* einer *Deckungsausschlussklausel verneint*, welche Schäden infolge 312

[1481] JÄGGI/GAUCH/HARTMANN, Art. 18 N 503; BK-MÜLLER, Art. 18 N 206.

[1482] Vgl. dazu unten N 316 und N 765.

[1483] Vgl. etwa BGer 4A_519/2013, E. 3.1; BGE 138 III 411, 413, E. 3.1; ähnlich 133 III 675, 682, E. 3.3; vgl. aber BGer 4A_330/2021, E. 5.2.3 (in casu Unklarheit einer Deckungsausschlussklausel verneint; nicht publiziert in BGE 148 III 57).

«Krankheitserregern, für welche national oder international die WHO-Pandemiestufen 5 oder 6 gelten», von der Versicherung ausschloss[1484]. Dies obgleich die technischen Begriffe «WHO-Pandemiestufen 5 oder 6» in den AVB nicht erläutert waren und das massgebende WHO-Pandemiestufensystem bereits bei Vertragsschluss nicht mehr in Kraft war[1485]. Die Vertragsparteien waren sich insbesondere über die Bedeutung des Worts «gelten» uneinig. Das Bundesgericht räumte zwar ein, dass der Begriff «gelten» mehrdeutig sei, da er nicht ausschliesslich im Sinne von «Gültigkeit haben» verstanden werden könne (wie ihn die Vorinstanz gewertet hatte), sondern auch dahingehend interpretiert werden könne, «dass etwas in einer bestimmten Weise eingeschätzt oder beurteilt wird…ohne dass die Pandemiestufen im fraglichen Zeitpunkt tatsächlich in Kraft sein müssen»[1486]. Dennoch gab das Bundesgericht der letzteren (für den Versicherungsnehmer ungünstigen) Auslegungsvariante den Vorzug mit der Begründung, dass sich die massgebende Bedeutung der fraglichen Klausel bereits im Gesamtzusammenhang unter Berücksichtigung des Regelungszwecks des Deckungsausschlusses erschliesst und daher für die Anwendung der (subsidiären) Unklarheitenregel kein Raum bleibt. Dabei stützte sich das Bundesgericht primär auf das Argument, wonach auch ein branchenfremder Versicherungsnehmer die Bedeutung der Geltung der «WHO-Pandemiestufen 5 oder 6» als die beiden höchsten Pandemiestufen durchaus richtig verstehen konnte und bei gegenteiliger Auslegung (also «gelten» i.S.v. «in Kraft sein müssen») der «Deckungsausschluss nie greifen könnte und somit toter Buchstabe bliebe»[1487].

1484 BGer 4A_330/2021, E. 5.2.1–5.2.5 (nicht publiziert in BGE 148 III 57); vgl. dazu kritisch Eisner-Kiefer, AJP 2022, 649 f.; Fuhrer; HAVE 2022, 171; Hug/Müller/Singer, Jusletter, 11. April 2022, N 41 ff.; William, HAVE 2022, 33 ff.; bereits vor Urteilsfällung Fellmann, Gutachten, N 52 lit. b.

1485 Das Bundesgericht stellte die technischen Fachbegriffe «WHO-Pandemiestufen 5 oder 6» einem ausfüllungsbedürftigen allgemeinen Begriff der Umgangssprache gleich (wie die vom Bundesgericht erwähnten Begriffe «Krieg», «Terrorakt» oder «Streik», vgl. BGer 4A_330/2021, E. 4.1.2), was ohne Erläuterung des WHO-Pandemiestufensystems in den AVB als zweifelhaft erscheint (so auch Fuhrer; HAVE 2022, 171; Eisner-Kiefer, AJP 2022, 649 f., vgl. zur Verwendung von Fachbegriffen in AGB im Rahmen des Transparenzgebots auf der Einbeziehungsebene oben N 158 f.).

1486 BGer 4A_330/2021, E. 5.2.2.3.

1487 BGer 4A_330/2021, E. 5.2.2.2, 5.2.2.3 und 5.2.3. Abgesehen von den nicht ohne Weiteres verständlichen Begriffen der «WHO-Pandemiestufen 5 oder 6» scheint insbesondere problematisch, dass das Bundesgericht einen mehrdeutig formulierten Deckungsausschluss zu Gunsten des Versicherungsunternehmens primär deshalb schützt, weil der Deckungsausschluss sonst «toter Buchstabe» bliebe. Würde man dieses Argument strikt anwenden, so könnte man generell sämtliche unklar bzw. mehrdeutig formulierten Deckungsausschlussklauseln mit ihrem Regelungsziel (Ausschluss der Versicherungsdeckung) rechtfertigen (vgl. auch Eisner-Kiefer, AJP 2022, 650; ähnlich auch Hug/Müller/Singer, Jusletter, 11. April 2022, N 44).

Im Weiteren finden sich unklare AGB-Bestimmungen oftmals im Zusammenhang mit anderen *Haftungsbeschränkungen*[1488] (beispielsweise in Verkaufsbedingungen, Werk- oder Architektenverträgen). Unklar ist etwa eine Haftungsbeschränkung, wenn der Verkäufer den Kunden in Bezug auf den Umfang seiner Gewährleistungsansprüche in den AGB lediglich auf die «Herstellergarantie» verweist, der Inhalt dieser jedoch nur dem Verkäufer, nicht aber dem Kunden bekannt ist[1489]. In BGE 126 III 388 hat das Bundesgericht in Anwendung der Unklarheitenregel eine nicht weiter umschriebene und somit in ihrer Bedeutung unklare Haftungsbeschränkung auf «direkte Schäden» in einem Architektenvertrag als blosse Wiederholung der gesetzlichen Regelung qualifiziert, wodurch im Ergebnis die angestrebte Haftungsbegrenzung keine Wirkung entfalten konnte[1490]. Ein illustratives Beispiel liefert auch ein Entscheid des deutschen Bundesgerichtshofs, wonach ein an der Einfahrt zum Hotelparkplatz angebrachtes Schild «Parken auf eigene Gefahr» bloss einen möglichen Fahrzeugdiebstahl oder eine Fahrzeugbeschädigung durch Dritte erfasst, jedoch nicht Schäden, die durch fehlerhafte Beschaffenheit des Parkplatzes (z.B. Schlagloch) verursacht werden[1491]. Schliesslich wurden vom Bundesgericht auf Grundlage der Unklarheitenregel nicht hinreichend bestimmte Gerichtsstandsvereinbarungen für nicht anwendbar erklärt[1492] und vertraglich fixierte Zeitbestimmungen ausdehnend interpretiert[1493]. 313

1488 So wurden bereits in BGE 74 II 81, 86 (mit Verweis auf BGE 50 II 543) zu wenig bestimmte Haftungsfreizeichnungen abgewiesen, da sie jeweils den zugrunde liegenden Sachverhalt nicht klar erfassten.

1489 Vgl. das Beispiel bei SCHWENZER/FOUNTOULAKIS, OR AT, N 45.10: «Ansprüche aus Gewährleistung bestehen nur insoweit, als sie vom Hersteller übernommen werden».

1490 BGE 126 III 388, 391 f., E. 9d ff. Dieser Fall zeigt illustrativ, dass sich in der Praxis die gemäss der Unklarheitenregel massgebende kundenfreundliche Auslegung im Ergebnis häufig mit der gesetzeskonformen Auslegung deckt (vgl. zur gesetzeskonformen Auslegung unten N 321 ff.).

1491 BGHZ 63, 333.

1492 BGE 91 I 11, 16 (im Zusammenhang mit einer englischen Gerichtsstandklausel, wobei die Parteien sonst nur in Deutsch und Französisch korrespondiert hatten und der Kunde der englischen Sprache nicht mächtig war: «Dies rechtfertigt es durchaus, die Unklarheit, die sich aus einer so ungebräuchlichen und schwer verständlichen Gerichtsstandsklausel ergeben kann, zu Ungunsten der Beschwerdegegnerin sich auswirken zu lassen»); BGE 93 I 323. Vgl. zu fremdsprachigen AGB bereits die Schranken im Rahmen der Konsenskontrolle oben N 166 ff.

1493 BGE 87 II 234.

5. Rechtsfolge und Verhältnis zur Inhaltskontrolle

a. Kundenfreundlichste Auslegung der Unklarheitenregel

314 Die Anwendung der Unklarheitenregel im Rahmen der AGB-Auslegung führt gemäss der herrschenden Lehre und dem Bundesgericht nicht zur Unwirksamkeit der mehrdeutigen AGB-Klausel, sondern diese wird im für den *Kunden günstigsten Sinne* (bzw. für den AGB-Verwender ungünstigsten Sinne) verstanden[1494]. Diese *kundenfreundliche Auslegung* erklärt also diejenige Interpretation als massgebend, welche dem Kunden die grössten Vorteile einräumt, dabei aber gleichsam die Wirksamkeit der Klausel bewahrt. Für die Wahl der günstigsten Auslegungsvariante darf allerdings nicht jede überhaupt denkbare Interpretation berücksichtigt werden, sondern bloss diejenigen Varianten, welche nach Ausschöpfung der vorgeschalteten Interpretationsmittel als ernsthaft vertretbare Deutungen verblieben sind[1495].

315 Soweit das kundenfreundlichste Auslegungsergebnis unter der Unklarheitenregel zu einem für den Kunden tatsächlich vorteilhaften oder zumindest neutralen Ergebnis führt, ist die eben beschriebene Anwendung der Unklarheitenregel sachgerecht. Jedoch führt selbst die für den Kunden günstigste Auslegungsvariante bisweilen zu einem bloss relativ günstigeren Auslegungsergebnis. Mit anderen Worten kann die für den Kunden günstigste Auslegungsvariante immer noch nachteiliger sein, als die komplette Streichung bzw. Unwirksamkeit der unklaren AGB-Klauseln[1496]. In solchen Fällen scheint der Schutzzweck der Unklarheitenregel nicht vollständig erfüllt zu sein und fügt sich deren Rechts-

[1494] Stellvertretend für die herrschende Lehre SCHWENZER/FOUNTOULAKIS, OR AT, N 45.10; GAUCH/SCHLUEP/SCHMID, OR, N 1231; KOLLER, OR AT N 23.53; aus der Bundesgerichtspraxis BGE 132 III 264, 267, E. 2.2; 124 III 155, 158 f., E. 1b. Siehe differenzierend HEISS, FS Schnyder, 598 ff., welcher bei unklar formulierten und in jeder möglichen Auslegungsvariante den Kunden benachteiligenden AGB-Klauseln gestützt auf Dissensregeln deren Unwirksamkeit verlangt.

[1495] BK-MÜLLER, Art. 18 N 204; BSK VVG-FUHRER, Art. 33 N 115; WALKER, Konsumenten AGB, 71. Zur Auslegung unklarer AGB bei Feststellung der Erheblichkeit eines Missverhältnisses zwischen den vertraglichen Rechten und Pflichten des AGB-Übernehmers im Rahmen der offenen Inhaltskontrolle, siehe unten N 765.

[1496] Siehe dazu HEISS, FS Schnyder, 602 ff.; HEISS, in: Heizmann/Loacker, Art. 8 UWG N 157 ff.; RUSCH, AJP 2014, 203 ff.

folge nicht ganz nahtlos zur Korrektivfunktion anderer zentraler AGB-Kontrollinstrumente ein[1497]. Obgleich es durchaus Argumente gibt, um eine direkte Unwirksamkeitsfolge im Rahmen der Unklarheitenregel zu konstruieren[1498], wäre dieser Ansatz methodenunehrlich und man würde dadurch einer verdeckten Inhaltskontrolle durch die Gerichte noch stärker die Hand bieten[1499]. Stattdessen ist mit Blick auf die AGB-Kontrollreihenfolge zu fordern, dass die Unklarheitenregel im Anwendungsbereich der Inhaltskontrolle nach Art. 8 UWG zunächst hinter diese zurücktritt (siehe dazu gleich N 316). Ein weiterer Sonderfall, der im Ergebnis zur Nichtigkeit der AGB-Klausel führt, mag vorliegen, wenn eine vertretbare Auslegungsvariante der unklaren AGB-Bestimmung mit einer Individualabrede kollidiert und der Vorrang der Individualabrede zugleich die kundenfreundlichste Regelung bereithält.

b. Vorrang der kundenfeindlichsten Auslegung der Inhaltskontrolle

Noch nicht restlos geklärt für den Konsumentenverkehr ist das Verhältnis zwi- 316
schen der Unklarheitenregel und der Inhaltskontrolle nach Art. 8 UWG, namentlich ob die Unklarheitenregel als Auslegungsregel der Inhaltskontrolle vorgeht. Es kann von erheblicher Bedeutung sein, wenn der Inhaltskontrolle nach Anwendung der Unklarheitenregel das kundenfreundlichste Auslegungsergebnis zugrunde gelegt wird. Ein Gericht könnte dann gestützt auf die kundenfreundlichste Auslegung die Wirksamkeit einer AGB-Klausel im Rahmen der Inhaltskontrolle aufrechterhalten, obgleich die Klausel bei Anwendung der

---

1497 So ist es legitim zu hinterfragen, weshalb beispielsweise nicht (angemessen) zugänglich gemachte, intransparente (d.h. unverständliche oder unlesbare), ungewöhnliche oder inhaltlich unangemessene AGB-Klauseln allesamt keine vertragliche Geltung erlangen, jedoch unklare Bestimmungen wirksam bleiben, selbst wenn sie in ihrer günstigsten Auslegungsform immer noch für den Kunden nachteilig sind.

1498 So könnte man bei Anwendung der Unklarheitenregel das Vorliegen eines Dissenses annehmen, der direkt zur Unwirksamkeit der unklaren AGB-Klausel führt, sofern auch die kundengünstigste Variante für den Kunden nachteilig ist. Ferner käme eine analoge Anwendung von Art. 33 VVG auf sämtliche unklaren (und für den Kunden nachteiligen) AGB-Bestimmungen in Betracht, da zumindest der Wortlaut von Art. 33 VVG im Ergebnis die Unwirksamkeit unbestimmter oder mehrdeutiger Deckungsausschlüsse in Versicherungsverträgen zulässt (ähnlich HEISS, FS Schnyder, 603 ff.; HEISS, in: Heizmann/Loacker, Art. 8 UWG N 162).

1499 Man würde im Ergebnis noch weitreichendere inhaltliche Wertungen hinsichtlich der unklaren Klausel im Rahmen der Unklarheitenregel vornehmen, um deren Geltung zu verhindern. Diese Aufgabe sollte jedoch der gesetzlich verankerten Inhaltskontrolle gemäss Art. 8 UWG zukommen. Vgl. ferner zu den Grenzen der Unklarheitenregel und der bereits damit verbundenen verdeckten Inhaltskontrolle unten N 317 f.

kundenfeindlichsten Auslegung gegen Art. 8 UWG verstossen würde und die Nichtigkeit zur Folge hätte[1500]. Folglich kann die Unklarheitenregel der Inhaltskontrolle durch die kundenfreundlichste Auslegung die Grundlage für die Beurteilung potentiell unangemessener Klauselinhalte entziehen. Aus diesem Grund ist ein zweistufiges Vorgehen angezeigt[1501]. Bestehen mehrere ernsthaft vertretbare Auslegungsvarianten einer unklaren AGB-Klausel, so tritt die Unklarheitenregel zurück und es ist in einem ersten Schritt im Anwendungsbereich der Inhaltskontrolle gemäss Art. 8 UWG zu prüfen, ob die für den Kunden ungünstigste Bedeutung zur Unwirksamkeit der unklaren AGB-Klausel führt[1502]. Erweist sich der Inhalt der AGB-Klausel unter dem Blickwinkel von Art. 8 UWG auch in ihrer kundenfeindlichsten Variante als wirksam, dann ist in einem zweiten Schritt die Unklarheitenregel mit ihrer kundenfreundlichsten Auslegung gemäss bundesgerichtlicher Rechtsprechung und der herrschenden Lehre anzuwenden[1503].

6. Kritik

317 AGB-Verfasser können theoretisch die Unklarheitenregel relativ leicht aushebeln, indem sie unangemessene AGB-Klauseln bloss genügend klar und eindeutig verfassen müssen[1504]. Inhaltlich vollkommen einseitige bzw. unangemessene Klauseln können so unter dem Blickwinkel der Unklarheitenregel ohne Weiteres bestehen. Dies wird im Allgemeinen in der Lehre als Schwachpunkt der Unklarheitenregel angesehen, da «es lediglich eine Frage der Zeit» sei, bis AGB-Verwender «ihre Klauseln so präzise gefasst haben, dass ihnen

1500 Im Ergebnis würde man so eine im AGB-Recht unerwünschte geltungserhaltende Reduktion bzw. Auslegung betreiben (so auch RUSCH, AJP 2014, 205; MITROVIC, Änderungsklauseln, N 276).

1501 In diesem Sinne auch HEISS, in: Heizmann/Loacker, Art. 8 UWG N 160 f; RUSCH, AJP 2014, 205 f.; MITROVIC, Änderungsklauseln, N 274 ff.

1502 So im Ergebnis auch SHK-UWG-PROBST, Art. 8 N 442 («es ist das maximale Benachteiligungspotential massgeblich, das sich für den AGB-Übernehmer durch Interpretation der unklar formulierten AGB ergeben kann»; dazu auch unten N 765); GAUCH/SCHLUEP/SCHMID, OR, N 1242; ZK-JÄGGI/GAUCH/HARTMANN, Art. 18 N 534; HEISS, in: Heizmann/Loacker, Art. 8 UWG N 160 f; RUSCH, AJP 2014, 205 ff.; GAUCH, BR 1987, 52. Vgl. aus der neueren deutschen Lehre und Rechtsprechung GRÜNEBERG, Palandt, N 18 zu BGB 305c; NEUNER, BGB AT, § 47 N 49; BGH NJW 2022, 2467, Rn. 39; BGH, NJW 2017, 1596 Rn. 39; BGH, NJW 2009, 3716 Rn. 8.

1503 So auch RUSCH, AJP 2014, 205; aus dem deutschen Recht GRÜNEBERG, Palandt, N 18 zu BGB 305c.

1504 GIGER, Kontrolle AGB, 44; BAUDENBACHER, Kommentar UWG, Art. 8 N 16; SCHWENZER/FOUNTOULAKIS, OR AT, N 45.12.

auch mit der Unklarheitenregel nicht beizukommen ist»[1505]. Nach der hier vertretenen Ansicht wäre allerdings damit die mit der Unklarheitenregel angestrebte Transparenzfunktion – nämlich die AGB-Verwender dazu anzuhalten, mehrdeutige Bestimmungen zu vermeiden und dem Kunden klare und eindeutige Bestimmungen vorzulegen – erreicht. Durch klare und eindeutige Formulierungen wird Transparenz geschaffen und werden unnötige (häufig auch zeit- und kostenintensive) Interpretationsstreitigkeiten im Keim erstickt, wodurch sich die weitere AGB-Diskussion auf die Beurteilung der Ungewöhnlichkeit und – zumindest im Anwendungsbereich des Art. 8 UWG – der inhaltlichen Unangemessenheit von AGB-Klauseln fokussieren kann.

Ähnlich wie bei der Ungewöhnlichkeitsregel[1506] wirft ein Teil der Doktrin dem Bundesgericht vor, bisweilen auf der Grundlage der Unklarheitenregel eine verdeckte Inhaltskontrolle vorzunehmen, die über eine reine Auslegungskontrolle hinausgeht[1507]. So korrigierte das Bundesgericht auf diesem Wege materiell unangemessene AGB-Bestimmungen, indem es an die Klarheit und Deutlichkeit umso höhere Anforderungen setzte, je unangemessener der streitige AGB-Inhalt war[1508]. Um jeweils das gestörte Vertragsgleichgewicht wieder herzustellen, taxierte das Bundesgericht in diversen Fällen inhaltlich unbillige AGB-Klauseln als unklar, obgleich diese sprachlich durchaus hinreichend deutlich formuliert waren[1509]. So verkommt die Beurteilung durch das Gericht, ob eine AGB-Bestimmung im Einzelfall als unklar gilt, mehr oder weniger zu «einem Roulette-Spiel»[1510]. Da eine derartige vom Bundesgericht betriebene Billigkeitskontrolle auf der AGB-Interpretationsebene den Ansprüchen der Rechtsicherheit nicht gerecht wird, sollte die Unklarheitenregel wieder auf ihren sachlich berechtigten Kern zurückgeführt werden[1511]. 318

7. Weitere Regeln für Zweifelsfälle

Neben der für die Interpretation von AGB zentralen Unklarheitenregel existieren noch *weitere Auslegungsregeln für Zweifelsfälle*. Beispielsweise soll im Zweifel diejenige Bedeutung Vorrang geniessen, welche die Gültigkeit 319

1505 SCHWENZER/FOUNTOULAKIS, OR AT, N 45.12.

1506 Vgl. zur Ungewöhnlichkeitsregel oben N 193 ff., zur Kritik N 203.

1507 SCHWENZER/FOUNTOULAKIS, OR AT, N 45.12; BAUDENBACHER, Kommentar UWG, Art. 8 N 16; FORSTMOSER, Standortbestimmung, 52.

1508 BSK OR I-HUGUENIN, Art. 19/20 N 27; GIGER, Kontrolle AGB, 46, 71, 100; WALKER, Konsumenten-AGB, 73.

1509 BGE 115 II 264, 268 f.; 107 II 161, 163 f.; BAUDENBACHER, AGB, 518; WALKER, Konsumenten-AGB, 73.

1510 SCHWENZER/FOUNTOULAKIS, OR AT, N 45.12; OGer ZH, ZR 1997, 213, 214.

1511 BK-KRAMER, Art. 1 N 208; SCHWENZER/FOUNTOULAKIS, OR AT, N 45.13.

des Vertrags bewahrt[1512] und dem Vertrag einen vernünftigen, sachgerechten Sinn verleiht[1513]. Zudem sind AGB-Klauseln im Zweifel – wie gleich nachfolgend unter N 321 ff. beschrieben – *gesetzeskonform* auszulegen[1514]. Die Forderung nach einer sachgerechten Lösung wird bei der Interpretation durch das Bundesgericht häufig im Zusammenhang mit der gesetzeskonformen Auslegung vorgebracht[1515]. Als weitere Regel wird in der Lehre vereinzelt der Vorrang der für einen Schuldner günstigeren Auslegung genannt (*«in dubio mitius»*)[1516].

320 Aufgrund der vom Bundesgericht anerkannten Subsidiarität der Unklarheitenregel sind derartige Auslegungsregeln grundsätzlich vor der Unklarheitenregel anzuwenden. Bei näherer Betrachtung stellt man allerdings fest, dass sich diverse dieser Grundsätze (zumindest im Kern) in der Unklarheitenregel selbst wiederspiegeln[1517].

IV. Gesetzeskonforme Auslegung (inklusive Restriktionsprinzip)

1. Prinzip und Teilgehalte

321 Der *Grundsatz der gesetzeskonformen Auslegung* wird im AGB-Kontext nicht prominent thematisiert, lässt sich aber bereits aus den allgemeinen Auslegungsregeln ableiten[1518]. In der AGB-Praxis dient die gesetzeskonforme Auslegung primär dazu, Freizeichnungsklauseln, die das dispositive Haftungsregime aushebeln, zu korrigieren[1519]. Näher betrachtet, lassen sich gleich *mehrere Interpretationsregeln* aus dem Konformitätsgrundsatz gewinnen[1520].

1512 CCF Art. 1157; PECL Art. 5106; vgl. aber BGE 111 II 276, 279, E. 1c.

1513 BGE 110 II 141, 146, E. 2b; 113 II 49, 51, E. 1b; 115 II 264, 268, E. 5a.

1514 GAUCH/SCHLUEP/SCHMID, OR AT, N 1235; offen gelassen in BGE 122 III 118, 124, E. 2d.

1515 Vgl. zur gesetzeskonformen Auslegung unten N 321 ff.

1516 So GAUCH/SCHLUEP/SCHMID, OR AT, N 1234; ablehnend BGer 4A_453/2009, E. 4.3 (unter Hinweis auf BK-KRAMER, Art. 18 N 48).

1517 So werden nach herrschender Lehre nur solche Auslegungsvarianten berücksichtigt, welche die Geltung der unklaren Regelung wahren. Da AGB zumeist einseitig zu Gunsten des AGB-Verwenders formuliert sind, orientiert sich das Bundesgericht für die Wahl der kundenfreundlichen Auslegung offensichtlich am dispositiven Recht und hebt dabei hervor, eine sachgerechte und vernünftige Lösung anstreben zu wollen.

1518 Vgl. BSK OR I-WIEGAND, Art. 18 N 39; EHLE/BRUNSCHWEILER, RIW 2012, 267.

1519 Vgl. zur Kritik einer verdeckten Inhaltskontrolle unten N 325.

1520 GAUCH/SCHLUEP/SCHMID, OR AT, N 1230.

2. Restriktionsprinzip

Zunächst sind AGB-Klauseln im Regelfall eng (eben restriktiv) zu interpretieren[1521]. Dieses vom Bundesgericht mehrfach angewandte *Restriktionsprinzip* gilt namentlich für AGB-Bestimmungen, die vom *dispositiven Gesetzestext abweichen*[1522]. Das Restriktionsprinzip kommt häufig bei *Verzichtserklärungen*[1523] und *Freizeichnungsklauseln*[1524] zum Tragen – insbesondere dann, wenn die fragliche Klausel die Position des Kunden verschlechtert[1525]. Schönenberger/Jäggi gehen gar soweit, eine Haftungsfreizeichnungsklausel nur «dann als gültig anzusehen, wenn sie sich durch besondere Umstände rechtfertigt; z.B. wegen des geringen Entgeltes, das der Unternehmer fordert, oder wegen der grossen Einwirkungsmöglichkeit des Kunden auf den Eintritt und den Verlauf einer Schädigung»[1526]. Gemäss A. KOLLER enthält das Restriktionsprinzip eine widerlegbare Vermutung, wonach allgemein gehaltenen – nicht nur AGB, sondern generell – Vertragsklauseln (sog. «Floskeln») keine allgemeine Bedeutung beizumessen ist, da die Vertragsparteien zumeist doch nur spezifische Situationen bedenken und die Tragweite der generell-abstrakt formulierten Klausel nicht voll erfassen[1527]. 322

[1521] KOLLER, OR AT, N 23.80; ZK-SCHÖNENBERGER/JÄGGI, Art. 1 N 497, 499.

[1522] BGE 115 II 474, 479; vgl. auch 117 II 609, 621; 126 III 59, 67, E. 5; 109 II 24, 25; 91 II 344, 348; BK-KRAMER, Art. 1 N 218 ff.; SCHWENZER/FOUNTOULAKIS, OR AT, N 45.11; kritisch im Zusammenhang mit einer daraus abgeleiteten Inhaltskontrolle, welche mit Art. 19 Abs. 2 OR unvereinbar sei: BSK OR I-ZELLWEGER-GUTKNECHT, Art. 1 N 64 (wohingegen das Prinzip im Rahmen der Ungewöhnlichkeitsregel mit Verweis auf BGE 135 III 1, E. 2.1 anwendbar sei).

[1523] BK-KRAMER, Art. 18 N 39; BK-MÜLLER, Art. 18 N 216.

[1524] BGE 118 II 142, 145, E. 1a; 126 III 59, 67; E. 5a; BGer 4C.281/2002 E. 1.3; 4C.190/2003, E. 3.1; GAUCH/SCHLUEP/SCHMID, OR AT, N 1230a. Nach bundesgerichtlicher Rechtsprechung zum Kaufvertragsrecht «fällt ein Mangel bei objektivierter Auslegung dann nicht unter den Gewährleistungsausschluss, wenn er gänzlich ausserhalb dessen lag, womit ein Käufer vernünftigerweise rechnen musste» (BGE 130 III 686, 689, E. 4.3.1).

[1525] BGE 115 II 474, 479; EHLE/BRUNSCHWEILER, RIW 2012, 267.

[1526] ZK-SCHÖNENBERGER/ JÄGGI, Art. 1 N 508.

[1527] KOLLER, OR AT N 23.81 f.; vgl. auch ZK-SCHÖNENBERGER/JÄGGI, Art. 1 N 497, 499.

3. Vorrangregel bei mehrdeutigen Klauseln

323 Bisweilen hat sich das Bundesgericht bei der Interpretation von AGB – wie bereits oben (N 308) erwähnt – vom Prinzip leiten lassen, dass bei mehrdeutigen Klauseln vor Eingreifen der Unklarheitenregel[1528] jene *Auslegung vorzuziehen* ist, die dem *dispositiven Gesetzesrecht entspricht*[1529]. Das dispositive Gesetzesrecht wahrt in aller Regel die Interessen beider Seiten hinreichend und ausgewogen[1530]. Im Zweifel sollte der Kunde im Vergleich zum dispositiven Recht nicht schlechter gestellt werden[1531]. Dies wird häufig damit begründet, dass das Gericht bei der Interpretation zu berücksichtigen hat, was sachgerecht ist, weil nicht anzunehmen ist, dass die Parteien eine unangemessene Lösung gewollt haben[1532]. Daher hat eine Partei, die vom dispositiven Recht abweichen will, dies im Vertrag mit hinreichender Deutlichkeit zum Ausdruck zu bringen[1533]. Dieses Deutlichkeitserfordernis lehnt sich stark an die Kriterien der Ungewöhnlichkeitsregel an.

4. Wiederholung von Gesetzesbestimmungen

324 Mangels anderer Anhaltspunkte sind Klauseln, die *Gesetzesbestimmungen wiederholen*, ausnahmsweise gesetzeskonform (d.h. abstrakt «im Sinne des Gesetzes») zu interpretieren, obwohl sie einen konkret vereinbarten Vertragsbestandteil darstellen[1534]. Inwiefern bereits blosse Verweisungen auf Gesetzesbestimmungen in AGB überhaupt Geltung erlangen können, bestimmt sich bereits auf

---

1528 Der Vorrang der gesetzeskonformen Auslegung kommt bei mehrdeutigen AGB-Klauseln noch vor der subsidiären Unklarheitenregel zum Tragen; vgl. zur Subsidiarität der Unklarheitenregel oben N 307 f.

1529 BGer 4A_585/2012, E. 3 (mit Verweis auf BGE 122 III 118, 121, E. 2a; 133 III 607, 610, E. 2.2); GAUCH/SCHLUEP/SCHMID, OR AT, N 1230; BK-MÜLLER, Art. 18 N 213.

1530 BGE 126 III 388, 391, E. 9d; 119 II 368, 372, E. 4b; BGer 4A_562/2017, E. 3.3.2; 5A_865/2012, E. 3.2; BK-MÜLLER, Art. 18 N 213.

1531 In diesem Sinne FURRER/MÜLLER-CHEN, OR AT, N 84.

1532 BGE 119 II 368, 372, E. 4b; 117 II 609, 621; 133 III 607, 610, E. 2.2; KLETT/HURNI, recht 2012, 83.

1533 So hielt das Bundesgericht bereits in BGE 91 II 344, 348 und 93 II 311, 316 f. in Bezug auf allgemeine Verkaufsbedingungen fest, dass eine «Ausnahme von der gesetzlichen Regelung im Vertrag klar zum Ausdruck kommen» muss. Vgl. ferner BGE 133 III 607, 610, E. 2.2.; 119 II 368, 372, E. 4b; 117 II 609, 621; 113 II 51; BGer 4A_562/2017, E. 3.3.2; 4A_585/2012, E. 3; 5C.87/2002, E. 2.2; 5C.36/2001, E. 2.4; BK-KRAMER N 48 zu Art. 18 OR; ZK-JÄGGI/GAUCH/HARTMANN, Art. 18 N 447; GAUCH/SCHLUEP/SCHMID, OR AT, N 1230; BK-MÜLLER, Art. 18 N 214.

1534 GAUCH/SCHLUEP/SCHMID, OR AT, N 1230. Vgl. zur Diskussion individuell-konkrete v. generell-abstrakte Auslegung oben N 281 ff.

der vorgelagerten Ebene der Konsenskontrolle im Rahmen der Transparenzprüfung[1535].

5. Kritik

Die Methode der gesetzeskonformen Auslegung erfordert zwangsläufig, dass ein Gericht den AGB-Inhalt einer wertenden Beurteilung unterzieht und entsprechende *Billigkeitserwägungen* vornimmt[1536]. Ihr dogmatisches Fundament und Anwendungsbereich erscheint dabei nicht vollständig entwickelt. Retrospektiv betrachtet wurde das Restriktionsprinzip wohl aus der Not heraus geboren, da keine offene Inhaltskontrolle als Korrektiv existierte. So muss sich denn das Bundesgericht auch bei Anwendung des Restriktionsprinzips bis zu einem gewissen Grad den Vorwurf gefallen lassen, eine *verdeckte Inhaltskontrolle* durchzuführen[1537]. Eine gewisse Zurückhaltung bei der Anwendung der gesetzeskonformen Auslegung ist insbesondere auch im b2b-Verkehr angezeigt, denn Unternehmer vereinbaren häufig im Rahmen der Privatautonomie AGB, um damit eben gerade eine vom dispositiven Recht abweichende Lösung anzustreben. Dies sollte im Grundsatz sogar dem global zustimmenden, die AGB nicht lesenden oder verstehenden Unternehmer bewusst sein. 325

V. Vertraglich vereinbarte Auslegungsregeln

Hauptsächlich in umfangreichen und komplexen Verträgen legen die Vertragspartner selber Regeln fest, welche der Konkretisierung und Interpretation des Vertragswerks dienen sollen. *Vereinbarte Auslegungsregeln* können unterschiedliche Regelungsinhalte betreffen. Beispielsweise können sie den Sprachgebrauch an einem festgelegten Ort (z.B. Ort des Vertragsschlusses)[1538] oder bei Vorliegen derselben AGB in mehreren Sprachen eine Fassung als massgebend erklären[1539]. In der Praxis kaum wegzudenken sind primär Wortdefinitionen, die den für die Vertragsauslegung massgeblichen Sinn einzelner Begriffe 326

1535 Vgl. dazu oben N 160 ff.

1536 In diesem Sinne auch die Feststellung von WIDMER, Geschäftsbedingungen, N 114.

1537 GAUCH/SCHLUEP/SCHMID, OR AT, N 1230a. Vgl. allgemein zur verdeckten Inhaltskontrolle T. KOLLER, recht 1999, 43 ff.

1538 GAUCH/SCHLUEP/SCHMID, OR AT, N 1237.

1539 Wurde keine massgebende Sprachfassung vertraglich festgelegt, so hat grundsätzlich diejenige Sprache Vorrang, in der die Vertragsentwürfe verfasst wurden (vgl. auch GAUCH/SCHLUEP/SCHMID, OR AT, N 1210a unter Bezugnahme auf Art. 5:107 PECL) und die Verhandlungen geführt wurden (vgl. zur massgebenden Sprache der AGB oben N 166 ff.).

klären sollen. Ebenfalls verbreitet ist der Einsatz von Rangordnungs-, Subordinations- bzw. Widerspruchsklauseln, welche das Verhältnis verschiedener Vertragsbestimmungen zueinander regeln sollen. Rangordnungs- und Subordinationsklauseln werden beispielsweise bei Vorliegen mehrerer anwendbarer AGB verwendet, um Kollisionen zwischen deren unterschiedlichen Bestimmungen zu vermeiden[1540]. Auch wird manchmal der Grundsatz festgelegt, dass die Bestimmungen eines individuellen Nachtrags den AGB vorgehen[1541], wobei dieser Grundsatz des Vorrangs der Individualabrede unseres Erachtens ohnehin bestehen würde[1542].

327 Soweit solche Auslegungsregeln von den Parteien nach den zur Konsenskontrolle entwickelten Grundsätzen zum Vertragsbestandteil erhoben wurden, sind sie innerhalb der Schranken des Gesetzes wirksam und binden die Gerichte[1543]. Allerdings sind auch vertragliche Interpretationshilfen nicht immer präzise bzw. mehrdeutig verfasst und bedürfen deshalb ihrerseits ebenso der Auslegung. Folglich unterliegen vertraglich vereinbarte Auslegungsregeln in AGB selber den AGB-spezifischen Geltungsschranken und Auslegungsprinzipien[1544]. Wie weit man überhaupt die Anwendung der anerkannten allgemeinen Interpretationsregeln in den AGB wirksam zum Voraus ausschliessen kann, hängt jeweils von der getroffenen Ersatzregelung und der abbedungenen Interpretationsegel ab. Beispielsweise kann man im b2c-Verkehr nicht einfach pauschal (und schon gar nicht in AGB) die Anwendung der Unklarheitenregel (ohne Ersatzregelung für unklare Bestimmungen) vertraglich ausschliessen, wenn die AGB tatsächlich unklare Bestimmungen enthalten. Dagegen kann man namentlich im b2b-Verkehr individualvertraglich die Orientierung am dispositiven Gesetzesrecht (gesetzeskonforme Auslegung) vermeiden, indem man beispielsweise explizit auf ein anderes für die Auslegung massgebendes Regelwerk (z.B. PECL) verweist. Unwirksam sind jedenfalls Regelungen, wonach eine Partei im Falle eines Auslegungsstreits die Bedeutung umstrittener Vertragsklauseln oder die Rangordnung zwischen widersprüchlichen Vertragstexten einseitig bestimmen kann[1545].

[1540] Dies ist etwa häufig bei Hinzutreten von Regelungswerken von Berufs- und Branchenverbänden (wie z.B. der SIA-Norm 118) der Fall; vgl. auch GAUCH/SCHLUEP/ SCHMID, OR AT, N 1238. Vgl. allerdings zu den problematischen salvatorischen Klauseln in AGB oben N 162.

[1541] Vgl. BGE 125 III 263, 266 f., E. 4b/bb; BGer 4A_503/2020, E. 5.3 (Vorrang in den AGB festgehalten); GAUCH/SCHLUEP/SCHMID, OR AT, N 1238.

[1542] Siehe oben N 287.

[1543] GAUCH/SCHLUEP/SCHMID, OR AT, N 1236.

[1544] GAUCH/SCHLUEP/SCHMID, OR AT, N 1236.

[1545] Derartige Bestimmungen sind mit Art. 27 Abs. 2 ZGB unvereinbar (GAUCH/SCHLUEP/ SCHMID, OR AT, N 1239).

§ 9 Gültigkeitskontrolle

I. Allgemeines

Ergibt die *Konsenskontrolle*[1546], dass die vom AGB-Verwender einseitig vorformulierten Vertragsbestimmungen durch (einen tatsächlichen oder normativen) Parteikonsens *Vertragsbestandteil* geworden sind, stellt sich die Anschlussfrage, ob der vereinbarte Vertragsinhalt (inkl. AGB) *rechtlich gültig* ist. Im Rahmen der *Gültigkeitskontrolle* ist somit zu prüfen, ob der *Inhalt* der AGB die Schranken des *zwingenden Rechts* einhält. Trifft dies nicht zu, sind die von den Parteien vereinbarten AGB *nichtig* und entfalten *keine Rechtswirkung*. Die Gültigkeitskontrolle der AGB stellt damit nichts anderes als die *allgemeine Inhaltskontrolle* dar, welcher jeder Vertragsinhalt unterliegt. 328

Zusätzlich zur Einhaltung des zwingenden Rechts kann sich allenfalls die Frage stellen, ob der grundsätzlich gültig vereinbarte AGB-Inhalt für den konkreten AGB-Übernehmer wegen eines *Willensmangels* (Irrtum, Drohung, Täuschung) *einseitig unverbindlich* ist und von ihm angefochten werden kann[1547]. Diese Frage betrifft nicht den *Inhalt* der AGB, sondern einen allfälligen Mangel des *Vertragsabschlusses*. Soweit ersichtlich haben Willensmängel bei AGB bisher kaum praktische Bedeutung erlangt[1548]. 329

Ergibt die Gültigkeitskontrolle, dass die übernommenen AGB gegen *kein zwingendes Recht verstossen* und damit gültig vereinbart worden sind, und liegen auch *keine Willensmängel* vor, welche es dem (getäuschten, bedrohten oder sich irrenden) AGB-Übernehmer erlauben würden, die AGB als einseitig *unverbindlich anzufechten*[1549], ist noch die *AGB-spezifische* (offene) *Inhaltskontrolle* gemäss der (lauterkeitsrechtlichen) Bestimmung von Art. 8 UWG[1550] vorzunehmen. Bei dieser Kontrolle geht es um die Frage, ob eine *missbräuchliche Benachteiligung* des AGB-Übernehmers vorliegt, weil die AGB treuwidrig und ungerechtfertigt zulasten des AGB-Übernehmers eine Risikoüberwälzung vornehmen.[1551] 330

[1546] Dazu oben N 111 ff.

[1547] Art. 23 ff. OR.

[1548] Dieser Aspekt wird in der Lehre kaum diskutiert und spielt auch in der Praxis – soweit ersichtlich – keine Rolle, weshalb er an dieser Stelle nicht separat weiterverfolgt, sondern – systematisch nicht ganz richtig – im Rahmen der Gültigkeitskontrolle aufgeführt wird.

[1549] Art. 23 ff. OR.

[1550] Dazu unten N 347 ff.

[1551] Zu der am 1. Dezember 2022 in Kraft getretenen Sonderregel von Art. 8a UWG, wonach Paritätsklauseln für Beherbergungsdienstleistungen in den AGB von Online-Buchungsplattformbetreibern unzulässig sind, unten N 806 ff.

II. Relevante Einzelbestimmungen

331 Namentlich folgende Gesetzesbestimmungen sind für die Gültigkeitskontrolle relevant und können der Gültigkeit bzw. der Verbindlichkeit vereinbarter AGB entgegenstehen[1552]:

332 *Art. 19/20 OR*: Der *Inhalt* eines Vertrags bzw. dessen *Vereinbarung* darf nicht widerrechtlich, sittenwidrig oder unmöglich[1553] sein bzw. nicht gegen die öffentliche Ordnung oder das Persönlichkeitsrecht (Art. 27 ZGB) verstossen[1554]. Was für Individualabreden gilt, muss *a fortiori* für *AGB* gelten. Vorformulierte Vertragsklauseln, welche die vorgenannten Schranken überschreiten, sind daher *nichtig*[1555]. Darüber hinaus könnte im Kriterium der «Sittenwidrigkeit» bzw. des Verstosses gegen die «öffentliche Ordnung» eine obligationenrechtliche Grundlage für eine weitergehende *inhaltliche* AGB-Kontrolle gesehen werden. Dies aufgrund der Überlegung, dass ein erhebliches Abweichen vom dispositiven Gesetz, welches auf einem demokratisch *legitimierten Ausgleich* der divergierenden *Parteiinteressen* beruht, als Verstoss gegen die «öffentliche Ordnung» verstanden werden kann[1556]. Die Rechtsprechung hat es in der Vergangenheit jedoch unterlassen, die Entwicklung des Obligationenrechts in diese Richtung voranzutreiben[1557]. Nach Inkrafttreten des neuen Art. 8 UWG (2011)[1558] ist es unwahrscheinlich, dass sich daran in Zukunft etwas ändern wird.

333 *Art. 21 OR*: Soweit vertraglich übernommene, vorformulierte Vertragsbestimmungen eine *Übervorteilung* des AGB-Übernehmers bewirken, ist der entsprechende Vertrag für ihn (einseitig) unverbindlich[1559]. Voraussetzung für das Vorliegen einer Übervorteilung ist, dass im Moment des Vertragsabschlusses – in *objektiver* Hinsicht – eine offensichtliche *Inäquivalenz* zwischen vertraglicher *Leistung* und *Gegenleistung* besteht, sowie dass – in *subjektiver* Hinsicht – dieses Missverhältnis die Folge der (bewussten) *Ausnützung einer Schwäche* (z.B. Notlage, Unerfahrenheit, Leichtsinn) des Übervorteilten durch die Gegenpartei ist. Da AGB in der Geschäftspraxis kaum je die eigentlichen

[1552] Die nachstehende Aufzählung beansprucht keine Vollständigkeit, sondern beschränkt sich auf die wichtigsten Gesetzesbestimmungen.

[1553] Art. 20 Abs. 1 OR.

[1554] Art. 19 OR; BK-KRAMER, Art. 19/20 N 136; GAUCH/SCHLUEP/SCHMID, OR AT, N 638 ff.

[1555] Art. 20 Abs. 1 OR.

[1556] Vgl. BK-KRAMER, Art. 19/20 N 158 ff.; HUGUENIN JACOBS, AGB, recht 1995, 87 f.

[1557] Vgl. BGE 77 II 154, 158; BAUDENBACHER, Kommentar UWG, Art. 8 N 36; WIEGAND, FS KRAMER, 331. – Siehe aber immerhin BGE 126 III 388, 391, wo dieses Argument im Rahmen der Auslegungskontrolle verwendet wird.

[1558] Dazu unten N 743 ff.

[1559] Zur Relevanz der Willensmängel (Irrtum, Täuschung) bei AGB, vgl. STICHER, AGB, 47 ff.

Hauptleistungen beider Parteien definieren[1560], sondern (mehr oder weniger wichtige) vertragliche *Nebenaspekte* regeln, werden einseitig benachteiligende AGB nur *ausnahmsweise*[1561] ein offensichtliches Missverhältnis der vertraglichen Leistungen bewirken können. Zudem hat die Übervorteilung die *Leistungsäquivalenz* der vertraglichen Leistungen *insgesamt* im Auge und nicht die stossende Unbilligkeit *einzelner Vertragsklauseln*. Insgesamt bietet daher Art. 21 OR kaum Schutz vor einer unbilligen Benachteiligung durch AGB[1562].

Art. 100, 101 Abs. 3, 192 Abs. 3, 199 OR[1563]: Die in der Praxis weit verbreiteten *Haftungsbeschränkungen* bzw. *Haftungsausschlüsse* durch AGB («Freizeichnungsklauseln») sind – gleich wie entsprechende Einzelabreden – ungültig, wenn sie gegen die (zwingenden) Bestimmungen von Art. 100, 101 Abs. 3, 192 Abs. 3 oder 199 OR verstossen[1564]. So kann beispielsweise die Haftung für grobes (eigenes) Verschulden des AGB-Verwenders mittels AGB ebenso wenig ausgeschlossen werden wie durch Einzelabreden[1565]. Ähnliche Vorschriften 334

1560 Diesbezüglich sehr weit gehen die AGB (AVB) beim *Versicherungsvertrag*, wo die versicherte Gefahr und die Versicherungsdeckung regelmässig erst in den AGB detailliert umschrieben werden. So wird etwa für eine Hausratsversicherung das versicherte Risiko in der Police bloss mit Schlagworten wie «Feuer», «Diebstahl», «Wasser» umschrieben. In den AVB finden sich dann längere Listen von Einzelsachverhalten, die zwar unter das Schlagwort fallen, aber dennoch als *nicht versichert ausgeschlossen* werden. Dies bedeutet im Ergebnis, dass ein *essentialia negotii* des Versicherungsvertrags *materiell* in den AVB steht, welche vom Versicherungsnehmer regelmässig ungelesen bzw. unverstanden global übernommen werden. Unter solchen Verhältnissen einen normativen Konsens anzunehmen, ist fragwürdig. Vgl. auch A. KOLLER, OR AT, § 23 N 4; MERZ, FS Schönenberger, 154 f.; JUNOD MOSER, conditions générales, 17 f. Das Bundesgericht scheint neuerdings diesem Aspekt unter dem Begriff der «berechtigten Deckungserwartungen» im Rahmen der Ungewöhnlichkeitsklausel besser Rechnung tragen zu wollen (BGE 138 III 411, 413 f.).

1561 Denkbar ist etwa, dass ein totaler Haftungs- oder Gewährleistungsausschluss praktisch den Vertragszweck unterläuft und damit den wirtschaftlichen Wert der Gegenleistung entscheidend verringert; vgl. auch BK-KRAMER, Art. 21 N 18; KOLLER, OR AT, § 14 N 255.

1562 Offenbar a.M. KOLLER, OR AT, § 23 N 37. – Zum Verhältnis von Art. 21 OR (einseitige Unverbindlichkeit des Vertrags) zur Sittenwidrigkeit von Art. 20 (Nichtigkeit des Vertrags) siehe BK-KRAMER, Art. 21 N 62 ff. – Die teilweise gehegten Hoffnungen, dass BGE 123 III 292, 298 den Beginn einer offenen AGB-Inhaltskontrolle durch die Rechtsprechung andeuten könnte, haben sich nicht erfüllt.

1563 Der Vollständigkeit halber sei auch auf Art. 57 des Vorentwurfs zur (gescheiterten) Revision des Haftpflichtrechts hingewiesen, wonach für Personen- und Umweltschäden sowohl *Einzelvereinbarungen* als auch *AGB-Freizeichnungsklauseln* als nichtig erklärt werden. Für übrige Schäden sind (nur) *AGB*-Freizeichnungen nichtig. Ferner unten N 849 ff.

1564 Vgl. BGE 132 III 449, 452; SCHMID, FS Rey, 307 ff.

1565 Art. 100 Abs. 1 OR; vgl. BGE 115 II 474, 479; SCHWENZER/FOUNTOULAKIS, OR AT, N 24.04 ff.

über die Wegbedingung oder Beschränkung der Haftung sind auch in *Sondergesetzen* zu finden wie z.B. in Art. 40e des Eisenbahngesetzes[1566].

335 *Art. 210 Abs. 4, 371 Abs. 3 OR*: Die *Verkürzung* der *Verjährungsfrist* unter *zwei* bzw. *fünf Jahre* für *Gewährleistungsansprüche* des Käufers bzw. des Bestellers als *Konsument* ist unzulässig. Dagegen ist der *Ausschluss* der (verschuldensunabhängigen) *Gewährleistungspflicht* des Verkäufers bzw. des Werkunternehmers sowohl durch Einzelabrede als auch durch AGB zulässig, soweit es sich *nicht* um *arglistig verschwiegene Mängel* handelt[1567].

336 *Art. 35 ZPO*: AGB enthalten oft *Gerichtsstandsvereinbarungen.* Solche – grundsätzlich zulässigen Vereinbarungen – sind dann ungültig, wenn sie gegen die *(teil-)zwingenden Gerichtsstände* des Konsumenten, des Mieters oder Pächters von Wohn- oder Geschäftsräumen oder des Arbeitnehmers als sozial schwächere Partei verstossen[1568]. Massgeblich bleibt in diesen Fällen der gesetzliche Gerichtsstand[1569]. Die Ungültigkeit von Gerichtsstandsklauseln ist vom Richter *von Amtes wegen* zu beachten[1570].

337 *Art. 256 Abs. 2 lit. a, 288 Abs. 2 lit. a OR*: AGB, die zulasten des Mieters bzw. Pächters, die Pflicht des Vermieters bzw. Verpächters zur Überlassung einer

---

[1566] Art. 40e Abs. 1 EBG («Vereinbarungen, welche die Haftpflicht nach diesem Gesetz wegbedingen oder beschränken, sind nichtig.»), SR 742.101. Vgl. dazu das Bundesgesetz über die Änderungen des Transportrechts vom 19. Dezember 2008, BBl 2009, 223. – Siehe auch unten N 339.

[1567] Vgl. Art. 199 OR. – Unter dem Gesichtspunkt der *offenen Inhaltskontrolle* nach Art. 8 UWG (2011) – (vgl. dazu, unten N 743 ff.) – riskieren *Konsumenten-AGB*, welche die Gewährleistung des Verkäufers bzw. Werkunternehmers vollständig wegbedingen, sich als missbräuchlich zu erweisen. Die Wegbedingung der Gewährleistungspflicht impliziert regelmässig ein *erhebliches Missverhältnis* der vertraglichen Rechte und Pflichten (unten N 761 ff.) zulasten des Konsumenten, da das (dispositive) Gesetz dem Verkäufer bzw. Unternehmer wegen des vertraglich geschuldeten Erfolgs eine *verschuldensunabhängige Erfolgsgarantie* auferlegt. Das (aus einer risikoüberwälzenden AGB resultierende) erhebliche Missverhältnis ist als *treuwidrig* zu qualifizieren, wenn davon auszugehen ist, dass der AGB-Übernehmer diese Risikoübernahme im Rahmen einer *Einzelabrede nicht*, oder jedenfalls *nicht ohne kompensierende Vorteile,* akzeptierte hätte (unten N 804). Dies ist in der Regel anzunehmen. Mit der Bejahung der Treuwidrigkeit ist gleichzeitig die *Vermutung* erstellt, dass das erhebliche Missverhältnis der vertraglichen Rechte und Pflichten zudem *ungerechtfertigt* ist (unten N 805). Diese Vermutung kann der AGB-Verwender jedoch durch den *Gegenbeweis widerlegen*, dass aufgrund der konkreten Umstände des Einzelfalls die den Konsumenten benachteiligende Wegbedingung der Gewährleistung durch *anderweitige konkrete Vorteile kompensiert* worden ist und daher im Endergebnis die AGB nicht als missbräuchlich erscheinen (unten N 513).

[1568] BSK ZPO-Kaiser Job, Art. 35 N 1.

[1569] Art. 32–34 ZPO; Gauch/Schluep/Schmid, OR AT, N 1141 f.

[1570] Vgl. Art. 35 Abs. 1 ZPO; BSK ZPO-Kaiser Job, Art. 35 N 15.

gebrauchsfähigen Sache bzw. eines nutzbaren Gutes beschränken, sind *nichtig*[1571]. Infolgedessen kann die dem Mieter bzw. Pächter geschuldete *Gebrauchsüberlassung* bzw. können die ihm aufgrund von Art. 258 ff. OR zustehenden *Rechte* aus *Nichterfüllung* oder *Schlechterfüllung* (Mängelrechte) nicht gültig durch AGB wegbedungen oder beschränkt werden.

Art. 404 OR: Bei *auftragsrechtlichen* Vertragsverhältnissen darf das – vom Bundesgericht als *zwingend* betrachtete[1572] – *jederzeitige Beendigungsrecht* nicht durch AGB (oder Individualabrede) wegbedungen oder beschränkt werden (z.B. durch Vereinbarung einer Kündigungsfrist oder Konventionalstrafe). Entsprechende Absprachen sind daher *nichtig*. 338

Art. 87 Abs. 1 SVG: Nach dieser Bestimmung sind Vereinbarungen, welche die *SVG-Haftpflicht wegbedingen* oder *beschränken*, nichtig[1573]. Dies gilt nicht nur für Individualvereinbarungen, sondern auch für haftungsbeschränkende oder haftungsaufhebende *AGB*. Analoge Bestimmungen finden sich in diversen *weiteren Spezialgesetzen*. So etwa in *Art. 40e Abs. 1 EBG* für die Haftung des Eisenbahnunternehmens, in *Art. 6 Abs. 1 KHG* für die Haftung des Inhabers einer Kernanlage und in *Art. 8 PrHG* für die Produktehaftpflicht. Zu beachten sind auch diverse Bestimmungen, welche auf Art. 40e Abs. 1 EBG verweisen, namentlich Art. 51 Abs. 1 *PBG*[1574], Art. 20 *SebG*[1575], Art. 7 *GüTG*[1576] und Art. 30a *BSG*[1577]. 339

Art. 11 PG[1578]: Anbieter von Postdiensten können für *uneingeschriebene* Postsendungen, d.h. für Postsendungen ohne Zustellnachweis, wegen der damit verbundenen Beweisprobleme[1579] die Haftung in ihren AGB beschränken oder vollständig ausschliessen. *E contrario* ist daraus wohl zu schliessen, dass dasselbe für *eingeschriebene* Postsendungen *nicht* zulässig ist. Für die von der Post zu gewährleistende *Grundversorgung* mit Postdiensten kann die Post gemäss 340

1571 Vgl. auch GAUCH/SCHLUEP/SCHMID, OR AT, N 1148; KOLLER, OR AT, § 23 N 29. – Vgl. auch die ähnliche Bestimmung in Art. 57 Abs. 2 lit. d des Vorentwurfs zur Revision und Vereinheitlichung des Haftpflichtrechts.

1572 Vgl. BGE 115 II 464, 466 E. 2a.

1573 Für weitere Einzelheiten, siehe BSK SVG-PROBST, Art. 87 N 5 ff.

1574 Bundesgesetz über die Personenbeförderung (Personenbeförderungsgesetz, PBG) vom 20. März 2009 (SR 745.1).

1575 Bundesgesetz über Seilbahnen zur Personenbeförderung (Seilbahngesetz, SebG) vom 23. Juni 2006 (SR 743.01).

1576 Bundesgesetz über den Gütertransport von Bahn- und Schifffahrtsunternehmen (Gütertransportgesetz, GüTG) vom 19. Dezember 2008 (SR 742.41).

1577 Bundesgesetz über die Binnenschifffahrt (BSG) vom 3. Oktober 1975 (SR 747.201).

1578 Postgesetz (PG) vom 17. Dezember 2010 (SR 783.0).

1579 Vgl. Botschaft zum Postgesetz vom 20. Mai 2009, BBl 2009, 5217.

Art. *17 Abs. 3 PG*[1580] (bei eingeschriebenen Postsendungen[1581]) in ihren AGB die Haftung (nur) für *leichtes Verschulden* beschränken oder ausschliessen[1582].

341 *Art. 16 PauRG*[1583]: Ein *Reiseveranstalter* (bzw. Vermittler) kann seine Haftung für *Personenschäden* aus dem Pauschalreisevertrag weder durch Einzelabrede noch durch AGB beschränken. Für *andere Schäden* kann er die Haftung für leichtes Verschulden, nicht aber für Grobfahrlässigkeit oder Absicht, auf das Doppelte des Pauschalreisepreises limitieren.

342 *Art. 37 KKG*[1584]: Der *Konsumkreditgeber* kann von den Bestimmungen des KKG weder durch Einzelabrede noch durch AGB zulasten des Konsumenten abweichen.

343 *Art. 12 Abs. 3* und *Art. 22 BEG*[1585]: Nach Art. 12 Abs. 3 BEG sind abweichende Abreden (Individualabreden oder AGB) zwischen der Verwahrungsstelle und der Drittverwahrungsstelle betreffend Aufrechnung oder Pfand-, Rückbehalts- und Verwertungsrechte *nichtig*. Sodann darf gemäss Art. 22 Abs. 2 BEG die *Ermächtigung* der Verwahrungsstelle, über *Bucheffekten* eines Kontoinhabers, der kein qualifizierter Anleger ist, im eigenen Namen und auf eigene Rechnung zu verfügen (z.B. als Sicherheit [sog. *«securities lending»*]), nicht in *AGB* enthalten sein.

344 *Art. 7 ff. FIDLEG*[1586]: Die in Art. 7 ff. FIDLEG enthaltenen Informations-, Sorgfalts- und Treuepflichten des Finanzdienstleisters (Art. 3 lit. d FIDLEG) gegenüber seinem Kunden können *nicht* zu dessen Lasten *vertraglich beschränkt* oder *wegbedungen* werden, weder durch *Individualabrede* noch durch *AGB*[1587]

1580 Mit dieser Bestimmung wollte der Gesetzgeber offenbar die Anwendung von Art. 100 Abs. 2 OR auf die Post ausschliessen und damit deren Benachteiligung gegenüber andern Postdienstanbietern vermeiden (vgl. BBl 2009, 5223).

1581 Vgl. BBl 2009, 2537.

1582 Das gegenseitige Verhältnis der beiden Bestimmungen ist unklar und die Materialien helfen nicht wesentlich weiter (vgl. BBl 2009, 2517, 2523, 5237; Amtl. Bull. SR 2009, 1142; Amtl. Bull. NR 2010, 1465). Gemeint ist wohl, dass für alle Anbieter von Postdiensten bei uneingeschriebenen Postsendungen ein vollständiger Haftungsausschluss möglich ist, während bei eingeschriebenen Postsendungen nur ein Haftungsausschluss für leichtes Verschulden zulässig ist.

1583 Bundesgesetz über Pauschalreisen (PauRG) vom 18. Juni 1993 (SR 944.3).

1584 Bundesgesetz über den Konsumkredit (KKG) vom 23. März 2001 (SR 221.214.1).

1585 Bundesgesetz über Bucheffekten (BEG) vom 3. Oktober 2008 (SR 957.1).

1586 Bundesgesetz über Finanzdienstleistungen (Finanzdienstleistungsgesetz, FIDLEG) vom 15. Juni 2018 (SR 950.1).

1587 Vgl. BGE 133 III 97, 99 Erw. 5.2. zum früher geltenden Art. 11 BEHG.

Art. 44 PBG[1588]: Ein konzessioniertes *Personenbeförderungsunternehmen* darf seine Haftung gegenüber der Kundschaft durch Einzelabrede oder AGB vertraglich weder ganz noch teilweise ausschliessen. 345

BGG/Art. 192 IPRG: In einem Grundsatzentscheid[1589], den das Bundesgericht im gemeinsamen Verfahren nach Art. 23 Abs. 2 BGG gefällt hat, ist entschieden worden, dass ein *Vorausverzicht* auf die Erhebung einer *Bundesgerichtsbeschwerde ungültig* ist. Dies gilt sowohl für den Vorausverzicht durch Einzelabrede als für den Vorausverzicht durch Übernahme einer entsprechenden Klausel in den AGB. 346

Art. 141 Abs. 1bis OR: Ein Verzicht des Schuldners auf die Geltendmachung der Verjährung kann nur als *Einzelabrede* nicht aber in den AGB gültig erfolgen. Eine *Verjährungseinredeverzichtsklausel* zulasten des AGB-Übernehmers ist daher *ungültig*.

[1588] Bundesgesetz über die Personenbeförderung (PBG) vom 20. März 2009 (SR 745.1).

[1589] BGE 141 III 596 ff.

§ 10 Die offene Inhaltskontrolle nach Art. 8 UWG (2011)

347 Hat die *Konsenskontrolle* ergeben, dass die einseitig vorformulierten Vertragsbestimmungen des AGB-Verwenders durch einen (tatsächlichen oder normativen) Konsens vom AGB–Übernehmer *akzeptiert* worden sind, und hat die *Gültigkeitskontrolle*[1590] gezeigt, dass der Inhalt der AGB nicht gegen zwingendes Recht verstösst, so stellt sich anschliessend noch die Frage, ob die (obligationenrechtlich) gültig vereinbarten AGB auch vor der *AGB-spezifischen,* lauterkeitsrechtlichen, (offenen) *Inhaltskontrolle* standhalten. Nur wenn auch dies zu bejahen ist, liegen für die *Parteien verbindliche AGB* vor.

348 Mit Art. 8 UWG hat der Gesetzgeber im Jahr 1986 eine *lauterkeitsrechtliche* Gesetzesbestimmung zum Schutze des AGB-Übernehmers vor missbräuchlichen AGB geschaffen. Diese Bestimmung ist im Jahre 2011 nach einem verwickelten Revisionsverfahren modifiziert worden. Bevor die *Tatbestandselemente* des revidierten Art. 8 UWG (2011), welcher am 1. Juli 2012 in Kraft trat, diskutiert werden können (unten N 743 ff.), sind die *historische Entwicklung* von Art. 8 UWG (unten N 349 ff.) sowie seine *intertemporale* (unten N 360 ff.) und *internationalprivatrechtliche* Anwendung (unten N 366 ff.) zu klären.

I. Die historische Entwicklung von Art. 8 UWG

1. Die Entstehung von Art. 8 UWG (1986)

349 In seiner *Botschaft* zur *UWG-Revision* von *1983* hatte der Bundesrat unter dem Titel «Verwendung missbräuchlicher Geschäftsbedingungen» für Art. 8 UWG folgende Formulierung vorgeschlagen:

> *«Unlauter handelt insbesondere, wer vorformulierte allgemeine Geschäftsbedingungen verwendet, die zum Nachteil einer Vertragspartei: a. von der unmittelbar oder sinngemäss anwendbaren gesetzlichen Ordnung erheblich abweichen oder, b. eine der Vertragsnatur erheblich widersprechende Verteilung von Rechten und Pflichten vorsehen.»*[1591].

350 In der *parlamentarischen Beratung* wurde dieser Text dahingehend modifiziert, dass AGB nur unlauter sein sollten, wenn sie *in irreführender Weise* zum Nachteil einer Vertragspartei von der gesetzlichen Ordnung abweichen bzw.

[1590] Dazu oben N 328 ff.

[1591] Botschaft UWG, BBl 1983 II 1094.

eine der Vertragsnatur erheblich widersprechende Verteilung von Rechten und Pflichten vornehmen[1592]. Mit diesem Zusatz wollte der lauterkeitsrechtliche Bezug zu Art. 2 UWG hervorgehoben werden[1593].

2. Die Kritik an Art. 8 UWG (1986)

In der Praxis hatte das vom Parlament ins Gesetz eingefügte Erfordernis der *Irreführung* zur Folge, dass Art. 8 UWG (1986) nur selten zur Anwendung gelangte[1594] und *kaum* zu einer Verbesserung des *Schutzes* vor *missbräuchlichen AGB* führte. Da die Rechtsprechung zudem keinen subsidiären Rückgriff auf die *Generalklausel* von Art. 2 UWG praktizierte[1595], blieb die lauterkeitsrechtliche Kontrolle von AGB weitgehend *ohne Wirkung*[1596]. Der Versuch, die AGB-Problematik mit Art. 8 UWG lauterkeitsrechtlich einer adäquaten Lösung zuzuführen, wurde daher in der Lehre vorwiegend als gescheitert erachtet und stattdessen ein *obligationenrechtlicher* Ansatz mit einer offenen *Inhaltskontrolle* befürwortet[1597]. Vor diesem Hintergrund setzte sich mit der Zeit die Einsicht durch, dass das Ziel eines besseren Schutzes vor missbräuchlichen AGB nur über eine *Gesetzesrevision* zu verwirklichen war. 351

[1592] Amtl. Bull. SR 1986, 423; Amtl. Bull. NR 1986, 1252 ff.

[1593] BAUDENBACHER, Kommentar UWG, Art. 8 N 24; PEDRAZZINI/PEDRAZZINI, UWG, N 12.02.

[1594] *Bejaht* wurde eine Verletzung von Art. 8 UWG namentlich in folgenden Entscheidungen: BGE 119 II 443, 447 f. (jedoch bloss als *obiter dictum*); Entscheid der SLK, sic! 1999, 608, 611 ff.; OGer TG vom 24. Februar 1993 (mp 97, 23 ff., nur *obiter dictum*). – *Verneint* wurde eine Verletzung von Art. 8 UWG namentlich in folgenden Entscheidungen: BGE 117 II 332; 122 III 373; BGer Pra 1998, Nr. 9, E. 2b; BGer 4P.52/2000, E. 3b; BGer 5C.237/2000, E. 2c; BGer B 22/00, E. 6; BGer 5C.53/2002, E. 4.3; BGer 5C.134/2002; BGer 5C.259/2003, E. 6; KGer SG GVP 1992 Nr. 19. – Offen gelassen im Urteil des BGer 4A_404/2008, E. 5.6.3.2.1.

[1595] Zum Verhältnis zwischen Generalklausel (Art. 2 UWG) und den Spezialtatbeständen (Art. 3–8 UWG): BGE 133 III 431.

[1596] Siehe auch Erläuternder Bericht vom 21. Januar 2009 zur Revision des Bundesgesetzes über den Versicherungsvertrag (VVG), 102.

[1597] BAUDENBACHER, Kommentar UWG, Art. 8 N 26 ff.; T. KOLLER, AJP 2008, 943; MERZ, Vertrag, § 2 N 96a («verfehlte Revision»); GAUCH, FS Honsell, 18 f.; DERS., BR 1987, 57, 60; DERS., recht 2006, 85; SCHWENZER/FOUNTOULAKIS, OR AT, N 46.04; GAUCH/SCHLUEP/SCHMID, OR AT, N 1150a.

3. Die Revision von Art. 8 UWG (1986)

352 Die *Revisionsbestrebungen* von Art. 8 UWG gestalteten sich schwierig[1598]. Auf der einen Seite wurde im Rahmen einer – später gänzlich gescheiterten – *VVG-Revision* die Einführung eines neuen *Art. 20a OR* vorgeschlagen, wonach AGB missbräuchlich und damit unwirksam sein sollten, wenn sie den Vertragspartner unangemessen benachteiligten, d.h. wenn eine AGB-Klausel mit wesentlichen gesetzlichen Grundsätzen unvereinbar war[1599]. Dieser Vorschlag gemäss dem *Vorentwurf* der Expertenkommission wurde allerdings im *Gesetzesentwurf* vom 21. Januar 2009 (mit einer eigenartigen Begründung) bereits wieder *fallen gelassen*[1600].

353 Auf der anderen Seite wurde eine *UWG-Revision* in die Wege geleitet, welche u.a. eine Änderung von Art. 8 UWG beinhaltete. Gemäss dem *Vorentwurf*, welcher das schweizerische Recht dem EU-Recht annähern wollte, wurde für Art. 8 UWG folgender Wortlaut *vorgeschlagen*:

> *«Unlauter handelt insbesondere, wer vorformulierte allgemeine Geschäftsbedingungen verwendet, die: a. in gegen Treu und Glauben verstossender Weise von der unmittelbar oder sinngemäss anwendbaren gesetzlichen Ordnung erheblich abweichen oder b. eine der Vertragsnatur erheblich widersprechende Verteilung von Rechten und Pflichten vorsehen.»*[1601]

354 Nach diesem Vorschlag wäre im Ingress auf das von der Lehre kritisierte Erfordernis der *Irreführung* im Interesse einer offenen Inhaltskontrolle verzichtet[1602], aber gleichzeitig in *Art. 8 lit. a* UWG als (neues) Erfordernis die *Treuwidrigkeit* der Abweichung vom Gesetz eingeführt worden, um den Bezug zum Grundtatbestand von Art. 2 UWG, d.h. zur Unlauterkeit klarzustellen. Diese Treuwidrigkeit erblickte der Vorentwurf darin, dass die AGB «irreführend, unklar, verwirrend oder intransparent gestaltet oder formuliert»[1603] waren, womit freilich übersehen wurde, dass die irreführende und unklare Gestaltung

---

1598 Zu den Revisionsarbeiten siehe Erstauflage SHK UWG-PROBST, Art. 8 N 76–88.

1599 Art. 20a lautete: «Bestimmungen in vorformulierten Allgemeinen Vertragsbedingungen sind missbräuchlich und unwirksam, wenn sie den Vertragspartner des Verwenders unangemessen benachteiligen. Eine unangemessene Benachteiligung ist namentlich dann anzunehmen, wenn eine Bestimmung mit wesentlichen Grundsätzen der gesetzlichen Regelung, von der zu Lasten des Vertragspartners abgewichen wird, nicht zu vereinbaren ist.». Vgl. dazu GROLIMUND, HAVE 2007, 145 ff.; PICHONNAZ, FS TERCIER, 377 ff.

1600 Für weitere Einzelheiten dazu, siehe PROBST, richterliche Inhaltskontrolle, 246 f.

1601 BBl 2008, 5361 (mit Verweisung auf die Website <http://www.admin.ch/ch/d/gg/pc/pendent. html>).

1602 Erläuternder Bericht VE-UWG 2008, 9.

1603 Erläuternder Bericht VE-UWG 2008, 18.

bzw. Formulierung von AGB bereits von der bundesgerichtlichen Rechtsprechung zur *obligationenrechtlichen* Konsens- und Auslegungskontrolle erfasst war. Dagegen fehlte der wesentlich zentralere Aspekt der Überrumpelungsgefahr bzw. der faktischen Zwangslage, der ein AGB-Übernehmer auch dann ausgesetzt ist, wenn die AGB unmissverständlich und transparent formuliert bzw. gestaltet sind. Die Ersetzung des Erfordernisses der «Irreführung» durch jenes der «Treuwidrigkeit» in Art. 8 lit. a UWG lief daher Gefahr, keine wirkliche materielle Verbesserung zu bringen.

Vielversprechender war im *Vorentwurf* hingegen der *Verzicht* auf die *Irreführung* in *Art. 8 lit. b* UWG, welcher die Grundlage für eine offene Inhaltskontrolle von AGB schaffen wollte. Im *bundesrätlichen Gesetzesentwurf*[1604] wurde dieser (Fort-)Schritt aber bereits wieder *rückgängig* gemacht und in der Botschaft vom 2. September 2009 folgender Wortlaut für Art. 8 UWG vorgeschlagen: 355

> *«Unlauter handelt insbesondere, wer allgemeine Geschäftsbedingungen verwendet, die in Treu und Glauben verletzender Weise: a. von der gesetzlichen Ordnung erheblich abweichen; oder b. ein erhebliches und ungerechtfertigtes Missverhältnis zwischen den vertraglichen Rechten und den vertraglichen Pflichten vorsehen.»*[1605].

Der Gesetzesentwurf verschob damit das Erfordernis der *Treuwidrigkeit* zurück in den *Ingress* der Bestimmung, so dass dieses Kriterium – wie zuvor die Irreführung – wiederum eine *allgemeine* Tatbestandsvoraussetzung darstellte. Da eine Irreführung regelmässig auch als treuwidrig zu gelten hat, konnte diese Neuformulierung («Treuwidrigkeit» statt «Irreführung») nur insoweit eine materielle Änderung bringen, falls die «Treuwidrigkeit» wesentlich weiter zu verstehen wäre als die «Irreführung». Dies erschien allerdings fraglich, weil die entsprechende Interpretationsmöglichkeit gestützt auf Art. 2 UWG bereits vorher bestanden hatte, aber von der Rechtsprechung nicht genutzt worden war[1606]. 356

Die langwierigen Revisionsarbeiten mündeten schliesslich in ein *parlamentarisches Differenzbereinigungsverfahren* zwischen Ständerat und Nationalrat, in dessen Verlauf sich in der entscheidenden *Einigungskonferenz* vom 15. Juni 357

[1604] BBl 2009, 6193.

[1605] BBl 2009, 6193 f. [Hervorhebung hinzugefügt].

[1606] Da Art. 8 UWG auf die Unlauterkeit abstellt und Art. 2 UWG darunter jedes treuwidrige Verhalten versteht, wäre es schon *de lege lata* ohne Weiteres möglich gewesen, über den Fall der Irreführung hinaus weiteres treuwidriges Verhalten bei der Verwendung von AGB unter Art. 8 UWG («insbesondere») zu fassen. Weshalb die Rechtsprechung diesen Weg nicht beschritten hat, ist nicht ersichtlich.

2011 als *Kompromiss*[1607] folgender Gesetzeswortlaut von Art. 8 UWG durchsetzte, welcher anschliessend am 1. Juli 2012 in Kraft trat:

> *«Unlauter handelt insbesondere, wer allgemeine Geschäftsbedingungen verwendet, die in Treu und Glauben verletzender Weise zum Nachteil der Konsumentinnen und Konsumenten ein erhebliches und ungerechtfertigtes Missverhältnis zwischen den vertraglichen Rechten und den vertraglichen Pflichten vorsehen.»*

4. Der Vergleich von Art. 8 UWG (1986) und Art. 8 UWG (2011)

358 Ein Vergleich des *alten* Wortlauts mit dem *neuen* Wortlaut von Art. 8 UWG ergibt folgenden schematischen *Überblick*:

	Art. 8 UWG (1986)	*Art. 8 UWG (2011)*
Verwendung missbräuchlicher Geschäftsbedingungen	Unlauter handelt insbesondere, wer *vorformulierte* allgemeine Geschäftsbedingungen verwendet, die in *irreführender Weise* zum Nachteil einer *Vertragspartei*: a. von der unmittelbar oder sinngemäss anwendbaren gesetzlichen Ordnung erheblich abweichen oder b. eine der Vertragsnatur erheblich widersprechende Verteilung von Rechten und Pflichten *vorsehen*.	Unlauter handelt insbesondere, wer allgemeine Geschäftsbedingungen verwendet, die in *Treu und Glauben verletzender Weise* zum Nachteil der Konsumentinnen und *Konsumenten* ein *erhebliches und ungerechtfertigtes Missverhältnis* zwischen den vertraglichen Rechten und den vertraglichen Pflichten *vorsehen*.
Utilisation de conditions commerciales abusives	Agit de façon déloyale celui qui, notamment, utilise des conditions générales *préalablement formulées*, qui *sont de nature à provoquer une erreur* au détriment d'une *partie contractante* et qui: a. dérogent notablement au régime légal applicable directement ou par analogie, ou b. prévoient une répartition des droits et des obligations s'écartant notablement de celle qui découle de la nature du contrat.	Agit de façon déloyale celui qui, notamment, utilise des conditions générales qui, *en contradiction avec les règles de la bonne foi prévoient*, au détriment du *consommateur*, une *disproportion notable et injustifiée* entre les droits et les obligations découlant du contrat.

[1607] Mit diesem Kompromiss verhinderte das Parlament *in extremis* das Scheitern der gesamten UWG-Revision.

	Art. 8 UWG (1986)	*Art. 8 UWG (2011)*
Utilizzazione di condizioni commerciali abusive	Agisce in modo sleale, segnatamente, chiunque utilizza, a detrimento di una parte contraente, condizioni commerciali generali preformulate che, in modo fallace: a. derogano notevolmente all'ordinamento legale applicabile direttamente o per analogia, o b. prevedono una ripartizione dei diritti e dei doveri notevolmente in contrasto con quella risultante dalla natura del contratto.	Agisce segnatamente in modo sleale chiunque utilizza condizioni commerciali generali che, *violando il principio della buona fede, comportano* a detrimento dei *consumatori* un *notevole e ingiustificato squilibrio* tra i diritti e gli obblighi contrattuali.

Der vorstehende Vergleich der Gesetzestexte von Art. 8 UWG (1986) und Art. 8 UWG (2011) offenbart – abgesehen von der Streichung des pleonastischen *epitheton ornans* «vorformuliert» – *drei Neuerungen*: 359

- Das Kriterium der *«Irreführung»* ist durch jenes der *«Treuwidrigkeit»* ersetzt worden.
- Das geschützte *Rechtssubjekt* ist nicht mehr der *Vertragspartner* des AGB-Verwenders, sondern der *Konsument*.
- Das Kriterium der erheblichen Abweichung von der gesetzlichen Ordnung bzw. einer der Vertragsnatur erheblich widersprechenden Verteilung von Rechten und Pflichten wurde durch das allgemeine Kriterium des *erheblichen* und *ungerechtfertigten Missverhältnisses* zwischen vertraglichen Rechten und Pflichten ersetzt.

II. Die intertemporale Anwendung von Art. 8 UWG (2011)

1. Ab 1. Juli 2012 vertraglich vereinbarte bzw. verwendete AGB

Nachdem Art. 8 UWG (2011) am *1. Juli 2012* in Kraft getreten ist, findet diese Bestimmung ohne weiteres auf alle AGB Anwendung, welche die Parteien *an* oder *nach* diesem Datum als Vertragsinhalt *vereinbart*[1608] haben. Die vertragliche Übernahme von AGB ab dem 1. Juli 2012 stellt *keinen intertemporalen Sachverhalt* dar, da sich die relevanten Tatsachen (AGB-Übernahme) erst nach 360

[1608] Im Folgenden wird der Einfachheit halber jeweils vom Hauptfall der «Vereinbarung» von AGB gesprochen, ohne stets zu präzisieren, dass der Begriff der «Verwendung» weiter gefasst ist und nicht unbedingt einen Vertragsabschluss voraussetzt. Vgl. unten N 744.

Inkrafttreten des neuen Art. 8 UWG (2011) ereignen[1609]. Dies gilt selbst dann, wenn die *Offerte* zum Vertragsabschluss dem Empfänger zwar *vor* dem 1. Juli 2012 *zugestellt*, von diesem aber erst *an* oder *nach* dem 1. Juli 2012 *akzeptiert* worden ist, da auch in diesem Fall die vertragliche *Vereinbarung* über die AGB erst *nach* Inkrafttreten des neuen Art. 8 UWG (2011) zustande kommt, so dass kein intertemporaler Sachverhalt vorliegt und der neue Art. 8 UWG (2011) zur Anwendung kommt.

2. Vor dem 1. Juli 2012 verwendete bzw. vertraglich vereinbarte AGB

361 Weniger klar ist die Rechtslage, wenn die Parteien *vor* dem *1. Juli 2012*, d.h. noch unter dem *alten Art. 8 UWG (1986)* AGB als Vertragsinhalt *vereinbart* haben, die AGB aber erst *nach* dem 1. Juli 2012 zu einem Rechtsstreit über deren rechtliche Bedeutung oder Wirkung führen[1610]. In diesem Fall liegt ein *intertemporaler Sachverhalt* vor, so dass sich die Frage stellt, ob auf den Rechtsstreit der *alte* Art. 8 UWG (1986) oder der *neue* Art. 8 UWG (2011) zur Anwendung gelangt.

362 Da das UWG *keine* eigenständige *übergangsrechtliche* Bestimmung enthält[1611], richtet sich die Beantwortung dieser Frage nach Art. 1 ff. SchlT ZGB[1612]. Gemäss *Art. 2 SchlT ZGB* findet das neue Recht auf altrechtliche Verhältnisse sofort

---

1609 Vgl. Art. 1 Abs. 3 SchlT ZGB.

1610 In BGE 140 III 404 ff. hatte das Bundesgericht den Sachverhalt zu beurteilen, dass aufgrund einer unter dem alten Art. 8 UWG (1986) vereinbarten AGB-Klausel (zur automatischen Vertragsverlängerung) ein «Fitnessvertrag» Ende Februar 2012 – mangels rechtzeitiger Kündigung – um ein weiteres Jahr bis Ende Februar 2013 verlängert worden war. Das Gericht vertrat die Auffassung, die unter altem Recht (aufgrund der AGB-Klausel automatisch) erfolgte Vertragsverlängerung habe unter neuem Recht Bestand, d.h. die AGB-Klausel könne nicht nach dem neuen Art. 8 UWG (2011) beurteilt und allenfalls als missbräuchlich qualifiziert werden. – Diese Auffassung ist zutreffend. Ein unter altem Recht abgeschlossener oder verlängerter Vertrag unterliegt nicht dem neuen Art. 8 UWG (2011). Erstens, beruht das Vertragsverhältnis auf dem Willen der Parteien (Art. 3 SchlT ZGB *e contrario*) und, zweitens, sind die aus der Vertragsverlängerung hervorgegangenen Rechte jeder Partei als «wohlerworben» (Art. 4 SchlT ZGB *e contrario*) zu betrachten, was vom neuen Recht nicht ignoriert werden kann. Der neue Art. 8 UWG (2011) wäre dagegen anwendbar gewesen, wenn die automatische Vertragsverlängerung durch Unterlassung der Kündigung – als unter dem neuen Recht eingetretene neue Tatsache – nach dem 1. Juli 2012 erfolgt wäre.

1611 BGE 140 III 404, 406 E. 4.1.

1612 BGE 141 III 1, 4 E. 4; 140 III 404, 406, E. 4.2.

Anwendung, wenn es sich um Bestimmungen handelt, die im Interesse der *öffentlichen Ordnung* bzw. *Sittlichkeit* aufgestellt worden sind. Die Auslegung dieser Begriffe durch die bundesgerichtliche Rechtsprechung ist *nicht einheitlich*[1613]: Einerseits steht eine allgemeine *Interessenabwägung* im Vordergrund, wonach die Rückwirkung des neuen Rechts sich dann rechtfertigt, wenn das *öffentliche Interesse* am neuen Recht[1614] gegenüber dem *privaten Vertrauensinteresse* auf den Bestand des alten Rechts *überwiegt*[1615] und damit die Anwendung des alten Rechts auf einen altrechtlichen Sachverhalt als mit der öffentlichen Ordnung unvereinbar erscheint[1616]. Anderseits wird darauf abgestellt, dass eine Rückwirkung des neuen (zwingenden) Rechts sich nur dann rechtfertigt, wenn es *grundlegende soziopolitische* und/oder *ethische Aspekte* verkörpert[1617], was auf einen strengeren Massstab hinausläuft[1618].

Im Lichte dieser Rechtsprechung hängt die Beantwortung der Frage nach der intertemporalen Anwendung von Art. 8 UWG (2011) letztlich von einem (schwer voraussehbaren) *richterlichen Ermessensentscheid* ab, wobei dem verwendeten *Beurteilungskriterium* eine entscheidende Rolle zukommt: 363

- Stellt man auf das – für eine Rückwirkung weniger strenge – Kriterium der *«allgemeinen Interessenabwägung»* ab, so lässt sich plausibel argumentieren, der neue Art. 8 UWG (2011) wolle im Interesse des *Konsumentenschutzes* eine (offene) Inhaltskontrolle zur Verbesserung des Schutzes vor missbräuchlichen AGB verwirklichen. Das *öffentliche Interesse* an einer *schärferen Kontrolle* von (potentiell) missbräuchlichen AGB erscheint dabei gewichtiger und schützenswerter[1619] als das *private Interesse* des *AGB-Verwenders*, seine allenfalls missbräuchlichen AGB auch künftig nach dem alten Recht durchsetzen zu können. Nach diesem Kriterium wäre der neue Art. 8 UWG (2011) rückwirkend auf intertemporale Sachverhalte anzuwenden[1620].

1613 Mit Bezug auf die Entscheidungsergebnisse wird in der Literatur dennoch vereinzelt eine beachtliche Konsistenz festgestellt (vgl. RÜETSCHI, 107).

1614 Nach BGE 138 III 659, 663 E. 3.3 sind dafür offenbar die rechtspolitischen Motive des Gesetzgebers für den Erlass der neuen Bestimmungen von Bedeutung. Ebenso zuletzt BGE 140 III 404, 406 E. 4.2.

1615 BGE 140 III 404, 406, E. 4.2; 127 III 16, 19 E. 3; 119 II 46, 48 E. 1a.

1616 BGE 119 II 46, 50 E. 1b.

1617 BGE 141 III 1, 4 E. 4; 133 III 105, 109 E. 2.1.3. Freilich verweist auch letzterer Entscheid gleichzeitig auf die allgemeine Interessenabwägung (E. 2.1.4).

1618 BÜHLER/STÄUBER, 86 ff., leiten daraus ab, dass der neue Art. 8 UWG (2011) auf vor dem 1. Juli 2012 abgeschlossene AGB-Verträge nicht anwendbar sein soll.

1619 Vgl. Rs. C-40/08, Asturcom Telecomunicaciones SL gegen Cristina Rodriguez Nogueira, EuGH-Urteil vom 6. Oktober 2009, Slg. 2009, I-9579, ECLI:EU:C:2009:615, Rz. 52.

1620 Dies umso mehr als Art. 8 UWG nicht – wie alle übrigen Revisionsbestimmungen – am 1. April 2012, sondern erst am 1. Juli 2012 in Kraft getreten ist, was den AGB-Verwendern zusätzlich Zeit verschaffte, um ihre AGB – jedenfalls *ex nunc et pro futuro* – an die

– Stellt man dagegen auf das (strengere) Kriterium ab, ob die Anwendung des bisherigen Art. 8 UWG (1986) auf alle AGB, die vor dem 1. Juli 2012 vereinbart worden sind, eine Verletzung *grundsätzlicher soziopolitischer* und/oder *ethischer Anschauungen* darstellt, wird man dies eher *verneinen*[1621]. Es lässt sich argumentieren, die offene Inhaltskontrolle von Art. 8 UWG (2011) stelle lediglich eine *Weiterentwicklung* des früheren Art. 8 UWG (1986)[1622] und nicht einen juristischen «Quantensprung» dar, dessen nichtrückwirkende Anwendung als eine Verletzung grundsätzlicher soziopolitischer oder ethischer Anschauungen betrachtet werden könne. Letzteres treffe umso weniger zu, als die Rechtsprechung schon zuvor eine verdeckte Inhaltskontrolle praktiziert habe. Nach diesem (strengeren) Kriterium für die Zulässigkeit einer Rückwirkung käme daher der neue Art. 8 UWG (2011) auf intertemporale Sachverhalte *nicht* zur Anwendung.

364 Angesichts dieser relativ offenen Interpretationslage[1623] drängt es sich auf, *weitere Gesichtspunkte* in die Beurteilung der Intertemporalität einzubeziehen. Zweifelsohne besteht ein öffentliches Interesse daran – insbesondere aus Sicht der Rechtssicherheit und der Rechtsgleichheit –, dass der bisherige Art. 8 UWG (1986) nicht auf Jahre oder gar Jahrzehnte hinaus auf *vor* dem 1. Juli 2012 vereinbarte AGB anwendbar bleibt und auf diese Weise AGB-Verwender den *alten Rechtszustand* für ihre bisherigen AGB *konservieren* und den vom Gesetzgeber mit dem neuen Art. 8 UWG (2011) verfolgten *Rechtsfortschritt unterlaufen* können. Vor allem bei *Dauerschuldverhältnissen* (z.B. Verträgen mit langjähriger bestimmter Dauer oder mit automatischer Vertragsverlängerung bei Nichtkündigung) besteht ein legitimes öffentliches Interesse, dass die AGB innert nützlicher Frist unter die Inhaltskontrolle des neuen Art. 8 UWG (2011) fallen. Bei Verträgen mit AGB, die *vor* dem 1. Juli 2012 vereinbart worden sind, sollte daher *jede nachträgliche Änderung* der AGB *nach* dem 1. Juli 2012 zur Anwendung des neuen Art. 8 UWG (2011) auf die *gesamten AGB* führen. Dies lässt sich dogmatisch so begründen, dass die teilweise Änderung der AGB nicht nur eine (ausdrückliche) Offerte zur Vertragsänderung bezüglich der *modifizierten* AGB-Klauseln darstellt, sondern auch eine (implizite) Offerte zur *Weitergeltung* der

---

neue Rechtslage anzupassen. – Für eine Rückwirkung: PICHONNAZ, BR 2012, 143 (unter Berufung auf Rz. 52 des EuGH-Entscheids in Sachen Asturcom, wo die französische Übersetzung Art. 6 der RL 93/13/EWG «le rang de normes d'ordre public» zuerkennt. Der deutsche Text spricht allerdings nur von «zwingendem» Recht, was nicht der «öffentlichen Ordnung» gleichkommt.).

1621 Vgl. auch STUCKI, 4; HESS/RUCKSTUHL, 1211; STÖCKLI/BIERI, 399.

1622 Vgl. BGE 119 II 46, 50 («Das neue Recht ist mit anderen Worten lediglich als Fortentwicklung einer seit der Revision des Obligationenrechts von 1936 bestehenden Vorschrift aufzufassen.»).

1623 Für einen Überblick über den Stand von Lehre und Rechtsprechung, siehe RUETSCHI, 101 ff.

unveränderten AGB-Klauseln. Zur «Wahl» steht daher – jeweils als Ganzes – die Weitergeltung der *Altversion* der AGB oder die Geltung der *Neuversion* der AGB[1624]. So betrachtet stellt jede nachträgliche Änderung von AGB, die von der Gegenpartei unter altem Recht akzeptiert worden waren, einen *Neuabschluss* von AGB unter dem neuen Recht dar[1625]. Da die Annahme der vom AGB-Verwender offerierten *Neuversion* der AGB durch den AGB-Übernehmer *nach* Inkrafttreten des neuen Art. 8 UWG (2011) erfolgt, gelangt das neue Recht auf die (ganze) Neuversion der AGB zur Anwendung[1626].

Selbst wenn man also vom (strengeren) Kriterium für eine rückwirkende Anwendung des neuen Rechts nach Art. 2 SchlT ZGB ausgeht[1627], *beschränkt* sich eine allfällige *Weitergeltung* von *Art. 8 UWG (1986) a priori* auf solche AGB, die nach dem 1. Juli 2012 *unverändert* geblieben sind. Handelt es sich dabei um ein altrechtliches *Zielschuldverhältnis* (= Nicht-Dauerschuldverhältnis, z.B. Kaufvertrag), welches nach dem 1. Juli 2012 zu einem Rechtsstreit führt, steht die Interessenlage einer rückwirkende Anwendung des neuen Rechts *entgegen*, da der AGB-Verwender keinen Anlass hat, den abgeschlossenen (und oft schon teilweise oder ganz erfüllten) Vertrag nachträglich mit neuen AGB zu versehen, was eine entsprechende vertragliche Einigung und Abänderung des Vertrags erfordern würde. In diesem Fall erscheint das *Vertrauen* des *AGB-Verwenders* auf die bisherige Rechtslage als legitim und *schützenswert*[1628]. Handelt es sich dagegen um ein altrechtliches *Dauerschuldverhältnis* (z.B. 365

1624 *Einseitige* Änderungen der AGB sind rechtlich nur zulässig, wenn die *Voraussetzungen* und der *Inhalt* künftiger Anpassungen im Vertrag bzw. in den akzeptierten AGB in zumindest *bestimmbarer* Weise *vereinbart* worden sind. Ansonsten liegt *kein gültig vereinbartes* Gestaltungsrecht vor. Dies stellt in der Praxis die Regel dar, wird aber meist übersehen. Vgl. dazu unten N 860 sowie SCHOTT, AGB 81.

1625 Die von STUCKI (Jusletter 10.3.2014) befürwortete Aufspaltung, wonach die unveränderten AGB dem alten Art. 8 UWG (1986) und die abgeänderten AGB dem neuen Art. 8 UWG (2011) unterliegen, vermag weder dogmatisch noch praktisch zu überzeugen.

1626 Die AGB bilden regelmässig ein (mit grösserem juristischem Aufwand) formuliertes Regelwerk von aufeinander abgestimmten Vertragsklauseln. Werden einzelne Klauseln modifiziert, so bilden diese mit den unverändert gebliebenen Klauseln weiterhin ein Ganzes, das systematisch möglichst kohärent zu interpretieren ist. Eine isolierte Interpretation jeder modifizierten Einzelklausel entspricht weder dem mutmasslichen Parteiwillen noch einer adäquaten objektiven Interpretation. Sofern die Parteien vertraglich nicht etwas anderes vereinbart haben, drängt es sich auf, teilmodifizierte AGB insgesamt als eine AGB-Neuversion zu behandeln. Dies entspricht auch dem Grundsatz der Kompensation (unten N 746 ff.).

1627 Vgl. oben N 363 (zweites Lemma).

1628 Offenbar a.M. ROBERTO/STEHLE, 238, wonach ein Gewährleistungs- oder Schadenersatzanspruch gestützt auf einen altrechtlichen Kaufvertrag ohne Änderung der AGB dem neuen Recht (Art. 8 UWG [2011]) unterliegt, wenn eine Anspruchsvoraussetzung (z.B. Eintritt eines Mangelfolgeschadens) sich erst nach dem 1. Juli 2012 erfüllt.

Leasingvertrag), das unter dem neuen Recht noch einige Zeit weiterläuft, so ist es dem AGB-Verwender regelmässig *zumutbar*, seine AGB an die *neue Rechtslage anzupassen.* Unterlässt er es, so soll er für diese Untätigkeit nicht mit der Anwendung des alten Rechts «belohnt» werden. Insgesamt ergibt sich auf diese Weise eine ausgewogene Berücksichtigung der divergierenden Interessen der Parteien bei der Anwendung von Art. 8 UWG (2011) auf intertemporale Sachverhalte.

III. Die internationalprivatrechtliche Anwendung von Art. 8 UWG (2011)

366 Ist ein Gericht in der *Schweiz* für die Beurteilung eines Rechtsstreits über die in einem *internationalen Vertrag* enthaltenen *AGB* zuständig, so bestimmt sich das anwendbare Recht nach der *lex fori*[1629]. Falls sich aus dem schweizerischen Kollisionsrecht die Anwendbarkeit *schweizerischen* (materiellen) Rechts ergibt[1630], gelangen nicht nur die obligationenrechtlichen Kontrollelemente zur Anwendung, sondern auch die offene *Inhaltskontrolle* von *Art. 8 UWG (2011)*, soweit deren Tatbestandsvoraussetzungen erfüllt sind.

367 Wie verhält es sich aber, wenn nach schweizerischem Kollisionsrecht *ausländisches* (materielles) Recht auf das internationale Vertragsverhältnis anwendbar ist? Kommt in diesem Fall Art. 8 UWG (2011) als *lauterkeitsrechtliche* Bestimmung dennoch auf das internationale Vertragsverhältnis zur Anwendung? Da *AGB* obligationenrechtlich nur gelten, wenn sie von den Parteien als Vertragsbestandteil vereinbart worden sind, unterliegen sie dem *ausländischen* Recht, falls der zugehörige *Vertrag* – infolge Rechtswahl der Parteien[1631] oder gemäss objektiver Anknüpfung[1632] – dem ausländischen Recht untersteht. Dies ist bei internationalen Verträgen zwischen einer Person mit gewöhnlichem Aufenthalt in der Schweiz und einem Vertragspartner mit gewöhnlichem Aufenthalt im Ausland der Fall, falls *letzterer* die *charakteristische Leistung* zu erbringen hat[1633]. Diesem Vertragsstatut, das zur Anwendung ausländischen

---

[1629] BGE 133 III 37, 39 E. 2; 130 III 417, 421 E. 2.

[1630] Sei es aufgrund einer gültigen Rechtswahl (Art. 116 IPRG), sei es, weil der Schuldner, welcher die charakteristische Leistung (z.B. Verkäufer) nach Art. 117 IPRG zu erbringen hat, seinen gewöhnlichen Aufenthalt oder seine Niederlassung in der Schweiz hat, oder sei es, dass es sich um einen Konsumentenvertrag handelt, der gemäss Art. 120 IPRG dem schweizerischen Recht untersteht.

[1631] Vgl. Art. 116 IPRG.

[1632] Vgl. Art. 117 IPRG.

[1633] Gemäss Art. 117 Abs. 3 IPRG ist das Recht des Staates massgeblich, wo die Partei, welche die charakteristische Vertragsleistung erbringt, ihren gewöhnlichen Aufenthalt oder ihre Niederlassung hat.

Rechts führt, steht bei Ansprüchen aus *unlauterem Wettbewerb* jedoch das *Marktauswirkungsprinzip* gegenüber, welches die Chancengleichheit aller Wettbewerber auf dem Markt sicherstellen will, indem diese denselben Regeln unterworfen sind[1634]. Soweit durch die Verwendung unlauterer AGB ausschliesslich der betroffene *Vertragspartner* benachteiligt bzw. geschädigt wird, wäre nach Art. 136 Abs. 2 IPRG grundsätzlich das Recht an dessen *Niederlassung*[1635] massgeblich, was für Abnehmer in der Schweiz zur Anwendbarkeit *schweizerischen Rechts* führen würde. Das *Vertragsstatut* einerseits und das *Wirkungsstatut* des unlauteren Wettbewerbs anderseits können daher unter Umständen zur Anwendbarkeit *unterschiedlichen* materiellen Rechts führen. Der Grund für dieses Spannungsverhältnis liegt im Versuch des schweizerischen Gesetzgebers, ein *obligationenrechtliches* Problem (Schutz einer Vertragspartei vor erheblich nachteiligen AGB der Gegenpartei) mit den kaum geeigneten Mitteln des *Lauterkeitsrechts* lösen zu wollen[1636]. Zwar ist Art. 136 Abs. 3 IPRG bemüht, die Kollision des Vertragsstatuts mit dem Wirkungsstatut des unlauteren Wettbewerbs zu vermeiden, indem er Art. 133 Abs. 3 IPRG vorbehält, wonach eine unerlaubte Handlung im Rahmen eines *vorbestehenden Rechtsverhältnisses* dem einheitlichen Statut *dieses* Rechtsverhältnisses untersteht. Dies hilft bei der Verwendung missbräuchlicher AGB allerdings nicht weiter, da sich schwerlich argumentieren lässt, durch den konsensualen Einbezug unlauterer AGB in den Vertrag werde *ebendieser Vertrag* verletzt.

Der vorgenannte Widerspruch zwischen dem Vertragsstatut und dem Wirkungsstatut des unlauteren Wettbewerbs besteht in erster Linie für den (altrechtlichen) Art. 8 UWG (1986). Seit der UWG-Revision ist zu beachten, dass der neue Art. 8 UWG (2011) eine *konsumentenschutzrechtliche* Bestimmung geworden ist, die einerseits eine *Rechtswahl ausschliesst*[1637] und sich anderseits bei der *objektiven Anknüpfung* am Recht des Staates orientiert, in welchem der *Konsument* seinen *gewöhnlichen Aufenthalt* hat, d.h. am *schweizerischen* 368

1634 Vgl. Art. 136 Abs. 1 IPRG («Ansprüche aus unlauterem Wettbewerb unterstehen dem Recht des Staates, auf dessen Markt die unlautere Handlung ihre Wirkung entfaltet.»); vgl. dazu auch BGE 136 III 23, 29.

1635 D.h. in dem Staat, wo das Zentrum der geschäftlichen Tätigkeit liegt (Art. 20 Abs. 1 lit. c IPRG).

1636 Die Inkohärenz des gesetzgeberischen Ansatzes findet ihren Niederschlag indirekt auch im Titel von Art. 8 UWG, welcher die «Verwendung missbräuchlicher Geschäftsbedingungen» und nicht die «missbräuchliche Verwendung von Geschäftsbedingungen» regelt. – Vgl. Erstauflage SHK UWG-Probst, Art. 8 N 51 f.

1637 Art. 120 Abs. 2 IPRG. –Vgl. auch Rs. C-272/18, Verein für Konsumenteninformation gegen TVP Treuhand-und Verwaltungsgesellschaft für Publikumsfonds mbH & Co KG; EuGH-Urteil vom 3. Oktober 2019, ECLI:EU:C:2019:827, Rz. 55–60.

Recht[1638], weshalb das Vertragsstatut und das Wirkungsstatut seltener kollidieren werden. Allerdings ist der Konsumentenbegriff in Art. 120 Abs. 1 IPRG ein *engerer* als jener, der sich für Art. 8 UWG (2011) durchsetzen dürfte[1639], so dass auch in Zukunft mit Widersprüchen zwischen dem Vertragsstatut und dem Wirkungsstatut zu rechnen ist. Dieser Widerspruch ist letztlich dahingehend zu lösen, dass missbräuchliche AGB in Verträgen, die gemäss Vertragsstatut zwar einem ausländischen Recht unterliegen, sich aber in der *Schweiz* nachteilig auf den AGB-Übernehmer *auswirken*, der *offenen Inhaltskontrolle* von *Art. 8 UWG (2011)* unterstehen, sofern das ausländische Recht gemäss Vertragsstatut nicht einen besseren Schutz vor missbräuchlichen AGB bietet[1640]. Entsprechendes gilt für die neue Bestimmung von *Art. 8a UWG* zur Unlauterkeit von *Paritätsklauseln* zulasten schweizerischer *Beherbergungsbetriebe*[1641].

IV. Stand des AGB-Rechts in der Europäischen Union und seine Bedeutung für die Schweiz

369 Für die Frage der Verwendung missbräuchlicher AGB sind im Unionsrecht sowohl die massgebliche *Richtlinie* (unten N 370 f.) als auch die dazu ergangene *EuGH-Rechtsprechung* (unten N 372 ff.) von Interesse.

1. Richtlinie 93/13/EWG über missbräuchliche Klauseln in Verbraucherverträgen

370 Gestützt auf den damaligen Art. 100a EGV[1642] hat die Europäische Union am 5. April 1993 die RL 93/13/EWG über *missbräuchliche Klauseln* in *Verbraucherverträgen*[1643] erlassen, welche die Mitgliedstaaten bis Ende 1994 ins natio-

[1638] Art. 120 Abs. 1 IPRG.

[1639] Vgl. dazu unten N 500 ff.

[1640] Vgl. auch Art. 6 Abs. 2 RL 93/13/EWG, wonach die Mitgliedstaaten dafür zu sorgen haben, dass der Schutz des Konsumenten nicht durch die vertragliche Wahl eines Drittstaatsrechts unterlaufen wird. – Vgl. auch BGE 136 III 23 ff., wo das Bundesgericht klar für die Wirksamkeit des schweizerischen UWG eintritt.

[1641] Vgl. auch Botschaft des Bundesrates vom 17. November 2021 zur Änderung des Bundesgesetzes gegen den unlauteren Wettbewerb, BBl 2021, 2858/13.

[1642] Diese Bestimmung wurde durch Art. 95 EGV abgelöst, welche später ihrerseits zu Art. 114 AEUV wurde.

[1643] RL 93/13/EWG des Rates vom 5. April 1993 über missbräuchliche Klauseln in Verbraucherverträgen, ABl L 95.

nale Recht umzusetzen hatten. Die Richtlinie verfolgt das Ziel einer *Mindestharmonisierung*[1644] des nationalen Rechts der Mitgliedstaaten auf dem Gebiet der missbräuchlichen Klauseln in Verträgen zwischen *Gewerbetreibenden* und *Verbrauchern*[1645]. Nach schweizerischer Terminologie handelt es sich somit um eine *konsumentenschutzrechtliche* Bestimmung[1646], welche Konsumenten vor missbräuchlichen AGB gewerblicher Anbieter in Konsumentenverträgen schützen soll.

Obwohl die RL 93/13/EWG für die Schweiz als Nicht-EU-Mitgliedstaat *unverbindlich* ist, darf sie von der schweizerischen Rechtspraxis nicht ignoriert werden. Dies umso weniger als die gesetzliche Umschreibung der *«Unlauterkeit»* von AGB im Art. 8 UWG (2011) sich an der Umschreibung der *«Missbräuchlichkeit»* vorformulierter Vertragsklauseln in *Art. 3 Abs. 1* der RL 93/13/EWG orientiert[1647]. Wer sich in der Schweiz mit AGB befasst, kommt also nicht ohne Kenntnisse der EuGH-Rechtsprechung aus. Im Folgenden soll daher der aktuelle Stand der *EuGH-Rechtsprechung* zur RL 93/13/EWG zusammenfassend dargestellt werden[1648]. 371

1644 Gemäss Art. 8 RL 93/13/EWG haben die EU-Mitgliedstaaten die Möglichkeit, strengere nationale Vorschriften zu erlassen, um den Konsumenten weitergehend vor missbräuchlichen AGB zu schützen *(= höheres nationales Schutzniveau).*

1645 Vgl. Art. 1 Abs. 1 RL 93/13/EWG.

1646 Vgl. Art. 169 AEUV (früher Art. 153 EGV).

1647 Vgl. Amtl. Bull. 2010 SR 931 (Votum Bundesrätin Leuthard), 936 (Votum David); Amtl. Bull. 2011 NR 224 (Votum Bundesrat Schneider-Ammann), 227 (Votum Leutenegger Oberholzer), 228 (Votum Bundesrat Schneider-Ammann); Amtl. Bull. 2011 SR 304 (Votum Bürgi, *in fine*), 305 (Votum Bundesrat Schneider-Ammann).

1648 Urteile, die der EuGH im Vorabentscheidungsverfahren nach Art. 267 AEUV fällt, sind für den ungeübten Leser gewöhnungsbedürftig, da sie anders aufgebaut sind als Bundesgerichtsentscheide und oft relativ komplizierte und gewundene Formulierungen verwenden, die es erschweren, den effektiven Aussagegehalt zu erfassen. Diese Schwierigkeiten sind – zumindest teilweise – in der besonderen Ausgangslage und Funktion des Vorabentscheidungsverfahrens begründet. In diesem Verfahren hat der EuGH nämlich – lediglich, aber immerhin – das Unionsrecht auszulegen, womit zweierlei ausgesagt ist: Einerseits, dass die Kompetenz des EuGH auf die Auslegung des Unionsrechts beschränkt ist, d.h. die Auslegung des nationalen Rechts der Mitgliedstaaten obliegt nicht ihm, sondern dem nationalen Richter. Anderseits kann der EuGH das Unionsrecht nur *auslegen*, nicht aber auf den konkreten Sachverhalt *anwenden*, da Letzteres wiederum dem nationalen Richter vorbehalten bleibt (vgl. Rs. C-237/02, Freiburger Kommunalbauten GmbH Baugesellschaft & Co. KG gegen Ludger und Ulrike Hofstetter, EuGH-Urteil vom 1. April 2004, ECLI:EU:C:2004:209; Rs. C-348/14, Maria Bucura gegen SC Bancpost SA, EuGH-Urteil vom 9. Juli 2015, ECLI:EU:C:2015:447, Rz. 46 f.). Im Ergebnis erteilt somit der EuGH dem nationalen Richter in Beantwortung der Vorlagefrage eine mehr oder weniger *abstrakte Rechtsauskunft* über die Auslegung des Unionsrechts, was im nationalen Recht in dieser Form regelmässig nicht möglich

2. Die Rechtsprechung des EuGH zur Richtlinie 93/13/EWG

372 Überblickt man die Rechtsprechung des EuGH zur RL 93/13/EWG in den letzten rund *dreissig Jahren* (1994–2023), d.h. seit der Umsetzung der Richtlinie durch die Mitgliedstaaten bis zur Gegenwart[1649], so fällt auf, dass es während einer längeren Zeitperiode nur zu *wenigen* EuGH-Urteilen gekommen war[1650]. Dies *änderte* sich ab 2013 wesentlich, da von 2013–2023 rund 90 neue Urteile des EuGH zur RL 93/13/EWG ergangen sind[1651]. Dabei fällt auf, dass sich die EuGH-Urteile seither nicht lediglich vorwiegend mit *prozessualen* Aspekten befassen (unten N 374 ff., 412 ff.), sondern vermehrt auch wichtige *materiell-rechtliche* Fragen klären und entscheiden (unten N 389 ff., 530 ff.). Diese dynamische Entwicklung der EuGH-Rechtsprechung auf dem Gebiet der AGB ist für das schweizerische AGB-Recht von Bedeutung und muss auch von der schweizerischen Praxis beachtet werden (oben N 371, unten N 739 f.).

373 Um dem Bedürfnis der Praxis nach einer *raschen Orientierung* über die *Quintessenz* der inzwischen sehr umfangreich gewordenen EuGH-Rechtsprechung nachzukommen, werden im Folgenden zunächst die aus den Urteilen sich ergebenden *Leitsätze* zusammengefasst (unten N 374 ff. und N 389 ff.) und erst anschliessend die einzelnen *Entscheidungen*, aus denen sich diese Leitsätze ableiten lassen, kurz referiert (unten N 412 ff. und N 530 ff.).

a. Leitsätze aus den EuGH-Entscheidungen mit vorwiegend prozessualer Ausrichtung

374 Die nachstehend zusammengefassten Urteile zur RL 93/13/EWG belegen das Bemühen des EuGH, den Schutz der Konsumenten vor missbräuchlichen AGB auf *prozessualer Ebene* möglichst zu *stärken* und dadurch die Durchsetzung

---

ist. Dies erklärt, weshalb die Antworten des EuGH oft etwas abgehoben und abstrakt erscheinen. Im Folgenden werden für jedes relevante Urteil des EuGH jeweils der Sachverhalt, die vom nationalen Gericht vorgelegten Fragen sowie die vom EuGH gegebenen Antworten kurz zusammengefasst.

1649 Das Manuskript des vorliegenden Buches wurde Ende Mai 2023 abgeschlossen. Später veröffentlichte Urteile sind nicht mehr berücksichtigt.

1650 Seit dem ersten Urteil im Jahr 2000 kam es jährlich durchschnittlich zu ein bis zwei Urteilen. Vgl. dazu das chronologische Entscheidregister der EuGH-Entscheidungen im Anhang.

1651 Vgl. dazu das Register der EuGH-Entscheidungen im Anhang.

des Unionsrechts zu gewährleisten[1652]. Folgende *Leitsätze* lassen sich aus der bisherigen Rechtsprechung[1653] ableiten:

- *Gerichtsstandklauseln* in Konsumentenverträgen erschweren dem Konsumenten den Rechtsweg und sind daher *regelmässig missbräuchlich*. Ein wirksamer Schutz des Konsumenten erfordert, dass der Richter diese Missbräuchlichkeit *von Amtes wegen* feststellt[1654]. Dies gilt selbst nach Ablauf einer allfälligen *Präklusivfrist* des nationalen Rechts, innert welcher der Konsument die Missbräuchlichkeit einer Vertragsklausel hätte geltend machen müssen[1655]. 375
- Die *Nichtigkeit* einer *Schiedsklausel*, die der Konsument im Schiedsverfahren *nicht* geltend gemacht hat, ist trotz dieser Unterlassung vom Gericht im Aufhebungsverfahren gegen den *Schiedsspruch* zu beachten[1656]. 376
- Im *Zwangsvollstreckungsverfahren* eines *rechtskräftigen* Schiedsspruchs, der in *Abwesenheit* des Konsumenten ergangen ist, hat das nationale Gericht die Missbräuchlichkeit der Schiedsklausel *von Amtes wegen* zu prüfen, falls es nach nationalem Verfahrensrecht dies auch in *vergleichbaren nationalen Fällen* (insb. bei einem Verstoss gegen zwingendes Recht) tun kann[1657]. 377
- Eine missbräuchliche Vertragsklausel ist für den Konsumenten auch *ohne vorherige Anfechtung unverbindlich*, sobald der Richter über die zur Feststellung erforderlichen *rechtlichen* und *tatsächlichen Grundlagen* verfügt und entsprechend entschieden hat. Er verweigert einer missbräuchlichen Klausel *von Amtes wegen* die Anwendung, sofern der *Verbraucher* 378

[1652] Diese Tendenz manifestiert sich auch in der Rechtsprechung zu anderen Richtlinien. Vgl. z.B. Rs. C-497/13, Frouke Faber gegen Autobedrijft Hazet Ochten BV, EuGH-Urteil vom 4. Juni 2015, ECLI:EU:C:2015:357, Rz. 32 ff. betreffend RL 1999/44/EG des Europäischen Parlaments und des Rates vom 25. Mai 1999 zu bestimmten Aspekten des Verbrauchergüterkaufs und der Garantien für Verbrauchsgüter (ABl. L 171, 12).

[1653] Die Darstellung entspricht dem Stand der EuGH-Rechtsprechung, wie sie bis Ende Mai 2023 publiziert worden ist.

[1654] Rs. C-240/98, Océano Grupo Editorial SA gegen Rocío Murciano Quintero sowie Rs. C-241-244/98, EuGH-Urteil vom 27. Juni 2000, Slg. 2000, I-4963, ECLI:EU:C:2000: 346; vgl. unten N 413.

[1655] Rs. C-473/00, Cofidis SA gegen Jean-Louis Fredout, EuGH-Urteil vom 21. November 2002, Slg. 2002, I-10898, ECLI:EU:C:2002:705; vgl. unten N 415.

[1656] Rs. C-168/05, Elisa Maria Mostaza Claro gegen Centro Móvil Milenium SL, EuGH-Urteil vom 26. Oktober 2006, Slg. 2006, I-10437, ECLI:EU:C:2006:675; vgl. unten N 420.

[1657] Rs. C-40/08, Asturcom Telecomunicaciones SL gegen Cristina Rodriguez Nogueira, EuGH-Urteil vom 6. Oktober 2009, Slg. 2009, I-9579, ECLI:EU:C:2009:615; vgl. unten N 426.

– dem *nicht widerspricht*[1658]. Dabei ist der Richter *verpflichtet*, von Amtes wegen die erforderlichen *Untersuchungsmassnahmen* durchzuführen, um die Missbräuchlichkeit beurteilen zu können[1659]. Stellt er die Missbräuchlichkeit einer Vertragsklausel von Amtes wegen fest, hat er die *Nichtigkeitsfolge* – auch *ohne entsprechenden Antrag* des Verbrauchers – zu ziehen[1660], muss aber den Parteien im kontradiktorischen Verfahren nach nationalem Recht Gelegenheit geben, dazu *Stellung zu nehmen*[1661]. *Verletzt* der nationale Richter seine *Pflicht*, missbräuchliche AGB von Amtes wegen nichtig zu erklären, kann dies eine qualifizierte Verletzung von Unionsrecht darstellen und damit die *Haftung* des *Mitgliedstaats* für den dem AGB-Übernehmer daraus entstandenen Schaden auslösen[1662].

379 – Soweit eine *Rechtsmittelinstanz* nach dem *innerstaatlichen Prozessrecht* befugt ist, alle Nichtigkeitsgründe zu prüfen, die sich aus den Vorbringen im erstinstanzlichen Verfahren ergeben, hat sie die Missbräuchlichkeit von Vertragsklauseln nach Massgabe der Kriterien der RL 93/13/EWG ebenfalls *von Amtes wegen* zu prüfen[1663]. Es ist mit dem *Effektivitätsgrundsatz* unvereinbar, wenn der *Vollstreckungsrichter* im Rahmen des Vollstreckungsverfahrens ein im Mahnbescheidverfahren ergangenes rechtskräftiges Dekret *nicht von Amtes wegen* daraufhin überprüfen kann, ob es auf einem Vertrag mit missbräuchlichen Klauseln beruht, wenn diese Prüfung

---

1658 Rs. C-243/08, Pannon GSM Zrt. c. Erzsébet Sustikné Győrfi, EuGH-Urteil vom 4. Juni 2009, Slg. 2009, I-4713, ECLI:EU:C:2009:350; vgl. unten N 423. – Vgl. auch Rs. C-348/14, Maria Bucura gegen SC Bancpost SA, EuGH-Urteil vom 9. Juli 2015, ECLI:EU:C:2015:447, Rz. 44. – Ferner Rs. C-807/19, DSK Bank EAD und FrontEx International EAD, Urteil vom 26. November 2020, ECLI:EU:C:2020:967, Rz. 47, 54 (wonach eine grosse Arbeitslast das Gericht nicht von der Pflicht entbindet, die Missbräuchlichkeit einer Vertragsklausel zu überprüfen und nötigenfalls vom AGB-Verwender dienliche Angaben zu verlangen).

1659 Rs. C-137/08, VB Pénzügyi Lizing Zrt. gegen Ferenc Schneider, EuGH-Urteil vom 9. November 2010, Slg. 2010, I-10847, ECLI:EU:C:2010:659; vgl. unten N 431.

1660 Rs. C-397/11, Erika Jőrös gegen Aegon Magyarország Hitel Zrt., EuGH-Urteil vom 30. Mai 2013, ECLI:EU:C:2013:340, vgl. unten N 439.

1661 Rs. C-472/11, Banif Plus Bank Zrt gegen Csaba Csipai und Viktória Csipai, EuGH-Urteil vom 21. Februar 2013, ECLI:EU:C:2013:88; vgl. unten N 436.

1662 Rs. C-168/15, Milena Tomášová gegen Ministerstvo spravodlivosti SR, Pohotovosť s. r. o., et al., EuGH-Urteil vom 28. Juli 2016, ECLI:EU:C:2016:602; vgl. unten N 468. Aus diesem Entscheid ergibt sich, dass die *Missachtung* einer *klaren EuGH-Rechtsprechung* (*in casu* Rechtsprechung «Pannon») durch ein nationales Gericht die Haftung des Mitgliedstaats auslösen kann. – Zu den Anforderungen an die richterliche Unabhängigkeit: vgl. Rs. C-132/20, BN, DM, EN gegen Getin Noble Bank S.A., Urteil vom 29. März 2022, ECLI:EU:C:2022:235, Rz. 108.

1663 Rs. C-397/11, Erika Jőrös gegen Aegon Magyarország Hitel Zrt., EuGH-Urteil vom 30. Mai 2013, ECLI:EU:C:2013:340; vgl. unten N 441.

schon im Mahnverfahren nicht möglich war[1664]. Gleiches gilt, wenn das Gericht im *Insolvenzverfahren nicht* von *Amtes wegen* überprüfen darf, ob angemeldete *gesicherte* Forderungen auf missbräuchlichen Vertragsklauseln beruhen und es bei *ungesicherten* Forderungen nur die Einrede der *Verjährung* oder des *Erlöschens* der Forderung überprüfen darf[1665].

- Falls das *innerstaatliche Prozessrecht* für die Feststellung der *Unwirksamkeit* (Nichtigkeit) eines Formularvertrags eine *andere* Zuständigkeit vorsieht als für die Feststellung der *Missbräuchlichkeit* von *Vertragsklauseln* desselben Vertrags, widerspricht dies Art. 7 Abs. 1 der RL 93/13/EWG nicht, sofern dem Konsumenten daraus *keine Verfahrensnachteile* entstehen, die ihm die Durchsetzung seiner vom Unionsrecht gewährten Rechte *übermässig erschweren*[1666]. 380
- Bei der Beurteilung der Missbräuchlichkeit einer *bestimmten* Vertragsklausel hat das Gericht *alle anderen Klauseln* des Vertrags *mitzuberücksichtigen*[1667]. Es ist aber nicht gehalten von Amtes wegen auch jene Vertragsklauseln zu überprüfen, die vom Konsumenten *nicht angefochten* worden sind und damit *nicht* zum *Streitgegenstad* gehören[1668]. Das Gericht[1669] entscheidet nach *objektiven Kriterien*, ob der Vertrag ohne die nichtige Klausel weiterbestehen kann[1670]. Der Konsument kann auf die *Geltendmachung* der Missbräuchlichkeit einer Vertragsklausel *verzichten* (z.B. durch Abschluss eines Novationsvertrags), sofern dieser Verzicht *freiwillig* und in 381

1664 Rs. C-49/14, Finanmadrid EFC SA gegen Jesús Vicente Albán Zambrano et al., EuGH-Urteil vom 18. Februar 2016, ECLI:EU:C:2016:98; vgl. unten N 458.

1665 Rs. C-377/14, Ernst Georg Radlinger und Helena Radlingerová gegen Finway a.s., EuGH-Urteil vom 21. April 2016, ECLI:EU:C:2016:283; vgl. N 463. – Siehe auch Rs. C-335/21, Vicente gegen Delia, Urteil vom 22. September 2022, ECLI:EU: C:2022: 720, Rz. 75 (zur Frage der Unzulässigkeit des spanischen Honorarvollstreckungsverfahrens).

1666 Rs. C-567/13, Nóra Baczó, János István Vizsnyiczai gegen Raiffeisen Bank Zrt, EuGH-Urteil vom 12. Februar 2015, ECLI:EU:C:2015:88; vgl. unten N 452.

1667 Rs. C-472/11, Banif Plus Bank Zrt gegen Csaba Csipai und Viktória Csipai, EuGH-Urteil vom 21. Februar 2013, ECLI:EU:C:2013:88; vgl. unten N 437.

1668 Rs. C-511/17, Györgyné Lintner gegen UniCredit Bank Hungary Zrt, EuGH-Urteil vom 11. März 2020, ECLI:EU:C:2020:188, Rz. 44, vgl. unten N 501 f.

1669 Vgl. Rs. C-503/15, Ramón Margarit Panicello gegen Pilar Hernández Martínez, EuGH-Urteil vom 16. Februar 2017, ECLI:EU:C:2017:126 (wo das spanische Honorarvollstreckungsverfahren, welches in die ausschliessliche Zuständigkeit des *Secretario Judicial* (Justizsekretär) fiel, als *Verwaltungsverfahren* und nicht als Gerichtsverfahren eingestuft wurde, und damit der Justizsekretär nach Art. 267 AEUV *nicht vorlageberechtigt*, sondern für die Einleitung eines allfälligen Vorabenscheidungsverfahrens das *Vollstreckungsgericht* zuständig war).

1670 Rs. C-397/11, Erika Jőrös gegen Aegon Magyarország Hitel Zrt., EuGH-Urteil vom 30. Mai 2013, ECLI:EU:C:2013:340; vgl. unten N 439.

Kenntnis der massgeblichen *Sach-* und *Rechtslage* erfolgt und der Inhalt des Novationsvertrags nicht seinerseits missbräuchlich ist[1671].

382 – Die RL 93/13/EWG verlangt *keine prozessuale Gleichstellung* von *Konsumentenschutzorganisationen* mit *Konsumenten,* da erstere nicht in einer *vergleichbaren Schwächelage* zum gewerblichen Anbieter stehen, wie letztere dies tun. Eine nationale Regelung, wonach Konsumentenschutzorganisationen ihre Unterlassungsklagen am *Wohnsitz des Beklagten* einzureichen haben und über *kein Rechtsmittel* gegen den Unzuständigkeitsentscheid des erstinstanzlichen Gerichts verfügen, ist daher zulässig[1672]. Ebenso ist es grundsätzlich zulässig, dass das nationale Verfahrensrecht den *Streitbeitritt* einer Konsumentenschutzorganisation im *Vollstreckungsverfahren* gegen einen Konsumenten *nicht erlaubt*[1673] bzw. die Konsumentenschutzorganisation einen Mahnbefehl, der gegenüber einem Konsumenten erlassen und von diesem nicht angefochten worden ist, *nicht eigenständig anfechten* kann[1674].

383 – Nationale Rechtsvorschriften, wonach dem Hypothekengläubiger im Vollstreckungsverfahren – mangels Vorliegen von Steigerungsangeboten Dritter – die Immobilie zu 50 % des Schätzungswertes zu Eigentum zugeschlagen wird und der Gläubiger anschliessend für die verbleibende *Restforderung* die Zwangsvollstreckung fortsetzen kann, fallen *nicht* in den Geltungsbereich der RL 93/13/EWG, falls der Konsumentenvertrag *keine Vertragsklausel* enthält, welche die *Reichweite* oder den *Anwendungsbereich* dieser Rechtsvorschriften *abändert*[1675].

384 – Eine nationale Regelung, die vorsieht, dass das Erkenntnisgericht ein Hypothekenvollstreckungsverfahren nicht aussetzen darf, sondern in seiner Endentscheidung lediglich eine *Entschädigung* zum Ausgleich des dem Verbraucher entstandenen Schadens gewähren kann, ist *unvereinbar* mit *Art. 7 Abs. 1* der RL 93/13/EWG[1676].

1671 Rs. C-19/20, I.W., R.W. gegen Bank BPH S.A., EuGH-Urteil vom 29. April 2021, ECLI:EU:C:2021:480; Rz. 48 f.

1672 Rs. C-413/12, Asociación de Consumidores Independientes de Castilla y León gegen Anuntis Segundamano España SL, EuGH-Urteil vom 5. Dezember 2013, ECLI:EU:C:2013:800; vgl. unten N 443.

1673 Rs C-470/12, Pohotovosť s.r.o. gegen Miroslav Vašuta, EuGH-Urteil vom 27. Februar 2014, ECLI:EU:C:2014:101; vgl. unten N 445.

1674 Rs. C-448/17, EOS KSI Slovensko s.r.o. gegen Ján Danko, Margita Danková, EuGH-Urteil vom 20. September 2018, ECLI:EU:C:2018:745, Rz. 43; vgl. unten N 482.

1675 Rs. C-280/13, Barclays Bank SA gegen Sara Sánchez García/Alejandro Chacón Barrera, EuGH-Urteil vom 30. April 2014, ECLI:EU:C:2014:279; vgl. unten N 448.

1676 Rs. C-169/14, Juan Carlos Sánchez Morcillo & María del Carmen Abril García gegen Banco Bilbao Vizcaya Argentaria SA, EuGH-Urteil vom 17. Juli 2014, ECLI:EU:C:2014:2099; vgl. unten N 450.

- Eine nationale Rechtsvorschrift, wonach ein *Individualklageverfahren* eines *Konsumenten* auf Feststellung der Nichtigkeit einer AGB-Bestimmung in einem Konsumentenvertrag (Hypothekendarlehensvertrag mit Mindestzinsklausel) *sistiert* werden *muss*, bis ein *rechtskräftiges* Urteil in einem bereits rechtshängigen *Unterlassungsklageverfahren* einer *Konsumentenschutzorganisation* (betreffend dieselbe AGB) vorliegt, ist *unvereinbar* mit Art. 7 RL 93/13/EWG[1677]. 385
- Das anwendbare Recht auf die von einer *Konsumentenschutzorganisation* im allgemeinen Interesse der Konsumenten gegen einen AGB-Verwender erhobene Klage auf *Unterlassung* der *Verwendung* missbräuchlicher AGB bestimmt sich im internationalen Verhältnis nach Art. 6 Abs. 1 der *Rom II*-Verordnung. Für die Beurteilung der Missbräuchlichkeit bzw. Gültigkeit *einzelner AGB*, die auf die Begründung *vertraglicher Verpflichtungen* abzielen, bestimmt sich das anwendbare Recht dagegen nach der *Rom I*-Verordnung, unabhängig davon, ob eine Verbandsklage oder Individualklage vorliegt[1678]. 386
- Die RL 93/13/EWG findet auch auf *nicht grenzüberschreitende Sachverhalte* Anwendung[1679] und erfasst AGB aus *allen Wirtschaftszweigen* (u.a. auch des Luftverkehrs)[1680]. 387
- Will ein Konsument vor Gericht gewisse Vertragsklauseln als *missbräuchlich anfechten*, darf die *Verlegung* der *Verfahrenskosten* nach dem nationalen Recht nicht dazu führen, dass er von einer Klageerhebung *abgeschreckt* wird[1681]. 388

1677 Rs. C-381/14 Jorge Sales Sinués gegen Caixabank SA und Rs. C-385/14 Youssouf Drame Ba gegen vom Catalunya Caixa SA (Catalunya Banc SA), EuGH-Urteil vom 14. April 2016, ECLI:EU:C:2016:909; vgl. unten, N 460.

1678 Rs. C-191/15 Verein für Konsumenteninformation gegen Amazon EU Sàrl, EuGH-Urteil vom 28. Juli 2016, ECLI:EU:C:2016:612; vgl. unten, N 474.

1679 Rs-C-483/16, Zsolt Sziber gegen ERSTE Bank Hungary Zrt., EuGH-Urteil vom 31. Mai 2018, ECLI:EU:C:2018:320; vgl. unten, N 606.

1680 Rs. C-519/19, Ryanair DAC gegen DelayFix, vormals Passenger Rights sp. z o.o., EuGH-Urteil vom 18. November 2020, ECLI:EU:C:2020:933, vgl. unten, N 506.

1681 Rs. C-215/21, Zulima gegen Servicios Prescriptor y Medios de Pagos, Urteil vom 22. September 2022, ECLI:EU:C:2022:723, vgl. unten, N 529. – Ferner Rs. C-224/19, CY gegen Caixabank SA (C-224/19) und LG, PK gegen Banco Bilbao Vizcaya Argentaria SA (C-259/19), EuGH-Urteil vom 16. Juli 2020, ECLI:EU:C: 2020:578, Rz. 99.

b. Leitsätze aus den EuGH-Entscheidungen mit vorwiegend materiellrechtlicher Ausrichtung

389 Aus den vorwiegend *materiellrechtlich* ausgerichteten Urteilen des EuGH zur RL 93/13/EWG ergeben sich zurzeit[1682] folgende *Leitsätze*:

390 – Als *Verbraucher* (Konsumenten) im Sinne der RL 93/13/EWG kommen nur *natürliche* Personen, nicht aber juristische Personen in Betracht[1683]. *Ausserhalb* des Geltungsbereichs der RL 93/13/EWG können die Mitgliedstaaten den Begriff jedoch weiter fassen[1684]. Sodann ist der Konsumentenbegriff *objektiv* zu verstehen[1685], d.h. *ohne* Berücksichtigung der *konkreten Kenntnisse* und *Informationen* der betroffenen Person. Besondere Fachkenntnisse einer Person (z.B. eines Rechtsanwalts) lassen daher nicht den Schluss zu, dass diese gegenüber dem gewerblichen Anbieter *keine schwächere Partei* ist, da die Schwächelage sowohl den *Informationsstand* als auch die (unterlegene) *Verhandlungsposition* erfasst[1686]. Ausserdem fällt die Verbrauchereigenschaft mit der vollständigen *Vertragserfüllung* nicht dahin[1687].

391 – Als *Gewerbetreibender* im Sinne von Art. 2 lit. c RL 93/13/EWG gilt auch eine vorwiegend aus *öffentlichen Mitteln* finanzierte *Bildungseinrichtung*,

---

1682 Die Darstellung entspricht dem Stand der EuGH-Rechtsprechung, wie sie bis Ende Mai 2023 publiziert worden ist.

1683 Rs. C-541/99 Cape Snc gegen Idealservice Srl. und Rs. C-542/99 Idealservice MN RE Sas gegen OMAI Srl, EuGH-Urteil vom 22. November 2001, Slg. 2001, I-9049, ECLI:EU:C:2001:625; vgl. unten N 531. Vgl. auch Rs. C-348/14, Maria Bucura gegen SC Bancpost SA, EuGH-Urteil vom 9. Juli 2015, ECLI:EU:C:2015:447, Rz. 39. – Ferner: Rs. C-590/17, Henri Pouvin, Marie Dijoux gegen Électricité de France (EDF) EuGH-Urteil vom 21. März 2019, ECLI:EU:C:2019:232, Rz. 43. – Zum Begriff des «Verbrauchers» ausserhalb der RL 93/13/EWG, vgl. Rs. C-500/18, AU gegen Reliantco Investments LTD, Reliantco Investments LTD Limassol Sucursala Bucureşti, EuGH-Urteil vom 2. April 2020, ECLI:EU:C:2020:264, Rz. 44 ff.

1684 Rs. C-329/19, Condominio di Milano, via Meda gegen Eurothermo SpA, EuGH-Urteil vom 2. April 2020, ECLI:EU:C:2020:263, Rz. 37; vgl. unten N 643.

1685 Rs. C-485/21, «S. V.» OOD gegen E. Ts. D., Urteil vom 27. Oktober 2022, ECLI:EU:C:2022:839, Rz. 25.

1686 Rs. C-110/14, Horaţiu Ovidiu Costea gegen SC Volksbank România SA, EuGH-Urteil vom 3. September 2015, ECLI:EU:C:2015:538, Rz. 21 und 27; vgl. unten N 584.

1687 Rs. C-698/18, SC Raiffeisen Bank SA gegen JB (C-698/18) und BRD Groupe Société Générale SA gegen KC (C-699/18), EuGH-Urteil vom 9. Juli 2020, ECLI:EU:C:2020:537, Rz. 74. –Ferner Rs. C-6/22, M.B., U.B., M.B., gegen XS.A., Urteil vom 16. März 2023, ECLI:EU:C:2023:216, Rz. 21.

die Studierenden Teilzahlungsdarlehen zur Finanzierung ihrer Studiengebühren gewährt[1688].

- Als *nicht ausgehandelte Vertragsklausel* gemäss Art. 3 RL 93/13/EWG gilt auch eine nationale *Gesetzesbestimmung*, die eine *nichtige Vertragsklausel ersetzt* hat[1689]. 392

- Standardvertragsklauseln (AGB) eines *Mietvertrags*, mit dem ein gewerblicher Vermieter den Mietern eine *Wohnung* zum *privaten Gebrauch* überlässt, unterliegen der RL 93/13/EWG, sofern die Vertragsklauseln *nicht* auf *bindenden* Rechtsvorschriften des nationalen Rechts beruhen[1690]. Als bindende Rechtsvorschriften, die gemäss Art. 1 Abs. 2 vom Anwendungsbereich der RL 93/13/EWG *ausgenommen* sind, gelten die *zwingenden* und *dispositiven Gesetzesnormen*[1691]. Diese Ausnahme bindender nationaler Rechtsvorschriften vom *Anwendungsbereich* der RL 93/13/ EWG gemäss Art. 1 Abs. 2 ist *eng auszulegen*[1692]. Eine Vertragsklausel zur *Berechnung* der *gesetzlichen Obergrenze* von (zulässigen) Kreditkosten fällt *nicht* unter die Ausnahme, weshalb die Missbräuchlichkeit der Klausel auch für Beträge *unterhalb* der Obergrenze richterlich überprüft werden kann[1693]. 393

1688 Rs. C-147/16 Karel de Grote – Hogeschool Katholieke Hogeschool Antwerpen VZW gegen Susan Romy Jozef Kuijpers, EuGH-Urteil vom 17. Mai 2018, ECLI:EU: C:2018:320, Rz. 51 ff.; vgl. unten N 603. – Ferner: Rs. C-590/17, Henri Pouvin, Marie Dijoux gegen Électricité de France (EDF) EuGH-Urteil vom 21. März 2019, ECLI:EU:C:2019:232, Rz. 43; Rs. C-485/21, «S. V.» OOD gegen E. Ts. D., Urteil vom 27. Oktober 2022, ECLI:EU:C:2022:839, Rz. 23, 28.

1689 Rs. C-51/17, OTP Bank Nyrt., OTP Faktoring Követeléskezelő Zrt. gegen Teréz Ilyés, Emil Kiss, EuGH-Urteil vom 20. September 2018, ECLI:EU:C:2018:750, Rz. 49; vgl. unten N 613.

1690 Rs. C-488/11, Dirk Frederik Asbeek Brusse und Katarina de Man Garabito gegen Jahani BV, EuGH-Urteil vom 30. Mai 2013, ECLI:EU:C:2013:341; vgl. unten N 554.

1691 Rs. C-92/11, RWE Vertrieb AG gegen Verbraucherzentrale Nordrhein-Westfalen eV, EuGH-Urteil vom 21. März 2013, ECLI:EU:C:2013:180, Rz. 26; Rs. C-34/13, Monika Kušionová gegen SMART Capital a.s., EuGH-Urteil vom 10. September 2014, ECLI:EU:C:2014:2189, Rz. 79; vgl. auch unten N 566.

1692 Rs. C-51/17, OTP Bank Nyrt., OTP Faktoring Követeléskezelő Zrt. gegen Teréz Ilyés, Emil Kiss, EuGH-Urteil vom 20. September 2018, ECLI:EU:C:2018:750, Rz. 54.

1693 Rs. C-779/18, Mikrokasa S.A., und Revenue Niestandaryzowany Sekurytyzacyjny Fundusz Inwestycyjny Zamknięty gegen XO, EuGH-Urteil vom 26. März 2020, ECLI:EU:C:2020:236, Rz. 58–58. Vgl. ferner Rs. C-84/19, Profi Credit Polska SA gegen QJ (C-84/19) und BW gegen DR (C-222/19) und QL gegen CG (C-252/19), EuGH-Urteil vom 3. September 2020, ECLI:EU:C:2020:631, Rz. 63.

394 – *Formularverträge* über *juristische Dienstleistungen* von *Rechtsanwälten* mit *natürlichen* Personen, die diese Dienstleistungen *nicht* im Rahmen ihrer *beruflichen* oder *gewerblichen* Tätigkeit nachfragen, unterliegen der RL 93/13/EWG[1694].

395 – Die Auslegungsmaxime *in dubio contra stipulatorem* gilt nur für *Individualklagen*, die sich auf *konkrete Vertragsklauseln* beziehen, nicht aber für *kollektive Unterlassungsklagen*, welche die Verwendung von einseitig vorformulierten Klauseln in künftigen Verträgen unterbinden wollen[1695].

396 – Das gesetzliche Erfordernis, wonach standardisierte Vertragsklauseln «klar und verständlich abgefasst» sein müssen (Art. 4 Abs. 2 RL 93/13/EWG), verlangt nicht nur *grammatikalische* Klarheit der Klausel, sondern auch, dass für den Konsumenten *nachvollziehbar* ist, welche *wirtschaftlichen Folgen* mit einer Klausel verbunden sind[1696].

397 – *Art. 4 Abs. 2* der RL 93/13/EWG, wonach die Beurteilung der Missbräuchlichkeit von AGB weder den *Hauptgegenstand* des Vertrags noch die *Angemessenheit* von Leistung und Gegenleistung betrifft, erstreckt sich *nicht* auf AGB eines Konsumkreditvertrags, welche dem Kreditgeber das Recht einräumen, den *Zinssatz einseitig zu ändern* oder vom Konsumenten eine *«Risikoprovision»* zu verlangen[1697]. Ebensowenig gehört dazu eine Klausel, die zugunsten des prozessführenden Anwalts eine *Konventionalstrafe* vorsieht, falls sein Mandant einen *Klagerückzug* vornimmt[1698]. Zum «Hauptgegenstand» gehören vielmehr jene Vertragsleistungen, die den entsprechenden Vertrag *charakterisieren*, also das *Wesen* des Vertrags *definieren*

1694 Rs C-537/13, Birute Šiba gegen Arunas Devėnas, EuGH-Urteil vom 15. Januar 2015, ECLI:EU:C:2015:14, Rz. 35; vgl. unten N 569.

1695 Rs. C-70/03, Kommission der Europäischen Gemeinschaften gegen Königreich Spanien, EuGH-Urteil vom 9. September 2004, Slg. 2004, I-7999; ECLI:EU:C:2004:505; vgl. unten N 532.

1696 Rs. C-26/13, Árpád Kásler & Hajnalka Káslerné Rábai gegen OTP Jelzálogbank Zrt, EuGH-Urteil vom 30. April 2014, ECLI:EU:C:2014:282; vgl. unten N 562. – Ferner Rs. C-96/14, Jean-Claude Van Hove gegen CNP Aussurances SA, EuGH-Urteil vom 23. April 2015, ECLI:EU:C:2015:262; vgl. unten N 581. – Siehe auch Rs. C-348/14, Maria Bucura gegen SC Bancpost SA, EuGH-Urteil vom 9. Juli 2015, ECLI:EU:C:2015:447, Rz. 49 ff.

1697 Rs. C-143/13, Bogdan Matei & Ioana Ofelia Matei gegen SC Volksbank România SA., EuGH-Urteil vom 26. Februar 2015, ECLI:EU:C:2015:127, vgl. unten N 576. – Ferner Rs. C-472/10, Nemzeti Fogyasztóvédelmi Hatóság gegen Invitel Távközlési Zrt, EuGH-Urteil vom 26. April 2012, ECLI:EU:C:2012:242, Rz. 23 ff.; vgl. unten N 540.

1698 Rs. C-335/21, Vicente gegen Delia, Urteil vom 22. September 2022, ECLI:EU: C:2022:720; vgl. unten N 526.

(z.B. Währung eines Darlehens), nicht aber bloss *akzessorische* Vertragsklauseln (z.B. Währungsindexklausel, Rückzahlungsregeln)[1699]. Dabei ist der Begriff «Hauptgegenstand des Vertrags» *eng auszulegen*[1700]. Die *Beweislast* für die Klarheit und Verständlichkeit einer Klausel nach Art. 4 Abs. 2 der RL 93/13/EWG obliegt *nicht* dem *Verbraucher*[1701].

- Die RL 93/13/EWG erlaubt es, die Verwendung von AGB, welche auf- 398
grund eines früheren *rechtskräftigen Urteils* in einem *anderen Parteiverfahren* als unzulässig beurteilt worden sind, als *rechtswidrige Handlung* zu qualifizieren (und gegebenenfalls mit einer Busse zu ahnden), sofern dem AGB-Verwender ein *Rechtsmittel* für die richterliche Überprüfung der *Gleichartigkeit* bzw. *Gleichwertigkeit* seiner AGB mit den im Präjudiz beurteilten AGB zur Verfügung steht[1702].
- Da die RL 93/13/EWG einem *weitergehenden nationalen* Verbraucher- 399
schutz *nicht* entgegensteht, darf das *nationale Recht* die Überprüfung der Missbräuchlichkeit auch bei Vertragsklauseln vorsehen, die den *Hauptgegenstand* des Vertrags bzw. das *angemessene Verhältnis* von *Preis* und *Gegenleistung* betreffen, und zwar selbst dann, wenn diese Klauseln klar und verständlich abgefasst sind[1703].
- Bei Nichtigkeit einzelner Vertragsklauseln richtet sich der Entscheid, ob *Teil-* 400
oder *Totalnichtigkeit* des Vertrags vorliegt, *nicht* einfach danach, welche der beiden Rechtsfolgen für den *Konsumenten vorteilhafter* ist. Das nationale

[1699] Rs C-186/16, Ruxandra Paula Andriciuc u. a. gegen Banca Românească SA, EuGH-Urteil vom 20. September 2017, ECLI:EU:C:2017:703, Rz. 38 ff.; vgl. unten N 598. – Ferner: Rs. C-609/19, BNP Paribas Personal Finance SA gegen VE, Urteil vom 10. Juni 2021, ECLI:EU:C:2021:469, Rz. 36; Rs. C-565/21, Caixabank SA gegen X., Urteil vom 16. März 2023, ECLI:EU:C:2023:212, Rz. 17.

[1700] Rs. C-565/21, Caixabank SA gegen X., Urteil vom 16. März 2023, ECLI:EU: C:2023:212, Rz. 23.

[1701] Rs. C-776/19, VB, WA, XZ, YY (C-777/19), ZX (C-778/19), DY, EX (C-781/19) gegen BNP Paribas Personal Finance SA und AV (C-779/19), BW, CX (C-780/19), FA (C-782/19) gegen BNP Paribas Personal Finance SA / Procureur de la République, EuGH-Urteil vom 10. Juni 2021, ECLI:EU:C:2021:470, Rz. 84 ff.; vgl. unten N 688.

[1702] Rs. C-119/15 Biuro podróży «Partner» sp. z o.o. sp.k. w Dąbrowie Górniczej gegen Prezes Urzędu Ochrony Konkurencji i Konsumentów, EuGH-Urteil vom 21. Dezember 2016, ECLI:EU:C:2016:987, Rz 47; vgl. dazu unten, N 587.

[1703] Rs. C-484/08, Caja de Ahorros y Monte de Piedad de Madrid gegen Asociación de Usuarios de Servicios Bancarios (Ausbanc), EuGH-Urteil vom 3. Juni 2010, Slg. 2010, I-4785, ECLI:EU:C:2010:309; vgl. unten N 534. – Vgl. auch Rs. C-405/21, FV gegen NOVA KREDITNA BANKA MARIBOR d.d., Urteil vom 13. Oktober 2022, ECLI:EU:C:2022:793, Rz. 30 ff.

Recht darf aber die Totalnichtigkeit vorsehen, wenn dadurch der Konsument besser geschützt wird[1704].

401 – Ist die Verwendung einer Vertragsklausel *irreführend* bzw. *unlauter* gemäss der RL 2005/29 über unlautere Geschäftspraktiken, hat dieser Umstand *keine unmittelbare Auswirkung* auf die Beurteilung der *Wirksamkeit* des Vertrags aufgrund der RL 93/13/EWG, stellt jedoch einen *Anhaltspunkt unter mehreren* für die Missbräuchlichkeit der fraglichen Vertragsklausel dar[1705].

402 – Erhebt eine *Verbraucherschutzorganisation* eine *Unterlassungsklage* gegen einen gewerblichen AGB-Verwender, kann das nationale Recht der richterlichen Feststellung, dass eine Vertragsklausel missbräuchlich ist, Wirkung *zugunsten aller Verbraucher zuerkennen*, die mit *diesem* Anbieter einen entsprechenden Vertrag abgeschlossen haben, selbst wenn sie *nicht Partei* des Unterlassungsverfahrens waren[1706].

403 – Erachtet der nationale Richter eine Vertragsklausel als missbräuchlich und daher *nichtig*, so darf er den Vertrag *nicht* durch *inhaltliche Abänderung* der entsprechenden Klausel *anpassen*[1707]. Eine *geltungserhaltende Anpassung nichtiger AGB* ist grundsätzlich *unzulässig*, da sonst die Abschreckungswirkung der Nichtigkeitsfolge verloren ginge[1708]. Vorbehalten bleibt

---

1704 Rs. C-453/10, Jana Pereničová und Vladislav Perenič gegen SOS financ spol. s r.o, EuGH-Urteil vom 15. März 2012, ECLI:EU:C:2012:144, Rz. 33, 36; vgl. unten N 537. Ferner Rs. C-260/18, Kamil Dziubak, Justyna Dziubak gegen Raiffeisen Bank International AG, EuGH-Urteil vom 3. Oktober 2019, ECLI:EU:C:2019:819, Rz. 41. – Siehe auch Rs. C-118/17, Zsuzsanna Dunai gegen ERSTE Bank Hungary Zrt., EuGH-Urteil vom 14. März 2019, ECLI:EU:C:2019:207, Rz. 54 ff., wonach ausnahmsweise auf *Totalnichtigkeit* zu verzichten ist, wenn der Konsument daraus stark benachteiligt würde (z.B. Pflicht zur sofortigen Rückzahlung eines Bankdarlehens).

1705 Rs. C-453/10, Jana Pereničová und Vladislav Perenič gegen SOS financ spol. s r.o, EuGH-Urteil vom 15. März 2012, ECLI:EU:C:2012:144; vgl. unten N 538.

1706 Rs. C-472/10, Nemzeti Fogyasztóvédelmi Hatóság gegen Invitel Távközlési Zrt, EuGH-Urteil vom 26. April 2012, ECLI:EU:C:2012:242; vgl. unten N 541.

1707 Rs. C-618/10, Banco Español de Crédito SA gegen Joaquín Calderón Camino, EuGH-Urteil vom 14. Juni 2012, ECLI:EU:C:2012:349; vgl. unten N 544; Rs. C-488/11, Dirk Frederik Asbeek Brusse und Katarina de Man Garabito gegen Jahani BV, EuGH-Urteil vom 30. Mai 2013, ECLI:EU:C:2013:341; vgl. unten N 556. – Ferner: Rs. C-349/18, Nationale Maatschappij der Belgische Spoorwegen (NMBS) gegen Mbutuku Kanyeba (C-349/18), Larissa Nijs (C-350/18), Jean-Louis Anita Dedroog (C-351/18), EuGH-Urteil vom 7. November 2019, ECLI:EU:C:2019:936, Rz. 67 (keine Herabsetzung einer Vertragsstrafe); Rs. C-625/21, VB gegen GUPFINGER Einrichtungsstudio GmbH, Urteil vom 8. Dezember 2022, ECLI:EU:C:2022:971, Rz. 29 f.

1708 Neben den eben vorgenannten EuGH-Urteilen auch Rs. C-482/13, Unicaja Banco SA gegen José Hidalgo Rueda et al., EuGH-Urteil vom 21. Januar 2015, ECLI:EU:C:

der Fall, wo die Nichtigkeit des Vertrags für den *Konsumenten besonders nachteilig* wäre[1709]. Dagegen stehen Nachteile des *AGB-Verwenders* (z.B. Entfallen der Vergütung für bereits erbrachte vertragliche Dienstleistungen) der Vertragsnichtigkeit nicht entgegen[1710]. Eine missbräuchliche Vertragsklausel gilt grundsätzlich *insgesamt* als *nichtig* und nicht bloss in ihren *missbräuchlichen Bestandteilen*[1711]. Sie kann weder durch eine *richterliche Auslegung des Parteiwillens* noch durch eine *dispositive Gesetzbestimmung* ersetzt werden, auch wenn der Konsument die *Rechtsfolgen* der Nichtigkeit *kannte* und im Verfahren *akzeptierte*[1712]. Hingegen kann ein ordentlich aufgeklärter Konsument auf die Nichtigerklärung einer missbräuchlichen Klausel verzichten oder deren Nichtigkeit mit ihren nachteiligen wirtschaftlichen Nachteilen akzeptieren[1713].

– Erklärt das nationale Gericht eine Bestimmung in den AGB als missbräuch- 404
lich nach Art. 3 Abs. 1 RL und damit als nichtig, so darf es allfällige für den Konsumenten sich daraus ergebende *Restitutionsansprüche* auf Rückerstattung von (rechtsgrundlos) erfolgten Leistungen *zeitlich nicht* auf jene Leistungen beschränken, die erfolgt sind, *nachdem* die Entscheidung mit der gerichtlichen Feststellung der Missbräuchlichkeit *verkündet* worden war[1714].

2015:21, Rz. 31; vgl. oben, N 572; Rs. C-377/14, Ernst Georg Radlinger und Helena Radlingerová gegen Finway a.s., EuGH-Urteil vom 21. April 2016, ECLI:EU:C:2016:283, Rz. 98. – Ferner Rs. C-70/17, Abanca Corporación Bancaria SA gegen Alberto García Salamanca Santos sowie Rs. C-179/17 Alfonso Antonio Lau Mendoza gegen Verónica Yuliana Rodríguez Ramírez, EuGH-Urteil vom 26. März 2019, ECLI:EU:C:2019:250, Rz. 53 ff.; Rs. C-625/21, VB gegen GUPFINGER Einrichtungsstudio GmbH, Urteil vom 8. Dezember 2022, ECLI:EU:C:2022:971, Rz. 39.

1709 Rs. C-260/18, Kamil Dziubak, Justyna Dziubak gegen Raiffeisen Bank International AG, EuGH-Urteil vom 3. Oktober 2019, ECLI:EU:C:2019:819, Rz. 48. – Ferner Rs. C-80/21 bis C-82/21, E. K., S. K. gegen D.B.P. (C-80/21) & B. S., W. S. gegen M. (C-81/21) & B. S., Ł. S. gegen DE M. (C-82/21), Urteil vom 8. September 2022, ECLI:EU:C:2022:646.

1710 Rs. C-395/21, D.V. gegen M.A., Urteil vom 12. Januar 2023, ECLI:EU:C:20232:14, Rz. 59, 68.

1711 Rs. C-80/21 bis C-82/21, E. K., S. K. gegen D.B.P. (C-80/21) & B. S., W. S. gegen M. (C-81/21) & B. S., Ł. S. gegen DE M. (C-82/21), Urteil vom 8. September 2022, ECLI:EU:C:2022:646, Rz. 62 ff.

1712 Rs. C-80/21 bis C-82/21, E. K., S. K. gegen D.B.P. (C-80/21) & B. S., W. S. gegen M. (C-81/21) & B. S., Ł. S. gegen DE M. (C-82/21), Urteil vom 8. September 2022, ECLI:EU:C:2022:646.

1713 Rs. C-6/22, M.B., U.B., M.B., gegen XS.A., Urteil vom 16. März 2023, ECLI:EU:C:2023:216, Rz. 38, 43.

1714 Rs. C-154/15, Francisco Gutiérrez Naranjo gegen Cajasur Banco SAU, vgl. unten N 590, und Rs. C-307/15 Ana María Palacios Martínez gegen Banco Bilbao Vizcaya Argentaria SA (BBVA sowie Rs. (C-308/15), EuGH-Urteil vom 21. Dezember 2016, ECLI:EU:C:2016:980.

Eine *zehnjährige Verjährungsfrist* für Restitutionsansprüche des Verbrauchers infolge der Nichtigkeit missbräuchlicher Klauseln verletzt bei langdauernden Darlehensverträgen den Effektivitätsgrundsatz[1715].

405 – Hat der *Wegfall* einer missbräuchlichen (und damit nichtigen) Vertragsklausel zur Folge, dass der *Vertrag undurchführbar* wird, kann das nationale Recht die *Nichtigkeit* des *ganzen Vertrags* dadurch *vermeiden*, dass an die Stelle der nichtigen Klausel eine *dispositive Gesetzesvorschrift* tritt[1716].

406 – Das Vorliegen eines «erheblichen und ungerechtfertigten Missverhältnisses» beurteilt sich anhand eines *Vergleichs* mit den *nationalen Bestimmungen*, die bei *Fehlen* einer vertraglichen Vereinbarung *anwendbar* wären[1717].

407 – Ein festgestelltes Missverhältnis der vertraglichen Rechte und Pflichten verstösst dann gegen *Treu und Glauben*, wenn der gewerbliche Anbieter *vernünftigerweise nicht erwarten* durfte, dass der Verbraucher eine vorformulierte Klausel auch nach *individuellen Verhandlungen akzeptiert* hätte[1718].

1715 Rs. C-80/21 bis C-82/21, E. K., S. K. gegen D.B.P. (C-80/21) & B. S., W. S. gegen M. (C-81/21) & B. S., Ł. S. gegen DE M. (C-82/21), Urteil vom 8. September 2022, ECLI:EU:C:2022:646, Rz. 95 ff.

1716 Rs. C-26/13, Árpád Kásler & Hajnalka Káslerné Rábai gegen OTP Jelzálogbank Zrt, EuGH-Urteil vom 30. April 2014, ECLI:EU:C:2014:282; vgl. unten N 563; Rs. C-482/13, Unicaja Banco SA gegen José Hidalgo Rueda et al., EuGH-Urteil vom 21. Januar 2015, ECLI:EU:C:2015:21, Rz. 31. – Hingegen ist dies *nicht zulässig*, wenn der *restliche Vertrag* (ohne die nichtige Vertragsklausel) fortbesteht. Klarstellung in Rs. C-625/21, VB gegen GUPFINGER Einrichtungsstudio GmbH, Urteil vom 8. Dezember 2022, ECLI:EU:C:2022:971, Rz. 20 ff.

1717 Rs. C-415/11, Mohamed Aziz gegen Caixa d'Estalvis de Catalunya, Tarragona i Manresa (Catalunyacaixa), EuGH-Urteil vom 14. März 2013, ECLI:EU:C:2013:164; vgl. unten N 409 (erster Spiegelstrich); vgl. ferner Rs. C-600/21, QE gegen Caisse régionale de Crédit mutuel de Loire-Atlantique et du Centre Ouest, Urteil vom 8. Dezember 2022, ECLI:EU:C:2022:970, Rz. 49.

1718 Rs. C-415/11, Mohamed Aziz gegen Caixa d'Estalvis de Catalunya, Tarragona i Manresa (Catalun-yacaixa), EuGH-Urteil vom 14. März 2013, ECLI:EU:C:2013:164; vgl. unten N 547 (zweiter Spiegelstrich); ferner Rs. C-600/21, QE gegen Caisse régionale de Crédit mutuel de Loire-Atlantique et du Centre Ouest, Urteil vom 8. Dezember 2022, ECLI:EU:C:2022:970, Rz. 50; Rs. C-565/21, Caixabank SA gegen X., Urteil vom 16. März 2023, ECLI:EU:C:2023:212, Rz. 50.

- Verwendet ein Konsumentenvertrag als AGB den Inhalt von nationalen Bestimmungen, die auf *andere Verträge anwendbar* sind, so unterliegen solche AGB dennoch der RL 93/13/EWG[1719]. 408
- Sieht eine standardisierte Vertragsklausel (AGB) die *einseitige Anpassung* von Vertragsbedingungen (durch den gewerblichen Anbieter) vor, so beurteilt sich deren Missbräuchlichkeit vor allem danach, ob der *Anlass* und der *Modus* der Anpassung im Vertrag so *transparent* dargestellt sind, dass der Konsument die Tragweite der Vertragsänderung anhand *klarer* und *verständlicher Kriterien absehen* kann. Fehlt es an diesen Angaben bei Vertragsabschluss, kann dieser Mangel nicht bloss dadurch behoben werden, dass der Konsument nach Kenntnisnahme der einseitigen Vertragsänderung das Recht hat, den Vertrag zu *kündigen*[1720]. 409
- Ein «erhebliches Missverhältnis» im Sinne von Art. 3 Abs. 1 RL 93/13/EWG setzt nicht voraus, dass die *Nachteile* (Kosten), die dem Konsumenten durch eine Vertragsklausel entstehen, im Vergleich zum *Wert* (Betrag) des ganzen Rechtsgeschäfts quantitativ *erheblich* sind, sondern es genügt eine *hinreichend schwere Beeinträchtigung* der *rechtlichen Stellung* des Konsumenten gemäss den anwendbaren nationalen Rechtsvorschriften (z.B. inhaltliche Beschränkung dispositiv-gesetzlicher Rechte; Beeinträchtigung der Ausübung solcher Rechte; Auferlegung gesetzlich nicht vorgesehener Pflichten). Bei der Beurteilung hat der Richter u.a. *alle anderen Klauseln* des Vertrags mitzuberücksichtigen[1721] 410
- Die im Anhang der RL 93/13/EWG aufgeführten Vertragsklauseln sind *nicht per se missbräuchlich* und die dort *nicht angeführten* Vertragsklauseln können dennoch *missbräuchlich* sein[1722]. 411

1719 Rs. C-92/11, RWE Vertrieb AG gegen Verbraucherzentrale Nordrhein-Westfalen eV, EuGH-Urteil vom 21. März 2013, ECLI:EU:C:2013:180; vgl. unten N 550. – Rs. C-84/19, Profi Credit Polska SA gegen QJ (C-84/19) und BW gegen DR (C-222/19) und QL gegen CG (C-252/19), EuGH-Urteil vom 3. September 2020, ECLI:EU: C:2020: 631, Rz. 93.

1720 Rs. C-92/11, RWE Vertrieb AG gegen Verbraucherzentrale Nordrhein-Westfalen eV, EuGH-Urteil vom 21. März 2013, ECLI:EU:C:2013:180; vgl. unten N 551. – Ferner Rs. C-287/19, DenizBank AG gegen Verein für Konsumenteninformation, EuGH-Urteil vom 11. November 2020, ECLI:EU:C:2020:897, 65 f. (AGB zur einseitigen Vertragsanpassung müssen den Anforderungen von «Treu und Glauben, Ausgewogenheit und Transparenz genügen…»).

1721 Rs. C-226/12, Constructora Principado SA gegen José Ignacio Menéndez Álvarez, EuGH-Urteil vom 16. Januar 2014, ECLI:EU:C:2014:10; vgl. unten N 559.

1722 Rs. 34/18, Ottília Lovasné Toth gegen ERSTE Bank Hungary Zrt., EuGH-Urteil vom 19. September 2019, ECLI:EU:C:2019:764, Rz. 45. – Ferner Rs. C-478/99, Commission c. Royaume de Suède, EuGH-Urteil vom 7. Mai 2002, Slg. 2002, I-4165, ECLI:EU:C:2002:281, Rz. 20.

c. Stand der EuGH-Rechtsprechung mit vorwiegend prozessualer Ausrichtung

1. Océano Grupo Editorial SA/Quintero

412 Im Fall ***Océano Grupo Editorial SA/Quintero***[1723] ging es um die Gültigkeit bzw. Missbräuchlichkeit einer *Gerichtsstandsklausel.* Frau Quintero hatte zu privaten Zwecken mit Océano einen *Abzahlungskaufvertrag* über eine Enzyklopädie geschlossen. Der Vertrag enthielt eine Klausel, wonach als Gerichtsstand Barcelona (Sitz von Océano) galt. Als Frau Quintero fällige Ratenzahlungen nicht leistete, erhob Océano in Barcelona Klage. Der angerufene Richter zweifelte indes an der Gültigkeit der Gerichtsstandsklausel und infolgedessen an seiner Zuständigkeit, weshalb er dem EuGH die Frage zur Vorabentscheidung vorlegte, ob es die RL 93/13/EWG dem nationalen Richter erlaube, *von Amtes wegen* die Missbräuchlichkeit einer Gerichtsstandklausel zu überprüfen.

413 Der EuGH *antwortete*, dass die Gerichtsstandsklausel missbräuchlich im Sinne von Art. 3 Abs. 1 der RL 93/13/EWG sei, da sie Frau Quintero den *Rechtsweg erschwere* (z.B. grosse Entfernung des Gerichts von ihrem Wohnort, unverhältnismässige Aufwendungen für Reise etc. bei geringem Streitwert) und damit unter Ziff. 1 lit. q des Anhangs zur RL 93/13/EWG falle[1724]. Gleichzeitig hielt der EuGH fest, dass ein *wirksamer Schutz* des *Verbrauchers* vor missbräuchlichen Vertragsklauseln nur erreicht werden könne, wenn der nationale Richter die Möglichkeit habe, potentiell missbräuchliche Klauseln *von Amtes wegen* zu überprüfen, da der Verbraucher sich aus Kostengründen u.U. nicht anwaltlich vertreten lasse und ohne Rechtsbeistand die Gefahr bestehe, dass er die Einrede der Missbräuchlichkeit der Gerichtsstandsklausel aus Unkenntnis unterlasse[1725].

2. Cofidis/Fredout

414 Im Fall ***Cofidis/Fredout***[1726] hatte Herr Fredout mit Cofidis einen *Kreditvertrag* geschlossen. Als Herr Fredout fällige Zahlungen nicht leistete, erhob Cofidis Klage vor dem *Tribunal d'instance* von Vienne auf Bezahlung der ausstehenden Beträge. Das erstinstanzliche Gericht stellte fest, dass der Kreditvertrag zwar missbräuchliche Klauseln enthielt, die daraus resultierende «Nichtigkeit» gemäss Art. L. 311-37 des französischen Verbraucherschutzgesetzbuchs aber nur innerhalb einer *zweijährigen Präklusivfrist* vom Verbraucher geltend gemacht werden

---

[1723] Rs. C-240/98 Océano Grupo Editorial SA gegen Rocío Murciano Quintero sowie Rs. C-241-244/98, EuGH-Urteil vom 27. Juni 2000, Slg. 2000, I-4963, ECLI:EU:C:2000: 346.

[1724] Urteil Rz. 21 ff.

[1725] Urteil Rz. 26 ff.

[1726] Rs. C-473/00 Cofidis SA gegen Jean-Louis Fredout, EuGH-Urteil vom 21. November 2002, Slg. 2002, I-10898, ECLI:EU:C:2002:705.

konnte[1727]. Es unterbreitete daher dem EuGH die Frage zur Vorabentscheidung, ob der Schutzzweck der RL 93/13/EWG die Anwendung einer Präklusivfrist des nationalen Rechts zulasse, nach deren Ablauf es dem nationalen Richter untersagt ist – sei es auf Einrede des beklagten Verbrauchers oder von Amtes wegen – die Nichtigkeit missbräuchlicher Vertragsklauseln festzustellen.

Der EuGH *verneinte* diese Frage. Er erkannte, dass eine solche (zweijährige) *Präklusivfrist* geeignet sei, den von der Richtlinie bezweckten Schutz des Verbrauchers zu beeinträchtigen, weil der gewerbliche Anbieter sonst bloss den Ablauf der Frist abzuwarten hätte, um anschliessend seine missbräuchlichen Vertragsklauseln gegen den Verbraucher durchzusetzen[1728]. 415

3. *Freiburger Kommunalbauten GmbH/Hofstetter*

Im Fall ***Freiburger Kommunalbauten GmbH/Hofstetter***[1729] hatten die Ehegatten Hofstetter am 5. Mai 1998 mit der Freiburger Kommunalbauten GmbH einen Vertrag über die Erstellung eines Parkhauses und den *Verkauf* eines sich darin befindenden *Parkplatzes* vereinbart. Gemäss Vertrag war der *gesamte Preis fällig*, sobald der Unternehmer eine *Sicherheit* für die korrekte Vertragserfüllung geleistet hatte. Obschon der Unternehmer diese Sicherheit am 20. Mai 1999 in Form einer Bankbürgschaft leistete, bezahlten die Eheleute den Preis erst nach Übernahme des Parkplatzes, d.h. am 21. Dezember 1999, da sie die entsprechende Vertragsklausel als mit § 9 des damaligen deutschen AGBG unvereinbar erachteten. Der Unternehmer verlangte dennoch für die Verspätung der Zahlung *Verzugszinsen*. Die Ehegatten Hofstetter erhoben gegen diese Forderung die *Einrede* der Missbräuchlichkeit der massgeblichen Vertragsklausel. Nachdem die erste Instanz die Klage *gutgeheissen* und das Oberlandesgericht sie *abgelehnt* hatte, legte der Bundesgerichtshof (Berufungsinstanz) dem EuGH die Frage zur Vorabentscheidung vor, ob eine Vertragsklausel, die – unabhängig vom Baufortschritt – die Fälligkeit des Gesamtpreises für ein zu errichtendes Bauwerk vorsehe, sobald der Unternehmer eine Bankbürgschaft als Sicherheit für die korrekte Vertragserfüllung gestellt habe, im Sinne von Art. 3 Abs. 1 RL 93/13/EWG missbräuchlich sei. 416

1727 Art. L. 311-37 des Code de la consommation lautete: *«Le tribunal d'instance connaît des litiges nés de l'application du présent chapitre. Les actions engagées devant lui doivent être formées dans les deux ans de l'événement qui leur a donné naissance à peine de forclusion, y compris lorsqu'elles sont nées de contrats conclus antérieurement au 1er juillet 1989.»*.

1728 Urteil Rz. 32 ff.

1729 Rs. C-237/02, Freiburger Kommunalbauten GmbH Baugesellschaft & Co. KG gegen Ludger und Ulrike Hofstetter, EuGH-Urteil vom 1. April 2004, Slg. 2004, I-3403, ECLI:EU:C:2004:209.

417 Der EuGH *antwortete*, dass Art. 3 der Richtlinie lediglich die *abstrakten Faktoren* bestimme, nach denen sich die Missbräuchlichkeit einer nicht ausgehandelten Vertragsklausel gemäss den *gesamten Umständen* nach Art. 4 RL 93/13/EWG im Einzelfall beurteile. Diese Beurteilung impliziere eine Prüfung des *nationalen Rechtssystems*. Da dem EuGH nur die *Auslegung* der allgemeinen Beurteilungskriterien, nicht aber deren *Anwendung* auf den konkreten Fall obliege, sei es Sache des *nationalen Gerichts* zu beurteilen, ob eine konkrete Vertragsklausel aufgrund der Kriterien der Richtlinie missbräuchlich sei oder nicht[1730].

4. Ynos/Varga

418 Im Fall ***Ynos/Varga***[1731] ging es um einen Rechtsstreit zwischen der Immobilienverwaltungsgesellschaft Ynos und Herrn János Varga über die Erfüllung eines am 10. Januar 2002 zwischen den Parteien abgeschlossenen *Vermittlungsvertrags* (Maklervertrag) über den Verkauf einer Immobilie. Gemäss Vertrag, welcher die allgemeinen Bestimmungen eines Mustervertrags übernommen hatte, stand dem Vermittler (Ynos) ein Provisionsanspruch nicht nur dann zu, wenn der Verkauf der Immobilie *tatsächlich zustande gekommen* war, sondern auch dann, wenn Herr Varga ein Kaufangebot eines Dritten *ablehnte*, obwohl dieses Angebot den von ihm (Herr Varga) geforderten Mindestpreis übertraf. In der Folge kam es am 11. März 2002 zwischen Ynos (Vermittler), Herrn Varga (Verkäufer) und den Herren Ragasits und Kovács (Käufer) zu einer *Grundsatzvereinbarung*, wonach bis am 15. März 2002 ein *formeller Kaufvertrag* unterzeichnet werden sollte. Dieser Kaufvertrag kam dann aber *nicht* zustande. Dennoch erhob Ynos, gestützt auf die *Grundsatzvereinbarung*, Klage gegen Varga auf Bezahlung der Vermittlungsprovision. In diesem Zusammenhang legte das angerufene Gericht dem EuGH insbesondere die Frage vor, ob das Erfordernis der *Unverbindlichkeit* missbräuchlicher Vertragsklauseln nach Art. 6 Abs. 1 der RL 93/13/EWG auch dann erfüllt sei, wenn nach nationalem Recht die Klausel *nicht von Amtes* wegen *ungültig* war, sondern vom Verbraucher (erfolgreich) *angefochten* werden musste, um unwirksam zu sein. Zudem wollte das Gericht vom EuGH wissen, ob es von Bedeutung sei, dass die Klage *vor* dem Beitritt Ungarns zur EU eingeleitet worden war. Der EuGH erklärte sich als *unzuständig*, die Vorlagefragen zu beantworten, da es sich um einen Sachverhalt handelte, der *vor* dem *Beitritt Ungarns* zur *EU* eingetreten war[1732].

1730 Urteil Rz. 19 ff.

1731 Rs. C-302/04, Ynos kft gegen János Varga, EuGH-Urteil vom 10. Januar 2006, Slg. 2006, I-371; ECLI:EU:C:2006:9.

1732 Urteil Rz. 30 ff.

5. *Mostaza/Centro Móvil Milenium*

Im Fall ***Mostaza/Centro Móvil Milenium***[1733] hatte Frau Mostaza mit Centro Móvil Milenium einen *Mobiltelefonvertrag* geschlossen, welcher eine *Schiedsklausel* enthielt, wonach allfällige Streitigkeiten dem Schiedsverfahren der *Asociación Europea de Arbitraje de Derecho y Equidad* (AEADE) unterliegen. In der Folge leitete Centro Móvil Milenium ein Schiedsverfahren gegen Frau Mostaza ein mit der Begründung, diese hätte die Mindestvertragsdauer nicht eingehalten. *Ohne* die *Zulässigkeit* des *Schiedsverfahrens zu bestreiten*, widersetzte sich Frau Mostaza materiell der Klage, aber unterlag vor dem Schiedsgericht. Hierauf erhob Frau Mostaza vor der *Audiencia Provincial* von Madrid Klage auf Aufhebung des Schiedsurteils mangels gültiger Schiedsvereinbarung. Dieses Gericht erachtete die Schiedsklausel als missbräuchlich und daher nichtig, weshalb es dem EuGH die Frage zur Vorabentscheidung vorlegte, ob es zum Verbraucherschutz der RL 93/13/EWG gehöre, dass ein *Schiedsspruch* wegen Nichtigkeit der Schiedsvereinbarung *nachträglich aufgehoben* werde, obschon im Schiedsverfahren die Zuständigkeit nicht bestritten worden war. 419

Der EuGH gelangte – in Fortentwicklung der *Océano*-Rechtsprechung (oben N 412 f.) – zum Schluss, dass diese Frage zu *bejahen* sei. Demzufolge ist das nationale Gericht gehalten, die Nichtigkeit einer Schiedsklausel auch im Rahmen einer Aufhebungsklage gegen den Schiedsspruch zu beachten[1734]. 420

6. *Pannon/Sustikné Győrfi*

Im Fall ***Pannon/Sustikné Győrfi***[1735] hatte Frau Sustikné Győrfi mit dem Unternehmen Pannon einen *Telefonabonnementvertrag* geschlossen. Der Vertragsabschluss erfolgte unter Verwendung eines von Pannon vorbereiteten *Formulars*, wonach mit Unterzeichnung des Vertrags die *Allgemeinen Vertragsbedingungen* von Pannon zur Kenntnis genommen und akzeptiert wurden. Diese enthielten eine nicht ausgehandelte *Gerichtsstandsklausel* zugunsten des Gerichts am *Sitz* von Pannon. In der Folge machte Pannon eine Vertragsverletzung geltend und erwirkte im Bezirk ihres Unternehmenssitzes einen *Mahnbescheid,* gegen den Frau Győrfi Einspruch erhob. Das Stadtgericht von Budaörsi stellte im anschliessenden gerichtlichen Verfahren fest, dass nach dem Prozessrecht das Stadtgericht Battonya am Wohnsitz von Frau Győrfi zuständig sei. Da es Zweifel daran hatte, ob die Gerichtsstandsklausel missbräuchlich war, 421

[1733] Rs. C-168/05, Elisa Maria Mostaza Claro gegen Centro Móvil Milenium SL, EuGH-Urteil vom 26. Oktober 2006, Slg. 2006, I-10437 ECLI:EU:C:2006:675.

[1734] Urteil Rz. 24 ff.

[1735] Rs. C-243/08, Pannon GSM Zrt. c. Erzsébet Sustikné Győrfi, EuGH-Urteil vom 4. Juni 2009, Slg. 2009, I-4713, ECLI:EU:C:2009:350.

setzte es das Verfahren aus und unterbreitete dem EuGH *drei Fragen* zur Vorabentscheidung:

422 Mit seiner *ersten* Frage wollte das Stadtgericht vom EuGH wissen, ob die *Unverbindlichkeit* im Sinne von Art. 6 Abs. 1 der RL 93/13/EWG bedeutete, dass eine missbräuchliche Klausel in einem Konsumentenvertrag *nicht ipso iure*, sondern erst nach erfolgreicher *Anfechtung* durch den Verbraucher für diesen unverbindlich werde. Der EuGH *antwortete* diese Frage dahingehend, dass eine missbräuchliche Vertragsklausel für den Verbraucher *ohne vorherige erfolgreiche Anfechtung unverbindlich* ist[1736].

423 Mit seiner *zweiten* Frage ersuchte das Vorlagegericht um Beantwortung der Frage, ob der nationale Richter bei der Prüfung seiner Zuständigkeit – unabhängig von der Natur des Verfahrens – *von Amtes wegen* über die Missbräuchlichkeit einer Vertragsklausel zu entscheiden habe. Der EuGH *antwortete*, dass der nationale Richter die Missbräuchlichkeit einer Vertragsklausel *von Amtes wegen* zu prüfen habe – und zwar auch bei Prüfung seiner eigenen Zuständigkeit – sobald er dazu über die erforderlichen *rechtlichen* und *tatsächlichen Grundlagen* verfüge. Er habe daher eine missbräuchliche Klausel *nicht anzuwenden*, sofern der *Verbraucher* dem *nicht widerspricht*[1737].

424 Mit seiner *dritten* Frage erkundigte sich das Vorlagegericht, welche *Gesichtspunkte* der nationale Richter bei der Beurteilung der Missbräuchlichkeit einer Vertragsklausel zu berücksichtigen habe. Dies *beantwortete* der EuGH dahingehend, dass es Sache des *nationalen Richters* sei festzustellen, ob eine Vertragsklausel die *Kriterien* der Missbräuchlichkeit nach Art. 3 Abs. 1 der RL 93/13/EWG erfülle. Eine nicht ausgehandelte Klausel in einem Konsumentenvertrag, welche die ausschliessliche Zuständigkeit dem Gericht am Sitz des gewerblichen Anbieters zuweise, könne als missbräuchlich angesehen werden[1738].

7. Asturcom/Rodriguez Nogueira

425 Im Fall ***Asturcom/Rodriguez Nogueira***[1739] hatte das Telekommunikationsunternehmen Asturcom mit Frau Rodriguez Nogueira einen *Mobiltelefonvertrag* geschlossen, der eine *Schiedsklausel* enthielt, wonach jeder Rechtsstreit über die Erfüllung des Vertrags der Schiedsgerichtsbarkeit der *Asociación Europea de Arbitraje de Derecho y Equidad* (AEADE) mit Sitz in Bilbao unterlag. Als Frau Rodriguez Nogueira einige Telefonrechnungen nicht bezahlte und den Vertrag vor Ablauf der vereinbarten *Mindestdauer* kündigte, erwirkte Asturcom ein

1736 Urteil Rz. 21 ff.

1737 Urteil Rz. 32 ff.

1738 Urteil Rz. 44.

1739 Rs. C-40/08, Asturcom Telecomunicaciones SL gegen Cristina Rodriguez Nogueira, EuGH-Urteil vom 6. Oktober 2009, Slg. 2009, I-9579, ECLI:EU:C:2009:615.

Schiedsgerichtsurteil über rund € 670.-, welches *rechtskräftig* wurde, da Frau Rodriguez Nogueira es versäumte, einen Aufhebungsantrag zu stellen. Asturcom stellte in der Folge beim *Juzgado de Primera Instancia Nr. 4* von Bilbao Antrag auf *Zwangsvollstreckung* dieses Urteils. Das *Vollstreckungsgericht* hielt indes die Schiedsklausel für missbräuchlich, da die Reisekosten nach Bilbao höher waren als der Streitwert und zudem das Schiedsgericht selber *Verfasser* des verwendeten Standardvertrags war. Da das nationale Recht dem Schiedsgericht *nicht* erlaubte, seine Zuständigkeit *von Amtes wegen* zu prüfen und es hierfür auch im *Vollstreckungsverfahren* keine gesetzliche Grundlage gab, unterbreitete das Vollstreckungsgericht dem EuGH die Frage zur Vorabentscheidung, ob ein nationales Gericht, bei dem ein Antrag auf Zwangsvollstreckung eines *in Abwesenheit des Verbrauchers* ergangenen rechtskräftigen Schiedsspruchs gestellt wird, aufgrund der RL 93/13/EWG verpflichtet ist, die Missbräuchlichkeit der Schiedsklausel *von Amtes wegen* zu *prüfen* und den *Schiedsspruch aufzuheben.*

Der EuGH *antwortete*, dass ein nationales Gericht, bei dem ein Antrag auf Zwangsvollstreckung des in Abwesenheit des Verbrauchers ergangenen rechtskräftigen Schiedsspruchs anhängig ist, die Missbräuchlichkeit der Schiedsklausel *von Amtes wegen* zu prüfen habe, sobald es über die erforderlichen rechtlichen und tatsächlichen Grundlagen verfüge, falls es nach den Bestimmungen des nationalen Verfahrensrechts eine solche Beurteilung im Rahmen *vergleichbarer Anträge nationaler Art* vornehmen könne. Trifft dies zu, so obliege es dem nationalen Gericht, alle Konsequenzen zu ziehen, die sich nach nationalem Recht ergeben, um sich zu vergewissern, dass die Klausel für den *Verbraucher unverbindlich* ist[1740]. 426

8. *Pénzügyi/Schneider*

Im Fall ***Pénzügyi/Schneider***[1741] schloss die Leasinggesellschaft Pénzügyi mit Herrn Schneider einen *Darlehensvertrag* zur Finanzierung des Erwerbs eines Kraftfahrzeugs ab. Da Herr Schneider seinen vertraglichen Verpflichtungen nicht gehörig nachkam, *kündigte* Pénzügyi Lízing den Darlehensvertrag und verlangte für den Betrag von HUF 317'404.- den gerichtlichen Erlass eines *Mahnbescheids*. Gestützt auf die *Gerichtsstandsklausel* im Darlehensvertrag wurde dieses Verfahren am vereinbarten Gerichtsstand und nicht am Wohnsitz von Herrn Schneider eingeleitet. In der Folge erliess das Gericht im «nichtstreitigen» Verfahren – also ohne mündliche Verhandlung und Anhörung der gegnerischen Partei – einen Mahnbescheid, gegen den Herr Schneider *Einspruch* 427

[1740] Urteil Rz. 59.

[1741] Rs. C-137/08, VB Pénzügyi Lizing Zrt. gegen Ferenc Schneider, EuGH-Urteil vom 9. November 2010, Slg. 2010, I-10847, ECLI:EU:C:2010:659.

beim vorlegenden Gericht erhob. Damit wurde das Verfahren zu einem *streitigen* gemäss den allgemeinen Regeln der ungarischen Zivilprozessordnung. Vor diesem Hintergrund unterbreitete das ungarische Gericht dem EuGH verschiedene Fragen zur Vorabentscheidung.

428 Zunächst wollte das Vorlagegericht wissen, ob die RL 93/13/EWG verlange, dass der nationale Richter *von Amtes wegen* – also ohne Antrag und unabhängig davon, ob ein streitiges oder nicht streitiges Verfahren vorliegt – bei der Prüfung seiner Zuständigkeit die Missbräuchlichkeit einer ihm vorgelegten Vertragsklausel beurteile und, falls dies zu bejahen sei, *welche Gesichtspunkte* der Richter bei dieser Prüfung berücksichtigen könne, insbesondere, wenn die Gerichtsstandsklausel nicht das Gericht am Sitz des *Dienstleistungserbringers*, sondern ein anderes Gericht vorsehe, das sich in der Nähe dieses Sitzes befinde. Im Weiteren ersuchte das Vorlagegericht um Beantwortung der Frage, ob Art. 23 Abs. 1 der Satzung des Gerichtshofs eine nationale Bestimmung ausschliesse, wonach der nationale Richter gleichzeitig mit seinem Ersuchen um Vorabentscheidung von Amtes wegen den *Justizminister* seines Mitgliedstaats über dieses zu *informieren* habe.

429 Letztere Frage wurde vom EuGH *verneint*, da Art. 23 Abs. 1 der Satzung des Gerichtshofs einer nationalen Bestimmung, wonach der Richter gleichzeitig mit seinem Ersuchen um Vorabentscheidung von Amtes wegen den *Justizminister* seines Mitgliedstaats darüber zu *informieren* habe, nicht entgegenstehe. Durch diese Informationspflicht werde das Vorabentscheidungsverfahren nach Art. 267 ff. AUEV nicht beeinträchtigt[1742].

430 Erstere Frage brauchte der EuGH dagegen nicht mehr zu beantworten, weil das Vorlagegericht vom inzwischen ergangenen Urteil *Pannon/Sustikné Győrfi*[1743] (oben N 421 ff.) Kenntnis erhalten hatte, und damit seiner Frage als bereits beantwortet erachtete. Hingegen stellte das Vorlagegericht im Lichte von *Pannon/Sustikné Győrfi* die *Zusatzfrage*, ob nach Art. 267 AEUV die Zuständigkeit des Gerichtshofs nicht nur die Auslegung des Begriffs *«missbräuchliche Vertragsklausel»* in Art. 3 Abs. 1 und im *Anhang* der Richtlinie erfasse, sondern sich auch auf die *Kriterien* erstrecke, die das nationale Gericht bei der Prüfung einer Vertragsklausel anwenden dürfe oder müsse. Diese Frage *bejahte* der EuGH mit dem Hinweis, dass es Sache des nationalen Gerichts sei, unter Berücksichtigung dieser Kriterien über die *konkrete Bewertung* einer bestimmten Vertragsklausel anhand der *Umstände des Einzelfalls* zu entscheiden[1744].

1742 Urteil Rz. 26 ff.

1743 Rs. C-243/08, Pannon GSM Zrt. c. Erzsébet Sustikné Györfi, EuGH-Urteil vom 4. Juni 2009, Slg. 2009, I-4713, ECLI:EU:C:2009:350.

1744 Urteil Rz. 36 ff.

Mit einer *weiteren Zusatzfrage* wollte das Vorlagegericht sodann wissen, ob das nationale Gericht, wenn es selber bemerke, dass möglicherweise eine missbräuchliche Vertragsklausel vorliege, *von Amtes wegen* eine *Untersuchung vornehmen* könne, um die für die Beurteilung erforderlichen rechtlichen und tatsächlichen Grundlagen festzustellen, obwohl die Parteien *keinen entsprechenden Antrag* stellten und das *nationale Verfahrensrecht* eine solche Überprüfung nur auf *Antrag* der Parteien vorsehe. Der EuGH *antwortete*, dass das nationale Gericht *verpflichtet* sei, *von Amtes wegen Untersuchungsmassnahmen* durchzuführen, um festzustellen, ob eine Klausel über einen ausschliesslichen Gerichtsstand in einem Konsumentenvertrag in den Anwendungsbereich der RL 93/13/EWG falle, und, falls ja, *von Amtes wegen zu beurteilen* habe, ob eine solche Klausel missbräuchlich sei[1745]. 431

9. *Hypoteční banka/Lindner*

Im Fall ***Hypoteční banka/Lindner***[1746] forderte die *Hypoteční banka* (tschechische Gesellschaft mit Sitz in Prag) von Herrn Lindner, einem deutschen Staatsangehörigen mit *unbekanntem* Wohnsitz, klageweise die Zahlung von CZK 4'383'584 (plus Verzugszinsen) infolge Zahlungsrückstands aus einem *Hypothekendarlehen.* Gemäss § 89a der tschechischen Zivilprozessordnung war im Darlehensvertrag vereinbart worden, dass für Rechtsstreitigkeiten aus dem Vertrag das ordentliche Gericht am *Sitz der Bank* zuständig ist. Im Moment des *Vertragsabschlusses* hatte Herr Lindner seinen *Wohnsitz* in *Mariánské Lázně* (Tschechische Republik), d.h. mehr als 150 km von Prag, dem Sitz des von den Vertragsparteien vereinbarten «ordentlichen Gerichts der Bank», entfernt. Trotz dieser Gerichtsstandsklausel klagte die Bank am «ordentlichen Gericht des Beklagten» und nicht am «ordentlichen Gericht am Sitz der Bank», da sie bei Klageerhebung dem Gericht das *Original* des Vertrags (aus technischen Gründen) nicht vorlegen konnte. Das angerufene Gericht gab der Klage mit einem *Zahlungsbescheid* statt, wonach der Beklagte den eingeklagten Betrag zuzüglich Verzugszinsen zu bezahlen habe. Dieser Zahlungsbescheid konnte dem Beklagten jedoch *nicht persönlich zugestellt* werden – wie § 173 Abs. 1 ZPO es verlangt hätte, – weshalb er mit Beschluss vom 8. September 2009 vom vorlegenden Gericht *aufgehoben* wurde. Da der Beklagte unter der *bekannten Adresse nicht anzutreffen* war und ein *anderer Aufenthaltsort* auf tschechischem Gebiet *nicht* festgestellt werden konnte, bestellte das Gericht wegen unbekannten Aufenthalts des Beklagten einen *Prozesspfleger*, der gegen den Anspruch der Bank Einwände 432

[1745] Urteil Rz. 45 ff.

[1746] Rs. C-327/10 Hypoteční banka a.s. gegen Udo Mike Lindner, EuGH-Urteil vom 17. November 2011, Slg. 2011, I-11582, ECLI:EU:C:2011:745.

bezüglich der Zinsen erhob. Vor diesem Hintergrund unterbreitete das Gericht dem EuGH mehrere Fragen zur Vorabentscheidung.

433 Mit seiner *ersten* Frage wollte das vorlegende Gericht wissen, ob die Voraussetzungen für die Anwendbarkeit der Zuständigkeitsvorschriften gemäss der Verordnung Nr. 44/2001 erfüllt seien, wenn eine der Parteien des Gerichtsverfahrens *Staatsangehöriger* eines *anderen Mitgliedstaats* als des *Verfahrensstaates* ist. Der EuGH be*anwortete* die Frage dahingehend, die Anwendung der Zuständigkeitsregeln der *Verordnung Nr. 44/2001* setze voraus, dass der Rechtsstreit vor dem mitgliedstaatlichen Gericht die Frage der *internationalen* Zuständigkeit des Gerichts aufwerfe, was der Fall sei, wenn ein mitgliedstaatliches Gericht mit einer Klage gegen einen *Staatsangehörigen* eines *anderen Mitgliedstaats* befasst sei und der *Wohnsitz* des Beklagten dem Gericht *unbekannt* sei[1747].

434 Mit seiner *zweiten* Frage wollte das vorlegende Gericht wissen, ob die Verordnung Nr. 44/2001 der Anwendung einer nationalen Bestimmung *entgegenstehe*, welche die Durchführung von Verfahren gegen *Personen mit unbekanntem Aufenthalt erlaube*. Der EuGH *verneinte* die Frage mit folgender Begründung: Gibt ein Verbraucher, der vertraglich verpflichtet ist, eine allfällige Adressänderung dem Vertragspartner mitzuteilen, seinen bisherigen Wohnsitz auf, bevor gegen ihn Klage erhoben worden ist, so sind nach Art. 16 Abs. 2 der Verordnung Nr. 44/2001 die Gerichte jenes Mitgliedstaats zuständig, wo er seinen *letzten bekannten Wohnsitz* hatte, sofern es *nicht gelingt*, nach Art. 59 der Verordnung den *aktuellen Wohnsitz* des Beklagten festzustellen und zudem keine beweiskräftigen Indizien vorliegen, dass der Beklagte seinen Wohnsitz *ausserhalb* des *Unionsgebiets* hat. Die Verordnung Nr. 44/2001 steht daher einer *nationalen Prozessrechtsbestimmung* nicht entgegen, welche zur Vermeidung einer Justizverweigerung erlaubt, Verfahren gegen Personen mit unbekanntem Aufenthalt in deren Abwesenheit durchzuführen, falls sich das angerufene Gericht vor der Entscheidung vergewissert hat, dass *alle erforderlichen Nachforschungen*, die der *Sorgfaltsgrundsatz* und der Grundsatz von *Treu und Glauben* gebieten, vorgenommen worden sind, um den Beklagten ausfindig zu machen[1748].

10. Banif Plus Bank/Csipai

435 Im Fall ***Banif Plus Bank/Csipai***[1749] hatte Herr Csipai am 16. Juni 2006 mit der Banif Plus Bank einen *Darlehensvertrag* für eine sechsjährige Dauer (bis 15. Juni 2012) abgeschlossen. Nach Art. 29 des von der Banif Plus Bank *vorformulierten* Vertrags war der Darlehensnehmer bei einer *vorzeitigen Kündigung*

[1747] Urteil Rz. 28 ff.

[1748] Urteil Rz. 36 ff.

[1749] Rs. C-472/11, Banif Plus Bank Zrt gegen Csaba Csipai und Viktória Csipai, EuGH-Urteil vom 21. Februar 2013, ECLI:EU:C:2013:88.

des Vertrags infolge einer Vertragsverletzung oder eines von ihm zu vertretenden Verhaltens verpflichtet, neben *Verzugszinsen* und *Kosten* den *Gesamtbetrag* der noch *ausstehenden Raten* zu zahlen. Herr Csipai zahlte im Februar 2008 letztmals eine Tilgungsrate, weshalb die Bank den Vertrag *kündigte* und vom Darlehensnehmer die Zahlung der noch ausstehenden Beträge verlangte, was Csipai ablehnte. In der Folge erhob die Banif Plus Bank *Klage* gegen Csipai. Das *erstinstanzliche Gericht* (Bezirksgericht für Pest-Zentrum) teilte den Parteien mit, dass es die Klausel 29 des Darlehensvertrags als missbräuchlich erachte und forderte sie auf, sich dazu zu äussern. Herr Csipai machte geltend, dass die Forderungen der Banif Plus Bank überhöht seien und er den Anspruch lediglich in der Höhe der Hauptforderung anerkenne. Die Banif Plus Bank bestritt die Missbräuchlichkeit der umstrittenen Klausel. Mit Entscheidung vom 6. Juli 2010 *verurteilte* das Bezirksgericht für Pest-Zentrum Herrn Csipai, einen Betrag an die Banif Plus Bank zu zahlen, der *ohne Anwendung der Klausel 29* des Vertrags berechnet wurde. Gegen diese Entscheidung erhob die Banif Plus Bank *Berufung*. Das angerufene Gericht unterbreitete daher dem EuGH mehrere Fragen zur Vorabentscheidung.

In erster Linie wollte das ungarische Vorlagegericht wissen, ob Art. 6 Abs. 1 und Art. 7 Abs. 1 der RL 93/13/EWG es erlaubten, dass ein nationales Gericht, das die Missbräuchlichkeit einer Vertragsklausel von Amtes wegen festgestellt habe, den *Parteien mitteile*, es habe das Vorliegen eines Nichtigkeitsgrundes erkannt und sie auffordere, sich dazu zu *äussern*. Der EuGH *antwortete* darauf, dass nach *Art. 6 Abs. 1* und *Art. 7 Abs. 1* der RL 93/13/EWG das nationale Gericht, das die Missbräuchlichkeit einer Vertragsklausel *von Amtes wegen festgestellt* habe, *nicht abwarten müsse*, um die Konsequenzen aus dieser Feststellung ziehen zu können, dass der über seine *Rechte informierte Verbraucher* erkläre, er *beantrage* die *Nichtigerklärung* der genannten Klausel. Der Grundsatz des kontradiktorischen Verfahrens verpflichte aber das nationale Gericht, die Parteien *darüber zu informieren* und ihnen *Gelegenheit* zu geben, dies in der von den nationalen Verfahrensvorschriften dafür vorgesehenen Form *kontradiktorisch zu erörtern*[1750]. 436

Im Weiteren wollte das ungarische Vorlagegericht vom EuGH wissen, ob die RL 93/13/EWG dem nationalen Gericht erlaube oder ihm auferlege, bei der Prüfung einer missbräuchlichen Klausel *jede* Vertragsklausel zu prüfen, oder ob es seine Prüfung auf diejenigen Klauseln zu *beschränken* habe, auf die der gestellte *Antrag* gestützt wird. Der EuGH *antwortete*, dass das nationale Gericht, um die allfällige Missbräuchlichkeit der Vertragsklausel, auf die sich der gestellte Antrag stützt, beurteilen zu können, *alle anderen Klauseln des Vertrags berücksichtigen müsse*[1751]. 437

[1750] Urteil Rz. 17 ff.

[1751] Urteil Rz. 17 ff.

11. Jőrös/Aegon Magyarország Hitel

438 Im Fall ***Jőrös/Aegon Magyarország Hitel***[1752] hatte Frau Jőrös mit dem ungarischen Kreditinstitut Aegon am 4. Juli 2007 einen vom Kreditinstitut vorformulierten *Darlehensvertrag* für eine 17-jährige Laufzeit (bis 15. August 2024) über einen Betrag von rund CHF 160'000.- abgeschlossen, der in ungarischen Forint (HUF) ausbezahlt wurde. Der Vertrag sah u.a. einen Zinssatz von 4,5 % und Kontoführungsgebühren von 2,2 % pro Jahr vor. Unter Einbezug der Kreditgebühr von 1,5 % auf dem Gesamtdarlehensbetrag belief sich der effektive Jahreszins des Darlehens auf 7,658 %. Nach *Klausel 3.2* der AGB war der Darlehensgeber am Ende jeden Geschäftsjahrs befugt, die Höhe der *Bearbeitungsgebühren* für das folgende Geschäftsjahr nach einer Skala und nach den Modalitäten, die in einer internen Regelung des Kreditinstituts festgelegt waren, *anzupassen.* Nach *Klausel 8.2* der AGB war der Darlehensgeber zur *Anpassung* des *Zinssatzes* und *aller Gebühren* des Darlehensvertrags sowie zur *Einführung neuer Gebühren* und zur Inrechnungstellung neuer Kosten *berechtigt*, falls sich die für die Finanzierung des Geschäfts notwendigen Kosten ändern sollten. *Klausel 12.2* der AGB sah schliesslich vor, dass der Darlehensnehmer, falls die Änderung von Rechtsvorschriften oder deren Auslegung für Aegon zu zusätzlichen Kosten führen sollten, dem Kreditinstitut auf dessen Verlangen einen kostendeckenden Betrag zahlen musste oder dass das Kreditinstitut berechtigt war, einseitig den Zinssatz des Darlehens und die Höhe der Gebühren zu ändern. Im Falle einer *einseitigen Änderung* des Vertragsinhalts stand dem Darlehensnehmer *kein Recht* zur sofortigen *Kündigung* des Vertrags zu. Frau Jőrös erhob in der Folge Klage gegen Aegon beim *Zentralbezirksgericht Pest* und machte geltend, dass der Darlehensvertrag *teilweise unwirksam* sei und einzelne Bestimmungen des Vertrags wucherisch bzw. sittenwidrig seien. Sie beantragte aber nicht, dass der Vertrag wegen Missbräuchlichkeit für *teilweise nichtig* zu erklären sei. Mit Urteil vom 2. Dezember 2010 wies das Zentralbezirksgericht die *Klage ab.* Frau Jőrös legte gegen dieses Urteil ein Rechtsmittel ein und berief sich nun auf die *Nichtigkeit* der Klauseln 3.2, 8.1, 8.2 und 12.2 des Darlehensvertrags, weil sie dem Gläubiger die einseitige Änderung der Vertragsbedingungen ermöglichten und dem Schuldner die Folgen späterer Änderungen aufbürdeten. Vor diesem Hintergrund sistierte die Rechtsmittelinstanz das Verfahren und legte dem EuGH *drei Fragen* zur Vorabentscheidung vor.

439 Mit seiner *ersten* Frage wollte das ungarische Vorlagegericht wissen, ob Art. 6 der RL 93/13/EWG dahin auszulegen sei, dass ein nationales Gericht, welches die Missbräuchlichkeit einer Vertragsklausel festgestellt habe, von Amtes wegen prüfen könne, ob der Vertrag aus diesem Grund für nichtig zu erklären sei,

---

[1752] Rs. C-397/11, Erika Jőrös gegen Aegon Magyarország Hitel Zrt., EuGH-Urteil vom 30. Mai 2013, ECLI:EU:C:2013:340.

obwohl die Parteien *keinen entsprechenden Antrag* gestellt haben. Hierauf *antwortete* der EuGH, *Art. 6 Abs. 1 der RL 93/13/EWG* sei so auszulegen, dass ein nationales Gericht, welches die Missbräuchlichkeit einer Vertragsklausel festgestellt habe, zum einen – *ohne einen entsprechenden Antrag des Verbrauchers abzuwarten – alle Konsequenzen ziehen müsse*, die sich nach nationalem Recht aus dieser Feststellung ergeben, um sicher sein zu können, dass diese Klausel für den Verbraucher *unverbindlich* sei, und zum anderen – grundsätzlich anhand *objektiver Kriterien* – prüfen müsse, ob der betreffende Vertrag ohne diese Klausel bestehen könne[1753].

Mit seiner *zweiten* Frage wollte das ungarische Vorlagegericht wissen, ob die RL 93/13/EWG dahin auszulegen sei, dass ein nationales Gericht, das von Amtes wegen die Missbräuchlichkeit einer Vertragsklausel festgestellt habe, prüfen könne, ob der Vertrag aus diesem Grund für nichtig zu erklären sei, obwohl Klagen auf Feststellung der Ungültigkeit missbräuchlicher Vertragsklauseln nach innerstaatlichem Prozessrecht in die Zuständigkeit eines *anderen* Rechtsprechungsorgans fallen. Hierauf *antwortete* der EuGH, die RL 93/13/EWG sei dahin auszulegen, dass das nationale Gericht, welches von Amtes wegen die Missbräuchlichkeit einer Vertragsklausel festgestellt habe, das *innerstaatliche Prozessrecht* nach Möglichkeit *so anzuwenden* habe, dass alle Konsequenzen gezogen werden, die sich nach nationalem Recht aus der Feststellung der Missbräuchlichkeit der fraglichen Klausel ergeben, damit es sicher sein könne, dass diese Klausel für den *Verbraucher unverbindlich* ist[1754]. 440

Mit seiner *dritten* Frage wollte das ungarische Vorlagegericht wissen, ob die RL 93/13/EWG so auszulegen sei, dass ein nationales Gericht, das als *Rechtsmittelgericht* mit einem Rechtsstreit über die Gültigkeit von Klauseln in einem Konsumentenvertrag, der aufgrund eines vom Gewerbetreibenden vorformulierten Formulars geschlossen wurde, befasst ist, die Missbräuchlichkeit der streitigen Klauseln prüfen dürfe, wenn dieser *Ungültigkeitsgrund* im *erstinstanzlichen Verfahren nicht* geltend gemacht worden sei und nach den nationalen Rechtsvorschriften im *Rechtsmittelverfahren* generell weder *neue Tatsachen* berücksichtigt noch *neue Beweise* erhoben werden können. Der EuGH *antwortete*, die RL 93/13/EWG sei dahin auszulegen, dass ein nationales Gericht, – das als Rechtsmittelgericht mit einem Rechtsstreit über die Gültigkeit von Klauseln in einem zwischen einem Gewerbetreibenden und einem Verbraucher auf der Grundlage eines vom Gewerbetreibenden vorformulierten Formulars geschlossenen Vertrag befasst sei, – sofern es nach innerstaatlichem Prozessrecht *alle Nichtigkeitsgründe*, die sich klar aus den im *ersten Rechtszug vorgebrachten Umständen* ergeben, *prüfen* und gegebenenfalls die *Rechtsgrundlage*, die für die Ungültigkeit dieser Klauseln geltend gemacht wurde, 441

[1753] Urteil Rz. 39 ff.

[1754] Urteil Rz. 49 ff.

entsprechend den festgestellten Tatsachen *umqualifizieren* könne, *von Amtes wegen* – oder unter Umqualifizierung der Rechtsgrundlage des Antrags – die Missbräuchlichkeit dieser Klauseln anhand der Kriterien dieser Richtlinie *prüfen müsse*[1755].

12. Asociación de Consumidores/Anuntis Segundamano

442 Im Fall ***Asociación de Consumidores/Anuntis Segundamano España***[1756] ging es um einen Rechtsstreit zwischen der Asociación de Consumidores Independientes de Castilla y León (ACICL) – einem lokalen Verbraucherschutzverein (mit 110 Mitgliedern und Sitz in Salamanca), dessen Tätigkeitsbereich sich auf das Gebiet der Autonomen Gemeinschaft Castilla y León beschränkte, ohne einem regionalen oder nationalen Verbraucherschutzverband anzugehören – und der Handelsgesellschaft Anuntis Segundamano España (ASE) mit Sitz in Barcelona, Betreiberin eines Internetportals, auf dem Dritte Anzeigen für Immobilien oder Gebrauchtwaren sowie Stellenangebote veröffentlichen konnten. Die Nutzungsbedingungen für das Internetportal waren in zwei Kategorien aufgeteilt («allgemeinen Nutzungsbedingungen» und «besondere Bedingungen für Verträge über Anzeigendienste»). Zu den besonderen Bedingungen gehörten u.a. Art. 6 über die Haftungsbeschränkung und Art. 7 betreffend die «Erklärungen und Garantien des Anzeigenkunden/Entschädigungen». Die ACICL erhob beim *Juzgado de Primera Instancia* n° 4 y de lo Mercantil de Salamanca eine Unterlassungsklage gegen ASE, mit welcher sie die Feststellung der Nichtigkeit der Art. 6 und 7 Abs. 7 der besonderen Bedingungen und die Unterlassung ihrer zukünftigen Verwendung verlangte. Das angerufene Gericht von Salamanca erklärte sich für unzuständig, da nach dem nationalen Recht zum Schutz kollektiver Verbraucherinteressen erhobene Unterlassungsklagen am Ort der Niederlassung oder des (Wohn-)Sitzes des Beklagten zu erheben waren. Gegen diese Entscheidung erhob die ACICL bei der Audiencia Provincial de Salamanca Berufung und machte geltend, die Ablehnung der Zuständigkeit des Gerichts am Sitz des Verbraucherschutzvereins laufe dem Ziel der RL 93/13/EWG zuwider. Das Berufungsgericht erachtete zwei Aspekte als problematisch: Einerseits sehe das nationale Verfahrensrecht gegen Beschlüsse, mit denen erstinstanzliche Gerichte sich für örtlich unzuständig erklärten, kein Rechtsmittel vor und anderseits sei zweifelhaft, ob der Gerichtsstand am Sitz des Beklagten mit den Grundsätzen der Äquivalenz und der Effektivität vereinbar seien. Unter diesen Umständen setzte

---

[1755] Urteil Rz. 23 ff.

[1756] Rs. C-413/12, Asociación de Consumidores Independientes de Castilla y León gegen Anuntis Segundamano España SL, EuGH-Urteil vom 5. Dezember 2013, ECLI:EU:C:2013:800.

die Audiencia Provincial de Salamanca das Verfahren aus und unterbreitete dem EuGH zwei Fragen zur Vorabentscheidung, die dieser zusammen beantwortete.

Mit seinen *beiden* Fragen wollte das Vorlagegericht wissen, ob die RL 443
93/13/EWG und die Grundsätze der Äquivalenz und der Effektivität dahin auszulegen seien, dass sie einer nationalen Verfahrensregelung entgegenstehen, wonach Unterlassungsklagen von Verbraucherschutzvereinen beim Gericht am Ort der Niederlassung bzw. am Wohnsitz des Beklagten erhoben werden müssen und gegen einen Unzuständigkeitsentscheid des erstinstanzlichen Gerichts kein Rechtsmittel bestehe. Der EuGH *antwortete*, dass die RL 93/13/EWG und die Grundsätze der Effektivität und der Äquivalenz einer mitgliedstaatlichen Regelung *nicht entgegenstehen,* wonach Unterlassungsklagen von Verbraucherschutzvereinen bei den Gerichten am Ort der *Niederlassung* oder des *(Wohn-)Sitzes* des *Beklagten* zu erheben sind und gegen die Entscheidung, mit der ein erstinstanzliches Gericht sich für örtlich unzuständig erklärt, *kein Rechtsmittel* gegeben ist[1757].

13. Pohotovosť/Vašuta

Im Fall ***Pohotovosť/Vašuta***[1758] ging es um folgenden Rechtsstreit: Aufgrund ei- 444
nes *Verbraucherkredits*, der Herrn Vašuta von Pohotovosť gewährt worden war, verurteilte ein ständiges Schiedsgericht am 9. Dezember 2010 Herrn Vašuta zur Bezahlung eines gewissen Betrags an Pohotovosť. Nachdem der *Schiedsspruch rechtskräftig* und *vollstreckbar* gewordenen war, stellte Pohotovosť Antrag auf dessen *Zwangsvollstreckung*. Darauf beantragte am 25. März 2011 der (von Pohotovosť beauftragte) Gerichtsvollzieher beim *Bezirksgericht Svidník* die *Genehmigung* der Vollstreckung des Schiedsspruchs. Dieser Antrag wurde mit Entscheidung vom 29. Juni 2011 (mit Ausnahme gewisser Einzelbeträge) gutgeheissen. Am 9. September 2011 verlangte die *Verbraucherschutzvereinigung HOOS* gemäss § 93 Abs. 2 der (slowakischen) Zivilprozessordnung, dem *Vollstrekkungsverfahren beizutreten*. Sie rügte namentlich die *fehlende Unparteilichkeit* des beauftragten Gerichtsvollziehers und machte geltend, dieser habe in der Vergangenheit in einem *Arbeitsverhältnis* mit Pohotovosť gestanden, was nach der Rechtsprechung des *Verfassungsgerichtshofs* der Slowakischen Republik mit der Pflicht eines Gerichtsvollziehers zur *Unparteilichkeit* unvereinbar sei. Ferner beantragte die HOOS die Aussetzung des gesamten Zwangsvollstreckungsverfahrens. Mit Beschluss vom 24. Mai 2012 erklärte das Bezirksgericht Svidník den Antrag der HOOS auf Beitritt zum Vollstreckungsverfahren für *unzulässig* und wies den Antrag auf Aussetzung dieses Verfahrens ab. HOOS legte am 18. Juni

[1757] Urteil Rz. 23 ff.

[1758] Rs C-470/12, Pohotovost s.r.o. gegen Miroslav Vašuta, EuGH-Urteil vom 27. Februar 2014, ECLI:EU:C:2014:101.

2012 gegen diesen Beschluss einen *Rechtsbehelf* ein und machte geltend, Herr Vašuta sei nicht hinreichend aufgeklärt worden und das Gericht habe es unterlassen, *von Amtes wegen zu seinen Gunsten Vorschriften anzuwenden*, die Schutz vor missbräuchlichen Schiedsklauseln böten. Zudem habe das Gericht keine Rechtsfolgen aus der fehlenden Angabe des effektiven Jahreszinses im Verbraucherkreditvertrag gezogen und die Rechtsprechung des EuGH nicht korrekt angewandt. Allerdings hatte der *Oberste Gerichtshof der Slowakischen Republik* in einem Urteil vom 10. Oktober 2012 entschieden, dass der Streitbeitritt einer Verbraucherschutzvereinigung in einem Zwangsvollstreckungsverfahren gegen einen Verbraucher *nicht zulässig* sei, da es nicht um ein Streitverfahren, sondern um ein Verfahren zur Erwirkung der Zwangsvollstreckung aus einer rechtskräftigen und für den Schuldner verbindlichen Sachentscheidung gehe. Dennoch könnte nach Ansicht des Vorlagegerichts die *Auslegung der RL 93/13/EWG* durch den EuGH die Entscheidung des Rechtsstreits des Ausgangsverfahrens massgeblich beeinflussen. Vor diesem Hintergrund setzte das Bezirksgericht Svidník das Verfahren aus und legte dem EuGH zwei Fragen zur Vorabentscheidung vor, von denen der EuGH nur die erste zu beantworten brauchte.

445 Mit seiner *ersten* Frage wollte das Vorlagegericht wissen, ob die RL 93/13/EWG, insbesondere die Art. 6 Abs. 1, 7 Abs. 1 und 8 in Verbindung mit Art. 38 und 47 der Charta dahin auszulegen seien, dass sie einer nationalen Regelung entgegenstehe, wonach der Streitbeitritt einer Verbraucherschutzvereinigung zur Unterstützung eines Verbrauchers als Vollstreckungsschuldner in einem gegen diesen gerichteten Verfahren zur Vollstreckung eines rechtskräftigen Schiedsspruchs nicht zulässig ist. Der EuGH *antwortete*, dass die RL 93/13/EWG, insbesondere deren Art. 6 Abs. 1, 7 Abs. 1 und 8, in Verbindung mit Art. 38 und 47 der Charta einer nationalen Regelung *nicht entgegenstehen*, wonach der *Streitbeitritt* einer *Verbraucherschutzvereinigung* zur Unterstützung eines Verbrauchers als Vollstreckungsschuldner in einem gegen ihn betriebenen Verfahren zur *Vollstrekkung* aus einem rechtskräftigen Schiedsspruch *unzulässig* ist[1759].

446 Mit seiner *zweiten* Frage wollte das Vorlagegericht wissen, ob § 37 Abs. 1 und 3 der Vollstreckungsordnung so auszulegen sei, dass er ein nationales Gericht nicht hindere, aufgrund von Art. 6 Abs. 1, 7 Abs. 1 und 8 der RL 93/13/EWG einer Verbraucherschutzvereinigung die Eigenschaft als Streithelferin in einem Verfahren zur Vollstreckung aus einem rechtskräftigen Schiedsspruch zuzuerkennen. Diese Frage erklärte der EuGH als *unzulässig*, da er für die Auslegung *nationalen* Rechts nicht zuständig ist[1760].

[1759] Urteil Rz. 36 ff.

[1760] Urteil Rz. 36 ff.

14. Barclays Bank/Sánchez García & Chacón Barrera

Im Fall ***Barclays Bank/Sánchez García & Chacón Barrera***[1761] lag dem Rechtsstreit ein *Darlehensvertrag* zugrunde, den Frau Sánchez García und Herr Chacón Barrera mit der Caja de Ahorros y Monte de Piedad de Baleares am 30. August 2005 über einen Betrag von € 91'560.- abgeschlossen hatten. Das Darlehen wurde durch eine Hypothek gesichert, die auf der Wohnung der Schuldner lastete. Die Urkunde zur Bestellung der Hypothek enthielt eine besondere Klausel, wonach der *Richtwert* der Wohnung im Falle einer Versteigerung auf € 149'242.- festgesetzt wurde. Mit Urkunde vom 24. Juli 2007 gingen die *Forderungen* des Darlehensgebers auf die *Barclays Bank über*, wobei die Parteien gleichzeitig eine Aufstockung des Darlehensbetrags auf € 153'049.- vereinbarten. Da die Schuldner die Darlehensraten ab 24. Oktober 2009 *nicht mehr bezahlten*, wurde gemäss Angaben von Barclays das gesamte Darlehen im Betrag von € 150'011.- am 25. März 2010 zur Rückzahlung *fällig*. Am 10. Dezember 2010 beantragte daher Barclays beim *Juzgado de Primera Instancia n° 4 de Palma de Mallorca* die *Vollstreckung* der hypothekarischen Sicherheit, worauf das Gericht am 15. Dezember 2010 die *Zwangsvollstreckung* der belasteten Immobilie anordnete. Am 25. Mai 2011 fand die *öffentliche Versteigerung* der Immobilie statt, ohne dass ein *Bieter erschien*. Daher wurde dem Gläubiger Barclays die Immobilie für € 74'621.-, d. h. für *50 % des Schätzwerts* zu Eigentum zugewiesen. Am 18. Oktober 2012 erging auf Antrag von Barclays ein *Vollstreckungsbeschluss* gegen die Schuldner für die *Restforderung* von Barclays im Betrag von € 95'944.-. Die Schuldner erhoben *Widerspruch* mit dem Argument, durch die Verwertung der Wohnung habe der Kredit als zurückbezahlt zu gelten. Ausserdem machten sie einen *Rechtsmissbrauch* und eine *ungerechtfertigte Bereicherung* von Barclays geltend. Barclays wandte ein, der Kredit sei noch nicht vollständig zurückbezahlt und das Oberste Gericht habe in analogen Fällen entschieden, dass weder ein Rechtsmissbrauch noch eine ungerechtfertigte Bereicherung vorliege. Vor diesem Hintergrund setzte der *Juzgado de Primera Instancia n° 4 de Palma de Mallorca* das Verfahren aus und unterbreitete dem EuGH *vier Fragen* zur Vorabentscheidung, die dieser gemeinsam beantwortete. 447

Mit seinen Fragen wollte das Vorlagegericht wissen, ob die RL 93/13/EWG und die Grundsätze des Unionsrechts zum Verbraucherschutz mitgliedstaatlichen Rechtsvorschriften entgegenstehen, wonach einerseits der Hypothekengläubiger, obwohl ihm in der Zwangsversteigerung mangels Angebots eines Dritten die belastete Immobilie zum Betrag von 50 % ihres Schätzwertes zugeschlagen wurde, die Zwangsvollstreckung für die *Restforderung* fortsetzen könne und andererseits, sobald sich die Schätzung des Werts der hypothekarisch belasteten Immo- 448

[1761] Rs. C-280/13, Barclays Bank SA gegen Sara Sánchez García/Alejandro Chacón Barrera, EuGH-Urteil vom 30. April 2014, ECLI:EU:C:2014:279.

bilie um 20 % verringert, die dem Hypothekengläubiger eingeräumten Sicherheiten ausgeweitet werden können, ohne dass zugunsten des Schuldners die Möglichkeit einer Neubewertung der Schätzung nach oben vorgesehen wäre. Der EuGH *antwortete*, dass die RL 93/13/EWG und die den Verbraucherschutz und ausgewogene Vertragsverhältnisse betreffenden Grundsätze des Unionsrechts so zu verstehen seien, dass Rechtsvorschriften eines Mitgliedstaats wie die im Ausgangsverfahren in Rede stehenden *nicht in ihren Anwendungsbereich fallen*, wenn *keine Vertragsklausel* vorliege, durch die die *Reichweite* oder der *Anwendungsbereich* dieser Rechtsvorschriften *geändert* wird[1762].

15. Sánchez Morcillo & Abril García/Banco Bilbao

449 Im Fall ***Sánchez Morcillo & Abril García/Banco Bilbao***[1763] hatten Herr Sánchez Morcillo und Frau Abril García am 9. Juni 2003 mit der Banco Bilbao einen notariell beurkundeten *Darlehensvertrag* über € 300'500.- abgeschlossen und als Sicherheit für das Darlehen ihre *Wohnung* mit einer Hypothek belastet. Die Rückzahlung des Darlehens sollte in 360 Monatsraten bis 30. Juni 2028 erfolgen. Im Falle eines *Zahlungsverzugs* der Darlehensnehmer hatte die Banco Bilbao das Recht, die *vorzeitige Rückzahlung* des *ganzen Darlehens* zu verlangen. Nach *Klausel 6bis* des Darlehensvertrags betrug der Verzugszins 19 % pro Jahr, während der gesetzliche Zinssatz sich auf 4 % pro Jahr belief. Nachdem die Darlehensnehmer in Zahlungsverzug geraten waren, stellte Banco Bilbao am 15. April 2011 einen Antrag auf Rückzahlung des gesamten Darlehens zuzüglich Zinsen und Verzugszinsen sowie auf *Zwangsversteigerung* der mit der Hypothek belasteten Immobilie. Nach Einleitung des Hypothekenvollstreckungsverfahrens erhoben die Darlehensnehmer beim *Juzgado de Primera Instancia n° 3 de Castellón Einspruch* gegen die Vollstreckung, welcher mit Entscheidung vom 19. Juni 2013 abgewiesen wurde. Dagegen erhoben die Darlehensnehmer ein *Rechtsmittel*, welches für zulässig erklärt und an die *Audiencia Provincial de Castellón* verwiesen wurde. Letzteres Gericht bekundete Zweifel, ob die nationale Regelung, wonach der Schuldner, dessen Einspruch abgewiesen worden ist, gegen diesen Entscheid *kein Rechtsmittel* ergreifen kann und das Zwangsvollstreckungsverfahren fortgesetzt wird, mit dem Ziel des Verbraucherschutzes der RL 93/13/EWG und Art. 47 der Charta (Recht auf effektiven gerichtlichen Rechtsschutz) vereinbar ist. Aus diesem Grund setzte die *Audiencia Provincial de Castellón* das Verfahren aus und legte dem EuGH zwei Fragen zur Vorabentscheidung vor, die dieser zusammen beantwortete.

1762 Urteil Rz. 28 ff.

1763 Rs. C-169/14, Juan Carlos Sánchez Morcillo & María del Carmen Abril García gegen Banco Bilbao Vizcaya Argentaria SA, EuGH-Urteil vom 17. Juli 2014, ECLI:EU:C:2014:2099.

Mit seinen *zwei* Fragen wollte das Vorlagegericht wissen, ob Art. 7 Abs. 1 der RL 93/13/EWG in Verbindung mit Art. 47 der Charta bedeute, dass er einem Zwangsvollstreckungsverfahren entgegenstehe, das vorsieht, dass das Erkenntnisgericht ein Hypothekenvollstreckungsverfahren nicht aussetzen, sondern in seiner Endentscheidung allenfalls eine Entschädigung zum Ausgleich des dem Verbraucher entstandenen Schadens gewähren kann, da dieser als Vollstreckungsschuldner kein Rechtsmittel gegen die Entscheidung einlegen könne, mit der sein Einspruch gegen die Vollstreckung zurückgewiesen wird, wohingegen der Gewerbetreibende als Vollstreckungsgläubiger ein Rechtsmittel gegen die Entscheidung einlegen kann, mit der die Einstellung des Verfahrens angeordnet oder eine missbräuchliche Klausel für nicht anwendbar erklärt wird. Hierauf *antwortete* der EuGH, *Art. 7 Abs. 1 der RL 93/13/EWG* in Verbindung mit *Art. 47 der Charta* sei dahin auszulegen, dass er einer Regelung des Zwangsvollstreckungsverfahrens wie der im Ausgangsverfahren fraglichen *entgegensteht*, die vorsieht, dass das Erkenntnisgericht ein Hypothekenvollstreckungsverfahren nicht auszusetzen, sondern in seiner Endentscheidung allenfalls eine *Entschädigung* zum Ausgleich des dem Verbraucher entstandenen Schadens zu gewähren vermag, wobei dieser als Vollstreckungsschuldner *kein Rechtsmittel* gegen die Entscheidung einlegen kann, mit der sein Einspruch gegen die Vollstreckung zurückgewiesen wird, wohingegen der Gewerbetreibende als Vollstreckungsgläubiger ein Rechtsmittel gegen die Entscheidung einlegen kann, mit der die Einstellung des Verfahrens angeordnet oder eine missbräuchliche Klausel für nicht anwendbar erklärt wird[1764]. 450

16. Baczó & Vizsnyiczai/Raiffeisen Bank Zrt

Im Fall ***Baczó & Vizsnyiczai/Raiffeisen Bank Zrt***[1765] hatten Frau Baczó und Herr Vizsnyiczai (Kläger) am 13. September 2007 mit der ungarischen Raiffeisen Bank Zrt (Beklagte) einen Vertrag über ein *Immobiliendarlehen* geschlossen, das durch eine Hypothek gesichert war. Der Vertrag enthielt u.a. eine *Schiedsklausel*, wonach für Streitigkeiten aus dem Darlehensvertrag – ausgenommen Streitigkeiten über Geldforderungen – ein Schiedsgericht zuständig war. Am 26. Februar 2013 erhoben Frau Baczó und Herr Vizsnyiczai beim *Zentralen Kreisgericht Pest Klage* auf Feststellung der *Nichtigkeit* des *Darlehensvertrags*. Unter Hinweis auf § 239/A, § 200 Abs. 2 und § 227 Abs. 2 des ungarischen Bürgerlichen Gesetzbuches machten die Kläger geltend, der Immobiliendarlehensvertrag sei rechtswidrig, verstosse gegen die guten Sitten und sei auf eine unmögliche Leistung gerichtet. Als im Rahmen eines berichtigenden Nachtrags die Kläger ausserdem geltend machten, gemäss der RL 451

1764 Urteil Rz. 21 ff.

1765 Rs. C-567/13, Nóra Baczó, János István Vizsnyiczai gegen Raiffeisen Bank Zrt, EuGH-Urteil vom 12. Februar 2015, ECLI:EU:C:2015:88.

93/13/EWG sowie § 209 Abs. 2 des Bürgerlichen Gesetzbuches sei auch die *Nichtigkeit* der *Schiedsklausel* festzustellen, überwies das Zentrale Kreisgericht Pest den Fall aus prozessrechtlichen Gründen an den *Hauptstädtischen Gerichtshof.* Gegen diesen Überweisungsbeschluss erhoben die Kläger Rekurs. In der Folge äusserte das Vorlagegericht Zweifel, ob die Überweisung des Falles – angesichts der damit verbundenen höheren Verfahrenskosten – mit der Zielsetzung der RL 93/13/EWG vereinbar sei. Es beschloss daher, das Verfahren auszusetzen, und legte dem EuGH zwei Fragen zur Vorabentscheidung vor, die dieser zusammen beantwortete.

452 Mit seinen *beiden* Fragen wollte das Vorlagegericht wissen, ob Art. 7 Abs. 1 der RL 93/13/EWG einer nationalen Verfahrensvorschrift entgegensteht, wonach das örtliche Gericht zwar für die Entscheidung über eine Konsumentenklage betreffend die Unwirksamkeit eines Formularvertrags zuständig ist, nicht aber für einen Antrag des Konsumenten auf Feststellung der Missbräuchlichkeit von Vertragsklauseln desselben Vertrags. Hierauf *antwortete* der EuGH, *Art. 7 Abs. 1 RL 93/13/EWG* sei dahin auszulegen, dass er einer nationalen Verfahrensvorschrift *nicht entgegensteht*, wonach das örtliche Gericht zwar für die Entscheidung über eine Konsumentenklage betreffend die *Unwirksamkeit* eines Formularvertrags zuständig ist, nicht aber für einen Antrag des Konsumenten auf Feststellung der *Missbräuchlichkeit* von *Vertragsklauseln* desselben Vertrags, sofern dies nicht zu *Verfahrensnachteilen* führt, die geeignet sind, dem Konsumenten die Durchsetzung der ihm vom Unionsrecht verliehenen Rechte *übermässig zu erschweren*[1766].

17. Erste Bank Hungary Zrt./Attila Sugár

453 Im Fall ***ERSTE Bank Hungary Zrt./Attila Sugár***[1767] hatte Herr Sugár (Kläger) am 18. Dezember 2007 mit der ungarischen ERSTE Bank Zrt. (Beklagte) einen *Darlehensvertrag* über CHF 30'687.- zur Finanzierung eines Grundstückkaufs geschlossen. Dieses Darlehen wurde durch eine auf dem Kaufobjekt lastende Hypothek sichergestellt. Am folgenden Tag unterzeichnete Herr Sugár zugunsten der Bank eine *Schuldanerkennung*, die es der Bank erlaubte, im Falle einer Vertragsverletzung durch den Darlehensnehmer, den Vertrag zu kündigen und aufgrund einer von der Bank selbst zu erstellenden Abrechnung, die Eintreibung des Darlehens einzuleiten. Als einige Jahre später Herr Sugár in Zahlungsverzug geriet, kündigte die Bank den Darlehensvertrag und liess am 13. Dezember 2011 notariell die *Vollstreckungsklausel* auf der Schuldaner-

1766 Urteil Rz. 34 ff.

1767 Rs. C-32/14, ERSTE Bank Hungary Zrt. gegen Attila Sugár, EuGH-Urteil vom 1. Oktober 2015, ECLI:EU:C:2015:637.

kennung anbringen, was dieser – ausserhalb jeglichen gerichtlichen Verfahrens – die Wirkung eines *gerichtlichen Urteils* verlieh. Am 5. Juni 2013 verlangte der Darlehensnehmer vom Notar, dass dieser die Vollstreckungsklausel annulliere, da der Darlehensvertrag missbräuchliche AGB enthalte. Dieses Gesuch wurde vom Notar abgelehnt, weshalb Herr Sugár gegen diesen Entscheid beim *Bezirksgericht Budapest* rekurrierte. Vor diesem Hintergrund beschloss das Bezirksgericht, das Verfahren auszusetzen und dem EuGH zwei Fragen zur Vorabentscheidung vorzulegen, die dieser zusammen beantwortete.

Mit seinen *beiden* Fragen wollte das Vorlagegericht wissen, ob Art. 7 Abs. 1 der RL 93/13/EWG einer nationalen Gesetzgebung entgegenstehe, wonach ein Notar, nach Prüfung der formellen Voraussetzungen, auf dem zwischen einem gewerblichen Anbieter und einem Konsumenten geschlossenen und notariell beurkundeten Vertrag die Vollstreckungsklausel anbringen kann, ohne dass zuvor eine Kontrolle der Missbräuchlichkeit der AGB erfolgt ist. Hierauf *antwortete* der EuGH, *Art. 6 Abs. 1* und *Art. 7 Abs. 1* RL 93/13/EWG seien dahin auszulegen, dass sie einer nationalen Gesetzgebung *nicht entgegenstehen*, wonach ein Notar, nach Prüfung der *formellen* Voraussetzungen, auf dem zwischen einem gewerblichen Anbieter und einem Konsumenten geschlossenen und notariell beurkundeten Vertrag die *Vollstreckungsklausel* anbringen kann, ohne dass zuvor je eine Kontrolle der Missbräuchlichkeit der AGB erfolgt ist[1768]. Der EuGH wies insbesondere darauf hin, dass die von der Rechtsprechung für den *Richter* entwickelten Regeln *nicht* auf den *Notar* übertragbar seien[1769] und es dem Darlehensnehmer nach ungarischem Recht offenstehe, die allfällige Missbräuchlichkeit von AGB im Vertrag in einem *gerichtlichen Verfahren* durch den Richter überprüfen zu lassen[1770]. 454

18. Bank BBVA SA /Peñalva López et al.

Im Fall Bank ***BBVA SA/Peñalva López, López Durán, Fernández Gabarro***[1771] hatte die Bank gegen die Beklagten ein *Hypothekenzwangsvollstreckungsverfahren* für einen Parkplatz und einen Schuppen eingeleitet. Während dieses Verfahrens trat am 15. Mai 2013 das (spanische) Gesetz 1/2013 in Kraft, welches als Übergangsregelung eine *ausserordentliche Einsprache innert Monatsfrist* ab Inkrafttreten des Gesetzes vorsah. Am 17. Juni 2013 – also nach Ablauf der Monatsfrist – erhoben die Beklagten *Einsprache* gegen die Vollstreckung mit dem Argument, die Verwirkungsfrist verstosse gegen die RL 93/13. Das 455

[1768] Urteil Rz. 67.

[1769] Urteil Rz. 47.

[1770] Urteil Rz. 60 ff.

[1771] Rs. C-8/14, BBVA SA gegen Pedro Peñalva López, Clara López Durán, Diego Fernández Gabarro, EuGH-Urteil vom 29. Oktober 2015, ECLI:EU:C:2015:731.

erstinstanzliche Gericht von Martorell (Spanien) setzte hierauf das Verfahren aus und gelangte an den EuGH.

456 Mit seiner Vorlagefrage wollte das erstinstanzliche Gericht wissen, ob Art. 6 und 7 der RL 93/13 so auszulegen sind, dass sie einer nationalen Übergangsbestimmung entgegenstehen, wonach für Verbraucher, gegen die vor Inkrafttreten des Gesetzes (mit der umstrittenen Übergangsbestimmung) ein Hypothekenvollstreckungsverfahren eingeleitet worden ist, eine ab dem Tag nach der Veröffentlichung des Gesetzes laufende Verwirkungsfrist von einem Monat zur Anwendung gelangt, innert welcher ein Einspruch gegen die Zwangsvollstreckung (insbesondere wegen missbräuchlicher Vertragsklauseln) einzulegen ist. Hierauf *antwortete* der EuGH, *Art. 6* und *7 der RL 93/13* stehen einer nationalen Übergangsbestimmung *entgegen*, wonach für Verbraucher, gegen die vor Inkrafttreten des Gesetzes (mit der umstrittenen Übergangsbestimmung) ein Hypothekenvollstreckungsverfahren eingeleitet worden ist, eine ab dem Tag nach der *Veröffentlichung* des *Gesetzes laufende Verwirkungsfrist von einem Monat* zur Anwendung gelangt, innert welcher ein Einspruch gegen die Zwangsvollstreckung (insbesondere wegen missbräuchlicher Vertragsklauseln) einzulegen ist. Der EuGH wies insbesondere darauf hin, dass im konkreten Fall die *Modalitäten* der Verwirkungsfrist das *Effektivitätsprinzip verletzten*[1772].

19. Finanmadrid EFC SA/Albán Zambrano et al.

457 Im Fall ***Finanmadrid EFC SA/Albán Zambrano et al.***[1773] hatte der beklagte Albán Zambrano am 29. Juni 2006 mit Finanmadrid (Klägerin) einen *Darlehensvertrag* über € 30 000.- zur Finanzierung des Kaufs eines Kraftfahrzeugs geschlossen. Das Darlehen wurde durch drei Bürgen sichergestellt. Die Rückzahlung des Darlehens sollte in 84 Monatsraten zu einem Jahreszinssatz von 7 % erfolgen. Im Fall des Verzugs mit der Bezahlung einer Monatsrate war ein Verzugszins von 1,5 % pro Monat und eine Gebühr von € 30 für jede nicht bezahlte Rate geschuldet. Nachdem Herr Albán Zambrano ab Anfang 2011 die Monatsraten nicht mehr bezahlt hatte, löste Finanmadrid den Darlehensvertrag am 8. Juli 2011 vorzeitig auf und beantragte am 8. November 2011 beim *«Secretario judicial»* des erstinstanzlichen Gerichts von Cartagena (Spanien) die Einleitung eines *Mahnverfahrens*. Mit Entscheid vom 13. Februar 2012 erklärte dieser den Antrag für zulässig und forderte den Beklagten auf, innert 20 Tagen den Betrag von € 13‘447.- (plus verfallene Zinsen) zu bezahlen oder anwaltlichen Widerspruch gegen die Forderung einzulegen und vor Gericht zu

[1772] Urteil Rz. 33 ff.

[1773] Rs. C-49/14, Finanmadrid EFC SA gegen Jesús Vicente Albán Zambrano et al., EuGH-Urteil vom 18. Februar 2016, ECLI:EU:C:2016:98.

erscheinen, um diesen zu begründen. Da Herr Albán Zambaro darauf nicht reagierte, beendete der «*Secretario judicial*» das Mahnverfahren mit *Dekret* vom 18. Juni 2012. Darauf stellte Finanmadrid am 8. Juli 2013 beim erstinstanzlichen Gericht *(Juzgado de Primera Instancia de Cartagena)* den Antrag auf *Vollstreckung* dieses Dekrets. Da es sich beim Dekret des «Secretario judicial» um einen *rechtskräftigen gerichtlichen Vollstreckungstitel* handelte, den der Richter im Vollstreckungsverfahrens *nicht* mehr *von Amtes wegen* überprüfen konnte, zweifelte das Gericht an der Vereinbarkeit der diesbezüglichen spanischen Rechtsvorschriften mit dem Unionsrecht. Es beschloss daher, das Verfahren auszusetzen und gelangte mit *vier Fragen* an den EuGH. Dieser beantwortete die beiden ersten Fragen gemeinsam und liess die beiden übrigen Fragen, mangels Substantiierung, offen.

Mit seiner ersten und zweiten Frage wollte das vorlegende Gericht wissen, ob 458
die RL 93/13/EWG einer nationalen Regelung *entgegenstehe*, wonach das mit der *Vollstreckung* eines *Mahnbescheids* befasste Gericht die Missbräuchlichkeit einer Klausel in einem Konsumentenvertrag *nicht von Amts wegen* prüfen dürfe, wenn die mit dem Antrag auf Erlass eines Mahnbescheids befasste Stelle nicht befugt war, eine solche Prüfung vorzunehmen. Der EuGH *bejahte* diese Frage[1774] und wies darauf hin, dass es mit dem Effektivitätsgrundsatz unvereinbar ist, wenn der Verbraucher einem Vollstreckungstitel ausgesetzt sein kann, ohne dass je überprüft worden ist, ob dieser Vollstreckungstitel auf einem Vertrag mit missbräuchlichen Klauseln beruht[1775].

20. Sales Sinués/Caixabank SA et al.

In den zwei Fällen ***Sales Sinués/Caixabank SA*** und ***Drame Be/Catalunya Banc*** 459
SA[1776] ging es um *Mindestzinsklauseln* in *Hypothekardarlehensverträgen*. Im ersten Fall hatte Herr Sales Sinués am 20. Oktober 2005 mit der Caixabank SA einen Vertrag über die Schuldumwandlung eines Hypothekendarlehens geschlossen, welches eine Mindestzinssatzklausel enthielt, wonach der jährliche Nominalzinssatz mindestens 2,85 % und maximal 12 % betrug. Im zweiten Fall hatte Herr *Drame Ba* am 7. Februar 2005 mit der Catalunya Caixa SA einen Hypothekendarlehensvertrag mit einer Mindestzinssatzklausel geschlossen, wonach der Jahreszins mindestens 3,75 % und maximal 12 % betrug. Aufgrund der Mindestzinsklausel durfte der vertragliche Zinssatz – *unabhängig* vom *effektiven Marktzinssatz* – in beiden Verträgen nicht niedriger sein, als in dieser Klausel

[1774] Urteil Rz. 55.

[1775] Urteil Rz. 45 ff.

[1776] Rs. C-381/14 Jorge Sales Sinués gegen Caixabank SA und Rs. C-385/14 Youssouf Drame Ba gegen Catalunya Caixa SA (Catalunya Banc SA), EuGH-Urteil vom 14. April 2016, ECLI:EU:C:2016:909.

festgelegt. Die Herren Sales Sinués und Drame Ba erachteten die Mindestzinssatzklauseln als missbräuchlich und klagten (jeder für sich) vor Gericht auf *Nichtigerklärung* der Klausel. Da jedoch bereits zuvor die *Verbraucherschutzvereinigung Adicae* (Asociación de Usuarios de Bancos Cajas y Seguros) eine *Verbandsklage* gegen zahlreiche Bankinstitute eingereicht und die *Unterlassung* der Verwendung von Mindestzinssatzklauseln in Darlehensverträgen beantragt hatte, verlangten die beklagten Caixabank SA und Catalunya Caixa SA gestützt auf Art. 43 der spanischen Zivilprozessordnung die Sistierung des Verfahrens bis zum Erlass eines rechtskräftigen Urteils im Verbandsverfahren. Das zuständige Gericht gelangte zur Auffassung, dass es unter diesen Umständen *verpflichtet* war, bis zum Vorliegen eines rechtskräftigen Urteils im Verbandsverfahren die beiden *Individualverfahren auszusetzen*. Die damit verbundene aufschiebende Wirkung bedeutete, dass die beiden Individualklagen bezüglich des Verfahrensablaufs und des Ergebnisses von der Verbandsklage abhingen. Vor diesem Hintergrund setzte der spanische *Juzgado de lo Mercantil n° 9 de Barcelona* (Handelsgericht Nr. 9 von Barcelona) das Verfahren aus und unterbreitete dem Europäischen Gerichtshof *vier* Fragen zur *Vorabentscheidung*.

460 Mit seinen vier Fragen wollte das vorlegende Gericht im Ergebnis wissen, ob Art. 7 RL 93/13/EWG einer nationalen Regelung entgegenstehe, wonach das mit einer Individualklage eines Konsumenten auf Feststellung der Missbräuchlichkeit einer Klausel in einem Konsumentenvertrag befasste Gericht, das Verfahren automatisch aussetzen müsse, bis ein rechtskräftiges Urteil in einem anhängigen Verbandsklageverfahren vorliege. Der EuGH *antwortete*, Art. 7 der RL 93/13/EWG *stehe* einer nationalen Regelung *entgegen*, wonach das mit einer *Individualklage* eines Konsumenten (auf Feststellung der Missbräuchlichkeit einer Konsumentenvertragsklausel) befasste Gericht, das Verfahren bis zum rechtskräftigen Urteil in einem anhängigen *Verbandsklageverfahren automatisch aussetzen* müsse, *ohne* berücksichtigen zu können, ob diese Aussetzung der Individualklage für den *Schutz des Konsumenten sachgerecht* ist, und ohne dass sich der Konsument von der *Verbandsklage lösen* kann[1777].

21. Radlinger/Finway a.s.

461 Im Fall ***Radlinger/Finway a.s.***[1778] schlossen die Eheleute Radlinger am 29. August 2011 mit der Smart Hypo s.r.o., einen *Verbraucherkreditvertrag* in der Höhe von 1 170 000 CZK (ca. € 43 300) und verpflichteten sich im Gegenzug, der Kreditgeberin in 120 Monatsraten insgesamt 2 958 000 CZK (ca. € 109 500) zurückzuzahlen (d.h. Kreditsumme, Zinsen von 10 % p.a. und Gebühren). Der *effektive*

[1777] Urteil Rz. 43.

[1778] Rs. C-377/14, Ernst Georg Radlinger und Helena Radlingerová gegen Finway a.s., EuGH-Urteil vom 21. April 2016, ECLI:EU:C:2016:283.

Jahreszins für den Verbraucherkredit betrug 28,9 %. Über die Bezahlung der gesetzlichen Verzugszinsen hinaus verpflichteten sich die Eheleute Radlinger, für jeden Tag eines allfälligen Zahlungsverzugs eine *Vertragsstrafe* von 0,2 % des Kreditbetrags und bei Verzug von mehr als einem Monat eine weitere *einmalige Vertragsstrafe* von 117 000 CZK (ca. € 4 300) sowie einen *Pauschalbetrag* von 50 000 CZK (ca. € 1 850) für administrative Aufwendungen zu bezahlen. Sollte eine Rate nicht vollständig oder nicht rechtzeitig bezahlt oder nachträglich ein vorsätzliches Verschweigen relevanter Tatsachen bekannt werden, war die Kreditgeberin berechtigt, mit sofortiger Wirkung die vollständige Rückzahlung sämtlicher geschuldeten Beträge zu verlangen. Aus dem Verbraucherkredit floss den Eheleuten Radlinger faktisch kein Geld zu, da die Kreditsumme zur Tilgung bestehender Schulden bei einem Gerichtsvollzieher, für Notarkosten und – zugunsten der Kreditgeberin – für die Kosten des Verbraucherkredits sowie zur Rückzahlung der ersten Kreditraten verwendet wurde.

Bereits am 27. September 2011 teilte die *Finway a.s.,* welcher die Smart Hypo s.r.o. ihre Forderungen gegen die Eheleute Radlinger *abgetreten* hatte, den Kreditnehmern mit, die Gesamtschuld von 2 873 751 CZK (ca. € 106 300) sei sofort fällig, da sie bei Abschluss des Verbraucherkreditvertrags wesentliche Informationen (Vorliegen einer Zwangsvollstreckung für 4 285 CZK (ca. € 160) gegen ihr Grundeigentum) verschwiegen hätten. In der Folge verlangte Finway mit *Mahnschreiben* vom 19. November 2012 die Zahlung von 3 794 786 CZK (ca. € 140 500). Am 5. Februar 2013 beantragten die Eheleute Radlinger die gerichtliche Feststellung ihrer Zahlungsunfähigkeit. Diese wurde vom zuständigen Gericht festgestellt und ein *Insolvenzverwalter* eingesetzt. Bei diesem meldete Finway am 23. Mai 2013 zwei vollstreckbare Forderungen an (eine hypothekarisch *gesicherte* Forderung von 3 045 991 CZK (112 700 Euro) und eine *ungesicherte* Forderung von 1 359 540 CZK (€ 50 300). Die Eheleute Radlinger anerkannten die Vollstreckbarkeit dieser Forderungen, bestritten aber deren Höhe mit dem Argument, die fraglichen Vertragsklauseln seien sittenwidrig. Am 24. Juli 2013 erhoben sie *Inzidentklage* beim Gericht und verlangten die Feststellung, dass die von Finway angemeldeten Forderungen rechtswidrig seien. Das Gericht stellte fest, dass nach dem Insolvenzgesetz der Schuldner nur *ungesicherte* Forderungen bestreiten könne und zwar ausschliesslich wegen *Verjährung* oder *Erlöschens* der Schuld. Gleichzeitig fragte sich das Gericht, ob die Richtlinie 93/13/EWG auch für das Insolvenzgericht gelte, da es an der Rechtmässigkeit des effektiven Jahreszinses und an der Pflicht des Schuldners zur sofortigen Rückzahlung aller Beträge zweifelte. Der Krajský soud v Praze (Regionalgericht Prag) setzte daher das Verfahren aus und legte dem EuGH sechs Fragen zur *Vorabentscheidung* vor, welche der EuGH mit Ausnahme der dritten Frage beantwortete. 462

463 Mit seiner *ersten* Frage wollte das vorlegende Gericht wissen, ob Art. 7 Abs. 1 der RL 93/13/EWG und Art. 22 Abs. 2 der RL 2008/48 dahin auszulegen seien, dass sie einer nationalen Regelung entgegenstehen, die es dem zuständigen Gericht in einem Insolvenzverfahren einerseits nicht erlaubt, von Amts wegen die Missbräuchlichkeit von Vertragsklauseln zu prüfen, auf denen angemeldete gesicherte Forderungen beruhen, und anderseits bei ungesicherten Forderungen nur die Rüge der Verjährung und des Erlöschens der Forderungen zulässt. Der EuGH *antwortete*, dass *Art. 7 Abs. 1 RL 93/13/EWG* so auszulegen sei, dass er einer nationalen Verfahrensregelung *entgegensteht*, die es dem zuständigen Gericht in einem Insolvenzverfahren einerseits *nicht erlaubt, von Amtes wegen* die Missbräuchlichkeit von Vertragsklauseln zu prüfen, auf denen angemeldete *gesicherte* Forderungen beruhen, obwohl das Gericht über die hierzu erforderlichen rechtlichen und tatsächlichen Grundlagen verfügt, und anderseits bei *ungesicherten* Forderungen nur die beschränkte Rüge der *Verjährung* und des *Erlöschens* der Forderungen zulässt[1779].

464 Mit seiner *zweiten* Frage wollte das vorlegende Gericht wissen, ob *Art. 10 Abs. 2 der RL 2008/48/EG* ein nationales Gericht verpflichte, bei einem Rechtsstreit über Forderungen aus einem Verbraucherkreditvertrag von Amtes wegen zu prüfen, ob die *Informationspflichten* eingehalten worden sind, und im Fall ihrer Verletzung, die sich aus dem nationalen Recht ergebenden Konsequenzen zu ziehen haben. Der EuGH *bejahte* diese Frage unter dem Vorbehalt, dass die nationalen Sanktionen im Sinn von Art. 23 der RL wirksam, verhältnismässig und abschreckend sind[1780].

465 Mit seiner *vierten* Frage wollte das vorlegende Gericht wissen, wie der Begriff «*Gesamtkreditbetrag*» in den Art. 3 lit. l und 10 Abs. 2 der RL 2008/48/EG und der Begriff «*Kreditauszahlungsbetrag*» in Nr. I des Anhangs I dieser RL auszulegen sind. Der EuGH *antwortete*, diese Begriffe bezeichneten sämtliche dem *Verbraucher* zur *Verfügung gestellten Beträge*, d.h., unter Ausschluss solcher Beträge, die vom Kreditgeber für die Zahlung von Kosten des betreffenden Kredits verwendet und nicht tatsächlich dem Verbraucher ausbezahlt werden[1781].

466 Mit seiner *fünften* und *sechsten* Frage wollte das vorlegende Gericht wissen, ob einerseits die RL 93/13/EWG dahin auszulegen sei, dass für die Beurteilung der Unverhältnismässigkeit des im Verzugsfall vom Verbraucher zu leistenden Entschädigungsbetrags im Sinne von Nr. 1 lit. e des Anhangs der RL die kumulative Wirkung aller Klauseln des Kreditvertrags massgeblich ist, unabhängig davon, ob der Gläubiger auf der Durchsetzung der Klauseln besteht, und anderseits, ob die nationalen Gerichte für Klauseln, deren Missbräuchlichkeit

---

1779 Urteil Rz. 59.

1780 Urteil Rz. 74.

1781 Urteil Rz. 91.

anerkannt worden ist, alle diese Klauseln oder nur einen Teil derselben unangewendet lassen müssen. Der EuGH *antwortete*, dass für die Beurteilung der Unverhältnismässigkeit des im Verzugsfall dem Verbraucher auferlegten Entschädigungsbetrags im Sinne von Nr. 1 lit. e des Anhangs der RL die *kumulative Wirkung aller entsprechenden Klauseln* des Kreditvertrags massgeblich ist, *unabhängig* davon, ob der Gläubiger auf der *Durchsetzung* dieser Klauseln besteht, und dass es den nationalen Gerichten nach Art. 6 Abs. 1 RL obliegt, alle Konsequenzen zu ziehen, die sich aus der Feststellung der Missbräuchlichkeit bestimmter Klauseln ergeben, indem sie *jede Klausel*, die missbräuchlich ist, *unangewendet* lassen, um sicherzustellen, dass diese Klauseln für den Verbraucher unverbindlich sind[1782].

22. Tomášová/Ministerstvo spravodlivosti SR

Im Fall ***Tomášová/Ministerstvo spravodlivosti SR, Pohotovosť***[1783] schloss die 467
Rentnerin Tomášová, deren einzige Einkommensquelle eine Rente von 347 € war, im Jahr 2007 einen *Verbraucherkreditvertrag* mit der Firma Pohotovosť ab und nahm von dieser Firma ein Darlehen von 232 € auf. Der *vorformulierte Standardvertrag* enthielt eine *Schiedsklausel*, wobei der Sitz des Schiedsgerichts über 400km vom Wohnort der Darlehensnehmerin entfernt lag und das Schiedsgericht die ausschliessliche Zuständigkeit zur Beilegung von Streitigkeiten im Zusammenhang mit dem Vertrag hatte. Der Vertrag bezifferte den *Verzugszins* auf *91,25 % pro Jahr*. Der anwendbare *effektive Jahreszins* war im Vertrag *nicht* angegeben. Als Frau Tomášová mit der Rückzahlung des Kredits in Verzug geriet und die aufgelaufenen Verzugszinsen nicht zahlen konnte, nahm sie bei Pohotovosť ein *zweites Darlehen* über rund 232 € auf. Mit Entscheidungen vom 9. April und 15. Mai 2008 des Schiedsgerichts wurde in der Folge Frau Tomášová wegen Nichtrückzahlung der Darlehen zur Zahlung mehrerer Beträge plus Verzugszinsen und Verfahrenskosten an Pohotovosť verurteilt. Beide Entscheidungen erwuchsen in Rechtskraft, so dass Pohotovosť am 13. bzw. 27. Oktober 2008 beim *Bezirksgericht Prešov* Anträge auf deren *Vollstreckung* stellte, welche mit Entscheidungen vom 15. und 16. Dezember 2008 *gutgeheissen* wurden[1784]. Am 9. Juli 2010 erhob Frau Tomášová *Klage* gegen das *Justizministerium* der Slowakischen Republik und forderte Schadenersatz im Betrag von 2 000 €. Sie argumentierte, das *Bezirksgericht Prešov* habe gegen *Unionsrecht* verstossen, weil es die Vollstreckung von Urteilen

1782 Urteil Rz. 101.

1783 Rs. C-168/15, Milena Tomášová gegen Ministerstvo spravodlivosti SR, Pohotovosť s. r. o., et al., EuGH-Urteil vom 28. Juli 2016, ECLI:EU:C:2016:602.

1784 Im Zeitpunkt der Einreichung des Vorabentscheidungsgesuches war das Vollstrekkungsverfahren noch im Gange.

gutgeheissen habe, die aufgrund einer *missbräuchlichen Schiedsklausel* ergangen waren. Mit Urteil vom 22. Oktober 2010 wies das *Bezirksgericht* die Klage ab, da Frau Tomášová ihre Rechtsbehelfe nicht ausgeschöpft habe, das Vollstreckungsverfahren noch hängig und der geltend gemachte Schaden daher noch nicht eingetreten sei. Gegen dieses Urteil gelangte Frau Tomášová ans *Regionalgericht Prešov*, welches das Urteil der Vorinstanz *aufhob* und die Angelegenheit an diese zurückwies. Die Vorinstanz setzte hierauf das Verfahren aus und und legte dem EuGH *fünf* Fragen zur *Vorabentscheidung* vor.

468 Mit seinen *ersten drei Fragen* wollte das vorlegende Gericht wissen, ob und unter welchen Umständen die Verletzung von Unionsrecht durch ein Gerichtsurteil, – welches in einem Vollstreckungsverfahren eines Schiedsspruchs ergangen war, mit dem eine Klage auf Zahlung von Forderungen aufgrund einer missbräuchlichen Vertragsklausel gutgeheissen worden war –, einen «hinreichend qualifizierten» Verstoss gegen Unionsrecht darstellt, der geeignet ist, die *ausservertragliche Haftung* des betreffenden *Mitgliedstaats* auszulösen. Der EuGH *antwortete*,

469 – dass die *Haftung* eines Mitgliedstaats für Schaden, der jemandem durch einen Verstoss gegen Unionsrecht aufgrund einer Entscheidung eines nationalen Gerichts entstanden ist, nur dann eingreife, wenn diese Entscheidung von einem *letztinstanzlichen Gericht* dieses Mitgliedstaats stamme, was vom vorlegenden Gericht zu prüfen sei. Die Entscheidung eines nationalen letztinstanzlichen Gerichts stelle nur dann einen hinreichend qualifizierten Verstoss gegen Unionsrecht dar, welcher die Staatshaftung auslöse, wenn das Gericht mit seiner Entscheidung *offenkundig gegen geltendes Recht* oder gegen eine *gefestigte einschlägige Rechtsprechung des EuGH* verstosse.

470 – dass *nicht* davon ausgegangen werden könne, ein nationales Gericht, das es *vor* dem *Urteil vom 4. Juni 2009, Pannon GSM* (C 243/08) unterlassen hat, im Rahmen eines Zwangsvollstreckungsverfahrens aus einem Schiedsspruch, mit dem einer Klage auf Verurteilung zur Zahlung von Forderungen aufgrund einer als missbräuchlich im Sinne der Richtlinie 93/13/EWG anzusehenden Vertragsklausel stattgegeben wurde, von Amtes wegen die Missbräuchlichkeit dieser Klausel zu prüfen, obwohl es über die hierzu erforderlichen rechtlichen und tatsächlichen Grundlagen verfügte, die einschlägige Rechtsprechung des Gerichtshofs *offenkundig verkannt* und daher einen *hinreichend qualifizierten Verstoss* gegen Unionsrecht begangen habe[1785].

471 Mit seiner *vierten* und *fünften* Frage wollte das vorlegende Gericht wissen, ob die *Höhe des Schadens* aus einem allfälligen im Ausgangsverfahren zu beurteilenden Verstoss gegen Unionsrecht dem von Frau Tomášová begehrten

1785 Urteil Rz. 36.

Schadensersatz oder dem Betrag der tatsächlichen Forderung, d. h. der *ungerechtfertigten Bereicherung* des Begünstigten des Schiedsspruchs entspreche und ob eine Klage auf Ersatz dieses Schadens *subsidiär* zur Erhebung einer Klage auf Rückforderung rechtsgrundlos gezahlter Beträge sei. Der EuGH *antworte*, dass sich die Regeln für den Ersatz des durch einen Verstoss gegen das Unionsrecht verursachten Schadens, sowie die Bewertung eines solchen Schadens oder das Zusammenspiel zwischen einer Klage auf Ersatz dieses Schadens und den anderen gegebenenfalls zur Verfügung stehenden Rechtsbehelfen, unter Beachtung des Äquivalenz- und des Effektivitätsgrundsatzes nach dem *nationalen Recht jedes Mitgliedstaats richteten*[1786].

23. Verein für Konsumenteninformation/Amazon EU

Dem Urteil ***Verein für Konsumenteninformation/Amazon EU***[1787] lag folgender Sachverhalt zugrunde: *Amazon EU* mit Sitz in *Luxemburg* gehört zu einer internationalen Versandhandelsgruppe, die sich u.a. über eine Website der Top-Level-Domain «.de» an *Verbraucher mit Wohnsitz in Österreich* wendet und mit diesen im elektronischen Geschäftsverkehr Verträge abschliesst. In Österreich hat Amazon EU weder einen *Sitz* noch eine *Niederlassung*. Mit Amazon EU geschlossene *Verbraucherverträge* enthielten bis Mitte 2012 u.a. folgende *AGB*: 472

> *«1. Abweichende Bedingungen des Bestellers erkennt Amazon.de nicht an, es sei denn, Amazon.de hätte ausdrücklich schriftlich ihrer Geltung zugestimmt. ...*
> *6. Bei Zahlung auf Rechnung sowie in sonstigen Fällen bei berechtigtem Anlass prüft und bewertet Amazon.de die Datenangaben der Besteller und pflegt einen Datenaustausch mit anderen Unternehmen innerhalb des Amazon-Konzerns, Wirtschaftsauskunfteien und ggf. der Bürgel Wirtschaftsinformationen GmbH & Co. KG, Postfach 5001 66, 22701 Hamburg, Deutschland. ...*
> *9. Für die Entscheidung über die Nutzung der Zahlungsart Rechnungskauf verwenden wir – neben eigenen Daten – Wahrscheinlichkeitswerte zur Beurteilung des Ausfallrisikos, welche wir von der Bürgel Wirtschaftsinformationen GmbH & Co. KG, Gasstrasse 18, 22761 Hamburg, sowie der informa Solutions GmbH, Rheinstrasse 99, 76532 Baden-Baden [(Deutschland)] beziehen. ... Die genannten Unternehmen werden ferner zur Validierung der von Ihnen angegebenen Adressdaten eingesetzt. ...*

[1786] Urteil Rz. 41.

[1787] Rs. C-191/15 Verein für Konsumenteninformation gegen Amazon EU Sàrl EuGH-Urteil vom 28. Juli 2016, ECLI:EU:C:2016:612.

11. Entscheidet sich der Nutzer, auf Amazon.de Inhalte (z. B. Kundenrezensionen) einzustellen, gewährt er Amazon.de eine für die Dauer des zugrunde liegenden Rechts zeitlich und örtlich unbeschränkte und ausschliessliche Lizenz zur weiteren Verwendung der Inhalte für jegliche Zwecke online wie offline.
12. Es gilt luxemburgisches Recht unter Ausschluss des UN-Kaufrechts.»

473 Der gemäss RL 2009/22 zur Erhebung von Unterlassungsklagen befugte *VKI* erhob bei den *österreichischen* Gerichten *Klage* gegen Amazon EU auf *Unterlassung* der Verwendung sämtlicher AGB. Das *erstinstanzliche Gericht* hiess die Klage – mit Ausnahme von Klausel 8 (Zahlung einer Gebühr bei Zahlung auf Rechnung) – gut. Das von beiden Parteien angerufene *zweitinstanzliche Gericht* hob dieses Urteil auf und wies die Angelegenheit zur Neuentscheidung an das erstinstanzliche Gericht zurück. Der vom VKI gegen diesen Entscheid angerufene *Oberste Gerichtshof* hegte Zweifel darüber, *welches Recht* auf den Ausgangsrechtsstreit anzuwenden war. Er setzte daher das Verfahren aus und legte dem EuGH *vier* Fragen zur Vorabentscheidung vor.

474 Mit seinen *ersten drei Fragen*, welche der EuGH gemeinsam prüfte, wollte das vorlegende Gericht wissen, wie die Rom-I-Verordnung und die Rom-II-Verordnung im Hinblick auf Gesetzesbestimmungen auszulegen sind, die auf eine Unterlassungsklage gemäss RL 2009/22 Anwendung finden, welche gegen die Verwendung möglicherweise unzulässiger Vertragsklauseln durch ein in einem Mitgliedstaat ansässiges Unternehmen gerichtet ist, das im elektronischen Geschäftsverkehr Verträge mit Verbrauchern abschliesst, die in anderen Mitgliedstaaten, insbesondere im Staat des angerufenen Gerichts, ansässig sind. Der EuGH *antwortete*, die Rom-I und Rom-II-Verordnungen seien dahin auszulegen, dass – unbeschadet des Art. 1 Abs. 3 beider Verordnungen – das auf eine Unterlassungsklage gemäss RL 2009/22, die gegen die *Verwendung* gegebenenfalls unzulässiger Vertragsklauseln durch ein in einem Mitgliedstaat ansässiges Unternehmen gerichtet ist, welches im elektronischen Geschäftsverkehr Verträge mit Verbrauchern abschliesst, die in anderen Mitgliedstaaten, insbesondere im Staat des angerufenen Gerichts, ansässig sind, *anzuwendende Recht* nach *Art. 6 Abs. 1 der Rom-II-Verordnung* zu bestimmen ist, während das bei der *Beurteilung* der *Gültigkeit* einer *bestimmten Vertragsklausel* anzuwendende Recht stets anhand der *Rom-I-Verordnung* zu bestimmen ist, unabhängig davon, ob diese Beurteilung im Rahmen einer *Individualklage* oder *Verbandsklage* erfolgt[1788].

475 Mit der *Frage 4a* wollte das vorlegende Gericht wissen, ob eine in AGB enthaltene Klausel eines auf elektronischem Weg geschlossenen Konsumentenvertrags, wonach auf den Vertrag das Recht des Mitgliedstaats anzuwenden ist, in dem der Gewerbetreibende seinen Sitz hat, missbräuchlich im Sinne von Art. 3 Abs. 1 der RL 93/13/EWG ist. Der EuGH *antwortete*, Art. 3 Abs. 1 der RL

[1788] Urteil Rz. 60.

93/13/EWG sei dahin auszulegen, dass eine in den AGB eines Gewerbetreibenden enthaltene Klausel, die nicht im Einzelnen ausgehandelt wurde und nach der auf einen mit einem Verbraucher elektronisch geschlossenen Vertrag das Recht des Mitgliedstaats anzuwenden ist, in dem der *Gewerbetreibende* seinen *Sitz* hat, missbräuchlich ist, falls sie den Verbraucher in die Irre führt, indem sie den (falschen) *Eindruck vermittelt*, auf den Vertrag sei *ausschliesslich* das *Recht dieses Mitgliedstaats* anwendbar, *ohne* ihn darüber aufzuklären, dass er nach Art. 6 Abs. 2 der Rom-I-Verordnung auch den *Schutz der zwingenden Bestimmungen des Rechts* geniesst, das ohne diese Klausel anzuwenden wäre; was das nationale Gericht im Licht aller relevanten Umstände zu prüfen habe[1789].

Mit der *Frage 4b* wollte das vorlegende Gericht wissen, ob Art. 4 Abs. 1 lit. a der RL 95/46 dahin auszulegen ist, dass eine *Verarbeitung personenbezogener Daten* durch ein im elektronischen Geschäftsverkehr tätiges Unternehmen dem Recht jenes Mitgliedstaats unterliegt, auf den das Unternehmen seine Geschäftstätigkeit ausrichtet. Der EuGH *antwortete*, Art. 4 Abs. 1 lit. a der RL 95/46 sei dahin auszulegen, dass eine Verarbeitung personenbezogener Daten durch ein im elektronischen Geschäftsverkehr tätiges Unternehmen dem *Recht jenes Mitgliedstaats* unterliegt, auf den das Unternehmen seine Geschäftstätigkeit ausrichtet, wenn sich zeigt, dass das Unternehmen die fragliche Datenverarbeitung im Rahmen der Tätigkeiten einer *Niederlassung* vor-nimmt, die sich in *diesem Mitgliedstaat* befindet. Es obliegt dem nationalen Gericht zu beurteilen, ob dies der Fall ist[1790]. 476

24. Banco Santander SA/Sánchez López

Im Fall ***Banco Santander SA/Sánchez López***[1791] hatte Frau Sánchez López im Dezember 2004 mit der Banco Español de Crédito SA (später Banco Santander) einen *hypothekarisch gesicherten Kreditvertrag* für einen Wohnungskauf abgeschlossen. Art. 11 («Aussergerichtliches Verfahren») des Vertrags sah vor, dass bei einer *aussergerichtlichen Vollstreckung* der Hypothek, Art. 129 des spanischen Hypothekengesetzes und Art. 234 ff. des spanischen Hypothekenverordnung anwendbar sind. Da Frau Sánchez López den Kreditvertrag *nicht ordnungsgemäss erfüllte*, wurde auf Betreiben der Bank am 24. März 2011 vor einem Notar ein *aussergerichtliches* Verfahren zur *Vollstreckung* der *hypothekarischen Sicherheit* eingeleitet. Anschliessend wurde am 15. Dezember 2011 die Wohnung (Grundpfand) der Bank zu rund *60 %* des *Schatzwertes* zu Eigentum zugeschlagen. Der Notar erstellte sodann *ohne Mitwirkung* von Frau Sánchez López, die 477

[1789] Urteil Rz. 71.

[1790] Urteil Rz. 81.

[1791] Rs. C-598/15, Banco Santander SA gegen Cristobalina Sánchez López, EuGH-Urteil vom 7. Dezember 2017, ECLI:EU:C:2017:945.

Urkunde über den Verkauf der Wohnung an die Banco Santander, worauf die *Bank* als *Eigentümerin* der Wohnung ins *Grundbuch* eingetragen wurde. Gestützt darauf klagte die Bank beim erstinstanzlichen Gericht auf Räumung und «Herausgabe» der Wohnung durch Frau Sánchez López, welche am Verfahren nicht teilnahm. Das Gericht, welches die Missbräuchlichkeit von Vertragsklauseln nicht überprüfen konnte, hegte Zweifel, ob das aussergerichtliche Vollstreckungsverfahren einer hypothekarischen Sicherheit mit der *Richtlinie 93/13*/EWG *vereinbar* war. Es setzte deshalb das Verfahren aus, um dem EuGH *fünf* Fragen zur Vorabentscheidung vorzulegen.

478 Da die Fragen *zwei*, *vier* und *fünf* (revidierte) nationale Gesetzesbestimmungen betrafen, die auf den *konkreten Fall* intertemporalrechtlich keine Anwendung fanden, wurden sie vom EuGH für *unzulässig* erklärt und nicht beantwortet[1792]. Mit der *ersten* und *dritten* Frage wollte das Vorlagegericht wissen, ob Art. 6 Abs. 1 und Art. 7 Abs. 1 RL 93/13/EWG nationalen Rechtsvorschriften entgegenstehen, wonach das nationale Gericht dem *Erwerber* (Bank) die volle *Verfügungsgewalt* an einer Immobilie zusprechen kann, ohne dass der ursprüngliche *Eigentümer* (Kreditnehmer) als Konsument die *Missbräuchlichkeit* von AGB-Klauseln im Hypothekarkreditvertrag einwenden konnte. Der EuGH *antwortete*, dass Art. 6 Abs. 1 und Art. 7 Abs. 1 RL 93/13/EWG *nicht anwendbar* sind auf ein Verfahren, wo jemand – im Rahmen einer aussergerichtlichen Vollstreckung – *rechtmässig erworbene dingliche Rechte* geltend macht, weil dieses Verfahren von der Rechtsbeziehung zwischen dem gewerblichen Gläubiger und dem Konsumenten *unabhängig* ist und zudem die hypothekarische Sicherheit vollstreckt, die Immobilie verkauft und die damit verbundenen dinglichen Rechte übertragen worden sind, ohne dass der Konsument von den dort vorgesehenen Rechtsbehelfen Gebrauch gemacht hat[1793].

25. Profi Credit Polska/Wawrzosek

479 Im Fall ***Profi Credit Polska / Wawrzosek***[1794] hatte das polnische Kreditinstitut Herrn Wawrzosek am 3. Dezember 2015 aufgrund eines vorformulierten *Standardvertrags* einen *Verbraucherkredit* gewährt. Der Vertrag enthielt u.a. eine Klausel, welche den Kreditnehmer verpflichtete, zur Sicherung des Kredits einen *Blanko-Eigenwechsel* auszustellen. Als in der Folge der Kreditnehmer seinen Zahlungspflichten nicht nachkam, trug die Profi Credit Polska den *geschuldeten Restbetrag* in den Blanko-Eigenwechsel ein und stellte beim Gericht den Antrag, einen *Zahlungsbefehl* für 3268 polnischen Zloty (rund 753 €) gegen

---

1792 Urteil Rz. 31.

1793 Urteil Rz. 50

1794 Rs. C-176/17, Profi Credit Polska S.A. w Bielsku Białej gegen Mariusz Wawrzosek, EuGH-Urteil vom 13. September 2018, ECLI:EU:C:2018:711.

den Kreditnehmer zu erlassen. Da das Gericht zweifelte, ob das auf den *Eigenwechsel* gestützte *Zahlungsbefehlsverfahren* mit der RL 93/13/EWG vereinbar war, setzte es das Verfahren aus und legte dem EuGH eine Frage zur Vorabentscheidung vor.

Das vorlegende Gericht wollte wissen, ob Art. 6 Abs. 1 und Art. 7 Abs. 1 der RL 93/13/EWG einer *nationalen Regelung* entgegensteht, die es ermöglicht, aufgrund eines *formgültigen Eigenwechsels*, der eine Forderung aus einem Konsumkreditvertrag absichert, einen Zahlungsbefehl zu erwirken, wobei das mit einem Antrag auf Erlass eines Zahlungsbefehls befasste Gericht die mögliche *Missbräuchlichkeit* der Klauseln dieses Vertrags *nicht prüfen darf*. Der EuGH *antwortete*, dass dass *Art. 7 Abs. 1* der RL einer nationalen Regelung *entgegensteht*, die es ermöglicht, aufgrund eines gültigen Eigenwechsels, der eine Forderung aus einem Konsumkreditvertrag absichert, einen Zahlungsbefehl zu erlassen, wenn das mit einem Antrag auf Erlass eines Zahlungsbefehls befasste Gericht die mögliche Missbräuchlichkeit der Klauseln dieses Vertrags *nicht prüfen darf* und es aufgrund der Modalitäten für die Ausübung des Rechts, *Widerspruch* gegen einen solchen Zahlungsbefehl einzulegen, *nicht möglich* ist, die Einhaltung der dem Verbraucher nach dieser Richtlinie zustehenden Rechte zu *gewährleisten*[1795]. 480

26. EOS SKI/Danko

Im Fall ***EOS SKI/Danko***[1796] hatte Herr Danko am 24. Oktober 2005 mit der *Všeobecná úverová banka a.s.* einen verlängerbaren *Verbraucherkreditvertrag* über 30‘000 slowakischen Kronen (SKK) (ca. 995 €) geschlossen. In der Folge trat die Kreditgeberin ihre Forderung an das *Inkassounternehmen EOS* ab. Der Kreditvertrag gab den *effektiven Jahreszins* nicht an, sondern enthielt lediglich eine *mathematische Gleichung* ohne weitere Angaben. Unter Berufung auf eine Vertragsverletzung erhob EOS beim *Bezirksgericht Humenné* (Slowakei) *Klage* gegen Herrn Danko auf Bezahlung von 1123 € plus Verzugszinsen zu 9,5 %. Beantragt wurde der Erlass eines *Mahnbescheids* ausschliesslich anhand der klägerischen Angaben (verkürztes Verfahren ohne mündliche Verhandlung und Beweisaufnahme). Dieser Mahnbescheid wurde am 24. August 2012 vom Bezirksgericht durch einen *nicht richterlichen Beamten* ausgestellt, wobei dem Umstand, dass der effektive Jahreszins im Vertrag nicht angegeben war und die Vertragsklauseln möglicherweise missbräuchlich waren, keine Rechnung getragen wurde. Gegen diesen Mahnbescheid erhob die *slowakische Verbrau-* 481

[1795] Urteil Rz. 71.

[1796] Rs. C-448/17, EOS KSI Slovensko s.r.o. gegen Ján Danko, Margita Danková, EuGH-Urteil vom 20. September 2018, ECLI:EU:C:2018:745.

cherschutzvereinigung HOOS, die Herrn Danko unterstützte, *Einspruch*, welchen das Bezirksgericht mit der Begründung *ablehnte*, ein *Streitbeitritt* sei mangels Einspruchs durch Herrn Danko persönlich nicht möglich. Auf *Rekurs* von HOOS hob das *Regionalgericht Prešov* mit Beschluss vom 30. September 2013 dieses Urteil auf und beauftragte das Bezirksgericht ein ordentliches Verfahren mit Beweisabnahme durchzuführen. Dagegen erhob der *Generalstaatsanwalt* (Slowakei) eine ausserordentliche Kassationsbeschwerde beim *Oberster Gerichtshof* ein. Dieser erkannte, dass ein *Streitbeitritt* einer *Verbraucherschutzvereinigung* erst ab dem Zeitpunkt möglich sein, in dem der Verbraucher einen *Einspruch* gegen einen *Mahnbescheid* eingelegt habe und verwies den Fall zurück ans Regionalgericht. Dieses setzte das weitere Verfahren aus und legte dem EuGH *fünf* Fragen zur *Vorabentscheidung* vor.

482 Mit seiner *ersten* Frage wollte das Vorlagegericht wissen, ob die RL 93/13/ EWG einer nationalen Regelung entgegensteht, die einer Verbraucherschutzvereinigung nicht erlaubt, im Interesse des Verbrauchers in einem einen individuellen Verbraucher betreffenden Mahnverfahren einen Einspruch gegen den Mahnbescheid einzulegen, wenn dieser nicht von dem betreffenden Verbraucher angefochten wird. Der EuGH *antwortete* darauf, dass die RL 93/13/EWG einer nationalen Regelung *entgegensteht*, welche einer *Verbraucherschutzvereinigung nicht erlaubt*, im Interesse des Verbrauchers in einem ihn individuell betreffenden Mahnverfahren Einspruch gegen den Mahnbescheid einzulegen, falls dieser vom *Verbraucher selber nicht angefochten* wird, sofern diese Regelung die Streithilfe von Verbraucherschutzvereinigungen in Rechtsstreitigkeiten, die dem *Unionsrecht* unterliegen, tatsächlich *ungünstigeren Voraussetzungen unterwirft* als denen, die für *ausschliesslich dem innerstaatlichen Recht* unterliegende Rechtsstreitigkeiten gelten; dies zu prüfen, ist Sache des vorlegenden Gerichts[1797].

483 Mit den *Fragen 3–5* wollte das Vorlagegericht wissen, ob die RL 93/13/EWG einer nationalen Regelung entgegensteht, wonach im Stadium des Erlasses eines Mahnbescheids gegen einen Verbraucher zwar die Prüfung vorgesehen ist, ob die in einem Konsumentenvertrag enthaltenen Klauseln missbräuchlich sind, dazu aber ein *Verwaltungsbeamter* eines Gerichts, der *nicht Richterstellung* hat, zuständig ist, und die Frist zur Einsprache gegen den Mahnbescheid nur 15 Tage beträgt. Der EuGH *anwortete*, dass die RL 93/13/EWG einer nationalen Regelung *entgegensteht*, wonach im Stadium des Erlasses eines Mahnbescheids gegen einen Verbraucher zwar die Prüfung, ob die in einem von einem Gewerbetreibenden mit diesem Verbraucher geschlossenen Vertrag enthaltenen Klauseln missbräuchlich sind, vorgesehen ist, in der aber einerseits einem *Verwaltungsbeamten* eines Gerichts, der nicht die Stellung eines Richters hat, die *Zuständigkeit* für den Erlass dieses *Mahnbescheids* übertragen und zum anderen eine Frist von

1797 Urteil Rz. 43.

15 Tagen für die Einlegung eines Einspruchs vorgesehen ist und verlangt wird, dass dieser in der Sache begründet wird, es sei denn, eine solche Prüfung von Amts wegen ist im Stadium der *Vollstreckung* dieses Mahnbescheids vorgesehen, was zu prüfen Sache des vorlegenden Gerichts ist[1798].

Mit der *zweiten* Frage wollte das Vorlagegericht wissen, ob nach Art. 4 Abs. 2 RL 93/13/EWG die Klausel eines Verbraucherkreditvertrags über die Kosten des Kredits klar und verständlich abgefasst sind, wenn *nicht* der *effektive Jahreszins* angegeben wird, sondern nur eine mathematische Gleichung zur Berechnung des effektiven Jahreszinses ohne zusätzliche Angaben, die für dessen Berechnung erforderlich sind, und der Zinssatz nicht angegeben wird. Der EuGH *anwortete*, der Umstand, dass ein *Verbraucherkreditvertrag* den *effektiven Jahreszins nicht* angibt, sondern nur eine mathematische Gleichung zur Berechnung des effektiven Jahreszinses ohne Beifügung der Angaben, die für dessen Berechnung erforderlich sind, und der Zinssatz nicht angegeben wird, einen *massgeblichen Faktor* im Rahmen der von dem betreffenden nationalen Gericht vorzunehmenden Prüfung der Frage darstellen könne, ob die Vertragsklausel über die Kreditkosten *klar* und *verständlich abgefasst* ist[1799]. 484

27. Dunai/ERSTE Bank

Im Fall ***Dunai/ERSTE Bank***[1800] hatte Frau Dunai am 24. Mai 2007 mit ERSTE Bank einen auf *Schweizer Franken* (CHF) lautenden *Darlehensvertrag* abgeschlossen. Gemäss Vertrag war das Darlehen zum Tageswechselkurs der Bank (*Ankaufskurs* CHF-HUF) in ungarischen Forint (HUF) auszuzahlen, was zu einer Überweisung von 14‘734 000 HUF für einen vertraglichen Darlehensbetrag von 115‘573 CHF führte. Die Rückzahlung des Darlehens war ebenfalls in ungarischen Forint zu leisten unter Anwendung des von der Bank angewandten *Verkauf-Wechselkurses*. Das *Wechselkursrisiko*, das sich mit der Abwertung des ungarischen Forint gegenüber dem Schweizer Franken verwirklichte, hatte folglich Frau Dunai zu tragen. Da der Vertrag notariell beurkundet worden war, wurde er im Fall der *Nichterfüllung* durch die Schuldnerin *ohne streitiges Verfahren* vor einem ungarischen Gericht *vollstreckbar*. Auf Antrag der Bank ordnete am 12. April 2016 der Notar die Vollstreckung des Darlehensvertrags an. Dagegen erhob Frau Dunai *Klage* beim Zentralen Stadtbezirksgericht Buda wegen *Nichtigkeit* des Vertrags. Das Gericht setzte das Verfahren aus und legte dem EuGH *fünf* Fragen zur Vorabentscheidung vor. 485

[1798] Urteil Rz. 54.

[1799] Urteil Rz. 68.

[1800] Rs. C-118/17, Zsuzsanna Dunai gegen ERSTE Bank Hungary Zrt., EuGH-Urteil vom 14. März 2019, ECLI:EU:C:2019:207.

486 Mit den *Fragen 1–3* wollte das Vorlagegericht wissen, ob Art. 6 Abs. 1 RL 93/13/EWG einer nationalen Regelung entgegensteht, die das Gericht hindert, einem Antrag auf Nichtigerklärung eines in Fremdwährung lautenden Darlehensvertrags wegen Missbräuchlichkeit einer Vertragsklausel stattzugeben, welche dem Verbraucher die mit der Wechselkursspanne zwischen Verkaufskurs und Ankaufskurs der betreffenden Devisen verbundenen Kosten auferlegt, obwohl das Gericht davon ausgeht, dass der *Fortbestand* des Vertrags den *Interessen* des *Verbrauchers zuwiderläuft*, weil dieser weiterhin das *Wechselkursrisiko* einer möglichen Abwertung der nationalen Währung (als Auszahlungswährung) gegenüber der Fremdwährung (als Rückzahlungswährung) zu tragen hat. Der EuGH *antwortete*, Art. 6 Abs. 1 RL 93/13/EWG sei dahin auszulegen, dass er

– einer nationalen Regelung *nicht entgegensteht*, die das Gericht *hindert*, einem Antrag auf Nichtigerklärung eines Darlehensvertrags wegen Missbräuchlichkeit einer Klausel über die Wechselkursspanne *stattzugeben*, sofern es die Feststellung der Missbräuchlichkeit einer solchen Klausel ermöglicht, die *Sach-* und *Rechtslage wiederherzustellen*, in der sich der Verbraucher *ohne die missbräuchliche Klausel befunden* hätte, und dass
– einer nationalen Regelung *entgegensteht*, die das Gericht unter Umständen hindert, einem Antrag auf Nichtigerklärung eines Darlehensvertrags wegen Missbräuchlichkeit einer Klausel über das Wechselkursrisiko stattzugeben, wenn festgestellt wird, dass diese *Klausel missbräuchlich* ist und der *Vertrag ohne diese Klausel nicht weiter Bestand* haben kann[1801].

487 Mit den *Fragen 4 & 5* wollte das Vorlagegericht wissen, ob das Unionsrecht, insb. die Grundsätze eines wirksamen gerichtlichen Rechtsschutzes und eines fairen Verfahrens angesichts des Ziels der Union, ein hohes Verbraucherschutzniveau zu gewährleisten, dem entgegensteht, dass die nationalen Instanzgerichte bei der Ausübung ihrer Rechtsprechungsbefugnisse förmlich an abstrakte und allgemeine Entscheidungen eines obersten Gerichts, wie die Beschlüsse der Kúria (Oberster Gerichtshof) zur Wahrung der Rechtseinheit, gebunden sind. Der EuGH *antwortete*, dass die RL 93/13/EWG iVm mit Art. 47 der Charta dem *nicht entgegensteht*, dass ein oberstes Gericht eines Mitgliedstaats im Interesse einer einheitlichen Auslegung des Rechts verbindliche Entscheidungen zu den Modalitäten der Umsetzung dieser Richtlinie erlässt, *vorausgesetzt*, diese *hindern* das zuständige Gericht weder daran, für die *volle Wirksamkeit* der RL 93/13/EWG Sorge zu tragen und dem Verbraucher einen *effektiven Rechtsbehelf* zum Schutz der Rechte, die er daraus herleiten kann, zu gewähren, noch daran, den Gerichtshof dazu um eine *Vorabentscheidung zu ersuchen*, was jedoch das vorlegende Gericht zu prüfen hat[1802].

1801 Urteil Rz. 56.
1802 Urteil Rz. 64.

28. Aqua Med/Skóra

Im Fall ***Aqua Med/Skóra***[1803] hatte die Gewerbetreibende Aqua Med (mit Sitz in Opalenica, Polen) am 29. Oktober 2016 ausserhalb ihrer Geschäftsräume mit Frau Skóra einen *Kaufvertrag* über eine *Matratze*, einen *Matratzenbezug* und ein *Kopfkissen* für 1 992 polnischen Zloty (PLN) (ca. 465 €) geschlossen. Die AGB des Kaufvertrags enthielten folgende Klausel: «*Der Gerichtsstand für Streitigkeiten zwischen den Parteien bestimmt sich nach den einschlägigen Vorschriften.*» Da Aqua Med den Kaufpreis nicht innert Frist erhielt, erhob sie *Klage* beim *Sąd Rejonowy w Nowym Tomyślu* (Rayongericht Nowy Tomyśl, Polen), in dessen Bezirk sie ihren *Sitz* hatte. Mit Beschluss vom 18. Oktober 2017 erklärte sich dieses Gericht von Amts wegen für *unzuständig* und verwies die Sache an das Rayongericht, in dessen Bezirk die *Beklagte ihren Wohnsitz* hatte. Aqua Med legte gegen den Beschluss des erstinstanzlichen Gerichts *Beschwerde* beim *Bezirksgericht Posen* ein und rügte einen Verstoss gegen die nationale Regelung sowie eine falsche Anwendung von Art. 6 Abs. 1 RL 93/13/EWG. Dieses Gericht hatte Zweifel über die Auslegung der RL 93/13/EWG, weil die fragliche Vertragsklausel auf *nationale Vorschriften* verwies, die unabhängig von der Richtlinie anwendbar seien. Folglich setzte das Bezirksgericht das Verfahren aus und legte dem EuGH *zwei* Fragen zur Vorabentscheidung vor. 488

Mit seiner *ersten* Frage wollte das Vorlagegericht wissen, ob Art. 1 Abs. 2 RL 93/13/EWG dahin auszulegen sei, dass eine Vertragsklausel, die für die gerichtliche Zuständigkeit allfälliger Streitigkeiten zwischen den Vertragsparteien auf das einschlägige *nationale Recht verweist*, vom Anwendungsbereich dieser *Richtlinie ausgenommen* ist. Der EuGH *verneinte* diese Frage[1804]. 489

Mit seiner *zweiten* Frage wollte das Vorlagegericht wissen, ob Art. 7 Abs. 1 RL 93/13/EWG Verfahrensvorschriften entgegensteht, auf die eine Vertragsklausel verweist und die dem Gewerbetreibenden für eine Klage wegen angeblicher Nichterfüllung eines Vertrags durch den Verbraucher die *Wahl* zwischen dem zuständigen Gericht des *Wohnorts des Beklagten* und dem des *Erfüllungsorts* des *Vertrags* ermöglicht. Der EuGH *antwortete,* dass Art. 7 Abs. 1 RL 93/13/EWG Verfahrensvorschriften *nicht entgegensteht*, auf die eine Vertragsklausel verweist und dem Gewerbetreibenden für eine Klage wegen Nichterfüllung eines Vertrags durch den Verbraucher die Wahl zwischen dem zuständigen Gericht des *Wohnorts des Beklagten* und des *Erfüllungsorts* des Vertrags ermöglichen, sofern die Wahl des Erfüllungsorts des Vertrags für den Verbraucher keine Ver- 490

[1803] Rs. C-266/18, Aqua Med sp. z o.o. gegen Irena Skóra, EuGH-Urteil vom 3. April 2019, ECLI:EU:C:2019:282.

[1804] Urteil Rz. 38.

fahrensbedingungen zur Folge hat, die geeignet sind, das Recht auf einen *wirksamen Rechtsbehelf*, das ihm die Unionsrechtsordnung verleiht, *übermässig einzuschränken*, was zu prüfen Sache des nationalen Gerichts ist[1805].

29. Kuhar/Addiko Bank

491 Im Fall ***Kuhar/Addiko Bank***[1806] schlossen die Bank und die Kläger Kuhar – in Form einer unmittelbar vollstreckbaren notariellen Urkunde – einen *Hypothekenkreditvertrag* zur Finanzierung eines *Wohnungskaufs*. Der Kredit war an den *Schweizer Franken* (CHF) gebunden, wobei die Kläger verpflichtet waren, die Raten in *Euro* (zum Referenzzinssatz[1807] der Europäischen Zentralbank am Zahlungstag) zu bezahlen. Da in der Folge die Kläger nicht zahlten, beantragte die Bank gestützt auf die notarielle Urkunde beim *Bezirksgericht Gornja Gradgona* (Slowenien) die *Zwangsvollstreckung*. Das Gericht bewilligte die Zwangsvollstreckung für einen Gesamtbetrag von 128'765 €. Die nicht anwaltlich vertretenen Kläger erhoben *Einspruch* gegen die Vollstreckungsbewilligung, mit dem Argument, die Bank habe sie nicht angemessen über das Währungsrisiko belehrt. Das Bezirksgericht wies diesen Einspruch ab, worauf die Kläger beim *Obergericht Maribor Beschwerde* einlegten. Letzteres Gericht setzte das Verfahren aus und gelangte mit einer Frage zur Vorabentscheidung an den EuGH.

492 Das vorlegende Gericht wollte wissen, ob die RL 93/13/EWG – angesichts des Effektivitätsgrundsatzes – nationalen Rechtsvorschriften entgegenstehe, wenn ein nationales Gericht, das mit einem Antrag auf Zwangsvollstreckung eines Hypothekenkreditvertrags zwischen einem Gewerbetreibenden und einem Konsumenten aufgrund einer unmittelbar vollstreckbaren notariellen Urkunde befasst ist, weder auf *Antrag* des Konsumenten noch *von Amts wegen prüfen* kann, ob die in der Urkunde enthaltenen Klauseln *missbräuchlich* sind, und die beantragte Zwangsvollstreckung nicht aussetzen kann. Der EuGH *antwortete*, dass die RL 93/13/EWG nationalen Rechtsvorschriften *entgegensteht*, aufgrund deren ein mit einem Antrag auf Zwangsvollstreckung eines Hypothekenkreditvertrags, der zwischen einem Gewerbetreibenden und einem Konsumenten in Form einer unmittelbar vollstreckbaren notariellen Urkunde geschlossen wurde, befasstes nationales Gericht *weder auf Antrag* des Konsumenten noch *von Amts wegen prüfen* kann, ob die in einer solchen Urkunde enthaltenen Klauseln missbräuchlich im Sinne der genannten Richtlinie sind, und aufgrund dessen die beantragte Zwangsvollstreckung *aussetzen* kann[1808].

[1805] Urteil Rz. 56.

[1806] Rs. C-407/18, Aleš Kuhar, Jožef Kuhar gegen Addiko Bank d.d., EuGH-Urteil vom 26. Juni 2019, ECLI:EU:C:2019:537.

[1807] Als Referenzzinssatz für die Verzinsung diente der CHF LIBOR für sechs Monate.

[1808] Urteil Rz. 68.

30. *Profi Credit Polska/Włostowska et al. und Profi Credit Polska/OH*

Im Fall ***Profi Credit Polska/Włostowska et al.***[1809] bezweckte die Profi Credit Polska, eine Gesellschaft mit Sitz in Polen, hauptsächlich die Gewährung von Krediten. Sie schloss zahlreiche *Verbraucherkreditverträge* ab, in denen ihre vertraglichen Forderungen durch «Blanko-Eigenwechsel» der Kunden besichert wurden. Bei Nichterfüllung vertraglicher Verpflichtungen durch Kreditnehmer vervollständigte jeweils die Profi Credit Polska (als Begünstigte) auf dem Wechsel den zu bezahlenden Betrag. Seit 2016 gelangte die Profi Credit Polska verschiedentlich mit *Klagen* an das (vorlegende) Gericht auf *Zahlung* der in den *Eigenwechseln* angegebenen Beträge. Das Gericht stellte fest, dass die Klägerin ihre Forderungen stets gestützt auf *Eigenwechsel* geltend machte (Wechselverhältnis), ohne die *Kreditverträge* vorzulegen. Das Gericht verfügte daher nur ausnahmsweise über den Vertrag als Grundlage der Wechselverpflichtung (Grundverhältnis). Das vorlegende Gericht gab dem Antrag der Klägerin auf Entscheidung der Streitsache im *Mahnverfahren* nicht statt, sondern behandelt die Klage im *ordentlichen* Verfahren. Vor diesem Hintergrund stellte das Rayongericht Warschau das Verfahren ein und unterbreitete dem EuGH *zwei Fragen* zu Vorabentscheidung. 493

Im verbundenen Fall *Profi Credit Polska/OH* lag ein analoger Sachverhalt vor, wobei mit Urteil vom 15. Mai 2017 das *Rayongericht* Oppeln die *Klage* von Profi Credit Polska gegen OH auf Zahlung von 9'494,21 polnischen Złoty (PLN) (ca. 2'211 €) *abwies*. Obwohl die Voraussetzungen für ein Versäumnisurteils vorlagen, wies das erstinstanzliche Gericht den Antrag von Profi Credit Polska zurück, da es Zweifel am *tatsächlichen Inhalt* des Vertragsverhältnisses hatte und die Klauseln des Darlehensvertrags nicht überprüfen konnte, weil Profi Credit Polska der gerichtlichen Aufforderung, die Wechselabrede sowie den Darlehensvertrag vorzulegen, nicht nachkam. Bei anderen vom selben Unternehmen geschlossenen Standardverträgen hätten sich erhebliche Unterschiede zwischen dem Darlehensbetrag und dem zurückzuzahlenden Betrag ergeben. Profi Credit Polska legte gegen diese erstinstanzliche Entscheidung *Berufung* beim *Bezirksgericht* Oppeln ein. Dieses sistierte das Verfahren und unterbreitete dem EuGH eine Frage zur Vorabentscheidung. 494

Mit seiner *ersten* Frage (Rs. C-419/18) wollte das vorlegende Gericht wissen, ob Art. 3 Abs. 1, Art. 6 Abs. 1 und Art. 7 Abs. 1 RL 93/13/EWG sowie Art. 10 der RL 2008/48 dahin auszulegen sind, dass sie einer nationalen Regelung wie der in den Ausgangsverfahren fraglichen entgegenstehen, die es erlaubt, die Begleichung einer Forderung aus einem Verbraucherkreditvertrag zwischen ei- 495

[1809] Rs. C-419/18, Profi Credit Polska S.A. gegen Bogumiła Włostowska et al. und Profi Credit Polska S.A gegen OH, EuGH-Urteil vom 7. November 2019, ECLI:EU:C:2019:930.

nem Gewerbetreibenden und einem Verbraucher mit einem *blanko ausgestellten Eigenwechsel* zu sichern. Der EuGH *antwortete*, dass Art. 1 Abs. 1, Art. 3 Abs. 1, Art. 6 Abs. 1 und Art. 7 Abs. 1 RL 93/13/EWG so auszulegen sind, dass sie einer *nationalen Regelung* wie der in den Ausgangsverfahren fraglichen, wonach zur Sicherung der Begleichung einer Forderung aus einem zwischen einem Gewerbetreibenden und einem Verbraucher geschlossenen Verbraucherkreditvertrag eine vertragliche Verpflichtung für den Kreditnehmer bestimmt werden darf, einen Blanko-Eigenwechsel auszustellen, und die die Zulässigkeit der Ausstellung eines solchen Wechsels davon abhängig macht, dass zuvor eine *Wechselabrede* getroffen wurde, die die *Modalitäten* festlegt, nach denen dieser Wechsel ausgefüllt werden kann, *nicht entgegenstehen*, sofern diese Vertragsbestimmung und diese Abrede – was vom vorlegenden Gericht zu prüfen ist – die Art. 3 und 5 dieser Richtlinie sowie Art. 10 der Richtlinie 2008/48 beachten[1810].

496 Mit seiner *zweiten* (Rs. C-419/18) bzw. *einzigen* (Rs. 483/18) Frage wollten die vorlegenden Gerichte wissen, ob Art. 6 Abs. 1 und Art. 7 Abs. 1 der Richtlinie 93/13/EWG sowie Art. 10 der Richtlinie 2008/48 dahin auszulegen sind, dass ein nationales Gericht, wenn es unter Umständen ernsthafte Zweifel hinsichtlich der Begründetheit einer Klage hat, die auf einen Wechsel gestützt ist, mit dem eine aus einem Verbraucherkreditvertrag entstandene Forderung gesichert werden soll, und dieser Wechsel vom Unterzeichner zunächst blanko ausgestellt und später vom Begünstigten vervollständigt wurde, *von Amts wegen prüfen muss*, ob die zwischen den Parteien vereinbarten Bestimmungen missbräuchlich sind, und insoweit vom Gewerbetreibenden verlangen kann, ihm die Schriftstücke vorzulegen, in denen diese Bestimmungen festgehalten sind, um sich vergewissern zu können, dass die Rechte, die den Verbrauchern aus diesen Richtlinien erwachsen, beachtet worden sind. Der EuGH *antwortete*, Art. 6 Abs. 1 und Art. 7 Abs. 1 RL 93/13/EWG sowie Art. 10 Abs. 2 der Richtlinie 2008/48 seien so auszulegen, dass ein nationales Gericht, wenn es unter Umständen ernsthafte Zweifel an der Begründetheit einer Klage hat, die sich auf einen Wechsel stützt, mit dem eine aus einem Verbraucherkreditvertrag entstandene Forderung gesichert werden soll, und dieser Wechsel vom Unterzeichner zunächst *blanko ausgestellt* und später vom Begünstigten vervollständigt wurde, *von Amts wegen prüfen* muss, ob die zwischen den Parteien vereinbarten Bestimmungen missbräuchlich sind, und insoweit vom Gewerbetreibenden *verlangen* kann, ihm die *Schriftstücke vorzulegen*, in denen diese Bestimmungen festgehalten sind, um sich zu vergewissern, dass die Rechte, die den Verbrauchern aus diesen Richtlinien erwachsen, beachtet worden sind[1811].

[1810] Urteil Rz. 60.
[1811] Urteil Rz. 60.

31. Bondora/V.C & XY

Im Fall ***Bondora/V.C.*** (Rs. C-453/18)[1812] hatte das Unternehmen Bondora Bondora mit Herrn V. C. (Konsument) einen *Darlehensvertrag* über 755 € abgeschlossen. Am 21. März 2018 stellte das Unternehmen beim erstinstanzlichen Gericht einen Antrag auf Erlass eines *Europäischen Zahlungsbefehls* gegen Herrn V. C. Das Gericht war der Ansicht, die Forderung beruhe gemäss Art. 815 Abs. 4 LEC (= spanische ZPO) auf einem Darlehensvertrag zwischen einem Gewerbetreibenden und einem Verbraucher, und forderte Bondora auf, als *Beweismittel* die Unterlagen zur Begründung der Forderung vorzulegen, namentlich den Darlehensvertrag und die Aufschlüsselung der Höhe der Forderung, um die etwaige Missbräuchlichkeit von Vertragsklauseln überprüfen zu können. Bondora *weigerte* sich, diese Unterlagen vorzulegen, da diese für den Erlass eines Europäischen Zahlungsbefehls nicht erforderlich sei. Vor diesem Hintergrund setzte das Gericht erster Instanz das Verfahren aus legte dem EuGH *zwei* Fragen zur Vorabentscheidung vor. 497

In der verbundenen Rs. C-494/18 hatte Bondora mit XY einen Darlehensvertrag über 1 818 € abgeschlossen. Am 17. Mai 2018 stellte das Unternehmen beim erstinstanzlichen Gericht Antrag auf Erlass eines Europäischen Zahlungsbefehls gegen XY. Da der Darlehensnehmer Konsument war, forderte das Gericht das Unternehmen auf, *weitere Angaben* zur Forderung (Aufschlüsselung des Gesamtbetrags, Vertragsklauseln) zu machen, was Bondora *verweigerte*. Das Gericht erster Instanz setzte daher das Verfahren aus und unterbreitete dem EuGH *vier* Fragen zur Vorabentscheidung. Der EuGH beurteilte beide Streitfälle gemeinsam. 498

Mit ihren Fragen 1–2 bzw. 1–3 wollten die vorlegenden Gerichte wissen, ob Art. 7 Abs. 2 lit. d und e der Verordnung Nr. 1896/2006 sowie Art. 6 Abs. 1 und Art. 7 Abs. 1 RL 93/13/EWG dahin auszulegen sind, dass sie es einem Gericht, das im Rahmen eines Europäischen Mahnverfahrens befasst wird, ermöglichen, vom Gläubiger weitere Angaben zu den Vertragsklauseln, die zur Begründung der fraglichen Forderung geltend gemacht werden, zu verlangen, um von Amts wegen die etwaige Missbräuchlichkeit dieser Klauseln zu prüfen, und dass sie folglich nationalen Rechtsvorschriften entgegenstehen, die zu diesem Zweck beigebrachte ergänzende Unterlagen für unzulässig erklären. Der EuGH *antwortete*, Art. 7 Abs. 2 lit. d und e der Verordnung Nr. 1896/2006 sowie Art. 6 Abs. 1 und Art. 7 Abs. 1 RL 93/13/WEG seien so auszulegen sind, dass sie es einem Gericht, das im Rahmen eines *Europäischen Mahnverfahrens* befasst wird, *ermöglichen*, vom Gläubiger *weitere Angaben zu den Vertragsklauseln*, die zur Begründung der fraglichen Forderung geltend gemacht werden, zu verlangen, um von Amts 499

[1812] Rs. C-453/18, Bondora AS gegen Carlos V. C.(C-453/18), XY (C-494/18), EuGH-Urteil vom 19. Dezember 2019, ECLI:EU:C:2019:1118.

wegen die etwaige *Missbräuchlichkeit* dieser Klauseln zu prüfen, und dass sie folglich nationalen Rechtsvorschriften *entgegenstehen*, die zu diesem Zweck beigebrachte ergänzende *Unterlagen für unzulässig* erklären[1813].

32. Lintner/UniCredit Bank

500 Im Fall ***Lintner/UniCredit Bank***[1814] hatte Frau Lintner am 13. Dezember 2007 mit der UniCredit Bank einen auf eine Fremdwährung lautenden *Hypothekendarlehensvertrag* abgeschlossen. Der Vertrag enthielt Klauseln, die der UniCredit Bank das *Recht einräumten,* den *Vertrag einseitig zu ändern.* Am 18. Juli 2012 erhob Frau Lintner beim Hauptstädtischen Stuhlgericht (Ungarn) unter Berufung u. a. auf die RL 93/13/EWG *Klage* mit dem Antrag, diese Klauseln *rückwirkend* für *unwirksam* zu erklären. Mit Urteil vom 29. August 2013 *wies* dieses Gericht die Klage *ab.* Auf Rekurs von Frau Lintner hob das Hauptstädtische Tafelgericht dieses Urteil mit Beschluss vom 1. April 2014 auf und verwies die Sache an die Vorinstanz zurück, da bei Verbraucherverträgen die Missbräuchlichkeit von Vertragsklauseln von Amts wegen zu prüfen sei. Nach Wiederaufnahme des Falles stellte die erste Instanz das Verfahren ein, da Frau Lintner der Aufforderung nicht nachgekommen sei, gemäss den zwischenzeitlich erlassenen Rechtsvorschriften über auf Fremdwährung lautende Darlehensverträge einen Antrag auf «Anwendung der Rechtsfolgen der Ungültigkeit» zu stellen. Auf erneuten *Rekurs* von Frau Lintner bestätigte das Hauptstädtische Tafelgericht teilweise diesen Entscheid und wies die Vorinstanz an, gewisse Vertragsklauseln zu überprüfen. Vor diesem Hintergrund setzte das Gericht das Verfahren aus und legte dem EuGH *drei Fragen* zur Vorabentscheidung vor.

501 Mit seiner *ersten* Frage wollte das vorlegende Gericht wissen, ob Art. 6 Abs. 1 RL 93/13/EWG dahin auszulegen ist, dass ein nationales Gericht, das über die Klage eines Verbrauchers auf Feststellung der Missbräuchlichkeit bestimmter Klauseln in einem Vertrag zu entscheiden hat, welchen der Verbraucher mit einem Gewerbetreibenden geschlossen hat, *verpflichtet* ist, *alle anderen Vertragsklauseln,* die von diesem Verbraucher nicht angefochten worden sind, von Amts wegen gesondert darauf zu prüfen, ob sie als missbräuchlich angesehen werden können. Der EuGH *antwortete*, Art. 6 Abs. 1 RL 93/13/EWG sei so auszulegen, dass ein nationales Gericht, das über die Klage eines Verbrauchers auf Feststellung der Missbräuchlichkeit bestimmter Klauseln in einem Vertrag zu entscheiden hat, den dieser Verbraucher mit einem Gewerbetreibenden geschlossen hat, *nicht verpflichtet* ist, *alle anderen Vertragsklauseln*, die von diesem Verbraucher *nicht angefochten* worden sind, *von Amts wegen* gesondert

1813 Urteil Rz. 54.

1814 Rs. C-511/17, Györgyné Lintner gegen UniCredit Bank Hungary Zrt, EuGH-Urteil vom 11. März 2020, ECLI:EU:C:2020:188.

darauf zu prüfen, ob sie als missbräuchlich angesehen werden können, sondern nur *diejenigen Klauseln prüfen muss*, die mit dem *Streitgegenstand zusammenhängen*, wie er von den Parteien abgegrenzt wurde, sobald es über die hierfür erforderlichen rechtlichen und tatsächlichen Grundlagen, gegebenenfalls ergänzt durch Untersuchungsmassnahmen, verfügt[1815].

Mit seiner *zweiten* und *dritten* Frage wollte das vorlegende Gericht wissen, ob 502
Art. 4 Abs. 1 und Art. 6 Abs. 1 RL 93/13/EWG dahin auszulegen sind, dass, wenn bei Beurteilung der Missbräuchlichkeit der Vertragsklausel, die als Grundlage für die Ansprüche eines Verbrauchers dient, *alle anderen Klauseln* des Vertrags, den dieser mit einem Gewerbetreibenden geschlossen hat, berücksichtigt werden müssen, eine solche Berücksichtigung als solche für das mit der Sache befasste nationale Gericht eine *Pflicht beinhaltet*, *von Amts wegen* alle diese Klauseln auf ihre etwaige Missbräuchlichkeit zu prüfen. Der EuGH *antwortete*, dass Art. 4 Abs. 1 und Art. 6 Abs. 1 RL 93/13/EWG so auszulegen sind, dass zwar für die Beurteilung der Missbräuchlichkeit der Vertragsklausel, die als Grundlage für die Ansprüche eines Verbrauchers dient, *alle anderen Klauseln* des Vertrags zwischen einem Gewerbetreibenden und diesem Verbraucher *berücksichtigt werden müssen*, diese Berück–sichtigung jedoch als solche für das mit der Sache befasste nationale Gericht *keine Pflicht beinhaltet*, von Amts wegen alle diese Klauseln auf ihre etwaige Missbräuchlichkeit zu prüfen[1816].

33. Kancelaria Medius/RN

Im Fall ***Kancelaria Medius/RN***[1817] erhob das Unternehmen Kancelaria Medius 503
SA (in Krakau, Polen), welches Inkasso-Dienstleistungen anbot, beim *Rayongericht* Trzcianka *Klage* gegen RN auf Zahlung von 1'231 polnischen Zloty (ca. 272 €) plus Zinsen. Der Kläger trug vor, RN habe mit der Kreditech Polska (Bank in Warschau und Rechtsvorgängerin von Kancelaria Medius), einen *Verbraucherkreditvertrag* geschlossen. Dazu legte er die Kopie eines von RN *nicht unterschriebenen Rahmenvertrags* sowie Unterlagen zum Nachweis des Abschlusses eines Vertrags mit ihrer Rechtsvorgängerin über den *Forderungsübergang* vor. Das Rayongericht stellte fest, dass die vorgelegten Unterlagen das Bestehen der fraglichen Forderung *nicht* belegten. Obwohl RN nicht vor Gericht erschien, wies das Gericht die Klage mit *Versäumnisurteil* ab. Gegen dieses Urteil legte Kancelaria Medius beim *Bezirksgericht* Posen *Berufung* ein

[1815] Urteil Rz. 44.

[1816] Urteil Rz. 49.

[1817] Rs. C-495/19, Kancelaria Medius SA gegen RN, EuGH-Urteil vom 4. Juni 2020, ECLI:EU:C:2020:431.

und machte geltend, das Gericht hätte sich gemäss Art. 339 Abs. 2 der Zivilprozessordnung ausschliesslich auf die eingereichten Unterlagen stützen dürfen. Vor diesem Hintergrund setzte das Bezirksgericht das Verfahren aus und unterbreitete dem EuGH eine Vorabentscheidungsfrage.

504 Mit seiner Frage wollte das vorlegende Gericht wissen, ob Art. 7 Abs. 1 RL 93/13/EWG so auszulegen ist, dass er der Auslegung einer nationalen Vorschrift entgegensteht, die ein Gericht, das mit einer in den Anwendungsbereich dieser Richtlinie fallenden Klage eines Gewerbetreibenden gegen einen Verbraucher befasst ist und ein Versäumnisurteil erlässt, wenn der Verbraucher trotz Ladung nicht zur Verhandlung erscheint, *daran hindert*, die notwendigen Untersuchungsmassnahmen durchzuführen, um die Missbräuchlichkeit der Vertragsklauseln, auf die der Gewerbetreibende sein Begehren gestützt hat, *von Amts wegen zu prüfen*, wenn das Gericht Zweifel daran hat, ob die Klauseln missbräuchlich im Sinne der Richtlinie sind, und die das Gericht dazu verpflichtet, auf der Grundlage der Ausführungen des Gewerbetreibenden zu entscheiden, die es als wahr ansehen muss. Der EuGH *antwortete*, Art. 7 Abs. 1 RL 93/13/EWG stehe der Auslegung einer nationalen Vorschrift *entgegen*, die ein Gericht, das mit einer in den Anwendungsbereich dieser Richtlinie fallenden Klage eines Gewerbetreibenden gegen einen Verbraucher befasst ist und ein Versäumnisurteil erlässt, wenn der Verbraucher trotz Ladung nicht zur Verhandlung erscheint, *daran hindert*, die notwendigen *Untersuchungsmassnahmen durchzuführen*, um die Missbräuchlichkeit der Vertragsklauseln, auf die der Gewerbetreibende sein Begehren gestützt hat, *von Amts wegen zu prüfen*, wenn das Gericht Zweifel daran hat, ob die Klauseln missbräuchlich sind[1818].

34. Ryanair DAC/ DelayFix

505 Im Fall ***Ryanair/DelayFix***[1819] hatte Delay Fix (früher Passenger Rights), eine auf das Inkasso von Fluggastforderungen spezialisierte Gesellschaft, beim Rayongericht Warschau (Polen) beantragt, die Fluggesellschaft Ryanair habe ihr gemäss der Verordnung Nr. 261/2004 eine Ausgleichszahlung von 250 € infolge Annullierung eines Fluges von Mailand nach Warschau zu bezahlen. Die entsprechende Foderung war ihr von einem Fluggast von Ryanair abgetreten worden. Die Fluggesellschaft erhob die *Einrede* der *Unzuständigkeit*, da gemäss Klausel 2.4 ihrer allgemeinen Beförderungsbedingungen, welche der Fluggast mit Kauf des Online-Flugscheins akzeptiert hatte, die Zuständigkeit der irischen Gerichte vereinbart worden war. Daran sei DelayFix als Zessionarin der Forderung ebenfalls gebunden. Mit Beschluss vom 15. Februar 2019

[1818] Urteil Rz. 52.

[1819] Rs. C-519/19, Ryanair DAC gegen DelayFix, vormals Passenger Rights sp. z o.o., EuGH-Urteil vom 18. November 2020, ECLI:EU:C:2020:933.

wies das Rayongericht die Unzuständigkeitseinrede ab, wogegen Ryanair ans Bezirksgericht Warschau rekurrierte. Dieses Gericht setzte das Verfahren aus und unterbreitete dem EuGH eine Frage zur Vorabentscheidung.

506 Mit seiner Frage wollte das vorlegende Gericht wissen, ob Art. 25 der Verordnung Nr. 1215/2012 sowie Art. 2 lit. b, Art. 3 Abs. 1 und 2 und Art. 6 Abs. 1 RL 93/13/EWG dahin auszulegen sind, dass eine Fluggesellschaft eine *Gerichtsstandsklausel*, die in einem Beförderungsvertrag zwischen ihr und einem Fluggast enthalten ist, einer Inkassogesellschaft, an die der Fluggast seine Forderung abgetreten hat, entgegenhalten kann, um die Zuständigkeit eines Gerichts für die Entscheidung einer gegen sie auf der Grundlage der Verordnung Nr. 261/2004 erhobenen Klage auf eine Ausgleichsleistung in Abrede zu stellen. Der EuGH *antwortete*, dass Art. 25 der Verordnung Nr. 1215/2012 so auszulegen sei, dass eine Fluggesellschaft eine *Gerichtsstandsklausel*, die in einem zwischen ihr und einem Fluggast geschlossenen Beförderungsvertrag enthalten ist, einer *Inkassogesellschaft*, an die der Fluggast seine Forderung *abgetreten* hat, *nicht entgegenhalten* kann, um die Zuständigkeit eines Gerichts für die Entscheidung einer gegen sie auf der Grundlage der Verordnung Nr. 261/2004 erhobenen Klage auf eine Ausgleichsleistung in Abrede zu stellen, es sei denn, dass nach den Rechtsvorschriften des Staates, dessen Gerichte in dieser Klausel bestimmt sind, die Inkassogesellschaft *in alle Rechte und Pflichten* der ursprünglichen *Vertragspartei eingetreten* ist, was zu prüfen Sache des vorlegenden Gerichts ist. Gegebenenfalls ist eine solche Klausel, die in einem Vertrag zwischen einem Verbraucher, nämlich dem Fluggast, und einem Gewerbetreibenden, nämlich der betreffenden Fluggesellschaft, enthalten ist, ohne im Einzelnen ausgehandelt worden zu sein, und die dem Gericht, in dessen Bezirk sich der Sitz der Fluggesellschaft befindet, eine ausschliessliche Zuständigkeit zuweist, als *missbräuchlich* gemäss Art. 3 Abs. 1 RL 93/13/EWG anzusehen[1820].

35. EL & TP/Caixabank

507 Im Fall ***EL & TP/Caixabank***[1821] hatten EL & TP am 25. April 2008 mit der Caixabank einen hypothekarisch gesicherten *Darlehensvertrag* über einen in Fremdwährung lautenden Betrag von 159'000 € geschlossen. Im Jahre 2016 erhoben sie *Klage* auf Feststellung der *teilweisen Nichtigkeit* des Vertrags wegen Missbräuchlichkeit der Klauseln über die Rückzahlung in Fremdwährung. Mit Urteil vom 29. November 2018 stellte das Gericht die Nichtigkeit der Vertragsklauseln über die Rückzahlung in Fremdwährung fest und ordnete die

1820 Urteil Rz. 63.

1821 Rs. C-385/20, EL, TP gegen Caixabank SA, Urteil vom 7. April 2022, ECLI:EU:C:2022:278.

Neuberechnung des geschuldeten Restbetrags an, unter der Annahme, dass die bereits geleisteten Monatsraten in Euro und nicht in Fremdwährung gezahlt worden wären. Da die Caixabank unterlegen war, wurden ihr die Kosten auferlegt. Mit Beschluss vom 1. Oktober 2019 setzte daher der Beamte der Geschäftsstelle den Streitwert für die Kosten zur Berechnung der Anwaltshonorare gemäss den Leitkriterien der Anwaltskammer von Barcelona (Spanien) auf 30‘000 € und für die Berechnung der Gebühren der Prozessbevollmächtigten auf 18‘000 € fest. Dabei durfte der Gesamtbetrag der Anwaltshonorare, welcher der zur Kostentragung verurteilten Partei auferlegt wurde, einen Drittel des Betrags, auf den sich der Rechtsstreit bezieht, nicht überschreiten. Gegen diesen Beschluss erhoben die Kläger Beschwerde an das vorlegende Gericht, das Zweifel an der Vereinbarkeit der spanischen Regelung über die Kostenberechnung mit der Richtlinie 93/13/EWG hatte. Vor diesem Hintergrund setzte das Gericht das Verfahren aus und legte dem EuGH *zwei* Fragen zur Vorabentscheidung vor.

508 Mit seiner *ersten* Frage wollte das vorlegende Gericht wissen, ob Art. 6 Abs. 1 und Art. 7 Abs. 1 RL 93/13/EWG unter Berücksichtigung des Effektivitätsgrundsatzes einer nationalen Regelung entgegenstehen, wonach der Streitwert zur Berechnung der bei einer Klage wegen missbräuchlichen Vertragsklauseln dem obsiegenden Verbraucher zu erstattenden Kosten dient, in der Klageschrift festgelegt werden muss, oder, falls dies nicht der Fall ist, durch diese Regelung festgelegt wird, ohne dass dieser Wert später geändert werden könnte. Der EuGH *antwortete*, dass Art. 6 Abs. 1 und Art. 7 Abs. 1 RL 93/13/EWG unter Berücksichtigung des Effektivitätsgrundsatzes einer nationalen Regelung *nicht entgegenstehen*, nach welcher der Streitwert, der die Grundlage für die Berechnung der dem im Rahmen einer Klage wegen einer missbräuchlichen Vertragsklausel obsiegenden Verbraucher zu erstattenden Kosten bildet, in der Klageschrift festgelegt werden muss, oder, wenn dies nicht der Fall ist, durch diese Regelung festgelegt wird, ohne dass dieser Wert später geändert werden könnte, sofern es dem mit der *Kostenfestsetzung letztlich betrauten Gericht freisteht*, den tatsächlichen Streitwert für den Verbraucher zu bestimmen und dabei sicherzustellen, dass der Verbraucher Anspruch auf Erstattung eines Betrags hat, der *angemessen* und *verhältnismässig* zu den Kosten ist, die er objektiv für die Erhebung einer solchen Klage aufwenden musste[1822].

509 Mit seiner *zweiten* Frage wollte das vorlegende Gericht wissen, ob Art. 6 Abs. 1 und Art. 7 Abs. 1 RL 93/13/EWG unter Berücksichtigung des Effektivitätsgrundsatzes so auszulegen sind, dass sie einer nationalen Regelung entgegenstehen, die bei der Kostenfestsetzung im Zusammenhang mit einer Klage wegen Missbräuchlichkeit einer Vertragsklausel eine Obergrenze für die Anwaltshono-

[1822] Urteil Rz. 67.

rare vorsieht, für die der in der Sache obsiegende Verbraucher von dem zur Kostentragung verurteilten Gewerbetreibenden Erstattung verlangen kann. Der EuGH *antwortete*, dass Art. 6 Abs. 1 und Art. 7 Abs. 1 RL 93/13/EWG unter Berücksichtigung des Effektivitätsgrundsatzes dahin auszulegen sind, dass sie einer nationalen Regelung *nicht entgegenstehen*, die im Rahmen der Kostenfestsetzung im Zusammenhang mit einer Klage wegen Missbräuchlichkeit einer Vertragsklausel eine *Obergrenze* für die Anwaltshonorare vorsieht, für die der in der Sache obsiegende Verbraucher von dem zur Kostentragung verurteilten Gewerbetreibenden Erstattung verlangen kann, sofern diese Obergrenze es dem Verbraucher ermöglicht, insoweit die Erstattung eines Betrags zu erhalten, der *angemessen* und *verhältnismässig* zu den Kosten ist, die er objektiv für die Erhebung einer solchen Klage aufwenden musste[1823].

36. MA/Ibercaja Banco

Im Fall ***MA/Ibercaja Banco***[1824] hatte Ibercaja Banco mit notariell beurkundetem Vertrag vom 6. Mai 2005 MA (und PO) ein *Hypothekendarlehen* von 198‘400 € gewährt, das bis zum 31. Mai 2040 zurückzuzahlen war. Das Darlehen wurde durch eine Hypothek auf dem (mit 299‘290 € bewerteten) Einfamilienhaus gesichert. Bis am 30. November 2005 galt ein fester Zinsatz von 2,75 % p.a und alsdann bis zum Vertragsende ein variabler Zinssatz Der in Klausel 6 enthaltene jährliche Nominalzinssatz für Verzugszinsen betrug 19 %. Die Klausel 6*bis* sah im Weiteren vor, dass die Bank im Verzugsfall die Zahlung des gesamten Darlehensbetrags fällig stellen konnte. Als MA und PO mit den Monatsraten für Mai bis Oktober 2014 in Verzug fielen, stellte Ibercaja Banco am 30. Dezember 2014 Antrag auf *Zwangsvollstreckung* aus der Hypothek. Mit Beschluss vom 26. Januar 2015 ordnete das zuständige Gericht die *Vollstreckung* an, gestattete die *Pfändung* zulasten von MA und PO für den verlangten Betrag und räumte diesen eine zehntägige Frist ein, um gegen die Vollstreckung vorzugehen. Mit Beschluss vom 28. Juni 2016 ordnete das Vollstreckungsgericht auf Antrag von Ibercaja Banco die *Versteigerung* der Immobilie an. Da niemand ein Gebot abgab, beantragte die Bank, die Immobilie sei ihr für 179‘574 € zuzuschlagen. Am 25. Oktober 2016 beantragte Ibercaja Banco sodann die Zahlung der Kosten von 2 886 € und Zinsen von 32‘538 € unter Anwendung eines Zinssatzes von 12 %. Am 9. November 2016 legte MA gegen den Antrag auf Zahlung von Zinsen *schriftlichen Einspruch* wegen Missbräuchlichkeit der Klausel über die Verzugszinsen und der Mindestzinssatzklausel ein. Das *erstinstanzliche Gericht* stellte in der Folge die Missbräuchlichkeit der Klausel über die vorzeitige Fälligstellung fest und ordnete die Aussetzung der Vollstreckung an. Das *Berufungsgericht* hob 510

[1823] Urteil Rz. 58.

[1824] Rs. C-600/19, MA gegen Ibercaja Banco SA, Urteil vom 17. Mai 2022, ECLI:EU:C:2022:394.

diesen Beschluss auf und ordnete die Fortsetzung des Vollstreckungsverfahrens an. Mit weiterem Beschluss vom 31. Juli 2018 wies das erstinstanzliche Gericht die Rüge gegen den geforderten Zinsbetrag zurück und bestätigte den Betrag von 32'389 €. Dagegen erhob MA Berufung beim *Provinzgericht* Saragossa. Dieses setzte das Verfahren aus und legte dem EuGH *vier* Fragen zur Vorabentscheidung vor.

511 Mit seinen *ersten drei* Fragen, die zusammen geprüft wurden, wollte das vorlegende Gericht wissen, ob Art. 6 Abs. 1 und Art. 7 Abs. 1 RL 93/13/EWG nationalen Rechtsvorschriften entgegenstehen, die wegen der Rechtskraft und Ausschlusswirkung weder dem Gericht erlauben, von Amts wegen die Missbräuchlichkeit von Vertragsklauseln im Hypothekenvollstreckungsverfahren zu prüfen, noch dem Verbraucher ermöglichen, nach Ablauf der Einsprachefrist die Missbräuchlichkeit der Klauseln in diesem Verfahren oder einem späteren Erkenntnisverfahren geltend zu machen, falls diese Klauseln bereits bei Einleitung des Hypothekenvollstreckungsverfahrens von Amts wegen von dem Gericht auf ihre etwaige Missbräuchlichkeit hin geprüft wurden, die gerichtliche Entscheidung, mit der die Zwangsvollstreckung aus der Hypothek gestattet wird, aber keine – selbst summarische – Begründung enthält, die diese Prüfung belegt, und in der Entscheidung nicht darauf hingewiesen wird, dass die Beurteilung, zu der das Gericht am Ende dieser Prüfung gelangt ist, nicht mehr in Frage gestellt werden kann, wenn nicht fristgemäss Einspruch eingelegt wird. Der EuGH *antwortete*, dass Art. 6 Abs. 1 und Art. 7 Abs. 1 RL 93/13/EWG *nationalen Rechtsvorschriften entgegenstehen*, die wegen der Rechtskraft und Ausschlusswirkung weder dem Gericht erlauben, von Amts wegen die Missbräuchlichkeit von Vertragsklauseln im Rahmen eines Hypothekenvollstreckungsverfahrens zu prüfen, noch dem Verbraucher erlauben, nach Ablauf der Einsprachefrist die Missbräuchlichkeit dieser Klauseln in diesem Verfahren oder einem späteren Erkenntnisverfahren geltend zu machen, wenn diese Klauseln bereits bei der Einleitung des Hypothekenvollstreckungsverfahrens von Amts wegen von dem Gericht auf ihre etwaige Missbräuchlichkeit hin geprüft wurden, die gerichtliche Entscheidung, mit der die Zwangsvollstreckung aus der Hypothek gestattet wird, aber *keine* – selbst summarische – *Begründung* enthält, die diese *Prüfung belegt*, und in dieser Entscheidung nicht darauf hingewiesen wird, dass die Beurteilung, zu der das Gericht am Ende dieser Prüfung gelangt ist, nicht mehr in Frage gestellt werden kann, wenn *nicht fristgemäss Einspruch* eingelegt wird[1825].

512 Mit seiner *vierten* Frage wollte das vorlegende Gericht wissen, ob Art. 6 Abs. 1 und Art. 7 Abs. 1 RL 93/13/EWG nationalen Rechtsvorschriften entgegenstehen, die einem nationalen Gericht weder von Amts wegen noch auf Antrag des

1825 Urteil Rz. 52.

Verbrauchers erlauben, die Missbräuchlichkeit von Vertragsklauseln zu prüfen, wenn die hypothekarische Sicherheit verwertet und die mit einer Hypothek belastete Immobilie verkauft wurde und die Eigentumsrechte an der Immobilie, die Gegenstand des in Rede stehenden Vertrags sind, auf einen Dritten übertragen wurden. Der EuGH *antwortete*, Art. 6 Abs. 1 und Art. 7 Abs. 1 RL 93/13/EWG stehen nationalen Rechtsvorschriften *nicht entgegen*, die einem nationalen Gericht weder von Amts wegen noch auf Antrag des Verbrauchers erlauben, die Missbräuchlichkeit von Vertragsklauseln zu prüfen, wenn die hypothekarische Sicherheit verwertet und die mit einer Hypothek belastete Immobilie verkauft wurde und die Eigentumsrechte an der Immobilie auf einen Dritten übertragen wurden, sofern der Verbraucher, dessen Immobilie Gegenstand eines Hypothekenvollstreckungsverfahrens war, seine Rechte in einem *nachfolgenden Verfahren* geltend machen kann, um gemäss dieser Richtlinie *Ersatz für die finanziellen Folgen* zu erlangen, die sich aus der Anwendung missbräuchlicher Klauseln ergeben[1826].

37. SVP Project & Dobank/YB

513 Im Fall ***SVP Project & Dobank/YB***[1827] (Rs. C-693/19) hatte SPV gegen YB beim Gericht Mailand ein *Zwangsvollstreckungsverfahren* für Forderungen aus Finanzierungsverträgen eingeleitet. Das Verfahren stützte sich auf einen *rechtskräftigen Mahnbescheid*, den YB nicht angefochten hatte. Die Finanzierungsverträge sahen bei Verzug des Schuldners eine *Vertragsstrafe* sowie *Verzugszinsen* vor. In der mündlichen Verhandlung verlangte das Vollstreckungsgericht von SPV die Vorlage der massgeblichen Verträge, auf die sich der Mahnbescheid stützte und forderte YB auf, dazu Stellung zu nehmen, ob er die Missbräuchlichkeit dieser Klauseln geltend mache, was dieser bestätigte. Das Gericht nahm folgliche die entsprechende Prüfung vor. In diesem Zusammenhang setzte es das Verfahren aus und unterbreitete dem EuGH eine Frage zur Vorabentscheidung.

514 Im verbundenen Fall (Rs C-831/19) hatte BDB mit YX und ZW im Jahr 2005 Bürgschaftsverträge zur Sicherung der Schulden einer Gesellschaft abgeschlossen. BDB leitete beim Gericht Mailand ein *Pfändungsverfahren* über Liegenschaften von YX und ZW ein. Dieses Verfahren stützte sich auf Mahnbescheide von 2012 und 2013, die ein Gericht zugunsten der BDB gegen eine Gesellschaft als Hauptschuldnerin und YX bzw. ZW als deren *Bürgen* erlassen

---

1826 Urteil Rz. 59.

1827 Rs. C-693/19, SPV Project 1503 Srl, Dobank SpA gegen YB (C-693/19) und Banco di Desio e della Brianza SpA, Banca di Credito Cooperativo di Carugate e Inzago sc, Intesa Sanpaolo SpA, Banca Popolare di Sondrio s.c.p.a, Cerved Credit Management SpA gegen YX, ZW (C-831/19), Urteil vom 17. Mai 2022, ECLI:EU:C:2022:395.

und mangels Einsprache rechtskräftig geworden waren. Im Immobiliarpfändungsverfahren berief sich ZW auf ihre Verbrauchereigenschaft und machte die Missbräuchlichkeit von Klauseln der Bürgschaftsverträge geltend. Vor diesem Hintergrund setzte das Gericht das Verfahren aus und unterbreitete dem EuGH *zwei* Frage zur Vorabentscheidung.

515 Mit seinen Fragen in der Rs. C-693/19 und Rs. C-831/19, die zusammen geprüft wurden, wollte das vorlegende Gericht wissen, ob Art. 6 Abs. 1 und Art. 7 Abs. 1 RL 93/13/EWG einer nationalen Regelung entgegenstehen, wonach, wenn der von einem Gericht auf Antrag des Gläubigers erlassene Mahnbescheid vom Schuldner nicht angefochten wurde, später das Vollstreckungsgericht die diesem Mahnbescheid zugrunde liegenden Vertragsklauseln nicht auf ihre etwaige Missbräuchlichkeit hin überprüfen darf, weil die Rechtskraft des Mahnbescheids implizit die Gültigkeit dieser Klauseln umfasst, wodurch eine Prüfung ihrer Gültigkeit ausgeschlossen wird. In der Rechtssache C-831/19 möchte es ausserdem wissen, ob der Umstand von Bedeutung ist, dass dem Schuldner zum Zeitpunkt, als der Mahnbescheid unanfechtbar wurde, nicht bewusst war, dass er als «Verbraucher» eingestuft werden konnte. Der EuGH *antwortete*, dass Art. 6 Abs. 1 und Art. 7 Abs. 1 RL 93/13/EWG einer nationalen Regelung *entgegenstehen*, nach der, wenn ein von einem Gericht auf Antrag eines Gläubigers erlassener Mahnbescheid vom Schuldner nicht mit einem Widerspruch angefochten worden ist, später das Vollstreckungsgericht die diesem Mahnbescheid zugrunde liegenden Vertragsklauseln *nicht* auf ihre etwaige *Missbräuchlichkeit* hin *überprüfen* darf, weil die Rechtskraft dieses Mahnbescheids implizit die Gültigkeit dieser Klauseln umfasst, wodurch eine *Prüfung* von deren Gültigkeit *ausgeschlossen* wird. Dass dem Schuldner zum Zeitpunkt, zu dem der Mahnbescheid unanfechtbar geworden ist, nicht bewusst war, dass er als «Verbraucher» im Sinne dieser Richtlinie eingestuft werden konnte, ist insoweit unerheblich[1828].

38. OI/Impuls Leasing România

516 Im Fall ***OI/Impuls Leasing România***[1829] hatte IO am 20. August 2008 mit ILR einen Leasingvertrag über 48 Monate für ein Kraftfahrzeug geschlossen. Gemäss Vertrag konnte der Leasinggeber bei Nichterfüllung der Vertragspflichten entweder die Zwangsvollstreckung zuzüglich Schadensersatz verlangen und/oder jede von ihm als notwendig erachtete Massnahme treffen oder den Vertrag ohne vorherige Mahnung und zusätzliches Formerfordernis ohne Einschaltung eines Gerichts oder Schiedsgerichts zuzüglich Zahlung von Schadensersatz kündigen.

1828 Urteil Rz. 68.

1829 Rs. C-725/19, IO Gegen Impuls Leasing România IFN SA, Urteil vom 17. Mai 2022, ECLI:EU:C:2022:39.

Da IO am 7. Dezember 2009 nicht mehr in der Lage war, die Leasingraten zu zahlen, kündigte ILR den Leasingvertrag. In der Folge wurde das Kraftfahrzeug gemäss Vertrag, der einen Vollstreckungstitel darstellte, an ILR zurückgegeben und am 29. Juni 2010 für 5'294 € verkauft. Am 15. Oktober 2010 leitete ILR ein Zwangsvollstreckungsverfahren für 12'592 rumänische Lei (ca. 2'547 €) ein, um die Forderungen aus dem Vollstreckungstitel einzutreiben. Am 28. März 2013 stellte ILR Antrag auf Fortsetzung der Vollstreckung für 70'601 Lei (ca. 14'280 €). Mit Zivilurteil vom 13. November 2015 des Amtsgerichts Bukarest wurde die *Pfändung* gegenüber einem Drittschuldner für gültig erklärt. Am 16. November 2016 wurde durch Verfügung eines Gerichtsvollziehers die *Zwangsvollstreckung eingestellt*, weil IO keine pfändbaren Gegenstände aufwies. Am 26. März 2019 stellte ILR einen neuen Antrag auf Zwangsvollstreckung gegen IO für 137'502 Lei (ca. 27'900 €). Mit Beschluss vom 12. April 2019 genehmigte das Amtsgericht Bukarest die Zwangsvollstreckung. Am 24. Mai 2019 legte IO *Beschwerde* gegen die Zwangsvollstreckung ein wegen Verjährung. Da das Gericht Zweifel an der Gültigkeit gewisser Klauseln des Leasingvertrags hatte, stellte es das Verfahren ein und unterbreitete dem EuGH eine Frage zur Vorabentscheidung.

Mit seiner Frage wollte das vorlegende Gericht wissen, ob die RL 93/13/EWG 517 nationalen Rechtsvorschriften entgegensteht, die es dem Vollstreckungsgericht, das mit einer Beschwerde gegen die Zwangsvollstreckung aus einem Leasingvertrag zwischen einem Verbraucher und einem Gewerbetreibenden befasst ist, der einen vollstreckbaren Titel darstellt, deswegen nicht gestatten, von Amts wegen oder auf Antrag des Verbrauchers die Missbräuchlichkeit der Klauseln dieses Vertrags zu prüfen, weil es einen *ordentlichen Rechtsbehelf* gibt, mit dem die Missbräuchlichkeit der Klauseln eines solchen Vertrags vom Gericht, das mit diesem Rechtsbehelf befasst ist, überprüft werden kann. Der EuGH *antwortete*, dass Art. 6 Abs. 1 und Art. 7 Abs. 1 RL 93/13/EWG nationalen Rechtsvorschriften *entgegenstehen*, die es dem Vollstreckungsgericht, das mit einer Vollstreckungsbeschwerde befasst ist, *nicht gestatten*, von Amts wegen oder auf Antrag des Verbrauchers die Missbräuchlichkeit der Klauseln eines Vertrags zu prüfen, der zwischen einem Verbraucher und einem Gewerbetreibenden geschlossen wurde und einen vollstreckbaren Titel darstellt, sofern das Gericht des Erkenntnisverfahrens, bei dem gesondert eine ordentliche Klage auf Prüfung der Missbräuchlichkeit der Klauseln eines solchen Vertrags anhängig gemacht werden kann, das Vollstreckungsverfahren nur dann bis zu seiner Sachentscheidung aussetzen kann, wenn eine *Sicherheit geleistet* wird, deren Höhe geeignet ist, den Verbraucher davon *abzuhalten*, eine solche Klage zu erheben und aufrechtzuerhalten[1830].

[1830] Urteil Rz. 60.

39. L/Unicaja Banco

518 Im Fall ***L/Unicaja Banco***[1831] hatte L mit Vertrag vom 22. März 2006 für den Erwerb eines Einfamilienhauses von der Bank Unicaja ein *Hypothekendarlehen* von 120‘000 € erhalten, welches in 360 Monatsraten zurückzuzahlen war. Der Darlehenszinssatz betrug 3,35 % für das erste Jahr und danach galt ein variabler Zinssatz (12-Monats-Euribor plus 0,52 %). Der Vertrag enthielt zudem eine Mindestzinsklausel, wonach der variable Zinssatz mindestens 3 % betrug, welcher ab 2009 tatsächlich zur Anwendung kam. Im Januar 2016 erhob L beim *Gericht erster Instanz* Valladolid (Spanien) *Klage* gegen die Bank auf *Nichtigerklärung* der *Mindestzinsklausel* und *Erstattung* der aufgrund dieser Klausel unrechtmässig vereinnahmten Beträge. Das erstinstanzliche Gericht hiess die Klage gut und auferlegte der Bank die Verfahrenskosten. Gegen dieses Urteil erhob die Bank am 14. Juli 2016 *Berufung* beim Provinzgericht Valladolid bezüglich der Kostenauflage. Das Provinzgericht hiess die Berufung gut und hob die Kostenverteilung auf. Gegen das Berufungsurteil erhob L *Kassationsbeschwerde* an den Obersten Gerichtshof. Dieser hegte Zweifel, ob die Kostenaufteilung mit dem Unionsrecht vereinbar war und setzte das Verfahren aus, um dem EuGH eine Frage zur Vorabentscheidung vorzulegen.

519 Mit seiner Frage wollte das vorlegende Gericht wissen, ob Art. 6 Abs. 1 RL 93/13/EWG der Anwendung von Grundsätzen des nationalen Gerichtsverfahrens entgegensteht, wonach das nationale Gericht, welches mit einer Berufung gegen ein Urteil befasst ist, mit dem die Erstattung der vom Verbraucher aufgrund einer für missbräuchlich erklärten Klausel rechtsgrundlos gezahlten Beträge einer *zeitlichen Begrenzung* unterworfen wird, nicht von Amts wegen einen Verstoss gegen Art. 6 Abs. 1 der RL 93/13/EWG prüfen und keine vollständige Erstattung dieser Beträge anordnen darf. Der EuGH *antwortete*, dass Art. 6 Abs. 1 RL 93/13/EWG der Anwendung von Grundsätzen des nationalen Gerichtsverfahrens *entgegensteht*, nach denen ein nationales Gericht, das mit einer Berufung gegen ein Urteil befasst ist, mit dem die Erstattung der vom Verbraucher aufgrund einer für missbräuchlich erklärten Klausel *rechtsgrundlos gezahlten Beträge* einer *zeitlichen Begrenzung unterworfen* wird, nicht von Amts wegen einen Verstoss gegen Art. 6 Abs. 1 der Richtlinie 93/13/EWG aufgreifen und keine vollständige Erstattung dieser Beträge anordnen darf, sofern das Nichtvorgehen des betreffenden Verbrauchers gegen diese zeitliche Begrenzung *nicht auf eine völlige Untätigkeit* des Verbrauchers zurückgeführt werden kann[1832].

[1831] Rs. C-869/19, L gegen Unicaja Banco SA, vormals Banco de Caja España de Inversiones, Salamanca y Soria SAU, EuGH-Urteil vom 17. Mai 2022, ECLI:EU: C:2022:397.

[1832] Urteil Rz. 40.

40. Profi Credit Bulgaria/T.I.T.

Im Fall ***Profi Credit Bulgaria/T.I.T.***[1833] hatte *Profi Credit Bulgaria EOOD* gegen *T.I.T.* (bulgarischer Konsumenten) beim vorlegenden Gericht einen Mahnbescheid erlangt für die – aus einem am 29. Dezember 2017 geschlossenen Verbraucherkreditvertrag – herrührende Geldschuld, die sich aus dem offenen Kreditbetrag, vertraglichen Zinsen, einer Vergütung für Nebenleistungen sowie Verzugszinsen zusammensetzte. Dieses Mahnverfahren ging bis zum Erlass des Mahnbescheids ohne Beteiligung des Schuldners vonstatten Da das Gericht eine der Vertragsklauseln (über die Vergütung von Nebenleistungen) für missbräuchlich hielt, erteilte es den Mahnbescheid nur in reduziertem Umfang, indem es die unrechtmässig geleisteten Zahlungen vom geforderten Schuldbetrag abzog. Dagegen erhob Profi Credit Bulgaria EOOD beim Stadtgericht Sofia *Beschwerde*, die teilweise gutheissen und folglich die Sache an das erstinstanzliche Gericht zum Erlass eines neuen Mahnbescheids zurückgewiesen wurde. Dieses Gericht hatte Zweifel an der Vorgehensweise, setzte daher das Verfahren aus und unterbreitete dem EuGH *fünf* Fragen zur Vorabentscheidung. 520

Mit seinen *Fragen 1 bis 3*, die zusammen geprüft wurden, wollte das vorlegende Gericht wissen, ob Art. 6 Abs. 1 RL 93/13/EWG so auszulegen ist, dass das nationale Gericht, das mit einem Antrag auf Erlass eines Mahnbescheids in einem Verfahren befasst ist, an dem der Schuldner (Verbraucher) bis zum Erlass dieses Mahnbescheids nicht beteiligt ist, *verpflichtet* ist, eine missbräuchliche Klausel des zwischen diesem Verbraucher und dem betreffenden Gewerbetreibenden geschlossenen Verbraucherkreditvertrags, auf die ein Teil der geltend gemachten Forderung gestützt ist, unangewendet zu lassen, und, wenn ja, ob das Gericht diesen Antrag nur teilweise zurückweisen kann. Der EuGH *antwortete*, dass Art. 6 Abs. 1 RL 93/13/EWG so auszulegen ist, dass das nationale Gericht, das mit einem Antrag auf Erlass eines Mahnbescheids in einem Verfahren befasst ist, an dem der *Schuldner* (Verbraucher), bis zum Erlass dieses Mahnbescheids *nicht beteiligt* ist, *verpflichtet* ist, eine missbräuchliche Klausel des zwischen diesem Verbraucher und dem betreffenden Gewerbetreibenden geschlossenen Verbraucherkreditvertrags, auf die ein Teil der geltend gemachten Forderung gestützt ist, *von Amts wegen unangewendet* zu lassen. In diesem Fall kann es den Antrag *teilweise zurückweisen*, sofern der Vertrag ohne weitere Änderung, Anpassung oder Ergänzung bestehen bleiben kann, was zu überprüfen Sache dieses Gerichts ist[1834]. 521

[1833] Rs. C-170/21, Profi Credit Bulgaria EOOD gegen T.I.T., Urteil vom 30. Juni 2022, ECLI:EU:C:2022:518.

[1834] Urteil Rz. 38.

522 Mit seiner *vierten* Frage wollte das vorlegende Gericht wissen, ob Art. 6 Abs. 1 RL 93/13/EWG so auszulegen ist, dass er das mit einem Antrag auf Erlass eines Mahnbescheids befasste nationale Gericht verpflichtet, von Amts wegen die Konsequenzen aus der Missbräuchlichkeit einer Klausel eines Verbraucherkreditvertrags zu ziehen, wenn diese zu einer Zahlung geführt hat, so dass es verpflichtet wäre, von Amts wegen diese Zahlung mit dem gemäß diesem Vertrag geschuldeten Restbetrag zu verrechnen. Der EuGH *antwortete*, dass Art. 6 Abs. 1 RL 93/13/EWG dahin auszulegen ist, dass diese Bestimmung das nationale Gericht, das mit einem Antrag auf Erlass eines Mahnbescheids befasst ist, zwar *verpflichtet*, *alle Konsequenzen*, die sich nach dem innerstaatlichen Recht aus der Feststellung der Missbräuchlichkeit einer Klausel in einem zwischen einem Verbraucher und einem Gewerbetreibenden geschlossenen Verbraucherkreditvertrag ergeben, zu ziehen, um sicher sein zu können, dass diese für den Verbraucher *unverbindlich* ist, sie das Gericht unter dem Vorbehalt, dass die Grundsätze der Äquivalenz und der Effektivität gewahrt werden, jedoch grundsätzlich *nicht verpflichtet*, *von Amts wegen* die auf der Grundlage dieser Klausel getätigte Zahlung und die nach diesem Vertrag bestehende Restschuld miteinander zu *verrechnen*[1835].

523 Mit der *fünften* Frage wollte das vorlegende Gericht wissen, ob für den Fall, dass das mit einem Antrag auf Erlass eines Mahnbescheids befasste nationale Gericht nach Art. 6 Abs. 1 RL 93/13/EWG in Verbindung mit den Grundsätzen der Äquivalenz und der Effektivität verpflichtet ist, von Amts wegen die auf der Grundlage einer missbräuchlichen Klausel in einem Verbraucherkreditvertrag getätigte Zahlung und die nach diesem Vertrag bestehende Restschuld miteinander zu verrechnen, diese Bestimmung dahin auszulegen ist, dass dieses Gericht die Rechtsprechung eines höherrangigen Gerichts, nach der eine solche Verrechnung von Amts wegen verboten ist, unangewendet zu lassen hat. Der EuGH *antwortete*, Art. 6 Abs. 1 RL 93/13/EWG sei so auszulegen, dass für den Fall, dass das mit einem Antrag auf Erlass eines Mahnbescheids befasste nationale Gericht nach dieser Bestimmung in Verbindung mit den Grundsätzen der Äquivalenz und der Effektivität verpflichtet ist, von Amts wegen die auf der Grundlage einer missbräuchlichen Klausel in einem Verbraucherkreditvertrag getätigte Zahlung und die nach diesem Vertrag bestehende Restschuld miteinander zu verrechnen, dieses Gericht die *gegenteilige Rechtsprechung* eines *höherrangigen Gerichts unangewendet* zu lassen hat[1836].

[1835] Urteil Rz. 49.
[1836] Urteil Rz. 53.

41. Vicente / Delia

Im Fall ***Vicente/Delia***[1837] hatte Frau Delia im Februar 2017 mit den Rechtsanwälten Augusto & Vicente einen Mandatsvertrag geschlossen. Dieser beinhaltete die juristische Analyse und die aussergerichtliche sowie, falls erforderlich, die gerichtliche Rechtsverfolgung inklusive Einreichung einer Klage auf Nichtigerklärung missbräuchlicher Klauseln in einem Darlehensvertrag, den Frau Delia als Verbraucherin im November 2003 mit einer Bank abgeschlossen hatte. Der Mandatsvertrag enthielt u.a. eine *Klagerücknahmeklausel*, die folgendermassen lautete: 524

> *«Mit der Unterzeichnung der Mandatsvereinbarung verpflichtet sich der Mandant, den Weisungen der Anwaltskanzlei zu folgen. Falls er ohne Wissen oder gegen den Rat der Kanzlei aus irgendeinem Grund vor dem Abschluss des Gerichtsverfahrens seine Klage zurücknimmt oder sich mit der Bank einigt, hat er den Betrag zu zahlen, der sich aus der Anwendung der Richttabelle der Rechtsanwaltskammer Sevilla für die Festsetzung der Kosten in Bezug auf die Nichtigkeits- und Zahlungsklage ergibt».*

Frau Delia bestritt, dass ihr diese Klausel vor Unterzeichnung des Mandatsvertrags zur Kenntnis gebracht worden war. Im Rahmen des Rechtsstreits zwischen Frau Delia und der Bank, unterbreitete ihr die Bank ein Vergleichsangebot, das Frau Delia annahm, was den Klagerückzug nach sich zog. In der Folge machte Rechtsanwalt Vicente im *Honorarvollstreckungsverfahren* beim Urkundsbeamten der Geschäftsstelle des vorlegenden Gerichts eine Forderung von 1'337 € gegenüber Frau Delia geltend. Diese lehnte die Forderung wegen *Missbräuchlichkeit* der Klagerücknahmeklausel ab. Mit Verfügung vom 15. Oktober 2020 wies der Urkundsbeamte der Geschäftsstelle des vorlegenden Gerichts diesen Widerspruch jedoch zurück und setzte das von Frau Delia zu bezahlende Anwaltshonorar auf 1'337 €. Am 2. Februar 2021 stellte Frau Delia beim vorlegenden Gericht (erstinstanzliches Gericht von Sevilla) einen *Überprüfungsantrag* für diese Verfügung. Das Gericht hegte Zweifel, ob das spanische Honorarvollstreckungsverfahren mit dem *Unionsrecht vereinbar* ist. Es setzte daher das Verfahren aus und unterbreitete dem EuGH fünf[1838] Fragen zur Vorabentscheidung.

Mit seinen *ersten zwei* Fragen, die der EuGH gemeinsam beantwortete, wollte das vorlegende Gericht wissen, ob die RL 93/13 angesichts des Effektivitätsgrundsatzes und des Art. 47 der Charta einer nationalen Regelung für ein summarisches Vollstreckungsverfahren von Anwaltshonoraren entgegensteht, wonach der gegen den Mandanten/Verbraucher gestellte Antrag Gegenstand einer 525

[1837] Rs. C-335/21, Vicente gegen Delia, Urteil vom 22. September 2022, ECLI:EU:C:2022:720.

[1838] Die vierte Frage brauchte der EuGH nicht mehr zu beantworten.

Entscheidung ist, die von einer nicht als Gericht anzusehenden Stelle erlassen wird, und das Tätigwerden eines Gerichts erst im Stadium eines etwaigen Rechtsbehelfs gegen diese Entscheidung vorgesehen ist, ohne dass dieses angerufene Gericht – erforderlichenfalls von Amts wegen – prüfen könnte, ob die Klauseln im Vertrag, der dem verlangten Honorar zugrunde liegt, missbräuchlich sind, und ohne dass es den Parteien gestatten könnte, andere Beweise beizubringen als die bereits der nicht gerichtlichen Stelle vorgelegten Urkunden. Der EuGH *antwortete*, dass die RL 93/13 angesichts des Effektivitätsgrundsatzes und des Art. 47 der Charta einer nationalen Regelung für ein *summarisches Vollstreckungsverfahren von Anwaltshonoraren entgegensteht*, wenn der gegen den Mandanten/Verbraucher gestellte Antrag Gegenstand einer Entscheidung ist, die von einer *nicht als Gericht* anzusehenden Stelle erlassen wird, und das Tätigwerden eines *Gerichts* erst im Stadium eines etwaigen *Rechtsbehelfs* gegen diese Entscheidung vorgesehen ist, ohne dass das aus diesem Anlass angerufene Gericht – erforderlichenfalls *von Amts wegen* – prüfen könnte, ob die *Klauseln* im Vertrag, der dem verlangten Honorar zugrunde liegt, *missbräuchlich* sind, und ohne dass es den Parteien gestatten könnte, *andere Beweise* beizubringen als die bereits der nicht gerichtlichen Stelle vorgelegten Urkunden[1839].

526 Mit seiner *dritten* Frage wollte das vorlegende Gericht wissen, ob Art. 4 Abs. 2 der RL 93/13 so auszulegen ist, dass die darin vorgesehene Ausnahme auch die Klausel eines Vertrags zwischen einem Rechtsanwalt und seinem Mandanten erfasst, wodurch der Mandant sich einer mit einer finanziellen Sanktion bewehrten Verpflichtung unterwirft, den Weisungen seines Rechtsanwalts zu folgen, nicht ohne dessen Wissen oder gegen dessen Rat zu handeln und im Gerichtsverfahren, für das er den Rechtsanwalt mandatiert hat, die Klage nicht eigenmächtig zurückzunehmen. Der EuGH *antwortete*, dass *Art. 4 Abs. 2 der RL 93/13* dahin auszulegen ist, dass die darin vorgesehene Ausnahme die Klausel eines zwischen einem Rechtsanwalt und seinem Mandanten geschlossenen Vertrags *nicht erfasst*, nach der sich der Mandant der mit einer finanziellen Sanktion bewehrten Verpflichtung unterwirft, den Weisungen seines 3 Rechtsanwalts zu folgen, nicht ohne dessen Wissen oder gegen dessen Rat zu handeln und in dem Gerichtsverfahren, für das er den Rechtsanwalt mandatiert hat, die Klage nicht eigenmächtig zurückzunehmen[1840].

527 Mit seiner *fünften* Frage wollte das vorlegende Gericht wissen, ob die RL 2005/29 dahin auszulegen ist, dass es als unlautere Geschäftspraxis anzusehen ist, wenn in einem zwischen einem Rechtsanwalt und seinem Mandanten geschlossenen Vertrag eine Klausel steht, die für den Fall, dass der Mandant in dem Gerichtsverfahren, für das er den Rechtsanwalt mandatiert hat, seine Klage eigenmächtig zurücknimmt, eine finanzielle Sanktion zu seinen Lasten vorsieht,

---

[1839] Urteil Rz. 75.
[1840] Urteil Rz. 80.

wobei diese Klausel auf die Richttabelle einer berufsständischen Vertretung verweist und weder im kommerziellen Angebot noch in den vor Vertragsschluss zur Verfügung gestellten Informationen erwähnt worden ist. Der EuGH *antwortete*, die RL 2005/29 sei dahin auszulegen, dass die Tatsache, wonach in einen zwischen einem Rechtsanwalt und seinem Mandanten geschlossenen Vertrag eine Klausel aufgenommen ist, die für den Fall, dass der Mandant im Gerichtsverfahren, für das er den Rechtsanwalt mandatiert hat, seine Klage eigenmächtig zurücknimmt, eine finanzielle Sanktion zu seinen Lasten vorsieht, wobei diese Klausel auf die Richttabelle einer berufständischen Vertretung verweist und weder im kommerziellen Angebot noch in den vor Vertragsschluss zur Verfügung gestellten Informationen erwähnt worden ist, als *«irreführende» Geschäftspraxis* nach Art. 7 dieser Richtlinie *einzustufen* ist, sofern die fragliche Vorgehensweise den Durchschnittsverbraucher zu einer geschäftlichen Entscheidung *veranlasst* oder *zu veranlassen geeignet* ist, die er sonst nicht getroffen hätte, was das nationale Gericht zu prüfen hat[1841].

42. Zulima / Servicios Prescriptor y Medios de Pagos

Im Fall ***Zulima/Servicios Prescriptor***[1842] hatten die Parteien des Ausgangsverfahrens im September 2016 einen Vertrag über einen Verbraucherkredit geschlossen. Im März 2020 forderte Frau Zulima die Beklagte (Kreditinstitut) auf, den Kreditvertrag aufzulösen und ihr die rechtsgrundlos bezahlten Beträge zurückzuzahlen, da die Vertragszinsen wucherisch seien, was die Beklagte jedoch ablehnte. Frau Zulima erhob folglich Klage beim vorlegenden Gericht auf Feststellung der Nichtigkeit des fraglichen Kreditvertrags wegen wucherischer Zinsen und Missbräuchlichkeit der Zinsklausel. Die Beklagte verlangte hierauf, das Verfahren abzuschreiben, da die Forderung der Klägerin aussergerichtlich erfüllt worden seien. Sie beantragte ferner, ihr seien keine Kosten aufzuerlegen, da nach Art. 22 Abs. 1 LEC bei einer aussergerichtlichen Erfüllung keiner Partei Verfahrenskosten aufzuerlegen seien. Nach Anhörung der Parteien und Prüfung der vorgelegten Beweise stellte das vorlegende Gericht fest, dass die Forderungen der Klägerin aussergerichtlich erfüllt worden seien, da die Beklagte den Vertrag über einen revolvierenden Verbraucherkredit aufgelöst und die rechtsgrundlos gezahlten Beträge zurückerstattet habe. Nach den massgeblichen nationalen Regeln sei das Gericht bei diesem Verfahrensausgang nicht befugt, die Kosten zu verlegen. Das Gericht (Gericht erster Instanz Nr. 2 von Las Palmas de Gran Canaria) hatte jedoch Zweifel an der Vereinbarkeit des nationalen Rechts mit 528

1841 Urteil Rz. 87.

1842 Rs. C-215/21, Zulima gegen Servicios Prescriptor y Medios de Pagos, Urteil vom 22. September 2022, ECLI:EU:C:2022:723.

dem Unionsrecht, weshalb es das Verfahren einstellte und dem EuGH eine Frage zur Vorabentscheidung vorlegte.

529 Mit seiner Frage möchte das vorlegende Gericht wissen, ob Art. 6 Abs. 1 und Art. 7 Abs. 1 RL 93/13 – angesichts des Effektivitätsgrundsatzes – einer nationalen Regelung wie Art. 22 LEC entgegenstehen, wonach im Rahmen eines gerichtlichen Verfahrens betreffend die Feststellung der Missbräuchlichkeit einer Klausel des zwischen einem Gewerbetreibenden und einem Verbraucher geschlossenen Vertrags letzterer im Fall der außergerichtlichen Erfüllung seiner Forderungen seine Kosten im Zusammenhang mit dem gerichtlichen Verfahren, zu dessen Einleitung er sich gezwungen sah, um seine Rechte aus der RL 93/13 geltend zu machen, tragen muss, und zwar, ohne dass das vorausgehende Verhalten des Gewerbetreibenden, der den Mahnungen seitens des Verbrauchers nicht Folge geleistet hat, berücksichtigt würde. Der EuGH *antwortete*, Art. 6 Abs. 1 und Art. 7 Abs. 1 der RL 93/13, im Licht des Effektivitätsgrundsatzes, stehe einer nationalen Regelung, wonach im Rahmen eines gerichtlichen Verfahrens zur Feststellung der Missbräuchlichkeit einer Klausel eines zwischen einem Gewerbetreibenden und einem Verbraucher geschlossenen Vertrags der Verbraucher bei aussergerichtlicher Erfüllung seiner Forderungen seine Kosten tragen muss, *nicht entgegen*, sofern das zuständige Gericht *zwingend die etwaige Bösgläubigkeit* des betreffenden Gewerbetreibenden berücksichtigt und ihm gegebenenfalls die *Kosten* des gerichtlichen Verfahrens *auferlegt*, zu dessen Einleitung der Verbraucher sich gezwungen sah, um seine Rechte aus der RL 93/13 geltend zu machen[1843].

d. Stand der EuGH-Rechtsprechung mit vorwiegend materiellrechtlicher Ausrichtung

1. Cape Snc/Idealservice Srl et al.

530 In den Fällen ***Cape Snc/Idealservice Srl*** und ***Idealservice MN RE Sas/OMAI Srl***[1844] stand die Missbräuchlichkeit einer *Gerichtsstandsklausel* zur Debatte. Sowohl Cape Snc als auch OMAI Srl hatten einen Vertrag über die Lieferung von *Getränkeautomaten* geschlossen, welche sie in ihren *Geschäftsräumlichkeiten* zur *ausschliesslichen Nutzung* durch ihr *Personal* aufstellten. Gegen den Mahnbescheid des jeweiligen Verkäufers erhoben beide Käufer die Einrede der

[1843] Urteil Rz. 44.

[1844] Rs. C-541/99, Cape Snc gegen Idealservice Srl und Rs. C-542/99 Idealservice MN RE Sas gegen OMAI Srl, EuGH-Urteil vom 22. November 2001, Slg. 2001, I-9049, ECLI:EU:C:2001:625.

Missbräuchlichkeit[1845] der Gerichtsstandsklausel, welche die Zuständigkeit des *Giudice di pace* (Friedensrichter) von Viadana vorsah. Der Friedensrichter legte dem EuGH die Frage zur Vorabentscheidung[1846] vor, ob ein Unternehmen als «Verbraucher» im Sinne von Art. 2 lit. b der RL 93/13/EWG anzusehen sei, wenn dieses eine Ware oder Dienstleistung erwerbe, die ausschliesslich der Nutzung durch die eigenen Arbeitnehmer diene und zur gewerblichen Tätigkeit des Unternehmens keinerlei Bezug aufweise, oder ob der Begriff des Verbrauchers auf natürliche Personen beschränkt sei.

Der EuGH *antwortete* unter Hinweis auf den klaren Wortlaut von Art. 2 lit. b 531
der RL 93/13/EWG, dass als «Verbraucher» nur *natürliche Personen* zu betrachten seien[1847]. Nach Auffassung des EuGH schliesst die RL 93/13/EWG demnach eine Ausweitung des *Konsumentenbegriffs* auf *juristische Personen*, die keinen gewerblichen oder beruflichen Zweck verfolgen bzw. nicht im Rahmen dieses Zwecks handeln, aus.

2. *EG-Kommission/Spanien*

Im Fall ***EG-Kommission/Spanien***[1848] ging es um eine *Vertragsverletzungs-* 532
klage[1849] der EU-Kommission gegen Spanien wegen nicht ordnungsgemässer Umsetzung der *Art. 5* und *6 Abs. 2* der RL 93/13/EWG. Die Kommission rügte, dass das spanische Recht – in Verletzung von Art. 5, 3. Satz der RL 93/13/EWG – die Auslegungsregel *in dubio contra stipulatorem* nicht auf *Individualklagen* beschränkt habe, sondern auch bei *kollektiven Unterlassungsklagen* zur Anwendung bringe. Der EuGH erachtete diese Rüge als *begründet*. Er wies darauf hin, dass die *dubio contra stipulatorem*-Regel bei Beurteilung einer Klausel in einem bereits *abgeschlossenen* Vertrag, dem Verbraucher die vorteilhafte Interpretation unmittelbar zugute kommen lasse. Demgegenüber soll im Interesse des Verbraucherschutzes bei einer *abstrakten* Würdigung einer Klausel, die in künftigen Verträgen Verwendung finden soll, diese im Zweifel für den Verbraucher nicht vorteilhaft ausgelegt, sondern vollständig als *unzulässig* beurteilt werden, um zu vermeiden, dass unklare oder zweideutige Klauseln in Verbraucherverträgen zur Verwendung gelangen[1850]. Im Weiteren erhob die Kommission die Rüge, Spanien habe Art. 6 Abs. 2 der RL

[1845] Gestützt auf Art. 1469bis Nr. 19 des italienischen Codice civile.

[1846] Vgl. Art. 234 EGV bzw. Art. 267 AEUV.

[1847] Urteil Rz. 16 f.

[1848] Rs. C-70/03, Kommission der Europäischen Gemeinschaften gegen Königreich Spanien, EuGH-Urteil vom 9. September 2004, Slg. 2004, I-7999; ECLI:EU:C:2004:505.

[1849] Art. 226 EGV, nunmehr Art. 258 AEUV.

[1850] Vgl. Urteil Rz. 16 ff.

93/13/EWG verletzt, indem von dessen Anwendungsbereich Verträge ausschlossen wurden, die nach der Richtlinie erfasst sein müssten. Auch diese Rüge erachtete der EuGH als begründet[1851].

3. Caja de Ahorros/Ausbanc

533 Im Fall ***Caja de Ahorros/Ausbanc***[1852] ging es um einen Rechtsstreit zwischen der Caja de Ahorros und der Vereinigung der Nutzer von Bankdienstleistungen (Ausbanc) über die Rechtmässigkeit einer Vertragsklausel, welche erstere in ihren *Kreditverträgen* mit variablem Zinssatz (Mustervertrag) verwendete und den Kunden zur Finanzierung des Erwerbs von Wohneigentum diente. Umstritten war eine *Aufrundungsklausel*, wonach der vertragliche, variable Nominalzinssatz, der periodisch an den vereinbarten Referenzzinssatz anzupassen war, ab der ersten Anpassung auf den *nächsthöheren Viertelprozentpunkt aufgerundet* wurde. Die Ausbanc erhob Klage gegen die Caja de Ahorros und verlangte die *Streichung* der Klausel aus dem Mustervertrag und die Unterlassung der weiteren Verwendung der Klausel wegen Missbräuchlichkeit. Nachdem die erste und die zweite Instanz die Klage gutgeheissen hatten, setzte der *Tribunal Supremo* das Verfahren aus und unterbreitete dem EuGH verschiedene Fragen zur Vorabentscheidung:

534 Mit seiner *ersten* und *zweiten* Frage wollte das Vorlagegericht wissen, ob es Art. 4 Abs. 2 und Art. 8 der RL 93/13/EWG einem Mitgliedstaat *verbieten*, im nationalen Recht zum Schutz der Verbraucher eine Missbrauchskontrolle von Vertragsklauseln vorzusehen, die den *Hauptgegenstand* des Vertrags bzw. das *angemessene Verhältnis* zwischen Preis und der Gegenleistung betreffen, obwohl diese Klauseln klar und verständlich abgefasst sind. Der EuGH *verneinte* diese Frage, da *Art. 4 Abs. 2* und *Art. 8* der RL 93/13/EWG dem nationalen Recht *erlauben*, eine richterliche Missbrauchskontrolle von Vertragsklauseln vorzusehen, die den *Hauptgegenstand* des Vertrags bzw. das *angemessene Verhältnis* zwischen dem *Preis* und *Gegenleistung* betreffen, selbst wenn diese Klauseln klar und verständlich abgefasst sind. Das nationale Recht darf also strengere Verbraucherschutzregeln vorsehen[1853].

535 Sodann wollte das Vorlagegericht wissen, ob Art. 2, Art. 3 Abs. 1 lit. g und Art. 4 Abs. 1 EGV einer Auslegung von Art. 4 Abs. 2 und Art. 8 der RL 93/13/EWG entgegenstehen, wonach das nationale Recht eine richterliche Missbrauchskontrolle von Vertragsklauseln vorsieht, die den Hauptgegenstand des Vertrags bzw.

[1851] Urteil Rz. 31 ff.

[1852] Rs. C-484/08, Caja de Ahorros y Monte de Piedad de Madrid gegen Asociación de Usuarios de Servicios Bancarios (Ausbanc), EuGH-Urteil vom 3. Juni 2010, Slg. 2010, I-4785, ECLI:EU:C:2010:309.

[1853] Urteil Rz. 24 ff.

das angemessene Verhältnis zwischen dem Preis und Gegenleistung zulässt, auch wenn diese Klauseln klar und verständlich abgefasst sind. Auch diese Frage wurde vom EuGH *verneint*, da *Art. 2, 3 Abs. 1 lit. g* und *4 Abs. 1 EGV* nur allgemeine Zielsetzungen und Grundsätze enthalten, die für die Mitgliedstaaten keine klaren und unbedingten Pflichten begründen[1854].

4. Pereničová & Perenič/SOS financs

Im Fall ***Pereničová & Perenič/SOS financs***[1855] klagten Herr und Frau Perenič auf gerichtliche Feststellung der *Unwirksamkeit* des *Kreditvertrags*, den sie mit SOS[1856] abgeschlossen hatten. Der fragliche Kredit (von knapp € 5‘000.-) war den Klägern am 12. März 2008 gewährt worden und der gesamte *Rückzahlungsbetrag* belief sich auf € 11‘352.-, wobei der *effektive Jahreszins* im Vertrag mit *48,63 %* angegeben war, obwohl er sich realiter auf *58,76 %* belief. Vor diesem Hintergrund legte das Bezirksgericht Prešov dem EuGH folgende Fragen zur Vorabentscheidung vor: 536

Erlaubt Art. 6 Abs. 1 der RL 93/13/EWG dem nationalen Gericht bei Vorliegen missbräuchlicher Klauseln in einem Konsumentenvertrag zu entscheiden, dass der Vertrag als *Ganzes* den Verbraucher nicht bindet, wenn dies für den Verbraucher günstiger ist als die *Teilnichtigkeit* des Vertrags? Der EuGH *antwortete* dahingehend, dass der nationale Richter im Rahmen von *Art. 6 Abs. 1* der RL 93/13/EWG bei der Beurteilung der Frage, ob ein Konsumentenvertrag, der *eine* oder *mehrere* missbräuchliche Klauseln enthält, auch *ohne* diese Klauseln *weiterbestehen* könne, sich *nicht ausschliesslich* auf die etwaige *Vorteilhaftigkeit* der Nichtigerklärung des *ganzen Vertrags* für den Verbraucher stützen darf. Hingegen erlaube es die RL 93/13/EWG einem Mitgliedstaat, im *nationalen Recht* vorzusehen, dass ein Konsumentenvertrag mit missbräuchlichen Klauseln in seiner *Gesamtheit nichtig* ist, wenn dadurch ein *besserer Schutz* des Verbrauchers erreicht wird[1857]. 537

Im Weiteren wollte das Vorlagegericht vom EuGH wissen, ob die Angabe eines *geringeren* als des *effektiven Jahreszinses* in einem Verbraucherkreditvertrag als unlautere Geschäftspraxis im Sinne der RL 2005/29 anzusehen sei und, falls dies zutreffe, welche Konsequenzen sich daraus für die Beurteilung der *Missbräuchlichkeit* der Klauseln gemäss Art. 4 Abs. 1 der RL 93/13/EWG und 538

1854 Urteil Rz. 45 ff.

1855 Rs. C-453/10, Jana Pereničová und Vladislav Perenič gegen SOS financ spol. s.r.o., EuGH-Urteil vom 15. März 2012, ECLI:EU:C:2012:144.

1856 Es handelt sich dabei um ein Institut, das, ohne ein Kreditinstitut zu sein, Verbraucherkredite mit Standardformularverträgen gewährt.

1857 Urteil Rz. 26 ff.

der *Wirksamkeit* dieses Vertrags in seiner Gesamtheit gemäss Art. 6 Abs. 1 der RL 93/13/EWG ergeben. Der EuGH *antwortete*, dass

- die Geschäftspraxis, in einem Kreditvertrag einen geringeren als den realen effektiven Jahreszins anzugeben, im Sinne von *Art. 6 Abs. 1* der RL 2005/29 *«irreführend»* ist, sofern dadurch der Durchschnittsverbraucher *tatsächlich* oder *voraussichtlich* zu einer geschäftlichen *Entscheidung veranlasst* wird, die er *ansonsten nicht getroffen* hätte. Es obliegt dem nationalen Gericht zu prüfen, ob dies im Ausgangsverfahren der Fall ist.
- Der unlautere Charakter einer solchen Geschäftspraxis stellt einen *Anhaltspunkt unter mehreren* dar, auf den der Richter gemäss *Art. 4 Abs. 1* der RL 93/13/EWG den missbräuchlichen Charakter der Vertragsklauseln, welche die Kosten des Verbraucherkredites betreffen, stützen kann, ist aber *nicht geeignet, per se* die Missbräuchlichkeit zu begründen. Die Feststellung einer unlauteren Geschäftspraxis hat insofern *keine unmittelbaren Auswirkungen* auf die Beurteilung der *Wirksamkeit* des geschlossenen Kreditvertrags gemäss Art. 6 Abs. 1 der RL 93/13/EWG[1858].

5. *Nemzeti Fogyasztóvédelmi Hatóság/Invitel*

539 Im Fall ***Nemzeti Fogyasztóvédelmi Hatóság/Invitel Távközlési***[1859] klagte das *ungarische Nationale Verbraucherschutzbüro* (NFH) im öffentlichen Interesse gegen die Geschäftspraxis des Festnetz-Telekommunikationsunternehmens *Invitel*, welches bei befristeten Verträgen verlangte, dass der Verbraucher nach Vertragsschluss Kosten übernehme, die von den Vertragsparteien ursprünglich nicht vereinbart worden waren. Zu diesem Zweck hatte Invitel ab 1. Januar 2008 eine Klausel in seine *AGB* aufgenommen, wonach die Kosten für die Zahlung per Postanweisung (Anweisungskosten) auf den *Kunden überwälzt* werden[1860], ohne zu präzisieren, wie die Anweisungskosten sich *berechnen*. Aufgrund zahlreicher Beschwerden von Konsumenten gelangte das NFH zur Auffassung, die Klausel sei missbräuchlich im Sinne von Art. 209 des ungarischen Zivilgesetzbuchs. Da Invitel sich weigerte, die Klausel zu ändern, erhob das NFH beim *Pest Megyei Bíróság* Klage auf *Nichtigerklärung* der Klausel sowie *rückwirkende Erstattung* der als «Anweisungskosten» *ungerechtfertigt vereinnahmten* Beträge an die betroffenen Kunden. Da das Gericht zur Ansicht gelangte, die Entscheidung des

---

1858 Urteil Rz. 37 ff.

1859 Rs. C-472/10, Nemzeti Fogyasztóvédelmi Hatóság gegen Invitel Távközlési Zrt, EuGH-Urteil vom 26. April 2012, ECLI:EU:C:2012:242.

1860 Die Klausel lautete: «Bezahlt der Teilnehmer die Rechnung durch Postanweisung, ist der Dienstleister berechtigt, die sich daraus ergebenden zusätzlichen Kosten (z.B. Postgebühren) in Rechnung zu stellen.».

Rechtsstreits hänge von der *Auslegung* des *Unionsrechts* ab, unterbreitete es dem EuGH zwei Fragen zur Vorabentscheidung.

Einerseits wollte das ungarische Vorlagegericht wissen[1861], ob Art. 3 Abs. 1 in Verbindung mit Nr. 1 lit. j und Nr. 2 lit. d des Anhangs gemäss Art. 3 Abs. 3 der RL 93/13/EWG so ausgelegt werden kann, dass eine Vertragsklausel *ipso iure nichtig* ist, wenn sie eine einseitige Änderung der Vertragsklauseln vorsieht, ohne im Vertrag den Modus der Preisänderung ausdrücklich anzugeben oder triftige Gründe aufzuführen. Der EuGH *antwortete*, dass es Sache des *nationalen Gerichts* sei, bei einer durch eine Konsumentenschutzorganisation im öffentlichen Interesse im Namen der Verbraucher erhobenen *Unterlassungsklage* anhand von Art. 3 Abs. 1 und 3 der RL 93/13/EWG die Missbräuchlichkeit einer AGB-Klausel zu beurteilen, die dem gewerblichen Anbieter eine *einseitige Änderung* der Kosten für die zu erbringende Dienstleistung ermöglicht, *ohne* den *Modus* der *Preisänderung klar und verständlich* zu beschreiben oder *triftige Gründe* für die Änderung anzugeben. Dabei habe das Gericht insbesondere zu prüfen, ob im Lichte der übrigen Klauseln in den AGB, zu denen die streitige Klausel gehört, und der nationalen Rechtsvorschriften, welche Rechte und Pflichten regeln, die zu den in den betreffenden AGB vorgesehenen hinzukommen könnten, die *Gründe* oder der *Modus* der *Änderung* der mit der zu erbringenden Dienstleistung verbundenen Kosten *klar und verständlich angegeben* sind und ob die Verbraucher gegebenenfalls über ein *Recht* zur *Beendigung* des Vertrags verfügen[1862]. 540

Anderseits wollte das ungarische Vorlagegericht wissen, ob es *Art. 6 Abs. 1* der RL 93/13/EWG erlaube, eine missbräuchliche Vertragsklausel für den Verbraucher als *unverbindlich* zu betrachten, wenn eine gesetzlich legitimierte Organisation im Namen der Verbraucher Klage *im öffentlichen Interesse (popularis actio)* erhebe und beantrage, die missbräuchliche Klausel, die Bestandteil eines Verbrauchervertrags ist, für *nichtig zu erklären*. Insbesondere interessierte das Vorlagegericht, ob Art. 6 Abs. 1 der RL 93/13/EWG, wenn aufgrund einer Klage im öffentlichen Interesse ein *Urteil ergeht*, das auch Verbraucher *begünstigt*, die nicht Prozesspartei waren, oder das die *Verwendung* einer missbräuchlichen Allgemeinen Vertragsbedingung *untersagt*, dahin ausgelegt werden könne, dass die missbräuchliche Klausel, die Bestandteil von Verbraucherverträgen ist, *auch für in der Zukunft betroffene Verbraucher schlechthin nicht bindend* ist, so dass das Gericht *von Amtes wegen* die entsprechenden Rechtsfolgen beachten müsse. Der EuGH *antwortete* dahingehend, Art. 6 Abs. 1 in Verbindung mit Art. 7 Abs. 1 und 2 RL 93/13/EWG *erlaube*, dass 541

[1861] Im Urteil handelt es sich dabei um die zweite Frage, welche das Vorlagegericht stellte, die aber vom EuGH als erste beantwortet wurde (Urteil Rz. 20 ff.).

[1862] Urteil Rz. 21 ff.

- die Feststellung der *Nichtigkeit* einer missbräuchlichen Klausel in den AGB von Verbraucherverträgen im Rahmen einer *Unterlassungsklage* im Sinne von Art. 7 der Richtlinie, die von einer Konsumentenschutzorganisation nach nationalem Recht im öffentlichen Interesse und im Namen der Verbraucher gegen einen gewerblichen Anbieter erhoben worden ist, nach *diesem Recht Wirkungen* gegenüber *allen Verbrauchern entfaltet*, die mit dem Anbieter einen *Vertrag geschlossen* haben, auf den die *gleichen AGB anwendbar* sind, einschliesslich derjenigen Verbraucher, die *nicht Partei* des Unterlassungsverfahrens waren;
- die nationalen Gerichte, wenn im Rahmen eines solchen Verfahrens die Missbräuchlichkeit einer Klausel der AGB *bejaht* worden ist, auch *in der Zukunft von Amtes wegen alle im nationalen Recht vorgesehenen Konsequenzen* zu ziehen haben, damit diese Klausel für die *Verbraucher unverbindlich* ist, die mit dem betreffenden Gewerbetreibenden einen Vertrag geschlossen haben, auf den die *gleichen AGB anwendbar* sind[1863].

6. Banco Español de Crédito/Calderón Camino

542 Im Fall ***Banco Español de Crédito (Banesto)/Calderón Camino***[1864] hatte Banesto mit Herrn Calderón Camino einen *Darlehensvertrag* über € 30‘000.- zwecks Anschaffung eines *Fahrzeugs* geschlossen. Der Darlehenszins wurde auf 7,95 %, der effektive Jahreszins auf 8,89 % und der Verzugszins auf 29 % festgesetzt. Die Fälligkeit zur Rückzahlung des Darlehens war auf den 5. Juni 2014 festgelegt, aber nach Auffassung von Banesto wurde die Rückzahlung des Darlehens bereits im September 2008 fällig, weil *sieben Monatsraten unbezahlt* waren. Banesto reichte daher am 8. Januar 2009 beim *Juzgado de Primera Instancia n° 2* von Sabadell einen Antrag auf Erlass eines *Mahnbescheids* in der Höhe von € 29‘381.95 ein. Das Gericht stellte fest, dass es sich um einen *Formularvertrag* handle, der *nicht habe ausgehandelt* werden können und einseitig auferlegte AGB enthalte, wobei der Verzugszins von 29 % in einer *maschinengeschriebenen Klausel* festgelegt sei, die weder nach *Schrifttyp*, *Schriftgrösse* noch sonst vom *restlichen Text abgesetzt* gewesen sei. Da der Verzugszinssatz *mehr als 20 Prozentpunkte* über dem Darlehenszinssatz lag, erklärte das Gericht die *Verzugszinsklausel* – unter Verweis auf die einschlägige ständige Rechtsprechung des Europäischen Gerichtshofs – wegen Missbräuchlichkeit *von Amtes wegen für nichtig*. Zudem setzte es den Verzugszinssatz auf 19 % fest. Gegen diesen Beschluss legte Banesto Berufung bei der *Audiencia Provincial de Barcelona* ein, welche feststellte, dass das *spanische Recht nicht erlaube, von Amtes wegen* und

1863 Urteil Rz. 32 ff.

1864 Rs. C-618/10, Banco Español de Crédito SA gegen Joaquín Calderón Camino, EuGH-Urteil vom 14. Juni 2012, ECLI:EU:C:2012:349.

a limine missbräuchliche Klauseln für nichtig zu erklären, da die Prüfung ihrer Rechtmässigkeit zum *Streitverfahren* gehöre, das erst im Fall eines *Widerspruchs* durch den Schuldner eingeleitet sei. Vor diesem Hintergrund legte das Gericht dem EuGH *sechs* Fragen zur Vorabentscheidung vor, von denen sich indes nur die *beiden ersten* als relevant erwiesen, da die übrigen Fragen vom EuGH als rein hypothetisch und damit *unzulässig* betrachtet wurden[1865].

Mit seiner *ersten* Frage wollte das spanische Vorlagegericht vom EuGH wissen, ob es gegen Unionsrecht verstosse, wenn ein nationales Gericht *nicht von Amtes wegen* und *a limine* über die *Nichtigkeit* und die *Anpassung* der in einem Verbraucherkreditvertrag enthaltenen Klausel betreffend *Verzugszinsen* (in der Höhe von 29 %) entscheidet sowie, ob das Gericht, ohne Verletzung der durch das Unionsrecht gewährleisteten Verbraucherrechte, die Prüfung der Klausel von der *Initiative* des *Schuldners* (in Form einer prozessualen Einrede) *abhängig* machen könne. Der EuGH *antwortete*, dass die RL 93/13/EWG einer nationalen Regelung *entgegenstehe*, wonach ein mit einem Antrag auf Erlass eines Mahnbescheids befasstes Gericht, falls der Verbraucher *keinen Widerspruch* erhebt, *weder a limine noch in irgendeiner anderen Phase* dieses Verfahrens *von Amtes wegen prüfen darf*, ob eine *Verzugszinsklausel* in einem Konsumentenvertrag missbräuchlich ist, obwohl es über die hierzu erforderlichen rechtlichen und tatsächlichen Grundlagen verfügt[1866]. 543

Mit der *zweiten* Frage wollte das Vorlagegericht wissen, wie Art. 83 des Decreto Legislativo 1/2007 im Lichte von Art. 6 Abs. 1 der RL 93/13/EWG und von Art. 2 der RL 2009/22 *richtlinienkonform auszulegen* sei und welche Tragweite insofern Art. 6 Abs. 1 der RL 93/13/EWG zukomme, der vorsieht, dass missbräuchliche Klauseln *«für den Verbraucher unverbindlich sind»*. Der EuGH verstand diese Frage dahingehend, ob Art. 2 der RL 2009/22 und Art. 6 Abs. 1 der RL 93/13/EWG einer nationalen Regelung, wie sie in Art. 83 des Decreto Legislativo 1/2007 vorgesehen ist, entgegenstehen, wonach das nationale Gericht, wenn es die *Nichtigkeit* einer missbräuchlichen Klausel in einem Konsumentenvertrag feststellt, durch *Abänderung des Inhalts dieser Klausel den Vertrag anpassen kann*. Er *antwortete* darauf, dass *Art. 6 Abs. 1* der RL 93/13/EWG einer nationalen Regelung wie Art. 83 des Decreto Legislativo 1/2007 *entgegensteht*, wonach das nationale Gericht, wenn es die *Nichtigkeit* einer missbräuchlichen Klausel in einem Konsumentenvertrag mit einem Verbraucher *feststellt*, durch *Abänderung* des *Inhalts* dieser Klausel den *Vertrag anpassen* kann[1867]. Der EuGH erlaubt also *keine geltungserhaltende Anpassung nichtiger AGB*. 544

[1865] Urteil Rz. 74 ff.
[1866] Urteil Rz. 38 ff.
[1867] Urteil Rz. 58 ff.

7. *Mohamed Aziz/Catalunyacaixa*

545 Im Fall ***Aziz/Catalunyacaixa***[1868] hatte Herr Aziz – ein seit Dezember 1993 in Spanien arbeitender marokkanischer Staatsangehöriger – am 19. Juli 2007 mit Catalunyacaixa einen notariell beurkundeten *Darlehensvertrag* abgeschlossen, für den eine hypothekarische Sicherheit bestellt wurde. Die mit der Hypothek belastete Immobilie war der *Familienwohnsitz* von Herrn Aziz und stand seit 2003 in seinem Eigentum. Das Darlehen betrug € 138'000.-, rückzahlbar über 33 Jahre in 396 Monatsraten ab 1. August 2007. Der Darlehensvertrag sah in *Klausel 6* jährliche *Verzugszinsen* in der Höhe von *18,75 %* vor, die, ohne irgendeine Zahlungsaufforderung für fällige nicht entrichtete Beträge anfielen. Nach Klausel 6 stand Catalunyacaixa ausserdem das Recht zu, das *gesamte Darlehen fällig zu stellen*, wenn der Schuldner zu einem der vertraglich vereinbarten Fälligkeitstermine seiner Verpflichtung zur Zahlung eines Teils des Darlehenskapitals oder der Darlehenszinsen nicht nachgekommen war. Gemäss *Klausel 15* des Vertrags konnte Catalunyacaixa eine Forderung nicht nur im Weg der *Hypothekenvollstreckung* betreiben, sondern deren *Höhe mittels einer geeigneten Bescheinigung mit Angabe des geforderten Betrags unmittelbar beziffern*. Aziz zahlte von Juli 2007 bis Mai 2008 seine Monatsraten, stellte seine Zahlungen aber ab Juni 2008 ein. Catalunyacaixa liess daher am 28. Oktober 2008 durch einen Notar die Schuld urkundlich auf € 139'764.- bestimmen, was den nicht bezahlten Monatsraten plus ordentlichen Zinsen und Verzugszinsen entsprach. Nach erfolgloser Zahlungsaufforderung leitete Catalunyacaixa am 11. März 2009 beim *Juzgado de Primera Instancia n° 5* von Martorell ein *Vollstreckungsverfahren* für € 139'674.- als Hauptforderung, € 91.- für Verzugszinsen und € 41'902.- für Zinsen und Kosten ein. Da *Aziz nicht zur Verhandlung erschien*, ordnete das Gericht am 15. Dezember 2009 die *Vollstreckung* an. Herrn Aziz wurde daher ein *Zahlungsbefehl* übersandt, dem er nicht nachkam, aber gegen den er auch *keine Einwände* erhob. Da am Termin der *Versteigerung* der Immobilie vom 20. Juli 2010 *kein Gebot abgegeben* wurde, gestattete der *Juzgado de Primera Instancia n° 5* gemäss den Bestimmungen des Zivilprozessgesetzes den *Zuschlag der Immobilie zu 50 % ihres Wertes*. Das Gericht bestimmte ausserdem, dass der Besitz an der Immobilie dem Zuschlagsempfänger am 20. Januar 2011 zu verschaffen sei. Infolgedessen wurde Herr Aziz seiner *Wohnung verwiesen*. Kurz zuvor hatte Herr Aziz am 11. Januar 2011 beim *Juzgado de lo Mercantil n° 3* von Barcelona jedoch Klage auf *Feststellung* der *Nichtigkeit* von Klausel 15 des Darlehensvertrags und folglich auf *Nichtigerklärung* des *Vollstreckungsverfahrens* erhoben. Vor diesem Hintergrund unterbreitete letzteres Gericht dem EuGH zwei Fragen zur Vorabentscheidung.

[1868] Rs. C-415/11, Mohamed Aziz gegen Caixa d'Estalvis de Catalunya, Tarragona i Manresa (Catalunyacaixa), EuGH-Urteil vom 14. März 2013, ECLI:EU:C:2013:164.

Mit seiner *ersten* Frage wollte der *Juzgado de lo Mercantil n 3* (Barcelona) wissen, ob die RL 93/13/EWG der mitgliedstaatlichen Regelung entgegenstehe, wonach in einem Hypothekenvollstreckungsverfahren Einwendungen der Missbräuchlichkeit von Klauseln in einem Konsumentenvertrag unzulässig sind und es dem für die Beurteilung der Missbräuchlichkeit einer Klausel zuständigen Gericht im Erkenntnisverfahren nicht erlaubt ist, vorläufige Massnahmen zu treffen, um die volle Wirksamkeit seiner Endentscheidung zu gewährleisten. Der EuGH *bejahte* diese Frage, da die RL 93/13/EWG einer mitgliedstaatlichen Regelung *entgegenstehe*, die im *Hypothekenvollstreckungsverfahren keine Einwendungen* der Missbräuchlichkeit einer dem vollstreckbaren Titel zugrunde liegenden Vertragsklausel zulässt und zudem dem für die Beurteilung der Missbräuchlichkeit einer solchen Klausel zuständigen Gericht im *Erkenntnisverfahren nicht erlaubt, vorläufige Massnahmen* – wie insbesondere die Aussetzung des genannten Vollstreckungsverfahrens – zu treffen, wenn der Erlass dieser Massnahmen *erforderlich* ist, um die *volle Wirksamkeit seiner Endentscheidung* zu gewährleisten[1869]. 546

Mit seiner zweiten Frage ersuchte das spanische Vorlagegericht den EuGH um *Klarstellung* des Begriffs der *«missbräuchlichen Klausel»* im Sinne von *Art. 3 Abs. 1 und 3* sowie des Anhangs der Richtlinie, um beurteilen zu können, ob die im Ausgangsrechtsstreit fraglichen Klauseln zur vorzeitigen Fälligstellung in Verträgen mit langer Laufzeit, zur Festlegung der Verzugszinsen und zur Vereinbarung über die Bezifferung der Forderung missbräuchlich seien oder nicht. Der EuGH *antwortete*, 547

- dass der Begriff *«erhebliches und ungerechtfertigtes Missverhältnis»* zulasten des Verbrauchers anhand einer Prüfung der bei *Fehlen einer Vereinbarung* zwischen den Parteien *anwendbaren nationalen Vorschriften* beurteilt werden muss, um zu bewerten, ob – und gegebenenfalls inwieweit – der *Vertrag* für den Verbraucher eine *weniger günstige Rechtslage* schafft, als sie das *geltende nationale Recht vorsieht*. Hierbei ist auch von Bedeutung, dass die Rechtslage des Verbrauchers vor dem Hintergrund der *Mittel* untersucht wird, die ihm das nationale Recht zur Verfügung stellt, um der *Verwendung missbräuchlicher Klauseln ein Ende zu setzen*;
- dass sich die Frage, ob ein festgestelltes Missverhältnis *«entgegen dem Gebot von Treu und Glauben»* verursacht worden ist, sich danach beurteile, ob der Gewerbetreibende bei *loyalem und billigem Verhalten* gegenüber dem Verbraucher *vernünftigerweise erwarten durfte*, dass der Verbraucher *sich nach individuellen Verhandlungen auf die betreffende Klausel einlassen würde*;
- Art. 3 Abs. 3 der RL 93/13/EWG sei dahin auszulegen, dass der *Anhang*, auf den diese Vorschrift verweist, lediglich eine als *Hinweis* dienende und

[1869] Urteil Rz. 43 ff.

nicht erschöpfende Liste von Klauseln enthält, die für *missbräuchlich erklärt* werden *können*[1870].

548 Mit diesem wegweisenden Entscheid[1871] erklärte der EuGH das *dispositive Gesetz* als massgeblichen *Referenzmassstab* für die Beurteilung der Frage, ob aufgrund der AGB ein erhebliches und ungerechtfertigtes Missverhältnis von Rechten und Pflichten zwischen den Vertragspartnern vorliegt. Zudem stellte der EuGH klar, die Einhaltung des Gebots von *Treu und Glauben* erfordere, dass der gewerbliche Anbieter *vernünftigerweise annehmen* darf, der Konsument würde den Inhalt der Klausel auch im Falle einer *individuellen Verhandlung akzeptieren.*

8. RWE Vertrieb AG/Verbraucherzentrale Nordrhein-Westfalen

549 Im Fall ***RWE Vertrieb AG/Verbraucherzentrale Nordrhein-Westfalen***[1872] hatte das Gasversorgungsunternehmen RWE mit Verbrauchern *Gaslieferungsverträge* im Rahmen der *Vertragsfreiheit (Sonderkundenverträge)* abgeschlossen. Neben der Möglichkeit, solche Verträge zu schliessen, hatte RWE nach der nationalen Regelung die Pflicht, mit Verbrauchern Verträge zu einem Standardtarif *(Tarifkundenverträge)* abzuschliessen. Die *Gaspreisänderungsklauseln* in den AGB der *Sonderkundenverträge* nahmen auf die Bestimmungen der nationalen Regelung oder auf Standardbedingungen für Tarifkundenverträge Bezug. Diese erlaubten dem Lieferanten, die Gaspreise *einseitig zu ändern*, ohne den *Anlass*, die *Voraussetzungen* oder den *Umfang* einer solchen Änderung anzugeben, stellten jedoch sicher, dass die Kunden von der Änderung *benachrichtigt* wurden und den Vertrag gegebenenfalls *kündigen* konnten. Zwischen dem 1. Januar 2003 und dem 1. Oktober 2005 erhöhte RWE die Gaspreise viermal. In diesem Zeitraum bestand für die Kunden, um die es im Ausgangsrechtsstreit geht, *keine Möglichkeit*, den Gasversorger zu *wechseln.* Vor diesem Hintergrund verlangte die Verbraucherzentrale Nordrhein-Westfalen von RWE aus abgetretenem Recht der Verbraucher die *Rückzahlung* der aufgrund der Preiserhöhungen geleisteten Zusatzzahlungen. Das Landgericht *Dortmund* und das *Oberlandesgericht* hiessen die Klage auf Rückzahlung von € 16'128.- zuzüglich Zinsen gut. Der *Bundesgerichtshof* unterbreitete dem EuGH zwei Fragen zur Vorabentscheidung.

[1870] Urteil Rz. 65 ff.

[1871] Die Erwägungen dieses Urteils können nicht einfach auf die RL 2005/29/EG (unlautere Geschäftspraktiken) übertragen werden. Vgl. Rs. C-109/17, Bankia SA gegen Juan Carlos Marí Merino, Juan Pérez Gavilán, María de la Concepción Marí Merino, EuGH-Urteil vom 19. September 2018, ECLI:EU:C:2018:735, Rz. 36.

[1872] Rs. C-92/11, RWE Vertrieb AG gegen Verbraucherzentrale Nordrhein-Westfalen eV, EuGH-Urteil vom 21. März 2013, ECLI:EU:C:2013:180.

Mit seiner *ersten* Frage wollte der Bundesgerichtshof wissen, ob *Art. 1 Abs. 2 RL93/13/EWG* so auszulegen sei, dass Vertragsklauseln über *Preisänderungen* in Gaslieferungsverträgen mit Verbrauchern, die *ausserhalb* der allgemeinen *Versorgungspflicht*, also im Rahmen der allgemeinen *Vertragsfreiheit* beliefert werden (Sonderkunden), *nicht* den Bestimmungen der Richtlinie unterliegen, wenn in diesen Vertragsklauseln die für *Tarifkunden* im Rahmen der allgemeinen Anschluss- und Versorgungspflicht geltenden gesetzlichen Regelungen *unverändert* in die Vertragsverhältnisse mit den Sonderkunden übernommen worden sind[1873]. Der EuGH *beantwortete* diese Frage dahingehend, dass die RL 93/13/EWG auch für AGB in Konsumentenverträgen *gilt*, die eine für eine *andere Vertragskategorie* geltende Regel des nationalen Rechts *aufgreifen* und der fraglichen nationalen Regelung *nicht unterliegen*[1874]. 550

Mit seiner *zweiten* Frage wollte der Bundesgerichtshof sodann wissen, ob *Art. 3* und *Art. 5 der RL 93/13/EWG* in Verbindung mit Nrn. 1 lit. j und 2 lit. b Abs. 2 des Anhangs sowie Art. 3 Abs. 3 in Verbindung mit Anhang A lit. b und/oder c der RL 2003/55 dahin auszulegen seien, dass eine Standardvertragsklausel, mit der sich das Versorgungsunternehmen das *Recht vorbehält, den Gaslieferpreis einseitig zu ändern,* die aber *nicht* den Anlass, die Voraussetzungen oder den Umfang einer solchen Änderung nennt, den Anforderungen der genannten Bestimmungen genügt, wenn sichergestellt ist, dass die Verbraucher von der Preisänderung mit angemessener Frist im Voraus benachrichtigt werden und ihnen dann das Recht zusteht, den Vertrag zu kündigen, falls sie diese Änderungen nicht hinnehmen wollen. Der EuGH *beantwortete* diese Frage in dem Sinne, *Art. 3* und *Art. 5* der RL 93/13/EWG in Verbindung mit Art. 3 Abs. 3 der RL 2003/55 seien dahin auszulegen, dass es für die Beurteilung, ob eine Standardvertragsklausel, mit der sich ein Versorgungsunternehmen das Recht vorbehält, das *Entgelt* für *Gaslieferung zu ändern*, den in diesen Bestimmungen aufgestellten Anforderungen an *Treu und Glauben*, *Ausgewogenheit* und *Transparenz* genügt, insbesondere darauf ankommt, 551

- ob *Anlass* und *Modus* der Preisänderung im Vertrag so *transparent* dargestellt sind, dass der Verbraucher die allfällige Preisänderung anhand *klarer* und *verständlicher Kriterien absehen* kann, wobei das Ausbleiben der betreffenden Information *vor* Vertragsabschluss grundsätzlich *nicht allein* dadurch *ausgeglichen* werden kann, dass der Verbraucher *während* der Durchführung des Vertrags mit angemessener Frist im Voraus über die

[1873] Der EuGH formulierte die Frage sinngemäss folgendermassen um: Bedeutet Art. 1 Abs. 2 der RL 93/13/EWG, dass diese Richtlinie für AGB in Konsumentenverträgen nicht gilt, die eine für eine andere Vertragskategorie geltende Regel des nationalen Rechts aufgreifen und den fraglichen nationalen Bestimmungen nicht unterliegen (Urteil Rz. 24).

[1874] Urteil Rz. 24 ff.

Änderung der Entgelte und über sein Recht, den Vertrag zu *kündigen*, wenn er diese Änderung *nicht hinnehmen* will, informiert wird, und

- ob der Verbraucher von der eingeräumten *Kündigungsmöglichkeit* unter den *gegebenen Bedingungen* auch *tatsächlich Gebrauch* machen kann.
- Dabei obliegt es dem nationalen Gericht, diese Beurteilung anhand *aller Umstände des Einzelfalls vorzunehmen*, einschliesslich aller Klauseln in den allgemeinen Bedingungen der Verbraucherverträge, die die streitige Klausel enthalten[1875].

9. *Asbeek Brusse & de Man Garabito/Jahani BV*

552 Im Fall ***Asbeek Brusse & de Man Garabito/Jahani BV***[1876] hatte die (auf dem Gebiet der *gewerblichen Vermietung* von Wohnungen tätige) Gesellschaft Jahani im Jahr 2007 mit Herrn Asbeek Brusse und Frau de Man Garabito einen *Mietvertrag* über eine *Wohnung* in Alkmaar (Niederlande) zu *privaten Zwekken* abgeschlossen. Der Mietvertrag enthielt *AGB*, die von einem Berufsverband (Liegenschaftsrat) der Immobilienbranche verfasst worden waren und in Art. 20 eine *Vertragsstrafe* mit folgendem Inhalt vorsahen (Auszug):

> *«20.1 Der Mieter befindet sich allein durch Ablauf einer bestimmten Frist in Verzug.*
>
> *20.2 Für jeden Fall des Verzugs mit der rechtzeitigen und vollständigen Zahlung eines Geldbetrags schuldet der Mieter Zinsen in Höhe von monatlich 1 % des geschuldeten Hauptbetrags ab dem Fälligkeitsdatum bis zum Tag der vollständigen Begleichung des Hauptbetrags.*
>
> *20.6 Kommt der Mieter einer Verpflichtung aus diesem Mietvertrag einschliesslich der dazugehörigen Allgemeinen Mietvertragsbedingungen nicht nach oder verstösst er gegen eine solche Verpflichtung, schuldet er dem Vermieter unbeschadet seiner Pflicht zur Erfüllung dieser Verpflichtung und unbeschadet sonstiger Schadensersatz- oder anderer Ansprüche des Vermieters eine sofort fällige Vertragsstrafe von 25 Euro pro Kalendertag. ...»*

553 Gemäss Mietvertrag betrug der ursprüngliche Mietzins € 875.- pro Monat und stieg gemäss der vertraglichen Indexierungsklausel per 1. Juli 2008 auf € 894.-. Herr Asbeek Brusse und Frau de Man Garabito zahlten indes den *Betrag der Mietzinserhöhung nicht* und stellten später die Mietzinszahlungen vollständig ein. Aus diesem Grund erhob Jahani im Juli 2009 Klage gegen die Mieter und

---

1875 Urteil Rz. 40 ff.

1876 Rs. C-488/11, Dirk Frederik Asbeek Brusse und Katarina de Man Garabito gegen Jahani BV, EuGH-Urteil vom 30. Mai 2013, ECLI:EU:C:2013:341.

beantragte u.a. die *Auflösung* des Mietvertrags sowie die Verurteilung der Beklagten zur *Zahlung* von € 13'897.-, welcher Betrag Mietzinsen, aufgelaufene Vertragszinsen und € 8'325.- Vertragsstrafe umfasste. Mit Urteil vom 21. Oktober 2009 hiess die *Rechtbank Alkmaar* die Klage *gut*. Dagegen legten die Mieter ein Rechtsmittel ein und verlangten die Herabsetzung der Vertragsstrafe. Der angerufene *Gerechtshof te Amsterdam* setzte das Verfahren aus und legte dem EuGH *drei Fragen* zur Vorabentscheidung vor.

Mit seiner *ersten* Frage wollte das niederländische Vorlagegericht wissen, ob 554
der zwischen einem gewerblichen Vermieter und einem zu privaten Zwecken handelnden Mieter geschlossene Mietvertrag über Wohnraum in den *Anwendungsbereich* der RL 93/13/EWG falle. Der EuGH *antwortete*, dass die Richtlinie – unter Vorbehalt von AGB, die auf *bindenden Rechtsvorschriften* des nationalen Rechts beruhten, was vom nationalen Gericht zu prüfen sei – auf einen *Mietvertrag* zwischen einem *gewerblichen Vermieter* und einem *nicht gewerblich handelnden Mieter anwendbar* ist[1877].

Mit seiner *zweiten* Frage wollte das Vorlagegericht wissen, ob die RL 555
93/13/EWG im Lichte der EuGH-Rechtsprechung zu Art. 6 so auszulegen sei, dass die Vorschriften zur Umsetzung ins nationale Recht *prozessual* wie *zwingendes Recht* der innerstaatlichen Rechtsordnung zu behandeln seien, so dass das nationale Gericht *verpflichtet* ist, *von Amtes wegen* zu prüfen, ob eine Vertragsklausel missbräuchlich ist, und sie gegebenenfalls für nichtig zu erklären. Der EuGH *antwortete*, dass

- das nationale Gericht, welches nach innerstaatlichem Prozessrecht befugt ist, von Amtes wegen zu prüfen, ob eine umstrittene Klausel gegen zwingende nationale Bestimmungen verstösst, auf *dieselbe Weise von Amtes wegen* anhand der *Kriterien* der Richtlinie *zu prüfen hat,* ob die Klausel missbräuchlich ist, falls es feststellt, dass die Klausel in den *Anwendungsbereich* der RL 93/13/EWG fällt;
- das nationale Gericht, wenn es nach dem innerstaatlichem Prozessrecht befugt ist, von Amtes wegen eine Klausel für *nichtig* zu erklären, die gegen die öffentliche Ordnung oder eine zwingende gesetzliche Bestimmung, die ihrer Bedeutung nach eine solche Sanktion rechtfertigt, verstösst, eine *Vertragsklausel*, deren Missbräuchlichkeit es anhand der in der Richtlinie aufgestellten Kriterien festgestellt hat, grundsätzlich – nachdem es den Parteien Gelegenheit zu einer *kontradiktorischen Erörterung* gegeben hat – *von Amtes wegen nichtig erklären muss*[1878].

Mit seiner *dritten* Frage wollte das Vorlagegericht wissen, ob Art. 6 der RL 556
93/13/EWG dahin ausgelegt werden könne, dass er dem nationalen Gericht,

[1877] Urteil Rz. 23 ff.
[1878] Urteil Rz. 35 ff.

welches die Missbräuchlichkeit einer *Vertragsstrafeklausel* festgestellt hat, erlaubt, die in der Klausel vorgesehene Vertragsstrafe *lediglich herabzusetzen*, wie es nach dem betreffenden nationalen Recht zulässig und vom Verbraucher beantragt worden ist, statt die Klausel unangewendet zu lassen. Hierauf *antwortete* der EuGH, *Art. 6 Abs. 1* der Richtlinie *erlaube* einem nationalen Gericht, das die *Missbräuchlichkeit* einer *Vertragsstrafeklausel* in einem Konsumentenvertrag *festgestellt* hat, *nicht*, die von der Klausel dem Verbraucher auferlegte Vertragsstrafe, wie es nach dem nationalen Recht zulässig ist, *lediglich herabzusetzen*, sondern das Gericht sei *verpflichtet*, die Klausel gegenüber dem Verbraucher *unangewendet* zu lassen[1879].

10. Constructora Principado SA/Menéndez Álvarez

557 Im Fall ***Constructora Principado SA/Menéndez Álvarez***[1880] hatte Herr Menéndez Álvarez am 26. Juni 2005 mit der Unternehmung Constructora Principado einen *Wohnungskaufvertrag* abgeschlossen, dessen *Klausel 13* lautete:

> *«Desgleichen obliegt dem Käufer die Zahlung der kommunalen Wertzuwachssteuer auf städtischen Immobilien, da dieser Umstand bei der Preisfindung bezüglich der vertragsgegenständlichen Immobilien berücksichtigt worden ist.*
>
> *Der Käufer trägt auch die Gebühren für den individuellen Anschluss an die verschiedenen Versorgungsnetze, wie Wasserleitung, Gas, Elektrizität, Kanalisation usw., selbst wenn sie zunächst von der Verkäuferin gezahlt wurden.»*

558 Herr Menéndez Álvarez zahlte insgesamt € 1'223.-, wovon € 1'000.- auf die kommunale Wertzuwachssteuer auf städtische Immobilien (Wertzuwachssteuer) und € 223.- auf den Anschluss der Wohnung an das Wasser- und Abwassernetz entfielen. In der Folge erhob er beim *Juzgado de Primera Instancia n° 2* von Oviedo *Klage* gegen Constructora Principado auf *Rückzahlung* dieser Beträge mit dem Argument, Klausel 13 sei missbräuchlich, da sie *nicht ausgehandelt* worden sei und ein *erhebliches Missverhältnis* zwischen den Rechten und Pflichten der Vertragsparteien verursacht habe. Constructora Principado bestritt beides und wies insbesondere darauf hin, dass kein erhebliches Missverhältnis bestehe, wenn man diese Beträge zum Gesamtpreis der Wohnung in

[1879] Urteil Rz. 54 ff. – Vgl. auch Rs. C-349/18, Nationale Maatschappij der Belgische Spoorwegen (NMBS) gegen Mbutuku Kanyeba (C-349/18), Larissa Nijs (C-350/18), Jean-Louis Anita Dedroog (C-351/18), EuGH-Urteil vom 7. November 2019, ECLI:EU:C:2019:936, Rz. 55–74.

[1880] Rs. C-226/12, Constructora Principado SA gegen José Ignacio Menéndez Álvarez, EuGH-Urteil vom 16. Januar 2014, ECLI:EU:C:2014:10.

Bezug setze. Mit Urteil vom 28. September 2011 gab das Gericht der Klage statt, worauf Constructora Principado gegen dieses Urteil Berufung einlegte. Vor diesem Hintergrund setzte die *Audiencia Provincial de Oviedo* als Berufungsinstanz das Verfahren aus und gelangte mit nachstehender Frage zur Vorabentscheidung an den EuGH.

Das Vorlagegericht wollte wissen, ob der Begriff «erhebliches Missverhältnis», 559
welcher in *Art. 3 Abs. 1 RL 93/13/EWG* als allgemeines Kriterium zur Definition einer missbräuchlichen Klausel genannt wird, so auszulegen sei, dass die Kosten, die dem Verbraucher durch eine Klausel auferlegt werden, für diesen eine im Verhältnis zum Betrag des Rechtsgeschäfts erhebliche wirtschaftliche Auswirkung haben müssen, oder ob nur die Auswirkungen dieser Klausel auf die Rechte und Pflichten des Verbrauchers zu berücksichtigen seien. Hierauf *antwortete* der EuGH,

- das Vorliegen eines «erheblichen Missverhältnisses» setzt nicht unbedingt voraus, dass die Kosten, die dem Verbraucher durch eine Vertragsklausel auferlegt werden, für diesen – gemessen am Betrag des betreffenden Rechtsgeschäfts – eine erhebliche wirtschaftliche Auswirkung haben, sondern kann sich bereits aus einer *hinreichend schwerwiegenden Beeinträchtigung* der *rechtlichen Stellung*, die der Verbraucher als Vertragspartei nach den anwendbaren nationalen Rechtsvorschriften innehat, ergeben; sei es in Gestalt einer *inhaltlichen Beschränkung der Rechte*, die er nach diesen Vorschriften aus dem Vertrag herleitet, oder einer Beeinträchtigung der *Ausübung* dieser Rechte oder der *Auferlegung* einer zusätzlichen, nach den *nationalen Vorschriften nicht vorgesehenen Verpflichtung*;
- das vorlegende Gericht habe bei der Beurteilung, ob ein erhebliches Missverhältnis vorliegt, die *Art der Güter oder Dienstleistungen*, die Gegenstand des Vertrags sind, zu *berücksichtigen* und dabei alle den Vertragsabschluss *begleitenden Umstände* sowie *alle anderen Klauseln desselben Vertrags* heranzuziehen[1881].

11. Kásler/Jelzálogbank

Im Fall ***Kásler/Jelzálogbank***[1882] hatten Herr und Frau Kásler als Darlehensneh- 560
mer mit der Jelzálogbank einen «Vertrag über ein mit einer *Immobiliarhypothek gesichertes Fremdwährungs-Hypothekendarlehen*» im Betrag von HUF 14‘400‘000.- abgeschlossen, wobei «die Festlegung des Darlehensbetrags in

[1881] Urteil Rz. 17 ff.

[1882] Rs. C-26/13, Árpád Kásler & Hajnalka Káslerné Rábai gegen OTP Jelzálogbank Zrt, EuGH-Urteil vom 30. April 2014, ECLI:EU:C:2014:282. – Vgl. auch Rs. C-312/14, Banif Plus Bank Zrt. gegen Márton Lantos, EuGH-Urteil vom 3. Dezember 2015.

Devisen zum am Auszahlungstag geltenden, von der Bank angewandten Devisenankaufskurs erfolgte». Zudem wurde vereinbart, dass «nach der Auszahlung des Darlehens das gewährte Darlehen, die entsprechenden Darlehenszinsen, die Bearbeitungsgebühr sowie die Verzugszinsen und die sonstigen Kosten in *Devisen* berechnet werden». Bei Auszahlung des Darlehens legte die Jelzálogbank aufgrund des *Ankaufskurses* für Schweizer Franken (CHF) die Höhe des Darlehens auf CHF 94'240.- fest. Die Darlehensnehmer mussten das Darlehen über eine *Laufzeit von 25 Jahren* zurückzahlen. Der nominale Darlehenszins betrug 5,2 % und der effektive Jahreszins 7,43 %. Gemäss Ziff. III/2 des Darlehensvertrags bestimmte «der Darlehensgeber den Forintbetrag der jeweils zu zahlenden Rate anhand des von der Bank angewandten, einen Tag vor dem Fälligkeitsdatum geltenden Devisenverkaufskurses». In der Folge erhoben die Darlehensnehmer *Klage* gegen die Jelzálogbank wegen *Missbräuchlichkeit* der *Klausel III/2*. Sie rügten, die Klausel verschaffe der Jelzálogbank einen einseitigen und unbegründeten Vorteil gemäss § 209 des Bürgerlichen Gesetzbuchs, weil die fälligen Tilgungsraten nach dem *Devisenverkaufskurs*, die Höhe des ausgezahlten Darlehens dagegen nach dem *Devisenankaufskurs* berechnet würden. Das erstinstanzliche Gericht hiess die Klage gut und das Berufungsgericht bestätigte dieses Urteil. Das Berufungsgericht hielt u.a. fest, die Jelzálogbank stelle durch das Darlehensgeschäft dem Kunden *keine Devisen* zur Verfügung, sondern verfolge mit der Anwendung des Devisenkurses ihr Interesse an der Wertbeständigkeit der Rückzahlung des in Forint ausgezahlten Darlehens. Die Jelzálogbank erhob gegen das Berufungsurteil *Revisionsbeschwerde* beim vorlegenden Gericht, welches dem EuGH *drei Fragen* zur Vorabentscheidung vorlegte.

561 Mit seiner *ersten* Frage wollte das Vorlagegericht vom EuGH wissen, ob *Art. 4 Abs. 2 der RL 93/13/EWG* so auszulegen sei, dass die Begriffe «Hauptgegenstand des Vertrages» und «Angemessenheit zwischen dem Preis…und den Dienstleistungen bzw. den Gütern, die die Gegenleistung darstellen», in einem Konsumentenvertrag über ein Fremdwährungsdarlehen eine nicht einzeln ausgehandelte Klausel erfasse, wonach bei der Berechnung der Darlehenstilgungszahlungen der Verkaufskurs dieser Währung zur Anwendung gelangt. Der EuGH *antwortete*, dass

- der Begriff *«Hauptgegenstand des Vertrages»* die in einem Konsumentenvertrag über ein *Fremdwährungsdarlehen* enthaltene, nicht einzeln ausgehandelte Klausel, wonach der *Verkaufskurs* dieser Währung bei der Berechnung der *Zahlungen zur Darlehenstilgung* Anwendung findet, *nur dann erfasst*, wenn festgestellt ist – was das nationale Gericht aufgrund der Natur, der Systematik und der Bestimmungen des Vertrags sowie des rechtlichen und tatsächlichen Kontexts zu prüfen hat –, dass die fragliche Klausel eine *Hauptleistung* des Vertrags festlegt, die diesen als solche charakterisiert;

- aus der für den Konsumenten resultierenden Pflicht, im Rahmen der Darlehenstilgung die aus der Differenz zwischen dem Verkaufs- und dem Ankaufskurs der ausländischen Währung sich ergebenden Differenzbeträge zu entrichten, *nicht geschlossen* werden kann, es handle sich bei der Klausel um ein *«Entgelt»*, dessen Angemessenheit als Gegenleistung für eine vom Darlehensgeber erbrachte Leistung *nicht Gegenstand* einer Beurteilung der Missbräuchlichkeit gemäss Art. 4 Abs. 2 der RL 93/13/EWG sein kann[1883].

Mit seiner *zweiten* Frage wollte das ungarische Vorlagegericht vom EuGH wissen, ob Art. 4 Abs. 2 der RL 93/13/EWG dahin auszulegen sei, dass das Erfordernis, wonach eine Vertragsklausel klar und verständlich abgefasst sein muss, so zu verstehen ist, dass die betreffende Vertragsklausel nicht nur in grammatikalischer Hinsicht für den Verbraucher klar und verständlich sein muss, sondern dass für ihn darüber hinaus auch die wirtschaftlichen Gründe für die Verwendung der Vertragsklausel sowie ihr Verhältnis zu weiteren Klauseln des Vertrags klar und verständlich sein müssen. Hierauf *antwortete* der EuGH, *Art. 4 Abs. 2 der RL 93/13/EWG* sei dahin auszulegen, dass das Erfordernis, wonach eine Vertragsklausel klar und verständlich abgefasst sein müsse, bedeute, dass eine (nicht einzeln ausgehandelte) Vertragsklausel *nicht nur* in *grammatikalischer* Hinsicht für den Verbraucher *nachvollziehbar* sein müsse, sondern dass der Vertrag auch die *konkrete Funktionsweise* des Verfahrens zur Umrechnung der ausländischen Währung, auf die die betreffende Klausel Bezug nimmt, und das Verhältnis zwischen diesem und dem durch andere, die Auszahlung des Darlehens betreffende Klauseln vorgeschriebenen Verfahren in transparenter Weise darstellen müsse, damit der betroffene Verbraucher in der Lage sei, die sich für ihn daraus ergebenden *wirtschaftlichen Folgen* auf der Grundlage *genauer* und *nachvollziehbarer Kriterien* einzuschätzen[1884]. 562

Mit seiner *dritten* Frage wollte das Vorlagegericht wissen, ob Art. 6 Abs. 1 der RL 93/13/EWG in einer Situation, wo ein Konsumentenvertrag nach Wegfall einer missbräuchlichen Klausel nicht mehr durchführbar ist, dahin auszulegen sei, dass er einer nationalen Regelung entgegensteht, die es dem nationalen Gericht ermöglicht, der Nichtigkeit der missbräuchlichen Klausel abzuhelfen, indem es sie durch eine dispositive Vorschrift des nationalen Rechts ersetzt. Darauf *antwortete* der EuGH, *Art. 6 Abs. 1 der RL 93/13/EWG* stehe in einer Situation, wo ein Konsumentenvertrag nach *Wegfall* einer *missbräuchlichen Klausel nicht mehr durchführbar* ist, einer nationalen Regelung *nicht entgegen*, die es dem nationalen Gericht ermöglicht, der Nichtigkeit der missbräuchlichen 563

[1883] Urteil Rz. 36 ff.

[1884] Urteil Rz. 60 ff.

Klausel dadurch abzuhelfen, dass es sie durch eine *dispositive Vorschrift* des nationalen Rechts *ersetzt*[1885].

12. Kušionová/SMART Capital

564 Im Fall ***Kušionová/SMART Capital***[1886] hatte Frau Kušionová (Klägerin) mit der Gesellschaft SMART Capital (Beklagte) einen *Verbraucherkreditvertrag* über € 10‘000.- geschlossen und als Sicherheit ein *Grundpfandrecht* auf ihrem Einfamilienhaus bestellt. In der Folge erhob Frau Kušionová beim Bezirksgericht Humenné Klage auf *Nichtigerklärung* des Kreditvertrags und des Pfandbestellungsvertrags wegen Missbräuchlichkeit einzelner Vertragsklauseln. Das *Bezirksgericht* erachtete gewisse Klauseln als missbräuchlich und erklärte den Kreditvertrag für *teilweise* und den Pfandbestellungsvertrag für *gänzlich nichtig*. Gegen dieses Urteil legten beide Parteien Berufung beim *Regionalgericht* Prešov ein, welches dem EuGH *vier Fragen* zur Vorabentscheidung vorlegte.

565 Mit den ersten *drei* Fragen, welche der EuGH gemeinsam behandelte, wollte das slowakische Vorlagegericht wissen, ob die RL 93/13/EWG im Lichte von *Art. 38*[1887] und *Art. 47*[1888] der EU Grundrechte-Charta einer nationalen Regelung entgegenstehe, welche die Betreibung einer Forderung, die unter Umständen auf *missbräuchlichen* Vertragsklauseln beruht, auf dem Wege der *aussergerichtlichen Verwertung* des vom Verbraucher eingeräumten Grundpfandrechts erlaubt. Falls dies bejaht wird, wollte das Vorlagegericht im Weiteren wissen, ob diese nationalen Vorschriften gemäss der «Simmenthal»-Rechtsprechung des EuGH ausser Betracht zu bleiben haben. Der EuGH *antwortete*, die RL 93/13/EWG stehe einer solchen nationalen Regelung *nicht entgegen*, sofern sie dem Verbraucher die Wahrung seiner Rechte gemäss der RL 93/13/EWG weder *praktisch unmöglich mache* noch *übermässig erschwere*, was vom nationalen Gericht zu beurteilen sei[1889]. Mit dieser Antwort erübrigte sich die Beantwortung der Frage nach der Anwendung der «Simmenthal»-Rechtsprechung.

566 Mit seiner *vierten* Frage wollte das Vorlagegericht wissen, ob *Art. 4* der RL 93/13/EWG so auszulegen sei, dass eine (ohne anwaltlichen Beistand) vom Verbraucher vereinbarte Vertragsklausel, die dem Gläubiger die aussergerichtliche

---

[1885] Urteil Rz. 76 ff.

[1886] Rs. C-34/13, Monika Kušionová gegen SMART Capital a.s., EuGH-Urteil vom 10. September 2014, ECLI:EU:C:2014:2189.

[1887] Diese Bestimmung lautet: «Die Politiken der Union stellen ein hohes Verbraucherschutzniveau sicher.».

[1888] Diese Bestimmung garantiert das Recht auf einen wirksamen Rechtsbehelf und ein unparteiisches Gericht.

[1889] Urteil Rz. 68 f.

Vollstreckung eines Pfandes ohne gerichtliche Kontrolle erlaubt, den unionsrechtlichen Grundsatz der (von Amtes wegen vorzunehmenden) *gerichtlichen Kontrolle* von Vertragsklauseln umgeht und deshalb auch dann missbräuchlich ist, wenn der Wortlaut der Vertragsklausel einer *innerstaatlichen Rechtsvorschrift* entnommen ist. Der EuGH *antwortete, Art. 1 Abs. 2* der RL 93/13/EWG sei dahin auszulegen, dass die in einem Konsumentenvertrag enthaltene Vertragsklausel nur dann vom *Anwendungsbereich* der Richtlinie *ausgenommen* ist, wenn sie auf dem *Inhalt* einer *bindenden Rechtsvorschrift* beruht, was vom nationalen Gericht zu prüfen ist[1890].

13. Šiba/Devénas

567 Im Fall ***Šiba/Devénas***[1891] hatte Frau Šiba (Beklagte) zwischen 2008 und 2010 mit Rechtsanwalt Devénas (Kläger) insgesamt drei *Formularverträge* über die entgeltliche Erbringung von *juristischen Dienstleistungen* (Scheidungsverfahren, Nichtigerklärung einer Transaktion ihres Ehemanns sowie Rechtsmittelverfahren) abgeschlossen. Die Modalitäten des *Honorars* (insb. Höhe, Zahlungsfristen und anwendbare Tarife) waren in den Verträgen nicht näher geregelt. Da Frau Šiba in der Folge die Honorarrechnungen nicht innert der von Rechtsanwalt Devénas gesetzten Frist bezahlte, erhob dieser beim *Stadtkreisgericht Klaipėda* (Litauen) Klage auf Erlass einer *Zahlungsanordnung* für die fälligen Honorare. Das Stadtkreisgericht hiess diese *Klage gut* und die von Frau Šiba erhobene *Berufung* wurde *abgewiesen*. Frau Šiba führte daher *Kassationsbeschwerde* beim *Obersten Gerichtshof* mit dem Argument, die Vorinstanzen hätten ihre *Verbrauchereigenschaft* nicht beachtet. Der Oberste Gerichtshof setzte das Verfahren aus und legte dem EuGH vier *Vorabentscheidungsfragen* vor.

568 Der EuGH behandelte die vier Vorlagefragen *gemeinsam* und fasste sie dahingehend zusammen, dass das vorlegende Gericht wissen wollte, ob die RL 93/13/EWG auf *Formularverträge* über *juristische Dienstleistungen* anwendbar sei, die ein Rechtsanwalt mit einer *natürlichen Person*, welche nicht im Rahmen ihrer gewerblichen oder beruflichen Tätigkeit handelte, schloss.

569 Der EuGH *bejahte* diese Frage und stellte fest, dass die RL 93/13/EWG auf *Formularverträge* über *juristische Dienstleistungen* anwendbar ist, die ein Rechtsanwalt mit einer *natürlichen Person* schliesst, falls diese *nicht* zu einem *Zweck* handelt, der ihrer *gewerblichen* oder *beruflichen Tätigkeit zugerechnet* werden kann[1892].

[1890] Urteil Rz. 80.

[1891] Rs. C-537/13, Birute Šiba gegen Arunas Devénas, EuGH-Urteil vom 15. Januar 2015, ECLI:EU:C:2015:14.

[1892] Urteil Rz. 35.

14. Unicaja Banco/Hidalgo Rueda

570 Im Fall ***Unicaja Banco/Hidalgo Rueda***[1893] hatte Herr Hidalgo Rueda (Beklagter) – sowie weitere Personen – mit der Unicaja Banco SA (Klägerin) einen *Hypothekendarlehensvertrag* geschlossen. Der Vertrag sah u.a. einen *Verzugszins* von 18 % p.a. vor, welcher unter gewissen Umständen bis auf maximal 25 % erhöht werden konnte. Ausserdem enthielt der Vertrag eine Klausel, wonach die Bank bei Zahlungsverzug des Schuldners den vereinbarten Fälligkeitszeitpunkt *vorverlegen* und die Zahlung des gesamten Kapitals (inkl. Zinsen und Kosten) verlangen konnte. In der Folge leitete die Bank gegen den Schuldner Hidalgo Rueda die Zwangsvollstreckung wegen Verzugs mit Zinszahlungen ein. Das mit der Zwangsvollstreckungsklage befasste spanische Gericht *(Juzgado de Primera Instancia e Instrucción* von *Marchena)* hatte jedoch Zweifel über die Rechtsfolgen der Missbräuchlichkeit dieser Vertragsklauseln, weil das nationale Recht für diesen Fall eine *Neuberechnung* der Zinsen zu einem tieferen Zinssatz vorsah. Das Gericht setzte daher das Verfahren aus und legte dem EuGH drei *Vorabentscheidungsfragen* vor.

571 Der EuGH prüfte die *drei* Vorlagefragen gleichzeitig und fasste sie dahingehend zusammen, dass das vorlegende Gericht wissen wollte, ob Art. 6 Abs. 1 RL 93/13/EWG einer nationalen Vorschrift *entgegenstehe*, die den nationalen Richter in einem Zwangsvollstreckungsverfahren betreffend Hypotheken *verpflichtet*, die geschuldeten Beträge, welche gemäss Vertragsklausel auf einem Verzugszins beruhten, dessen Zinssatz das (maximal zulässige) Dreifache des gesetzlichen Zinssatzes *überstieg*, anhand eines neuen Verzugszinssatzes, der diese *Schwelle nicht überschritt*, durch den Gläubiger *neu berechnen* zu lassen (= Herabsetzung des missbräuchlichen Verzugszinses).

572 Der EuGH *beantwortete* diese Frage dahingehend, dass *Art. 6 Abs. 1* der RL 93/13/EWG einer nationalen Vorschrift *nicht entgegensteht*, wonach das mit einem Hypothekenvollstreckungsverfahren befasste nationale Gericht *verpflichtet* ist, die Beträge, welche nach der Klausel im Hypothekendarlehensvertrag, die Verzugszinsen vorsieht, deren Satz das (maximal zulässige) Dreifache des gesetzlichen Zinssatzes übersteigt, geschuldet werden, *neu berechnen* zu lassen, damit der Zinsbetrag diese Schwelle *nicht überschreitet*, *sofern* die Anwendung dieser nationalen Vorschrift:

- der *Würdigung* der *Missbräuchlichkeit* einer solchen Klausel durch das nationale Gericht *nicht vorgreift* und
- das Gericht *nicht daran hindert*, diese Klausel *unangewendet* zu lassen, wenn es zum Ergebnis gelangt, dass sie «missbräuchlich» im Sinne von Art. 3 Abs. 1 der RL 93/13/EWG ist[1894].

[1893] Rs. C-482/13, Unicaja Banco SA gegen José Hidalgo Rueda et al., EuGH-Urteil vom 21. Januar 2015, ECLI:EU:C:2015:21.

[1894] Urteil Rz. 42.

15. Matei/SC Volksbank România SA

Im Fall ***Matei/Volksbank România SA***[1895] hatten Herr und Frau Matei im März 2008 mit der Volksbank România SA *zwei Kreditverträge* abgeschlossen. Der *erste Kreditvertrag* über € 8'000.- diente der Deckung persönlicher Ausgaben und war über einen Zeitraum von fünf Jahren zurückzuzahlen. Der feste Zinssatz betrug 9 % p.a., während der effektive Jahreszins sich auf 20,5 % belief. Der *zweite Kreditvertrag* über CHF 103'709.- diente dem *Erwerb einer Immobilie* und war durch eine *Hypothek* auf dieser Immobilie gesichert. Der Kredit war während eines Zeitraums von 25 Jahren zurückzuzahlen, wobei der Zinssatz 4 % p.a. und der effektive Jahreszins 19,55 % betrug. Nach Art. 3 lit. b der Besonderen Vertragsbedingungen der beiden Verträge war die Bank berechtigt, den *Zinssatz* «bei Eintritt wesentlicher Änderungen am Geldmarkt» *anzupassen*. Ausserdem sah Art. 3.5 vor, dass die Kreditnehmer der Volksbank für die Einräumung des Kredits eine *Risikoprovision* schuldeten, welche sich nach dem Kreditbetrag berechnete und monatlich für die gesamte Kreditlaufzeit zu bezahlen war. Gemäss Art. 5 betrug diese Provision für den Euro-Kredit 0,74 % der Kreditsumme und für den CHF-Kredit 0,22 % der Kreditsumme, d.h. insgesamt € 1'397.- und CHF 39'955.-. 573

Nachdem in Rumänien im Juni 2010 das nationale Gesetz zur Umsetzung der RL 93/13/EWG in Kraft getreten war, wollte die Volksbank die Kreditverträge an die *neue Rechtslage anpassen* und die «Risikoprovision» neu als «Verwaltungsprovision» bezeichnen. Dies lehnten die Kreditnehmer ab, da sie der Auffassung waren, mehrere Klauseln der Kreditverträge seien missbräuchlich und daher ungültig. In der Folge klagten sie beim *Amtsgericht Cluj-Napoca* auf Feststellung der Missbräuchlichkeit und Nichtigkeit der fraglichen Klauseln. Diese Klage wurde *teilweise gutgeheissen* (Nichtigkeit der Zinsanpassungsklausel). Gegen dieses Urteil rekurrierten beide Parteien beim *Tribunal Specializat Cluj*. Dieses setzte das Verfahren aus und gelangte an den EuGH. 574

Mit seiner Vorlagefrage wollte das Vorlagegericht wissen, ob die Ausdrücke «Hauptgegenstand des Vertrags» und «Angemessenheit zwischen dem Preis bzw. dem Entgelt und den Dienstleistungen bzw. den Gütern, die die Gegenleistung darstellen» in Art. 4 Abs. 2 der RL 93/13/EWG auch Klauseln in Konsumkreditverträgen erfassten, die es dem Kreditgeber gestatten, unter bestimmten Voraussetzungen den *Zinssatz einseitig zu ändern* bzw. vom Konsumenten eine *«Risikoprovision»* zu verlangen. 575

Der EuGH *antwortete*, dass die Ausdrücke «Hauptgegenstand des Vertrags» und «Angemessenheit zwischen dem Preis bzw. dem Entgelt und den Dienstleistungen bzw. den Gütern, die die Gegenleistung darstellen» in Art. *4 Abs. 2* 576

[1895] Rs. C-143/13, Bogdan Matei & Ioana Ofelia Matei gegen SC Volksbank România SA., EuGH-Urteil vom 26. Februar 2015, ECLI:EU:C:2015:127.

der RL 93/13/EWG so zu verstehen seien, dass sie Klauseln in Konsumkreditverträgen, die es dem Kreditgeber gestatten, unter bestimmten Voraussetzungen den *Zinssatz einseitig zu ändern* bzw. vom Konsumenten eine *«Risikoprovision»* zu erheben, *grundsätzlich nicht erfassen*. Das Vorlagegericht habe die Qualifizierung solcher Vertragsklauseln unter Berücksichtigung der Natur, der Systematik der Bestimmungen der betreffenden Verträge sowie des rechtlichen und tatsächlichen Kontexts zu prüfen[1896].

16. Van Hove/CNP Assurances SA

577 Im Fall ***Van Hove/CNP Assurances SA***[1897] hatte Herr Van Hove im Juli 1998 mit der Crédit Immobilier de France Méditerranée zwei Darlehensverträge über € 51'924.- bzw. € 16'244.- abgeschlossen. Die beiden Darlehen waren durch monatliche Ratenzahlungen von rund € 434.- bis am 31. März 2016 bzw. von rund € 26.- bis am 31. März 2017 zurückzuzahlen. Bei Abschluss der Darlehensverträge trat Herr Van Hove einem «Gruppenversicherungsvertrag» der CNP Assurances SA bei, welche die Zahlungsverpflichtungen Van Hoves aus den Darlehensverträgen gegenüber dem Crédit Immobilier u.a. für den Fall einer «vollständigen Arbeitsunfähigkeit» *garantierte*. Gemäss den AGB lag eine «vollständige Arbeitsunfähigkeit vor, wenn es dem Versicherten «infolge eines Unfalls oder einer Krankheit nach einer durchgehenden Unterbrechung der Tätigkeit von 90 Tagen… unmöglich [war], eine wie auch immer geartete *bezahlte* oder *unbezahlte* Tätigkeit aufzunehmen».

578 Wegen eines Rückfalls aufgrund eines früheren Arbeitsunfalls aus dem Jahre 2000 war Herr Van Hove in der Folge wiederholt *teilweise arbeitsunfähig*, weshalb der *Sozialversicherungsträger* im Jahr 2011 seine dauerhafte teilweise Arbeitsunfähigkeit auf 72 % festlegte. Vor diesem Hintergrund liess auch die CNP Assurances SA durch einen Vertrauensarzt Herrn Van Hove untersuchen. Der Arzt kam zum Schluss, dass der Gesundheitszustand von Herrn Van Hove es diesem erlaube, eine *angepasste berufliche Tätigkeit in Teilzeit* auszuüben. Infolgedessen teilte die CNP Assurances SA Herrn Van Hove mit, dass sie die Zahlungsverpflichtungen aus den beiden Darlehensverträgen ab Juni 2012 nicht mehr übernehmen werde.

579 Hierauf erhob Herr Van Hove im März 2013 *Klage* gegen die CNP Assurances vor dem *Tribunal de grande instance de Nîmes*. Er argumentierte, die Klausel betreffend die Definition der vollständigen Arbeitsunfähigkeit sowie die Bedingungen, unter denen die Versicherung zur Zahlung verpflichtet war, seien missbräuchlich, weil sie ein erhebliches Ungleichgewicht zum Nachteil des

---

[1896] Urteil Rz. 78.

[1897] Rs. C-96/14, Jean-Claude Van Hove gegen CNP Aussurances SA, EuGH-Urteil vom 23. April 2015, ECLI:EU:C:2015:262.

Verbrauchers schaffen würden. Zudem sei die Definition der vollständigen Arbeitsunfähigkeit so abgefasst, dass ein normaler Verbraucher ihre Tragweite nicht erfassen könne. Vor diesem Hintergrund setzte das Gericht das Verfahren aus und gelangte an den EuGH.

Mit seiner *Vorlagefrage* wollte das Vorlagegericht wissen, ob die in einem Versicherungsvertrag, welcher gegenüber dem Darlehensgeber bestehenden Zahlungsverpflichtungen des Darlehensnehmers bei dessen vollständiger Arbeitsunfähigkeit garantiert, enthaltene Klausel, wonach der Versicherte von der Gewährung der Versicherungsleistungen ausgeschlossen ist, falls er für fähig erklärt wird, eine bezahlte oder unbezahlte Tätigkeit auszuüben, unter die in *Art. 4 Abs. 2* der RL 93/13/EWG vorgesehene *Ausnahme* von der Inhaltskontrolle falle. 580

Der EuGH *antwortete*, *Art. 4 Abs. 2* der RL 93/13/EWG sei dahin auszulegen, dass eine Klausel, die in einem zur Gewährleistung der Übernahme der gegenüber dem Darlehensgeber bestehenden Zahlungsverpflichtungen im Fall der vollständigen Arbeitsunfähigkeit des Darlehensnehmers geschlossenen Versicherungsvertrag enthalten ist, *nur dann* unter die in dieser Bestimmung vorgesehene *Ausnahme* fällt, wenn das vorlegende Gericht feststellt: 581

- dass diese Klausel unter Berücksichtigung der Natur, der Systematik und der Bestimmungen des Vertragswerks, zu dem sie gehört, sowie seines rechtlichen und tatsächlichen Kontexts einen *Hauptbestandteil* des Vertragswerks festlegt, der als solcher dieses *Vertragswerk charakterisiert*, und
- dass diese Klausel klar und verständlich abgefasst ist, d.h., dass sie für den Verbraucher *nicht nur* in *grammatikalischer* Hinsicht nachvollziehbar ist, sondern dass der Vertrag auch die konkrete Funktionsweise des Mechanismus, auf den sich die betreffende Klausel bezieht, und das Verhältnis zwischen diesem und dem durch andere Klauseln vorgeschriebenen Mechanismus in transparenter Weise darstellt, so dass der betroffene Konsument in der Lage ist, die sich für ihn daraus *ergebenden wirtschaftlichen Folgen* auf der Grundlage *genauer* und *nachvollziehbarer Kriterien einzuschätzen*[1898].

17. Costea/Volksbank România SA

Im Fall ***Costea/Volksbank România SA***[1899] hatte Herr Costea – ein vorwiegend auf dem Gebiet des Handelsrechts tätiger Rechtsanwalt – am 4. April 2008 einen *Kreditvertrag* mit der Volksbank unterzeichnet. Die Rückzahlung des Darlehens war durch eine Hypothek auf einem Grundstück gesichert, welches im 582

[1898] Urteil Rz. 50.

[1899] Rs. C-110/14, Horaţiu Ovidiu Costea gegen SC Volksbank România SA, EuGH-Urteil vom 3. September 2015, ECLI:EU:C:2015:538.

Eigentum der Rechtsanwaltskanzlei «Ovidiu Costea» von Herrn Costea stand. Herr Costea hatte den Kreditvertrag einerseits als *Kreditnehmer* und anderseits als *Vertreter* seiner Rechtsanwaltskanzlei in deren Eigenschaft als Hypothekenbestellerin unterzeichnet. Die Hypothek war am selben Tag durch einen separaten, notariell beurkundeten Vertrag zwischen der Volksbank und der Rechtsanwaltskanzlei, vertreten durch Herrn Costea, errichtet worden. Am 24. Mai 2013 erhob Herr Costea bei der *Judecătorie Oradea* (Amtsgericht Oradea) *Klage* auf Feststellung der Missbräuchlichkeit einer Vertragsklausel über eine Risikoprovision und auf Nichtigerklärung der Klausel sowie auf Erstattung der von der Volksbank vereinnahmten Provision. Das Amtsgericht setzte hierauf das Verfahren aus und gelangte an den EuGH.

583 Mit seiner *Vorlagefrage* wollte das Amtsgericht wissen, ob Art. 2 lit. b der RL 93/13/EWG so auszulegen sei, dass ein *Rechtsanwalt*, der mit einer Bank einen Kreditvertrag (ohne Spezifikation des Kreditzwecks) als Verbraucher im Sinne dieser Vorschrift angesehen werden könne. Zudem ersuchte das Amtsgericht um Klärung der Frage, welche Bedeutung dem Umstand zukomme, dass die sich aus dem Kreditvertrag ergebende Forderung durch eine *Hypothek* gesichert war, die der Rechtsanwalt als Vertreter seiner Rechtsanwaltskanzlei bestellt hatte und ein Grundstück betraf, das der Ausübung seiner *beruflichen* Tätigkeit diente.

584 Der EuGH *antwortete*, *Art. 2 lit. b* der RL 93/13/EWG sei dahin auszulegen, dass ein *Rechtsanwalt*, der mit einer Bank einen Kreditvertrag ohne Spezifikation des Kreditzwecks schliesst, als *Verbraucher* im Sinn dieser Vorschrift angesehen werden kann, sofern der Vertrag *nicht* mit seiner *beruflichen* (= anwaltlichen) Tätigkeit in Verbindung steht. Der Umstand, dass die Kreditforderung durch eine Hypothek gesichert ist, die der Rechtsanwalt als Vertreter seiner Rechtsanwaltskanzlei bestellt und ein Grundstück betrifft, das der Ausübung seiner beruflichen Tätigkeit dient, ist *irrelevant*[1900]. Der EuGH stellte insbesondere klar, dass der *Konsumentenbegriff rein objektiv* zu verstehen ist, *ohne* Berücksichtigung der *konkreten Kenntnisse* und *Informationen* der betroffenen Person[1901]. Ein hohes Mass an Fachkenntnissen lässt *nicht* die Vermutung bzw. den Schluss zu, dass ein Rechtsanwalt gegenüber dem gewerblichen Anbieter *keine schwächere Partei* ist, da die Schwächelage sich sowohl auf den *Informationsstand* als auch auf die (unterlegene) *Verhandlungsposition* bezieht[1902].

1900 Urteil Rz. 30.

1901 Urteil Rz. 21.

1902 Urteil Rz. 27.

18. Biuro Partner/Prezes Urzędu Ochrony Konkurencjii Konsumentów

Im Fall ***Biuro Partner/Prezes Urzędu Ochrony Konkurencji i Konsumentów***[1903] hatte der Präsident des Wettbewerbs- und Verbraucherschutzamts mit Entscheidung vom 22. November 2011 festgestellt, dass die polnische Gesellschaft Biuro Partner, welche im Bereich der Tourismusdienstleistungen tätig war, AGB verwendete, die in *früheren Verfahren* (gegen andere Gewerbetreibende) als *unzulässig erklärt* und in das nationale Register unzulässiger AGB eingetragen worden waren. Nach Auffassung des Amtspräsidenten beeinträchtigten diese Klauseln die Kollektivinteressen der Konsumenten und rechtfertigten die Verhängung einer Geldbusse von rund € 6 400. 585

Die *HK Zakład Usługowo Handlowy «Partner» sp. z o.o.* (Rechtsvorgängerin von Biuro Partner) bestritt, dass ihre AGB den im Register eingetragenen Klauseln entsprächen, aber ihre diesbezügliche Klage wurde vom *Bezirksgericht Warschau* (Kammer für Wettbewerbs- und Verbraucherschutzsachen) mit Urteil vom 19. November 2013 abgewiesen. Gegen dieses Urteil legte Biuro Partner beim *Berufungsgericht Warschau* Berufung ein. Das Berufungsgericht hatte Zweifel über die Auslegung der RL 93/13/EWG und RL 2009/22. Aufgrund des Urteils vom 26. April 2012 (C-472/10, Invitel)[1904], wonach die Wirkung eines Urteils, welches die Missbräuchlichkeit von AGB festgestellt hat, sich auf alle Konsumenten erstreckt, die einen Vertrag mit denselben AGB mit dem *gleichen Gewerbetreibendenden* abgeschlossen haben, fragte sich das Berufungsgericht, ob dasselbe auch für Konsumenten gilt, die mit einem *anderen Gewerbetreibenden* einen Vertrag abgeschlossen haben, der dieselben AGB enthält. Infolgedessen setzte das Berufungsgericht das Verfahren aus und gelangte mit zwei Fragen an den EuGH. 586

Mit seiner *ersten* Frage wollte das vorlegende Gericht wissen, ob es Art. 6 Abs. 1 und Art. 7 der RL 93/13/EWG in Verbindung mit Art. 1 und 2 der RL 2009/22 verbieten, dass die Verwendung von AGB – welche inhaltlich mit AGB übereinstimmen, die durch ein rechtskräftiges Urteil unzulässig erklärt und in ein entsprechendes Register eingetragen worden sind – durch einen Gewerbetreibenden, der am früheren Verfahren nicht beteiligt war, als rechtswidrige Handlung angesehen und mit einer Geldbusse geahndet wird. Der EuGH *antwortete*, dass es *Art. 6 Abs. 1* und *7 RL 93/13/EWG* in Verbindung mit Art. 1 und 2 RL 2009/22 sowie Art. 47 der Charta *nicht verbieten*, die Verwendung von AGB durch einen am früheren Verfahren *nicht beteiligten Gewerbetreibenden* – welche inhaltlich mit jenen AGB übereinstimmen, die aufgrund eines früheren rechtskräftigen Urteils als unzulässig erklärt und ins entsprechende Register eingetragen worden 587

[1903] Rs. C-119/15 Biuro podróży «Partner» sp. z o.o. sp.k. w Dąbrowie Górniczej gegen Prezes Urzędu Ochrony Konkurencji i Konsumentów, EuGH-Urteil vom 21. Dezember 2016, ECLI:EU:C:2016:987.

[1904] Vgl. oben N 539 ff.

sind – als *rechtswidrige Handlung* anzusehen, sofern dem Gewerbetreibenden – was das nationale Gericht zu prüfen hat – ein *effektiver Rechtsbehelf* zur richterlichen Überprüfung sowohl der *inhaltlichen Gleichwertigkeit* der fraglichen AGB mit jenen im Register eingetragenen AGB als auch der *Höhe* einer allfälligen Geldbusse zur Verfügung steht[1905].

588 Mit seiner *zweiten* Frage wollte das vorlegende Gericht wissen, ob gemäss Art. 267 Abs. 3 AEUV das *zweitinstanzliche* Gericht, gegen dessen Urteil nach polnischer Zivilprozessordnung die *Kassationsbeschwerde* offensteht, ein Gericht ist, dessen Entscheidung *nicht mehr* mit Rechtsmitteln des innerstaatlichen Rechts angefochten werden kann, oder ob erst das *Oberste Gericht*, welches über die Kassationsbeschwerde entscheidet, ein solches Gericht ist. Der EuGH *antwortete* im Lichte seiner Rechtsprechung, dass ein Gericht wie das vorlegende Gericht, dessen Entscheidungen mit einer *Kassationsbeschwerde* angefochten werden können, *nicht* als «einzelstaatliche[s] Gericht…, dessen Entscheidungen selbst nicht mehr mit Rechtsmitteln des innerstaatlichen Rechts angefochten werden können» im Sinne von Art. 267 Abs. 3 AEUV anzusehen ist[1906].

19. Gutiérrez NaranjoCajasur Banco SAU et al.

589 Im Fall ***Gutiérrez Naranjo/Cajasur Banco SAU*** – und zwei verbundenen Fällen[1907] – hatte sich der EuGH mit drei Vorlageverfahren spanischer Gerichte zu befassen. Streitpunkt bildete in allen Verfahren eine *Mindestzinssatzklausel* in einem *Hypothekendarlehensvertrag* zwischen einem Konsumenten und einer Bank. Derartige Klauseln waren vom Obersten Gericht Spaniens (*Tribunal Supremo*) als missbräuchlich und damit *nichtig* erklärt worden. Die aus der Nichtigkeit der Mindestzinssatzklausel sich ergebenden Ansprüche der Darlehensnehmer auf *Rückerstattung* ihrer *rechtsgrundlos bezahlten Beträge* hatte das Oberste Gericht auf die Zeit nach Verkündung des Urteils beschränkt, welches die Nichtigkeit festgestellt hatte. Eine derartige zeitliche Beschränkung der Nichtigkeitsfolge missbräuchlicher AGB erachteten die vorlegenden Gerichtsinstanzen als unionsrechtlich problematisch und gelangten daher mit entsprechenden Vorlagefragen an den EuGH.

590 Zur Hauptsache wollten die vorlegenden Gerichte wissen, ob *Art. 6 Abs. 1* der RL 93/13/EWG einer *nationalen Rechtsprechung entgegensteht*, welche die *Restitutionswirkungen*, die sich daraus ergaben, dass eine Klausel in einem Vertrag, den ein Gewerbetreibender mit einem Konsumenten geschlossen

---

[1905] Urteil Rz. 47.

[1906] Urteil Rz. 54.

[1907] Rs. C-154/15, Francisco Gutiérrez Naranjo gegen Cajasur Banco SAU und Rs. C-307/15 Ana María Palacios Martínez gegen Banco Bilbao Vizcaya Argentaria SA (BBVA sowie Rs. (C-308/15), EuGH-Urteil vom 21. Dezember 2016, ECLI:EU:C:2016:980.

hatte, gerichtlich für *missbräuchlich* im Sinne von Art. 3 Abs. 1 der Richtlinie erklärt worden war, *zeitlich* auf diejenigen Beträge beschränkte, die rechtsgrundlos gezahlt wurden, *nachdem* die Entscheidung mit der gerichtlichen Feststellung der Missbräuchlichkeit *verkündet* worden war. Der EuGH *bejahte* diese Frage, da es eine solche zeitliche Beschränkung der Nichtigkeitsfolgen als mit der RL 93/13/EWG *unvereinbar* erachtete[1908].

20. Banco Primus/Gutiérrez García

Im Fall ***Banco Primus/Gutiérrez García***[1909] hatte Banco Primus am 12. Juni 2008 Herrn Gutiérrez Garcia ein *Darlehen* gewährt (für 47 Jahre, rückzahlbar in 564 Monatsraten), welches durch eine Hypothek an seiner *Wohnung* sichergestellt war. Nach mehreren Zahlungsausfällen stellte die Bank gemäss Klausel 6a des Vertrags das Darlehen *vorzeitig fällig* und verlangte die Zahlung des noch ausstehenden Kapitalbetrags plus Zinsen, Verzugszinsen und verschiedener Kosten. Zudem veranlasste sie die *Versteigerung* der hypothekenbelasteten Immobilie. Da an der Versteigerung vom 11. Januar 2011 kein Bieter erschien, schlug das vorlegende Gericht (mit vollstreckbarer Entscheidung vom 21. März 2011) der Banco Primus die Immobilie für *50 % des Schätzwerts* zu. Am 6. April 2011 beantragte Banco Primus sodann die Inbesitznahme der Immobilie, was sich jedoch wegen Einsprachen verzögerte, u.a. jener Einsprache, die zum Beschluss vom 12. Juni 2013 führte und Klausel 6 des Darlehensvertrags als missbräuchlich erachtete. Mit Entscheidung vom 8. April 2014 wurde die Aussetzung des Räumungsverfahrens alsdann beendet, worauf Herr Gutiérrez García wegen Missbräuchlichkeit von Klausel 6 des Darlehensvertrags mit *ausserordentlichem Einspruch* ans vorlegende Gericht gelangte. Dieses setzte das Verfahren aus und unterbreitete dem EUGH *sieben* Fragen zur Vorabentscheidung. 591

Mit seinen Fragen *1 bis 3*, die zusammen geprüft wurden, wollte das vorlegende Gericht wissen, ob Art. 6 und 7 RL 93/13/EWG einer innerstaatlichen Rechtsvorschrift wie der Vierten Übergangsbestimmung des Gesetzes 1/2013 entgegenstehen, wonach für die Ausübung des Rechts der Verbraucher, gegen die ein Hypothekenvollstreckungsverfahren eingeleitet, aber nicht vor dem Inkrafttreten des Gesetzes abgeschlossen wurde, auf Einspruch gegen dieses Zwangsvollstreckungsverfahren wegen angeblich missbräuchlicher Vertragsklauseln, eine ab dem Tag nach der Veröffentlichung des Gesetzes berechnete *Ausschlussfrist von einem Monat* gilt. Das vorlegende Gericht möchte ferner gegebenenfalls wissen, ob diese Bestimmung ihm gebietet, die Missbräuchlichkeit der Klauseln eines Vertrags, der im Rahmen einer rechtskräftigen Entscheidung bereits anhand der 592

[1908] Urteil Rz. 61 f., 75.

[1909] Rs. C-421/14, Banco Primus SA gegen Jesús Gutiérrez García, EuGH-Urteil vom 26. Januar 2017, ECLI:EU:C:2017:60.

Richtlinie 93/13/EWG geprüft worden war, trotz der nationalen Verfahrensvorschriften zur Umsetzung des Grundsatzes der Rechtskraft von Amts wegen erneut zu prüfen. Der EuGH *antwortete*, dass Art. 6 und 7 RL 93/13/EWG:

- einer innerstaatlichen Rechtsvorschrift wie der Vierten Übergangsbestimmung des Gesetzes 1/2013 *entgegenstehen*, wonach für die Ausübung des Rechts der Verbraucher, gegen die ein Hypothekenvollstreckungsverfahren eingeleitet, aber nicht vor dem Inkrafttreten des Gesetzes, zu dem die Bestimmung gehört, abgeschlossen wurde, auf Einspruch gegen dieses Verfahren wegen angeblich missbräuchlicher Vertragsklauseln, eine ab dem Tag nach der *Veröffentlichung* des Gesetzes berechnete *Ausschlussfrist* von einem *Monat* gilt;
- einer nationalen Rechtsvorschrift wie Art. 207 der LEC *nicht entgegensteht*, die es dem nationalen Gericht *untersagt*, die Missbräuchlichkeit der Klauseln eines Vertrags von Amts wegen erneut zu prüfen, wenn bereits durch eine *rechtskräftige Entscheidung* über die Vereinbarkeit aller Klauseln des Vertrags mit der Richtlinie entschieden wurde. Wenn eine oder mehrere Vertragsklauseln vorliegen, deren etwaige Missbräuchlichkeit bei einer vorhergehenden, mit einer rechtskräftigen Entscheidung abgeschlossenen gerichtlichen Kontrolle des streitigen Vertrags *nicht geprüft* worden war, ist die RL 93/13 dagegen dahin auszulegen, dass ein nationales Gericht, bei dem der Verbraucher ordnungsgemäß Einspruch eingelegt hat, auf Antrag der Parteien oder von Amts wegen die etwaige *Missbräuchlichkeit dieser Klauseln zu beurteilen hat*, sobald es über die hierzu erforderlichen rechtlichen und tatsächlichen Grundlagen verfügt[1910].

593 Mit seinen Fragen *4 & 5*, die zusammen geprüft wurden, wollte das vorlegende Gericht nähere Angaben zu den *Kriterien* erhalten, die nach Art. 3 Abs. 1 und Art. 4 RL 93/13/EWG zu berücksichtigen sind, um die etwaige Missbräuchlichkeit von Klauseln wie den im Ausgangsverfahren in Rede stehenden zu beurteilen, welche die Berechnung der ordentlichen Zinsen und die vorzeitige Fälligstellung wegen Pflichtverletzungen des Schuldners in einem begrenzten Zeitraum betreffen. Der EuGH *antwortete*, dass Art. 3 Abs. 1 und Art. 4 RL 93/13/EWG dahin auszulegen sind, dass

- für die Prüfung der etwaigen Missbräuchlichkeit einer Klausel eines Vertrags zwischen einem Gewerbetreibenden und einem Verbraucher festzustellen ist, ob die Klausel zum Nachteil des Verbrauchers ein erhebliches und ungerechtfertigtes Missverhältnis der vertraglichen Rechte und Pflichten der Vertragspartner verursacht. Diese Prüfung ist anhand der *nationalen Bestimmungen*, die in Ermangelung einer Vereinbarung der Parteien anwendbar sind, der *Mittel*, die das nationale Recht dem Verbraucher zur Verfügung stellt, um der Verwendung von Klauseln dieser Art ein Ende zu

[1910] Urteil Rz. 54.

setzen, der Art der Güter oder Dienstleistungen, die Gegenstand des betreffenden Vertrags sind, sowie *aller den Vertragsabschluss begleitenden Umstände* vorzunehmen,

- das vorlegende Gericht, wenn es der Ansicht ist, dass eine Vertragsklausel über die Methode zur Berechnung des ordentlichen Zinssatzes wie die im Ausgangsverfahren fragliche *nicht* im Sinne von Art. 4 Abs. 2 der Richtlinie *klar und verständlich abgefasst* ist, prüfen muss, ob diese Klausel missbräuchlich im Sinne von Art. 3 Abs. 1 der Richtlinie ist. Im Rahmen dieser Prüfung hat das genannte Gericht insbesondere die in der Klausel vorgesehene Methode zur *Berechnung* des ordentlichen Zinssatzes und die sich daraus ergebende tatsächliche *Höhe des Satzes* mit den üblicherweise angewandten Berechnungsmethoden und dem gesetzlichen Zinssatz sowie den Zinssätzen zu *vergleichen*, die zum Zeitpunkt des Abschlusses des im Ausgangsverfahren in Rede stehenden Vertrags für ein Darlehen in gleicher Höhe und mit gleicher Laufzeit wie der betreffende Darlehensvertrag auf dem Markt praktiziert werden, und
- hinsichtlich der von einem nationalen Gericht vorzunehmenden Beurteilung der etwaigen Missbräuchlichkeit der Klausel, die die vorzeitige Fälligstellung wegen Pflichtverletzungen des Schuldners in einem begrenzten Zeitraum betrifft, das Gericht insbesondere *prüfen* muss, ob die dem Gewerbetreibenden eingeräumte Möglichkeit, das gesamte Darlehen fällig zu stellen, davon abhängt, dass der Verbraucher eine *Verpflichtung nicht erfüllt* hat, die im Rahmen der fraglichen vertraglichen Beziehungen *wesentlich* ist, ob diese Möglichkeit für Konstellationen vorgesehen ist, in denen eine solche *Nichterfüllung* im Verhältnis zur Laufzeit und zur Höhe des Darlehens *hinreichend schwerwiegend* ist, ob die genannte Möglichkeit von den auf diesem Gebiet in Ermangelung spezifischer vertraglicher Bestimmungen anwendbaren allgemeinen Vorschriften *abweicht* und ob das nationale Recht für den Verbraucher angemessene und wirksame Mittel vorsieht, die es dem Verbraucher, dem gegenüber eine derartige Klausel zur Anwendung kommt, ermöglichen, die *Wirkungen der Fälligstellung* des Darlehens wieder zu *beseitigen*[1911].

Mit seinen Fragen *6 & 7*, die zusammen geprüft wurden, wollte das vorlegende Gericht wissen, ob die RL 93/13/EWG so auszulegen ist, dass sie einer richterlichen Auslegung einer Vorschrift des nationalen Rechts wie Art. 693 Abs. 2 der LEC, mit der die Klauseln über die vorzeitige Fälligstellung von Darlehensverträgen geregelt werden, entgegensteht, die es dem nationalen Gericht, das die Missbräuchlichkeit einer solchen Vertragsklausel festgestellt hat, *untersagt*, sie für nichtig zu erklären und ausser Betracht zu lassen, wenn der Ge- 594

[1911] Urteil Rz. 67.

werbetreibende sie tatsächlich nicht angewandt hatte, sondern die Voraussetzungen der Vorschrift des nationalen Rechts eingehalten hatte. Der EuGH *antwortete*, dass die RL 93/13 dahin auszulegen ist, dass sie dem *entgegensteht*, eine Vorschrift des nationalen Rechts wie Art. 693 Abs. 2 der LEC, mit der die Klauseln über die vorzeitige Fälligstellung von Darlehensverträgen geregelt werden, *richterlich so auszulegen*, dass sie es dem nationalen Gericht, das die Missbräuchlichkeit einer solchen Vertragsklausel festgestellt hat, *untersagt*, sie für *nichtig zu erklären* und ausser Betracht zu lassen, wenn der Gewerbetreibende sie *tatsächlich nicht angewandt* hatte, sondern die Voraussetzungen der Vorschrift des nationalen Rechts eingehalten hatte[1912].

21. Air Berlin/Verbraucherzentrale Bundesverband e.V

595 Dem Urteil ***Air Berlin/Verbraucherzentrale Bundesverband e.V.***[1913] lag folgender Sachverhalt zugrunde: Der Bundesverband hatte auf der Webseite der Air Berlin Probebuchungen für zwei Binnenflüge vorgenommen und dabei festgestellt, dass als «Steuern und Gebühren» ein Betrag von 1 bzw. 3 € angegeben wurde, was nicht den Tatsachen entsprach. Der Bundesverband erkannte darin einen Verstoss gegen Art. 23 Abs. 1 der EG-Verordnung 1008/2008 und erhob vor Gericht Klage auf *Unterlassung dieser Praxis*. Ausserdem machte er geltend, die AGB der Air Berlin, wonach bei Nichtantreten oder Stornieren eines Fluges eine *Bearbeitungsgebühr* von 25 € vom (zu erstattenden Betrag) abgezogen wird, verstosse gegen § 307 BGB, welcher in Deutschland die RL 93/13/EWG umsetzte. Vor diesem Hintergrund gelangte der Bundesgerichtshof im Rahmen eines Vorlageverfahrens an den EuGH.

596 Das Vorlagegericht wollte wissen, ob Art. 22 Abs. 1 der EG-Verordnung 1008/2008 es ausschliesse, dass eine – in Umsetzung der Richtlinie 93/13/EWG erlassene – nationale Regelung zur *Nichtigerklärung* einer AGB-Klausel führt, welche von Kunden, die einen Flug nicht angetreten oder storniert haben, eine gesonderte *pauschalierte Bearbeitungsgebühr* erhob. Der EuGH *verneinte* diese Frage, da die in Art. 22 Abs. 1 EG-Verordnung 1008/2008 verankerte *Preisfreiheit* nicht von der Beachtung der Regeln über *missbräuchliche AGB* entbinde[1914].

[1912] Urteil Rz. 75.

[1913] Rs. C-290/16, Air Berlin plc &Co. Luftverkehrs KG gegen Bundesverband der Verbraucherzentralen und Verbraucherverbände – Verbraucherzentrale Bundesverband e.V, EuGH-Urteil vom 6. Juli 2017, ECLI:EU:C:2017:523.

[1914] Urteil Rz. 50–52.

22. *Andriciuc/ Banca Românească SA*

Im Fall ***Andriciuc/Banca Românească SA***[1915] hatten Frau Andriciuc sowie zahlreiche weitere Personen, die ihr Einkommen in rumänischer Währung erhielten, 2007/2008 bei der Banca Românească *Kreditverträge* in *Schweizer Franken* für den Erwerb von Immobilien, die Refinanzierung anderer Kredite oder für die Erfüllung persönlicher Bedürfnisse aufgenommen. Die Kreditnehmer waren vertraglich verpflichtet, den Kredit in jener Währung zurückzuzahlen, in der sie vereinbart worden waren, also in *Schweizer Franken*. Dementsprechend trugen sie das *Wechselkursrisiko* einer Entwertung ihrer Landeswährung gegenüber dem Schweizer Franken. Ausserdem war die Bank gemäss ihren AGB berechtigt, Belastungen auf dem Konto der Kreditnehmer zum Tages-Wechselkurs der *Vertragswährung* (CHF) vorzunehmen, womit diese auch die *Wechselkursdifferenz* zu tragen hatten. Die Kreditnehmer erhoben in der Folge beim Erstgericht Klage auf *Nichtigerklärung* dieser Klauseln, da sie diese als missbräuchlich erachteten. Gegen die Abweisung ihrer Klage in erster Instanz rekurrierten sie beim Berufungsgericht, welches das Verfahren aussetzte und dem EuGH *drei Fragen* zur Vorabentscheidung unterbreite, welche dieser in umgekehrter Reihenfolge beantwortete. 597

Mit seiner *dritten* Frage wollte das Vorlagegericht wissen, ob unter die Formulierung «Hauptgegenstand des Vertrags» und «Angemessenheit zwischen dem Preis bzw. dem Entgelt und den Dienstleistungen bzw. den Gütern, die die Gegenleistung darstellen» in Art. 4 Abs. 2 RL 93/13/EWG auch AGB fallen, die bei zwischen Gewerbetreibenden und Konsumenten in *Fremdwährung* geschlossenen Kreditverträgen die Kreditrückzahlung in der *Fremdwährung* vorsahen. Der EuGH *bejahte* diese Frage, weil die Fremdwährungsklausel eine *Hauptleistung* des Vertrags festlege, die diesen *charakterisiere* und daher die Klausel *nicht als missbräuchlich* angesehen werden könne, sofern sie klar und verständlich abgefasst sei[1916]. 598

Mit seiner *zweiten* Frage wollte das Vorlagegericht wissen, ob AGB im Sinne von Art. 4 Abs. 2 RL 93/13/EWG ausreichend klar und verständlich sind, wenn sie die *Gründe* für ihre Aufnahme in den Vertrag und ihre *Funktionsweise* angeben, oder ob sie ausserdem auf alle möglichen Folgen einer Klausel, wie das Wechselkursrisiko, hinzuweisen haben. Der EuGH *antwortete*, die klare und verständliche Abfassung einer Vertragsklausel setze voraus, dass bei Kreditverträgen den Kreditnehmern ausreichende Informationen zur Verfügung stehen, die *umsichtige* und *besonnene Entscheidungen* ermöglichen. Dies bedeutet, dass eine Fremdwährungsklausel in einem Kreditvertrag für den Konsumenten nicht nur *formell* und *grammatikalisch* sondern auch in ihrer *konkreten Tragweite* so 599

1915 Rs C 186/16, Ruxandra Paula Andriciuc u. a. gegen Banca Românească SA, EuGH-Urteil vom 20. September 2017, ECLI:EU:C:2017:703.

1916 Urteil Rz. 41.

verständlich sein muss, dass ein *normal informierter, angemessen aufmerksamer* und *verständiger Durchschnittsverbraucher* nicht nur die *Möglichkeit* einer *Auf-* oder *Abwertung* der Fremdwährung, auf die der Kredit lautet, erkennen, sondern auch die – *möglicherweise erheblichen* – *wirtschaftlichen Folgen* für seine finanziellen Verpflichtungen einschätzen kann[1917].

600 Mit seiner *ersten* Frage ersuchte das Vorlagegericht um Auskunft, ob zur Beurteilung eines erheblichen und ungerechtfertigten *Missverhältnisses* nach Art. 3 Abs. 1 RL 93/13/EWG bloss auf den *Zeitpunkt* des *Vertragsschlusses* abzustellen oder auch der Umstand zu beachten ist, dass nachträglich während der *Vertragserfüllung* wiederkehrender Leistungen *erhebliche Änderungen* des Wechselkurses zu einer übermässigen Belastung führen. Der EuGH *antwortete*, es sei auf den *Zeitpunkt* des *Vertragsabschlusses* abzustellen, jedoch unter Berücksichtigung der *gesamten,* für den Gewerbetreibenden damals *erkennbahren Umstände*, welche die *Vertragserfüllung* beeinflussten[1918].

23. Karel de Grote/Kuijpers

601 Im Fall ***Karel de Grote/Kuijpers***[1919] hatte Frau Kuijpers als Studentin der Hochschule Karle de Grote am 3. Februar 2014 einen Betrag von 1546 € an *Studiengebühren* (inkl. einer Studienreise) zu bezahlen. Da sie den Betrag nicht auf einmal begleichen konnte, wurde ihr vom *Studienfinanzierungsdienst* der Hochschule aufgrund eines schriftlichen Vertrags ein *zinsloses Teilzahlungsdarlehen* gewährt. Dementsprechend hatte Frau Kuijpers ab 25. Februar 2014 monatlich während sieben Monaten 200 € an den Studienfinanzierungsdienst zurückzuzahlen, wobei der Restbetrag von 146 € bis am 25. September 2014 zu bezahlen war. Für den Fall der *Nichtzahlung* enthielt der Vertrag folgende Klausel:

> *«Wird der Darlehensbetrag (ganz oder teilweise) nicht rechtzeitig zurückgezahlt, werden von Gesetzes wegen Zinsen in Höhe von 10 % jährlich auf die Restschuld ab dem Tag nach Fälligkeit geschuldet, ohne dass es einer Mahnung bedarf. In diesem Fall wird auch eine Entschädigung zur Deckung der Beitreibungskosten geschuldet, die vertraglich auf 10 % der Restschuld, mindestens aber 100 Euro, festgesetzt wird.»*

[1917] Urteil Rz. 51.

[1918] Urteil Rz. 58.

[1919] Rs. C-147/16 Karel de Grote – Hogeschool Katholieke Hogeschool Antwerpen VZW gegen Susan Romy Jozef Kuijpers, EuGH-Urteil vom 17. Mai 2018, ECLI:EU:C:2018:320.

Da Frau Kuijpers trotz förmlichen Aufforderungsschreibens des Studienfinanzierungsdienstes *keine Zahlung* leistete, klagte die Hochschule am 27. November 2015 beim *Friedensgericht Antwerpen* (Belgien) auf Bezahlung der Hauptforderung von 1546 €, Verzugszinsen von 10 % (269,81 €) und Kostenersatz (154,60 €). Frau Kuijpers erschien nicht vor Gericht und lies sich auch nicht vertreten. Mit *Zwischenurteil* vom 4. Februar 2016 sprach das Friedensgericht die Hauptforderung zu, hegte aber Zweifel an der Zulässigkeit der verlangten Zinsen und Kosten, da diese gegen zwingendes Recht verstossen könnten. Es setzte daher das Verfahren aus und legte de EuGH *drei* Fragen zur Vorabentscheidung vor.

Mit seiner *ersten* Frage wollte das Friedensgericht wissen, ob gemäss der RL 93/13/EWG ein nationales Gericht – das nach eigenem Prozessrecht von Amts wegen prüfen darf, ob die umstrittene Vertragsklausel gegen *zwingendes* nationales Recht verstösst – im Säumnisfall *von Amts wegen prüfen darf* oder *muss*, ob der Vertrag mit der fraglichen Klausel in den *Anwendungsbereich* der Richtlinie fällt. Der EuGH *antwortete*, dass das nationale Gericht im *Säumnisfall von Amtes wegen prüfen muss,* ob der Vertrag mit der fraglichen Klausel in den *Anwendungsbereich* der Richtlinie fällt und ob die Klausel *missbräuchlich* ist[1920]. 602

Mit der *zweiten* und *dritten* Frage wollte das Friedensgericht wissen, ob eine freie Bildungseinrichtung, die mit einer Studentin *vertragliche Zahlungserleichterungen* für Studiengebühren vereinbart hatte, für diesen Vertrag als «*Gewerbetreibender*» nach Art. 2 lit. c RL 93/13/EWG galt und der Vertrag in den *Anwendungsbereich* der Richtlinie falle. Der EuGH *bejahte* diese Frage[1921]. 603

24. Sziber/ERSTE Bank

Im Fall ***Sziber/Erste Bank***[1922] hatten Herr Sziber und Frau Szeder am 7. Mai 2008 mit der ERSTE Bank einen *Darlehensvertrag* für einen *Wohnungskauf* abgeschlossen. Der Vertrag wies den Darlehensbetrag in *CHF* zum *Tageswechselkurs* aus, wobei die Auszahlung und die Rückzahlung in HUF zu erfolgen hatte. Dem Darlehensvertrag war ein *Immobilienhypothekenvertrag* beigefügt mit Angabe der *Kursspanne* zwischen dem anwendbaren Wechselkurs für die Auszahlung bzw. Rückzahlung (= Differenz Ankaufskurs und Verkaufskurs der Bank). Zudem konnte die Bank durch eine *einseitige Vertragsänderung* die Zinsen, Gebühren und Kosten erhöhen. Herr Sziber beantragte in der Folge beim *Hauptstädtischen Gericht*, die *Nichtigkeit* des *Darlehensvertrags* bzw. die *Unwirksamkeit* einzelner Vertragsklauseln festzustellen. Das Gericht setzte das Verfahren aus und unterbreitete dem EuGH *drei* Fragen zur Vorabentscheidung. 604

[1920] Urteil Rz. 37.

[1921] Urteil Rz. 60.

[1922] Rs-C-483/16, Zsolt Sziber gegen ERSTE Bank Hungary Zrt., EuGH-Urteil vom 31. Mai 2018, ECLI:EU:C:2018:320.

605 Mit der *ersten* und *zweiten* Frage, wollte das vorlegende Gericht wissen, ob *Art. 7 RL 93/13/EWG* eine nationale Regelung zulässt, die besondere *prozessuale Anforderungen* für Klagen von Konsumenten vorsieht, die auf eine *Fremdwährung* lautende Darlehensverträge abgeschlossen haben, welche Klauseln über eine Kursspanne und/oder über die Möglichkeit einer einseitigen Vertragsänderung enthalten. Der EuGH *bejahte* diese Frage, sofern die allfällige Feststellung der *Missbräuchlichkeit* einer solchen Vertragsklausel es erlaubt, die *Sach-* und *Rechtslage wiederherzustellen*, in der sich der Konsument ohne die missbräuchlichen Klauseln befinden würde[1923].

606 Mit der *dritten* Frage, wollte das vorlegende Gericht wissen, ob die *RL 93/13/EWG* auch auf Sachverhalte *ohne grenzüberschreitenden Bezug* anwendbar ist, was der EuGH *bejahte*[1924].

25. Banco Santander/Demba & Escobedo Cortés et al.

607 Im Fall ***Banco Santander/Demba***[1925] schlossen Herr Demba und Frau Godoy Bonet am 2. November 2009 bzw. 22. September 2011 mit der Banco Santander *zwei Darlehensverträge* (30'750 €, Laufzeit bis 2. November 2014 bzw. 32'153,63 €, Laufzeit bis 22. September 2019). Gemäss den *AGB* betrugen die Darlehens- bzw. Verzugszinsen 8,50 % bzw. 18,50 % für den ersten Vertrag und 11,20 % bzw. 23,70 % für den zweiten Vertrag. Da die Darlehensnehmer die vereinbarten Monatsraten *nicht zahlten*, stellte die Bank die Verträge *vorzeitig fällig* und verlangte beim erstinstanzlichen Gericht (*Juzgado de Primera Instancia n° 38 de Barcelona*), die Vollstreckung ihrer Forderungen im Gesamtbetrag von 53'664,14 €. Ohne diesbezügliche Vertragsbestimmung trat die Bank diese Forderungen am 16. Juni 2015 mit öffentlicher Urkunde für 3'215,72 € – unter Berufung auf die einschlägigen Bestimmungen des spanischen Zivilgesetzbuchs – an einen *Dritten* ab, welcher beantragte, beim vorlegenden Gericht anstelle der Bank in das Vollstreckungsverfahren einzutreten. Vor diesem Hintergrund sistierte das Vorlagegericht das Verfahren und unterbreitete dem EuGH folgende *zwei* Fragen:

- Ist eine Geschäftspraxis, wonach Darlehensforderungen abgetreten werden, ohne dem Konsumenten zu ermöglichen, die Verbindlichkeit an den Zessionar zu bezahlen, mit dem Unionsrecht vereinbar (insb. mit Art. 38 Charta der Grundrechte und Art. 4 Abs. 2, 12 und 169 Abs. 1 AEUV)? Ist

---

1923 Urteil Rz. 55.

1924 Urteil Rz. 59.

1925 Rs. C-96/16 Banco Santander SA gegen Mahamadou Demba, Mercedes Godoy Bonet (C-96/16) und Rs. C-94/17 Rafael Ramón Escobedo Cortés gegen Banco de Sabadell SA (C-94/17), EuGH-Urteil vom 7. August 2018, ECLI:EU:C:2018:643.

diese Praxis ohne diesbezügliche Vertragsklausel mit der RL 93/13/EWG (insb. Art. 3 Abs. 1 und 7 Abs. 1) vereinbar?

- Erlaubt das Unionsrecht, bei Konsumentenverträgen über Darlehen ohne dingliche Sicherheit eine AGB-Klausel als missbräuchlich zu qualifizieren, wenn der vertragliche Verzugszinssatz den Darlehenszinssatz um mehr als zwei Prozentpunkte übersteigt? Erlaubt das Unionsrecht als Rechtsfolge die weitere Entrichtung der Darlehenszinsen bis zur vollständigen Zahlung der Verbindlichkeit vorzusehen?

Im verbundenen Rechtstreit *Escobedo Cortés/Banco Sabadell*[1926] hatte Herr 608 Escobedo Cortés am 11. Januar 1999 mit der Caja de Ahorros del Mediterráneo (später Banco de Sabadell) einen Vertrag über ein *Hypothekendarlehen* von 17'633,70 € geschlossen, das in monatlichen Raten zurückzuzahlen war. Der vertragliche Darlehenszins betrug 5,5 % p.a. und der Verzugszinssatz 25 % p.a. Als Herr Escobedo Cortés in Zahlungsverzug geriet, erhob er beim Gericht erster Instanz (*Juzgado de Primera Instancia*) Klage gegen die Bank auf *Nichtigerklärung* der *Verzugszinsklausel.* Dieses Gericht hiess die Klage gut und erkannte, dass der Verzugszins auf das Dreifache des gesetzlichen Verzugszinses zu reduzieren sei. In zweiter Instanz (*Audiencia Provincial de Alicante*) wurde diese Entscheidung am 18. September 2014 *bestätigt.* Dagegen erhob Herr Escobedo Cortés Kassationsbeschwerde beim *Tribunal Supremo*, weil das Urteil gegen Art. 6 Abs. 1 und Art. 7 Abs. 1 der RL 93/13/EWG verstosse, da aus einer missbräuchlichen und damit nichtigen Klausel weder Verzugs- noch Darlehenszinsen geschuldet seien. Der Tribunal Supremo hatte Zweifel an der Vereinbarkeit seiner bisherigen Rechtsprechung mit der RL 93/13/EWG, setzte das Verfahren aus und unterbreitete dem EuGH folgende *drei* Fragen:

- Stehen Art. 3 in Verbindung mit Nr. 1 lit. e des Anhangs sowie Art. 4 Abs. 1 der RL 93/13/EWG einer *Rechtsprechung* entgegen, wonach eine Darlehensvertragsklausel, die im Vergleich zum vertraglichen jährlichen Darlehenszinssatz einen um mehr als 2 % erhöhten Verzugszinssatz vorsieht, und damit dem Konsumenten bei Zahlungsverzug einen unverhältnismässig hohen Entschädigungsbetrag auferlegt und missbräuchlich ist?
- Stehen Art. 3 in Verbindung mit Nr. 1 lit. e des Anhangs sowie Art. 4 Abs. 1, Art. 6 Abs. 1 und Art. 7 Abs. 1 der RL 93/13/EWG einer *Rechtsprechung* entgegen, welche zur Beurteilung der Missbräuchlichkeit einer Darlehensvertragsklausel, die den Verzugszinssatz festgelegt, auf dessen Aufschlag im Vergleich zum Darlehenszinssatz abstellt, weil damit «dem Verbraucher, der seinen Verpflichtungen nicht nachkommt, ein unverhältnismässig hoher Ent-

[1926] Rs. C-96/16 Banco Santander SA gegen Mahamadou Demba, Mercedes Godoy Bonet (C-96/16) und Rs. C-94/17 Rafael Ramón Escobedo Cortés gegen Banco de Sabadell SA (C-94/17), EuGH-Urteil vom 7. August 2018, ECLI:EU:C:2018:643.

schädigungsbetrag» auferlegt wird, und im Falle der Missbräuchlichkeit vorsieht, dass der gesamte erhöhte Zins wegfällt und bis zur Rückzahlung des Darlehens nur die Darlehenszinsen anfallen?

– Falls die zweite Frage zu bejahen ist: Muss die *Nichtigerklärung* einer missbräuchlichen Verzugszinssatzklausel andere Wirkungen entfalten, damit diese mit der RL 93/13/EWG vereinbar ist, z. B., dass keine Zinsen (weder Darlehens- noch Verzugszinsen) mehr anfallen, wenn der Darlehensnehmer seiner Pflicht, die Darlehensraten zu den vertraglich vereinbarten Terminen zu zahlen, nicht nachkommt, oder aber dass die gesetzlichen Zinsen anfallen?

609 Auf die *erste Frage* der Rs. C-96/16 *antwortete* der EuGH, dass die RL 93/13/EWG *nicht gilt* für eine *Geschäftspraxis*, wonach eine Forderung gegen einen Konsumenten abgetreten oder verkauft wird, ohne dass im Darlehensvertrag eine Abtretung vorgesehen ist, ohne dass der Konsument vorab über die Abtretung informiert wird und ohne dessen Zustimmung einzuholen, um ihm zu ermöglichen, seine Verbindlichkeit zurückzukaufen bzw. zu tilgen, indem er dem Zessionar den von diesem für die Abtretung bezahlten Preis (zuzüglich Auslagen, Zinsen und Verfahrenskosten) erstattet. Die Richtlinie gilt auch nicht für nationale Bestimmungen wie Art. 1535 des Zivilgesetzbuchs sowie die Art. 17 und 540 des Zivilprozessgesetzes, die eine solche Möglichkeit zum Rückkauf und die Ersetzung des Zedenten durch den Zessionar in laufenden Verfahren regeln[1927].

610 Auf die *zweite* Frage lit. a der Rs. C-96/16 sowie die *erste* Frage der Rs. C-94/17 *antwortete* der EuGH, dass die RL 93/13/EWG einer *nationalen Rechtsprechung nicht* entgegensteht, wonach in einem Konsumenten-Darlehensvertrag enthaltene AGB-Klausel, die den Verzugszinsstz festlegt, *missbräuchlich* ist, weil sie dem Konsumenten in Zahlungsverzug einen unverhältnismässig hohen Entschädigungsbetrag auferlegt, falls der Verzugszinssatz den vertraglichen Darlehenszins um mehr als zwei Prozentpunkte übersteigt[1928].

611 Auf die *zweite* Frage lit. b der Rs. C-96/16 sowie die *zweite* Frage der Rs. C-94/17 *antwortete* der EuGH, die RL 93/13/EWG stehe einer nationalen Rechtsprechung *nicht entgegen*, wonach bei einem Konsumenten-Darlehens–vertrag die *Folge* der Missbräuchlichkeit einer AGB-Klausel, die den Verzugszinssatzfestsetzt, im gänzlichen *Wegfall der Verzugszinsen* besteht, wogegen die vertraglichen *Darlehenszinsen* weiterhin *anfallen*[1929]. Damit war die *dritte* Frage in der Rs. C-94/17 *nicht* mehr zu *beantworten*[1930].

1927 Urteil Rz. 47.

1928 Urteil Rz. 71.

1929 Urteil Rz. 79.

1930 Urteil Rz. 80.

26. *OTP Bank/Ilyés & Kiss*

Im Fall ***OTP Bank/Ilyés & Kiss***[1931] hatten Frau Ilyés und Herr Kiss am 15. Februar 2008 einen *Darlehensvertrag* mit der ELLA *(Első Lakáshitel Kereskedelmi Bank Zrt.* als Rechtsvorgängerin der OTP Bank) über ein (pfandgesichertes) Darlehen abgeschlossen, das auf CHF (zum Tageswechselkurs) lautete, aber in ungarischen Forint auszuzahlen und zurückzuzahlen war. Der Darlehensvertrag enthielt eine Klausel über die *Kursspanne* zwischen dem für die Auszahlung und dem für die Rückzahlung anwendbaren Wechselkurs (Differenz Ankaufskurs und Verkaufskurs der Bank). Zudem gab der Vertrag der Bank die Möglichkeit, durch *einseitige Vertragsänderung Zinsen, Gebühren und Kosten zu erhöhen*. Gemäss Vertrag hatte der Darlehensnehmer seine Zahlungsverpflichtungen in CHF durch Überweisung des entsprechenden Betrags auf sein bei der OTP Bank eröffnetes Forint-Kreditabrechnungskonto zu erfüllen. In der Folge erhoben die Darlehensnehmer am 16. Mai 2013 beim *Hauptstädtischen Gerichtshof* (Ungarn) *Klage* auf *Nichtigerklärung* des Darlehensvertrags. Am 22. Juli 2013 kündigte die OTP Bank den Darlehensvertrag wegen Nichterfüllung durch die Darlehensnehmer. Mit Urteil vom 11. März 2016 hiess das Gericht die Klage gut. Die OTP Bank legte beim *Hauptstädtisches Tafelgericht* (Ungarn), *Berufung* ein. Dieses Gericht setzte das Verfahren aus legte dem Gerichtshof *fünf* Fragen zur Vorabentscheidung vor. 612

Mit seiner *ersten* Frage wollte das vorlegende Gericht wissen, ob der Begriff «Vertragsklausel, die nicht im Einzelnen ausgehandelt wurde» nach Art. 3 Abs. 1 RL 93/13/EWG dahin auszulegen ist, dass er u. a. eine Vertragsklausel umfasst, die durch eine *bindende nationale Rechtsvorschrift* wie § 3 Abs. 2 des Ersten Devisenkredit-Gesetzes in Verbindung mit § 10 des Dritten Devisenkredit-Gesetzes geändert worden ist, welche nach dem Abschluss eines Konsumenten-Darlehensvertrags erlassen wurde, um eine in dem betreffenden Vertrag enthaltene *nichtige Klausel* zu *ersetzen*, wobei für die Berechnung der ausstehenden Darlehensforderung die Anwendung eines von der Nationalbank festgelegten Wechselkurses vorgeschrieben wird. Der EuGH *antwortete*, der Begriff «Vertragsklausel, die nicht im Einzelnen ausgehandelt wurde» gemäss Art. 3 Abs. 1 der RL 93/13/EWG umfasse u. a. auch eine Vertragsklausel, die durch eine *bindende nationale Rechtsvorschrift geändert* worden ist, welche *nach Abschluss* eines Konsumenten-Darlehensvertrags erlassen wurde und eine im Vertrag enthaltene *nichtige Klausel ersetzen* soll[1932]. 613

Mit seiner *zweiten* Frage wollte das vorlegende Gericht wissen, ob Art. 1 Abs. 2 RL 93/13/EWG dahin auszulegen ist, dass der Anwendungsbereich der RL auch Klauseln erfasst, welche durch *bindende nationale Rechtsvorschriften* geändert 614

[1931] Rs. C-51/17, OTP Bank Nyrt., OTP Faktoring Követeléskezelő Zrt. gegen Teréz Ilyés, Emil Kiss, EuGH-Urteil vom 20. September 2018, ECLI:EU:C:2018:750.

[1932] Urteil Rz. 49.

worden sind, die nach Abschluss eines Konsumenten-Dar–lehensvertrags erlassen wurden und im Vertrag enthaltene *nichtige Klauseln ersetzen* sollen, wobei zur Berechnung der ausstehenden Darlehensforderung ein von der Nationalbank festgelegter *amtlicher Wechselkurs* vorgeschrieben wird, aber das *Wechselkursrisiko* im Fall einer Abwertung der nationalen Währung gegenüber der Fremdwährung, in der das Darlehen abgeschlossen wurde, beim *Verbraucher bleibt.* Der EuGH *antwortete*, dass gemäss Art. 1 Abs. 2 der RL 93/13/EWG der *Anwendungsbereich* dieser Richtlinie auf *bindenden nationalen Rechtsvorschriften beruhende Klauseln nicht* erfasst, die nach Abschluss eines Darlehensvertrags mit einem Verbraucher eingefügt worden sind und eine in diesem Vertrag enthaltene nichtige Klausel ersetzen sollen, wobei ein von der Nationalbank festgelegter Wechselkurs vorgeschrieben wird. Eine Klausel über das Wechselkursrisiko, wie die im Ausgangsverfahren streitige, ist jedoch *nicht* aufgrund dieser Bestimmung vom Anwendungsbereich der Richtlinie 93/13/EWG *ausgeschlossen*[1933].

615 Mit seiner *dritten* Frage wollte das vorlegende Gericht wissen, ob Art. 4 Abs. 2 RL 93/13/EWG das Erfordernis, wonach die Vertragsklauseln klar und verständlich abgefasst sein müssen, einschliesst, dass das Kreditinstitut detaillierte Informationen über das Wechselkursrisiko zur Verfügung stellen muss, darunter eine Risikoanalyse zu den wirtschaftlichen Folgen, die sich aus einer Abwertung der nationalen Währung gegenüber der Fremdwährung, in der das Darlehen gewährt wurde, ergeben könnten. Der EuGH *antwortete*, dass Art. 4 Abs. 2 RL 93/13/EWG dahin auszulegen ist, dass das Erfordernis der klaren und verständlichen Abfassung einer Vertragsklausel die *Finanzinstitute verpflichtet*, den Darlehensnehmern Informationen zur Verfügung zu stellen, die ausreichen, um diese in die Lage zu versetzen, *umsichtige und besonnene Entscheidungen zu treffen*. Dieses Erfordernis bedeutet, dass eine Klausel über das Wechselkursrisiko für den Verbraucher in formeller und grammatikalischer Hinsicht, aber auch hinsichtlich ihrer konkreten Tragweite in dem Sinne verständlich sein muss, dass ein *normal informierter, angemessen aufmerksamer und verständiger Durchschnittsverbraucher nicht* nur die *Möglichkeit einer Abwertung* der nationalen Währung gegenüber der Fremdwährung, in der der Kredit gewährt wurde, erkennen, sondern auch die – *möglicherweise erheblichen – wirtschaftlichen Folgen* einer solchen Klausel für seine finanziellen Verpflichtungen *einschätzen* kann[1934].

616 Mit seiner *vierten* Frage wollte das vorlegende Gericht wissen, ob Art. 4 RL 93/13/EWG bedeutet, dass die Klarheit und Verständlichkeit von Vertragsklauseln unter Berücksichtigung aller den Vertragsabschluss begleitenden Umstände

[1933] Urteil Rz. 70.
[1934] Urteil Rz. 78.

sowie aller anderen Klauseln desselben Vertrags zum Zeitpunkt des Vertragsabschlusses beurteilt werden muss, auch wenn der nationale Gesetzgeber einige dieser Klauseln zu einem *späteren Zeitpunkt* für missbräuchlich oder mutmasslich missbräuchlich und für nichtig erklärt hat. Der EuGH *antwortete*, Art. 4 RL 93/13/EWG sei so auszulegen, dass die Klarheit und Verständlichkeit von Vertragsklauseln unter Berücksichtigung *aller den Vertragsabschluss begleitenden Umstände* sowie *aller anderen Klauseln* desselben Vertrags zum *Zeitpunkt des Vertragsabschlusses* beurteilt werden muss, *ungeachtet* des Umstands, dass der nationale Gesetzgeber einige dieser Klauseln zu einem *späteren Zeitpunkt* für missbräuchlich oder mutmasslich missbräuchlich und deshalb für *nichtig* erklärt hat[1935].

Mit seiner *fünften* Frage möchte das vorlegende Gericht wissen, ob Art. 6 Abs. 1 RL 93/13/EWG dahin auszulegen ist, dass das nationale Gericht die Frage der möglichen Missbräuchlichkeit von Klauseln eines Vertrags, den der Verbraucher mit einem Gewerbetreibenden geschlossen hat – anstelle des Verbrauchers in seiner *Eigenschaft als Kläger* –, von Amts wegen aufgreifen muss. Der EuGH *antwortete*, Art. 6 Abs. 1 und Art. 7 Abs. 1 RL 93/13/EWG bedeute, dass das nationale Gericht – *anstelle des Verbrauchers in seiner Eigenschaft als Kläger* – die Frage der möglichen Missbräuchlichkeit einer Vertragsklausel *von Amts wegen aufgreifen muss*, sobald es über die hierzu erforderlichen rechtlichen und tatsächlichen Grundlagen verfügt[1936]. 617

27. Pouvin/EDF

Im Fall ***Pouvin/EDF***[1937] gewährte EDF am 3. April 1995 ihrem *Angestellten*, Herrn Pouvin, und seiner Ehefrau ein *Darlehen* im Rahmen der Unterstützungsmassnahmen zur Bildung von *Eigentum*. Das Darlehen von rund 57'625 € diente zum Erwerb der Hauptwohnung der Darlehensnehmer und war in 240 Monatsraten zurückzuzahlen aufgeteilt in zwei Tilgungsperioden von je zehn Jahren, zum Zinssatz von 4,75 % bzw. 8,75 %. Gemäss Art. 7 endete der Darlehensvertrag automatisch, falls der Darlehensnehmer aus irgendwelchen Gründen nicht mehr zum EDF-Personal gehörte. Mit Auflösung des Arbeitsvertrags wurde das Darlehenskapital ohne Vorliegen einer Vertagsverletzung des Darlehensnehmers sofort zur Rückzahlung fällig. Als Herr Pouvin am 1. Januar 2002 als Angestellter von EDF ausschied, leisteten die Darlehensnehmer keine Tilgungsraten mehr. Am 5. April 2012 forderte EDF wegen Be–endigung des Darlehensvertrags, das am 1. Januar 2002 noch geschuldete Kapital samt Zinsen von rund 50'238 € und 618

[1935] Urteil Rz. 83.

[1936] Urteil Rz. 91.

[1937] Rs. C-590/17, Henri Pouvin, Marie Dijoux gegen Électricité de France (EDF) EuGH-Urteil vom 21. März 2019, ECLI:EU:C:2019:232.

3'517 € als vereinbarte Vertragsstrafe. Das *Tribunal de grande instance de Saint-Pierre* erklärte mit Urteil vom 29. März 2013 die Klausel über die automatische Beendigung des Darlehensvertrags für missbräuchlich, sprach aber die Auflösung des Darlehensvertrags wegen Nichtzahlung der Tilgungsraten aus und verurteilte die Darlehensnehmer zur Bezahlung der Restschuld von rund 44'551 € (plus Zinsen). Mit Urteil vom 12. September 2014 erklärte die *Cour d'appel de Saint-Denis* dagegen, dass der Darlehensvertrag am 1. Januar 2002 automatisch geendet habe und verurteilte die Darlehensnehmer zur Zahlung von rund 50'238 € (plus Zinsen und Konventionalstrafe. Nach Auffassung des Berufungsgerichts war Art. L. 132-1 des *Code de la consommation* nicht anwendbar, da die EDF den Darlehensvertrag als *Arbeitgeber* und *nicht* als «*Gewerbetreibender*» geschlossen habe. Dagegen erhoben die Darlehensnehmer *Kassationsbeschwerde*. Der *Kassationsgerichtshof* war der Ansicht, dass die aufgeworfenen Fragen von der Auslegung des Art. 2 RL 93/13/EWG abhingen. Er setzte daher das Verfahren aus und legte dem EuGH *vier* Fragen zur Vorabentscheidung vor.

619 Mit seinen (gemeinsam zu prüfenden) Fragen wollte das vorlegende Gericht wissen, ob Art. 2 lit. b und c RL 93/13/EWG so auszulegen ist, dass der Arbeitnehmer eines Unternehmens und sein Ehepartner, die mit dem Unternehmen einen (in erster Linie dessen Mitarbeitern vorbehaltenen) Darlehensvertrag schlossen, mit dem der Erwerb einer Immobilie zu privaten Zwecken finanziert werden sollte, «Verbraucher» im Sinne von Art. 2 lit. b sind, und ob dieses Unternehmen in Bezug auf die Gewährung dieses Darlehens als «Gewerbetreibender» im Sinne von Art. 2 lit. c anzusehen ist. Der EuGH *antwortete*, dass

- Art. 2 lit. b RL 93/13/EWG ist dahin auszulegen, dass der Arbeitnehmer eines Unternehmens und sein Ehepartner, die mit diesem Unternehmen einen in erster Linie den Mitarbeitern des Unternehmens vorbehaltenen Darlehensvertrag schliessen, mit dem der *Erwerb einer Immobilie zu privaten Zwecken finanziert* werden soll, «*Verbraucher*» im Sinne dieser Bestimmung sind.
- Art. 2 lit. c RL 93/13/EWG ist dahin auszulegen, dass dieses Unternehmen «*Gewerbetreibender*» im Sinne dieser Bestimmung ist, wenn es einen solchen Darlehensvertrag im Rahmen seiner *gewerblichen* oder *beruflichen* Tätigkeit schliesst, auch wenn die *Darlehensvergabe nicht seine Haupttätigkeit* darstellt[1938].

[1938] Urteil Rz. 43.

28. *Abanca/Santos & Bankia/Mendoza, Ramírez*

Im Fall ***Abanca/Santos & Bankia/Mendoza, Ramírez***[1939] war der EuGH mit zwei Sachverhalten befasst, die er gemeinsam beurteilte: 620

- In der Rs. C-70/17 hatten Herr García Salamanca Santos und Frau Varela Pena am 30. Mai 2008 mit der Bank Abanca Corporación Bancaria einen *Hypothekendarlehensvertrag* über 100'000 € mit einer Laufzeit von 30 Jahren abgeschlossen. Art. 6bis des Vertrags sah die *vorzeitige Auflösung* des Vertrags durch die Bank vor, «a) bei Ausbleiben der Zahlung eines beliebigen Teils der Zinsen oder Tilgungsraten bei Fälligkeit, einschliesslich der Bestandteile, aus denen sie sich zusammensetzen; die Parteien beantragen ausdrücklich, diese Abrede gemäss Art. 693 des Gesetzes Nr. 1/2000 in das Grundbuch einzutragen...». In der Folge erhob Herr García Salamanca Santos beim zuständigen *erstinstanzlichen spanischen Gericht Klage* auf *Nichtigerklärung* dieser Klausel des Hypothekendarlehensvertrags Missbräuchlichkeit. Das Gericht gab der Klage statt und erklärte die Art. 6bis des Hypothekendarlehensvertrags für nichtig. Gegen dieses Urteil erhob die Abanca Corporación Bancaria bei der *Audiencia Provincial de Pontevedra* Berufung, die abgewiesen wurde, worauf die Bank beim *Tribunal Supremo Kassationsbeschwerde* einreichte. Das oberste Gericht hielt die Klausel für missbräuchlich, hatte aber Zweifel, ob die RL 93/13/EWG es erlaube, eine Vertragsklausel als *teilweise missbräuchlich* zu erklären. Folglich setzte es das Verfahren aus und gelangte an den EuGH.
- In der Rs. C-179/17 hatten Frau Rodríguez Ramírez und Herr Lau Mendoza am 22. Juni 2005 mit der Bankia SA einen *Hypothekendarlehensvertrag* über 188'000 €ro mit einer Laufzeit von 37 Jahren abgeschlossen. Art. 6bis des Vertrags sah vor: «Ungeachtet der im Vertrag festgelegten Laufzeit kann die Gläubigerbank das Darlehen für fällig erklären, indem sie es als aufgelöst und die Schuld in vollem Umfang als vorzeitig fällig erachtet, insbesondere im Fall der Nichtzahlung einer, mehrerer oder sämtlicher der in Klausel 2 [über die Tilgung] vorgesehenen Raten bei Fälligkeit.» Da die Beklagten etliche Monatsraten nicht bezahlten, stellte die Bankia beim *Juzgado de Primera Instancia no 1 de Barcelona* einen Antrag auf *Vollstrekkung* der Sache, die ihr als Sicherheit für die Zahlung des Darlehens diente. Das Gericht hatte Zweifel an der Vereinbarkeit der nationalen Rechtsprechung des Tribunal Supremo mit Art. 6 und 7 RL 93/13/EWG, weshalb es das Verfahren aussetzte und an den EuGH gelangte.

[1939] Rs. C-70/17, Abanca Corporación Bancaria SA gegen Alberto García Salamanca Santos sowie Rs. C-179/17 Alfonso Antonio Lau Mendoza gegen Verónica Yuliana Rodríguez Ramírez, EuGH-Urteil vom 26. März 2019, ECLI:EU:C:2019:250.

621 Mit ihren Fragen wollten die vorlegenden Gerichte wissen, ob Art. 6 und 7 RL 93/13/EWR dahin auszulegen sind, dass einerseits eine Klausel über die *vorzeitige Fälligstellung* eines Hypothekendarlehensvertrags, wenn sie für missbräuchlich befunden wird, gleichwohl *teilweise aufrechterhalten* werden kann, indem die Bestandteile, die sie missbräuchlich machen, gestrichen werden, und anderseits, ob im gegenteiligen Fall das in Anwendung dieser Klausel eingeleitete Hypothekenvollstreckungsverfahren dennoch durch die ergänzende Anwendung einer *nationalen Rechtsvorschrift* fortgeführt werden kann, falls es den Interessen der Verbraucher zuwiderlaufen könnte, wenn von diesem Verfahren kein Gebrauch gemacht werden kann. Der EuGH *antwortete*, die Art. 6 und 7 RL 93/13/EWG seien so auszulegen, dass sie einerseits der *teilweisen Aufrechterhaltung* einer für *missbräuchlich befundenen Klausel* über die vorzeitige Fälligstellung eines Hypothekendarlehensvertrags durch *Streichung* der sie *missbräuchlich machenden Bestandteile entgegenstehen*, wenn diese Streichung darauf hinauslaufe, den *Inhalt dieser Klausel grundlegend zu ändern*, und dass diese Artikel anderseits das nationale Gericht nicht daran hindern, der Nichtigkeit einer solchen missbräuchlichen Klausel dadurch abzuhelfen, dass sie durch die *neue Fassung der gesetzlichen Bestimmung ersetzt* wird, die diese Klausel inspiriert hat und die anwendbar ist, wenn die Parteien des Vertrags eine entsprechende Vereinbarung getroffen haben, sofern der in Rede stehende Hypothekendarlehensvertrag im Fall der Streichung dieser missbräuchlichen Klausel *nicht fortbestehen* kann und die *Nichtigerklärung* des Vertrags in seiner *Gesamtheit* für den *Verbraucher besonders nachteilige Folgen* hat[1940].

29. GT/HS

622 Im Fall ***GT/HS***[1941] hatte die Leasinggesellschaft GT am 20. Februar 2006 mit HS einen *Darlehensvertrag* zur Finanzierung eines Kraftfahrzeugs geschlossen. Das Darlehen lautete auf Schweizer Franken (CHF), wobei der Darlehensbetrag anhand des bei Auszahlung geltenden Wechselkurses auf 3‘859‘000 HUF festgelegt wurde. Der Vertrag führte aus: «*Die Vertragsparteien unterzeichnen den Vertrag mit dem der Bewilligungsanzeige entsprechenden Inhalt …*» Die Bewilligungsanzeige wurde dem Darlehensnehmer erst *nach* Unterzeichnung des Darlehensvertrags am 7. April 2006 übermittelt. Diese vom Darlehensnehmer *nicht unterzeichnete* Bewilligungsanzeige gab den angewendeten Wechselkurs mit 1 CHF = 164,87 HUF an. Zurückzuzahlen was das Darlehen in Forint, wobei die Höhe der Tilgungsraten vom jeweiligen Wechselkurs CHF/HUF abhing, der am Tag der Zahlung galt. Damit trug der Darlehensnehmer das *Wechselkursrisiko*. Am 4. März 2013 *kündigte* die Gesellschaft den

1940 Urteil Rz. 64.

1941 Rs. C-38/17, GT gegen HS, EuGH-Urteil vom 5. Juni 2019, ECLI:EU:C:2019:461.

Darlehensvertrag, da der Darlehensnehmer seiner Tilgungspflicht nicht nachgekommen sei und belangte ihn vor Gericht auf Zahlung des Darlehenskapitals plus Zinsen im Betrag von 1'463'722 HUF. Der Beklagte erhob die Einrede der *Nichtigkeit* des Vertrags. Unter Hinweis auf einen *Beschluss* des *Obersten Gerichtshofs*, wonach ein von der Gesellschaft in der Bewilligungsanzeige einseitig festgesetzter Wechselkurs als Vertragsklausel gelte, fragte sich das erstinstanzliche Gericht, ob dieser Beschluss gegen Unionsrecht verstosse. Es setzte daher das Verfahren aus und unterbreitete diese Frage dem EuGH zur Vorabentscheidung.

Mit seiner Frage wollte das vorlegende Gericht wissen, ob Art. 3 Abs. 1, Art. 4 623
Abs. 2 und Art. 6 Abs. 1 RL 93/13/EWR einer nationalen Regelung entgegensteht, wonach ein in *Fremdwährung* lautender Darlehensvertrag *nicht nichtig* ist, welcher – obwohl er den Betrag, der dem Finanzierungsantrag des Verbrauchers entspricht, in inländischer Währung nennt – den Wechselkurs nicht angibt, der auf diesen Betrag anzuwenden ist, um den Endbetrag des Fremdwährungsdarlehens zu bestimmen, wobei gemäss einer Vertragsklausel dieser Wechselkurs nach Abschluss des Vertrags vom Darlehensgeber in einem gesonderten Dokument festgelegt wird. Der EuGH *antwortete*, Art. 3 Abs. 1, Art. 4 Abs. 2 und Art. 6 Abs. 1 RL 93/13 stehen einer Regelung (in der Auslegung durch das oberste Gericht) *nicht entgegen*, wonach ein auf eine Fremdwährung lautender Darlehensvertrag nicht nichtig ist, welcher – obwohl er den Betrag, der dem Finanzierungsantrag des Verbrauchers entspricht, in inländischer Währung nennt – den Wechselkurs nicht angibt, welcher auf diesen Betrag anzuwenden ist, um den Endbetrag des Fremdwährungsdarlehens zu bestimmen, wobei in einer Klausel festgelegt ist, dass dieser Wechselkurs nach Abschluss des Vertrags vom Darlehensgeber in einem gesonderten Dokument festgelegt werden wird,

- wenn diese Klausel gemäss Art. 4 Abs. 2 RL 93/13/EWR *klar* und *verständlich* abgefasst ist, so dass die Methoden zur Berechnung des Gesamtdarlehensbetrags und der anzuwendende Wechselkurse *transparent dargestellt* sind, so dass ein normal informierter, angemessen aufmerksamer und *verständiger Durchschnittsverbraucher* in der Lage ist, die sich aus dem Vertrag ergebenden *wirtschaftlichen Folgen*, insbesondere die Gesamtkosten seines Kredits, auf der Grundlage *genauer und nachvollziehbarer Kriterien einzuschätzen*, oder, falls sich zeigt, dass diese Klausel *nicht klar* und *verständlich* abgefasst ist,
- wenn diese Klausel *nicht missbräuchlich* im Sinne von Art. 3 Abs. 1 dieser Richtlinie ist oder, wenn sie es ist, der betreffende Vertrag gemäss Art. 6 Abs. 1 RL 93/13/EWR *ohne diese Klausel* weiter Bestand haben kann[1942].

[1942] Urteil Rz. 45.

30. Tóth/ERSTE Bank

624 Im Fall ***Tóth/ERSTE Bank***[1943] hatte Frau Tóth am 27. Oktober 2008 mit der Bank einen auf Schweizer Franken (CHF) lautenden *Immobiliardarlehensvertrag* geschlossen, worin die Bank sich verpflichtete, der Darlehensnehmerin zur *Refinanzierung* eines *Kredits* CHF 132'848 (ca. 118'140 €) zur Verfügung zu stellen. Gleichen Tags liess die Darlehensnehmerin von einem Notar eine als «*einseitiges Schuldanerkenntnis*» bezeichnete *notarielle Urkunde* mit den Bestimmungen des Darlehensvertrags aufnehmen. Gemäss Darlehensvertrag war die Bank berechtigt, bei einer schwerwiegenden Verletzung des Vertrags (z.B. Nichterfüllung von Zahlungsverpflichtungen) diesen mit sofortiger Wirkung zu kündigen und die Rückzahlung des geschuldeten Restbetrags zu fordern. Am 5. Januar 2016 erhob die Darlehensnehmerin *Klage* beim *erstinstanzlich* zuständigen Gericht und machte geltend, dass Klausel I.4 des Darlehensvertrags missbräuchlich sei, da sie die *Beweislast zulasten* des *Verbrauchers umkehre*. Dieses Gericht wies die Klage jedoch ab, wogegen die Klägerin *Berufung* beim Hauptstädtischen Tafelgericht einlegte. Das Berufungsgericht setzte das Verfahren aus und unterbreitete dem EuGH *vier* Fragen zur Vorabentscheidung.

625 Mit seiner *ersten* Frage wollte das vorlegende Gericht wissen, ob Art. 3 Abs. 3 RL 93/13/EWG in Verbindung mit Nr. 1 lit. q des Anhangs dahin auszulegen ist, dass eine nicht im Einzelnen ausgehandelte Vertragsklausel, die auf eine *Beweislastumkehr* zulasten des Verbrauchers abzielt oder diese zur Folge hat, allgemein und ohne weitere Prüfung als *missbräuchlich* zu qualifizieren ist. Der EuGH *antwortete*, dass Art. 3 Abs. 3 RL 93/13/EWG in Verbindung mit Nr. 1 lit. q des Anhangs dahin auszulegen ist, dass eine nicht im Einzelnen ausgehandelte Vertragsklausel, die auf eine *Beweislastumkehr* zulasten des Verbrauchers abzielt oder diese zur Folge hat, *nicht allgemein* und *ohne weitere Prüfung* als *missbräuchlich* zu qualifizieren ist[1944].

626 Mit seiner *zweiten* Frage wollte das vorlegende Gericht wissen, ob Art. 3 Abs. 3 RL 93/13/EWG in Verbindung mit Nr. 1 lit. q des Anhangs eine Klausel erfasst, die einerseits darauf abzielt oder zur Folge hat, dass der Verbraucher Grund zu der Annahme hat, er sei selbst dann verpflichtet, alle seine vertraglichen Verpflichtungen zu erfüllen, wenn er der Ansicht ist, dass bestimmte Leistungen nicht geschuldet würden, und anderseits darauf abzielt oder zur Folge hat, dem Verbraucher die Möglichkeit zu erschweren, Rechtsbehelfe bei Gericht einzulegen oder sonstige Beschwerdemittel zu ergreifen,

---

[1943] Rs. 34/18, Ottília Lovasné Toth gegen ERSTE Bank Hungary Zrt., EuGH-Urteil vom 19. September 2019, ECLI:EU:C:2019:764.

[1944] Urteil Rz. 49.

wenn der vom Verbraucher aufgrund des Vertrags geschuldete Restbetrag durch mit Beweiskraft ausgestattete notarielle Urkunde festgestellt wird, was dem Gläubiger die Beendigung des Rechtsstreits ermöglicht[1945]. Der EuGH *antwortete*, dass Art. 3 Abs. 3 RL 93/13/EWG in Verbindung mit Nr. 1 lit. q des Anhangs dahin auszulegen ist, dass er *keine Klausel erfasst*, die darauf abzielt oder zur Folge hat, dass der Verbraucher Grund zu der Annahme hat, er sei selbst dann verpflichtet, alle seine vertraglichen Verpflichtungen zu erfüllen, wenn er der Ansicht ist, dass bestimmte Leistungen nicht geschuldet würden, da diese Klausel unter Berücksichtigung der anwendbaren nationalen Regelung seine *Rechtsstellung nicht beeinträchtigt*, und zum anderen dahin, dass er eine *Klausel erfasst*, die darauf abzielt oder zur Folge hat, dem Verbraucher die *Möglichkeit zu erschweren, Rechtsbehelfe bei Gericht einzulegen* bzw. sonstige Beschwerdemittel zu ergreifen, wenn der geschuldete Restbetrag durch mit Beweiskraft ausgestattete notarielle Urkunde festgestellt wird, was dem Gläubiger die einseitige und endgültige Beendigung des Rechts–streits ermöglicht[1946].

Mit seiner *dritten* Frage wollte das vorlegende Gericht wissen, ob Art. 5 RL 627
93/13/ERW verlange, dass der Gewerbetreibende *Zusatzinformationen* zu einer Klausel bereitstellt, die klar abgefasst ist, deren Rechtswirkungen sich aber nur durch Auslegung nationaler Rechtsvorschriften feststellen lassen, zu denen keine einheitliche Rechtsprechung besteht. Der EuGH *antwortete*, dass Art. 5 RL 93/13/ERW *nicht verlangt*, dass der Gewerbetreibende *Zusatzinformationen* zu einer Klausel bereitstellt, die *klar abgefasst* ist, deren *Rechtswirkungen* sich aber nur durch Auslegung nationaler Rechtsvorschriften feststellen lassen, zu denen keine einheitliche Rechtsprechung besteht[1947].

Mit seiner *vierten* Frage möchte das vorlegende Gericht wissen, ob Art. 3 628
Abs. 3 RL 93/13/EWG in Verbindung mit Nr. 1 lit. m des Anhangs so auszulegen ist, dass er eine Vertragsklausel erfasst, die den Gewerbetreibenden *ermächtigt, einseitig zu beurteilen*, ob die dem *Verbraucher* obliegende Leistung vertragsgemäss war. Der EuGH *antwortete*, dass Art. 3 Abs. 3 RL 93/13/EWG in Verbindung mit Nr. 1 lit. m des Anhangs so auszulegen ist, dass er *keine Vertragsklausel* erfasst, die den Gewerbetreibenden ermächtigt, einseitig zu beurteilen, ob die dem *Verbraucher* obliegende Leistung vertragsgemäss war[1948].

1945 Urteil Rz. 49.
1946 Urteil Rz. 60.
1947 Urteil Rz. 70.
1948 Urteil Rz. 75.

31. Kiss/CIB Bank

629 Im Fall ***Kiss/CIB Bank***[1949] hatte Herr Kiss am am 16. September 2005 mit einer Gesellschaft, deren Rechtsnachfolgerin CIB ist, einen *Darlehensvertrag* abgeschlossen über 16'451 € zu einem Jahreszins von 5,4 %, einem jährlichen Bearbeitungsentgelt von 2,4 % und einer Laufzeit von 20 Jahren. Nach den Vertragsklauseln hatte er zudem eine Bereitstellungsprovision von 40'000 ungarischen Forint (HUF; ca. 125 €) zu zahlen. Der Gesamtkreditgebührensatz betrug 8,47 %. In der Folge erhob Herr Kiss Klage beim Gericht Győr (Ungarn) auf Feststellung, dass die Klauseln betreffend *Bearbeitungsentgelt* und Bereitstellungsprovision missbräuchlich seien, da im Vertrag nicht im Einzelnen angegeben sei, welche Dienstleistungen mit ihnen entgolten werden sollten. CIB hielt dem entgegen, sie sei nicht verpflichtet, im Einzelnen anzugeben, welche Dienstleistungen mit dem Bearbeitungsentgelt und der Bereitstellungsprovision entgolten würden. Das Gericht Győr erklärte die Klausel über die Bereitstellungsprovision für missbräuchlich, wies aber den Feststellungsantrag hinsichtlich der Klausel über das Bearbeitungsentgelt zurück. Auf *Berufung* des Klägers und von CIB *bestätigte* das *Berufungsgericht* Győr das erstinstanzliche Urteil und der Kläger legte Revision beim Oberster Gerichtshof ein, indem er geltend machte, die zu entgeltenden Dienstleistungen seien im Vertrag nicht klar genannt. Vor diesem Hintergrund setzte der Oberste Gerichtshof das Verfahren aus legte dem EuGH zwei Fragen vor.

630 Mit seiner *ersten* Frage wollte das vorlegende Gericht wissen, ob Art. 4 Abs. 2 und Art. 5 RL 93/13/EWG dahin auszulegen ist, dass das Erfordernis, wonach eine Vertragsklausel klar und verständlich abgefasst sein muss, so zu verstehen ist, dass es verlangt, dass in nicht einzeln ausgehandelten Vertragsklauseln eines Verbraucherdarlehensvertrags, welche die vom Verbraucher zu zahlenden Beträge des Bearbeitungsentgelts und der Bereitstellungsprovision, die Methode zu ihrer Berechnung und den Zeitpunkt ihrer Fälligkeit genau bestimmen, auch alle Dienstleistungen einzeln angegeben werden, welche für die betreffenden Beträge als Gegenleistung erbracht werden. Der EuGH *antwortete*, dass Art. 4 Abs. 2 und Art. 5 RL 93/13(EWF dahin auszulegen sind, dass das Erfordernis, dass eine Vertragsklausel klar und verständlich abgefasst sein muss, *nicht verlangt*, dass in nicht einzeln ausgehandelten Vertragsklauseln eines Verbraucherdarlehensvertrags, welche die vom Verbraucher zu zahlenden Beträge des Bearbeitungsentgelts und der Bereitstellungsprovision, die Methode zu ihrer Berechnung und den Zeitpunkt ihrer Fälligkeit genau bestimmen, auch *alle Dienstleistungen im Einzelnen angegeben* werden, die für die betreffenden Beträge als Gegenleistung erbracht werden[1950].

[1949] Rs. C-621/17, Gyula Kiss gegen CIB Bank Zrt., Emil Kiss, Gyuláné Kiss, EuGH-Urteil vom 3. Oktober 2019, ECLI:EU:C:2019:820.

[1950] Urteil Rz. 45.

Mit seiner *zweiten* Frage wollte das vorlegende Gericht wissen, ob Art. 3 Abs. 1 RL 93/13/EWG dahin auszulegen ist, dass eine Vertragsklausel, die ein Bearbeitungsentgelt vorsieht und es nicht ermöglicht, eindeutig festzustellen, welche *konkreten Dienstleistungen* als Gegenleistung erbracht werden, entgegen dem Gebot von Treu und Glauben zum Nachteil des Verbrauchers ein erhebliches Missverhältnis der vertraglichen Rechte und Pflichten der Vertragspartner verursacht. Der EuGH *antwortete*, Art. 3 Abs. 1 RL 93/13/EWG sei dahin auszulegen, dass eine Vertragsklausel, die ein *Bearbeitungsentgelt* vorsieht und es *nicht ermöglicht, eindeutig festzustellen, welche konkreten Dienstleistungen* als Gegenleistung erbracht werden, grundsätzlich *kein erhebliches Missverhältnis* der vertraglichen Rechte und Pflichten der Vertragspartner entgegen dem Gebot von Treu und Glauben zum Nachteil des Verbrauchers verursacht[1951]. 631

32. Dziubak/Raiffeisen Bank International AG

Im Fall ***Dziubak/Raiffeisen Bank***[1952] schlossen die Kreditnehmer Dziubak als Verbraucher am 14. November 2008 einen *Hypothekendarlehensvertrag* mit Raiffeisen. Der Vertrag lautete auf *polnische* Zloty (PLN), war aber an *Schweizer Franken* (CHF) als Fremdwährung gekoppelt und die Laufzeit des Darlehens betrug 40 Jahre. Die Bindung des Darlehens an CHF richtete sich nach den Raiffeisen AGB, welche in den Hypothekendarlehensvertrag aufgenommen worden waren. Nach 16 § 7 Nr. 4 der AGB wurde der Kredit in PLN aufgrund eines Wechselkurses gewährt, der nicht unter dem massgeblichen Ankaufskurs PLN-CHF gemäss der Wechselkurstabelle von Raiffeisen im Zeitpunkt der Kreditauszahlung lag, wobei der Sollsaldo des Darlehens in CHF nach diesem Kurs angegeben wurde. Gemäss § 9 Nr. 2 der AGB wurden die monatlichen Darlehensraten in CHF angegeben und zum Fälligkeitstag der betreffenden Darlehensrate vom Bankkonto in PLN nach dem der Wechselkurstabelle angegebenen PLN-CHF-Verkaufskurses abgebucht. Der Darlehenszins richtete sich nach einem variablen Zinssatz, der sich aus der Summe des Referenzsatzes LIBOR 3M (CHF) und der üblichen Marge von Raiffeisen ergab. Die Kreditnehmer erhoben beim Bezirksgericht Warschau Klage zur Feststellung der *Nichtigkeit* des *Darlehensvertrags* wegen Missbräuchlichkeit der Klauseln über den *Indexierungsmechanismus*, welcher Raiffeisen ermögliche, den Wechselkurs frei und willkürlich festzulegen. Vor diesem Hintergrund setzte das Bezirksgericht Warschau das Verfahren aus und unterbreitete dem EuGH *vier* Fragen zur Vorabentscheidung, welche dieser in eigener Reihenfolge behandelte. 632

[1951] Urteil Rz. 56.

[1952] Rs. C-260/18, Kamil Dziubak, Justyna Dziubak gegen Raiffeisen Bank International AG, EuGH-Urteil vom 3. Oktober 2019, ECLI:EU:C:2019:819.

633 Mit seiner *vierten* Frage wollte das vorlegende Gericht wissen, ob Art. 6 Abs. 1 RL 93/13/EWG es einem nationalen Gericht verwehrt, gemäss seinem innerstaatlichen Recht nach Feststellung der Missbräuchlichkeit bestimmter Klauseln eines an eine Fremdwährung gekoppelten Darlehensvertrags mit einem unmittelbar an den Interbankensatz der betreffenden Währung gebundenen Zinssatz zu der Auffassung zu gelangen, dass dieser Vertrag ohne diese Klauseln keinen Fortbestand haben kann, weil ihr Wegfall dazu führen würde, dass sich der Hauptgegenstand dieses Vertrags seiner Art nach ändert. Der EuGH *antwortete*, dass Art. 6 Abs. 1 RL 93/13/EWG so auszulegen sei, dass er es einem nationalen Gericht *nicht verwehrt*, nach innerstaatlichem Recht bei Missbräuchlichkeit von Klauseln eines an eine Fremdwährung gekoppelten Darlehensvertrags mit einem unmittelbar an den Interbankensatz der betreffenden Währung gebundenen Zinssatz zur Auffassung zu gelangen, dass der *Vertrag ohne diese Klauseln keinen Fortbestand* haben kann, weil ihr Wegfall dazu führen würde, dass sich der *Hauptgegenstand* dieses Vertrags *seiner Art nach ändert*[1953].

634 Mit seiner *zweiten* Frage wollte das vorlegende Gericht wissen, ob Art. 6 Abs. 1 RL 93/13/EWR so auszulegen ist, dass einerseits die Folgen für den Verbraucher, die sich aus der Unwirksamkeit eines Vertrags als Ganzes ergeben, wie im Urteil vom 30. April 2014, Kásler und Káslerné Rábai (C-26/13, C:2014:282) genannt, anhand der zum Zeitpunkt des Vertragsabschlusses bestehenden Umstände zu beurteilen sind und nicht anhand der zum Zeitpunkt des Rechtsstreits bestehenden oder vorhersehbaren Umstände und anderseits für die Beurteilung der vom Verbraucher zum Ausdruck gebrachte Wille entscheidend ist. Der EuGH *antwortete*, dass Art. 6 Abs. 1 RL 93/13/EWG so auszulegen ist, dass zum einen die Folgen für den Verbraucher, die sich aus der Unwirksamkeit eines Vertrags als Ganzes ergeben, wie im Urteil vom 30. April 2014, Kásler und Káslerné Rábai (C-26/13, C:2014:282) genannt, anhand der zum *Zeitpunkt des Rechtsstreits bestehenden* oder *vorhersehbaren Umstände* zu beurteilen sind und zum anderen für diese Beurteilung der vom Verbraucher in dieser Hinsicht zum Ausdruck *gebrachte Wille entscheidend* ist[1954].

635 Mit seiner *ersten* Frage möchte das vorlegende Gericht wissen, ob Art. 6 Abs. 1 RL 93/13/EWG es erlaubt, *Vertragslücken*, die durch den Wegfall missbräuchlicher Klauseln entstanden sind, allein auf der Grundlage von allgemeinen nationalen Vorschriften zu schliessen, welche die in einem Rechtsgeschäft zum Ausdruck gebrachten Wirkungen auch nach den Grundsätzen der Billigkeit oder der Verkehrssitte bestimmen. Der EuGH *antwortete*, Art. 6 Abs. 1 RL 93/13/EWG stehe einer Schliessung von Vertragslücken, die durch den Wegfall missbräuchlicher Klauseln entstanden sind, allein auf der Grundlage von allgemeinen nationalen Vorschriften *entgegen*, die die in einem Rechtsgeschäft

1953 Urteil Rz. 45.
1954 Urteil Rz. 56.

zum Ausdruck gebrachten Wirkungen auch nach den Grundsätzen der *Billigkeit* oder der *Verkehrssitte* bestimmen und bei denen es sich weder um *dispositive Bestimmungen* noch um *Vorschriften* handelt, die im Falle einer entsprechenden *Vereinbarung* der Vertragsparteien anwendbar sind[1955].

Mit seiner *dritten* Frage wollte das vorlegende Gericht wissen, ob Art. 6 Abs. 1 RL 93/13/EWG so auszulegen ist, dass er es daran hindert, missbräuchliche Klauseln in einem Vertrag *beizubehalten*, wenn ihr Wegfall dazu führen würde, dass dieser Vertrag für *unwirksam* erklärt wird, und das Gericht der Auffassung ist, dass die Unwirksamkeit *nachteilige Auswirkungen* für den Verbraucher hätte. Der EuGH *antwortete*, Art. 6 Abs. 1 RL 93/13/EWG sei so auszulegen, dass er das Gericht *daran hindert*, missbräuchliche Klauseln in einem Vertrag *beizubehalten*, wenn ihr Wegfall dazu führen würde, dass dieser Vertrag für unwirksam erklärt wird, und es der Auffassung ist, dass diese der Unwirksamkeit nachteilige Auswirkungen für den Verbraucher hätte, sofern er einer solchen *Beibehaltung nicht zugestimmt* hat[1956]. 636

33. Gómez del Moral/Bankia SA

Im Fall ***Gómez del Moral/Bankia SA***[1957] hatte Herr Gómez del Moral am 19. Juli 2001 mit Bankia SA (bzw. deren Rechtsvorgänger) einen *Hypothekendarlehensvertrag* über 132 222 € zur Finanzierung von Wohneigentum abgeschlossen. In Ziff. 3a («Variabler Zinssatz») enthielt der Vertrag eine Klausel, wonach sich der vom Verbraucher zu zahlende Zins nach dem Index der spanischen Sparkassen richtete. Die streitige Klausel lautete: 637

> *«Der vereinbarte Zinssatz wird jeweils für den Zeitraum von sechs Monaten ab Unterzeichnung des Vertrags neu bestimmt und entspricht während der ersten sechs Monate dem in der dritten Finanzklausel bestimmten Zinssatz. Für die darauffolgenden Halbjahreszeiträume ist der anzuwendende Zinssatz der zum Zeitpunkt der Neubestimmung des Zinssatzes geltende Durchschnittszinssatz der von den Sparkassen gewährten Hypothekendarlehen mit einer Laufzeit von mehr als drei Jahren zum Erwerb von Wohnraum auf dem freien Markt, den die Bank von Spanien offiziell und regelmässig für Hypothekendarlehen mit variablem Zinssatz zum Erwerb von Wohnraum im Boletín Oficial del Estado veröffentlicht, aufgerundet auf das jeweils nächste Viertelprozent und erhöht um 0,25 Prozentpunkte.»*

[1955] Urteil Rz. 45.

[1956] Urteil Rz. 62.

[1957] Rs. C-125/18, Marc Gómez del Moral Guasch gegen Bankia SA, EuGH-Urteil vom 3. März 2020, ECLI:EU:C:2020:138.

Herr Gómez erhob vor Gericht *Klage* auf *Nichtigerklärung* dieser Klausel wegen Missbräuchlichkeit. Die Anwendung des Index-Zinssatzes führte für den Darlehensnehmer zu Mehrkosten von rund 20‘000 € pro Jahr. Vor diesem Hintergrund setzte das erstinstanzliche Gericht das Verfahren aus und legte dem EuGH *drei* Fragen zur Vorabentscheidung vor.

638 Mit seiner *ersten* Frage wollte das vorlegende Gericht sinngemäss wissen, ob Art. 1 Abs. 2 RL 93/13/EWG so auszulegen ist, dass eine Klausel in einem zwischen Verbraucher und Gewerbetreibendem geschlossenen Hypothekendarlehensvertrag, wonach der auf das Darlehen anwendbare Zinssatz sich nach einem in den nationalen Rechtsvorschriften vorgesehenen *offiziellen Referenzindizes* richtete, die von den Kreditinstituten auf Hypothekendarlehen angewandt werden können, vom *Anwendungsbereich* dieser Richtlinie *ausgenommen* ist. Der EuGH *antwortete*, Art. 1 Abs. 2 RL 93/13/EWG sei so auszulegen, dass die Klausel eines zwischen einem Verbraucher und einem Gewerbetreibenden geschlossenen Hypothekendarlehensvertrags, der zufolge der auf das Darlehen anwendbare Zinssatz auf einem der in *nationalen Rechtsvorschriften vorgesehenen offiziellen Referenzindizes* beruht, die von den Kreditinstituten auf Hypothekendarlehen angewandt werden können, in den *Anwendungsbereich dieser Richtlinie fällt*, wenn diese Vorschriften weder die unabdingbare Anwendung dieses Index noch seine dispositive Anwendung mangels einer abweichenden Vereinbarung der Parteien vorsehen[1958].

639 Mit seiner *Frage 2a* wollte das vorlegende Gericht wissen, ob die RL 93/13/EWG, namentlich Art. 8 so auszulegen sei, dass sie das Gericht eines Mitgliedstaats daran hindere, Art. 4 Abs. 2 der Richtlinie heranzuziehen und demnach die etwaige Missbräuchlichkeit einer klar und verständlich formulierten Vertragsklausel, die den Hauptgegenstand des Vertrags betrifft, *nicht zu prüfen*, wenn diese Bestimmung nicht in die Rechtsordnung dieses Mitgliedstaats umgesetzt worden ist. Der EuGH *antwortete*, dass die RL 93/13/EWG, insbesondere Art. 4 Abs. 2 und Art. 8 dahin auszulegen sind, dass das Gericht eines Mitgliedstaats eine Vertragsklausel, die sich auf den Hauptgegenstand des Vertrags bezieht, auf *Klarheit* und *Verständlichkeit überprüfen muss,* unabhängig davon, ob Art. 4 Abs. 2 dieser Richtlinie in die Rechtsordnung dieses Mitgliedstaats *umgesetzt* worden ist[1959].

640 Mit seiner *Frage 2 b & c* wollte das vorlegende Gericht wissen, ob die RL 93/13/EWG, insbesondere die Art. 4 Abs. 2 und Art. 5 so auszulegen sind, dass der Gewerbetreibende zur Einhaltung des Transparenzerfordernisses bei einer Vertragsklausel, mit der im Rahmen eines Hypothekendarlehensvertrags ein variabler Zinssatz festgelegt wird, dessen Berechnungsmethode als komplex für einen Durchschnittsverbraucher erachtet wird, dem Verbraucher *Informationen*

[1958] Urteil Rz. 37.

[1959] Urteil Rz. 47.

zur *Berechnungsmethode* des Index, auf dessen Grundlage der genannte Zinssatz ermittelt wird, und zur *Entwicklung* dieses Index in der Vergangenheit und zu dessen möglicher Entwicklung in der Zukunft übermitteln muss. Der EuGH *antwortete*, dass die RL 93/13/EWG, insbesondere Art. 4 Abs. 2 und Art. 5 dahin auszulegen sind, dass zur Einhaltung des Transparenzerfordernisses bei einer Vertragsklausel, für einen Hypothekendarlehensvertrag einen variablen Zinssatz vorsieht, diese Klausel nicht nur in formeller und grammatikalischer Hinsicht nachvollziehbar sein muss, sondern es ausserdem *ermöglichen* muss, dass ein normal informierter, *angemessen aufmerksamer* und *verständiger Durchschnittsverbraucher* in die Lage versetzt wird, zu *verstehen*, wie dieser *Zinssatz konkret berechnet* wird, und somit auf der Grundlage genauer und nachvollziehbarer Kriterien die möglicherweise beträchtlichen *wirtschaftlichen Folgen* einer solchen Klausel für seine finanziellen Verpflichtungen einzuschätzen. Für die Prüfung, die das nationale Gericht in dieser Hinsicht anstellen muss, sind zum einen der Umstand, dass die Hauptelemente zur Berechnung dieses Zinssatzes für jedermann, der den Abschluss eines Hypothekendarlehens beabsichtigt, aufgrund der Veröffentlichung der Berechnungsmethode des fraglichen Satzes *leicht zugänglich* sind, und zum anderen die Bereitstellung von Informationen über die *frühere Entwicklung* des Index, auf dessen Grundlage der genannte Zinssatz berechnet wird, in besonderer Weise massgebend[1960].

Mit seiner *Frage 3* wollte das vorlegende Gericht wissen, ob Art. 6 Abs. 1 und 641
Art. 7 Abs. 1 RL 93/13/EWG dahin auszulegen sind, dass sie es dem nationalen Richter verwehren, bei Nichtigkeit einer missbräuchlichen Vertragsklausel, die zur Berechnung der variablen Zinsen eines Darlehens einen Referenzindex festlegt, diesen Index in Ermangelung einer anderweitigen Vereinbarung der Parteien durch einen gesetzlichen Index zu ersetzen oder dem Darlehensnehmer aufzugeben, das überlassene Kapital innerhalb der vertraglich vorgesehenen Fristen zinslos zurückzuerstatten. Der EuGH *antwortete*, dass Art. 6 Abs. 1 und Art. 7 Abs. 1 RL 93/13/EWG dahin auszulegen sind, dass sie es dem nationalen Richter *nicht verwehren*, bei *Nichtigkeit* einer missbräuchlichen Vertragsklausel, die zur Berechnung der variablen Zinsen eines Darlehens einen Referenzindex festlegt, diesen Index durch einen *gesetzlichen Index*, der in Ermangelung einer anderweitigen Vereinbarung der Vertragsparteien anwendbar ist, zu *ersetzen*, sofern der fragliche Hypothekendarlehensvertrag bei Wegfall der genannten missbräuchlichen Klausel nicht fortbestehen kann und die *Nichtigerklärung* des *gesamten Vertrags* für den *Verbraucher besonders nachteilige Folgen* hätte[1961].

[1960] Urteil Rz. 56.
[1961] Urteil Rz. 38.

34. Condominio di Milano/Eurothermo

642 Im Fall ***Condominio di Milano/Eurothermo***[1962] hatte das Condominio Meda in Mailand am 2. April 2010 mit Eurothermo einen Vertrag über die *Lieferung von Wärmeenergie* geschlossen, nach dessen Art. 6.3 der Schuldner bei Zahlungsverzug «Verzugszinsen von 9,25 %, mit Ablauf der Frist zur Schlusszahlung» zu zahlen hat. Am 18. April 2016 forderte Eurothermo das Condominio Meda gemäss einer Mediationsvereinbarung vom 14. November 2014 auf, ihr den Betrag von 21'025 € zu zahlen (Hauptschuld und Verzugszinsen). Gegen diese Zahlungsaufforderung erhob das Condominio beim Gericht *Widerspruch* und machte geltend, es sei *Verbraucher* im Sinne der RL 93/13/EWG und Art. 6.3 des Vertrags sei missbräuchlich. Das Gericht kam zur Auffassung, dass die Klausel missbräuchlich und gemäss der Rechtsprechung des EuGH von Amts wegen für ungültig zu erklären sei. Es hatte jedoch Zweifel, ob eine *Eigentümergemeinschaft*, wie das «Condominio» im italienischen Recht, als Verbraucher im Sinne der RL 93/13/EWG zu betrachten sei. Vor diesem Hintergrund setzte das *Tribunale di Milano* (Gericht Mailand, Italien) das Verfahren aus und unterbreitete dem EuGH eine Vorabentscheidungsfrage.

643 Das vorlegende Gericht wollte wissen, ob Art. 1 Abs. 1 und Art. 2 lit. b RL 93/13/EWG einer nationalen Rechtsprechung entgegenstehen, wonach die Rechtsvorschriften, mit denen diese Richtlinie in das innerstaatliche Recht umgesetzt werden soll, so ausgelegt werden, dass die in ihr enthaltenen Verbraucherschutzvorschriften auch auf einen Vertrag Anwendung finden, den ein Rechtssubjekt, wie das «Condominio» im italienischen Recht, mit einem Gewerbetreibenden schliesst. Der EuGH *antwortete*, dass Art. 1 Abs. 1 und Art. 2 lit. b RL 93/13/EWG einer nationalen Rechtsprechung nicht entgegenstehe, wonach die Rechtsvorschriften, mit denen diese Richtlinie in das innerstaatliche Recht umgesetzt werden soll, so ausgelegt werden, dass die in ihnen enthaltenen *Verbraucherschutzvorschriften* auch auf einen Vertrag Anwendung finden, den ein *Rechtssubjekt*, wie das «*Condominio*» im italienischen Recht, mit einem Gewerbetreibenden schliesst, obwohl dieses *Rechtssubjekt nicht* in den *Anwendungsbereich* der Richtlinie fällt[1963].

35. OH/Banca Transilvania

644 Im Fall ***OH/Banca Transilvania***[1964] hatten NG und OH am 31. März 2006 einen *Verbraucherkreditvertrag* mit der SC Volksbank România SA (später Banca

[1962] Rs. C-329/19, Condominio di Milano, via Meda gegen Eurothermo SpA, EuGH-Urteil vom 2. April 2020, ECLI:EU:C:2020:263.

[1963] Urteil Rz. 67.

[1964] Rs. C-81/19, NG, OH gegen SC Banca Transilvania SA EuGH-Urteil vom 9. Juli 2020, ECLI:EU:C:2020:532.

Transilvania) über 90'000 rumänischen Lei (RON) (ca. 18'930 €) geschlossen. Am 15. Oktober 2008 vereinbarten die Parteien einen auf CHF lautenden Kreditvertrag zur Refinanzierung des ursprünglichen Vertrags für 65'000 CHF (ca. 42'139 €), d.h. zum Wechselkurs der beiden Währungen bei Unterzeichnung des Vertrags für etwa 159'126 RON. Nach den internen Vorschriften der Banca Transilvania lag die maximal zulässige Verschuldung bei 55 % der finanziellen Leistungsfähigkeit der Kreditnehmer. Für NG und OH wurde dieser Schwellenwert (gemäss dem vor Unterzeichnung des Refinanzierungsvertrags geltenden Wechselkurs des Schweizer Frankens gegenüber dem rumänischen Leu) berechnet und betrug zum Zeitpunkt des Abschlusses des Darlehens 35,04 % ihres Einkommens. Abschnitt 4 Punkt 1 der Allgemeinen Bedingungen des Refinanzierungsvertrags sah vor, dass alle Zahlungen gemäss Vertrag in der Währung zu erfolgen hatten, auf die das Darlehen lautete. Die Bank wurde beauftragt, im Namen und für Rechnung des Darlehensnehmers unter Verwendung ihres eigenen Wechselkurses den Umtausch zur Begleichung der fälligen Zahlungsverpflichtungen vorzunehmen. Die Schwankungen des CHF/RON-Wechselkurses zwischen Oktober 2008 und April 2017 bewirkten, dass sich der von NG und OH aufgenommene Betrag um 117'760 RON (ca. 24'772 €) erhöhte. Am 23. März 2017 klagten NG und OH beim Fachgericht Cluj (Rumänien) auf Feststellung der Missbräuchlichkeit von Abschnitt 4 Punkt 1 der Allgemeinen Bedingungen des Refinanzierungsvertrags. Das Gericht gab der Klage teilweise statt, worauf beide Parteien ans Berufungsgericht Cluj gelangten. Dieses setzte das Verfahren aus und unterbreitete dem EuGH drei Fragen zur Vorabentscheidung.

Mit seiner *ersten* Frage wollte das vorlegende Gericht wissen, ob Art. 1 Abs. 2 645
RL 93/13/EWG so auszulegen ist, dass eine Vertragsklausel, die nicht im Einzelnen ausgehandelt wurde, sondern auf einer Regel beruht, die nach nationalem Recht zwischen den Vertragsparteien *gilt, wenn insoweit nichts anderes vereinbart* wurde, in den Anwendungsbereich dieser Richtlinie fällt. Der EuGH *antwortete*, dass Art. 1 Abs. 2 RL 93/13/EWG so auszulegen ist, dass eine Vertragsklausel, die nicht im Einzelnen ausgehandelt wurde, sondern auf einer *Regel* beruht, die nach nationalem Recht zwischen den Vertragsparteien gilt, wenn insoweit *nichts anderes vereinbart* wurde, *nicht in den Anwendungsbereich* dieser Richtlinie fällt[1965].

36. XZ/Ibercaja Banco

Im Fall ***XZ/Ibercaja Banco***[1966] hatte XZ mit öffentlicher Urkunde vom 23. De- 646
zember 2011 ein Grundstück für 148'813 € erworben unter Schuldübernahme

[1965] Urteil Rz 37.

[1966] Rs. C-452/18, XZ gegen Ibercaja Banco SA, EuGH-Urteil vom 9. Juli 2020, ECLI: EU:C:2020:536.

des vom Kreditinstitut Caja de Ahorros (später Ibercaja Banco) für das Grundstück gewährten Hypothekendarlehens. Dabei akzeptierte XY sämtliche Vereinbarungen und Bedingungen des Hypothekendarlehens, wie sie zwischen dem ursprünglichen Schuldner und dem Kreditinstitut festgelegt worden waren. Der Hypothekendarlehensvertrag enthielt u.a. eine Klausel zum Höchst- und Mindestzinssatz (Jahreshöchstzinssatz: 9,75 %, Jahresmindestzinssatz: 3,25 %). Am 4. März 2014 wurde im Hypothekendarlehensvertrag der *Mindestzinssatz* auf einen nominalen Jahreszins von 2,35 % gesenkt und folgende Klausel vereinbart:

> *«Die Parteien bestätigen die Gültigkeit und die Anwendung des Darlehens, erachten seine Bedingungen für angemessen und verzichten deshalb ausdrücklich und wechselseitig darauf, auf den Abschluss und die Klauseln des Vertrags sowie die bis zum heutigen Tage geleisteten und als konform anerkannten Zahlungen gestützte Ansprüche gegeneinander geltend zu machen.» Überdies erklärte XZ mit einem handschriftlichen Ver-merk, dass sie sich darüber bewusst gewesen sei und verstehe, dass «der Zinssatz niemals unter einen nominalen Jahreszinssatz von 2,35 % fallen wird».*

In der Folge erhob XZ beim erstinstanzlichen Gericht *Klage* auf Feststellung der Missbräuchlichkeit der im Hypothekendarlehensvertrag enthaltenen Mindestzinssatzklausel sowie auf Verurteilung des Kreditinstituts, die Klausel zu streichen und die seit Unterzeichnung des Darlehensvertrags unrechtmässig gezahlten Beträge zurückzuerstatten. Ibercaja Banco hielt der Klage die (vorzitierte) Klausel des Novationsvertrags entgegen. Vor diesem Hintergrund setzte das Gericht das Verfahren aus und unterbreitete dem EuGH *fünf* Fragen zur Vorabentscheidung.

647 Mit seiner *ersten* Frage wollte das vorlegende Gericht wissen, ob Art. 6 Abs. 1 RL 93/13/EWG es erlaube, dass eine Klausel eines zwischen einem Gewerbetreibenden und einem Verbraucher geschlossenen Vertrags, deren Missbräuchlichkeit gerichtlich festgestellt werden kann, wirksam Gegenstand eines *Novationsvertrags* zwischen diesem Gewerbetreibenden und diesem Verbraucher sein kann, mit dem der Verbraucher auf die *Wirkungen verzichtet*, die die Feststellung der Missbräuchlichkeit dieser Klausel nach sich ziehen würde. Der EuGH *antwortete*, dass Art. 6 Abs. 1 RL 93/13/EWG es *nicht verwehrt*, dass eine Klausel eines zwischen einem Gewerbetreibenden und einem Verbraucher geschlossenen Vertrags, deren Missbräuchlichkeit gerichtlich festgestellt werden kann, Gegenstand eines *Novationsvertrags* zwischen diesem Gewerbetreibenden und diesem Verbraucher sein kann, mit dem der Verbraucher auf die *Wirkungen verzichtet*, welche die Feststellung der Missbräuchlichkeit dieser Klausel nach sich ziehen würde, vorausgesetzt, dieser Verzicht beruht auf einer

freiwilligen und *aufgeklärten Zustimmung* des Verbrauchers, was zu prüfen Sache des vorlegenden Gerichts ist[1967].

Mit seiner *zweiten* Frage möchte das vorlegende Gericht wissen, ob Art. 3 Abs. 1 und 2 der RL 93/13/EWG dahin auszulegen ist, dass eine Klausel eines Vertrags, der zwischen einem Gewerbetreibenden und einem Verbraucher geschlossen wurde, um eine potenziell missbräuchliche Klausel eines früheren zwischen ihnen geschlossenen *Vertrags zu ändern* oder die *Folgen* der *Missbräuchlichkeit* dieser anderen Klausel zu *regeln*, selbst als nicht im Einzelnen ausgehandelt eingestuft und gegebenenfalls für missbräuchlich erklärt werden kann. Der EuGH *antwortete*, Art. 3 Abs. 2 der RL 93/13/EWG sei dahin auszulegen, dass eine Klausel eines Vertrags, der zwischen einem Gewerbetreibenden und einem Verbraucher geschlossen wurde, um eine potenziell missbräuchliche Klausel eines *früheren zwischen ihnen geschlossenen Vertrags zu ändern* oder die Folgen der Missbräuchlichkeit dieser anderen Klausel zu regeln, selbst als *nicht im Einzelnen ausgehandelt* eingestuft und gegebenenfalls für missbräuchlich erklärt werden kann[1968]. 648

Mit seiner *vierten* Frage wollte das vorlegende Gericht wissen, ob Art. 3 Abs. 1, Art. 4 Abs. 2 und Art. 5 RL 93/13/EWG dahin auszulegen sind, dass das einem Gewerbetreibenden nach diesen Bestimmungen obliegende Transparenzerfordernis bedeutet, dass dieser, wenn er mit einem Verbraucher einen Hypothekendarlehensvertrag mit einem *variablen Zinssatz* schliesst, in dem eine *Mindestzinssatzklausel* festgelegt ist, dem Verbraucher die Informationen aushändigen muss, die erforderlich sind, um zum Zeitpunkt des Abschlusses dieses Vertrags die wirtschaftlichen Folgen zu verstehen, die sich für den Verbraucher aus dem von dieser Mindestzinssatzklausel bewirkten Mechanismus ergeben. Der EuGH *antwortete*, dass Art. 3 Abs. 1, Art. 4 Abs. 2 und Art. 5 RL 93/13/EWG dahin auszulegen sind, dass das einem Gewerbetreibenden nach diesen Bestimmungen obliegende Transparenzerfordernis bedeutet, dass der Verbraucher beim Abschluss eines Hypothekendarlehensvertrags mit einem variablen Zinssatz, in dem eine *Mindestzinssatzklausel* festgelegt ist, in die Lage versetzt werden muss, u. a. durch die Bereitstellung von *Informationen* über die *vergangene Entwicklung des Index*, auf dessen Grundlage der Zinssatz berechnet wird, die wirtschaftlichen Folgen zu verstehen, die sich für ihn aus dem von dieser Mindestzinssatzklausel bewirkten Mechanismus ergeben[1969]. 649

Mit seiner *dritten* und *fünften* Frage wollte das vorlegende Gericht wissen, ob Art. 3 Abs. 1 in Verbindung mit Nr. 1 lit. q des Anhangs sowie Art. 6 Abs. 1 der RL 93/13/EWG so auszulegen sind, dass eine Klausel eines Novationsver- 650

[1967] Urteil Rz. 30.

[1968] Urteil Rz. 39.

[1969] Urteil Rz. 56.

trags, mit der eine Klausel eines früheren Vertrags geändert wird und ein Gewerbetreibender und ein Verbraucher *wechselseitig darauf verzichten, Rechtsbehelfe bei Gericht einzulegen*, um Ansprüche u. a. bezüglich sowohl der ursprünglichen mit diesem Novationsvertrag geänderten Klausel als auch der Novationsklausel geltend zu machen, als «missbräuchlich» einzustufen ist. Der EuGH *antwortete*, Art. 3 Abs. 1 in Verbindung mit Nr. 1 lit. q des Anhangs sowie Art. 6 Abs. 1 RL 93/13/EWG sind so auszulegen, dass:

– die Klausel, die in einem zwischen einem Gewerbetreibenden und einem Verbraucher geschlossenen Vertrag zur Beilegung einer bestehenden Streitigkeit vereinbart ist und mit der dieser Verbraucher darauf *verzichtet*, vor dem nationalen Gericht die *Ansprüche* geltend zu machen, die er ohne diese Klausel hätte geltend machen können, u. a. dann als «missbräuchlich» eingestuft werden kann, wenn dieser *Verbraucher nicht über alle relevanten Informationen* verfügen konnte, die ihm ermöglichen, die sich daraus für ihn ergebenden *Rechtsfolgen* zu verstehen;
– die Klausel, mit der dieser Verbraucher für *zukünftige Streitigkeiten* darauf *verzichtet, Rechtsbehelfe bei Gericht einzulegen*, die auf Rechte gestützt sind, die er nach der RL 93/13/EWG innehat, den Verbraucher *nicht bindet*[1970].

37. Raiffeisen Bank/JB & BRD Groupe/KC

651 Im ersten Rechtsstreit ***Raiffeisen Bank/JB***[1971] hatteJB am 26. Juni 2008 mit Raiffeisen Bank einen *Darlehensvertrag* über die Vergabe eines persönlichen Kredits für 4'168 € mit einer Laufzeit von 7 Jahren geschlossen, welcher 2015 mit der vollständigen Tilgung des Darlehens durch JB endete. Da JB einige Vertragsklauseln für missbräuchlich hielt, erhob er im Dezember 2016 beim *Amtsgericht* Târgu Mureș (Rumänien) *Klage* auf Feststellung deren *Missbräuchlichkeit* sowie auf *Rückzahlung* der aufgrund dieser Klauseln entrichteten Beträge zuzüglich der gesetzlichen Zinsen. Das Amtsgericht hiess die Klage gut, wogegen Raffeisen Bank ans *Landgericht* rekurrierte.

652 Im zweiten Rechtsstreit hatten KC (und eine weitere Person als Mitkreditnehmer) am 28. Mai 2003 mit der BRD Société Générale einen *Darlehensvertrag* für ein persönliches Darlehen von 17'000 € mit einer Laufzeit von 10 Jahren abgeschlossen. Der Vertrag wurde durch vorzeitige Tilgung beendet. Da KC einige Vertragsklauseln für missbräuchlich hielt, erhob er im Juli 2016 beim

---

[1970] Urteil Rz. 77.

[1971] Rs. C-698/18, SC Raiffeisen Bank SA gegen JB (C-698/18) und BRD Groupe Société Générale SA gegen KC (C-699/18), EuGH-Urteil vom 9. Juli 2020, ECLI:EU:C:2020:537.

Amtsgericht Târgu Mureş. *Klage* auf Feststellung der *Missbräuchlichkeit* dieser Klauseln sowie Rückzahlung der aufgrund der ungültigen Klauseln bezahlten Beträge. Das Gericht hiess die Klage gut, worauf die BRD Groupe Berufung beim Landgericht einlegte. Dieses setzte in beiden Fällen das Verfahren aus und unterbreitete dem EuGH gemeinsam *zwei* Fragen zur Vorabentscheidung. Der EuGH erklärte die Fragen in der *Rs. C-699/18* für *unzulässig*, da Rumänien erst am 1. Januar 2007 der EU beigetreten war[1972].

Mit seiner *ersten* Frage wollte das vorlegende Gericht (in der Rs. C-698/18) wissen, ob Art. 2 lit. b, 6 Abs. 1 und 7 Abs. 1 RL 93/13/EWG so auszulegen seien, dass sie einer nationalen Rechtsvorschrift nicht entgegenstehen, wonach zwar für eine Klage auf Feststellung der *Nichtigkeit* einer missbräuchlichen Klausel in einem zwischen einem Gewerbetreibenden und einem Verbraucher geschlossenen Vertrag *keine Verjährungsfrist* gilt, aber für die Klage zur Geltendmachung der sich aus dieser Feststellung ergebenden *Restitutionswirkung* eine *Verjährungsfrist* besteht. Der EuGH *antwortete*, Art. 2 lit. b, 6 Abs. 1 und 7 Abs. 1 RL 93/13/EWR stehe einer nationalen Rechtsvorschrift *nicht entgegen*, wo für eine Klage auf Feststellung der *Nichtigkeit* einer missbräuchlichen Klausel in einem zwischen einem Gewerbetreibenden und einem Verbraucher geschlossenen Vertrag *keine Verjährungsfrist* gilt, aber für die Klage zur Geltendmachung der sich aus dieser Feststellung ergebenden *Restitutionswirkung* eine *Verjährungsfrist* zur Anwendung gelangt, sofern diese Frist nicht weniger günstig ausgestaltet ist als die für entsprechende innerstaatliche Klagen geltende (Äquivalenzgrundsatz) und sie die Ausübung der durch die Unionsrechtsordnung und insbesondere durch die Richtlinie 93/13 verliehenen Rechte nicht praktisch unmöglich macht oder übermässig erschwert (Effektivitätsgrundsatz)[1973]. 653

Mit seiner *zweiten* Frage wollte das vorlegende Gericht wissen, ob Art. 2 lit. b, 654
Art. 6 Abs. 1 und Art. 7 Abs. 1 RL 93/13/EWG sowie die Grundsätze der Äquivalenz, der Effektivität und der Rechtssicherheit dahin auszulegen sind, dass sie einer gerichtlichen Auslegung der nationalen Rechtsvorschrift entgegenstehen, nach der für die Klage auf Erstattung der Beträge, die aufgrund einer missbräuchlichen Klausel in einem zwischen einem Verbraucher und einem Gewerbetreibenden geschlossenen Vertrag *rechtsgrundlos gezahlt* wurden, eine *Verjährungsfrist* von drei Jahren gilt, die mit dem Tag der *vollständigen Erfüllung* dieses Vertrags zu laufen beginnt, weil davon ausgegangen wird, dass der Verbraucher ab diesem Zeitpunkt von der Missbräuchlichkeit dieser Klausel Kenntnis hatte. Der EuGH *antwortete*, dass Art. 2 lit. b, Art. 6 Abs. 1 und Art. 7 Abs. 1 RL 93/13/EWG sowie die Grundsätze der Äquivalenz, der Effektivität und der Rechtssicherheit dahin auszulegen sind, dass sie einer *gerichtlichen Auslegung*

[1972] Urteil Rz. 48.

[1973] Urteil Rz. 58.

der nationalen Rechtsvorschrift *entgegenstehen*, nach der für die Klage auf Erstattung der Beträge, die aufgrund einer missbräuchlichen Klausel in einem zwischen einem Verbraucher und einem Gewerbetreibenden geschlossenen Vertrag *rechtsgrundlos gezahlt* wurden, eine Verjährungsfrist von drei Jahren gilt, die mit dem Tag der *vollständigen Erfüllung* dieses Vertrags zu *laufen beginnt*, wenn vermutet wird – *ohne* dass es hierfür einer *Prüfung* bedarf –, dass der Verbraucher zu diesem Zeitpunkt von der Missbräuchlichkeit der in Rede stehenden Klausel *Kenntnis haben* müsste, oder wenn der Lauf dieser Frist für entsprechende, auf bestimmte *innerstaatliche* Vorschriften gestützte Klagen erst ab der gerichtlichen Feststellung des Grundes beginnt, auf dem diese Klagen beruhen[1974].

38. CY/Caixabank & LG, PK/ Banco Bilbao

655 Im Fall ***CY/Caixabank***[1975] hatte CY am 16. Mai 2000 mit dem Finanzinstitut Caixabank vor einem Notar einen *Hypothekendarlehensvertrag* über einen Betrag von 81'136 € abgeschlossen, der variable Zinsen vorsah. Gemäss der vierten Vertragsklausel hatte der Darlehensnehmer eine «Bereitstellungsprovision» zu zahlen. Diese Klausel bestimmte:

> *«Folgende Provisionen werden zugunsten von [Caixabank] und zulasten des Darlehensnehmers vereinbart: A) – Bereitstellungsprovision über den Gesamtbetrag des Darlehens, einmalig zu begleichen [bei Abschluss] des vorliegenden Rechtsaktes: ein Prozent, d. h. ein Betrag von hundertfünfunddreissigtausend Pesetas (135'000), was 811 € entspricht.»*

Gemäss der fünften Klausel hatte der Darlehensnehmer sodann die gesamten *Kosten* für die Bestellung und Löschung der Hypothek zu zahlen. Diese Klausel lautete:

> *«Der Darlehensnehmer übernimmt die Zahlung der Kosten für die Ermittlung des Wertes der hypothekarisch belasteten Immobilie, aller weiteren Kosten und Abgaben, die mit dieser Urkunde, mit den in ihr niedergelegten Rechtsakten und Verträgen und mit ihrer Eintragung im Grundbuch zusammenhängen, sowie derjenigen Kosten und Abgaben, die durch die Beurkundungen erforderlich werden, damit dieses Dokument und das sie löschende Dokument im Grundbuch eingetragen werden, einschliesslich der Kosten und Abgaben, die durch die Quittungen*

[1974] Urteil Rz. 83.

[1975] Rs. C-224/19, CY gegen Caixabank SA (C-224/19) und LG, PK gegen Banco Bilbao Vizcaya Argentaria SA (C-259/19), EuGH-Urteil vom 16. Juli 2020, ECLI:EU:C: 2020:578.

verursacht werden, mit denen die vollständige oder teilweise Rückzahlung der Darlehensbeträge bestätigt wird, sowie der Honorare der Anwälte und Prozessbevollmächtigten im Fall einer gerichtlichen Geltendmachung, selbst wenn ihr Eingreifen nicht vorgeschrieben ist.»

Am 22. März 2018 erhob CY beim erstinstanzlichen Gericht von Palma de Mallorca (Spanien) *Klage* auf *Nichtigerklärung* der vorgenannten Klauseln wegen Missbräuchlichkeit sowie auf Rückerstattung der Beträge, die in Anwendung dieser Klauseln bezahlt worden waren. Vor diesem Hintergrund setzte das Gericht das Verfahren aus und unterbreitete dem EuGH *dreizehn* Fragen zur Vorabentscheidung.

656 Im verbundenen Fall *PK/ Banco Bilbao* hatten LG und PK am 1. Juli 2011 mit dem Finanzinstitut Banco Bilbao Vizcaya Argentaria einen *Hypothekendarlehensvertrag* abgeschlossen, der eine Klausel enthielt, wonach die *gesamten Kosten* für die Beurkundung und Löschung der Hypothek vom Darlehensnehmer zu tragen waren. Die Darlehensnehmer klagten beim *Erstinstanzlichen Ermittlungsgericht* von Ceuta (Spanien) auf *Nichtigerklärung* der Klausel wegen Missbräuchlichkeit. Das Gericht setzte das Verfahren aus und unterbreitete dem EuGH *zwei* Fragen zur Vorabentscheidung.

657 Mit den *Fragen 1–6* (Rs. C-224/19) und den beiden weiteren Fragen (Rs. C-259/19) wollten die vorlegenden Gerichte wissen, ob Art. 6 Abs. 1 und Art. 7 Abs. 1 RL 93/13/EWG so auszulegen sind, dass sie ein nationales Gericht im Fall der *Nichtigkeit* einer missbräuchlichen Vertragsklausel, die vorschreibt, dass der Verbraucher die gesamten Kosten für die Bestellung und Löschung einer Hypothek zu zahlen hat, daran hindern, dem Verbraucher die Erstattung der in Anwendung dieser Klausel gezahlten Beträge zu versagen. Der EuGH *antwortete*, Art. 6 Abs. 1 und Art. 7 Abs. 1 RL 93/13/EWG sei so auszulegen, dass sie ein nationales Gericht im Fall der Nichtigkeit einer missbräuchlichen Vertragsklausel, die vorschreibt, dass der Verbraucher die gesamten Kosten für die Bestellung und Löschung einer Hypothek zu zahlen hat, *daran hindern*, dem Verbraucher die *Erstattung* der in Anwendung dieser Klausel *gezahlten Beträge zu versagen*, es sei denn, nationale Rechtsvorschriften, die in Abwesenheit der genannten Klausel zur Anwendung kämen, auferlegen dem Verbraucher die Zahlung der Gesamtheit oder eines Teils dieser Kosten[1976].

658 Mit den *Fragen 7–10* wollte das vorlegende Gericht, ob Art. 3, Art. 4 Abs. 2 und Art. 5 RL 93/13/EWG so auszulegen sind, dass sie einer nationalen Rechtsprechung entgegenstehen, nach der die Beurteilung der Missbräuchlichkeit einer Vertragsklausel, die dem Verbraucher die Zahlung einer *Bereitstellungsprovision* auferlegt, deshalb ausgeschlossen ist, weil diese Provision gemäss Art. 4 Abs. 2 der Richtlinie *Bestandteil des Preises* des Vertrags ist, und nach

[1976] Urteil Rz. 55.

der eine solche Klausel an sich dem in Art. 4 Abs. 2 aufgestellten Transparenzerfordernis genügt. Der EuGH *antwortete*, dass Art. 3, Art. 4 Abs. 2 und Art. 5 RL 93/13/EWG dahin auszulegen sind, dass unter den Begriff «Hauptgegenstand des Vertrags» diejenigen Klauseln zu fassen sind, die die *Hauptleistungen* des Vertrags festlegen und ihn als solche *charakterisieren*. Hingegen können Klauseln mit *akzessorischem Charakter* gegenüber denen, die das Wesen des Vertragsverhältnisses selbst definieren, *nicht unter diesen Begriff fallen*. Der Umstand, dass in den Gesamtkosten eines Hypothekendarlehens eine *Bereitstellungsprovision* enthalten ist, kann *nicht* dafür *ausschlaggebend* sein, dass sie eine *Hauptleistung* des Darlehensvertrags ist. In jedem Fall muss das Gericht eines Mitgliedstaats eine Vertragsklausel, die sich auf den Hauptgegenstand des Vertrags bezieht, auf Klarheit und Verständlichkeit überprüfen, unabhängig davon, ob Art. 4 Abs. 2 der Richtlinie in die Rechtsordnung dieses Mitgliedstaats umgesetzt worden ist[1977].

659 Mit der *elften* Frage in der Rs. C-224/19 wollte das vorlegende Gericht wissen, ob Art. 3 Abs. 1 RL 93/13/EWG so auszulegen ist, dass die in einem Darlehensvertrag zwischen einem Verbraucher und einem Finanzinstitut enthaltene Klausel, wonach der Verbraucher eine *Bereitstellungsprovision* zu zahlen hat, entgegen dem Gebot von Treu und Glauben zum Nachteil des Verbrauchers ein erhebliches und ungerechtfertigtes Missverhältnis der vertraglichen Rechte und Pflichten der Vertragspartner verursacht, wenn das Finanzinstitut *nicht nachweist*, dass diese Provision *tatsächlich erbrachten Dienstleistungen* und ihm entstandenen Kosten entspricht. Der EuGH *antwortete*, dass Art. 3 Abs. 1 RL 93/13/EWG dahin auszulegen ist, dass die in einem Darlehensvertrag zwischen einem Verbraucher und einem Finanzinstitut enthaltene Klausel, wonach der Verbraucher eine *Bereitstellungsprovision* zu zahlen hat, entgegen dem Gebot von Treu und Glauben zum Nachteil des Verbrauchers ein *erhebliches und ungerechtfertigtes Missverhältnis* der vertraglichen Rechte und Pflichten der Vertragspartner *verursachen* kann, wenn das Finanzinstitut *nicht nachweist*, dass diese Provision *tatsächlich erbrachten Dienstleistungen* und ihm entstandenen Kosten entspricht, was das vorlegende Gericht zu prüfen hat[1978].

660 Mit seiner *dreizehnten* Frage in der Rs. C-224/19, die vor der zwölften Frage zu prüfen ist, wollte das vorlegende Gericht wissen, ob Art. 6 Abs. 1 und Art. 7 Abs. 1 RL 93/13/EWG so auszulegen sind, dass sie einer nationalen Rechtsprechung nicht entgegenstehen, nach der die Erhebung der *Klage*, mit der die *Restitutionswirkungen* der Nichtigerklärung einer missbräuchlichen Vertragsklausel geltend gemacht werden sollen, einer *Verjährungsfrist* unterliegt, obwohl nach den nationalen Rechtsvorschriften die Klage auf Feststellung der absoluten Nich-

[1977] Urteil Rz. 71.
[1978] Urteil Rz. 79.

tigkeit einer missbräuchlichen Klausel nicht verjähren kann. Der EuGH *antwortete*, Art. 6 Abs. 1 und Art. 7 Abs. 1 RL 93/13/EWG stehen dem nicht entgegenstehen, dass die Erhebung der *Klage*, mit der die *Restitutionswirkungen* der Nichtigerklärung einer missbräuchlichen Vertragsklausel geltend gemacht werden, einer *Verjährungsfrist* unterliegt, sofern der Beginn dieser Frist und ihre Dauer die Ausübung des Rechts des Verbrauchers, eine solche Erstattung zu verlangen, *nicht praktisch unmöglich* machen oder *übermässig erschweren*[1979].

Mit seiner *zwölften* Frage in der Rs. C-224/19 wollte das vorlegende Gericht wissen, ob Art. 6 Abs. 1 und Art. 7 Abs. 1 RL 93/13/EWG dahin auszulegen sind, dass sie einer Regelung entgegenstehen, nach der es möglich ist, dem Verbraucher entsprechend der Höhe der *rechtsgrundlos gezahlten Beträge*, die ihm infolge der Nichtigerklärung einer Vertragsklausel wegen ihrer Missbräuchlichkeit erstattet werden, einen Teil der *Verfahrenskosten aufzuerlegen*. Der EuGH *antwortete*, dass Art. 6 Abs. 1 und Art. 7 Abs. 1 RL 93/13/EWG sowie der Effektivitätsgrundsatz dahin auszulegen sind, dass sie einer Regelung *entgegenstehen*, nach der es möglich ist, dem Verbraucher einen *Teil der Verfahrenskosten* entsprechend der Höhe der rechtsgrundlos gezahlten Beträge, die ihm infolge der Nichtigerklärung einer Vertragsklausel wegen ihrer Missbräuchlichkeit erstattet werden, *aufzuerlegen*, da eine solche Regelung ein *erhebliches Hindernis schafft*, das geeignet ist, die Verbraucher davon abzuhalten, das von der Richtlinie 93/13 gewährte *Recht* auf eine *effektive gerichtliche Kontrolle* der etwaigen Missbräuchlichkeit von Vertragsklauseln auszuüben[1980]. 661

39. Profi Credit/QJ & BW/DR & QL/CG

Im Fall ***Profi Credit/QJ (Rs. C-84/19)***[1981] hatten QJ und Profi Credit Polska am 19. September 2016 (via Vermittler) einen *Verbraucherkreditvertrag* geschlossen. Der Kredit betrug 9‘000 Złoty (PLN) (2‘090 €) und seine Rückzahlung sollte über einen Zeitraum von 3 Jahren erfolgen. Der Vertrag sah einen *Zinssatz* von 9,83 % p.a, eine *Bereitstellungsgebühr* (ca. 30 €), eine *Provision* (ca. 1‘804 €) und einen Betrag von ca. 255 € für ein als «Dein Paket – Extrapaket» bezeichnetes Finanzprodukt vor. In der Folge beantragte Profi Credit Polska beim *Rayongericht Stettin* (Polen) aufgrund eines Eigenwechsels von QJ den Erlass eines Zahlungsbefehls. Das Gericht erliess ein Versäumnisurteil, wogegen QJ Einspruch wegen missbräuchlicher Darlehensvertragsklauseln erhob. Das Gericht stellte fest, dass der Vertrag die Begriffe «Bereitstellungsgebühr» und «Provision» nicht definierte und die konkreten Leistungen, welche damit abgegolten 662

[1979] Urteil Rz. 92.

[1980] Urteil Rz. 99.

[1981] Rs. C-84/19, Profi Credit Polska SA gegen QJ (C-84/19) und BW gegen DR (C-222/19) und QL gegen CG (C-252/19), EuGH-Urteil vom 3. September 2020, ECLI:EU:C:2020:631.

wurden, nicht umschrieb. Profi Credit Polska stellte darauf klar, dass die «Provision» die Gegenleistung für die Darlehensgewährung darstelle und die «Bereitstellungsgebühr» den beim Gewerbetreibenden im Zusammenhang mit dem Vertragsschluss anfallenden Kosten entspreche. Die Zinsen stellten ihrerseits die Gegenleistung für die Verwendung des Darlehens durch den Darlehensnehmer dar. Da das Gericht Zweifel an der Zulässigkeit dieser Kostenfaktoren hatte, setzte es das Verfahren aus und unterbreitete dem EuGH *drei* Fragen zur Vorabentscheidung.

663 Im Fall ***BW/DR (Rs. C-226/19)*** hatten BW und DR am 8. März 2018 einen *Verbraucherkreditvertrag* über 9'225 PLN (2'148 €) und einer Laufzeit von zwei Jahren abgeschlossen, der in 24 Monatsraten zurückzuzahlen war. Der Vertrag war durch einen von DR unterzeichneten Blankowechsel gesichert. Der Kreditbetrag setzte sich aus dem *Kapitalbetrag* (ca. 1'048 €), vertraglichen *Kreditzinsen* (ca. 210 €), einer *Gebühr* (ca. 262 €) für die *Bereitstellung* des Darlehens und von ca. 628 €) für die *Durchführung* des Darlehens während dessen gesamter Laufzeit zusammen. Die vertraglichen Kapitalzinsen wurden nach einem variablen Zinssatz berechnet, der zum Zeitpunkt des Vertragsabschlusses 10 % p.a. betrug. Der effektive Jahreszins wurde auf 119 % festgesetzt. Als DR mit Zahlungen in Verzug geriet, kündigte BW den Vertrag und beantragte beim Rayongericht Opatów (Polen), gestützt auf den zuvor von DR unterzeichneten Blankowechsel, den Erlass eines Zahlungsbefehls. Unter diesen Umständen setzte das Rayongericht Opatów das Verfahren aus und unterbreitete dem EuGH eine Vorabentscheidungsfrage.

664 Im Fall ***QL/CG (Rs. C-252/19)*** hatten QL und CG am 31. August 2016 einen *Verbraucherkreditvertrag* über 10'764 PLN (2'474 €) abgeschlossen zu Zinsen von 9,81 % p.a. und einer Laufzeit von drei Jahren, wobei die Rückzahlung in 36 Monatsraten erfolgen sollte. Der effektive Jahreszins des Kredits betrug 77,77 %. Als Garantie für die Kreditrückzahlung zeichnete CG einen Blankowechsel. Der Gesamtbetrag des Kredits umfasste das Kapital, eine Bereitstellungsgebühr (ca. 29 €), eine Gebühr für das Produkt «Dein Paket» (ca. 905 €) und die Darlehenszinsen von ca. 182 €). Der Gesamtbetrag der zinsunabhängigen Kreditkosten belief sich somit auf ca. 1'142 € und war nach der mathematischen Formel gemäss Art. 36a des Verbraucherkreditgesetzes berechnet und nicht individuell ausgehandelt worden. CG leistete in der Folge Zahlungen von 1'347 €. Später leitete QL, gestützt auf den zu ihren Gunsten ausgestellten Wechsel beim Rayongericht Opatów ein Verfahren zum Erlass eines Zahlungsbefehls ein. Unter diesen Umständen setzte das Gericht das Verfahren aus und unterbreitete dem EuGH eine Vorabentscheidungsfrage.

665 Mit der *ersten* Frage in der Rs. C-84/19 wollte das vorlegende Gericht wissen, ob Art. 1 Abs. 2 RL 93/13/EWG dahin auszulegen ist, dass eine Vertragsklausel, welche die zinsunabhängigen Kreditkosten im Rahmen der durch nationale Rechtsvorschriften über Verbraucherkredite eingeführten Obergrenze festlegt,

vom *Geltungsbereich* dieser Richtlinie *ausgeschlossen* ist, wenn diese Rechtsvorschriften vorsehen, dass die zinsunabhängigen Kreditkosten für den Teil, der diese Grenze oder den Gesamtkreditbetrag überschreitet, *nicht geschuldet* werden. Der EuGH *antwortete*, Art. 1 Abs. 2 RL 93/13/EWG sei so auszulegen, dass eine Vertragsklausel, welche die zinsunabhängigen Kreditkosten im Rahmen der durch nationale Rechtsvorschriften über Verbraucherkredite *eingeführten Obergrenze* festlegt, *nicht* vom Geltungsbereich dieser Richtlinie *ausgeschlossen* ist, wenn diese Rechtsvorschriften vorsehen, dass die zinsunabhängigen Kreditkosten für den Teil, der diese Grenze oder den Gesamtkreditbetrag überschreitet, *nicht geschuldet* werden[1982].

Mit seiner *zweiten* und *dritten* Frage in der Rs. C-84/19 wollte das vorlegende 666
Gericht wissen, ob Art. 4 Abs. 2 RL 93/13/EWG dahin auszulegen ist, dass die Klauseln eines Verbraucherkreditvertrags, die dem Verbraucher *andere Kosten* als die Zahlung von Vertragszinsen auferlegen, unter die in dieser Vorschrift vorgesehene Ausnahme fallen, wenn diese Klauseln weder die Art dieser Kosten noch die Dienstleistungen, die sie vergüten, einzeln angeben. Der EuGH *anwortete*, dass Art. 4 Abs. 2 der RL 93/13/EWG dahin auszulegen ist, dass die Klauseln eines Verbraucherkreditvertrags, die dem Verbraucher andere Kosten als die Rückzahlung des Kredits in Kapital und Zinsen auferlegen, *nicht* unter die in dieser Vorschrift vorgesehene *Ausnahme* fallen, wenn diese Klauseln weder die *Art* dieser *Kosten* noch die *Dienstleistungen*, die sie vergüten sollen, einzeln angeben und derart gefasst sind, dass sie den Verbraucher hinsichtlich seiner *Verpflichtungen* und der *wirtschaftlichen Folgen* dieser Klauseln *irreführen*, was zu prüfen dem vorlegenden Gericht obliegt[1983].

Mit seiner Frage in der Rs. C-222/19 wollte das vorlegende Gericht wissen, ob 667
Art. 3 Abs. 1 RL 93/13/EWG so auszulegen ist, dass er einer nationalen Vorschrift *entgegensteht*, die einen Höchstbetrag für die dem Verbraucher anlastbaren *Gesamtkreditkosten* vorsieht, der Kosten umfasst, die mit der allgemeinen wirtschaftlichen Tätigkeit des Darlehensgebers zusammenhängen. Der EuGH *antwortete*, dass Art. 3 Abs. 1 RL 93/13/ EWG so auszulegen ist, dass eine Vertragsklausel über zinsunabhängige Kreditkosten, welche diese Kosten unter einer gesetzlichen Obergrenze festlegt und Kosten der wirtschaftlichen Tätigkeit des Darlehensgebers auf den Verbraucher abwälzt, ein erhebliches und ungerechtfertigtes Missverhältnis zwischen den Rechten und den Pflichten der Vertragspartner zum Nachteil des Verbrauchers verursachen kann, wenn sie diesem *Kosten auferlegt*, die gegenüber den *erhaltenen Leistungen* und dem bereitgestellten Darlehensbetrag *unverhältnismässig* sind, was zu prüfen dem vorlegenden Gericht obliegt[1984].

1982 Urteil Rz. 63.

1983 Urteil Rz. 86.

1984 Urteil Rz. 97.

40. A/B & C

668 Im Fall ***A/B&C***[1985] hatte die Stiftung A., welche Sozialwohnungen vermietete, am 12. April 2017 mit B. einen Mietvertrag über eine in Amsterdam gelegene Sozialwohnung (Mietzins ca. 648 € pro Monat) geschlossen. Der Mietvertrag unterlag den Allgemeinen Geschäftsbedingungen für Sozialwohnungen vom 1. November 2016. Diese AGB enthielten mehrere *Vertragsstrafenklauseln*, die u. a. das Verbot der *Untervermietung* sowie die Pflicht betrafen, die Wohnung selbst zu bewohnen und bei Vertragsende die Wohnung vollständig zu räumen. Im Falle eines Verstosses der Mieterin gegen das Verbot, die Wohnung unterzuvermieten, hatte sie dem Vermieter gemäss *Klausel 7.14* der AGB eine sofort fällige *Vertragsstrafe* von *5'000 €* zu zahlen, unbeschadet des Rechts des Vermieters, vollständigen Ersatz seines Schadens zu verlangen. Nach einer Kontrolle vor Ort erhob A. beim erstinstanzlichen Gericht Amsterdam *Klage* auf Auflösung des Mietvertrags, Räumung der Mietwohnung durch Mieterin B. und Untermieterin C. sowie auf Zahlung der ausstehenden Miete und der Vertragsstrafe von 5000 € (wegen Verstosses gegen das Verbot der Untervermietung) und Herausgabe des daraus resultierenden Gewinns. Das Gericht stellte fest, dass B. die Wohnpflicht und das in den AGB Ziffer 7.14 vorgesehene Verbot der Untervermietung *missachtet* hat. Da es Zweifel hegte, ob Ziffer 7.14 missbräuchlich war, stellte es das Verfahren ein und unterbreitete dem EuGH *zwei* Fragen zur Vorabentscheidung.

669 Mit seinen *zwei Fragen*, die zusammen geprüft wurden, wollte das vorlegende Gericht wissen, ob Art. 3 Abs. 1 und 3 sowie Art. 4 Abs. 1 RL 93/13/EWG dahin auszulegen sind, dass, wenn ein nationales Gericht prüft, ob eine Klausel eines Verbrauchervertrags im Sinne dieser Bestimmungen möglicherweise missbräuchlich ist, *alle* oder *nur bestimmte* Klauseln des Vertrag zu berücksichtigen sind und sich diese Prüfung bei der Beurteilung, ob insbesondere die dem Verbraucher auferlegte Entschädigung im Sinne von Nr. 1 lit. e des Anhangs der Richtlinie unverhältnismässig hoch ist, nur auf jene zu beziehen hat, die ein und dieselbe Vertragsverletzung betreffen. Der EuGH *antwortete*, Art. 3 Abs. 1 und 3 sowie Art. 4 Abs. 1 RL 93/13/EWG seien so auszulegen, dass, wenn ein nationales Gericht prüft, ob eine Klausel eines Verbrauchervertrags möglicherweise *missbräuchlich* ist, bei den Klauseln, die in den Anwendungsbereich dieser Richtlinie fallen, der *Grad der Wechselwirkung* der *in Rede stehenden Klausel mit anderen Klauseln* insbesondere nach Massgabe ihrer jeweiligen Tragweite zu berücksichtigen ist. Bei der Beurteilung, ob die dem Verbraucher auferlegte Entschädigung gemäss Nr. 1 lit. e des Anhangs der

[1985] Rs. C-738/19, A gegen B, C, EuGH-Urteil vom 10. September 2020, ECLI:EU:C:2020:687.

Richtlinie möglicherweise *unverhältnismässig* hoch ist, ist jenen dieser Klauseln, die sich auf ein und *dieselbe Vertragsverletzung* beziehen, *erhebliche Bedeutung* beizumessen[1986].

41. Banca B./A.A.A.

Im Fall ***Banca B./A.A.A.***[1987] hatte A.A.A. am 5. Juni 2007mit der Banca B. einen Kreditvertrag über die Gewährung eines persönlichen Darlehens für 25 Jahre und festem Zinssatz abgeschlossen, welches durch eine erstrangige Hypothek in der Höhe von 182'222 € gesichert war. Der Vertrag enthielt diverse Klauseln, namentlich 670

> *Art. 5 des in Rede stehenden Kreditvertrags sah für das erste Jahr der Kreditgewährung einen Zinssatz von 7,4 % p. a. vor, danach sollte ein aktueller Zinssatz entsprechend dem variablen Referenzzinssatz gemäss Aushang in den Räumlichkeiten der kreditgebenden Bank zuzüglich 1,50 Prozentpunkten gelten;*

Am 9. Juni 2017 erhob A.A.A. beim Landgericht Cluj (Rumänien) gegen die Banca B. Klage, auf Feststellung der Missbräuchlichkeit bzw. der absoluten Nichtigkeit der Kreditvertragsklauseln, die einen variablen Zinssatz vorsahen sowie Rückzahlung der zu viel bezahlten Beträge. Mit Urteil vom 23. Januar 2018 gab das *Landgericht* der Klage von A.A.A. teilweise statt und stellte u. a. die teilweise absolute Nichtigkeit der in Art. 5 des Kreditvertrags enthaltenen Klausel fest. Am 15. Oktober 2018 legte die Banca B. Berufung beim *Berufungsgericht* Cluj ein. Dieses setzte das Verfahren aus und unterbreitete dem EuGH *vier* Fragen zu Vorabentscheidung.

Mit seinen Fragen, die zusammen zu prüfen sind, wollte das vorlegende Gericht wissen, ob Art. 6 Abs. 1 RL 93/13/EWG dahin auszulegen ist, dass bei Missbräuchlichkeit von Klauseln, die den Mechanismus zur Festlegung des variablen Zinssatzes in einem Kreditvertrag bestimmen, wenn der Vertrag nach dem Wegfall der missbräuchlichen Klauseln nicht fortbestehen kann und es keine dispositive nationale Rechtsvorschrift gibt, durch die diese Klauseln ersetzt werden könnten, dem entgegensteht, dass das nationale Gericht eine *neue Methode zur Berechnung* des Zinssatzes festlegt oder die Parteien auffordert, im Hinblick auf die Festlegung einer neuen Methode zur Berechnung des Zinssatzes zu verhandeln, ohne entsprechende Kriterien festzulegen. Der EuGH *antwortete*, dass nachdem die Missbräuchlichkeit von Klauseln, die den Mechanismus zur Festlegung des variablen Zinssatzes in einem Kreditvertrag bestimmen, festgestellt 671

[1986] Urteil Rz. 39.

[1987] Rs. C-269/19, Banca B. SA gegen A.A.A., EuGH-Urteil vom 25. November 2020, ECLI:EU:C:2020:954.

worden ist, und wenn dieser Vertrag nach dem Wegfall der betreffenden missbräuchlichen Klauseln nicht fortbestehen kann, die Nichtigerklärung des Vertrags für den Verbraucher besonders nachteilige Folgen hätte und es im nationalen Recht *keine dispositive Bestimmung* gibt, das nationale Gericht unter Berücksichtigung seines gesamten innerstaatlichen Rechts *alle erforderlichen Massnahmen ergreifen muss*, um den Verbraucher vor den *besonders nachteiligen Folgen zu schützen*, die die Nichtigerklärung dieses Vertrags nach sich ziehen könnte. Unter Umständen wie denen des Ausgangsverfahrens steht insbesondere nichts dem entgegen, dass das nationale Gericht die *Parteien zu Verhandlungen auffordert*, um die Modalitäten zur Berechnung des Zinssatzes festzulegen, solange das Gericht den Rahmen für diese Verhandlungen vorgibt und diese darauf abzielen, ein *tatsächliches Gleichgewicht* zwischen den Rechten und Pflichten der Vertragsparteien herzustellen, das u. a. das der Richtlinie 93/13 zugrunde liegende Ziel des Verbraucherschutzes berücksichtigt[1988].

42. Dexia/XXX & Dexia/Z

672 Beiden Ausgangsrechtsstreitigkeiten in ***Dexia/XXX*** und ***Dexia/Z*** liegen Aktienleasingverträge mit der Bank Dexia zugrunde. Bei diesen Verträgen erhält der Leasingnehmer (oft ein Verbraucher) von der Bank für einen bestimmten Zeitraum ein Darlehen, mit dem die Bank für Rechnung des Leasingnehmers Aktien erwirbt. Die Bank bleibt bis zur vollständigen Rückzahlung des Darlehens Eigentümerin dieser Aktien. Etwaige Dividenden werden dem Leasingnehmer ausbezahlt. Während der Dauer des Leasingvertrags zahlt der Leasingnehmer monatliche Raten als Darlehnszinsen und allenfalls zusätzlich Tilgungsraten. Am Ende der Laufzeit werden die Aktien veräussert und der Leasingnehmer erhält den Ertrag daraus unter Abzug des Restbetrags des Darlehens und allfälliger noch geschuldeter Monatsraten. Bei einer vorzeitigen Vertragsbeendigung wegen Zahlungsverzugs erstellt die Bank die Schlussabrechnungen nach Art. 6 und 15 der Besonderen Bedingungen, welche lauteten:

> *«6. Wenn (a) der Leasingnehmer nach schriftlicher Mahnung mit der Zahlung einer oder mehrerer monatlicher Raten oder der Erfüllung einer anderen Verpflichtung aus dem Vertrag oder einem anderen, dem vorliegendem Vertrag ähnlichen Leasingvertrag in Verzug bleibt oder (b) der Leasingnehmer einen Zahlungsaufschub beantragt oder für insolvent erklärt wird, ist die Bank berechtigt, den Vertrag und alle anderen ähnlichen Leasingverträge sofort zu beenden und den offenen Restbetrag der vereinbarten Gesamtleasingsumme(n) aus allen laufenden, dem vorliegendem Vertrag ähnlichen Leasingverträgen insgesamt*

[1988] Urteil Rz. 45.

zu fordern und die Wertpapiere zu einem von der Bank zu bestimmenden Zeitpunkt an der Börse oder auf andere Weise zu verkaufen. Die Bank wird den Ertrag aus diesem Verkauf von dem Betrag in Abzug bringen, den der Leasingnehmer ihr schuldet. Ein etwaiges Guthaben wird die Bank dem Leasingnehmer anschliessend auszahlen.

15. ... Im Fall der Auflösung des Vertrags setzt sich der Anspruch des Leasingnehmers zusammen aus einem Betrag in Höhe des Verkaufswerts der Wertpapiere zum Zeitpunkt der Auflösung abzüglich eines Betrags in Höhe des Barwerts des offenen Restbetrags der vereinbarten Gesamtleasingsumme. Der Barwert wird entsprechend der Regelung in Art. 7A:1576e Abs. 2 BW berechnet.»

Im Fall ***Dexia/XXX***[1989] (Rs. C-229/19) hatte XXX im Jahr 1999 mit einer Rechts- 673
vorgängerin von Dexia zwei Leasingverträge abgeschlossen. Am 6. Juni 2005 beendete Dexia die betreffenden Leasingverträge wegen Zahlungsverzugs, nachdem sie XXX zur Zahlung aufgefordert und in Verzug gesetzt hatte, vorzeitig und erstellte die Schlussabrechnungen gemäss Art. 6 und 15 der Besonderen Bestimmungen. XXX erhob Klage u.a. auf Feststellung, dass beide Leasingverträge als *nichtig* oder *aufgelöst* anzusehen seien und verlangte Rückzahlung der an Dexia gezahlten Beträge. Dexia erhob Widerklage auf Bezahlung noch offener Beträge. Mit Urteil vom 19. November 2008 verurteilte der Kantonrechter (Niederlande) Dexia zur Zahlung von 2'507 € pro Leasingvertrag als Entschädigung plus Zinsen und wies die Widerklage ab. Beide Parteien legten Berufung beim Berufungsgericht Amsterdam ein. Dieses setzte das Verfahren aus und unterbreitete dem EuGH eine Vorabentscheidungsfrage.

Im verbundenen Fall ***Dexia/Z*** (Rs. C-289/19) hatte Z am 17. März 2000 als Lea- 674
singnehmerin zwei Aktienleasingverträge mit der Rechtsvorgängerin der Bank Dexia unterzeichnet. Im Jahre 2006 beendete Dexia die Aktienleasingverträge vorzeitig infolge Zahlungsverzugs von Z und erstellte nach Art. 6 und 15 der Besonderen Bedingungen die Schlussabrechnungen. Im Rahmen des anschliessenden Rechtsstreits verurteilte der Kantonsrichter mit Urteil vom 21. Mai 2013 die Bank Dexia zur Bezahlung von 18'804 €. Gegen dieses Urteil legte die Bank Berufung beim Berufungsgericht ein. Dieses setzte das Verfahren aus und unterbreitete dem EuGH *zwei* Fragen zur Vorabentscheidung.

Im Fall *Rs. C-229/19* wollte das Berufungsgericht wissen, ob nach der RL 675
93/13/EWG in einem aleatorischen Vertrag wie Aktienleasingverträgen eine Klausel, die im Voraus den Vorteil festlegt, den der Gewerbetreibende im Fall einer vorzeitigen Vertragsbeendigung geniesst, allein deshalb als missbräuchlich

[1989] Rs. C-229/19, Dexia Nederland BV gegen XXX (C-229/19) und Z (C-289/19), EuGH-Urteil vom 27. Januar 2021, ECLI:EU:C:2021:68.

anzusehen ist, weil diese Klausel bei einer Beurteilung ausschliesslich nach Umständen, die den Abschluss des betreffenden Vertrags begleiten, im Laufe der Erfüllung dieses Vertrags ein erhebliches und ungerechtfertigtes Missverhältnis der vertraglichen Rechte und Pflichten der Vertragspartner verursachen kann. Der EuGH *antwortete*, die RL 93/13/EWG sei so auszulegen, dass eine Klausel, die in einem zwischen einem Gewerbetreibenden und einem Verbraucher geschlossenen aleatorischen Vertrag, wie beispielsweise Aktienleasingverträgen, enthalten ist, als *missbräuchlich anzusehen* ist, wenn unter Berücksichtigung der den Abschluss des betreffenden Vertrags begleitenden Umstände und ausgehend vom Zeitpunkt des Vertragsschlusses festgestellt wird, dass diese Klausel im Laufe der Erfüllung dieses Vertrags ein erhebliches und ungerechtfertigtes Missverhältnis der vertraglichen Rechte und Pflichten der Vertragspartner verursachen kann, und zwar auch dann, wenn dieses Missverhältnis *nur unter bestimmten Umständen eintreten* oder die Klausel unter anderen Umständen sogar dem Verbraucher zugutekommen könnte. Es ist Sache des vorlegenden Gerichts, zu prüfen, ob eine Klausel, die im Voraus den Vorteil festlegt, den der Gewerbetreibende im Fall einer vorzeitigen Vertragsauflösung geniesst, angesichts der den Vertragsschluss begleitenden Umstände bereits ab Abschluss dieses Vertrags geeignet war, ein solches Missverhältnis zu schaffen[1990].

676 Im Fall *Rs. C-289/19* wollte das Berufungsgericht mit seinen beiden Vorlagefragen wissen, ob ein Gewerbetreibender, der als Verkäufer dem Verbraucher eine Klausel auferlegt hat, die vom nationalen Gericht für *missbräuchlich* und *nichtig erklärt* worden ist, Anspruch auf die Entschädigung nach einer dispositiven Bestimmung des nationalen Rechts hat, die ohne diese Klausel anwendbar gewesen wäre. Der EuGH *antwortete*, dass die RL 93/13/EWG dahin auszulegen ist, dass ein Gewerbetreibender, der als Verkäufer einem Verbraucher eine Klausel auferlegt hat, die vom nationalen Gericht für missbräuchlich und folglich *nichtig* erklärt worden ist, wenn der *Vertrag ohne diese Klausel fortbestehen* kann, *keinen Anspruch* auf die Entschädigung hat, die in einer dispositiven Vorschrift des nationalen Rechts vorgesehen ist, die ohne diese Klausel anwendbar gewesen wäre[1991].

43. I.W. & R.W./Bank BPH

677 Im Fall ***I.W. & R.W./Bank BPH***[1992] hatten I.W. und R.W. als Verbraucher im Jahr 2008 mit der Bank BPH einen Vertrag über einen *Hypothekenkredit* (Laufzeit 30 Jahre) abgeschlossen. Der Vertrag lautete auf polnische Zloty (PNL), aber

---

1990 Urteil Rz. 60.

1991 Urteil Rz. 67.

1992 Rs. C-19/20, I.W., R.W. gegen Bank BPH S.A., EuGH-Urteil vom 29. April 2021, ECLI:EU:C:2021:480.

war an den *Schweizer Franken* (CHF) als Fremdwährung *gebunden*. Die Kreditnehmer wurden informiert, dass der Wechselkurs des Schweizer Frankens steigen könnte, was sich auf die monatlichen Tilgungsraten des Kredits auswirken würde. Auf Ersuchen der Bank gaben die Kreditnehmer eine Erklärung ab, wonach sie sich für eine Bindung ihres Kredits an den Kurs des Schweizer Franken entschieden, nachdem sie ordnungsgemäss über die Risiken eines in Fremdwährung gewährten Kredits informiert worden waren. Gemäss Vertrag erfolgte die Rückzahlung des Kredits in polnischen Zloty, wobei der Kreditsaldo und die monatlichen Raten anhand des Verkaufskurses des Schweizer Frankens zuzüglich der Verkaufsmarge der Bank berechnet wurden. Die Methode zur Bestimmung der Marge der Bank war im Vertrag nicht näher geregelt. Am 7. März 2011 unterzeichneten die Parteien zum Kreditvertrag einen *Nachtrag*, welcher die Bestimmung der *Marge* der Bank BPH *spezifizierte* und die Kreditnehmer berechtigte, ihren Kredit in *Schweizer Franken zurückzuzahlen*, die sie sich auf dem freien Markt beschaffen konnten. Vor Gericht machten die Kläger geltend, dass die Koppelung des Kredits an den Schweizer Franken missbräuchlich sei, und beantragten, den *Vertrag* für *nichtig* zu erklären und alle zur Begleichung der mit ihm zusammenhängenden Zinsen und Gebühren gezahlten Beträge zurückzuerstatten. Das Gericht sistierte das Verfahren und legte dem EuGH *fünf* Fragen zur Vorabentscheidung vor.

Mit seiner *ersten* Frage wollte das vorlegende Gericht wissen, ob Art. 6 Abs. 1 678
RL 93/13/EWG so auszulegen sei, dass das nationale Gericht verpflichtet ist, die Missbräuchlichkeit einer Klausel eines zwischen einem Gewerbetreibenden und einem Verbraucher geschlossenen Vertrags auch dann festzustellen, wenn der *Mangel* dieser Klausel infolge des Abschlusses einer *Zusatzvereinbarung* zum Vertrag *behoben* wurde und die Feststellung der Missbräuchlichkeit der Klausel in ihrer ursprünglichen Fassung zur Nichtigkeit des Vertrags führen kann. Der EuGH *antwortete*, dass Art. 6 Abs. 1 der RL 93/13/EWG so auszulegen ist, dass das nationale Gericht *verpflichtet* ist, die Missbräuchlichkeit einer Klausel eines zwischen einem Gewerbetreibenden und einem Verbraucher geschlossenen Vertrags *auch dann festzustellen*, wenn diese Klausel von den Parteien durch einen *Vertrag geändert wurde*. Eine solche Feststellung führt dazu, dass die Situation wiederhergestellt wird, in der sich der Verbraucher ohne die Klausel befunden hätte, deren Missbräuchlichkeit festgestellt wurde, es sei denn, der Verbraucher hat mit der Änderung der missbräuchlichen Klausel durch eine *freie und aufgeklärte Zustimmung* auf eine solche Wiederherstellung *verzichtet*, was zu prüfen Sache des nationalen Gerichts ist. Aus dieser Bestimmung ergibt sich jedoch nicht, dass die Feststellung der Missbräuchlichkeit der ursprünglichen Klausel grundsätzlich zur *Nichtigerklärung* des *Ver-*

trags führt, wenn die Änderung dieser Klausel es ermöglicht hat, das *Gleichgewicht* zwischen den Pflichten und Rechten dieser Parteien aus dem Vertrag *wiederherzustellen* und den Mangel, mit dem sie behaftet war, zu beheben[1993].

679 Mit seiner *zweiten* und *dritten* Frage wollte das vorlegende Gericht wissen, ob Art. 6 Abs. 1 und Art. 7 Abs. 1 der RL 93/13/EWG so auszulegen sind, dass sie es dem nationalen Gericht verwehren, *nur den missbräuchlichen Bestandteil* einer Klausel eines zwischen einem Gewerbetreibenden und einem Verbraucher geschlossenen Vertrags aufzuheben, insbesondere wenn das mit dieser Richtlinie verfolgte Ziel der Abschreckung durch nationale gesetzliche Vorschriften gewährleistet wird, die ihre Verwendung regeln. Der EuGH *antwortete*, dass Art. 6 Abs. 1 und Art. 7 Abs. 1 RL 93/13/EWG so auszulegen sind, dass sie es dem nationalen Gericht zum einen *nicht verwehren*, nur den *missbräuchlichen Bestandteil* einer Klausel eines zwischen einem Gewerbetreibenden und einem Verbraucher geschlossenen Vertrags *aufzuheben*, wenn das mit dieser Richtlinie verfolgte Ziel der Abschreckung durch nationale gesetzliche Vorschriften gewährleistet wird, die ihre Verwendung regeln, sofern dieser Bestandteil in einer gesonderten vertraglichen Verpflichtung besteht, die Gegenstand einer *individualisierten Prüfung* ihrer *Missbräuchlichkeit* sein kann. Zum anderen hindern diese Bestimmungen das vorlegende Gericht daran, nur den missbräuchlichen Bestandteil einer Klausel eines zwischen einem Gewerbetreibenden und einem Verbraucher geschlossenen Vertrags aufzuheben, wenn diese Aufhebung darauf hinausliefe, den *Inhalt dieser Klausel grundlegend zu ändern*, was zu prüfen Sache des vorlegenden Gerichts ist[1994].

680 Mit seiner *vierten* Frage möchte das vorlegende Gericht wissen, ob Art. 6 Abs. 1 RL 93/13/EWG dahin auszulegen ist, dass die Nichtigerklärung eines zwischen einem Gewerbetreibenden und einem Verbraucher geschlossenen Vertrags wegen der Feststellung der Missbräuchlichkeit einer Klausel dieses Vertrags eine in dieser Richtlinie vorgesehene Sanktion darstellt, die sich aus einer gerichtlichen Entscheidung ergibt, die auf ausdrücklichen Antrag des Verbrauchers ergangen ist und für den Verbraucher einen Anspruch auf Rückerstattung der von dem Gewerbetreibenden zu Unrecht vereinnahmten Beträge begründet, oder ob sie von Rechts wegen, unabhängig vom Willen des Verbrauchers erfolgt. Der EuGH *antwortete*, Art. 6 Abs. 1 der RL 93/13/EWG sei so auszulegen, dass für die *Folgen* der gerichtlichen Feststellung, dass ein zwischen einem Gewerbetreibenden und einem Verbraucher geschlossener Vertrag eine missbräuchliche Klausel enthält, die Bestimmungen des nationalen Rechts massgeblich sind, wobei die Frage des Fortbestands eines solchen Vertrags von dem nationalen Gericht auf der Grundlage dieser Bestimmungen *von Amts wegen* anhand eines *objektiven* Ansatzes zu beurteilen ist.

1993 Urteil Rz. 61.

1994 Urteil Rz. 80.

Mit seiner *fünften* Frage wollte das vorlegende Gericht wissen, ob Art. 6 Abs. 1 RL 93/13/EWG in Verbindung mit Art. 47 der Charta der Grundrechte der Europäischen Union dahin auszulegen ist, dass das nationale Gericht, das die Missbräuchlichkeit einer Klausel eines von einem Gewerbetreibenden mit einem Verbraucher geschlossenen Vertrags feststellt, den Verbraucher über die *Rechtsfolgen aufzuklären* hat, die sich aus der Nichtigerklärung eines solchen Vertrags ergeben können, unabhängig davon, ob der Verbraucher durch einen professionellen Bevollmächtigten vertreten wird. Der EuGH *antwortete*, dass Art. 6 Abs. 1 RL 93/13/EWG in Verbindung mit Art. 47 der Charta so auszulegen ist, dass das nationale Gericht, welches die Missbräuchlichkeit einer Klausel des von einem Gewerbetreibenden mit einem Verbraucher geschlossenen Vertrags feststellt, den Verbraucher im Rahmen der nationalen Verfahrensvorschriften und nach einer kontradiktorischen Erörterung über die *Rechtsfolgen aufzuklären* hat, die sich aus der Nichtigerklärung eines solchen Vertrags ergeben können, *unabhängig* davon, ob der Verbraucher durch einen *professionellen Bevollmächtigten* vertreten wird[1995]. 681

44. Prima banca Slovensko/HD

Im Fall ***Prima banca Slovensko/HD***[1996] hatte HD am 17. Juni 2016 mit Prima banka Slovensko einen Verbraucherdarlehensvertrag über einen Betrag von 5700 € und einem Zinssatz von 7,90 % geschlossen. Das Darlehen war in 96 Monatsraten zurückzuzahlen. Ab September 2017 zahlte HD die monatlichen Raten nicht mehr, weshalb Prima banka Slovensko am 28. Dezember 2017 die vorzeitige Fälligstellung des Darlehens erklärte und die sofortige Rückzahlung von 5083 € des geschuldeten Restkapitals forderte. Zudem verlangte sie gemäss Darlehensvertrag Verzugszinsen von 5 % auf dem geschuldeten Darlehensbetrag wie auch auf den geschuldeten Zinsen für den Zeitraum seit der Fälligstellung des Darlehens bis zur tatsächlichen Rückzahlung des gesamten Darlehensbetrags und Darlehenszinsen von 7,90 % für denselben Zeitraum. Mit Urteil vom 20. September 2019 gab das Kreisgericht Kežmarok (Slowakei) der Klage der Bank auf Zahlung von Verzugszinsen bis zur vollständigen Rückzahlung des Darlehensbetrags statt, lehnte aber Darlehenszinsen für denselben Zeitraum mit der Begründung ab, dass eine solche Kumulierung von Zinsen nach slowakischem Recht nicht möglich sei. Prima banka Slovensko legte gegen dieses Urteil *Berufung* ein. Vor diesen Hintergrund setzte das Bezirksgericht Presov das Verfahren aus und legte dem EuGH *zwei* Fragen zur Vorabentscheidung vor. 682

1995 Urteil Rz. 99.

1996 Rs. C-192/20, Prima banka Slovensko a.s. gegen HD, EuGH-Urteil vom 10. Juni 2021, ECLI:EU:C:2021:341.

683 Mit seiner *ersten* Frage wollte das vorlegende Gericht wissen, ob Art. 6 Abs. 1 und Art. 7 Abs. 1 RL 93/13/EWG nach der Auslegung des EuGH im Urteil Banco Santander und Escobedo Cortés dahin auszulegen sind, dass sie einer nationalen Regelung entgegenstehen, wonach ein Verbraucher, der mit einem Gewerbetreibenden einen Darlehensvertrag geschlossen hat, aufgrund des Vertrags bei vorzeitiger Fälligstellung des Darlehens nicht verpflichtet werden kann, dem Gewerbetreibenden die Darlehenszinsen für den Zeitraum von der Erklärung dieser Fälligstellung bis zur tatsächlichen Rückzahlung des Darlehensbetrags zu zahlen, sofern die Zahlung von Verzugszinsen und anderen Vertragsstrafen, die nach diesem Vertrag geschuldet sind, den Ersatz des dem Gewerbetreibenden tatsächlich entstandenen Schadens ermöglicht. Der EuGH *antwortete*, dass die RL 93/13/EWG, vorbehaltlich der vom vorlegenden Gericht vorzunehmenden Prüfung, dahin auszulegen ist, dass sie *nicht* auf *nationale Bestimmungen anwendbar* ist, nach denen der Verbraucher, der mit einem Gewerbetreibenden einen Darlehensvertrag geschlossen hat, auf der Grundlage der Bestimmungen dieses Vertrags im Fall einer vorzeitigen Fälligstellung des Darlehens nicht verpflichtet werden kann, dem Gewerbetreibenden die Darlehenszinsen für den Zeitraum von der Erklärung dieser Fälligstellung bis zur tatsächlichen Rückzahlung des Darlehensbetrags zu zahlen, sofern die Zahlung von Verzugszinsen und anderen Vertragsstrafen, die nach diesem Vertrag geschuldet sind, den Ersatz des dem Gewerbetreibenden *tatsächlich entstandenen Schadens* ermöglicht[1997].

45. VB et al./BNP

684 Im Fall ***VB et al./BNP***[1998] hatten in den Jahren 2008 und 2009 VB, WA, XZ, YY, ZX, DY, EX, AV, BW, CX und FA et al. mit BNP Paribas Personal Finance je einen auf eine Fremdwährung lautenden *Hypothekendarlehensvertrag* geschlossen. Die Verträge dienten zum Kauf von Immobilien oder Anteilen an Immobiliengesellschaften mit Beträgen zwischen 48'000 und 426'000 CHF und Laufzeiten von 22 bis 25 Jahren. Die Verträge enthielten fragwürdige Klauseln, welche BNP ein Strafverfahren wegen irreführender Geschäftspraktiken eintrugen. Vor diesem Hintergrund unterbreitete das Regionalgereicht Paris dem EuGH acht Fragen zur Vorabentscheidung.

685 Mit der *ersten* und *zweiten* Frage, die zusammen geprüft wurden, wollte das vorlegende Gericht wissen, ob die RL 93/13/EWG so auszulegen ist, dass sie einer innerstaatlichen Regelung entgegensteht, wonach der Antrag eines Ver-

1997 Urteil Rz. 42.

1998 Rs. C-776/19, VB, WA, XZ, YY (C-777/19), ZX (C-778/19), DY, EX (C-781/19) gegen BNP Paribas Personal Finance SA und AV (C-779/19), BW, CX (C-780/19), FA (C-782/19) gegen BNP Paribas Personal Finance SA / Procureur de la République, EuGH-Urteil vom 10. Juni 2021, ECLI:EU:C:2021: 470.

brauchers auf Feststellung der Missbräuchlichkeit einer in einem Vertrag zwischen einem Gewerbetreibenden und diesem Verbraucher enthaltenen Klausel oder auf Rückerstattung von aufgrund missbräuchlicher Klauseln im Sinne dieser Richtlinie rechtsgrundlos gezahlten Beträgen einer *fünfjährigen Verjährungsfrist* unterliegt, die zum Zeitpunkt der Annahme des Darlehensangebots zu laufen beginnt. Der EuGH *antwortete*, dass Art. 6 Abs. 1 und Art. 7 Abs. 1 RL 93/13/EWG im Licht des Effektivitätsgrundsatzes dahin auszulegen sind, dass sie einer innerstaatlichen Regelung *entgegenstehen*, wonach die Stellung eines Antrags durch einen Verbraucher

- auf *Feststellung* der *Missbräuchlichkeit* einer Klausel eines Vertrags zwischen einem Gewerbetreibenden und diesem Verbraucher einer *Verjährungsfrist* unterliegt;
- auf *Rückerstattung* von aufgrund missbräuchlicher Klauseln rechtsgrundlos gezahlten Beträgen einer *fünfjährigen Verjährungsfrist* unterliegt, wenn diese Frist zum Zeitpunkt der *Annahme* des Darlehensangebots zu laufen *beginnt* und es somit möglich ist, dass der Verbraucher zu diesem Zeitpunkt keine Kenntnis von sämtlichen Rechten hatte, die ihm aus dieser Richtlinie erwachsen[1999].

Mit der *dritten* Frage wollte das vorlegende Gericht wissen, ob Art. 4 Abs. 2 686 der RL 93/13/EWG so auszulegen ist, dass der Begriff «Hauptgegenstand des Vertrags» die Klauseln des Darlehensvertrags umfasst, die vorsehen, dass die Fremdwährung die Verrechnungswährung und der Euro die Zahlungswährung ist, und die bewirken, dass der Darlehensnehmer das *Wechselkursrisiko* trägt. Der EuGH *antwortete*, dass Art. 4 Abs. 2 der RL 93/13/EWG so auszulegen ist, dass Klauseln des Darlehensvertrags, wonach die Fremdwährung die Verrechnungswährung und der Euro die Zahlungswährung ist, und dadurch der Darlehensnehmer das *Wechselkursrisiko* trägt, von dieser Bestimmung *erfasst* sind, wenn diese Klauseln einen Hauptbestandteil festlegen, der diesen Vertrag kennzeichnet[2000].

Mit der *vierten* und *fünften* Frage, die zusammen geprüft wurden, wollte das 687 vorlegende Gericht wissen, ob Art. 4 Abs. 2 RL 93/13/EWG so auszulegen ist, dass bei einem auf Fremdwährung lautenden Darlehensvertrag das Erfordernis der *Transparenz* von Klauseln, die vorsehen, dass die Fremdwährung die Verrechnungswährung und der Euro die Zahlungswährung ist, und die bewirken, dass der Darlehensnehmer das Wechselkursrisiko trägt, erfüllt ist, wenn der Gewerbetreibende dem Verbraucher *Informationen* zu der Auswirkung einer etwaigen Auf- oder Abwertung des Euro gegenüber der Fremdwährung, auf die das Darlehen lautet, gegeben hat. Der EuGH *antwortete*, dass Art. 4 Abs. 2 RL 93/13/EWG so auszulegen ist, dass bei einem auf Fremdwährung lautenden

[1999] Urteil Rz. 48.
[2000] Urteil Rz. 60.

Darlehensvertrag das Erfordernis der *Transparenz* von Klauseln, die vorsehen, dass die Fremdwährung die Verrechnungswährung und der Euro die Zahlungswährung ist, und bewirken, dass der Darlehensnehmer das Wechselkursrisiko trägt, *erfüllt* ist, wenn der Gewerbetreibende dem Verbraucher hinreichende und genaue Informationen bereitgestellt hat, die es einem normal informierten, angemessen aufmerksamen und verständigen Durchschnittsverbraucher ermöglichen, die *konkrete Funktionsweise* des fraglichen Finanzmechanismus zu verstehen und somit die *Gefahr möglicherweise beträchtlicher negativer wirtschaftlicher Folgen* solcher Klauseln für seine finanziellen Verpflichtungen über die gesamte Laufzeit dieses Vertrags zu bewerten[2001].

688 Mit der *sechsten* und *siebten* Frage, die zusammen geprüft wurden, wollte das vorlegende Gericht wissen, ob die RL 93/13/EWG so auszulegen ist, dass sie dem entgegensteht, dass der Verbraucher die *Beweislast* für die Klarheit und Verständlichkeit einer vertraglichen Klausel im Sinne von Art. 4 Abs. 2 dieser Richtlinie trägt, und ob dies auch für die Übermittlung von Informationen gilt, die in Unterlagen zu den Verkaufstechniken enthalten sind, die von dem Gewerbetreibenden oder einer anderen Person, die für diesen Gewerbetreibenden am Vertrieb der fraglichen Kredite beteiligt war, angewandt wurden. Der EuGH *antwortete*, dass die RL 93/13/EWG so auszulegen ist, dass sie dem *entgegensteht*, dass der *Verbraucher* die *Beweislast* dafür trägt, dass eine vertragliche Klausel klar und verständlich im Sinne von Art. 4 Abs. 2 der Richtlinie ist[2002].

689 Mit der *achten* Frage wollte das vorlegende Gericht wissen, ob Art. 3 Abs. 1 RL 93/13/EWG so auszulegen ist, dass Klauseln eines Darlehensvertrags, die vorsehen, dass die Fremdwährung die Verrechnungswährung und der Euro die Zahlungswährung ist, und die bewirken, dass der Darlehensnehmer das Wechselkursrisiko trägt, zum Nachteil des Verbrauchers ein erhebliches und ungerechtfertigtes Missverhältnis der vertraglichen Rechte und Pflichten der Vertragspartner verursacht, wenn zum einen der Gewerbetreibende über bessere Mittel als der Verbraucher verfügt, um das Wechselkursrisiko vorherzusehen, und zum anderen das von diesem Gewerbetreibenden getragene Risiko gedeckelt ist, während das vom Verbraucher getragene Risiko dies nicht ist. Der EuGH *antwortete*, dass Art. 3 Abs. 1 RL 93/13/EWG so auszulegen ist, dass Klauseln eines Darlehensvertrags, wonach die Fremdwährung die Verrechnungswährung und der Euro die Zahlungswährung ist, und bewirken, dass der Darlehensnehmer das Wechselkursrisiko trägt, *ohne* dass dieses *Risiko gedeckelt* ist, geeignet sind, zum Nachteil des Verbrauchers ein erhebliches und ungerechtfertigtes *Missverhältnis* der Rechte und Pflichten der Vertragsparteien zu verursachen, wenn der *Gewerbetreibende* bei Beachtung des Transparenzgebots gegenüber dem Verbraucher *vernünftigerweise nicht erwarten* konnte, dass eine *individuelle Aushandlung*

2001 Urteil Rz. 78.
2002 Urteil Rz. 89.

dazu führen würde, dass der Verbraucher sich auf ein *unverhältnismässiges Wechselkursrisiko*, das aus derartigen Klauseln resultiert, einlässt[2003].

46. BNP et al./BNP

Im Fall ***BNP et al./VE***[2004] hatten VE und seine Ehefrau mit notarieller Urkunde vom 10. März 2009 eine *Immobilie* erworben, wofür sie bei BNP Paribas Personal Finance ein *Hypothekendarlehen* in Fremdwährung aufnahmen. Der Vertrag bezifferte den Zins auf 4,95 % p.a. und das Darlehen war rückzahlbar in Euro mittels 276 auf Schweizer Franken lautenden Raten. Am Tag des Vertragsschlusses belief sich das Darlehen auf 143‘421 €, was 216‘566 CHF entsprach. Der Vertrag sah vor, dass die Monatsraten zu feststehenden Fälligkeitsterminen in € zurückgezahlt, aber zwecks Zinszahlung und Darlehenstilgung in Schweizer Franken umgerechnet wurden. Die Nebenkosten des Darlehens (z.B. Versicherung), wurden in € in Rechnung gestellt. Der Vertrag enthielt u.a. Klauseln, wonach sich das Darlehen um fünf Jahre verlängerte und die in € zu zahlenden Monatsraten vorrangig auf die Zinsschuld angerechnet werden sollten, falls die Entwicklung des Wechselkurses zu einer Erhöhung der Darlehenskosten für den Darlehensnehmer führte. Ausserdem sollten die Monatsraten erhöht werden, falls es mit den bisherigen Zahlungsbeträgen in Euro nicht möglich sein sollte, den ganzen Saldo des Kontos innerhalb der um fünf Jahre verlängerten Restlaufzeit auszugleichen. Da VE die Monatsraten nicht bezahlte, stellte BNP das Darlehen fällig, worauf der Vollstreckungsrichter des Regionalgerichts Libourne (Frankreich) am 16. Januar 2015 die *Zwangsversteigerung* der Immobilie anordnete. Am 12. Januar 2017 beantragte alsdann die BNP die Pfändung des Arbeitseinkommens von VE im Umfang von 234‘182 €, wovon 185‘695 € auf den Nettodarlehensbetrag und 48‘487 € auf Zinsen, Kosten und Nebenleistungen entfielen. VE machte vor Gericht die *Missbräuchlichkeit* einiger Klauseln des Darlehensvertrags geltend. Vor diesem Hintergrund setzte das *erstinstanzliche Gericht* Lagny-sur-Marne (Frankreich) das Verfahren aus legte dem EuGH vier Fragen zur Vorabentscheidung vor. 690

Mit der *ersten* Frage wollte das vorlegende Gericht wissen, ob Art. 4 Abs. 2 RL 93/13/EWG so auszulegen ist, dass der «Hauptgegenstand des Vertrags» Klauseln erfasst, wonach die Rückzahlungen zu feststehenden Fälligkeitsterminen vorrangig auf die Zinsschuld angerechnet werden und sich die Vertragsdauer verlängert und Zahlungen erhöhen, damit der Kontosaldo ausgeglichen wird. Der EuGH *antwortete*, Art. 4 Abs. 2 RL 93/13/EWG sei so auszulegen, dass Klauseln 691

2003 Urteil Rz. 103.

2004 Rs. C-609/19, BNP Paribas Personal Finance SA gegen VE, Urteil vom 10. Juni 2021, ECLI:EU:C:2021:469.

eines Darlehensvertrags, die bestimmen, dass die Rückzahlungen zu feststehenden Fälligkeitsterminen vorrangig auf die Zinsschuld angerechnet werden, und vorsehen, dass sich die Vertragsdauer verlängert und die Zahlungen erhöhen, damit der Kontosaldo ausgeglichen wird, *unter diese Vorschrift fallen*, wenn sie einen diesen Vertrag *kennzeichnenden Hauptbestandteil* festlegen[2005].

692 Mit der *zweiten* Frage wollte das vorlegende Gericht wissen, ob Art. 3 Abs. 1 RL 93/13/EWG so auszulegen ist, dass Klauseln eines Darlehensvertrags, die bestimmen, dass die Rückzahlungen zu feststehenden Fälligkeitsterminen vorrangig auf die Zinsschuld angerechnet werden, und vorsehen, dass sich die Vertragsdauer verlängert und die Zahlungen erhöhen, damit der Kontosaldo ausgeglichen wird, der sich infolge von Schwankungen des Wechselkurses zwischen der Kontowährung und der Zahlungswährung beträchtlich erhöhen kann, zum Nachteil des Verbrauchers ein erhebliches Missverhältnis zwischen den Rechten und Pflichten der Parteien dieses Vertrags verursachen, weil sie den Verbraucher einem unverhältnismässigen Wechselkursrisiko aussetzen. Der EuGH *antwortete*, Art. 3 Abs. 1 RL 93/13/EWG ist so auszulegen, dass Klauseln eines Darlehensvertrags, die bestimmen, dass die Rückzahlungen zu feststehenden Fälligkeitsterminen vorrangig auf die Zinsschuld angerechnet werden, und vorsehen, dass sich die Vertragsdauer verlängert und die Zahlungen erhöhen, damit der Kontosaldo ausgeglichen wird, der sich infolge von Schwankungen des Wechselkurses zwischen der Kontowährung und der Zahlungswährung beträchtlich erhöhen kann, zum *Nachteil des Verbrauchers ein erhebliches Missverhältnis* zwischen den Rechten und Pflichten der Parteien dieses Vertrags *verursachen* können, wenn der Gewerbetreibende bei Beachtung des Transparenzgebots gegenüber dem Verbraucher vernünftigerweise nicht erwarten konnte, dass eine individuelle Aushandlung dazu führen würde, dass der Verbraucher sich auf ein *unverhältnismässiges Wechselkursrisiko*, das aus derartigen Klauseln resultiert, einlässt[2006].

693 Mit der *dritten* und *vierten* Frage, die zusammen geprüft wurden, wollte das vorlegende Gericht wissen, ob Art. 4 Abs. 2 RL 93/13/EWG so auszulegen sei, dass im Rahmen eines auf eine Fremdwährung lautenden Darlehensvertrags das Erfordernis der Transparenz von Klauseln, die bestimmen, dass die Rückzahlungen zu feststehenden Fälligkeitsterminen vorrangig auf die Zinsschuld angerechnet werden, und vorsehen, dass sich die Vertragsdauer verlängert und die Zahlungen erhöhen, damit der Kontosaldo ausgeglichen wird, erfüllt ist, wenn der Gewerbetreibende dem Verbraucher *objektive und abstrakte Informationen* zur Auswirkung einer etwaigen Auf- oder Abwertung des Euro gegenüber der Fremdwährung auf die finanziellen Verpflichtungen dieses Verbrauchers bereitgestellt hat, dem Verbraucher *aber keine Informationen* zu dem *wirtschaftlichen Kontext*

[2005] Urteil Rz. 39.

[2006] Urteil Rz. 71.

zur Verfügung gestellt hat, der Auswirkungen auf die Schwankungen der Wechselkurse haben kann. Der EuGH *antwortete*, dass Art. 4 Abs. 2 RL 93/13/EWG so auszulegen ist, dass im Rahmen eines auf eine Fremdwährung lautenden Darlehensvertrags das *Erfordernis der Transparenz* von Klauseln, die bestimmen, dass die Rückzahlungen zu feststehenden Fälligkeitsterminen vorrangig auf die Zinsschuld angerechnet werden, und vorsehen, dass sich die Vertragsdauer verlängert und die Zahlungen erhöhen, damit der Kontosaldo ausgeglichen wird, *erfüllt ist,* wenn der Gewerbetreibende dem Verbraucher hinreichende und genaue Informationen bereitgestellt hat, die es einem normal informierten, angemessen aufmerksamen und verständigen Durchschnittsverbraucher ermöglichen, die *konkrete Funktionsweise des fraglichen Finanzmechanismus* zu verstehen und somit die *Gefahr möglicherweise beträchtlicher negativer wirtschaftlicher Folgen* solcher Klauseln für seine finanziellen Verpflichtungen über die gesamte Laufzeit dieses Vertrags zu *bewerten*[2007].

47. JZ/OTP

Im Fall ***JZ/OTP***[2008] hatte JZ am 16. Mai 2007 mit der OTP Bank einen persönlichen *Darlehensvertrag* geschlossen. Am 4. Juni 2007 schloss er sodann mit der OTP Jelzálogbank und der OTP Bank einen mit einer Hypothek gesicherten *Wohnungsdarlehensvertrag*. In der Folge schloss er am 4. September 2008 mit der OTP Bank einen *Umschuldungsvertrag*. Alle drei Darlehen lauteten auf eine Fremdwährung. Später wurden die ersten beiden Verträge von der OTP Bank und der OTP Jelzálogbank *gekündigt*, wobei sie ihre Forderungen an die OTP Faktoring Követeléskezelő *abtraten*. Dagegen endete der dritte Vertrag mit der Erfüllung durch JZ. Mit *Klage* beim erstinstanzlich entscheidenden Gerichtshof Veszprém (Ungarn) machte JZ die *Nichtigkeit* der *drei Darlehensverträge* geltend und berief sich insbesondere auf die Missbräuchlichkeit der Vertragsklauseln, wonach sich der Wechselkurs bei Auszahlung der Darlehensmittel von jenem bei der Tilgung unterschied. Mit Urteil vom 3. Juli 2019 wies das erstinstanzliche Gericht die Klage als unbegründet ab. Gegen dieses Urteil erhob der Kläger *Berufung* ans Tafelgericht Győr (Ungarn) und machte u. a. geltend, dass die Folgen der Missbräuchlichkeit von Klauseln über die Wechselkursdifferenz gemäss dem Urteil Dziubak (C-260/18, EU:C:2019:819) vom 3. Oktober 2019 zu bestimmen seien und dass die ihm von den Darlehensgebern zur Verfügung gestellten Informationen über das Wechselkursrisiko unzureichend waren. Dieses Gericht setzte das Verfahren aus und unterbreitete dem EuGH eine Frage zur Vorabentscheidung. 694

[2007] Urteil Rz. 57.

[2008] Rs. C-932/19, JZ gegen OTP Jelzálogbank Zrt., OTP Bank Nyrt., OTP Faktoring Követeléskezelő Zrt., Urteil vom 2. September 2021, ECLI:EU:C:2021:673.

695 Mit seiner Frage wollte das vorlegende Gericht wissen, ob Art. 6 Abs. 1 RL 93/13/EWG einer nationalen Regelung entgegensteht, die in Bezug auf mit einem Verbraucher geschlossene Darlehensverträge eine als missbräuchlich angesehene Klausel über die Wechselkursdifferenz für *nichtig* erklärt und das zuständige nationale Gericht *verpflichtet*, sie durch eine *Bestimmung des nationalen Rechts zu ersetzen*, welche die Anwendung eines offiziellen Wechselkurses vorschreibt, ohne die Möglichkeit vorzusehen, dass dieses Gericht dem Antrag des betroffenen Verbrauchers auf Nichtigerklärung des Darlehensvertrags in seiner Gesamtheit stattgibt, obwohl es davon ausgeht, dass der Fortbestand dieses Vertrags den Interessen des Verbrauchers zuwiderläuft, insbesondere im Hinblick auf das Wechselkursrisiko, das der Verbraucher aufgrund einer anderen Klausel in diesem Vertrag weiterhin trägt. Der EuGH *antwortete*, dass Art. 6 Abs. 1 RL 93/13/EWG so auszulegen ist, dass er einer nationalen Regelung *nicht entgegensteht*, die in Bezug auf mit einem Verbraucher geschlossene Darlehensverträge eine als missbräuchlich angesehene Klausel über die Wechselkursdifferenz für *nichtig erklärt* und das zuständige nationale Gericht verpflichtet, sie durch eine *Bestimmung des nationalen Rechts zu ersetzen*, die die Anwendung eines offiziellen Wechselkurses vorschreibt, ohne die Möglichkeit vorzusehen, dass dieses Gericht dem Antrag des betroffenen Verbrauchers auf Nichtigerklärung des Darlehensvertrags in seiner Gesamtheit stattgibt, obwohl es davon ausgeht, dass der Fortbestand dieses Vertrags den Interessen des Verbrauchers zuwiderläuft, insbesondere im Hinblick auf das Wechselkursrisiko, das der Verbraucher aufgrund einer anderen Klausel in diesem Vertrag weiterhin trägt, soweit das Gericht demgegenüber im Rahmen seiner *Beurteilungsbefugnis* und ohne dass der vom betroffenen Verbraucher zum Ausdruck gebrachte Wille insoweit Vorrang hätte, *festzustellen vermag*, dass die Durchführung der in den nationalen Rechtsvorschriften vorgesehenen Massnahmen es ermöglicht, die *Sach-* und *Rechtslage wiederherzustellen*, in der sich der Verbraucher *ohne die missbräuchliche Klausel* befunden hätte[2009].

48. MP & BP/Bank A

696 Im Fall ***MP & BP/Bank A***[2010] hatten M.P. & B.P. am 16. Mai 2008 mit A. (in Polen niedergelassenen Bank) einen *Hypothekendarlehensvertrag* über 460'000 polnische Zloty (ca. 100'000 €) abgeschlossen. Das Darlehen war innert 40 Jahren zurückzuzahlen und an Schweizer Franken gekoppelt, wobei der Zinssatz dem Referenzsatz LIBOR 3M (CHF) entsprach zuzüglich einer festen Marge von 1,2 Prozentpunkten. Bei Vertragsabschluss unterzeichneten die Darlehensnehmer eine Erklärung, wonach sie trotz des Wechselkursrisikos bewusst auf die

---

2009 Urteil Rz. 51.

2010 Rs. C-212/20, M.P., B.P. gegen «A.» prowadzący działalność za pośrednictwem «A.» S.A., Urteil vom 18. November 2021, ECLI:EU:C:2021:934.

Möglichkeit verzichteten, ein Darlehen in polnischen Zloty aufzunehmen, und sich für ein an ein fremdwährungsgebundenes Darlehen entschieden. Die Erklärung führte u.a. aus, die Darlehensnehmer seien darüber informiert worden, dass die Darlehensraten in der Fremdwährung ausgedrückt seien und nach den in den allgemeinen Vertragsbedingungen beschriebenen Regeln, von denen sie Kenntnis hatten, in polnischen Zloty zurückgezahlt werden müssten. Gemäss den AGB war ein fremdwährungsgebundenes Darlehen ein Darlehen, das mit einem Zinssatz verbunden war, der auf einem Referenzzinssatz beruhte, welcher sich auf eine andere Währung als polnischen Zloty bezog, und dessen Auszahlung und Rückzahlung in polnischen Zloty auf der Grundlage des Wechselkurses gemäss der Wechselkurstabelle der Bank erfolgte. Am 10. Januar 2013 schlossen M.P. und B.P. mit A. eine *Zusatzvereinbarung*, wonach die Darlehensnehmer das Darlehen in Schweizer Franken zurückzahlen konnten, ohne die von der Bank vorgenommene Währungsumrechnung in Anspruch zu nehmen. Die Wechselkursschwankungen zwischen Zloty und CHF bewirkten, dass die Differenz zwischen den Beträgen, welche die Darlehensnehmer vom 16. Mai 2008 bis 10. Oktober 2014 zurückbezahlten und dem Betrag für ein Darlehen in polnischen Zloty rund 6'732 € betrug. M.P. und B.P. erachteten die *Indexklausel* des Fremdwährungsdarlehens als missbräuchlich und erhoben Klage gegen A. auf Zahlung von 50 000 PLN (ca. 10'850 €). Vor diesem Hintergrund setzte das Rayong Warschau-Wola das Verfahren aus legte dem EuGH *zwei* Fragen zur Vorabentscheidung vor.

Mit der *ersten* Frage wollte das vorlegende Gericht wissen, ob Art. 4 Abs. 1 und Art. 5 RL 93/13/EWG auszulegen sind, dass die in einem zwischen einem Gewerbetreibenden und einem Verbraucher geschlossenen Darlehensvertrag enthaltene Klausel, welche die Ein- und Verkaufskurse einer Fremdwährung, an die das Darlehen gekoppelt ist, festlegt, nur dann als klar und verständlich abgefasst gelten kann, wenn sie es dem Verbraucher ermöglicht, jederzeit während der Ausführung des Vertrags selbständig den Fremdwährungswechselkurs zu bestimmen, der angewandt wird, um die Höhe der Tilgungsraten dieses Darlehens festzulegen. Der EuGH *antwortete*, dass Art. 5 RL 93/13/EWG so auszulegen ist, dass der Inhalt einer Klausel eines zwischen einem Gewerbetreibenden und einem Verbraucher geschlossenen Darlehensvertrags, welche die Ein- und Verkaufskurse einer Fremdwährung, an die das Darlehen gekoppelt ist, festlegt, es einem normal informierten und angemessen aufmerksamen und verständigen Verbraucher ermöglichen muss, auf der Grundlage *genauer* und *nachvollziehbarer Kriterien* zu verstehen, wie der zur Berechnung der Höhe der Tilgungsraten verwendete Fremdwährungswechselkurs festgelegt wird, damit dieser Verbraucher die Möglichkeit hat, den von dem Gewerbetreibenden *angewandten Wechselkurs jederzeit selbst zu bestimmen*[2011]. 697

[2011] Urteil Rz. 55.

698 Mit seiner *zweiten* Frage, wollte das vorlegende Gericht wissen, ob Art. 5 und Art. 6 RL 93/13/EWG so auszulegen sind, dass sie dem nationalen Gericht, das die Missbräuchlichkeit – gemäss Art. 3 Abs. 1 der Richtlinie – einer auf eine Fremdwährung bezogenen Indexklausel des zwischen einem Gewerbetreibenden und einem Verbraucher geschlossenen Darlehensvertrags festgestellt hat, auch dann *nicht gestatten*, eine Auslegung dieser Klausel vorzunehmen, um durch Aufnahme des allgemeinen Begriffs des «Marktwerts» der für die Indexierung verwendeten Fremdwährung ihrer Missbräuchlichkeit abzuhelfen, wenn eine solche Auslegung dem gemeinsamen Willen der Vertragsparteien entsprechen sollte. Der EuGH *antwortete*, dass Art. 5 und Art. 6 RL 93/13/EWG so auszulegen sind, dass sie dem nationalen Gericht, das die *Missbräuchlichkeit* einer Klausel eines zwischen einem Gewerbetreibenden und einem Verbraucher geschlossenen Vertrags nach Art. 3 Abs. 1 der Richtlinie festgestellt hat, *nicht gestatten*, eine Auslegung dieser Klausel vorzunehmen, um ihrer *Missbräuchlichkeit abzuhelfen*, auch wenn diese Auslegung dem *gemeinsamen Willen* der Vertragsparteien entsprechen sollte[2012].

49. DP & SG/Trapeza Peiraios

699 Im Fall ***DP & SG/Trapeza Peiraios***[2013] hatten DP und SG – als Verbraucher mit Wohnsitz in Griechenland, wo sie Einnahmen in € erzielten – am 3. September 2004 mit Trapeza Peiraios (Bank in Griechenland) einen *Immobiliendarlehensvertrag* für die Dauer von 30 Jahren abgeschlossen. Das Darlehen lautete auf Euro und sah einen variablen Zinssatz vor, der sich nach dem Euribor-Zinssatz auf der Basis von 360 Tagen richtete. Am 26. März 2007 bzw. 25. Juni 2007 unterzeichneten die Parteien zwei *Zusatzvereinbarungen*, um den auf Euro lautenden Darlehensvertrag auf Schweizer Franken umzustellen. Gemäss den Zusatzvereinbarungen war der geschuldete Restbetrag in Schweizer Franken zu tilgen. Die Zinsen für die ersten drei Jahre richteten sich nach einem festen Zinssatz und nachher nach einem variablen Zinssatz auf der Grundlage des LIBOR-Zinssatzes in Schweizer Franken auf der Basis von 360 Tagen. Die Klauseln 4.5 und 8 Abs. 3 der letztgenannten Zusatzvereinbarung lauteten:

> *«Die Tilgung des Darlehens durch den Schuldner erfolgt entweder in der vereinbarten Währung oder in einem der Währung Schweizer Franken gleichwertigen Betrag in Euro (Gegenwert), umgerechnet zu dem zum Zeitpunkt der Zahlung der Rate geltenden Wechselkurs der betreffenden Währung, wie er sich aus dem Interbankenmarkt für Devisen ergibt. Dieser Kurs wird über dem aktuellen Kurs liegen, zu dem*

[2012] Urteil Rz. 79.

[2013] Rs. C-243/20, DP, SG gegen Trapeza Peiraios AE, Urteil vom 21. Dezember 2021, ECLI:EU:C:2021:1045.

die Bank Schweizer Franken verkauft und der in den Täglichen Wechselkurs-Mitteilungen der Bank erscheint.»

«Bei Auflösung des Darlehensvertrags ist die Bank über die in der vorliegenden Vereinbarung im Übrigen genannten Folgen hinaus auch berechtigt (aber nicht verpflichtet), den gesamten ausstehenden Restbetrag in Euro umzurechnen, und zwar auf der Grundlage des aktuellen Verkaufskurses der Bank für Schweizer Franken, wie er sich aus den Täglichen Wechselkurs-Mitteilungen der Bank zum Zeitpunkt der Umrechnung der Gesamtschuld in Euro ergibt, und darauf Verzugszinsen zu erheben, die auf der Grundlage des für Immobiliendarlehen geltenden Basiszinssatzes der Bank berechnet werden, zuzüglich des Zinsspread und der Abgabe nach dem Gesetz 128/1975, jeweils erhöht um 2,5 Prozentpunkte. Wenn ein höherer Verzugszinssatz gilt, wird dieser Zinssatz angewendet.»

Am 17. September 2018 erhoben DP und SG gegen Trapeza Peiraios *Klage* beim *Kollegialgericht* erster Instanz in Athen auf *Nichtigerklärung* der Zusatzvereinbarungen und Wiederherstellung der zuvor bestehenden Situation. Vor diesem Hintergrund setzte das Kollegialgericht das Verfahren aus legte dem EuGH *vier* Fragen zur Vorabentscheidung vor.

Mit seiner *ersten* Frage wollte das vorlegende Gericht wissen, ob Art. 8 RL 700
93/13/EWG so auszulegen ist, dass er dem Erlass oder der Beibehaltung innerstaatlicher Rechtsvorschriften nicht entgegensteht, die zur Folge haben, dass das Verbraucherschutzsystem der Richtlinie auf die von ihrem Art. 1 Abs. 2 erfassten Klauseln angewandt wird. Der EuGH *antwortete*, dass Art. 8 der Richtlinie 93/13/EWG dahin auszulegen ist, dass er dem Erlass oder der Beibehaltung innerstaatlicher Rechtsvorschriften *nicht entgegensteht*, die zur Folge haben, dass das *Verbraucherschutzsystem* der Richtlinie auf die von ihrem *Art. 1 Abs. 2 erfassten Klauseln* angewandt wird[2014].

Mit seiner *zweiten* und *dritten* Frage, die zusammen geprüft wurden, wollte das 701
vorlegende Gericht wissen, ob Art. 1 Abs. 2 RL 93/13/EWG so auszulegen ist, dass die Gerichte eines Mitgliedstaats auch dann verpflichtet sind, die von ihm erfassten Klauseln vom Anwendungsbereich der Richtlinie auszuschliessen, wenn diese Bestimmung nicht formell in die Rechtsordnung dieses Staats umgesetzt worden ist, und ob in einem solchen Fall die Gerichte davon ausgehen können, dass Art. 1 Abs. 2 dadurch mittelbar Eingang in das nationale Recht gefunden hat, dass Art. 3 Abs. 1 und Art. 4 Abs. 1 der Richtlinie umgesetzt worden sind. Der EuGH *antwortete*, dass Art. 1 Abs. 2 der Richtlinie 93/13/EWG dahin auszulegen ist, dass die von ihm erfassten Klauseln auch dann vom Anwendungsbereich der Richtlinie *ausgeschlossen* sind, wenn diese Bestimmung nicht

2014 Urteil Rz. 63.

formell in die Rechtsordnung eines Mitgliedstaats umgesetzt worden ist, und dass in einem solchen Fall die Gerichte dieses Mitgliedstaats *nicht* davon ausgehen können, dass Art. 1 Abs. 2 dadurch *mittelbar Eingang* in das nationale Recht gefunden hat, dass Art. 3 Abs. 1 und Art. 4 Abs. 1 der Richtlinie umgesetzt worden sind[2015].

702 Mit seiner *vierten* Frage wollte das vorlegende Gericht wissen, ob Art. 1 Abs. 2 RL 93/13/EWG dahin auszulegen ist, dass er vom Anwendungsbereich dieser Richtlinie eine Klausel in einem Vertrag zwischen einem Gewerbetreibenden und einem Verbraucher ausschliesst, die auf einer Rechtsvorschrift beruht, die abdingbar ist und in Ermangelung einer anderen Vereinbarung zwischen den Parteien von Gesetzes wegen gilt, selbst wenn diese Klausel nicht im Einzelnen ausgehandelt wurde. Der EuGH *antwortete*, dass Art. 1 Abs. 2 RL 93/13/EWG so auszulegen ist, dass er vom *Anwendungsbereich* dieser Richtlinie eine Klausel in einem Vertrag zwischen einem Gewerbetreibenden und einem Verbraucher *ausschliesst*, die auf einer nationalen Rechtsvorschrift beruht, die abdingbar ist und in Ermangelung einer anderen Vereinbarung zwischen den Parteien von Gesetzes wegen gilt, selbst wenn diese Klausel nicht im Einzelnen ausgehandelt wurde[2016].

50. Lombard/PN

703 Im Fall ***Lombard/PN***[2017] hatte PN am 4. Dezember 2009 mit der Lombard Finanszírozási Zrt. einen individuellen *Kreditvertrag* mit variablem Zinssatz abgeschlossen, um sich ein Fahrzeug zu kaufen. Der Vertrag lautete auf Schweizer Franken (CHF), wobei die monatlichen Tilgungsraten in ungarische Forint (HUF) umgerechnet wurden. Bei der Unterzeichnung des Vertrags unterschrieb PN eine «Erklärung zur Aufklärung über das Risiko». Diese erklärte, dass der Verbraucher das *Wechselkursrisiko* trage und die künftige Entwicklung des Wechselkurses unvorhersehbar sei. Da die monatlichen Tilgungsraten in CHF festgelegt waren und in ungarische Forint umgerechnet wurden, trug der Darlehensnehmer den entsprechenden Wechselkursunterschied. Zudem hielt die Erklärung fest, dass der Darlehensnehmer auch die Differenz zwischen dem Ausgabe- und Rückgabekurs zu tragen hatte. Im April 2015 wurde der Kreditvertrag an das Zweite Devisenkredit-Gesetz *angepasst*. Gemäss Abrechnung erhielt PN einen Betrag von 284'502 HUF (rund 800 €) gutgeschrieben, von dem das Kreditinstitut annahm, dass es ihn rechtsgrundlos erhalten hatte.

[2015] Urteil Rz. 50.

[2016] Urteil Rz. 40.

[2017] Rs. C-472/20, Lombard Pénzügyi és Lízing Zrt. gegen PN, Urteil vom 31. März 2022, ECLI:EU:C:2022:242.

Der jährliche Zinssatz, welcher vor Anpassung des Kreditvertrags 22,32 % betragen hatte, blieb unverändert. PN beanstandete diese Abrechnung nicht. In der Folge geriet PN mit der Zahlung der Tilgungsraten in Verzug, weshalb Lombard ihm mitteilte, dass Verzugszinsen von 121'722 HUF (rund 342 €) fällig seien und der Vertrag fristlos gekündigt werde, wenn keine Zahlung erfolge. Da PN dieser Zahlungsaufforderung nicht nachkam, kündigte Lombard am 14. September 2015 den Kreditvertrag und forderte die Begleichung des ausstehenden Restbetrags von 472'399 HUF (rund 1'320 €). Mangels Zahlung gelangte Lombard alsdann ans erstinstanzliche Gericht und beantragte, den fraglichen Kreditvertrag rückwirkend für gültig zu erklären und PN zur Zahlung von 490102 HUF (ca. 1'370 €) zu verurteilen. Das *erstinstanzliche Gericht* entschied, dass der Kreditvertrag, obwohl die Klausel zur Tragung des Wechselkursrisikos missbräuchlich gewesen sei, rückwirkend ab Vertragsabschluss – aber auf ungarische Forint lautend – als gültig. Lombard erhob dagegen Berufung beim *Hauptstädtischen Gerichtshof.* Dieser setzte das Verfahren aus legte dem EuGH *vier*[2018] Fragen zur Vorabentscheidung vor.

Mit seiner *ersten* Frage wollte das vorlegende Gericht wissen, ob die RL 704
93/13/EWG so auszulegen ist, dass ihre praktische Wirksamkeit mangels einer dispositiven Vorschrift im nationalen Recht zur Regelung einer solchen Situation durch eine unverbindliche Stellungnahme des Obersten Gerichtshofs des betreffenden Mitgliedstaats sichergestellt werden kann, mit der den untergeordneten Gerichten vorgegeben wird, wie sie vorzugehen haben, um einen Vertrag für gültig oder für zwischen den Parteien wirksam geworden zu erklären, wenn dieser Vertrag aufgrund der Missbräuchlichkeit einer seinen Hauptgegenstand betreffenden Klausel nicht fortbestehen kann. Der EuGH *antwortete*, dass die RL 93/13/EWG so auszulegen ist, dass ihre praktische Wirksamkeit mangels einer dispositiven Vorschrift im nationalen Recht zur Regelung einer solchen Situation *nicht* nur durch eine *unverbindliche Stellungnahme* des Obersten Gerichtshofs des betreffenden Mitgliedstaats *sichergestellt* werden kann, mit der den untergeordneten Gerichten vorgegeben wird, wie sie vorzugehen haben, um einen Vertrag für gültig oder für zwischen den Parteien wirksam geworden zu erklären, wenn dieser Vertrag aufgrund der *Missbräuchlichkeit* einer seinen Hauptgegenstand betreffenden Klausel *nicht fortbestehen* kann[2019].

Mit seiner *zweiten* Frage wollte das vorlegende Gericht wissen, ob die RL 705
93/13/EWG dem entgegensteht, dass das zuständige nationale Gericht für die Parteien eines Kreditvertrags den Zustand wiederherstellt, der für sie bestanden hätte, wenn der Vertrag nicht abgeschlossen worden wäre, weil gemäss Richt-

[2018] Die Fragen drei und vier wurden vom EuGH als *unzulässig* qualifiziert und daher nicht beantwortet.

[2019] Urteil Rz. 43.

linie eine den Hauptgegenstand des Vertrags betreffende Klausel für missbräuchlich zu erklären ist. Der EuGH *antwortete*, dass die RL 93/13/EWG dem *nicht entgegensteht*, dass das zuständige nationale Gericht für die Parteien eines Kreditvertrags den Zustand wiederherstellt, der für sie bestanden hätte, wenn der *Vertrag nicht abgeschlossen* worden wäre, weil gemäss der Richtlinie eine den Hauptgegenstand des Vertrags betreffende Klausel für missbräuchlich zu erklären ist, wobei dieses Gericht, wenn es seiner Meinung nach *nicht möglich* ist, die Parteien in die Lage zu versetzen, in der sie sich *ohne diesen Vertrag befunden* hätten, dafür zu sorgen hat, dass der Verbraucher letztlich so gestellt ist, als hätte es die für *missbräuchlich erklärte Klausel nie gegeben*[2020].

51. A.H. Zagrebačka banka

706 Im Fall ***A.H./Zagrebačka banka***[2021] hatten AH (Verbraucherin mit Wohnsitz in Kroatien) und die Zagrebačka banka (Bank mit Sitz in Kroatien) am 15. Oktober 2007 einen Immobiliendarlehensvertrag über ein auf Schweizer Franken lautendes, aber in kroatischen Kuna (zum Wechselkurs der Kroatische Nationalbank) auszuzahlendes Darlehen abgeschlossen. Der Vertrag enthielt u. a. eine Klausel, wonach das Darlehen in CHF zurückzuzahlen war und der variable Zinssatz einseitig durch die darlehensgebende Bank festgelegt werden konnte. Am 30. September 2015 trat das Verbraucherkreditgesetz 2015 in Kraft, wonach auf CHF lautende Kredite zwingend auf in Euro lautende Kredite umzuwandeln und den Darlehensnehmern entsprechende neue Kreditverträge anzubieten waren. Lehnte der Verbraucher eine Umwandlung ab, richtete sich die Rückzahlung des Darlehens nach den bisherigen Vertragsbedingungen. Am 8. Januar 2016 schlossen die Parteien eine *Zusatzvereinbarung* zu ihrem ursprünglichen Vertrag, um die erforderliche Umwandlung vorzunehmen. Am 12. Juni 2019 erhob AH beim *Gemeindegericht* für Zivilsachen in Zagreb *Klage* gegen Zagrebačka banka auf *Nichtigerklärung* der Indexierungs- und Zinsklauseln des Darlehensvertrags vom 15. Oktober 2007. Vor diesem Hintergrund setzte das Gericht das Verfahren aus und legte dem EuGH *zwei*[2022] Fragen zur Vorabentscheidung vor.

707 Mit seiner *ersten* Frage wollte das vorlegende Gericht wissen, ob Art. 6 Abs. 1 RL 93/13/EWG nationalen Rechtsvorschriften entgegensteht, die das angerufene Gericht daran hindern würden, dem Antrag eines Verbrauchers auf vollständige Rückgewähr der Vorteile stattzugeben, die ein Gewerbetreibender durch missbräuchliche Klauseln in einem Darlehensvertrag erlangt hat, wenn der Gewerbetreibende gezwungen war, dem Verbraucher eine Änderung des

[2020] Urteil Rz. 60.

[2021] Rs. C-567/20, A.H. gegen Zagrebačka banka d.d., Urteil vom 5. Mai 2022, ECLI:EU:C:2022:352.

[2022] Die zweite Frage wurde vom EuGH nicht beantwortet.

zwischen ihnen geschlossenen ursprünglichen Vertrags im Wege einer Vereinbarung anzubieten, deren Inhalt durch diese Vorschriften festgelegt wird, und der Verbraucher die Wahl hatte, einer solchen Änderung zuzustimmen. Der EuGH *antwortete*, dass Art. 1 Abs. 2 RL 93/13/EWG dahin auszulegen ist, dass Vertragsklauseln, die auf nationalen Rechtsvorschriften beruhen, wonach der Gewerbetreibende gezwungen ist, dem Verbraucher eine Änderung des zwischen ihnen geschlossenen ursprünglichen Vertrags im Wege einer Vereinbarung anzubieten, deren Inhalt durch diese Vorschriften festgelegt wird, und der Verbraucher die Wahl hatte, einer solchen Änderung zuzustimmen, *nicht* in den *sachlichen Anwendungsbereich* dieser Richtlinie fallen[2023].

52. E.K. & S.K./D.B.P. et al.

Im Urteil ***E.K. & S.K./D.B.P. et al.***[2024] befasste sich der EuGH mit drei ähnlich gelagerten polnischen Streitverfahren, die er gemeinsam entschied. 708

- Im Fall ***Rs. C-80/21*** hatten E. K. und S. K. als Verbraucher zwischen 2006 und 2008 mit der Bank D.B.P. vier Hypothekendarlehensverträge zur Finanzierung von vier Wohnungen geschlossen. Eines dieser Darlehen belief sich auf 103 260 CHF (ca. 100 561 Euro) uns war rückzahlbar in 360 Monaten bis August 2038. Die Darlehensnehmer akzeptierten die «Darlehensbedingungen», welche die Aus- und Rückzahlung des Darlehens regelten sowie Klauseln über die Zahlungsmodalitäten und die Umrechnung in Schweizer Franken enthielten. Die Darlehensverträge wurden von den Bevollmächtigten der Darlehensnehmer im Namen der Letzteren unterzeichnet. Diese erhoben beim Rayongericht Warschau-Śródmieście Klage gegen die Bank auf Rückzahlung von rund 5 716 Euro und erklärten während des Verfahrens, dass sie die Folgen einer allfälligen Nichtigkeit des Vertrags kannten und akzeptierten. Das Rayongericht ging davon aus, dass die Umrechnungsklauseln des Darlehensvertrags nichtig waren, hegte aber Zweifel, ob die sich daraus ergebenden Rechtfolgen mit der Richtlinie 93/13 vereinbar waren. Es setzte daher das Verfahren aus und unterbreitete dem EuGH zwei Fragen zur Vorabentscheidung. 709
- Im Fall ***Rs. C-81/21*** hatten B.S. und W.S als Verbraucher Anfang 2009 mit der Bank M. einen Vertrag über ein an den Schweizer Franken gebundenes Hypothekendarlehen von 340 000 PLN (etwa 73 971 Euro) geschlossen, um eine Wohnung zu erwerben. Die Laufzeit des Darlehens betrug 360 Monate, d.h. bis Februar 2039. Die monatlichen Zinsen waren in polnischen Zloty zu 710

[2023] Urteil Rz. 64.

[2024] Rs. C-80/21 bis C-82/21, E. K., S. K. gegen D.B.P. (C-80/21) und B. S., W. S. gegen M. (C-81/21) sowie B. S., Ł. S. gegen DE M. (C-82/21), Urteil vom 8. September 2022, ECLI:EU:C:2022:646.

zahlen, wobei die massgebliche Summe sich nach dem Verkaufskurs gemäss der veröffentlichten «Wechselkurstabelle» der Bank berechnete. Im Februar 2012 schlossen die Parteien einen Nachtrag zum Vertrag, welcher es B. S. und W. S. ermöglichte, die monatlichen Darlehensraten unmittelbar in Schweizer Franken zurückzuzahlen. Da B. S. und W. S. der Meinung waren, dass der Darlehensvertrag missbräuchliche Klauseln enthielt, erhoben sie am 23. Juli 2020 beim Rayongericht Warschau-Śródmieście Klage gegen die Bank auf Bezahlung von 37 866 PLN und 5 358 CHF etwa 5 215 Euro) zuzüglich gesetzlicher Verzugszinsen sowie zu viel bezahlter Raten. Das Rayongericht war der Auffassung, dass die Umrechnungsklauseln unzulässig waren, hatte aber Zweifel an den daraus sich ergebenden Folgen. Es setzte daher das Verfahren aus und unterbreitete dem EuGH zwei Fragen zur Vorabentscheidung.

711 – Im Fall ***Rs. C-82/21*** hatten B. S. und Ł. S. als Verbraucher hatten August 2006 mit der Bank M. einen Vertrag über ein an den Schweizer Franken gebundenes Hypothekendarlehen von 600 000 PLN (ca. 130 445 Euro) zum Erwerb einer Wohnung geschlossen. Die Vertragsdauer betrug 360 Monate, d.h. bis August 2036. Die monatlichen Zinsraten waren in polnischen Zloty zu zahlen, nachdem diese gemäss dem im Zeitpunkt der Zahlung geltenden Verkaufskurs für Schweizer Franken nach der «Wechselkurstabelle» der Bank M. veröffentlichten berechnet worden waren. Im Dezember 2008 schlossen die Parteien einen Nachtrag zum Vertrag, wonach der Zinssatz als «LIBOR 3M» zuzüglich einer festen Bankmarge von 0,57 % für die gesamte Laufzeit des Darlehens festgelegt wurde. In der Folge erhoben die Darlehensnehmer Klage gegen die Bank beim Rayongericht Warschau-Śródmieście auf Rückzahlung von 74 414 PLN (ca. 16 285 Euro) plus Zinsen, da sie der Auffassung waren, dass der Vertrag missbräuchliche Klauseln enthalte, insbesondere was die Umrechnungsmodalitäten betraf. Das Rayongericht ging von der *ex tunc* Nichtigkeit des Vertrags aus, hatte aber Zweifel bezüglich der Verjährung allfälliger Rückzahlungsansprüche. Deshalb setzte es das Verfahren aus und unterbreitete dem EuGH eine Vorabentscheidungsfrage.

712 Im Verfahren *Rs. C-80/21* wollte das Rayongericht wissen, ob Art. 6 Abs. 1 und Art. 7 Abs. 1 RL 93/13 einer nationalen Rechtsprechung entgegenstehe, wonach das nationale Gericht nicht die Missbräuchlichkeit der gesamten betreffenden Vertragsklausel eines zwischen einem Verbraucher und einem Gewerbetreibenden geschlossenen Vertrags, sondern nur die Missbräuchlichkeit derjenigen Teile, die die Klausel missbräuchlich werden lassen, feststellen kann, mit der Folge, dass die Klausel nach der Aufhebung solcher Teile teilweise wirksam bleibt. Der EuG *antwortete*, dass Art. 6 Abs. 1 und Art. 7 Abs. 1 RL 93/13 einer nationalen Rechtsprechung *entgegensteht*, nach der das natio-

nale Gericht *nicht* die Missbräuchlichkeit der *gesamten betreffenden Vertragsklausel* eines zwischen einem Verbraucher und einem Gewerbetreibenden geschlossenen Vertrags, sondern nur die *Missbräuchlichkeit derjenigen Teile*, die die Klausel missbräuchlich werden lassen, feststellen kann, mit der Folge, dass die Klausel nach der Aufhebung solcher Teile *teilweise wirksam* bleibt, sofern eine solche Aufhebung darauf hinausliefe, den *Inhalt der Klausel grundlegend zu ändern*, was vom vorlegenden Gericht zu beurteilen ist[2025].

In den Verfahren *Rs. C-80/21 & Rs. C-81/21* wollte das vorlegende Gericht wissen, ob Art. 6 Abs. 1 und Art. 7 Abs. 1 RL 93/13 einer nationalen Recht–sprechung entgegenstehen, wenn das nationale Gericht, nachdem es die Nichtigkeit einer missbräuchlichen Klausel in einem Vertrag zwischen einem Verbraucher und einem Gewerbetreibenden festgestellt hat, die zur Nichtigkeit dieses Vertrags insgesamt führt, die für nichtig erklärte Klausel entweder durch eine Auslegung des Willens der Vertragspartner ersetzen kann, um eine Nichtigerklärung des Vertrags zu vermeiden, oder durch eine dispositive Vorschrift des nationalen Rechts, selbst wenn der Verbraucher von den Folgen der Nichtigkeit des Vertrags in Kenntnis gesetzt wurde und diese akzeptiert hat. Der EuGH *antwortete*, dass Art. 6 Abs. 1 und Art. 7 Abs. 1 RL 93/13 einer nationalen Rechtsprechung entgegenstehen, wenn das nationale Gericht, nachdem es die *Nichtigkeit* einer missbräuchlichen Klausel in einem Vertrag zwischen einem Verbraucher und einem Gewerbetreibenden *festgestellt* hat, die zur Nichtigkeit dieses *Vertrags insgesamt* führt, die für *nichtig erklärte Klausel* entweder durch eine *Auslegung des Willens* der *Vertragspartner ersetzen* kann, um eine Nichtigerklärung des Vertrags zu vermeiden, oder durch eine *dispositive Vorschrift* des nationalen Rechts, selbst wenn der Verbraucher von den Folgen der Nichtigkeit des Vertrags in Kenntnis gesetzt wurde und diese akzeptiert hat[2026]. 713

Im Verfahren *Rs. C-82/21* wollte das vorlegende Gericht wissen, ob die RL 93/13 wegen des Effektivitätsgrundsatzes einer nationalen Rechtsprechung entgegenstehe, wonach die zehnjährige Verjährungsfrist für die Klage eines Verbrauchers auf Rückerstattung von Beträgen, die er einem Gewerbetreibenden aufgrund einer missbräuchlichen Klausel im Darlehensvertrag rechtsgrundlos gezahlt hat, zum Zeitpunkt jeder einzelnen vom Verbraucher erbrachten Leistung zu laufen beginnt, auch wenn er zu diesem Zeitpunkt die Missbräuchlichkeit der Vertragsklausel nicht selbst beurteilen konnte oder keine Kenntnis von ihrer Missbräuchlichkeit hatte, ohne zu berücksichtigen, dass der Vertrag einen Rückzahlungszeitraum – in casu 30 Jahre – vorsah, der weit über die gesetzliche Verjährungsfrist von zehn Jahren hinausgeht. Der EuGH *antwortete*, die RL 93/13 stehe angesichts des Effektivitätsgrundsatzes einer nationalen Rechtsprechung *entgegen*, nach der die zehnjährige Verjährungsfrist 714

[2025] Urteil Rz. 64.
[2026] Urteil Rz. 84.

für die Klage eines Verbrauchers auf Rückerstattung von Beträgen, die er einem Gewerbetreibenden aufgrund einer missbräuchlichen Klausel im Darlehensvertrag rechtsgrundlos gezahlt hat, zum Zeitpunkt *jeder einzelnen vom Verbraucher erbrachten Leistung zu laufen beginnt*, auch wenn er zu diesem Zeitpunkt die Missbräuchlichkeit der Vertragsklausel *nicht selbst beurteilen* konnte oder *keine Kenntnis von ihrer Missbräuchlichkeit* hatte, ohne zu berücksichtigen, dass der Vertrag einen Rückzahlungszeitraum – im vorliegenden Fall 30 Jahre – vorsah, der weit über die gesetzliche Verjährungsfrist von zehn Jahren hinausgeht[2027].

53. FV/NOVA KREDITNA BANKA

715 Im Fall ***FV/NOVA KREDITNA BANKA***[2028] hatten die Bank und die Mutter von FV am 19. September 2007 einen Kreditvertrag geschlossen. Nach dem Hinschied der Mutter verpflichtete sich FV im Juli 2014 mittels eines Schuldbeitrittsvertrags, der Bank den Restbetrag des Kreditvertrags zurückzuzahlen. Gemäss Kreditvertrag hatte die Kreditnehmerin einen Betrag von 149 220 Schweizer Franken (CHF) innert 240 Monaten zurückzuzahlen. Der Kreditvertrag enthielt keine Bestimmung über den anzuwendenden Wechselkurs und das Wechselkursrisiko war nach Art. 12 des Vertrags vollständig von der Kreditnehmerin zu tragen. Im April 2018 erhob FV beim *Regionalgericht Maribor* (Slowenien) Klage auf Feststellung der Nichtigkeit des Kreditvertrags wegen der Änderung des Wechselkurses zwischen Euro und Schweizer Franken. Nachdem das erstinstanzliche Gericht die Klage abgewiesen hatte, legte FV beim *Obergericht Maribor* Berufung ein. Dieses hatte Zweifel, ob Art. 24 Abs. 1 ZVPot mit der RL 93/13 im Einklang stand. Es setzte deshalb das Verfahren aus und unterbreitete dem EuGH eine Frage zur Vorabentscheidung.

716 Mit dieser Frage wollte das vorlegende Gericht wissen, ob Art. 3 Abs. 1 und Art. 8 der RL 93/13 einer nationalen Regelung entgegenstehen, die es gestattet, die Missbräuchlichkeit einer Vertragsklausel festzustellen, wenn diese zum Nachteil des Verbrauchers ein erhebliches und ungerechtfertigtes Missverhältnis der vertraglichen Rechte und Pflichten der Vertragspartner verursacht, ohne in einem solchen Fall das Gebot von «Treu und Glauben» im Sinne von Art. 3 Abs. 1 zu prüfen. Der EuGH *antwortete*, dass Art. 3 Abs. 1 und Art. 8 der RL 93/13 einer nationalen Regelung *nicht entgegenstehen*, die es gestattet, die *Missbräuchlichkeit* einer Vertragsklausel *festzustellen*, wenn diese zum Nachteil des Verbrauchers ein erhebliches und ungerechtfertigtes Missverhältnis der

[2027] Urteil Rz. 100.

[2028] Rs C-405/21, FV gegen NOVA KREDITNA BANKA MARIBOR d.d., Urteil vom 13. Oktober 2022, ECLI:EU:C:2022:793.

vertraglichen Rechte und Pflichten der Vertragspartner verursacht, *ohne* in einem solchen Fall das *Gebot von «Treu und Glauben»* im Sinne von Art. 3 Abs. 1 zu *prüfen*[2029].

54. «S.V.» OOD/ E.Ts.D

Im Fall ***«S.V.» OOD/E.Ts.D***[2030] hatte E.Ts.D (= natürliche Person) im Januar 2012 als Eigentümerin einer Wohnung, die Teil eines im Miteigentum stehenden Gebäudes in Nessebar (Bulgarien) war, einen Vertrag über die Instandhaltung der gemeinschaftlichen Gebäudebereiche unterzeichnet, wobei «S.V.» als Verwalterin im Vertrag benannt war. Gemäss Vertrag musste E.Ts.D. als Miteigentümerin eine Jahresgebühr von 6 € pro Quadratmeter an die «S.V.» zahlen. Am 26. August 2020 stellte «S.V.» der E.Ts.D. eine notariell beurkundete Zahlungsaufforderung für ausstehende Jahresgebühren zu und verlangte deren Bezahlung bis 31. August 2020. In der Folge erhob sie beim Rayongericht Nessebar Klage gegen E.Ts.D. auf Zahlung von 1'112 € plus Verzugskosten. Die Beklagte erhob den Einwand, der Vertrag sehe missbräuchlich hohe Verzugskosten vor, die für sie als Verbraucherin nicht verbindlich seien. Das Rayongericht hatte u.a. Zweifel, ob E.Ts.D. Verbrauchereigenschaft zukommt. Es stellte deshalb das Verfahren ein und unterbreitete dem EuGH drei Fragen zur Vorabentscheidung. 717

Mit der vom EuGH umformulierten Fragestellung wollte das vorlegende Gericht wissen, ob Art. 1 Abs. 1 und Art. 2 Buchst. b und c der RL 93/13 dahin auszulegen sind, dass eine natürliche Person, die Eigentümerin einer Wohnung in einem im Miteigentum stehenden Gebäude ist, als «Verbraucher» im Sinne dieser Richtlinie anzusehen ist, wenn 718

- diese Person mit einem Verwalter einen Vertrag über die Verwaltung und Instandhaltung der gemeinschaftlichen Bereiche dieses Gebäudes schließt und einige Bestimmungen dieses Vertrags durch das nationale Recht geregelt sind;
- die Hauptversammlung der Miteigentümer oder die Gemeinschaft der Eigentümer dieses Gebäudes zu diesem Zweck einen Vertrag mit einem Verwalter schließt.

Der EuHG *antwortete*, dass Art. 1 Abs. 1 und Art. 2 Buchst. b und c der RL 93/13 dahin auszulegen sind, dass 719

- eine natürliche Person, die Eigentümerin einer Wohnung in einem im Miteigentum stehenden Gebäude ist, als «*Verbraucher*» im Sinne dieser Richtlinie *anzusehen* ist, wenn sie mit einem Verwalter einen Vertrag über die

[2029] Urteil Rz. 37.

[2030] Rs. C-485/21, «S.V.» OOD gegen E.Ts.D., Urteil vom 27. Oktober 2022, ECLI:EU:C:2022:839.

Verwaltung und Instandhaltung der gemeinschaftlichen Bereiche dieses Gebäudes schliesst, sofern sie diese *Wohnung nicht* zu Zwecken verwendet, die *ausschließlich* ihrer *gewerblichen* oder *beruflichen* Tätigkeit zuzurechnen sind. Der Umstand, dass ein Teil der vom Verwalter gemäss Vertrag erbrachten Leistungen auf der Notwendigkeit beruht, die in den *nationalen Rechtsvorschriften* vorgesehenen besonderen Anforderungen im Bereich der Sicherheit und der Raumplanung zu beachten, kann diesen Vertrag nicht dem Anwendungsbereich der Richtlinie 93/13 entziehen;

– in dem Fall, dass ein Vertrag über die Verwaltung und Instandhaltung der gemeinschaftlichen Bereiche eines im Miteigentum stehenden Gebäudes zwischen dem Verwalter und der Hauptversammlung der Miteigentümer oder der Gemeinschaft der Eigentümer dieses Gebäudes geschlossen wird, eine *natürliche Person*, die Eigentümerin einer Wohnung in diesem Gebäude ist, als «Verbraucher» im Sinne der Richtlinie 93/13 angesehen werden kann, sofern sie als «*Partei*» dieses *Vertrags* eingestuft werden kann und diese Wohnung nicht ausschließlich zu Zwecken verwendet, die ihrer gewerblichen oder beruflichen Tätigkeit zuzurechnen sind[2031].

55. *QE/CAISSE REGIONALE DE CREDIT*

720 – Im Fall ***QE/Caisse régionale de Crédit mutuel***[2032] hatte QE im Mai 2006 von der Caisse régionale de Crédit mutuel ein Darlehen von rund 209'000 € mit einer Laufzeit von 20 Jahren für den Erwerb einer Immobilie erhalten. Die allgemeinen Vertragsbedingungen gaben der Bank die Möglichkeit, im Fall eines Verzugs von QE mit einer Raten- oder Zinszahlung von mehr als 30 Tagen das Darlehen ohne vorherige Mahnung vorzeitig fällig zu stellen und zurückzufordern. Der Darlehensvertrag räumte QE jedoch die Möglichkeit ein, eine Änderung der Zahlungsfristen zu beantragen, um gegebenenfalls ein Ausfallrisiko zu vermeiden. Als QE weder am 10. Dezember 2012 die fällige Rate von 904,50 €, noch die Rate vom Januar 2013 beglich, stellte die Bank das Darlehen am 29. Januar 2013 ohne vorherige Mahnung fällig und liess am 17. September 2015 die Immobilie von QE pfänden. Hierauf beantragte QE am 13. Oktober 2015 beim Vollstreckungsgericht die Aufhebung des Pfändungsverfahrens, da das Pfändungsprotokoll Unregelmäßigkeiten enthalte. Gegen das Urteil der Cour d'appel de Versailles vom 3. Oktober 2019 legte QE Kassationsbeschwerde beim vorlegenden Gericht (Kassationsgerichtshof) ein, mit dem Argument, die Vertragsklausel betreffend die Befreiung von der Pflicht zur Mahnung sei missbräuchlich. Unter diesen

2031 Urteil Rz. 35.

2032 Rs. C-600/21, QE gegen Caisse régionale de Crédit mutuel de Loire-Atlantique et du Centre Ouest, Urteil vom 8. Dezember 2022, ECLI:EU:C:2022:970.

Umständen setzte der Kassationsgerichtshof das Verfahren aus und unterbreitete dem EuGH fünf Fragen[2033] zur Vorabentscheidung.

Mit seiner *ersten* und *dritten* Frage wollte das vorlegende Gericht wissen, ob Art. 3 Abs. 1 und Art. 4 der RL 93/13 so auszulegen sind, dass sie dem entgegenstehen, dass die Vertragsparteien eine Klausel in den Darlehensvertrag aufnehmen, die ausdrücklich und unmissverständlich vorsieht, dass das gewährte Darlehen von Rechts wegen fällig gestellt werden kann, wenn die Zahlung einer fälligen Rate nicht innerhalb einer bestimmten Frist erfolgt. Der EuGH *antwortete*, Art. 3 Abs. 1 und Art. 4 der RL 93/13 – vorbehaltlich der Anwendbarkeit von Art. 4 Abs. 2 RL – stehen dem entgegenstehen, dass die Vertragsparteien eine Klausel in den Vertrag aufnehmen, die ausdrücklich und unmissverständlich vorsieht, dass das gewährte Darlehen von Rechts wegen fällig gestellt werden kann, wenn die Zahlung einer fälligen Rate nicht innerhalb einer bestimmten Frist erfolgt, sofern diese Klausel nicht im Einzelnen ausgehandelt wurde und zum Nachteil des Verbrauchers ein erhebliches und ungerechtfertigtes Missverhältnis der vertraglichen Rechte und Pflichten der Vertragspartner verursacht[2034]. 721

Mit seiner *zweiten* Frage wollte das vorlegende Gericht wissen, ob Art. 3 Abs. 1 und Art. 4 der RL 93/13 dahin auszulegen sind, dass ein Verzug von mehr als 30 Tagen bei der Begleichung einer Rate eines Darlehens unter Berücksichtigung der Laufzeit und der Höhe des Darlehens für sich genommen eine hinreichend schwere Nichterfüllung des Darlehensvertrags im Sinne des Urteils vom 26. Januar 2017, Banco Primus (C-421/14, EU:C:2017:60), darstellen könne. Der EuGH *antwortete*, dass Art. 3 Abs. 1 und Art. 4 der RL 93/13 dahin auszulegen sind, dass ein Verzug von mehr als 30 Tagen bei der Begleichung einer Rate des Darlehens im Verhältnis zur Laufzeit und zur Höhe des Darlehens für sich genommen grundsätzlich eine *hinreichend schwere Nichterfüllung* des Darlehensvertrags im Sinne des Urteils vom 26. Januar 2017, Banco Primus (C-421/14, EU:C:2017:60), darstellen könne[2035]. 722

Mit seiner *vierten* Frage wollte das vorlegende Gericht wissen, ob das Urteil vom 26. Januar 2017, Banco Primus (C-421/14, EU:C:2017:60), dahin auszulegen ist, dass die Kriterien, die für die Beurteilung der Missbräuchlichkeit einer Vertragsklausel im Sinne von Art. 3 Abs. 1 der RL 93/13 entwickelt wurden, insbesondere für die Beurteilung des erheblichen und ungerechtfertigten Missverhältnisses der vertraglichen Rechte und Pflichten der Vertragspartner, das diese Klausel zum Nachteil des Verbrauchers verursacht, kumulativ oder alternativ erfüllt sein müssen. Der EuGH *antwortete*, dass das Urteil vom 26. Januar 2017, Banco Primus (C-421/14, EU:C:2017:60), dahin auszulegen ist, dass die Kriterien, die darin für die Beurteilung der Missbräuchlichkeit einer Vertragsklausel im Sinne 723

[2033] Die fünfte Frage wurde vom EuGH nicht beantwortet, da sie hinfällig wurde.

[2034] Urteil Rz. 51.

[2035] Urteil Rz. 41.

von Art. 3 Abs. 1 der Richtlinie 93/13 entwickelt wurden, insbesondere für die Beurteilung des erheblichen und ungerecht–fertigten Missverhältnisses der vertraglichen Rechte und Pflichten, das diese Klausel zum Nachteil des Verbrauchers verursacht, nicht so zu betrachten sind, dass sie *entweder kumulativ oder alternativ erfüllt* sein müssen, sondern vielmehr als *Teil der Gesamtheit* der den Abschluss des betreffenden Vertrags begleitenden *Umstände* zu verstehen sind, die vom nationalen Gericht zu prüfen sind, um festzustellen, ob eine Vertragsklausel im Sinne von Art. 3 Abs. 1 der RL 93/13 missbräuchlich ist[2036].

56. VB/Gupfinger

724 Im Fall ***VB/Gupfinger***[2037] hatte VB am 12. November 2017 von der Gupfinger Einrichtungsstudio GmbH eine Einbauküche zum Preis von rund 10'924 € gekauft. Die Allgemeinen Geschäftsbedingungen des Kaufvertrags sahen vor, dass Gupfinger, falls der Kunde unberechtigterweise vom Vertrag zurücktreten sollte, entweder die Erfüllung des Vertrags verlangen oder seiner Aufhebung zustimmen konnte, und im letzteren Fall die Wahl hatte, Schadenersatz in der Höhe einer Pauschale von 20 % des Verkaufspreises oder im Umfang des tatsächlich entstandenen Schadens zu erhalten. Am 28. November 2017 trat VB vom Kaufvertrag zurück, weil er das Haus nicht erwerben konnte, für welches die Küche bestimmt war. Am 14. Mai 2018 erhob Gupfinger Klage gegen VB auf Bezahlung von 5 270 € für entgangenen Gewinn. Der Anspruch wurde jedoch nicht auf die Allgemeinen Bedingungen des Kaufvertrags, sondern auf die Bestimmungen des ABGB gestützt. VB erhob die Einrede, dass die vertragliche Schadenersatzklausel missbräuchlich sei und gelangte in der Folge gegen das zweitinstanzliche Urteil an den Obersten Gerichtshof. Dieser hegte Zweifel an der Tragweite der EuGH-Rechtsprechung in einer Situation, wo eine Klage sich auf das Gesetz und nicht eine möglicherweise missbräuchliche Vertragsklausel stützte. Der Gerichtshof setzte daher das Verfahren aus und unterbreitete dem EuGH drei Fragen zur Vorabentscheidung.

725 Mit seinen Fragen, die zusammen geprüft wurden, wollte das vorlegende Gericht wissen, ob Art. 6 Abs. 1 und Art. 7 Abs. 1 RL 93/13 dahin auszulegen sind, dass sie, wenn eine Schadenersatzklausel in einem Kaufvertrag für missbräuchlich und damit nichtig erklärt wird, der Vertrag ohne diese Klausel aber fortbestehen kann, dem entgegenstehen, dass der gewerbliche Verkäufer, der diese Klausel auferlegt hat, im Rahmen einer Schadenersatzklage, die ausschliesslich auf eine dispositive Vorschrift des nationalen Schuldrechts gestützt

---

2036 Urteil Rz. 35.

2037 Rs. C-625/21, VB gegen GUPFINGER Einrichtungsstudio GmbH, Urteil vom 8. Dezember 2022, ECLI:EU:C:2022:971.

wird, Schadenersatz – wie er in dieser Vorschrift, die ohne die genannte Klausel anwendbar gewesen wäre, vorgesehen ist – verlangen kann. Der EuGH *antwortete*, dass Art. 6 Abs. 1 und Art. 7 Abs. 1 RL 93/13 dahin auszulegen ist, dass sie, wenn eine Schadenersatzklausel eines Kaufvertrags für missbräuchlich und damit nichtig erklärt wird, aber der Vertrag ohne diese Klausel fortbestehen kann, dem *entgegenstehen*, dass der gewerbliche Verkäufer, der diese Klausel auferlegt hat, im Rahmen einer Schadenersatzklage, die ausschließlich auf eine *dispositive Vorschrift des nationalen Schuldrechts* gestützt wird, *Schadenersatz* – wie er in dieser Vorschrift, die ohne die genannte Klausel anwendbar gewesen wäre, vorgesehen ist – verlangen kann[2038].

57. D.V. / M.A

726 Im Fall ***D.V./M.A.***[2039] hatte M.A. als Verbraucher zwischen April und August 2018 mit Rechtsanwalt D.V. mehrere Verträge für entgeltliche Rechtsdienstleistungen zu verschiedenen Themen (Miteigentum an Gütern, Aufenthalt minderjähriger Kinder, Festsetzung des Unterhalts, Scheidungsverfahren) geschlossen. Die Verträge sahen jeweils eine Vergütung 100 € «für jede Stunde der Beratung oder Erbringung von Rechtsdienstleistungen gegenüber dem Auftraggeber» vor. M.A. leistete einen Vorschuss von 5'600 €. Als er in der Folge die weiteren Honorarrechnungen nicht vollständig bezahlte, erhob D.V. Klage auf Bezahlung noch ausstehender 9'900 €. Das Bezirksgericht Kaunas hiess die Klage mit Entscheidung vom 5. März 2020 teilweise gut. Die Berufung von D.V. ans Regionalgericht Kaunas blieb erfolglos, weshalb er mit Kassationsbeschwerde ans Oberste Gericht Litauens gelangte. Dieses setzte das Verfahren aus und unterbreitete dem EuGH sechs Fragen zur Vorabentscheidung.

727 Mit seiner *ersten* Frage wollte das vorlegende Gericht wissen, ob Art. 4 Abs. 2 RL 93/13 so auszulegen ist, dass eine nicht ausgehandelte Klausel eines zwischen einem Rechtsanwalt und einem Verbraucher geschlossenen Vertrags über die Erbringung von Rechtsdienstleistungen, wonach sich die Vergütung nach dem Zeitaufwand richtet, unter «Hauptgegenstand des Vertrages» im Sinne dieser Bestimmung fällt. Der EuGH *antwortete*, Art. 4 Abs. 2 RL 93/13 ist so auszulegen, dass eine Klausel eines zwischen einem Rechtsanwalt und einem Verbraucher geschlossenen Vertrags über die Erbringung von Rechtsdienstleistungen, wonach sich die *Vergütung* nach dem *Zeitaufwand* richtet, unter diese Bestimmung fällt[2040].

728 Mit seiner *zweiten* und *dritten* Frage wollte das vorlegende Gericht wissen, ob Art. 4 Abs. 2 RL 93/13 so auszulegen ist, dass eine Klausel eines zwischen einem

[2038] Urteil Rz. 42.

[2039] Rs. C-395/21, D.V. gegen M.A., Urteil vom 12. Januar 2023, ECLI:EU:C:20232:14.

[2040] Urteil Rz. 34.

Rechtsanwalt und einem Verbraucher geschlossenen Vertrags über die Erbringung von Rechtsdienstleistungen, nach der sich die Vergütung nach dem Zeitaufwand richtet und die neben dem geltenden Stundensatz keine weiteren Erläuterungen oder Informationen enthält, dem Erfordernis nach dieser Bestimmung, dass die Klausel klar und verständlich abgefasst sein muss, genügt. Im Falle einer negativen Antwort wollte das vorlegende Gericht wissen, welche Informationen dem Verbraucher zu erteilen sind, wenn nicht vorhersehbar ist, wie viele Stunden tatsächlich erforderlich sind, um die Rechtsdienstleistungen zu erbringen, die Gegenstand des Vertrags sind, und ob, wenn diese Informationen vor dem Vertragsabschluss nicht erteilt worden sind, dieser Mangel während der Durchführung des Vertrags geheilt werden kann. Der EuGH *antwortete*, Art. 4 Abs. 2 RL 93/13 sei so auszulegen, dass eine Klausel eines zwischen einem Rechtsanwalt und einem Verbraucher geschlossenen Vertrags über die Erbringung von Rechtsdienstleistungen, wonach sich die Vergütung nach dem Zeitaufwand richtet, dem Erfordernis gemäss dieser Bestimmung, dass die Klausel *klar und verständlich* abgefasst sein muss, *nicht genügt*, wenn dem Verbraucher vor Vertragsabschluss nicht die Informationen erteilt worden sind, die ihn in die Lage versetzt hätten, seine Entscheidung mit Bedacht und in *voller Kenntnis der wirtschaftlichen Folgen* des Vertragsabschlusses zu treffen.[2041]

729 Mit seiner *vierten* Frage wollte das vorlegende Gericht wissen, ob Art. 3 Abs. 1 RL 93/13 so auszulegen ist, dass eine Klausel eines zwischen einem Rechtsanwalt und einem Verbraucher geschlossenen Vertrags über die Erbringung von Rechtsdienstleistungen, nach der sich die Vergütung nach dem Zeitaufwand richtet und die daher den Hauptgegenstand des Vertrags betrifft, bereits deshalb, weil sie dem Transparenzerfordernis gemäß Art. 4 Abs. 2 RL nicht entspricht, als missbräuchlich anzusehen ist. Der EuGH *antwortete*, Art. 3 Abs. 1 RL 93/13 sei so auszulegen, dass eine Klausel eines zwischen einem Rechtsanwalt und einem Verbraucher geschlossenen Vertrags über die Erbringung von Rechtsdienstleistungen, nach der sich die Vergütung nach dem Zeitaufwand richtet und die daher den Hauptgegenstand des Vertrags betrifft, *nicht* bereits deshalb, weil sie dem *Transparenzerfordernis* gemäss Art. 4 Abs. 2 RL *nicht entspricht*, als *missbräuchlich* anzusehen ist, es sei denn, der Mitgliedstaat, dessen *innerstaatliches Recht* auf den betreffenden Vertrag anwendbar ist, hat dies gemäss Art. 8 der Richtline *ausdrücklich vorgesehen*.[2042]

730 Mit seiner *fünften* und *sechsten* Frage wollte das vorlegende Gericht wissen, ob, Art. 6 Abs. 1 und Art. 7 Abs. 1 RL 93/13 dahin auszulegen sind, dass sie in Fällen, in denen ein zwischen einem Rechtsanwalt und einem Verbraucher geschlossener Vertrag über die Erbringung von Rechtsdienstleistungen nach der Aufhebung einer für missbräuchlich erklärten Klausel, nach der sich die Vergütung für

2041 Urteil Rz. 45.

2042 Urteil Rz. 52.

die betreffenden Dienstleistungen nach dem Zeitaufwand richtet, nicht fortbestehen kann und in denen die Dienstleistungen bereits erbracht sind, dem entgegenstehen, dass das nationale Gericht auch dann, wenn dies dazu führt, dass der Gewerbetreibende für seine Dienstleistungen überhaupt keine Vergütung erhält, die Lage wiederherstellt, in der sich der Verbraucher ohne die Klausel befunden hätte, oder die Klausel durch eine Vorschrift des innerstaatlichen Rechts über die höchst zulässige Vergütung für die Beratung oder Vertretung durch einen Rechtsanwalt oder durch seine eigene Beurteilung der Höhe der Vergütung, die es für die betreffenden Dienstleistungen für angemessen hält, ersetzt. Der EuGH *antwortete*, Art. 6 Abs. 1 und Art. 7 Abs. 1 RL 93/13 sein so auszulegen, dass sie in Fällen, in denen ein zwischen einem Rechtsanwalt und einem Verbraucher geschlossener Vertrag über die Erbringung von Rechtsdienstleistungen nach der *Aufhebung* einer für *missbräuchlich erklärten Klausel,* nach der sich die Vergütung für die betreffenden Dienstleistungen nach dem Zeitaufwand richtet, *nicht fortbestehen* kann und in denen die *Dienstleistungen bereits erbracht* sind, *nicht* dem *entgegenstehen*, dass das nationale Gericht, auch dann, wenn dies dazu führt, dass der *Gewerbetreibende für seine Dienstleistungen überhaupt keine Vergütung erhält*, die Lage wiederherstellt, in der sich der Verbraucher ohne die Klausel befunden hätte. Hätte die Nichtigerklärung des Vertrags insgesamt für den *Verbraucher besonders nachteilige Folgen* – was das vorlegende Gericht zu prüfen haben wird –, stehen die genannten Vorschriften *nicht* dem *entgegen*, dass das nationale Gericht der *Nichtigkeit der Klausel abhilft*, indem es sie durch eine *dispositive* oder im Fall einer entsprechenden Vereinbarung der Vertragsparteien anwendbare *Vorschrift* des innerstaatlichen Rechts *ersetzt*. Hingegen stehen die genannten Vorschriften dem *entgegen*, dass das nationale Gericht die für nichtig erklärte missbräuchliche Klausel ersetzt, *indem es selbst bestimmt*, welche Vergütung für die betreffenden Dienstleistungen *angemessen* ist.[2043]

58. Caixabank SA/X

Im Fall ***Caixabank SA/X.***[2044] hatte X. im September 2005 als Verbraucher mit der Caixabank einen Vertrag über einen Hypothekarkredit von € 130 000 abgeschlossen, welcher die Bezahlung von € 845 als Provision für die Bereitstellung des Kredits vorsah. Im April 2018 erhob X. Klage gegen die Bank und beantragte die Feststellung der *Nichtigkeit* der Bereitstellungsprovisionsklausel sowie die *Rückzahlung* des bezahlten Betrags. Das spanische Gericht erster Instanz gab der Klage statt. Die Berufung der Bank ans Provinzgericht Palma de Mallorca wurde abgewiesen, weshalb die Bank an den Obersten Gerichtshof 731

[2043] Urteil Rz. 68.

[2044] Rs. C-565/21, Caixabank SA gegen X., Urteil vom 16. März 2023, ECLI:EU:C:2023:212.

Spaniens gelangte. Dieser setzte das Verfahren aus und unterbreitete dem EuGH *drei* Fragen zur Vorabentscheidung.

732 Mit seiner *ersten* Frage wollte das vorlegende Gericht wissen, ob Art. 4 Abs. 2 RL 93/13 so auszulegen ist, dass er einer nationalen Rechtsprechung entgegensteht, die in Anbetracht einer nationalen Regelung, nach der mit der Bereitstellungsprovision die Dienstleistungen im Zusammenhang mit der Prüfung, Gewährung oder Bearbeitung des Hypothekendarlehens oder -kredits oder andere ähnliche Dienstleistungen vergütet werden, davon ausgeht, dass die Klausel, die eine solche Provision vorsieht, zum «Hauptgegenstand des Vertrags» im Sinne dieser Bestimmung gehört, weil diese Provision einen Hauptteil des Preises bildet. Der EuGH *antwortete*, dass Art. 4 Abs. 2 RL 93/13 einer nationalen Rechtsprechung *entgegensteht*, die in Anbetracht einer nationalen Regelung, nach der mit der Bereitstellungsprovision die Dienstleistungen im Zusammenhang mit der Prüfung, Gewährung oder Bearbeitung des Hypothekendarlehens oder -kredits oder andere ähnliche Dienstleistungen vergütet werden, davon ausgeht, dass die Klausel, die eine solche Provision festlegt, zum «*Haupt–gegenstand des Vertrags*» im Sinne dieser Bestimmung *gehört*, weil diese Provision einen Hauptteil des Preises bildet[2045].

733 Mit seiner *zweiten* Frage wollte das vorlegende Gericht wissen, ob Art. 4 Abs. 2 RL 93/13 einer nationalen Rechtsprechung entgegensteht, die bei der Beurteilung der *Klarheit* und *Verständlichkeit* einer Klausel, die einen wesentlichen Bestandteil des Hypothekendarlehens- oder Hypothekenkreditvertrags regelt, Faktoren wie die allgemeine Bekanntheit einer solchen Klausel bei den Verbrauchern, die Angaben, zu denen das Finanzinstitut nach den Vorschriften über standardisierte Informationsblätter dem potenziellen Darlehensnehmer gegenüber verpflichtet ist, die Werbung der Banken, die besondere Aufmerksamkeit, die ein Durchschnittsverbraucher dieser Klausel schenkt, sowie den Umstand berücksichtigt, dass die Klausel aufgrund ihres Wortlauts, ihrer Positionierung und ihres Aufbaus als ein wesentlicher Vertragsbestandteil erkennbar ist. Der EuGH *antwortete*, dass Art. 5 RL 93/13 dahin auszulegen ist, dass das zuständige Gericht bei der Beurteilung der Klarheit und Verständlichkeit einer Vertragsklausel, welche die Zahlung einer Bereitstellungsprovision durch den Darlehensnehmer vorsieht, anhand *aller einschlägigen Tatsachen überprüfen* muss, ob dieser in der Lage war, die wirtschaftlichen Folgen einzuschätzen, die Art der Dienstleistungen, die als Gegenleistung für ein in der Klausel vorgesehenes Entgelt erbracht werden, zu verstehen und zu überprüfen, dass sich die verschiedenen, im Vertrag vorgesehenen Entgelte oder damit vergüteten Dienstleistungen *nicht überschneiden*[2046].

[2045] Urteil Rz. 24.
[2046] Urteil Rz. 47.

Mit seiner *dritten* Frage wollte das vorlegende Gericht wissen, ob Art. 3 Abs. 1 RL 93/13 einer nationalen Rechtsprechung entgegensteht, wonach eine Vertragsklausel, die im Einklang mit der einschlägigen nationalen Regelung die Zahlung einer Bereitstellungsprovision durch den Darlehensnehmer vorsieht, mit der die Dienstleistungen im Zusammenhang mit der Prüfung, Erstellung und individuellen Bearbeitung eines Hypothekendarlehens- oder Hypothekenkreditantrags vergütet werden sollen, kein erhebliches Missverhältnis der vertraglichen Rechte und Pflichten der Vertragspartner zum Nachteil des Verbrauchers verursacht. Der EuGH *antwortete*, Art. 3 Abs. 1 RL 93/13 stehe einer nationalen Rechtsprechung, wonach eine Vertragsklausel, die im Einklang mit der einschlägigen nationalen Regelung die Zahlung einer Bereitstellungsprovision durch den Darlehensnehmer vorsieht, mit der die Dienstleistungen im Zusammenhang mit der Prüfung, Erstellung und individuellen Bearbeitung eines Hypothekendarlehens- oder Hypothekenkreditantrags vergütet werden sollen, gegebenenfalls *kein erhebliches Missverhältnis* der vertraglichen Rechte und Pflichten der Vertragspartner zum Nachteil des Verbrauchers verursacht, *dann nicht entgegensteht*, wenn die Frage, ob ein solches Missverhältnis vorliegt, Gegenstand einer *wirksamen Kontrolle* durch das zuständige Gericht anhand der sich aus der *Rechtsprechung des Gerichtshofs ergebenden Kriterien* ist[2047]. 734

59. M.B. et al. / XS.A.

Im Fall ***M.B., U.B., M.B. / X S.A.***[2048] hatten im Juni 2007 M. B., U. B. und M. B. als Verbraucher mit der Rechtsvorgängerin von Bank X einen Hypothekendarlehensvertrag über 339‘881 polnischen Zloty (PLN) mit einer Laufzeit von 360 Monaten geschlossen. Das Darlehen war an Schweizer Franken (CHF) als Fremdwährung gekoppelt. Gemäss Vertrag wurden die Monatsraten in CHF berechnet und nach dem jeweiligen auf die einzelne Rate anwendbaren Verkaufskurs CHF-PLN in polnischen Zloty bezahlt. Vor dem Rayongericht Warschau-Wola machten die Darlehensnehmer geltend, die Vertragsklauseln über diesen Koppelungsmechanismus seien missbräuchlich, da mangels spezifischer Regeln im Vertrag die Bank den Wechselkurs nach freiem Ermessen festlegte. Sie forderten daher die Aufhebung dieser Vertragsklauseln und erklärten sich mit der Nichtigerklärung des Vertrags durch das vorlegende Gericht einverstanden. Dieses setzte das Verfahren aus und unterbreitete dem EuGH *drei* Fragen zur Vorabentscheidung. 735

[2047] Urteil Rz. 61.

[2048] Rs. C-6/22, M.B., U.B., M.B., gegen XS.A., Urteil vom 16. März 2023, ECLI:EU:C:2023:216.

736 Mit seiner *ersten* Frage wollte das vorlegende Gericht wissen, ob Art. 6 Abs. 1 RL 93/13 dahin auszulegen ist, dass es bei Nichtigerklärung eines zwischen einem Verbraucher und einem Gewerbetreibenden geschlossenen Vertrags wegen Missbräuchlichkeit einer Klausel Sache der Mitgliedstaaten ist, die Folgen dieser Nichtigerklärung durch ihr nationales Recht zu regeln, ungeachtet des Schutzes, der Verbrauchern durch diese Richtlinie gewährt wird. Der EuGH *antwortete*, Art. 6 Abs. 1 RL 93/13 dahin auszulegen, dass es bei Nichtigerklärung eines zwischen einem Verbraucher und einem Gewerbetreibenden geschlossenen Vertrags wegen Missbräuchlichkeit einer Klausel Sache der Mitgliedstaaten ist, unter Beachtung des dem Verbraucher von dieser Richtlinie gewährten Schutzes die Folgen dieser Nichtigerklärung durch ihr nationales Recht insbesondere dadurch zu regeln, dass die *Wiederherstellung der Sach- und Rechtslage gewährleistet* wird, in der sich der Verbraucher *ohne* die *missbräuchliche Klausel* befunden hätte[2049].

737 Mit seiner *zweiten* Frage wollte das vorlegende Gericht wissen, ob Art. 6 Abs. 1 und Art. 7 Abs. 1 RL 93/13 dahin auszulegen sind, dass das nationale Gericht von Amts wegen die finanzielle Lage eines Verbrauchers prüfen kann, der wegen einer missbräuchlichen Klausel, ohne die der Vertrag rechtlich nicht fortbestehen kann, die Nichtigerklärung des Vertrags mit einem Gewerbetreibenden beantragt hat, und ob es den Antrag des Verbrauchers ablehnen kann, wenn die Nichtigerklärung des Vertrags für ihn besonders nachteilige Folgen haben kann. Der EuGH *antwortete*, Art. 6 Abs. 1 und Art. 7 Abs. 1 RL 93/13 *hindern* das nationale Gericht zum einen ausserhalb einer ihm durch das nationale Recht hierzu eingeräumten Befugnis von Amts wegen die finanzielle Lage eines Verbrauchers zu prüfen, der wegen einer missbräuchlichen Klausel, ohne die der Vertrag rechtlich nicht fortbestehen kann, die Nichtigerklärung des Vertrags mit dem Gewerbetreibenden beantragt hat, selbst wenn diese für den Verbraucher *besonders nachteilige Folgen* haben kann, und zum anderen, die Nichtigerklärung abzulehnen, wenn der Verbraucher sie ausdrücklich beantragt hat, nachdem er *objektiv und umfassend* über die rechtlichen sowie die besonders *nachteiligen wirtschaftlichen Folgen informiert* wurde, die sie für ihn haben kann[2050].

738 Mit seiner *dritten* Frage wollte das vorlegende Gericht wissen, ob Art. 6 Abs. 1 RL 93/13 so auszulegen ist, dass das nationale Gericht, nachdem es die Missbräuchlichkeit einer Klausel eines zwischen einem Gewerbetreibenden und einem Verbraucher geschlossenen Vertrags festgestellt hat, gehindert ist, die sich aus der Aufhebung der missbräuchlichen Klausel in diesem Vertrag ergebenden Lücken durch die Anwendung einer nicht dispositiven Bestimmung des nationalen Rechts zu schließen. Der EuGH *antwortete*, Art. 6 Abs. 1 RL 93/13

2049 Urteil Rz. 33.
2050 Urteil Rz. 45.

hindere das nationale Gericht – nachdem es die Missbräuchlichkeit einer Klausel eines zwischen einem Gewerbetreibenden und einem Verbraucher geschlossenen Vertrags festgestellt hat – die sich aus der Aufhebung der missbräuchlichen Klausel in diesem Vertrag ergebenden *Lücken* durch die Anwendung einer *nicht dispositiven Vorschrift* des nationalen Rechts zu schliessen. Es muss allerdings unter Berücksichtigung seines gesamten innerstaatlichen Rechts *alle Massnahmen ergreifen*, die erforderlich sind, um den Verbraucher vor den besonders *nachteiligen Folgen* zu schützen, welche die *Nichtigerklärung* des Vertrags für ihn nach sich ziehen könnte[2051].

3. Bedeutung der EuGH-Rechtsprechung für die Schweiz

Die *RL 93/13/EWG* des Rates über missbräuchliche Klauseln in Verbraucherverträgen datiert vom 5. April 1993 und war von den EU-Mitgliedstaaten bis 31. Dezember 1994 ins nationale Recht umzusetzen. Aufgrund der Chronologie der Ereignisse bildete diese Richtlinie seinerzeit nicht Bestandteil der – vom Schweizer Volk am 6. Dezember 1992 abgelehnten – *Eurolex-Vorlage*[2052] des Bundesrats. Dementsprechend gehörte sie auch nicht zur anschliessenden *Swisslex-Vorlage*[2053], mit welcher der schweizerische Gesetzgeber per 1. Mai 1994 zahlreiche EU-Richtlinien gemäss der gescheiterten Eurolex-Vorlage einseitig und autonom ins schweizerische Recht überführte (sog. *autonomer Nachvollzug* von EU-Recht). Für die Auslegung und Anwendung des (alten) Art. 8 UWG (1986) war deshalb die EuGH-Rechtsprechung zur RL 93/13/EWG von bloss *beschränkter* praktischer Bedeutung[2054]. 739

2051 Urteil Rz. 64.

2052 Diese Vorlage betraf den Beitritt der Schweiz zum Europäischen Wirtschaftsraum «EWR». Vgl. Botschaft zum EWR-Abkommen (BBl 1992 IV 1 ff.), wo unter Ziff. 5.2 betreffend UWG die Richtline 93/13/EWG fehlt, sowie die Botschaft I über die Anpassung des Bundesrechts an das EWR-Recht (Zusatzbotschaft I zur EWR-Botschaft) vom 27. Mai 1992 und die Botschaft II über die Anpassung des Bundesrechts an das EWR-Recht (Zusatzbotschaft II zur EWR Botschaft) vom 15. Juni 1992 (BBl 1992 V 1 ff. und BBl 1992 V 520 ff.).

2053 BBl 1993 I 805, 865.

2054 Im Unterschied zum staatsvertraglichen Einheitsrecht (wie z.B. dem Lugano Übereinkommen [dazu zuletzt BGE 139 III 345, 347] oder dem Freizügigkeitsabkommen CH-EU) einerseits und dem durch autonomen Nachvollzug harmonisierten schweizerischen Recht anderseits (vgl. den Leitentscheid BGE 129 III 335, 350 f.), kommt der EuGH-Rechtsprechung beim nichtharmonisierten schweizerischen Recht nur eine untergeordnete Bedeutung im Rahmen der Rechtsvergleichung als Erkenntnisquelle zur Auslegung des schweizerischen Rechts zu. Für weitere Einzelheiten, PROBST, BJM 2004, 239 ff.

740 Diese Situation hat sich mit Inkrafttreten des (neuen) *Art. 8 UWG (2011)* am 1. Juli 2012 *geändert*. Sowohl aus dem *Wortlaut* dieser Bestimmung als auch aus den *parlamentarischen Beratungen* geht klar hervor, dass sich der Gesetzgeber mit Art. 8 UWG (2011) an *Art. 3 Abs. 1* der *RL 93/13/EWG orientierte*[2055]. Insoweit liegt nun materiell ein *(teilweiser) autonomer Nachvollzug* von Unionsrecht vor[2056]. Dies bedeutet nicht, dass die RL 93/13/EWG und die dazu ergangene Rechtsprechung des EuGH für die Schweiz verbindlich wären. Nach der Praxis des Bundesgerichts kommt aber im Bereich des schweizerischen Rechts, welches Unionsrecht autonom nachvollzieht (*leges europaeae*), der EuGH-Rechtsprechung *richtungsweisende Bedeutung* zu[2057]. Bei der Beurteilung der Missbräuchlichkeit von *Konsumenten-AGB* nach Art. 8 UWG (2011) wird daher der schweizerische Richter die EuGH-Rechtsprechung

---

2055 Vgl. Amtl. Bull. 2010 SR 931 (Votum Bundesrätin Leuthard: «Soweit wir Ihnen in der Vorlage neue Vorschriften vorschlagen, sind diese europarechtskonform ausgestaltet worden… Der griffigere Artikel 8 betreffend missbräuchliche Geschäftsbedingungen ist der Generalklausel von Artikel 3 der EU-Richtlinie über missbräuchliche Klauseln in Verbraucherverträgen angeglichen worden. Wir haben aber nicht die gesamte EU-Richtlinie übernommen.»); Amtl. Bull. 2010 SR 936 (Votum David: «Man kann darüber streiten, welche Ordnung man vorsehen soll, aber wir müssen die Welt hier nicht neu erfinden, denn das, was uns der Bundesrat vorschlägt, ist international, insbesondere im europäischen Binnenmarkt, die Regel.»); Amtl. Bull. 2011 NR 224 (Votum Bundesrat Schneider-Ammann: «Noch ein Wort zur Eurokompatibilität: Soweit in der Vorlage neue Vorschriften vorgeschlagen werden, sind sie europarechtskonform ausgestaltet worden. Dies betrifft insbesondere … griffigere Formulierung betreffend missbräuchliche Geschäftsbedingungen, ohne dass die gesamte EU-Richtlinie übernommen wird.»); Amtl. Bull. 2011 NR 227 (Votum Leutenegger Oberholzer); 228 (Votum Bundesrat Schneider-Ammann: «Artikel 8 gemäss Entwurf des Bundesrates orientiert sich an der EU-Richtlinie von 1993 über missbräuchliche Klauseln, ohne diese integral zu übernehmen»); Amtl. Bull. 2011 SR 304 (Votum Bürgi zum Text, der schlussendlich Gesetzeskraft erlangte: «Als Letztes halte ich noch fest, dass diese Bestimmung praktisch identisch mit der entsprechenden Generalklausel in der EU-Richtlinie ist.»), Amtl. Bull. 2011 SR 305 (gleichlautendes Votum Bundesrat Schneider-Ammann).

2056 A.M. HESS/RUCKSTUHL, 1192 f. Weder der Umstand, dass die RL 93/13/EWG einen Kompromiss zwischen den verschiedenen nationalen Rechtstraditionen darstellt (was stets zutrifft), noch die Tatsache, dass es sich um eine Mindestharmonisierungsrichtlinie handelt und daher diverse Mitgliedstaaten vom Wortlaut von Art. 3 RL 93/13/EWG abgewichen sind (was in der Natur einer Richtlinie liegt, da für die Mitgliedstaaten nur die Zielsetzung der RL verbindlich ist, während die Wahl der Mittel zu ihrer Umsetzung dem nationalen Gesetzgeber zusteht [Art. 288 Abs. 3 AEUV]), stehen einem (teilweisen) autonomen Nachvollzug der RL 93/13/EWG entgegen. Es besteht diesbezüglich kein relevanter Zusammenhang.

2057 Vgl. den Grundsatzentscheid BGE 129 III 335 ff. Dazu PROBST, BJM 2004, 236 ff. *(in dubio pro interpretatione europaea)*.

massgeblich *berücksichtigen*. Dabei wird er insbesondere auch den *Anhang* zur RL 93/13/EWG beiziehen, welcher eine *Liste* von *Vertragsklauseln* enthält, die das Kriterium der Missbräuchlichkeit gemäss Art. 3 Abs. 1 und 3 der RL 93/13/EWG *konkretisiert*. Lediglich im Rahmen der klassischen *Rechtsvergleichung* als allgemeine Erkenntnisquelle zur Auslegung – und nicht als (dynamischer) *Bestandteil* des *autonomen Nachvollzugs* – ist die Umsetzung der RL 93/13/EWG ins *nationale Recht* durch die einzelnen *EU-Mitgliedstaaten* sowie die Auslegung der Umsetzung im nationalen Recht durch die *nationalen Gerichte* für den schweizerischen Richter von Bedeutung[2058].

4. Weitere Erkenntnisquellen

Neben dem Unionsrecht gibt es europarechtliche *«soft law»*-Regeln, die sich u.a. mit den AGB befassen. Zu erwähnen sind etwa die *Principles of International Commercial Contracts* (PICC)[2059], die *Principles of European Contract Law* (PECL)[2060], der *Vorentwurf* für ein *Europäisches Vertragsgesetzbuch*[2061] sowie der *Draft Common Frame of Reference* (DCFR)[2062]. Zu erwähnen ist auch *OR 2020* als wissenschaftlicher Entwurf zu einem allgemeinen Teil des Obligationenrechts[2063]. Diesem «soft law» kommt naturgemäss keine Gesetzeskraft zu, 741

2058 Die nationale Umsetzung einer Richtlinie ins innerstaatliche Recht und dessen Auslegung durch die Gerichte in den einzelnen EU-Mitgliedstaaten bildet nicht Bestandteil der EU-Richtlinie, welche im Rahmen eines allfälligen autonomen Nachvollzugs vom schweizerischen Gesetzgeber mitübernommen wird. Für den schweizerischen Richter ist daher die nationale Gerichtspraxis der EU-Mitgliedstaaten nur im Rahmen der allgemeinen Rechtsvergleichung als Inspirationsquelle von Bedeutung bzw. Interesse. – A.M. BSK UWG-THOUVENIN, Art. 8 N 9, wonach die Auslegung von Art. 8 UWG sich (auch) an der Umsetzung der Richtlinie in den EU-Staaten orientieren müsse. Dies trifft nicht zu. Die Umsetzung erfolgt in den EU-Mitgliedstaaten im Lichte der jeweiligen Gegebenheiten der nationalen Rechtsordnung, welche sich mit dem hybriden obligationen- und lauterkeitsrechtlichen Ansatz der AGB-Kontrolle in der Schweiz nicht vergleichen lässt. Allfälligen Anleihen aus dem ausländischen Recht ist daher mit der nötigen Vorsicht zu begegnen.

2059 Diese UNIDROIT-Grundsätze befassen sich in den Art. 2.1.19 bis 2.1.22 und Art. 4.6 PICC mit AGB (Begriff der AGB, Ungewöhnlichkeitsregel, Vorrang der Einzelabrede, *«battle of the forms»*; *contra proferentem*-Regel).

2060 Art. 2:104 PECL befasst sich mit der Konsenskontrolle von AGB, Art. 4:110 PECL mit der Inhaltskontrolle und 5.103 PECL mit der *contra proferentem*-Regel.

2061 Der Gandolfi-Vorentwurf behandelt die AGB in Art. 30 Abs. 4 (Katalog ungültiger Klauseln) und Abs. 5 (Inhaltskontrolle nachteiliger AGB) sowie in Art. 33 (Begriff und Gültigkeit der AGB) und Art. 38 (Vorrang der Einzelabrede).

2062 Vgl. dort den Abschnitt II.-9:401 bis 9:410.

2063 Dieser Entwurf vertritt in Art. 32 f. einen obligationenrechtlichen Ansatz zur Lösung der AGB-Problematik.

aber es enthält Regeln, die aufgrund ihrer wissenschaftlichen Qualität für die Interpretation des schweizerischen Rechts eine wertvolle, *rechtsvergleichende Erkenntnisquelle* darstellen können.

V. Der Normzweck

742 Die *lauterkeitsrechtliche Kontrolle* missbräuchlicher AGB setzt beim Aspekt der *Verschleierung* und *Überrumpelung* an. Darstellung bzw. Inhalt der AGB sowie psychologischer bzw. zeitlicher Druck beim Vertragsabschluss erschweren es regelmässig der anderen Vertragspartei, sich ein zuverlässiges Urteil über die effektive wirtschaftliche Tragweite eines Angebots zu bilden bzw. das konkrete Angebot mit Alternativangeboten zu vergleichen[2064]. Da das UWG den lauteren Wettbewerb «im Interesse *aller Beteiligten*» gewährleisten will[2065], erfasst es nicht nur den Schutz des Mitbewerbers, sondern auch den Schutz der schwächeren Vertragspartei, namentlich des Konsumenten vor missbräuchlichen AGB. Dabei ist zu beachten, dass die *vertragsrechtliche* und die *lauterkeitsrechtliche* Perspektive sich *nicht* decken[2066], woraus ein gewisses Spannungsverhältnis resultiert.

VI. Die Tatbestandsvoraussetzungen von Art. 8 UWG (2011)

743 Gemäss Art. 8 UWG (2011) ist die *Verwendung* von *AGB* (unten N 744 ff.) unlauter, wenn diese *treuwidrig*[2067] (unten N 784 ff.) zum *Nachteil* des *Konsumenten*[2068] (unten N 793 ff.) ein *erhebliches* (unten N 761 ff.) und *ungerechtfertigtes* (unten N 769 ff.) *Missverhältnis* der *vertraglichen Rechte* und *Pflichte*

[2064] Vgl. Botschaft UWG, BBl 1983 II 1027, 1053, 1072. – Eine spezialgesetzliche Lösung nach (damaligem) deutschem Muster oder eine Revision des OR wurde seinerzeit von der Expertenkommission als (vorderhand) zu weitgehend abgelehnt. Ähnlich auch der Bundesrat: Botschaft UWG, BBl 1983 II 1052 f.

[2065] Art. 1 UWG.

[2066] Vgl. BAUDENBACHER, Kommentar UWG, Art. 8 N 37; DESSEMONTET, contrôle judiciaire, 67.

[2067] Das Gesetz verwendet folgende Formulierungen: «in Treu und Glauben verletzender Weise»; *«en contradiction avec les règles de la bonne foi»*; *«violando il principio della buona fede»*.

[2068] Die romanischen Texte formulieren: *«au détriment du consommateur»*; *«a detrimento dei consumatori»*.

vorsehen[2069] (unten N 751 ff.). Diese Tatbestandselemente sind im Folgenden einzeln zu erörtern[2070].

1. Die Verwendung allgemeiner Geschäftsbedingungen

Die Unlauterkeit einseitig vorformulierter Vertragsbestimmungen setzt voraus, 744
dass die AGB[2071] im Geschäftsverkehr bzw. beim Vertragsabschluss tatsächlich zur *Verwendung* gelangen. *Vertragsrechtlich* liegt eine relevante Verwendung von AGB grundsätzlich erst dann vor, wenn sie durch einen (tatsächlichen oder normativen) Konsens zum *Vertragsinhalt* erhoben worden sind. *Lauterkeitsrechtlich* genügt dagegen bereits die Verwendung von AGB im Geschäftsverkehr *zum Zwecke* des Vertragsabschlusses, selbst wenn die AGB schlussendlich *nicht* Vertragsbestandteil werden[2072]. Das blosse Verfassen, Drucken und

---

2069 Die romanischen Texte lauten: *«prévoient... une disproportion notable et injustifiée entre les droits et les obligations découlant du contrat»*; *«comportano... un notevole e ingiustificato squilibrio tra i diritti e gli obblighi contrattuali.»*.

2070 Die stark divergierenden Lehrmeinungen, welche in der Literatur zum – gesetzgeberisch leider ungenügend reflektierten – Tatbestand von Art. 8 UWG vertreten werden, erklären sich nicht zuletzt durch die unterschiedliche *Chronologie* und *Gewichtung* der Tatbestandselemente in den einzelnen Abhandlungen. Wer z.B. seine Erörterungen mit dem Kriterium der Treuwidrigkeit beginnt, tendiert dazu, darin ein «Masterkriterium» zu sehen, welches das Erfordernis des «ungerechtfertigten» Charakters des Missverhältnisses überflüssig erscheinen lässt und daher faktisch als inhaltsleer vernachlässigt werden kann (vgl. z.B. THOUVENIN, Strukturierung, Rz. 22 ff., 50; STÖCKLI, offene Inhaltskontrolle, 184). Wer dagegen primär auf das Erfordernis eines «erheblichen und ungerechtfertigten Missverhältnisses zwischen vertraglichen Rechten und Pflichten» abstellt, ist der Versuchung ausgesetzt, das Kriterium der «Treuwidrigkeit» als inhaltsleer zu betrachten und faktisch aus dem Tatbestand zu streichen (vgl. z.B. SCHWENZER/FOUNTOULAKIS, OR AT, N 46.04a.) oder als konturlosen, allgemeinen Billigkeitsmasstab zu interpretieren (vgl. z.B. SUTTER/LÖRTSCHER, Klagerecht, 100). – Nach hier vertretener Auffassung sollten beide Tendenzen vermieden werden. Die Treuwidrigkeit eines Verhaltens kann sinnvollerweise erst dann beurteilt werden, wenn das massgebliche Verhalten, nämlich das Verwenden von AGB, die ein «erhebliches und ungerechtfertigtes Missverhältnis zwischen vertraglichen Rechten und Pflichten» vorsehen, festgestellt worden ist. Der vorliegende Kommentar diskutiert daher zunächst diese Tatbestandsvoraussetzungen (N 744 ff.) und anschliessend jene der Treuwidrigkeit (N 784 ff.).

2071 Zum Begriff der AGB sowie weiterer Grundbegriffe, oben N 73 ff.

2072 So ist z.B. die Vorlage von AGB, die ein erhebliches Missverhältnis der vertraglichen Rechte und Pflichten zum Nachteil des Konsumenten vorsehen, aber von der Gegenpartei zurückgewiesen werden, unlauter, obschon die AGB nicht Vertragsinhalt geworden sind. Unlauter kann also schon die im Rahmen von Vertragsverhandlungen vorvertragliche Verwendung von AGB sein, weshalb der lauterkeitsrechtliche Schutz insofern

Publizieren von AGB stellt dagegen auch lauterkeitsrechtlich noch keine relevante Verwendung nach Art. 8 UWG dar. Vielmehr müssen die AGB im *konkreten Fall* tatsächlich *eingesetzt* werden[2073].

745 In welcher *konkreten Form* die Verwendung missbräuchlicher AGB erfolgt (z.B. Abdruck der AGB auf dem Vertragsformular, separates AGB-Dokument als Anhang zum Vertrag, sei es in elektronischer oder gedruckter Form), ist nicht wesentlich. Ebenso wenig setzt die Verwendung von AGB die *effektive Kenntnis* des AGB-Inhaltes oder eine besondere *subjektive Gesinnung* seitens des *Verwenders* (z.B. Arglist, Verschleierungsabsicht oder Überrumpelungsabsicht) voraus.

746 Typischerweise werden AGB vom *Anbieter* als wirtschaftlich und/oder sozial stärkeren Partei verwendet, was bei *Konsumentenverträgen* stets der Fall sein wird[2074]. Dies ist für die AGB jedoch nicht begriffsnotwendig. Als AGB-Verwender kann daher auch der *Nachfrager* oder – je nach den konkreten Umständen – sogar die wirtschaftlich schwächere Partei (z.B. ein Subunternehmer gegenüber dem Generalunternehmer) auftreten. Sodann können AGB-Verwender sowohl *natürliche* als auch *juristische* Personen (des privaten oder öffentlichen Rechts) sein. Falls beide Parteien je ihre eigenen AGB in die Vertragsverhandlungen einbringen, sind unter Umständen *beide* Parteien als AGB-Verwender

---

weiter greift als der vertragsrechtliche Schutz. Vgl. auch Art. 3 lit. m UWG («im Rahmen einer geschäftlichen Tätigkeit einen Konsumkreditvertrag oder Vorauszahlungskauf anbietet oder abschliesst…»); OGer TG vom 24. Februar 1993 (mp 97, 23, 25). – A.M. GAUCH, BR 1987, 55 f. (welcher die effektive Übernahme der AGB in den Vertrag verlangt); BSK UWG-THOUVENIN, Art. 8 N 134. – Vom Erfordernis der «Verwendung» der AGB zu unterscheiden ist das Erfordernis der Benachteiligung der Gegenpartei (Konsument) (vgl. unten N 792 ff.).

2073 Das blosse Verfassen, Drucken oder Veröffentlichen (z.B. auf der Internetseite) stellt gegenüber dem potentiellen bzw. künftigen AGB-Übernehmer noch kein unlauteres Verhalten im Sinne von Art. 8 UWG dar, auch wenn die AGB ein erhebliches Missverhältnis der vertraglichen Rechte und Pflichten (zulasten des Konsumenten) vorsehen. Erforderlich ist vielmehr die Verwendung der AGB im Hinblick auf einen *konkreten Vertragsabschluss mit einem potentiellen Vertragspartner*, wobei nicht relevant ist, ob der Vertrag schliesslich zustande kommt oder nicht (vgl. auch PEDRAZZINI/PEDRAZZINI, UWG, N 12.08). – Davon zu unterscheiden ist der Vertrieb von AGB als «Ware», d.h. als Vertragsobjekt (z.B. Verkauf von AGB-Formularen zur Verwendung im Geschäftsverkehr). Falls solche AGB inhaltlich gegen Art. 8 UWG verstossen, kann unlauteres Verhalten des Verkäufers vorliegen (z.B. gegenüber Mitbewerbern mit rechtskonformen AGB), unabhängig davon, ob der Erwerber die AGB-Formulare im Geschäftsverkehr bereits eingesetzt hat oder nicht. Solches Verhalten des Verkäufers ist allenfalls nach Art. 2 oder Art. 3 Abs. 1 lit. b UWG unlauter.

2074 Vgl. dazu unten N 501 ff. – Es dürfte kaum vorkommen, dass ein Konsument für seine regelmässigen Einkäufe AGB formuliert, und falls doch, wird der Anbieter sie nicht akzeptieren.

zu betrachten. Grundsätzlich ist es auch denkbar, dass *keine* Partei als AGB-Verwender auftritt[2075].

Ob die Partei, welche AGB verwendet, diese selber verfasst hat, oder ob sie von 747
einem Dritten (z.B. Branchenverband) verfasst worden sind, spielt keine Rolle[2076]. Massgeblich ist allein die *tatsächliche Verwendung* zum Zwecke des Vertragsabschlusses, unabhängig von der eigentlichen Urheberschaft der AGB. AGB-Verwender ist aber stets eine *Vertragspartei*, weshalb – einer Partei nicht zurechenbare – *Drittpersonen* als «AGB-Verwender» ausscheiden[2077]. Soweit eine Vertragspartei eine Drittperson (namentlich als Vertreter oder Abschlussgehilfen) beizieht, welche beim Vertragsabschluss AGB verwendet, werden deren Handlungen rechtlich jener Vertragspartei zugerechnet, welche die Drittperson beigezogen hat[2078].

2. Das Erfordernis eines erheblichen und ungerechtfertigten Missverhältnisses zwischen vertraglichen Rechten und Pflichten

Der neue Art. 8 UWG (2011) hat aus Art. 3 Abs. 1 der RL 93/13/EWG – in 748
ihrer *deutschsprachigen* Fassung – das Kriterium des «erheblichen und ungerechtfertigten Missverhältnisses der vertraglichen Rechte und Pflichten» übernommen und zum *Kernpunkt* der Unlauterkeit von AGB gemacht. Dieses Kriterium wirft folgende Fragen auf:

- Haben AGB ein Missverhältnis nicht bloss «vorzusehen», sondern zu «verursachen», um unlauter zu sein? (unten N 749 f.).
- *Wie* ist ein allfälliges *Missverhältnis* zwischen den vertraglichen Rechten und Pflichten *festzustellen*? (unten N 751 ff.).
- Wann ist ein festgestelltes Missverhältnis als *erheblich* zu qualifizieren? (unten N 761 ff.).

2075 An einem (einseitigen) AGB-Verwender dürfte es fehlen, wenn beide Parteien unabhängig voneinander zum Vornherein davon ausgehen, dass die AGB eines Verbandes (z.B. SIA 102) auf ihr Geschäft zur Anwendung gelangen und sich diskussionslos darauf einigen. Vgl. auch GAUCH, BR 1987, 56. – Gleiches dürfte zutreffen, wenn ein von *beiden Parteien gemeinsam* beauftragter Notar vorformulierte Vertragstexte für die Beurkundung eines Vertrags zwischen den Parteien verwendet.

2076 Vgl. GAUCH/SCHLUEP/SCHMID, OR AT, N 1152 (9. Aufl.); GAUCH, BR 1987, 52, 56. – Dazu bereits oben N 78.

2077 Vgl. auch GAUCH, BR 1987, 56.

2078 Vgl. auch Art. 11 UWG; SCHMID, Gewährleistungsbeschränkungen, 66.

– Wann ist ein als erheblich festgestelltes Missverhältnis als *ungerechtfertigt* zu qualifizieren? (unten N 769 ff.).

a. «Vorsehen» oder «Verursachen» eines Missverhältnisses durch AGB?

749 In den *parlamentarischen Beratungen* wurde bis zuletzt, d.h. noch in der abschliessenden Einigungskonferenz darüber gestritten, ob die AGB ein Missverhältnis bloss *«vorzusehen»* oder aber zu *«verursachen»* haben, um im Sinn von Art. 8 UWG (2011) missbräuchlich bzw. unlauter zu sein[2079]. Durchgesetzt hat sich schliesslich der Begriff *«vorsehen»* (*«prévoient»*, *«comportano»*), welcher der bisherigen Formulierung in Art. 8 lit. b UWG (1986)[2080] entspricht und bis dahin keine Probleme bereitet hatte. Im Parlament wurde gegen das Verb «vorsehen» jedoch (v.a. von rechtspolitischen Kreisen) eingewendet, eine abstrakte Prüfung von AGB sei abzulehnen, da die missbräuchliche Wirkung der AGB tatsächlich eingetreten sein müsse[2081].

750 Diese (politische) Kontroverse war Ausdruck eines wenig zielführenden Begriffsstreits. Die Formulierung in Art. 8 UWG (2011), wonach missbräuchliche AGB ein Missverhältnis zwischen vertraglichen Rechten und Pflichten «vorsehen», bedeutet lediglich, dass AGB (im Rahmen des zwingenden Rechts) rechtswirksame Bestimmungen enthalten, die ein Missverhältnis der vertraglichen Rechte und Pflichten *beinhalten* bzw. *mit sich bringen* (*«comportano»*). Eines darüber hinausgehenden «Kausalitätsnachweises» mit Bezug auf die inkriminierten AGB bedarf es nicht. Dies bestätigt auch ein Blick auf Art. 3 Abs. 1 der RL 93/13/EWG, an welchem sich der schweizerische Gesetzgeber bei der Formulierung von Art. 8 UWG (2011) orientiert hat (oben N 371, 739 ff.). Diese Richtlinie verwendet das Verb «verursachen» (*«créer»*, *«cause»*), ohne dass damit erkennbar etwas anderes ausgesagt sein will, als mit dem Verb «vorsehen» in Art. 8 UWG. Im Anhang spricht die RL 93/13/EWG bezeichnenderweise denn auch von Klauseln, die «darauf *abzielen* oder *zur Folge haben*…»[2082].

2079 Vgl. Protokoll der Einigungskonferenz RK-S/RK-N vom 15. Juni 2011; siehe auch Amtl. Bull. 2011 NR 1081 (Votum Fluri).

2080 Art. 8 lit. b UWG (1986) lautete: «…b. eine der Vertragsnatur erheblich widersprechende Verteilung von Rechten und Pflichten vorsehen» [Hervorhebung ergänzt].

2081 Vgl. Protokoll der Einigungskonferenz RK-S/RK-N vom 15. Juni 2011.

2082 RL 1993/93/EWG, Anhang Ziff. 1 (Hervorhebung ergänzt).

b. Feststellung des Missverhältnisses zwischen den vertraglichen Rechten und Pflichten

aa. Entstehungsgeschichte

Der frühere *Art. 8 UWG (1986)* erblickte die unlautere Benachteiligung des AGB-Übernehmers entweder in der erheblichen Abweichung von der (unmittelbar oder analog) anwendbaren *gesetzlichen Ordnung*[2083] oder in einer der *Vertragsnatur* erheblich widersprechenden Verteilung von Rechten und Pflichten[2084]. Diese beiden Kriterien waren seinerzeit im bundesrätlichen *Vorentwurf*, welcher am 6. Juni 2008[2085] in die Vernehmlassung ging, beibehalten worden. 751

Der darauffolgende *Gesetzesentwurf*, den der Bundesrat mit Botschaft vom 2. September 2009[2086] dem Parlament unterbreitete, nahm diesbezüglich aber eine Änderung vor. Zwar wurde das Kriterium der *«gesetzlichen Ordnung»* – ohne Hinweis auf deren unmittelbare oder sinngemässe Anwendbarkeit – beibehalten, aber das Kriterium der *«Vertragsnatur»* wurde fallen gelassen und durch jenes des *Missverhältnisses* zwischen den vertraglichen Rechten und Pflichten ersetzt[2087]. Begründet wurde dieser Schritt mit der «Schwammigkeit» des Kriteriums der «Vertragsnatur» als Referenzmassstab, weshalb neu das Kriterium des «Missverhältnisses» gemäss Art. 3 Abs. 1 RL 93/13/EWG vorgeschlagen wurde[2088]. 752

In der Folge *strich* das *Parlament* das Kriterium der *«gesetzlichen Ordnung» ersatzlos*, so dass im endgültigen Gesetzestext nur noch das Kriterium des «*Missverhältnis*[ses] zwischen den vertraglichen Rechten und den vertraglichen Pflichten» übrigblieb. 753

2083 Vgl. Art. 8 lit. a UWG (1986) sowie die Erläuterungen in der Erstauflage SHK UWG-PROBST, Art. 8 N 38 ff. – Diese Formulierung hatte Nominatverträge und gemischt-typische Innominatverträge im Auge.

2084 Vgl. Art. 8 lit. b UWG (1986) sowie die Erläuterungen in der Erstauflage SHK UWG-PROBST, Art. 8 N 47 ff. – Diese Formulierung zielte auf Innominatverträge *sui generis* ab.

2085 BBl 2008, 5361 (mit Verweisung auf die Website <http://www.admin.ch/ch/d/gg/pc/ pendent. html>).

2086 BBl 2009, 6151 ff.

2087 BBl 2009, 6193 f.; vgl. die Erläuterungen in Erstauflage SHK UWG-PROBST, Art. 8 N 84.

2088 Botschaft, BBl 2009, 6178 f.

bb. Die Feststellung des «Missverhältnisses» als Grundvoraussetzung der Unlauterkeit von AGB

754 Als «unlauter» nach Art. 8 UWG (2011) kommen *a priori* nur AGB in Betracht, die zum Nachteil des AGB-Übernehmers (Konsumenten)[2089] ein Missverhältnis zwischen dessen vertraglichen Rechten und Pflichten vorsehen. Es stellt sich daher die Frage, *wie festgestellt* wird, *ob* ein solches Missverhältnis besteht und *welches Ausmass* dieses gegebenenfalls haben muss[2090].

cc. Gesetzesmaterialien

755 Die *Gesetzesmaterialien* enthalten *keine* sachdienlichen Hinweise zur Frage, mittels welchen *Referenzkriteriums* der Richter festzustellen hat, ob bzw. inwieweit AGB zulasten des AGB-Übernehmers ein Missverhältnis seiner vertraglichen Rechte und Pflichten mit sich bringen. Insbesondere äussert sich die bundesrätliche *Botschaft* nicht dazu, sondern begnügt sich mit dem allgemeinen Hinweis, das Missverhältnis müsse so erheblich und ungerechtfertigt sein, dass die Beibehaltung der AGB mit dem Grundsatz der *Billigkeit* unvereinbar sei[2091]. Dieser allgemeine Verweis auf die Billigkeit übersieht, dass die Erheblichkeit eines Missverhältnisses sich erst dann unter dem Gesichtspunkt der Billigkeit beurteilen lässt, wenn zuvor ein solches Missverhältnis *festgestellt* worden ist. Wie dies zu geschehen hat, lässt die Botschaft jedoch offen.

756 Auch die *parlamentarische Beratung* hilft nicht weiter. Als Erstrat hatte der Ständerat dem Entwurf des Bundesrats zu Art. 8 UWG zugestimmt[2092], während der Nationalrat ihn – mit teilweise eher sonderbaren Argumenten – verwarf[2093]. Im *Differenzbereinigungsverfahren* erarbeitete der Ständerat dann einen Kompromissvorschlag, wonach Art. 8 UWG nur noch *Konsumenten*, aber nicht mehr Unternehmen (namentlich KMU) schützen solle[2094]. Diesen Vorschlag lehnte der Nationalrat ab[2095]. In der Folge hielt der Ständerat jedoch an

2089 Vgl. dazu unten N 792 ff.

2090 Gemäss dem Gesetzeswortlaut kann nur ein «erhebliches» Missverhältnis unlauter sein. Dazu unten N 761 ff.

2091 Botschaft, BBl 2009, 6179. – Es vermag nicht zu überzeugen, wenn der Bundesrat das Kriterium der «Vertragsnatur» wegen dessen angeblicher «Schwammigkeit» aufgibt, um es durch das noch unbestimmtere Kriterium der «Billigkeit» zu ersetzen. Vgl. dazu Erstauflage SHK UWG-Probst, Art. 8 N 84.

2092 Amtl. Bull. 2010 SR 934, 938.

2093 Amtl. Bull. 2011 NR 227 ff.

2094 Amtl. Bull. 2011 SR 304 ff.

2095 Amtl. Bull. 2011 NR 799 ff.

seinem Kompromissvorschlag fest[2096], worauf der Nationalrat in letzter Minute einen (improvisierten) Gegenvorschlag verabschiedete[2097]. In der anschliessenden *Einigungskonferenz* setzte sich schliesslich der Kompromissvorschlag des Ständerats durch[2098].

dd. Die Regeln der vertraglichen Lückenfüllung als Referenzrahmen

Angesichts der Tatsache, dass weder das *Gesetz* noch die *Gesetzesmaterialien* 757
schlüssige Hinweise liefern, wie ein (allfälliges) Missverhältnis der vertraglichen Rechte und Pflichten zulasten des AGB-Übernehmers (Konsumenten) festzustellen ist, obliegt es dem *Richter*, das massgebliche *Referenzkriterium* zu bestimmen. Dieser sollte seinen Überlegungen folgende Gesichtspunkte zugrunde legen:

AGB regeln *nicht* die vertraglichen *(Haupt-)Leistungspflichten* der Parteien 758
(z.B. beim Kaufvertrag nicht den Kaufgegenstand und den Kaufpreis)[2099], sondern vertragliche *Nebenpunkte* (z.B. den Ausschluss der Gewährleistung oder die Beschränkung der Haftung). Ohne Einbezug der AGB (des AGB-Verwenders) in den Vertrag hätten die Parteien diese Nebenpunkte *nicht* vertraglich geregelt, sondern dem dispositiven Gesetz überlassen. Dies entspricht der *Risikoüberwälzungsfunktion* von AGB, welche zugunsten des AGB-Verwenders von der Risikoverteilung gemäss der gesetzgeberischen Interessenabwägung im Obligationenrecht abweichen und damit gewisse Risiken und Lasten auf den AGB-Übernehmer abwälzen.

2096 Amtl. Bull. 2011 SR 493 f.

2097 Amtl. Bull. 2011 NR 1081 f. – Der Gegenvorschlag des Nationalrats sah die Missbräuchlichkeit in der *Verwendung* der AGB, definierte diese Missbräuchlichkeit aber dennoch *inhaltlich* als treuwidriges, erhebliches und ungerechtfertigtes verursachtes Missverhältnis der vertraglichen Rechte und Pflichten im Lichte aller Vertragsbestimmungen. Damit brachte der Gegenvorschlag, ohne erkennbare Kohärenz, möglichst viele Kriterien in Art. 8 UWG unter, was zu keinem sachlichen Lösungsvorschlag führte und in der Einigungskonferenz chancenlos blieb.

2098 Protokoll der Einigungskonferenz RK-S/RK-N vom 15. Juni 2011.

2099 Dementsprechend nimmt Art. 4 Abs. 2 RL 93/13/EWG die (klar und verständlich formulierten) Bestimmungen über den Hauptgegenstand des Vertrags und die Angemessenheit der Gegenleistung von der Inhaltskontrolle aus. – Da die Richtlinie bloss das Ziel einer Mindestharmonisierung des nationalen Rechts verfolgt, ist es den Mitgliedstaaten jedoch nicht verboten, im nationalen Recht die Inhaltskontrolle auszuweiten. Vgl. EuGH-Urteil Rs. C 484/08 vom 3. Juni 2010 in Sachen Caja de Ahorros y Monte de Piedad de Madrid gegen Asociación de Usuarios de Servicios Bancarios (Ausbanc), Slg. 2010, I-4785, ECLI:EU:C:2010:309. Dazu oben N 533 ff. Vgl. auch Rs. C-395/21, D.V. gegen M.A., Urteil vom 12. Januar 2023, ECLI:EU:C:20232:14, Rz. 50 ff.

759 Vor diesem Hintergrund drängt es sich auf, die *Benachteiligung* des AGB-Übernehmers durch die von ihm übernommenen AGB-Klauseln anhand eines *Vergleichs* mit jener *gesetzlichen* oder *richterrechtlichen* Regel zu bestimmen, die zur Anwendung gelangen würde, wenn die Parteien *keine AGB* vereinbart hätten. Dies besagt nichts anderes, als dass bei einem *Nominatvertrag* die Vergleichsbasis in der subsidiär direkt anwendbaren *dispositiven* Gesetzesbestimmung und bei einem *Innominatvertrag* in der subsidiär *analog anwendbaren* dispositiven Gesetzesbestimmung liegt. Falls das dispositive Gesetz keine (weder direkt noch analog) subsidiär anwendbare Bestimmung enthält, also lückenhaft ist, bildet in beiden Fällen die vom Richter *modo legislatoris* zu formulierende *lückenfüllende Gesetzesregel* die Vergleichsbasis oder, falls es im Rechtsstreit nicht um eine Frage von allgemeiner Tragweite, sondern um ein limitiertes *Sonderproblem* des *konkreten Einzelvertrags* geht, der *hypothetische Parteiwille*. Mit anderen Worten, die Vergleichsbasis zur Bestimmung der Benachteiligung des AGB-Übernehmers durch AGB-Klauseln richtet sich nach den Grundsätzen der *Füllung* von *Vertragslücken (Vertragsergänzung)*[2100].

760 Dieser Ansatz steht im Einklang mit der Rechtsprechung des *EuGH*, welcher im Fall *Aziz/Catalunyacaixa*[2101] entschieden hat, dass ein «erhebliches und ungerechtfertigtes Missverhältnis» zulasten des Verbrauchers sich anhand einer Prüfung der bei *Fehlen einer Parteivereinbarung* anwendbaren *nationalen Gesetzesvorschriften* beurteilt, um so zu bestimmen, ob bzw. inwieweit ein Vertrag für den AGB-Übernehmer eine *weniger günstige Rechtslage* schafft, als sie das nationale Recht vorsieht[2102].

2100 In der Literatur wird vereinzelt aus dem Umstand, dass das Parlament die Referenzkriterien von Art. 8 lit. a (gesetzliche Ordnung) und lit. b (Vertragsnatur) des bundesrätlichen Gesetzesentwurfs durch die Übernahme der Formulierung von Art. 3 Abs. 1 RL 93/13/EWG ersetzt hat, gefolgert, das dispositive Gesetz dürfe nicht mehr als Referenzmassstab zur Bestimmung des Missverhältnisses verwendet werden (vgl. Hess/Ruckstuhl 1197). Dieser Ansicht kann nicht gefolgt werden, da Art. 3 RL 93/13/EWG seinerseits auf das Referenzkriterium des dispositiven Rechts abstellt und die EuGH-Rechtsprechung dies auch bestätigt hat. Vgl. oben N 406 sowie Erwägung 13 der RL 93/13/EWG. Es trifft nicht zu, dass der schweizerische Gesetzgeber das dispositive Gesetz als Referenzmassstab aufgegeben hat. Dies wäre in sich widersprüchlich, da unbestrittenermassen die *AGB-Kernproblematik*, welche mit der Inhaltskontrolle geregelt werden soll, gerade darin besteht, dass *AGB vom dispositiven Gesetz abweichen*. Vgl. auch Coendet, 64.

2101 EuGH-Urteil vom 14. März 2013, Rs. C-415/11, in Sachen Mohamed Aziz gegen Caixa d'Estalvis de Catalunya, Tarragona i Manresa (Catalunyacaixa), ECLI:EU:C:2013:164.

2102 Rs. C-415/11, Mohamed Aziz gegen Caixa d'Estalvis de Catalunya, Tarragona i Manresa (Catalunyacaixa). EuGH-Urteil vom 14. März 2013, ECLI:EU:C:2013:164, Rz. 68 sowie die Erläuterungen oben N 751 ff. – Ferner Rs. C-229/19, Dexia Nederland BV gegen XXX (C-229/19) und Z (C-289/19), EuGH-Urteil vom 27. Januar 2021, ECLI:EU:

c. Die «Erheblichkeit» des Missverhältnisses

Art. 8 UWG (2011) setzt voraus, dass das Missverhältnis der vertraglichen Rechte und Pflichten zulasten des AGB-Übernehmers *«erheblich»* (*«notable»*, *«notevole»*) ist. Dieses gesetzliche Erfordernis stellt *keine Neuerung* dar, da es bereits im bisherigen Art. 8 lit. a und lit. b UWG (1986) enthalten war. Mangels anderslautender Angaben in den Gesetzesmaterialien ist davon auszugehen, dass der Gesetzgeber in diesem Punkt *keine inhaltliche Änderung* beabsichtigte. 761

Das Erfordernis der Erheblichkeit, welches sich auch in zahlreichen obligationenrechtlichen Bestimmungen findet[2103], will sicherstellen, dass ein festgestelltes *Missverhältnis* zwischen den vertraglichen Rechten und Pflichten zulasten des AGB-Übernehmers (Konsumenten) ein *gewisses Ausmass* erreicht, um lauterkeitsrechtlich relevant zu sein[2104]. Bloss *geringfügige Nachteile* sollen nicht ausreichen, um die Unlauterkeit von AGB zu begründen[2105]. Da das Gesetz für das Vorliegen von Unlauterkeit zwei zusätzliche Tatbestandsvoraussetzungen nennt, nämlich ein *treuwidriges*[2106] und *ungerechtfertigtes*[2107] Missverhältnis verlangt, sind an die «Erheblichkeit» keine allzu hohen Anforderungen zu stellen. Letztlich geht es um die Beachtung des Grundsatzes *«de minimis non curat praetor»*. 762

Ein «erhebliches» Missverhältnis ist ohne Weiteres anzunehmen, wenn eine AGB-Klausel vom *zwingenden* Recht abweicht[2108], denn in diesen Fällen hat 763

C:2021:68, Rz. 48; Rs. C-421/14, Banco Primus SA gegen Jesús Gutiérrez García, EuGH-Urteil vom 26. Januar 2017, ECLI:EU:C:2017:60, Rz. 59.

2103 So z.B. in Art. 24 Abs. 1 Ziff. 3, Art. 30 Abs. 1, Art. 74 Abs. 3, Art. 93 Abs. 1, Art. 197 Abs. 1, Art. 209 Abs. 2 und Art. 258 OR.

2104 A.M. offenbar FURRER, AGB-Inhaltskontrolle, 326, wo die Feststellung des Missverhältnisses einerseits und dessen Erheblichkeit anderseits sich in einem (einzigen) Gedankenschritt aus dem «normativen Leitbild des infrage stehenden Vertragstyps» ergeben würden.

2105 BGE 117 II 332, 333 (*«Il ne s'agit pas de n'importe quelle dérogation, car elle suppose une certaine intensité»*); vgl. auch DESSEMONTET, Contrôle judiciaire, 74; Entscheid der SLK sic! 1999, 608, 611; Botschaft UWG, BBl 1983 II 1074 («Mit der Wendung «erheblich abweichen» wird klargestellt, dass die Abweichung vom dispositiven Recht eine fühlbare Beeinträchtigung des Gleichgewichts bewirken muss, um als unlauter qualifiziert werden zu können.»).

2106 Dazu unten N 784 ff.

2107 Dazu unten N 769 ff.

2108 Gl. M. GAUCH, BR 1987, 53.

der Gesetzgeber rechtliche *Grenzen* gezogen, die er für so wichtig hält, dass sie von den Parteien *nicht privatautonom* sollen überschritten werden können[2109].

764 Wo AGB vom *dispositiven* Gesetz abweichen, hat das Kriterium der «Erheblichkeit» des Missverhältnisses sowohl eine *qualitative* als auch eine *quantitative* Dimension. In *qualitativer* Hinsicht ist zu beachten, dass nicht allen dispositiven Gesetzesbestimmungen die gleiche Bedeutung zukommt. Wird z.B. in den AGB vom gesetzlichen Erfüllungsort abgewichen oder ein Verzugszins von 5.5 %[2110] stipuliert, so ist dies für den AGB-Übernehmer in der Regel weniger nachteilig als z.B. die Beschränkung der Gewährleistung. Je nach den konkreten Umständen können daher Abweichungen vom dispositiven Gesetz für den AGB-Übernehmer qualitativ mehr oder weniger gravierend sein. In *quantitativer* Hinsicht ist sodann das *Ausmass* der *Abweichung* von der dispositiven Gesetzesregel relevant. So ist ein vollständiger Haftungsausschluss naheliegenderweise schwerwiegender als eine betragsmässige Haftungslimite.

765 Für die Beurteilung der Erheblichkeit eines Missverhältnisses ist sowohl der *qualitative* als auch der *quantitative* Aspekt relevant, wobei jeweils auf den *interpretierten Inhalt* der zu beurteilenden AGB-Klausel abzustellen ist. In diesem Zusammenhang ist eine *unklar* formulierte AGB nicht nach der Unklarheitenregel, d.h. zulasten des AGB-Verwenders (bzw. zugunsten des AGB-Übernehmers) auszulegen, sondern es ist das *maximale Benachteiligungspotential* massgeblich, das sich für den AGB-Übernehmer durch Interpretation der unklar formulierten AGB ergeben kann[2111]. Es ist nämlich davon auszugehen, dass der AGB-Verwender im Streitfall den *Interpretationsspielraum*, den ihm seine einseitig vorformulierte Klausel verschafft, in *vollem Umfang* zu seinen Gunsten *auszunutzen* versuchen wird[2112].

766 Letztlich geht es bei der «Erheblichkeit» des Missverhältnisses, um die Frage, ob die Rechtsstellung des AGB-Übernehmers durch eine *Beschränkung* seiner

2109 Obligationenrechtlich ergibt sich die Ungültigkeit bzw. Nichtigkeit einer AGB-Klausel, die gegen zwingendes Recht verstösst, aus Art. 19/20 OR. Ihre «Unlauterkeit» – mit den entsprechenden lauterkeitsrechtlichen Rechtsfolgen (vgl. Art. 9–11 UWG) – ist jedoch erst gegeben, wenn alle Voraussetzungen von Art. 8 UWG erfüllt sind. Daher ist eine zivilrechtlich ungültige AGB-Klausel unter dem Gesichtspunkt des Lauterkeitsrechts immer noch von Bedeutung.

2110 Vgl. Art. 104 Abs. 1 OR.

2111 Vgl. GAUCH, BR 1987, 52.

2112 Vgl. auch Rs. C-70/03, Kommission der Europäischen Gemeinschaften gegen Königreich Spanien, EuGH-Urteil vom 9. September 2004, Slg. 2004, I-7999, ECLI:EU:C:2004:505, wo der EuGH die *in dubio contra stiplulatorem*-Regel auf eine kollektive Unterlassungsklage nicht anwendet.

Rechte und/oder eine *Erweiterung* seiner *Pflichten spürbar* beeinträchtigt worden ist[2113]. Als Beurteilungshilfe kann dabei der Katalog der missbräuchlichen Klauseln im *Anhang* zur RL 93/13/EWG beigezogen werden[2114].

Unter dem früheren *Art. 8 UWG (1986)* war unklar, ob bzw. inwieweit eine erhebliche Abweichung von der gesetzlichen Ordnung durch ein *legitimes Interesse* des AGB-Verwenders *gerechtfertigt* werden konnte. Dies war – und ist unter dem neuen Art. 8 UWG (2011) – jedenfalls dann zu bejahen, wenn die *gesetzliche Lösung keine Richtigkeitsgewähr* für sich in Anspruch nehmen kann (z.B. bei der verfehlten Regel über die Gefahrtragung in Art. 185 OR). In solchen Fällen muss es für den AGB-Verwender – ohne Vorwurf der Unlauterkeit – möglich sein, in seinen AGB jene Regel vorzusehen, die bei einer reflektierten Interessenabwägung das Gesetz eigentlich selber hätte vorsehen sollen[2115]. In einem solchen Fall korrigieren die AGB lediglich eine missglückte dispositive Gesetzesbestimmung, was nicht unlauter sein kann. Voraussetzung für die Zulassung derartiger Ausnahmen ist die (weitgehende) Einigkeit in Lehre und Rechtsprechung, dass eine bestehende Gesetzesnorm missraten und unausgewogen ist. 767

Unter dem neuen Art. 8 UWG (2011) kommt dem Erfordernis, wonach das erhebliche Missverhältnis *«ungerechtfertigt»* sein muss, nun eine *zusätzliche Bedeutung* zu, die – je nach Interpretation – eine weitergehende Berücksichtigung legitimer Interessen des AGB-Verwenders ermöglicht (unten N 769 ff.). 768

d. Wann ist ein erhebliches Missverhältnis «ungerechtfertigt»?

aa. Ausgangslage vor dem Hintergrund des Unionsrechts

Ein «erhebliches Missverhältnis» der vertraglichen Rechte und Pflichten zulasten des AGB-Übernehmers (Konsumenten) ist gemäss Art. 8 UWG (2011) nur unlauter, falls es *«ungerechtfertigt»* *(«injustifié», «ingiustificato»)* ist. Die 769

[2113] Vgl. auch GAUCH/SCHLUEP/SCHMID, OR AT, N 1153 (9. Aufl.). – Vgl. in diesem Zusammenhang oben N 410.

[2114] Richtlinie und Anhang sind abgedruckt in: AMSTUTZ/PICHONNAZ/PROBST/WERRO, Europäisches Privatrecht, Ausgewählte Richtlinien, 2. Aufl., Bern 2011, 23 ff.; siehe auch BOUVERAT, Conditions générales, 86 ff.

[2115] Siehe auch BAUDENBACHER, Kommentar UWG, Art. 8 N 54 ff. – Eine andere (wenn auch verwandte) Frage, ist jene, ob die Unlauterkeit einer nachteiligen AGB-Klausel durch anderweitige, vom AGB-Verwender im Vertrag gewährte Vorteile kompensiert werden kann. Vgl. GAUCH, BR 1987, 53; BAUDENBACHER, Kommentar UWG, Art. 8 N 58. Dazu unten N 771 ff.

Tragweite dieses Tatbestandselements erschliesst sich dem Leser nicht ohne Weiteres und ist durch Auslegung zu eruieren.

770 Ausgangspunkt der Interpretation bildet die Feststellung, dass das qualifizierende Attribut «ungerechtfertigt» sich nur in der *deutschen* Fassung des Art. 3 Abs. 1 RL 93/13/EWG findet, welche dem (schweizerischen) Gesetzgeber als Grundlage für Art. 8 UWG (2011) diente; d.h. die *anderssprachigen* Fassungen der Richtlinie[2116] kennen dieses Tatbestandselement *nicht*. Aufgrund der gleichen Verbindlichkeit aller Sprachversionen[2117] ist es sehr fraglich, ob diesem Kriterium im EU-Recht irgendeine *eigenständige Bedeutung* zukommt. Dies umso mehr, als der Begriff «ungerechtfertigt» in den *nationalen* AGB-Bestimmungen, welche in den Mitgliedstaaten die RL 93/13/EWG umgesetzt haben, – soweit ersichtlich – *nirgends* zu finden ist[2118] und der *EuGH* daran auch *keinen Anstoss* nimmt. Zwar zitiert der Gerichtshof in der deutschen Übersetzung seiner Urteile teilweise den Begriff des «erheblichen und ungerechtfertigten Missverhältnisses» gemäss der deutschsprachigen Version der Richtlinie, misst aber dem Wort

2116 Verwiesen sei auf folgende Formulierungen von Art. 3 Abs. 1 RL 93/13/EWG: a) spanische Version (*«un desequilibrio importante entre los derechos y obligaciones de las partes que se derivan del contrato»*); b) englische Version (*«a significant imbalance in the parties' rights and obligations arising under the contract»*); c) französische Version (*«un déséquilibre significatif entre les droits et obligations des parties découlant du contrat»*); d) italienische Version (*«un significativo squilibrio dei diritti e degli obblighi delle parti derivanti dal contratto»*); e) portugiesische Version (*«um desequilíbrio significativo...entre os direitos e obrigações das partes decorrentes do contrato»*); f) rumänische Version (*«un dezechilibru semnificativ între drepturile și obligațiile părților care decurg din contract.»*); g) dänische Version (*«en betydelig skaevhed i parternes rettigheder og forpligtelser»*); h) niederländische Version (*«evenwicht tussen de uit de overeenkomst voortvloeiende rechten en verplichtingen van de partijen»*). – Vgl. dazu schon, PROBST, richterliche Inhaltskontrolle, 254.

2117 Vgl. Art. 55 EUV, Art. 342 AEUV; Rs. C-81/19, NG, OH gegen SC Banca Transilvania SA EuGH-Urteil vom 9. Juli 2020, ECLI:EU:C:2020:532, Rz. 33; BOOSS, EUV-Kommentar, Art. 342 Rz. 7.

2118 Vgl. z.B. *Deutschland*: § 307 BGB; *Frankreich*: Art. L.132-1 Code de la consommation; *Spanien*: Art. 82 Real Decreto Legislativo 1/2007 (vgl. auch Rs. C-226/12, Constructora Principado SA gegen José Ignacio Menéndez Álvarez, EuGH-Urteil vom 16. Januar 2014, ECLI:EU:C:2014:10, Rz. 8; Rs. C-40/08, Asturcom Telecomunicaciones SL gegen Cristina Rodriguez Nogueira, EuGH-Urteil vom 6. Oktober 2009, Slg. 2009, I-9579, ECLI:EU:C:2009:615, Rz. 8); *Portugal*: Art. 51 Decreto-Lei 220/95 vom 31. Januar; *Slowakei*: § 53 slowakisches ZGB (vgl. Rs. C-453/10, Jana Pereničová und Vladislav Perenič gegen SOS financ spol. s.r.o., EuGH-Urteil vom 15. März 2012, ECLI:EU:C:2012:144, Rz. 18.

«ungerechtfertigt» in seinen Entscheidungen *keine erkennbare Bedeutung* zu[2119]. So hat der Gerichtshof im Urteil *RWE/Verbraucherzentrale* sogar ausdrücklich festgehalten, dass § 307 BGB dem Art. 3 der RL 93/13/EWG *entspreche*[2120], obwohl § 307 BGB das Erfordernis «ungerechtfertigt» nicht kennt bzw. nennt. Damit stellt sich die Frage, welche Bedeutung der EU-Rechtslage für die Auslegung von Art. 8 UWG (2011) in der Schweiz zuzumessen ist.

bb. Helvetischer Sonderfall?

aaa. Allgemeines

Angesichts des Umstandes, dass der schweizerische Gesetzgeber sich bei der Formulierung von Art. 8 UWG (2011) an Art. 3 RL 93/13/EWG orientiert hat[2121], liesse sich aufgrund der vorangehenden Feststellung (oben N 770) mit guten Gründen argumentieren, dem Begriff «ungerechtfertigt» komme im schweizerischen Recht *keine eigenständige Bedeutung* zu. Falls sich nämlich der Gesetzgeber – trotz der Verwendung dreier Amtssprachen in der Schweiz[2122] – (unverständlicherweise) ausschliesslich am unzutreffenden *deutschsprachigen Text* der RL 93/13/EWG orientiert und daher irrtümlich angenommen hat, das Unionsrecht verlange für die Missbräuchlichkeit von AGB nicht nur ein «treuwidriges» und «erhebliches» Missverhältnis der vertraglichen Rechte und Pflichten, sondern zusätzlich auch ein «ungerechtfertigtes» Missverhältnis, so liege ein (bedauerlicher) *gesetzgeberischer Irrtum* vor, der für die Auslegung von Art. 8 UWG (2011) von Bedeutung sei. Daraus mag der Richter mit gutem Grund schliessen, das Tatbestandselement «ungerechtfertigt» sei als *gegenstandslos* zu betrachten und damit zu *ignorieren*. Diese Betrachtungsweise könnte der Richter auf das weitere Argument stützen, dass die RL 93/13/EWG lediglich auf eine Mindestharmonisierung des AGB-Rechts innerhalb der EU abzielt und daher zwar eine *Verbesserung* des Konsumentenschutzes durch die Umsetzung der Richtlinie ins nationale Recht erlaubt[2123], jedoch die Übernahme des (falschen) Kriteriums «ungerechtfertigt» (gemäss der deutschen Fassung der RL 93/13/EWG) eine *unzulässige Verschlechterung* des Konsumentenschutzes bewirkt, welche Art. 8 RL 93/13/EWG widerspricht. Der schweizerische Richter 771

2119 Vgl. Rs. C-415/11, Mohamed Aziz gegen Caixa d'Estalvis de Catalunya, Tarragona i Manresa (Catalun-yacaixa), EuGH-Urteil vom 14. März 2013, ECLI:EU:C:2013:164, Rz. 67 ff.

2120 Rs. C-92/11, RWE Vertrieb AG gegen Verbraucherzentrale Nordrhein-Westfalen eV, EuGH-Urteil vom 21. März 2013, ECLI:EU:C:2013:180, Rz. 36.

2121 Dazu oben N 371, 739 f.

2122 Art. 70 Abs. 1 BV.

2123 Vgl. Art. 9 RL 93/13/EWG.

dürfte also über ausreichende Argumente verfügen, um das gesetzliche Tatbestandselement «ungerechtfertigt» als *irrelevant* zu betrachten und *faktisch* zu *beseitigen*.

772 Dieser *unionsrechtlich* geprägten Auffassung kann nun allerdings entgegengehalten werden, dass es dem *schweizerischen Gesetzgeber* frei steht, von den in der RL 93/13/EWG genannten Kriterien der Missbräuchlichkeit von AGB *abzuweichen*. Obwohl unser Gesetzgeber die Tragweite von Art. 3 Abs. 1 RL 93/13/EWG offenbar *verkannt* hat, ist er doch faktisch von der *Vorstellung* ausgegangen, das Erfordernis eines *«ungerechtfertigten»* Missverhältnisses vertraglicher Rechte und Pflichten stelle – neben dem Kriterium der «Erheblichkeit» – eine *zusätzliche* Schranke für das Vorliegen missbräuchlicher AGB dar. Über diese *gesetzgeberische Absicht* darf sich der Richter bei der Auslegung von Art. 8 UWG (2011) *nicht ohne zwingende Gründe* hinwegsetzen. Soweit möglich hat er also den Begriff «ungerechtfertigt» so auszulegen, dass diesem eine *praktische Bedeutung* zukommt, die mit der RL 93/13/EWG im Einklang steht.

773 Folgt man dem letzteren – hier vertretenen – Ansatz, der *rechtsstaatlich* besser zu befriedigen vermag, ergeben sich *zwei Feststellungen*:

774 – Erstens: Zur allfälligen Rechtfertigung eines aus den AGB resultierenden Missverhältnisses zwischen vertraglichen Rechten und Pflichten taugen die *klassischen Rechtfertigungsgründe* wie Notwehr, Notstand, Selbsthilfe und Einwilligung[2124] *nicht*. Einerseits geht es bei AGB nicht um die Rechtfertigung einer schädigenden Handlung im haftpflichtrechtlichen Sinn und anderseits wird ein AGB-Verwender kaum je seine einseitig vorformulierten Vertragsklauseln aus Notwehr, Notstand oder Selbsthilfe im Geschäftsverkehr einsetzen. Auch die «Einwilligung» des AGB-Übernehmers entfällt als Rechtfertigungsgrund, da die konsensuale Übernahme der AGB eine *notwendige Voraussetzung* darstellt, damit sich die Frage des erheblichen und gegebenenfalls ungerechtfertigten Missverhältnisses überhaupt stellt. Die Zustimmung zu AGB stellt daher *keine Einwilligung* im Sinn eines Rechtfertigungsgrundes dar, welche im Rahmen von Art. 8 UWG (2011) dem AGB-Übernehmer entgegengehalten werden könnte.

775 – Zweitens: Im Lichte der bisherigen Überlegungen drängt es sich auf, in Art. 8 UWG (2011) das Erfordernis eines «ungerechtfertigten» erheblichen Missverhältnisses als gesetzliche Grundlage für die Zulässigkeit der *Kompensation* von *nachteiligen AGB* mit anderweitigen *vorteilhaften Vertragsbestimmungen* zu betrachten (unten N 776 ff.).

2124 Vgl. Art. 44, 52 OR.

bbb. Kompensation nachteiliger AGB mit vorteilhaften Vertragsbestimmungen

Interpretiert man das Erfordernis eines «ungerechtfertigten» Missverhältnisses zwischen vertraglichen Rechten und Pflichten als *Rechtsgrundlage* für die Zulässigkeit der *Kompensation* von (für den AGB-Übernehmer) *nachteiligen AGB* mit anderweitigen, für ihn *vorteilhaften Vertragsbestimmungen*, so ist diese Auslegung sowohl mit der gesetzgeberischen Zielsetzung von Art. 8 UWG (2011) als auch mit der Zielsetzung der RL 93/13/EWG vereinbar. Insoweit ist auch die «Eurokompatibilität» des schweizerischen AGB-Rechts gewährleistet. 776

Diese Interpretation findet zudem Unterstützung in den *Gesetzesmaterialien* sowie in der Rechtsprechung des *EuGH*. Obwohl die *Botschaft* des Bundesrats die Problematik des Begriffs «ungerechtfertigt» nicht erkannt hatte[2125], war im *Parlament* bei der Diskussion von Art. 8 UWG (2011) immerhin darauf hingewiesen worden, dass eine Kompensation möglich sein soll[2126]. Diese Auffassung entspricht nicht nur dem Wortlaut von *Art. 4 Abs. 1 RL 93/13/EWG*, wonach die Missbräuchlichkeit einer AGB-Klausel sich namentlich unter Berücksichtigung «aller anderen Klauseln desselben Vertrages» beurteilt, sondern wird auch vom *EuGH* in seiner Rechtsprechung bestätigt[2127]. 777

ccc. Umfang und Grenzen der Kompensation

Versteht man das Attribut «ungerechtfertigt» in Art. 8 UWG (2011) als gesetzgeberischen Ausdruck der Zulässigkeit einer *Kompensation*, so stellt sich die Anschlussfrage nach *Umfang* bzw. *Grenzen* dieser Kompensation. Inwieweit können nachteilige AGB mit vorteilhaften Vertragsbestimmungen ausgeglichen werden, so dass im Ergebnis (sozusagen «per Saldo») zulasten des AGB-Übernehmers *kein ungerechtfertigtes* Missverhältnis der vertraglichen Rechte und Pflichten mehr vorliegt? 778

2125 In der Botschaft finden sich keinerlei Hinweise, was unter dem Begriff des «ungerechtfertigten» Missverhältnisses zu verstehen ist. Vgl. BBl 2009, 6173, 6177 ff.

2126 So das Votum Schweiger, welchem nicht widersprochen wurde (Amtl. Bull. 2010 SR 936).

2127 Rs. C-482/13, Unicaja Banco SA gegen José Hidalgo Rueda et al., EuGH-Urteil vom 21. Januar 2015, ECLI:EU:C:2015:21, Rz. 37; Rs. C-415/11, Mohamed Aziz gegen Caixa d´Estalvis de Catalunya, Tarragona i Manresa (Catalun-yacaixa), EuGH-Urteil vom 14. März 2013, ECLI:EU:C:2013:164, Rz. 41; Rs. C-472/11, Banif Plus Bank Zrt gegen Csaba Csipai und Viktória Csipai, EuGH-Urteil vom 21. Februar 2013, ECLI:EU:C:2013:88, Rz. 37 ff.

779 Bei der Beantwortung dieser Frage ist vom Grundsatz auszugehen, dass die Kompensationsmöglichkeit *nicht* zur *Aushöhlung* der *Wirksamkeit* der Bestimmung von Art. 8 UWG (2011) führen darf, wie dies mit dem Kriterium der «Irreführung» beim früheren Art. 8 UWG (1986) geschehen ist[2128]. Unbestrittenermassen liegt das gesetzgeberische Ziel der Revision von Art. 8 UWG in der *Verbesserung* des *Schutzes* vor missbräuchlichen AGB[2129].

780 Bei Art. 8 UWG (1986) musste die Rechtsprechung nie klären[2130], ob zur Beurteilung der «Nettobenachteiligung» durch AGB der *gesamte Vertragsinhalt*[2131] oder lediglich die *AGB*[2132] einzubeziehen sind. Unter dem neuen Art. 8 UWG (2011) dürfte sich angesichts der nun *offenen Inhaltskontrolle*[2133] sowie im Lichte von Art. 4 Abs. 1 RL 93/13/EWG und der zugehörigen EuGH-Rechtsprechung die Auffassung durchsetzen, dass grundsätzlich *alle Vertragsbestimmungen* in die Betrachtung einzubeziehen sind. Dies erweist sich schon deshalb als *notwendig*, weil eine als missbräuchlich inkriminierte AGB-Klausel (z.B. die generelle Wegbedingung der Gewährleistung) u.U. gar keine Wirkung entfaltet, weil ihr eine anderslautende *Individualabrede* (z.B. die Zusicherung der Echtheit eines antiken Kaufgegenstands) vorgeht. Zudem wäre es kaum zu rechtfertigen, wenn bei der Beurteilung einer AGB-Klausel, die z.B. das Wandelungsrecht des Käufers wegbedingt, gleichzeitig aber die Verjährung der übrigen Gewährleistungsrechte auf drei Jahre verlängert[2134], nur der Verlust des Wandelungsrechts, nicht aber der Vorteil der längeren Verjährungsfrist für die verbleibenden Gewährleistungsrechte berücksichtigt würde.

781 Schwieriger zu beantworten ist die Frage, ob *alle vorteilhaften* Vertragsbestimmungen *geeignet* sind, um nachteilige AGB zu kompensieren und zu rechtfertigen. Dies ist zu *verneinen*. Im Rahmen der Kompensation von (für den AGB-Übernehmer) nachteiligen AGB mit vorteilhaften Vertragsbestimmungen soll-

---

2128 Vgl. dazu Erstauflage SHK UWG-PROBST, Art. 8 N 50 ff.

2129 BBl 2009, 6152 («Griffigere Ausgestaltung der bestehenden AGB-Bestimmung in Artikel 8 UWG: Die Schaffung eines griffigeren Instrumentariums gegen missbräuchliche allgemeine Geschäftsbedingungen (AGB) ist eine bereits mehrfach formulierte Forderung der Eidg. Kommission für Konsumentenfragen.»).

2130 Vgl. dazu die Darstellung in Erstaufalge SHK UWG-PROBST, Art. 8 N 55 ff.

2131 GAUCH/SCHLUEP/SCHMID, OR AT, N 1152 (9. Aufl.); GAUCH, BR 1987, 53; MERZ, Vertrag, § 2 N 96a; PICHONNAZ, FS Tercier, 386; SCHMID, Gewährleistungsbeschränkungen, 68; HENNINGER, BR 2002, 137; wohl ebenfalls PEDRAZZINI/PEDRAZZINI, UWG, N 12.11. – Siehe auch Art. 4:110 Abs. 1 PECL (Principles of European Contract Law).

2132 DESSEMONTET, contrôle judiciaire, 68; CR CO I-DESSEMONTET, Art. 1 N 67 (1. Aufl.).

2133 Vgl. dazu Erstauflage SHK UWG-PROBST, Art. 8 N 61.

2134 Vgl. Art. 210 Abs. 1 OR (zweijährige Verjährungsfrist).

ten AGB-Nachteile nur mit *konkreten*, nicht aber mit lediglich *abstrakten Vorteilen*, die sich nicht auswirken, ausgeglichen werden[2135]. Daher wäre es z.B. nicht missbräuchlich, wenn der AGB-Verwender (Verkäufer) verschiedene *Preisvarianten* mit mehr oder weniger weitgehenden *Haftungsbeschränkungen* zur Auswahl stellt und die Gegenpartei (Käufer) sich bewusst für eine dieser Varianten mit dem zughörigen Haftungsprofil entscheidet. In diesem Fall erhält der AGB-Übernehmer nämlich für den konkreten Nachteil der Haftungsbeschränkung einen günstigeren Kaufpreis *(konkreter Vorteil)* als Gegenleistung. Wenn dagegen die AGB einerseits die Gewährleistung zulasten des AGB-Übernehmers wegbedingen, anderseits aber die gesetzliche Verjährungsfrist für Gewährleistungsansprüche verlängern, ist eine Kompensation *abzulehnen*, da sich die *Verlängerung* der Verjährungsfrist gar *nicht* zu seinen Gunsten *auswirkt* bzw. auswirken kann *(abstrakter Vorteil).*

e. Ergebnis

Aufgrund der bisherigen Erörterungen kann als (vorläufiges[2136]) Ergebnis fest- 782
gehalten werden, dass sich das gesetzliche Erfordernis eines «erheblichen und ungerechtfertigten Missverhältnisses zwischen vertraglichen Rechten und Pflichten» in *drei Schritten* überprüfen lässt:

- In einem *ersten* Schritt ist – unter Beizug der Regeln der *vertraglichen Lückenfüllung* als Referenzmassstab – *festzustellen*, ob eine oder mehrere Bestimmungen in den AGB ein *Missverhältnis* zwischen den vertraglichen Rechten und Pflichten zulasten des AGB-Übernehmers vorsehen (oben N 757 ff.).
- In einem *zweiten* Schritt ist zu beurteilen, ob ein festgestelltes Missverhältnis als *erheblich* zu qualifizieren ist (oben N 761 ff.).
- Schliesslich ist in einem *dritten* Schritt zu beurteilen, ob das festgestellte erhebliche Missverhältnis der vertraglichen Rechte und Pflichten *«ungerechtfertigt»* ist, weil es *nicht* durch *konkrete Vorteile* zugunsten des AGB-

[2135] Andernfalls wäre es für den AGB-Verwender möglich, aus taktischen Gründen theoretische Vorteile, die kaum je praxisrelevant werden, in die AGB aufzunehmen und dadurch nachteilige AGB, die im konkreten Fall (streit-)entscheidend sind, zu rechtfertigen. So könnte z.B. eine Bank in ihren AGB zugunsten des Kunden einen Verzugszins von 10 % vorsehen, um damit eine missbräuchliche Genehmigungs- und Zustellungsfiktionsklausel zu kompensieren, obschon die Bank gegenüber ihrem Kunden praktisch nie mit einer Geldforderung in Verzug kommt und daher der vemeintliche Vorteil für den Kunden bloss virtueller Natur ist.

[2136] Zur Bedeutung des zusätzlichen Tatbestandselementes der «Treuwidrigkeit», unten N 784 ff. – Siehe ferner den zusammenfassenden *Gesamtprüfungsraster* zur offenen Inhaltskontrolle, N 801 ff.

Übernehmers aus *andern Vertragsbestimmungen kompensiert* wird (oben N 776 ff.). Zu beurteilen ist also, ob das erhebliche Missverhältnis durch konkrete Vorteile soweit gemindert wird, dass es nicht mehr als missbräuchlich erscheint[2137].

783 Was die *Beweislast* anbelangt, ist das Vorliegen eines *erheblichen Missverhältnisses* von vertraglichen Rechten und Pflichten zulasten des AGB-Übernehmers von *diesem* zu beweisen[2138]. Dagegen ist es angezeigt, die Frage, ob das Missverhältnis «ungerechtfertigt» ist, als *«Rechtfertigungseinrede»* des *AGB-Verwenders* zu behandeln und daher *diesem* die Beweislast für die *Kompensation* durch *konkrete Vorteile* aus anderen Vertragsbestimmungen zu überbinden.

3. Das Erfordernis der «Treuwidrigkeit» eines (erheblichen und ungerechtfertigten) Missverhältnisses zwischen vertraglichen Rechten und Pflichten

a. Ausgangslage

784 Unter dem früheren *Art. 8 UWG (1986)*[2139] war eine erhebliche Abweichung von der «gesetzlichen Ordnung» bzw. eine der «Vertragsnatur» erheblich widersprechende Verteilung von Rechten und Pflichten durch AGB nur dann unlauter, wenn sie *«in irreführender Weise» («de nature à provoquer une erreur»*,

---

2137 Man mag es auf den ersten Blick als *logische Inkonsistenz* empfinden, wenn zunächst ein erhebliches Missverhältnis der vertraglichen Rechte und Pflichten festgestellt und anschliessend – unter dem Begriff «ungerechtfertigt» – beurteilt wird, ob dieses Missverhältnis durch andere, für den AGB-Übernehmer vorteilhafte Vertragsbestimmungen kompensiert wird, so dass im Ergebnis u.U. kein (missbräuchliches) Missverhältnis mehr vorliegt. Dies zeigt einerseits, dass der Gesetzgeber die Formulierung von Art. 8 UWG (2011) ungenügend reflektiert hat, wenn er ein «treuwidriges, erhebliches *und* ungerechtfertigtes Missverhältnis» verlangt, ohne eine klare Vorstellung zu haben, wie diese Elemente zusammenpassen (kann z.B. ein treuwidriges Missverhältnis je gerechtfertigt sein? Ist ein ungerechtfertigtes Missverhältnis nicht jeweils auch treuwidrig?). Anderseits findet man Ähnliches auch im Haftpflichtrecht, wo die Widerrechtlichkeit einer schädigenden Handlung ebenfalls zunächst bejaht und nach Berücksichtigung der Rechtfertigungsgründe im Ergebnis allenfalls doch verneint wird. Mit anderen Worten, die *chronologische* Abfolge der einzelnen Beurteilungsschritte, ist durchaus kohärent bzw. *logisch.* – Zur Frage, wie sich das weitere Tatbestandserfordernis der «Treuwidrigkeit» in diesen *Beurteilungsraster* integrieren lässt, unten N 784 ff. – Siehe ferner den *Gesamtprüfungsraster* für die offene Inhaltskontrolle, unten N 801 ff.

2138 Art. 8 ZGB.

2139 Vgl. dazu schon die Darstellung bei PROBST, richterliche Inhaltskontrolle, 250 f.

«in modo falace») erfolgte[2140]. Für das Vorliegen von Unlauterkeit genügte die *(objektive) Eignung* zur *Irreführung*[2141], *ohne* dass ein *effektiver Irrtum* der Gegenpartei oder eine *Täuschungsabsicht* des AGB-Verwenders vorzuliegen brauchte[2142]. Irreführend – also geeignet, bei der Gegenpartei einen Irrtum zu provozieren – hatte demnach nicht die Verwendung der AGB, d.h. die Art und Weise zu sein, wie die AGB in den Vertrag übernommen wurden[2143], sondern der Inhalt (oder allenfalls die Ausgestaltung) der AGB selber[2144]. Daher war weder die Verwendung der AGB als solche noch deren Benachteiligung *per se* unlauter, sondern die mangelnde inhaltliche Transparenz der sich aus den AGB ergebenden Nachteile zulasten der Gegenpartei[2145].

Im neuen *Art. 8 UWG (2011)* ist das Erfordernis der «Irreführung» durch jenes der *«Treuwidrigkeit»* und damit durch einen *weiter gefassten* Begriff ersetzt worden. Wer jemanden (vorsätzlich oder fahrlässig) in die Irre führt, handelt offensichtlich treuwidrig, weil er mit seinem irreführenden Verhalten gegen aus Treu und Glauben fliessende Pflichten (z.B. Aufklärungspflicht) verstösst. Treuwidrig handelt indes nicht nur, wer in die Irre führt, sondern auch wer sonst *irgendein* Verhalten an den Tag legt, das mit dem Grundsatz von Treu und Glauben unvereinbar ist. Ein AGB-Verwender kann daher *ohne Irreführ-* 785

2140 Vgl. BGer 4A_54/2009, E. 1 (in fine).

2141 Als (lauterkeitsrechtliche) Ausnahme von der (obligationenrechtlichen) Regel (vgl. oben N 281 f.) wurden AGB im Rahmen von Art. 8 UWG einheitlich, d.h. losgelöst von den spezifischen Eigenheiten des jeweiligen konkreten Einzelfalls interpretiert. GAUCH/SCHLUEP/SCHMID, OR AT, N 1242; BAUDENBACHER, Kommentar UWG, Art. 8 N 37.

2142 BGer Pra 1998, Nr. 9, E. 2a; GAUCH/SCHLUEP/SCHMID, OR AT, N 1154 (9. Aufl.); MATT, Transparenzgebot, 106; CR CO I-DESSEMONTET, Art. 1 N 63 (1. Aufl.); MARTIN-ACHARD, concurrence déloyale, 88; DENZLER, BR 2007, 239; widersprüchlich: GUYET, SIWR V/1, 237 («irrtümliche Meinungsbildung» einerseits, «Gefahr eines Irrtums» anderseits). – A.M. FURRER, AGB-Inhaltskontrolle, 324 (wonach die «irreführende Absicht» erforderlich gewesen sei).

2143 So aber SCHOTT, AGB, 79.

2144 MATT, Transparenzgebot, 106; PEDRAZZINI/PEDRAZZINI, UWG, N 12.10, 12.12, 12.13; GAUCH, BR 1987, 56; GUYET, SIWR V/1, 237, HENNINGER, BR 2002, 137. Wie heute lautete die Marginalie auch damals «Verwendung missbräuchlicher Geschäftsbedingungen» und nicht «missbräuchliche Verwendung von Geschäftsbedingungen». – Das Parlament hatte mit der Einfügung des Erfordernisses der «Irreführung» dieses auf den *Vertragsinhalt* bezogen, obschon es typischerweise auf den *Vertragsabschluss* gerichtet ist. Daraus resultiert(e) eine Vermischung von zwei unterschiedlichen Aspekten, die inkohärent ist. Vgl. auch NEUMAYER, FS Keller, 734.

2145 Vgl. KOLLER, OR AT, § 23 N 74; MERZ, Vertrag, § 2 N 96a; GAUCH, BR 1987, 56; MATT, Transparenzgebot, 106; SCHWENZER/FOUNTOULAKIS, OR AT, N 46.04; GAUCH/SCHLUEP/SCHMID, OR AT, N 1153 f.; PEDRAZZINI/PEDRAZZINI, UWG, N 12.12.

rung in *treuwidriger Weise* nachteilige AGB gegenüber der Gegenpartei verwenden, weshalb letzterer Begriff *weiter* gefasst ist. Damit stellt sich die Frage, welche Bedeutung der «Treuwidrigkeit» zukommt bzw. zukommen soll.

b. Die Auslegung des Begriffs der «Treuwidrigkeit»

786 Das Erfordernis *«in Treu und Glauben verletzender Weise»* von Art. 8 UWG (2011) entspricht der Formulierung *«entgegen dem Gebot von Treu und Glauben»* in Art. 3 Abs. 1 RL 93/13/EWG. Anders als in der EU-Richtlinie ergibt das Kriterium «Treu und Glauben» in Art. 8 UWG (2011) allerdings im *schweizerischen* (lauterkeitsrechtlichen) Kontext *wenig(er) Sinn*, da gemäss Art. 2 UWG ein *«unlauteres»* Verhalten ebengerade als *treuwidriges* Verhalten zwischen Mitbewerbern bzw. zwischen Anbietern und Abnehmern umschrieben wird. Wenn der neue Art. 8 UWG (2011) die Treuwidrigkeit besonders erwähnt, wiederholt er damit lediglich das, was gemäss Art. 2 UWG ohnehin gilt. Im Klartext besagt Art. 8 UWG (2011) *pleonastisch*, dass ein *treuwidriges* (= unlauteres) Verhalten oder Geschäftsgebaren dann vorliegt, wenn jemand AGB verwendet, die *treuwidrig* zulasten des AGB-Übernehmers ein erhebliches und ungerechtfertigtes Missverhältnis zwischen den vertraglichen Rechten und Pflichten vorsehen. Die Aussage, dass ein treuwidriges Verhalten treuwidrig ist bzw. sein soll, trifft zweifelsohne zu, ist aber eine *semantische Leerformel*. Bezeichnenderweise ist Art. 8 UWG (2011) der *einzige* Sondertatbestand des UWG, welcher die Treuwidrigkeit besonders erwähnt, was – anders als bei Art. 3 RL 93/13/EWG, welcher *keine lauterkeitsrechtliche* Bestimmung darstellt – als entbehrliche Wiederholung erscheint, sind doch alle Sondertatbestände der Art. 3–8 UWG *Anwendungsfälle* eines unlauteren und damit *treuwidrigen* Verhaltens im Wettbewerb[2146]. Es liegt daher nahe anzunehmen, dass die Verwendung von AGB, die nach Art. 8 UWG (2011) ein erhebliches und *ungerechtfertigtes* Missverhältnis zwischen vertraglichen Rechten und Pflichten vorsehen, auch treuwidrig und damit unlauter ist. Damit fällt auch bei diesem gesetzlichen Tatbestandselement[2147] der Rechtsprechung und Lehre die schwierige Aufgabe zu, einen *misslungenen Gesetzestext*[2148] *sinnstiftend* zu interpretieren.

2146 Dazu bereits PROBST, richterliche Inhaltskontrolle, 254.

2147 Zur ähnlichen Problematik des Begriffs «ungerechtfertigt», vgl. oben N 769 ff.

2148 Vgl. in diesem Zusammenhang die harsche Kritik an der Unfähigkeit des Gesetzgebers, im Bereich der AGB mehr als «Flickwerk» zu erlassen von HESS/RUCKSTUHL, 1211 f. – Aus wissenschaftlicher Sicht hat die ungenügende Qualität der Gesetzgebung teilweise in der Tat ein bedenkliches Ausmass erreicht.

In der zughörigen *Botschaft* wird das Erfordernis der *«Treuwidrigkeit»* als Grundlage für eine «umfassende Abwägung sämtlicher schutzwürdiger Interessen des Verwenders und des Vertragspartners» interpretiert[2149]. Damit hatte der Bundesrat in erster Linie eine differenzierte Beurteilung der Missbräuchlichkeit von AGB nach Massgabe der *Geschäftserfahrenheit* und *Rechtskundigkeit* des AGB-Übernehmers, also eine Differenzierung zwischen *Konsumenten* und *Unternehmen* im Auge[2150]. Nachdem jedoch das *Parlament* Art. 8 UWG (2011) – namentlich zum Nachteil der KMU – im Rahmen eines «politischen Kompromisses in letzter Minute» auf eine *Konsumentenschutzbestimmung* redimensioniert hat, ist dieser Interpretation die *gesetzliche Grundlage* weitgehend *entzogen*[2151]. 787

Vor diesem Hintergrund könnte man versucht sein zu folgern, dem Kriterium der «Treuwidrigkeit» komme *keine eigenständige* Bedeutung zu[2152], da es lediglich auf das Erfordernis der *Unlauterkeit* der AGB hinweist, welches im Falle eines «erheblichen und ungerechtfertigten Missverhältnisses» zwischen den vertraglichen Rechten und Pflichten *per se* erfüllt ist. Versucht man hingegen im Kriterium der «Treuwidrigkeit» mehr als einen inhaltsleeren, gesetzgeberischen Pleonasmus zu sehen, lässt sich – in Anlehnung an die *EuGH-Rechtsprechung* – dieser Begriff folgendermassen verstehen und interpretieren: Als *treuwidrig* im Sinne von Art. 8 UWG (2011) ist eine für den AGB-Übernehmer (Konsumenten) nachteilige AGB dann zu betrachten, wenn der AGB-Verwender als *loyaler Vertragspartner* nach *Treu und Glauben nicht annehmen darf*, dass der AGB-Übernehmer diese Bestimmung auch dann akzeptieren würde 788

2149 BBl 2009, 6179 («Das Kriterium von Treu und Glauben erlaubt eine differenzierte Bewertung im [sic] Bezug auf das Kräfteverhältnis zwischen dem Verwender der AGB und dem Vertragspartner»).

2150 Ibidem. Vgl. auch Amtl. Bull. 2010 SR 930 (Votum Janiak: «Bei der Bewertung nach Treu und Glauben sind sämtliche Aspekte des Vertragsverhältnisses einzubeziehen, beispielsweise das Kräfteverhältnis zwischen den Parteien, ihre Geschäftserfahrenheit, aber vor allem auch die Verständlichkeit von solchen allgemeinen Geschäftsbedingungen.»).

2151 Ob eine differenzierte Auslegung innerhalb der Kategorie der «Konsumenten» möglich bzw. sinnvoll ist, bedürfte genauerer Überprüfung, da der Konsumentenschutz sich als «axiomatischen Pauschalschutz» versteht, der jeden schützt, der als Konsument auftritt, d.h. zu privaten, also nicht gewerblichen bzw. beruflichen Zwecken Verträge abschliesst. – In der Literatur zu Art. 8 UWG wird teilweise zu wenig beachtet, dass die Ausführungen in der UWG-Botschaft zum Begriff von «Treu und Glauben» auf einem *Textentwurf* beruhen, welcher sich im Parlament *nicht* in der vorgeschlagenen Form durchzusetzen vermochte.

2152 Vgl. z.B. SCHWENZER/FOUNTOULAKIS, OR AT, N 46.04a.

bzw. akzeptiert hätte, wenn sie *nicht einseitig vorgegeben*, sondern *individuell verhandelbar* gewesen wäre[2153].

789 Folgt man dem *letzteren* – nach hier vertretener Auffassung rechtstaatlich überzeugenderen und den gesetzgeberischen Willen besser respektierenden[2154] – *Ansatz*, stellt sich die Anschlussfrage, wie das Erfordernis der «Treuwidrigkeit» sich zum Erfordernis des «erheblichen und ungerechtfertigten Missverhältnisses zwischen den vertraglichen Rechten und Pflichten» (oben N 751 ff.) verhält. Bezeichnenderweise stellt sich dieses Problem im *Unionsrecht* für Art. 3 Abs. 1 RL 93/13/EWG *nicht*, da dem dortigen Attribut «ungerechtfertigt», welches nur in der deutschen Fassung der Richtlinie zu finden ist, keine eigenständige Bedeutung zukommt (oben N 770). Im *schweizerischen* Recht müssen dagegen die AGB nach Wortlaut und Willen des Gesetzes ein erhebliches Missverhältnis der vertraglichen Rechte und Pflichten (zulasten des AGB-Übernehmers) beinhalten, das nicht nur *«treuwidrig»*, sondern auch *«ungerechtfertigt»* sein muss, um lauterkeitsrechtlich als unlauter zu gelten.

790 Es ist sinnvoll, dieses (heikle) gesetzgeberische *Doppelerfordernis* auf dem Wege der Interpretation folgendermassen zu harmonisieren: Ist ein *«erhebliches Missverhältnis»* zulasten des AGB-Übernehmers festgestellt worden (oben N 782, [erster und zweiter Schritt]), so ist als nächstes zu prüfen, ob dieses (aus den AGB sich ergebende) Missverhältnis *treuwidrig* ist, weil der AGB-Verwender nach *Treu und Glauben nicht annehmen durfte*, dass der AGB-Übernehmer die nachteiligen AGB auch dann akzeptiert hätte, wenn sie nicht einseitig vorgegeben, sondern *einzeln verhandelt* worden wären. Mit anderen Worten, durch die Verwendung einseitiger AGB sollen nicht Be–stimmungen in den Vertrag «hineingeschleust» werden können, die – nach Treu und Glauben – bei offener Deklaration und Diskussion von der Gegenseite vernünftigerweise in der vorgeschlagenen Form *nicht ohne Änderung* oder *anderweitige kompensierende Gegenleistungen* akzeptiert worden wären.

2153 Vgl. Rs. C-415/11, Mohamed Aziz gegen Caixa d'Estalvis de Catalunya, Tarragona i Manresa (Catalunyacaixa), EuGH-Urteil vom 14. März 2013, ECLI:EU:C:2013:164, Rz. 69; vgl. auch Rs. C-537/13, Birute Šiba gegen Arunas Devénas, EuGH-Urteil vom 15. Januar 2015, ECLI:EU:C:2015:14, Rz. 3. Ferner oben N 407. – Vgl. auch Erwägung 16 der RL 93/13/EWG, wo allerdings implizit davon ausgegangen wird, dass dem (nur in der deutschen Übersetzung existierenden) Begriff «ungerechtfertigt» keine eigene Bedeutung zukommt. – Damit wird Art. 8 UWG (2011) über den lauterkeitsrechtlichen Rahmen von Art. 2 UWG hinausgehend im Lichte von Art. 2 ZGB (v.a. des Vertrauensprinzips) interpretiert.

2154 Vgl. auch VISCHER, Freizeichnungsklauseln, 181, welcher zu Recht dafür plädiert, den Gesetzgeber ernst zu nehmen. Ein Teil der Lehre macht es sich nach hier vertretener Auffassung zu einfach, wenn sie einzelne Tatbestandselemente faktisch als irrelevant beseitigt. Dem Richter ist damit kaum gedient, da er sich nicht über das Gesetz hinwegsetzen darf. Auch schlecht geratene Gesetze sind verbindlich.

Ist nach diesem Kriterium die *Treuwidrigkeit* zu *bejahen* (z.B. gänzliche Wegbedingung der Gewährleistung beim Kauf eines Neuwagens ohne ausgleichenden Preisnachlass[2155]), so ist zu *vermuten*[2156], dass das erhebliche Missverhältnis gleichzeitig auch *ungerechtfertigt* ist. Es obliegt anschliessend dem *AGB-Verwender*, den *Gegenbeweis* anzutreten, dass die *prima facie* als treuwidrig zu betrachtenden AGB durch *konkrete Vorteile* zugunsten des AGB-Übernehmers aus anderen Vertragsbestimmungen kompensiert werden (oben N 782 [dritter Schritt]), so dass im Ergebnis trotz einseitiger AGB *kein missbräuchliches* Missverhältnis zwischen den vertraglichen Rechten und Pflichten vorliegt. Wird dagegen die *Treuwidrigkeit* eines erheblichen Missverhältnisses *verneint*, weil der AGB-Übernehmer die Klausel selbst bei *individueller Verhandlung* (ohne Abänderung oder kompensatorische Vorteile) *akzeptiert* hätte, so erübrigt sich grundsätzlich die Überprüfung des Kriteriums «ungerechtfertigt», es sei denn, der *AGB-Übernehmer* erbringe den *Beweis*, dass die Übernahme der AGB aus *anderen Gründen* (z.B. Ausnutzung seiner besonderen Schwäche- oder Notlage) als ungerechtfertigt und damit missbräuchlich erscheint. 791

4. Missverhältnis zum Nachteil des Konsumenten

a. Neue Ausgangslage für KMU

Während Art. 8 UWG (1986) als (benachteiligten) AGB-Übernehmer *jede Vertragspartei* des AGB-Verwenders schützte, beschränkt Art. 8 UWG (2011) – infolge eines politischen Kompromisses zwischen Nationalrat und Ständerat[2157] – den *persönlichen Schutzbereich* dieser lauterkeitsrechtlichen Bestimmung auf *Konsumenten*. Damit wird – nach dem Vorbild der RL 93/13/EWG[2158] – die 792

[2155] Hier wird sich erst im Laufe der Zeit aufgrund der praktischen Erfahrung mit Art. 8 UWG (2011) weisen, welche Klauseln bei einer Globalübernahme durch Konsumenten bereits durch die obligationenrechtliche «Ungewöhnlichkeitsklausel» als ungültig eliminiert werden, und welche erst am lauterkeitsrechtlichen Kriterium der «Treuwidrigkeit» im Rahmen der offenen Inhaltskontrolle scheitern. – Zum gegenseitigen Verhältnis von Ungewöhnlichkeitsregel und offener Inhaltskontrolle, unten N 834 ff. Bei Konsumenten-AGB wird die Ungewöhnlichkeitsregel auf qualitativ überraschende und die offene Inhaltskontrolle auf quantitativ nachteilige AGB auszurichten sein.

[2156] Treuwidrige AGB werden in der Regel auch «ungerechtfertigt» sein, da der AGB-Übernehmer im Falle einer individuellen Verhandlung die fragliche AGB nicht übernommen hätte. Angesichts des Gesetzeswortlauts ist es jedoch notwendig, dem AGB-Verwender den Gegenbeweis zu eröffnen, dass eine AGB-Klausel – trotz Treuwidrigkeit – (durch anderweitige Vorteile) gerechtfertigt ist.

[2157] Vgl. oben N 357.

[2158] Vgl. dazu oben N 370 f.

AGB-Problematik im Geltungsbereich des schweizerischen UWG auf ein *Konsumentenschutzproblem* reduziert. Im Vergleich zu Art. 8 UWG (1986) stellt dies eine *Verschlechterung* des AGB-Schutzes für *kleinere* und *mittlere Unternehmen* (KMU) dar, da unter altem Recht auch *Nicht-Konsumenten* geschützt waren. Es ist zu bezweifeln, dass der Gesetzgeber sich der praktischen Konsequenzen dieser Gesetzesänderung hinreichend bewusst war[2159]. Im Ergebnis bedeutet Art 8 UWG (2011) nämlich, dass der bedeutende Wirtschaftszweig der KMU, die einen Pfeiler der schweizerischen Gesamtwirtschaft darstellen, *ohne lauterkeitsrechtlichen Schutz* gegenüber den nachteiligen AGB ihrer gewerblichen Geschäftspartner (z.B. Grosslieferanten, Generalimporteure) dasteht[2160].

b. Der Begriff des «Konsumenten»

793 Die Beschränkung des persönlichen Schutzbereichs von Art. 8 UWG (2011) auf *Konsumenten* geht auf *Art. 3 Abs. 1 RL 93/13/EWG* zurück[2161]. Anders als Art. 8 UWG (2011), welcher diesen Begriff nicht umschreibt, definiert die RL

2159 Im Ständerat wurde zwar darauf hingewiesen, dass mit der Neuformulierung von Art. 8 UWG (2011) «AGB unter Gewerbetreibenden» nicht mehr erfasst seien (Amtl. Bull. 2011 SR 304; ähnlich Amtl. Bull. 2011 NR 799; Amtl. Bull. 2011 SR 494), aber das Kernproblem wurde nicht diskutiert. Dieses besteht darin, dass KMU als gewerbliche Abnehmer den (für sie nachteiligen) AGB ihrer Zulieferer aufgrund der Gesetzesrevision ohne (lauterkeitsrechtlichen) Schutz ausgeliefert sind, gleichzeitig ihre eigenen AGB, die sie gegenüber den Konsumenten verwenden, aber der offenen Inhaltskontrolle unterliegen. Während also ein Garagist sich gegenüber krass nachteiligen AGB des Generalimporteurs nicht auf Art. 8 UWG (2011) berufen kann, unterliegen die AGB des Garagisten, die er gegenüber seinen Endabnehmern (Konsumenten) verwendet, der Inhaltskontrolle von Art. 8 UWG (2011). Im Ergebnis können damit Grosslieferanten mittels AGB ihre Risiken auf die KMU abwälzen, welche diese Risiken ihrerseits jedoch nicht auf den Endabnehmer (Konsumenten) überwälzen können. Damit geraten KMU in eine AGB-rechtliche «Zwickmühle» zwischen ihren gewerblichen Zulieferern und ihren privaten Abnehmern (vgl. dazu bereits PROBST, richterliche Inhaltskontrolle, 252). – Bemerkenswert an dieser Gesetzesbestimmung ist der Umstand, dass sie v.a. von jenen politischen Kreisen befürwortet wurde, die sich üblicherweise als Verfechter von KMU-Interessen ausgeben.

2160 Bezeichnenderweise war am 23. September 2014 eine *parlamentarische Initiative* 14.440 lanciert worden, die eine Ausdehnung der offenen Inhaltskontrolle von AGB auf *gewerbliche Abnehmer* forderte und die Einschränkung auf Konsumentenverträge entsprechend wieder aufheben wollte. Dieser Initiative hatten die Rechtskommission des Nationalrats am 25. Juni 2015 und die Rechtskommission des Ständerats am 2. Februar 2016 zugestimmt. Da jedoch nach zwei Jahren noch kein Vorentwurf vorlag und der Nationalrat am 15. Dezember 2017 mit knappem Mehrheitsentscheid eine Fristverlängerung ablehnte, wurde die parlamentarische Initiative ohne ein konkretes Ergebnis *abgeschrieben*.

2161 Vgl. dazu oben N 740.

93/13/EWG den «Konsumenten» als *«natürliche Person... die zu einem Zweck handelt, der nicht ihrer gewerblichen oder beruflichen Tätigkeit zugerechnet werden kann»*[2162]. Eine analoge Definition findet sich z.B. auch im deutschen Recht[2163].

Da der schweizerische Gesetzgeber mit Art. 8 UWG (2011) die Bestimmung von *Art. 3 Abs. 1* RL 93/13/EWG *autonom nachvollzogen* hat (oben N 371, 740), ist davon auszugehen, dass der Gesetzgeber den Begriff des Konsumenten im *gleichen Sinn* verstanden hat. Dies umso mehr als sich aus den *Materialien* keine *anderslautenden* Hinweise ergeben[2164]. Als Konsumenten im Sinne von Art. 8 794

[2162] Art. 2 lit. b RL 93/13/EWG.

[2163] § 13 BGB («Verbraucher ist jede natürliche Person, die ein Rechtsgeschäft zu einem Zwecke abschliesst, der weder ihrer gewerblichen noch ihrer selbständigen beruflichen Tätigkeit zugerechnet werden kann.»).

[2164] Trotz der zahlreichen Bezüge auf Art. 3 RL 93/13/EWG in den Gesetzesmaterialien wird in der Literatur vereinzelt argumentiert, es liege weder ein autonomer Nachvollzug vor, noch sei eine vollständige Vereinheitlichung beabsichtigt worden, so dass für den Begriff des Konsumenten auf Art. 32 Abs. 2 ZPO abzustellen sei (so HESS/RUCKSTUHL, 1195). Dem kann nicht gefolgt werden. *Erstens* ist in der parlamentarischen Debatte wiederholt ausdrücklich auf Art. 3 RL 93/13/EWG Bezug genommen worden, weshalb es nahe liegt, dass der Gesetzgeber mit der Übernahme des Wortlauts sich auch inhaltlich an dieser Bestimmung orientiert hat. Demgegenüber wird Art. 32 ZPO in den Materialien nirgends erwähnt, so dass die Annahme, der Gesetzgeber habe sich dennoch an dieser prozessrechtlichen Bestimmung orientiert, spekulativer Natur ist. *Zweitens* trifft es zwar zu, dass der Gesetzgeber «keine vollständige Vereinheitlichung beabsichtigt» hat, aber dem steht ein partieller Nachvollzug in keiner Weise entgegen, denn einerseits hat eine RL keine Vereinheitlichung, sondern bloss eine Harmonisierung des Rechts im Auge und anderseits ist ein teilweiser Nachvollzug ohne weiteres möglich und nichts Aussergewöhnliches. *Drittens* definiert Art. 32 Abs. 2 ZPO den *Konsumentenvertrag* und nicht den *Konsumenten*. *Viertens* verkennt das Argument der «Einheitlichkeit formellen und materiellen Rechts» (ibidem; vgl. auch FURRER, AGB-Inhaltskontrolle, 326), dass der prozessrechtliche Konsumentengerichtsstand mit seiner engen Umschreibung des Konsumentenvertrags (und nicht des Konsumenten!) vom materiellen Konsumentenrecht *unabhängig* ist und keine doppelrelevante Tatsache vorliegt. Wer in der Migros Lebensmittel einkauft, kann im Fall eines Rechtsstreits wegen Mängeln der Ware zwar den Klägerwohnsitzgerichtsstand von Art. 32 ZPO (mit dem vereinfachten Verfahren nach Art. 243 ff. ZPO) beanspruchen, aber materiellrechtlich kommen Art. 197 ff. OR zur Anwendung und nicht konsumentenschutzrechtliche Sonderbestimmungen wie Art. 40a ff. OR, Art. 8 UWG oder das KKG. Es besteht daher *keine prozessrechtliche* und *materiellrechtliche Kongruenz* zwischen den Begriffen «Konsumentenvertrag» und «Konsument». Demzufolge lässt sich aus einer prozessrechtlichen Bestimmung für eine materiellrechtliche Fragestellung nichts Konkretes ableiten, was in der Literatur teilweise übersehen wird. Vgl. COENDET, 56 ff. – Zum Teil wird versucht über die prozessuale Bestimmung in Art. 32 Abs. 2 ZPO, gewisse Bankgeschäfte generell vom Geltungsbereich von Art. 8 UWG (2011) auszunehmen

UWG (2011) sind somit *natürliche Personen* zu verstehen, welche AGB des Verwenders im Rahmen von Rechtsgeschäften übernehmen, die *nicht* zu ihrer eigenen *geschäftlichen* oder *beruflichen* Tätigkeit gehören. Eine Beschränkung auf *bewegliche* Sachen (wie bei den Haustürgeschäften[2165]), auf Leistungen des *üblichen Verbrauchs* bzw. *Gebrauchs* (wie im Zivilprozessrecht[2166] und im IPR[2167]) oder auf Verträge innerhalb gewisser *Wertgrenzen* (wie im KKG auf Kreditverträge zwischen Fr. 500.- und Fr. 80'000.-[2168]) ist *abzulehnen*[2169]. Ein legitimes Bedürfnis nach einem wirksamen Schutz vor missbräuchlichen AGB hat auch derjenige, der für den privaten Gebrauch eine *unbewegliche* Sache erwirbt oder Leistungen konsumiert, die betragsmässig *nicht* mehr zum *üblichen* Verbrauch oder Gebrauch gehören. Wer z.B. für seine privaten Bedürfnisse als Bauherr ein Haus bauen lässt, eine Eigentumswohnung kauft oder eine Wohnung mietet, bedarf ebenso des Schutzes vor missbräuchlichen AGB (z.B. SIA-Bestimmungen, von SIA abweichende Sonder-AGB, Verkäufer-AGB, Vermieter-AGB) wie jemand, der einen Staubsauger kauft oder ein Bankkonto eröffnet[2170]. Sinn und Zweck der *Inhaltskontrolle* von *AGB* gemäss Art. 8 UWG (2011) dürfen daher *nicht* durch prozessuale oder materiellrechtliche Einschränkungen in

---

(SCHOTT, AGB, 79), was abzulehnen ist. In die gleiche Richtung weist das «Argument», dass keine AGB vorliegen sollen, wenn der Kunde sich beraten lässt (ibidem). Dies würde bedeuten, dass (eigene oder beigezogene) Geschäftserfahrung des Kunden die Banken-AGB zu Individualabreden mutieren liesse, was nicht zutrifft.

2165 Vgl. Art. 40a OR.

2166 Vgl. Art. 32 Abs. 2 ZPO. – Der blosse Umstand, dass dem Kläger der Konsumentengerichtsstand zur Verfügung steht, bedeutet nicht, dass *materiellrechtlich* Konsumentenschutzrecht (z.B. Art. 40a ff. OR, PauRG, KKG) zur Anwendung gelangt. Der prozessrechtliche und der materiellrechtliche Konsumentenbegriff sind daher klar auseinander zu halten. Vgl. auch Fn 2164 (Punkt vier).

2167 Vgl. Art. 120 IPRG.

2168 Vgl. Art. 7 Abs. 1 lit. e KKG.

2169 Vgl. BGer 4A_54/2021 vom 28. Oktober 2021, Erw. 6.4.2 (*in fine*), wo das Bundesgericht in einem *obiter dictum* durchblicken lässt, dass es einer einschränkenden Interpretation skeptisch gegenübersteht, ohne jedoch *in concreto* die Frage zu entscheiden.

2170 Daher ist der Mieter einer Luxuswohnung durch Art. 8 UWG (2011) geschützt, obwohl Art. 253b Abs. 2 OR Luxuswohnungen von den Bestimmungen über den Schutz vor missbräuchlichen Mietzinsen (Art. 269 ff. OR) ausnimmt. Die Missbräuchlichkeit von AGB steht in keinem relevanten Zusammenhang zur finanziellen Lage (Einkommen, Vermögen) eines Mieters, welcher im Mietvertrag missbräuchliche AGB übernommen hat. Zudem kann der Geltungsbereich von Art. 8 UWG (2011) als *lex specialis et posterior* nicht durch eine *lex generalis et prior* eingeschränkt werden. – Trotzdem a.M. WETZEL/GRIMM/MOSIMANN, AGB Mietverträge, 9.

konsumentenrechtlichen *Einzelbestimmungen unterlaufen* werden[2171]. Massgeblich ist, ob der AGB-Übernehmer einen Vertrag als Konsument, d.h. für einen nicht geschäftlichen Zweck abgeschlossen hat. Daher kann ein *Klient*, der durch seinen *Anwalt* einen *nicht geschäftlichen Prozess* (z.B. Ehescheidung, Streitigkeit aus Privatgeschäft) führen lässt, sich auf Art. 8 UWG berufen, wenn in der formularmässigen Anwaltsvollmacht missbräuchliche Klauseln über den Auftrag bzw. die Vollmacht enthalten sind[2172]. Entsprechendes gilt für den Patienten eines *Privatarztes* oder den Privatkunden eines *Architekten*, *Ingenieurs*, *Geometers*, *Notars* etc. Wer im freiberuflichen Verkehr vorformulierte Verträge mit Privatkunden verwendet, hat deshalb den Anforderungen von Art. 8 UWG zu genügen.

Abzulehnen ist eine *Ausweitung* des Konsumentenbegriffs auf *juristische Personen*[2173], wie dies auch Art. 2 lit. b der RL 93/13/EWG und die zugehörige Rechtsprechung des EuGH tun[2174]. Eine Ausweitung würde der Absicht des schweizerischen Gesetzgebers widersprechen, den *persönlichen Schutzbereich* von Art. 8 UWG (2011) – nach dem Vorbild von Art. 3 Abs. 1 RL 93/13/EWG – auf Konsumenten zu beschränken[2175]. Der Schutz von *juristischen Personen* und *gewerblichen Abnehmern* aus Industrie, Gewerbe und Handel, welche *nicht* unter Art. 8 UWG (2011) fallen, muss daher auf dem Wege einer flexibleren Interpretation der obligationenrechtlichen Ungewöhnlichkeitsklausel gesucht werden (unten N 836). 795

Als *konsumentenschutzrechtliche* Bestimmung, welche Art. 3 Abs. 1 RL 93/13/EWG autonom nachvollzogen hat (oben N 740), gründet Art. 8 UWG 796

2171 Wer z.B. einen Fr. 85'000.- teuren Privatwagen least, bedarf zwar nach KKG keines Schutzes vor Überschuldung (vgl. Art. 7 Abs. 1 lit. e KKG), aber sehr wohl des Schutzes vor missbräuchlichen AGB in seinem Leasingvertrag.

2172 Vgl. Rs. C-537/13, Birute Šiba gegen Arunas Devénas, EuGH-Urteil vom 15. Januar 2015, ECLI:EU:C:2015:14, oben N 569.

2173 So nun auch BGer 4A_54/2021 vom 28. Oktober 2021, Erw. 6.4.2 sowie BGer 4A_152/2017 vom 2. November 2017, Erw. 5.3.

2174 Siehe Rs. C-541/99 und C-542/99 Cape Snc gegen Idealservice Srl und Idealservice MN RE Sas gegen OMAI Srl, EuGH-Urteil vom 22. November 2001, Slg. 2001, I-9049, ECLI:EU:C:2001:625 («Der Begriff ‹Verbraucher›, wie er in Artikel 2 Buchstabe b der RL 93/13/EWG des Rates vom 5. April 1993 über missbräuchliche Klauseln in Verbraucherverträgen definiert wird, ist dahin auszulegen, dass er sich ausschliesslich auf natürliche Personen bezieht»). Den Mitgliedstaaten steht es aber frei, im nationalen Recht über die Mindestharmonisierung hinauszugehen und nicht nur natürliche Personen zu schützen (vgl. Rs. C-329/19, Condominio di Milano, via Meda gegen Eurothermo SpA, EuGH-Urteil vom 2. April 2020, ECLI:EU:C:2020:263, Rz. 37).

2175 Etwas anderes lässt sich auch aus dem Wort «insbesondere» in Art. 8 UWG nicht ableiten, da durch blosse Interpretation kein neuer Tatbestand (für juristische Personen) geschaffen werden kann, der vom Gesetzgeber nicht beabsichtigt war.

(2011) auf der Annahme eines *strukturellen Ungleichgewichts* zwischen dem AGB-Verwender als *gewerblichem Anbieter* und dem AGB-Übernehmer als *Konsumenten.* AGB-Verträge zwischen einem *nicht-gewerblichen Anbieter* und einem Konsumenten fallen daher *nicht* in den Geltungsbereich von Art. 8 UWG (2011)[2176]. Die Hypothese eines AGB-Vertrags zwischen einem nicht-gewerblichen Anbieter (Privatanbieter) und einem Konsumenten als Privatabnehmer bzw. AGB-Übernehmer dürfte jedoch kaum von praktischer Relevanz sein, da für die Abwicklung eines *Einzelgeschäfts* (z.B. Gewährung eines Privatdarlehens, Verkauf eines gebrauchten Fahrrads) der Privatanbieter regelmässig keine AGB verwenden wird[2177]. Vielmehr wird er AGB erst dann einsetzen, wenn er *wiederholt* gleichartige Geschäfte tätigt oder solche beabsichtigt[2178]. In diesem Fall ist er dann aber ein (nebenberuflich oder teilzeitlich tätiger) *gewerblicher* Anbieter. Dies gilt insbesondere auch bei entgeltlichen Rechtsgeschäften im Rahmen der *sharing economy*, wo nur vermeintlich ein Geschäft zwischen zwei Konsumenten, *realiter* jedoch ein Geschäft zwischen einem *(neben-) gewerblichen Anbieter* und gegebenenfalls einem Konsumenten vorliegt[2179].

2176 A.M. BSK UWG-THOUVENIN, Art. 8 N 85.

2177 Wer als Privatanbieter einen Gegenstand auf einer Internetplattform (z.B. eBay) anbieten will, hat die AGB der Internetplattform zu akzeptieren, um ein Konto eröffnen zu können. Dadurch kommt ein Nutzungsvertrag (vgl. z.B. § 2 Ziff. 1 eBay AGB) zwischen dem Betreiber der Internetplattform und dem Benutzer der Plattform zustande. Kommt es in der Folge – aufgrund eines Angebots des Verkäufers auf der Internetplattform – zu einem Kaufvertrag mit einem Dritten als Käufer, so sind die eBay AGB nicht Bestandteil des Kaufvertrags und der Verkäufer ist nicht AGB-Verwender gegenüber dem Käufer.

2178 Dies trifft auch auf das in der Literatur erwähnte Beispiel zu, dass ein Privater seine Wohnung mittels der AGB (Formularvertrag) des Hauseigentümerverbands vermietet (THOUVENIN, Strukturierung, Rz. 21), denn in diesem Fall liegt zwar kein haupt-, aber ein nebengewerblicher Anbieter vor. Wer seine Wohnung vermietet, gebraucht diese gerade nicht als als Konsument, sondern verwendet sie zu (Neben-)Erwerbszwecken.

2179 Kurz zusammengefasst präsentiert sich die Rechtslage wie folgt: Wer vom Garagisten für den persönlichen, familiären (= nicht gewerblichen) Gebrauch ein Auto erwirbt, ist als *Konsument* gegenüber missbräuchlichen AGB des Garagisten durch Art. 8 UWG (2011) geschützt. Wer anschliessend mit dem (als Konsument) erworbenen Wagen einen Dritten gegen *Entgelt* an einen gewünschten Ort transportiert (z.B. im Rahmen einer «Uber-Taxifahrt»), der *konsumiert nicht*, sondern *bietet nebengewerblich* eine entgeltliche Dienstleistung an. Dasselbe gilt, wenn er seinen Privatwagen gegen Entgelt gelegentlich an Dritte zum Gebrauch *vermietet* (z.B. über die Plattform sharoo). In beiden Fällen unterliegt der private Anbieter der lauterkeitsrechtlichen Kontrolle von Art. 8 UWG (2011), falls er AGB verwendet, und sein Klient ist durch diese Bestimmung vor missbräuchlichen AGB geschützt, falls er die Fahrt oder Automiete als *Konsument* tätigt.

Keine Konsumenten im Sinne von Art. 8 UWG (2011) sind *Arbeitnehmer*. Letztere treten nicht als private *Abnehmer* von Waren oder Dienstleistungen für ihren familiären oder persönlichen Gebrauch bzw. Verbrauch im Wirtschaftsprozess auf[2180]. Mit anderen Worten, sie konsumieren nicht, sondern handeln zur Erzielung von Erwerbseinkommen als *private Anbieter* von *Arbeitsleistungen* gegenüber potentiellen Arbeitgebern, die meist gewerbliche Nachfrager sind. Immerhin ist zu beachten, dass Arbeitnehmer beim Vertragsabschluss oft als schwächere Partei zu betrachten sind. Daher kann im Rahmen der Konsenskontrolle (insb. Anwendung der Ungewöhnlichkeitsregel) bei Arbeitnehmern die allenfalls mangelnde Geschäftserfahrung berücksichtigt werden. Hingegen ist eine *analoge* Anwendung der *offenen Inhaltskontrolle* von Art. 8 UWG (2011)[2181] auf *Arbeitnehmer abzulehnen*[2182]. Eine solche Analogie würde das Vorliegen einer *Gesetzeslücke* voraussetzen, wofür die Materialien keine konkreten Anhaltspunkte liefern, da der Gesetzgeber den Anwendungsbereich dieser Bestimmung bewusst auf *Konsumenten* beschränkt hat. Über diesen gesetzgeberischen Willen darf sich der Richter nicht einfach hinwegsetzen. 797

VII. Rechtsfolge

Sind AGB *unlauter* bzw. *missbräuchlich*, weil sie zulasten des Konsumenten ein *treuwidriges*, *erhebliches* und *ungerechtfertigtes Missverhältnis* zwischen den vertraglichen Rechten und Pflichten vorsehen, liegt seitens des AGB-Verwenders ein *widerrechtliches* Verhalten im Sinne der Generalklausel von Art. 2 UWG vor. Welche *konkrete Rechtsfolge* dies für den abgeschlossenen Vertrag bzw. für die in den Vertrag übernommenen missbräuchlichen AGB nach sich zieht, sagt das Gesetz nicht konkret und ist vom Bundesgericht – soweit ersichtlich – bisher nicht (ausdrücklich und begründet) entschieden worden[2183]. Die in 798

2180 Vgl. z.B. Art. 40a Abs. 1 OR.

2181 Unter dem früheren Art. 8 UWG (1986) wäre eine Anwendung der Inhaltskontrolle auf Arbeitnehmer noch möglich gewesen.

2182 Für das schweizerische Recht *nicht* hilfreich ist die deutsche Auffassung, wonach *Arbeitnehmer* ebenfalls «Verbraucher» sein sollen (vgl. BAG Urteil vom 15. 2. 2007 – 6 AZR 286/06). Die deutsche Betrachtungsweise basiert auf einem dogmatisch verfehlten, aber politisch bewussten Entscheid des *Gesetzgebers* in § 13 BGB den Konsumentenbegriff *so weit* zu definieren, dass er auch *Arbeitnehmer* erfasst («...weder ihrer gewerblichen noch ihrer *selbständigen* beruflichen Tätigkeit zugerechnet werden kann.» (Hervorhebung ergänzt). Die schweizerische Gesetzeslage ist eine *andere*.

2183 Vgl. BGE 119 II 443, 448, wo die Frage, ob Art. 8 UWG von Amtes wegen zu berücksichtigen ist, offen gelassen wurde. Dennoch ist eine Tendenz zugunsten der Nichtigkeitsfolge erkennbar. Im (in der amtlichen Sammlung nicht publizierten) Urteil 4A_404/2008,

Art. 9 UWG[2184] vorgesehenen Unterlassungs-, Beseitigungs- und Feststellungsklagen sind *wettbewerbsrechtlich* ausgerichtet und nicht auf die *vertragsrechtliche* Problemlage von AGB zugeschnitten. Sie helfen daher dem in seinen wirtschaftlichen Interessen verletzten Konsumenten nur beschränkt[2185]. Gleiches gilt für die allfällige Publikation einer Berichtigung oder eines Urteils[2186]. Auch die Klagen auf Schadenersatz, Genugtuung oder Gewinnherausgabe nach den obligationenrechtlichen Bestimmungen sind für die von missbräuchlichen AGB betroffenen Konsumenten wenig zielführend[2187]. Die lauterkeitsrechtlich ausgerichteten Rechtsvorkehren sind daher für den einzelnen Konsumenten als schwächere Partei (aus obligationenrechtlicher Sicht) *nicht adäquat.*

799 Im Einklang mit einer inzwischen wohl überwiegenden Lehrmeinung und vereinzelter Rechtsprechung[2188] ist daher davon auszugehen, dass unlautere und damit nach Art. 2 UWG *widerrechtliche* AGB in einem Vertrag unwirksam,

E. 5.6.3.2.1 geht das Bundesgericht (unter Ablehnung der geltungserhaltenden Reduktion) von Nichtigkeit aus. Auch im Kartellrecht hat sich das Bundesgericht bei unzulässigen Wettbewerbsabreden im Sinne von Art. 5 des Kartellgesetzes in BGE 134 III 438, 442 für Nichtigkeit nach Art. 20 OR ausgesprochen. – Vgl. auch SCHWENZER/FOUNTOULAKIS, OR AT, N 46.05.

2184 Gemäss Art. 10 Abs. 1 UWG ist der in seinen wirtschaftlichen Interessen verletzte «Kunde» – namentlich also der «Konsument» gemäss Art. 8 UWG (2011) – für die Erhebung von Klagen nach Art. 9 UWG legitimiert.

2185 Denkbar ist eine Klage auf Beseitigung der «Verletzung der wirtschaftlichen Interessen» (Art. 9 Abs. 1 lit b UWG) zwecks richterlicher ex tunc-Aufhebung der missbräuchlichen AGB (so GAUCH, BR 1987, 57). Dieses Vorgehen wird aber den Interessen des Konsumenten nicht gerecht und lässt diesen in vielen Fällen faktisch ohne wirksamen Schutz, da ihm die Einleitung eines Prozessverfahrens kaum zugemutet werden kann.

2186 Es ist nicht Aufgabe der schwächeren Partei, ein (für sie günstiges) Urteil im Interesse der Lauterkeit des Wettbewerbs zur Publikation zu bringen. Diese Aufgabe fällt allenfalls den Konsumentenorganisationen zu (Art. 10 Abs. 2 lit. b UWG).

2187 Art. 9 Abs. 3 UWG. Allenfalls wird man einen Schadenersatzanspruch auf Beseitigung der missbräuchlichen AGB ins Auge fassen können. Vgl. SCHWENZER/FOUNTOULAKIS, OR AT, N 46.05.

2188 Siehe z.B. KOLLER, OR AT, § 23 N 75 f.; GAUCH/SCHLUEP/SCHMID, OR AT, N 1155; MATT, Transparenzgebot, 123 f.; PEDRAZZINI/PEDRAZZINI, UWG, N 12.22 f. (anders noch in der Vorauflage); BAUDENBACHER, Kommentar UWG, Art. 8 N 59; SCHWENZER/FOUNTOULAKIS, OR AT, N 46.05; TOLLER, Schuldrechtliche Folgen, 72; T. KOLLER, recht 1999, 47. – Für Nichtigkeit hat sich auch die Schweizerische Lauterkeitskommission in ihrem Entscheid vom 11. Mai 1999 ausgesprochen (sic! 1999, 608, 612); ebenso das KGer VD RPW 2004, 1213, 1233; auch Botschaft UWG, BBl 2009, 6179. – Zum Teil wird für *«nullité relative»* plädiert (CR CO I-DESSEMONTET, Art. 1 N 74 [1. Aufl.]). – A.M. GAUCH, BR 1987, 57 f. (wonach kein widerrechtlicher Inhalt, sondern nur eine widerrechtliche Vorgehensweise beim Vertragsabschluss vorliege). Vgl. auch die weiteren Hinweise bei GAUCH/SCHLUEP/ SCHMID, OR AT, N 1157.

d.h. grundsätzlich *nichtig* im Sinne von Art. 19/20 OR sind[2189]. Dies entspricht dem *Willen* des *Gesetzgebers* bei Erlass des revidierten Art. 8 UWG (2011)[2190]. Die Nichtigkeit ist vom Richter *von Amtes wegen* zu beachten[2191] und ihre Geltendmachung ist an *keine Frist* gebunden[2192]. Damit wird der schwächeren Partei, die als Konsumentin missbräuchliche AGB übernommen hat, ein adäquater Schutz gewährt[2193]. Die Nichtigkeit erfasst nur die als *unlauter inkriminierten AGB-Klauseln* und stellt als *Teilnichtigkeit* die Gültigkeit der übrigen AGB bzw. des restlichen Vertrags grundsätzlich nicht in Frage[2194]. An die Stelle der nichtigen AGB-Bestimmung treten nach den Grundsätzen der Vertragsergänzung die Regeln des *dispositiven Gesetzesrechts* bzw. der *hypothetische Par-*

2189 Die lauterkeitsrechtliche Bestimmung von Art. 8 UWG sanktioniert nicht die Art und Weise wie AGB zwischen den Parteien zum Vertragsinhalt erhoben werden, sondern knüpft massgeblich an den *nachteiligen Inhalt* der AGB an, welcher als unbillig betrachtet wird. *Unlauterkeit* und *Benachteiligung* bedingen sich gegenseitig. – Die Rechtsfolge der Nichtigkeit hat der Gesetzgeber übrigens auch im Mietrecht vorgesehen, falls der Vermieter durch AGB seine Pflichten betreffend die Gebrauchsüberlassung beschränkt oder wegbedingt (Art. 256 Abs. 2 OR). – Vgl. auch Rs. C-208/21, K.D. gegen Towarzystwo Ubezpieczen Z S.A., Urteil vom 2. Februar 2023, ECLI:EU: C:2023:64, Rz. 89, wonach Art. 3 Abs. 2 RL 2005/29 (unlautere Geschäftspraxis) das nationale Recht zum Schutze des Verbrauchers die Ungültigkeit eines Vertrags vorsehen kann, wenn dieser Vertrag aufgrund einer unlauteren Geschäftspraxis eingegangen wurde.

2190 Amtl. Bull. 2011 NR 229 (Votum Bundesrat Schneider-Ammann: «Was passiert, wenn der Richter zum Schluss kommt, die Klausel sei missbräuchlich? Eine Klausel, die gegen Art. 8 [sc. UWG] verstösst, ist nichtig. Sie beziehungsweise ihr Inhalt ist widerrechtlich im Sinne von Art. 20 des Obligationenrechts. Sie entfaltet deshalb keine Rechtswirkung.»).

2191 PEDRAZZINI/PEDRAZZINI, UWG, N 12.23.– Vgl. dazu die zahlreiche Rechtsprechung des EuGH, oben N 374 ff.

2192 Vgl. auch PICHONNAZ, BR 2012, 144.

2193 Allerdings hat das wettbewerbsrechtliche (öffentliche) Interesse, die Verwendung missbräuchlicher (und damit unlauterer) AGB von Amtes wegen zu unterbinden und solche Vertragsklauseln mit Nichtigkeit zu belegen, dann zurückzutreten, wenn der *Konsument die Nichtigkeitsfolge ablehnt*, weil sie *seinen Interessen zuwiderläuft*. Vgl. Rs. C-932/19, JZ gegen OTP Jelzálogbank Zrt., OTP Bank Nyrt., OTP Faktoring Követeléskezelő Zrt., Urteil vom 2. September 2021, ECLI:EU:C:2021:673, Rz. 47 f.; Rs. C-170/21, Profi Credit Bulgaria EOOD gegen T.I.T., Urteil vom 30. Juni 2022, ECLI:EU:C:2022:518, Rz. 31.

2194 Das Argument des AGB-Verwenders, er hätte den Vertrag ohne die ungültigen AGB-Klauseln nicht geschlossen (vgl. Art. 20 Abs. 2 OR), ist zum Schutze der schwächeren Partei nicht zu hören. Vgl. auch BK-KRAMER, Art. 19/20 OR N 378; SCHWENZER/FOUNTOULAKIS, OR AT, N 46.09; PEDRAZZINI/PEDRAZZINI, UWG, N 12.23; GAUCH/SCHLUEP/SCHMID, OR AT, N 1155b. – Vgl. auch BGer 4A_404/2008, E. 5.6.2 f. – Ferner § 306 BGB; Art. 6 Ziff. 1 RL 93/13/EWG.

teiwille (v.a. bei Innominatverträgen). Angesichts des Konsumentenschutzcharakters von Art. 8 UWG (2011) ist dagegen von einer *geltungserhaltenden Reduktion* nichtiger AGB *abzusehen*[2195] und zwar unabhängig davon, ob seitens des AGB-Verwenders eine konkrete Absicht zur Umgehung einer Schutznorm vorliegt oder nicht[2196]. Dies steht im Einklang mit der *EuGH-Rechtsprechung*, wonach der nationale Richter, welcher eine Vertragsklausel als missbräuchlich und daher nichtig erachtet, den Vertrag *nicht* durch *inhaltliche Abänderung* der Klausel *anpassen* darf[2197], da sonst die «Abschreckungswirkung» der Nichtigkeitsfolge entfallen würde[2198] (oben N 403).

800 Eine *strafrechtliche Sanktion* hat die Verwendung missbräuchlicher AGB *nicht* zur Folge, da die Bestimmung von Art. 8 UWG in Art. 23 UWG nicht aufgeführt ist (= qualifiziertes Schweigen des Gesetzgebers)[2199]. Dies ist sachgerecht, da der Verwendung missbräuchlicher AGB mit *zivilrechtlichen* Mitteln zu begegnen ist und eine Kriminalisierung solcher Verhaltensweisen nicht als angezeigt erscheint. Zudem ist der Tatbestand von Art. 8 UWG (2011) zu vage formuliert, um dem (strafrechtlichen) Legalitätsprinzip zu genügen.

VIII. Prüfungsraster zur offenen Inhaltskontrolle von AGB

801 Angesichts der relativ komplexen Struktur des Tatbestandes von Art. 8 UWG ist es angezeigt, das *praktische Vorgehen* bei der offenen Inhaltskontrolle in einem *Prüfungsschema* zusammenzufassen. Ergibt sich aufgrund der Konsenskontrolle[2200], Auslegungskontrolle und Gültigkeitskontrolle[2201], dass die Vertragsparteien die fraglichen *AGB gültig vereinbart* haben, kann die *offene Inhaltskontrolle*[2202] in folgenden *vier Schritten* vorgenommen werden. Dabei

---

2195 Vgl. BGer 4A_404/2008, E. 5.6.3.2.1; BK-KRAMER, Art. 19–20 N 377; TOLLER, Schuldrechtliche Folgen, 71; JUNG, 161 f.; PICHONNAZ, BR 2012, 144.

2196 A.M. HESS/RUCKSTUHL, 1211.

2197 Rs. C 618/10, Banco Español de Crédito SA gegen Joaquín Calderón Camino, EuGH-Urteil vom 14. Juni 2012, ECLI:EU:C:2012:349; vgl. oben N 544; Rs. C-488/11, Dirk Frederik Asbeek Brusse und Katarina de Man Garabito gegen Jahani BV, EuGH-Urteil vom 30. Mai 2013, ECLI:EU:C:2013:341; vgl. oben N 556. Vgl. auch Rs. C-482/13, Unicaja Banco SA gegen José Hidalgo Rueda et al., EuGH-Urteil vom 21. Januar 2015, ECLI:EU:C:2015:21, oben N 572.

2198 Vgl. Rs. C-482/13, Unicaja Banco SA gegen José Hidalgo Rueda et al., EuGH-Urteil vom 21. Januar 2015, ECLI:EU:C:2015:21, Rz. 31.

2199 Vgl. PEDRAZZINI/PEDRAZZINI, UWG, N 12.25.

2200 Vgl. zu den einzelnen Prüfungsschritten der Konsenskontrolle, oben N 93 ff.

2201 Vgl. zu den Prüfungselementen der Gültigkeitskontrolle, oben N 328 ff.

2202 Falls die AGB zwischen den Parteien nicht gültig vereinbart worden sind, erübrigt sich eine offene Inhaltskontrolle, da dieser nur noch virtuelle Bedeutung zukommen würde.

obliegt die *Beweislast* für das Vorliegen eines *erheblichen Missverhältnisses* dem AGB-Übernehmer, während der AGB-Verwender die Beweislast für die *Kompensation* durch konkrete Vorteile aus andern Vertragsbestimmungen trägt (oben N 783):

- **Schritt 1**: Unter Beizug der Regeln zur vertraglichen *Lückenfüllung* als Vergleichsbasis ist zunächst festzustellen, ob eine oder mehrere Bestimmungen in den AGB ein *Missverhältnis* zwischen den vertraglichen Rechten und Pflichten zulasten des AGB-Übernehmers beinhalten (oben N 757 ff.). 802
- **Schritt 2**: Falls dies zutrifft, ist zu beurteilen, ob das festgestellte Missverhältnis als *erheblich* zu qualifizieren ist (oben N 761 ff.). 803
- **Schritt 3**: Liegt ein erhebliches Missverhältnis zwischen den vertraglichen Rechten und Pflichten zulasten des AGB-Übernehmers vor, so ist zu beurteilen, ob das (durch die AGB bewirkte) Missverhältnis als *treuwidrig* zu qualifizieren ist[2203], weil der AGB-Verwender nach *Treu und Glauben nicht annehmen* durfte, der AGB-Übernehmer hätte die nachteiligen AGB auch dann akzeptiert, wenn sie nicht einseitig vorgegeben, sondern einzeln *ausgehandelt* worden wären (oben N 790)[2204]. Mit anderen Worten: AGB dürfen nicht dazu *missbraucht* werden, zulasten der Gegenpartei Bestimmungen in den Vertrag einzuschleusen, die bei offener Deklaration und Diskussion von der Gegenseite – nach Treu und Glauben – vernünftigerweise *nicht ohne Änderung* oder anderweitige, *kompensierende Gegenleistungen* akzeptiert worden wären. 804
- **Schritt 4**: Ist die *Treuwidrigkeit* zu *bejahen*, so gilt die (widerlegbare) *Vermutung*[2205], dass das treuwidrige erhebliche Missverhältnis gleichzeitig 805

2203 In Rs C-405/21, FV gegen NOVA KREDITNA BANKA MARIBOR d.d., Urteil vom 13. Oktober 2022, ECLI:EU:C:2022:793, geht der EuGH in einer kurzen Erwägung (Rz. 26) davon aus, dass zunächst die *Treuwidrigkeit* zu prüfen ist und erst dann, ob ein erhebliches und ungerechtfertigtes *Missverhältnis* zum Nachteil des Konsumenten vorliegt. Diese Reihenfolge überzeugt deshalb nicht, weil die *Treuwidrigkeit* regelmässig von *Art* und *Umfang* des *Missverhältnisses* abhängt. – Im Weiteren ist die Auffassung des EuGH (Rz. 28), die *Transparenz* einer Klausel (vgl. Art. 5 RL 1993/13/EWG) bilde einen *Bestandteil* der Beurteilung der *Missbräuchlichkeit,* für das schweizerische AGB-Recht *abzulehnen*, da der Aspekt der Transparenz in der Schweiz Teil der obligationenrechtlichen *Konsenskontrolle* (insb. Unklarheitenregel) und nicht der lauterkeitsrechtlichen *Inhaltskontrolle* ist.

2204 So auch Rs C-405/21, FV gegen NOVA KREDITNA BANKA MARIBOR d.d., Urteil vom 13. Oktober 2022, ECLI:EU:C:2022:793, Rz. 23; Rs. C-565/21, Caixabank SA gegen X., Urteil vom 16. März 2023, ECLI:EU:C:2023:212, Rz. 50.

2205 Treuwidrige AGB werden in der Regel auch «ungerechtfertigt» sein, da der AGB-Übernehmer im Falle einer individuellen Verhandlung die fragliche AGB nicht übernommen hätte. Angesichts des Gesetzeswortlauts ist es jedoch notwendig, dem AGB-Verwender auch *ungerechtfertigt* ist. Dem AGB-Verwender steht jedoch der *Gegenbeweis* offen, dass die *prima facie* als treuwidrig geltenden Einzelbestimmungen in AGB durch *konkrete Vorteile* aus weiteren Vertragsbestimmungen (AGB oder andere) zugunsten des AGB-Übernehmers soweit *ausgeglichen* werden (oben N 791), dass im Ergebnis trotz einseitiger AGB *kein missbräuchliches* Missverhältnis zwischen den vertraglichen Rechten und Pflichten mehr vorliegt. Mit anderen Worten, das festgestellte erhebliche Missverhältnis muss durch konkrete Vorteile soweit gemildert oder gemindert sein, dass es nicht mehr als missbräuchlich erscheint.

Wird dagegen die *Treuwidrigkeit verneint*, weil der AGB-Übernehmer die Klausel selbst bei *individueller Verhandlung* (ohne inhaltliche Abänderung oder kompensatorische Vorteile) *akzeptiert* hätte, so erübrigt sich die Überprüfung des Kriteriums «ungerechtfertigt», es sei denn, der *AGB-Übernehmer* erbringe den *Beweis*, dass die Übernahme der AGB aus *anderen Gründen* als ungerechtfertigt und damit missbräuchlich erscheint (oben N 791).

IX. Die neue Bestimmung von Art. 8a UWG

1. Entstehungsgeschichte

806 Gemäss Änderungsbeschluss vom 17. Juni 2022 führte das Parlament mit *Art. 8a UWG* eine neue Bestimmung zur Inhaltskontrolle für die «*Verwendung von Paritätsklauseln* gegenüber *Beherbergungsbetrieben*»[2206] ein. Es handelt sich dabei um eine *punktuelle «Nachbesserung»* zur UWG-Revision von 2011, welche seinerzeit die offene Inhaltskontrolle auf *Konsumenten*-AGB *beschränkt* und damit – bewusst oder unbewusst – eine problematische *Benachteiligung gewerblicher* Kunden in Kauf genommen hatte. Dieser gesetzgeberische *Lapsus*[2207] hatte zur Folge, dass insbesondere *KMU* sich gegenüber missbräuchlichen AGB ihrer Geschäftspartner *nicht* (mehr) auf *Art. 8 UWG* berufen konnten. Als erstes Opfer bekam dies die *Hotellerie* zu spüren, welche sich gegenüber (potentiell) missbräuchlichen AGB betreffend das Anbieten von Beherbergungsdienstleistungen

---

den Gegenbeweis zu eröffnen, dass eine AGB-Klausel – trotz Treuwidrigkeit – (durch anderweitige Vorteile) gerechtfertigt ist.

2206 Hervorhebung ergänzt.

2207 Bereits am 23. September 2014 war die *parlamentarische Initiative* 14.440 lanciert worden, welche eine *Ausdehnung* der offenen Inhaltskontrolle von AGB auf *gewerbliche Abnehmer* forderte und damit die *Beschränkung* von Art. 8 UWG auf *Konsumentenverträge* wieder *aufheben* wollte. Diese Initiative blieb indes ohne Erfolg, da innert massgeblicher Frist *kein Vorentwurf* erarbeitet werden konnte. – Die neue Bestimmung von Art. 8a UWG basiert auf der späteren Motion 16.3902 vom 30. September 2016 zur Einführung eines Verbots von Preisparitätsklauseln.

auf Online-Buchungs-Plattformen *lauterkeitsrechtlich* nicht zur Wehr setzen konnte. Einen gewissen Schutz bot immerhin das *Kartellrecht*, auf dessen Grundlage die Wettbewerbskommission die Verwendung von *weiten Preisparitätsklauseln* (teilweise) als *rechtswidrig* erachtete[2208]. Mangels hinreichender Erfahrungen zu den praktischen Auswirkungen auf den Wettbewerb liess die WeKo dagegen die Zulässigkeit *enger Preisparitätsklauseln* offen[2209].

Vor diesem Hintergrund hielt es der Gesetzgeber im Juni 2022 für angezeigt, mit *Art. 8a UWG* unter dem Titel «*Verwendung von Paritätsklauseln gegenüber Beherbergungsbetrieben*»[2210] eine *lex hospitalitatis* mit folgendem Wortlaut einzuführen: 807

> *«Unlauter handelt insbesondere, wer als Betreiber einer Online-Plattform zur Buchung von Beherbergungsdienstleistungen allgemeine Geschäftsbedingungen verwendet, welche die Preis- und Angebotssetzung von Beherbergungs–betrieben durch Paritätsklauseln, namentlich bezüglich Preis, Verfügbarkeit oder Konditionen, direkt oder indirekt einschränken.»*[2211]

Diese neue Bestimmung ist am 1. Dezember 2022 in Kraft getreten.

[2208] Vgl. Verfügung der Wettbewerbskommission vom 19. Oktober 2015, RPW 2016, N 68 («*Gesamthaft betrachtet sind die engen Paritätsklauseln in verschiedenen Punkten in formaler Hinsicht weniger weitgehend als weite Paritätsklauseln, welche als kartellrechtlich unzulässig betrachtet werden*»). Diese Aussage ist insofern missverständlich bzw. unzutreffend, als nicht die weite Paritätsklausel *insgesamt* verboten wurde, sondern nur soweit als sie sich auf die Verpflichtung zur *Gleichbehandlung* der *Online-Buchungsplattformen* bezog (vgl. Urteilsdispositiv).

[2209] Ibidem, 68–70.

[2210] Die französischen und italienischen Titel lauten: «*Utilisation de clauses de parité limitant la liberté des établissements d'hébergement*» bzw. «*Utilizzo di clausole di parità nei confronti delle aziende alberghiere.*»

[2211] Die französischen und italienischen Gesetzestexte lauten wie folgt: «*Agit de façon déloyale celui qui, notamment, utilise en tant qu'exploitant d'une plateforme en ligne de réservation de prestations d'hébergement des conditions générales restreignant directement ou indirectement la fixation des prix et de l'offre par les établissements d'hébergement au moyen de clauses de parité concernant en particulier les tarifs, la disponibilité ou les conditions.*» bzw. »*Agisce in modo sleale, segnatamente, chiunque, in quanto gestore di una piattaforma in linea per la prenotazione di servizi di alloggio, utilizza condizioni commerciali generali che limitano direttamente o indirettamente la fissazione dei prezzi e dell'offerta da parte delle aziende alberghiere mediante clausole di parità, in particolare mediante clausole di parità di tariffe, disponibilità e con–dizioni.*»

2. Anwendungsbereich

808 Gemäss der Motion 16.3902 (Bischof) vom 30. September 2016 war der Bundesrat beauftragt worden, «*Preisparitätsklauseln* im Vertragsverhältnis zwischen Online-Buchungsplattformen und *Hotels* zu verbieten»[2212]. Im Gesetzesentwurf (und der zugehörigen Botschaft) setzte der Bundesrat diesen Auftrag in *erweiterter* Form um, indem er nicht nur «*Preisparitätsklauseln*», sondern «*Preisbindungsklauseln*» insgesamt und nicht nur «Hotels», sondern allgemein alle «*Beherbergungsbetriebe*» erfasste.

809 In der Folge *erweiterte* das *Parlament* den Anwendungsbereich des Gesetzes nochmals insoweit, als es die Paritätsklauseln über den Preis hinaus auf *weitere Angebotsparameter* erstreckte und zusätzlich sowohl die *direkte* als auch die *indirekte Einschränkung* ihrer Ausgestaltung als unlauter qualifizierte.

810 In *örtlicher* Hinsicht gelangt Art. 8a UWG nach dem lauterkeitsrechtlichen Wirkungsprinzip auf alle Paritätsklauseln zur Anwendung, die sich auf den *schweizerischen Markt* für Beherbergungsdienstleistungen *auswirken;* dies unabhängig davon, ob der Betreiber der Online-Plattform seinen Sitz in der Schweiz oder im Ausland hat[2213].

3. Tatbestandsvoraussetzungen

811 Unter Art. 8a UWG fällt, wer als *Betreiber* einer *Online-Buchungsplattform* (unten N 815 ff.) für *Buchungen* von *Beherbergungsdienstleistungen* (unten N 812 ff.) in seinen AGB die *Vertragskonditionen* des Beherbergungsbetriebs *einschränkt* (unten N 818 ff.).

a. Buchung von Beherbergungsdienstleistungen

812 Die fortschreitende Digitalisierung der Wirtschaft hat auch in der Schweiz zu einer starken Verbreitung des *Online-Handels* von Waren und Dienstleistungen geführt, die sowohl den *Geschäftsabschluss* (Vertragsabschluss) als auch die *Distribution* (Vertragserfüllung) betrifft. Dies gilt u.a. auch für *Gastaufnahmeverträge* (*contrats d'hébergement*), mittels welcher (inländische oder

---

2212 Hervorhebung ergänzt.

2213 Vgl. dazu oben, N 367 f. – Oft liegt der Hauptsitz im Ausland (z.B. Booking, Expedia, HRS), aber es bestehen Tochtergesellschaften oder Zweigstellen in der Schweiz.

ausländische) Kunden gegen *Entgelt* einen Anspruch auf *Beherbergung* in einer *Unterkunft* (z.B. Zimmer, Wohnung) sowie auf *weitere Dienstleistungen* (z.B. Verpflegung; Benutzung der Infrastruktur) erwerben.

Vor diesem Hintergrund ist unter «*Buchung*» (*réservation, prenotazione*) der 813
Abschluss eines *Gastaufnahmevertrags* (zwischen einem Kunden und einem Beherbergungsbetrieb) zu verstehen, welcher allenfalls Bestandteil eines *Pauschalreisevertrags* ist. Beim Gastaufnahmevertrag handelt es sich um einen *Innominatkontrakt*[2214], der typischerweise Elemente aus Miete, Kauf, Auftrag und Hinterlegung verbindet[2215]. Während die *Unterbringung* als vertragliche Leistung ein *begriffsnotwendiges* Element für eine «Beherbergung» darstellt, sind zusätzliche Dienstleistungen (z.B. Verpflegung, Benutzung des Spa) zwar verkehrsüblich, aber nicht unbedingt erforderlich.

Als «*Beherbergungsbetrieb*» (*«établissement d'hébergement»*; *«azienda al-* 814
berghiera» gilt jeder *gewerbliche* Anbieter entgeltlicher Beherbergungsdienstleistungen in der Schweiz[2216]. Es ist nicht erheblich, ob der Anbieter *haupt-* oder *nebenberuflich* handelt und welche *Rechtsform* sein Betrieb aufweist (z.B. AG, GmbH, Einzelunternehmung). Die vertraglichen Leistungen des Beherbergungsbetriebs werden typischerweise *gänzlich* oder jedenfalls *hauptsächlich* im Inland erbracht, weshalb gewisse *Nebenleistungen* allenfalls auch im (grenznahen) Ausland (z.B. Benutzung von Skipisten) erfolgen können. Weder die *Grösse* noch der *Umsatz* eines Beherbergungsbetriebs ist von spezifischer Bedeutung, womit auch das bloss gelegentliche (entgeltliche) Beherbergen von Dritten im *Eigenheim* als solcher Betrieb zu qualifizieren ist[2217].

b. Betreiber einer Online-Buchungsplattform

Als «*Betreiber*»» (*«exploitants»*, *«gestori»*) gelten jene (natürliche oder juri- 815
stische) Personen, denen die Verfügungs- und Entscheidungskompetenz über eine Buchungsplattform zusteht. Sie bestimmen insbesondere die organisatorische, betriebswirtschaftliche sowie technische Ausgestaltung der Plattform und

[2214] Das OR befasst sich mit dem Gastaufnahmevertrag lediglich in Art. 487 OR spezifisch, nämlich unter dem Gesichtspunkt der *Haftung* für die vom Gast *mitgebrachten Sachen* (z.B. Fahrzeug, persönliche Effekten).

[2215] Vgl. BGE 120 II 252, Erw. 2a.

[2216] Entsprechend benötigt der Rechtsträger des Betriebs einen Sitz oder eine (Zweig)Niederlassung in der Schweiz.

[2217] In diesem Fall dürfte das Beherbergungsangebot allerdings quantitativ eng limitiert sein (z.B. ein Einzelzimmer oder eine Einzelwohnung) und damit auch das praktische Bedürfnis der Betreiber von Online-Buchungsplattformen, in ihren AGB-Paritätsklauseln zur Einschränkung der Benutzung alternativer Absatzkanäle vorzusehen, gering sein (vgl. Airbnb).

tragen das entsprechende Geschäftsrisiko. In der Regel wird der *Betreiber* zugleich *Eigentümer* der Online-Plattform sein, aber je nach den konkreten Umständen kommt z.B. auch ein Lizenzinhaber als Betreiber einer Online-Plattform in Betracht.

816 Wer eine Online-Buchungsplattform betreibt, handelt in der Regel als *Vermittler*, der den Abschluss von Gastaufnahmeverträgen zwischen einem Beherbergungsbetrieb und dessen Kunden ermöglicht bzw. fördert[2218]. Je nach den konkreten Umständen mag sich der Plattformbetreiber lediglich als *technischer Übermittler* (Bote) der Willenserklärungen (Buchung) der *Kunden* an den *Beherbergungsbetrieb* verstehen, ohne diesbezüglich – weder in eigenem Namen für sich selber noch als Stellvertreter für eine Partei – rechtsgeschäftlich zu handeln. Möglich ist auch, dass der Betreiber der Reservationsplattform sich als *direkter Stellvertreter* versteht, welcher im Namen des Beherbergungsbetriebs und für dessen Rechnung gegenüber dem Kunden handelt. Für die rechtliche Qualifikation sind dabei stets die konkreten Umstände massgeblich.

817 Unabhängig von der konkreten technischen und organisatorischen Ausgestaltung gilt als «*Online-Buchungsplattform*» («*plateforme en ligne de réservation*», «*piattaforma in linea per la prenotazione*») jede digitale Plattform, die über das Internet *Dienstleistungen* von Beherbergungsbetrieben an *potentielle Kunden* vermittelt, indem sie die relevanten Angebotsinformationen in einfacher Weise und kundenfreundlicher Ausgestaltung (z.B. nach standardisierten Kriterien, mit differenzierten Suchfunktionen) zugänglich macht.

c. Einschränkung der Vertragskonditionen durch AGB

aa. Allgemeines

818 Das vom Gesetz als *unlauter* qualifizierte Verhalten des Betreibers einer Online-Buchungsplattform besteht in der *Verwendung (utilisation, utilizzo)*[2219] von *AGB*[2220], welche die *Vertragsfreiheit* des Beherbergungsbetriebs insofern *beeinträchtigen*, als dieser auf *alternativen Absatzkanälen* die *Konditionen* für seine Dienstleistungen *nicht* mehr *frei bestimmen* darf. Der Klärung bedarf, was unter diesen *Vertragskonditionen* zu verstehen ist (unten N 819 ff.) und inwieweit deren Festlegung einer (vertraglichen) *Einschränkung* unterliegt (unten N 823 ff.), die als *unlauter* zu qualifizieren ist.

[2218] Ob ein reines Mäklerverhältnis (vgl. Art. 412 OR ff.) oder ein Innominatvertrag vorliegt, ist nach den konkreten Gegebenheiten zu beurteilen.

[2219] Zum Begriff der *Verwendung* von AGB, vgl. oben N 744 ff.

[2220] Zum Begriff der *AGB*, vgl. oben N 74 ff.

bb. Vertragsbedingungen für den Erwerb von Beherbergungsdienstleistungen

Für den Vertrag zwischen einem *Beherbergungsbetrieb* und einer *Online-Buchungsplattform* hat sich noch keine Bezeichnung allgemein durchgesetzt. Die Rede ist etwa von «Anschlussvertrag», «Kooperationsvertrag», «Partnervertrag» oder «Hotel-Online-Buchungsplattformvertrag». Im Folgenden wird jeweils vom «*Buchungsplattformvertrag*» gesprochen. Unabhängig von der konkreten Bezeichnung handelt es sich bei diesem Vertrag meist um einen *Innominatvertrag* mit einem *makler-* bzw. *agenturvertraglichen* Schwerpunkt, der grundsätzlich dem *Auftragsrecht* untersteht[2221]. Der Inhalt des Vertrags wird massgeblich von den *AGB* des Buchungsplattformbetreibers mitbestimmt, worin bestimmte *Vorgaben* zu den *Vertragsbedingungen* des *Gastaufnahmevertrags* (zwischen den Endkunden und dem Beherbergungsbetrieb) enthalten sind. Die AGB wollen damit auf den *Vertragsinhalt* zwischen einem Beherbergungsbetrieb und einem *Dritten* (Endkunden) Einfluss nehmen. 819

Der deutsche Gesetzestext spricht diesbezüglich – stilistisch einigermassen ungelenk[2222] – von der «*Preis- und Angebotssetzung*» des Beherbergungsbetriebs, während der französische bzw. italienische Text von «*fixation des prix et de l'offre*» bzw. «*fissazione dei prezzi e dell'offerta*» redet. Alle drei Formulierungen beziehen sich auf die *Vertragskonditionen*, zu denen ein Beherbergungsbetrieb seine Dienstleistungen potentiellen Endkunden (z.B. Hotelgästen) auf der Buchungsplattform anbietet. Der Begriff des «*Angebots*» («*offre*», «*offerta*») ist allerdings wenig trefflich, da es bei der Kundgabe der Vertragskonditionen auf einer Buchungsplattform typischerweise eher um eine *Einladung* zur *Offertstellung* (*invitatio ad offerendum*) denn um ein *verbindliches Angebot* zum Abschluss eines Gastaufnahmevertrags geht[2223]. 820

Das Gesetz erwähnt ausdrücklich «*Paritätsklauseln*» («*clauses de parité*», «*clausole di parità*»), die sich namentlich auf den *Preis* («*tarifs*», «*tariffe*»), die *Verfügbarkeit* («*disponibilité*», «*disponibilità*») und/oder die *Konditionen* («*conditions*», «*condizioni*») beziehen. Damit erfasst der Gesetzeswortlaut im Ergebnis *alle Vertragskonditionen* eines Gastaufnahmevertrags, die nach den AGB des 821

[2221] Vgl. Art. 412 Abs. 2 bzw. Art. 418b Abs. 2 OR. – *Nota*: Teilweise wird das Vermittlungsgeschäft von Buchungsplattformen als «Agentur-Modell» bezeichnet und dem «Merchant-Modell» gegenübergestellt (vgl. z.B. Verfügung der Wettbewerbskommission vom 19. Oktober 2015, RPW 2016, N 14–17). Mit «Agent» ist dabei ein *Vermittlungsagent* und nicht ein *Abschlussagent* gemeint.

[2222] Zudem ist die Wortwahl fragwürdig, da der «Preis» ein elementarer Teil jeden «Angebots» darstellt und daher mit letzterem Begriff bereits erfasst ist.

[2223] Massgeblich sind jedoch stets die konkreten Umstände bzw. AGB.

Betreibers einer Online-Buchungsplattform unter eine (vereinbarte) *Paritätsklausel* fallen[2224]. Offen lässt das Gesetz allerdings, ob eine vertragliche Paritätsklausel nur jene *Parameter* (eines Gastaufnahmevertrags) erfasst, die auf der Buchungsplattform *tatsächlich angegeben* sind oder ob sie sich auch auf allfällige weitere Konditionen erstreckt. Die Antwort ergibt sich letztlich aus der Interpretation der fraglichen AGB, wobei – gemäss der *Unklarheitenregel* – nicht eindeutig formulierte AGB in Buchungsplattformverträgen *zulasten* des *Plattformbetreibers* und Paritätsklauseln im *Einzelfall restriktiv* auszulegen sind.

822 Aus *systematischer* Sicht überzeugt der Gesetzeswortlaut in den drei Sprachfassungen insofern nicht, als der «Preis» und die «Verfügbarkeit» ebenfalls zu den «Konditionen» einer Beherbergung gehören und somit die verwendeten Begriffe sich *inhaltlich überschneiden*[2225]. Gleichzeitig fällt auf, dass der deutsche und französische Text die drei Begriffe als *alternative* («*oder*» bzw. «*ou*»), der italienische Text jedoch als *kumulative* («*e*») Aufzählung versteht.

cc. Einschränkung der Vertragsfreiheit durch Paritätsklauseln

823 Der Gesetzestext nimmt lediglich im *französischen Titel* mit der Formulierung «*...limitant la liberté...*» inhaltlich (indirekt) auf die *Vertragsfreiheit* als geschütztes Rechtsgut Bezug, während die beiden anderen Amtssprachen dieses Kernelement *nicht erwähnen*.

824 *Paritätsklauseln* wollen vermeiden, dass Endkunden auf einer *kostenlos*[2226] zugänglichen Online-Buchungsplattform eine *Beherbergungsmöglichkeit* ausfindig machen, die ihren persönlichen Bedürfnissen entspricht, um anschliessend die *Buchung direkt* beim ausgewählten Beherbergungsbetrieb – also ausserhalb der Online-Plattform – vorzunehmen. Durch ein solch eigennütziges Verhalten

---

2224 Vgl. auch AB 2022 N 235 («*Il est à noter encore que, lors de sa séance du 4 février dernier, la commission a étendu cette interdiction à l'ensemble des clauses de parité et non pas uniquement aux clauses de parité tarifaire, c'est-à-dire qu'elle a souhaité étendre l'interdiction aux clauses de parité de disponibilité et aux clauses de parité de conditions de réservation.*» [Votum Maître]).

2225 Die Formulierung «*Preis, Verfügbarkeit oder Konditionen*» dürfte vom Urteil der WeKo inspiriert worden sein, wo aus den AGB (der am Verfahren beteiligten Hotelbuchungsplattformen) die «Preisparitätsklauseln», «Verfügbarkeitsparitätsklauseln» und «Konditionenparitätsklauseln» aus *wettbewerbsrechtlicher* erörtert und diskutiert wurden (vgl. Verfügung der Wettbewerbskommission vom 19. Oktober 2015, RPW 2016, N 31 ff., 273 ff.). – Für eine Rechtsnorm, welche die *Vertragsfreiheit* der Beherbergungsbetriebe gewährleisten will, ist diese wettbewerbsrechtliche Terminologie ungeeignet und missverständlich, da die Verfügbarkeit und der Preis eines Hotelzimmers elementare Vertragskonditionen sind.

2226 Vgl. Verfügung der Wettbewerbskommission vom 19. Oktober 2015, RPW 2016, N 201.

entgeht dem Betreiber der Online-Buchungsplattform die *Buchungskommission*, wobei der Endkunde vom Beherbergungsbetrieb unter Umständen noch einen *Preisnachlass* herausschlagen kann, da dieser Betrieb die *Kommission einspart*, die er bei einer Buchung über die Online-Plattform dem Plattformbetreiber hätte bezahlen müssen. Was den Inhalt von Paritätsklauseln anbelangt, können diese sich grundsätzlich auf *irgendwelche Vertragsparameter* beziehen.

Bei einer *Preisparitätsklausel* bestimmt der Beherbergungsbetrieb den *Preis* 825 für seine Dienstleistungen, die er auf der Online-Buchungsplattform anbietet, nach *freiem Ermessen*, so dass insofern die Vertragsfreiheit nicht beeinträchtigt wird[2227]. Hingegen wird er durch den *Buchungsplattformvertrag verpflichtet*, auf *anderen Absatzkanälen keine tieferen* Preise für dieselben Beherbergungsdienstleistungen anzubieten. Falls diese Paritätsklausel *alle alternativen Absatzkanäle* eines Beherbergungsbetriebs (namentlich auch direkte Buchungen über die eigene Homepage, per E-Mail oder Telefon) einschliesst, liegt eine ***weite*** *Preisparitätsklausel* vor. Erfasst die Preisparität hingegen (allfällige) Buchungen auf *anderen Online-Buchungsplattformen nicht*, womit tiefere Preise und damit auch eine Preisdifferenzierung möglich sind, handelt es sich um eine ***enge*** *Preisparitätsklausel*[2228].

Im Fall einer *Verfügbarkeitsparitätsklausel* bestimmt der Beherbergungsbe- 826 trieb selber die *Anzahl Zimmer*, die er auf der Online-Buchungsplattform anbieten will. Aufgrund des *Buchungsplattformvertrags* ist er jedoch *verpflichtet*, seine auf *anderen Absatzkanälen* angebotenen Zimmer gleichzeitig auch auf der Online-Buchungsplattform anzubieten. Erfasst die Verfügbarkeitsklausel *alle alternativen Absatzkanäle* eines Beherbergungsbetriebs (insbesondere auch direkte Buchungen über die eigene Homepage, per E-Mail oder Telefon), so liegt eine *weite Verfügbarkeitsparitätsklausel* vor. Erfasst dagegen die Pflicht zur Verfügbarkeitsparität *andere Online-Buchungsplattformen nicht*, handelt es sich um eine *enge Verfügbarkeitsparitätsklausel*, da unterschiedliche Verfügbarkeiten von Zimmern möglich sind[2229].

Analoges gilt für eine *Konditionenparitätsklausel,* die sich auf *weitere Para-* 827 *meter* von Beherbergungsdienstleistungen (z.B. Buchungsfristen, Zahlungskonditionen, Stornierungsbedingungen, check-in/check-out Zeiten) bezieht. Je nachdem, ob die Paritätsklausel *alle alternativen Absatzkanäle* (insbesondere auch den eigenen Direktvertrieb) des Beherbergungsbetriebs erfasst oder aber *andere Online-Buchungsplattformen* von der Parität *ausnimmt*, liegt entweder eine *weite* oder *enge Konditionenparitätsklausel* vor.

2227 Vgl. Verfügung der Wettbewerbskommission vom 19. Oktober 2015, RPW 2016, N 155, 165, 173, 278.

2228 *Ibidem* N 58.

2229 *Ibidem* N 61.

828 Art. 8a UWG erfasst nicht nur die «*direkte*», d.h. *vertragliche* Beschränkung und Durchsetzung der Benutzung von *alternativen Absatzkanälen* durch einen Beherbergungsbetrieb, sondern auch die «*indirekte*», d.h. *faktische* Einschränkung der Absatzchancen für seine Beherbergungsdienstleistungen auf der ordentlichen Online-Buchungsplattform. Während erstere die *Vertragsfreiheit* im Verhältnis zu *Dritten* (Endkunden) beschränkt, verringert letztere die *Buchungschancen* auf der ordentlichen Online-Buchungsplattform (z.B. durch eine statistisch basierte Verschlechterung des Rankings eines Beherbergungsbetriebs bei den Suchergebnissen von Online-Abfragen durch potentielle Kunden)[2230]. Ein Verbot der «indirekten» Durchsetzung von Preisparitätsklauseln wurde vom Bundesrat in der Botschaft *richtigerweise abgelehnt*, da es an der Justiziabilität (Beweis der Kausalität zwischen der Verletzung der Preisparität und einem schlechteren Ranking) fehlt und eine rechtsunsicherheitsstiftende Ausweitung des Verbotstatbestandes darstellt[2231]. Das Parlament hat diese berechtigten Bedenken ignoriert und sich diesbezüglich für eine kaum wirksame, eher symbolische Gesetzgebung entschieden.

d. Missbräuchlichkeit der Verwendung von Paritätsklauseln?

829 Unter dem Titel «Verwendung *missbräuchlicher* Geschäftsbedingungen»[2232] erklärt der (am 1. Juli 2012 in Kraft getretene) Tatbestand von *Art. 8 UWG* die Verwendung von AGB als unlauter, falls diese *treuwidrigerweise* ein *erhebliches* und *ungerechtfertigtes Missverhältnis* der *vertraglichen Rechte* und *Pflichten* zum *Nachteil* des Konsumenten vorsehen[2233]. Die Unlauterkeit liegt demnach nicht in der Verwendung von AGB *per se*, sondern in deren *missbräuchlichen Inhalt*. Der Gesetzgeber verfolgte damit eine *offene Inhaltskontrolle*[2234] von AGB.

830 *Art. 8a UWG* des *bundesrätlichen Gesetzesentwurfs* hatte unter dem Titel «*Missbräuchlichkeit* der Verwendung von Preisbindungsklauseln gegenüber Beherbergungsbetrieben»[2235] die *Verwendung* von Preisbindungsklauseln (namentlich von Preisparitätsklauseln) *per se* – also *ohne* zusätzliche inhaltliche

---

2230 Vgl. Verfügung der Wettbewerbskommission vom 19. Oktober 2015, RPW 2016, N 30 (wonach eine Verletzung der Preisparitätsklausel zu einer tieferen Konversionsrate und damit zu einem schlechteren Ranking führen kann).

2231 Botschaft zur Änderung des Bundesgesetzes gegen den unlauteren Wettbewerb vom 17. November 2021, BBl 2021, 2858, 14/22.

2232 Hervorhebung hinzugefügt.

2233 Vgl. die eingehende Kommentierung dieser Bestimmung, oben § 10.

2234 Vgl. oben N 107 f.

2235 Hervorhebung hinzugefügt.

Anforderungen – als unlauter erklärt. Wegen des Titels («*Missbräuchlichkeit*», «*caractère abusif*») sowie der systematischen Einordnung der vorgeschlagenen Bestimmung als Art. 8a UWG – anstatt z.B. als Art. 9a UWG – wäre im Fall einer Annahme dieser Formulierung durch das Parlament die Bestimmung dennoch so auszulegen gewesen, dass eine Preisbindungsklausel *missbräuchlich* hätte sein müssen, um lauterkeitsrechtlich als *unlauter* zu gelten[2236].

Der am 1. Dezember 2022 in Kraft getretene Art. 8a UWG erklärt nun aber – 831
unter dem Titel «Verwendung von Paritätsklauseln gegenüber Beherbergungsbetrieben» – schlicht *alle Paritätsklauseln* als unlauter, soweit sie die «Preis- und Angebotssetzung…direkt oder indirekt einschränken». Da sich im Gesetzestext keinerlei Hinweis (mehr) auf eine erforderliche Missbräuchlichkeit findet, ist zu folgern, dass *Paritätsklauseln* in *Buchungsplattformverträgen*, welche Buchungsplattformbetreiber mit Beherbergungsbetrieben abschliessen, *per se* als *verboten* gelten[2237]. Nach dem Gesetzeswortlaut betrifft dies sowohl «direkte» als auch «indirekte»[2238] Einschränkungen der «Preis- und Angebotssetzung», was einen überwiegend wirtschaftspolitischen Eingriff ins Vertragsrecht und in die Wirtschaftsfreiheit darstellt. Im Ergebnis verfolgt damit Art. 8a UWG nicht eine offene Inhaltskontrolle *missbräuchlicher* AGB – wie dies Art. 8 UWG tut – sondern führt ein (zu) undifferenziertes *Verbot* von *Paritätsklauseln* ein, das dogmatisch zur AGB-Gültigkeitskontrolle[2239] gehört. Mit anderen Worten, es liegt eine *lex specialis* vor, die für Beherbergungsbetriebe ein fragwürdiges *branchenorientiertes AGB-Sonderregime* einführt[2240].

2236 Die Botschaft des Bundesrats ging davon aus, dass die Nichtigkeit von Preisparitätsklauseln deren Missbräuchlichkeit voraussetzt (BBl 2021, 2858, 7/22).

2237 Der Grundtatbestand von Art. 2 UWG erklärt *treuwidriges* Verhalten im Markt allgemein als unlauter (und widerrechtlich). Anders als Art. 8 UWG, der seinerseits ausdrücklich auf die *Treuwidrigkeit* hinweist, fordert der Wortlaut des Sondertatbestands von Art. 8a UWG weder *Treuwidrigkeit* noch *Missbräuchlichkeit*.

2238 Der Einbezug der *indirekten* Durchsetzung einer Preisparitätsklausel ist insofern inkohärent bzw. sachfremd, als diese nicht die «Preis- und Angebotssetzung» des Beherbergungsbetriebs einschränkt, sondern den allfälligen Rückgang der Buchungen auf der betroffenen Buchungsplattform betrifft.

2239 Vgl. oben, § 9.

2240 Angesichts der bescheidenen Wirkung, die Art. 8 UWG (insbesondere mangels wegweisender Präjudizien) bisher in der Praxis auf die Verwendung missbräuchlicher AGB gehabt hat, ist kaum zu erwarten, dass Art. 8a UWG in der Praxis einen wesentlichen Einfluss auf die Verwendung von Paritätsklauseln haben wird. Zudem nützt die Feststellung der Nichtigkeit von Paritätsklauseln einem Beherbergungsbetrieb wenig, wenn der Betreiber der Online-Buchungsplattform den Buchungsplattformvertrag kündigt, weil die Preisabschläge auf konkurrierenden Absatzkanälen für ihn den Vertrag wirtschaftlich unattraktiv machen. Mit anderen Worten: Im Ergebnis riskiert der Beherbergungsbetrieb anstatt eines Buchungsplattformvertrags *ohne Paritätsklauseln* gar *keinen* Buchungsplattformvertrag mehr zu haben. Dies zeigt, dass es in erster Linie um

4. Rechtsfolge

Gleich wie Art. 8 UWG äussert sich auch Art. 8a UWG *nicht* zur *Rechtsfolge* eines unlauteren Umgangs mit AGB. Bei Art. 8 UWG geht die herrschende Meinung von der *Nichtigkeit* missbräuchlicher AGB aus[2241]. Dieselbe Rechtsfolge drängt sich bei Art. 8a UWG *a fortiori* auf, da der Gesetzgeber ein *Paritätsklauselverbot* (im Sinne einer Gültigkeitskontrolle) beabsichtigte[2242].

5. Bewertung der neuen Bestimmung von Art. 8a UWG

832 Während Paritätsklauseln in den AGB von Online-Buchungsplattformen den Wettbewerb unter *Beherbergungsbetrieben* nur geringfügig beinträchtigen[2243], beschränken sie den Wettbewerb unter *Online-Buchungsplattformen* mit Bezug auf die *Höhe* der *Buchungskommissionen* erheblich[2244]. Konsequenterweise hat die WeKo die vertragliche Pflicht zur *Gleichbehandlung* von *Online-Buchungsplattformen* als *kartellrechtswidrig*[2245] *verboten.*

833 Dem Parlament genügte dieses kartellrechtliche Verbot allerdings nicht, weshalb es – gegen den Willen des Bundesrats – mit einer Revision des Gesetzes gegen den *unlauteren* Wettbewerb ein *allgemeines Paritätsklauselverbot* erliess. Paradoxerweise war in der parlamentarischen Debatte die (*Un*)*Lauterkeit* des Wettbewerbs jedoch *kein Thema*, da durchgehend mit *monopolistischen* Tendenzen und der Ausübung von *Marktmacht*, also *kartellrechtlich* argumentiert wurde[2246]. Der parlamentarische Prozess und der daraus hervorge-

---

eine *kartellrechtliche* und nicht *lauterkeitsrechtliche* Problematik geht, d.h. namentlich um einen (ungenügenden) Wettbewerb, welcher zu bewirken vermöchte, dass Online-Buchungsplattformen, die zu hohe Buchungskommissionen verlangen, Marktanteile verlieren. Vgl. auch Verfügung der Wettbewerbskommission vom 19. Oktober 2015, RPW 2016, N 301, 310–312 sowie Art. 7 Abs. 2 lit. c KG.

2241 Dazu oben, N 798.

2242 Vgl. etwa Botschaft zur Änderung des Bundesgesetzes gegen den unlauteren Wettbewerb vom 17. November 2021, BBl 2021, 2858, 13/22; AB SR 2022, 451 f, (Votum Bundesrat Parmelin).

2243 Vgl. Verfügung der Wettbewerbskommission vom 19. Oktober 2015, RPW 2016, N 290, 311.

2244 *Ibidem*, N 310, 312.

2245 Vgl. Art. 5 Abs. 1 KG.

2246 Siehe z.B. AB SR 2022, 413 (Votum Sommaruga C.: «Toutefois, force est de constater que le succès d'une plateforme en ligne la transforme souvent en acteur monopolistique avec ambition d'imposer le plus largement possible sur le marché son modèle d'affaires…»); AB SR 2022, 415 (Votum Bischof: «In der Schweiz ist es möglich, dass ein gangene Art. 8a UWG leiden dementsprechend an begrifflichen, konzeptionellen und argumentativen Widersprüchen und entbehren eines kohärenten Ansatzes. Damit hat es der Gesetzgeber in drei Jahrzehnten mit seinen UWG-Revisionen versäumt, auf dem Gebiet der AGB eine einigermassen stimmige Regelung zu schaffen. Das ist zu bedauern[2247].

marktbeherrschendes Unternehmen seinen Kunden vorschreiben darf, welche Preise sie bei privaten Vergaben durch Hotels festlegen müssen. Nur bei uns ist das möglich.») Nota: Dieser (falschen) Aussage widerspricht Art. 7 Abs. 2 lit. c KG.

2247 Damit ist die AGB-Rechtslage in der Schweiz nochmals *unübersichtlicher* geworden, weil für Anbieter von *Beherbergungsdienstleistungen* fortan eine Sonderregel gilt, die eine einzelne Wirtschaftsbranche privilegiert, da in diesem Bereich AGB als ungültig gelten, ohne dass ein Missbrauch im Sinne von Art. 8 UWG vorzuliegen braucht. Diese rechtsungleiche (unverhältnismässige) lauterkeitsrechtliche Sonderbehandlung stellt eine rechtstaatlich problematische Gesetzgebung dar und ist eine Spätfolge der seinerzeit misslungenen Revision gemäss Art. 8 UWG (2011).

Dritter Teil: Einzelfragen des schweizerischen AGB-Rechts

§ 11 Das Verhältnis der Ungewöhnlichkeitsregel zur offenen Inhaltskontrolle von Art. 8 UWG (2011)

Mit der Einführung einer *offenen Inhaltskontrolle* durch Art. 8 UWG (2011) 834
stellt sich die Frage, in welchem Verhältnis diese *lauterkeitsrechtliche* Bestimmung zur – auf dem Vertrauensprinzip beruhenden – obligationenrechtlichen *Ungewöhnlichkeitsregel* (oben N 193 ff.) steht. Klar ist, dass die offene Inhaltskontrolle die Ungewöhnlichkeitsregel nicht *per se* obsolet werden lässt[2248]. Einerseits schützt nämlich Art. 8 UWG (2011) nur den Konsumenten, so dass für *Nicht-Konsumenten* die Ungewöhnlichkeitsregel noch an Bedeutung gewinnen dürfte. Anderseits bleibt die Ungewöhnlichkeitsregel im Rahmen der Konsenskontrolle auch für Konsumenten relevant, da ungewöhnliche AGB mangels Konsenses keiner lauterkeitsrechtlichen Inhaltskontrolle mehr bedürfen. Die Lage präsentiert sich demnach für *Nicht-Konsumenten* (unten N 835 f.) und *Konsumenten* (unten N 837 f.) unterschiedlich.

I. Nicht-Konsument als AGB-Übernehmer

Der Wortlaut von Art. 8 UWG (2011), «[u]nlauter handelt *insbesondere…*», 835
wer missbräuchliche AGB zum Nachteil von Konsumenten verwendet, mag den Gedanken aufkommen lassen, dass dieser Tatbestand *nicht abschliessend* formuliert ist und damit auch *Nicht-Konsumenten* darunter subsumiert werden könnten[2249]. Diese Betrachtungsweise ist indes *abzulehnen.* Nachdem sich der Gesetzgeber im Differenzbereinigungsverfahren sprichwörtlich in «letzter Minute» – zwecks Rettung des UWG-Revisionsvorhabens als Ganzes – auf einen

---

[2248] Vgl. z.B. auch § 305c und § 307 BGB.

[2249] So HOLLIGER-HAGMANN, Rz. 25 ff. (ohne wissenschaftliche Begründung). – Wenn Art. 8 UWG den Begriff «insbesondere» verwendet, heisst dies, dass es sich um einen Anwendungsfall der Generalklausel von Art. 2 UWG handelt. Es bedeutet aber nicht, dass – je nach den persönlichen Präferenzen des Gesetzesinterpreten – einzelne Tatbestandsmerkmale von Art. 8 UWG ignoriert und faktisch gestrichen werden dürfen. Fragen kann man sich höchstens, ob der Richter in Anwendung der Generalklausel von Art. 2 UWG, Nicht-Konsumenten-AGB als unlauter erklären darf. Dies ist zu *verneinen.* Nachdem der Gesetzgeber in Art. 8 UWG *(lex specialis)* die offene Inhaltskontrolle bewusst auf Konsumenten-AGB beschränkt hat, ist es nicht statthaft, diesen Willen des Gesetzgebers über die konturlose Generalklausel von Art. 2 UWG *(lex generalis)* zu umgehen.

Kompromiss hat einigen können, wonach die offene Inhaltskontrolle von Art. 8 UWG (2011) auf die Verwendung von AGB gegenüber *Konsumenten beschränkt* wurde (oben N 357, 756), steht es dem Richter nicht zu, sich über diesen *gesetzgeberischen Willen* hinwegzusetzen und die offene Inhaltskontrolle von Art. 8 UWG (2011) auf Nicht-Konsumenten (Unternehmer) auszudehnen[2250]. Methodologisch denkbar wäre allenfalls eine *subsidiäre* Anwendung der *Generalklausel* von *Art. 2 UWG* auf die Verwendung missbräuchlicher AGB gegenüber Nicht-Konsumenten, aber auch dieser Ansatz darf nicht zu einer Missachtung des gesetzgeberischen Willens führen, wie er in Art. 8 UWG (2011) zum Ausdruck gelangt ist.

836 Muss demnach davon ausgegangen werden, dass Nicht-Konsumenten und damit vor allem *KMU* vom lauterkeitsrechtlichen Schutz von Art. 8 UWG *(2011) ausgeschlossen* sind und insofern – im Vergleich zum bisherigen Art. 8 UWG (1986) – eine *Verschlechterung* ihrer (lauterkeitsrechtlichen) Rechtslage eingetreten ist, deren praktische Tragweite der Gesetzgeber kaum erkannt haben dürfte, stellt sich die Frage, ob nicht der *obligationenrechtliche* Schutz *kompensierend* eingreifen kann bzw. soll. Dies ist grundsätzlich zu *bejahen*. Der Umstand, dass KMU keinen lauterkeitsrechtlichen Schutz nach Art. 8 UWG (2011) (mehr) geniessen und insoweit den (potentiell) missbräuchlichen AGB ihrer gewerblichen Lieferanten und Abnehmer ausgeliefert sind, erhöht die praktische Bedeutung des obligationenrechtlichen Schutzes durch die *Ungewöhnlichkeitsregel*. Es ist daher angezeigt, diese Regel zum Schutze der KMU vor missbräuchlichen AGB *weiter auszulegen*, als es bisher der Fall war[2251].

II. Konsument als AGB-Übernehmer

837 Liegt seitens des Konsumenten eine *Vollübernahme*[2252] von AGB vor, so gelangt die *Ungewöhnlichkeitsregel nicht* zur Anwendung und die Frage nach dem Verhältnis zur offenen Inhaltskontrolle von Art. 8 UWG (2011) stellt sich nicht. Hat hingegen ein Konsument den AGB in Form einer *Globalübernahme*[2253] zugestimmt – was in der Praxis der Regel entspricht – kommt die *Ungewöhnlichkeitsregel* zur Geltung[2254]. Erweist sich dabei eine vom Konsumenten global übernommene AGB als *ungewöhnlich*, so mangelt es am erfor-

---

[2250] Dies wird durch die (erfolglose) parlamentarische Initiative 14.440, welche die Beschränkung des Anwendungsbereichs von Art. 8 UWG (2011) auf Konsumenten rückgängig machen wollte, bestätigt. Dazu oben Fn 2160.

[2251] Vgl. dazu oben N 792.

[2252] Dazu oben N 88 ff., 96.

[2253] Dazu oben N 88 ff., 96.

[2254] Dazu oben N 193 ff.

derlichen (normativen) Parteikonsens, die Klausel zum Vertragsinhalt zu erheben und sie entfaltet zwischen den Parteien *keine Wirkung*. Handelt es sich dagegen um eine *nicht ungewöhnliche* AGB, gilt sie obligationenrechtlich als gültig (global) vereinbart, kann aber lauterkeitsrechtlich nach Art. 8 UWG (2011) allenfalls *missbräuchlich* und damit *ungültig* (nichtig)[2255] sein.

Letzteres Neben- und Miteinander der (obligationenrechtlichen) *Ungewöhnlichkeitsregel* einerseits und der (lauterkeitsrechtlichen) *offenen Inhaltskontrolle* für *Konsumenten-AGB* anderseits stellt im schweizerischen Recht ein Novum dar und wirft die Frage nach dem gegenseitigen Verhältnis beider Kontrollinstrumente auf. Dies insbesondere vor dem Hintergrund der bisherigen bundesgerichtlichen Rechtsprechung, welche im Rahmen der Ungewöhnlichkeitsregel insofern eine *verdeckte Inhaltskontrolle* praktizierte, als sie die Ungewöhnlichkeit einer AGB umso eher bejahte, je *nachteiliger* diese für den AGB-Übernehmer war[2256]. Diese Rechtsprechung bedarf nach Einführung der offenen Inhaltskontrolle durch Art. 8 UWG (2011) einer *Überprüfung*. Ziel sollte es sein, die Ungewöhnlichkeitsregel als Element der obligationenrechtlichen Konsenskontrolle von der lauterkeitsrechtlichen (offenen) Inhaltskontrolle *loszulösen*. Folglich dient die Ungewöhnlichkeitsregel als Mittel der Konsenskontrolle dazu, *qualitativ ungewöhnliche* (und insoweit überraschende) AGB als vom Parteikonsens nicht gedeckt und unwirksam zu erklären, und zwar auch dann, wenn ihre benachteiligende Wirkung nur gering ist. Die Ungewöhnlichkeitsregel erfasst und eliminiert damit die für einen *konkreten Vertrag sach-* oder *geschäftsfremden* AGB. Bei der (lauterkeitsrechtlichen) *offenen Inhaltskontrolle* geht es dagegen um die Frage, ob eine oder mehrere (nicht ungewöhnliche) AGB in *quantitativer* Hinsicht eine *missbräuchliche Benachteiligung* des Konsumenten zur Folge haben (z.B. übermässige Beschränkung der Haftung; Ausschluss der Gewährleistung; hoher Verzugszins). So betrachtet lässt sich die Ungewöhnlichkeitsregel – nach Inkrafttreten von Art. 8 UWG (2011) – auf ihre eigentliche Funktion der Konsenskontrolle zurückführen und von der neuen (lauterkeitsrechtlichen) offenen Inhaltskontrolle – jedenfalls im Grundsatz – sinnvoll abgrenzen. 838

[2255] Dazu oben N 743 ff., 798 f.

[2256] Dazu oben N 203.

§ 12 Klage eines AGB-Verwenders gegen andere AGB-Verwender

839 AGB können nicht nur zwischen einem AGB-*Verwender* einerseits und einem AGB-*Übernehmer* anderseits umstritten sein, sondern auch *unter AGB-Verwendern*. Es ist daher denkbar, dass ein AGB-Verwender einem *Konkurrenten* vorwirft, letzterer betreibe unlauteren Wettbewerb, indem er missbräuchliche AGB gegenüber seinen Klienten (Konsumenten) verwende und sich damit einen *unlauteren Vorteil* verschaffe und gleichzeitig die Branche – und damit auch den Konkurrenten – in Misskredit bringe.

840 Obwohl kaum anzunehmen ist, dass der Gesetzgeber bei der Revision des UWG diese Konstellation im Auge hatte[2257], ist sie vom *Wortlaut* von Art. 8 UWG (2011) miterfasst[2258]. Die Anwendung des Kriteriums des «treuwidrigen, erheblichen und ungerechtfertigten Missverhältnisses» zwischen vertraglichen Rechten und Pflichten stösst allerdings im Verhältnis zwischen *Konkurrenten* auf Schwierigkeiten, falls *keine konkrete Verwendung* von Konsumenten-AGB einer Klage zugrunde liegt. Ohne die Verwendung von AGB gegenüber einem einzelnen Konsumenten lässt sich nämlich die Missbräuchlichkeit von AGB, namentlich die «Treuwidrigkeit» sowie das «erhebliche und ungerechtfertigte Missverhältnis», kaum sinnvoll beurteilen. Es wird daher meist erforderlich sein, dass der klagende Konkurrent sich auf eine *konkrete Verwendung* von AGB des beklagten Konkurrenten gegenüber einem oder mehreren Konsumenten stützen kann, um die Treuwidrigkeit und das erhebliche und ungerechtfertigte Missverhältnis zu substantiieren. Dies wird in der Praxis relativ aufwändig sein, so dass Art. 8 UWG (2011) unter Konkurrenten kaum grössere praktische Bedeutung erlangen dürfte. Möglich bleibt immerhin ein Rückgriff auf die *Generalklausel* von *Art. 2 UWG*, aber deren Interpretation lässt sich nur beschränkt von Art. 8 UWG (2011) loslösen[2259], weshalb auch dieser Ansatz kaum hilfreich sein dürfte, um gegen potentiell missbräuchliche AGB von Konkurrenten vorzugehen. Abgesehen davon wird auch hier das Prozessrisiko in der Regel höher sein als der konkrete Nutzen einer (erfolgreichen) Klage, ob diese sich auf Art. 8 UWG oder auf Art. 2 UWG stützt.

2257 Soweit ersichtlich finden sich in den Materialien keine Hinweise, dass der Gesetzgeber bei der Revision von Art. 8 UWG (2011) an diese Sachverhaltskonstellation gedacht hat.

2258 Gemäss Art. 1 UWG will das UWG den lauteren Wettbewerb «im Interesse aller Beteiligten» gewährleisten. Ein Konkurrent hat daher grundsätzlich ein schutzwürdiges Interesse, allenfalls gegen die Verwendung missbräuchlicher AGB eines Konkurrenten gerichtlich vorzugehen. – Vgl. auch BSK UWG-THOUVENIN, Art. 8 N 137, wonach Art. 8 UWG (2011) allein das Verhältnis zwischen Anbieter und Konsument erfasst, aber offenbar dennoch eine AGB-Klage unter Konkurrenten erlaubt.

2259 Vgl. BGE 136 III 431, 435 E. 4.3.

§ 13 Verbandsklagen (Konsumentenschutz-organisationen) und Klagen des Bundes

Die Legitimation für Klagen nach Art. 9 Abs. 1 und 2 UWG (sog. *negatorische Klagen* oder *Abwehrklagen*)[2260] steht nicht nur dem Konsumenten als individuell benachteiligtem AGB-Übernehmer bzw. AGB-Adressaten zu, sondern auch *Konsumentenschutzorganisationen* von *regionaler* oder *gesamtschweizerischer* Bedeutung[2261]. Nach Art. 9 Abs. 1 und 2 UWG können repräsentative Konsumentenschutzorganisationen Klage gegen den *Verwender*[2262] *unlauterer AGB* erheben und dadurch missbräuchlichen AGB – losgelöst von einem konkreten Vertragsabschluss eines AGB-Übernehmers *(= abstrakte Inhaltskontrolle)* [2263] – 841

2260 Nach Gesetz stehen den Konsumentenschutzorganisationen nur *negatorische Klagen* zu (Klage auf *Unterlassung* einer drohenden Verletzung; Klage auf *Feststellung* der Widerrechtlichkeit einer Verletzung, welche sich weiterhin störend auswirkt; Klage auf *Beseitigung* einer bestehenden Verletzung; Art. 9 Abs. 1 lit. a bis c UWG), nicht aber *reparatorische Klagen* (Klage auf Schadenersatz, Genugtuung oder Gewinnherausgabe, Art. 9 Abs. 3 UWG).

2261 Art. 10 Abs. 2 lit. b UWG. – Für Einzelheiten zum Begriff der regionalen oder gesamtschweizerischen Konsumentenschutzorganisation: BBl 1983 II 1078.

2262 Zum Begriff der «Verwendung» von AGB, siehe oben N 744 ff. – Ein Berufsverband, welcher AGB verfasst und diese seinen Mitgliedern *zur Verfügung stellt*, ist nicht «AGB-Verwender» im Sinne von Art. 8 UWG. Selbst wenn der Verband seinen Mitgliedern die AGB zur Verwendung *empfiehlt*, liegt eine Verwendung erst dann vor, wenn die AGB von einem seiner Mitglieder im Geschäftsverkehr *tatsächlich eingesetzt* worden sind, wobei es nicht zum Vertragsabschluss mit einem Konsumenten zu kommen braucht. Liegt eine tatsächliche Verwendung der empfohlenen AGB durch ein Verbandsmitglied vor, ist nach Art. 50 Abs. 1 OR von der *Beteiligung* des *empfehlenden Verbandes* an dieser AGB-Verwendung auszugehen und damit die Passivlegitimation des Verbandes gegeben (offenbar a. M. RUSCH/SCHIRRMACHER, 684). – Ausserhalb des Geltungsbereichs von Art. 8 UWG kann sich eine Empfehlung zur Verwendung missbräuchlicher AGB allenfalls – je nach den Umständen des Einzelfalles – aufgrund der Generalklausel (Art. 2 UWG) oder eines Sondertatbestandes als unlauter erweisen.

2263 UWG Botschaft, BBl 2009, 6162 («Das heisst, AGB könnten vom Gericht ohne Vorliegen eines konkreten Vertragsverhältnisses aufgrund ihres Inhalts als unlauter erklärt werden.»), 6178. Vgl. auch BGE 121 III 168, 175. – Der *hybride helvetische Ansatz* zur AGB-Kontrolle führt dazu, dass Art. 8 UWG einerseits – zur Verstärkung der obligationenrechtlichen AGB-Kontrolle – einen besseren *Individualschutz* des *Konsumenten* durch eine *konkrete, offene Inhaltskontrolle* gewährleisten soll, anderseits aber mit der *Verbandsklage* (Klage von Konsumentenschutzorganisationen) und der Klage des *Bundes* (Art. 10 Abs. 3 lit. b UWG) eine lauterkeitsrechtliche *abstrakte, AGB-Kontrolle* verwirklichen will (gl.M. WIDMER, Geschäftsbedingungen, N 234). Damit sind gewisse dogmatische Widersprüche und Auslegungsprobleme kaum zu vermeiden. – (A. M. THOUVENIN, Strukturierung, Rz. 6, wonach *jegliche* AGB-Kontrolle nach Art. 8 UWG eine *abstrakte* sein soll. Dem kann nicht gefolgt entgegentreten[2264]. In Betracht kommt sowohl eine *Feststellungsklage*[2265], die AGB eines AGB-Verwenders seien missbräuchlich, als auch eine *Unterlassungsklage*[2266], wonach ein (tatsächlicher oder potentieller) AGB-Verwender seine missbräuchlichen AGB nicht (mehr) verwenden dürfe. Nicht zielführend ist dagegen eine auf die Beseitigung einer (effektiven) Verletzung gerichtete Klage *(Beseitigungsklage*[2267]*)*, wenn weder die Konsumentenschutzorganisation *selber* noch eines ihrer *Mitglieder*, noch ein *Konsument* als AGB-Übernehmer durch die Verwendung von AGB in den eigenen wirtschaftlichen Interessen verletzt worden ist[2268].

842 Von der Klagemöglichkeit von Konsumentenschutzorganisationen hatte sich der Gesetzgeber unter dem früheren *Art. 8 UWG (1986)* eine wesentliche Verbesserung des Schutzes von Konsumenten vor *missbräuchlichen AGB* versprochen. Diese Hoffnung hatte sich freilich *nicht* erfüllt, da die Konsumentenschutzorganisationen kaum von ihrem Klagerecht Gebrauch gemacht haben und dieses spe-

werden. Das Kriterium des treuwidrigen, erheblichen und ungerechtfertigten Missverhältnisses zwischen vertraglichen Rechten und Pflichten wurde aus Art. 3 RL 93/13/EWG übernommen und lässt sich letztlich nur anhand der *konkreten Umstände* des *Einzelfalles* sinnvoll interpretieren und anwenden, was auch *Sinn* und *Zweck* von Art 3 RL 93/13/EWG ist und dem gesetzgeberischen Willen entspricht. Vgl. Botschaft, BBl 2009, 6179).

2264 In der parlamentarischen Diskussion wurde (v.a. von politisch rechter Seite) eine *«abstrakte Inhaltskontrolle»* abgelehnt (vgl. Amtl. Bull. 2010 SR 936 [Votum Germann], Amtl. Bull. 2011 NR 222 [Votum Schwander], 228 [Votum Fluri]). Diese *Minderheitsmeinung* vermochte sich aber im Parlament *nicht durchzusetzen* (vgl. Amtl. Bull. 2011 NR 1227 [Votum Schwander: «Eine abstrakte Normenkontrolle der allgemeinen Geschäftsbedingungen, wie sie jetzt in der Einigungskonferenz für Artikel 8 beschlossen wurde, wollte die SVP nicht.»]). – Diese leidenschaftlich geführte politische Diskussion mutet etwas anachronistisch an, da die Konsumentenschutzorganisationen bereits unter Art. 8 UWG (1986) über *dieselben* Klagerechte verfügten wie gemäss dem revidierten Art. 8 UWG (2011) (vgl. UWG Botschaft, BBl 2009, 6159 [«Dies auch deshalb, weil die abstrakte Inhaltskontrolle in den Artikeln 8–10 UWG bereits vorgesehen sei.»]). – Entgegen einer in der Literatur vereinzelt vertretenen Meinung (vgl. HESS/RUCKSTUHL, 1208) bestehen aufgrund der Materialien sowie Art. 10 Abs. 2 UWG *keine Zweifel*, dass eine abstrakte Inhaltskontrolle von AGB nach Art. 8 UWG bei Klagen von Konsumentenschutzorganisationen dem gesetzgeberischen Willen entspricht.

2265 Art. 9 Abs. 1 lit. c UWG.

2266 Art. 9 Abs. 1 lit. a UWG. – Im Falle einer *Unterlassungsklage* genügt bereits die *drohende* Verletzung der wirtschaftlichen Interessen, weshalb in diesem Fall ausnahmsweise bereits die *drohende Verwendung* missbräuchlicher AGB genügt, um Art. 8 UWG anzuwenden.

2267 Art. 9 Abs. 1 lit. b UWG.

2268 Vgl. auch GORDON-VRBA, 279 f.

zifisch lauterkeitsrechtliche Kontrollinstrument in der Praxis damit ohne nennenswerte Wirkung geblieben ist[2269]. Vor diesem Hintergrund erscheint es zumindest fraglich, ob sich die Lage unter dem (neuen) *Art. 8 UWG (2011)* grundlegend ändern wird[2270]. Zweifel an einer effektiven Trendwende bestehen nicht zuletzt deshalb, weil die *Anwendung* der *Kriterien* von Art. 8 UWG (2011) bei Klagen von *Konsumentenschutzorganisationen* gegen einen AGB-Verwender – losgelöst von einem konkreten AGB-Übernehmer *(abstrakte Inhaltskontrolle) – Schwierigkeiten* bereitet, da das Kriterium des «treuwidrigen, erheblichen und ungerechtfertigten Missverhältnisses zwischen den vertraglichen Rechten und Pflichten» auf die Beurteilung einer *konkreten rechtsgeschäftlichen Faktenlage* ausgerichtet ist[2271]. Es ist daher bedauerlich, dass der Gesetzgeber – trotz (schlechter) Erfahrung mit Art. 8 UWG (1986) – an seinem Credo festgehalten hat, ein vorwiegend obligationenrechtliches Problem mit lauterkeitsrechtlichen Mitteln lösen zu wollen[2272]. Wenn der Gesetzgeber ernsthaft eine lauterkeitsrechtliche Kontrolle von AGB wünschte, hätte er Art. 8 UWG (2011) klarer auf eine abstrakte Inhaltskontrolle ausrichten müssen (z.B. keine Kompensationsmöglichkeit) und anderseits die Konsumentenschutzorganisationen finanziell so stellen sollen, dass sie genügende Pilotprozesse durchführen können, die eine Breitenwirkung gegen die Verwendung missbräuchlicher AGB entfalten. Mit ein und derselben Bestimmung sowohl obligationenrechtliche als auch lauterkeitsrechtliche Ziele verfolgen zu wollen, ist keine zukunftsträchtige Strategie gegen die Verwendung missbräuchlicher AGB[2273].

Gemäss dem revidierten *Art. 10 Abs. 3 lit. b UWG (2011)* steht dem *Bund* eben- 843
falls das Klagerecht nach Art. 9 Abs. 1 und 2 UWG (2011) zu, u.a. zum Schutz des öffentlichen Interesses, wenn *Kollektivinteressen* (z.B. die Interessen einer

2269 Vgl. in diesem Zusammenhang auch die breit angelegte Klage über rund 3,3 Mio. der Stiftung für Konsumentenschutz gegen Vw/AMAG, welche vor Bundesgericht mit einer kostenfälligen Klageablehnung endete (BGer 4A_43/2020 vom 16. Juli 2020).

2270 Skeptisch in dieser Hinsicht RUSCH/SCHIRRMACHER, 683 ff.

2271 Losgelöst von einem *konkreten Vertragsabschluss* eines AGB-Übernehmers wird insbesondere die Beurteilung der Kompensationsfrage (oben N 776 ff.) zu einem *spekulativen* Unterfangen. Gleiches gilt für die Anwendung des Kriteriums der *«Treuwidrigkeit»* (oben N 791). Der Bezug auf einen *fiktiven* «durchschnittlichen Vertragspartner» hilft in dieser Hinsicht kaum weiter, da damit letztlich über den «hypothetischen Parteiwillen fiktiver Vertragspartner» sinniert bzw. spekuliert wird (vgl. BBl 2009, 6179). – Zu weiteren Unterschieden zwischen der Rechtsstellung eines Konsumenten und der Rechtsstellung einer Konsumentenschutzorganisation siehe auch die EuGH-Rechtsprechung; oben N 382.

2272 Kritisch auch HESS/RUCKSTUHL, 1209. – A.M. GORDON-VRBA, welche die Konsumentenschutzorganisationen als «Gralshüter über die Lauterkeit der AGB [...] wachen» sieht (GORDON-VRBA, 266).

2273 Vgl. auch oben Fn 2263. – Der neue Art. 8 UWG (2011) scheint in den vergangenen zehn Jahren keinen wesentlichen Einfluss auf die Verwendung missbräuchlicher AGB in der Praxis gebracht zu haben.

Gruppe von Angehörigen einer Branche) bedroht oder verletzt sind[2274]. Zu den Kollektivinteressen im Sinn dieser Bestimmung gehört auch der *Konsumentenschutz*[2275]. Der Bund hat demnach die Möglichkeit, gegen Verwender missbräuchlicher AGB Klage zu erheben (v.a. Unterlassungsklage oder Feststellungsklage). Dabei handelt es sich um eine *«Kann»*-Vorschrift, d.h. es liegt im (pflichtgemässen) *Ermessen* des Bundes, ob er gegen einen AGB-Verwender den Rechtsweg beschreiten will oder nicht[2276]. Dies dürfte – nicht zuletzt wegen der beschränkten Ressourcen der Verwaltung – nur in *Ausnahmefällen* geschehen[2277]. Eine *Abmahnung* durch den Bund sollte allerdings gegen die Verwendung missbräuchlicher AGB auch eine gewisse Wirkung zeitigen[2278], da der AGB-Verwender andernfalls das Risiko läuft, vom Bund eingeklagt zu werden.

844 Ein letztinstanzliches Gerichtsurteil, welches aufgrund der Klage einer *Konsumentenschutzorganisation* oder des *Bundes* ergeht, entfaltet rechtlich nur *inter partes* Wirkung und bindet in erster Linie den im Prozess *unterlegenen AGB-Verwender*. Im Falle einer (erfolgreichen) *Unterlassungsklage*, die dem AGB-Verwender *verbietet*, eine (nach Art. 8 UWG) als missbräuchlich beurteilte Vertragsklausel weiterhin zu verwenden, werden *faktisch* jedoch die Konsumenten als *nicht prozessbeteiligte Dritte* mitgeschützt, da der gerichtlich unterlegene AGB-Verwender auch ihnen gegenüber die inkriminierte Klausel nicht mehr verwenden darf[2279]. Auch ein *Feststellungsurteil*, wonach eine bestimmte Vertragsklausel eines AGB-Verwenders (nach Art. 8 UWG) missbräuchlich ist, bedeutet im Ergebnis, dass der AGB-Verwender diese Vertragsklausel gegenüber Konsumenten nicht mehr durchsetzen kann. Darüber hinaus kommt Unterlassungs- und Feststellungsurteilen für *analoge Vertragsklauseln anderer* AGB-Verwendern eine *faktische Präjudizienwirkung* zu, insbesondere wenn das Urteil durch die Medien einer breiteren Öffentlichkeit bekannt wird und

---

2274 Wie bei den Klagen von Konsumentenschutzorganisationen soll hier eine *abstrakte Inhaltskontrolle* losgelöst von einem konkreten Vertragsverhältnis erfolgen. SUTTER/LÖRTSCHER, Klagerecht, 99 f.

2275 Obwohl die Botschaft eine längere Liste von relevanten unlauteren Geschäftspraktiken enthält, wozu etwa auch die Angebote von Hellsehern (!) gehören, wird eigenartigerweise der naheliegende *Schutz der Konsumenten vor unlauteren AGB nicht* genannt (UWG Botschaft, BBl 2009, 6180 f.). Aus den weiteren Ausführungen, welche u.a. auf die EU-Verordnung 2006/2004 über die Zusammenarbeit im Verbraucherschutz sowie auf die Konsumentenschutzorganisationen verweisen (BBl 2009, 6181), wird aber deutlich, dass der Konsumentenschutz zu den massgeblichen «Kollektivinteressen» gehört.

2276 Vgl. auch SUTTER/LÖRTSCHER, Klagerecht, 97.

2277 SUTTER/LÖRTSCHER, Klagerecht, 101, betrachten eine Klage des Bundes als *ultima ratio*.

2278 Vgl. auch UWG Botschaft, BBl 2009, 6181 f; SUTTER/LÖRTSCHER, Klagerecht, 99.

2279 Vgl. Rs. C-472/10, Nemzeti Fogyasztóvédelmi Hatóság gegen Invitel Távközlési Zrt, EuGH-Urteil vom 26. April 2012, ECLI:EU:C:2012:242, Rz. 42, ferner oben N 402.

damit dem AGB-Verwender ein Imageschaden – oder allenfalls eine gerichtliche Klage – droht, wenn er analoge missbräuchliche Klauseln weiterhin verwendet und durchzusetzen versucht. Den vom Bund oder von Konsumentenschutzorganisationen angestrengten Verfahren kann somit eine *faktische Breitenwirkung* zukommen, die der Klage eines einzelnen Konsumenten regelmässig abgeht.

§ 14 Potentiell problematische AGB

845 Die *Gesetzesmaterialien* nennen nur wenige Beispiele von AGB, die u.U. missbräuchlich im Sinn von Art. 8 UWG (2011) sind[2280]. Es wird daher Aufgabe der Rechtsprechung sein, mittels *Leitentscheiden* für die erforderliche Rechtssicherheit zu sorgen[2281]. Da Art. 8 UWG (2011) sich an der Formulierung von Art. 3 Abs. 1 RL 93/13/EWG orientiert, liegt es nahe, den *Anhang* dieser Richtlinie als *Orientierungsrahmen* beizuziehen (oben N 743, 766). Dabei sind allerdings zwei Aspekte zu beachten: Einerseits versteht der EuGH den Anhang (richtigerweise) lediglich als sachdienliche, *nicht erschöpfende* Liste von Klauseln, die zwar missbräuchlich sein *können*, nicht aber sein *müssen*[2282]. Anderseits steht der hybride *helvetische Ansatz*, welcher eine obligationenrechtliche und lauterkeitsrechtliche AGB-Kontrolle miteinander verbindet, einer unbesehenen Übernahme des Anhangs der RL 93/13/EWG ins schweizerische Recht entgegen[2283]. Je nach den konkreten Umständen führt nämlich bereits die obligationenrechtliche AGB-Kontrolle zur Ungültigkeit der umstrittenen AGB, so dass die lauterkeitsrechtliche (offene) Inhaltskontrolle gegebenenfalls nicht mehr relevant ist.

I. Schranken des zwingenden Rechts (Gültigkeitskontrolle)

846 Gewisse AGB, die im Unionsrecht (oder allenfalls im ausländischen nationalen Recht) Gegenstand einer offenen Inhaltskontrolle bilden, werden im schweizerischen Recht u.U. bereits vom zwingenden Obligationenrecht erfasst und im Rahmen der *Gültigkeitskontrolle* als *nichtig* aus dem Vertrag eliminiert[2284]. Folgende zwei Beispiele seien erwähnt:

2280 Amtl. Bull. 2011 NR 229 (Votum Bundesrat Schneider-Ammann).

2281 Wegen des oft eher geringen Streitwerts werden solche Leitentscheide wohl als «Rechtsfragen von grundsätzlicher Bedeutung» (Art. 74 Abs. 2 lit. a BGG) gefällt werden.

2282 Rs. C-415/11, Mohamed Aziz gegen Caixa d'Estalvis de Catalunya, Tarragona i Manresa (Catalunyacaixa), EuGH-Urteil vom 14. März 2013, ECLI:EU:C:2013:164, Rz. 70.

2283 Analoges gilt für entsprechende Listen im nationalen Recht (z.B. § 308 BGB [Klauselverbote mit Wertungsmöglichkeit] und § 309 BGB [Klauselverbote ohne Wertungsmöglichkeit]) oder in internationalen (akademischen) Rechtstexten ohne Rechtskraft (z.B. II.-9:401 DCFR).

2284 Zur Gültigkeitskontrolle, siehe oben N 328 ff.

1. Gerichtsstandsklauseln für Konsumenten

Gerichtsstandsklauseln in Konsumenten-AGB werden nach *Unionsrecht* vom EuGH – im Rahmen der offenen Inhaltskontrolle – als Erschwerung des Rechtswegs im Sinne von *Ziff. 1 lit. q* des Anhangs zur RL 93/13/EWG betrachtet und (grundsätzlich) als missbräuchlich qualifiziert (oben N 375). 847

Im *schweizerischen Recht* verstossen Gerichtsstandklauseln in Konsumenten-AGB gegen die zwingende Vorschrift von *Art. 35 Abs. 1 lit. a ZPO* und sind daher nichtig (oben N 336)[2285]. Einer zusätzlichen Anwendung von Art. 8 UWG (2011) bedarf es insoweit nicht. 848

2. Haftungsausschluss- und Haftungsbeschränkungsklauseln

Haftungsausschlüsse und *Haftungsbeschränkungen* für Körperschäden unterliegen im *Unionsrecht* nach *Ziff. 1 lit. a* des Anhangs zur RL 93/13/EWG der offenen Inhaltskontrolle. 849

[2285] Gerichtsstandsklauseln in *Nicht-Konsumenten-AGB* verstossen nicht gegen zwingendes Recht (Art. 17 ZPO), bedürfen aber eines hinreichenden Konsenses zwischen den Parteien. Das Bundesgericht betrachtet Gerichtsstandsklauseln in der Regel als geschäftsfremd und damit ungewöhnlich, weshalb nach dem Vertrauensprinzip von einem (normativen) Konsens über die Prorogation des Gerichtsstands nur dann gesprochen werden könne, wenn davon ausgegangen werden dürfe, dass der Verzichtende die Gerichtsstandsklausel *tatsächlich zur Kenntnis genommen und diese verstanden* habe (= *Vollübernahme*). Von einem geschäftserfahrenen und rechtskundigen Vertragspartner könne *erwartet* werden, dass er die ihm zugänglich gemachten AGB beachte und verstehe und sie daher *ablehne*, falls er damit nicht einverstanden sei. Der Nachweis besonderer geschäftlicher oder juristischer Kenntnisse sei nicht erforderlich, sondern es genüge «die Erfahrung eines durchschnittlich gebildeten Vertragspartners» (BGer 4A_247/2013, E. 2.1.2). Vgl. auch BGer 4A_347/2011, E. 2. – Im Ergebnis soll also eine *klar formulierte* Gerichtsstandsklausel und die *Erfahrung* eines *durchschnittlich gebildeten AGB-Übernehmers* genügen, damit letzterer an eine Gerichtsstandsklausel gebunden ist, auch wenn er diese *weder gelesen noch verstanden* hat. Diese Auffassung überzeugt nicht, namentlich dann nicht, wenn der AGB-Verwender *unmittelbar selber wahrnimmt*, dass der AGB-Übernehmer das Vertragsformular *nicht* gelesen hat (und damit auch nicht verstanden haben kann), bevor er das Vertragsformular unterzeichnet. Diese Sachlage dürfte im Geschäftsleben eher der *Regel* als der Ausnahme entsprechen, da dem Kunden die AGB meist erst im Moment der Vertragsunterzeichnung vorgelegt werden und der AGB-Verwender erwartet, dass der Vertrag vom Kunden *sofort unterschrieben wird, was dieser regelmässig auch tut*. In solchen Fällen ist es für den AGB-Verwender bei der Vertragsunterzeichnung *augenfällig*, dass der Kunde die AGB weder gelesen noch verstanden hat.

850 Im *schweizerischen Recht* unterliegt ein Haftungsausschluss bzw. eine Haftungsbeschränkung für Absicht oder grobe Fahrlässigkeit bei *allen Schadensarten* der Gültigkeitskontrolle und ist aufgrund der zwingenden Bestimmung von *Art. 100 OR* (oben N 334) nichtig.

851 Dazu ist Folgendes zu bemerken: Art. 100 und 101 Abs. 2 und 3 OR befassen sich mit der Wegbedingung bzw. Beschränkung der *Haftung*, d.h. der vertraglichen Modifikation der *Schadenersatzpflicht* des Schuldners, falls dieser seine Obligation entweder überhaupt *nicht* oder *nicht gehörig erfüllt* und dadurch seinem Gläubiger einen Schaden zugefügt hat[2286]. Keine «Haftung» im Sinn dieser Bestimmung liegt hingegen vor, wenn der Gläubiger nicht Schadenersatz wegen (schuldhafter) Vertragsverletzung des Schuldners verlangt, sondern die ordentliche *Vertragserfüllung*. Letztere ist naturgemäss *nicht verschuldensabhängig*[2287]. Vor diesem Hintergrund sind AGB, die das *Risiko* einer *nicht befreienden Leistung* bzw. *ausbleibenden Erfüllung* vom Schuldner auf den Gläubiger überwälzen[2288], fragwürdig[2289]. So ist es insbesondere *verwirrend* oder gar *irreführend*, wenn AGB die Verantwortung des Schuldners für die von ihm geschuldete Vertragserfüllung – im Fall (eigener) leichter oder mittlerer Fahrlässigkeit – auf den Gläubiger überwälzen und dabei den (falschen) Eindruck erwecken, die AGB würden die *Schadensfolgen* einer *verschuldeten Vertragsverletzung* regeln, während es realiter um die *Überwälzung* von (typischerweise mit der Erfüllung des Vertrags verbundenen) *Geschäftsrisiken* des *Schuldners* auf den Gläubiger geht, ohne dass dies transparent deklariert würde.

852 Aus solchermassen *intransparenten* AGB darf dem AGB-Verwender als Erfüllungsschuldner *kein Vorteil* und dem AGB-Übernehmer als Erfüllungsgläubiger *kein Nachteil* erwachsen. Dies bedeutet namentlich Folgendes:

853 – Aus der Sicht der *Konsenskontrolle* (oben N 111 ff.) erscheinen intransparente Risiko- bzw. Schadensüberwälzungsklauseln bei einer *Globalübernahme*[2290] – je nach den konkreten Umständen – als *ungewöhnlich* (oben N 193 ff.). Ohne transparente *Erläuterungen* darf der AGB-Verwender nach dem *Vertrauensprinzip* nicht davon ausgehen, die Gegenpartei habe ihm das

---

2286 Art. 97 OR.

2287 Vgl. BGE 132 III 449, 452; 112 II 450, 454; 111 II 263, 265.

2288 Typischerweise geschieht dies unter Vorbehalt eines «groben Verschuldens» des Schuldners, obschon der Erfüllungsanspruch des Gläubigers unabhängig von einem allfälligen Verschulden des Schuldners ist. Mit anderen Worten, gegen den *Erfüllungsanspruch* des Gläubigers steht dem Schuldner *keine Einrede mangelnden Verschuldens* zu.

2289 Im Unionsrecht gelten AGB, welche die Einhaltung der *vertraglichen Erfüllungspflichten* des AGB-Verwenders *einschränken*, gemäss Ziff. 1 lit. n des Anhangs zur RL 93/13/EWG (grundsätzlich) als missbräuchlich.

2290 Dazu oben N 89 ff.

geschäftstypische Schuldnerrisiko für die ordentliche Erfüllung seiner Vertragspflichten (bei leichter bis mittlerer Fahrlässigkeit) abnehmen wollen. Zu vermuten ist vielmehr das Gegenteil.

- Mit Blick auf die *Auslegungskontrolle* (oben N 276 ff.) sind solchermassen intransparent und unklar formulierte AGB – im Zweifelsfall – *contra proferentem* auszulegen. 854
- Unter dem Gesichtspunkt der *Gültigkeitskontrolle* stellt sich die Frage, ob Art. 100 und 101 Abs. 2 und 3 OR auf derartige AGB *analog anwendbar* sind. Dies ist von der Rechtsprechung zu Recht *bejaht* worden[2291]. In der Tat lässt sich namentlich im (häufig massgeblichen) Auftragsrecht die schuldnerische *Nichtverwirklichung* des (verschuldens*un*abhängigen) Anspruchs des Gläubigers auf *Erfüllung* der vertraglich geschuldeten *sorgfältigen Tätigkeit*[2292] (= *primäre Leistungspflicht*) oft nur schwer von der (verschuldensabhängigen) *Haftung* des Schuldners für *Schäden* aus *unsorgfältiger Erfüllung* (= Schlechterfüllung) der geschuldeten Sorgfalt (= *sekundäre Schadenersatzpflicht*) unterscheiden[2293]. Abgesehen davon wäre es widersprüchlich, wenn Art. 100 Abs. 3 OR einen *Haftungsausschluss* für Schäden aus leichtem Verschulden des Schuldners im Rahmen des richterlichen Ermessens *verbieten* würde, es aber gleichzeitig für identisches Verschulden dem Schuldner erlaubt wäre, die *Schulderfüllungspflicht*, deren schuldhafte Verletzung die (nicht abdingbare) Haftung auslöst, *vertraglich wegzubedingen*[2294]. 855
- Seit dem 1. Juli 2012 kann das Bundesgericht aufgrund des neuen Art. 8 UWG (2011) Risiko- und Schadensüberwälzungsklauseln gegenüber *Konsumenten* einer (weitergehenden) offenen *Inhaltskontrolle* unterziehen. Dies bedeutet im vorliegenden Zusammenhang Folgendes[2295]: Die (teilweise) 856

[2291] BGE 132 III 449, 452; 112 II 450, 455. – Obwohl die analoge Anwendung von Art. 100 und 101 OR auf *Risiko-* bzw. *Schadensüberwälzungsklauseln* sich dogmatisch einwandfrei begründen lässt, wird sich dem Bundesgericht die Frage stellen, ob mit der Einführung der *offenen Inhaltskontrolle* gemäss Art. 8 UWG (2011) an dieser Rechtsprechung festgehalten werden soll. Diese Frage ist zu *bejahen.* Da Art. 8 UWG (2011) nur *Konsumenten* schützt, sind insb. die KMU *a fortiori* auf eine griffige Gültigkeitskontrolle im Rahmen des zwingenden Rechts angewiesen. – A. M. (aber abzulehnen) WIDMER, Geschäftsbedingungen, N 441.

[2292] Art. 398 Abs. 2 OR.

[2293] Ob die irrtümliche Geldüberweisung einer Bank an einen *nichtberechtigten* Dritten gegenüber ihrem Bankkunden und Kontoinhaber eine *nichtbefreiende* Leistung oder eine *vertragswidrige Schlechterfüllung* des Konto- bzw. Girovertrags darstellt, lässt sich nur anhand des konkreten Sachverhalts beurteilen.

[2294] Vgl. auch BGE 112 II 450, 455.

[2295] Vgl. auch RUSCH, Schadensabwälzungsklauseln, 442 ff.

Überwälzung des schuldnerischen *Risikos* einer *Leistung ohne Vertragserfüllung* (z.B. Auszahlung eines Bankguthabens an einen Nichtberechtigten durch die Bank) auf den Gläubiger schafft regelmässig ein *erhebliches Missverhältnis* der vertraglichen Rechte und Pflichten der Parteien (oben N 802 f.), da das (dispositive) Gesetz das Risiko einer nicht befreienden Leistung dem Schuldner auferlegt: Wer nicht erfüllt hat, muss eben noch erfüllen. Ein solches – durch eine risikoüberwälzende AGB-Klausel herbeigeführtes – erhebliches Missverhältnis ist als *treuwidrig* zu qualifizieren, wenn davon auszugehen ist, dass der AGB-Übernehmer die Risikoüberwälzung im Rahmen einer (verhandelten) *Einzelabrede nicht*, oder jedenfalls *nicht ohne kompensierende Vorteile* akzeptierte hätte (oben N 804). Letzteres wird regelmässig anzunehmen sein, da nicht ersichtlich ist, weshalb der Gläubiger dem Schuldner dessen Erfüllungsrisiko abnehmen sollte. Mit dem Nachweis von Treuwidrigkeit ist sodann die *Vermutung* erstellt, dass das erhebliche Missverhältnis der vertraglichen Rechte und Pflichten auch *ungerechtfertigt* ist (oben N 805). Diese Vermutung kann der AGB-Verwender jedoch durch den *Gegenbeweis widerlegen*, dass aufgrund der spezifischen Umstände des Einzelfalls die den AGB-Übernehmer benachteiligende Überwälzung des schuldnerischen Erfüllungsrisikos auf den Gläubiger durch anderweitige *konkrete Vorteile kompensiert* worden ist und daher im Endergebnis die Risikoüberwälzung durch die AGB nicht als missbräuchlich erscheint (oben N 805).

857 Bei einem allfälligen *Haftungsausschluss* für (jegliches) Verschulden einer *Hilfsperson* (Art. 101 Abs. 2 OR) ist zu beachten, dass dieser Ausschluss die gleichzeitige Haftung des *Geschäftsherrn* (z.B. als juristische Person) wegen eines *Organverschuldens* (z.B. mangelnde Kontrolle der Arbeit bzw. der Arbeitsergebnisse der Hilfsperson) *nicht beseitigt.* Da letztere Haftung gemäss Art. 100 OR höchstens für leichtes Organverschulden im Voraus wegbedungen werden kann, ist es durchaus möglich, dass trotz gültiger Wegbedingung der Haftung für seine Hilfsperson der *Geschäftsherr* aus *eigenem Verschulden* für den von seiner Hilfsperson verursachten Schaden einzustehen hat[2296].

II. Klauseln über die einseitige Abänderung von AGB oder anderen Vertragsbestimmungen

858 Die Anpassung von Verträgen, insb. von Dauerverträgen, an nachträglich veränderte Umstände entspricht im modernen Geschäftsverkehr einem ausgewie-

2296 Dieser Aspekt wird in der Rechtsprechung teilweise zu wenig beachtet. Vgl. BGE 132 III 449, 452 f.; BGer 4A_54/2009, E. 1. Siehe aber BGE 112 II 450, 456.

senen und grundsätzlich legitimen Bedürfnis. Da im Massengeschäft einzelfallweise vereinbarte Anpassungsregeln zeit- und kostenintensiv sind, liegt es auf der Hand, dass AGB-Verwender sich in ihren AGB das Recht ausbedingen, *nachträglich* und *einseitig* eine Vertragsanpassung an *veränderte Umstände* vorzunehmen. Eine solche Vertragsanpassung kann sich sowohl auf vertragliche *Einzelabreden* als auch auf *AGB* beziehen[2297]. Es stellt sich die Frage, ob bzw. inwieweit solche Anpassungsklauseln in *AGB* zulässig sind[2298].

Eine einseitig vorformulierte Vertragsklausel, die vorsieht, dass der AGB-Verwender seine AGB bzw. andere Vertragsbestimmungen *einseitig* und *nach eigenem Ermessen abändern* kann, unterliegt im *Unionsrecht* der offenen Inhaltskontrolle gemäss *Ziff. 1 lit. j* des Anhangs zur RL 93/13/EWG[2299]. 859

Im *schweizerischen Recht* greift in erster Linie die *Konsenskontrolle* (oben N 111 ff., insb. N 129). Nach den obligationenrechtlichen Grundregeln, welche in einem diesbezüglich in der Praxis zu wenig beachteten – Bundesgerichtsentscheid zu Recht in Erinnerung gerufen worden sind, ist ein «undefiniertes Gestaltungsrecht zur einseitigen Abänderung vertraglicher Leistungspflichten»[2300] *ungültig*, da es die Rechte und Pflichten der Parteien *nicht vereinbart*, sondern deren Inhalt offen lässt, weshalb es an der erforderlichen *Bestimmbarkeit fehlt*. Für ein *gültiges* Gestaltungsrecht muss der Inhalt der künftigen Vertragsänderung zumindest bestimmbar sein. *Anpassungsklauseln* sind daher regelmässig nur dann gültig, wenn sowohl die *Voraussetzungen* als auch der *Umfang* der künftigen Vertragsanpassung im Vertrag in bestimmbarer Weise vereinbart worden sind[2301]. *«Carte blanche»*-Klauseln, die das «Ob» und das «Wieviel» der Vertragsanpassung ins *Belieben* des AGB-Verwenders legen, sind *inhaltsleer* 860

2297 Verbreitet ist etwa die Bestimmung in AGB, dass für die Dauer des abgeschlossenen Vertrags die jeweils *aktuelle Version* der AGB des Verwenders massgeblich sei. Damit soll dem AGB-Verwender das einseitige Recht zur *jederzeitigen und beliebigen nachträglichen Änderung* der AGB eingeräumt werden. – Zur «dynamischen» Verweisung: PERRIG, Zugänglichkeitsregel, 75 ff., 79 f., 241.

2298 Vgl. auch RUSCH/HUGUENIN, SZW 2008, 37 ff.

2299 Der Text ist im Anhang dieses Buches abgedruckt. Vgl. auch Rs. C-348/14, Maria Bucura gegen SC Bancpost SA, EuGH-Urteil vom 9. Juli 2015, ECLI:EU:C:2015:447, Rz. 15.

2300 BGE 135 III 1, 10 E. 2.5 (Hervorhebung hinzugefügt).

2301 BGE 135 III 1, 10 E. 2.5. Vgl. auch PERRIG, Zugänglichkeitsregel, 81; PERRIG, Einbeziehung, 176; HUGUENIN/MAISSEN, Bedingungsänderungsklauseln, 97, 102 ff.; im Ergebnis ebenso KRAMER/PROBST, OR AT, N 240. – *Nota*: Die Frage, ob der AGB-Übernehmer im Fall einer nachträglichen, einseitigen Vertragsanpassung (durch den AGB-Verwender) über ein *Kündigungsrecht* verfügt, steht in *keinem* relevanten Bezug zur *Bestimmbarkeit* der Anpassung bzw. Anpassungsklausel. Das Kündigungsrecht mag allenfalls bei der Beurteilung der *Ungewöhnlichkeit* (unten Fn 2311) oder im Rahmen der *offenen Inhaltskontrolle* ein Diskussionspunkt sein (vgl. unten N 862), soweit dessen Ausübung dem AGB-Übernehmer im konkreten Fall überhaupt zumutbar ist.

und weisen damit *keinen konsensfähigen Gehalt* auf, der vom AGB-Übernehmer akzeptiert werden könnte[2302]. Dies entspricht im Ergebnis der Rechtsprechung des EuGH zur offenen Inhaltskontrolle (oben N 409, 551).

861 Genügt eine Klausel zur einseitigen Vertragsanpassung den konsensualen Anforderungen an die Bestimmbarkeit, so ist bei einer *Globalübernahme* – was dem Regelfall entspricht – zu prüfen, ob der Inhalt der Klausel *ungewöhnlich* ist, da ein solcher nach dem Vertrauensprinzip vom AGB-Übernehmer nicht als (normativ) akzeptiert gelten kann[2303] (oben N 193 ff.). Die Antwort auf diese Frage hängt zwangsläufig vom *konkreten Vertrag* und *Inhalt* der Vertragsanpassungsklausel ab und lässt sich abstrakt nicht beurteilen[2304]. Immerhin sind gewisse *Präzisierungen* möglich:

2302 Solche Klauseln erfassen zwar *formell «Alles»*, *materiell* aber letztlich *«Nichts»*, da aufgrund des Vertragsabschlusses nicht bestimmbar ist, nach welchen Kriterien sich die künftige Vertragsanpassung richten und welches der künftige Vertragsinhalt sein soll. Der Richter kann einen Beklagten nicht dazu verurteilen, dem Kläger all das zu leisten, was diesem *in Zukunft belieben* mag. Das (Schein-)Argument man müsse «eine Überraschung kaufen» können, geht fehl. In der Tat kann eine «Überraschung» gekauft werden (z.B. ein Lotterielos oder eine Tischbombe mit nicht deklariertem Inhalt). In solchen Fällen erwirbt der Käufer aber einen *objektiv bestimmbaren* Inhalt (nämlich die Chance auf einen Lotteriegewinn durch Teilnahme an einem vordefinierten Prozedere zur Ziehung der Glückszahl oder den objektiv feststehenden Inhalt der Tischbombe). Der Umstand, dass ein objektiv bestimmbarer Leistungsinhalt dem Käufer *subjektiv* (noch) nicht bekannt ist, stellt weder die Verbindlichkeit des Vertragsabschlusses noch des vertraglichen Rechtsbindungswillens des Käufers in Frage. Bei den *«Carte blanche»*-Klauseln fehlt es dagegen an der *objektiven* Bestimmbarkeit des Vertragsinhalts, da das *subjektive Belieben* der *Gegenpartei* (AGB-Verwender) *kein objektives* Kriterium ist. Es gibt keinen vertraglichen «Konsens» nach Massgabe des «billigen Ermessens der Gegenpartei» (vgl. aber HUGUENIN/MAISSEN, Bedingungsänderungsklauseln, 104 f.). Etwas anderes folgt weder aus Art. 336a Abs. 2 OR noch aus BGE 118 II 157, wo der *Gesetzgeber* zur Bestimmung der *Höhe* des *gesetzlichen* Entschädigungsanspruchs auf das *Ermessen* des *Richters* verweist, also der Rechtsgrund der Verpflichtung im *Gesetz* liegt und der Richter bei der Rechtsanwendung lediglich den Inhalt des Gesetzes *konkretisiert*. Beim Vertrag ist die Rechtslage eine grundlegend andere. Hier kann der *Inhalt* des *rechtsgeschäftlichen Rechtsbindungswillens* einer Partei nicht an den rechtsgeschäftlichen Willen der *Gegenpartei delegiert* werden. – *Nota*: Die Gültigkeitskontrolle (insb. Art. 27 ZGB) tritt erst dann auf den Plan, wenn ein Rechtsbindungswille bzw. ein Konsens über einen bestimmbaren Vertragsinhalt nachgewiesen ist (offenbar a.M. HUGUENIN/MAISSEN, Bedingungsänderungsklauseln, 106.)

2303 Vgl. BGE 135 III 1, 11 E. 2.6.

2304 Während gewisse Anpassungsklauseln sich an klaren Referenzwerten orientieren (z.B. Inflationsrate, Zinsentwicklung), stellen andere Anpassungsklauseln die Anpassung weitgehend ins Ermessen des AGB-Verwenders. Teilweise wird dem AGB-Übernehmer ein Widerspruchsrecht bzw. ein Kündigungsrecht im Falle einer einseitigen Anpassung eingeräumt.

- Von Bedeutung ist vorab, ob die Anpassungsklausel *Parameter* enthält, die *geschäftsfremd* und daher *qualitativ* überraschend sind[2305]. Dies wäre etwa der Fall, wenn sich der Zins für einen Hypothekarkredit bei Zunahme der Teuerung automatisch entsprechend erhöhen würde (Teuerungsindexierung)[2306].
- Im Weiteren ist der *quantitative* Aspekt relevant, d.h. bei Anwendung eines (nicht geschäftsfremden) Parameters das *Ausmass* der Anpassung zulasten des AGB-Übernehmers. Dieser Aspekt sollte allerdings bei *Konsumenten-AGB* nach heutigem Recht nicht (mehr) anhand einer verdeckten Inhaltskontrolle über die Ungewöhnlichkeitsregel, sondern mittels der (lauterkeitsrechtlichen) offenen Inhaltskontrolle nach Art. 8 UWG (2011) beurteilt werden. Im *unternehmerischen* Rechtsverkehr wird die Rechtsprechung dagegen – mangels Anwendbarkeit von Art. 8 UWG (2011) – nicht umhinkommen, den *quantitativen* Aspekt bei der Beurteilung der Ungewöhnlichkeit mitzuberücksichtigen, wenn sie verhindern will, dass der kaufmännische AGB-Übernehmer (z.B. KMU) den missbräuchlichen AGB der Geschäftspartner weitgehend schutzlos ausgeliefert ist[2307].
- Ein legitimes Interesse des AGB-Verwenders an einer vertraglichen Anpassungsklausel besteht regelmässig dann, wenn es sich um *Dauerschuld-* oder *ähnliche* Vertragsverhältnisse handelt, die für eine *längere Dauer* Bestand haben (sollen)[2308]. Bei bloss *kurzfristigen* Dauerschuldverhältnissen besteht dagegen meist[2309] *kein* schützenswertes Bedürfnis nach einer Vertragsanpassung, da das Vertrauen des Kunden auf den Weiterbestand einer erst kürzlich getroffenen Vereinbarung (z.B. Kaufpreis, Darlehenszins) vorgeht[2310]. Vor

2305 *Geschäftsfremde Parameter* dürften in der Praxis weniger bei den (aufgrund der Anpassungsklausel) inhaltlich angepassten Vertragsbestimmungen *(= Anpassungsfolgen)* vorliegen, als bei den Kriterien, die eine Anpassung auslösen *(= Anpassungsvoraussetzungen)*. Geschäftsfremd ist ein Parameter dann, wenn er im Lichte des konkreten *Vertragszwecks* als nicht relevant bzw. unsachlich zu betrachten ist.

2306 Da die *Teuerung kurzfristig* keine *unmittelbare* Auswirkung auf die langfristigen Hypothekarzinsen hat, wäre eine solche Klausel geschäftsfremd und ungewöhnlich. Anders wäre es bei einer Orientierung der Indexierung an der *Zinsentwicklung* auf dem *Kapitalmarkt*, welche für die Höhe des Hypothekarzinses direkt von Bedeutung ist.

2307 Dazu oben N 836.

2308 So etwa Sukzessivlieferungsverträge, Bauwerkverträge, Alleinvertriebsverträge, Franchisingverträge, Lizenverträge etc.

2309 Vorbehalten bleiben Sonderfälle, wo der AGB-Verwender nach Vertragsabschluss, etwa wegen besonders volatiler Produktionsfaktoren (z.B. Rohstoff- oder Treibstoffpreise), von markanten Kostensteigerungen überrascht werden kann, die zwar für eine Vertragsanpassung aufgrund der *clausula rebus sic stantibus* nicht ausreichen, aber dennoch die Kostenkalkulation des AGB-Verwenders grundlegend verändern.

2310 So auch RUSCH/HUGUENIN, SZW 2008, 37, 43.

diesem Hintergrund sind Anpassungsklauseln in AGB bei *kurzfristigen* Dauerschuldverhältnissen in der Regel als *geschäftsfremd* und damit überraschend zu betrachten, so dass sie aufgrund der Ungewöhnlichkeitsregel für den AGB-Übernehmer nicht verbindlich sind. Ab welcher Vertragsdauer eine einseitige Vertragsanpassung legitimen Interessen dient, hängt von den *konkreten Umständen* ab[2311]. Bei einer Vertragsdauer von weniger als *sechs Monaten* dürfte dies in der Regel nicht der Fall sein[2312].

862 Liegt eine Klausel zur einseitigen Vertragsanpassung vor, deren Inhalt hinreichend *bestimmbar* und *nicht ungewöhnlich* ist, so stellt sich bei *Konsumenten-AGB* die weitere Frage, ob der Inhalt bzw. die Ausübung der Vertragsanpassungsklausel aufgrund der offenen *Inhaltskontrolle* nach Art. 8 UWG (2011) als unlauter bzw. missbräuchlich zu qualifizieren ist. Auch diese Frage lässt sich abstrakt kaum beantworten, sondern setzt die Kenntnis des *Inhalts* der *konkreten Vertragsanpassungsklausel* voraus, um beurteilen zu können, ob die fragliche Klausel in treuwidriger Weise ein ungerechtfertigtes Missverhältnis zwischen den vertraglichen Rechten und Pflichten der Parteien mit sich bringt. Tendenziell lässt sich immerhin sagen, dass je *bedeutender* die vorgesehene Anpassung des Vertragsinhalts zulasten des AGB-Übernehmers ausfällt, desto *eher* wird das Erfordernis der *Treuwidrigkeit* der Anpassungsklausel zu bejahen sein, da der AGB-Übernehmer den Inhalt der vorformulierten Vertragsklausel als *Individualabrede* nicht, oder jedenfalls nicht unverändert bzw. ohne kompensierende Vorteile, akzeptiert hätte (oben N 804). Mit der Treuwidrigkeit ist *vermutungsweise* auch der ungerechtfertigte Charakter des bestehenden Missverhältnisses erstellt (oben N 805). Es obliegt dem AGB-Verwender, diese Vermutung durch den Gegenbeweis zu *widerlegen*, dass im konkreten Fall die für den Kunden nachteilige Anpassungsklausel durch anderweitige *konkrete Vorteile kompensiert* wird und daher im Endergebnis die Anpassungsklausel nicht als missbräuchlich nach Art. 8 UWG (2011) betrachtet werden kann (oben N 805).

2311 In diesem Zusammenhang kann dem Umstand eine gewisse Bedeutung zukommen, ob dem AGB-Übernehmer ein (ordentliches) *Kündigungsrecht* gewährt wird, das ihm erlaubt, den Vertrag zu beenden, bevor die (ihn benachteiligende) einseitige Vertragsanpassung durch den AGB-Verwender zur Anwendung gelangt. Dabei ist allerdings zu beachten, dass der AGB-Übernehmer das Kündigungsrecht ausüben können muss, *ohne wesentliche Nachteile* zu erleiden. Vgl auch RUSCH/HUGUENIN, SZW 2008, 37, 52 (Ziff. 9.3) sowie die EuGH-Rechtsprechung, oben N 409.

2312 § 309 Ziff. 1 BGB erklärt AGB, die eine kurzfristige Preiserhöhung innerhalb von vier Monaten seit Vertragsabschluss vorsehen, für generell unwirksam. Diese Bestimmung findet auf *Dauerschuldverhältnisse* jedoch *keine* Anwendung. Dauerschuldverhältnisse unterliegen stattdessen der Inhaltskontrolle nach § 307 BGB, d.h. es stellt sich bei ihnen die Frage nach dem Vorliegen einer «unangemessenen Benachteiligung».

III. Klauseln über die automatische Vertragsverlängerung

Bei Dauerschuldverträgen, namentlich bei *Abonnementsverträgen* – z.B. für die Benutzung von Internet- und Telefondiensten oder von Fitnessstudios, öffentlichen Transport- und Verkehrsmitteln, für den Besuch von Tanzkursen und für ähnliche auf eine *gewisse Dauer* angelegte Inanspruchnahmen von Dienstleistungen – finden sich in den AGB oft Klauseln, wonach die anfänglich vereinbarte *Mindestvertragsdauer automatisch* um eine weitere *feste Dauer* verlängert wird (= Verlängerungsperiode), sofern der Kunde (Konsument) *nicht* auf das Ende der Mindestdauer – unter Einhaltung einer *Kündigungsfrist* von z.B. zwei Monaten – (schriftlich) *kündigt*[2313]. Solche Vertragsklauseln sind *nicht per se atypisch* und *ungewöhnlich*, da sie bei Dauerschuldverhältnissen grundsätzlich weder als (subjektiv) überraschend noch als (objektiv) geschäftsfremd bezeichnet und insoweit nach schweizerischem Obligationenrecht (global) vereinbart werden können (Konsenskontrolle)[2314]. Bezeichnenderweise erwähnt das Gesetz beim *Agenturvertrag* explizit die Möglichkeit, dass die Beendigung der bestimmten Vertragsdauer erst im Fall einer vorangehenden Kündigung eintritt; mit anderen Worten, *ohne Kündigung* gilt der gesamte Vertrag als (mit befristeter Dauer) erneuert[2315]. In einem jüngeren Entscheid hat das *Bundesgericht* denn auch eine AGB zur automatischen Verlängerung der bestimmten Vertragsdauer betreffend die Benutzung eines Fitnessstudios als *nicht ungewöhnlich* erachtet[2316]. 863

2313 Vgl. z.B. Art. 13 der AGB für Dienstleistungen der Swisscom (Ausgabe November 2012), Art. 9 AGB Salt (Ausgabe April 2015) sowie den Sachverhalt von BGE 140 III 404 (in der amtlichen Sammlung nicht abgedruckt, vgl. BGer 4A_475/2013).

2314 Im Schrifttum – insb. aus der Zeit vor Inkrafttreten des neuen Art. 8 UWG (2011) – ist z.T. für eine *per se-Ungewöhnlichkeit* von Prolongationsklauseln plädiert worden (vgl. RUSCH/MAISSEN, recht 2010, 99 f.). Diese These übersieht, dass das *Gesetz* die Möglichkeit einer Prolongationsklausel in Art. 418p Abs. 3 OR für den Agenturvertrag ausdrücklich vorsieht. Insofern kann nicht von einer allgemeinen «Logik» des Gesetzes ausgegangen werden, dass ein befristeter Vertrag ohne Kündigung zu enden habe (a.M. HUGUENIN, OR, N 625a). Letzteres wird in der Praxis zwar oft der Fall sein, aber die «Logik» des Gesetzes gebietet dies nicht und vermag eine *per se-Ungewöhnlichkeit* von Prolongationsklauseln nicht zu rechtfertigen. Zudem gilt es zu vermeiden, dass nach Inkrafttreten des neuen Art. 8 UWG (2011) mittels der obligationenrechtlichen Ungewöhnlichkeitsregel bei Konsumenten-AGB weiterhin die (in der Vergangenheit vielfach kritisierte) *verdeckte Inhaltskontrolle* fortgeschrieben und damit der Anwendungsbereich von Art. 8 UWG (2011) ausgehöhlt wird. – Zum gegenseitigen Verhältnis zwischen Ungewöhnlichkeitsregel und offener Inhaltskontrolle, oben § 11.

2315 Vgl. Art. 418p Abs. 3 OR; TERCIER/FAVRE, N 5812; BSK OR I-WETTENSCHWILER, Art. 418p N 1.

2316 BGer 4A_475/2013, E. 5 (in BGE 140 III 404 nicht abgedruckt). In diesem Fall betrug die befristete Vertragsdauer *ein Jahr* und die Kündigungsfrist *drei Monate*. Falls ein

864 Wie im Unionsrecht[2317] sind vereinbarte Prolongationsklauseln auch im schweizerischen Recht *nicht per se unzulässig*[2318], da sie grundsätzlich gegen *kein zwingendes* (Obligationen-)Recht verstossen[2319] (Gültigkeitskontrolle). Sie können sich aber lauterkeitsrechtlich – je nach den konkreten Umständen – im Rahmen der *offenen Inhaltskontrolle* nach Art. 8 UWG (2011) als *missbräuchlich* erweisen. Ein *erhebliches Missverhältnis* der vertraglichen Rechte und Pflichten der Parteien[2320] bewirkt eine einseitig vorformulierte Klausel zur automatischen Vertragsverlängerung insoweit, als das *dispositive Gesetz keine*

Benutzer des Fitnessstudios nicht spätestens drei Monate vor Ablauf der einjährigen Vertragsdauer kündigte, war er somit für ein ganzes, weiteres Jahr an den Vertrag gebunden. – Grundsätzlich ist eine derartige Prolongationsklausel *qualitativ* nicht ungewöhnlich, da sie für ein Dauerschuldverhältnis nicht als (objektiv) geschäftsfremd bezeichnet werden kann. Ob sie *quantitativ* zu einer missbräuchlichen Benachteiligung des AGB-Übernehmers führt, ist im Rahmen der *offenen Inhaltskontrolle* nach Art. 8 UWG (2011) zu beurteilen und nicht durch Perpetuierung der verdeckten Inhaltskontrolle, wie sie vom Bundesgericht vor der Revision des Art. 8 UWG (1986) in Anwendung der Ungewöhnlichkeitsregel praktiziert worden ist. Im vorliegenden Fall kann dennoch dem bundesgerichtlichen Entscheid insofern *nicht gefolgt* werden, als er einen *qualitativ* wesentlichen Aspekt *nicht* berücksichtigt hat. Die Prolongationsklausel beinhaltete nämlich zusätzlich eine *automatische Anpassung* des *Vertragsinhaltes*, da die Vertragsverlängerung «zu den Bedingungen, welche zum Zeitpunkt der Verlängerung gelten», zu erfolgen hatte, also z.B. mit Preisänderungen und neuen Öffnungszeiten, die im Moment der erforderlichen Kündigung u.U. noch gar nicht bestimmt waren und dem Kunden nicht bekannt sein konnten. Eine solche Kombination von automatischer *Vertragsverlängerung* und *inhaltlicher Vertragsanpassung* ohne vorherige Bekanntgabe der Änderungen stellt eine *ungewöhnliche* Klausel dar, die nach Treu und Glauben vom AGB-Übernehmer nicht als normativ akzeptiert gelten kann.

2317 Nach Ziff. 1 lit. h Anhang RL 93/13/EWG sind Klauseln der automatischen Vertragsverlängerung tendenziell dann missbräuchlich, wenn die einzuhaltende Kündigungsfrist ungebührlich lang ist.

2318 In diesem Sinn auch BGE 140 III 404, 408. – Vgl. zu diesem Entscheid auch STÖCKLI/BIERI, 398 ff.

2319 Zu beachten ist immerhin Folgendes: a) Soweit eine Prolongationsklausel einen *Auftrag* betrifft, verstösst sie gegen die – nach bundesgerichtlicher Rechtsprechung (vgl. BGE 115 II 464) – zwingende Bestimmung von Art. 404 OR, wonach ein Auftrag von jeder Partei *jederzeit* beendet werden kann. b) In Spezialgesetzen finden sich allenfalls *Sonderregeln*. So erklärt Art. 47 VVG eine Abrede (AGB oder Einzelabrede) betreffend die automatische Verlängerung des Versicherungsvertrages für eine Verlängerungsperiode von *mehr als einem Jahr* als *nichtig*. Im Sinne einer geltungserhaltenden Reduktion hat der Gesetzgeber dabei die Nichtigkeit auf die ein Jahr *übersteigende* Verlängerungsdauer begrenzt, d.h. die maximal zulässige (jeweilige) Verlängerungsperiode beträgt ein Jahr.

2320 Vgl. oben N 761 ff.

Kündigung eines auf *bestimmte* Zeit geschlossenen Dauervertrags *verlangt*[2321], sondern ohne anderslautende Abrede von der Beendigung des Vertragsverhältnisses durch blossen *Zeitablauf* ausgeht[2322]. Falls nach Ablauf der bestimmten Vertragsdauer die Parteien das Vertragsverhältnis konkludent weiterführen, gilt in solchen Fällen der Vertrag als auf *unbestimmte* Dauer fortgesetzt[2323] und kann *ordentlich* unter Einhaltung der gesetzlichen Kündigungsfristen und -termine – oder allenfalls aus *wichtigem Grund* auch *ausserordentlich* – *gekündigt* werden. Wegen des Erfordernisses einer – oft *schriftlichen*[2324] – *fristgebundenen* Kündigung *vor Ablauf* der vereinbarten bestimmten Vertragsdauer läuft der Konsument als AGB-Übernehmer *Gefahr*, wegen versäumter oder verspäteter Kündigung für eine *weitere (fixe) Verlängerungsperiode* (von z.B. sechs oder zwölf Monaten) an den Vertrag und die daraus fliessenden Zahlungsverpflichtungen gebunden zu sein, obschon er diesen Vertrag eigentlich beenden wollte. Je *länger* die vor Ablauf der bestimmten Vertragsdauer einzuhaltende

---

2321 Die neuen «AGB für den Erwerb und die Nutzung des Generalabonnements» der SBB (Ausgabe August 2015) sehen einen Vertrag (Kaufvertrag!) auf unbefristete (= unbestimmte) Zeit vor, wobei eine Mindestvertragsdauer von vier Monaten gilt (Im Wortlaut: «Nach Erreichen der Mindestvertragsdauer kann der Vertrag jederzeit unter Einhaltung einer Kündigungsfrist von einem Abomonat auf das Ende jedes Abomonats gekündigt werden.» [Nota: Eine genaue Angabe der Fundstelle dieser Bestimmung ist nicht möglich, da die ABG nicht nummeriert sind!]). Die zitierte Bestimmung ist in zweierlei Hinsicht unklar bzw. missverständlich: Erstens, trifft es gerade nicht zu, dass der Vertrag «jederzeit» gekündigt werden kann, sondern eben nur unter Einhaltung der erforderlichen Kündigungsfrist sowie des massgeblichen Kündigungstermins. Zweitens, bedeutet der *Wortlaut*, es könne «Nach Erreichen der Mindestvertragsdauer…» gekündigt werden, dass eine Kündigung erst nach Ablauf der viermonatigen Mindestdauer erfolgen kann, weshalb unter Beachtung der Kündigungsfrist von einem Monat sowie bei Einhaltung des Termins von Ende Abomonat das GA frühestens nach sechs Monaten beendet wird. Da nun aber das in den AGB angeführte *Beispiel* – in Abweichung vom Wortlaut – davon ausgeht, dass die Kündigung schon vor Ablauf der Mindestdauer möglich ist, hat nach dem Vertrauensprinzip zum Schutz des Abonnenten diese Interpretation Vorrang, so dass das GA erstmals auf das Ende des vierten Abomonats beendet werden kann.

2322 Siehe z.B. Art. 255 Abs. 2, 266 Abs. 1 OR (Mietvertrag); Art. 334 Abs. 1 OR (Arbeitsvertrag).

2323 Siehe z.B. Art. 266 Abs. 2 OR (Mietvertrag); Art. 334 Abs. 2 OR (Arbeitsvertrag). – Vgl. jedoch Art. 418p Abs. 2 OR (Verlängerung um die ursprüngliche, bestimmte Dauer beim Agenturvertrag).

2324 Oft verlangen die AGB eine *schriftliche* Kündigung (allenfalls mit eingeschriebenem Brief, vgl. BGer 4A_475/2013, Sachverhalt lit. A) vor Ablauf der bestimmten Vertragsdauer. Falls eine *mündliche* Kündigung ebenfalls zulässig ist, drängt sich aus Beweisgründen dennoch eine schriftliche Kündigung (mittels eingeschriebenen Briefs) auf.

Kündigungsfrist[2325] und je länger die *befristete Verlängerungsperiode*[2326] ist, desto *grösser* erscheint das *Risiko* des Konsumenten, eine unerwünschte Vertragsverlängerung mit entsprechenden Kostenfolgen hinnehmen zu müssen. Eine solche automatische Vertragsverlängerungsklausel ist als *treuwidrig* zu betrachten, falls der AGB-Übernehmer (Konsument) deren Inhalt im Rahmen einer (verhandelten) *Einzelabrede* entweder *nicht* oder jedenfalls *nicht ohne* (anderweitige) *kompensierende Vorteile* akzeptiert hätte (oben N 804)[2327]. Dies wird regelmässig anzunehmen sein, was die *Vermutung* begründet, dass ein für den Konsumenten nachteiliges, erhebliches Missverhältnis seiner vertraglichen Rechte und Pflichten vorliegt[2328], welches *ungerechtfertigt* ist (oben N 805),

---

2325 Da z.B. ein *Neuabonnent* bei einem Mobiltelefon innert weniger Tage die Telefondienste nutzen kann, ist nicht recht ersichtlich, weshalb eine *Beendigung* des Abonnements auf das Ende der vereinbarten Mindestdauer des Vertrags eine Kündigung von zwei Monaten im Voraus erfordern soll. Dies dürfte weniger auf organisatorisch-technischen Überlegungen beruhen als auf dem Bemühen des AGB-Verwenders, den Konsumenten möglichst lange vertraglich an sich zu binden und nicht an die Konkurrenz zu verlieren. – Vgl. Art. 9 Abs. 2 AGB Salt (Ausgabe April 2015); Art. 13 Abs. 4 AGB für Dienstleistungen der Swisscom (Ausgabe November 2012). – Siehe auch; BGE 136 III 23, 45 E. 9.1.1; MAISSEN, Vertragsverlängerung, N 334;

2326 Einen gesetzlichen Orientierungspunkt stellt Art. 47 VVG dar, wo die jeweilige (wiederholbare) Verlängerungsperiode auf maximal ein Jahr begrenzt wird. – Vgl. auch BGer 5P.115/2005, wo bei einem Insertionsvertrag die AGB eine *zweijährige* Kündigungsfrist mit einer automatischen Vertragsverlängerung für *drei Jahre* vorsahen, was die kantonalen Instanzen als ungewöhnliche Klausel beurteilten. Das Bundesgericht hielt diese Betrachtungsweise (im Rahmen einer staatsrechtlichen Beschwerde) «im Ergebnis» für nicht willkürlich (E. 1.3).

2327 Eigentliches Ziel von Prolongationsklauseln des AGB-Verwenders dürfte oft das intransparente Erschleichen einer Vertragsverlängerung sein. Vgl. auch RUSCH/ MAISSEN, recht 2010, 97.

2328 Im Fitnessstudio-Fall, welchen das Bundesgericht in BGE 140 III 404 ff. zu beurteilen hatte, sah Ziff. 5 der AGB eine *dreimonatige Kündigungsfrist* vor, welche vom Kunden eingehalten werden musste, um eine automatische Vertragsverlängerung um ein weiteres Jahr zu vermeiden. Das läuft – ohne Nachweis konkreter kompensierender Vorteile – auf ein (missbräuchliches) Missverhältnis der vertraglichen Rechte und Pflichten hinaus (Art. 8 UWG). Eine dreimonatige Kündigungsfrist lässt sich betriebswirtschaftlich kaum legitimieren, wenn man bedenkt, dass z.B. die Miete eines möblierten Zimmers, wo ebenfalls eine *nutzungsbereite Infrastruktur* zur Verfügung gestellt wird, (vom Mieter) mit einer *zweiwöchigen Frist* gekündigt werden kann (vgl. Art. 266e OR) und dadurch der Vermieter ohne lange Vorankündigung einen neuen Mieter suchen muss. Dies gehört – nach Auffassung des Gesetzgebers – zum typischen Geschäftsrisiko des Vermieters, was analog auch für Fitnessstudios gelten sollte. – Bei den Fitnesscentern scheint sich tendenziell die Einsicht durchzusetzen, dass nachhaltige Kundenbindung nicht mit «Knebelverträgen», sondern nur mit Pflege der Kundennähe und der Kundenzufriedenheit zu erreichen ist.

sofern nicht andere Bestimmungen der AGB oder des Vertrags dem Konsumenten im Gegenzug *kompensierende konkrete Vorteile* verschaffen[2329]. Solche Vorteile sind – nach hier vertretener Auffassung – vom *AGB-Verwender* anhand des Einzelfalls zu *beweisen* (oben N 783).

IV. Klauseln über die kostenpflichtige Verlängerung der gesetzlichen Gewährleistungspflicht (Garantieverlängerung)

Bei Verträgen mit gesetzlicher Gewährleistungspflicht (z.B. Art. 197 ff. OR) 865
sehen die AGB z.T. vor, dass der Veräusserer seine *gesetzliche Gewährleistungspflicht* – gegen *Bezahlung* eines *Entgelts* (Prämie) des Erwerbers (Konsumenten) – stillschweigend bzw. automatisch vertraglich *verlängert*[2330]. Solche Klauseln laufen materiell auf eine *versicherungsähnliche Zusatzvereinbarung* hinaus, wonach der Veräusserer (gegen Bezahlung einer Prämie) eine verlängerte Gewährleistungspflicht übernimmt[2331]. Angesichts ihres versicherungsähnlichen Charakters erscheint eine solche Bestimmung in den AGB als (subjektiv) *überraschend* und (objektiv) geschäftsfremd und somit im Fall einer *Globalübernahme* aufgrund der *Ungewöhnlichkeitsregel* mangels Konsenses nicht gültig vereinbart (oben N 193 ff.)[2332]. Ob bei einer *Vollübernahme* eine solche Klausel als *missbräuchlich* im Sinn von *Art. 8 UWG (2011)* zu qualifizieren ist, erscheint *fraglich*. Dies jedenfalls dann, wenn die zu bezahlende Prämie im Verhältnis zur zusätzlichen Gewährleistungsdauer angemessen ist. In dieser Situation kann kaum von einem «erheblichen und ungerechtfertigten

---

2329 In BGE 140 III 404, 408 E. 4.5 hat das Bundesgericht, wo nur die *intertemporale Anwendung* von Art. 8 UWG (2011) als entscheidungsrelevant zu beurteilen war, in einem *obiter dictum* festgehalten, dass Prolongationsklauseln nicht *per se* missbräuchlich nach Art. 8 UWG seien. Dies trifft zu, da insbesondere die konkrete Ausgestaltung der Beendigungsmöglichkeit des Vertrags («Kündigungsfrist») sowie allfällige kompensierende Vorteile im konkreten Vertrag für die Beurteilung von Bedeutung sind. – Siehe auch RUSCH/MAISSEN, recht 2010, 95 ff.

2330 Vgl. Amtl. Bull. 2011 NR 229 (Votum Bundesrat Schneider-Ammann).

2331 Z.B. Verlängerung der Gewährleistungspflicht von zwei Jahren (Art. 210 Abs. 1 OR) auf drei Jahre.

2332 Dies gilt selbstverständlich nur unter dem *Vorbehalt*, dass der Verkäufer dem Käufer diese kostenpflichtige Zusatzvereinbarung *nicht hinreichend erläutert* hat, ansonsten im Ergebnis keine Globalübernahme, sondern eine Vollübernahme vorliegt. Da die Garantieverlängerung *kostenpflichtig* ist und damit den *Gesamtpreis* beeinflusst, welcher von den Parteien in aller Regel *diskutiert* wird, ist jeweils im konkreten Fall genau abzuklären, ob tatsächlich eine Globalübernahme vorliegt oder nicht.

Missverhältnis» der vertraglichen Rechte und Pflichten zulasten des Konsumenten gesprochen werden, da für eine Zusatzleistung ein angemessenes Entgelt verlangt wird. Hingegen wäre es grundsätzlich missbräuchlich, wenn bei *vorzeitigem Wegfall der Gewährleistungspflicht* (z.B. wegen Untergangs der Sache) der AGB-Verwender die Prämie für die gesamte Dauer der Garantieverlängerung beanspruchen würde, obschon er kein Gewährleistungsrisiko mehr trägt[2333].

V. Klauseln über die Zinspflicht auf dem Gesamtschuldbetrag trotz erfolgter Teilzahlung

866 AGB zu *Kreditkarten* enthielten oft Klauseln, dass bei *nicht vollständiger* (fristgerechter) Bezahlung des vom Karteninhaber aufgrund der letzten Monatsabrechnung geschuldeten Betrags ein Zins von maximal 15 % p.a. auf dem *ganzen* Transaktionsbetrag zu entrichten war[2334]. Im Ergebnis bedeutete dies, dass der Karteninhaber auch auf den bereits *bezahlten* Transaktionsbeträgen noch Zinsen schuldete. Eine solche Bestimmung ist als *überraschend* zu qualifizieren und im Fall einer *Globalübernahme* der AGB aufgrund der *Ungewöhnlichkeitsregel* als nicht gültig vereinbart zu betrachten. Bei einer *Vollübernahme* der Klausel erscheint diese als *missbräuchlich* im Sinn von Art. 8 UWG (2011), da nicht einzusehen ist, weshalb der Kreditkarteninhaber Zinsen auf bereits bezahlten Beträgen schulden sollte. Etliche Kreditinstitute scheinen diese AGB-Klauseln inzwischen dahingehend angepasst zu haben, dass Zinsen nur noch auf dem jeweils *offenen Restsaldo* geschuldet sind[2335]. Dies ist sachgerecht und unter dem Gesichtspunkt von Art. 8 UWG (2011) nicht zu beanstanden. Es ist zu hoffen, dass diese missbräuchlichen Klauseln der Vergangenheit angehören und nirgends mehr Verwendung finden. Dagegen finden sich vermehrt AGB, mit denen Unternehmen in immer dreisterer Weise bei nicht fristgerechter Zahlung *unverhältnismässig hohe Inkassogebühren* für weitgehend automatisierte Inkassomassnahmen auf den Kunden zu überwälzen versuchen[2336].

2333 Vgl. Art. 24 VVG.

2334 Vgl. z.B. Art. 4 der AGB für die Benutzung der UBS Kreditkarten (Ausgabe 2004).

2335 Vgl. z.B. Art. 4.3 der Bedingungen für Charge- und Kreditkarten der Credit Suisse AG (Ausgabe September 2013); Art. 4.3 der Bedingungen für Charge- und Kreditkarten der Swisscard AECS GmbH (Ausgabe Juli 2015).

2336 Dazu RUSCH, Verzug, Inkasso und AGB, AJP 2021, 1131 ff.

VI. Klauseln über den partiellen Verzicht auf das Bankkundengeheimnis

1. Grundlagen

Im Zusammenhang mit der weitgehenden Aufgabe des Bankkundengeheimnisses gegenüber *ausländischen* Bankkunden haben einige Banken in der Schweiz[2337] Vertragsklauseln zum *partiellen Verzicht* auf das *Bankkundengeheimnis* in ihre AGB aufgenommen, die auch für *inländische Bankkunden* gelten[2338]. In diesen AGB entbindet der Kunde seine Bank teilweise von deren Geheimhaltungspflicht unter z.T. relativ *unbestimmt formulierten* Voraussetzungen[2339]. So verzichtet etwa der Bankkunde, soweit es zur «Wahrung der be- 867

[2337] Soweit ersichtlich handelt es sich in erster Linie um grössere Banken, die im Auslandgeschäft tätig sind.

[2338] Hintergrund dürfte das Bemühen der Banken sein zu vermeiden, dass für *verschiedene Kundenkategorien unterschiedliche AGB* zur Anwendung gelangen.

[2339] Folgende *drei Beispiele* seien erwähnt: *Bank A* («[1] Organen, Angestellten und Beauftragten der Bank obliegt die gesetzliche Pflicht, über den Geschäftsverkehr der Kunden Verschwiegenheit zu wahren (Bankkundengeheimnis). *Der Kunde entbindet hiermit die Bank von ihrer Geheimhaltungspflicht und verzichtet auf das Bankkundengeheimnis*, soweit dies zur Wahrung berechtigter Interessen der Bank notwendig ist: a) bei vom Kunden im In- oder Ausland gegen die Bank (auch als Drittpartei) angedrohten oder eingeleiteten gerichtlichen Schritten, Strafanzeigen oder anderen Mitteilungen an Behörden, b) zur Sicherung oder Durchsetzung der Ansprüche der Bank gegenüber dem Kunden und der Verwertung von Sicherheiten des Kunden oder Dritter (sofern die Sicherheiten Dritter für Ansprüche gegen den Kunden bestellt wurden) im In- und Ausland, c) beim Inkasso von Forderungen der Bank gegen den Kunden im In- und Ausland, d) bei Vorwürfen des Kunden gegen die Bank in der Öffentlichkeit, gegenüber Medien oder gegenüber Behörden des In- und Auslandes, e) soweit bei Transaktionen in ausländischen Wertpapieren oder -rechten die zur Anwendung gelangenden Bestimmungen eine Offenlegung erfordern.[2] Vorbehalten bleiben die gesetzlichen oder aufsichtsrechtlichen Auskunftspflichten der Bank.»). – *Bank B* («[1] [...Bank B] untersteht gesetzlichen Pflichten zur Geheimhaltung von Daten, welche die Geschäftsbeziehung mit dem Kunden betreffen (nachstehend Kundendaten). [2] Der Kunde erlaubt [der Bank B], Kundendaten zu Geschäftszwecken an Konzerngesellschaften in der Schweiz bekannt zu geben. Dies erfolgt insbesondere zum Zweck einer umfassenden und effizienten Kundenbetreuung sowie der Information über das Dienstleistungsangebot von Konzerngesellschaften. *Der Kunde entbindet* [...Bank B] *in diesem Umfang von der Pflicht zur Wahrung des Bankkundengeheimnisses und des Datenschutzes.* [...Bank B] stellt sicher, dass die Empfänger von Kundendaten an entsprechende Geheimhaltungs- und Datenschutzpflichten gebunden sind. [3] Der Kunde ist damit einverstanden, dass Kundendaten von [...Bank B] zur Erfüllung gesetzlicher oder regulatorischer Auskunftspflichten sowie zur Wahrung berechtigter Interessen offengelegt werden dürfen. Dies rechtigten Interessen der Bank» erforderlich ist, im Voraus auf die Geheimhaltungspflicht der Bank, wenn er «in der Öffentlichkeit, gegenüber Medien oder gegenüber Behörden» Vorwürfe an die Adresse der Bank erhebt[2340] oder (auch bloss) damit droht[2341]; oder der Bankkunde erklärt sich in den AGB damit einverstanden, dass die Bank zur «Wahrung berechtigter Interessen» seine Daten offenlegt[2342].

868 Gemäss *Art. 47 BankG*[2343] steht die (vorsätzliche oder fahrlässige) Offenbarung von Informationen («Geheimnissen»), die der Kunde seiner Bank anvertraut hat oder von dieser (bzw. ihren Organen oder Hilfspersonen) im Rahmen der Geschäftsbeziehung wahrgenommen worden sind, unter *Strafe*[2344]. Vor diesem

---

gilt beispielsweise für Transaktionen mit Auslandsbezug, bei welchen die zur Anwendung gelangenden gesetzlichen Bestimmungen eine Offenlegung erfordern, z.B. gegenüber Dritt- und Zentralverwahrern, Brokern, Börsen, Registern oder Behörden.»). – *Bank C* («Organen, Angestellten und Beauftragten der Bank obliegt die gesetzliche Pflicht, über den Geschäftsverkehr der Kunden Verschwiegenheit zu wahren. Die Bank sorgt durch geeignete Massnahmen für die Gewährleistung des Datenschutzes und die Einhaltung des Bankkundengeheimnisses. *Der Kunde entbindet die Bank von ihrer Geheimhaltungspflicht, soweit dies zur Wahrung berechtigter Interessen der Bank notwendig ist: a)* bei vom Kunden gegen die Bank eingeleiteten gerichtlichen Schritten; b) zur Sicherung der Ansprüche der Bank und der Verwertung von Sicherheiten des Kunden oder Dritter; c) beim Inkasso von Forderungen der Bank gegen den Kunden; d) *bei Vorwürfen des Kunden gegen die Bank in der Öffentlichkeit oder gegenüber Behörden des In- und Auslandes.*» (Hervorhebungen hinzugefügt).

2340 Unter den *Wortlaut* dieser Bestimmung würde z.B. auch der Sachverhalt fallen, dass ein Bankkunde sich in einem Leserbrief in einer Zeitung darüber beschwert, dass seines Erachtens gewisse AGB seiner Bank missbräuchlich seien.

2341 Vgl. Abs. 1 lit. a und d der AGB von Bank A in Fn 2339.

2342 Vgl. Abs. 3 der AGB von Bank B in Fn 2339.

2343 Bundesgesetz über die Banken und Sparkassen (Bankengesetz) vom 8. November 1934 (SR 952.0).

2344 Art. 47 BankG («[1] Mit Freiheitsstrafe bis zu drei Jahren oder Geldstrafe wird bestraft, wer vorsätzlich: a. ein Geheimnis offenbart, das ihm in seiner Eigenschaft als Organ, Angestellter, Beauftragter oder Liquidator einer Bank, als Organ oder Angestellter einer Prüfgesellschaft anvertraut worden ist oder das er in dieser Eigenschaft wahrgenommen hat; b. zu einer solchen Verletzung des Berufsgeheimnisses zu verleiten sucht; c. ein ihm nach Buchstabe a offenbartes Geheimnis weiteren Personen offenbart oder für sich oder einen anderen ausnützt. [1bis] Mit Freiheitsstrafe bis zu fünf Jahren oder Geldstrafe wird bestraft, wer sich oder einem anderen durch eine Handlung nach Absatz 1 Buchstabe a oder c einen Vermögensvorteil verschafft. [2] Wer fahrlässig handelt, wird mit Busse bis zu 250 000 Franken bestraft.[3....] [4] Die Verletzung des Berufsgeheimnisses ist auch nach Beendigung des amtlichen oder dienstlichen Verhältnisses oder der Berufsausübung strafbar. [5] Vorbehalten bleiben die eidgenössischen und kantonalen Bestimmungen über die Zeugnispflicht und über die Auskunftspflicht gegenüber einer

Hintergrund stellt sich die Frage, ob überhaupt bzw. inwieweit der Kunde auf das *Bankkundengeheimnis verzichten* kann. Dabei ist unter dem Gesichtspunkt der *AGB* nicht die strafrechtliche, sondern die zivilrechtliche Zulässigkeit eines allfälligen Verzichts von Interesse[2345].

Die *wirtschaftlichen Verhältnisse* einer Person (namentlich ihr Einkommen 869
und Vermögen) stellen zwar «qualifizierte Personendaten» dar, gehören datenschutzrechtlich aber nicht zu den «besonders schützenswerten Personendaten»[2346]. Dennoch ist die *wirtschaftliche Privatsphäre* Teil des *Persönlichkeitsrechts* der betroffenen Person, welche gesetzlichen Schutz geniesst und als absolutes Recht eines jeden zu beachten ist[2347]. Da der Bankkunde als Kontoinhaber zudem in einem *auftragsrechtlichen* (oder auftragsähnlichen) Vertragsverhältnis zu seiner Bank steht[2348], ist letztere aufgrund der vertraglichen *Treuepflicht* auch *vertragsrechtlich* zur *Geheimhaltung* verpflichtet[2349]. Gibt somit die Bank geheim zu haltende Informationen gegenüber einem *Dritten* preis, begeht sie eine *Vertragsverletzung*, welche gegebenenfalls ihre Schadenersatzpflicht auslöst[2350]. Gleichzeitig kann die Offenbarung vertraulicher Daten

---

Behörde. [6] Verfolgung und Beurteilung der Handlungen nach dieser Bestimmung obliegen den Kantonen. Die allgemeinen Bestimmungen des Strafgesetzbuches kommen zur Anwendung.»). – Dieser Straftatbestand definiert oder konstituiert nicht das Bankkundengeheimnis als solches, sondern setzt dieses voraus und sieht im Fall seiner Verletzung eine Strafe vor (vgl. BGE 141 III 119, 125; 137 II 431, 436 E. 2.1.1).

2345 Beide Aspekte sind insofern miteinander verbunden, als das Strafrecht auf zivilrechtliche Begriffe und Konzepte zurückgreift. So wird die zivilrechtlich gültige Einwilligung in eine Persönlichkeitsverletzung (z.B. Offenbarung von Kundendaten durch die Bank) regelmässig auch als Rechtfertigungsgrund unter dem Gesichtspunkt des Straftatbestandes von Art. 47 BankG anzusehen sein. – Vgl. auch VPB 67.99, Ziff. III/1 («Keine Verletzung des Bankgeheimnisses liegt vor, wenn entsprechende Informationen mit Einwilligung des Kunden bekannt gegeben werden.»).

2346 Art. 3 lit. c DSG bzw. Art. 5 lit. c nDSG; Probst, Verknüpfung von Personendaten, 9.

2347 Art. 28 ZGB; BGE 137 II 431, 437 E. 2.1.2; Emch/Renz/Arpagaus, N 458; vgl. auch VPB 67.99, Ziff. I.

2348 Grundlage bildet meist ein Kontoeröffnungsvertrag mit Kontokorrentabrede (vgl. Art. 117 OR; BGE 130 III 694, 697 E. 2.2.2; 129 III 118, 121 E. 2.3; 100 III 79, 83, E. 3; BGer 4C.175/2006, E. 2.1), zu welchem regelmässig weitere Elemente wie ein Girovertrag (für Überweisungen; vgl. BGer 4A_262/2008, E. 2.1), ein Kreditvertrag (für Kreditbezüge) oder allenfalls ein Depotvertrag (für Vermögenswerte) treten.

2349 Art. 398 Abs. 2 OR; Tercier/Favre, N 5156 ff.; vgl. auch VPB 67.99, Ziff. I.

2350 Art. 97 OR. Ob bzw. inwieweit die Offenbarung von Kundendaten beim Kunden tatsächlich zu einem Schaden führt, lässt sich nur anhand der konkreten Umstände des Einzelfalls bestimmen.

auch eine widerrechtliche *Persönlichkeitsverletzung* darstellen und die entsprechenden Rechtsfolgen nach sich ziehen[2351], sofern *kein Rechtfertigungsgrund* vorliegt[2352]. Soweit die von der Bank (durch die Nichteinhaltung der privatrechtlichen Geheimhaltungspflicht) begangene Vertrags- oder/ und Persönlichkeitsverletzung den *Straftatbestand* von *Art. 47 BankG* (Offenbarung geheimer Informationen) erfüllt, stellt sich – über die zivilrechtliche Haftung der Bank hinaus – die Frage nach der Strafbarkeit der verantwortlichen Bankorgane und Hilfspersonen.

870 Kann der Bankkunde auf die Geheimhaltung seiner Daten durch die Bank bzw. auf die zivilrechtlichen Rechtsfolgen der Nichteinhaltung ihrer Geheimhaltungspflicht im Voraus (partiell) *verzichten*? Dies ist im Grundsatz zu *bejahen*[2353]. Es steht dem Bankkunden grundsätzlich frei, in eine künftige Persönlichkeitsverletzung – welche die Bank durch Offenbarung seiner geheimen Informationen begehen könnte – *einzuwilligen*[2354]. Ebenso kann der Bankkunde durch *vertragliche Abrede* die (dispositiv-gesetzliche) *Treuepflicht* des Beauftragten[2355] dahingehend *einschränken*, dass die Bank unter gewissen Vor-

---

[2351] Art. 28a ZGB (z.B. Klage auf Unterlassung der Bekanntgabe weiterer Kundendaten; Klage auf Feststellung der Widerrechtlichkeit der erfolgten Datenbekanntgabe; Klage auf Schadenersatz, Genugtuung oder Herausgabe eines allfälligen Gewinns).

[2352] Art. 28 Abs. 2 ZGB. Gesetzliche Rechtfertigungsgründe sind die «Einwilligung» des Kunden, ein «überwiegendes privates» oder «öffentliche Interesse» oder das «Gesetz». Verzichtet ein Bankkunde in einer AGB teilweise auf sein Bankkundengeheimnis, so kann dies als Einwilligung in eine (künftige) Persönlichkeitsverletzung angesehen werden.

[2353] Das Bankkundengeheimnis schützt in erster Linie die *persönlichen Interessen* des Bankkunden, weshalb dieser auf den ihm gesetzlich gewährten persönlichen Schutz verzichten kann. Darüber hinaus kommt dem Bankkundengeheimnis auch eine *überindividuelle, kollektive* oder *institutionelle* Dimension zu (vgl. BGE 141 IV 155, 164 E. 4.2.5.), nämlich insoweit als die Geheimhaltung von Bankdaten auch im Interesse des *schweizerischen Finanzplatzes* als eines wichtigen Wirtschaftszweiges liegt und damit auch im öffentlichen Interesse ist. Diese institutionelle Seite steht jedoch nicht zur *Disposition* des *einzelnen Bankkunden* und wird durch dessen Einwilligung in die Offenbarung seiner persönlichen Daten nicht berührt bzw. in Frage gestellt.

[2354] Art. 28 Abs. 2 ZGB anerkannt die *Einwilligung* ausdrücklich als Grund zur Rechtfertigung einer Persönlichkeitsverletzung. – Eine zivilrechtlich gültige Einwilligung in eine Persönlichkeitsverletzung stellt regelmässig auch einen Rechtfertigungsgrund (vgl. Art. 32 StGB) unter dem Gesichtspunkt des *Straftatbestandes* von Art. 47 BankG dar. – Vgl. auch VPB 67.99, Ziff. III/1.

[2355] Art. 398 Abs. 2 OR.

aussetzungen vertrauliche Daten offenbaren darf, ohne dadurch ihre Treuepflicht zu verletzen[2356]. Sowohl die Einwilligung in eine Persönlichkeitsverletzung als auch die vertragliche Einschränkung der Treuepflicht kann in Form einer vertraglichen *Einzelabrede* oder durch die Übernahme von *AGB* erfolgen. Handelt es sich um einen (partiellen) Verzicht auf das Bankkundengeheimnis durch die Übernahme von *AGB*, ist zu prüfen, ob diese Klausel aus der Sicht der *Konsenskontrolle* (oben N 111 ff., unten N 871 f.), der *Gültigkeitskontrolle* (oben N 328 ff., unten N 873), der *Auslegungskontrolle* (oben N 276 ff., unten N 874) und der *offenen Inhaltskontrolle* (oben N 347 ff., unten N 875 ff.) den rechtlichen Anforderungen genügt.

2. Konsenskontrolle

Ein (teilweiser) Verzicht auf das Bankkundengeheimnis bedingt, dass der Bank- 871
kunde die AGB der Bank (tatsächlich oder normativ) *akzeptiert* hat[2357]. Dies setzt seinerseits voraus, dass er (zumindest) eine *zumutbare Möglichkeit* zur *Kenntnisnahme* der AGB hatte[2358]. Letzteres ist im Fall der (rechtzeitigen) *Aushändigung* der AGB *vor* der Unterzeichnung des Vertrags (z.B. des Konto- bzw. Girovertrags) grundsätzlich erfüllt. Dagegen reicht der blosse (mündliche oder schriftliche) Hinweis, die AGB seien auf der *Website* der Bank verfügbar, *nicht*[2359].

Auch wenn der (partielle) Verzicht auf das Bankkundengeheimnis in den AGB 872
in *Fettschrift* hervorgehoben ist[2360], lässt sich daraus nicht ableiten, der Bankkunde habe diese Klausel *tatsächlich gelesen* (und verstanden), so dass eine Vollübernahme[2361] vorliege. Namentlich wenn die Bank ihre AGB dem Kunden erst unmittelbar bei der Vertragsunterzeichnung aushändigt, ist für sie regelmässig *direkt ersichtlich*, dass der Kunde über *keine angemessene Zeit* verfügt,

2356 In diesem Fall liegt dogmatisch nicht eine *Einwilligung* in eine *gesetzeswidrige* (= widerrechtliche) Persönlichkeitsverletzung vor, sondern eine *konsensuale Beschränkung* des *Umfangs* der *vertraglichen Geheimhaltungspflicht*.

2357 Vgl. oben N 117 ff.

2358 Vgl. oben N 143 ff.

2359 Vgl. oben N 146 ff. – Während vor Einführung des neuen Art. 8 UWG (2011) die Banken-AGB auf den jeweiligen Websites relativ einfach zu finden waren, ist inzwischen eine gewisse *Tendenz* zur *Intransparenz* (v.a. bei Grossbanken) festzustellen. So ist es für den Durchschnittskunden teilweise schwierig oder gar unmöglich geworden, innert vernünftiger Frist, die jeweils aktuelle Version der AGB zu finden. Dies ist zu bedauern, da es ein Leichtes wäre, die AGB an einem einfach auffindbaren Ort übersichtlich darzustellen. Wer dies nicht tut, setzt sich unnötigerweise dem Verdacht aus, er habe etwas zu verbergen und verhalte sich gegenüber der Kundschaft intransparent.

2360 Vgl. oben N 2339.

2361 Vgl. oben N 88.

um die AGB vor Unterzeichnung des Vertrags zu lesen, weshalb von einer *Globalübernahme* auszugehen ist[2362]. Dies führt zur Frage nach der Anwendbarkeit der *Ungewöhnlichkeitsregel*[2363]. Da das Bankgeheimnis in der Schweiz seit Generationen von (inländischen) Bankkunden[2364] geradezu als Inbegriff einer *vertraulichen* und *professionellen Banktätigkeit* verstanden worden ist, spricht Einiges dafür, einen (partiellen) Verzicht auf das Bankgeheimnis in den AGB für inländische Kunden (subjektiv) als *überraschend* und (objektiv) als *geschäftsfremd* zu betrachten. Nach *Treu und Glauben* (Vertrauensprinzip) kann und darf die Bank – trotz Aufhebung des Bankkundengeheimnisses gegenüber ausländischen Kunden – *nicht* davon ausgehen, der inländische Kunde akzeptiere ohne Weiteres einen Verzicht auf das Bankkundengeheimnis in den AGB *global*, d.h. *ohne* dass ihm die konkrete Tragweite der entsprechenden Klausel hinreichend *erklärt* worden ist[2365]. Dies muss jedenfalls für *allgemein formulierte Verzichtsklauseln* gelten, welche es weitgehend ins *Ermessen* der Bank stellen[2366], ob sie an das Bankkundengeheimnis gebunden ist oder nicht[2367].

2362 Vgl. oben N 89 f.

2363 Vgl. dazu die Erläuterungen, oben N 193 ff.

2364 Dies gilt gleichermassen für *Konsumenten* als auch für *gewerblich tätige* (natürliche oder juristische) Personen.

2365 Die *Vertraulichkeit* ist ein *typisches Merkmal* gewisser Berufe (z.B. Anwalt, Notar, Arzt, Treuhänder, Vermögensverwalter, Banker). Die privatrechtliche Beschränkung oder gar Aufgabe dieser Vertraulichkeit (Bankkundengeheimnis) durch Übernahme einer entsprechenden Klausel in den Banken-AGB ist für den Kunden subjektiv überraschend und objektiv geschäftsfremd, da sie auf die *Negation* einer *vertragstypischen Pflicht* der Bank abzielt. Wer sich einer Vertrauensperson anvertraut, muss nicht davon ausgehen, dass diese sich in den AGB von ihren *Vertrauenspflichten (teilweise) entbindet.*

2366 Als Beispiele seien folgende Klauseln erwähnt: «Der Kunde entbindet hiermit die Bank von ihrer Geheimhaltungspflicht und verzichtet auf das Bankkundengeheimnis, soweit dies zur Wahrung berechtigter Interessen der Bank notwendig ist: a) bei vom Kunden im In- oder Ausland gegen die Bank (auch als Drittpartei) angedrohten oder eingeleiteten [...] Mitteilungen an Behörden, d) bei Vorwürfen des Kunden gegen die Bank in der Öffentlichkeit, gegenüber Medien oder gegenüber Behörden des In- und Auslandes.». Oder: «Der Kunde ist damit einverstanden, dass Kundendaten von [...der Bank B...] zur Wahrung berechtigter Interessen offengelegt werden dürfen.» (Hervorhebung hinzugefügt). – Unter dem Gesichtspunkt der Ungewöhnlichkeitsregel unproblematisch sind dagegen AGB, welche lediglich gesetzliche Auskunftspflichten in Erinnerung rufen oder darauf hinweisen, dass zur rechtlichen Durchsetzung von Ansprüchen der Bank gegenüber dem Klienten (z.B. Inkassoverfahren, Verwertung von Sicherheiten) Kundendaten Dritten zur Kenntnis gelangen, soweit dies erforderlich ist.

2367 Genau genommen mangelt es so allgemein formulierten AGB bereits an der – für einen Vertragskonsens erforderlichen – *hinreichenden inhaltlichen Bestimmbarkeit* des Verzichts. Dazu oben N 860.

3. Gültigkeitskontrolle

Was die Gültigkeitskontrolle (oben N 328 ff.) anbelangt, enthält das *Privatrecht keine spezifischen* (zwingenden) *Bestimmungen*, welche einen (partiellen) *Verzicht* des Bankkunden auf sein Bankkundengeheimnis untersagen würden. Ein solcher Verzicht ist grundsätzlich auch nicht widerrechtlich oder sittenwidrig[2368]. Da der Bankkunde nur auf seinen *eigenen* Geheimnisschutz (teilweise) verzichtet bzw. verzichten kann, wird durch den Verzicht die *institutionelle* Seite des Bankkundengeheimnisses[2369] nicht in Frage gestellt[2370]. In der Tat kann das Bankgeheimnis als «bankenrechtliches Institut» in den AGB nicht zur Disposition des einzelnen Bankkunden stehen. Es ist daher weder eine Verletzung von Art. 47 BankG noch von anderen strafrechtlichen oder öffentlichrechtlichen Bestimmungen ersichtlich, welche dem Schutz öffentlicher Interessen dienen[2371]. 873

4. Auslegungskontrolle

Ein (partieller) Verzicht auf das Bankkundengeheimnis aufgrund einer *unklar* formulierten AGB unterliegt der *Auslegungskontrolle* (oben N 276 ff.) und damit namentlich der *Unklarheitenregel*[2372]. Führt die Interpretation nach den üblichen Auslegungselementen zu keinem schlüssigen Ergebnis, ist die Vertragsklausel *contra proferentem* auszulegen. Dies trifft insbesondere auf Verzichtsklauseln 874

2368 Vgl. Art. 27 ZGB, Art. 19 und 20 OR.

2369 Vgl. dazu oben Fn 2353.

2370 Dazu sei Folgendes präzisiert: Soweit nicht der *konkrete* Verzicht eines *einzelnen* (klagenden) Bankkunden zu beurteilen ist, sondern im Fall der Klage einer *Konsumentenschutzorganisation* – losgelöst von einem konkreten Fall – eine *abstrakte* Beurteilung von AGB zur Diskussion steht, geht es inhaltlich faktisch um einen (potentiellen) *Massenverzicht* auf das Bankkundengeheimnis, welcher dessen *institutionelle* Tragweite in Frage stellen könnte. Daraus lässt sich jedoch nicht ableiten, dass ein Verstoss gegen den (zwingenden) Art. 47 BankG vorliege und die fragliche AGB wegen Widerrechtlichkeit nichtig sei. Massgeblich bleibt vielmehr die offene *Inhaltskontrolle* nach Art. 8 UWG, welche den Konsumentenorganisationen nach Art. 10 Abs. 2 lit b. UWG zur Verfügung steht.

2371 Fragen kann man sich allenfalls, ob die vom Bundesgericht offen gelassene und von einem Teil der Lehre bejahte Frage (vgl. BGE 124 III 155, 165), ob ein Haftungsausschluss für Unsorgfalt des Beauftragten (Art. 398 Abs. 2 OR) gegen die Vertragsnatur des Auftrags verstösst. Vorliegend geht es jedoch nicht um den Ausschluss der Haftung für auftragsrechtliche Unsorgfalt, sondern um die *vertragliche Beschränkung* des *Umfangs* der *Geheimhaltungspflicht* der Bank gegenüber ihrem Kunden. Im Rahmen dieses Umfangs schuldet die Bank dem Kunden die gesetzliche Sorgfalt (Art. 398 Abs. 2 OR).

2372 Vgl. dazu, oben N 302 ff.

zu, deren konkrete Tragweite weitgehend vom *Ermessen* der Bank abhängt. Solche Klauseln sind *zulasten der Bank* zu interpretieren, so dass von mehreren möglichen Auslegungen, die für den *Bankkunden günstigste* massgeblich ist, was regelmässig auf eine möglichst restriktive Interpretation des Verzichts auf das Bankkundengeheimnis hinausläuft. Gleiches gilt für (un)wissentlich falsch oder irreführend formulierte AGB[2373].

5. Offene Inhaltskontrolle

875 Während die vorgenannte obligationenrechtliche Konsens-, Gültigkeits- und Auslegungskontrolle den (partiellen) Verzicht auf das Bankkundengeheimnis *beliebiger Bankkunden* erfasst, greift die (lauterkeitsrechtliche) offene *Inhaltskontrolle* nur bei Bankkunden, die als *Konsumenten* (durch Übernahme der Bank-AGB) auf ihr Bankkundengeheimnis (teilweise) verzichten[2374]. Dieser Verzicht beurteilt sich im Rahmen der (offenen) Inhaltskontrolle wie folgt:

876 Der (partielle) Verzicht des Bankkunden auf das Bankkundengeheimnis bewirkt ein *erhebliches Missverhältnis* der vertraglichen Rechte und Pflichten zwischen dem Bankkunden und der Bank (oben N 802 f.), da das *(dispositive) Gesetz* vom Grundsatz der *Vertraulichkeit* der Bankkundendaten ausgeht[2375]. Durch die vertragliche (teilweise) Beschränkung des Bankkundengeheimnisses lässt sich die Bank – zum eigenen Vorteil und zum Nachteil des Kunden – von einer ihrer *vertragstypischen Pflichten*, nämlich der *Treuepflicht*, bzw. von ihrer gesetzlichen Pflicht, das *Persönlichkeitsrecht* des Kunden zu wahren, teilweise entbinden. Eine solche Klausel ist als *treuwidrig* zu qualifizieren, wenn davon auszugehen ist, dass der Kunde diese Benachteiligung seiner Interessen

[2373] Als Beispiel sei folgende Klausel angeführt: «Im Zusammenhang mit der Auftragsabwicklung und Pflege der Geschäftsbeziehung sowie im Rahmen der Kooperationen dürfen Daten innerhalb der [X.] Gruppe und gegenüber den Kooperationspartnern bekannt gegeben werden. *Eine allfällige Weitergabe von Daten an Geschäftspartner erfolgt einzig auf vertraglicher Basis und unter vollumfänglicher Wahrung des Bankgeheimnisses.*». Der letzte Satz ist krass irreführend, weil er den falschen Eindruck erweckt, eine vertragliche Abmachung zwischen der Bank und deren Geschäftspartner würde genügen, um das Bankkundengeheimnis des Bankkunden zu wahren. Dies trifft nicht zu. Die Tatsache, dass der *Datenempfänger* von Bankkundendaten *gesetzlich* (z.B. aufgrund des Amtsgeheimnisses, des Berufsgeheimnisses oder des Bankkundengeheimnisses) oder *vertraglich* (z.B. aufgrund einer Treue- und Verschwiegenheitspflicht) der Geheimhaltungspflicht untersteht, ist nicht von Bedeutung für die Beantwortung der Frage, ob die Bank Bankkundendaten an Dritte weitergeben darf. Ansonsten könnte z.B. die Bank dem Hausarzt ihrer Kunden ohne Verletzung des Bankgeheimnisses Bankkundendaten bekannt geben.

[2374] Für weitere Einzelheiten, oben N 792 ff.

[2375] Art. 28 ZGB und Art. 398 Abs. 2 OR.

im Rahmen einer (verhandelten) *Einzelabrede nicht*, oder jedenfalls *nicht ohne* (anderweitige) *kompensierende Vorteile* akzeptiert hätte (oben N 804). Dies wird regelmässig anzunehmen sein, wenn der (partielle) Verzicht sich *nicht* auf *spezifische Einzelsachverhalte* bezieht (z.B. Inkassomassnahmen der Bank gegenüber dem Kunden; Verwertung von Sicherheiten des Kunden durch die Bank), sondern ein *allgemein formulierter Verzicht* vorliegt, dessen materielle Tragweite sich weitgehend nach dem *Ermessen* der Bank bestimmt[2376].

Mit der Bejahung der Treuwidrigkeit ist die (widerlegbare) *Vermutung* erstellt, 877
dass das erhebliche Missverhältnis zwischen den vertraglichen Rechten und Pflichten der Parteien auch *ungerechtfertigt* ist (oben N 805). Die Bank kann diese Vermutung jedoch durch den Gegenbeweis *widerlegen*, dass im konkreten Fall die für den Kunden nachteilige (teilweise) Befreiung der Bank von ihrer Geheimhaltungspflicht durch anderweitige *konkrete Vorteile kompensiert* worden ist und daher im Endergebnis der (partielle) Verzicht auf das Bankkundengeheimnis durch den Kunden bzw. die entsprechende Bestimmung in den AGB nicht missbräuchlich ist (oben N 805).

VII. Klauseln über die Bekanntgabe von Kundendaten an Dritte

Private Unternehmen gelangen im Rahmen ihrer Geschäftstätigkeit regel- 878
mässig in den Besitz von Informationen über ihre *Kundschaft*[2377]. Solche *Personendaten*[2378] dürfen im Rahmen des *Zwecks*, für den sie erhoben worden sind, und insbesondere unter Einhaltung des Grundsatzes der *Verhältnismässigkeit* vom Unternehmen bearbeitet werden[2379]. Da der Kunde seine Daten in aller Regel nur dem als Geschäfts- bzw. Vertragspartner *betroffenen* Unternehmen

2376 Vgl. die Beispiele oben Fn 2339.

2377 Zu den allgemeinen Angaben wie Name, Adresse, Telefonnummer, Geschlecht, Geburtsdatum kommen gegebenenfalls auch spezifischere Kundeninformationen wie etwa persönliche Produktevorlieben, eigene Kaufkraft, Kreditkartennummer hinzu. – Im vorliegenden Zusammenhang steht als «Kunde» eine *natürliche* Person im Vordergrund. Für *juristische* Personen gilt – *mutatis mutandis* – dasselbe.

2378 Als Personendaten gelten (gemäss Art. 3 lit. a DSG) alle Angaben über eine bestimmte oder zumindest bestimmbare (natürliche oder juristische) Person. Der neue Art. 5 lit. a nDSG beschränkt den Begriff der Personendaten auf *natürliche* Personen. – Zur Problematik des Begriffs der «Bestimmbarkeit» in der Informationsgesellschaft, siehe PROBST, unbestimmte «Bestimmbarkeit», AJP 2013/10, 1423 ff.

2379 Vgl. Art. 4 Abs. 2 und 3 sowie Art. 12 DSG (bzw. Art. 6 Abs. 2 und 3 sowie Art. 30 nDSG). Zudem sind die Grundsätze der Rechtmässigkeit und von Treu und Glauben zu beachten (Art. 4 Abs. 1 und 2 DSG bzw. Art. 6 Abs. 1 und 2 nDSG).

bekannt gibt – und auch nur diesem bekannt geben will – darf das Unternehmen die Kundendaten *nicht* nach eigenem Belieben an *Dritte weitergeben.*

879 In einer arbeitsteiligen und globalisierten Wirtschaft besteht allerdings für viele Unternehmen ein praktisches Bedürfnis, Kundendaten *Dritten* zu *übergeben* bzw. durch *Dritte bearbeiten* zu lassen (z.B. Outsourcing von Teilen des Rechnungswesens, der Finanzbuchhaltung oder von IT-Arbeiten). Dementsprechend finden sich in den AGB vieler Unternehmungen Vertragsklauseln, wonach der Kunde der *Weitergabe* seiner Daten an *Dritte zustimmt.* Vorgesehen wird etwa die Weitergabe von Kundendaten an *Konzerngesellschaften* – sei es ausschliesslich an Gesellschaften in der Schweiz oder auch an solche im Ausland – oder ganz allgemein an (beliebige) *Kooperationspartner*[2380]. Wie sind solche AGB zu beurteilen?

880 Unter dem Gesichtspunkt der *Konsenskontrolle* (oben N 111 ff.) stellt sich bei einer (meist vorliegenden) Globalübernahme der AGB die Frage nach der Anwendung der *Ungewöhnlichkeitsregel* (oben N 193 ff.). Diese ist – unter Vorbehalt von einzelfallweise erforderlichen Differenzierungen – im Grundsatz

2380 Als *Beispiele* seien folgende AGB erwähnt: *AGB 1*: «Im Rahmen der Geschäftstätigkeit der [X.] Gruppe dürfen Daten, welche die Geschäftsbeziehung mit dem Kunden betreffen, innerhalb der Gruppe (Banken und Tochtergesellschaften von [X.] Schweiz) sowie gegenüber den Kooperationspartnern bekannt gegeben werden.»; *AGB 2*: «Bei der Abwicklung von Zahlungsverkehrs- und Wertschriftentransaktionen müssen Auftraggeber und Empfängerdaten (insbesondere Name und Kontonummer) zur einwandfreien Abwicklung der Kundenaufträge an beteiligte Finanzinstitute, Betreiber der Transaktionssysteme und an beauftragte Dritte zur Weiterverarbeitung oder zur Datensicherung bekannt gegeben werden. Auch bei Transaktionen innerhalb der Schweiz kann nicht ausgeschlossen werden, dass diese über internationale Kanäle abgewickelt werden. Transaktionsdaten, die dadurch ins Ausland gelangen, sind nicht mehr durch schweizerisches Recht geschützt. Speziell im Rahmen der Terror- und Geldwäschereibekämpfung können Gesetze und Regulierungen die Weitergabe dieser Daten an Behörden vorsehen.»; *AGB 3*: «Der Kunde erlaubt [Y.], Kundendaten zu Geschäftszwecken an Konzerngesellschaften in der Schweiz bekannt zu geben. Dies erfolgt insbesondere zum Zweck einer umfassenden und effizienten Kundenbetreuung sowie der Information über das Dienstleistungsangebot von Konzerngesellschaften.»; *AGB 4*: «Der Leasinggeber kann seine Dienstleistungen teilweise an Dritte auslagern, insbesondere im Bereich der Marktforschung und Erstellung von Kundenprofilen, der Berechnung von geschäftsrelevanten Marktrisiken sowie der Administration des vorliegenden Vertragsverhältnisses (z.B. Prüfung des Vertrags-Antrages und Vertragsabwicklung, Korrespondenzverkehr, Mahnwesen und Betreibungen). Der Leasingnehmer ist damit einverstanden, dass der Leasinggeber zu diesem Zweck seine Daten (inkl. die über ihn in der ZEK und der IKO gespeicherten Daten) an Dritte im In- und Ausland bekanntgeben, übertragen und verarbeiten lassen kann.»; *AGB 5*: «[X.] kann im erforderlichen Umfang Daten an die an der Vertragsabwicklung beteiligten Dritten im In- und Ausland, insbesondere an Mit- und Rückversicherer, sowie an in- und ausländische Gesellschaften der [X.] Insurance Group AG zur Bearbeitung weiterleiten.».

eher zu *verneinen*[2381]. So ist etwa die Bestimmung in den AGB, dass nicht anonymisierte Kundendaten (= Personendaten) an Gesellschaften *desselben Konzerns* zur Bearbeitung übermittelt werden dürfen, für den Kunden kaum überraschend und objektiv auch nicht geschäftsfremd, da die Bearbeitung von Kundendaten zur ordentlichen Geschäftsabwicklung gehört[2382]. Anders verhält es sich dagegen, wenn die AGB vorsehen, dass Kundendaten an beliebige, nicht spezifizierte *«Kooperationspartner»* weitergegeben werden dürfen. Eine solche *Generalklausel* ist nicht nur subjektiv überraschend, sondern auch objektiv geschäftsfremd und daher grundsätzlich *ungewöhnlich*. Selbst wenn aufgrund besonderer Umstände im Einzelfall die Ungewöhnlichkeit zu verneinen sein sollte, wäre der weitgehend *inhaltsleere* Begriff des «Kooperationspartners» im Rahmen der *Auslegungskontrolle* (oben N 276 ff.) jedenfalls zulasten des AGB-Verwenders *möglichst restriktiv* zu interpretieren (oben N 322 ff.)

Im Rahmen der *Gültigkeitskontrolle* (oben N 328 ff.) sind bei der Übermittlung 881 von Kundendaten ins *Ausland* Sonderbestimmungen zu beachten. Im Vordergrund steht *Art. 6 DSG* bzw. *Art. 16 nDSG*, welcher die Bekanntgabe von Personendaten ins Ausland *untersagt*, wenn dadurch die Persönlichkeit des Kunden «schwerwiegend gefährdet würde», weil es an einer *Datenschutzgesetzgebung fehlt*, welche die Kundendaten *adäquat schützt*[2383]. Mangelt es an einem ausreichenden gesetzlichen Datenschutz (wie etwa in den Vereinigten Staaten), so sieht *Art. 6 Abs. 2 DSG* bzw. *Art. 17 nDSG* subsidiär eine *abschliessende*

2381 Massgeblich ist stets die *konkrete Sachlage* des *Einzelfalls*, weshalb hier nur eine allgemeine Beurteilung vorgenommen werden kann.

2382 Vgl. Art. 6 Abs. 2 lit. g DSG.

2383 Art. 6 Abs. 1 DSG (vgl. auch Art. 16 Abs. 1 nDSG, wo der Bezug auf eine schwerwiegende Persönlichkeitsgefährdung gestrichen wurde). Gemäss Art. 7 VDSG veröffentlicht der EDÖB eine Liste jener Staaten, die über eine angemessene Datenschutzgesetzgebung verfügen. Dazu gehören insbesondere die EU-Staaten, Norwegen, Island, Malta, Monaco, Kanada, Argentinien, Uruguay, Israel und Neuseeland (Stand 15.11.2021). – *Nota*: Die *Vereinigten Staaten* verfügen nach dieser Liste über *keine ausreichende Datenschutzgesetzgebung*. Diese Einschätzung deckt sich mit dem *EuGH-Urteil* vom 6. Oktober 2015 (Rs. C-362/14, Schrems gegen Data Protection Commissioner), worin der EuGH entschied, dass die Entscheidung 2000/520 der *EU-Kommission*, wonach das «Safe Harbor»-Datenschutzabkommen EU-USA einen ausreichenden Datenschutz biete, *nach EU-Recht ungültig* war. Damit war das «Safe Harbor»-Abkommen auch für die Übermittlung von Personendaten aus der Schweiz keine genügende Rechtsgrundlage, weshalb Datenlieferanten bis zum Vorliegen eines neuen Abkommens für einen ausreichenden vertraglichen Datenschutz nach Art. 6 Abs. 2 lit. a DSG zu sorgen hatten, falls sie Personendaten in die USA liefern wollten. Mit Beschluss vom 12. Juli 2016 [C(2016), 4176 final] setzte die EU-Kommission dann das Nachfolgeabkommen *EU-U.S. Privacy Shield* in Kraft. Dieser Beschluss wurde mit Urteil vom 16. Juli 2020 (Rs.C-311/18) vom EuGH ebenfalls für *ungültig* erklärt.

Anzahl von *Ausnahmen* vom Verbot vor. Dazu gehört die Ausnahme ausreichender *vertraglicher Schutzgarantien* (lit. a); die *einzelfallweise Einwilligung* des Kunden (lit. b)[2384]; der Fall, dass die fraglichen Kundendaten im unmittelbaren Zusammenhang mit dem *Vertragsabschluss* bzw. der *Vertragsabwicklung* stehen (lit. c); das Vorliegen eines *überwiegenden öffentlichen Interesses* (lit. d); der Umstand, dass der Kunde die Daten *allgemein zugänglich* gemacht hat, ohne ihre *Bearbeitung ausdrücklich zu untersagen* (lit. f) sowie die Situation, dass die Bekanntgabe der Daten innerhalb derselben *juristischen Person* oder desselben *Konzerns* mit angemessenen Datenschutzregeln erfolgt (lit. g).

882 Zur (offenen) *Inhaltskontrolle* von AGB, welche die Bekanntgabe von Kundendaten an Dritte vorsehen, ist Folgendes zu bemerken: Die einseitige Einwilligung des Kunden als *Konsument* (oben N 792 ff.), wonach seine Daten an *Dritte* im *In-* oder *Ausland* weitergegeben werden dürfen, bewirkt grundsätzlich ein *erhebliches Missverhältnis* zwischen den vertraglichen Rechten und Pflichten der Parteien (oben N 802 f.), da das *(dispositive) Gesetz* die Datenbekanntgabe nur im Rahmen der *datenschutzgesetzlichen Einschränkungen* erlaubt[2385]. Durch seine Zustimmung zur Datenbekanntgabe an Dritte *verzichtet* der Kunde vertraglich – zum eigenen Nachteil und zum Vorteil des AGB-Verwenders – teilweise auf seinen *Datenschutz*. Eine solche Verzichtsklausel in den AGB erscheint dann als *treuwidrig*, wenn davon auszugehen ist, dass der Kunde diesen Nachteil in Form einer (verhandelten) *Einzelabrede nicht*, oder jedenfalls *nicht ohne kompensierende* anderweitige *Vorteile* akzeptierte hätte (oben N 804). Dies wird regelmässig anzunehmen sein, wenn der (partielle) Verzicht auf den Datenschutz nicht lediglich einen *spezifischen Einzelfall* betrifft (z.B. Datenlieferung zwecks Ausführung einer Reparatur im Rahmen der werkvertraglichen Gewährleistungspflicht), sondern auf *wiederholte* bzw. *standardisierte Datenlieferungen* abzielt. Ist auf dieser Grundlage die Treuwidrigkeit zu bejahen, so gilt die *Vermutung*, dass das erhebliche Missverhältnis zwischen den vertraglichen Rechten und Pflichten der Parteien auch *ungerechtfertigt* ist (oben N 805). Es obliegt dann dem Unternehmen als AGB-Verwender, diese Vermutung durch den Gegenbeweis zu *widerlegen*, dass im konkreten Fall der für den Kunden nachteilige (teilweise) *Verzicht* auf den gesetzlichen *Datenschutz* durch anderweitige *konkrete Vorteile kompensiert* wird und damit im Endergebnis dieser Verzicht bzw. die entsprechende Bestimmung in den AGB nicht missbräuchlich ist (oben N 805).

2384 Da die Einwilligung *einzelfallweise* erfolgen muss, genügt eine allgemeine Zustimmung des Kunden in den *AGB nicht* für eine rechtmässige Bekanntgabe von Daten in einen Staat, der über keine adäquate Datenschutzgesetzgebung verfügt.

2385 Art. 4, 5, 7 und 12 ff. DSG (bzw. Art. 6, 7, 8 und 30 ff. nDSG).

VIII. Klauseln über den einseitigen Verzicht auf das Verrechnungsrecht

Auch nach Inkrafttreten des neuen Art. 8 UWG (2011) finden sich in vielen AGB *einseitige Verrechnungsverzichte* zulasten des AGB-Übernehmers[2386]. Es stellt sich die Frage, wie solche *im Voraus*[2387] erklärte Verrechnungsverzichte zu beurteilen sind. 883

Was zunächst die *Konsenskontrolle* (oben N 111 ff.) angeht, ist bei Globalübernahmen der AGB – was in der Praxis der Regel entspricht – die Anwendung der *Ungewöhnlichkeitsregel* (oben N 193 ff.) eher zu *verneinen*[2388]. Zwar wird für den (geschäftsunerfahrenen) AGB-Übernehmer ein einseitiger Verrechnungsverzicht allenfalls (subjektiv) *überraschend* sein, aber dieser Verzicht lässt sich *nicht* ohne Weiteres als (objektiv) *geschäftsfremder* Vertragsinhalt qualifizieren. Dies gilt namentlich dann, wenn der Verrechnungsverzicht sich auf jene Gegenforderungen des AGB-Übernehmers beschränkt, die sich aus dem konkreten *Vertragsverhältnis* ergeben oder *unmittelbar* damit zusammenhängen. Dagegen wird man bei einem *generellen Verrechnungsverzicht*, welcher *sämtliche Gegenforderungen* des AGB-Übernehmers gegenüber dem AGB-Verwender von der Verrechnung ausschliesst, tendenziell von einer *ungewöhnlichen* Klausel ausgehen können. Massgeblich bleiben aber stets die *konkreten Umstände* des Einzelfalls. 884

Unter dem Gesichtspunkt der *Gültigkeitskontrolle* (oben N 328 ff.) gilt der *Grundsatz*, dass der Schuldner auf das *Verrechnungsrecht* im Voraus *verzichten* kann[2389]. Hierzu hat der Gesetzgeber – primär zum Schutz der schwächeren Partei – allerdings einzelne *Ausnahmen* in *zwingenden Sonderbestimmungen* vorgesehen. So kann im *Mietrecht* weder der Mieter noch der Vermieter im Voraus darauf verzichten, Forderungen und Schulden aus dem *Mietverhältnis* zu verrechnen[2390]. Eine solche Vereinbarung ist *nichtig*, unabhängig davon, ob 885

2386 Folgende *Beispiele* seien erwähnt: *Firma A* (pharmazeutische Industrie): «Der Kunde verzichtet ausdrücklich auf sein Recht zur Verrechnung». *Firma B* (Bahnbau): «Der Kunde verzichtet darauf, seine Verpflichtungen gegenüber der [Firma B] durch Verrechnung mit ihm allfällig gegenüber der [Firma B] zustehenden Forderungen zu tilgen». *Firma C* (Leasing): «Die Verrechnung von Verpflichtungen unter diesem Vertrag mit allfälligen Forderungen des Leasingnehmers gegenüber der Leasinggeberin und allfälligen Konzerngesellschaften ist ausgeschlossen.».

2387 Im vorliegenden Zusammenhang nicht von Interesse, weil unproblematisch, ist der *faktische Verzicht* auf die Verrechnung, wenn die Verrechnungsvoraussetzungen *erfüllt* sind, also insbesondere die Hauptforderung und die Verrechnungsforderung bereits existieren.

2388 Massgeblich ist stets die *konkrete Sachlage* des *Einzelfalls*, weshalb hier nur eine allgemeine Beurteilung vorgenommen werden kann.

2389 Art. 126 OR.

2390 Art. 265 OR.

es sich um eine Einzelabrede oder eine Klausel in AGB handelt. Entsprechendes gilt für das *Pachtverhältnis*[2391]. Ausserdem wird beim *Arbeitsvertrag* das Verrechnungsrecht des Arbeitgebers gesetzlich beschränkt[2392].

886 Mit Blick auf die (offene) *Inhaltskontrolle* (oben N 743 ff.) bewirkt der (einseitige) Verrechnungsverzicht des AGB-Übernehmers als *Konsumenten* (oben N 792 ff.) ein *erhebliches Missverhältnis* zwischen den vertraglichen Rechten und Pflichten der Parteien (oben N 802 f.). Dies deshalb, weil nach dem *(dispositiven) Gesetz* jeder Schuldner seine Schuld mit jeder Gegenforderung gegenüber dem Gläubiger verrechnen kann, sobald die gesetzlichen Verrechnungsvoraussetzungen von Art. 120 ff. OR erfüllt sind. Ein einseitiger Verzicht auf das Verrechnungsrecht in den AGB ist als *treuwidrig* zu betrachten, falls davon auszugehen ist, dass der Kunde diesen Nachteil als (verhandelte) *Einzelabrede nicht*, oder jedenfalls *nicht ohne kompensierende* anderweitige *Vorteile* akzeptierte hätte (oben N 804). Beides wird regelmässig anzunehmen sein, da nicht ersichtlich ist, weshalb der AGB-Übernehmer sein Verrechnungsrecht aufgeben sollte, während der AGB-Verwender sein Recht auf Verrechnung behält und sich dadurch einen Vorteil verschafft. Wird die Treuwidrigkeit bejaht, so greift die *Vermutung* Platz, dass das erhebliche Missverhältnis zwischen den vertraglichen Rechten und Pflichten der Parteien auch *ungerechtfertigt* ist (oben N 805). Es obliegt dann dem AGB-Verwender, diese Vermutung durch den Gegenbeweis zu *widerlegen*, dass im konkreten Fall der für den Kunden nachteilige *Verzicht* auf sein Verrechnungsrecht durch anderweitige *konkrete Vorteile kompensiert* wird und damit im Endergebnis der Verrechnungsverzicht bzw. die entsprechende Bestimmung in den AGB nicht als missbräuchlich erscheint (oben N 805).

887 Auch im Unionsrecht gelten Verrechnungsausschlussklauseln zulasten des Konsumenten grundsätzlich als missbräuchlich[2393].

IX. Genehmigungs- und Zustellungsfiktionsklauseln

888 In diversen Wirtschaftsbereichen finden sich AGB, welche eine *Genehmigungsfiktion* und/oder *Zustellungsfiktion* zulasten des AGB-Übernehmers enthalten:

– In Abweichung von der durch *Art. 6 OR* (indirekt) bestätigten *Regel*, wonach Stillschweigen auf eine Offerte oder Mitteilung *keine* Zustimmung

2391 Art. 294 OR.

2392 Art. 323b Abs. 2 OR.

2393 Vgl. Ziff. 1 lit. b Anhang RL 93/13/EWG, wonach Klauseln über den einseitigen Verrechnungsverzicht zulasten des Konsumenten grundsätzlich missbräuchlich sind.

oder Genehmigung darstellt[2394], vereinbaren die Parteien durch eine *Genehmigungsfiktionsklausel*, dass *ausbleibender Widerspruch* innert einer gewissen Frist als *Zustimmung* zu bzw. *Genehmigung* einer Mitteilung betrachtet wird[2395].

– Die *Zustellungsfiktionsklausel* ersetzt ihrerseits das im Privatrecht für die Übermittlung von Willens- und Wissenserklärungen üblicherweise geltende *Zugangsprinzip*[2396] durch das *Absendeprinzip*, indem vertraglich vereinbart und damit *fingiert* wird, dass mit der *Absendung* einer Mitteilung diese dem Adressaten bereits *zugegangen* ist[2397]. Diese Zustellungsfiktion gilt insbesondere auch dann, wenn der AGB-Übernehmer mit seiner Bank vereinbart hat, dass Mitteilungen der Bank nicht zugestellt, sondern von der Bank («banklagernd», *«banque restante»*) zu Handen des Kunden *zurückbehalten* werden sollen[2398].

Es stellt sich die Frage, wie diese beiden Klauseln rechtlich zu beurteilen sind. 889
Unter dem Gesichtspunkt der *Konsenskontrolle* (oben N 111 ff.) ist im Fall einer Globalübernahme der AGB – was in der Praxis der Regel entspricht – die *Ungewöhnlichkeit* (oben N 173 ff.) einer *Genehmigungsfiktionsklausel* tendenziell zu *verneinen*[2399]. Vor dem Hintergrund von Art. 6 OR dürfte für den

2394 Dies gemäss der Parömie *«qui tacet consentire non videtur»*.

2395 Folgende Beispiele seien angeführt: *Firma A* (Bank): «Ohne schriftlichen Widerspruch innert Monatsfrist seit Bekanntgabe gelten die Änderungen als genehmigt.»; *Firma B* (Bank): «Beanstandungen von Konto- oder Depotauszügen haben innerhalb eines Monats zu erfolgen. Nach unbenütztem Ablauf dieser Frist gelten Auszüge als genehmigt.»; *Firma C* (Bank): «Die Bank behält sich jederzeitige Änderungen dieser AGB und der weiteren Basisreglemente vor. Diese werden dem Kunden auf geeignete Weise bekannt gegeben und gelten ohne Widerspruch innert 30 Tagen als genehmigt.»; *Firma D* (Leasing): «Änderungen [der AGB] gelten als genehmigt, wenn nicht innert 4 Wochen, nachdem die Änderung versandt wurde, ein schriftlicher Widerspruch des Leasingnehmers bei der Leasinggesellschaft eintrifft.» – Vgl. auch BGE 130 III 694, E. 2.2.2; 127 III 148, 150 E. 2c; BGer 4A_42/2015, E. 5.2; BGer 4A_488/2008, E. 5.1; BGer 4A_262/2008, E. 2.2; BGer 4C.175/2006, E. 2.1; BGer 4C.378/2004, E. 2.2.

2396 Nach diesem Prinzip müssen rechtsgeschäftliche Erklärungen in den *Einflussbereich* des *Adressaten* gelangen, um zugestellt zu sein (sog. *«Empfangstheorie»*). Der Gesetzgeber hat das Prinzip z.B. in Art. 3 Abs. 2 und Art. 5 Abs. 3 OR zum Ausdruck gebracht.

2397 Als Beispiele seien erwähnt: *Firma A* (Bank): «Mitteilungen von [Bank A.] gelten als dem Kunden zugestellt, wenn sie an die letzte von ihm bekannt gegebene Zustelladresse verschickt wurden.»; *Firma B* (Bank): «Mitteilungen der Bank gelten als erfolgt, wenn sie an die letzte vom Kunden bekanntgegebene Adresse abgesandt worden sind.»; *Firma C* (Bank): «Mitteilungen der Bank gelten als erfolgt, wenn sie an die letzte ihr vom Kunden bekannt gegebene Adresse versandt worden sind.». Vgl. auch BGer 4A_119/2015, E. 6.3.

2398 Vgl. BGE 104 II 190, 194 f.; BGer 4A_262/2008, E. 2.3; BGer 4C.378/2004, E. 2.2.

2399 Massgeblich ist stets die *konkrete Sachlage* des *Einzelfalls*, weshalb vorliegend nur eine eher allgemeine Beurteilung vorgenommen werden kann. – Im Entscheid BGer durchschnittlichen AGB-Übernehmer eine Klarstellung in den AGB, dass fehlender Widerspruch innert Frist (= Stillschweigen) als *Zustimmung* betrachtet wird, (subjektiv) *kaum überraschend* sein. Sollte die Klausel dennoch für einen AGB-Übernehmer im Einzelfall überraschend sein, wird man sie kaum als (objektiv) *geschäftsfremd* qualifizieren können; dies jedenfalls dann nicht, wenn es in der Natur des Vertragsverhältnisses liegt, dass regelmässig Mitteilungen (z.B. Kontoauszüge) an den AGB-Übernehmer gemacht werden müssen. In solchen Fällen besteht im Rahmen einer *professionellen Geschäftsabwicklung* ein Bedürfnis nach Klarheit. Was für *Mitteilungen* von sekundärer Bedeutung als legitim erscheint, gilt jedoch nicht für *Offerten* des AGB-Verwenders, die auf eine *Vertragsänderung* abzielen. Nach dem Vertrauensprinzip darf der AGB-Verwender nicht davon ausgehen, dass eine *wesentliche nachträgliche Änderung* des Vertragsinhaltes vom Kunden (in den AGB) im voraus *blanco akzeptiert* wird und daher sein Schweigen kraft der Genehmigungsfiktion in den AGB als Zustimmung gilt.

890 Bei der *Zustellungsfiktionsklausel* wird man die *Ungewöhnlichkeit* grundsätzlich ebenfalls *verneinen* können, soweit Sinn und Zweck der Bestimmung darin liegt, dass eine Mitteilung dem Adressaten nicht zugestellt werden kann, weil er es nach einem *Wohnortswechsel unterlassen* hat, die *neue Adresse* dem Vertragspartner rechtzeitig mitzuteilen. Bei dieser Sachlage erscheint die Zustellungsfiktionsklausel grundsätzlich weder (subjektiv) überraschend noch (objektiv) geschäftsfremd, da sie ein für die ordentliche Geschäftsabwicklung sich stellendes Problem adäquat regelt. Diese Beurteilung ändert sich jedoch, falls die Zustellungsfiktionsklausel – ohne jegliche Differenzierung – *sämtliche Zustellungen* des AGB-Verwenders dem *Absendeprinzip* unterwirft und damit dem AGB-Übernehmer für alle an ihn adressierten Mitteilungen das *volle Risiko* der *Nichtzustellung* (z.B. wegen falscher Adressierung durch den Absender; infolge Verlusts des Briefs durch die Post) überbindet. Bei dieser Konstellation erscheint die Zustellungsfiktionsklausel sowohl als (subjektiv) *ungewöhnlich* als auch als (objektiv) *geschäftsfremd*, so dass sie nach dem Vertrauensprinzip durch die Globalübernahme des AGB-Übernehmers nicht als akzeptiert gelten kann[2400]. Dies muss *a fortiori* gelten, wenn die Genehmigungs- und

4C.342/2003, E. 2.3 hat das Bundesgericht eine Genehmigungsfiktionsklausel als nicht ungewöhnlich bezeichnet, ohne dies allerdings näher zu begründen.

2400 Vorbehalten bleibt naturgemäss der Fall, wo der Kunde auf eigenen Wunsch mit der Bank *banklagernde Korrespondenz* vereinbart hat, da diese Vereinbarung eine Zustellungsfiktion am Sitz der Bank als Zustellungsdomizil impliziert. In diesem Fall wird häufig eine Einzelabrede und keine AGB vorliegen. Sollte im konkreten Fall ausnahmsweise eine AGB gegeben sein, wäre meist keine Globalübernahme anzunehmen und die Ungewöhnlichkeitsregel nicht anwendbar. Zudem läge im Regelfall ohnehin weder ein (subjektiv) überraschender noch ein (objektiv) geschäftsfremder Inhalt der Klausel vor.

die Zustellungsfiktion *kumulativ* angewendet werden und im Ergebnis der *Inhalt jeder* – dem AGB-Übernehmer aus irgendwelchen Gründen – *nicht zugestellten Mitteilung* von diesem als *genehmigt gilt*, obschon er sie weder erhalten hat noch hat lesen können. Eine solche *Kumulation nachteiliger Fiktionsklauseln* hält vor der Ungewöhnlichkeitsregel nicht Stand[2401] und bindet den AGB-Übernehmer ohne eine vorherige Erläuterung ihrer *praktischen Tragweite*[2402] durch den AGB-Verwender *nicht*[2403].

Aus der Sicht der *Auslegungskontrolle* (oben N 276 ff.) bieten die *Genehmigungsfiktionsklauseln* kaum Probleme, da sie meist klar zum Ausdruck bringen, dass ohne einen fristgerechten Widerspruch gegen eine Mitteilung diese als genehmigt gilt. Anders verhält es sich bei den *Zustellungsfiktionsklauseln*. Diese sprechen meist ausdrücklich von der *«letzten»* bekannt gegebenen Adresse des Kunden. Daraus wird der unbefangene *AGB-Übernehmer* vernünftigerweise schliessen, dass diese Klausel nur zur Anwendung gelangt, wenn noch eine *andere* Zustelladresse zur Diskussion steht, aber unklar ist, welche gilt[2404]. Mit anderen Worten, der vernünftige AGB-Übernehmer wird die Klausel so verstehen, dass im Fall einer *Adressänderung* alle Mitteilungen des AGB-Verwenders an die *bisherige* Adresse erfolgen, bis er dem AGB-Verwender die neue Adresse bekannt gegeben hat[2405]. Bis zu diesem Zeitpunkt trägt er das Risiko dafür, dass weiterhin an seine bisherige (nicht mehr gültige) Adresse versandte Mitteilungen per Post ihn nicht rechtzeitig oder überhaupt nicht erreichen. Demgegenüber wird der AGB-Verwender diese Zustellungsfiktionsklausel extensiver interpretieren und auf *alle Mitteilungen* anwenden wollen, die er nach Vertragsabschluss dem AGB-Übernehmer im Rahmen des Vertragsverhältnisses zustellt, auch 891

2401 Vgl. auch BGer 4A_548/2013, 4A_550/2013, E. 3.6, wonach das Bundesgericht die Anwendung der Zustellungsfiktion auf banklagernde Mitteilungen verweigert, wenn sonst ein Rechtsmissbrauch des AGB-Verwenders vorliegen würde.

2402 Vgl. auch oben N 396.

2403 Die bisherige Rechtsprechung des Bundesgerichts wendet das *Vertrauensprinzip* zu wenig konsequent an und versucht unbillige Ergebnisse über das *Rechtsmissbrauchsverbot* (Art. 2 Abs. 2 ZGB) zu vermeiden (vgl. BGer 4A_119/2015, E. 5.2; BGer 4A_262/2008, E. 2.3; BGer 4C.378/2004, E. 2.2; siehe auch BGer 4A_488/2008, E. 5.2). Dies vermag insofern nicht zu befriedigen, als Art. 2 Abs. 2 ZGB nur den *offensichtlichen* Rechtsmissbrauch verbietet, was bei AGB selten der Fall ist. Wünschenswert wäre stattdessen eine konsequentere Anwendung der Ungewöhnlichkeitsregel im Rahmen der Konsenskontrolle. Am entsprechenden Schutzbedürfnis hat sich mit der Einführung des neuen Art. 8 UWG (2011) nichts geändert, da dieser nur *Konsumenten* schützt und gewerblich Tätige (v.a. KMU) ebenfalls Schutz vor missbräuchlichen AGB benötigen.

2404 Diese andere Adresse muss eine *spätere* Adresse infolge nachträglicher *Adressänderung* wegen eines Wohnungswechsels sein, da frühere Adressen des AGB-Übernehmers aus der Zeit *vor* dem Vertragsabschluss für den AGB-Verwender irrelevant sind.

2405 Ein entsprechender Test mit Seminarteilnehmenden hat diese Einschätzung bestätigt.

wenn *keine Adressänderung* des Kunden stattgefunden hat[2406]. Aufgrund der missverständlichen Formulierung der Zustellungsfiktionsklausel stehen sich daher zwei unterschiedliche Interpretationen gegenüber. Im Rahmen der Auslegungskontrolle im konkreten *Einzelfall* ist diese Unklarheit – gemäss dem Grundsatz *in dubio contra proferentem* – zugunsten der *engeren Auslegung* auf die Sachlage einer nachträglichen Adressänderung zu beschränken.

892 Unter dem Gesichtspunkt der *Gültigkeitskontrolle* (oben N 328 ff.) erscheinen sowohl die Genehmigungsfiktions- als auch die Zustellungsfiktionsklausel als *unproblematisch*. Beide Klauseln sind weder widerrechtlich noch sittenwidrig und verstossen, soweit ersichtlich, gegen keine zwingenden Sonderbestimmungen.

893 Was die (offene) *Inhaltskontrolle* (oben N 347 ff.) betrifft, bewirken die Genehmigungsfiktions- und die Zustellungsfiktionsklausel, insbesondere wenn sie *kumulativ* verwendet werden, zulasten des AGB-Übernehmers als *Konsumenten* (oben N 792 ff.) ein *erhebliches Missverhältnis* zwischen den vertraglichen Rechten und Pflichten der Parteien (oben N 802 f.), da nach dem (dispositiven) *Gesetz* Stillschweigen des Adressaten auf eine Mitteilung grundsätzlich *keine Zustimmung* darstellt und jede Mitteilung erst dann zugestellt ist, wenn sie tatsächlich in den *Einflussbereich* des Adressaten (Briefkasten, Postfach, E-Mail Server) gelangt ist («Empfangstheorie»), also nicht bereits dann, wenn sie vom Absender *versendet* worden ist. Beide Klauseln sind alsdann als *treuwidrig* zu betrachten, wenn davon auszugehen ist, dass der Kunde deren *nachteiligen Inhalt* (Übernahme des vollen Nichtzustellungsrisikos für alle Mitteilungen des AGB-Verwenders sowie fiktive Genehmigung von ihm nicht zugegangenen Mitteilungen) als (verhandelte) *Einzelabrede nicht*, oder jedenfalls *nicht ohne kompensierende* anderweitige *Vorteile* akzeptierte hätte (oben N 802). Beides wird in der Regel anzunehmen sein, da grundsätzlich nicht ersichtlich ist, weshalb der AGB-Übernehmer das *geschäftstypische Risiko* des AGB-Verwenders für eine (in dessen Risikosphäre fallende) Nichtzustellung von Mitteilungen ohne eine Gegenleistung übernehmen sollte. Wird die Treuwidrigkeit im konkreten Fall bejaht, ist auch die *Vermutung* erstellt, dass das erhebliche Missverhältnis zwischen den vertraglichen Rechten und Pflichten der Parteien *ungerechtfertigt* ist (oben N 805). Es obliegt dann dem AGB-Verwender, diese Vermutung durch den *Gegenbeweis* zu *widerlegen*, dass im *konkreten Fall* der (für den Kunden) nachteilige Effekt der Genehmigungsfiktions- und Zustellungsfiktionsklausel durch anderweitige *konkrete Vorteile kompensiert* wird und damit im Endergebnis diese Fiktionsklauseln in den AGB nicht als missbräuchlich erscheinen (oben N 805).

[2406] In diesem *extensiven Sinn* – d.h. ohne Beachtung des Attributs *«letzte»* Adresse – werden die AGB z.T. auch im Schrifttum interpretiert (so, ohne Begründung, WIDMER, Geschäftsbedingungen, N 478).

Im *Unionsrecht* gelten Genehmigungsfiktions- mit Zustellungsfiktionsklauseln für *AGB* zulasten des Konsumenten gemäss *Ziff. 1 lit. i* Anhang RL 93/13/EWG grundsätzlich als *missbräuchlich*[2407]. Im Übrigen fallen Genehmigungsfiktions- und Zustellungsfiktionsklauseln unter Art. 3 Abs. 1, da der Anhang keine abschliessende Aufzählung enthält. 894

X. Klauseln über das Einhalten der gebuchten Reiseroute bei Flugreisen

Die Beförderungsbedingungen (AGB) von Fluggesellschaften enthalten oft Bestimmungen, wonach der Kunde gehalten ist, die im *Flugschein* angegebene *Reiseroute*, also die chronologische *Reihenfolge* von Abflugort, allfälligen Zwischenstationen und Zielort strikt *einzuhalten*. Weicht der Flugreisende von der gebuchten Reiseroute ab, ohne dazu durch höhere Gewalt, Krankheit oder ähnliche (nicht von ihm zu verantwortende) Umstände veranlasst worden zu sein, wird der *Preis* für die *effektive Reiseroute neu berechnet* und der Kunde in der Regel mit einem nachträglichen *Preisaufschlag* belastet[2408]. Es stellt sich 895

2407 Nach dieser Bestimmung sind Klauseln missbräuchlich, die vorsehen, dass «die Zustimmung des Verbrauchers zu Klauseln unwiderlegbar festgestellt wird, von denen er vor Vertragsabschluss nicht tatsächlich Kenntnis nehmen konnte».

2408 Folgende *Beispiele* seien erwähnt: *Fluggesellschaft A* («Ihr Ticket gilt nur für den darauf angegebenen Transport, vom Abflugort über eventuell vereinbarte Zwischenstationen bis zum Zielort. Der von Ihnen bezahlte Preis basiert auf unseren Tarifen und ist ein wesentliches Element unserer Vertragsvereinbarung mit Ihnen. *Der Preis gilt nur für Flüge, die in der gebuchten Reihenfolge angetreten werden. Andernfalls wird der Preis auf der Grundlage der tatsächlichen Route neu berechnet.* [...] *Wenn nicht alle Einzelflüge angetreten oder nicht in der auf dem Ticket vorgesehenen Reihenfolge angetreten werden,* sich die Reisedaten ansonsten aber nicht ändern, *berechnen wir den Preis für die geänderte Route neu.* Das gilt nicht, wenn Sie aufgrund von höherer Gewalt, Krankheit oder aus einem anderen Grund, für den Sie nicht verantwortlich sind, nicht alle Einzelflüge antreten können oder nicht in der auf dem Ticket vorgesehenen Reihenfolge antreten können und Sie uns unmittelbar über diese Gründe informieren, sobald Sie von ihnen Kenntnis erlangen.» [Hervorhebung ergänzt]); *Fluggesellschaft B* «(a) The Fare Including Tax applied on the Ticket issue date is only valid for a Ticket *used fully and in the sequential order of Flight Coupons, for the specified journey and on the specified dates. Any non-compliant use will result in a recalculation of the Fare under the conditions defined below.* .... c) A change of the Place of Departure or a Place of Arrival for the journey by the Passenger (for example, if the Passenger does not use the first Coupon or does not use all the Coupons or if the Coupons are not used in their issue order) will result in a change in the Fare Including Tax initially paid by the Passenger. ...In the event of a change as outlined above, the Fare will be recalculated and the Passenger may, as a consequence of the recalculation, *be required to pay an additional Fare* [or to be entitled to a refund, as the die Frage, wie diese Bestimmung in den AGB nach schweizerischem Recht zu beurteilen ist.

896 Unter dem Gesichtspunkt der *Konsenskontrolle* (oben N 111 ff.) wird der Kunde die Beförderungsbedingungen, welche in der Regel auf der Website ohne wesentlichen Aufwand einsehbar sind[2409], meist *global übernehmen*, so dass sich die Frage nach der Anwendung der *Ungewöhnlichkeitsregel* (oben N 193 ff.) stellt. Diese Frage ist tendenziell zu *bejahen*[2410]. Wenn ein Kunde, der eine Flugreise (z.B. von Genf über Amsterdam nach Buenos Aires) gebucht hat, am massgeblichen Datum die Reise aus persönlichen Gründen nicht vom gebuchten Abflugort (Genf), sondern direkt am Ort der (geplanten) Zwischenlandung (Amsterdam) antritt, für diese *(verkürzte) effektive Reiseroute* nachträglich einen *höheren Preis* zahlen muss als für die gebuchte (längere) Reiseroute, wird dies für ihn (wie wohl auch die meisten andern Flugpassagiere) als AGB-Übernehmer (subjektiv) *überraschend* sein[2411]. Eine solche Bestimmung erscheint zudem als (objektiv) *geschäftsfremd*, da es betriebswirtschaftlich nicht einleuchtet, dass die verkürzte (effektive) Reiseroute mehr kosten soll, als die gebuchte längere Reiseroute. Eine Preispolitik, die den Kunden bei Inanspruchnahme einer im Voraus bezahlten Dienstleistung in dieser Weise einschränkt, nährt den Verdacht, dass damit – zumindest teilweise – *sachfremde Zwecke* (z.B. Einschränkung des Wettbewerbs) mitverfolgt werden[2412]. Es ist Sache der Fluggesellschaft, diesen Verdacht durch objektive betriebswirtschaftliche Fakten zu widerlegen.

---

case may be] equating to the difference between the Fare Including Tax initially paid and the Fare Including Tax that the Passenger should have paid when the Ticket was issued for the journey actually made by the Passenger. In addition, in the event of a change as outlined above, Administration Fees will be applied, where applicable. When that is the case, the Passenger will be informed thereof when such a change is requested.» [Hervorhebungen ergänzt]).

2409 Dazu oben N 145 ff.

2410 Massgeblich ist stets die *konkrete Sachlage* des *Einzelfalls*, weshalb hier nur eine allgemeine Beurteilung vorgenommen werden kann.

2411 Zum Vergleich: Kein Zugreisender, welcher eine Fahrkarte z.B. von Genf nach Zürich gekauft hat, käme vernünftigerweise auf die Idee, dass er einen Aufpreis nachzahlen muss, wenn er mit seiner Fahrkarte nicht die *ganze Strecke* von *Genf* nach Zürich, sondern lediglich die *Teilstrecke* von *Bern* nach Zürich fährt.

2412 In diese Richtung weist auch folgende (etwas befremdliche) Bestimmung, welche den Fluggast unter Druck zu setzen versucht: «If the Passenger does not use all their Flight Coupons and prematurely interrupts their journey, the Passenger will be required to pay a fixed amount, *in order to be able to retrieve their Checked Baggage*.» [Hervorhebung ergänzt].

Unter dem Gesichtspunkt der *Gültigkeitskontrolle* (oben N 328 ff.) erscheint die Klausel über die strikte Einhaltung der gebuchten Reiseroute *nicht problematisch*, da sie weder widerrechtlich noch sittenwidrig ist und, soweit ersichtlich, auch nicht gegen zwingende Sonderbestimmungen verstösst. 897

Mit Blick auf die (offene) *Inhaltskontrolle* (oben N 347 ff.) bewirkt die Pflicht zur Einhaltung der gebuchten Reiseroute für den AGB-Übernehmer als *Konsumenten* (oben N 792 ff.) ein *erhebliches Missverhältnis* zwischen den vertraglichen Rechten und Pflichten der Parteien (oben N 802 f.). Durch diese Klausel wird der Kunde nämlich verpflichtet, für eine bereits bezahlte Dienstleistung (Flugtransport), die er nur *teilweise konsumieren* will, den *Minderkonsum* mit einem nachträglichen *Preisaufschlag* «abzugelten». Eine solche Klausel erscheint nicht nur intuitiv als paradox, sondern auch als *treuwidrig*, soweit anzunehmen ist, dass der Kunde diesen Nachteil im Rahmen einer (verhandelten) *Einzelabrede nicht*, oder jedenfalls *nicht ohne kompensierende* anderweitige *Vorteile* akzeptierte hätte (oben N 804). Letzteres wird man grundsätzlich annehmen können, da nicht ohne Weiteres ersichtlich ist, weshalb der AGB-Übernehmer akzeptieren sollte, für einen *Minderkonsum* einen *Mehrpreis* zu bezahlen. Mit der Bejahung der Treuwidrigkeit ist auch die *Vermutung* erstellt, dass das erhebliche Missverhältnis zwischen den vertraglichen Rechten und Pflichten der Parteien *ungerechtfertigt* ist (oben N 805). Es obliegt dann der Fluggesellschaft als AGB-Verwender, diese Vermutung durch den Gegenbeweis zu *widerlegen*, dass im konkreten Fall die für den Kunden nachteilige Klausel über die Einhaltung der gebuchten Reiseroute durch anderweitige *konkrete Vorteile kompensiert* wird und damit im Endergebnis die Klausel nicht als missbräuchlich qualifiziert werden kann (oben N 805). 898

Im *Unionsrecht* erwähnt der Anhang zur RL 93/13/EWG Klauseln über die (Nicht-) Einhaltung der gebuchten Flugreiseroute nicht. Solche AGB sind daher direkt aufgrund der Grundregel von *Art. 3 Abs. 1 RL* zu beurteilen. 899

§ 15 Kartellrechtliche Kontrolle von AGB

I. Allgemeines

900 Im Zentrum des schweizerischen AGB-Rechts steht einerseits die *obligationenrechtliche* AGB-Kontrolle (= Konsens-[2413], Auslegungs-[2414] und Gültigkeitskontrolle[2415]) und anderseits die *lauterkeitsrechtliche* Kontrolle (= offene Inhaltskontrolle[2416]).

901 Vor diesem Hintergrund stellt sich die Frage, ob bzw. inwieweit das *Kartellrecht*[2417] dem AGB-Übernehmer einen zusätzlichen Schutz vor nachteiligen AGB bietet. Von Interesse sind namentlich zwei Fragen:

- Wie sind allfällige *Wettbewerbsabreden* – entweder zwischen AGB-Verwendern oder zwischen AGB-Verwendern und AGB-Übernehmern – über den *Inhalt* bzw. die *Verwendung* von AGB zu beurteilen (unten N 902 ff.)?
- Wie steht es mit nachteiligen AGB, die ein *marktbeherrschendes* Unternehmen gegenüber seinen Vertragspartnern durchsetzt (unten N 916 ff.)?

II. Wettbewerbsbeschränkende Abreden mittels AGB?

1. Tatbestandsvoraussetzungen

902 Gemäss Art. 5 Abs. 1 KG sind Abreden, welche den Wettbewerb für eine bestimmte Ware oder Leistung *erheblich beeinträchtigen (= Wettbewerbsabreden) unzulässig*, es sei denn, die Wettbewerbsbeeinträchtigung lasse sich mit dem Argument der *wirtschaftlichen Effizienz* rechtfertigen[2418].

[2413] Dazu oben § 7.

[2414] Dazu oben § 8.

[2415] Dazu oben § 9.

[2416] Art. 8 UWG; dazu oben N 783 ff.

[2417] Bundesgesetz über Kartelle und andere Wettbewerbsbeschränkungen (Kartellgesetz, KG) vom 6. Oktober 1995 (SR 251).

[2418] Art. 5 Abs. 1 *in fine* KG.

Eine kartellrechtlich relevante *Abrede* zwischen zwei (oder mehreren) *Unternehmen*[2419] – ob auf der gleichen Marktstufe[2420] oder auf unterschiedlichen Marktstufen[2421] – kann sowohl durch eine (rechtlich erzwingbare[2422] oder unerzwingbare[2423]) *Vereinbarung* als auch durch aufeinander *abgestimmtes Verhalten*[2424] erfolgen[2425]. 903

2419 Als «Unternehmen» gelten gemäss Art. 2 Abs. 1bis KG «sämtliche Nachfrager oder Anbieter von Gütern und Dienstleistungen im Wirtschaftsprozess, unabhängig von ihrer Rechts- oder Organisationsform».

2420 Abreden zwischen sich konkurrenzierenden Unternehmen auf der *derselben* Markstufe (z.B. zwei Uhrenhersteller) werden üblicherweise als *Horizontalabreden* bezeichnet. Vgl. BGE 129 II 18, 23 E. 4; 124 II 495, 499.

2421 Abreden von Unternehmen *unterschiedlicher* Markstufen (z.B. Uhrenhersteller und Uhrenhändler; Buchverleger und Buchhändler) werden oft *Vertikalabreden* genannt. Vgl. BGE 129 II 18, 23 E. 4; 124 II 495, 499.

2422 Als Beispiel einer *«rechtlich erzwingbaren»* Vereinbarung nennt die kartellrechtliche Literatur regelmässig den (ausdrücklich oder konkludent geschlossenen) mündlichen oder schriftlichen) *Vertrag* und knüpft damit an Art. 1 OR an (vgl. z.B. MARBACH/DUCREY/WILD, Immaterialgüterrecht, N 1449; CR Concurrence-AMSTUTZ/CARRON/ REINERT, Art. 4 I, N 28). Dies ist insofern verwirrlich, als (durch die wirtschaftliche Effizienz nicht gerechtfertigte) Wettbewerbsabreden *unzulässig* (Art. 5 Abs. 1 KG) und damit nach Art. 20 OR *nichtig* sind, d.h. *rechtlich* gerade *nicht* durchgesetzt werden können. Genau genommen geht es also nicht um die «rechtliche», sondern um die *faktische* Durchsetzung von (obligationenrechtlich unverbindlichen) Abreden. Der deutsche Gesetzestext von Art. 4 Abs. 1 KG ist insoweit missverständlich formuliert, während die romanischen Texte etwas offener von *«avec force obligatoire»* bzw. *«con forza obbligatoria»* sprechen. *Praktisch* gesehen ergeben sich daraus allerdings kaum Schwierigkeiten, da die Unterteilung der Wettbewerbsabreden in faktisch erzwingbare und nicht erzwingbare Vereinbarungen sowie abgestimmtes Verhalten von untergeordneter Bedeutung bleibt und eine saubere gegenseitige Abgrenzung entbehrlich ist, sind doch alle drei Formen von Abreden letztlich gleichermassen *unzulässig*.

2423 Bei solchen Abreden handelt es sich um sog. *Gentlemen's Agreements* oder *Frühstückskartelle*. Vgl. CR Concurrence-AMSTUTZ/CARRON/ REINERT, Art. 4 I, N 30.

2424 Aufeinander abgestimmtes Verhalten liegt bei einem *bewussten* und *planmässigen Parallelverhalten* von Unternehmen vor, welches nicht auf der *individuellen Einschätzung wesentlicher Wettbewerbsparameter* beruht (vgl. MARBACH/DUCREY/WILD, Immaterialgüterrecht, N 1449, 1459).

2425 Art. 4 Abs. 1 KG. Diese drei Kategorien lassen sich *obligationenrechtlich* kaum befriedigend voneinander *abgrenzen*, da im Kartellrecht die *wirtschaftliche Wirkungsweise* und nicht die *obligationenrechtliche Verbindlichkeit* massgeblich ist. Letztere fehlt einer Abrede, da sie regelmässig einen *widerrechtlichen* Zweck verfolgt.

904 Eine *Wettbewerbsbeeinträchtigung* bzw.- *beschränkung*[2426] liegt vor, wenn eine Abrede den Wettbewerb *tatsächlich behindert* oder zumindest eine Behinderung des Wettbewerbs *bezweckt*[2427], d.h. wenn «die Handlungsfähigkeit der Wettbewerbsteilnehmer im Innen- oder Aussenwettbewerb für einen oder mehrere Wettbewerbsparameter»[2428] durch die Abrede (tatsächlich oder potentiell) beschränkt wird.

905 Das Erfordernis der *Erheblichkeit* der Wettbewerbsbeschränkung infolge einer Abrede setzt voraus, dass der Betroffene – aus der Sicht des Individualschutzes – in seiner *marktbezogenen Handlungsfreiheit spürbar* eingeengt wird. Unter dem Gesichtspunkt des Institutionsschutzes ist gleichzeitig erforderlich, dass die Abrede einen *relevanten Wettbewerbsparameter* (z.B. Preis, Menge, Qualität) betrifft (= *qualitativer* Aspekt) und dass die beteiligten Unternehmen einen *erheblichen Marktanteil* in der Grössenordnung von 10 % (oder mehr) besitzen (= *quantitativer* Aspekt)[2429].

906 Hat eine Abrede zwischen Unternehmen eine erhebliche Wettbewerbsbeschränkung zur Folge, so kann diese Beschränkung unter Umständen aus Gründen der *wirtschaftlichen Effizienz gerechtfertigt* sein[2430]. Als Effizienzfaktoren anerkennt das Gesetz die Senkung der Betriebskosten, die Verbesserung der Produkte bzw. ihrer Herstellung, die Förderung der Forschung oder der Verbreitung von technischem oder beruflichem Wissen sowie die rationellere Nutzung von Ressourcen. Dabei ist stets erforderlich, dass die Wettbewerbsbeschränkung für die Erreichung dieser Zwecke *notwendig* ist und die betroffenen Unternehmen keine Möglichkeit erhalten, *wirksamen Wettbewerb* zu *beseitigen*[2431].

907 Neben Abreden über erhebliche Wettbewerbs*beschränkungen* sind – *a fortiori* – auch Abreden unzulässig, die eine *Beseitigung* wirksamen Wettbewerbs bewirken. Diesbezüglich statuiert das Gesetz für gewisse Abreden (z.B. Preisfestsetzung, Beschränkung von Produktions-, Liefer- oder Bezugsmengen, geographische Marktaufteilung) zwischen (tatsächlichen oder potentiellen) Konkurrenten

2426 Während Art. 4 Abs. 1 KG – wie alle übrigen Bestimmungen des KG – den Begriff der «Wettbewerbs*beschränkung*» verwendet, spricht Art. 5 Abs. 1 KG von Abreden, «...die den Wettbewerb...*beeinträchtigen*...».

2427 Art. 4 Abs. 1 *in fine* KG; MARBACH/DUCREY/WILD, Immaterialgüterrecht, N 1447. – Art. 5 Abs. 1 KG ist diesbezüglich zu wenig differenziert.

2428 BGE 129 II 18, 24 E. 5.

2429 Vgl. BGE 129 II 18, 24 E. 5.2.1 (mit weiteren Hinweisen). Die Erheblichkeit der Wettbewerbsbeschränkung richtet sich bei *Horizontalabreden* und *Vertikalabreden* nicht nach den genau gleichen Kriterien. Vgl. MARBACH/DUCREY/WILD, Immaterialgüterrecht, N 1537 ff., 1545 ff.

2430 Art. 5 Abs. 1 KG; BGE 129 II 18, 43 E. 10.

2431 Art. 5 Abs. 2 lit. a und b KG; BGE 129 II 18, 47 E. 10.4.

die (widerlegbare) *Vermutung*, dass sie zur *Beseitigung* wirksamen Wettbewerbs führen[2432]. Solche Abreden lassen sich *nicht* mit dem Argument der wirtschaftlichen Effizienz rechtfertigen[2433]. In Betracht kommt lediglich die ausnahmsweise Zulassung durch den Bundesrat aus *überwiegenden öffentlichen Interessen*[2434].

2. Beurteilung im Hinblick auf AGB

908 Wettbewerbsabreden sind an *keine besondere Form* gebunden und können – im horizontalen oder vertikalen Verhältnis – nicht nur durch Individualabreden, sondern auch durch *AGB* bzw. im Zusammenhang mit AGB getroffen werden[2435]. Bezüglich *Inhalt* und *Parteien* der AGB ist Folgendes zu beachten:

909 Mit Blick auf die *Parteien* finden AGB im vertikalen Verhältnis zwischen *mehreren Unternehmern* (z.B. zwischen einem Produzenten und Grossisten oder zwischen einem Grossisten und Detaillisten) Anwendung (siehe *Fall 2,* unten N 911) oder zwischen einem Unternehmer als *gewerblichem Anbieter* und einem *Konsumenten* als Endverbraucher (z.B. Detaillist – Endabnehmer) (siehe *Fall 1,* unten N 910). Im Weiteren kommen zwischen *Konkurrenten* horizontale Abreden in Betracht, die auf eine koordinierte Durchsetzung nachteiliger AGB (im vertikalen Verhältnis gegenüber ihren jeweiligen Geschäftspartnern) abzielen (siehe *Fall 3,* unten N 912).

910 *Fall 1:* Wenn ein *Konsument* (z.B. Käufer eines Privatautos) die ihn benachteiligenden AGB eines *gewerblichen Anbieters* (z.B. Garagist) vertraglich übernimmt, stellt dies *keine kartellrechtliche Abrede* zwischen *Unternehmen* dar. Zwar liesse sich aufgrund des zu weit gefassten Gesetzeswortlauts argumentieren, der Konsument sei ein «Nachfrager... von Gütern und Dienstleistungen im Wirtschaftsprozess»[2436], aber einerseits besteht zwischen dem gewerblichen

---

2432 Art. 5 Abs. 3 KG. Weitere Vermutung in Art. 5 Abs. 4 KG.

2433 BGE 129 II 18, 23 E. 3.

2434 Vgl. Art. 8 KG.

2435 Vgl. CR Concurrence-AMSTUTZ/CARRON/REINERT, Art. 4 I N 28 (mit Verweis auf EuGH-Rechtsprechung).

2436 Art. 2 Abs. 1bis KG. Diese Bestimmung war in der bundesrätlichen Botschaft über die Änderung des Kartellgesetzes vom 7. November 2001 (vgl. BBl 2002, 2022 ff.) *nicht* enthalten, sondern stammt aus dem *Ständerat* (AB 2003 S 324 f.). Ziel der Bestimmmung war es, Einheiten der öffentlichen Hand aufgrund ihrer *Nachfragemacht* dem Kartellgesetz zu unterstellen, auch wenn sie *keine Rechtspersönlichkeit* besassen. Die zu *weit gefasste* Formulierung schiesst allerdings über das Ziel hinaus, da ihr Wortlaut auch Konsumenten erfasst. Dies war freilich nicht beabsichtigt (vgl. Votum Bundesrat Deiss, wonach als Unternehmen gelte, wer Güter oder Dienstleistungen *produziere* und in diesem Rahmen auf der Nachfrage- oder Angebotsseite am Wirtschaftsprozess teilnehme). Zur parlamentarischen Debatte, siehe AB 2003 S 324 ff., 496 ff.; AB 2003 N 828 ff., 969 f.

Anbieter und dem Konsumenten (als Abnehmer für persönliche Bedürfnisse) *kein* Wettbewerb, der durch (die für den Konsumenten nachteiligen) AGB beschränkt werden könnte, und anderseits trifft ein Konsument als AGB-Übernehmer weder eine «Kartell- oder andere Wettbewerbsabrede», noch kann er «Marktmacht ausüben» oder sich «an Unternehmenszusammenschlüssen» beteiligen[2437]. Nach herrschender Auffassung gelangt daher das Kartellgesetz auf den *Konsumenten nicht* zur Anwendung[2438] und ihm stehen *keine zivilrechtlichen Ansprüche* aus Art. 12 KG zu[2439]. Damit vermag das Kartellrecht dem Konsumenten *keinen* relevanten *Schutz* vor nachteiligen AGB eines gewerblichen Anbieters zu bieten. Den Konsumenten steht also nur der obligationenrechtliche und lauterkeitsrechtliche Schutz zur Verfügung.

911 *Fall 2:* Übernimmt im vertikalen Verhältnis ein Unternehmer (z.B. Garagist) im Rahmen eines Rechtsgeschäfts (z.B. Kaufvertrag) mit einem anderen Unternehmer (z.B. Autoimporteur) dessen AGB, so liegt eine *Abrede* zwischen *zwei Unternehmen*[2440] vor. Ein solcher Vertrag stellt jedoch grundsätzlich *keine Wettbewerbsabrede* dar, da zwischen den beiden Vertragspartnern kein Wettbewerbs- oder Konkurrenzverhältnis besteht und die AGB normalerweise nur *Nebenpunkte* des konkreten Geschäfts regeln. Massgeblich ist jedoch stets der *konkrete Inhalt* der AGB. Es ist daher möglich, dass die AGB Bestimmungen enthalten, welche die *marktbezogene Handlungsfreiheit* des AGB-Übernehmers spürbar einengen (z.B. durch eine geographische Beschränkung seines Absatzgebietes). In solchen (vergleichsweise seltenen) Fällen liegt eine *Wettbewerbsabrede* vor[2441], die den Wettbewerb auf der *Marktstufe* des *AGB-Übernehmers beschränken* oder gar *beseitigen* kann[2442]. Eine solche Abrede ist gemäss Art. 5 KG unzulässig, sofern die resultierende Wettbewerbs*beschränkung* nicht mit dem Argument der wirtschaftlichen Effizienz gerechtfertigt werden kann. Ist die Unzulässigkeit der Wettbewerbsabrede erwiesen, so stehen dem AGB-Übernehmer

---

2437 Art. 2 Abs. 1 KG.

2438 Vgl. Botschaft zu einem Bundesgesetz über Kartelle und andere Wettbewerbsbeschränkungen (Karteilgesetz, KG) vom 23. November 1994, BBl 1995 I 468, 533; CR Concurrence-MARTENET/KILLIAS, Art. 2 N 54. – Fragen kann man sich allenfalls, ob dies auch für *Konsumentenschutzorganisationen* gilt. Da diese aber von nachteiligen Konsumenten-AGB selber *nicht direkt* betroffen sind, braucht dieser Aspekt vorliegend nicht weiterverfolgt zu werden.

2439 CR Concurrence-MARTENET/KILLIAS, Art. 2 N 60; CR Concurrence-REYMOND, Art. 12 N 10, 60.

2440 Vgl. Art. 2 Abs. 1bis KG.

2441 Da solche Wettbewerbsabreden in *AGB* als *atypisch* zu betrachten sind, ist im Fall einer *Globalübernahme* auch zu prüfen, ob die Klausel aufgrund der *Ungewöhnlichkeitsregel* allenfalls gar nicht gültig vereinbart ist.

2442 Vgl. Art. 5 Abs. 3 KG, (welcher nur auf *horizontale* Wettbewerbsabreden anwendbar ist; vgl. BGE 129 II 18, 26 E. 6.2) und Art. 5 Abs. 4 KG.

(als im Wettbewerb behindertem Unternehmer) neben der zivilrechtlichen *Nichtigkeit* der Abrede[2443] auch Ansprüche nach Art. 12 KG zu, d.h. das Recht auf Beseitigung der Wettbewerbsbehinderung sowie auf Schadenersatz und Gewinnherausgabe nach Obligationenrecht.

Fall 3: Konkurrenten auf einem bestimmten Markt können eine *horizontale* Abrede treffen, wonach jeder von ihnen bei Vertragsabschlüssen mit seinen *Kunden* (Unternehmer, Konsumenten) im vertikalen Verhältnis (mehr oder weniger gleich) *nachteilige AGB* verwendet. Damit soll verhindert werden, dass Kunden sich Geschäftspartner mit möglichst kundenfreundlichen AGB aussuchen und sich daraus ein Wettbewerb zwischen den Konkurrenten um kundenfreundliche AGB entwickelt. Eine solche Abrede fällt grundsätzlich unter *Art. 5 Abs. 1 KG* und ist, ohne Vorliegen eines Rechtfertigungsgrundes[2444], *unzulässig*[2445]. Bei näherer Betrachtung ergeben sich allerdings (mindestens) zwei *Probleme*: 912

– Erstens stellen die AGB aus der Sicht der Kundschaft meist *keinen* relevanten *Wettbewerbsparameter* dar. Für einen Kunden ist es zeitlich und finanziell überaus *aufwändig*, den Inhalt der AGB verschiedener Anbieter zu analysieren und zu vergleichen. Die *Kosten* für einen solchen AGB-Vergleich sind meist wesentlich *höher* als der *potentielle Nutzen* aus den als kundenfreundlich(er) ausgewählten AGB. Dies gilt umso mehr, als im Entscheidungszeitpunkt ungewiss ist, ob die kundenfreundlichen AGB im konkreten Fall *überhaupt* je zur *Anwendung* gelangen werden. Faktisch stehen sich daher *sichere Kosten* (Aufwand für AGB-Vergleich) auf der einen Seite, und die blosse *Erwartung* eines künftigen *hypothetischen Nutzens* (Anwendung kundenfreundlicher Klauseln) auf der anderen Seite gegenüber. Ein Abwägen dieser beiden Faktoren wird den Kunden in der Regel zum (rationalen) Entscheid führen, auf einen kostspieligen *Vergleich* der AGB verschiedener Konkurrenten zu *verzichten*. So betrachtet, ist es fraglich, ob der AGB-Inhalt einen *relevanten Wettbewerbsparameter* darstellt und ob eine Abrede unter 913

2443 Art. 20 OR.

2444 Einer Rechtfertigung durch erhöhte «wirtschaftliche Effizienz» (vgl. Art. 5 Abs. 2 KG) bedarf der durch eine allfällige Wettbewerbsabrede bewirkte oder bezweckte Ausschluss eines Ausweichens von AGB-Übernehmern auf kundenfreundlichere AGB der Konkurrent primär wegen der *Risikoüberwälzungsfunktion* von AGB. Die Rechtfertigung kann dennoch nicht in der Rationalisierungswirkung der *AGB selber* liegen, sondern muss durch einen Rationalisierungseffekt der *Wettbewerbsabrede* nachgewiesen werden.

2445 Dies entspricht der üblichen Betrachtungsweise in der Literatur (vgl. WALKER, Konsumenten-AGB, 200 f.), welche nicht berücksichtigt, dass AGB im Regelfall bloss vertragliche *Nebenpunkte* regeln und es aufgrund einer *Kosten-Nutzen-Analyse* – jedenfalls für Konsumenten – durchaus ein *ökonomisch-rationales* Verhalten ist, AGB nicht als relevanten Wettbewerbsparameter zu behandeln.

Konkurrenten über AGB auf eine erhebliche *Wettbewerbsbeschränkung* hinausläuft, die kartellrechtlich unterbunden werden kann bzw. soll.

914 – Zweitens sind *konkrete Absprachen* unter Konkurrenten über eine gemeinsame Koordination des Inhalts ihrer AGB in der Praxis *nicht einfach nachzuweisen*. Am ehesten kommen Mitteilungen von Berufs- und Branchenverbänden in Betracht, die ihren Mitgliedern (durch den Verband ausgearbeitete) AGB zur Verfügung stellen oder allenfalls sogar *empfehlen*. Ob bzw. inwieweit Empfehlungen von Verbänden zur Gestaltung wettbewerbsrelevanter Faktoren (z.B. Stundentarife) ihrer Mitglieder eine Wettbewerbsabrede darstellen, hängt wesentlich von den *konkreten Umständen* ab, namentlich vom Prozentanteil der Verbandsmitglieder, die solche Empfehlungen *tatsächlich befolgen*[2446]. Da in den AGB – abweichend vom dispositiven Gesetz – meist bloss *vertragliche Nebenpunkte* geregelt werden, liegt deren wettbewerbliche Relevanz nicht auf der Hand[2447]. Selbst dort, wo aber diese Relevanz grundsätzlich bejaht werden kann, geht es letztlich um die *Abgrenzungsfrage*, ob die Verwendung gleicher oder ähnlicher AGB ein (zulässiges) rationales *Parallelverhalten* oder ein (unzulässiges) *aufeinander abgestimmtes Verhalten* der Konkurrenten darstellt. Letzteres setzt ein *bewusstes* und *gewolltes Zusammenwirken* (durch Austausch von Marktinformationen) unter den Konkurrenten voraus[2448]. Da es für den einzelnen Konkurrenten – ohne jegliche Koordination mit anderen Konkurrenten – durchaus rational ist, gewisse Risiken, die ihm das dispositive Recht überbindet, mithilfe seiner AGB auf die Kundschaft abzuwälzen, lässt sich dieses Marktverhalten als Ausdruck des *individuellen, rationalen Geschäftsgebarens* erklären; und zwar auch dann, wenn ein Unternehmer AGB-Formulare verwendet, die er nicht selber verfasst, sondern aus einer Drittquelle übernommen hat. Die Wirkung solcher AGB hängt nämlich *nicht* davon ab, dass die *anderen* Konkurrenten *gleichzeitig dasselbe* tun, da das massgebliche Ziel der AGB in der *Überwälzung geschäftlicher Risiken* auf die Kundschaft und *nicht* in der *Wettbewerbsbeschränkung* liegt. Mit anderen Worten: Die Gleichförmigkeit von AGB lässt sich dadurch erklären, dass alle AGB vom *gleichen* dispositiven Gesetz mit *demselben individuellen Ziel* (Risikoüberwälzung auf die Kundschaft) abweichen. Diese Ausgangslage spricht für den Grundsatz, dass eine Verwendung gleichförmiger AGB *vermutungsweise* Ausdruck eines *zulässigen Parallelverhaltens* und nicht einer unzulässigen Wettbewerbsabrede kraft aufeinander abgestimmten Verhaltens ist.

2446 CR Concurrence-AMSTUTZ/CARRON/REINERT, Art. 4 I N 42 ff.

2447 Vgl. oben Fn 2424.

2448 BGE 129 II 18, 27 E. 6.3.

3. Ergebnis

Die vorstehenden Erörterungen führen zu folgendem *Ergebnis*: 915

- Dem *Konsumenten* stehen bei Übernahme missbräuchlicher AGB eines Unternehmers (= gewerblicher Anbieter) *keine eigenen kartellrechtlichen Rechtsansprüche* zu, die ihn vor den Nachteilen der AGB wirksam schützen würden.
- Ein *Unternehmer* (z.B. KMU) kann als AGB-Übernehmer kartellrechtlich gegen den AGB-Verwender (z.B. Grossisten) vorgehen, falls die von ihm gültig übernommenen AGB *unzulässige wettbewerbsbeschränkende Klauseln* enthalten, die ihn auf seiner Marktstufe im *Wettbewerb behindern*[2449].
- Horizontale Wettbewerbsabsprachen zwischen *Konkurrenten* zwecks koordinierter Durchsetzung missbräuchlicher AGB gegenüber ihrer Kundschaft (im vertikalen Verhältnis) sind in der Praxis eher schwierig nachzuweisen. *Vermutungsweise* liegt ein (zulässiges) *Parallelverhalten* aufgrund *eigenständigen, rationalen Geschäftsgebarens* vor, wenn in einer Branche von AGB-Verwendern mehr oder weniger gleich nachteilige AGB zulasten der Kundschaft verwendet werden.

III. Missbräuchliche Durchsetzung von AGB durch marktbeherrschende Unternehmen

1. Tatbestandsvoraussetzungen

Gemäss Art. 7 Abs. 1 KG verhält sich ein *marktbeherrschendes* Unternehmen unzulässig, wenn es seine Marktstellung *missbraucht*, um andere Unternehmen im *Wettbewerb zu behindern* oder die *Marktgegenseite* zu *benachteiligen.* 916

Ein Unternehmen[2450] hat dann eine *marktbeherrschende* Stellung, wenn es «auf einem Markt als Anbieter oder Nachfrager in der Lage [...ist], sich von andern Marktteilnehmern (Mitbewerbern, Anbietern oder Nachfragern) in wesentlichem Umfang unabhängig zu verhalten»[2451], namentlich weil die andern Marktteilnehmer über *keine zumutbare Alternative* zur Geschäftsbeziehung mit dem 917

[2449] Art. 5, 12 KG.

[2450] Der Begriff des «Unternehmens» wird in Art. 2 Abs. 1bis KG näher umschrieben. – Vgl. auch BGE 127 II 32, 43 E. 3d.

[2451] Art. 4 Abs. 2 KG. – *Nota*: Der Begriff der «Marktbeherrschung» bei Unternehmenszusammenschlüssen (Art. 10 KG) ist ein *engerer* als jener nach Art. 7 Abs. 1 KG. Vgl. BGE 133 II 104, 108 E. 6.3.

marktmächtigen Unternehmen verfügen[2452]. Demzufolge kann ein marktbeherrschendes Unternehmen wesentliche *Wettbewerbsparameter* (z.B. Preis, Qualität) – *ohne Rücksicht* auf Konkurrenten oder *Kunden* – nach eigenem Gutdünken festlegen[2453]. Auf seinem Markt ist es dem *Wettbewerbsdruck (teilweise) enthoben*[2454].

918 Die Beurteilung der Marktstellung eines Unternehmens setzt insbesondere[2455] die Bestimmung des örtlich und sachlich *relevanten Markts* voraus, auf dem es tätig ist[2456]. Dazu wendet die Rechtsprechung die Kriterien von Art. 11 Abs. 3 VKU betreffend Unternehmenszusammenschlüsse *analog*[2457] an[2458]. *Räumlich* umfasst der relevante Markt jenes *Gebiet*, wo die *Marktgegenseite* die massgeblichen Waren oder Dienstleistungen *nachfragt* oder *anbietet*[2459]. In *sachlicher* Hinsicht umfasst der relevante Markt alle Waren und Dienstleistungen, die aufgrund ihrer *Eigenschaften* und ihres vorgesehenen *Verwendungszwecks* von der Marktgegenseite als *substituierbar* betrachtet werden. Massgeblich ist also, ob aus der Sicht der Marktgegenseite gewisse Waren oder Dienstleistungen miteinander im Wettbewerb stehen, d.h. *funktionell austauschbar* sind[2460]. Ob bzw. inwieweit diese funktionelle Austauschbarkeit gegeben ist, muss in jedem *Einzelfall* aufgrund der *konkreten Umstände* und der jeweiligen *wirtschaftlichen Gegebenheiten* beurteilt werden, wozu u.a. die Kreuzpreiselastizität gehört[2461]. Eine strikte

2452 BGE 139 I 72, 97 E. 9.3; 129 II 497, 536 E. 6.3.1.

2453 BGE 139 I 72, 97 E. 9.3.1.

2454 Vgl. JUNOD MOSER, conditions générales, 234.

2455 Je nach den konkreten Umständen bedarf der relevante Markt allenfalls auch in *zeitlicher* Hinsicht einer näheren Abgrenzung.

2456 BGE 139 II 316, 318 E. 5; 129 II 497, 536 E. 6.3.1.

2457 Art. 11 Abs. 3 VKU (Verordnung über die Kontrolle von Unternehmenszusammenschlüssen vom 17. Juni 1996, SR 251.4) lautet: «Die sachlichen und räumlichen Märkte nach Absatz 1 Buchstaben d–f bestimmen sich wie folgt: a. Der sachliche Markt umfasst alle Waren oder Leistungen, die von der Marktgegenseite hinsichtlich ihrer Eigenschaften und ihres vorgesehenen Verwendungszwecks als substituierbar angesehen werden. b. Der räumliche Markt umfasst das Gebiet, in welchem die Marktgegenseite die den sachlichen Markt umfassenden Waren oder Leistungen nachfragt oder anbietet.».

2458 BGE 139 I 72, 92 E. 9.1; 139 II 316, 318 E. 5.1.

2459 Art. 11 Abs. 3 lit. b VKU; BGE 139 I 72, 92 E. 9.2.1; 139 II 316, 319 E. 5.1.

2460 Art. 11 Abs. 3 lit. a VKU; BGE 139 I 72, 93 E. 9.2.3.1. – Bei der Beurteilung der funktionellen Austauschbarkeit sind nicht nur rein *objektive* (z.B. technische, wirtschaftliche) Faktoren, sondern auch *subjektive* (z.B. psychologische, emotionale) Faktoren von Bedeutung. Letzteres spielt vor allem bei Markenartikeln eine Rolle, die neben einem funktionellen Produkt auch ein Lebensgefühl, eine Gruppenzugehörigkeit etc. verkaufen bzw. vermitteln.

2461 Die *Kreuzpreiselastizität* misst, ob bzw. in welchem Umfang sich die *Nachfrage* des *Produktes A* (z.B. Butter) verändert, wenn der *Preis* des *Produktes B* (z.B. Margarine) steigt oder sinkt. Je stärker die Nachfrage für das Produkt A auf Preisänderungen des

Beweisführung über die Marktabgrenzung ist nicht möglich, weshalb es letztlich im pflichtgemässen *richterlichen Ermessen* liegt, den relevanten Markt – nicht zuletzt unter Einbezug von Erfahrungssätzen, Marktbeobachtungen und Marktteilnehmerbefragungen[2462] – empirisch-normativ zu bestimmen.

Die *marktbeherrschende Stellung* eines Unternehmens ist *per se* weder verbo- 919
ten noch missbräuchlich[2463]. Kartellrechtlich wird sie erst dann zum Problem, wenn das Unternehmen seine dominante Marktposition *missbraucht*, um andere im *Wettbewerb* zu *behindern* (= Behinderungsmissbrauch) oder um die *Kundschaft* zu *benachteiligen* (= Ausbeutungsmissbrauch)[2464]. Zur (erlaubten) Marktbeherrschung muss also ein *qualifiziertes Verhalten* hinzutreten, welches missbräuchlich ist. Als Illustration und Orientierungshilfe gibt der Gesetzgeber in Art. 7 Abs. 2 KG eine *nicht abschliessende Liste*[2465] von Verhaltensweisen an, die *möglicherweise* – aber nicht notwendigerweise – missbräuchlich sind.

Vor diesem gesetzlichen Hintergrund ist in einem *ersten Schritt* zu prüfen, ob 920
tatsächlich eine Behinderung oder Benachteiligung von Marktteilnehmern *vorliegt*. Trifft dies zu, ist in einem *zweiten Schritt* zu untersuchen, ob die festgestellte Behinderung von Konkurrenten bzw. die Benachteiligung von Kunden durch *sachliche Gründe* (*«legitimate business reasons»*) *gerechtfertigt* ist oder nicht[2466]. Bezugspunkt bildet nach der Rechtsprechung sowohl der individuelle als auch der institutionelle Schutz, letztlich aber die Gewährleistung wirksamen Wettbewerbs[2467]. Fehlt es an einem sachlichen Rechtfertigungsgrund, liegt ein *Missbrauch* der marktbeherrschenden Stellung durch das fragliche Unternehmen vor und damit eine kartellrechtlich *unzulässige Verhaltensweise* im Sinn von Art. 7 Abs. 1 KG, welche zivilrechtlich die Rechtsfolgen von Art. 12 KG auslöst.

2. Beurteilung unter dem Gesichtspunkt von AGB

Die Frage, ob ein Unternehmen auf dem relevanten Markt eine marktbeherr- 921
schende Stellung innehat, beurteilt sich *unabhängig* davon, ob das Unternehmen bei seiner Geschäftstätigkeit für Rechtsgeschäfte mit der Kundschaft *AGB*

Produktes B reagiert, desto höher ist die Kreuzpreiselastizität und desto besser die Substituierbarkeit der beiden Produkte, die somit beide zum relevanten Markt gehören.

2462 BGE 139 I 72, 93 E. 9.2.3.4.

2463 BGE 139 I 72, 100 E. 10.1.1; 137 II 199, 211 E. 4.3.4; 129 II 497, 538 E. 6.5.1.

2464 BGE 139 I 72, 101 E. 10.1.1; 129 II 497, 538 E. 6.5.1.

2465 Vgl. Art. 7 Abs. 2 KG (Ingress: «insbesondere»).

2466 BGE 139 I 72, 103 E. 10.1.2; 139 II 316, 326 E. 8; 129 II 497, 539 E. 6.5.1. – Die Möglichkeit einer Rechtfertigung durch «sachliche Gründe» nennt das Gesetz nicht (mehr), ist aber allgemein anerkannt. Statt vieler: CR Concurrence-CLERC, Art. 7 I N 100.

2467 BGE 139 I 72, 104 E. 10.1.2.

verwendet oder nicht. Insoweit wirft die *AGB-Problematik* kein neues Licht auf die vorstehende Erörterung der Tatbestandsvoraussetzungen von Art. 7 Abs. 1 KG. Von Interesse und weiterzuverfolgen ist hingegen die Frage, wie es sich kartellrechtlich verhält, wenn ein marktbeherrschendes Unternehmen seine Marktstellung dazu ausnutzt, um seiner Kundschaft (Unternehmer, Konsumenten) *inhaltlich nachteilige* AGB aufzudrängen, die es sonst nicht durchzusetzen vermöchte, d.h. wenn ein *AGB-bezogener Missbrauch* seiner (dominanten) Marktstellung vorliegt. Oder anders formuliert: Wie steht es mit dem *Ausbeutungsmissbrauch* mittels nachteiliger *AGB* eines marktbeherrschenden Unternehmens auf den vor- oder nachgelagerten Märkten?

922 Gemäss Art. 7 Abs. 2 lit. c KG kommt als unzulässige Verhaltensweise eines marktbeherrschenden Unternehmens die «Erzwingung unangemessener Preise oder *sonstiger unangemessener Geschäftsbedingungen*» in Betracht. Obwohl AGB weder den *Preis* noch andere *wesentliche* Vertragspunkte, sondern lediglich vertragliche *Nebenpunkte* – und zwar in Abweichung vom dispositiven Gesetz – regeln, stellen *AGB* offensichtlich «Geschäftsbedingungen» im Sinn dieser Bestimmung[2468] dar[2469]. Es ist daher durchaus denkbar, dass ein Unternehmen seine dominante Marktstellung für bestimmte Waren oder Dienstleistungen *missbräuchlich auszunutzen* versucht, um im Rahmen seines Waren- oder Dienstleistungsangebots (bzw. seiner Nachfrage) unangemessene *AGB* gegenüber seiner Kundschaft durchzusetzen[2470]. Um die (vom Gesetz geforderte) inhaltliche *Un-*

2468 Hingegen trifft es nicht zu, dass der Begriff der «Geschäftsbedingungen» in erster Linie *AGB* im Auge hat (so WALKER, Konsumenten-AGB, 212), da weder das Kartellrecht im Allgemeinen noch Art. 7 KG im Besonderen spezifisch die AGB-Problematik im Fokus hat. So verwendet die Botschaft zum Kartellgesetz den Begriff der AGB überhaupt nicht (vgl. BBl 1995 I 468 ff.) und die Kommentarliteratur zu Art. 7 KG kaum je. Das überrascht insofern nicht, als AGB kein genuin kartellrechtliches Problem sind.

2469 Gemäss Art. 96 Abs. 2 lit. a BV trifft der Bund Massnahmen «zur Verhinderung von Missbräuchen in der *Preisbildung* durch marktmächtige Unternehmen und Organisationen des privaten und des öffentlichen Rechts.» Obwohl Art. 7 Abs. 2 lit. c KG sich auch mit der *Preisbildung* marktmächtiger Unternehmen befasst, liegt seine verfassungsrechtliche Grundlage nicht in Art. 96 *Abs. 2* BV, sondern in Art. 96 *Abs. 1* BV, wonach der Bund «...Vorschriften gegen volkswirtschaftlich oder sozial schädliche Auswirkungen von Kartellen und anderen Wettbewerbsbeschränkungen» erlässt. Daraus folgt, dass «unangemessene Geschäftsbedingungen» vom Gesetzgeber nur insoweit unterbunden werden dürfen, als sie eine volkswirtschaftlich oder sozial *schädliche Auswirkung* einer *Wettbewerbsbeschränkung*, also hier der Marktbeherrschung des betroffenen Unternehmens sind. Die Durchsetzung unangemessener (nachteiliger) AGB muss demnach eine *Folge* der (missbrauchten) *Marktmacht* des AGB-Verwenders sein, um als unzulässige Verhaltensweise nach Art. 7 Abs. 1 KG in Betracht zu kommen.

2470 Art. 7 Abs. 2 lit. c KG spricht in dieser Hinsicht von «Erzwingung», *«imposer»* bzw. *«imposizione»*. Die genaue Bedeutung dieses Begriffs ist *umstritten*. Das *Bundesgericht angemessenheit* von AGB zu bestimmen, liegt es auf den ersten Blick nahe, darauf abzustellen, in welchem Umfang die von den AGB bewirkte *Risikoüberwälzung* auf den Kunden von der *Risikoverteilung* nach dem *dispositiven Gesetz*[2471] (bei Nominatverträgen) bzw. dem *hypothetischen Willen* redlicher Parteien (bei Innominatverträgen) abweicht. Bei näherer Betrachtung zeigt sich allerdings, dass ein solcher Vergleich *wettbewerbsrechtlich* nicht hilfreich ist, weil der Inhalt des dispositiven Gesetzes im Vertragsrecht *keine wettbewerbssichernden* Zwecke verfolgt, sondern sich primär an der vertraglichen Leistungsäquivalenz orientiert[2472]. Als relevanter Referenzmassstab müssten stattdessen die Geschäftsbedingungen gelten, die *ohne marktbeherrschende* Stellung des AGB-Verwenders zur Anwendung gelangen würden[2473]. Diese zu eruieren ist freilich ein weitgehend spekulatives Unterfangen, da für AGB praktisch kein Wettbewerb besteht. Angesichts dieser konzeptionellen Schwäche des Tatbestandes von Art. 7 Abs. 2 lit. c KG wird sich die Praxis mit einem *billigkeitsorientierten Pragmatismus* behelfen müssen. Dabei darf ein *Ausbeutungsmissbrauch* wegen unangemessener AGB und insoweit eine unzulässige Verhaltensweise nach Art. 7 Abs. 1 KG nur angenommen werden, wenn *keine sachlichen Gründe* dieses Verhalten zu rechtfertigen vermögen[2474].

---

lehnte es in BGE 137 II 199, 208 E. 4.3 ab, darin lediglich das Erfordernis der *Kausalität*, d.h. der «Ursächlichkeit zwischen marktbeherrschender Stellung und unangemessenem Geschäftsverhalten» zu sehen. Gleichzeitig verlangt es aber nicht eine «vollständige wirtschaftliche Unterjochung», sondern lässt genügen, «dass die Marktgegenseite dem ökonomischen Druck, der sich auf die Marktbeherrschung stützt, nichts entgegenzusetzen hat bzw. diesem nicht ausweichen kann» (E. 4.3.5). In der *Lehre* hat sich dazu noch keine einheitliche Auffassung durchgesetzt (vgl. CR Concurrence-CLERC, Art. 7 N 179 ff.; MARBACH/DUCREY/WILD, Immaterialgüterrecht, N 1678 f; BSK KG-AMSTUTZ/CARRON, Art 7 N 295 ff.). Vgl. auch Botschaft 1994, BBl 1995 I 573.

2471 In diesem Sinn z.B. WALKER, Konsumenten-AGB, 213.

2472 Ebenfalls ablehnend: BSK KG-AMSTUTZ/CARRON, Art 7 N 314.

2473 Vgl. Botschaft BBl 1995 I 570 («In bezug auf den Ausbeutungsmissbrauch wird im ausländischen Recht in der Regel darauf abgestellt, ob die Geschäftsbedingungen wesentlich von denjenigen abweichen, die sich bei wirksamem Wettbewerb mit hoher Wahrscheinlichkeit ergeben würden.»; JUNOD MOSER, conditions générales, 240.

2474 Hier offenbart sich eine zweite Schwäche dieser Bestimmung. Die Frage, ob Geschäftsbedingungen *unangemessen* sind, lässt sich kaum sinnvoll von der Frage trennen, ob die Verwendung nachteiliger AGB durch *sachliche Gründe gerechtfertigt* ist und deshalb kein unzulässiges Verhalten des marktbeherrschenden Unternehmens vorliegt. Ob AGB angemessen oder unangemessen sind, hängt wesentlich davon ab, ob ihr Inhalt sich objektiv rechtfertigen lässt oder nicht.

923 Welche *spezifischen* Gründe eine missbräuchliche Ausnutzung der Marktmacht zur Durchsetzung *unangemessener AGB* – in Abweichung vom (vermutungsweise ausgewogenen[2475]) dispositiven Gesetz – zu rechtfertigen vermögen, ist unklar. Die mit der Verwendung von AGB verbundenen Rationalisierungs- und Spezifizierungseffekte taugen jedenfalls *nicht* als Rechtfertigungsgrund, da sich diese Effekte auch *ohne* (Missbrauch der) *Marktmacht* des AGB-Verwenders erzielen lassen, sind sie doch *nicht* von einer gleichzeitigen Benachteiligung des Kunden (Risikoüberwälzung) abhängig[2476]. Anders verhält es sich – jedenfalls *prima vista* – mit der von AGB bewirkten *Überwälzung* von *Geschäftsrisiken* des AGB-Verwenders auf die Kundschaft. Da typische Geschäftsrisiken (z.B. Haftung für Zufall bei Schuldnerverzug[2477]) richtigerweise vom AGB-Verwender getragen werden sollten, liegt es nahe, ihre Überwälzung auf die Kundschaft der Ausnutzung der Marktmacht durch den AGB-Verwender zuzuschreiben. Dieser Betrachtungsweise widerspricht nun allerdings die (notorische) Tatsache, dass *trotz Fehlens* von Marktmacht seitens der AGB-Verwender jeden Tag Tausende von Unternehmen und Konsumenten nachteilige AGB (meist global) übernehmen. Diese empirische Erkenntnis unterstreicht, dass die enorme Verbreitung von AGB im Rechtsverkehr meistens *keine Folge* von *Marktmachtmissbrauch* ist, sondern sich aus der Logik und Rationalität des *Massengeschäfts* in einer modernen Industrie- und Dienstleistungsgesellschaft ergibt. Es überrascht daher nicht, dass sich – soweit ersichtlich – in Lehre und Rechtsprechung bisher *keine AGB-spezifischen* Rechtfertigungsgründe (*«legitimate business reasons»*) für die ausbeuterische Verwendung nachteiliger AGB herauskristallisiert haben. Dies legt den Schluss nahe, dass bei *AGB* – genau gleich wie bei *Individualabreden* – nur anhand des *konkreten Inhalts* der fraglichen Vertragsbestimmungen beurteilt werden kann, ob bzw. inwieweit ein Rechtfertigungsgrund für unangemessene Geschäftsbedingungen eines marktbeherrschenden Unternehmens vorliegt.

924 Vor diesem Hintergrund muss man sich auch fragen, inwieweit es bei der Anwendung von Art. 7 KG überhaupt einer *Rechtfertigung allenfalls unangemessener AGB* bedarf. Folgende Elemente relativieren nämlich die praktische Relevanz von Rechtfertigungsgründen:

925 – AGB gelangen meist auf *alle* einschlägigen Rechtsgeschäfte des AGB-Verwenders zur Anwendung, so dass sie *nicht diskriminieren*, also nicht

---

2475 Da Gesetze typischerweise aus einem parlamentarischen Prozess des Wettstreites unterschiedlicher Interessen und Weltanschauungen hervorgehen, erscheinen sie im Ergebnis als Ausdruck einer tendenziell ausgewogenen Interessenabwägung, was ihnen nicht nur demokratische Legitimität, sondern auch einen gewissen «Gerechtigkeitsgehalt» oder «Richtigkeitsgehalt» zusprechen lässt.

2476 Gegen die Verwendung von AGB, die lediglich den Vertragsabschluss vereinfachen und das Gesetz ergänzen bzw. spezifizieren, ist weder aus der Sicht des AGB-Übernehmers noch unter dem Gesichtspunkt des Wettbewerbsschutzes etwas einzuwenden.

2477 Art. 103 OR.

einzelne AGB-Übernehmer in ihrem Wettbewerb faktisch behindern oder zumindest behindern wollen[2478].

- Die Übernahme unangemessener AGB durch *Konsumenten* ist kartellrechtlich unproblematisch: Einerseits treten Konsumenten auf dem Markt nicht als Wettbewerber auf und werden nicht im Wettbewerb behindert. Anderseits gilt der konkrete AGB-Inhalt beim Konsumentscheid kaum je als relevanter Wettbewerbsparameter, da Konsumenten – nicht zuletzt aus wirtschaftlichen Überlegungen – die einschlägigen AGB von Konkurrenten nur in Ausnahmefällen analysieren und vergleichen[2479]. Auch für *Unternehmen* (v.a. KMU) bildet der konkrete Inhalt von AGB in der Regel beim Entscheid über die Übernahme der AGB keinen wesentlichen Wettbewerbsparameter. Stösst sich der AGB-Übernehmer ernsthaft an einer bestimmten Klausel in den AGB des AGB-Verwenders, so wird diese Klausel in aller Regel zum *Diskussionsgegenstand* zwischen den Vertragsparteien werden und als Ergebnis der Verhandlung dann als *Individualabrede* zu betrachten sein[2480]. 926
- Art. 7 KG setzt einen *Marktmachtmissbrauch* voraus, durch den die Marktgegenseite benachteiligt, d.h. *in casu* zur Übernahme unangemessener AGB bewogen wird. Das Gesetz verlangt also einen *Kausalzusammenhang* zwischen dem Missbrauch de r Marktmacht durch den AGB-Verwender und der Übernahme der unangemessenen AGB durch den Kunden[2481]. Diese Kausalität liegt im Regelfall *nicht* vor, da Kunden beim Erwerb von Waren und Dienstleistungen nachteilige AGB meist – gänzlich *unabhängig* von einem allfälligen Marktmachtmissbrauch durch den AGB-Verwender – akzeptieren. Sie tun dies, weil sie innert vernünftiger Frist keine günstigeren AGB-Alternativen[2482] für den Erwerb der gewünschten Ware oder Dienstleistung zur Verfügung haben. Mit anderen Worten: Die starke Verbreitung von AGB auf dem Markt ist nicht die Folge eines systematischen Marktmachtmissbrauchs der AGB-Verwender, sondern folgt in erster Linie aus der *Logik* und *Rationalität* des *Massengeschäfts* in einer Industrie- und Dienstleistungsgesellschaft, deren Realität sich ein Kunde, sei er Konsument oder Unternehmer, kaum entziehen kann. Situationen, in denen die AGB-Übernahme *effektiv* durch *Marktmachtmissbrauch* des AGB-Verwenders erreicht wird, 927

2478 Die Diskriminierung von Handelspartnern bei Geschäftsbedingungen würde unter Art. 7 Abs. 2 lit. b KG fallen. Vgl. dazu BSK KG-AMSTUTZ/CARRON, Art 7 N 155 ff.

2479 Dazu oben N 913.

2480 Dazu oben N 84 ff.

2481 Zur umstrittenen Frage der Kausalität, siehe BSK KG-AMSTUTZ/CARRON, Art 7 N 21 ff.; vgl. auch BGE 137 II 199, 211 E. 4.3.4.

2482 Ein Ausweichen auf Konkurrenten, die dieselbe Ware oder Dienstleistung anbieten, ist *praktisch nutzlos*, da diese regelmässig ähnliche AGB verwenden.

ohne dass es dabei zu Verhandlungen zwischen den Parteien kommt und daher im Ergebnis keine Individualabrede vorliegt – dürften sehr selten sein.

3. Ergebnis

928 Art. 7 KG bietet kaum Schutz vor *unangemessenen AGB*, da die Übernahme von AGB meist keine Folge missbräuchlicher Marktmacht des AGB-Verwenders, sondern eine Konsequenz der Rationalität des *Massengeschäfts* in einer modernen Industrie- und Dienstleistungsgesellschaft ist. Selbst wenn AGB von einem marktbeherrschenden Unternehmen verwendet werden, wird die *Kausalität* zwischen dem Marktmachtmissbrauch des AGB-Verwenders und der AGB-Übernahme durch den Kunden nur selten gegeben und noch seltener zu beweisen sein. Praktische Wirkung wird Art. 7 Abs. 2 lit. c KG daher weniger bei *AGB* als bei *Individualabreden* entfalten können. Dieses Ergebnis überrascht wenig, wenn man bedenkt, dass einerseits Art. 7 KG *keine AGB-spezifische Norm* darstellt, und es sich anderseits bei AGB um *kein spezifisch kartellrechtliches* Problem handelt. Wirksamen Schutz vor missbräuchlichen AGB vermag letztlich nur – wenn überhaupt – eine *offene Inhaltskontrolle* zu bieten[2483].

2483 Dazu oben N 743 ff.

Anhang: Rechtsvergleichende Bestimmungen zum AGB-Recht

I. RL 93/13/EWG[2484]

Richtlinie 93/13/EWG des Rates vom 5. April 1993 über missbräuchliche Klauseln in Verbraucherverträgen

Der Rat der Europäischen Gemeinschaften -

gestützt auf den Vertrag zur Gründung der Europäischen Wirtschaftsgemeinschaft, insbesondere auf Artikel 100a,

auf Vorschlag der Kommission (1),

in Zusammenarbeit mit dem Europäischen Parlament (2),

nach Stellungnahme des Wirtschafts- und Sozialausschusses (3),

in Erwägung nachstehender Gründe:

Es müssen Massnahmen zur schrittweisen Errichtung des Binnenmarktes bis zum 31. Dezember 1992 getroffen werden. Der Binnenmarkt umfasst einen Raum ohne Binnengrenzen, in dem der freie Verkehr von Waren, Personen, Dienstleistungen und Kapital gewährleistet ist.

Die Rechtsvorschriften der Mitgliedstaaten über Vertragsklauseln zwischen dem Verkäufer von Waren oder dem Dienstleistungserbringer einerseits und dem Verbraucher andererseits weisen viele Unterschiede auf, wodurch die einzelnen Märkte für den Verkauf von Waren und die Erbringung von Dienstleistungen an den Verbraucher uneinheitlich sind; dadurch wiederum können Wettbewerbsverzerrungen bei den Verkäufern und den Erbringern von Dienstleistungen, besonders bei der Vermarktung in anderen Mitgliedstaaten, eintreten.

Namentlich die Rechtsvorschriften der Mitgliedstaaten über missbräuchliche Klauseln in Verträgen mit Verbrauchern weisen beträchtliche Unterschiede auf.

Die Mitgliedstaaten müssen dafür Sorge tragen, dass die mit den Verbrauchern abgeschlossenen Verträge keine missbräuchlichen Klauseln enthalten.

Die Verbraucher kennen im allgemeinen nicht die Rechtsvorschriften, die in anderen Mitgliedstaaten für Verträge über den Kauf von Waren oder das Angebot von Dienstleistungen gelten. Diese Unkenntnis kann sie davon abhalten, Waren und Dienstleistungen direkt in anderen Mitgliedstaaten zu ordern.

Um die Errichtung des Binnenmarktes zu erleichtern und den Bürger in seiner Rolle als Verbraucher beim Kauf von Waren und Dienstleistungen mittels Verträgen zu schützen, für die die Rechtsvorschriften anderer Mitgliedstaaten gelten, ist es von Bedeutung, missbräuchliche Klauseln aus diesen Verträgen zu entfernen.

Den Verkäufern von Waren und Dienstleistungsbringern wird dadurch ihre Verkaufstätigkeit sowohl im eigenen Land als auch im gesamten Binnenmarkt erleichtert. Damit wird der

---

[2484] RL 93/13/EWG des Rates vom 5. April 1993 über missbräuchliche Klauseln in Verbraucherverträgen (Amtsblatt Nr. L 095 vom 21.04.1993, 29–34).

Wettbewerb gefördert und den Bürgern der Gemeinschaft in ihrer Eigenschaft als Verbraucher eine grössere Auswahl zur Verfügung gestellt.

In den beiden Programmen der Gemeinschaft für eine Politik zum Schutz und zur Unterrichtung der Verbraucher (4) wird die Bedeutung des Verbraucherschutzes auf dem Gebiet missbräuchlicher Vertragsklauseln hervorgehoben. Dieser Schutz sollte durch Rechtsvorschriften gewährleistet werden, die gemeinschaftsweit harmonisiert sind oder unmittelbar auf dieser Ebene erlassen werden.

Gemäss dem unter dem Abschnitt «Schutz der wirtschaftlichen Interessen der Verbraucher» festgelegten Prinzip sind entsprechend diesen Programmen Käufer von Waren oder Dienstleistungen vor Machtmissbrauch des Verkäufers oder des Dienstleistungserbringers, insbesondere vor vom Verkäufer einseitig festgelegten Standardverträgen und vor dem missbräuchlichen Ausschluss von Rechten in Verträgen zu schützen.

Durch die Aufstellung einheitlicher Rechtsvorschriften auf dem Gebiet missbräuchlicher Klauseln kann der Verbraucher besser geschützt werden. Diese Vorschriften sollten für alle Verträge zwischen Gewerbetreibenden und Verbrauchern gelten. Von dieser Richtlinie ausgenommen sind daher insbesondere Arbeitsverträge sowie Verträge auf dem Gebiet des Erb-, Familien- und Gesellschaftsrechts.

Der Verbraucher muss bei mündlichen und bei schriftlichen Verträgen – bei letzteren unabhängig davon, ob die Klauseln in einem oder in mehreren Dokumenten enthalten sind – den gleichen Schutz geniessen.

Beim derzeitigen Stand der einzelstaatlichen Rechtsvorschriften kommt allerdings nur eine teilweise Harmonisierung in Betracht. So gilt diese Richtlinie insbesondere nur für Vertragsklauseln, die nicht einzeln ausgehandelt wurden. Den Mitgliedstaaten muss es freigestellt sein, dem Verbraucher unter Beachtung des Vertrags einen besseren Schutz durch strengere einzelstaatliche Vorschriften als den in dieser Richtlinie enthaltenen Vorschriften zu gewähren.

Bei Rechtsvorschriften der Mitgliedstaaten, in denen direkt oder indirekt die Klauseln für Verbraucherverträge festgelegt werden, wird davon ausgegangen, dass sie keine missbräuchlichen Klauseln enthalten. Daher sind Klauseln, die auf bindenden Rechtsvorschriften oder auf Grundsätzen oder Bestimmungen internationaler Übereinkommen beruhen, bei denen die Mitgliedstaaten oder die Gemeinschaft Vertragsparteien sind, nicht dieser Richtlinie zu unterwerfen; der Begriff «bindende Rechtsvorschriften» in Artikel 1 Absatz 2 umfasst auch Regeln, die nach dem Gesetz zwischen den Vertragsparteien gelten, wenn nichts anderes vereinbart wurde.

Die Mitgliedstaaten müssen jedoch dafür sorgen, dass darin keine missbräuchlichen Klauseln enthalten sind, zumal diese Richtlinie auch für die gewerbliche Tätigkeit im öffentlich-rechtlichen Rahmen gilt.

Die Kriterien für die Beurteilung der Missbräuchlichkeit von Vertragsklauseln müssen generell festgelegt werden.

Die nach den generell festgelegten Kriterien erfolgende Beurteilung der Missbräuchlichkeit von Klauseln, insbesondere bei beruflichen Tätigkeiten des öffentlich-rechtlichen Bereichs, die ausgehend von einer Solidargemeinschaft der Dienstleistungsnehmer kollektive Dienste erbringen, muss durch die Möglichkeit einer globalen Bewertung der Interessenlagen der Parteien ergänzt werden. Diese stellt das Gebot von Treu und Glauben dar. Bei der Beurteilung von Treu und Glauben ist besonders zu berücksichtigen, welches Kräfteverhältnis zwischen den Verhandlungspositionen der Parteien bestand, ob auf den Verbraucher in irgendeiner Weise eingewirkt wurde, seine Zustimmung zu der Klausel zu geben, und ob die Güter oder Dienstleistungen auf eine Sonderbestellung des Verbrauchers hin verkauft bzw. erbracht wurden. Dem Gebot von Treu und Glauben kann durch den Gewerbetreibenden Genüge getan werden, indem er sich gegenüber der anderen Partei, deren berechtigten Interessen er Rechnung tragen muss, loyal und billig verhält.

Die Liste der Klauseln im Anhang kann für die Zwecke dieser Richtlinie nur Beispiele geben; infolge dieses Minimalcharakters kann sie von den Mitgliedstaaten im Rahmen ihrer einzelstaatlichen Rechtsvorschriften, insbesondere hinsichtlich des Geltungsbereichs dieser Klauseln, ergänzt oder restriktiver formuliert werden.

Bei der Beurteilung der Missbräuchlichkeit von Vertragsklauseln ist der Art der Güter bzw. Dienstleistungen Rechnung zu tragen.

Für die Zwecke dieser Richtlinie dürfen Klauseln, die den Hauptgegenstand eines Vertrages oder das Preis-/Leistungsverhältnis der Lieferung bzw. der Dienstleistung beschreiben, nicht als missbräuchlich beurteilt werden. Jedoch können der Hauptgegenstand des Vertrages und das Preis-/Leistungsverhältnis bei der Beurteilung der Missbräuchlichkeit anderer Klauseln berücksichtigt werden. Daraus folgt unter anderem, dass bei Versicherungsverträgen die Klauseln, in denen das versicherte Risiko und die Verpflichtung des Versicherers deutlich festgelegt oder abgegrenzt werden, nicht als missbräuchlich beurteilt werden, sofern diese Einschränkungen bei der Berechnung der vom Verbraucher gezahlten Prämie Berücksichtigung finden.

Die Verträge müssen in klarer und verständlicher Sprache abgefasst sein. Der Verbraucher muss tatsächlich die Möglichkeit haben, von allen Vertragsklauseln Kenntnis zu nehmen. Im Zweifelsfall ist die für den Verbraucher günstigste Auslegung anzuwenden.

Die Mitgliedstaaten müssen sicherstellen, dass in von einem Gewerbetreibenden mit Verbrauchern abgeschlossenen Verträgen keine missbräuchlichen Klauseln verwendet werden. Wenn derartige Klauseln trotzdem verwendet werden, müssen sie für den Verbraucher unverbindlich sein; die verbleibenden Klauseln müssen jedoch weiterhin gelten und der Vertrag im übrigen auf der Grundlage dieser Klauseln für beide Teile verbindlich sein, sofern ein solches Fortbestehen ohne die missbräuchlichen Klauseln möglich ist.

In bestimmten Fällen besteht die Gefahr, dass dem Verbraucher der in dieser Richtlinie aufgestellte Schutz entzogen wird, indem das Recht eines Drittlands zum anwendbaren Recht erklärt wird. Es sollten daher in dieser Richtlinie Bestimmungen vorgesehen werden, die dies ausschliessen.

Personen und Organisationen, die nach dem Recht eines Mitgliedstaats ein berechtigtes Interesse geltend machen können, den Verbraucher zu schützen, müssen Verfahren, die Vertragsklauseln im Hinblick auf eine allgemeine Verwendung in Verbraucherverträgen, insbesondere missbräuchliche Klauseln, zum Gegenstand haben, bei Gerichten oder Verwaltungsbehörden, die für die Entscheidung über Klagen bzw. Beschwerden oder die Eröffnung von Gerichtsverfahren zuständig sind, einleiten können. Diese Möglichkeit bedeutet jedoch keine Vorabkontrolle der in einem beliebigen Wirtschaftssektor verwendeten allgemeinen Bedingungen.

Die Gerichte oder Verwaltungsbehörden der Mitgliedstaaten müssen über angemessene und wirksame Mittel verfügen, damit der Verwendung missbräuchlicher Klauseln in Verbraucherverträgen ein Ende gesetzt wird -

hat folgende Richtlinie erlassen:

Artikel 1

(1) Zweck dieser Richtlinie ist die Angleichung der Rechts- und Verwaltungsvorschriften der Mitgliedstaaten über missbräuchliche Klauseln in Verträgen zwischen Gewerbetreibenden und Verbrauchern.

(2) Vertragsklauseln, die auf bindenden Rechtsvorschriften oder auf Bestimmungen oder Grundsätzen internationaler Übereinkommen beruhen, bei denen die Mitgliedstaaten oder die Gemeinschaft – insbesondere im Verkehrsbereich – Vertragsparteien sind, unterliegen nicht den Bestimmungen dieser Richtlinie.

Artikel 2

Im Sinne dieser Richtlinie bedeuten:

a) missbräuchliche Klauseln: Vertragsklauseln, wie sie in Artikel 3 definiert sind;

b) Verbraucher: eine natürliche Person, die bei Verträgen, die unter diese Richtlinie fallen, zu einem Zweck handelt, der nicht ihrer gewerblichen oder beruflichen Tätigkeit zugerechnet werden kann;

c) Gewerbetreibender: eine natürliche oder juristische Person, die bei Verträgen, die unter diese Richtlinie fallen, im Rahmen ihrer gewerblichen oder beruflichen Tätigkeit handelt, auch wenn diese dem öffentlich-rechtlichen Bereich zuzurechnen ist.

Artikel 3

(1) Eine Vertragsklausel, die nicht im einzelnen ausgehandelt wurde, ist als missbräuchlich anzusehen, wenn sie entgegen dem Gebot von Treu und Glauben zum Nachteil des Verbrauchers ein erhebliches und ungerechtfertigtes Missverhältnis der vertraglichen Rechte und Pflichten der Vertragspartner verursacht.

(2) Eine Vertragsklausel ist immer dann als nicht im einzelnen ausgehandelt zu betrachten, wenn sie im voraus abgefasst wurde und der Verbraucher deshalb, insbesondere im Rahmen eines vorformulierten Standardvertrags, keinen Einfluss auf ihren Inhalt nehmen konnte.

Die Tatsache, dass bestimmte Elemente einer Vertragsklausel oder eine einzelne Klausel im einzelnen ausgehandelt worden sind, schliesst die Anwendung dieses Artikels auf den übrigen Vertrag nicht aus, sofern es sich nach der Gesamtwertung dennoch um einen vorformulierten Standardvertrag handelt.

Behauptet ein Gewerbetreibender, dass eine Standardvertragsklausel im einzelnen ausgehandelt wurde, so obliegt ihm die Beweislast.

(3) Der Anhang enthält eine als Hinweis dienende und nicht erschöpfende Liste der Klauseln, die für missbräuchlich erklärt werden können.

Artikel 4

(1) Die Missbräuchlichkeit einer Vertragsklausel wird unbeschadet des Artikels 7 unter Berücksichtigung der Art der Güter oder Dienstleistungen, die Gegenstand des Vertrages sind, aller den Vertragsabschluss begleitenden Umstände sowie aller anderen Klauseln desselben Vertrages oder eines anderen Vertrages, von dem die Klausel abhängt, zum Zeitpunkt des Vertragsabschlusses beurteilt.

(2) Die Beurteilung der Missbräuchlichkeit der Klauseln betrifft weder den Hauptgegenstand des Vertrages noch die Angemessenheit zwischen dem Preis bzw. dem Entgelt und

den Dienstleistungen bzw. den Gütern, die die Gegenleistung darstellen, sofern diese Klauseln klar und verständlich abgefasst sind.

Artikel 5

Sind alle dem Verbraucher in Verträgen unterbreiteten Klauseln oder einige dieser Klauseln schriftlich niedergelegt, so müssen sie stets klar und verständlich abgefasst sein. Bei Zweifeln über die Bedeutung einer Klausel gilt die für den Verbraucher günstigste Auslegung. Diese Auslegungsregel gilt nicht im Rahmen der in Artikel 7 Absatz 2 vorgesehenen Verfahren.

Artikel 6

(1) Die Mitgliedstaaten sehen vor, dass missbräuchliche Klauseln in Verträgen, die ein Gewerbetreibender mit einem Verbraucher geschlossen hat, für den Verbraucher unverbindlich sind, und legen die Bedingungen hierfür in ihren innerstaatlichen Rechtsvorschriften fest; sie sehen ferner vor, dass der Vertrag für beide Parteien auf derselben Grundlage bindend bleibt, wenn er ohne die missbräuchlichen Klauseln bestehen kann.

(2) Die Mitgliedstaaten treffen die erforderlichen Massnahmen, damit der Verbraucher den durch diese Richtlinie gewährten Schutz nicht verliert, wenn das Recht eines Drittlands als das auf den Vertrag anzuwendende Recht gewählt wurde und der Vertrag einen engen Zusammenhang mit dem Gebiet der Mitgliedstaaten aufweist.

Artikel 7

(1) Die Mitgliedstaaten sorgen dafür, dass im Interesse der Verbraucher und der gewerbetreibenden Wettbewerber angemessene und wirksame Mittel vorhanden sind, damit der Verwendung missbräuchlicher Klauseln durch einen Gewerbetreibenden in den Verträgen, die er mit Verbrauchern schliesst, ein Ende gesetzt wird.

(2) Die in Absatz 1 genannten Mittel müssen auch Rechtsvorschriften einschliessen, wonach Personen oder Organisationen, die nach dem innerstaatlichen Recht ein berechtigtes Interesse am Schutz der Verbraucher haben, im Einklang mit den einzelstaatlichen Rechtsvorschriften die Gerichte oder die zuständigen Verwaltungsbehörden anrufen können, damit diese darüber entscheiden, ob Vertragsklauseln, die im Hinblick auf eine allgemeine Verwendung abgefasst wurden, missbräuchlich sind, und angemessene und wirksame Mittel anwenden, um der Verwendung solcher Klauseln ein Ende zu setzen.

(3) Die in Absatz 2 genannten Rechtsmittel können sich unter Beachtung der einzelstaatlichen Rechtsvorschriften getrennt oder gemeinsam gegen mehrere Gewerbetreibende desselben Wirtschaftssektors oder ihre Verbände richten, die gleiche allgemeine Vertragsklauseln oder ähnliche Klauseln verwenden oder deren Verwendung empfehlen.

Artikel 8

Die Mitgliedstaaten können auf dem durch diese Richtlinie geregelten Gebiet mit dem Vertrag vereinbare strengere Bestimmungen erlassen, um ein höheres Schutzniveau für die Verbraucher zu gewährleisten.

Artikel 8a

(1) Erlässt ein Mitgliedstaat Vorschriften nach Artikel 8, so setzt er die Kommission hiervon sowie von allen nachfolgenden Änderungen in Kenntnis, insbesondere wenn diese Vorschriften:

— die Missbräuchlichkeitsprüfung auf individuell ausgehandelte Ver tragsklauseln oder auf die Angemessenheit des Preises oder des Entgelts ausdehnen;

— Listen mit Vertragsklauseln, die als missbräuchlich gelten, enthalten.

(2) Die Kommission stellt sicher, dass die in Absatz 1 genannten Informationen den Verbrauchern und den Unternehmern leicht zugänglich sind, u. a. auf einer speziellen Webseite.

(3) Die Kommission leitet die in Absatz 1 genannten Informationen an die anderen Mitgliedstaaten und das Europäische Parlament weiter. Die Kommission hört die Beteiligten zu diesen Informationen an.

Artikel 8b

(1) Die Mitgliedstaaten erlassen Vorschriften über Sanktionen, die bei Verstößen gegen die gemäß dieser Richtlinie erlassenen nationalen Vorschriften zu verhängen sind, und treffen alle für die Anwendung der Sanktionen erforderlichen Maßnahmen. Die vorgesehenen Sanktionen müssen wirksam, verhältnismäßig und abschreckend sein.

(2) Die Mitgliedstaaten können diese Sanktionen auf die Fälle beschränken, in denen die Vertragsklauseln nach nationalem Recht ausdrücklich als in jedem Fall missbräuchlich anzusehen sind oder in denen ein Gewerbetreibender Vertragsklauseln, die in einer rechtskräftigen Entscheidung gemäß Artikel 7 Absatz 2 für missbräuchlich befunden wurden, weiter verwendet.

(3) Die Mitgliedstaaten stellen sicher, dass bei der Verhängung der Sanktionen als nicht abschließend zu verstehende und beispielhafte Kriterien, sofern zutreffend, berücksichtigt werden:

a) die Art, die Schwere, der Umfang und die Dauer des Verstoßes;

b) Maßnahmen des Gewerbetreibenden zur Minderung oder Beseitigung des Schadens, der Verbrauchern entstanden ist;

c) frühere Verstöße des Gewerbetreibenden;

d) vom Gewerbetreibenden aufgrund des Verstoßes erlangte finanzielle Vorteile oder vermiedene Verluste, wenn dazu die entsprechenden Daten verfügbar sind;

e) Sanktionen, die gegen den Gewerbetreibenden für denselben Verstoß in grenzüberschreitenden Fällen in anderen Mitgliedstaaten verhängt wurden, sofern Informationen über solche Sanktionen im Rahmen des aufgrund der Verordnung (EU) 2017/2394 des Europäischen Parlaments und des Rates errichteten Mechanismus verfügbar sind;

f) andere erschwerende oder mildernde Umstände im jeweiligen Fall.

(4) Unbeschadet des Absatzes 2 dieses Artikels stellen die Mitgliedstaaten sicher, dass im Rahmen der Verhängung von Sanktionen nach Artikel 21 der Verordnung (EU) 2017/2394 entweder Geldbußen im Verwaltungsverfahren verhängt werden können oder gerichtliche Verfahren zur Verhängung einer Geldbuße eingeleitet werden können oder beides erfolgen kann, wobei sich der Höchstbetrag solcher Geldbußen auf mindestens 4 % des Jahresumsatzes des Gewerbetreibenden in dem (den) betreffenden Mitgliedstaat(en) beläuft.

(5) Für den Fall, dass eine Geldbuße gemäß Absatz 4 zu verhängen ist, jedoch keine Informationen über den Jahresumsatz des Gewerbetreibenden verfügbar sind, sehen die Mitgliedstaaten die Möglichkeit der Verhängung von Geldbußen mit einem Höchstbetrag von mindestens 2 Mio. EUR vor.

(6) Die Mitgliedstaaten teilen der Kommission ihre Vorschriften und Maßnahmen nach Absatz 1 bis zum 28. November 2021 mit und unterrichten sie unverzüglich über etwaige spätere Änderungen dieser Vorschriften und Maßnahmen.

Artikel 9

Die Kommission legt dem Europäischen Parlament und dem Rat spätestens fünf Jahre nach dem in Artikel 10 Absatz 1 genannten Zeitpunkt einen Bericht über die Anwendung dieser Richtlinie vor.

Artikel 10

(1) Die Mitgliedstaaten erlassen die erforderlichen Rechts- und Verwaltungsvorschriften, um dieser Richtlinie spätestens am 31. Dezember 1994 nachzukommen. Sie setzen die Kommission unverzüglich davon in Kenntnis.

Diese Vorschriften gelten für alle Verträge, die nach dem 31. Dezember 1994 abgeschlossen werden.

(2) Wenn die Mitgliedstaaten diese Vorschriften erlassen, nehmen sie in den Vorschriften selbst oder durch einen Hinweis bei der amtlichen Veröffentlichung auf diese Richtlinie Bezug. Die Mitgliedstaaten regeln die Einzelheiten der Bezugnahme.

(3) Die Mitgliedstaaten teilen der Kommission den Wortlaut der wichtigsten innerstaatlichen Rechtsvorschriften mit, die sie auf dem unter diese Richtlinie fallenden Gebiet erlassen.

Artikel 11

Diese Richtlinie ist an die Mitgliedstaaten gerichtet.

Geschehen zu Luxemburg am 5. April 1993.

Im Namen des Rates

Der Präsident

N. HELVEG PETERSEN

(1) ABl. Nr. C 73 vom 24. 3. 1992, S. 7.

(2) ABl. Nr. C 326 vom 16. 12. 1991, S. 108, und ABl. Nr. C 21 vom 25. 1. 1993.

(3) ABl. Nr. C 159 vom 17. 6. 1991, S. 34.

(4) ABl. Nr. C 92 vom 25. 4. 1975, S. 1, und ABl. Nr. C 133 vom 3. 6. 1981, S. 1.

Anhang

Klauseln gemäss Artikel 3 Absatz 3 1.

1. Klauseln, die darauf abzielen oder zur Folge haben, dass

a) die gesetzliche Haftung des Gewerbetreibenden ausgeschlossen oder eingeschränkt wird, wenn der Verbraucher aufgrund einer Handlung oder Unterlassung des Gewerbetreibenden sein Leben verliert oder einen Körperschaden erleidet;

b) die Ansprüche des Verbrauchers gegenüber dem Gewerbetreibenden oder einer anderen Partei, einschliesslich der Möglichkeit, eine Verbindlichkeit gegenüber dem Gewerbetreibenden durch eine etwaige Forderung gegen ihn auszugleichen, ausgeschlossen oder ungebührlich eingeschränkt werden, wenn der Gewerbetreibende eine der vertraglichen Verpflichtungen ganz oder teilweise nicht erfüllt oder mangelhaft erfüllt;

c) der Verbraucher eine verbindliche Verpflichtung eingeht, während der Gewerbetreibende die Erbringung der Leistungen an eine Bedingung knüpft, deren Eintritt nur von ihm abhängt;

d) es dem Gewerbetreibenden gestattet wird, vom Verbraucher gezahlte Beträge einzubehalten, wenn dieser darauf verzichtet, den Vertrag abzuschliessen oder zu erfüllen, ohne dass für den Verbraucher ein Anspruch auf eine Entschädigung in entsprechender Höhe seitens des Gewerbetreibenden vorgesehen wird, wenn dieser selbst es unterlässt;

e) dem Verbraucher, der seinen Verpflichtungen nicht nachkommt, ein unverhältnismässig hoher Entschädigungsbetrag auferlegt wird;

f) es dem Gewerbetreibenden gestattet wird, nach freiem Ermessen den Vertrag zu kündigen, wenn das gleiche Recht nicht auch dem Verbraucher eingeräumt wird, und es dem Gewerbetreibenden für den Fall, dass er selbst den Vertrag kündigt, gestattet wird, die Beträge einzubehalten, die für von ihm noch nicht erbrachte Leistungen gezahlt wurden;

g) es dem Gewerbetreibenden – ausser bei Vorliegen schwerwiegender Gründe – gestattet ist, einen unbefristeten Vertrag ohne angemessene Frist zu kündigen;

h) ein befristeter Vertrag automatisch verlängert wird, wenn der Verbraucher sich nicht gegenteilig geäussert hat und als Termin für diese Äusserung des Willens des Verbrauchers, den Vertrag nicht zu verlängern, ein vom Ablaufzeitpunkt des Vertrages ungebührlich weit entferntes Datum festgelegt wurde;

i) die Zustimmung des Verbrauchers zu Klauseln unwiderlegbar festgestellt wird, von denen er vor Vertragsabschluss nicht tatsächlich Kenntnis nehmen konnte;

j) der Gewerbetreibende die Vertragsklauseln einseitig ohne triftigen und im Vertrag aufgeführten Grund ändern kann;

k) der Gewerbetreibende die Merkmale des zu liefernden Erzeugnisses oder der zu erbringenden Dienstleistung einseitig ohne triftigen Grund ändern kann;

l) der Verkäufer einer Ware oder der Erbringer einer Dienstleistung den Preis zum Zeitpunkt der Lieferung festsetzen oder erhöhen kann, ohne dass der Verbraucher in beiden Fällen ein entsprechendes Recht hat, vom Vertrag zurückzutreten, wenn der Endpreis im Verhältnis zu dem Preis, der bei Vertragsabschluss vereinbart wurde, zu hoch ist;

m) dem Gewerbetreibenden das Recht eingeräumt ist zu bestimmen, ob die gelieferte Ware oder erbrachte Dienstleistung den Vertragsbestimmungen entspricht, oder ihm das ausschliessliche Recht zugestanden wird, die Auslegung einer Vertragsklausel vorzunehmen;

n) die Verpflichtung des Gewerbetreibenden zur Einhaltung der von seinen Vertretern eingegangenen Verpflichtungen eingeschränkt wird oder diese Verpflichtung von der Einhaltung einer besonderen Formvorschrift abhängig gemacht wird;

o) der Verbraucher allen seinen Verpflichtungen nachkommen muss, obwohl der Gewerbetreibende seine Verpflichtungen nicht erfuellt;

p) die Möglichkeit vorgesehen wird, dass der Vertrag ohne Zustimmung des Verbrauchers vom Gewerbetreibenden abgetreten wird, wenn dies möglicherweise eine Verringerung der Sicherheiten für den Verbraucher bewirkt;

q) dem Verbraucher die Möglichkeit, Rechtsbehelfe bei Gericht einzulegen oder sonstige Beschwerdemittel zu ergreifen, genommen oder erschwert wird, und zwar insbesondere dadurch, dass er ausschliesslich auf ein nicht unter die rechtlichen Bestimmungen fallenden Schiedsgerichtsverfahren verwiesen wird, die ihm zur Verfügung stehenden Beweismittel ungebührlich eingeschränkt werden oder ihm die Beweislast auferlegt wird, die nach dem geltenden Recht einer anderen Vertragspartei obläge.

2. Tragweite der Buchstaben g), j) und l)

a) Buchstabe g) steht Klauseln nicht entgegen, durch die sich der Erbringer von Finanzdienstleistungen das Recht vorbehält, einen unbefristeten Vertrag einseitig und – bei Vorliegen eines triftigen Grundes – fristlos zu kündigen, sofern der Gewerbetreibende die Pflicht hat, die andere Vertragspartei oder die anderen Vertragsparteien alsbald davon zu unterrichten.

b) Buchstabe j) steht Klauseln nicht entgegen, durch die sich der Erbringer von Finanzdienstleistungen das Recht vorbehält, den von dem Verbraucher oder an den Verbraucher zu zahlenden Zinssatz oder die Höhe anderer Kosten für Finanzdienstleistungen in begründeten Fällen ohne Vorankündigung zu ändern, sofern der Gewerbetreibende die Pflicht hat, die andere Vertragspartei oder die anderen Vertragsparteien unverzueglich davon zu unterrichten, und es dieser oder diesen freisteht, den Vertrag alsbald zu kündigen.

   Buchstabe j) steht ferner Klauseln nicht entgegen, durch die sich der Gewerbetreibende das Recht vorbehält, einseitig die Bedingungen eines unbefristeten Vertrages zu ändern, sofern es ihm obliegt, den Verbraucher hiervon rechtzeitig in Kenntnis zu setzen, und es diesem freisteht, den Vertrag zu kündigen.

c) Die Buchstaben g), j) und l) finden keine Anwendung auf

   – Geschäfte mit Wertpapieren, Finanzpapieren und anderen Erzeugnissen oder Dienstleistungen, bei denen der Preis von den Veränderungen einer Notierung oder eines Börsenindex oder von Kursschwankungen auf dem Kapitalmarkt abhängt, auf die der Gewerbetreibende keinen Einfluss hat;

   – Verträge zum Kauf oder Verkauf von Fremdwährungen, Reiseschecks oder internationalen Postanweisungen in Fremdwährung.

d) Buchstabe l) steht Preisindexierungsklauseln nicht entgegen, wenn diese rechtmässig sind und der Modus der Preisänderung darin ausdrücklich beschrieben wird.

II. §§ 305–310 BGB

Abschnitt 2: Gestaltung rechtsgeschäftlicher Schuldverhältnisse durch Allgemeine Geschäftsbedingungen

Amtlicher Hinweis: Dieser Abschnitt dient auch der Umsetzung der Richtlinie 93/13/EWG des Rates vom 5. April 1993 über missbräuchliche Klauseln in Verbraucherverträgen (ABl. EG Nr. L 95 S. 29).

§ 305 Einbeziehung Allgemeiner Geschäftsbedingungen in den Vertrag

(1) Allgemeine Geschäftsbedingungen sind alle für eine Vielzahl von Verträgen vorformulierten Vertragsbedingungen, die eine Vertragspartei (Verwender) der anderen Vertragspartei bei Abschluss eines Vertrags stellt. Gleichgültig ist, ob die Bestimmungen einen äusserlich gesonderten Bestandteil des Vertrags bilden oder in die Vertragsurkunde selbst aufgenommen werden, welchen Umfang sie haben, in welcher Schriftart sie verfasst sind und welche Form der Vertrag hat. Allgemeine Geschäftsbedingungen liegen nicht vor, soweit die Vertragsbedingungen zwischen den Vertragsparteien im Einzelnen ausgehandelt sind.

(2) Allgemeine Geschäftsbedingungen werden nur dann Bestandteil eines Vertrags, wenn der Verwender bei Vertragsschluss

1. die andere Vertragspartei ausdrücklich oder, wenn ein ausdrücklicher Hinweis wegen der Art des Vertragsschlusses nur unter unverhältnismässigen Schwierigkeiten möglich ist, durch deutlich sichtbaren Aushang am Ort des Vertragsschlusses auf sie hinweist und
2. der anderen Vertragspartei die Möglichkeit verschafft, in zumutbarer Weise, die auch eine für den Verwender erkennbare körperliche Behinderung der anderen Vertragspartei angemessen berücksichtigt, von ihrem Inhalt Kenntnis zu nehmen, und wenn die andere Vertragspartei mit ihrer Geltung einverstanden ist.

(3) Die Vertragsparteien können für eine bestimmte Art von Rechtsgeschäften die Geltung bestimmter Allgemeiner Geschäftsbedingungen unter Beachtung der in Absatz 2 bezeichneten Erfordernisse im Voraus vereinbaren.

§ 305a Einbeziehung in besonderen Fällen

Auch ohne Einhaltung der in § 305 Abs. 2 Nr. 1 und 2 bezeichneten Erfordernisse werden einbezogen, wenn die andere Vertragspartei mit ihrer Geltung einverstanden ist,

1. die mit Genehmigung der zuständigen Verkehrsbehörde oder auf Grund von internationalen Übereinkommen erlassenen Tarife und Ausführungsbestimmungen der Eisenbahnen und die nach Massgabe des Personenbeförderungsgesetzes genehmigten Beförderungsbedingungen der Strassenbahnen, Obusse und Kraftfahrzeuge im Linienverkehr in den Beförderungsvertrag,
2. die im Amtsblatt der Bundesnetzagentur für Elektrizität, Gas, Telekommunikation, Post und Eisenbahnen veröffentlichten und in den Geschäftsstellen des Verwenders bereitgehaltenen Allgemeinen Geschäftsbedingungen
   a) in Beförderungsverträge, die ausserhalb von Geschäftsräumen durch den Einwurf von Postsendungen in Briefkästen abgeschlossen werden,
   b) in Verträge über Telekommunikations-, Informations- und andere Dienstleistungen, die unmittelbar durch Einsatz von Fernkommunikationsmitteln und

während der Erbringung einer Telekommunikationsdienstleistung in einem Mal erbracht werden, wenn die Allgemeinen Geschäftsbedingungen der anderen Vertragspartei nur unter unverhältnismässigen Schwierigkeiten vor dem Vertragsschluss zugänglich gemacht werden können.

§ 305b Vorrang der Individualabrede

Individuelle Vertragsabreden haben Vorrang vor Allgemeinen Geschäftsbedingungen.

§ 305c Überraschende und mehrdeutige Klauseln

(1) Bestimmungen in Allgemeinen Geschäftsbedingungen, die nach den Umständen, insbesondere nach dem äusseren Erscheinungsbild des Vertrags, so ungewöhnlich sind, dass der Vertragspartner des Verwenders mit ihnen nicht zu rechnen braucht, werden nicht Vertragsbestandteil.

(2) Zweifel bei der Auslegung Allgemeiner Geschäftsbedingungen gehen zu Lasten des Verwenders.

§ 306 Rechtsfolgen bei Nichteinbeziehung und Unwirksamkeit

(1) Sind Allgemeine Geschäftsbedingungen ganz oder teilweise nicht Vertragsbestandteil geworden oder unwirksam, so bleibt der Vertrag im Übrigen wirksam.

(2) Soweit die Bestimmungen nicht Vertragsbestandteil geworden oder unwirksam sind, richtet sich der Inhalt des Vertrags nach den gesetzlichen Vorschriften.

(3) Der Vertrag ist unwirksam, wenn das Festhalten an ihm auch unter Berücksichtigung der nach Absatz 2 vorgesehenen Änderung eine unzumutbare Härte für eine Vertragspartei darstellen würde.

§ 306a Umgehungsverbot

Die Vorschriften dieses Abschnitts finden auch Anwendung, wenn sie durch anderweitige Gestaltungen umgangen werden.

§ 307 Inhaltskontrolle

(1) Bestimmungen in Allgemeinen Geschäftsbedingungen sind unwirksam, wenn sie den Vertragspartner des Verwenders entgegen den Geboten von Treu und Glauben unangemessen benachteiligen. Eine unangemessene Benachteiligung kann sich auch daraus ergeben, dass die Bestimmung nicht klar und verständlich ist.

(2) Eine unangemessene Benachteiligung ist im Zweifel anzunehmen, wenn eine Bestimmung

1. mit wesentlichen Grundgedanken der gesetzlichen Regelung, von der abgewichen wird, nicht zu vereinbaren ist oder
2. wesentliche Rechte oder Pflichten, die sich aus der Natur des Vertrags ergeben, so einschränkt, dass die Erreichung des Vertragszwecks gefährdet ist.

(3) Die Absätze 1 und 2 sowie die §§ 308 und 309 gelten nur für Bestimmungen in Allgemeinen Geschäftsbedingungen, durch die von Rechtsvorschriften abweichende oder diese ergänzende Regelungen vereinbart werden. Andere Bestimmungen können nach Absatz 1 Satz 2 in Verbindung mit Absatz 1 Satz 1 unwirksam sein.

§ 308 Klauselverbote mit Wertungsmöglichkeit

In Allgemeinen Geschäftsbedingungen ist insbesondere unwirksam

1. (Annahme- und Leistungsfrist)

   eine Bestimmung, durch die sich der Verwender unangemessen lange oder nicht hinreichend bestimmte Fristen für die Annahme oder Ablehnung eines Angebots oder die Erbringung einer Leistung vorbehält; ausgenommen hiervon ist der Vorbehalt, erst nach Ablauf der Widerrufs- oder Rückgabefrist nach § 355 Abs. 1 bis 3 und § 356 zu leisten;

2. (Nachfrist)

   eine Bestimmung, durch die sich der Verwender für die von ihm zu bewirkende Leistung abweichend von Rechtsvorschriften eine unangemessen lange oder nicht hinreichend bestimmte Nachfrist vorbehält;

3. (Rücktrittsvorbehalt)

   die Vereinbarung eines Rechts des Verwenders, sich ohne sachlich gerechtfertigten und im Vertrag angegebenen Grund von seiner Leistungspflicht zu lösen; dies gilt nicht für Dauerschuldverhältnisse;

4. (Änderungsvorbehalt)

   die Vereinbarung eines Rechts des Verwenders, die versprochene Leistung zu ändern oder von ihr abzuweichen, wenn nicht die Vereinbarung der Änderung oder Abweichung unter Berücksichtigung der Interessen des Verwenders für den anderen Vertragsteil zumutbar ist;

5. (Fingierte Erklärungen)

   eine Bestimmung, wonach eine Erklärung des Vertragspartners des Verwenders bei Vornahme oder Unterlassung einer bestimmten Handlung als von ihm abgegeben oder nicht abgegeben gilt, es sei denn, dass

   a) dem Vertragspartner eine angemessene Frist zur Abgabe einer ausdrücklichen Erklärung eingeräumt ist und

   b) der Verwender sich verpflichtet, den Vertragspartner bei Beginn der Frist auf die vorgesehene Bedeutung seines Verhaltens besonders hinzuweisen;

6. (Fiktion des Zugangs)

   eine Bestimmung, die vorsieht, dass eine Erklärung des Verwenders von besonderer Bedeutung dem anderen Vertragsteil als zugegangen gilt;

7. (Abwicklung von Verträgen)

   eine Bestimmung, nach der der Verwender für den Fall, dass eine Vertragspartei vom Vertrag zurücktritt oder den Vertrag kündigt,

   a) eine unangemessen hohe Vergütung für die Nutzung oder den Gebrauch einer Sache oder eines Rechts oder für erbrachte Leistungen oder

   b) einen unangemessen hohen Ersatz von Aufwendungen verlangen kann;

8. (Nichtverfügbarkeit der Leistung)

   die nach Nummer 3 zulässige Vereinbarung eines Vorbehalts des Verwenders, sich von der Verpflichtung zur Erfüllung des Vertrags bei Nichtverfügbarkeit der Leistung zu lösen, wenn sich der Verwender nicht verpflichtet,

a) den Vertragspartner unverzüglich über die Nichtverfügbarkeit zu informieren und
b) Gegenleistungen des Vertragspartners unverzüglich zu erstatten.

§ 309 Klauselverbote ohne Wertungsmöglichkeit

Auch soweit eine Abweichung von den gesetzlichen Vorschriften zulässig ist, ist in Allgemeinen Geschäftsbedingungen unwirksam

1. (Kurzfristige Preiserhöhungen)

   eine Bestimmung, welche die Erhöhung des Entgelts für Waren oder Leistungen vorsieht, die innerhalb von vier Monaten nach Vertragsschluss geliefert oder erbracht werden sollen; dies gilt nicht bei Waren oder Leistungen, die im Rahmen von Dauerschuldverhältnissen geliefert oder erbracht werden;

2. (Leistungsverweigerungsrechte)

   eine Bestimmung, durch die

   a) das Leistungsverweigerungsrecht, das dem Vertragspartner des Verwenders nach § 320 zusteht, ausgeschlossen oder eingeschränkt wird oder
   b) ein dem Vertragspartner des Verwenders zustehendes Zurückbehaltungsrecht, soweit es auf demselben Vertragsverhältnis beruht, ausgeschlossen oder eingeschränkt, insbesondere von der Anerkennung von Mängeln durch den Verwender abhängig gemacht wird;

3. (Aufrechnungsverbot)

   eine Bestimmung, durch die dem Vertragspartner des Verwenders die Befugnis genommen wird, mit einer unbestrittenen oder rechtskräftig festgestellten Forderung aufzurechnen;

4. (Mahnung, Fristsetzung)

   eine Bestimmung, durch die der Verwender von der gesetzlichen Obliegenheit freigestellt wird, den anderen Vertragsteil zu mahnen oder ihm eine Frist für die Leistung oder Nacherfüllung zu setzen;

5. (Pauschalierung von Schadensersatzansprüchen)

   die Vereinbarung eines pauschalierten Anspruchs des Verwenders auf Schadensersatz oder Ersatz einer Wertminderung, wenn

erwartenden Schaden oder die gewöhnlich eintretende Wertminderung übersteigt oder

b) dem anderen Vertragsteil nicht ausdrücklich der Nachweis gestattet wird, ein Schaden oder eine Wertminderung sei überhaupt nicht entstanden oder wesentlich niedriger als die Pauschale;

6. (Vertragsstrafe)

   eine Bestimmung, durch die dem Verwender für den Fall der Nichtabnahme oder verspäteten Abnahme der Leistung, des Zahlungsverzugs oder für den Fall, dass der andere Vertragsteil sich vom Vertrag löst, Zahlung einer Vertragsstrafe versprochen wird;

7. (Haftungsausschluss bei Verletzung von Leben, Körper, Gesundheit und bei grobem Verschulden)

   a) (Verletzung von Leben, Körper, Gesundheit)

      ein Ausschluss oder eine Begrenzung der Haftung für Schäden aus der Verletzung des Lebens, des Körpers oder der Gesundheit, die auf einer fahrlässigen Pflichtverletzung des Verwenders oder einer vorsätzlichen oder fahrlässigen Pflichtverletzung eines gesetzlichen Vertreters oder Erfüllungsgehilfen des Verwenders beruhen;

   b) (Grobes Verschulden)

      ein Ausschluss oder eine Begrenzung der Haftung für sonstige Schäden, die auf einer grob fahrlässigen Pflichtverletzung des Verwenders oder auf einer vorsätzlichen oder grob fahrlässigen Pflichtverletzung eines gesetzlichen Vertreters oder Erfüllungsgehilfen des Verwenders beruhen;

      die Buchstaben a und b gelten nicht für Haftungsbeschränkungen in den nach Massgabe des Personenbeförderungsgesetzes genehmigten Beförderungsbedingungen und Tarifvorschriften der Strassenbahnen, Obusse und Kraftfahrzeuge im Linienverkehr, soweit sie nicht zum Nachteil des Fahrgastes von der Verordnung über die Allgemeinen Beförderungsbedingungen für den Strassenbahn- und Obusverkehr sowie den Linienverkehr mit Kraftfahrzeugen vom 27. Februar 1970 abweichen; Buchstabe b gilt nicht für Haftungsbeschränkungen für staatlich genehmigte Lotterie- oder Ausspielverträge;

8. (Sonstige Haftungsausschlüsse bei Pflichtverletzung)

   a) (Ausschluss des Rechts, sich vom Vertrag zu lösen)

      eine Bestimmung, die bei einer vom Verwender zu vertretenden, nicht in einem Mangel der Kaufsache oder des Werkes bestehenden Pflichtverletzung das Recht des anderen Vertragsteils, sich vom Vertrag zu lösen, ausschliesst oder einschränkt; dies gilt nicht für die in der Nummer 7 bezeichneten Beförderungsbedingungen und Tarifvorschriften unter den dort genannten Voraussetzungen;

   b) (Mängel)

      eine Bestimmung, durch die bei Verträgen über Lieferungen neu hergestellter Sachen und über Werkleistungen

      aa) (Ausschluss und Verweisung auf Dritte)

          die Ansprüche gegen den Verwender wegen eines Mangels insgesamt oder bezüglich einzelner Teile ausgeschlossen, auf die Einräumung von Ansprüchen gegen Dritte beschränkt oder von der vorherigen gerichtlichen Inanspruchnahme Dritter abhängig gemacht werden;

      bb) (Beschränkung auf Nacherfüllung)

          die Ansprüche gegen den Verwender insgesamt oder bezüglich einzelner Teile auf ein Recht auf Nacherfüllung beschränkt werden, sofern dem anderen Vertragsteil nicht ausdrücklich das Recht vorbehalten wird, bei Fehlschlagen der Nacherfüllung zu mindern oder, wenn nicht eine Bauleistung Gegenstand der Mängelhaftung ist, nach seiner Wahl vom Vertrag zurückzutreten;

cc) (Aufwendungen bei Nacherfüllung)

die Verpflichtung des Verwenders ausgeschlossen oder beschränkt wird, die zum Zwecke der Nacherfüllung erforderlichen Aufwendungen, insbesondere Transport-, Wege-, Arbeits- und Materialkosten, zu tragen;

dd) (Vorenthalten der Nacherfüllung)

der Verwender die Nacherfüllung von der vorherigen Zahlung des vollständigen Entgelts oder eines unter Berücksichtigung des Mangels unverhältnismässig hohen Teils des Entgelts abhängig macht;

ee) (Ausschlussfrist für Mängelanzeige)

der Verwender dem anderen Vertragsteil für die Anzeige nicht offensichtlicher Mängel eine Ausschlussfrist setzt, die kürzer ist als die nach dem Doppelbuchstaben ff zulässige Frist;

ff) (Erleichterung der Verjährung)

die Verjährung von Ansprüchen gegen den Verwender wegen eines Mangels in den Fällen des § 438 Abs. 1 Nr. 2 und des § 634a Abs. 1 Nr. 2 erleichtert oder in den sonstigen Fällen eine weniger als ein Jahr betragende Verjährungsfrist ab dem gesetzlichen Verjährungsbeginn erreicht wird;

9. (Laufzeit bei Dauerschuldverhältnissen)

bei einem Vertragsverhältnis, das die regelmässige Lieferung von Waren oder die regelmässige Erbringung von Dienst- oder Werkleistungen durch den Verwender zum Gegenstand hat,

a) eine den anderen Vertragsteil länger als zwei Jahre bindende Laufzeit des Vertrags,

b) eine den anderen Vertragsteil bindende stillschweigende Verlängerung des Vertragsverhältnisses um jeweils mehr als ein Jahr oder

c) zu Lasten des anderen Vertragsteils eine längere Kündigungsfrist als drei Monate vor Ablauf der zunächst vorgesehenen oder stillschweigend verlängerten Vertragsdauer; dies gilt nicht für Verträge über die Lieferung als zusammengehörig verkaufter Sachen, für Versicherungsverträge sowie für Verträge zwischen den Inhabern urheberrechtlicher Rechte und Ansprüche und Verwertungsgesellschaften im Sinne des Gesetzes über die Wahrnehmung von Urheberrechten und verwandten Schutzrechten;

10. (Wechsel des Vertragspartners)

eine Bestimmung, wonach bei Kauf-, Darlehens-, Dienst- oder Werkverträgen ein Dritter anstelle des Verwenders in die sich aus dem Vertrag ergebenden Rechte und Pflichten eintritt oder eintreten kann, es sei denn, in der Bestimmung wird

a) der Dritte namentlich bezeichnet oder

b) dem anderen Vertragsteil das Recht eingeräumt, sich vom Vertrag zu lösen;

11. (Haftung des Abschlussvertreters)

eine Bestimmung, durch die der Verwender einem Vertreter, der den Vertrag für den anderen Vertragsteil abschliesst,

a) ohne hierauf gerichtete ausdrückliche und gesonderte Erklärung eine eigene Haftung oder Einstandspflicht oder

b) im Falle vollmachtsloser Vertretung eine über § 179 hinausgehende Haftung auferlegt;

12. (Beweislast)

eine Bestimmung, durch die der Verwender die Beweislast zum Nachteil des anderen Vertragsteils ändert, insbesondere indem er

a) diesem die Beweislast für Umstände auferlegt, die im Verantwortungsbereich des Verwenders liegen, oder

b) den anderen Vertragsteil bestimmte Tatsachen bestätigen lässt; Buchstabe b gilt nicht für Empfangsbekenntnisse, die gesondert unterschrieben oder mit einer gesonderten qualifizierten elektronischen Signatur versehen sind;

13. (Form von Anzeigen und Erklärungen)

eine Bestimmung, durch die Anzeigen oder Erklärungen, die dem Verwender oder einem Dritten gegenüber abzugeben sind, an eine strengere Form als die Schriftform oder an besondere Zugangserfordernisse gebunden werden.

§ 310 Anwendungsbereich

(1) § 305 Abs. 2 und 3 und die §§ 308 und 309 finden keine Anwendung auf Allgemeine Geschäftsbedingungen, die gegenüber einem Unternehmer, einer juristischen Person des öffentlichen Rechts oder einem öffentlichrechtlichen Sondervermögen verwendet werden. § 307 Abs. 1 und 2 findet in den Fällen des Satzes 1 auch insoweit Anwendung, als dies zur Unwirksamkeit von in den §§ 308 und 309 genannten Vertragsbestimmungen führt; auf die im Handelsverkehr geltenden Gewohnheiten und Gebräuche ist angemessen Rücksicht zu nehmen. In den Fällen des Satzes 1 findet § 307 Abs. 1 und 2 auf Verträge, in die die Vergabe- und Vertragsordnung für Bauleistungen Teil B (VOB/B) in der jeweils zum Zeitpunkt des Vertragsschlusses geltenden Fassung ohne inhaltliche Abweichungen insgesamt einbezogen ist, in Bezug auf eine Inhaltskontrolle einzelner Bestimmungen keine Anwendung.

(2) Die §§ 308 und 309 finden keine Anwendung auf Verträge der Elektrizitäts-, Gas-, Fernwärme- und Wasserversorgungsunternehmen über die Versorgung von Sonderabnehmern mit elektrischer Energie, Gas, Fernwärme und Wasser aus dem Versorgungsnetz, soweit die Versorgungsbedingungen nicht zum Nachteil der Abnehmer von Verordnungen über Allgemeine Bedingungen für die Versorgung von Tarifkunden mit elektrischer Energie, Gas, Fernwärme und Wasser abweichen. Satz 1 gilt entsprechend für Verträge über die Entsorgung von Abwasser.

(3) Bei Verträgen zwischen einem Unternehmer und einem Verbraucher (Verbraucherverträge) finden die Vorschriften dieses Abschnitts mit folgenden Massgaben Anwendung:

1. Allgemeine Geschäftsbedingungen gelten als vom Unternehmer gestellt, es sei denn, dass sie durch den Verbraucher in den Vertrag eingeführt wurden;

2. § 305c Abs. 2 und die §§ 306 und 307 bis 309 dieses Gesetzes sowie Artikel 46b des Einführungsgesetzes zum Bürgerlichen Gesetzbuche finden auf vorformulierte Vertragsbedingungen auch dann Anwendung, wenn diese nur zur einmaligen Verwendung bestimmt sind und soweit der Verbraucher auf Grund der Vorformulierung auf ihren Inhalt keinen Einfluss nehmen konnte;

3. bei der Beurteilung der unangemessenen Benachteiligung nach § 307 Abs. 1 und 2 sind auch die den Vertragsschluss begleitenden Umstände zu berücksichtigen.

(4) Dieser Abschnitt findet keine Anwendung bei Verträgen auf dem Gebiet des Erb-, Familien- und Gesellschaftsrechts sowie auf Tarifverträge, Betriebs- und Dienstvereinbarungen. Bei der Anwendung auf Arbeitsverträge sind die im Arbeitsrecht geltenden Besonderheiten angemessen zu berücksichtigen; § 305 Abs. 2 und 3 ist nicht anzuwenden. Tarifverträge, Betriebs- und Dienstvereinbarungen stehen Rechtsvorschriften im Sinne von § 307 Abs. 3 gleich.

III. Principles of International Commercial Contracts (PICC)

Article 2.1.19 (Contracting under standard terms)

(1) Where one party or both parties use standard terms in concluding a contract, the general rules on formation apply, subject to Articles 2.1.20–2.1.22.

(2)Standard terms are provisions which are prepared in advance for general and repeated use by one party and which are actually used without negotiation with the other party.

Comment

1. Contracting under standard terms

This Article is the first of four articles (Articles 2.1.19–2.1.22) which deal with the special situation where one or both parties use standard terms in concluding a contract.

2. Notion of «standard terms»

«Standard terms» are to be understood as those contract provisions which are prepared in advance for general and repeated use by one party and which are actually used without negotiation with the other party (paragraph (2)). What is decisive is not their formal presentation (e.g. whether they are contained in a separate document or in the contract document itself; whether they have been issued on pre-printed forms or are only contained in an electronic file, etc.), nor who prepared them (the party itself, a trade or professional association, etc.), nor their volume (whether they consist of a comprehensive set of provisions covering almost all the relevant aspects of the contract, or of only one or two provisions regarding, for instance, exclusion of liability and arbitration). What is decisive is the fact that they are drafted in advance for general and repeated use and that they are actually used in a given case by one of the parties without negotiation with the other party. This latter requirement obviously relates only to the standard terms as such, which the other party must accept as a whole, while the other terms of the same contract may well be the subject of negotiation between the parties.

3. General rules on formation apply

Usually, the general rules on formation apply irrespective of whether or not one or both parties use standard terms (paragraph (1)). It follows that standard terms proposed by one party bind the other party only on acceptance, and that it depends upon the circumstances of the case whether the two parties must refer to the standard terms expressly or whether the incorporation of such terms may be implied. Thus, standard terms contained in the contract document itself will normally be binding upon the mere signature of the contract document as a whole, at least as long as they are reproduced above that signature and not, for instance, on the reverse side of the document. On the other hand, standard terms contained in a separate document or electronic file will normally have to be referred to expressly by the party intending to use them. Implied incorporation may be admitted only if there exists a practice established between the parties or usage to that effect (see Article1.9).

Illustrations

1. A intends to conclude an insurance contract with B covering the risk of liability for accidents of A's employees at work. The parties sign a model contract form presented by B after

filling in the blank spaces relating, among other matters, to the premium and to the maximum amount insured. By virtue of its signature, A is bound not only by the terms which it has individually negotiated with B, but also by the General Conditions of the National Insurers'Association, which are printed on the form.

2. A normally concludes contracts with its customers on the basis of its own standard terms which are printed as a separate document. When making an offer to B, a new customer, A fails to make an express reference to the standard terms. B accepts the offer. The standard terms are not incorporated in the contract unless A can prove that B knew or ought to have known of A's intention to conclude the contract only on the basis of its own standard terms, e.g. because the same standard terms had regularly bee nadopted in previous transactions.

3. A intends to buy grain on the commodity exchange in London. In the contract concluded between A and B, a broker on that exchange, no express reference is made to the standard terms which normally govern brokerage contracts concluded at the exchange in question. The standard terms are nevertheless incorporated in the contract because their application to the kind of contract in question amounts to a usage.

Article 2.1.20 (Surprising terms)

(1) No term contained in standard terms which is of such a character that the other party could not reasonably have expected it, is effective unless it has been expressly accepted by that party.

(2) In determining whether a term is of such a character regard shall be had to its content, language and presentation.

Comment

1. Surprising terms in standard terms not effective

A party which accepts the other party's standard terms is in principle bound by them irrespective of whether or not it actually knows their content in detail or fully understands their implications. An important exception to this rule is, however, laid down in this Article which states that, notwithstanding its acceptance of the standard terms as a whole, the adhering party is not bound by those terms which by virtue of their content, language or presentation are of such a character that it could not reasonably have expected them. The reason for this exception is the desire to avoid a party which uses standard terms taking undue advantage of its position by surreptitiously attempting to impose terms on the other party which that party would scarcely have accepted had it been aware of them. For other articles intended to protect the economically weaker or less experienced party, see Articles 3.2.7 and 4.6.

2. Terms «surprising» by virtue of their content

A particular term contained in standard terms may come as a surprise to the adhering party first by reason of its content. This is the case whenever the content of the term in question is such that a reasonable person ofthe same kind as the adhering party would not have expected it in the type of standard terms involved. In determining whether or not a term is unusual, regard must be had on the one hand to the terms which are commonly to be found in standard terms generally used in the trade sector concerned, and on the other to the individual negotiations between the parties. Thus, for example, a term excluding or limiting the contractual liability of the proponent may or may not be considered to be «surprising», and in consequence ineffective in a particular case, its effectiveness depending on whether or not terms of that kind are common in the trade sector concerned, and are consistent with the way in which the parties conducted their negotiations.

Illustration

1. A, a travel agency, offers package tours for business trips. The terms of the advertisement give the impression that A is acting as a tour operator who undertakes full responsibility for the various services comprising the package. B books a tour on the basis of A's standard terms. Notwithstanding B's acceptance of the terms as a whole, A may not rely on a term stating that, with respect to the hotel accommodation, it is acting merely as an agent for the hotelkeeper, and therefore declines any liability.

3. Terms «surprising» by virtue of their language or presentation Other reasons for a particular term contained in standard terms being surprising to the adhering party may be the language in which it is couched, which may be obscure, or the way in which it is presented typographically, for instance in minute print. In order to determine whether or not this is the case, regard is to be had not so much to the formulation and presentation commonly used in the type of standard terms involved, but more to the professional skill and experience of persons of the same kind as the adhering party. Thus, a particular wording may be both obscure and clear at the same time, depending on whether or not the adhering party belongs to the same professional category as the party using the standard terms.

The language factor may also play an important role in the context of international transactions. If the standard terms are drafted in a foreign language it cannot be excluded that some of its terms, although fairly clear in thems elves, will turn out to be surprising for the adhering party who could not reasonably have been expected fully to appreciate all their implications.

Illustrations

2. A, an insurance company operating in country X, is an affiliate of B, a company incorporated in country Y. A's standard terms comprise some 50 terms printed in small type. One of the terms designates the law of country Y as the applicable law. Unless this term is presented in bold letters or in any other way apt to attract the attention of the adhering party, it will be without effect since customers in country X would not reasonably expect to find a choice of law clause designating a foreign law as the law governing their contracts in the standard terms of a company operating in their own country.

3. A, a commodity dealer operating in Hamburg, uses in its Contracts with its customers standard terms containing, among others, a provision stating «Hamburg – Freundschaftliche Arbitrage». In local business circles this clause is normally understood as meaning that possible disputes are to be submitted to a special arbitration governed by particular rules of procedure of local origin. In contracts with foreign customers this clause may be held to be ineffective, notwithstanding the acceptance of the standard terms as a whole, since a foreign customer cannot reasonably be expected to understand its exact implications, and this irrespective of whether or not the clause has been translated into the foreign customer's own language.

4. Express acceptance of «surprising» terms

The risk of the adhering party being taken by surprise by the kind of terms so far discussed clearly no longer exists if in a given case the other party draws the adhering party's attention to them and the adhering party accepts them. This Article therefore provides that a party may no longer rely on the «surprising» nature of a term in order to challenge its effectiveness, once it has expressly accepted the term.

Article 2.1.21 (Conflict between standard terms and non-standard terms)

In case of conflict between a standard term and a term which is not a standard term the latter prevails.

Comment

Standard terms are by definition prepared in advance by one party or a third person and incorporated in an individual contract without their content being discussed by the parties (see Article 2.1.19(2)). It is therefore logical that whenever the parties specifically negotiate and agree on particular provisions of their contract, such provisions will prevail over conflicting provisions contained in the standard terms since they are more likely to reflect the intention of the parties in the given case.

The individually agreed provisions may appear in the same document as the standard terms, but may also be contained in a separate document. In the first case they may easily be recognised on account of their being written in characters different from those of the standard terms. In the second case it may be more difficult to distinguish between the provisions which are standard terms and those which are not, and to determine their exact position in the hierarchy of the different documents. To this effect the parties often include a contract provision expressly indicating the documents which form part of their contract and their respective weight.

Special problems may however arise when the modifications to the standard terms have only been agreed upon orally, without the conflicting provisions contained in the standard terms being struck out, and those standard terms contain a provision stating the exclusive character of the writing signed by the parties, or that any addition to or modification of their content must be in writing. For these cases see Articles 2.1.17 and 2.1.18.

Article 2.1.22 (Battle of forms)

Where both parties use standard terms and reach agreement except on those terms, a contract is concluded on the basis of the agreed terms and of any standard terms which are common in substance unless one party clearly indicates in advance, or later and without undue delay informs the other party, that it does not intend to be bound by such a contract.

Comment

1. Parties using different standard terms

It is quite frequent in commercial transactions for both the offeror when making the offer, and the offeree when accepting it, each to refer to its own standard terms. In the absence of express acceptance by the offeror of the offeree's standard terms, the problem arises as to whether a contract is concluded at all and if so, which, if either, of the two conflicting sets of standard terms should prevail.

2. «Battle of forms» and general rules on offer and acceptance

If the general rules on offer and acceptance were to be applied, there would either be no contract at all since the purported acceptance by the offeree would, subject to the exception provided for in Article 2.1.11(2), amount to a counter-offer, or if the two parties have started to perform without objecting to each other's standard terms, a contract would be considered to have been concluded on the basis of those terms which were the last to be sent or to be referred to (the «last shot»).

3. The «knock-out» doctrine

The «last shot» doctrine may be appropriate if the parties clearly indicate that the adoption of their standard terms is an essential condition for the conclusion of the contract. Where, on the other hand, the parties, as is very often the case in practice, refer to their standard terms more or less automatically, for example by exchanging printed order and acknowledgement of order forms with the respective terms on the reverse side, they will normally not even be aware of the conflict between their respective standard terms. There is in such cases no reason to allow the parties subsequently to question the very existence of the contract or, if performance has commenced, to insist on the application of the terms last sent or referred to. It is for this reason that this Article provides, notwithstanding the general rules on offer and acceptance, that if the parties reach an agreement except on their standard terms, a contract is concluded on the basis of the agreed terms and of any standard terms which are common in substance («knock-out» doctrine).

4. Illustration

1. A orders a machine from B indicating the type of machine, the price and terms of payment, and the date and place of delivery. A uses an order form with its «General Conditions for Purchase» printed on the reverse side. B accepts by sending an acknowledgement of order form on the reverse side of which appear its own «General Conditions for Sale». When A subsequently seeks to withdraw rom the deal it claims that no contract was ever concluded as there was no agreement as to which set of standard terms should apply. Since, however, the parties have agreed on the essential terms of the contract, a contract has been concluded onthose terms and on any standard terms which are common in substance. A party may, however, always exclude the operation of the «knock-out» doctrine by clearly indicating in advance, or by later and without undue delay informing the other, that it does not intend to be bound by a contract which is not based on its own standard terms. What will in practice amount to such a «clear» indication cannot be stated in absolute terms but the inclusion of a clause of this kind in the standard terms themselves will not normally be sufficient since what is necessary is a specific declaration by the party concerned in its offer or acceptance.

Illustrations

2. The facts are the same as in Illustration 1, except that A claims that the contract was concluded on the basis of its standard terms since they contain a clause which states that «Deviating standard terms of the party accepting the order are not valid if they have not been confirmed in writing by us». The result will be the same as in Illustration 1, since merely by including such a clause in its standard terms A does not indicate with sufficient clarity its determination to conclude the contract only on its own terms.

3. The facts are the same as in Illustration 1, Except that the non-standard terms of A's offer contain a statement to the effect that A intends to contract only on its own standard terms. The mere fact that B attaches its own standard terms to its acceptance does not prevent the contract from being concluded on the basis of A's standard terms.

IV. Principles of European Contract Law (PECL)

Article 2:209 – Conflicting General Conditions

(1) If the parties have reached agreement except that the offer and acceptance refer to conflicting general conditions of contract, a contract is nonetheless formed. The general conditions form part of the contract to the extent that they are common in substance.

(2) However, no contract is formed if one party:

(a) has indicated in advance, explicitly, and not by way of general conditions, that it does not intend to be bound by a contract on the basis of paragraph (1);

(b) without delay, informs the other party that it does not intend to be bound by such contract.

(3) General conditions of contract are terms which have been formulated in advance for an indefinite number of contracts of a certain nature, and which have not been individually negotiated between the parties.

Article 4:110 -Unfair Terms Which Have Not Been Individually Negotiated

(1) A party may avoid a term which has not been individually negotiated if, contrary to the requirements of good faith and fair dealing, it causes a significant imbalance in the parties' rights and obligations arising under the contract to the detriment of that party, taking into account the nature of the performance to be rendered under the contract, all the other terms of the contract and the circumstances at the time the contract was concluded.

(2) This Article does not apply to:

(a) a term which defines the main subject matter of the contract, provided the term is in plain and intelligible language; or to

(b) the adequacy in value of one party's obligations compared to the value of the obligations of the other party.

Article 5:103 – Contra Proferentem Rule

Where there is doubt about the meaning of a contract term not individually negotiated, an interpretation of the term against the party who supplied it is to be preferred.

Article 5:104 – Preference to Negotiated Terms

Terms which have been individually negotiated take preference over those which are not.

Entscheidregister

1. Entscheide des Schweizerischen Bundesgerichts

a. Amtlich publizierte Bundesgerichtsentscheide

Entscheid	Fundstelle
BGE 148 III 57	N 148 Fn 15, 74, 228, 327, 330 ff., 334 f., 361 f., 373, 377, 389 f., 403, 409 ff., 413, 486, 517, 519, 524, 538, 603 f., 629, 640, 721, 836, 839 ff., 845, 858 ff., 865 f., 869, 871, 874 f., 880, 883 f., 892, 909 ff., 916, 933, 951, 968 f., 1014, 1061, 1176, 1191, 1205, 1281, 1287, 1307 f., 1312 f., 1316, 1319 ff., 1324, 1330, 1335, 1352, 1354, 1363, 1382, 1426, 1435 ff., 1445 ff., 1449, 1453, 1455, 1457 f., 1461, 1469, 1483 f.
BGE 146 V 28	Fn. 1320, 1322, 1324
BGE 146 III 339	Fn 334, 1426, 1469
BGE 145 III 383	Fn 194
BGE 145 III 365	Fn 1322
BGE 145 II 229	N 148 Fn 570, 779
BGE 142 V 466	Fn 968
BGE 142 III 671	Fn 1307 f., 1312 f., 1319 f., 1324, 1335
BGE 142 III 623	Fn 1043
BGE 142 III 239	Fn 1140
BGE 141 III 596	Fn 1589
BGE 141 III 1	Fn 1612, 1617
BGE 141 III 119	Fn 2344
BGE 141 IV 155	Fn 2353
BGE 140 III 404	Fn 358, 935, 943, 950, 1610 ff., 2313, 2316, 2318, 2328, 2329
BGE 139 I 72	Fn 2452 f., 2458 ff., 2462 ff.,

Entscheid	Fundstelle
BGE 139 II 316	Fn 2456 ff., 2466
BGE 139 III 345	N 148 Fn 410 f., 519, 535, 538, 547 ff., 560, 563, 565, 570, 604, 770, 772, 779 f., 801, 831 f., 980, 1007 ff., 1014 f., 1047, 1049, 1057 ff., 1087, 1094 f., 1097, 1110, 1112 ff., 1125, 1176, 1179, 1183 f., 1186, 1188, 1192, 2054
BGE 139 III 404	Fn 1313
BGE 138 III 304	Fn 1113
BGE 138 III 386	Fn 1113
BGE 138 III 411	Fn 224, 332, 408, 488, 494, 610, 727, 836, 839, 840 f., 865 f., 872, 874, 883 f., 892, 904, 906, 909 ff., 916, 933, 944, 962, 968 f., 1483, 1560
BGE 138 III 659	Fn 1313, 1330, 1614
BGE 137 II 199	Fn 2463, 2470, 2481
BGE 137 II 431	Fn 2344, 2347
BGE 137 III 145	Fn 1313
BGE 136 III 23	Fn 1634, 1640, 2325
BGE 136 III 431	Fn 2259
BGE 136 III 467	Fn 1135
BGE 136 V 127	Fn 906
BGE 135 III 1	Fn 224, 232, 290 f., 332, 342 f., 403, 430, 448 ff., 522, 701 f., 727, 836, 839 ff., 866, 884, 892, 916, 934, 942, 962, 1307 f., 1335, 1354, 1522, 2300 f., 2303
BGE 135 III 225	Fn 335, 342 f., 839, 866, 884, 892, 896, 916, 941, 1307, 1363, 1382, 1388
BGE 135 III 410	Fn 1307, 1318, 1436
BGE 134 III 438	Fn 2183
BGE 133 II 104	Fn 2451
BGE 133 III 37	Fn 1629
BGE 133 III 61	Fn 334, 1322, 1426, 1453, 1468 ff.
BGE 133 III 105	Fn 1617

Entscheid	Fundstelle
BGE 133 III 235	Fn 283
BGE 133 III 406	Fn 1316
BGE 133 III 431	Fn 1595
BGE 133 III 607	Fn 727, 887, 962, 1307, 1312, 1319, 1426, 1465, 1468 ff., 1529, 1532 f.
BGE 133 III 675	Fn 84, 965, 1307 f., 1335, 1436, 1462, 1483
BGE 132 III 24	Fn 1322
BGE 132 III 264	Fn 1426, 1440, 1494
BGE 132 III 268	Fn 986 f., 993, 1004, 1038, 1040, 1307, 1344
BGE 132 III 285	Fn 210
BGE 132 III 449	Fn 1564, 2287, 2291, 2296
BGE 132 III 626	Fn 362, 1322, 1329
BGE 131 III 398	Fn 1061, 1083, 1096, 1010, 1112, 1114,
BGE 131 III 606	Fn 679 f., 690, 1312, 1316, 1321
BGE 130 III 417	Fn 1321, 1629
BGE 130 III 694	Fn 2348, 2395
BGE 129 II 18	Fn 2420 f., 2428 ff., 2433, 2442, 2448
BGE 129 II 497	Fn 2452, 2456, 2463 ff.
BGE 129 III 118	Fn 1312, 2348
BGE 129 III 335	Fn 2054, 2057
BGE 129 III 702	N 158 Fn 599, 606, 624 ff., 628, 679 f., 690, 1204
BGE 129 V 51	Fn 483
BGE 128 I 273	Fn 1024, 1029
BGE 127 II 32	Fn 2450
BGE 127 III 16	Fn 1615
BGE 127 III 148	Fn 2395
BGE 127 III 318	Fn 1356
BGE 126 III 59	Fn 1522, 1524

Entscheid	Fundstelle
BGE 126 III 388	N 313 Fn 1307, 1352, 1490, 1530, 1557
BGE 125 III 263	Fn 335, 628, 1204, 1363, 1388, 1541
BGE 124 II 495	Fn 2420 f.
BGE 124 III 155	Fn 513, 1426, 1437, 1461, 1468 ff., 1494, 2371
BGE 123 III 35	Fn 335, 362, 389, 1250 f., 1257, 1306, 1336, 1363, 1388, 1476
BGE 123 III 292	Fn 232, 1562
BGE 122 III 106	Fn 1312
BGE 122 III 118	Fn 84, 1307 f., 1335, 1453, 1465, 1514, 1529
BGE 122 III 373	Fn 945, 1594
BGE 122 III 426	Fn 1400
BGE 121 III 38	Fn 1075, 1147
BGE 121 III 168	Fn 2263
BGE 121 III 495	Fn 971
BGE 119 II 46	Fn 1615 f., 1622
BGE 119 II 368	Fn 1319, 1462, 1530, 1532 f.
BGE 119 II 391	Fn 971, 1046, 1082, 1096
BGE 119 II 443	Fn 285, 342 f., 403, 405, 466 f., 491, 538, 599, 606, 657, 659, 727, 840, 848, 866, 874, 879, 884, 887, 889, 892, 900, 916, 920, 938, 962, 1594, 2183
BGE 118 Ia 294	Fn 606, 988 f., 991, 993, 995, 997 f., 1029, 1040
BGE 118 II 142	Fn 1524
BGE 118 II 295	Fn 283, 361, 552, 636, 1234, 1236
BGE 118 II 342	Fn 1451, 1455, 1457
BGE 117 II 332	Fn 1594, 2105
BGE 117 II 609	Fn 1307, 1354, 1426, 1462, 1522, 1532 f.
BGE 116 II 345	Fn 1462
BGE 116 II 459	Fn 940, 1461 f.
BGE 115 II 264	N 311 Fn 1354, 1426, 1436 f., 1462, 1509, 1513

Entscheid	Fundstelle
BGE 115 II 464	Fn 1572, 2319
BGE 115 II 474	Fn 1522, 1525, 1565
BGE 114 II 250	Fn 1132, 1246, 1250 f., 1257 f.
BGE 113 II 49	Fn 1448, 1513
BGE 113 II 51	Fn 1533
BGE 112 II 450	Fn 2287, 2291, 2294, 2296
BGE 111 II 76	Fn 397, 1230 f.
BGE 111 II 263	Fn 2287
BGE 111 II 276	Fn 1512
BGE 110 II 141	Fn 1513
BGE 110 II 283	Fn 1461 f.
BGE 109 Ia 55	Fn 847, 932, 988 f., 994, 997 f., 1029
BGE 109 II 24	Fn 1400, 1522
BGE 109 II 116	Fn 232
BGE 109 II 213	Fn 288, 948, 1426
BGE 109 II 452	N 194, 210 Fn 223, 288, 840, 855, 860, 879, 884, 889, 937
BGE 108 II 416	Fn 285, 405, 466, 491, 538, 840
BGE 107 II 161	Fn 959, 1509
BGE 107 II 185	Fn 1357
BGE 104 Ia 278	Fn 221, 606, 679, 690, 847, 918, 922 f., 932, 989, 991, 994 f., 998, 1018 f., 1029
BGE 104 II 190	Fn 2398
BGE 103 II 63	Fn 549, 1179
BGE 101 II 343	Fn 1405
BGE 100 II 18	Fn 1247
BGE 100 II 200	Fn 294, 410 f., 413 f., 458, 468, 484, 493, 519, 712, 716, 718, 721, 1156, 1171, 1176
BGE 100 III 79	Fn 2348
BGE 99 II 67	Fn 676, 682, 687, 690, 1272

Entscheid	Fundstelle
BGE 99 II 290	Fn 1438, 1464
BGE 98 Ia 314	Fn 438, 1018 f., 1026
BGE 97 II 72	Fn 622
BGE 94 II 159	Fn 1226
BGE 94 II 202	Fn 467
BGE 93 I 323	Fn 988, 1005, 1492
BGE 93 II 311	Fn 1363, 1533
BGE 91 I 11	Fn 684, 1339, 1492
BGE 91 II 344	Fn 1522, 1533
BGE 88 II 341	Fn 1384
BGE 87 I 48	Fn 221
BGE 87 I 73	Fn 971
BGE 87 II 72	Fn 1318
BGE 87 II 234	Fn 1493
BGE 86 II 257	Fn 1226
BGE 85 II 569	Fn 495
BGE 84 I 36	Fn 438
BGE 84 II 562	Fn 493
BGE 82 II 445	Fn 622, 1318
BGE 81 II 346	Fn 1363, 1384, 1405
BGE 77 II 154	Fn 294, 362, 390, 397, 415, 519, 526, 604, 1200, 1208 f., 1216, 1220, 1230 f., 1233, 1306, 1557
BGE 76 I 338	Fn 221
BGE 76 I 350	Fn 404, 406, 490, 696
BGE 74 II 81	Fn 1488
BGE 73 II 220	Fn 1400
BGE 71 II 223	Fn 1245 ff.
BGE 70 II 212	Fn 1405
BGE 64 II 357	Fn 404, 406, 490
BGE 64 II 380	Fn 599, 606, 631

Entscheid	Fundstelle
BGE 60 II 436	Fn 956, 959
BGE 57 I 11	Fn 431
BGE 57 I 306	Fn 1252
BGE 50 II 543	Fn 1488
BGE 45 I 43	Fn 404, 406
BGE 34 II 523	Fn 687, 690, 692

b. Nicht amtlich publizierte Bundesgerichtsentscheide

Entscheid	Fundstelle
BGer 4A_124/2023 vom 22.6.2023	Fn 450, 606, 608, 1307, 1312, 1319 f., 1436, 1453, 1458 f.
BGer 4A_310/2022 vom 12.7.2023	Fn 704, 716, 1110, 1112, 1114 ff., 1184
BGer 4A_303/2022 vom 17.10.2022	Fn 1426, 1436, 1453, 1455, 1457 f.
BGer 5A_117/2022 vom 6.2.2023	N 257 Fn 410, 491, 519, 538, 859 f., 871, 874 f., 877, 883 f., 892, 968 f., 916, 1176
BGer 4A_507/2021 vom 2.6.2022	Fn 975
BGer 4A_330/2021 vom 5.1.2022	N 148, 155, 159 Fn 478, 486, 599, 606, 640, 651, 686, 731, 779, 827, 833, 908, 911 f., 914, 933, 951, 1183, 1191, 1205, 1281, 1435, 1461, 1483 ff.
BGer 5A_86/2021 vom 2.11.2021	Fn 403, 857, 860, 865, 871, 874 f., 883 f., 892, 967, 1447
BGer 4A_72/2021 vom 28.9.2021	Fn 1318, 1467
BGer 4A_54/2021 vom 28.10.2021	Fn 344, 2169, 2173
BGer 4A_14/2021 vom 15.2.2021	Fn 911, 952
BGer 4A_503/2020 vom 19.1.2021	Fn 988, 1363, 1375, 1382, 1388, 1408 ff., 1541

Entscheid	Fundstelle
BGer 4A_279/2020 vom 23.2.2021	Fn 1453
BGer 4A_166/2020 vom 23.7.2020	Fn 358
BGer 4A_92/2020 vom 5.8.2020	Fn 1436, 1458
BGer 4A_81/2020 vom 2.4.2020	Fn 1453
BGer 5A_998/2019 vom 2.10.2019	Fn 376, 458, 468, 493, 712, 716
BGer 4A_578/2019 vom 16.4.2020	Fn 450
BGer 4A_238/2019 vom 2.12.2019	Fn 911, 953
BGer 4A_232/2019 vom 18.11.2019	Fn 909, 911
BGer 4A_203/2019 vom 11.5.2020	Fn 1324
BGer 4A_499/2018 vom 10.10.2018	Fn 228, 836, 841, 860 f., 871, 874 f., 877, 880, 883, 916, 1287, 1447, 1450
BGer 4A_248/2018 vom 12.9.2018	Fn 703, 731
BGer 4A_186/ 2018 vom 4.7.2019	Fn 1458
BGer 4A_176/2018 vom 6.8.2018	Fn 910, 954
BGer 4A_652/2017 vom 24.8.2018	Fn 1324
BGer 4A_650/2017 vom 30.7.2018	Fn 1446
BGer 4A_568/2017 vom 27.4.2018	Fn 987, 993, 1003 f., 1040, 1408
BGer 4A_562/2017 vom 7.5.2018	Fn 1530, 1533
BGer 4A_152/2017 vom 2.11.2017	Fn 344, 910, 2173
BGer 4A_667/2016 vom 3.4.2017	Fn 476
BGer 4A_329/2016 vom 20.9.2016	Fn 911
BGer 4A_4/2015 vom 9.3.2015	Fn 971, 987 f., 1003 f.,
BGer 4A_42/2015 vom 9.11.2015	Fn 2395
BGer 4A_47/2015 vom 2.6.2015	Fn 253, 272, 332, 343, 390, 410 f., 519, 538, 604, 716, 718, 1014, 1061
BGer 4A_48/2015 vom 29.4.2015	Fn 909, 911, 955
BGer 4A_119/2015 vom 3.6.2015	Fn 866, 874, 883 f., 888, 892, 2397, 2403
BGer 4D_75/2015 vom 16.2.2016	Fn 704, 706
BGer 4A_213/2014 vom 26.6.2014	Fn 285, 373, 405, 477, 716, 718
BGer 4A_149/2013 vom 31.7.2013	Fn 1112

Entscheid	Fundstelle
BGer 4A_247/2013 vom 14.10.2013	Fn 292, 581, 606, 870, 971, 978, 983, 987 ff., 993, 995 ff., 1006, 1010, 1015, 1019, 1034, 1037, 1040, 1218, 2285
BGer 4A_335/2013 vom 26.11.2013	Fn 1307, 1312, 1322
BGer 4A_475/2013 vom 15.7.2014	Fn 907, 916, 919, 926, 935, 943, 950, 2313, 2316, 2324
BGer 4A_519/2013 vom 4.2.2014	Fn 1483
BGer 4A_548/2013 vom 31.3.2014	Fn 704, 1226, 2401
BGer 4A_550/2013 vom 31.3.2014	Fn 2401
BGer 5A_511/2012 vom 8.10.2012	Fn 491
BGer 4A_571/2012 vom 18.3.2012	Fn 876
BGer 4A_585/2012 vom 1.3.2013	Fn 1307, 1465, 1472, 1529, 1533
BGer 4A_347/2011 vom 10.8. 211	Fn 412, 547, 567, 581, 986 ff., 1010, 1019, 1037, 1218, 2285
BGer 9C_3/2010 vom 31.3.2010	Fn 906
BGer 4A_39/2009 vom 7.4.2009	Fn 939
BGer 4A_54/2009 vom 20.4.2009	Fn 727, 962, 2140, 2296
BGer 4A_84/2009 vom 16.6.2009	Fn 290, 701, 841, 853, 866, 869
BGer 4A_291/2009 vom 28.7.2009	Fn 290, 701
BGer 4A_453/2009 vom 26.1.2010	Fn 1516
BGer 4A_200/2008 vom 18.8.2008	Fn 949
BGer 4A_262/2008 vom 23.9.2008	Fn 2348, 2395, 2398, 2403
BGer 4A_404/2008 vom 18.12.2008	Fn 646, 726, 1594, 2183, 2194 f.
BGer 4A_488/2008 vom 15.1.2009	Fn 2395, 2403
BGer 4A_187/2007 vom 9.5.2008	Fn 288, 839, 841, 866, 869, 874, 879, 883, 888 f., 909 ff., 916, 936
BGer 4A_393/2007 vom 3.12.2007	Fn 636, 1221, 1234, 1236, 1239
BGer 4C.157/2006 vom 31.8.2006	Fn 1363, 1395
BGer 4C.175/2006 vom 4.8.2006	Fn 2348, 2395
BGer 4C.420/2006 vom 3.8.2007	Fn 1364
BGer 4C.223/2005 vom 24.10.2006	Fn 1226

Entscheid	Fundstelle
BGer 4C.261/2005 vom 9.12.2005	Fn 390, 636, 1214, 1217, 1234, 1236 f., 1239 f.
BGer 4C.427/2005 vom 4.5.2006	Fn 403, 467, 920, 947
BGer 5P.115/2005 vom 13.5.2005	Fn 943, 2326
BGer 4C.202/2004 vom 14.9.2004	Fn 840
BGer 4C.313/2004 vom 21.1.2005	Fn 628, 1204
BGer 4C.378/2004 vom 30.5.2005	Fn 2395, 2398, 2403
BGer 5C.134/2004 vom 1.10.2004	Fn 900, 903 f., 910, 920, 946
BGer 5C.271/2004 vom 12.7.2005	Fn 1363, 1453
BGer 4C.190/2003 vom 28.11.2003	Fn 1524
BGer 4C.282/2003 vom 15.12.2003	Fn 361, 390, 431, 606, 840, 855, 882, 989, 991, 995, 1000, 1029, 1145 f., 1148, 1336
BGer 4C.342/2003 vom 8.4.2005	Fn 2399
BGer 4C.347/2003 vom 1.4.2004	Fn 389, 1336
BGer 5C.259/2003 vom 15.6.2004	Fn 1594
BGer 4C.281/2002 vom 25.2.2003	Fn 1524
BGer 4C.392/2002 vom 5.3.2002	Fn 971
BGer 4P.135/2002 vom 28.11.2002	Fn 279, 988, 1029, 1378, 1391, 1394 ff.
BGer 5C.53/2002 vom 6.6.2002	Fn 1594
BGer 5C.74/2002 vom 7.5.2002	Fn 285, 939
BGer 5C.87/2002 vom 24.10.2002	Fn 1533
BGer 5C.134/2002 vom 17.9.2002	Fn 1594
BGer 4C.303/2001 vom 4.3.2002	Fn 1247
BGer 4C.382/2001 vom 12.03.2002	Fn 1222, 1250 ff.
BGer 5C.36/2001 vom 29.10.2002	Fn 1533
BGer B 22/00 vom 27.3.2001	Fn 1594
BGer 4P.52/2000 vom 29.6.2000	Fn 1594
BGer 4P.230/2000 vom 7.2.2000	Fn 1141
BGer 5C.237/2000 vom 15.2.2001	Fn 1594

Entscheid	Fundstelle
BGer 4C.353/1999 vom 28.1.2000	Fn 988, 993, 1003 f., 1029, 1040, 1093 ff.
BGer 4P.301/1993 vom 16.2.1997	Fn 997
BGer Pra 1998, Nr. 9	Fn 1594, 2142
BGer Pra 90/2001, Nr. 101, 601, 602 f (= BGer 4C.282/2000 vom 23.11.2000)	Fn 1356
BGer Pra 86/1997, Nr. 164, 874 ff.	Fn 668, 999

2. Entscheide des Gerichtshofes der Europäischen Union

1984	Fundstelle
Rs. C-71/83 Tilly Russ gegen Nova, EuGH-Urteil vom 19. Juni 1984, Slg. 1984, 2432.	Fn 1110
2000	
Rs. C-240/98 und C-244/99 et C-542/98 Océano Grupo Editorial SA, EuGH-Urteile vom 27. Juni 2000, Slg. 2000, I-4963; ECLI:EU:C:2000: 346.	N 412 f. Fn 1304, 1654
2001	
Rs. C-541/99 und C-542/99 Cape Snc c. Idealservice Srl et Idealservice MN RE Sas c. OMAI Srl, EuGH-Urteile vom 22. November 2001, Slg. 2001, I-9049; ECLI:EU:C:2001:625.	N 530 f. Fn 1683, 2174
2002	
Rs. C-473/00 Cofidis c. Fredout, EuGH-Urteil vom 21. November, Slg. 2002, I-10898; ECLI:EU:C:2002:705.	N 414 f. Fn 1655
Rs. C-478/99, Commission c. Royaume de Suède, EuGH-Urteil vom 7. Mai 2002, Slg. 2002, I-4165, ECLI:EU:C:2002:281	Fn 1722
Rs. C-372/99, Commission c. République italienne, EuGH-Urteil vom 24. Januar 2001, Slg. 2002, I-819, ECLI:EU:C:2002:48	(ohne unmittelbaren AGB-Bezug)
2004	
Rs. C-237/02, Freiburger Kommunalbauten GmbH c. Hofstetter, EuGH-Urteil vom 1. April 2004, Slg. 2004, I-3403; ECLI:EU:C:2004:209.	N 416 f. Fn 1695
Rs. C-70/03, Commission c. Royaume d'Espagne, EuGH-Urteil vom 9. September 2004, Slg. 2004, I-7999; ECLI:EU:C:2004:505	N 532 Fn 1695, 2112
2006	
Rs. C-302/04, Ynos c. Varga, EuGH-Urteil vom 10. Januar 2006, Slg. 2006, I-371; ECLI:EU:C:2006:9.	N 481

2006	Fundstelle
Rs. C-168/05, Mostaza Claro c. Centro Movil Milenium SL, EuGH-Urteil vom 26. Oktober 2006, Slg. 2006, I-10437; ECLI:EU:C:2006:675.	N 419 f. Fn 1656, 1733
2007	
Rs. C-222-225/05, van der Weerd c. Minister van Landbouw, EuGH-Urteil vom 7. Juni 2007, Slg. 2007, I-2433, ECLI:EU:C:2007:318.	(ohne unmittelbaren AGB-Bezug)
2009	
Rs. C-243/08, Pannon GSM Zrt. c. Erzsébet Sustikné Győrfi, EuGH-Urteil vom 4. Juni 2009, Slg. 2009, I-4713; ECLI:EU:C:2009:350.	N 421 ff. Fn 1658, 1743
Rs. C-40/08, Asturcom Telecomunicaciones SL c. Cristina Rodriguez Nogueira, EuGH-Urteil vom 6. Oktober 2009, Slg. 2009, I-9579; ECLI:EU:C:2009:615.	N 425 f. Fn 1619, 1657, 2118
2010	
Rs. C-137/08, VB Pénzügyi Lizing Zrt. c. Ferenc Schneider, EuGH-Urteil vom 9. November 2010, Slg. 2010, I-10847; ECLI:EU:C:2010:659.	N 427 ff. Fn 1659
Rs. C-484/08, Caja de Ahorros y Monte de Piedad de Madrid gegen Asociación de Usuarios de Servicios Bancarios (Ausbanc), EuGH-Urteil vom 3. Juni 2010, Slg. 2010, I-4785; ECLI:EU:C:2010:309.	N 533 ff. Fn 1703
2011	
Rs. C-327/10 Hypoteční banka a.s. gegen Udo Mike Lindner, EuGH-Urteil vom 17. November 2011, Slg. 2011, I-11582. ECLI:EU:C:2011:745.	N 432 ff. Fn 1746
2012	
Rs. C-453/10, Jana Pereničová und Vladislav Perenič gegen SOS financ spol. s r., EuGH-Urteil vom 15. März 2012, ECLI:EU:C:2012:144.	N 536 ff. Fn 1704 f., 2118
Rs. C 472/10, Nemzeti Fogyasztóvédelmi Hatóság c. Invitel Távközlési Zrt, EuGH-Urteil vom 26 avril 2012, ECLI:EU:C:2012:242.	N 539 ff. Fn 1697, 1706, 2279

2012	Fundstelle
Rs. C-618/10, Banco Español de Crédito SA c. Joaquín Calderón Camino, EuGH-Urteil vom 14. Juni 2012, ECLI:EU:C:2012:349.	N 542 ff. Fn 1707, 2197
2013	
Rs. C-472/11, Banif Plus Bank Zrt gegen Csaba Csipai und Viktória Csipai, EuGH-Urteil vom 21. Februar 2013, ECLI:EU:C:2013:88.	N 435 ff. Fn 1661, 1667, 2127
Rs. C-415/11, Mohamed Aziz gegen Caixa d'Estalvis de Catalunya, Tarragona i Manresa (Catalunyacaixa). EuGH-Urteil vom 14. März 2013, ECLI:EU:C:2013:164.	N 545 ff. Fn 1717 f., 2101 f., 2119, 2127, 2153, 2282
Rs. C-92/11, RWE Vertrieb AG gegen Verbraucherzentrale Nordrhein-Westfalen eV, EuGH-Urteil vom 21. März 2013, ECLI:EU:C:2013:180.	N 549 ff. Fn 1691, 1719 f., 2120
Rs. C-488/11, Dirk Frederik Asbeek Brusse und Katarina de Man Garabito gegen Jahani BV., EuGH-Urteil vom 30. Mai 2013, ECLI:EU:C:2013:341.	N 552 ff. Fn 1690, 1707, 2197
Rs. C-397/11, Erika Jörös gegen Aegon Magyarország Hitel Zrt., EuGH-Urteil vom 30. Mai 2013, ECLI:EU:C:2013:340.	N 438 ff. Fn 1660, 1663, 1670
Rs. C-413/12, Asociación de Consumidores Independientes de Castilla y León gegen Anuntis Segundamano España SL, EuGH-Urteil vom 5. Dezember 2013, ECLI:EU:C:2013:800.	N 442 ff. Fn 1672
Rs. C-508/12, Walter Vapenik gegen Josef Thurner, EuGH-Urteil vom 5. Dezember 2013, ECLI:EU:C:2013:790.	(ohne unittelbaren AGB-Bezug)
2014	
Rs C-226/12, Constructora Principado SA gegen José Ignacio Menéndez Álvarez, EuGH-Urteil vom 16. Januar 2014. 2014, ECLI:EU:C:2014:10.	N 557 ff. Fn 1721, 2118
Rs C-470/12, Pohotovosť s.r.o. gegen Miroslav Vašuta, EuGH-Urteil vom 27. Februar 2014, ECLI:EU:C:2014:101.	N 444 ff. Fn 1673

2014	Fundstelle
Rs. C-280/13, Barclays Bank SA gegen Sara Sánchez García/Alejandro Chacón Barrera, EuGH-Urteil vom 30. April 2014, ECLI:EU:C:2014:279.	N 447 ff. Fn 1675
Rs. C-26/13, Árpád Kásler & Hajnalka Káslerné Rábai gegen OTP Jelzálogbank Zrt, EuGH-Urteil vom 30. April 2014, ECLI:EU:C:2014:282.	N 560 ff. Fn 1696, 1716
Rs. C-169/14, Juan Carlos Sánchez Morcillo & María del Carmen Abril García gegen Banco Bilbao Vizcaya Argentaria SA, EuGH-Urteil vom 17. Juli 2014, ECLI:EU:C:2014:2099.	N 449 ff. Fn 1676
Rs. C-34/13, Monika Kušionová gegen SMART Capital a.s., EuGH-Urteil vom 10. September 2014, ECLI:EU:C:2014:2189.	N 564 ff. Fn 1691
2015	
Rs. C-537/13, Birute Siba gegen Arunas Devenas, EuGH-Urteil vom 15. Januar 2015, ECLI:EU:C:2015:14.	N 567 ff. Fn 1694, 2153, 2172
Rs. C-482/13 et al. Unicaja Banco gegen José Hidalgo Rueda et al., EuGH-Urteil vom 21. Januar 2015, ECLI:EU:C:2015:21.	N 570 ff. Fn 1708, 1716, 2127, 2197 f.
Rs. C-567/13, Nóra Baczó, János István Vizsnyiczai gegen Raiffeisen Bank Zrt, EuGH-Urteil vom 12. Februar 2015, ECLI:EU:C:2015:88.	N 451 ff. Fn 1666
Rs. C-143/13, Bogdan Matei, Ioana Ofelia Matei gegen SC Volksbank România SA., EuGH-Urteil vom 26. Februar 2015, ECLI:EU:C:2015:127.	N 573 ff. Fn 1679
Rs. C-96/14, Jean-Claude Van Hove gegen CNP Aussurances SA, EuGH-Urteil vom 23. April 2015, ECLI:EU:C:2015:262.	N 577 ff. Fn 1696
Rs. C-110/14, Horaţiu Ovidiu Costea gegen SC Volksbank România SA, EuGH-Urteil vom 3. September 2015, ECLI:EU:C:2015:538.	N 582 ff. Fn 1686
Rs. C-348/14, Maria Bucura gegen SC Bancpost SA, EuGH-Urteil vom 9. Juli 2015, ECLI:EU:C:2015:447.	Fn 1648, 1658, 1683, 1696, 2299

2015	**Fundstelle**
Rs. C-32/14, ERSTE Bank Hungary Zrt. gegen Attila Sugar, EuGH-Urteil vom 1. Oktober 2015, ECLI:EU:C:2015:637.	N 453 f.
Rs. C-8/14, BBVA SA gegen Pedro Peñalva López, Clara López Durán, Diego Fernández Gabarro, EuGH-Urteil vom 29. Oktober 2015, ECLI:EU:C:2015:731.	N 455 f.
Rs. C-322/14, Jaouad El Majdoub gegen Cars On The Web. Deutschland GmbH EuGH-Urteil vom 21. Mai 2015, ECLI:EU:C:2015:334.	Fn 773, 781, 1071 ff., 1099, 1122
2016	
Rs. C-49/14, Finanmadrid EFC SA gegen Jesus Vicente Albá Zambrano et al., EuGH-Urteil vom 18. Februar 2016, ECLI:EU:C:2016:98.	N 457 f. Fn 1664
Rs. C-381/14, Jorge Sales Sinués gegen Caixabank SA und Rs. C-385/14 Youssouf Drame Ba gegen vom Catalunya Caixa SA (Catalunya Banc SA) vom 14. April 2016, ECLI:EU:C:2016:909.	N 459 f. Fn 1677, 1776
Rs. C-377/14, Ernst Georg Radlinger und Helena Radlingerová gegen Finway a.s., EuGH-Urteil vom 21. April 2016, ECLI:EU:C:2016:283.	N 461 ff. Fn 1665, 1708
Rs. C-168/15, Milena Tomášová gegen Ministerstvo spravodlivosti SR, Pohotovosť s. r. o., et al., EuGH-Urteil vom 28. Juli 2016, ECLI:EU:C:2016:602.	N 467 ff. Fn 1662
Rs. C-191/15, Verein für Konsumenteninformation gegen Amazon EU Sàrl EuGH-Urteil vom 28. Juli 2016, ECLI:EU:C:2016:612.	N 472 ff. Fn 1678
Rs. C-119/15, Biuro podróży «Partner» sp. z o.o. sp.k. w Dąbrowie Górniczej gegen Prezes Urzędu Ochrony Konkurencji i Konsumentów, EuGH-Urteil vom 21. Dezember 2016, ECLI:EU:C:2016:987.	N 585 ff. Fn 1702

2016	Fundstelle
Rs. C-154/15, Francisco Gutiérrez Naranjo gegen Cajasur Banco SAU und Rs. C-307/15 Ana María Palacios Martínez gegen Banco Bilbao Vizcaya Argentaria SA (BBVA sowie Rs. (C-308/15), EuGH-Urteil vom 21. Dezember 2016, ECLI:EU:C:2016:980.	N 589 ff. Fn 1714
2017	
Rs. C-421/14, Banco Primus SA gegen Jesús Gutiérrez García, EuGH-Urteil vom 26. Januar 2017, ECLI:EU:C:2017:60.	N 591 ff. Fn 2102
Rs. C-503/15, Ramón Margarit Panicello gegen Pilar Hernández Martínez, EuGH-Urteil vom 16. Februar 2017, ECLI:EU:C:2017:126.	Fn 1669
Rs. C-290/16, Air Berlin plc &Co. Luftverkehrs KG gegen Bundesverband der Verbraucherzentralen und Verbraucherverbände – Verbraucherzentrale Bundesverband e.V, EuGH-Urteil vom 6. Juli 2017, ECLI:EU:C:2017:523.	N 595 f.
Rs C-186/16, Ruxandra Paula Andriciuc u. a. gegen Banca Românească SA, EuGH-Urteil vom 20. September 2017, ECLI:EU:C:2017: 703.	N 597 ff. Fn 1699
Rs. C-598/15, Banco Santander SA gegen Cristobalina Sánchez López, EuGH-Urteil vom 7. Dezember 2017, ECLI:EU:C:2017:945.	N 477 ff.
2018	
Rs. C-147/16 Karel der Grote Karel de Grote – Hogeschool Katholieke Hogeschool Antwerpen VZW gegen Susan Romy Jozef Kuipers, EuGH-Urteil vom 17. Mai 2018, ECLI:EU:C:2018:320.	N 601 ff. Fn 30, 1689
Rs. C-483/16, Zsolt Sziber gegen ERSTE Bank Hungary Zrt., EuGH-Urteil vom 31. Mai 2018, ECLI:EU:C:2018:320.	N 604 ff. Fn 1679
Rs. C-96/16 Banco Santander SA gegen Mahamadou Demba, Mercedes Godoy Bonet (C-96/16) und Rs. C-94/17 Rafael Ramón Escobedo Cortés gegen Banco de Sabadell SA (C-94/17), EuGH-Urteil vom 7. August 2018 ECLI:EU:C:2018:643.	N 607 ff.

2018	Fundstelle
Rs. C-176/17, Profi Credit Polska S.A. w Bielsku Białej gegen Mariusz Wawrzosek, EuGH-Urteil vom 13. September 2018, ECLI:EU:C:2018:711.	N 479 f.
Rs. C-109/17, Bankia SA gegen Juan Carlos Marí Merino, Juan Pérez Gavilán, María de la Concepción Marí Merino, EuGH-Urteil vom 19. September 2018, ECLI:EU:C:2018:735.	Fn 1871
Rs. C-448/17, EOS KSI Slovensko s.r.o. gegen Ján Danko, Margita Danková, EuGH-Urteil vom 20. September 2018, ECLI:EU:C:2018: 745.	N 481 ff. Fn 1674
Rs. C-51/17, OTP Bank Nyrt., OTP Faktoring Követeléskezelő Zrt. gegen Teréz Ilyés, Emil Kiss, EuGH-Urteil vom 20. September 2018, ECLI:EU:C:2018:750.	N 612 ff. Fn 1689, 1692
2019	
Rs. C-118/17, Zsuzsanna Dunai gegen ERSTE Bank Hungary Zrt. EuGH-Urteil vom 14. März 2019, ECLI:EU:C:2019:207.	N 485 ff. Fn 1704
Rs. C-590/17, Henri Pouvin, Marie Dijoux gegen Électricité de France (EDF) EuGH-Urteil vom 21. März 2019, ECLI:EU:C:2019:232.	N 618 ff. Fn 1683, 1688
Rs. C-70/17, Abanca Corporación Bancaria SA gegen Alberto García Salamanca Santos sowie Rs. C-179/17 Alfonso Antonio Lau Mendoza gegen Verónica Yuliana Rodríguez Ramírez, EuGH-Urteil vom 26. März 2019, ECLI:EU:C:2019:250.	N 620 f. Fn 1708
Rs. C-266/18, Aqua Med sp. z o.o. gegen Irena Skóra, EuGH-Urteil vom 3. April 2019, ECLI:EU:C:2019:282.	N 488 ff.
Rs. C-38/17, GT gegen HS, EuGH-Urteil vom 5. Juni 2019, ECLI:EU:C:2019:461.	N 622 ff.
Rs. C-407/18, Aleš Kuhar, Jožef Kuhar gegen Addiko Bank d.d., EuGH-Urteil vom 26. Juni 2019, ECLI:EU:C:2019:537.	N 491 ff.
Rs. C-347/18, Alessandro Salvoni gegen Anna Maria Fiermonte, EuGH-Urteil vom 4. September 2019, ECLI:EU:C:2019:661.	(ohne unmittelbaren AGB-Bezug)

2019	**Fundstelle**
Rs. 34/18, Ottília Lovasné Toth gegen ERSTE Bank Hungary Zrt., EuGH-Urteil vom 19. September 2019, ECLI:EU:C:2019:764.	N 624 ff. Fn 1722
Rs. C-260/18, Kamil Dziubak, Justyna Dziubak gegen Raiffeisen Bank International AG, EuGH-Urteil vom 3. Oktober 2019, ECLI:EU:C:2019:819.	N 632 ff. Fn 1704, 1709
Rs. C-621/17, Gyula Kiss gegen CIB Bank Zrt., Emil Kiss, Gyuláné Kiss, EuGH-Urteil vom 3. Oktober 2019, ECLI:EU:C:2019:820.	N 629 ff.
Rs. C-272/18, Verein für Konsumenteninformation gegen TVP Treuhand-und Verwaltungsgesellschaft für Publikumsfonds mbH & Co KG; EuGH-Urteil vom 3. Oktober 2019, ECLI:EU:C:2019:827.	Fn 1637
Rs. C-349/18, Nationale Maatschappij der Belgische Spoorwegen (NMBS) gegen Mbutuku Kanyeba (C-349/18), Larissa Nijs (C-350/18), Jean-Louis Anita Dedroog (C-351/18), EuGH-Urteil vom 7. November 2019, ECLI:EU:C:2019:936.	Fn 1707, 1879
Rs. C-419/18, Profi Credit Polska S.A. gegen Bogumiła Włostowska et al. und Profi Credit Polska S.A gegen OH, EuGH-Urteil vom 7. November 2019, ECLI:EU:C:2019:930.	N 493 ff.
Rs. C-453/18, Bondora AS gegen Carlos V. C. (C-453/18), XY (C-494/18), EuGH-Urteil vom 19. Dezember 2019, ECLI:EU:C:2019:1118.	N 497 ff.
2020	
Rs. C-125/18, Marc Gómez del Moral Guasch gegen Bankia SA, EuGH-Urteil vom 3. März 2020, ECLI:EU:C:2020:138.	N 637 ff.
Rs. C-511/17, Györgyné Lintner gegen UniCredit Bank Hungary Zrt, EuGH-Urteil vom 11. März 2020, ECLI:EU:C:2020:188.	N 500 ff. Fn 1322
Rs. C-779/18, Mikrokasa S.A., und Revenue Niestandaryzowany Sekurytyzacyjny Fundusz Inwestycyjny Zamknięty gegen XO, EuGH-Urteil vom 26. März 2020, ECLI:EU:C:2020:236.	Fn 1693

2020	Fundstelle
Rs. C-329/19, Condominio di Milano, via Meda gegen Eurothermo SpA, EuGH-Urteil vom 2. April 2020, ECLI:EU:C:2020:263.	N 642 f. Fn 1684, 2174
Rs. C-500/18, AU gegen Reliantco Investments LTD, Reliantco Investments LTD Limassol Sucursala Bucureşti, EuGH-Urteil vom 2. April 2020, ECLI:EU:C:2020:264.	Fn 1683
Rs. C-495/19, Kancelaria Medius SA gegen RN EuGH-Urteil vom 4. Juni 2020, ECLI:EU:C:2020:431.	N 503 f.
Rs. C-81/19, NG, OH gegen SC Banca Transilvania SA EuGH-Urteil vom 9. Juli 2020, ECLI:EU:C:2020:532.	N 644 f. Fn 2117
Rs. C-698/18, SC Raiffeisen Bank SA gegen JB (C-698/18) und BRD Groupe Société Générale SA gegen KC (C-699/18), EuGH-Urteil vom 9. Juli 2020, ECLI:EU:C:2020:537.	N 651 ff. Fn 1687
Rs. C-452/18, XZ gegen Ibercaja Banco SA, EuGH-Urteil vom 9. Juli 2020, ECLI:EU:C:2020:536.	N 646 ff.
Rs. C-224/19, CY gegen Caixabank SA (C-224/19) und LG, PK gegen Banco Bilbao Vizcaya Argentaria SA (C-259/19), EuGH-Urteil vom 16. Juli 2020, ECLI:EU:C:2020:578.	N 655 ff. Fn 1681
Rs. C-73/19, Belgische Staat & Directeur-Generaal van de Algemene Directie Controle en Bemiddeling van de FOD Economie, K.M.O., Middenstand en Energie, jetzt Algemene Directie Economische Inspectie, gegen Movic BV, Events Belgium BV, Leisure Tickets & Activities International BV EuGH-Urteil vom 26. Juli 2020, ECLI:EU:C:2020:568.	nur akzessorischer Bezug zur RL 93/13/EWG
Rs. C-84/19, Profi Credit Polska SA gegen QJ (C-84/19) und BW gegen DR (C-222/19) und QL gegen CG (C-252/19), EuGH-Urteil vom 3. September 2020, ECLI:EU:C:2020:631.	N 662 ff. Fn 1693, 1719
Rs. C-738/19, A gegen B, C, EuGH-Urteil vom 10. September 2020, ECLI:EU:C:2020:687.	N 668 ff.

2020	Fundstelle
Rs. C-287/19, DenizBank AG gegen Verein für Konsumenteninformation, EuGH-Urteil vom 11. November 2020, ECLI:EU:C:2020:897.	Fn 1720
Rs. C-519/19, Ryanair DAC gegen DelayFix, vormals Passenger Rights sp. z o.o., EuGH-Urteil vom 18. November 2020, ECLI:EU:C:2020:933.	N 505 ff. Fn 1680
Rs. C-269/19, Banca B. SA gegen A.A.A., EuGH-Urteil vom 25. November 2020, ECLI:EU:C:2020:954.	N 670 ff.
Rs. C-807/19, DSK Bank EAD und FrontEx International EAD, Urteil vom 26. November 2020, ECLI:EU:C:2020:967.	Fn 1658
2021	
Rs. C-229/19, Dexia Nederland BV gegen XXX (C-229/19) und Z (C-289/19), EuGH-Urteil vom 27. Januar 2021, ECLI:EU:C:2021:68.	N 672 ff.
Rs. C-485/19, LH gegen Profi Credit Slovakia s. r. o., EuGH-Urteil vom 22. April 2021, ECLI:EU:C:2021:313.	Fn 177
Rs. C-19/20, I.W., R.W. gegen Bank BPH S.A., EuGH-Urteil vom 29. April 2021, ECLI:EU:C:2021:480.	N 677 ff. Fn 1671
Rs. C-192/20, Prima banka Slovensko a.s. gegen HD, EuGH-Urteil vom 10. Juni 2021, ECLI:EU:C:2021:341.	N 682 ff.
Rs. C-776/19, VB, WA, XZ, YY (C-777/19), ZX (C-778/19), DY, EX (C-781/19) gegen BNP Paribas Personal Finance SA und AV (C-779/19), BW, CX (C-780/19), FA (C-782/19) gegen BNP Paribas Personal Finance SA / Procureur de la République, EuGH-Urteil vom 10. Juni 2021, ECLI:EU:C:2021: 470	N 684 ff. Fn 1701
Rs. C-609/19, BNP Paribas Personal Finance SA gegen VE, Urteil vom 10. Juni 2021, ECLI:EU:C:2021:469	N 690 ff. Fn 1699

2021	Fundstelle
Rs. C-932/19, JZ gegen OTP Jelzálogbank Zrt., OTP Bank Nyrt., OTP Faktoring Követeléskezelő Zrt., Urteil vom 2. September 2021, ECLI:EU:C:2021:673.	N 694 f. Fn 2193
Rs. C-212/20, M.P., B.P. gegen «A.» prowadzący działalność za pośrednictwem «A.» S.A., Urteil vom 18. November 2021, ECLI:EU:C:2021:934.	N 696 ff.
Rs. C-243/20, DP, SG gegen Trapeza Peiraios AE, Urteil vom 21. Dezember 2021, ECLI:EU:C:2021:1045.	N 699 ff.
2022	
Rs. C-132/20, BN, DM, EN gegen Getin Noble Bank S.A., Urteil vom 29. März 2022, ECLI:EU:C:2022:235.	Fn 1662
Rs. C-472/20, Lombard Pénzügyi és Lízing Zrt. gegen PN, Urteil vom 31. März 2022, ECLI:EU:C:2022:242.	N 703 ff.
Rs. C-385/20, EL, TP gegen Caixabank SA, Urteil vom 7. April 2022, ECLI:EU:C:2022:278.	N 507 ff.
Rs. C-567/20, A.H. gegen Zagrebačka banka d.d., Urteil vom 5. Mai 2022, ECLI:EU:C:2022:352.	N 706 f.
Rs. C-600/19, MA gegen Ibercaja Banco SA, Urteil vom 17. Mai 2022, ECLI:EU:C:2022:394.	N 510 ff.
Rs. C-693/19, SPV Project 1503 Srl, Dobank SpA gegen YB (C-693/19) und Banco di Desio e della Brianza SpA, Banca di Credito Cooperativo di Carugate e Inzago sc, Intesa Sanpaolo SpA, Banca Popolare di Sondrio s.c.p.a, Cerved Credit Management SpA gegen YX, ZW (C-831/19), Urteil vom 17. Mai 2022, ECLI:EU:C:2022:395.	N 513 ff.

2022	Fundstelle
Rs. C-725/19, IO Gegen Impuls Leasing România IFN SA, Urteil vom 17. Mai 2022, ECLI:EU:C:2022:39.	N 516 f.
Rs. C-869/19, L. gegen Unicaja Banco SA, vormals Banco de Caja España de Inversiones, Salamanca y Soria SAU, Urteil vom 17. Mai 2022, ECLI:EU:C:2022:397.	N 518 f.
Rs. C-170/21, Profi Credit Bulgaria EOOD gegen T.I.T., Urteil vom 30. Juni 2022, ECLI:EU:C:2022:518.	N 520 ff. Fn 2193
Rs. C-80/21 bis C-82/21, E. K., S. K. gegen D.B.P. (C-80/21) & B. S., W. S. gegen M. (C-81/21) & B. S., Ł. S. gegen DE M. (C-82/21), Urteil vom 8. September 2022, ECLI:EU:C:2022:646.	N 708 ff. Fn 1709, 1711 f., 1715, 2024
Rs. C-335/21, Vicente gegen Delia, Urteil vom 22. September 2022, ECLI:EU:C:2022:720.	N 524 ff. Fn 1665, 1698
Rs. C-215/21, Zulima gegen Servicios Prescriptor y Medios de Pagos, Urteil vom 22. September 2022, ECLI:EU:C:2022:723.	N 528 f. Fn 1681
Rs C-405/21, FV gegen NOVA KREDITNA BANKA MARIBOR d.d., Urteil vom 13. Oktober 2022, ECLI:EU:C:2022:793.	N 715 f. Fn 1703, 2203 f.
Rs. C-485/21, «S. V.» OOD gegen E. Ts. D., Urteil vom 27. Oktober 2022, ECLI:EU:C:2022:839.	N 717 ff. Fn 1685, 1688
Rs. C-302/21, Casilda gegen Banco Cetelem SA, Urteil vom 24. November 2022, ECLI:EU:C:2022:919.	Keine Entscheidung des EuGH, da der Rechtsstreit vor dem nationalem Gericht durch Parteivergleich erledigt wurde.
Rs. C-600/21, QE gegen Caisse régionale de Crédit mutuel de Loire-Atlantique et du Centre Ouest, Urteil vom 8. Dezember 2022, ECLI:EU:C:2022:970.	N 720 Fn 1717 f.
Rs. C-625/21, VB gegen GUPFINGER Einrichtungsstudio GmbH, Urteil vom 8. Dezember 2022, ECLI:EU:C:2022:971.	N 724 Fn 1707 f., 1716

2023	Fundstelle
Rs. C-395/21, D.V. gegen M.A., Urteil vom 12. Januar 2023, ECLI:EU:C:2023:14.	N 726 ff. Fn 1710, 2039, 2099
Rs. C-208/21, K.D. gegen Towarzystwo Ubezpieczen Z S.A., Urteil vom 2. Februar 2023, ECLI:EU:C:2023:64.	Fn 2189
Rs. C-565/21, Caixabank SA gegen X., Urteil vom 16. März 2023, ECLI:EU:C:2023:212.	N 731 ff. Fn 1699 f., 1718, 2204
Rs. C-6/22, M.B., U.B., M.B., gegen XS.A., Urteil vom 16. März 2023, ECLI:EU:C:2023:216.	N 735 ff. Fn 1687, 1713

Stichwortverzeichnis

Die Verweise beziehen sich auf die Randnummern des Textes

B

I

K

L

M

N

P

Q

R

S

V

W

Z